本翻译集得到2022年国家社科基金一般项目
《小企业破产纾困的中国化进路研究》（22FFXB069）后期资助

五国破产法汇编

美国、英国、澳大利亚、新加坡、韩国

齐砺杰 等 编译
刘 静 向淑娴 副主编

WUGUO POCHANFA HUIBIAN
USA, UK, Australia, Singapore, South Korea

法律出版社
LAW PRESS·CHINA
北京

图书在版编目(CIP)数据

五国破产法汇编:美国、英国、澳大利亚、新加坡、韩国 / 齐砺杰等编译. -- 北京:法律出版社,2023
ISBN 978 -7 -5197 -8256 -6

Ⅰ.①五… Ⅱ.①齐… Ⅲ.①破产法－汇编－美国、英国、澳大利亚、新加坡、韩国 Ⅳ.①D912.290.9

中国国家版本馆 CIP 数据核字(2023)第 163652 号

五国破产法汇编:美国、英国、澳大利亚、新加坡、韩国
WUGUO POCHANFA HUIBIAN:MEIGUO,YINGGUO,AODALIYA,XINJIAPO,HANGUO

齐砺杰等 编译

策划编辑 薛 晗 田 浩
责任编辑 薛 晗 田 浩
装帧设计 汪奇峰

出版发行 法律出版社
编辑统筹 法商出版分社
责任校对 王晓萍 李景美
责任印制 胡晓雅
经 销 新华书店

开本 787 毫米×1092 毫米 1/16
印张 64.75 **字数** 1431 千
版本 2023 年 12 月第 1 版
印次 2023 年 12 月第 1 次印刷
印刷 三河市兴达印务有限公司

地址:北京市丰台区莲花池西里 7 号(100073)
网址:www.lawpress.com.cn
投稿邮箱:info@lawpress.com.cn
举报盗版邮箱:jbwq@lawpress.com.cn

销售电话:010 - 83938349
客服电话:010 - 83938350
咨询电话:010 - 63939796

书号:ISBN 978 -7 -5197 -8256 -6
定价:258.00 元

凡购买本社图书,如有印装错误,我社负责退换。电话:010 - 83938349

谨以本翻译集，永远纪念我的父亲

代译序

译者的痛与快乐

一、缘起

2019年10月，最高人民法院下文委托深圳市中级人民法院收集、翻译域外各国（地区）个人破产立法资料，深圳中院最终将“域外各国个人破产法条文翻译”项目委托给本条文翻译集的主译者。主译者共收集整理10个国家和地区（美国、英国、德国、日本、澳大利亚、新加坡、韩国、中国台湾地区、中国香港特别行政区、中国澳门特别行政区）的个人破产相关立法。其中德国、日本与中国台湾地区、中国香港特别行政区、中国澳门特别行政区的个人破产立法或破产法，差不多都有现成的中文版本。需要翻译或重新翻译的有美国、英国、澳大利亚、新加坡、韩国（英译本）五国立法。五国立法的翻译初稿于2020年5月即告完成，之后作为立法资料提交最高人民法院。2021年9月全国人大财经委徐绍史主任一行来深圳考察破产法修订（2021年全国人大立法重点项目）和个人破产制度问题时，也曾将此翻译集的初稿作为立法资料收集。

在此基础上，经过2021年12月至2022年3月的一轮全面审校更新（条文更新至2022年3月）。本翻译集最终拟将美国、英国、澳大利亚、新加坡、韩国（英译本）五国的破产法典，[①] 尤其是个人破产部分（美国、澳大利亚、韩国三国为全文翻译，英国和新加坡暂未翻译企业破产编）的中文译本结集出版。

虽然本翻译集中，美国、英国两国的破产立法在国内都曾有过中文译本，但是由于年代较早，无法反映近年来的变化（尤其是美国《破产法典》更新速度非常快），翻译也有颇多问题，因此学界的共识是有必要重新翻译。在本书出版之前，也非常欣喜地看到《美国破产法典》（中英文对照本，法律出版社2022年版）的出版，系由李曙光教授审定，申林平律师译。美国《破产法典》翻译难度非常高，出现多种版本间的相互参照与借鉴，是学术繁荣的表现。

破产法修订案预计将于2023年年底提交全国人大常委会进行审议，因此2024年对破

---

① 其余四国都是以英文为母语，韩国《债务人重整与破产法》有英译本，而要找到合适的韩文翻译难度极大，因此，采用英文本翻译成中文。

产法条文修订的研讨可能会达到一个前所未有的热烈程度。因此，这本破产立法翻译集的出版，也算是适当其时。

二、进程

五国立法的翻译初稿于2020年5月即告完成，却直至2022年年初才进行审阅和校对，主要原因在于篇幅过于浩繁且难度较大。目前这五国立法翻译的审校完成稿，共82万字，100万字符以上。其中，澳大利亚、新加坡、韩国破产法是首次翻译成中文。美国、英国两国破产法也是完全重新翻译的，与旧译本或其他译本之间并无太多关联。完成情况如表1所示：

表1　五国立法翻译完成情况

国别	法典/法律名	是否全本	译文字数/万	译者注数量/个
美国	《破产法典》	全本重译	21	24
英国	1986年《支付不能法》	部分重译	10	16
澳大利亚	《破产法》	全本首译	25	62
新加坡	《破产、重组和解散法》	部分首译	10	11
韩国	《债务人重整与破产法》	全本首译	13.5	17

整个翻译工作大致的进程如下：

1. 2019年10月，美国、英国、澳大利亚、新加坡、韩国五国破产法条文翻译同时展开，具体方式是组成5个翻译小组，其中英国1986年《支付不能法》组就是主译者本人，其他四组先由学生将各国法的原文，通过网络翻译机进行初步汉化和术语统一，整理成中文版工作文本，有能力的同学被鼓励尝试部分翻译，但因难度较高，并不做过分要求。如此安排的目的是大幅降低汉字输入的时间和人力，否则光100万字符的输入，可能就需要月余。整理成中文版工作文本后（学生耗时1个月），由主译者根据官网上的条文，逐法逐条翻译、修改、排版，形成翻译初稿，此项工作于2020年4月底全部完成。从项目开始到初稿完成，耗时半年，是最为艰苦的工作阶段。

2. 2020年4月至2021年11月，根据翻译初稿，对部分具体学术问题展开研究，将研究所得反馈至翻译稿中，中间经历多次小修，同时落实出版经费和联系出版事宜。

3. 2021年12月至2022年2月，耗时3个月。主译者对翻译初稿进行审校（含全文表述上的统一、前后条文之间的串联、文字修改、订正错误、添加脚注等）并再次核对原文，将初稿至审校日期之间的新修订条文一并放入审校稿中。

因此，五国立法的翻译初稿虽然于2020年4月底即告完成，但却直至2022年年初才进行审阅和校对。主要原因是：（1）工作量巨大，没有3个月左右不能完成一遍审校。这对于有大量其他教研任务的主译者而言，时间成本过高。（2）出版费用暂时没有着落，申请其他课题进行补助也需要较长的周期，因此花费大量时间在“等钱”。（3）刚翻译出来的条文，并没有经过实践的检验，主译者的能力也暂时无法提高，需要通过进一步研究和运用，把有热度的译稿放凉，才能作为一个审校者，对自己的作品进行客观的评价和修正。

4. 2022年3月中旬，将完成初校的译稿、翻译说明和版本说明进行了统一的整理，并撰写了本代译序（1万字）的初稿，发送给法律出版社的编辑部，进行审核。2022年6月中旬编辑部反馈说由于澳大利亚破产法极具个性，与一般的中文法律差别较大，该译稿不符合一般中文读者阅读习惯的地方较多，建议全文修改及部分重译。其他四国的译稿通过审核，但仍需根据审核意见进行进一步的修订。

5. 2022年7月至2023年2月，由于主译者手头的其他工作较多，因此，澳大利亚破产法译稿的修改和其他四国的审核意见修订历时半年时间才得完成（这8个月中主译者个人又经历了二娃出生、家父去世和全家感染奥密克戎等“插曲”）。其间，美国、英国的立法又有了新的修订，尤其是美国《破产法典》，全新的个人破产章节已经被提交国会，这是美国个人破产制度数十年甚至上百年间最大的一次修订，不确定该修正案何时会获通过，草案与终稿之间又会经历何种程度的修改。总之，这件工作已经快演化成为主译者的“西西弗斯之石”了……

三、难度

五国条文翻译的难度远超主译者事前的想象，原因有三：

1. 条文的体量过于庞大。比如字数相对较少的韩国《债务人重整与破产法》都有660条之多；更何况字数在25万以上的澳大利亚《破产法》（一部法的体量与一部300页左右的著作相同）。主译者在接受此项工作之前大致估算过，预计对应成中文版应该在1000页左右，但是并不知道以自己的工作效率一天能翻译多少页。直到进行实际工作才知道，即使是处理已经由翻译机和学生助理完成了初级汉化的工作文本（不统计各翻译组学生的前期工作时间），以主译者每天工作8小时以上的工作量，一天可以完成的初译稿也只有10～20页。因此，1000页的初稿，需要60～100个整工作日。对应的是1000小时左右的工作量。而初稿的审校，还需要再投入不少于600小时高强度的工作量。如果不使用翻译机，而使用纯人工翻译，要达到同样的质量，恐怕这个工作时间要翻上3～5倍之多（算上汉字输入、查字典等时间）。

2. 法条翻译的难度高。主译者翻译过自己的博士论文（英译中），就曾感叹过译事之难，“之前只是觉得翻译别人写的东西，会比较难，因为这不但要求将原作者的意思吃透，还要用接近原著的语言风格将其用中文转述出来。但结果没想到，其实翻译自己的著作也绝非易事。因为吃透作者原意，只是翻译最起码的要求。人类接受或获取信息是无所谓使用何种载体的，有时候成本低得惊人，以心传心也未尝不可，所以才有迦叶尊者的‘拈花微笑’。而更困难的部分是找到合适的表达方式将这个意思再次转递出去，因此翻译一事，对母语水平的要求，可能比对外语水平的要高得多。因为理解外语的意思，是一种被动的信息接收或解码；而转述成母语，则是一种主动的编码或表达，甚至是创作。这就好比是欣赏一幅画作或一场演奏，任何读者，哪怕完全不懂绘画或演奏的技法，只要稍微有一点鉴赏的能力与背景知识，都能领会得出这件作品想表达的意境或内容。但是如果让他用自己的艺术语言再重现或转达这种意境或内容，那就未必能做到了。文学或诗歌是用崭新的方式表达古老的人类情感；学术正相反，是用接近标准化的方式表达崭新的观点或提出前所未有的论证。而翻译工作，更接近文学创作，就是要在语言载体上费尽周章……”①

之后主译者也曾帮北京外国语大学法学院的刘静老师翻译、审校过英国学者的两篇个人破产法论文（难点主要在于涉及各种统计学术语的表达）。但在这些翻译经历中，尤以法条翻译最为困难，原因是其他的文体相对还可以有较为自由的表达方式，最多是语言风格是否足够接近作者的问题，读者反正也并不知道原作者的风格是什么；但是法条翻译的空间则明显要小得多，对严谨、精确、明白无误、可操作性的要求程度是所有文体中最高的。如果翻译学术论文是戴着镣铐起舞的话，那么法条翻译则是戴着“短链”镣铐在起舞。因此，法条翻译最大的问题除了对英语水平的要求极高之外，对汉语立法语言能力的要求也极高。所幸，主译者参与过国内个人破产相关立法工作，② 在汉语立法用语方面，勉强能算及格。当然最大的难度还不是两种语言各自的能力问题，而是两种法律体系之间术语上能否直接对译的问题。关于翻译技术上的问题，暂留到下一节的体会部分继续分享。

3. 以损害健康为代价。法条翻译并不必然损害健康，处理得当甚至可以有利于健康（健脑体操）。但是短时间完成过于沉重的翻译工作，则势必会损害健康。一个尴尬但同时又不能忽略的现实问题是，翻译作品，无论何种体裁、内容的翻译，在当下中国的学术界，可能都属于“不太入流”的工作之一。“一流”的学术工作大概只有高等级的课题和核心期刊的论文发表。翻译作品只能排到比较靠后的位置（否则美国《破产法典》这样重要的立法文本，汉译本就不应该只有 3 个了）。虽然翻译工作不受重视，但是法条翻译的重要性却不容置疑。即使主译者的英文水平直接阅读英文法条并无问题，但是如果有汉译版本，无疑还是会首选汉译本，只有在读译本出现疑问时，才会去核对原文。法条翻译虽然不受重视，但对于大多数研究者而言又不可或缺。因此，主译者就必须“多快好省”地

① 齐砺杰：《破产重整制度的比较研究——英美视野与中国图景》，中国社会科学出版社 2016 年版，第 324 ~ 325 页，后记。

② 与北外刘静老师合作起草《中国个人破产法草案（专家意见稿）》，2020 年年初公布并征求意见；作为深圳（中院）破产法庭的专家顾问，参与起草《深圳经济特区个人破产条例》，该条例于 2021 年 3 月 1 日起实施。

完成翻译工作，争取在最短时间以最高的质量完成任务。于是在那段夜以继日的翻译时间里，主译者日常的状态就是戴上蓝光眼镜，脖子上架上一个硬性的脖撑，然后一坐几个小时，除了中间偶有休息，一天从早到晚地对着屏幕冥想。有时遇到一个大长难句，一句话目不转睛要花上半个小时左右。大概80万字的条文，就像潮水一样源源不断地涌来……高考试卷没写完、博士论文要继续修改和起来翻译法条，大概率会成为主译者未来噩梦中反复出现的场景（奇怪的是前两者都未曾在现实中出现过，却真实地出现在梦中，每次醒来都感叹，幸好是个梦）。

2020年4月，主译者发现左腿出现经常性疼痛，甚至影响走路，开始以为是韧带拉伤，后经人提醒，可能是久坐导致腰椎间盘突出。完成翻译后去深圳平乐骨伤科检查，果然如此，现经治疗暂已经恢复正常。但是过劳配合疫情导致的体重增加，到目前也再未恢复……

至于生活中的困难和“找钱”过程的不顺利，就不值一提了。

四、体会

（一）从研读外国法条文中得到的体会

研读外国破产法条文，感受像是把中国的法条、司法解释之类的都汇编在了一块。规定极其细致具体，像操作规程或手册。条文表述也颇为周延，各种限定性条件考虑比较周全。其中确实有很多制度可圈可点，值得中国破产立法学习。试举三例：

1. 比如各国都有债务人“关联方”的定义或者条文。企业破产中会因公司、证券法适用场景的自然延伸，产生复杂的关联交易问题，而一旦进入个人破产或非法人企业重整时代，关联关系的种类和关联交易的情形会更加扑朔迷离。目前各国破产法中大多对债务人的关联方问题制定了专门的条款，差别仅在于是将其作为独立的名词解释性条文，还是放在破产撤销等条文中。遗憾的是，中国目前的破产法律体系中，对关联方问题的认识尚处萌芽状态。《深圳经济特区个人破产条例》中意识到并较为隐晦、含糊地触及了这个问题，但是，从条文篇幅到内容，远未达到可以真正有效适用的程度。因此，2021年主译者通过研习手头的立法例，撰写了一篇题为《破产法修订中加入“关联方”条款之研究》的文章，共2.8万字，通过考察关联方问题在推定欺诈理论体系中的地位，并以7国立法为例，梳理关联方条款在破产法制度框架中的七类适用场景，论证了在破产法律中制定关联方条款的必要性；同时将外国法上所涉及的关联方种类，在中国法语境之下进行分析与研判，并提出了相应的立法建议。

2. 再如如何迭代破产无效—撤销制度体系。各国立法中对于破产撤销制度都有不同于中国破产法中破产无效—撤销体系的规定，理论构造尤其是推定欺诈的认定颇为复杂。而破产无效—撤销制度，又构成反破产欺诈制度体系的核心。因此，深入研究和借鉴各国立法，从中提取“最大公因数”，是迭代中国破产法中破产无效—撤销体系乃至整个反破产欺诈制度体系的基础性工作和重要理论进路。当然该项研究的工作量和理论难度极大，需要付出较长的时间、花费巨大的精力。主译者目前只是完成了其中非常小的一部分，即题为《破产无效制度在个人破产背景下的迭代研究——以〈深圳经济特区个人破产条例〉为例》的文章，于2021年10月发表在《中国应用法学》第5期。后续的研究将在未来几年陆续展开。

3. 有助于在比较中整体把握未来中国破产法的体例。2021年9月年全国人大财经委徐绍史主任一行来深圳考察破产法修订时，曾提出一个前提性的问题，那就是从篇章结构设计的角度，我们未来需要一部什么样的破产法？在现行破产法中加入一章（几十个条文）个人破产够不够？或者说，个破制度纳入破产法体系，有专门（单独）立法、专编、专章（专节）三种选择。中国应该选择哪种模式？主译者参与了该讨论会，并根据法条翻译的体会提出了世界各国（地区）个人破产制度的立法体例模式有以下三种（见表2）：

表2　世界各国（地区）个人破产制度的立法体例模式

专门（单独）立法型	专编型	专章（专节）型
日本《破产法》+《民事再生法》；中国台湾地区“破产法”+“债务清理条例”	英国、新加坡：企业破产编+个人破产编+公用条款编	美国、澳大利亚、韩国、德国

其中，专门（单独）立法型的缺点是条文重复之处太多，个破、企破之间的重点、差异被冲淡了。

专编型也不太可取，因为需要特殊破产处理的主体类型较多，比如金融机构、公法人、慈善机构、农村承包经营户、小企业等，可能都要有专门的程序，因此，最终专编不可避免地会变成专章。

因此，从简约的角度，从未来可持续扩展的角度来看，专章专节的方法是最可行的。其中又可分为专章型和专节型。

美国《破产法典》就是典型的专章型，在某些问题上，目前是专节型［如第11章“重整”第5节“小规模经营（small business）债务人的重整”］。

（1）所谓专章型，就是设立独立的个人破产章，将来可能还有金融机构破产章、农村承包经营户破产章等。把个人破产的重要条款（大概30条）都归集到专章中，其他部分的条文也进行相应修改（通用化处理），以适应各种特殊的程序需要。

（2）所谓专节型，就是基本保持目前各功能章不变，然后在各章以下，增加相应的节。比如在破产清算章下，分设继续存续主体的破产清算节和非继续存续主体的破产清算节；在债务人财产章下，增加豁免财产节；在破产重整章下，分设大企业重整节、小规模经营重整节、农村承包经营户重整节、有固定收入的自然人重整节等。也就是说可以以《企业破产法》和《深圳经济特区个人破产条例》的篇章结构为基础，将个破章的条文拆解到相关各章下独立成节。具体而言，清算增加两节至三节（继续存续主体的破产清算程序一节；免责与免责的撤销、可支配收入计算、复权与信用恢复等问题可作为宣告破产后的问题合为一节）；重整暂时增加一节；和解可以设计成各类主体通用的程序；债务人财产增加一节（豁免财产）；其他部分的条文进行通用化处理或增加相应条、款，而无须增加过多章、节。

因此，无论是专章型还是专节型，都属于小修范畴，都可满足相应的功能要求。该结论说明我国现在采取的破产法修订模式是可行的，但并非没有前提：破产法整体章节虽然不一定需要大量增加，但是所有的条文内容及其体系框架，可能需要围绕个人破产制度，重新修订。也就是说表面上是小修，但是内容上可能需要大调整。

以上只是两次通读大概 80 万字外国破产立法例后的一点所得，当然还有其他很多具体制度和细节，如韩国法中为每个破产案件指定一名检察官的做法等，都值得深入研究。总之立法例的比较研究（应然之维度）① 是一个发现理论问题和确定研究方向的“富矿”，跟案例研究（实然之维度）可构成法学研究手段的鸟之双翼、车之双轮。

（二）从翻译工作中得到的体会

1. 翻译机——不得不说的故事。前文多次提到了使用翻译机的问题，这一点无须讳言，因为使用机器或网络并不会贬低人在翻译工作中所起到的作用与译者的水平。尽管很多人一提起机器翻译，就会联想到低劣的翻译质量。但是低劣的翻译质量，不是翻译机的错，而是翻译者的错。

前文提到，使用翻译机的主要目的之一是大幅度降低汉字输入的时间和人力，否则仅 100 万字符的输入，10 个人工作都可能就需要数周，而且错误率会更高。本翻译项目一开始，主译者就跟学生说用百度翻译，当然如果觉得其他翻译软件或网页更好也可以使用，因为没有对比就没有伤害。学生反馈说是谷歌翻译更好。但是以主译者翻译了大概 80 万字外国法条文的经验而言，全世界最好的英文汉化翻译机（网站）目前的确是百度翻译。主译者阅读了几十万字（具体数不详）谷歌翻译所翻译的英文法条，发现除了口语化程度更高（指短句型的表述更流畅、简洁、易于理解，但是会主动漏译很多细节，而这些具体细节，对于法条而言，是必不可少的）之外，百度翻译的翻译质量和可靠程度，是绝对优于谷歌翻译的。以至于对学生们用谷歌翻译译出的部分，只要是稍微长难一点的句子，都必须使用百度翻译重译一遍才能作为工作稿使用（这里不去讨论为什么会出现这种现象，只是纯粹的使用体会）。尤其是百度翻译强大的词汇能力。甚至可以说很大程度上解决了同一个单词在不同语境下不同意思的问题，只要前后文足够长。

但翻译机依然不能取代优秀的人类译者，原因在于句法问题，在英语中尤其突出。英文三大类从句：名词性从句，形容词性从句（定语从句），以及副词性从句（状语从句）。

---

① 单独一国立法例，或许还不能构成应然的标准。但是多国立法例的集合，几乎就是全世界立法者漫长岁月积累的智慧结晶，对于单个国家或者研究者而言，当然可以称为理论应然性的一面镜子。因为少数几个人的智慧无论如何发达，也难以超越纵贯百年、横跨五洲的同行们智慧的总和。

仅名词性从句就包括主语从句、表语从句、宾语从句、同位语从句等，十分复杂。一个主谓宾结构的主句在加装各种从句之后，不仅可能一句话长达上千词，而且里面的意群像“俄罗斯套娃”或者迷宫一样，充满了复杂的关系结构。如果要分析该关系结构，就可能是一个树状或网络状的逻辑结构图。翻译机无法分析这种复杂的结构关系。因为人工智能目前只能通过比对语言样本（素材）进行翻译（实际上是词汇排列方式的意思类比再现），而不能像人类一样通过推理来进行翻译。因此，机器的强项在于以繁御简，而人类的智慧正好相反，在于以简御繁。

因此，英语翻译最难的部分，不在词法，而在句法，就是各种从句之间的逻辑层级和意思嵌套问题。再优秀的翻译机，即使所有的单词全部都翻译正确，但也无法（至少至今无法）解决复杂的英语从句翻译问题，因为机器不知道如何将意群根据现实世界进行分级和归类。也就是说从单纯的逻辑、语素的层面，从句可能有多种不同的意思组合方式，仅从字面上是无法判断哪一种才是正确的，或者哪一种才是作者想要表达的意思。这种对客观现实世界与他人意思的理解与判断，目前只有人类可以做到、做好。

此外有些情况下，机器也会有一些词法问题难以解决，特别是当要翻译的内容单词特别少的时候。这种情况是词法问题被包含在了句法问题或者背景信息当中了。因此，无论是句法、词法还是背景信息的正确补充，人类都有着机器无法比拟的优势。所以主译者一再强调，翻译机能且仅能充当优秀的初级汉化工具，快速解决大量的汉字输入和单词初译的问题，一旦完成这一步工作，形成了汉语的工作稿，就可以开始而不是结束真正的翻译工作了。这时所说的翻译工作，类似厨师将一堆食材变成美食的过程。

因此，在翻译工作者对翻译机的运用方面，主译者越来越赞同这样一句话：不是机器打败人类，而是一群人类驾驭的机器，打败另一群人类驾驭的机器。① 所以翻译作品质量低劣，是译者的问题而非翻译机的问题。同样的翻译机，换一个译者，可能就能妙笔生花。真正要解决的问题，在于如何激励更多优秀的译者投身翻译工作中来，而不是反过来认为译者不重要，或者已经被机器取代了，等等。

2. 关于法条翻译的难度与质量。法条翻译对“信、达、雅”这三者的要求几乎是一致的，法条要“信”就必须充分达意，充分达意的法言法语（如果不能正确运用法言法语，如何叫作达意呢?），自然就是法律条文的“雅”了（法条并不需要文采）。但这不等于条文翻译没有高下之分，差别在于翻译是否符合中文的表达习惯。或者说法条的“雅”不在于文采斐然，而在于精准基础之上的易于理解，但是易于理解似乎又是“达”的问题，甚至是“信”的问题。如果一句话写出来读者看不懂，那么说译者自己真的搞懂了、翻对了，是要打问号的。主译者最后的审校工作，就是按照读中文法条的要求，通读译本，如果觉得某个表述意思上模糊或者有歧义，通过核对原文会发现，基本上就是翻译上的错漏之处。所以外国法条翻译的最高境界，应该是让读者读起来会产生在读中国法条文的错觉。但是这种境界，平心而论，大概率是“虽不能至，心向往之”。

---

① 应该是罗振宇在某次跨年演讲中引用吴军的话。

需要特别注意的是，英文法条之所以翻译难度高，是因为语言的颗粒度小于日常用语。在英文法条中经常会见到一个介词代表一层意思的情形（works of art by or of the debtor），例句中的by和of就代表两种不同的事实形态和法律权利类型；① 或者经常会遇见两个一般情况下意思相同或极其接近的词（fair and equitable，a matter or thing，contract and deed）并用的情形。

此外，同一句话的不同翻译法，甚至不能用对错来评价，而是由两种语言间一定程度上不可避免的"不可译性"决定的。对于法律而言，这种"不可译性"可能不是来自语言的障碍，而是缺乏可以对应的法律制度或者术语。比如United States trustee究竟是应该译成联邦破产托管人、联邦破产管理署还是联邦破产管理署署长，就是一个难以抉择的问题，这涉及的或许是某种社会文化差异。

由于本译稿从头至尾系由一人负责，因此保持了极高的一致性，而且翻译过程本身也是译者对条文尤其是英美法破产法律制度的不断熟悉和理解的过程，所以，很多地方存在认知持续迭代升级、不断深化、多次反馈、反复修改斟酌的情形。对于一些特别难以理解或翻译的词句，译稿会给出英文原文加以对照，提供多种可能的译法选择，甚至做出脚注说明，虽然不一定正确，但却是译者当时的心得体会，以利于未来学习、研究使用。最终统计下来，本译稿共有正式的译者注127处，基本上等于一篇法核的脚注数量了。其中美国《破产法典》的脚注1就长达1500字，详细讨论了"lien"一词的译法选择及其理由。尽管在有限的时间和精力范围内，本译稿已经达到主译者至少是目前能力的极限，但这些都不能成为本译稿中难以胜数的各种错漏、浅薄之处的理由和借口。对此，只能先行恳求读者和同行们的宽容与谅解。

年轻的时候曾看过一句很鸡汤的话，觉得不合逻辑，但却一直在心中挥之不去：

"凡是值得做的事情就值得做好，凡是值得做好的事情就值得做到尽善尽美！"

以前也并不知道自己为什么（从特殊意义的角度）当年要远渡重洋辛苦读博。② 在完成这个翻译项目之后，大抵算是明白了。为国家法治进步与法学昌明做自己能做、该做的一部分事情，已经尽力了。主译者大概永远会记得2020年4月底完成翻译初稿的那天晚上，陪父母边聊天边看了一会儿电视，那种久违的困鸟出笼的轻松惬意，人生的美好时光莫过如此……

---

① "by the debtor"指某件艺术品是债务人自己创作的，而"of the debtor"是指某件艺术品归债务人所有。法学上就是知识产权和所有权之间的差异了。机器翻译对于这样的细节，几乎是无能为力的。对于不够细心的译者，如此细腻的颗粒度也极易被忽略。

② 可以参考"个人破产法研讨"微信平台转载的齐砺杰：《岁月有痕——记英国曼彻斯特大学平淡的留学生活与破产法学习经历》（该版本附破产法和公司法方面的外国教材、学者、读物、期刊和数据库等信息，更利于学者和学生使用），载https：//mp. weixin. qq. com/s/8BgMpvbAQWNcYf9bD6uelw；而"破产法快讯"和陈夏红先生主编的《破产实务前沿》第2辑《破产重整实务指南》，也以《曼彻斯特读博记》为题转载过相同内容的文章（只是没有后面所附信息），特此一并致谢。

五、感谢

可以感谢的人很多，此处仅以对本翻译项目的直接贡献为准表示感谢：感谢深圳中院（尤其是破产庭具体的项目联系人白甜田、李迪文法官）为法条翻译项目提供经费和协助；感谢父母、爱人、孩子给予我的包容、理解和陪伴；感谢刘静、向淑娴两位副主编在资料收集、经费筹集、意见反馈等方面给予我的坚定支持；感谢项目组连燕敏、吴敏、曹悦、李晓玲、吴晓炜、吴伟华、卢远捷同学的辛苦付出；感谢李甘为译稿完成而从事的辅助性工作；感谢张昕洋、叶庭芳、王星玥同学对稿件清样的校对与目录制作等……这一切的因缘和合，才使这项艰巨的工作得以完成。

最后要向负责本书出版和编辑工作的薛晗女士和田浩先生等致以敬意，是她/他们认真细致的工作才使本书避免了许多“低级”错误，得以用一种更为优雅的面目呈献于读者面前。

本书的所有错误，毫无疑问地都归咎于主译者个人智识、能力上的浅薄和翻译过程中的疏漏懈怠。译稿如果能得到读者的认可、批评或者斧正，将不胜惶恐和感激之至。

深圳大学　法学院　齐砺杰

2022 年 3 月 14 日　初稿

2022 年 12 月 23 日　二稿

于深圳福田区益田花园

联系方式：yijian126126@126. com

目　录

CONTENTS

美国《破产法典》

1986 年英国《支付不能法》

澳大利亚《破产法》

▶ 新加坡《破产、重组和解散法》◀

▶ 韩国《债务人重整与破产法》◀

美国《破产法典》

U. S. Code：Title 11

美国《破产法典》

版本说明：

美国《破产法典》不区分企业破产和个人破产，而是按照不同的破产程序构建不同的章节，因此，必须全文翻译才能反映个人破产立法的全貌。美国《破产法典》属《美国法典》第11编，于1978年颁布，目前包括第1章、第3章、第5章、第7章、第9章、第11章、第12章、第13章、第15章。除第12章之外，没有其他双数章。本稿采用美国康奈尔大学法律信息中心在线的最新条文及修改为翻译母本，官方网址：https：//www. law. cornell. edu/uscode/text/11。

由于美国《破产法典》中有大量的长难句，经常出现一个条文字数上千的情形，加之涉及很多金融及其他领域的术语，因此翻译难度极大。而且美国法修订更新较快，需要不定期更新才能保证所看到的是最新的条文版本。

本翻译稿是目前国内第3个公开出版的美国《破产法典》的翻译版本：

第1个版本，《当代外国破产法》，李飞主编，中国法制出版社2006年版，年代较为久远，翻译者似乎也并非破产法的专门研究者，因此留下颇多遗憾，参考价值非常有限。

第2个版本，美国《破产法典》（中英文对照本），李曙光教授审定，申林平律师译。本稿译者目前尚未收到该版本的实物，未作比较和参考；或者说保持了“刻意的回避”。原因在于，美国《破产法典》本身有相当的难度，两个或以上的翻译版本也并不算多。版本之间相互补充和竞争有利于学术的昌明与繁荣。更重要的是，鉴于美国《破产法典》的翻译难度和对中英双语要求之高，译者各自闭门造车，背对背翻译可能更能给读者尤其是专业学者以启发。由于语言无法避免的歧义与个人不同习惯的理解方式，翻译分歧可能才是接近条文原意更好的方式。如果大家的译本都一样了，反而会让读者误以为这就是法条原意而轻易接受。仅就双语对照的版式而言，该版本就非常值得称赞，更不用说李曙光教授和申林平律师这样的强强联合。

翻译说明：

本翻译稿是一个不同于以上版本的完全的全文重新翻译，共20万字以上。最近条文更新日期为2023年1月。

全文按照章（chapter）、节（subchapter，或称子章）、1条（section）、（a）款（subsection）、（1）项、（A）目来区分，但是颇为难办的是目以下还有层级：（ⅲ）、

（Ⅱ）、（aa）。

汉语中没有直接可对应的叫法。此外，还有子句（clause，也可翻成分句）、子款（subclause）、段（paragraph）、分段（subparagraph）几种指称。但根据实际翻译过程的体会，这4个单词似乎又不能简单对应（1）项、（A）目以及（ⅲ）、（Ⅱ）、（aa）这5级。美国立法在使用这4个单词的时候，似乎带有一定程度的随意性。当然这个结论可能过于草率，但是如果要彻底弄清又将耗费太多时间。所幸（ⅲ）、（Ⅱ）、（aa）这3级出现的情形极少。而条、款、项、目的概念可以涵盖99%以上的指称，因此，译稿还是按照中国读者最习惯的“条、款、项、目”来表示层级的指称。确实不知道具体指称时（仅在没有明确给出符号时），直译为子句或分句、子款、段、分段。所以尽管译者非常希望能提供清晰的层级指称，但是由于工作量过于巨大，还是不可避免地会出现一些表述错误或不统一之处，如果出现极少数层级指称混乱影响条文理解的，还敬请读者谅解。

一些重要的常见词在美国《破产法典》特定语境下的特殊翻译方法提示：

title 翻译成“编”；

stay 翻译成“冻结”，特殊语境下可能翻成“中止”或“暂停”；

lien 翻译成“物上优先权”（有些情形下翻译成“担保权”“留置权”。具体理由见本法译稿长达1500字的脚注1。这个词可能是民商法领域困扰中国学者最为严重的英美法术语之一，原因就在于担保法制度体系的差异）；

file 翻译成“（提交）破产申请”。

此外，对于很多具有一定翻译或理解难度的英文单词及表述（含单词、词组、意群甚至整句），在相应译文之后用括号方式列举了原文的表述，其他可能的译法，甚至制作了专门的翻译脚注（本译稿现有译注24处），以便读者对译法进行研判和批评，以期有利于未来的改进。

翻译人员：

齐砺杰：深圳大学法学院破产法研究中心主任、副教授，英国曼彻斯特大学法学博士；

吴敏：深圳大学法学院在读研究生（现已毕业）。

本稿先由吴敏将美国《破产法典》的原文，通过网络翻译机进行初步汉化和术语统一，以大幅降低汉字输入的时间和人力。整理成中文版工作文本后，由齐砺杰根据官网上的条文，逐条翻译、修改、排版，形成翻译初稿，此项工作于2020年年初完成。

2021年12月至2022年2月，齐砺杰对翻译初稿进行审校（含全文表述上的统一、前后条文之间的串通、文字修改、订正错误、添加脚注等）并再次核对原文，将初稿至审校之间的新修订条文一并放入审校稿中。

2023年1月，齐砺杰对编辑审核稿进行最后的修订和补充。

美国《破产法典》章节目录

第1章 总 则

在本编中，适用下列定义：

第101条【定义】

（1）“会计师”是指按照相关法律获得权威认定，从事公共账目清算的会计人员，包括同样获得权威认定的职业会计师协会、公司或者合伙。

（2）“分支机构”是指——

（A）享有表决权的直接或者间接拥有，控制或者持有债务人20%以上的未偿付有表决权证券（outstanding voting securities）的实体，持有下列类型证券的实体除外——

（ⅰ）处于信托或者代理的地位，没有独立的自由表决权（sole discretionary power to vote）；

（ⅱ）仅用于担保债务，而该实体事实上并未行使过该表决权。

（B）直接或者间接被债务人拥有、控制或者掌握了20%及以上表决权的公司，或被直接或间接地拥有、控制或者掌握了债务人20%及以上表决权的经济实体直接或间接地拥有、控制或者掌握了20%及以上表决权的公司，持有下列类型证券的实体除外——

（ⅰ）处于信托或者代理的地位，没有独立的自由表决权；

（ⅱ）仅用于担保债务，而该实体事实上并未行使过该表决权。

（C）其业务由债务人根据租约（lease）或经营协议经营的人，或其财产基本上全部根据与债务人的经营协议在被经营的人；或者

（D）根据租约或经营协议经营债务人业务或实质上所有财产的实体。

（3）“受助人”（assisted person）是指其债务主要由消费者债务构成，其非豁免财产价值低于150,000美元的任何人。

（4）“律师（代理人）”是指根据可适用的法律开展法律业务的律师、专业法律职业协会、公司或合伙。

（4A）“破产援助”是指出售或以其他方式提供给被援助人的任何货物或服务，其明示或默示目的是提供信息、建议、法律顾问、文件准备或备案，或出席债权人会议，或代表另一方出席案件或程序，或就本编下的案件或程序提供法律代理（legal representation）。

（5）“请求权”（claim）是指——

（A）请求支付的权利，无论该项权利是否经过判决确定，是已清算的还是未清算的（unliquidated）、已然的（fixed，确定的）还是或然的（contingent，或有的、无条件的）、到期的还是未到期的（unmatured）、有争议的还是无争议的（undisputed）、法定的还是衡

平的、有担保的还是无担保的；

（B）对违约行为的衡平法救济所产生的请求权，只要该违约行为产生了请求支付的权利，无论该项权利是否经过判决确定，已然的还是或然的、到期的还是未到期的、有争议的还是无争议的、有担保的还是无担保的。

（6）“商品经纪人”是指本编第761条所定义的与消费者有关的期货委托商（futures commission merchant）、外国期货委托商、清算组织、杠杆交易商或者拥有专营权的经销商。

（7）“共同债权”（community claim）是指在涉及对本编第541（a）（2）项详细列明的一类财产有清偿义务的债务人的破产案件开始之前就已产生的债权，无论在破产案件开始之时是否存在该财产。

（7A）“商业捕鱼作业”是指——

（A）捕捞或收获鱼、虾、龙虾、海胆、海藻、贝类或其他水生物种或其产品；或

（B）就第109条和第12章而言，水产养殖活动包括第（A）目所述的任何物种或产品的市场养殖。

（7B）“商业渔船”是指家庭渔民用于商业捕鱼作业的船只。

（8）“消费者债务”是指主要是因为个人的、家属的或家庭的目的而由一个自然人所引发的债务。

（9）“公司”——

（A）包括——

（ⅰ）具有封闭（private）公司（不公开发行股份的公司）而非个人或合伙企业所具有的权力或特权的社团（association）；

（ⅱ）依法成立的合伙型社团，以其认缴的出资额为限对该社团的债务承担责任；

（ⅲ）股份公司；

（ⅳ）非法人企业（unincorporated company）或社团；或者

（ⅴ）商业信托；但是

（B）不包括有限合伙。

（10）“债权人”是指——

（A）持有在涉及债务人的救济令发出时或之前就产生的、针对债务人的请求权的实体；

（B）对本编第348（d）、502（f）、502（g）、502（h）或502（i）款所详细列明的破产财团有请求权的实体；

（C）具有共同债权的实体。

（10A）“当前月收入”是指——

（A）指债务人从所有来源获得（或在共同破产案件中，债务人及其配偶获得）的月平均收入，不考虑该收入是否应纳税，均指在以下日期终结前的6个月期间取得的月平均收入——

（ⅰ）如债务人提交第521（a）（1）（B）（ⅱ）子句所规定的当期收入明细表，则为紧接案件开始日期前的公历月的最后1日；或者

（ⅱ）如果债务人未提交第521（a）（1）（B）（ⅱ）子句所要求的当前收入明细表，则法院为本编目的确定的当前收入日期；

（B）

（ⅰ）包括除债务人以外的任何实体（或在共同破产案件中，指债务人及其配偶）定期为债务人或债务人的受扶养人（及在共同破产案件中，如果不是其他受扶养人，则为债务人的配偶）的家庭开支支付的任何款项；以及

（ⅱ）不包括——

（Ⅰ）根据《社会保障法》（42 U. S. C. 301等）获得的福利；

（Ⅱ）因战争罪或危害人类罪受害者的身份而向其支付的款项；

（Ⅲ）因国际恐怖主义或国内恐怖主义受害者的身份，向第18编第2331条所界定的国际恐怖主义或国内恐怖主义受害者支付的款项；以及

（Ⅳ）根据第10、37或38条支付的与军警部队成员的残疾、与战斗有关的伤害或残疾或死亡有关的每月补偿、养老金、工资、年金或津贴，除了根据本款应排除的任何退休工资，包括根据第10编第61章支付的退休工资，但前提是该退休工资超过债务人根据第10编（该编第61章除外）任何规定退休时本应享有的退休工资金额。

（11）“保管人”（custodian）是指——

（A）并非根据本编在破产案件或程序中任命的，债务人任何财产的接管人或受托人；

（B）为了该债务人的债权人的利益进行的一般的委派任务的代理人；或者

（C）根据适用法律或合同指定或授权负责债务人财产的受托人、接管人或代理人，其目的是对该财产实施物上优先权（a lien），或为债务人的利益对该财产进行综合管理。

（12）“债务”是指对请求权须履行的义务。

（12A）“债务减免代理”（debt relief agency）是指向被援助人提供任何破产援助以换取金钱或其他有价对价的任何人，或根据第110条是破产申请的准备人，但不包括——

（A）提供上述协助的人的高管、董事、雇员或代理人员或破产申请准备人的前述人员（any person who is an officer，director，employee，or agent of a person who provides such assistance or of the bankruptcy petition preparer）；

（B）根据1986年《国内税收法》第501（c）（3）项免税的非营利组织；

（C）该受助人的债权人，但该债权人须协助该受助人重组该受助人欠该债权人的任何债项；

（D）存款机构（定义见《联邦存款保险法》第3条）或任何联邦信用合作社或州信用合作社（定义见《联邦信用合作社法》第101条），或该存款机构或信用合作社的任何附属机构或子公司；或者

（E）第17编保护的作品的作者、出版者、发行者或销售者，以前述身份行事时。

（13）“债务人”是指涉及根据本编已经开始审理的破产案件的自然人或市政当局。

(13A)“债务人的主要居住地”是指——

(A) 债务人用作主要居所的住宅结构，包括附属物，而不论该结构是否附属于不动产；以及

(B) 包括个人公寓或合住单元（cooperative unit）、移动式或人造住宅或拖车，如果债务人用作主要住所的。

(14)“无利益相关方”是指——

(A) 不是债权人、股票证券持有人或内部人员；

(B) 在破产申请提交日期前 2 年内，并非债务人的董事、高管或雇员；以及

(C) 不因与债务人的、牵涉债权人的、债权人有权益的任何直接或间接关系或任何其他原因，而对破产财团或任何类别的债权人或任何类别的权益证券持有人的利益产生实质性相反影响。

(14A)“家庭支助义务”是指在本编所指案件的救济令下达之日之前、当日或之后产生的债务，包括适用的非破产法律规定的债务利息，尽管本编有任何其他规定，即——

(A) 欠以下的或可由以下追讨的债务——

(ⅰ) 配偶、前配偶或债务人的子女或该子女的父母、法定监护人或有责任的亲属；或

(ⅱ) 政府部门；

(B) 配偶、前配偶或债务人的子女或该子女的父母的抚养费、赡养费或扶助费（包括政府部门提供的援助)，不论该债务是否被明确指定（designated)；

(C) 在本编所述案件的救济令日期之前、当天或之后，根据下列可适用规定设立的或受其设立影响的——

(ⅰ) 分居协议、离婚令或财产和解协议；

(ⅱ) 存卷法院（a court of record）的裁判（order)；或者

(ⅲ) 政府部门根据适用的非破产法作出的决定；以及

(D) 未转让给非政府实体，除非该债务是由配偶、前配偶或债务人的子女或该子女的父母、法定监护人或有责任的亲属为收取债务而自愿转让的。

(15)“实体”包括自然人、破产财团、信托、政府部门和联邦破产托管人（United States trustee)。

(16)“权益证券”（equity security）是指——

(A) 在公司中的股份，无论是否是可转让或可命名为“股票”，或者类似的证券；

(B) 在有限合伙企业中有限合伙人的利益；或者

(C) 认股权证（warrent）或者权利，但并不包括对本项第（A）或（B）目详细列明的股份、证券或利润，进行转换、购买、出售或预购的权利。

(17)“权益证券持有人”指的是持有债务人权益证券的人。

(18)“家庭农场主”是指——

(A) 从事农业经营的个人或个人及配偶（individual or individual and spouse)，其债务

总额不超过 10,000,000 美元，但不少于其非或有、已清算的（noncontigent，liquidated debts）债务总额的 50%（不包括该个人或该个人及配偶的主要居住地债务，除非该债务是由农业经营引起的），在立案之日，是由该个人或该个人及配偶拥有或经营的农业经营引起，而该个人或该个人及配偶从该农业经营中获得的收入，在以下期间，超过该个人或该个人及配偶的总收入的 50%——

（ⅰ）上一纳税年度；或者

（ⅱ）之前的第 2 个和第 3 个纳税年度；

与该个人或该个人及其配偶有关的案件申请被提交的纳税年度；或者

（B）由 1 个家庭或 1 个家庭及其成员的亲属持有流通股或股本超过 50% 的公司或合伙企业，而该家庭或亲属从事农场的运营，并且——

（ⅰ）超过其价值 80% 的资产由与农场运营有关的资产构成；

（ⅱ）其总计的债务不超过 10,000,000 美元，且不低于其非或有、已清算的债务总额的 50%（除非该债务是由经营农场所引起的，否则不包括由该公司或合伙企业所拥有的、股东或合伙人在主要居住地的住处所引发的债务），在破产申请提出之日，产生于由该公司或合伙企业所拥有或经营的农场业务；

（ⅲ）如果该公司发行股票，则该股票不能进行公开交易。

（19）"有固定年收入的农场主"是指年收入非常稳定和规律，使其家庭能够根据本编第 12 章项下的计划偿还债务的农场主。

（19A）"渔业家庭"是指——

（A）从事商业捕鱼作业的个人或个人及其配偶——

（ⅰ）其债务总额不超过 1,500,000 美元，且不少于其非或有、已清算的债务总额的 80%（不包括该个人或该个人及配偶的主要住所的债务，除非该债务是由商业捕鱼作业引起的）。在破产申请提出之日，由该个人或该个人及其配偶拥有或经营的商业捕鱼作业引起；以及

（ⅱ）从该商业捕鱼作业中获得的收入超过该个人或该个人及其配偶在提交该个人或该个人及其配偶的破产申请的纳税年度之前的纳税年度总收入的 50%；或者

（B）公司或合伙企业——

（ⅰ）持有已发行股份或者股本 50% 以上的——

（Ⅰ）经营商业性捕捞作业的家庭；

（Ⅱ）家庭及其成员的亲属从事商业性捕捞活动的；

（ⅱ）

（Ⅰ）其资产价值的 80% 以上由与商业性捕捞活动有关的资产构成；

（Ⅱ）其债务总额不超过 1,500,000 美元，且不少于其非或有已清算的债务总额的 80%（不包括由该公司或合伙企业拥有并由股东或合伙人作为主要居住地的住所的债务，除非该债务是由商业捕鱼经营引起的），在破产申请提出之日，由该公司或该合伙企业拥有或经营的商业捕鱼作业引起；以及

（Ⅲ）如果该公司发行股票，则该股票不公开交易。

（19B）“有固定年收入的渔业家庭”是指其年收入足够稳定和规律，使家庭渔民能够根据本编第 12 章项下的计划偿债的渔业家庭。

（20）“农场主”是指（除非该术语出现在“家庭农场主”这个术语中）一般被承认的该自然人在与该自然人有关的本编项下的破产案件发生当年的前 1 个纳税年度中总收入的 80% 都是由该自然人拥有或运营的农场经营所产生的。

（21）“农场经营”包括农业、土地耕作、奶制品生产、经营牧场、生产农作物、饲养家禽或家畜和在非加工状态下对家禽和家畜制品的生产。

（21A）“农业生产协议”是指 1 个书面的协议，其内容包括——

（A）有权利播种、生产或在不动产上进行农业生产的业主同意或已经同意向另外的实体转移或分配部分权利；以及

（B）该等其他实体（直接地获得权利或通过代理商或业主分配权利），作为对价，同意为了发展农业，加大产出（develop or produce liquid or gaseous hydrocarbons on the property，直译为“开发或生产液态或气态碳氢化合物”），而进行播种、重新耕作、测试或其他类似或相关的劳作。

（21B）“联邦存款机构管理局”是指——

（A）与被保险的存款机构有关的［如《联邦存款保险法》第 3（c）（2）项所定义的］，但没有任命监督者或接管者的，适当的联邦银行机构［如《联邦存款保险法》第 3（c）（2）项所定义的］；

（B）与被保险的信用合作社有关的（包括国家信用合作社管理局已被任命为监督者或清算机构的被保险的信用合作社）国家信用合作社管理局；

（C）与任何被保险的存款机构有关的处置信托公司，该处置信托公司（the resolution trust corporation）已被任命为监督者或接管者；以及

（D）与任何已保险的存款机构有关的联邦存款保险公司，该联邦存款保险公司已经被任命为监督者或接管者。

（22）“金融机构”是指——

（A）联邦储备银行，或是商业或储蓄银行、工业储蓄银行、储蓄和贷款协会、信托公司、联邦保险信用合作社或该实体的接管人、清算代理人或保管人的实体，并且，当任何此类联邦储备银行、接管人，清算代理人、保管人或实体作为客户（无论是否为第 741 条定义的“客户”）的代理人或保管人，与该客户的证券合同（定义见第 741 条）有关；或者

（B）与本编第 741 条所定义的证券合同有关的，根据 1940 年《投资公司法》注册的投资公司。

（22A）“金融参与者”是指——

（A）在签订证券合同、商品合同、互换协议、回购协议或远期合同时，或在提交申请之日，与债务人或任何其他实体（附属公司除外）签署 1 项或多项第 561（a）款第（1）、

(2)、(3)、(4)、(5) 或 (6) 项所述协议或交易的实体，在提交破产申请之日前15个月内的任何时间或任何1天的名义或实际本金总额（在交易对手之间合计）不少于1,000,000,000美元，或在提交破产申请书之日前15个月内的任何时间或任何1天，与债务人或任何其他实体（附属公司除外）签订的1项或多项该等协议或交易中的按市值计价的总头寸不低于100,000,000美元（按交易对手合计）；或者

（B）清算组织（定义见1991年《联邦存款保险公司改进法案》第402条）。

（23）“外国程序”是指外国的集体司法或行政程序，包括临时程序，根据与破产或债务调整有关的法律，在该法律中，为了重整或清算的目的，债务人的资产和事务受外国法院的控制或监督。

（24）“外国代表”是指个人或团体，包括临时任命的个人或团体，在外国程序中被授权管理债务人资产或事务的重整或清算，或作为该外国程序的代表。

（25）“远期合约”是指——

（A）本编第761（8）款中定义的购买、销售或转让商品的合同（第761条中定义的商品合同除外），或目前或将来成为交易对象的任何类似货物、物品、服务、权利或权益。远期合约交易或其产品或副产品，到期日在合同签订之日后两日以上，包括但不限于：回购或逆回购交易（无论该等回购或逆回购交易是否为本条定义的“回购协议”）、寄售、租赁、掉期、对冲交易、存款、贷款、期权、已分配交易（allocated transaction）、未分配交易，或任何其他类似协议；

（B）第（A）和（C）目所指协议或交易的任何组合；

（C）订立第（A）或（B）目所提及的协议或交易的任何选择权；

（D）主协议，规定了第（A）、（B）或（C）目所指的协议或交易，以及对任何此类主协议的所有补充，而不考虑此类主协议是否规定了本段项下不是远期合同的协议或交易，但该主协议仅就第（A）、（B）或（C）目所提及的该主协议项下的每项协议或交易而言，须视为本段所指的远期合约；或者

（E）与第（A）、（B）、（C）或（D）目所指的任何协议或交易有关的任何担保协议或安排，或其他信用增级，包括远期合约商户或金融参与人就任何该目（subparagraph，小段、分段落）所提及的协议或交易而作出的或向该等远期合约商户或金融参与人作出的任何保证或偿付义务，但不得超过与任何该等协议或交易有关根据第562条计算的损害赔偿。

（26）“远期合约商户”是指某联邦储备银行，或某实体，其全部或部分业务包括作为商户或与商户签订远期合约，内容包括商品（定义见第761条）或任何类似货物、物品、服务、权利或目前或将来成为远期合约交易标的权益。

（27）“政府部门”是指美国联邦、州、自治政区（commonwealth，译注：如波多黎各，相当于中国的“自治区”概念）、地区（district）、领土（territory）、自治市、其他州；联邦的部门、机构或中介（但在本编所述案件中担任受托人时不是联邦破产托管人）、某州、某自治政区、某地区、某领土、某自治市，或某其他州；或其他外国或国内政府（other foreign or domestic government）。

(27A)“医疗保健业”是指——

(A) 主要从事向一般公共设施和服务机构提供以下服务的任何公营或私营实体（不论该实体是否为营利组织）——

(ⅰ) 损伤、畸形或疾病的诊断或治疗；以及

(ⅱ) 外科、药物治疗、精神病或产科护理；以及

(B) 包括——

(ⅰ) 任何——

(Ⅰ) 普通或专科医院；

(Ⅱ) 辅助的门诊、急诊或外科治疗服务；

(Ⅲ) 临终关怀；

(Ⅳ) 家庭保健机构；以及

(Ⅴ) 与第（Ⅰ）、(Ⅱ)、(Ⅲ) 或（Ⅳ）子款（subclause）所述实体类似的其他医疗机构；以及

(ⅱ) 任何长期护理服务，包括——

(Ⅰ) 熟练的护理服务；

(Ⅱ) 中级护理服务；

(Ⅲ) 辅助生活服务；

(Ⅳ) 养老院；

(Ⅴ) 家庭护理服务；以及

(Ⅵ) 与第（Ⅰ）、(Ⅱ)、(Ⅲ)、(Ⅳ) 或（Ⅴ）子款所述服务相关的医疗机构，前提是该机构主要从事提供房间、食宿、洗衣或个人协助，以开展日常生活活动，以及与日常生活活动相关的附带杂项（incidentals）。

(27B)“附带财产”就债务人的主要居住地而言是指——

(A) 与不动产所在地的主要住所共同转让的财产；

(B) 所有地役权、权利、附属物、固定装置、租金、特许权使用费、矿业权、石油或天然气权或利润、水权、托管基金或保险收益；以及

(C) 所有替换或添加。

(28)“契约”（indenture）是指抵押、信托契约或契约，根据该契约，除有表决权的信托证书外，还有未偿付的证券，构成对债务人的债权、由对债务人任何财产的物上优先权（lien）担保的债权或债务人的权益证券。

(29)“契约受托人”是指相关契约项下的受托人。

(30)“有固定收入的个人”是指收入十分稳定并且规律，使该个人能够根据本编第13章项下的计划进行债务清偿的个人，而非股票经纪人或商品经纪人。

(31)“内部人（也可以翻译成‘关联方’)”包括——

(A) 如果债务人是个人的——

(ⅰ) 债务人的亲属或债务人的某普通合伙人（a general partner）的亲属；

（ⅱ）债务人是普通合伙人的合伙企业；

（ⅲ）债务人的普通合伙人；或者

（ⅳ）债务人是其董事、高管或控制人的公司；

（B）如果债务人是公司法人的——

（ⅰ）债务人的董事；

（ⅱ）债务人的高级管理人员；

（ⅲ）债务人的控制人；

（ⅳ）债务人是其普通合伙人的合伙企业；

（ⅴ）债务人的普通合伙人；或者

（ⅵ）普通合伙人、董事、高管或控制人的亲属；

（C）如果债务人是合伙企业的——

（ⅰ）债务人中的普通合伙人；

（ⅱ）普通合伙人在合伙企业中的亲属，合伙企业的普通合伙人或合伙企业控制人的亲属；

（ⅲ）债务人为普通合伙人的合伙企业；

（ⅳ）债务人的普通合伙人；或者

（ⅴ）债务人的控制人；

（D）如果债务人是某自治市的，债务人被选举产生的官员及其亲属；

（E）关联公司，或者关联公司的内部人，当该关联公司为债务人时；以及

（F）债务人的经理人（managing agent）。

（32）“无力偿债的”（insolvent，支付不能的）——

（A）对于除合伙企业和自治市以外的实体，是指该实体的债务总额大于该实体的所有财产的财务状况，以公平的估价而言，不包括——

（ⅰ）为了阻碍、延缓或欺骗该实体的债权人而被转移、隐匿或移交的财产；以及

（ⅱ）根据本编第522条可能从破产财团的财产中得到豁免的财产；

（B）对于合伙企业而言，是指该合伙企业债务的总额在公平估价的基础上超过以下合计的财务状况——

（ⅰ）该合伙企业所有的财产，不包括本款第（A）（ⅰ）子句［subparagraph，有的条文中（A）与（ⅰ）两级都用此单词，有的条文中（ⅰ）用单词“clause”指称，并不统一，为区分，本译稿称（ⅰ）为“子句”］所详细列明的财产；并且

（ⅱ）每一普通合伙人的非合伙人财产［不包括本款第（A）目所规定的财产］价值超过该合伙人的非合伙债务的总和；

（C）对于自治市而言，指该自治市的财务状况为——

（ⅰ）一般不偿还到期债务，除非该等债务是善意争议（a bona fide dispute）的标的；或

（ⅱ）无法清偿应付的债务。

（33）“机构关联方”是指——

（A）与被保险的存款机构［《联邦存款保险法》第3（c）（2）项所界定的］有关的，具有《联邦存款保险法》第3（u）款所赋予的内涵；

（B）与被保险的信用合作社有关的，具有《联邦信用合作社法》第206（r）款所赋予的内涵。

（34）“被保险的信用合作社”具有《联邦信用合作社法》第101（7）款所赋予的内涵。

（35）“被保险的存款机构”——

（A）具有《联邦存款保险法》第3（c）（2）项所赋予的内涵；并且

（B）包括被保险的信用合作社［除非在本条第（21B）项和第（33）（A）目的情况下］。

（35A）“知识产权”是指——

（A）商业秘密；

（B）第35编所保护的发明创造、加工程序、设计或装置；

（C）专利申请；

（D）植物物种的多样性；

（E）第17编所保护的著作权；

（F）根据第17编第9章所保护的覆膜作品。

在可适用的非破产法的范围内。

（36）“司法物上优先权”（judicial lien）是指通过判决、征收、扣押或其他法律或衡平法过程或程序获得的物上优先权。

（37）“物上优先权”（lien）① 是指对财产的扣押或财产中的权益，以保证债务的偿付

---

① “lien”一词是英美民商事法律中最难翻译的术语之一。原因在于中国的担保法体系中没有与之完全相同的概念或制度。本译稿使用一个生造的译法：“物上优先权”，配合“留置权”，以适应各种可能的表述要求。因为对其译法一直有多种观点，试举最有说服力的两种。其一，“在美国法语境中，优先权与担保权并没有严格的区分，整体上包括意定优先权即一般说的担保物权，司法优先权和法定优先权，均使用‘lien’一词”，参见韩长印、何欢、王之洲在［美］查尔斯·J. 泰步《美国破产法新论》一书正文中的译者注，中国政法大学出版社2017年版，第14页。其二，“lien的内涵事实上十分丰富，但国内多将其某种表现形式当成了lien本身，最为典型的就是将其译为‘留置权’。英美法系从功能主义和实用主义的立场出发，不考虑权利的性质，将凡在财产上设定的、能起担保作用的财产均视为lien，因此，不仅私法、实体上可以产生lien，公法和程序法上亦可产生lien。以美国《破产法典》为例，第101条即规定lien指保证债务的偿付或义务的履行而在财产上设定的负担或权益，此外其可通过司法程序、法律规定或意定成立，大体相当于我国法上的担保物权加上民事诉讼法上的各种保全措施。因此，lien绝不单单指我国法中的‘留置权’，相反其为我国法中担保物权和保全措施之上的上位概念。也有译者将其译为‘优先权’，甚至在制定《海商法》时就将‘maritime lien’译为‘船舶优先权’，但该译法也存在不少争议。有学者指出，优先权概念源于法国法，系由privilege翻译而来，在法国法上用以指法定担保，事实上与我国依据德国法传统确立起来的既有担保法和理论体系不相兼容，并直接称为我国法律移植中的败笔。我们认为，优先权作为法国法上的概念，第一，与英美法系的理论和实践体系不容，无法准确传达美国法中lien的概念；第二，其与我国现在建立的制度与理论体系也是方枘圆凿，‘优先权’在我国究竟内涵与外延为何恐怕尚不明晰，因而将其译为‘优先权’也并不能帮助读者理解lien的含义。因此，我们最终选择根据第101条的定义将其译为‘财产上的担保权’，不求创设新的法律概念，但求翻译的准确精要。”参见李曙光审定、申林平翻译的

或责任的履行。

（38）就本编的远期合同条款而言，“保证金支付”是指现金、证券或其他财产的支付或存款，在远期合同交易中通常称为原始保证金、初始保证金、维持保证金或变更保证金，包括按市价计值支付或变更支付。

（38A）“主净额结算协议”是指——

（A）根据或与第 561（a）款第（1）至（5）项中任何 1 项或多项所述的 1 项或多项合同有关的规定行使权利的协议，包括净额结算、抵销、清算、终止、加速或结算的权利，或与上述 1 项或多项有关的任何担保协议或安排或其他信用增级，包括与上述 1 项或多项有关的任何担保或偿付义务；并且

（B）如果该协议不包含第 561（a）款第（1）至（5）项所述合同的协议或交易有关的条款，则该协议仅应被视为与第 561（a）款第（1）至（5）项中任 1 个或多个所述协议或交易相关的主净额结算协议。

（38B）“主净额结算协议参与人”是指在申请书提交日期之前的任何时间，与债务人签订的未完成主净额结算协议的一方。

（39）“覆膜作品”（mask work）具有第 17 编第 901（a）（2）项所赋予的内涵。

（39A）“家庭收入中位数”是指任何 1 年——

（A）人口普查局在最近 1 年计算及报告的家庭收入中位数；以及

（B）如果在当年没有这样计算和报告，则在最近 1 年之后每年调整 1 次，直到下 1 年由人口普查局计算和报告家庭收入中位数，以反映在这 1 年之后和今年之前发生的所有城市消费者的消费价格指数的百分比变化。

（40）“自治市”（municipality，或翻译成市政当局）是指 1 个国家的政治分区或公共机构或手段。

（接上页）

美国《破产法典》（中英文对照本），法律出版社 2022 年版，前言。而本稿译者认为，获得受偿时的优先地位（优先性）实际上是担保权之核心特征，放在某些场景下非常达意，读者一看就懂，甚至比担保权更能体现权利的精髓。因此优先权起源于何种法系并非关键。何况翻译 lien 本就是为了介绍外国法。既然 Priority、Priorität 的概念美国、英国、德国都有，那优先权的译法与我国担保法的体系渊源就并无必然的冲突。因为我们的目的不是要将 lien 制度引入中国的担保法体系中来。因此，能看得懂又能区别得开才是主要的目的。如果 lien 如果译为“财产上的担保权”会跟 security interest in property 的表述无法区分（如在翻译 to enforce any lien against or security interest in real property，或 a lien on property 时，这两种表述都是美国《破产法典》中的原文）。而且根据《美国不动产担保法》（the Personal Property Securities Act，PPSA）第 93 条，如果满足某些条件，普通法 lien 和法定 lien 将优先于竞争性担保权益（competing security interests，本句是指两种 lien 比同一物上的其他担保更加优先的意思）。因此，如果没有一个更加专有的称呼，当 lien 跟担保权的其他一般表述以及其他专有术语同时出现时（如 any existing or subsequent mortgage，lien，charge or other encumbrance over the property，此表达是澳大利亚《破产法》中的原文），就难以翻译，或者以中国读者看来属于逻辑混乱。而如果将 lien 译为生造的“物上优先权”概念，则可以吸收上述两种说法各自的优点。既体现了权利的核心特点，能望文知义，又可以区别其他的担保权，同时还可以将 lien 与 priority（抽象的优先性权利或者优先权制度）区分开来。当然如果在特殊情景，lien 译为留置权可能更为贴切，比如对账簿文书的 lien。因此，对于“lien”一词，生造术语在绝大多数场景比较合适，照顾不同语境，在特殊情形还应考虑灵活运用其他的译法（如留置权、担保权、优先权）。

（40A）“患者”是指从医疗保健企业获得或接受服务的任何个人。

（40B）“患者记录”是指与患者相关的任何记录，包括书面文件或记录在磁、光或其他形式的电子介质中的记录。

（41）“人”包括个人、合伙和法人，但是不包括政府部门，除非该政府部门——

（A）从该自然人处获得资产——

（ⅰ）由于执行了贷款担保协议的缘故；或者

（ⅱ）作为该自然人破产的接管人或清算代理人；

（B）是由债务人或其关联公司或代表债务人或其关联公司的可支付的养老金收益的担保人；

（C）是法定的或有使用权的业主，该资产被纳入——

（ⅰ）1986 年《国内税收法典》第 414（d）款所界定的作为政府计划的职工退休金计划；

（ⅱ）1986 年《国内税收法典》第 457（b）款所界定的符合条件的延期补偿计划；

根据本编第 1102 条的规定，与该资产或收益有关的自然人或法人应当被充分考虑。

（41A）“个人身份信息”是指——

（A）如由个人向债务人提供，而该项提供是与主要为个人、家属或家庭目的而从债务人取得产品或服务有关的——

（ⅰ）该个人的姓名（或首字母）和姓氏，无论是在出生时或收养时，还是因合法更名而产生的；

（ⅱ）个人实际居住地的地理地址；

（ⅲ）该个人的电子地址（包括电子邮件地址）；

（ⅳ）专用于在该实际居住地联系该个人的电话号码；

（ⅴ）发给该个人的社会保险账号；或者

（ⅵ）发给该个人的信用卡账号；或者

（B）如与（A）款所指明的 1 项或多项资料有关——

（ⅰ）出生日期、出生证或收养证明的号码或出生地；或者

（ⅱ）任何其他与被识别的个人有关的信息，如果被披露，将导致以物理或电子方式联系或识别该个人。

（42）“申请”指为启动本编项下破产案件而（视情况而定）依照本编第 301、302、303 或 304 条所提出的破产申请。

（42A）“产品支付（生产费）”是指以现金或实物形式支付的优先使用费——

（A）视来自特定土地的农业产品（直译为“从特定不动产产出液态或气态碳氢化合物”）而定；并且

（B）来自特定的数量、特定的价值，来自土地的农业产品，并且不考虑生产成本就可以决定的。

（43）“购买者”是指财产自动转让的受让人，并且包括该受让人直接的或间接的受

让人。

（44）“铁路公司”是指通过铁路进行的从事客运或货运的普通承运商，或由该普通承运商租借的轨道设备的所有者。

（45）“亲属”是指由习惯法所决定的在三代以内有血缘或姻亲关系的人；或在三代以内存在过继养或收养关系的人。

（46）“回购协议参与者”是指在破产申请提交之前的任何时候，与债务人签订了公开的回购协议的实体。

（47）“回购协议”（该定义同样适用于“反回购协议”）。

（A）是指——

（ⅰ）包括相关条款的合同，规定转让 1 张或多张存款证、抵押相关证券（定义见 1934 年《证券交易法》第 3 条）、抵押贷款、抵押相关证券或抵押贷款的利息（interests，或可翻译成“权益”“收益”“利益”等）、合格的银行承兑汇票、合格的外国政府证券（定义为是由“经济合作与发展组织”成员国中央政府直接负责或完全由该中央政府担保的证券），或是由美国或美国任何机构直接负责或完全由其担保的证券，以对抗（against）此类存款证、合格银行承兑汇票、证券、抵押贷款或利息的受让人转让资金，由该等受让人同时协议向转让人转让本条款所述的存款凭证、合格银行承兑汇票、证券、抵押贷款或利息，转让日期不迟于转让后 1 年或根据要求，以对抗资金的转让；

（ⅱ）第（ⅰ）和（ⅲ）子句（clauses）所述的任何协议或交易的组合；

（ⅲ）签订第（ⅰ）或（ⅱ）子句所述协议或交易的选择权（option）；

（ⅳ）规定了第（ⅰ）、（ⅱ）或（ⅲ）子句所述协议或交易的主协议（a master agreement），以及任何此类主协议的所有补充，而不考虑此类主协议是否规定了不是本段项下回购协议的协议或交易，除非此类主协议应被视为本段项下的回购协议，仅适用于第（ⅰ）、（ⅱ）或（ⅲ）子句所述的主协议项下的每项协议或交易；或者

（ⅴ）与第（ⅰ）、（ⅱ）、（ⅲ）或（ⅳ）子句所述任何协议或交易相关的任何担保协议或安排或其他信用增级，包括回购参与者或金融参与者就任何该等条款提及的任何协议或交易相关的任何担保或偿还义务，但不得超过根据本编第 562 条计算的与任何此类协议或交易有关的损害赔偿；以及

（B）不包括参与商业抵押贷款的回购义务。

（48）“有价证券清算代理人”是指根据 1934 年《证券交易法》第 17A 条作为清算代理机构而注册登记成立或根据证券交易委员会的裁定免于根据该条注册的人，其业务范围根据该法第 17A 条的立法目的且依照第 3（a）（12）项的规定，被限制在与被免责证券有关的清算代理机构的职能。

（48A）“证券自律组织”是指根据 1934 年《证券交易法》第 15A 条在证券交易委员会注册的证券协会或根据 1934 年《证券交易法》第 6 条在证券交易委员会注册的全国性证券交易所。

（49）“证券”。

（A）包括——

（ⅰ）票据；

（ⅱ）股票；

（ⅲ）库存股；

（ⅳ）公债（bond）；

（ⅴ）公司债券；

（ⅵ）抵押信托证书；

（ⅶ）组建前的证明书或签署的同意文件；

（ⅷ）可转让股份；

（ⅸ）股东投票权信托证书；

（ⅹ）存款单；

（ⅺ）证券存款单；

（ⅻ）投资合同或权益证明书或参与分红协议或石油、天然气或矿产特许权使用费或租约的证明书，如果根据 1933 年《证券法》的规定，该合同或权益必须作为向证券交易委员会提交的登记声明的主题（subject），或根据该法案第 3（b）款从该声明的提交要求中获得免除；

（xiii）有限合伙企业中的有限责任合伙人的利益；

（xiv）被视为"证券"的其他请求权或利益；并且

（xv）证券的权益或参与证书、临时或过渡的证明书、收据、认股权证或认购权、购买权或出售权；但是

（B）不包括——

（ⅰ）现金、支票、本票、汇票或银行信用证；

（ⅱ）本编第 761 条所定义的杠杆交易；

（ⅲ）商品期货交易合同或远期合约；

（ⅳ）认购、买卖某商品期货合约的期权、权证或权利；

（ⅴ）买卖商品的期权；

（ⅵ）本项第（A）（ⅻ）子句所详细列明的一类合同或证明书，没有被要求作为提交给证券交易委员会的有价证券上市申请声明的主题，并且根据 1933 年《证券法》第 3（b）款未从该声明的提交要求中获得免除；

（ⅶ）因售出和交付货物或实施服务而亏欠的债务或负债证据。

（50）"担保协议"是指创设或规定了担保权（secutiry interest）的协议。

（51）"担保权"是指由 1 个协议所创设的物上优先权。

（51A）"结算付款"是指依照本编远期合约的条款，初步结算付款、部分结算付款、中期结算付款、分期结算付款、最终结算付款、净结算付款或任何其他的在期货契约交易中所普遍使用的类似的支付方式。

（51B）"单一的不动产资产"是指由单一的财产或项目所构成的不动产，但住宅单元

数在4套以下的住宅不动产除外。该不动产能够充分地增加该债务人的总收入，除经营不动产和附带活动的业务外，债务人没有经营任何实质性业务。

(51C)"小规模经营 (small business)[①] 案件"是指根据本编第11章提交申请的案件，其中债务人是小规模经营，且未选择适用本编第11章第5节 (subchapter)。

(51D)"小规模经营债务人"——

(A) 除 (B) 款另有规定外，是指从事商业或经营活动的人（包括该人的任何附属公司，该附属公司也是本编下的债务人，不包括其主要活动是持有单一不动产用以经营之人)，截至申请书提交之日或救济令下达之日，累计不超过2,000,000美元（不包括欠1家或多家关联公司或内部人士的债务）的非或有、已清算的有担保和无担保债务，其中不少于50%来自债务人的商业或经营活动；以及

(B) 不包括——

(ⅰ) 一组关联债务人中的任何成员，其非或有、已清算的有担保和无担保债务总额超过2,000,000美元（不包括欠一个或多个关联公司或内部人士的债务)；

(ⅱ) 受1934年《证券交易法》[15 U. S. C. 78m, 78o (d)] 第13条或第15 (d) 款规定的报告要求的约束，作为公司的任何债务人；或者

(ⅲ) 任何公司——

(Ⅰ) 受1934年《证券交易法》第13条或第15 (d) 款规定的报告要求的约束；以及

(Ⅱ) 是债务人的关联方。

(52) 除非为定义谁是本编第9章下的债务人，否则"州"应包括哥伦比亚和波多黎各特区。

(53)"法定物上优先权"(statutory lien) 是指仅仅通过在特定情况或条件下的法令而发生的物上优先权，或者是供出租的扣押财产的物上优先权，无论是不是法定的，都不包括担保利益或司法物上优先权，无论该利益或物上优先权是否是由法令规定并决定的，并且无论该担保利益或物上优先权是否通过法令才能充分有效。

(53A)"股票经纪人"是指这样的人——

(A) 与本编第741条所界定的消费者有关；

(B) 从事于影响有价证券交易的商业活动的人：

(ⅰ) 为其他人代销证券；或者

(ⅱ) 为社会一般公众的账户提供会员服务。

(53B)"互换 (swap) 协议"——

(A) 是指——

---

① 可翻译成"小企业""中小企业""小微企业""中小微企业""小本生意"等，从字面上看，"小规模经营"最为贴合原意，尤其是从技术内涵角度，小规模经营破产更接近个人破产而非企业（公司）破产。但是有的场合根据约定俗成，也翻译成小企业、小微企业。因此，本稿中，小企业、小微企业和小规模经营几种说法是等价且混用的。

（ⅰ）任何协议，包括通过引用纳入本协议的条款和条件，而该协议是——

（Ⅰ）利率互换、期权、期货或远期协议，包括利率下限、利率上限、利率两头封（interest rate collar，又称利率上下限）、跨货币利率互换和基础互换；

（Ⅱ）即期、同日明日（same day - tomorrow）、明日次日（tomorrow - next）远期或其他外汇、贵金属或其他商品协议；

（Ⅲ）货币互换、期权、期货或远期协议；

（Ⅳ）股票指数或股票互换、期权、期货或远期协议；

（Ⅴ）债务指数或债务互换、期权、期货或远期协议；

（Ⅵ）总回报、信用利差或信用互换、期权、期货或远期协议；

（Ⅶ）商品指数或商品互换、期权、期货或远期协议；

（Ⅷ）天气掉期、期权、期货或远期协议；

（Ⅸ）排放互换、期权、期货或远期协议；或者

（Ⅹ）通货膨胀掉期、期权、期货或远期协议；

（ⅱ）与本段所提及的任何其他协议或交易相似的协议或交易，以及——

（Ⅰ）属于掉期或其他衍生品市场（包括通过引用纳入其中的条款和条件）中经常性交易的对象；以及

（Ⅱ）指1种或多种利率、货币、商品、股票证券或其他权益工具、债务性证券或其他债务工具的远期、掉期、期货、期权或现货交易，与某一事件、事件的范围，或与财务、商业或经济后果有关的事项，或经济或金融指标，或经济或金融风险或价值的衡量标准相关的量化指标；

（ⅲ）本款所指协议或交易的任何组合；

（ⅳ）订立本款所指协议或交易的任何选择权；

（ⅴ）主协议，规定第（ⅰ）、（ⅱ）、（ⅲ）或（ⅳ）子句所述的协议或交易，以及对任何此类主协议的所有补充，且无论主协议是否包含本段项下非掉期协议的协议或交易，但主协议应被视为本段项下的掉期协议，仅适用于第（ⅰ）、（ⅱ）、（ⅲ）或（ⅳ）子句所述主协议项下的每项协议或交易；或者

（ⅵ）与第（ⅰ）至（ⅴ）子句所述任何协议或交易相关的任何担保协议或安排或其他信用增级，包括掉期参与者或金融参与者就任何该等条款所述任何协议或交易所承担的任何担保或偿付义务，但不得超过与任何该等协议或交易有关，按照第562条计算的损害赔偿；以及

（B）仅适用于本编的目的，且不得被解释或应用于质疑或影响任何其他法规、条例或规则下的任何掉期协议的特征、定义或处理，包括Gramm - Leach - Bliley法案、2000年《银行产品法律确定性法案》、证券类法［定义见1934年《证券交易法》第3（a）（47）项］和《商品交易法》。

（53C）“互换参与者”指一个在提出破产申请前的任何时间，与债务人签订了未偿还的互换协议的实体。

[中间各款应已被删除]

(56A)(网页原文如此编号)“优先使用权费”指的是通过对时间、数量或实现的价值予以限制，该不动产的所有人有权分享农业生产或某特定不动产即将产出的产品或其价值。

(53D)“分时计划”是指而且应当包括在任何安排、计划、方案或相似的策划中所获得的利润，但不包括交换项目中所产生的利润，无论是通过成员资格、协议、共有财产出售、租借、转让、租用协议、许可、使用协议的权利，还是通过任何其他的途径，从而使购买者出于承诺而相互交换，得到使用住所、设施或娱乐场所的权利，无论上述场所是经改良还是未经改良的，而且发生在任何（不必是连续的）年度中不足 1 年的特定的期限内，可以把这个期限扩充为 3 年。“分时利益”是在分时计划中所购买的，赋予购买者使用并占有住所、设施或娱乐场所的权利，根据该分时计划，无论上述场所是经改良还是未经改良的均可。

(54)“转让”是指——

(A) 物上优先权的设定；

(B) 保留所有权作为担保权益；

(C) 债务人衡平法上赎回权的丧失；或者

(D) 直接或间接、绝对或有条件、自愿或非自愿处置或放弃——

(i) 财产；或者

(ii) 财产权益。

(54A)“未经保险的联邦储备银行的会员银行”是指 1 家未加入联邦存款保险公司存款保险的联邦储备银行的会员银行（《联邦存款保险法案》第 3 条所定义的）。

(55)“合众国”，当用作地理意义时，包含所有美国司法机关的管辖权能扩展到的区域，其中包括美国的领土和属地。

第 102 条【解释的规则】

在本编中——

(1)“在通知和听证会之后”或类似的短语是指——

(A) 在特定情况下被给予适当的通知后，在特定情况下被给予适当的听证机会；但

(B) 如果适当地发出了此类通知，可以授权在没有举行实际听证的情况下采取行动，并且如果——

(i) 有利害关系的一方没有适时地要求举行听证会，或者

(ii) 在该等行为被作出前没有足够的时间举行听证会，并且法庭也批准了该等行为的。

(2)“对债务人的请求权”包括对债务人财产的请求权。

(3)“包括（includes）”和“包含（including）”指非限制性的。

(4)“不可以”指禁止的，不被许可的。

(5)“或者”指并非唯一。

(6)“救济令”是指作出救济令。

（7）单数包含了复数。

（8）为便于参考，包含在本编某条中的一个定义如果引用了本编中的其他条文，不影响其他条文中某术语的含义；以及

（9）“联邦托管人”包括联邦托管人指派的人。

第 103 条【章节的适用】

（a）除本编第 1161 条规定之外，本编第 1、3、5 章适用于本编第 7、11、12、13 章的案件。而本章、第 307 条、第 362（o）款、第 555 至 557 条和第 559 至 562 条，适用于第 15 章的案件。

（b）本编第 7 章第 1 节和第 2 节仅适用于该章节的案件。

（c）本编第 7 章第 3 节仅适用于与股票经纪人有关的章节的案件。

（d）本编第 7 章第 4 节仅适用于与商品经纪人有关的章节的案件。

（e）适用范围——

本编第 7 章第 5 节适用于本章所述的未被保险的联邦储备银行州会员银行或根据《联邦储备法》第 25A 条组建的公司的清算，该类公司经营根据 1991 年《联邦存款保险公司促进法》第 409 条设立的多边清算组织或作为这样的一种组织从事经营。

（f）除非本编第 901 条另有规定，只有本编第 1 章和第 9 章适用于第 9 章的案件。

（g）除非本编第 901 条另有规定，本编第 11 章第 1 节、第 2 节和第 3 节仅适用于该章节的案件。

（h）本编第 11 章第 4 节仅适用于与铁路运输企业有关的章节的案件。

（i）本编第 11 章第 5 节仅适用于小企业经营债务人且选择适用第 11 章第 5 节的情形。

（j）本编第 13 章仅适用于该章的案件。

（k）本编第 12 章仅适用于该章的案件。

（l）本编第 15 章仅适用于根据该章审理的案件，但——

（1）第 1505、1513 和 1514 条适用于本编下的所有案件；以及

（2）无论本编下的案件是否尚未判决，第 1509 条均适用。

第 104 条【美元金额的调整】

（a）在 1998 年 4 月 1 日及此后每隔 3 年的 4 月 1 日，根据本编第 101（3）、101（18）、101（19A）、101（51D）、109（e）、303（b）、507（a）、522（d）、522（f）（3）及 522（f）（4）、522（n）、522（p）、522（q）、523（a）（2）（c）、541（b）、547（c）（9）、707（b）、1182（1）、1322（d）、1325（b）、1326（b）（3）款或项和第 28 编第 1409（b）款，各有效的美元金额在相关年度的 4 月 1 日之前，必须及时进行调整：

（1）以反映城市消费者物价指数的变化，该指数由劳工部根据最近 3 年的统计在上述有关年度的 1 月 1 日以前发布；

（2）以四舍五入到代表这种变化的最接近的 25 美元金额。

（b）在 1998 年 3 月 1 日以及在此之后每隔 3 年的 3 月 1 日以前，美国司法学会应当在联邦公报中公布根据本编 101（3）、101（18）、101（19A）、101（51D）、109（e）、303（b）、

507（a）、522（d）、522（f）（3）和 522（f）（4）、522（n）、522（p）、522（q）、523（a）（2）（C）、541（b）、547（c）（9）、707（b）、1182（1）、1322（d）、1325（b）和 1326（b）（3）款或项以及第 28 编第 1409（b）款在相关年度的 4 月 1 日生效的美元金额。

（c）依照第（a）款制定的调整方案不适用于上述调整期限以前即着手进行的破产案件。

第 105 条【法院的权限】

（a）法院有权发出任何对于执行本编规定有必要或者适当的裁定、程序或者判决。本编中任何关于利益相关方提出问题的规定不得解释为妨碍法院（行使判决权）采取任何必要或适当的行动或作出任何决定，以强制执行或实施（enforce or implement）法院裁定或规则，或防止滥用程序。

（b）尽管（a）款作出了上述规定，法院不得在本编下的案件中指定接管人（a receiver）。

（c）地方法官、其他的政府官员或者地方法院的雇员行使任何法院授予的权力或者责任都必须有《美国法典》第 28 编规定的明确授权。解释本款时不能排除根据《美国法典》第 28 编第 6 章任命的破产法官和其他政府官员或雇员。

（d）法院，依职权或者依当事人的请求，可以：

（1）在公告送达当事人后，应举行必要的情况会商，以促进案件迅速和经济的解决；

（2）除非与本编的其他规定或适用的《联邦破产程序细则》不一致，可以在任何协商会上发布裁定，规定法院认为合适的限制和条件，以确保案件能够便捷有效地解决，包括如下裁定：

（A）设定破产受托人（trustee）必须接受或拒绝未执行的合同或未到期的租约的一个日期；

（B）在本编第 11 章的案件中：

（ⅰ）设定债务人或指定的受托人提交披露声明和重整计划的日期；

（ⅱ）设定债务人或指定的受托人请求接受重整计划的日期；

（ⅲ）设定利益第三方而非债务人提交重整计划的日期；

（ⅳ）设定重整计划的某支持者而非债务人请求接受该重整计划的日期；

（ⅴ）确定对为批准披露声明的听证会而发出公告的范围和格式；

（ⅵ）规定可以将批准披露声明的听证会和批准重整计划的听证会合并。

第 106 条【放弃主权豁免】

（a）尽管有主权豁免（sovereign immunity）的主张，但在本条规定的范围内，就以下方面而言，政府部门的主权豁免被废除：

（1）本编第 105、106、107、108、303、346、362、363、364、365、366、502、503、505、506、510、522、523、524、525、542、543、544、545、546、547、548、549、550、551、552、553、722、724、726、744、749、764、901、922、926、928、929、944、1107、1141、1142、1143、1146、1201、1203、1205、1206、1227、1231、1301、1303、1305 和

1327 条。

（2）法院可以听证并决定因这些条款适用于政府部门而引发的问题。

（3）法院可以根据这些条款及《联邦破产程序细则》向政府部门作出裁定、程序指引或判决，包括给予金钱赔付（但不包括惩罚性赔偿）的裁定或判决。根据本编或《联邦破产程序细则》，对任何政府部门提出成本或费用要求的这些裁定或判决应当与《美国法典》第 28 编第 2412（d）（2）（A）目的规定和限制相一致。

（4）针对任何政府部门的这些裁定、程序指引或判决的强制执行应当与适用于这些政府部门的适当的非破产法的规定相一致，并且在针对合众国作出金钱判决的案件中，应当像联邦地区法院作出的判决一样得到支付。

（5）本条不得创设任何根据本编、《联邦破产程序细则》或非破产法并不存在的实质性的救济或诉讼理由的请求权。

（b）在破产案件中提出债权证据的政府部门被视为已经放弃了与对该政府部门提出的债权有关的、涉及破产财团的财产并且引起相同的交易或由该政府部门的债权所引起的事件的主权豁免权。

（c）尽管政府部门作出主权豁免的声明，但任何针对该政府部门的破产财团财产的债权都可以抵销针对该政府部门的债权或利益。

第 107 条【获得文件的公共途径】

（a）除非本条第（b）、（c）款和第 112 条另有规定，本章项下破产案件所提出的申请文件和法院的案卷均为公共记录，可由实体在合理时间内免费查询。

（b）依当事人要求，法院根据法院自身的意愿，可以——

（1）保护实体的商业秘密或机密的研究、开发或商业信息；或者

（2）保护关于自然人的，在本编项下的破产文件中记载的丑闻或诽谤性事件。

（c）

（1）破产法院因故可就以下各类信息保护个人，但条件是法院认为披露此类信息会对个人或个人财产造成身份盗用（identity theft）或其他非法伤害的不当风险：

（A）在根据本编提交或将要提交的文件中所包含的任何识别方式［定义见第 18 编第 1028（d）款］；

（B）第（A）项所述文件所载的其他信息。

（2）在单方面申请提出证明理由后，法院应向依据国内政府部门的警察或监管权力行事的实体提供获取根据第（1）项受保护信息的途径。

（3）联邦托管人（United States trustee）、破产管理人（bankruptcy administrator）、受托人（trustee）和任何根据第 28 编第 586（f）款服务的审计人员——

（A）应能完全获取在本编所指案件中提交或呈递的任何文件中包含的所有信息；以及

（B）不得披露法院根据本编特别保护的信息。

第 108 条【期间的延长】

（a）如果可适用的非破产法、进入非破产程序的法院裁定或协议，确定了债务人可以

开始破产事务的期限，并且在申请破产之日前该期限尚未届满，那么受托人可以在下列更晚的 1 个期限之前开始破产事务——

（1）该期限结束，包括破产程序开始时或开始之后的期限中止；或者

（2）在救济令发出 2 年以后。

（b）除非本条第（a）款另有规定，如果可适用的非破产法、进入非破产程序的法院裁定或协议，确定了债务人或个人根据本编第 1201 条或第 1301 条受到保护的期限，那么该债务人或个人就可以提出任何起诉、要求、通知，或债权或损失证明、违约补救、或执行任何其他类似行为；而如果在提出破产申请之日前该期限尚未期满，那么受托人可以在下列更晚的 1 个期限之前，根据情况提出破产申请、补救，或执行事务——

（1）该期限的结束，包括破产程序开始之时或开始之后的期限中止；或者

（2）在救济令发出 60 天以后。

（c）除非本编第 524 条另有规定，如果可适用的非破产法、进入非破产程序的法院裁定或协议，规定了在破产法院以外的法院就针对债务人的索赔开始或继续民事诉讼的期限，或针对根据本编第 1201 条或第 1301 条受保护的个人，且该期限未在提交破产申请之日之前到期，则该期限不会过期，直到下列更晚的 1 个期限——

（1）该期限的结束，包括破产程序开始之时或开始之后的期限中止；或者

（2）根据情况，与该债权有关的，根据本编第 362、922、1201 或 1301 条该冻结的终止通知或期满通知发布 30 天以后。

第 109 条【债务人的范围】

（a）尽管本条中还有其他的规定，但是只有在美国定居或在美国拥有住所、营业场所或在美国拥有财产的人，或自治市，才可能成为符合本编规定的债务人。

（b）适用本编第 7 章规定的债务人不得是——

（1）铁路公司；

（2）国内的保险公司、银行、储蓄银行、合作银行、储蓄贷款机构、建筑贷款机构、田产协会、1958 年《小企业投资法》第 351 条所定义的新兴市场风险投资公司、经小企业管理局根据 1958 年《小企业投资法》第 301 条许可设立的小企业投资公司、信用合作社及实业银行或者类似的根据《联邦存款保险法案》第 3（h）款界定的被保险的银行（未经保险的联邦储备的州会员银行除外），或者根据《联邦储备法》第 25A 条设立的（依照 1991 年《联邦存款保险公司促进法》第 409 条运作 1 个多边清算组织或者作为该类组织在运作的）公司，如果提出的破产申请符合联邦储备系统管理委员会的要求，才可能是适格的债务人；

（3）

（A）在美国从事此类业务的外国保险公司；或者

（B）外国银行、储蓄银行、合作银行、储蓄贷款机构、建筑贷款机构或信用社，在美国设有分行或代理机构［定义见 1978 年《国际银行法》第 1（b）款］。

（c）适合本编第 9 章的实体成为债务人必须满足下列条件——

（1）为自治市；

（2）地位经过特定授权的自治市，或者从名称上看是根据州法规定的符合本章的债务人，或者获得州法授权的政府官员或组织批准而成为本章适格债务人的实体；

（3）已无力偿债；

（4）希望实施调整此类债务的计划；以及

（5）

（A）已经获得了在根据该章启动的案件中，根据该计划该实体中拟受损的每一类债权下至少债权额过半数的债权人的同意；

（B）在根据该章提起的计划中，与债权人进行了有诚意的磋商，但是未能获得根据该计划该实体中拟受损的每一类债权下至少债权额过半数的债权人的同意；

（C）由于谈判不可行而未能与债权人进行磋商；或者

（D）合理地认为，债权人可能试图获得根据本编第 547 条可撤销的（avoidable）转让。

（d）只有成为第 7 章债务人的铁路公司、人（person，应包括自然人和法人）（股票经纪人和商品经纪人除外）和未经保险的联邦储备的州会员银行，或者根据《联邦储备法》第 25A 条设立的、依照 1991 年《联邦存款保险公司促进法》第 409 条运作 1 个多边清算组织或者作为该组织在运作的公司，才能成为本编第 11 章的债务人。

（e）有固定收入的个人（individual，指自然人），在破产申请提交之日，所欠的无条件的、清算的、无担保的债务不足 250, 000 美元并且无条件的、清算的、有担保的债务不足 750, 000 美元；或者除股票经纪人、商品经纪人之外的有固定收入的个人或其配偶，在破产申请提交之日，所欠的无条件的、清算的、无担保的债务总计不足 250, 000 美元并且无条件的、清算的、有担保的债务不足 750, 000 美元；只有满足以上两种情况之一的个人，才可能是本编第 13 章的债务人。

（f）只有具有固定年收入的家庭农场主或渔业家庭才可能是本编第 12 章的债务人。

（g）尽管本条还有其他的规定，如果某个人在过去的 180 天内曾经是本编某破产案件的债务人，并且其提出的破产申请有下列情形之一的，那么该个人或者家庭农场主就不能再成为本编的债务人——

（1）因债务人故意不遵守法院裁定或在案件正常进行中故意不出庭，法院撤销了案件；

（2）根据本编第 362 条，在提出经自动冻结而获得债务免除的动议之后，经债务人要求，获得了自愿撤诉（the voluntary dismissal）。

（h）

（1）根据第（2）、（3）项，除第（4）项之外的本条任何其他规定，个人不得成为本编下的债务人，除非该个人在提交申请之日起的 180 天内，从第 111（a）款所述的经批准的非营利性预算和信贷咨询机构收到过 1 份个人或团体简报（包括通过电话或互联网进行的简报），概述了提供信贷咨询的机会，并协助此类个人执行相关预算分析。

（2）

（A）第（1）项不适用于居住在某地区的债务人，如该地区的联邦托管人（或破产管理人，如有）确定该地区经批准的非营利性预算和信贷咨询机构不能合理地向因第（1）项的要求而从该机构寻求信贷咨询的其他个人提供足够的服务。

（B）作出第（A）目所述决定的联邦托管人（或破产管理人，如有）应不迟于作出该决定之日后1年审查该决定，并且此后至少每年审查1次。尽管有上述规定，联邦托管人（或破产管理人，如有）可随时不批准非营利性预算和信贷咨询机构。

（3）

（A）除第（B）目另有规定外，第（1）项的规定不适用于向法院提交下列证明的债务人——

（ⅰ）说明了放弃第（1）项要求的紧急情况；

（ⅱ）声明债务人向经批准的非营利的预算和信贷咨询机构曾寻求信贷咨询服务，但在债务人提出该请求之日起7天内未能获得第（1）项所述的服务；以及

（ⅲ）令法院满意。

（B）就债务人而言，在债务人符合第（1）项的规定之日，第（A）目下的豁免（exemption）应停止适用于该债务人，但在任何情况下，该豁免不得在债务人提出破产申请30天之后适用于该债务人，除非法院基于理由裁定延长15天。

（4）第（1）项的规定不适用于法院经通知和听证后认定因无行为能力、残疾或在军事战斗区服现役而无法完成这些规定的债务人。就本款而言，"无行为能力"是指债务人因精神疾病或精神缺陷而受到损害，从而无法实现其财务责任并就其财务责任作出合理决定；"残疾"是指债务人身体受损，经合理努力后，无法亲自参加第（1）项要求的电话或互联网简报会。

第110条【对过失或者欺诈地准备破产申请的人的惩罚】

（a）本条中——

（1）"破产申请代理人"是指除债务人的律师或在该律师直接监督下的该律师的雇员外，准备破产申请书以期获得报酬的人。

（2）"破产申请书"是指债务人向联邦破产法院或者与本编案件有关的地区法院提出的破产诉状或者任何与破产申请有关的其他法律文书。

（b）

（1）任何提出破产申请的破产申请代理人均须在申请文书上签名确认，并在文书上注明申请人的姓名或名称、住址。如果破产申请代理人不是个人，则应要求破产申请代理人的高管、主要负责人、负责人或合伙人——

（A）在破产申请书上签名；并且

（B）在文件上写上该高管、主要负责人、负责人或合伙人的姓名和地址。

（2）

（A）在准备破产申请书或接受或代表债务人接受任何费用之前，破产申请代理人应向

债务人提供 1 份书面通知，该通知应采用美国司法会议根据《联邦破产程序细则》第 9009 条规定的正式格式。

（B）第（A）目所指的通知——

（ⅰ）应以简单明了的语言通知债务人，破产申请代理人不是律师，不得执业或提供法律咨询；

（ⅱ）除因第（e）（2）项的原因而不能提供的任何意见外，可载有破产申请代理人无权提供法律意见示例的说明；以及

（ⅲ）应当——

（Ⅰ）由债务人签署，并在伪证罪惩罚的风险下，由破产申请代理人签署；以及

（Ⅱ）与申请书一起提交。

（c）

（1）提出破产申请的破产申请代理人在签名之后还应在申请文件上注明用来识别破产申请人的号码。

（2）

（A）根据第（B）目，为实现本条目的，用来识别破产申请代理人的号码应当是准备破产申请文件或者协助准备申请的各自然人的社会保险账号。

（B）破产申请代理人不是个人的，破产申请代理人的识别号为破产申请代理人的高管、主要负责人、负责人或者合伙人的社会保险账号。

（d）破产申请代理人应当在债务人签署申请文书之前，向债务人提供申请文书的副本。

（e）

（1）破产申请代理人不得代表债务人执行任何文书。

（2）

（A）破产申请代理人不得向潜在的破产债务人提供任何法律建议，包括第（B）目所述的任何法律建议。

（B）第（A）目所指的法律建议包括建议债务人——

（ⅰ）是否——

（Ⅰ）根据本编提交申请书；或者

（Ⅱ）根据第 7、11、12 或 13 章立案是适当的；

（ⅱ）在本编所指的情况下，债务人的债务是否解除；

（ⅲ）在根据本编立案后，债务人是否能够保留债务人的房屋、汽车或其他财产；

（ⅳ）关于——

（Ⅰ）根据本编提起的案件的税务后果；或者

（Ⅱ）税收债权的可免除性；

（ⅴ）债务人是否可以或者应当承诺向债权人偿还债务或者与债权人签订重新确认债务的协议；

（ⅵ）关于如何定性债务人在财产上的利益或债务人的债务的性质；或者

（ⅶ）关于破产程序和权利。

（f）破产申请代理人不得在任何广告中使用“法律的”一词或者类似的条款，或在任何类似广告的宣传中使用“法律的”一词或者类似的条款。

（g）破产申请代理人不得从债务人那里直接收取或接受报酬，或代表债务人索取与破产申请有关的法院诉讼费。

（h）

（1）最高法院可根据第 28 编第 2075 条的规定，或美国司法会议可规定，破产申请代理人可收取的最高许可收费。破产申请代理人在为债务人准备任何申请书或从债务人处或代表债务人收取任何费用之前，应将任何该等最高款额通知债务人。

（2）破产申请代理人应当提交 1 份声明，公布在提交破产申请书之日前 12 个月内从债务人处收取或代其收取的任何费用和债务人尚未缴纳的任何费用，如果根据第（1）项颁布或规定了最高服务费的细则或准则，则根据本项所作声明应包括破产申请代理人符合第（1）项通知要求的证明，违者将处以伪证罪的处罚。

（3）

（A）法院须驳回并命令将第（2）项所提及的任何费用立即移交破产受托人（bankruptcy trustee），当——

（ⅰ）被发现在破产申请提交日期前的 12 个月内，超过破产申请代理人提供的任何服务的价值；或者

（ⅱ）被发现违反第（1）项颁布或规定的任何细则或准则。

（B）在破产申请代理人没有遵从本款或第（b）、（c）、（d）、（e）、（f）或（g）款的情况下，破产申请代理人收取的所有费用均可被没收。

（C）根据第 522（b）款，个人债务人可以被免除根据本段所收回的任何款项。

（4）债务人、受托人、债权人或者联邦托管人（或破产管理人，如有）或法院，在法院的倡议下，可以根据本款第（3）项向法院申请相关的裁定。

（5）破产申请代理人每次未能遵守法院裁定，在 30 天内退回相关裁定中的服务费用的，将被处以每次不超过 500 美元的罚款。

（i）

（1）如果破产申请代理人违反了本条的规定、进行了法院认为的欺诈性的、不公平的、误导性的（deceptive）活动，根据债务人、托管人、联邦托管人（或破产管理人，如有）的申请，法院在通知和听证以后可以裁定破产申请代理人向债务人支付下列赔偿——

（A）债务人的实际损失；

（B）以下两者之间更高的 1 项——

（ⅰ）2000 美元；或者

（ⅱ）两倍于债务人支付给破产申请代理人相关服务的酬劳；以及

（C）根据本款要求赔偿损失的合理的律师费和成本；

（2）如受托人或债权人根据本款代表债务人提出损害赔偿，则破产申请代理人须被命令向提出动议的人支付额外的1000美元，外加因此招致的合理的律师费及成本。

（j）

（1）破产申请代理人为其起草申请书的债务人、受托人、债权人或在破产申请代理人居住并开展业务的区域的联邦托管人，或在任何债务人居住的其他区域的联邦托管人，可以提起民事诉讼，禁止破产申请代理人从事违反本条规定的任何行为或者继续担任破产申请代理人。

（2）

（A）在第（1）项下的诉讼中，如果法院发现——

（ⅰ）破产申请代理人有以下行为——

（Ⅰ）参与了违反本条或本编任何条款所规定的行为；

（Ⅱ）虚假陈述了作为破产申请代理人的经历或教育情况；或者

（Ⅲ）参与了任何其他欺诈性的、不公平的或误导性的行为；并且

（ⅱ）禁令救济（injunctive relief）适用于防止此类行为再次发生，

法院可以禁止破产申请代理人从事如此行为。

（B）如果法院发现破产申请代理人持续不断地参与了第（ⅰ）子句第（Ⅰ）、（Ⅱ）或（Ⅲ）子款规定的行为，强制禁止这些行为的裁定无法有效地阻止该代理人不当地干涉本编适当的管理行为，或者没有支付法院裁定的任何罚款，法院可以禁止其继续从事破产申请代理人的工作。

（3）作为处理藐视法院的权力的一部分，法院可禁止未能遵守根据本条先前发出的命令的破产申请代理人。本段规定的强制令可依照法院、受托人或联邦托管人（或破产管理人，如有）的动议而作出。

（4）法院可以将破产申请代理人支付的合理的律师代理费和活动开支判给（award to）本款项下行为适当的债务人、托管人或债权人。

（k）本条不允许任何违反法律的行为，包括禁止未授权的法律实施的规则和法律。

（l）

（1）破产申请代理人没有遵从第（b）、（c）、（d）、（e）、（f）、（g）或（h）款的任何条文，可就每一次没有遵从而被处以不超过500美元的罚款。

（2）法院裁定破产申请代理人有下列情形之一的，应当将第（1）项规定的罚款数额增加到3倍——

（A）建议债务人排除本应列入适用附表的财产或收入；

（B）建议债务人使用虚假的社会保险账号；

（C）未告知债务人根据本编申请救济；或者

（D）以未披露破产申请代理人身份的方式制备申请破产的文件；

（3）债务人、受托人、债权人或联邦托管人（或破产管理人，如有）可以就违反本条规定的事实请求法院对破产申请人处以罚款。

（4）

（A）根据本款在联邦托管人服务的司法辖区内施加的罚款，应支付给联邦托管人，联邦托管人应在联邦托管人基金中存入与该罚款相等的金额。

（B）破产管理人根据本款在司法辖区内所处的罚款，须作为抵销收据存入根据第28编第1931条设立的基金，并应保持可用，直到偿还从该拨款中支付的任何金额，该拨款系用于联邦法院运营和维护的费用。

第111条【非营利性预算和信贷咨询机构；财务管理教学课程】

（a）书记员（clerk）须备存1份可供公众查阅的名单，列明——

（1）非营利性预算和信贷咨询机构，提供联邦托管人（或破产管理人，如有）目前批准的第109（h）款中所述的1项或多项服务；以及

（2）目前由联邦托管人（或破产管理人，如有）批准的有关个人财务管理的教学课程（如适用）。

（b）联邦托管人（或破产管理人，如有）仅批准非营利性预算和信贷咨询机构或与个人财务管理相关的教学课程——

（1）联邦托管人（或破产管理人，如有）应根据本条规定的标准，彻底审查非营利性预算和信贷咨询机构或教学课程提供者的资格，以及该机构或提供者将提供的服务或教学课程，并可要求已寻求批准的该机构或该等提供者提供与该等审查有关的信息。

（2）联邦托管人（或破产管理人，如有）应确定该机构或该教学课程完全符合本条规定的适用标准。

（3）如非营利性预算和信贷咨询机构或教学课程在根据本条获批准前，并未根据第（a）款出现在地区的认可名单上，则根据本款获批准的该机构或该教学课程的试用期不得超过6个月。

（4）在第（3）项规定的试用期结束时，联邦托管人（或破产管理人，如有）只能批准额外的1年期（此后连续1年），当该机构或教学课程在试用期或适用的随后批准期内显示出该机构或教学课程——

（A）在该段期间内已符合本条所列的标准；以及

（B）将来能够达到这些标准。

（5）在根据第（4）项作出任何最终决定后的30天内，利益相关方可向适当的美国地区法院寻求对该决定的司法审查。

（c）

（1）联邦托管人（或破产管理人，如有）批准某非营利性预算和信贷咨询机构时，该机构应证明其将提供合格的顾问，为客户资金的保管和支付保持充足的供应，就客户信贷问题提供充分的咨询，以及负责并有效地处理与所提供服务的质量、有效性和财务安全有关的其他事项。

（2）经联邦托管人（或破产管理人，如有）批准，非营利性预算和信贷咨询机构至少应——

（A）有1个董事会，其中大多数成员——

（ⅰ）并非受雇于该机构；以及

（ⅱ）不会直接或间接从该机构提供的咨询服务中获得经济利益；

（B）如果咨询服务收费，应收取合理的费用，且提供服务时不考虑对方支付费用的能力；

（C）提供客户资金的保管和支付，包括对信托账户的年度审计和适当的员工绑定（employee bonding）；

（D）向客户提供充分披露，包括资金来源、顾问资格、对信用报告的可能影响以及此类客户支付的此类项目的任何费用以及如何支付这些费用；

（E）为客户的信用问题提供充分的咨询，包括分析客户的当前财务状况、造成这种财务状况的因素，以及该客户如何制订计划应对这些问题，而不引起债务的负摊销（negative amortization）；

（F）提供训练有素的顾问，这些顾问并不会根据该机构提供的咨询服务的结果而获得佣金或奖金，他们有足够的经验，并接受过向经济困难的个人提供咨询服务的充分培训，包括第（E）目所述的事项；

（G）证明在提供信贷咨询方面有足够的经验和背景；以及

（H）有足够的财政资源，在任何还款计划的有效期内为预算计划提供持续的支持服务。

（d）联邦托管人（或破产管理人，如有）仅应批准如下的有关个人财务管理的教学课程——

（1）在第（b）（3）项规定的最初试用期内，该课程将至少提供——

（A）具有足够经验和培训的训练有素的人员，提供有效的指导和服务；

（B）旨在帮助债务人了解个人财务管理的学习材料和教学方法，这些材料和教学方法符合与此类教学课程的目标直接相关的既定目标；

（C）提供适当便利的教学设施，此类设施可包括通过电话或通过互联网提供此类教学课程，如果这种教学课程是有效的；

（D）准备和保留合理的记录（其中应包括债务人的破产案件号），以允许评估该教学课程的有效性，包括对参加此类教学课程的每个债务人的教学课程要求的满意度的任何评价；供联邦托管人执行办公室、联邦托管人（或破产管理人，如有）或该地区提供此类教学课程的首席破产法官进行审查和评估之用；

（E）如果收取教学课程费用，应收取合理费用，而不论是否对方有能力支付该费用，都要提供服务；以及

（2）如果其提供者已经证明，在任何1年期间内，该课程都符合第（1）项的标准，并且——

（A）已协助大量债务人了解了个人财务管理；以及

（B）在其他方面有可能大大提高债务人对个人财务管理的理解。

（e）地区法院可随时调查第（a）款所指的非营利性预算和信贷咨询机构的资格，并要求其出示文件以确保此类机构的完整和有效。如果发现该机构不符合第（b）款的条件，地区法院可随时从第（a）款下的批准名单中删除该机构。

（f）联邦托管人（或破产管理人，如有）应通知书记员该非营利性预算和信贷咨询机构或教学课程不再被批准，在这种情况下，书记员应将其从第（a）款所规定的名单中删除。

（g）

（1）非营利性预算和信贷咨询机构不得向信用报告机构提供有关债务人是否收到或征求了该机构的个人财务管理指导的信息。

（2）非营利性预算和信贷咨询机构，故意或过失不遵守本编关于债务人的规定，应承担相当于以下金额的损害赔偿责任——

（A）债务人因上述违法的结果而遭受的任何实际损害；以及

（B）在追讨该等损害赔偿的诉讼中所招致的任何法院诉讼费或合理的律师费（由法院决定）。

第 112 条【禁止透露未成年子女姓名】

债务人可能被要求提供与涉及本编所规定事项的未成年子女有关的信息，但如果是该未成年子女的姓名，则可能不需要在公共记录中被披露。在这种情况下，债务人可能被要求在法院保存的非公开记录中披露该未成年子女的姓名，并由法院委托联邦托管人、受托人和根据第 28 编第 586（f）款提供服务的审计员（如有）进行审查。法院、联邦托管人、受托人和审计员不得披露在此类非公开记录中未成年子女的姓名。

第3章　破产案件管理

第1节　破产案件的开始

第301条【自愿破产案件】

（a）任何符合某章债务人之规定的实体可以向法院提出破产申请，以启动本编该章下的自愿破产程序。

（b）启动本编各章的自愿破产案件必须包含1项符合该章规定的救济令（order for relief）。

第302条【共同破产案件】

（a）符合本编某章要求的债务人及其配偶，可作为1个破产申请人（个人）向法院提出1个单独的破产申请，就可启动相应章节的共同破产程序。在共同破产程序开始的时候，申请人可以获得相应章节的救济令。

（b）在共同破产案件开始之后，法院将决定共同破产的范围（如有），即共同债务人的财团（the debtors' estates）应当被合并（shall be consolidated）的程度。

第303条【强制破产案件】

（a）强制破产案件只能根据本编第7章或第11章的规定启动，且仅可针对根据该案件启动章被规定为债务人的人（person），不包括农民、家庭农场主和非金融、商业或贸易性的公司。

（b）根据本编第7章或第11章向法院提出破产申请可以启动对某人的强制破产案件，当：

（1）提出破产申请的是3个或更多的实体，其中每个实体或者是对该人的债权持有人（该人的责任不是或有的，或者善意争议的主题是关于责任或金额的），或者该实体是代表该债权持有人的合同受托人，如果该非或有、无争议的债权价值合计至少超过用来担保该债权的债务人财产的任何担保权的价值达10,000美元的；

（2）如果持有人不到12人，不包括债务人的雇员、内部人员和根据本编第544、545、547、548、549条或第724（a）款规定可撤销转让行为的受让人，由1个或多个该债权持有人持有的债权总计至少为10,000美元的；

（3）如果破产被申请人是合伙企业：

（A）在该合伙企业中并非通过所有的普通合伙人；或者

（B）如果已根据本编发出了关于合伙企业中所有普通合伙人的救济令，则通过该合伙企业中1个普通合伙人、该普通合伙人的受托人，或者该合伙企业的债权持有人；或者

（4）通过1个关于该人的涉外程序中的破产财团的外国代表人。

（c）依照本条规定提出破产申请之后，在破产案件被驳回或救济令发出之前，拥有非或有的、无担保债权的债权人，而且是根据本条第（b）款提出申请之外的债权人，可以参加破产申请，对于该共同债权人而言，其效果与根据本条第（b）款规定而提出破产申请的债权人一样。

（d）不参加破产申请的债务人，或未加入申请的合伙企业债务人的普通合伙人，可根据本条规定对破产申请作出答辩。

（e）在通知和听证之后，由于某些原因，法院可根据本条要求破产申请人提交1份保证书，就法院其后根据本条第（i）款允许的金额向债务人作出赔偿保证。

（f）尽管本编第363条另有规定，除非法院在这个意义上发布不同的裁定，并且直到救济令作出，债务人的任何商业交易都可以继续进行，并且债务人可以继续使用、获得或处理财产，就像涉及债务人的强制破产案件没有开始一样。

（g）在本编第7章下的一个强制破产案件开始后而在救济令作出前的任何时间，法院根据利害关系方的请求，在通知债务人和进行听证后，如果有必要保护破产财团的财产或者预防破产财团的损失，可以裁定联邦托管人根据本编第701条任命一名临时托管人占有破产财团的财产，并运作债务人的任何业务。在救济令发出之前（在该案中，如有救济令），如债务人提交了法院所要求的保证书，且该保证书是以债务人向受托人交代及交付为条件，则债务人可在根据本款获委任的受托人已占有财产的情况下，收回对该财产的占有，则该财产或其价值，须以债务人重新占有该财产之日的情况为准。

（h）如果破产申请没有及时地被异议，法院应当对提出破产申请的章节项下的强制破产案件发出针对债务人的救济令。此外，在庭审后，法院也可以对提出破产申请的章节项下的强制破产案件发出针对债务人的救济令，条件是——

（1）债务人通常没有支付债务人所欠的到期债务，除非这些债务或其金额存在善意的争议；或者

（2）在提出破产申请之日前的120天内，1个保管人（custodian），而非1个为了强制执行对该财产的担保而被任命或被授权接管债务人部分（非实质性全部）财产的受托人、接管人或者代理人，应当被指定或者占有该财产。

（i）如果法院根据本条规定驳回破产申请，而未得到所有申请人和债务人的同意，并且如果债务人没有根据本款放弃诉讼权利，法院可以准予起诉——

（1）针对破产申请人并且有利于债务人的——

（A）费用；或者

（B）律师合理的代理费用；或者

（2）针对任何恶意申请破产的申请人的——

（A）任何最近的由破产申请所引起的损害赔偿；或者

（B）惩罚性的损害赔偿。

（j）只有在通知债权人并进行听证之后，法院才可以根据本条规定驳回破产申请——

（1）因为某破产申请人的请求；

（2）得到所有破产申请人和债务人的同意；或者

（3）因为缺乏起诉的条件。

（k）

（1）如果——

（A）根据本条提出的申请是虚假的，或含有任何重大虚假、虚构或欺诈性陈述；

（B）债务人是个人；以及

（C）法院驳回了这样的请求，

根据债务人的申请，法院应将与破产申请有关的所有记录和该破产申请的所有参考文件予以封存（seal）。

（2）如果债务人是个人而法院根据本条驳回了破产申请的，法院可下令禁止所有消费者报告机构［如《公平信用报告法》15 U. S. C. 1681a（f）第603（f）款中所定义的］作出包含任何与该破产申请所引起的案件有关的任何信息的消费者报告［如上述法规第603（d）款所定义的］。

（3）在第18编第3282条所述的诉讼时效届满后，如违反该编第152或157条之规定，法院可根据债务人的申请和正当理由，删除与本条所涉破产申请有关的任何记录。

第304条（已被废除）

第305条【弃权（abstention）①】

（a）破产法院在通知和听证之后，只要符合下列情况，无论何时都可以驳回或中止根据本编提起的任何破产程序——

（1）通过驳回或中止程序可以更好地实现债权人和债务人的利益；或者

（2）

（A）根据第1515条提出的承认外国破产程序的请求已获批准；并且

（B）准许驳回或者中止程序能更好地实现本编第15章的目的。

（b）外国代表可能会根据本条第（a）（2）项请求驳回或者中止。

（c）根据本条第（a）款作出的驳回或中止程序的裁定，或者不予驳回、不予中止的裁定，不可上诉进行复审或由上诉法院根据《美国法典》第28编第158（d）款、第1291或1292条或联邦最高法院根据第28编第1254条进行复审。

第306条【受限制的出庭】

根据本编第303或305条，与破产申请或请求有关的外国代表在法院的出庭，不得为了任何其他目的，使外国代表顺从美国任何法院的管辖权；但破产法院可根据本编第303或305条的规定，对该外国代表遵守该破产法院的裁定提出条件。

---

① 译者注：但是内容是讲驳回破产申请而非申请人自己放弃，所以似乎应该翻译成“除权”。

第 307 条【联邦破产托管人】

根据本编，联邦破产托管人可提起、出席并在本编所提及的任何破产案件或者破产程序中发表意见，但不得根据本编第 1121（c）款提交（重整）计划。

第 308 条【债务人报告的要求】

（a）本条中对债务人而言，“盈利能力”（profitability）是指债务人在当前和最近的财务期间赚取或损失的金额。

（b）小企业债务人应提交定期财务报告和其他报告，包含以下信息——

（1）债务人的盈利能力（收益率）；

（2）合理期限内债务人预计现金收入和支出的合理近似值；

（3）实际现金收支与先前报告预测的比较；

（4）债务人是否——

（A）在所有材料方面遵守本编和《联邦破产程序细则》关于申请之后的要求的规定；以及

（B）及时提交纳税申报表和其他必要的政府文件，并在到期时缴纳税款和其他行政费用；

（5）说明债务人的困境（failures）是什么，困境是如何导致的，为此将付出何种代价，以及债务人打算在什么时候对困境进行补救，如果债务人未遵守第（4）（A）目之规定，未提交纳税申报表和被要求的其他政府文件，以及未支付第（4）（B）目所述的付款；以及

（6）符合债务人和债权人的最佳利益，并符合本编第 11 章规定的公平、有效程序的公共利益的其他事项。

第 2 节 破产管理人员

第 321 条【担任受托人的合适资格】

（a）下列人员可以担任本篇规定的案件中的受托人（trustee）——

（1）有能力胜任受托人职责的自然人，在本编第 7、12、13 章规定的破产案件中，在未决破产案件所在的司法区域中，或者在任何与该区域相邻的司法区域中居住或有办公场所；或者

（2）依据公司章程或者法律规定授权担任受托人的公司，并且在依据本编第 7、12 或 13 章规定的案件中，在至少 1 个此类司法管辖区内拥有办事机构。

（b）已经在 1 个案件中担任监察员（examiner）的人员不得担任案件中的受托人。

（c）如有必要，审理案件的司法管辖区的联邦托管人也具备担任受托人的合适资格。

第 322 条【受托人的资格】

（a）除非本条第（b）（1）项另有规定，如果在当选后 7 日内，在开始履行管理职责前，已经向法院提供保证金，该保证金以联邦政府为受益人，以忠实履行管理职责为条

件，则依据本篇第701、702、703、1104、1163、1183、1202或1302条的规定选出担任本编规定的案件中的受托人符合资格。

（b）

（1）在此类受托人依据本篇规定担任受托人的任何场合，联邦托管人都是合格的受托人。

（2）联邦托管人应当决定——

（A）依据本条第（a）款规定必须提交的保证金的数额；以及

（B）这种保证金的充分性。

（c）受托人及其保证金对债务人招致的来自联邦政府的任何罚款或没收不承担个人责任（A trustee is not liable personally or on such trustee's bond in favor of the United States for any penalty or forfeiture incurred by the debtor）。

（d）针对受托人的保证金的程序不应当在该受托人被解职之日起两年后启动。

第323条【受托人的地位与职能】

（a）本编案件中的受托人是破产财团的代表。

（b）本篇案件中的受托人具有起诉与应诉的资格。

第324条【受托人与监察员的免职】

（a）基于正当理由，法院经通知与听证程序可以免除联邦托管人以外的受托人或者监察员的职务。

（b）无论何时法院在本编案件中依据第（a）款规定免除受托人或者监察员的职务，除非法院另有裁定，该受托人或者监察员在其参与的本篇所有其他案件中都因此被免职。

第325条【空缺的效力】

案件中受托人职位的空缺并不会终止任何未决的诉讼或程序，继任受托人应当在该诉讼或者程序中作为替代者。

第326条【受托人的补偿限额】

（a）在第7或11章（第11章第5节除外）的案件中，法院可以依据本编第330条的规定，对受托人提供的服务支付合理的补偿。该补偿在受托人实施服务后支付，并依据受托人在案件中分配或移交给利益相关方（不包括债务人，但包括担保债权人）的所有款项而定：5000美元以内的部分，不超过其金额的25%；5000美元至50,000美元的部分，不超过其金额的10%；50,000美元至1,000,000美元的部分，不超过其金额的5%；1,000,000美元以上的部分，不超过其金额的3%。①

（b）本编第11章第5节或第12、13章的破产案件中，法院不允许对联邦托管人或根据《美国法典》第28编第586（b）款任命的常任受托人（standing trustee）② 支付劳动补

---

① 译者注：超额累退制，最高人民法院相关司法解释中规定的中国的破产管理人收费制度即效法于此。

② 译者注：相当于管理人名册中的管理人，对应于名册以外但是具有管理人资格的人。之所以允许册外管理人存在，主要是针对财产较少甚至无产可破的案件所设计的。

偿，或报销有关开支，但可容许根据本编第 330 条，对根据本编第 1202（a）或 1302（a）款委任的受托人，在其提供该等服务后支付合理的补偿，不超过根据该计划支付的所有款项的 5%。

（c）如果破产案件中的受托人不止 1 人，则此类受托人提供服务所得的补偿总计不得超过根据本条第（a）或（b）款提供给单个受托人的最大金额。

（d）如果受托人未能对根据本编第 328（c）款可以拒绝给予报酬的事实进行认真调查，或者在了解此类事实的情况下根据本编第 327 条雇佣专业人员的，则法院可拒绝就受托人的服务给予报酬或费用补偿。①

第 327 条【与破产有关的专业人员的雇佣】

（a）除非本条另有规定，获得法院许可的受托人，可以聘请 1 位或多位不持有或者不代表与破产财团相反利益的、公正无私的律师、会计师、评估师、拍卖师或者其他与破产事务有关的专业人员，以帮助受托人履行本编规定的受托人职责。

（b）如果受托人根据本编第 721、1202 或 1108 条的授权为债务人运作经营业务，而债务人已经用工资方式聘请了律师、会计师或者其他专业人士的，受托人可以根据运作经营业务的需要决定留任或者替换已聘请的有关专业人士。

（c）在本编第 7、12 或 11 章的破产案件中，根据本条，1 个自然人不能仅仅因为服务于或者代表了某个债权人而被剥夺其服务于该破产案件的资格；除非另一债权人或者联邦托管人提出异议，法院才会因利益冲突，而不同意在该破产案件中雇佣该专业人员。

（d）法院可以授权受托人作为破产财团的律师或者会计师，如果这一授权是为了破产财团的最佳利益。

（e）受托人得到了法院的正式批准之后，如为了破产财团的最佳利益，可以因指定的特别目的聘请 1 位代理律师来代表债务人，而非代表受托人来管理破产案件，并且该律师在被聘请之后的活动中不能代表或持有任何与债务人或破产财团相反的利益。

（f）受托人在破产案件中不能聘请曾担任过该破产案件监察员的人。

第 328 条【对专业人士补偿的限制】

（a）受托人，或者根据本编第 1102 条任命的委员会（a committee），在得到了法院的批准后，可以根据本编第 327 或 1103 条在破产案件任何合理的期限和雇佣条件下聘请或者授权 1 位专业人士，视情况而定，此类条件包括预留费用、小时计费、定额或固定比例计费，以及风险收费等各种计酬方式。尽管有这样的期限和条件，如果这些条款和条件被证明是不合理的，鉴于在这些条款和条件确定时不能预见的变化，法院还是可以在该雇佣关系结束后，批准 1 个不同于在该期限和条件的规定之下的计酬标准。

（b）如果法院根据本编第 327（d）款批准某受托人来为破产财团提供律师或会计师的服务，则法院可以允许该受托人获得与律师或会计师一样的服务补偿，但该补偿仅限于由受托人履行的与律师或会计师同一性质的为破产财团提供的服务，并不包括对通常在没

① 译者注：受托人该亲力亲为的事情必须亲力亲为。

有律师或会计师协助下，应当由受托人为破产财团所履行职责的服务补偿。

（c）除非本编第 327（c）、327（e）或 1107（b）款另有规定，如果根据本编第 327 或 1103 条雇佣专业人员过程中的任何时间，该专业人员并不是公正无私的，或者在聘请该专业人员从事的事务方面，其代表或持有同破产财团相反的利益，法院可以拒绝对根据本编第 327 条或第 1103 条聘请的专业人员提供服务补偿和报销开支。

第 329 条【债务人和代理律师的交易】

（a）本编的破产案件中或与该案件有关的事务中代表债务人利益的代理律师，无论是否根据本编规定申请补偿，如该项付款或协议是在申请书提交日期前 1 年中作出的，则须向法院提交 1 份关于已支付或同意支付补偿的陈述书，述明该律师提供或拟提供的策划本案或与本案有关的服务，以及该项补偿的支付来源。

（b）如果该补偿超过了任何此类服务的合理价值，则法院可以取消任何此类协议，或者要求返还任何已支付的补偿给下列对象，但以超出的金额为限——

（1）破产财团，如果财产发生移转的话——

（A）必须是破产财团的财产；或者

（B）根据本编第 11、12 或 13 章的破产计划，由债务人或债务人的代表支付；

（2）实施支付的实体。

第 330 条【受托人的补偿】

（a）

（1）在通知当事人和联邦托管人并且召开听证会之后，根据第 326、328 和 329 条，法院可以对根据本编第 327 或 1103 条聘用的受托人、根据第 332 条委任的消费者隐私巡查员（a consumer privacy ombudsman）、监督人、根据第 333 条委任的巡查员或根据第 327 或 1103 条雇用的专业人士支付报酬（award to）——

（A）对受托人、监督人、巡查员、专业人士或律师以及以上人员聘请的辅助人员提供的实际的、必要的服务给予合理的补偿；

（B）对实际的必须发生的费用予以报销。

（2）法院可以自己决定，或根据联邦托管人、负责某地区的联邦托管人（the United States trustee for the district or region）、破产财团受托人或任何其他当事人的请求决定补偿，但不得超过被要求的金额。

（3）在决定对监督人、第 11 章的受托人或专业人士合理补偿金额的过程中，法院应考虑该服务的性质、范围和价值，并考虑以下所有相关因素，包括——

（A）在该服务上所花费的时间；

（B）此类服务的收费标准；

（C）为完成本编项下的案件提供服务时，服务是否对案件的管理是必要的或有益的；

（D）该服务是否在与从事的问题、事务或者任务的复杂性、重要性和性质都相称的合理的期限内实施；并且

（E）就专业人士而言，该人士是否已获委员会认证，或是否已显示其在破产方面的技

能和经验；以及

（F）在本编案件以外的案件中，根据可比熟练程度的从业人员收取的惯常费用，该补偿是否合理。

（4）

（A）除非在本款第（B）项中另有规定，法院不允许对下列事项给予补偿——

（ⅰ）不必要的重复服务；或者

（ⅱ）未能达到下列目标的服务——

（Ⅰ）合理地可能有利于债务人的财产；或者

（Ⅱ）对破产案件的管理是必需的。

（B）在债务人是个人的第 12 或 13 章规定的破产案件中，法院在考虑到该服务对债务人的有益性和必要性以及其他本条所列因素的基础上，允许对代表与破产案件相关的债务人利益的律师给予合理的补偿。

（5）法院应当按照根据第 331 条临时裁决的补偿金额，来减少根据本条来给予的补偿金额，并且如果该临时裁决的补偿超过了根据本条来给予的补偿，则法院可以将该超出的部分返还给破产财团。

（6）对准备费用的申请（the preparation of a fee application）所给予的任何补偿，应当以准备申请所需的合理水平和技能为基础。

（7）在决定给予受托人合理补偿金额时，法院应根据第 326 条将此类补偿视为佣金。

（b）

（1）在本编第 7 章下的破产案件的申请费中，在该受托人提供服务后，应当向该案中提供服务的受托人支付 45 美元。

（2）联邦司法会议——

（A）应当规定与《美国法典》第 28 编第 1914（b）款所规定的同样种类的额外费用；并且

（B）可以规定出庭应诉通知的费用和破产财产分配的费用；

在该受托人的服务完成之后可以向该受托人支付 15 美元。在 1994 年《破产改革法案》制定 1 年以后，该 15 美元不包括在根据本款第（1）项所支付的金额之内。

（c）除非法院另有裁定，在本编第 12 或 13 章规定的破产案件中，向破产案件中提供服务的受托人支付的、从根据破产计划所进行的任何分配中支出的补偿，在该计划的管理期间不应当少于每月 5 美元。

（d）在联邦托管人担任受托人的破产案件中，本条项下的托管人的补偿应当支付给法院的书记员，并且由该员存入根据《美国法典》第 28 篇第 589a 条所设立的“联邦托管人系统基金”中。

（e）

（1）美国财政部设立了 1 个基金，称为“第 7 章受托人基金”，由美国法院行政办公室主任管理。

（2）根据第 28 编第 589a（f）（1）（C）目存入第 7 章受托人基金的存款应是可用的，直至用于第（3）项所述目的为止。

（3）对于 2021 至 2026 财政年度，第 7 章受托人基金应可用于向根据第 7 章提交的案件（本款称为“第 7 章案件”）或在最近一个财政年度转换为第 7 章案件中服务的受托人支付第（4）项所述的受托人在该财政年度提供服务的第 7 章案件中应得的金额。

（4）本段所述金额应为以下金额中的较小者——

（A）60 美元；或

（B）根据第 28 编第 1930（a）（6）项收取并根据第 28 编第 589a（f）（1）项存入联邦托管人系统基金的费用，减去第 28 编第 589a（f）（1）（A）和（B）目规定的金额后，按比例分配给第 7 章各案件。

（5）除根据第（b）款应被支付的金额外，受托人根据第（3）项收到的款项也应被支付。

（6）美国法院行政办公室主任应不迟于 2021 年 9 月 30 日颁布本款的管理条例。

第 331 条【临时性补偿】

根据本编第 327 或 1103 条聘请的破产受托人、监督人、债务人的代理律师或者任何专业人士，在本编破产案件的救济令发出之后，可以最多每隔 120 天 1 次，或经法院许可后更多次地向法院提出申请，根据本编第 330 条的规定要求支付对在申请日前所实施服务的补偿，或报销在该日期之前已发生的费用。在通知和听证之后，法院可以批准并支付给该申请人此类服务的补偿或报销的费用。

第 332 条【消费者隐私巡查员】

（a）如果根据第 363（b）（1）（B）目要求进行听证，法院应命令联邦托管人在不迟于听证开始前 7 天任命 1 名无利害关系的人（联邦托管人以外的人）担任案件中的消费者隐私巡查员，并要求及时向该巡查员发出听证会通知。

（b）消费者隐私巡查员可在该听证会上出庭和听证，并应向法院提供信息，以协助法院考虑根据第 363（b）（1）（B）目拟议出售或租赁个人识别信息的事实、情况和条件。此类信息可能包括以下内容的介绍——

（1）债务人的隐私政策；

（2）如果该等出售或租赁获得法院批准，则消费者可能遭受的隐私损失或收益；

（3）如果该等出售或租赁获得法院批准，则可能给消费者带来的成本或利益；以及

（4）可减轻潜在隐私损失或消费者潜在成本的潜在替代方案。

（c）消费者隐私巡查员不得披露根据本编获得的任何（债务人）个人身份信息。

第 333 条【委任病人护理巡查员（patient care ombudsman）】

（a）

（1）如果第 7、9 或 11 章所述案件中的债务人是医疗保健企业，法院应在案件开始后不迟于 30 天发出命令，委任巡查员以监察病人护理的质量，并代表医疗护理业病人的利益，除非法院认为根据案件的具体事实，委任巡查员并非保障病人所必需。

（2）

（A）如果法院根据第（1）项命令任命巡查员，联邦托管人应任命 1 名无利害关系的人（联邦托管人以外的人）担任该巡查员。

（B）如果债务人是提供长期护理的医疗保健企业，则联邦托管人可任命根据 1965 年美国《老年人法》为待决案件所在州任命的该州长期护理巡查员担任第（1）项所要求的巡查员。

（C）如果联邦托管人没有根据第（B）目任命该州的长期护理巡查员，法院应将根据第（a）款任命的人员的姓名和地址，通知根据 1965 年美国《老年人法》为待决案件所在州任命的该州长期护理巡查员。

（b）根据第（a）款任命的巡查员应——

（1）在必要的情况下，监督向债务人患者提供的护理服务的质量，包括采访患者和医生；

（2）在任命之日后不迟于 60 天，并在此后至少每 60 天的时间间隔内，向利益相关方发出通知后，在听证会上或以书面形式向法院报告向债务人患者所提供的护理服务质量；以及

（3）如果该巡查员确认向债务人患者提供的护理服务质量显著下降或在其他方面受到实质性损害，则应向法院提交动议或书面报告，并在做出该确认决定后立即通知各利益相关方。

（c）

（1）根据第（a）款任命的巡查员应将其根据本条获得的与患者有关的任何信息（包括与患者记录有关的信息）作为保密信息。除非法院事先批准某类审查，并对该巡查员施加限制以保护此类记录的保密性，否则该巡查员不得审查保密的患者记录。

（2）根据第（a）（2）（B）目任命的巡查员应有权根据 1965 年美国《老年人法》和监管该州长期护理巡查员计划的非联邦法律获得符合该巡查员权限的患者记录。

第 3 节　破产案件的管理

第 341 条【债权人和权益证券持有人（股东）会议】

（a）在本章之破产案件获得救济令后合理的时间内，联邦托管人应当召集并主持债权人会议。

（b）联邦托管人可以召集 1 个股东会议。

（c）法院不能主持也不能参加任何本条项下的会议，包括任何决定性的债权人会议。尽管有任何地方法院规则、州宪法规定、任何其他适用的非破产法律或任何其他要求，第（a）款规定的债权人会议上的代表应由律师、持有消费者债务的债权人或债权人的任何代表（可包括 1 个实体或 1 个实体的雇员，也可为 1 个以上债权人的代表）出席并参加第 7 或 13 章规定的案件中的债权人会议，可以单独或与债权人的律师一起出席并参加。本款不

得解释为任何债权人须由律师代表出席任何债权人会议。

（d）在债权人会议或股东会议得出结论之前，破产受托人应当在口头上对债务人进行监督，确保本编第7章案件中的债务人知道——

（1）寻求法院宣告免除破产人未偿债务的裁定的潜在后果，包括对信用记录的影响；

（2）债务人可以根据本编的不同章节提出破产申请；

（3）依照本编接受债务免除的影响；以及

（4）重新确认债务的影响，包括债务人对本编第524（d）款规定的了解。

（e）尽管有（a）及（b）款的规定，法院在利益相关方的要求下，在通知及听证后，因故可命令联邦托管人不召开债权人或股东会议，前提是债务人在案件开始前提交了1份关于债务人被征求接受的计划。

第342条【通知】

（a）应当在适当的时机向包括拥有集体债权的任何持有人，及拥有本章项下的救济令的任何持有人发出通知。

（b）在主要债务是消费债务的个人提出的本编下的破产案件开始之前，负责破产事务的书记员应当向该个人发出书面通知，其中包括——

（1）简要说明——

（A）第7、11、12、13章，每一章的一般目的、好处和程序费用；以及

（B）信用咨询机构提供的服务类型；以及

（2）说明——

（A）任何人明知而欺诈地隐瞒资产或作出虚假宣誓或陈述，在与本编案件有关的情况下，将被处以罚款、监禁或两者兼有；以及

（B）债务人提供的与本编案件有关的所有信息须经司法部部长审查。

（c）

（1）如果债务人被要求给本编及其他任何规定、任何适用的法律或任何法院裁定所涉的债权人发出通知，此类通知的内容应当包括债务人的姓名、地址和纳税识别号码的最后4位数字。如果通知涉及在资产负债表中增加某债权人的修订信息，债务人应在发给该债权人的通知中包括完整的纳税人识别号码，但债务人在提交法院的通知副本中仅包含纳税人识别号码的最后4位即可。

（2）

（A）如果在自愿性案件开始前90天内，债权人在发送给债务人的至少2封信函中向债务人提供了债务人的当前账号和该债权人请求接收信函的地址，则债务人发送给该债权人的任何通知应发送到该地址，并应包括该账号。

（B）如果债权人在90天内发送任何此类通信违反了适用的非破产法，并且如果该债权人在最近2次信函中向债务人提供债务人的往来账户号码和该债权人要求接收信函的地址，则本编要求债务人向该债权人发送的任何通知应发送至该地址，并应包括该账号。

（d）在本编第7章所述情况下，如果债务人是个人，并且根据第707（b）款产生滥用

推定（presumption of abuse），书记员应在提出申请之日起10天内向所有债权人发出书面通知，说明滥用推定已经产生。

（e）

（1）根据本编第7或13章的规定，如果债务人是个人，债权人可随时向法院提起诉讼，同时提交1份地址通知书（a notice of address），以供债务人在该案中向该债权人提供通知。

（2）在债务人或法院收到债权人的地址通知书后7天内，应通过该地址告知债权人已收到通知。

（f）

（1）1个实体可向任何破产法院提交1份由所有破产法院或特别破产法院使用的地址通知书，该特定法院由该实体在提交该通知时指明，以便法院根据第7和13章的规定向该实体通知所有的未决案件，其中该实体为债权人。

（2）在根据第7或13章启动的任何案件中，法院根据第（1）款作出的通知，需在作出通知后30天内发送到该实体提供的地址，除非在特定情况下，根据第（e）款提交并送达的通知中指定了不同的地址。

（3）根据第（1）款提交的通知书可由该实体撤回。

（g）

（1）除非债务人或法院根据本条（不包括本款）向债权人发出通知，否则该通知提请该债权人注意之前，不得为有效通知。如果该债权人指定个人或该债权人的分支机构负责接受本编下的通知，并建立合理程序，以便将该债权人可接收的此类通知交付给该人或该分支机构，则在该人或该分支机构收到此类通知之前，除根据本条（不包括本款）提供给该债权人的通知不应视为已提请该债权人注意。

（2）不得因债权人违反第362（a）款规定的有效的冻结措施［包括根据第362（k）款规定的罚款］或未能遵守第542或543条规定而对其处以罚款，除非在该债权人收到根据本条救济令生效的通知后发生了作为该等违反或该等不履行的基础的行为。

第343条【对债务人的监督】

债务人应当根据本编第341（a）款出席债权人会议并宣誓服从监督。债权人、任何契约受托人、任何该破产案件的受托人或监督人，或联邦托管人都可以监督债务人。联邦托管人可以执行本条所要求的债务人宣誓内容。

第344条【自首和免责】

在本编的破产案件中服从监督、作证或提供信息的个人可以根据《美国法典》第18编第5部分准予免责。

第345条【破产财团的财产】

（a）本编破产案件的受托人可以在考虑该存款或投资的安全性的前提下，为了让其管理的破产财团的财产产生最大化的合理净收益，进行存款或投资。

（b）除非上述存款或投资是由联邦或联邦的部门、代理处或机构提供保险或担保的，或者是由联邦以完全的承诺和信用提供支持的，受托人可以向涉及该存款或投资的实体提出以下要求——

（1）1份合同——

（A）有利于联邦的；

（B）由该未决破产案件所在区域经联邦托管人认可的担保公司提供担保；并且

（C）满足下列条件——

（ⅰ）对存款或投资的所有款项及其任何利润进行适当的会计处理；

（ⅱ）及时偿还该款项及其收益；并且

（ⅲ）作为财产管理人忠实可靠地履行职责；或者

（2）遵守《美国法典》第31编第9303条列明的有价证券的存款规定，除非法院另有裁定。

（c）涉及存款或投资的实体有权根据本条的要求对这些财产进行储蓄或投资。

第346条【州①和地方的税收待遇的特别规定】

（a）凡1986年《国内税收法典》规定，在涉及本编下的债务人的案件中设立单独的应纳税财产或实体，且该财产的收入、收益、损失、扣除额和抵免额应向该财产征税或由该财产主张，则为任何州和地方法律的目的，为对收入征税或以收入衡量，也应设立单独的应税财产，该财产的收入、收益、损失、扣除额和抵免额应向该财产征税或由该财产主张，而不得向债务人征税或由债务人主张。如果案件被驳回，则上一句不适用。受托人应就任何此州或地方法律要求的收入进行纳税申报。②

（b）凡1986年《国内税收法典》规定，在涉及本编所指债务人的情况下，不应设立单独的应纳税财产，并且财产的收入、利润、损失、扣除额和抵免额应向债务人征税或索取的，这样的收入、收益、损失、扣除额和抵免额，应当按照对收入征税或以收入衡量（应纳税额）的州或者地方法律向债务人征税或者由债务人主张，而不得向该财产征税或由其主张。受托人应按任何州或地方法律的要求，就公司和合伙企业的收入作出纳税申报，但就合伙企业而言，只有在根据该法典也需要作出纳税申报的情况下，才应作出纳税申报。破产财团须承担对该公司或合伙企业所征收的任何税项，但不承担对合伙人或成员征收的任何税项。

（c）根据州或地方法律对合伙企业或被视为合伙企业的任何实体，该法律对债务人的收入征税或按收入衡量（应纳税额）的，在本编所述情况下，从该合伙企业分配财产而产生的任何收益或损失（或从该合伙企业中被分配或被视为被分配的合伙人或成员的任何收入、收益、损失、扣除额或抵免额的任何可分配份额），在案件开始后，就是该合伙人或成员的收益、损失、收入、扣除额或抵免额（视情况而定），如果该合伙人或成员在本编案件中是债务人，则应按照第（a）或（b）款纳税。

---

① 译者注：此处用的是State而非States，因此应为州而非联邦。

② 译者注：make tax returns of income是纳税申报的意思，而不是退税，退税是tax refund或drawback。

（d）就任何对收入征税或以收入衡量（应纳税额）的州或地方法律而言，本编所述债务人的应纳税期间只有在该债务人的应纳税期间根据 1986 年《国内税收法典》终止的情况下才应终止。

（e）在第（a）款所述情况下，该破产案件中的破产财团可以使用与债务人在破产案件开始前就立即使用的同样的会计方法，如果该会计方法符合适用的非破产的税法。

（f）就任何对收入征税或以收入计算（应纳税额）的州或地方法律而言，从债务人向破产财团或从破产财团向债务人的财产转换（transfer），[1] 不应为了任何规定之目的，被作为将产生税务后果的 1 种处置，除非根据 1986 年《国内税收法典》将此类转换视为处置。

（g）凡依据州或地方法律征税或根据第（a）或（b）款对收入征税或以收入计算（应纳税额）的，则应按照州或地方法律下适用于相同类型实体的一般税率征收税款。

（h）受托人应从支付工资、薪水、佣金、股息、利息或其他款项的债权中扣缴或收取适用州或地方税法要求扣缴或收取的任何款项，并应按税法规定的时间和方式向有关政府部门支付该扣缴或收取的款项，其优先顺序与支付该扣缴或收取款项的债权相同。

（i）

（1）如任何对收入课税或以收入计算（应纳税额）的州或地方法律规定将任何税种（tax attribute）从一个应纳税期结转至下一个应纳税期的，则在该破产财团根据第（a）款须课税的任何情况下，该破产财团须承继该税种。

（2）在该案件结案或被驳回后，债务人须承继根据第（1）项所承继的任何税种，但以符合 1986 年《国内税收法典》为限。

（3）在本编下的救济令下达之日前到期的债务人的应纳税期间内，破产财团可结转（carry back）任何属于该债务人的损失或税种，以下列为限——

（A）适用的州或地方税法规定了债务人的结转情形；以及

（B）根据 1986 年《国内税收法典》，同一或类似的税种可由该破产财产结转至债务人的该纳税期间。

（j）

（1）就任何对收入征税或以收入计算（应纳税额）的州或地方法律而言，在本编所指的情况下，不因破产财团、债务人或债务人的继承人债务免责而实现收入，除非根据 1986 年《国内税收法典》（如有规定）该“收入”应纳税。

（2）根据 1986 年《国内税收法典》的规定，在本编所指的情况下，免除债务而不包括在总收入中的金额应用于减少债务人或破产财产的税种，则应根据任何对收入征税或以收入计算（应纳税额）的州或地方法律进行类似的减少，在该州或地方法律承认此类税种的前提下。该州或地方法律还可规定在未适用清偿债务所得全额的情况下减少其他税种。

（k）

（1）除本条及第 505 条另有规定外，纳税申报表的提交时间及方式，以及任何纳税人

---

① 译者注：债务人和破产财团只是一个名称的变化，因此，这里翻译成“转换”。

的收入、损益、扣减及抵免（credit）① 等项目，均须根据适用的非破产法而厘定。

（2）就联邦税收而言，本条的规定受 1986 年《国内税收法典》和其他适用的联邦非破产法的约束。

第 347 条【无人认领的财产（unclaimed property）】

（a）在本编第 7 章、第 11 章第 5 节、第 12 章或第 13 章规定的破产案件中，根据本编第 726、1194、1226 或 1326 条进行最终分配的 90 天后，根据具体的情况，受托人可以停止支付任何仍未支付的支票，而且根据《美国法典》第 28 编第 129 章的规定，破产财团的剩余财产应当交付给法院进行处理。

（b）作为参加根据本编第 943（b）款，第 1129、1173、1191 或 1225 条批准的任何破产计划的财产分配方案的条件，本编第 9、11 或 12 章破产案件所允许的时间到期时仍然无人认领的任何证券、现金或其他财产，根据具体的情况，可以成为债务人的或根据破产计划获得债务人财产的实体的财产，视情况而定。

第 348 条【转化的效力】

（a）将案件从本编一章项下的案件转换为本编另一章项下的案件时，救济令视为在案件被转入的章下所作出，但是除非本条第（b）和（c）款另有规定，将不会影响提出破产申请、破产案件开始或者救济令作出的日期。

（b）除非法院因故作出其他裁定，在本编第 701（a）款、第 727（a）（10）项、第 727（b）款、第 1102（a）款、第 1110（a）（1）项、第 1121（b）款、第 1121（c）款、第 1141（d）（4）项、第 1201（a）款、第 1221 条、第 1228（a）款、第 1301（a）款和第 1305（a）款中，根据本编第 706、1112、1208 或 1307 条而发生转入的破产案件所在章节中所说的"本章项下的救济令"，是指该破产案件转入该章节。

（c）本编第 342 条和第 365（d）款适用于已经根据本编第 706、1112、1208 条或第 1307 条而发生转换的破产案件，且转换令视同于救济令。

（d）根据本编第 1112、1208 或 1307 条进行转换的情况下，在救济令之后但在转换之前产生的针对破产财团或债务人的债权，除本编第 503（b）款规定的债权外，就所有目的而言须视为是在紧接申请书提交日期前发生的债权。

（e）根据本编第 706、1112、1208 或 1307 条而发生的破产案件的转换，将终止在该转换发生前任何受托人或监督人在破产案件中所提供的服务。

（f）

（1）除非本款第（2）项另有规定，当第 13 章下的破产案件被转换成本编其他章下的破产案件时——

（A）被转换案件中的破产财团的财产中应当包含从提出申请之日到转换发生之日债务人仍然占有和控制的所有的破产财团的财产；

（B）第 13 章下的破产财产和允许的担保债权的估价，只适用于转换为第 11 或 12 章

---

① 译者注：此处不能翻译为"信用"，而应翻译为"抵免"。

案件的案件，在第 11 和 12 章的案件中允许的担保债权减至按照第 13 章计划被支付的程度，但不适用于转换为第 7 章案件的案件；并且

（C）关于从第 13 章转化而来的案件——

（ⅰ）自破产申请提交之日起持有担保的任何债权人的债权，除非根据适用的非破产法厘定的该等主张的全部金额，在转换之日已被全数清偿，否则该等债权须继续由该担保物担保，即使为第 13 章案件的目的，对允许的担保债权的金额进行了估价或确认；以及

（ⅱ）在本编任何程序中，除非破产前的违约在转换时已根据计划得到完全补救，否则，该违约应具有适用的非破产法规定的后果。

（2）如果债务人恶意地将本编第 13 章下的案件转换为本编另一章下的案件，则转换案件中的破产财团财产应由转换之日的破产财团财产组成。

第 349 条【驳回破产案件的效力】

（a）除非法院因故作出其他裁定，否则对本编案件的驳回不妨碍在本编下的后续案件中免除在驳回案件中可免除的债务；对本编案件的驳回也不能损害与其后根据本编提出的破产申请有关的债务人，除非本编第 109（g）款另有规定。

（b）除非法院因故作出其他裁定，除根据本编第 742 条之外的案件驳回将——

（1）恢复——

（A）根据本编第 543 条被取代的任何诉讼程序或托管；

（B）根据本编第 522、544、545、547、548、549 条或第 724（a）款被撤销（avoided）的任何财产转让，或者根据本编第 510（c）（2）、522（i）（2）项或第 551 条被保留（preserved）的任何财产转让；以及

（C）任何根据本编第 506（d）款被宣告无效的物上优先权［any lien voided under section 506（d）］；

（2）根据本编第 522（i）（1）项，第 542、550 或 553 条，取消（vacates）任何裁定、判决或指定的转让；并且

（3）将破产财团的财产重新授予该财产在略早于本编案件开始前就归属于的实体。

第 350 条【破产案件的终结和重新开始】

（a）在破产财团被执行完毕，法院解除受托人的职务后，法院应当结案。

（b）为了执行财产、给予债务人救济或其他原因，案件可在结案的法院重新审理。

第 351 条【病历处理】

如果医疗保健企业根据第 7、9 或 11 章启动案件，并且受托人没有足够的资金以所适用的联邦或州法律要求的方式支付存储患者记录的费用，则应适用以下要求——

（1）受托人须——

（A）在 1 份或多份适当的报纸上，迅速刊登公告，说明如果患者纪录在该项公告的日期后 365 天仍未被患者或保险人（如果适用法律容许保险人提出该项认领请求）认领的（claimed，或可翻译成“索要的”），受托人将销毁患者纪录；以及

（B）在第（A）项所述 365 天期间的前 180 天内，立即尝试直接通知作为该患者记录

标的的每名患者和与患者记录有关的保险公司，通过邮寄至该患者的最新已知地址，或邮寄至该患者的家庭成员或联系人，并通过邮寄向适当的保险公司发出有关认领或处理患者记录的适当通知。

（2）如果在根据第（1）款提供通知后，在根据第（1）款所述的365天期限内，患者记录未被认领，受托人应在该365天期限结束时，通过挂号信向每个适当的联邦机构发出书面请求，请求该机构允许存放患者记录。除非没有任何联邦机构根据本款被要求接受患者记录。

（3）如果在第（2）款所述的365天期限之后，并且在根据第（1）款提供通知之后，患者或保险提供人没有要求保存患者记录，或者联邦机构没有批准将此类记录存放在该机构，受托人应通过以下方式销毁这些记录——

（A）如该等记录是书写的，则须将该等记录粉碎或燃烧；或者

（B）如该等记录是磁性、光学或其他电子记录，则可通过其他方式销毁该等记录，使该等记录不能被恢复。

第4节　管　理　权

第361条【充分的保护】

当1个实体根据本编第362、363或364条提出充分保护其财产利益的要求时，该充分保护可以这样提供——

（1）在根据本编第362条停止支付，根据本编第363条使用、出售或租赁，或者根据本编第364条提供担保的范围内导致该实体在该财产上的利益损失，要求受托人向该实体支付现金或定期支付现金；

（2）向该实体提供额外或替代的担保，前提是该等停止（支付）、使用、出售、租赁或提供（担保）导致该实体在该等财产中的权益价值减少；

（3）批准其他的救济，而非授权该实体根据本编第503（b）（1）项获得作为管理开支（administrative expense）的合理的补偿，因其将导致该实体获得与该财产的收益确实等价的补偿。

第362条【自动冻结】①

（a）除非本条第（b）款另有规定，根据本编第301、302或303条提出的破产申请，或者根据1970年《证券投资者保护法》第5（a）（3）项提出的申请，可以冻结下列行为，并适用于所有实体——

---

① 译者注：automatic stay在学术性文章中翻译成“自动冻结”“自动中止”“自动暂停”都无不可，因为“stay”可以翻译成“冻结”、“中止”或“暂停”，本译本最终选择翻译成“冻结”，以与通行的译法保持一致，但是因为“暂停”的表现力最强、最直接，因此有的语境下也翻译成“暂停”；“中止”虽然是地道的法言法语，但是容易跟“终止”相混淆，识别度和表现力上有所欠缺，尤其是在条文正文省略“automatic”而单用“stay”的情形下，尤其如此。

（1）对债务人提起或继续进行（包括程序的启动与运用）的司法、行政或其他诉讼或程序，该等诉讼或程序已经或本应在本编破产案件开始之前就已经启动，或者向债务人追讨本编破产案件开始前就已经发生的债权的行为；

（2）强制执行本编破产案件开始之前法院就已作出的针对债务人或破产财团的财产的判决；

（3）任何旨在占有财团的或者来自财团的财产，或者控制财团财产的行为；

（4）任何针对财团财产的创设、公示（perfect）或执行物上优先权（lien）的行为；

（5）任何针对债务人的财产而创设、公示或执行担保权的行为，因其将导致该担保权能担保在本编破产案件开始之前就已产生的某项债权；

（6）在本编破产案件开始之前就已产生的，任何针对债务人的债权而进行的收取、估算或弥补该债权的行为；

（7）在本编破产案件开始之前就已产生的债务人拥有的任何债权与任何债务人所欠债务的抵销；以及

（8）在美国税务法院提起或继续进行的与作为公司的债务人在破产法院可确定的应纳税期内的纳税义务有关的诉讼，或与作为个人的债务人在根据本编作出的救济令日期之前结束的应纳税期内的纳税义务有关的诉讼。

（b）依据本篇第301、302或303条或者1970年《证券投资者保护法》第5（a）（3）项的规定提出的申请，下列情形不能冻结——

（1）依据本条第（a）款规定，已经启动或继续进行的追究债务人刑事责任的诉讼或程序；

（2）依据本条第（a）款规定——

（A）下列民事诉讼或程序的启动或继续进行：

（ⅰ）为确立亲子关系；

（ⅱ）为确立或变更给付扶养费、抚养费或赡养费（domestic support obligation）[①] 的裁定；

（ⅲ）关于儿童监护或探视；

（ⅳ）为解除婚姻，除非该程序旨在确定属于该破产财团的财产的分割；或者

（ⅴ）关于家庭暴力；

（B）从非破产财团的财产中获取扶养费、抚养费或赡养费；

（C）扣缴属于债务人财产或破产财团财产的收入，以支付司法裁定、行政命令或法规规定的扶养费、抚养费或赡养费；

（D）根据《社会保障法》第466（a）（16）项的规定，依据州法律扣留、冻结或限制驾驶执照、专业或职业执照或娱乐业执照；

（E）根据《社会保障法》第466（a）（7）项的规定，向任何消费者报告机构报告父

---

① 译者注：直译为家庭支助义务，在中国法的语境下其实就是扶养费、抚养费或赡养费的概念。

母拖欠的逾期抚养费；

（F）《社会保障法》第464条及466（a）（3）项或类似的州法律规定的对退税的拦截（the interception of a tax refund）；或者

（G）《社会保障法》第4章所规定的医疗义务的执行；

（3）依据本条第（a）款的规定，（不能冻结）任何公示、维持或者继续公示破产财产的收益的行为，只要该受托人的权利和权力受本编第546（b）款下公示行为的限制，或者只要该公示行为是在本编第547（e）（2）（A）目规定的期限内完成的；

（4）依据本条第（a）款第（1）、（2）、（3）、（6）项的规定，政府部门及有关组织依据《禁止发展、生产、储存和使用及销毁化学武器的公约》（于1993年1月13日起开放签字）的授权启动的或继续进行的，旨在加强该政府部门和相关组织的警察和其他管制力量（包括政府部门通过旨在加强该政府部门和相关组织的警察和其他管制力量的某项行为或诉讼程序而获得的司法判决而非金钱方面的判决的执行）的诉讼或程序；

（5）（已废除）

（6）依据本条第（a）款的规定，由商品经纪人、远期合约商、股票经纪人、金融机构、金融参与者或者证券结算机构行使的，依据任何担保协议或安排或其他信用增级方式，构成任何商品合约、远期合约或证券合约的一部分或与之相关的部分的任何合约权利（定义见第555或556条），或抵销或扣除根据1份或多份此类合同（包括此类合同的任何主协议）产生的或与之相关的任何终止价值、付款金额或其他转让义务的任何合同权利（定义见第555或556条）；

（7）依据本条第（a）款的规定，由证券回购协议的参与人或金融参与人行使的，依据任何担保协议或安排或其他信用增级方式，构成任何回购协议的一部分或与之相关的部分的任何合约权利（定义见第559条），或抵销或扣除根据1份或多份此类合同（包括此类合同的任何主协议）产生的或与之相关的任何终止价值、付款金额或其他转让义务的任何合同权利（定义见第559条）；

（8）依据本条第（a）款的规定，在任何案件中，由住房和城市发展部部长发起的任何取消抵押品或信托契约回赎权的行动，该部长持有的该抵押品或信托契约必须依据《国家住房法》进行投保或已被投保，其投保范围须包括房地产或由5个或以上居住单元构成的房地产的组合；

（9）依据本条第（a）款的规定，不冻结——

（A）政府部门发出的决定纳税义务的税赋稽核单；

（B）政府部门向债务人发出的争议税款通知；

（C）要求报税；或者

（D）就任何税项作出估值，并发出通知及要求支付该次估值［但因该次估值而会附加于有关破产财团的财产上的任何税务性的物上优先权（tax lien）不会生效，除非该税项是债务人的债项且在有关个案中不会被免除，并且该税项或其收益从破产财团中被转移给债务人，或以其他方式被重新授予债务人］。

（10）依据本条第（a）款，出租人根据非居住性不动产租赁向债务人采取的任何行为，在本编案件开始之前或案件之中该租赁因规定的期限届满而终止，以获得对该财产的占有权；

（11）依据本条第（a）款，可流通票据的提示以及拒绝兑付该票据的通知及提出拒绝证明；

（12）依据本条第（a）款，在提出破产申请90天后，根据本编第11章进行重整的债务人所涉诉讼的开始或继续，以及进入终审的判决的结束，以及运输部部长根据第46编第31325条（包括销售收益的分配）提出的取消优先的船只或船队抵押的赎回权的诉讼，或运输部部长根据第46编第537章或第49编第109（h）款或适用的州法律持有的船舶或在建船舶的担保权益或与之相关的担保权益的赎回权取消的诉讼；

（13）依据本条第（a）款，在提出破产申请90天后，根据本编第11章进行重整的债务人所涉诉讼的开始或继续，以及进入终审的判决的结束，以及商务部部长根据第46编第31325条（包括任何销售收益的分配）提出的，目的是取消船舶上的优先的船只或船队抵押的赎回权，或取消在商务部部长根据第46编第537章持有的渔场上的抵押、信托契约或其他担保权益的赎回权；

（14）依据本条第（a）款，由认证机构提起的，涉及对教育机构债务人进行资格认证的诉讼；

（15）依据本条第（a）款，由州政府许可部门提起的，涉及对教育机构债务人发放许可证的诉讼；

（16）依据本条第（a）款，由1965年《高等教育法》第435（j）款规定的保证机构或教育部部长提起的，涉及债务人是否有资格参与该法授权实施的计划的诉讼；

（17）依据本条第（a）款，掉期参与人或金融参与人行使构成掉期协议一部分或与之相关的任何担保协议或安排或其他信用增级措施下的任何合同权利（定义见第560条），或行使抵销或扣除根据1份或多份此类合同（包括此类合同的任何主协议）产生的或与之相关的任何终止价值、付款金额或其他转让义务的任何合同权利（定义见第560条）；

（18）根据本条第（a）款，设立或公示政府部门征收的，从价财产税的法定物上优先权，或对不动产征收的特别税或特别估价（无论是否从价税），只要该项税款或估价在破产申请提交之日后到期；

（19）根据本条第（a）款，从债务人的工资中扣缴收入并收取扣缴的款项，根据债务人的协议，该协议授权为养老金、利润分成、股票红利或根据1986年《国内税收法典》第401、403、408、408A、414、457条或第501（c）款设立的其他计划之利益而进行的扣缴和收取，该扣缴和收取由债务人的雇主或该雇主的关联方、继任者或前任发起——

（A）如果扣缴和收取的款项仅用于支付1974年《雇员退休收入保障法》第408（b）（1）项规定的计划贷款，或受1986年《国内税收法典》第72（p）款的约束；或者

（B）第5编第84章第3节允许的节俭储蓄计划贷款，该贷款满足该编第8433（g）款

的要求；但本段中的任何内容不得解释为根据 1986 年《国内税收法典》第 414（d）款政府计划作出的任何贷款，或根据该法典第 403（b）款规定的合约或账户作出的任何贷款，可构成本编下的债权或债务；

（20）根据本条第（a）款，在本编任何先前案件中，在根据第（d）（4）项对不动产作出命令后，对该不动产强制执行任何物上优先权或担保权益（to enforce any lien against or security interest in real property）的任何行为，但在该命令作出之日后的 2 年内，在本编后续案件中债务人在通知和听证后，基于已改变的情况或其他正当理由，请求免除该裁定的情形除外；

（21）根据本条第（a）款，对不动产强制执行任何物上优先权或担保权的行为——

（A）如果债务人根据第 109（g）款在本编案件中无资格成为债务人；或者

（B）如果本编案件的申请提交违反了本编下先前禁止债务人在本编另一案件中成为债务人的破产法院裁定；

（22）除本条第（l）款另有规定外，根据第（a）（3）项，出租人对债务人继续进行涉及债务人根据租赁或租赁协议作为承租人居住的房产的任何驱逐、非法扣留诉讼或类似程序，并且出租人在破产申请提出之日前已就该等房产获得对债务人的占有判决；

（23）除本条第（m）款另有规定外，根据第（a）（3）项的规定，根据租约或租赁协议，基于对该房产的损害或对该房产非法使用受管制物品而对债务人作为承租人居住的住宅房产的占有的驱逐诉讼，但前提是出租人向法院并向债务人送达 1 份伪证罪处罚的证明，证明该驱逐诉讼已被提起，或证明提出之日前 30 天内，债务人已危及该房产或非法使用或允许在该房产上使用受管制物品；

（24）根据本条第（a）款，任何根据第 544 条不可撤销及根据第 549 条不可撤销的转让；

（25）根据本条第（a）款——

（A）证券自律组织为行使其监管权力而展开或继续进行的调查或诉讼；

（B）强制执行该证券自律组织为行使其监管权而进行的诉讼中获得的裁定或决定，但不包括货币制裁；或者

（C）证券自律组织对不符合适用的监管要求的股票进行摘牌（delist）、删除或者拒绝报价的行为；

（26）根据本条第（a）款，政府部门根据适用的非破产法对所得税退税的抵销，对于在救济令下达之日前结束的应税期间，针对同样在救济令下达之日前结束的应税期间的所得税负债，除非因 1 个未决的确定纳税义务金额或合法性的诉讼，适用的非破产法不允许抵销所得税退税，否则政府部门可以在诉讼解决之前保留该退税，除非法院根据受托人的建议，在通知和听证后，就第 506（a）款的抵销，赋予该税务局对该等机构的担保债权适当的保护（在第 361 条的含义内）；

（27）根据本条第（a）款，主净额结算协议参与人行使构成主净额结算协议一部分或与之相关的任何担保协议或安排或其他信用增级方式的任何合同权利（定义见第 555、

（Ⅱ）根据第 7、11 和第 13 章中的任何 1 章，在过去 1 年期间内，有超过 1 起的该个人是债务人的先前案件被驳回，因债务人未能——

（aa）在没有实质性理由的情况下提交或修改本编或法院要求的申请书或其他文件（但仅是疏忽或过失不应成为实质性理由，除非该驳回是由债务人的律师的过失引起的）；

（bb）按照法院的裁定提供足够的保护；或者

（cc）执行法院批准的计划的条款；或者

（Ⅲ）自根据第 7、11 或 13 章驳回上一个案件后，债务人的财务或个人事务没有发生实质性变化，也没有任何其他理由得出下一个案件将结案的结论——

（aa）如果是第 7 章案件，已获免责；或者

（bb）如果是第 11 或 13 章案件，有 1 份经批准、将予全面执行的计划；以及

（ⅱ）就任何根据本条第（d）款在该个人是债务人的前一个案件中提起诉讼的债权人而言，如截至该案件驳回之日，该诉讼仍悬而未决或已通过终止、设定条件或限制（针对该债权人的诉讼的）冻结而解决了；以及

（4）

（A）

（ⅰ）本编下作为个人的债务人提出的或针对该债务人提出的单独或共同破产案件被驳回，而该债务人两件或以上的单独或共同破产案件在前 1 年内悬而未决，除根据第 707（b）款被驳回后根据第 7 章以外的另一章重新申请的案件外，第（a）款下的冻结不应在较迟案件的立案后生效；以及

（ⅱ）应利害关系一方的请求，法院应迅速作出裁定，确认任何冻结均无效；

（B）在后一案件提交申请后的 30 天内，如有利害关系的一方请求，法院可以在通知和听证后裁定自动冻结对任何或所有债权人生效（受法院施加的条件或限制所规限），但须由利害关系方证明后一宗案件的提交对须予冻结的债权人是出于善意的；

（C）根据第（B）项施加的冻结，须自准许冻结生效的裁定作出之日起生效；以及

（D）就第（B）项而言，1 宗案件被推定并非出于善意而提交的（但该项推定可由明确且令人信服的相反证据予以反驳）——

（ⅰ）对于所有债权人，如果——

（Ⅰ）在 1 年期间，根据本编个人为债务人的两个或以上的先前案件悬而未决；

（Ⅱ）在本编的先前案件中，如果该个人是债务人，在债务人无实质性理由（仅是疏忽或过失不应是实质性的理由，除非驳回是由债务人的律师的过失引起的）而未按照本编或法院的要求提交或修改破产申请或其他文件而导致案件在本款规定的时间内被驳回，因此不能按照法院的裁定提供充分的保护，或未能履行法院批准的计划的条款；或者

（Ⅲ）自本编上一个最近的（the next most previous）案件被驳回以来，债务人的财务或个人事务未发生实质性变化，或有任何其他理由得出结论，如果第 7 章案件得到免责，或者第 11 或 13 章案件中计划被批准且将得到全面执行，则后一个案件将不会结束；或者

（ⅱ）就任何根据第（d）款在该个人是债务人的前一个案件中提起诉讼的债权人而言，如截至该案件驳回之日，该诉讼仍悬而未决或已通过终止、设定条件或限制针对该债

权人的冻结而解决。

（d）应利害关系一方的请求，并在通知和听证后，法院应准许解除根据本条第（a）款规定的冻结，如通过终止、废止、修改或限制该冻结，当——

（1）有正当理由，包括相关当事人财产权益得不到充分保护；

（2）就根据本条第（a）款针对财产的行动的冻结而言，如果——

（A）债务人在该财产中没有权益；以及

（B）该财产对有效重整不是必需的；

（3）关于根据本条第（a）款针对单一资产不动产的行为的冻结，该行动由其债权以该不动产的权益作担保的债权人作出，除非不迟于救济令下达后90天（或法院在该90天期限内通过裁定确定的较后日期）或在法院裁定被告受本款规制后30天内，以较迟者为准——

（A）债务人已提交重整计划，该计划有合理可能在合理时间内得到批准；或者

（B）债务人已开始按月付款——

（ⅰ）尽管有第363（c）（2）项的规定，可由债务人自行决定，用来自案件开始日期之前、当天或之后由该不动产或从该不动产产生的租金或其他收入，给其债权由该不动产担保的各债权人（但由司法物上优先权或未到期法定物上优先权担保的债权除外）；以及

（ⅱ）金额等于按当时适用的非违约合同利率计算的相等于债权人在不动产中权益价值的利息；或者

（4）就根据第（a）款针对不动产的行为的冻结而言，由接受以该不动产的权益作担保的债权人提出解除申请，如法院裁定提交申请书是延迟、妨碍或欺诈债权人的计划的一部分（涉及以下方式）——

（A）未经有担保债权人的同意或法院的批准而转让该不动产的全部或部分所有权或其他权益；或者

（B）影响该不动产的多重破产申请。

如果按照规制不动产权益或担保权通知的适用州法律进行记录，根据本条第（4）项作出的裁定在本编任何其他案件中均具有约束力，其意图是影响在法院作出该裁定之日后不迟于2年内提出（申请）的该不动产，除非本编下的后续案件中，债务人可在通知和听证后，根据已改变的情况或所显示的正当理由，请求解除该裁定。接受不动产权益或担保权通知的任何联邦、州或地方政府部门应接受本款所述裁定的任何经核证的副本，以便索引和记录。

（e）

（1）在根据本条第（d）款提出要求解除根据本条第（a）款对破产财产的任何行为的冻结请求后30天，就提出该请求的利害关系方而言，该冻结即告终止，除非法院在发出通知和听证后裁定根据本条第（d）款进行的最终听证和裁决得出结论或结果之前该冻结继续有效。根据本款举行的听证会可以是初步听证会，也可以与根据本条第（d）款举行的最终听证会合并。在根据本条第（d）款进行的最终听证结束前，如有合理的可能反对解除冻结的一方在最后听证结束时占上风，则法院应命令冻结继续有效。如根据本款进行的听证是初步听证，则该最终听证须在该初步听证完结后不迟于30天完结，如有利害关系的各

方同意将30天的期限延长，或在法院认为迫不得已的情况需延长特定时间，则属例外。

（2）尽管有本款第（1）项的规定，在第7、11或13章而债务人是个人的案件中，根据本条第（a）款作出的冻结，须在有利害关系的一方根据本条第（d）款提出请求后60天终止，除非——

（A）终局决定是由法院在提出要求之日起的60天内作出的；或者

（B）延长了该60天期限——

（ⅰ）经有关各方同意；或者

（ⅱ）由法院裁定为正当理由所需的特定期间，如法院作出的裁定所述。

（f）在有利害关系的一方提出请求时，法院在有或无听证的情况下，须给予根据本条第（a）款规定的冻结所需的救济，以防止某实体在财产上的利益受到不可弥补的损害，如果在有机会根据本条第（d）或（e）款发出通知和举行听证会之前，上述权益将遭受损害。

（g）在根据本条第（d）或（e）款进行的关于解除根据本条第（a）款冻结任何行为的听证中——

（1）请求救济的一方当事人对债务人的财产权益问题负有举证责任；以及

（2）反对这种救济的一方对所有其他问题负有举证责任。

（h）

（1）如债务人是个人，则本条第（a）款所规定的冻结，就有关破产财团的个人财产（personal property，一般翻译成“个人财产”或“动产”）或就全部或部分债权作出担保的债务人的个人财产而终止，或受未到期的租契所规限，而如债务人在第521（a）（2）项所定的适用时间内没有履行以下行为，则该等个人财产不再是破产财团的财产——

（A）及时提交第521（a）（2）项所规定的与该个人财产有关的任何意向书，或在该意向书中表明债务人将交出或保留该个人财产，如保留该个人财产，则可依据第722条赎回该个人财产，订立适用于该等个人财产所担保的债项的第524（c）款所指明的种类的协议，或如受托人没有如此做，则可依据第365（p）款承担该等未到期的租赁（如适用）；以及

（B）及时采取该声明中指明的行动，该声明可在采取行动的期限届满前加以修订，除非该声明指明债务人打算按原合同条款再次确认该债务，而债权人拒绝同意按原合同条款再次确认该债务。

（2）如法院在通知及听证后，根据受托人在第521（a）（2）项所规定的适用期限届满前提出的动议，裁定该个人财产对该破产财团具有相应价值或利益，并裁定对该债权人的权益给予适当的充分保护，则第（1）项不适用并裁定债务人将债务人所占有的任何担保物交付受托人，如果法院没有如此决定，本条第（a）款规定的冻结应在动议的听证会结束时终止。

（i）就本条第（c）（3）项而言，如依第7、11或13章开始的案件因设立偿债计划而遭驳回，则债务人其后根据任何该章展开的任何案件，不得推定为并非善意地提交破产申请。

（j）应利害关系方的请求，法院应根据本条第（c）款作出裁定，确认自动冻结已终止。

（k）

（1）除本款第（2）项另有规定外，因（他人）故意违反本条规定的冻结而受损害的个人，应追讨实际损害赔偿，包括各项成本和律师费用，并在适当情况下，可追讨惩罚性损害赔偿。

（2）如果此类违反是基于一个实体真诚地相信本条第（h）款适用于该债务人，因而采取的行动，则根据本款第（1）项对该实体的追偿应限于实际损害赔偿。

（l）

（1）除本款另有规定外，本条第（b）（22）项适用于破产申请书提交之日后30天内，如果债务人提交申请书并向出租人送达伪证罚款的证明——

（A）根据该司法管辖区适用的非破产法，在作出占有判决后，在某些情况下，债务人可获准补救导致该项占有判决的全部货币违约；以及

（B）债务人（或债务人的成年受养人）[①] 已将在提交破产申请后30天内到期的任何租金交存法院书记员。

（2）如在提出破产申请后的30天内，债务人（或债务人的成年受养人）符合本款第（1）项的规定，向法院提出申请，并根据适用的非破产法，向债务人（或债务人的成年受养人）送达1份根据伪证罪向出租人提供的进一步证明，证明该债务人（或债务人的成年受养人）已治愈，则根据该司法管辖区适用的非破产法，出租人根据本条第（b）（22）项寻求占有判决的全部货币违约均不适用，除非法院根据本款第（3）项裁定适用。

（3）

（A）如果出租人对债务人根据本款第（1）或（2）项提交的任何证明提出异议，并将该异议送达债务人，法院应在该异议提交和送达后10天内举行听证会，以确定债务人根据第（1）或（2）项所提交的证明是否属实。

（B）如果法院支持出租人根据本项第（A）目提出的异议——

（ⅰ）本条第（b）（22）项应立即适用，且不要求根据本条第（a）（3）项解除冻结，以使出租人能够完成对该财产的全部占有的收回程序；以及

（ⅱ）法院书记员应立即向出租人和债务人送达法院维持出租人反对意见的裁定的核证副本。

（4）如债务人按照本款第（5）项在破产申请中表示已就债务人所居住的住宅租赁物业的占有权拥有1个判决，而并没有根据第（1）或（2）项提交证明的，则——

（A）本条第（b）（22）项在未能提交该证明时应立即适用，并且根据本条第（a）（3）项规定的冻结的解除无须使出租人能够完成对该财产的全部占有的收回程序；以及

---

① 译者注：原文为 an adult dependent of the debtor，应包括受抚养、受扶养甚至受赡养的各种情形，中文中似乎没有对应的如此概括的说法，本译文采用“受养人”这一生造的表达法，最为达意。

（B）法院书记员应立即向出租人和债务人送达1份经核证的案卷副本，表明没有提交的证明，以及根据第（b）（22）项，适用冻结的例外情形。

（5）

（A）出租人根据租约或者租赁协议取得对债务人居住的住宅财产的占有判决的，债务人应在破产申请书上注明，并应提供根据本款提交的申请书和任何证明中获得了该申请前判决的出租人的姓名和地址。

（B）如本款所指明，随破产申请提交的证明表格须规定债务人证明的，则债务人须证明——

（ⅰ）在提交破产申请的日期前，是否已就占有债务人所居住的住宅用租赁房屋而取得了针对债务人的判决；以及

（ⅱ）债务人是否根据第（1）项主张，依司法管辖区适用的非破产法，在某些情况下，债务人可以在占有判决被作出并向法院提交适当押金后，纠正导致占有判决的全部货币违约（cure the entire monetary default that gave rise to the judgment for possession）。

（C）破产程序中使用的标准表格（电子表格及其他表格）须经修改以反映本款的规定。

（D）法院书记员须安排将根据第（1）（B）目缴存的租金迅速送交出租人。

（m）

（1）除本款另有规定外，本条第（b）（23）项适用于出租人提交和送达第（b）（23）项所述证明之日后15天。

（2）

（A）如债务人向法院提出对第（b）（23）项所述证明的真实性或法律充分性的反对意见，并将该反对送达出租人，则除非法院根据本款作出裁定，否则第（b）（23）项不适用。

（B）如果债务人根据第（A）目提出并送达反对意见，法院应在提出和送达反对后10天内举行听证会，以确定导致出租人根据第（1）项出具证明的情形是否存在或已得到补救。

（C）如债务人能向法院证明而令法院确信导致债务人根据第（1）项作出证明的情形并不存在或已予补救，则根据第（a）（3）项规定的冻结，在根据本条终止该项冻结前，依然有效。

（D）如果债务人不能向法院证明并使法院满意导致出租人根据第（1）项作出证明的情形不存在或已经得到补救，则——

（ⅰ）出租人无须根据第（a）（3）项提供的对冻结的救济展开驱逐（proceed with the eviction）；以及

（ⅱ）法院书记员应立即向出租人和债务人送达法院维持（upholding）出租人证明的裁定的核证副本。

（3）如债务人未能在15天内根据本款第（2）（A）目提出反对，则——

（A）第（b）（23）项应在未能提交后立即适用，而根据第（a）（3）项提供的对冻结的救济无须使出租人能够完成对该财产的全部占有的收回程序；以及

（B）法院书记员应立即向出租人和债务人送达1份表明该等未能提交的经核证的案卷副本。

（n）

（1）除第（2）项另有规定外，第（a）款不适用于以下情形的案件中的债务人——

（A）是在提交破产申请时待决的小企业破产案件的债务人；

（B）是小企业破产案件中的债务人，该案因任何原因而被驳回，而该项裁定在就该申请书作出的救济令之日为止的2年期间内为最终裁定的；

（C）是小企业破产案件中的债务人，该案的计划是在就该破产申请而作出的救济令之日为止的2年期间内获确认的；或者

（D）是一个实体，其已取得第（A）、（B）或（C）目所述的小企业债务人的全部资产或业务，除非该实体以充分证据证明该实体善意地，而不是为了规避本款的目的而取得了该小企业债务人的全部资产或业务。

（2）第（1）项不适用于——

（A）不涉及债务人与债权人串通的非自愿案件；或者

（B）在以下情形提交的破产申请——

（ⅰ）债务人以充分证据证明，破产申请的提交是由该未决案件立案时债务人无法预见的超出其控制的情况造成的；以及

（ⅱ）法院更有可能在一段合理的时间内确认1项可行的计划，但不是1项清算计划。

（o）根据第（b）款第（6）、（7）、（17）或（27）项行使不受第（a）款规定的冻结影响的权利，不应由法院或行政机关在本编任何程序中的任何裁定予以冻结。

第363条【破产财产的使用、出售或租借】

（a）本条所称的“金钱担保物”（cash collateral）是指任何时候获得的现金、可转让票据、所有权凭证、证券、存款账户或其他现金等价物，破产财团和非财团的实体对其享有权益，包括财产的收益、产品、衍生物、租金或利润，以及因使用或占有受本编第552（b）款规定的担保权益约束的酒店、汽车旅馆或其他住宿类物业的房间或其他公用设施而发生的费用、收费、账目或其他支付，无论其是否发生于根据本编提出破产申请之前。

（b）

（1）受托人在通知及听证之后，可以使用、出售或出租破产财团的财产，但在正常业务运作中除外，除非与提供产品或服务相关的债务人向个人披露了禁止向与债务人无关的人转让个人身份信息的原则（policy），并且如果该原则在案件开始之日有效，则受托人不得向任何人出售或出租个人身份信息，除非——

（A）该出售或租赁符合上述原则；或者

（B）在按照第332条委任消费者隐私巡查员后，并在通知及听证后，法院批准该项出售或租赁——

（ⅰ）适当考虑该项出售或租赁的事实、情况及条件；以及

（ⅱ）认定没有任何证据表明此类出售或租赁会违反适用的非破产法。

（2）如果根据本款进行的交易需要根据《克莱顿法案》第7A（a）款发出通知，则——

（A）尽管有该条第（a）款的规定，该款规定由债务人发出的通知，须由受托人发出；并且

（B）尽管有该条第（b）款的规定，规定的等待期应在联邦贸易委员会和司法部反垄断司助理总检察长收到该条第（a）款规定的通知之日后第15天结束，除非以下情形该等待期可获延长——

（ⅰ）依据该条第（e）（2）项，有与其相同情形者，适用于现金收购股权的要约；

（ⅱ）依据该条第（g）（2）项，或者

（ⅲ）法院在通知并听证之后裁定延长。

（c）

（1）如果债务人的营业依据本编第721、1108、1183、1184、1203、1204或1304条的规定被授权经营，除非法院另有裁定，受托人可在正常业务过程中进行交易，包括出售或租赁破产财团的财产，无须通知或听证，也可在正常业务过程中使用破产财团的财产，无须通知或听证。

（2）受托人不得使用、出售或出租本款第（1）项规定的金钱担保物，除非——

（A）在该金钱担保物中拥有权益的各实体同意；或

（B）法院在通知并听证之后，可以授权他人进行合乎本条规定的使用、出售或出租。

（3）任何依据本款第（2）（B）目规定举行的听证（hearing），可为初步听证，或可与根据本条第（e）款进行的听证合并，但须按照债务人的需要排定日期。如根据本款第（2）（B）目进行的听证是初步听证，则只有在受托人有合理可能在根据本条第（e）款进行的最终听证中胜诉的情况下，法院才可授权使用、出售或租赁该等物品。法院应根据本款第（2）（B）目的任何授权请求迅速采取行动。

（4）除非本款第（2）项另有规定外，受托人应将其所管有、保管或控制的任何金钱担保物分开核算。

（d）受托人可根据本条第（b）或（c）款使用、出售或租赁财产——

（1）如债务人是公司或信托，而该公司或信托并非以金钱形式经营的企业、商业法人或信托，则只按照适用于该公司或信托的债务人转让财产的非破产法；以及

（2）不与任何依据本编第362条第（c）、（d）、（e）或（f）款的规定授予的救济相冲突的情形下。

（e）尽管本条有其他规定，在任何情况下，在受托人使用、出售或租赁或拟将为受托人使用、出售或租赁的财产中拥有利益的实体提出请求时，无论是否举行了听证，法院都应当禁止或限制该使用、出售或租赁以为该等利益提供必要的保护。本款亦适用于须受任何未到期的动产租约规限的财产（但不包括须受根据第362条批准免于冻结的裁定规限的财产）。

(f) 受托人可以出售本条第（b）、(c）款规定下与该财产没有任何利益牵连的实体（非破产财团）的财产，只有当——

(1) 适用的非破产法容许出售与该利益没有任何牵连的此类财产；

(2) 该实体同意；

(3) 该权益为物上优先权（lien)，出售该财产的价格高于该财产上所有物上担保权的总价值；

(4) 这种利益是在真实的争议中；或者

(5) 在法律或衡平的程序中，该实体可被迫接受对该利益的金钱补偿。

(g) 尽管有本条第（f）款的规定，受托人可根据本条第（b）或（c）款出售财产，而不受嫁妆或鳏夫产业（dower or curtesy）性质的任何既得或或有权利的限制。

(h) 尽管有本条第（f）款的规定，受托人可以根据本条第（b)、(c）款出售该破产财团以及任何财产共有者享有的利益，并且该财产的债务人在破产案件开始之时就已经作为普通法意义上的承租人、联合租赁人或集体租赁人享有不可分割的利益，除非——

(1) 在破产财团和共有人之间进行该财产的分割不可行时；

(2) 对破产财团而言，出售财团在该财产上未经分割的利益所得将可能明显少于在去除该共有人收益后出售该财产所得时；

(3) 财团因出售去除共有人利益后的该财产而获得的收益超过对该共有人造成的损失（如有）时；并且

(4) 该项财产并非用于以供出售的加热、照明或动力为目的的电能或天然及人工燃气的生产、传送或分配中。

(i) 在本条第（g）或（h）款规定的财产出售完成（consummation）前，或在紧接案件开始前属债务人及债务人配偶共有财产的破产财团的财产出售完成前，债务人配偶或该财产的共有人（视属何情况而定）可按完成出售的价格购买该等财产。

(j) 在出售本条第（g）或（h）款规定的财产后，受托人须将该项出售的收益，减去该项出售的成本及开支（不包括对受托人的任何补偿)，分配给债务人的配偶或该项财产的共有人（视属何情况而定）及破产财团，根据该配偶或共有人以及破产财团的利益情况。

(k) 在根据本条第（b）款出售为被法律认可的债权提供担保的财产时，除非法院另有裁定，否则该债权的持有人可在该出售中投标，并且，如果该债权的持有人购买了该财产，则该持有人的债权可以用来抵销该财产的购买价格。

(l) 依据第365条的规定，受托人可以使用、出售或出租本条第（b)、(c）款规定之财产，或根据本编第11、12、13章制订的计划，可规定使用、出售或出租财产，尽管合同、租约或适用法律中的任何条款就债务人的无力清偿和财务状况作出了一些限定，在本编下关于债务人的破产案件开始之前，或在本编所述案件的受托人或保管人（custodian）的任命或接管时，得以使债务人在该等财产中的权益被没收、修改或终止，或有权选择予以没收、修改或终止。

（m）根据本条第（b）或（c）款对财产出售或租赁的授权提出上诉时的撤销或修改，不影响根据该授权向善意购买或租赁该财产的实体出售或租赁该财产的有效性，无论该实体是否知道该上诉的悬而未决，除非在上诉期间，该授权和此类出售或租赁被冻结。

（n）如果出售价格由潜在竞买人之间的协议控制，受托人可根据本条撤销（avoid）该出售，或可向该协议的一方追讨出售财产价值超过该等出售完成时的价格的任何金额，并可追讨因解除出售或追讨该等款项而招致的任何费用、律师费或开支。除根据前一判决进行的任何追讨外，法院还可判决对财产有利的惩罚性赔偿金，以及对故意无视本款而订立此类协议的任何一方的惩罚性赔偿金。

（o）尽管有第（f）款的规定，如果任何人购买了受《真实借贷法》约束的消费信贷交易的任何权益或消费信贷合同的任何权益［定义见《联邦法规汇编》（2004 年 1 月 1 日）第 16 编第 433.1 条，不时修订］，并且如果该权益是通过本条项下的销售购买的，则该人仍应受到与该消费信贷交易或该消费信贷合同有关的所有索赔和抗辩的约束，其程度与该人在非根据本条项下的销售购买该权益时受到该消费者的索赔和抗辩约束的程度相同。

（p）在依据本条进行的任何听证程序中——

（1）受托人负有证明其采取了足够的保护措施的责任，并且

（2）主张财产权益的实体对这种权益的有效性、优先性（priority）或范围问题负有举证责任。

第 364 条【获得信贷】

（a）如果受托人根据本编第 721、1108、1183、1184、1203、1204 或 1304 条的授权对债务人的业务进行经营，除非法院另有其他裁定，受托人可在本编第 503（b）（1）项允许的正常业务过程中获得无担保信贷并产生无担保债务作为管理费用。

（b）法院在通知和听证之后，可授权受托人获得本条第（a）款之外的无担保信贷（unsecured credit）或产生无担保债务，根据本编第 503（b）（1）项允许作为管理费用。

（c）如果受托人无法获得本编第 503（b）（1）项允许作为管理费用的无担保信贷，法院在通知和听证后，可授权获得的信贷或产生的债务——

（1）优先于任何或所有的本编第 503（b）或 507（b）款详细列明的管理费用；

（2）以破产财团财产的物上优先权（lien）担保，当该财产之上没有其他物上优先权时；或者

（3）以破产财团财产的次级物上优先权（a junior lien）担保，当该财产上已设物上优先权时。

（d）

（1）法院在通知和听证后，可以批准获得信贷或产生债务，以破产财团财产的高级（更优先）或同级的物上优先权（a senior or equal lien）担保，当该财产上已设物上优先权（lien）时，只有当——

（A）受托人无法以其他方式获得信贷；并且

（B）对被提议授予高级或同级物上优先权的破产财团财产的原物上优先权人的利益提供了充分的保护时。

（2）在本款项下的任何听证中，受托人对提供充分保护的事项负有举证责任。

（e）根据本条获得信贷或招致债务的授权，或根据本条授予优先权或物上优先权（a priority or a lien）的授权，在上诉中被撤销或修改，对于善意授信的实体而言，无论其是否知道上诉的悬而未决，并不影响如此招致的任何债务的有效性，或如此授予的任何优先权或物上优先权的有效性，除非此类授权和此类债务产生，或此类优先权或物上优先权的授予，在上诉期间被冻结。

（f）除本编第1145（b）款、1933年《证券法》第5条、1939年《信托契约法》和任何州或地方法律中定义的作为承销商的实体外，任何州或地方法律要求对证券的发行或出售进行登记，或对证券的发行人、承销商、经纪人或交易商进行登记或许可的规定中，"证券"不适用于本条项下非权益证券的要约或出售。

第365条【待履行合同和未到期租约】

（a）除本编第765、766条和本条第（b）、（c）和（d）款另有规定外，受托人根据法院的正式批准，可以接受或拒绝债务人的任何待履行合同和未到期租约。

（b）

（1）如果债务人的待履行合同和未到期租约中有未履行的义务，受托人不能接受该合同或租约，除非受托人在接受该合同或租约时——

（A）补救，或提供足够的保证，使受托人能迅速地补救未履行的义务，但不包括因未能履行到期租约或不动产项下的非货币性义务而导致的未履行义务，而该等未履行义务是因违反与履行任何与该等未履行义务有关的规定（罚款率或罚款规定除外）所致，如果受托人不可能在继续承担合同时和承担后通过实施非货币行为来补救该未履行义务，除非该未履行义务是由于未能按照非住宅不动产租赁进行操作而引起的，则该未履行义务应按照租约，在继续承担合同时和承担后，通过履行予以补救，而由此未履行义务造成的经济损失，应当依照本款的规定予以赔偿；

（B）赔偿，或提供足够的保证，使受托人能迅速地赔偿该合同或租约的债务人以外的一方，就该未履行义务给该方造成的任何实际金钱损失；并且

（C）对该合同或租约约定的未来履行提供足够的保证。

（2）本款之第（1）项并不适用于与下列有关的违反规定的未履行义务——

（A）在破产案件终结之前的任何时候，债务人因无力偿债或财务状况不良；

（B）本编下破产案件的开始；

（C）本编下的破产案件中，受托人或托管人在案件开始前的委任或接管；或者

（D）因债务人未能履行待履行合同或未到期租约项下的非货币性义务而产生的违约的任何罚款率或罚款规定的清偿（the satisfaction of any penalty rate or penalty provision）。

（3）出于本款第（1）项和第（f）款之第（2）（B）目规定的立法意图，对购物中心不动产租赁未来履行的充分保证包括以下充分保证方式——

（A）以该租约到期租金和其他对价之来源，以及在转让的情况下，拟受让人及其担保人（如有）的财务状况和经营业绩，应与债务人及其担保人（如有）的财务状况和经营业绩相类似，自债务人成为租约承租人之时起；

（B）根据该租约到期的租金百分比不会大幅下降；

（C）该租约的承担或转让受其所有条款的约束，包括（但不限于）半径范围、位置、用途或排他性条款，且不会违反与该购物中心相关的任何其他租约、融资协议或主协议中的任何此类条款；以及

（D）该租约的承担或转让不会破坏该购物中心的任何租户组合或平衡。

（4）尽管本条有任何其他规定，如果债务人的未到期租约发生违约，但本款第（2）项规定的违约除外，受托人不得要求出租人在承担该等租赁之前提供该等租赁附带的服务或供应品，除非出租人在承担该等租赁之前根据该等租赁的条款就根据该等租赁提供的任何服务和供应品获得补偿。

（c）受托人不得承担或转让债务人的任何待履行合同或未到期的租约，无论该合同或租约是否禁止或限制权利的转让和义务的委托，如果——

（1）

（A）适用的法律可免除该合同或租赁的一方（债务人除外），通过从债务人或在位债务人（the debtor in possession）以外的实体接受履行或向该实体提供履行来实现，不论该合同或租赁是否禁止或限制权利的转让或义务的委托；并且

（B）该当事人不同意进行该承担或转让；或者

（2）该合同是向债务人或为债务人的利益提供贷款，或提供其他债务融资或财务便利，或发行债务人的证券；或者

（3）该租约涉及非住宅不动产，并且在救济令发出前就依据适用的非破产法而终止。

（d）

（1）在本编第7章案件中，如果受托人未在救济令下达后60天内，或法院在该60天内因故确定（fixes）的额外时间内，承担或拒绝债务人的未履行合同或未到期的住宅不动产租约或动产租赁，则该合同或租约被视为被拒绝。

（2）本编第9、11、12或13章规定的案件中，在计划获批准之前，受托人可以接受或拒绝债务人的待履行合同或未到期的住宅不动产租约或动产租约，但法院可以依据该合同或租约的任何一方的请求，裁定受托人在指定期限内决定是否承担或拒绝该项合同或租约。

（3）尽管有本编第503（b）（1）项的规定，受托人应及时履行债务人在任何未到期的非住宅不动产租赁下的救济令所产生和其后的所有义务，但第365（b）（2）项规定的义务除外，直至该租赁被接受或拒绝为止。法院可因故延长在救济令发出之日后60天内发生的任何此类义务的履行时间，但履行时间不得超过该60天期间。本款不应被视为影响受托人在本条第（b）或（f）款下的义务。接受任何此类履行不构成弃权或放弃出租人在此类租约或本编项下的权利。

（4）

（A）除（B）目另有规定，债务人为承租人的非住宅不动产的未到期租约，应被视为拒绝，如果受托人在下列较早时间不承担或拒绝未到期租约，则须立即将该非住宅不动产交还出租人——

（ⅰ）救济令发出后第210天；或者

（ⅱ）确认计划的裁定所记载的日期。

（B）

（ⅰ）法院可将根据（A）目在210天期限届满前确定的期限，经受托人或出租人因故提出申请，延长90天。

（ⅱ）如果法院根据第（ⅰ）子句批准延期，则在每次情况下，经出租人事先书面同意，法院才可批准延期。

（5）受托人应及时履行债务人的全部义务，但第365（b）（2）项规定的除外，这些义务首先产生于本编第11章下未到期的动产租赁的救济令发出之时或该令发出之后的60天之后（主要为个人、亲属或家庭用途而租赁的动产除外），直至该租赁被承担或拒绝，尽管本编第503（b）（1）项另有规定，除非法院在收到通知和听证后，根据案件的公平性，就义务或及时履行义务作出其他裁定。本款不得视为影响受托人在（b）或（f）款规定中的义务。接受任何此类履行不构成弃权或放弃出租人在此类租约或本编中的权利。

（e）

（1）尽管在待履行合同或未到期租约中或在适用法律中有规定，债务人的待履行合同或未到期租约不得终止或修改，并且该合同或租约下的任何权利或义务也不得终止或修改，在本案开始后的任何时间，仅因该等合同或租约中的某项规定建立在以下条件之上——

（A）在案件结束之前的任何时间，债务人的无力偿债或财务状况不良；

（B）本编案件的受理；或者

（C）本编案件中的受托人或保管人（custodian）在受理之前的委派或接管。

（2）本款第（1）项并不适用于债务人的待履行合同或未到期租约，无论该合同或租约是否禁止或限制权利转让或义务委托，如果——

（A）

（ⅰ）适用的法律免除该合同或租约的一方（债务人以外的）接受受托人或该合同或租赁的受让人的履行或向上述两类人提供履行，无论该类合同或租约是否禁止或限制权利转让或义务委托；并且

（ⅱ）该方当事人不同意进行该（合同或租约的）承担或转让；或者

（B）此合同是向债务人或为债务人的利益提供贷款或提供债务融资或金融便利，或发行债务人的证券而签订的。

（f）

（1）除非有本条第（b）、（c）款规定的情形，尽管债务人的待履行合同或未到期租

约，或适用法律，禁止、限制转让该合同或租约或为此设定条件，但受托人可以依照本款第（2）项的规定转让该合同或租约；

（2）仅在如下情形，受托人可以转让债务人的待履行合同或未到期租约——

（A）受托人遵照本条规定，承担该合同或租约的债务；并且

（B）合同或租约的受让人对将来履行提供了充足的保证，无论合同或租约中是否存在未履行责任。

（3）尽管债务人的待履行合同或未到期租约或适用的法律允许终止或修改，或允许债务人以外的一方，由于该合同或租约的转让，而终止或修改该合同或租约，或终止或修改该合同或租约中的权利或义务，受托人不得因承担或转让该等合同或租约而根据该等规定终止或修改该合同、租约、权利或义务。

（g）除非有本条第（h）（2）和（i）（2）项规定的情形，拒绝债务人的待履行合同或未到期租约构成对该合同或租约的违反——

（1）如果该合同或租约并非依据本条或依据本编第9、11、12或13章确认的计划来承担的，则在提交申请之日之前；或者

（2）如果该合同或租约是依据本条或依据本编第9、11、12或13章确认的计划来承担的——

（A）在拒绝之时，如果在拒绝前案件并未依据本编第1112、1208或1307条进行转换的；或者

（B）如果在拒绝前，案件已经依据本编第1112、1208或1307条进行转换的——

（ⅰ）如果该合同或租约的承担仅在作出该转换之前，则在转换之日之前；或者

（ⅱ）在拒绝之时，如果该合同或租约的承担是在作出转换之后。

（h）

（1）

（A）如果受托人拒绝履行债务人是出租人的未到期的不动产租约，并且——

（ⅰ）如果受托人的拒绝构成承租人有权根据租约条款、适用的非破产法或由承租人达成的任何协议将该租赁视为终止性的违约，则该租约下的承租人可将该租赁视为因拒绝而终止；或者

（ⅱ）如果该租约的期间已经开始，在该租约的剩余期限内，承租人可以保留其在该租约中在不动产上或附属于该不动产上的权利（包括与支付租金的金额和时间以及承租人应付的其他金额有关的权利，以及使用、占有、安静享受、分租、转让，或抵押的任何权益），以及在该等权利根据适用的非破产法可强制执行的范围内，对该等权利进行任何续期或延期。

（B）如果承租人保留其依据第（A）（ⅱ）子句享有的权利，承租人可以用该租约下为该租约被拒绝之日后的剩余期限，以及为该租约的任何续期或延期期间而保留的租金，来抵销在该等拒绝之日后因不履行而造成的任何损害的价值，和债务人在该租约项下的任何义务的价值，但承租人不得因该等不履行而在该日期后发生的任何损害而对该破产财团

或债务人享有任何其他权利。

（C）在对购物中心的不动产租赁的拒绝中，承租人选择保留其在第（A）（ⅱ）子句下权利的，不影响适用的非破产法对租赁中有关半径范围、位置、用途、排他性或租客组合或平衡的任何规定的可执行性。

（D）本段中，"承租人"包括该租约许可的任何继承人、受让人或抵押权人（mortgagee）。

（2）

（A）如果受托人拒绝分时计息计划下的分时利益（a timeshare interest），根据该计划，债务人是分时利益的卖方，并且——

（ⅰ）如果拒绝导致违约，并使分时利益购买人有权根据其条款、适用的非破产法或分时利益购买人达成的任何协议将分时计划视为终止，分时计划下的分时利益购买方可将该分时计划视为因拒绝而终止；或者

（ⅱ）如果分时利益的有关条款已经生效，分时利益购买人可以在该期限的剩余时间内以及在该分时利益的任何续期或延长期限内保持其在该分时利益上的权利，只要该等权利根据适用的非破产法是可强制执行的。

（B）如果分时利益购买人保留其在第（A）目下的权利，则该分时利益购买人可用该分时利益被拒绝之日后的剩余期限内，以及该分时利益的任何续期或延期的期限内，其应支付的款项抵销在拒绝日期后债务人在该分时计划下因不履行任何义务而造成的任何损害，但分时利益购买人对因该不履行而在该日后发生的任何损害，对该破产财产或债务人不享有任何权利。

（i）

（1）如果受托人拒绝债务人的以出售不动产或分时计划下的分时利益为目的的待履行合同，根据该合同购买人已实际占有，则该购买人可将该合同视为已终止，或者，作为替代可以继续占有该不动产或分时利益。

（2）如果该购买人保持占有——

（A）买方应继续支付本合同项下的所有应付款项，但可抵销因债务人在该日期后未履行任何义务而导致的合同被拒绝之日后发生的任何损害，但该购买人对该不动产因该拒绝日期后所产生的任何损害并无任何权利，该项抵销除外；并且

（B）受托人应当依据合同规定向该购买人移转权利，但免除该合同项下应履行的所有其他义务。

（j）根据本条第（i）款，将待履行合同视为已终止的购买人，或向债务人购买不动产的待履行合同被拒绝一方，且该方并未占有该不动产的，对债务人在该不动产中的权益享有物上优先权，以收回该购买人或该方已支付的购买价款的任何部分。

（k）受托人将根据本条承担的合同或租约转让给实体，免除了受托人和破产财团对转让后发生的违反合同或租约的任何责任。

（l）如果债务人是承租人的未到期租约是根据本条转让的，则财产出租人可要求提供保证金或其他担保（security），以履行债务人在租约下的义务，与出租人向类似承租人首

次租赁时所要求的基本相同。

（m）依据第365条和第541（b）（2）项以及第362（b）（10）项的规定，不动产租赁应当包括以使用不动产为目的的任何租赁协议。

（n）

（1）如果受托人拒绝接受债务人是知识财产权许可方的待履行合同，该合同下的被许可人（licensee）可以选择——

（A）将该合同视为因拒绝而终止，如果受托人的拒绝所构成的违约，可令被许可人有权根据该合同自身的条款、适用的非破产法或被许可人与另一实体达成的协议终止该合同；或者

（B）保留其在该等合同及该等合同的任何补充协议项下的权利（包括强制执行该等合同的任何排他性条款的权利，但不包括根据适用的非破产法对该等合同的具体履行所享有的任何其他权利），对于此类知识产权（包括在适用的非破产法保护范围内的此类知识产权的任何实施方式）（embodiment），[①] 就像该权利在案件开始前即存在，因为——

（ⅰ）该合同的有效期；以及

（ⅱ）根据适用的非破产法，被许可人有权延长合同的任何期限。

（2）如被许可人选择保留其在该合同项下的权利，如本款第（1）（B）目所述——

（A）受托人应当容许被许可人行使该等权利；

（B）被许可人须在该合同的有效期内及在本款第（1）（B）目所述的被许可人延长该合同的任何期间内，缴付根据该合同须到期缴付的所有特许权使用费；以及

（C）被许可人应当被视为放弃以下权利——

（ⅰ）根据本编或适用的非破产法，其对该合同可能拥有的任何抵销权；以及

（ⅱ）根据本编第503（b）款，因履行该合同而允许的任何索赔。

（3）如被许可人选择保留其依据本款第（1）（B）目所规定的权利，则在被许可人的书面要求下，受托人应当——

（A）在该合同或该合同的任何补充协议所规定的范围内，向被许可人提供受托人所持有的任何知识产权（包括该实施方式）；以及

（B）不干涉被许可人在该合同或该合同的任何补充协议中对该知识产权（包括该实施方式）的权利，包括从另一实体获得该知识产权（或该实施方式）的任何权利。

（4）除非且直至受托人拒绝该合同，否则依照被许可人的书面要求，受托人应当——

（A）在该合同或该合同的任何补充协议所规定的范围内——

（ⅰ）履行该合同；或者

（ⅱ）向被许可人交付受托人持有的该等知识产权（包括该等知识产权在适用的非破产法保护范围内的任何实施方式）；并且

（B）不干涉被许可人在该合同或该合同的任何补充协议中对该知识产权（包括该实

---

① 译者注：指知识产权的具体实施或实施方式。

施方式）的权利，包括从另一实体获得该知识产权（或该实施方式）的任何权利。

（o）在本编第 11 章案件中，受托人应被视为已承担（与债务人在第 507 条项下的其他义务相一致）并应弥补债务人对联邦存款机构管理局（或其前身）所作的维持被保险的存款机构的资本缺额（deficit，赤字、逆差、亏损）的任何承诺，并且对随后违反该承诺项下义务的任何索赔应根据第 507 条享有优先权（priority）。本款不扩张适用于本将因该机构的任何行为而终止的任何承诺。

（p）

（1）如受托人根据第（d）款拒绝或不及时承担动产的租赁，则该租赁财产不再是破产财团的财产，而根据第 362（a）款所作的冻结则自动终止。

（2）

（A）如果第 7 章案件中的债务人是个人，债务人可以书面通知债权人，债务人愿意继续租赁。债权人在接到通知后，可自行选择通知债务人，表示愿意由债务人继续租赁，并可根据合同规定的条件主张对任何尚存的违约进行补救。

（B）如债务人在根据第（a）款发出通知后 30 天内，以书面形式通知出租人该租约已被续约，则该租约下的法律责任将由债务人而非破产财团承担。

（C）根据第 362 条作出的冻结及根据第 524（a）（2）项作出的强制令，不得因根据本款通知债务人及进行补救谈判而遭违反。

（3）在第 11 章案件的债务人是个人的情况下，以及在第 13 章案件中，如果债务人是个人财产的承租人，并且在法院确认的计划中没有承担该租赁，则在该“确认听证”结束时，租赁被视为遭到拒绝。如租约遭拒，则第 362 条所指的冻结及第 1301 条所指的任何冻结，就受租约规制的财产而言，自动终止。

第 366 条【公用事业服务】

（a）除本条第（b）及（c）款另有规定外，公用事业机构不得仅以本编下的案件启动或债务人对在救济令下达之前提供服务的此类公用事业所欠的债务未在到期时获支付为由，更改、拒绝或中止向受托人或债务人提供服务，或歧视他们。

（b）如果受托人和债务人在救济令下达之日后 20 天内，为了下达救济令之后的继续服务，均未以保证金或其他担保的形式提供足够的付款保证，则该公用事业机构可变更、拒绝或中止服务。应利益关系方的请求，并在通知和听证后，法院可命令合理修改保证金或其他必要的担保，以提供充分的付款保证。

（c）

（1）

（A）就本款而言，“付款保证”是指——

（ⅰ）现金存款；

（ⅱ）信用证；

（ⅲ）存款证明书；

（ⅳ）保证书；

（ⅴ）公用事业消费的预付款；或者

（ⅵ）公用事业公司与债务人或受托人相互商定的另一种担保形式。

（B）就本款而言，行政开支优先权（an administrative expense priority）不构成付款保证。

（2）除第（3）及（4）项另有规定外，就根据第 11 章提交的案件而言，第（a）款所述的公用事业公司可更改、拒绝或中止公用事业服务，但前提是在提交申请书之日起的 30 天内，公用事业公司没有从债务人或受托人处获得足够的保证，以支付公用事业公司满意的公用事业服务费用。

（3）

（A）法院可应利害关系方的请求，在通知及听证后，命令更改根据第（2）款作出的付款保证的金额。

（B）在根据本款作出付款保证是否足够的裁定时，法院不得考虑下列因素——

（ⅰ）在申请书提交日期前缺乏保证；

（ⅱ）债务人在申请书提交之日前及时缴付公用事业服务费；或者

（ⅲ）行政开支优先权的可用性。

（4）尽管有任何其他法律条文的规定，就本款规定的案件，公用事业公司可在申请书提交之日前追讨或抵销债务人向公用事业公司提供的保证金，而无须法院通知或命令。

第5章 债务人、债权人及破产财团

第1节 债权人及债权

第501条【债权或利益证明的提交】(filing of proofs of claims or interests)①

(a)债权人或契约受托人(indenture trustee)可以提交债权证明。权益证券持有人也可以提交利益证明。

(b)如果债权人没有及时提交该债权人的债权证明,因债务人而对债权人负有责任的实体,或对该债权人提供了担保的实体,可以提交该债权证明。

(c)如果债权人没有及时提交该债权人的债权证明,债务人或受托人可以提出该债权证明。

(d)本编第502(e)(2)项,第502(f)、502(g)、502(h)或502(i)款规定的一类债权可以根据本条第(a)、(b)或(c)款提交债权证明,前提是该债权须是针对债务人的,并且是在提出破产申请之日之前所产生的。

(e)根据第49编第31705条的要求评估的燃料使用税义务引起的债权,可由根据《国际燃料税协定》(定义见第49编第31701条)指定的基本司法管辖区申报,如果如此申报,应允许作为单一债权处理。

第502条【债权或者利益的承认】

(a)根据本编第501条提交证明的债权或利益,被视为已经获得了承认,除非利害关系方,包括在本编第7章破产案件中作为债务人的合伙企业中的普通合伙人的债权人,提出异议。

(b)除非本条第(e)(2)项,第(f)、(g)、(h)和(i)款另有规定,如果有人针对债权提出反对意见,则法院在通知和听证之后,须以申请书提交当日的美国法定货币计算该项债权的金额,并须准许该项债权的金额,除以下情况外——

(1)该债权对债务人及其财产是不能强制执行的,依据任何协议或可适用的法律,但并非因为该债权是或有的或未到期的;

(2)该债权针对的是未到期的利益(interest)②;

---

① 译者注:中国法上应该表述为债权及权益的申报,但是"申报"一词,并没有直接包括提交证据或证明材料,因此,提出索偿或索赔证据或证明,实际上更为准确。

② 译者注:此处所说不是未到期的债权,而是未到期的利益,如分红收益。

（3）如果该债权是针对破产财团的财产评定税款，且该债权超过该破产财团在该财产中的利益的价值的；

（4）如果该债权是针对内部人或债务人事务律师的服务，且该债权超过该服务的合理价值；

（5）该债权是针对在提出破产申请之日仍未到期的债务，并且该债务根据本编第523（a）（5）项被排除在免责之外的；

（6）如果是出租人由于不动产租约的终止而产生的损害赔偿请求权，该请求权超过——

（A）该租约所保留的租金，在不加速的情况下（指不得提前支付），以该租约剩余期限的1年或不超过3年的15%中较大者为准，以下列较早者为准——

（ⅰ）提出破产申请之日；并且

（ⅱ）该出租人重新占有，或放弃租赁财产之日；加上

（B）在该等日期中较早的那天，根据该等租赁应支付的任何未付租金，不得提前支付；

（7）如果是由于雇佣合同的终止所产生的损失而使雇员拥有的债权，当该债权超过——

（A）该合同提供的补偿，在不加速的情况下，在下列较早者之后的1年内——

（ⅰ）提出破产申请之日；或者

（ⅱ）雇主指示雇员终止或雇员自己终止雇佣合同的履行之日；加上

（B）在上述日期中较早的日期，根据本合同应支付的任何未付赔偿，不得提前支付；

（8）该债权是由于逾期付款而减少了债务人可获得的其他适用信贷额所致，与从债务人处获得的工资、薪金或佣金的就业税有关；或者

（9）该债权证明没有被及时提交，不含根据本编第726（a）（1）、（2）或（3）项或者根据《联邦破产程序规则》的规定特许迟延提交的，以下情形除外

（A）政府部门的债权证明都应当被视为按时提交了，只要该债权证明是在救济令下达之日后180天内或《联邦破产程序规则》规定的较晚时间内提交的；以及

（B）在第13章规定的案件中，政府部门就根据第1308条提交的报税表而提交的税款债权证明，如果是在按规定提交该报税表之日后第60天或之前提出的，则属及时。

（c）根据本条，为了获得承认，下列应当被评估——

（1）任何或有的或未清算的债权，根据具体情况，该债权的确定（fixing）或清算将不适当地耽搁破产案件的管理；或者

（2）因对违约行为享有衡平救济的权利而产生的任何付款请求权。

（d）尽管有本条第（a）和（b）款的规定，法院可以不接受以下任何债权：根据本编第542、543、550或553条可向其取回财产的任何实体或根据本编第522（f）、522（h）款，第544、545、547、548、549条或第724（a）款可撤销的转让的受让人提出的任何债权，除非该实体或受让人已经支付了该实体或受让人根据本编第522（i）款，第542、543、550或553条应承担责任的金额或移交了任何该等财产。

（e）

（1）尽管有本条第（a）、（b）、（c）款和本款第（2）项的规定，法院应在以下情况下（to the extent that），驳回对债务人负有责任或已对债权人的债权提供担保的实体的任何补偿或分担请求（claim for reimbursement or contribution）——

（A）当驳回该债权人针对破产财团的债权时；

（B）该等补偿或分担的请求权，自该等补偿或分担的请求获准许或被驳回之时起，即属或有的；或者

（C）该实体根据本编第509条对该债权人的权利主张代位求偿权时；

（2）在本案开始后才确定的（fixed，固化的）针对该实体的补偿或分担的请求权须予裁定，并须根据本条第（a）、（b）或（c）款获准许，或根据本条第（d）款不予准许，犹如该请求权在破产申请提交之日前已成为确定的一样。

（f）在非自愿破产中，在案件开始后但在委任受托人及作出救济令（以较早者为准）之前，在债务人的正常业务或财务过程中产生的债权，须自该债权产生之日起厘定，并须根据第（a）、（b）或（c）款获准许，或根据本条第（d）或（e）款被驳回，犹如该项债权是在破产申请提交之日前就已经产生的一样。

（g）

（1）因根据本编第365条或根据本编第9、11、12或13章的计划而拒绝债务人尚未履行的待履行合同或未到期租约而产生的债权，应予以确定（determined），并应根据本条第（a）、（b）或（c）款获准许（allowed），或根据本条第（d）或（e）款被驳回，犹如该项债权是在破产申请提交之日前就已经产生的一样。

（2）按照第562条计算的损害赔偿请求权，须根据第（a）、（b）或（c）款获准许，或根据（d）或（e）款被驳回，犹如该债权是在破产申请提交之日前就已经产生的一样。

（h）根据本编第522、550或553条规定的财产追回（the recovery of property）所产生的债权，应予以确认，并且应当根据本条第（a）、（b）或（c）款获准许或根据本条（d）或（e）款被驳回，犹如该债权在破产申请提交之日前就已经产生一样。

（i）直到破产案件开始之后才产生的，根据本编第507（a）（8）项享有优先权（priority）的税款债权，应予以确认，并且应当根据本条第（a）、（b）或（c）款获准许或根据本条第（d）或（e）款被驳回，就如同该债权在提出破产申请之日前就已经产生一样。

（j）已被批准或不批准的债权可以因故被重新考虑。根据案件的公平性，被重新考虑（reconsidered）的债权可以被批准或被驳回。根据本款被重新考虑的债权不影响因未被重新考虑的被批准债权而从破产财团向被批准债权的持有人支付的任何款项或转让的有效性，但如果被重新考虑的债权被批准并且与该持有人的债权属于同一类别，则该持有人不得因该持有人的被批准债权而从破产财团中收到任何额外的支付或转让，直至该经重新考虑的被许可债权的持有人因该债权而收到与其他持有人已收到的债权价值等比例的付款为止（proportionate in value，等比例受偿）。本款并不改变或修改受托人向债权人追讨任何超

额付款或转让的权利。

（k）

（1）法院可应债务人的提议，并在听证后，将根据本条提出的全部基于无担保消费债项的债权削减不超过该债权的20%，如果——

（A）该债权是由1名债权人提出的，该债权人不合理地拒绝就第111条所述经核准的非营利预算和信贷咨询机构代表债务人提出的合理的替代还款时间表进行协商；

（B）债务人根据第（A）目提出的要约——

（ⅰ）在申请书提交之日前至少60天提出；以及

（ⅱ）规定在一个不超过贷款偿还期的期间内，或在合理的延长期内，偿还至少60%的债款；以及

（C）替代还款计划下的债务没有任何一部分是不可免除的（no part of the debt under the alternative repayment schedule is nondischargeable）。

（2）债务人有责任以明确而令人信服的证据证明——

（A）债权人不合理地拒绝考虑债务人的建议；以及

（B）拟议的替代还款计划是在第（1）（B）（ⅰ）子句所指明的60天期限届满前制定的。

第503条【管理费用的批准】

（a）1个实体可以及时地提出要求支付管理费用（administrative expenses）的请求，或者如果法院因故许可的话，可以延缓提出该请求。

（b）在通知和听证之后，就应当有被承认的管理费用存在，在本编第502（f）款承认的债权之外，包括——

（1）

（A）保管破产财团的实际必要成本和开支，包括——

（ⅰ）破产案件开始之后的工资、薪水或提供服务的佣金；以及

（ⅱ）由于债务人违反联邦或州法律，根据司法程序或国家劳动关系委员会的程序授予的工资和福利，作为本编案件开始后的任何时间段内拖欠的工资和福利，不考虑前述裁决所依据的非法行为发生的时间，也不考虑是否提供了任何服务，如果法院确定，在本篇所述的案件中，由于本条款的实施而支付工资和福利，不会大幅增加解雇或终止现任雇员，或不支付家庭扶持义务（domestic support obligations）的可能性；

（B）任何税收——

（ⅰ）破产财团所产生的，无论是有担保的还是无担保的，包括对物的、对人的或两者兼有的财产税，除本编第507（a）（8）项所详细列明的税种外；或者

（ⅱ）适用于对破产财团接受的过多补助进行的暂时结转调整，无论与该调节相关的纳税年度是在破产案件开始之前还是之后结束；

（C）与本款第（B）目详细列明的税种有关的任何罚款、罚金或信贷减少；

（D）尽管有第（a）款的规定，政府部门无须提出支付第（B）或（C）目所述费用

的请求，作为其为获准管理费用的条件；

（2）根据本编第 330（a）款所获得的补偿或赔付；

（3）由下列事项引起的实际必要的费用，而非本条第（4）项中详细列明的补偿和赔付，由下列（人员）引起——

（A）根据本编第 303 条提出破产申请的债权人；

（B）在法院正式批准之后，为了破产财团的利益，恢复任何被债务人移转或隐藏的财产的债权人；

（C）与涉及破产案件、债务人的营业或其财产的刑事犯罪的起诉有关的债权人；

（D）在本编第 9 和 11 章破产案件中作出实质性贡献的债权人、契约受托人、权益证券持有人，或代表债权人和权益证券持有人的委员会，而非本编第 1102 条所任命的委员会；

（E）根据本编第 543 条被取代的保管人（custodian），和对该保管人所提供的服务的补偿；或者

（F）根据本编第 1102 条任命的委员会的成员，如果该费用是在该委员会履行职责的过程中所产生的；

（4）对某机构的律师或会计师提供的专业服务的合理补偿，依本款第（3）（A）、（3）（B）、（3）（C）、（3）（D）、（3）（E）目的规定，根据该等服务的时间、性质、程度和价值，以及本编案件外的可比服务的成本，和对此类律师或会计师产生的实际必要费用的报销进行；

（5）对契约受托人（indenture trustee）在本编第 9 或 11 章案件中作出重大贡献时提供的服务进行的合理补偿，根据服务的时间、性质、范围和价值，以及可比服务（本编案件外）的成本进行；

（6）根据《美国法典》第 28 篇第 119 章应付的酬金和旅费；

（7）就先前根据第 365 条承担并随后被拒绝的非住宅不动产租赁而言，1 笔相等于所有到期的金钱债务的款项，但不包括因未能操作或罚款规定而产生或与之有关的债务，而该等债务须在拒绝日期或建筑物实际成交日期（以较迟者为准）的 2 年内支付，除从债务人以外的实体实际收到或将收到的款项外，不得因任何原因减少或抵销，而对该租赁剩余期限的应付款项的债权应为第 502（b）（6）项所述的债权；

（8）受托人或联邦机构［定义见第 5 编第 551（1）款］或州或其从属政治单位（political subdivision）的部门或机构在关闭医疗保健业务机构时产生的实际、必要的成本和费用，包括因以下情形产生的任何成本或费用——

（A）按照第 351 条处置病人记录；或者

（B）将患者从正在关闭的医疗保健业务机构转往另一家医疗保健业务机构；以及

（9）债务人在本编案件结案前 20 天内收到的任何货物的价值，在该案件中，货物已在债务人的正常经营过程中被出售给了债务人。

（c）尽管有第（b）款的规定，不得批准也不得或支付下列费用——

（1）为诱使债务人的内部人继续经营债务人的营业而向该人作出的转让，或为该内部人的利益而招致的义务，而法院没有根据记录中的证据裁定——

（A）这种转让或义务对留住该人至关重要，因为该人从另一企业获得的工作机会是真实的，报酬水平相同或更高；

（B）该人所提供的服务对该营业的生存至关重要；以及

（C）以下任何一点——

（ⅰ）向该人作出的转让或为该人利益而招致的义务的款额，不得大于在作出该项转让或招致该项义务的日历年内，为任何目的而给予非管理岗位雇员的平均转让或同类义务的款额的10倍；或者

（ⅱ）如果在该日历年内，没有向该等非管理岗位雇员作出类似的转让，或没有为该等非管理岗位雇员的利益而招致该等义务，则该等转让或义务的款额不超过在该项转让或义务发生年度之前的日历年内，为该内部人员的利益而为任何目的向该内部人员作出或招致的任何类似转让或义务金额的25%。

（2）向债务人的内部人员支付遣散费，除非——

（A）该项付款是一般适用于所有全职雇员的计划的一部分；以及

（B）付款额不超过付款所在日历年内给予非管理岗位雇员的平均遣散费的10倍；或

（3）不属于正常业务范围，根据案件的事实和情况不能成立的其他转让或者义务，包括在提交破产申请之日后，向被聘用的高级管理人员、经理或者顾问进行的转让或者为其利益而承担的义务。

第504条【补偿费用的分享】

（a）除非本条第（b）款另有规定，根据本编第503（b）（2）或503（b）（4）项获得补偿或赔付的人可以不分享或不同意分享——

（1）与其他人（分享）任何该补偿或赔付；或者

（2）根据这些条款被其他人一般承认的任何补偿或赔付。

（b）

（1）专业协会、公司或合伙企业中的成员、合伙人或正式的参与人可以与该专业协会、公司或合伙企业中的其他的成员、合伙人或正式的参与人分享根据本编第503（b）（2）或503（b）（4）项获得的补偿或赔付，并且可以分享专业协会、公司或合伙企业中的这些成员、合伙人或正式的参与人根据这些条款所获得的补偿或赔付；

（2）根据本编第303条提交破产申请的债权人的律师（attorney）可以与任何其他事务律师分享根据本编第503（b）（4）项收到的补偿和赔付，如果该律师为该债权人的律师提供的服务或产生的费用作出了贡献的。

（c）本条不适用于根据规范律师转介服务的非联邦法律和适用于律师接受转介的职业责任规则，与真正的公共服务律师转介计划共享或同意共享补偿。

第505条【纳税义务的决定】

（a）

（1）除非本款第（2）项另有规定，法院可决定任何税款、任何与税款有关的罚款或

罚金或任何税款附加部分的金额或合法性，不论上述该等（款项）是否曾经评定，亦不论上述该等（款项）是否已缴付，以及是否在有管辖权的司法或行政审裁处（tribunal）面前提出争议并由其裁决过。

（2）法院不能这样决定——

（A）税款、罚款、罚金或税款附加部分的金额或合法性，如果在本编案件开始之前，在具有管辖权的司法或行政审裁处面前对该金额或合法性提出质疑并作出裁决过；

（B）在以下较早日期之前，破产财团享有退税的任何权利——

（ⅰ）受托人适当地向被请求退税的政府部门请求该退税之后120天；或者

（ⅱ）该政府部门对该项请求的决定；或者

（C）与破产财团的不动产或动产的从价税有关的任何税款额的金额或合法性，如果根据适用的非破产法对该税款额提出异议或重新确定该税款额的适用期限已经届满。

（b）

（1）

（A）书记员应保存1份清单，根据该清单，负责地区内税务征收的联邦、州或地方政府部门可以——

（ⅰ）指定根据本款送达请求的地址；以及

（ⅱ）说明可在何处找到关于提交此类请求的附加要求的进一步信息。

（B）如该政府部门没有根据第（A）目指定地址并将该地址提供给书记员，则根据本款提出的任何要求，可送达该地址，以便向该政府部门的适当税务当局提交报税表或抗议书（tax return or protest）。

（2）受托人可向负责征收或厘定税款的政府部门，按第（1）项所指明的地址及方式，提交破产财团的报税表，要求厘定破产财团在该案管理期间所招致的任何税项的任何未缴纳法律责任。除非该报税表是欺诈性的，或包含重大失实陈述，否则破产财团、受托人、债务人及债务人的任何继承人均免除对该等税款的任何责任——

（A）据报税表显示，在缴税时，如果——

（ⅰ）该政府部门在该项要求提出后60天内，没有通知受托人该报税表已被选定供审查；或者

（ⅱ）该政府部门没有在该项要求提出后180天内，或在法院因故许可的延长期限内，完成审查并通知受托人任何应缴税款；

（B）在政府部门完成此类审查之后，经缴纳法院（在通知和听证后）所确定的税款；或

（C）在该政府部门决定应付税款后支付。

（c）尽管有本编第362条的规定，在法院根据本条确定税款后，负责征收该税款的政府部门可根据任何其他适用法律，针对破产财团、债务人或债务人的继承人（视情况而定）评估该税款。

556、559 或 560 条），或行使抵销或扣除 1 份或多份此类主净额结算协议项下或与之相关的任何终止价值、付款金额或其他转让义务的任何合同权利（定义见第 555、556、559 或 560 条），只要此类参与人有资格为所发行的主净额结算协议所涵盖的每个单独合同行使第（6）、（7）或（17）项规定的权利；

（28）根据本条第（a）款，由卫生及公共服务部部长排除债务人参与医疗保险计划或任何其他联邦医疗保健计划［根据《社会保障法》第 11 或 18 编的规定，定义见该法第 1128B（f）款］；以及

（29）根据本条第（a）（1）款由下列机构为下列目的所进行的任何诉讼——

（A）第 36 编第 220501（b）款所定义的业余体育组织，根据该编第 220528 条取代（replace）第 220501（b）款所定义的国家管理机构；或者

（B）第 36 编第 220501（b）款所定义的公司，根据该编第 220521 条撤销（revoke）第 220501（b）款所定义的国家管理机构的认证。

本款第（12）和（13）项的规定适用于所有在 1989 年 12 月 31 日或之前提出的破产申请。

（c）除本条第（d）、（e）、（f）及（h）款之外——

（1）依据本条第（a）款，针对财团财产的行为冻结持续到该财产不再属于财团财产之时；

（2）依据本条第（a）款，其他行为冻结持续到下列时间中最早的 1 个时间——

（A）案件结束时；

（B）被驳回受理时；或者

（C）本编第 7 章涉及个人的案件，或者本编第 9、11、12 或 13 章案件中，免责被批准或被拒绝之时。

（3）如属第 7、11 或 13 章中债务人是个人的情况下，提出或被提出单独或共同破产案件的申请，且该债务人之前 1 年内待决的单独或共同破产案件被驳回，但根据第 707（b）款被驳回后根据第 7 章以外的另一章重新申请的破产案件除外——

（A）根据本条第（a）款，就为某债项或就为该债项提供担保的财产而采取的任何诉讼或就任何租契而采取的任何诉讼而作出的冻结，须在后一案件提交后的第 30 天就债务人而终止；

（B）在有利害关系的一方提出继续自动冻结的申请并经通知和听证，法院可在 30 天期限届满前完成通知和听证后，在个案中延长对任何或所有债权人的冻结（但须受法院当时施加的条件或限制所规限），但须由利害关系方证明后一宗案件的提交对须予冻结的债权人是出于善意的；以及

（C）就第（B）项而言，1 宗案件被推定为并非出于善意而提交（但该项推定可由明确而令人信服的相反证据予以反驳）——

（ⅰ）对于所有债权人，如果——

（Ⅰ）根据第 7、11 和 13 章中的任何 1 章，在过去 1 年期间内，有超过 1 起的该个人是债务人的先前案件悬而未决；

第 506 条【被担保地位的确定】

（a）

（1）由财产的物上优先权（a lien on property）担保的债权人的被承认债权（an allowed claim），对该破产财团享有权益，或根据本编第 553 条可予抵销，在该债权人对该财产的权益的价值范围内，或在可予抵销的金额范围内，为有担保债权，视属何情况而定，但该债权人的权益价值或可予抵销的金额的价值，小于该被承认债权金额的部分，为无担保债权。该等价值须根据该等财产的估值目的及拟作出的处置或使用而确定，并须在就该等处置或使用或就影响该债权人权益的计划而举行的听证中确定。

（2）在第 7 或 13 章规定的案件中，如果债务人是个人，就为获得许可的债权提供担保的个人财产而言，其价值须以该财产在提交破产申请当日的重置价值为基础而确定，但不得扣除售卖或营销费用。对于为个人、亲属或家庭目的而获得的财产，重置价值是指零售商在确定价值时，考虑到财产的年限和状况，而对此类财产收取的价款。

（b）如被承认的有担保债权是以财产作担保的，而该财产在根据本条第（c）款追讨后的价值大于该债权的金额，则该债权的持有人须获准许就该债权支付利息及任何合理的收费、成本，或根据产生此类债权的协议或州法所规定的费用。

（c）受托人可从为获承认的担保债权提供担保的财产中追讨为保存或处置该等财产而向该等债权持有人提供的任何利益范围内的合理、必要的成本和费用，包括就该等财产支付的所有从价财产税。

（d）如果某物上优先权（lien）是为债务人的未被承认的担保债权所提供的，则该物上优先权无效，除非——

（1）该债权仅根据本编第 502（b）（5）项或第 502（e）款而未被承认；

（2）该债权不是被承认的担保债权（an allowed secured claim），仅仅因为任何实体未能根据本编第 501 条提出该债权的证明。

第 507 条【优先权（priorities）】

（a）下列的开支和债权按下面的次序具有优先权——

（1）

（A）在本编破产申请提交之日起，对债务人的配偶、前配偶、子女或子女的（亲生或养、继）父母、法定监护人或责任亲属所欠或可收回的家庭扶持义务的无担保债权，而不论该债权是由该人提出的，还是由政府部门代表该人提出的，其条件是政府部门根据本编在提交申请之日后收到的资金应按照适用的非破产法进行使用和分配。

（B）在符合第（A）目下的债权的前提下，被确认的对家庭扶持义务的无担保债权，该债权自提出破产申请之日起，由配偶、前配偶、债务人的子女或该子女的（亲生或养、继）父母、法定监护人或责任亲属转让给政府部门（除非该义务是由配偶、前配偶、子女、父母、法定监护人或子女的责任亲属自愿转让以收取债务），或根据适用的非破产法直接欠向政府部门或由其追讨，前提是，政府部门根据本编在提交申请之日后收到的资金应按照适用的非破产法进行使用和分配。

（C）如受托人是根据第701、702、703、1104、1202或1302条指定或选出的，根据第503（b）（1）（A）目、第（2）和（6）项的规定，受托人的管理费用应在支付第（A）和（B）目规定的债权之前受偿，但以受托人管理可用于支付此类债权的资产为限。

（2）根据本编第503（b）款批准的管理费用，任何联邦储备银行通过《联邦储备法》（12 U. S. C. 343）第13（3）款授权的程序（programs）或场所（facilities）发放的贷款的无担保债权和任何根据《美国法典》第28篇第123章针对破产财团的经过评估的酬金和费用。

（3）本编第502（f）款规定的无担保债权。

（4）经承认的无担保债权，但仅限于每名个人或公司（视情况而定）在破产申请书提交之日或债务人经营终止之日（以先发生者为准）前180天内赚取的10,000美元的金额内，且为支付——

（A）工资、薪水或佣金，包括个人获得的休假、解雇和病假工资；或者

（B）个人或只有1名雇员的公司作为独立承包商在债务人正常经营过程中为债务人销售货物或服务而赚取的销售佣金，如果且仅当在该日期之前的12个月内，该个人或公司在销售货物或服务时作为独立承包商所赚取的金额至少75%来自债务人。

（5）被承认的对1个员工福利计划供款的无担保债权——

（A）在破产申请书提交日期或债务人业务终止日期（以先发生者为准）前180天内提供的服务所产生的费用；但仅限于

（B）为每个此类计划，以下列金额为限——

（ⅰ）每个此类计划所覆盖的雇员的数目乘以10,000美元；减去

（ⅱ）根据本款第（4）项支付给雇员的总额，加上破产财团代雇员付给任何其他雇员福利计划的总额。

（6）被承认的对以下人员的无担保债权——

（A）从事本编第557（b）款所定义的粮食生产或筹集，对拥有或经营本编第557（b）款所定义的粮食储存设施的债务人，因粮食或粮食收益所产生的债权；或者

（B）作为合众国的渔民，该债权针对的是已经从渔民那里通过出售或转换而获得鱼类或鱼类产品的债务人，并且是从事于鱼类产品贮存或加工的债务人——但仅限于每个自然人4000美元。

（7）被承认的对自然人的无担保债权，在每个自然人1800美元的范围内，该债权产生自破产案件开始之前，与财产的购买、租约或租金有关的保证金款项，或为了该个人私人的、亲属的或家庭的使用而购买的未交付或未提供的服务有关的款项。

（8）被承认的对政府部门的无担保债权，仅限于债权是——

（A）在破产申请书提交之日或之前结束的应纳税年度，对所得或总收入征收或以所得或总收入计算的税——

（ⅰ）如有需要，在提交破产申请之日前起算的3年后，最后到期的报税表，包括延期；

（ⅱ）在申请书提交之日前240天内的评估，不包括

（Ⅰ）在该240天期间内，与该税项有关的和解要约悬而未决或生效的任何期间，加上30天；以及

（Ⅱ）在该240天期间内，本编下前一案件中针对征收（collections）的诉讼的冻结保持生效的任何期间，加上90天；或者

（ⅲ）不同于本编第523（a）（1）（B）或523（a）（1）（C）目所详细列明的那一类税款，在破产案件开始之前没有估算过，但是在破产案件开始之后根据可适用的法律或协议是可估算的；

（B）在破产案件开始之前产生的和提交破产申请之日前起算的1年后没有罚款的最终应付的财产税；

（C）要求征收或扣缴的，债务人以任何身份都对其负有责任的税款；

（D）本款第（4）项所指明的工资、薪金或佣金的雇佣税，在提交破产申请之日前从债务人处获得，不论是否在申请书提交之日前实际支付，根据适用的法律或根据任何延期，在申请书提交之日前3年后，前述税项的报税表最后到期；

（E）关于下列事项的消费税（excise tax）——

（ⅰ）在破产申请书提交之日前发生的交易，如有需要，根据适用法律或任何延期，在申请书提交之日前的3年之后（after three years before the date of the filing of the petition），对该交易应纳税额的报税表是最后到期的；或

（ⅱ）如无须纳税申报，则指在紧接破产申请书提交之日前3年内发生的交易；

（F）因商品进口而产生的关税——

（ⅰ）在（破产）申请书提交之日前1年内进口以供消费的；

（ⅱ）在申请书提交之日前1年内被决算或重新决算的进口（entry）所涵盖的；

（ⅲ）在申请书提交之日前4年内进口供消费，但在该日未决算，如果财政部部长证明未能决算该进口是由于在该日对反倾销税或反补贴税或欺诈作评估而正进行调查所致，或者如果在上述日期之前，相关海关官员无法获得对此类商品进行适当评估或分类的必要信息；

（G）与本段规定的一种债权有关的罚款，以及对实际经济损失的赔偿。

本段规定的其他适用期限，因债务人的听证请求和针对债务人采取或由其提议的任何征收诉讼的上诉，在适用的非破产法禁止政府部门征税的任何期限内，加上90天内，应暂停征收；加上本编下的前一个案件中，程序暂停的有效期间，或在此期间，因本编下的1个或多个确认计划的存在而征收被排除的，加上90天。

（9）被承认的无担保债权，以债务人向联邦存款协会管理机构（或该机构的前身）许诺维持被保险的存款机构的资金为基础。

（10）如果债务人因使用酒精、药物或其他物质而醉酒，导致机动车辆或船只的操作非法的，被承认的对该操作造成的死亡或人身伤害的赔偿请求权。

（b）如果受托人根据本编第362、363或364条，对由债务人财产的物上优先权（lien）担保的债权持有人的利益提供了充分的保护，并且尽管有这种保护，该债权人有本

条第（a）（2）项承认的债权，该债权产生于根据本编第 362 条对该等财产的诉讼冻结、根据本编第 363 条对该等财产的使用、出售或租赁，或根据本编第 364（d）款授予的物上优先权（the granting of a lien），则该债权人根据该款提出的债权，须优先于根据该款被承认的各项其他债权。

（c）就本条第（a）款而言，政府部门因错误的退税或税收抵免而提出的债权，与该退税或税收抵免所关乎的税款债权具有相同的优先权。

（d）代位行使本条第（a）（1）、（a）（4）、（a）（5）、（a）（6）、（a）（7）、（a）（8）或（a）（9）项所述权利主张者权利的实体，不得代位行使该权利主张人者根据该等款项享有优先权的权利。

第 508 条【非本编项下的财产分配的效力】

如果合伙企业债务人的债权人从在本编第 7 章案件中不是债务人的普通合伙人处收到本编项下承认的债权的偿付或财产的转让，并且该债权没有该合伙人财产上的物上优先权（lien）作担保，则该债权人不得因该等债权收到本编项下的任何偿付，直至该等持有人有权根据本编，与该等债权人平等分享的债权的其他持有人已根据本编收到与该等债权人从该等普通合伙人收到的对价等值的偿付。

第 509 条【连带债务人（codebtors）的债权】

（a）除非本条第（b）或（c）款另有规定，在债权人对债务人的债权上对债务人负有责任或享受担保的实体，以及偿付该债权的实体，在此种偿付的范围内代位享有该债权人的权利。

（b）在下列范围内，该实体不能代位享有该债权人的权利——

（1）该实体为赔偿或缴款就该债权人债权的偿付而提出的债权是：

（A）根据本编第 502 条被承认的；

（B）根据本编第 502（e）款以外的规定被禁止的；或者

（C）根据本编第 510 条被劣后的；或者

（2）在债务人与该实体之间，该实体收到该债权人所持债权的对价。

（c）为某债权人之利益，法院应（通过本条所说的代位权，或为赔偿或缴款）将某实体的被许可的债权劣后于（subordinateto）该债权人的债权，该实体对该债权人的债权与债务人一起（is liable with the debtor）负有法律责任或为之担保，直至该债权人的债权通过本遍下的付款或其他方式获全额偿付为止。

第 510 条【劣后受偿（subordination，从属求偿）】

（a）在依据相关的非破产法规定可以实行的范围内，劣后受偿协议在本编破产案件中同样是可以实行的。

（b）就本编下的分配而言，因撤销债务人或其关联方的担保物的购买或出售而产生的债权，因购买或出售该担保物而产生的损害赔偿，或因该债权而根据第 502 条承认的补偿或补偿分担，应劣后于优先或等于该担保所代表的债权或权益的所有债权或权益，但如果该担保是普通股，则该债权与普通股具有相同的优先权。

（c）尽管存在本条第（a）和（b）款的规定，经过通知和听证后，法院可以——

（1）根据衡平居次（equitable subordination）原则，将被承认的债权的全部或者部分分配给另一被承认的债权的全部或者部分，或者将被承认的权益的全部或者部分分配给另一被承认的权益；或者

（2）裁定将任何担保该劣后债权的物上优先权（lien）转移给破产财团。

第 511 条【税款债权的利率】

（a）如果本编的任何规定要求支付税款债权或管理费用税（administrative expense tax）的利息，或者要求支付利息以使债权人能够收到税款债权允许金额的现值，则利率应为根据适用的非破产法确定的利率。

（b）如果是根据本编下的已确认的计划而支付的税款，则利率应自该计划确认的日历月起确定。

第 2 节　债务人的义务和利益

第 521 条【债务人的义务】

（a）债务人应当——

（1）提交以下材料——

（A）债权人名单；以及

（B）除非法院另有裁定，否则——

（ⅰ）资产及负债表；

（ⅱ）日常收入和日常支出一览表；

（ⅲ）债务人财务报表，以及如第 342（b）款适用，则提交以下证明——

（Ⅰ）根据第 110（b）（1）项签署破产申请的律师或破产申请编制人，表明该律师或破产申请编制人已向债务人交付第 342（b）款所规定的通知；或者

（Ⅱ）如果没有如此指明律师，并且没有破产申请编制人签署该申请，则表明债务人已收到并阅读该通知；

（ⅳ）债务人在提交破产申请之日前 60 天内从其任何雇主收到的所有付款通知或其他付款证据的副本；

（ⅴ）每月净收入数额的报表，逐项列明该数额是如何计算的；以及

（ⅵ）披露破产申请提交之日起 12 个月内收入或支出的任何合理预期增加的报表；

（2）如果个人债务人的财产、负债表中有破产财团的财产所担保的债务的——

（A）在根据本编第 7 章提交申请书之日后 30 天内，或在债权人会议之日或之前（以较早者为准），或在法院在该期限内因故规定的额外时间内，向书记员提交 1 份关于其保留或放弃该等财产的意向声明，如适用，指明该财产被要求豁免，债务人打算赎回该财产，或债务人打算重新确认由该财产担保的债务；以及

（B）在根据第 341（a）款为债权人会议定下的第 1 个日期后 30 天内，或在法院因故

而定的额外时间内，在本款第（A）目所指明并确定的30天期间内，就该财产执行其意图；

但除第362（h）款另有规定外，本款第（A）和（B）目的任何规定均不得改变债务人或受托人在本编下对该等财产的权利；

（3）如果受托人在本案中任职，或审计员根据第28编第586（f）款任职，则与受托人合作，以使受托人能够履行本编规定的受托人职责；

（4）如果受托人正在本案中任职，或审计员正在根据第28编第586（f）款任职，则向受托人移交与该财产有关的所有财产和任何记录信息，包括账簿、文书、记录和文件，无论是否根据本编第344条予以豁免；

（5）出席本编第524（d）款要求的听证会；

（6）在本编第7章所述的债务人是个人的案件中，不保留对个人财产的占有，而债权人对购买价格有被承认的债权，而购买价格的全部或部分是由该个人财产的权益所担保的，除非债务人不迟于在根据第341（a）款召开第1次债权人会议后45天内，或者——

（A）依据第524（c）款就该财产所担保的债权与债权人订立协议；或者

（B）依据第722条从担保权益中赎回该财产；以及

（7）除非受托人在本案中任职，否则在本案开始时，如果债务人（或债务人指定的任何实体）担任雇员福利计划的管理人，则继续履行管理人（定义见1974年《雇员退休收入保障法》第3条）所要求的义务。

如债务人未能在第（6）项所提及的45天期间内如此行事，则根据第362（a）款就有关破产财团或受影响的债务人的个人财产终止冻结，该等财产不再是有关破产财团的财产，而债权人可就适用的非破产法律所准许的财产采取任何行动，除非法院根据受托人在45天期限届满前提出的申请，并在发出通知和举行听证后，裁定该等财产对该破产财团有相应价值或利益，则债权人可就该财产采取任何适当的保护债权人权益的行动，并裁定债务人将债务人所占有的任何抵押物（collateral）交付受托人。

（b）除第（a）款规定外，身为个人的债务人须向法院提交下列文件——

（1）根据第109（h）款向债务人提供服务的经批准的非营利性预算和信贷咨询机构出具的证明，说明向债务人提供的服务；以及

（2）根据第109（h）款通过第（1）项所提及的经批准的非营利性预算和信贷咨询机构制订的债务偿还计划的副本（如有）。

（c）除符合第（a）款的规定外，债务人还须将其在教育机构个人退休账户［如1986年《国内税收法典》第530（b）（1）项所定义］中的任何权益记录提交法院，在合格的ABLE课程［定义见该法典第529A（b）款］或合格的州学费课程［定义见该法典第529（b）（1）项］中的账户中的任何利益。

（d）如果债务人未能及时采取本条第（a）（6）项或第362（h）款第（1）和（2）项规定的行动，涉及出租人或委托人拥有并已出租、租借或委托保管给债务人的财产，或对该财产债权人持有根据第522（f）款，第544、545、547、548或549条不可撤销的担保

权益，本编中的任何内容均不得阻止或限制基础租赁或协议中的某一条款的实施，该条款具有因本编下的程序的发生、未决或存在或债务人破产而使债务人在该租赁或协议下违约的效力。在任何其他情况下，本款的任何规定均不得被视为有正当理由限制该等规定。

（e）

（1）如第7或13章案件中的债务人是个人，而债权人在任何时间向法院提出要求，要求接收债务人提交的破产申请、附表及财务报表的副本，则法院须将该破产申请、附表及报表提供给该债权人。

（2）

（A）债务人应提供——

（ⅰ）在不迟于第1次债权人会议首次确定的日期前7天，向受托人提供符合法律要求的最近1个纳税年度的联邦所得税申报表副本（或在债务人选择时，提供该申报表的抄本），该纳税年度应在案件开始前立即结束，并为此提交联邦所得税申报表（federal income tax return）；以及

（ⅱ）同时，债务人遵守第（ⅰ）子句的规定，向任何立即要求提供该等副本的债权人提供该等申报表的副本［或如果根据第（ⅰ）子句选择，则提供该等抄本］。

（B）如果债务人未能遵守（A）目第（ⅰ）或（ⅱ）子句，除非债务人证明未能遵守是由于债务人无法控制的情况所致，否则法院应驳回案件。

（C）如债权人要求提供该报税表或该抄本的副本，而债务人在向受托人提供该报税表或该抄本时，没有向该债权人提供该报税表或该抄本的副本，则除非债务人证明未能提供该报税表或该抄本的副本是由于债务人无法控制的情况所致，否则法院应驳回该案件。

（3）如第13章案件的债权人在任何时间向法院提出要求，要求接收债务人提交的计划副本，则法院须向该债权人提供计划副本——

（A）在合理的费用下；以及

（B）不迟于该项要求提出后7天内。

（f）应法院、联邦托管人或第7、11或13章规定的案件的任何利害关系方的请求，个人债务人应向法院作以下备案——

（1）在向税务机关提交的同时，提供适用法律所要求的每1份联邦所得税纳税申报表的副本（或在债务人选择时，提供该纳税申报表的抄本），该副本涉及债务人在本章规定的案件悬而未决期间结束的每个纳税年度；

（2）在向税务机关提交的同时，提供适用法律所要求的每1份联邦所得税纳税申报表（或在债务人选择时，该纳税申报表的抄本）该表在案件开始之日尚未向税务机关提交，并随后就债务人的任何课税年度提交，而该课税年度是在截至案件开始日期的3年期内终结的；

（3）根据第（1）或（2）项向法院提交的任何联邦所得税申报表或抄本的每项修正的副本；以及

（4）在第13章案件中——

（A）在该课税年度完结后 90 天或在该个案开始之日后 1 年（以较迟者为准）的日期，如在该较迟日期前没有确认任何计划；以及

（B）每年在该计划获确认后直至结案为止，不得迟于该计划获确认的每个周年日（the anniversary）前 45 天的日期；

以伪证罪处罚的，债务人在根据本款提交该报表之前最近结束的纳税年度的收入和支出，以及债务人的月收入的报表，显示收入、支出和月收入是如何计算的。

（g）

（1）第（f）（4）项所提及的报表须披露——

（A）债务人的收入额及其来源；

（B）为支持债务人的任何受扶养人而对债务人负有责任的任何人的身份；以及

（C）向债务人居住的家庭供款的任何人的身份和供款数额。

（2）第（e）（2）（A）目及第（f）款所述的报税表、修订及收支表，须提供给联邦托管人［或破产管理人（the bankruptcy administrator），如有］、受托人及任何利害关系方查阅及复制，但须符合 2005 年《防止破产滥用及消费者保护法》第 315（c）款的规定。

（h）如果联邦托管人或受托人要求，债务人应提供——

（1）证明债务人身份的文件，包括驾驶执照、护照或者其他载有债务人照片的文件；或

（2）确定债务人身份的其他与债务人有关的个人身份信息。

（i）

（1）除第（2）及（4）项另有规定外，尽管有第 707（a）款的规定，在根据第 7 或 13 章提出的自愿破产案件中，个人债务人未能在提交破产申请后 45 天内提交第（a）（1）项所规定的所有资料，则该案件须自提交破产申请之日起 46 天后自动被驳回。

（2）除第（4）项另有规定外，并就第（1）项所述的案件而言，任何利害关系方可要求法院作出裁决，驳回该案件。如要求，法院应在该要求提出后 7 天内作出驳回令。

（3）在符合第（4）项的规定下，并应债务人在第（1）项所述的破产申请提交之日起 45 天内提出的请求，法院可准许债务人在不超过 45 天的额外期限内提交第（a）（1）项所要求的资料，如果法院觉得有理由延长立案期限。

（4）尽管本款有任何其他规定，在第（1）、（2）或（3）项所指明的适用期限届满前，受托人提出动议，以及在通知和听证后，如果法院认定债务人善意地试图提交第（a）（1）（B）（ⅳ）子句要求的所有信息，并且债权人的最大利益将通过案件的管理得到满足，法院可以拒绝驳回案件。

（j）

（1）尽管本编有任何其他规定，如果债务人未能提交在案件开始后到期的纳税申报表，或未能适当延长提交该纳税申报表的到期日，则税务机关可要求法院下达裁定，转换或驳回案件。

（2）如果债务人在税务机关根据该款提出请求后 90 天内不提出所要求的报税表或取

得第（1）项所指的延长，则法院应转换或驳回该案件，以债权人和财产的最佳利益为准。

第 522 条【豁免财产（exemptions）】

（a）在本条中——

（1）“依靠人”包括配偶，无论是否在事实上需扶养；以及

（2）“价值”是指在提出破产申请之日的公平市价，或与在该日期之后成为破产财团的财产有关的，到该财产成为破产财团财产为止时的公平市价。

（b）

（1）尽管有本编第 541 条的规定，个人债务人可就本款第（2）或（作为替代）（3）项所列破产财团的财产获得豁免。在根据本编第 302 条提交的合并案件和根据本编第 301 或 303 条提交的独立案件中，由作为夫妻的债务人或针对作为夫妻的债务人提交，并且其财产被命令根据《联邦破产程序规则》第 1015（b）款共同管理的，不能一个债务人选择被豁免第（2）项所列财产，而另一个债务人选择被豁免本款第（3）项所列财产。如果当事各方不能就备选方案达成一致意见，则当事各方应被视为选择第（2）项，只要立案的司法管辖区的法律允许这种选择。

（2）本项所列的财产是第（d）款规定的财产，除非第（3）（A）目规定的适用于债务人的州法明确没有授权。

（3）本项所列财产为——

（A）根据第（o）和（p）款，除本条第（d）款外，根据联邦法律豁免的任何财产，或者在提交申请之日前 730 天内债务人住所所在地适用的州或地方法律，或者如果债务人的住所在该 730 天内未位于 1 个州，则为债务人该 730 天期限之前的 180 天内的住所所在地，或者在该 180 天期限内在此处的期间比在任何其他地方都待得更长的所在地；

（B）债务人在紧接案件开始前，作为整体或共同承租（the entirety or joint tenant）的承租人所享有的财产权益，在适用的非破产法下豁免于诉讼的范围内；以及

（C）根据 1986 年《国内税收法典》第 401、403、408、408A、414、457 条或第 501（a）款，退休基金的款项在这些款项在某基金或账户中可根据以上条款获得免税的范围内。

如果第（A）目下的住所要求的效果是使债务人无资格获得任何豁免，则债务人可选择第（d）款下指明的豁免财产。

（4）就第（3）（C）目及第（d）（12）项的目的而言，以下条文适用——

（A）如果退休基金款项属于已根据 1986 年《国内税收法典》第 7805 条获得有利裁定的退休基金，且该裁定自根据本编提交申请之日起生效，则该等基金款项应被推定为从破产财团中豁免。

（B）如该退休基金款项是在没有根据该第 7805 条获得有利裁定的退休基金内的，则该等基金款项从破产财团中豁免，只要债务人证明——

（ⅰ）法院或国税局事先未作出相反裁定；

（ⅱ）

（Ⅰ）退休基金实质上符合 1986 年《国内税收法典》；或者

（Ⅱ）退休基金未能实质上符合 1986 年《国内税收法典》的适用要求，而债务人对此不负实质性责任。

（C）根据 1986 年《国内税收法典》第 401、403、408、408A、414、457 条或第 501（a）款或第 401（a）（31）项或其他规定，直接从某个根据以上条款所规定的免税基金或账户中转移的退休基金款项，不因这样的直接转移停止其根据第（3）（C）目或（d）（12）项所规定的豁免资格。

（D）

（ⅰ）任何符合 1986 年《国内税收法典》第 402（c）款所指的滚动分配（rollover distribution）或本目第（ⅱ）子句（clause）所述的分配，不得因该等分配而停止符合第（3）（C）目或第（d）（12）项所述的豁免资格。

（ⅱ）本条所述的分配是指——

（Ⅰ）已从根据 1986 年《国内税收法典》第 401、403、408、408A、414、457 条或第 501（a）款获免税的基金或账户中进行的分配；以及

（Ⅱ）在法律允许的范围内，不迟于该款项分配后 60 天，存入该基金或账户。

（c）除非破产案件被驳回，根据本条获得豁免的财产在破产案件过程中或之后，对于根据本编第 502 条而引发或决定的债务人的任何债务不负责任，如同该债务在破产案件开始之前就已经产生了一样，除了——

（1）本编第 523（a）（1）或 523（a）（5）项详细列明的债务（在该案中，即使适用的非破产法有任何相反的条文，该财产仍须对该款所指明种类的债项负法律责任）；

（2）由物上优先权（lien）提供担保的债务——

（A）

（ⅰ）根据本条（f）或（g）款，或本编第 544、545、547、548、549 条或第 724（a）款不能撤销的；并且

（ⅱ）根据本编第 506（d）款有效（not void）的；或者

（B）正确提交所通知的税收性的物上优先权（tax lien）；

（3）本编第 523（a）（4）或 523（a）（6）项详细列明的一类债务，该债务由被保险存款机构的关联方向以该机构的保管人、接管人或清算代理人身份行事的联邦存款机构的监管机构所欠的；或者

（4）与获得或提供任何奖学金、补助金、贷款、学费、减免、奖励，或在高等教育机构［见 1965 年《高等教育法案》（20 U. S. C. 1001）第 101 条对该术语的定义］为资助教育而提供的其他财政援助中的欺诈行为有关的债务。

（d）债务人的以下财产可以根据本条第（b）（2）项获得豁免——

（1）债务人持有的总价不超过价值 15, 000 美元的财产利益，包括债务人或其被扶养人作为住所的动产①及不动产、合作组织所拥有的债务人或其被扶养人作为住所的财产，

---

① 译者注：房车作为动产也是可以居住的。

或者债务人或其被扶养人的墓地。

（2）债务人持有的，在 1 辆汽车上不超过价值 2400 美元的财产利益；

（3）债务人持有的，用于债务人或其被扶养人的个人、亲属、家庭使用的，下列财产上单项不超过 400 美元且总额不超过 8000 美元的财产利益：家具、生活用具、衣物、器具、书籍、动物、粮食或者乐器等；

（4）债务人持有的，主要用于债务人或其被扶养人的个人、亲属、家庭使用的，总价不超过 1000 美元的珠宝中的利益；

（5）债务人持有的任何财产上不超过价值总额 800 美元的财产利益，如果本款第（1）项规定的豁免财产有未用余额的，则加上债务人持有的在此余额内以 7500 美元为限的任何财产上的财产利益；

（6）债务人持有的，债务人或其被扶养人职业需要的任何下列财产不超过价值 1500 美元的财产利益：器具、专业书籍、工具等；

（7）债务人拥有的任何未到期的人寿保险合同，信用人寿保险除外；

（8）债务人享有的，以债务人或债务人是被扶养人为被保险人的任何未到期人寿保险合同中产生的红利或者投保金额或贷款价值中，减去按照本编第 542（d）款规定的方式转让的破产财团的财产之后，总价值不超过 8000 美元的财产利益；

（9）债务人或其被扶养人专用的医疗保健辅助器械；

（10）债务人有权接受的——

（A）社会保险金、失业救济金、地方公共补助金；

（B）退伍军人补助金；

（C）因残疾、疾病或失业获得的救济；

（D）扶养费、赡养费或分居抚养费（alimony，support，or separate maintenance），但以支持债务人及其任何受扶养人的合理需要为限；

（E）为了维持债务人及其被扶养人的生活需要，在合理、必要限度内由于疾病、残疾、死亡、年老或服务期限而支付的股息、养老金、分红、年金或类似计划或合同，除非——

（ⅰ）该计划或合同是由内部人员或者在内部人员的主持下制定的，且在债务人依据此计划或者合同取得权利时该内部人员雇佣了债务人；

（ⅱ）这种支付是基于年龄或者服务年限获得的；

（ⅲ）该计划或合同不符合 1986 年《国内税收法典》第 401（a）、403（a）、403（b）款或第 408 条的要求；

（11）债务人的接收权，或可追溯至下列来源的财产权——

（A）根据犯罪受害人赔偿法获得的赔偿；

（B）因扶养债务人的人意外死亡，而为了维护债务人及其被扶养人的合理限度内的生活需要而给予的支付；

（C）扶养债务人的个人作为人寿保险合同的被保险人死亡后，为了维护债务人及其被扶养人的合理限度内的生活需要，根据人寿保险合同而给予的支付；

（D）债务人或扶养债务人的个人因人身受到伤害获得赔偿中不超过 15, 000 美元的那

部分，但不包括对肉体或精神痛苦的补偿、对实际金钱损失的补偿；或者

（E）基于债务人或扶养债务人的个人预期收入的减少，为维持债务人及其被扶养人在合理限度内的生活需要而给予的补偿。

（12）在根据1986年《国内税收法典》第401、403、408、408A、414、457条或第501（a）款获得免税的基金或账户范围内的退休基金款额。

（e）对于债务人根据本条第（b）款可豁免的财产的债权，在本编案件中，以持有针对债务人的无担保债权的债权人为受益人而履行的豁免的弃权是不可执行的（unenforceable）。债务人放弃本条第（f）或（h）款下的权力，以撤销根据本条第（g）或（i）款进行的豁免财产转让，或根据本条第（i）款收回财产或保留转让，在本编案件中是不可执行的。

（f）

（1）尽管债务人放弃了豁免权，但受第（3）项的约束，债务人可以撤销在财产中固定债务人对该项权益的物上优先权（lien），在该物上优先权损害了债务人根据本条第（b）款享有豁免的范围内，只要该物上优先权是下列两种之一——

（A）司法物上优先权，但为第523（a）（5）项所指明种类的债务提供担保的司法物上优先权除外；或者

（B）对任何以下财产的非占有性、非购买性货币担保利益——

（ⅰ）债务人或债务人扶养的人持有的主要由个人、亲属或家庭使用的家具、日常用品、衣物、工具、书籍、动物、粮食、乐器或珠宝首饰等；

（ⅱ）因债务人或债务人扶养的人的职业而需要的器具、专业书籍或工具等；

（ⅲ）债务人或债务人扶养的人专用的医疗辅助设备。

（2）

（A）为了本款的目的，1项物上优先权在下列金额内应当被视为已达到了损害豁免的程度，当——

（ⅰ）该物上优先权；

（ⅱ）所有其他的设立在财产上的物上优先权；以及

（ⅲ）如果该财产上没有物上优先权的话，债务人可以主张的豁免金额；

超过在没有任何物上优先权时债务人在财产上将有的利益的价值。

（B）在破产财产受制于不止1个物上优先权的案件中，在根据本款第（A）目就其他物上优先权作出计算时，不得考虑已被撤销的物上优先权。

（C）本项不能应用于因丧失抵押品赎回权而产生的判决。

（3）在州法适用于债务人的案件中——

（A）允许某人根据本条第（d）款自愿放弃请求豁免的权利，或禁止1个债务人根据本条第（d）款请求豁免；并且

（B）要么允许债务人根据州法要求豁免，但不限于金额，除非债务人已允许对任何财产确定（fixing）协商一致的物上优先权，要么禁止撤销对有资格作为豁免财产的财产另

有约定的物上优先权；

债务人不得撤销在债务人或其被依靠之人的财产利益上的物上优先权的确定，如果该物上优先权是在工具、专业书籍、债务人或其被依靠之人的职业工具、债务人或其被依靠之人的农场动物和农作物上的非占有性、非购买性货币担保利益，当此类工具、专业书籍、职业工具、动物和农作物的价值超过5000美元。

（4）

（A）除第（B）目另有规定外，就第（1）（B）目而言，“家庭用品”（或译为日常用品）指——

（ⅰ）衣物；

（ⅱ）家具；

（ⅲ）家用电器；

（ⅳ）1台收音机；

（ⅴ）1台电视；

（ⅵ）1台录像机；

（ⅶ）亚麻制品；

（ⅷ）瓷器；

（ⅸ）陶器；

（ⅹ）厨房用具；

（xi）主要供债务人未成年受扶养子女使用的教育材料和教育设备；

（xii）医疗设备和用品；

（xiii）专为债务人的未成年子女、老年人或者残疾家属使用的家具；

（xiv）债务人及其受扶养人的个人物品（包括未成年受扶养子女的玩具、爱好用品和结婚戒指）；

（xv）1台个人电脑及相关设备。

（B）“家庭用品”不包括——

（ⅰ）艺术品（除非由债务人或其任何亲属所作，或者作品的内容是债务人或其亲属）（works of art by or of the debtor...）；

（ⅱ）公平市价合计超过500美元的电子娱乐设备（除1台电视、1台收音机和1台录像机外的）；

（ⅲ）以古董形式取得的物品，其公平市价合计超过500美元；

（ⅳ）公平市值合计超过500美元的珠宝（结婚戒指除外）；以及

（ⅴ）电脑（除本条另有规定外）、汽车（包括拖拉机或草坪拖拉机）、船只或机动康乐设施、运输工具、车辆、船艇或飞机。

（g）尽管有本编第550和551条的规定，债务人可根据本条第（b）款豁免受托人根据本编第510（c）（2）项，第542、543、550、551或553条收回的财产，在该财产没有被转让时债务人本可根据本条第（b）款豁免该财产的范围内，如果——

（1）

（A）该转让不是债务人对财产的自愿转让；以及

（B）债务人没有隐匿这些财产；或者

（2）债务人依据本条第（f）（1）（B）目的规定可以撤销这些转让。

（h）债务人可以撤销债务人的1项财产转让或追回1项抵销，其限度为如果受托人撤销该转让后依据第（g）（1）项的规定债务人在该财产上可以主张作为豁免财产的额度，只要符合下列两个条件——

（1）受托人依据第544、545、547、548、549条或第724（a）款的规定可以撤销该项转让行为或者受托人依据第553条的规定可以追回该转让的财产；以及

（2）受托人不准备撤销该转让。

（i）

（1）如果债务人撤销了本条第（f）或（h）款下抵销的转让或追回（recovers），债务人则可以本编第550条所规定的方式及其所设限制进行追回，就如同受托人已经撤销了该转让一样，并且可以根据本条第（b）款豁免任何如此追回的财产；

（2）尽管本编第551条另有规定，根据本编第544、545、547、548、549条或第724（a）款或本条第（f）或（h）款所撤销的转让，或根据本编第553条所追回的财产，可以在债务人根据本条第（g）款或本款第（1）项豁免该等财产的范围内，为了债务人的利益而得到保存（preserved）。

（j）尽管本条第（g）和（i）款另有规定，债务人可以豁免本条第（g）或（i）款下特定的财产，仅在债务人已经豁免的该等财产的价值低于债务人根据本条第（b）款被授予的财产的价值的范围内。

（k）债务人根据本条所豁免的财产对任何管理费用不负清偿责任，除了——

（1）撤销债务人根据本条第（g）款所豁免的财产转让或追回该等财产，可归因于与被追回的财产的价值有关的被豁免的部分财产的价值而导致的成本和费用的等份份额（the aliquot share）；并且

（2）债务人还没有支付的，任何根据本条第（f）或（h）款撤销的转让，或根据本条第（i）（1）项追回财产的成本和费用；

（l）债务人应当列明债务人根据本条第（b）款被免除债权的财产清单。如果债务人没有提交这样的清单，那么债务人的受依靠人可以提出这样的清单，或代表债务人的利益对破产财团的财产提出豁免财产的请求。除非利害关系方反对，在该清单上被请求豁免的财产可以得到豁免。

（m）受制于本条第（b）款所设定的限制，本条应当分别适用于合并破产案件中的每一个债务人。

（n）就1986年《国内税收法典》第408或408A条所述的个人退休账户中的资产而言，除该法典第408（k）款下的简易雇员退休金或该法典第408（p）款下的简易退休账户外，根据本条获豁免的该等资产的总值，在不考虑可归因于1986年《国内税收法典》

第402（c）款，第402（e）（6）、403（a）（4）、403（a）（5）和403（b）（8）项所指的转期供款（rollover contributions）的金额，以及该等资产的收益，在由个人债务人提交的案件中，不得超1,000,000美元，但是，如果为了正义的利益需要，可以增加这一金额。

（o）就（b）（3）（A）目而言，尽管有第（a）款的规定，权益的价值在——

（1）债务人或者债务人的受扶养人（a dependent of the debtor）用作住所的不动产或者动产；

（2）拥有债务人或者债务人的受扶养人作为住所的财产的合作企业（a cooperative）；

（3）债务人或者债务人的受扶养人的墓地；

（4）债务人或者债务人的受扶养人主张作为家宅的不动产或者动产；

应扣减该等价值，但以该等价值可归因于债务人在提交申请书当日为止的10年期间内处置的任何财产的任何部分，其目的是为妨碍、延迟或欺诈债权人的，则债务人不能被豁免，或以根据第（b）款债务人不能被豁免的该部分财产为限，如果债务人在该日持有如此处置的财产。

（p）

（1）除本款第（2）项及第544及548条另有规定外，由于根据第（b）（3）（A）目选择根据州或本地法律豁免财产的，债务人提交申请书之日之前的1215天期间内取得的下列超过125,000美元总价值的任何权益不可获得豁免——

（A）债务人或其受扶养人用作住所的不动产或动产；

（B）拥有债务人或债务人的受扶养人用作住所的合作企业；

（C）债务人或债务人的受扶养人的墓地；或者

（D）债务人或债务人的受扶养人要求作为家宅的不动产或动产。

（2）

（A）第（1）项所指的限制，不适用于家庭农场主根据第（b）（3）（A）目就其主要居所主张的豁免。

（B）就第（1）项而言，如果债务人以前和现在的居住地位于同一州，则此类权益的任何数额不包括从债务人以前的主要居住地（在这1215天期间开始之前取得的）转入债务人现在的主要居住地的任何利益。

（q）

（1）由于根据第（b）（3）（A）目选择豁免州或地方的法律所规定的财产，债务人不得豁免在第（p）（1）项第（A）、（B）、（C）及（D）目所述的财产中总价值超过125,000美元的任何权益——

（A）法院在发出通知和进行听证后，确定债务人已被裁定犯有任何罪行（定义见第18编第3156条），则在这种情况下，可证明申请破产是滥用本编规定之行为的；或者

（B）债务人所欠下的债务来自——

（ⅰ）违反联邦证券法律［1934年《证券交易法》第3（a）（47）项所定义的］、任何州证券法规或根据联邦证券法律或州证券法规颁布的任何条例或指令；

（ⅱ）欺诈、欺骗或以受托人身份进行操纵，或与购买或出售根据1934年《证券交易法》第12条或第15（d）款或1933年《证券法》第6条登记的任何证券有关；

（ⅲ）第18编第1964条项下的任何民事救济；或者

（ⅳ）在过去5年内造成他人重伤、死亡的犯罪行为、故意侵权行为或者故意、过失的不当行为。

（2）第（1）项不适用于第（p）（1）项第（A）、（B）、（C）及（D）目所述的财产权益的款额，该款额是为债务人及债务人的任何受扶养人的生活所合理需要的。

第523条【破产免责（discharge）的例外】

（a）本编第727、1141、1192条，第1228（a）、1228（b）或1328（b）款下的破产免责排除个人的任何下列债务——

（1）税款或者关税——

（A）本编第507（a）（2）或507（a）（8）项详细列明的一定期限内的一类债务，无论针对该税款的债权是否被申报或被批准（filed or allowed）；

（B）如有需要，可提交1份报税表或同等的报告或通知——

（ⅰ）没有提交或给予；或者

（ⅱ）根据适用法律或任何延期，在该等报税表、报告或通知最后到期日之后提交或给予，以及在申请书提交日期前的两年之后提交或给予；或者

（C）债务人作出欺诈性申报或故意以任何方式企图逃避或阻碍该项征税的；

（2）为了金钱、财产、服务或银行贷款的拓展、更新或重新融资，在通过下列方式获得的范围内——

（A）虚假的主张、虚假的陈述或事实上的欺诈，而非代表债务人的或内部人的财务状况的陈述；

（B）使用有下列情形的书面财产报告——

（ⅰ）重大错误；

（ⅱ）关于债务人或内部人的财务状况；

（ⅲ）对于债务人就金钱、财产、服务或信用负责的承诺，使债权人产生了合理的信赖；并且

（ⅳ）债务人制作或者公开这样的报告是出于欺骗的意图，或者

（C）

（ⅰ）就第（A）目而言——

（Ⅰ）对于个人债务人在本编下的救济令下达之日或之前90天内为奢侈品或服务所产生的，欠个人债权人总额超过500美元的消费者债务，被推定为不能免责；或者

（Ⅱ）在本编下的救济令下达之日或之前70天内，个人债务人根据开放式信贷计划获得的消费信贷延期，总额超过750美元的预付现金被推定为不可免责；以及

（ⅱ）就本目而言——

（Ⅰ）“消费者”、“信贷”和“开放式信贷计划”的含义与《诚信贷款法》（Truth in

Lending Act）第 103 条中的含义相同；以及

（Ⅱ）“奢侈性消费品或服务”不包括为了扶养或赡养债务人或债务人的受扶养人所合理需要的消费品或服务；

（3）未根据本编第 521（a）（1）项下列出或列示债务人所知的该等债务的债权人的名称，以便及时允许——

（A）如果该债务是本款第（2）、（4）或（6）项详细列明的一类，则须及时地提交债权证明，除非该债权人已及时地被通知或实际知悉该案件中的及时提交情况；或者

（B）如果该债务是本款第（2）、（4）或（6）项详细列明的一类，及时地提出债权证明和及时地根据以上规定请求作出对该债务免责的决定，除非该债权人已及时地被通知或实际知悉该案件中的及时提交申请和请求的情况；

（4）以受信人身份（in a fiduciary capacity）行事时的欺诈或挪用公款、贪污或盗窃；

（5）为履行家庭扶持义务；

（6）债务人对另一实体或另一实体财产的故意和恶意损害；

（7）该债务是应向政府机构支付的或为政府机构利益且并非为补偿实际损失而支付的罚款、罚金或罚没，但不包括下列课税罚金——

（A）与本款第（1）项未指明的税种有关的；或者

（B）就申请书提交日期前 3 年之前发生的交易或事件而施加的；

（8）除非根据本段排除下列该等债务的免责会对债务人及其受扶养人造成不必要的困难——

（A）

（ⅰ）由政府部门提供、保险或担保，或根据政府部门或非营利机构全部或部分资助的任何计划提供的教育福利超额支付或贷款；或者

（ⅱ）因一笔教育补助金、奖学金或定期生活津贴中收到的款项而负担的偿还义务；

（B）属于1986 年《国内税收法典》第221（d）（1）项定义为合格教育贷款的任何其他教育贷款，由个人债务人承担的；

（9）债务人因使用酒精、毒品或其他物质而被麻醉时实施的非法的对机动车辆、船舶或航空器的操作所造成的死亡或人身伤害；

（10）根据本编或《破产法案》（the Bankruptcy Act），债务人放弃免责或根据本编第727（a）（2）、（3）、（4）、（5）、（6）或（7）项，或者根据《破产法案》第 14c（1）、（2）、（3）、（4）、（6）或（7）款被拒绝免责，在涉及债务人的先前的本编或该法下的破产案件中已被债务人明确列出或列示的债务；

（11）在联邦或任何州的任何法院作出的任何最终判决、不可复审的命令、同意令（consent order）或裁定（decree）中，由联邦存款机构的监管机构发出的，或包含在债务人订立的任何和解协议中的，因以受托人身份对任何存款机构或被保险信用合作社进行的欺诈或挪用公款行为而产生的债务；

（12）因为恶意地或不计后果地疏忽，债务人未能向联邦存款机构的监管机构履行维

持经保险的存款机构资本的任何承诺，但本款不适用于因该机构的任何行为而终止的任何该等承诺；

（13）根据《美国法典》第18编发布的归还令的任何偿付；

（14）根据第（1）项向美国（联邦政府）支付不可免除的税款；

（14A）向美国（联邦政府）以外的政府部门缴纳根据第（1）项可向其征收的税款；

（14B）支付联邦选举法规定的罚款或罚金；

（15）支付给债务人的配偶、前配偶或子女，非第（5）项所述的类型，是债务人在离婚或分居过程中，或与分居协议、离婚令或法院的其他命令有关，或由政府部门根据州或地区法律作出的决定而招致的；

（16）就债务人在拥有建筑物区分所有权的单位中的、在合作公司的股份中的或在物主联合会的地块中的权益，向成员协会发出救济令后到期应付的会籍费或核定的付款额，只要债务人或受托人拥有该单位、该公司或该地块的合法的、公平的、占有性的所有者权益，但本段的规定，得免除债务人在悬而未决的破产案件或其后的破产案件中的救济令生效前的一段期间所产生的会籍费或核定的付款额；

（17）就任何法院就提交案件、动议、申诉或上诉而向在押犯征收的费用，或就提交案件、动议、申诉或上诉而评估的其他费用和开支，而不论债务人根据第28编第1915（b）款或（f）（2）项（或类似的非联邦法律）声称贫穷，或债务人符合第28编第1915（h）款（或类似的非联邦法律）中定义的犯人身份；

（18）对1986年《国内税收法典》第401、403、408、408A、414、457条或第501（c）款规定的退休金、利润分享、股票红利或其他计划的所欠款项——

（A）根据1974年《雇员退休收入保障》第408（b）（1）项，或1986年《国内税收法典》第72（p）款所允许的贷款；或者

（B）第5编第84章第Ⅲ节允许的节俭储蓄计划贷款，该贷款满足该编第8433（g）款的要求；

但本款不得解释为规定了：根据1986年《国内税收法典》第414（d）款作出的任何贷款，或根据第403（b）款作出的任何合约或赊欠账目，构成本编下的债权或债务；或者

（19）满足这样的条件——

（A）是为了：

（ⅰ）违反任何联邦证券法律［定义见1934年《证券交易法》第3（a）（47）项］、任何州证券法律、或任何根据联邦或州证券法律所发布的规章或命令的行为；或者

（ⅱ）普通法上的与任何证券买卖交易有关的欺诈、欺骗或操纵；并且

（B）破产申请提交日期之前、当日或之后的结果，来自——

（ⅰ）在任何联邦或州司法或行政程序中作出的任何判决、裁定、同意令或法令；

（ⅱ）债务人订立的任何和解协议；或者

（ⅲ）任何法院或行政命令，要求债务人支付其所欠的任何损害赔偿金、罚款、罚金、传票、恢复原状支付（restitutionary payment）、非法所得支付（disgorgement payment）、律

师费、费用或其他款项；或者

（20）债务人因违反第 18 编第 77 章而对个人造成的损害，包括债务人在知情的情况下从经济上获益而造成的损害，或者通过参与一项债务人知道或应当知道的违反第 18 编第 77 章之行为的冒险活动而获得的任何有价值的东西而造成的损害。

就本款而言，“报税表”（return）是指满足适用的非破产法（包括适用的提交要求）要求的报税表。该术语包括根据 1986 年《国内税收法典》第 6020（a）款或类似的州或地方法律编制的报税表，或对非法院作出的判决或最终裁定的书面规定，但不包括根据 1986 年《国内税收法典》第 6020（b）款或类似州或地方法制作的报税表。

（b）尽管有本条第（a）款的规定，根据本条第（a）（1）、（a）（3）或（a）（8）项，根据《破产法案》（Bankrutpcy Act）第 17a（1）、17a（3）或 17a（5）款，根据 1965 年《高等教育法》第 439A 条，或在关于债务人的本编下或《破产法案》下的先前案件中根据《公共卫生服务法》第 733（g）款，免于清偿的债务，在本编下的案件中也是可以免责的，除非根据本条第（a）款的规定，在本编下的案件中，该债务不可免责。

（c）

（1）除非本条第（a）（3）（B）目另有规定，债务人可以被免除本条第（a）（2）、（a）（4）、（a）（6）项所详细列明的一类债务，除非根据持有债项的债权人的请求，并且在通知和听证之后，由法院根据具体情况确定是否根据本条第（a）（2）、（a）（4）、（a）（6）项将该债务排除于免责范围之外。

（2）第（1）项不适用于联邦存款机构的监管机构以被保险存款机构的保管人、接管人或清算代理人的身份寻求收回第（a）（2）、（a）（4）、（a）（6）或（a）（11）项所述债务的情形，由机构关联方所欠该机构的债务，除非接管人、保管人或清算代理人被及时指定以合理遵守，或联邦存款机构的监管机构以其法人身份作为接管人、保管人，或清算代理人的继承人，就该债务作为该机构关联方的债权人，以合理遵守第（a）（3）（B）目。

（d）如果债权人请求根据本条第（a）（2）项对消费者债务的免责可能性作出决定，并且该债务已被免责，则如果法院认为债权人的地位在实质上并非正当，法院应就程序的费用和合理的律师费用作出有利于债务人的判决，但如果特殊情况会使裁决不公正，法院不得如此裁定此类成本和费用。

（e）就第（a）（4）或（a）（11）项而言，被保险存款机构的任何机构关联方应被视为以受托人身份行事。

第 524 条【破产免责的效果】

（a）适用本编案件的免责——

（1）废除（voids）任何时候作出的任何判决，只要该判决是关于债务人的个人责任依照本编第 727、944、1141、1192、1228 或 1328 条已获免责的确认，不论该种债务的免责是否已被放弃。

（2）可以作为 1 项禁令（injunction，强制令），禁止开始或继续诉讼、使用法律程序或采取行动，以收取、收回或抵销作为债务人个人责任的任何此类债务，不论该种债务的免责是否已被放弃；以及

（3）作为禁令，禁止启动或继续诉讼、采用法律程序或行为，以从本编第541（a）（2）项中规定的债务人的财产中收取或收回或抵销在案件启动后获得的财产，因为任何允许的集体债权（a community claim），但根据本编第523、1192条，第1228（a）（1）或1328（a）（1）项不可免责的集体债权除外，或根据本编第523（c）和523（d）款的规定将被排除在外的集体债权除外，在涉及债务人的破产案件提出申请之日开始的涉及债务人配偶的破产案件中，无论基于该集体债权的免责是否被弃权。

（b）本条第（a）（3）项不适用，如果——

（1）

（A）债务人的配偶是本编下案件的债务人，或者是《破产法案》下的案件中的破产人或债务人，该案在涉及该债务人的破产案件提出破产申请之日起的6年内开始；并且

（B）法院不会在涉及债务人配偶的该破产案件中给予债务人配偶免责；或者

（2）

（A）在本编第7章与债务人配偶有关的案件中，法院不会准许该配偶免责，该案件是在提交关于债务人的破产申请之日开始的；并且

（B）不批准该债务免责的决定，由破产法院根据本编第727条关于决定债务人是否可以被批准免责的规定，在要求的时间内通过指定的方式作出。

（c）债权持有人与债务人之间达成的协议、其对价的全部或部分是基于本编案件中某项可免责债务的，只有在可以依据适用的非破产法执行的情况下方可执行，无论债务人是否已经放弃该债务的免责，只要——

（1）该协议是在根据本编第727、1141、1192、1228或1328条的规定赋予债务人免责之前达成的；

（2）债务人在签署协议时或之前收到第（k）款所述的披露；

（3）该协议已提交法院，如果适用，协议必须附带根据本款规定达成协议过程中债务人的代理律师提供的声明书或宣誓书，声明该协议——

（A）是债务人在被完全告知和自愿的情况下达成的；

（B）未对债务人或债务人的被抚养人造成不适当的困难；

（C）代理律师至少建议债务人考虑到下列情况的法律后果和事实结果——

（ⅰ）本款所特别规定的协议；以及

（ⅱ）任何在该协议下的违约；

（4）债务人在债务免责之前或在向法院提交该协议之后60天内（以时间在后者为准）的任何时候，未通过向该债权持有人发出解除通知（notice of rescission）而解除该协议；

（5）该协议符合本条第（d）款的规定；以及

（6）

（A）在涉及个人的案件中，如果该个人根据本款规定达成协议的过程中没有代理律师的，符合下列条件时法院认可该协议——

（ⅰ）未对债务人或债务人的被扶养人造成不适当的困难；

（ⅱ）符合债务人的最大利益；

（B）当债务属于用不动产作担保的消费债务时，第（A）目不适用。

（d）在涉及个人的破产案件中，当法院已经决定是否根据本编第727、1141、1192、1228或1328条准予或不准予破产免责的，法院可以举行听证会，债务人须亲自出席。在任何这样的听证中，法院须通知债务人破产免责被批准或否决的原因。如果破产免责被批准，并且如果债务人希望签署一个本条第（c）款详细列明的一类协议，在该协议的谈判过程中没有通过律师代理的，法院可以举行听证会，债务人应当亲自出席；并且在该听证会上，法院应当——

（1）告知债务人——

（A）根据本编、非破产法或未按照本条第（c）款规定订立的任何协议，无须签订此类协议；并且

（B）下列事项的法律效果和事实结果——

（ⅰ）本条第（c）款所详细列明的一类协议；以及

（ⅱ）该协议下的违约；以及

（2）如债务人希望签订的协议的对价是全部或部分基于并非由债务人的不动产担保的消费者债务，则决定债务人希望签订的该协议是否符合本条第（c）（6）项的要求。

（e）除非本条第（a）（3）项另有规定，债务人债务的免责不会影响任何实体在该债务上的责任，也不会影响任何实体关于该债务的财产。

（f）本条第（c）或（d）款不能阻止债务人自愿地偿还任何债务。

（g）

（1）

（A）在通知和听证之后，发出确认本编第11章下重整计划的裁定的法院可以发布与该裁定有关的，根据本款规定去补充本条项下免责的禁止效果的法院强制令。

（B）可根据第（A）目发出强制令，禁止各实体采取法律行动，直接或间接地收取、追回或接受付款或追回，与根据重整计划须由第（2）（B）（ⅰ）子句所述信托全部或部分支付有关的任何债权或要求，但强制令、确认令或重整计划明确允许的法律行为除外。

（2）

（A）根据本条第（h）款，如果第（B）目的要求在第（1）项规定的强制令发布之时得到满足，那么，在该强制令发布之后，任何涉及该强制令的有效性、适用性、解释或修改的任何法律程序，或涉及与该强制令有关的本款的任何法律程序，只可在作出强制令的地区法院展开，而该法院对任何该等法律程序具有专属司法管辖权，而无须顾及争议的金额。

（B）本目的要求是——

（ⅰ）依照重整计划，该强制令同以下信托一起执行——

（Ⅰ）该信托承担债务人的法律责任，而该债务人在进入救济令时已被指定为人身伤害、非正常死亡或财产损害诉讼的被告，而该等诉讼是为追讨指称因石棉或含石棉产品的存在或暴露而引致的损害而进行的。

（Ⅱ）全部或部分由参与该计划的 1 个或多个债务人的证券提供资助，并由该债务人或债务人们（debtor or debtors）的义务提供资助，以支付未来款项，包括股息；

（Ⅲ）拥有，或通过行使根据该计划授予的权利，如发生特定的或有事项，将有权拥有下列人员的大部分投票份额；

（aa）每一个该债务人；

（bb）每一个该债务人的母公司；或者

（cc）同样也是债务人的每一个该债务人的候补人员；并且

（Ⅳ）使用其资产或收入去支付债权和要求；并且

（ⅱ）根据第（h）款，法院决定——

（Ⅰ）债务人很可能会因产生强制令所述债权的相同或类似行为或事件而受到未来大量付款要求的约束；

（Ⅱ）实际金额、数字和该未来需求的时间选择不能被决定；

（Ⅲ）试图在该计划规定的程序之外追求自身的利益可能会危害该计划公正地处理债权和未来需求的目的；

（Ⅳ）作为寻求确认该计划的程序的一部分——

（aa）被提议根据第（1）（A）目发布的强制令的条款，包括根据第（4）（A）目禁止对第三方提起诉讼的任何规定，均载于该计划及任何支持该计划的披露声明内；以及

（bb）设立 1 个单独类别或多个类别的请求权人，其债权将由第（ⅰ）子句（clause，分句）所述的信托解决，并以至少 75% 的投票赞成该计划；以及

（Ⅴ）根据第（h）款，依照法院的裁定或其他规定，信托将通过结构性、定期或补充付款、按比例分配（pro rata distributions）、矩阵算法（matrices）或定期审查（periodic review）当前债权和未来需求的数量和价值估计数等机制，或其他可比机制，提供合理的保证：信托将以基本相同的方式对涉及类似债权的当前债权和未来要求进行估价，并处于可支付的财务状况。

（3）

（A）如果本款第（2）（B）目的要求被满足，并且确认重整计划的裁定被发布或者被对重整案件具有专属管辖权的地方法院所确认，那么在对发布或确定重整计划的裁定提出上诉的期间之后——

（ⅰ）法院强制令应当是有效的并且是具有强制性的，并且不能被宣告无效，或者被任何法院修改，除非通过符合本款第（6）项规定的上诉；

（ⅱ）服从于重整计划的实体，或其后成为任何受制于法院强制令的债务人的或信托的任何资产的直接或间接受让人或继承人，对由于成为该受让人或继承人而针对该实体提出的任何债权或要求，不负有责任；并且

（ⅲ）服从于该重整计划的实体，或其后向该债务人或信托或其继承人或受让人发放贷款者，不会因为由于发放了贷款，而对任何针对该实体的债权或要求负有责任，任何与该贷款有关的资产的抵押也不会因为贷款的发放而被扰乱或损害；

（B）第（A）目不能被解释为——

（ⅰ）暗示如果本项不能适用的话，第（A）（ⅱ）或（A）（ⅲ）子句中的实体将因为任何在第（A）目中规定的行为而有必要对任何实体负责；

（ⅱ）免除任何此类实体在第（A）（ⅱ）或（A）（ⅲ）子句所述交易中遵守任何联邦或州的法律中关于欺诈性转让的义务或责任；或者

（ⅲ）免除债务人遵守重整计划条款的义务，或影响法院根据第1141和1142条行使其权力以迫使债务人这样做的权力。

（4）

（A）

（ⅰ）受制于第（B）目，第（1）项所规定的强制令对于任何相关实体都是有效的和有强制性的。

（ⅱ）尽管有本编第524（e）款的规定，该强制令可禁止针对第三方的任何诉讼，该第三方可从该强制令的条款中被识别出来（以姓名或作为可识别团体的一部分），并被指称对债务人的行为、债务或针对其的要求负有直接或间接责任，如该第三方的所谓责任是由于——

（Ⅰ）第三方对债务人、债务人过去或现在的关联方或债务人的前任的财务权益的所有权；

（Ⅱ）第三方参与管理债务人或债务人利益的前任，或担任债务人或关联方的高管、董事或雇员；

（Ⅲ）第三人向债务人或者关联方提供保险的；或者

（Ⅳ）第三人参与改变债务人或者关联方公司结构的交易，或者参与影响债务人或者关联方财务状况的贷款或者其他金融交易，包括但不限于——

（aa）参与向参与此类交易的实体提供融资（债务或股权）或建议；或者

（bb）获得或出售实体的金融权益，作为此类交易的一部分。

（ⅲ）正如本子句中所使用的，“关联方”是指——

（Ⅰ）债务人过去的或现在的分支机构；

（Ⅱ）债务人利益的前任；或者

（Ⅲ）任何在下列中拥有金融利益的实体——

（aa）债务人；

（bb）债务人过去的或现在的分支机构；或者

（cc）债务人利益的前任；

（B）依据本条第（h）款，如果根据重整计划，该计划所述的1种要求须由第（2）（B）（ⅰ）子句所述的信托全部或部分支付，而该信托须与第（1）项所述的强制令的执行有关，在该计划被确认后，则针对涉及的1个或多个债务人，或针对第（A）（ⅱ）子句所述的第三方，该强制令对该等要求是有效及可强制执行的，如果——

（ⅰ）作为导致该强制令发布的法律程序的一部分，法院为了保护随后可能声称该类

请求的人员的权利而任命法定代理人，并且

（ⅱ）法院在作出确认该计划的裁定前，决定指明该1个或多个债务人或该第三方（以姓名或作为可辨认团体的一部分），就本子句而言，在针对此类要求的强制令中，对于随后可能主张此类要求的人而言，根据代表此类1个或多个债务人或此类第三方向此类信托提供或将提供的利益，是公平和公正（fair and equitable）的。

（5）在本款中，“要求”（demand）是指对现在或未来的支付的请求——

（A）并非程序中导致重整计划确认的债权；

（B）由引起根据第（1）项发出的强制令所述债权的相同或相似行为或事件引起；并且

（C）根据该计划，由本条第（2）（B）（ⅰ）子句所述的信托予以支付。

（6）第（3）（A）（ⅰ）子句并不禁止上诉法院就根据第（1）项发出的强制令或与该强制令有关的确认令提出上诉而采取或应上诉法院的指示而采取的行动。

（7）本款不能影响第1144条的实施或地方法院参考《美国法典》第28篇第157条的诉讼程序的权力，或不影响对在本款制定日期前进行的法律程序的参考。

（h）适用于现有的强制令，为了本条第（g）款的目的——

（1）根据本条第（2）项，如果第（g）（1）（B）目所述种类的强制令是在本法颁布之日前发出的，作为在该日前作出的裁定予以确认的重整计划的一部分，则就第（g）（2）（A）目而言，该强制令须视为符合第（g）（2）（B）目的规定，而在以下情形，该强制令亦被视为符合第（g）（4）（A）（ⅱ）子句的规定——

（A）法院在重整计划被批准时，确定根据第1129（b）款的要求，该计划是公平和公正的；

（B）作为导致该强制令被发布和该计划被批准的法律程序的一部分，法院已委任1名法定代理人，以保护其后可能就该计划提出第（g）（4）（B）目所述要求的人的权利；并且

（C）该法定代理人不反对批准该计划或发出该强制令；并且

（2）就第（1）项而言，如果第（g）（2）（B）（ⅰ）子句所述的信托在本法颁布之日受到法院裁定的冻结，则该信托不得解决（settling）或支付未来的债权——

（A）第（g）（2）（B）（ⅱ）（Ⅴ）子款的规定不适用于该信托，直至该项冻结解除或终止为止；并且

（B）如果该信托在冻结解除或终止之日符合上述要求，则该信托应被视为自本法颁布之日起连续符合上述要求。

（i）债权人故意不将根据本编批准的计划收到的款项记入贷方，除非批准该计划的裁定被撤销，否则即构成计划违约；或债权人未按照计划要求的方式收到计划要求支付的款项（包括记入计划要求的金额），如债权人收取款项及未能按计划所规定的方式贷记款项的行为，对债务人造成重大损害的，即构成违反第（a）（2）项所指的强制令。

（j）第（a）（2）项不作为对有担保债权人的行为的强制令，如果——

（1）债权人对作为债务人主要住所的不动产享有担保权益；

（2）该行为是在债权人与债务人之间的正常经营过程中；并且

（3）此类行为仅限于寻求或获得与有效担保权益相关的定期付款，而不是寻求对物救济以强制执行物上优先权（lien）。

（k）

（1）第（c）（2）项所规定的披露，须由第（3）项所述并按该项的规定填妥的披露声明、第（c）款所指明的协议，以及第（4）至（8）项分别所述的声明、宣告、动议及裁定组成，且应是签订此类协议所需的唯一披露。

（2）根据第（1）项作出的披露，须以书面清楚而醒目地作出。“重新确认的金额”和“年百分率”应比与本披露相关的其他条款、数据或信息披露得更为明显，但“在同意重新确认债务之前，审查这些重要披露”和“重新确认协议摘要”这两个短语可能同样引人注目。披露可按不同的顺序进行，并可使用与第（2）至（8）项所述所不同的术语，但如有说明，则必须使用“重新确认的金额”和“年百分率”等术语。

（3）本项规定的披露声明应包括以下内容——

（A）声明：“A 部分：在同意重新确认债务之前，审查这些重要披露”；

（B）在“重新确认协议摘要”标题下，声明：“本摘要是根据《破产法典》的要求作出的”；

（C）使用“重新确认的金额”该术语的，即——

（ⅰ）债务人同意通过订立第（c）款所指明种类的协议而重新确认的债务总额；以及

（ⅱ）截至披露声明之日，与该总金额相关的应计费用和成本总额。

（D）在披露“重新确认的金额”的同时，以下声明——

（ⅰ）“您同意重新确认的债务金额”；以及

（ⅱ）“您的信贷协议可规定您须缴付在本披露日期之后可能须缴付的额外金额。咨询您的信用协议”。

（E）使用“年百分率”该术语的，应披露为——

（ⅰ）如在提交破产申请时，该债项是 1 项开放式信贷计划下的信贷延展，则“信贷”及“开放式信贷计划”的术语已在《真实借贷法》第 103 条中界定——

（Ⅰ）根据《真实借贷法》第 127（b）（5）和 127（b）（6）项（如适用）确定的年百分率，在签订第（c）款规定的协议之前，在最新的定期报表中披露给债务人，如果在过去 6 个月内没有向债务人提供此类定期报表，则为在向债务人提供披露报表时本应披露的年百分率，或在该年百分率不易获得或不适用的情况下，则

（Ⅱ）自披露声明发给债务人之日起适用于重新确认的金额的简单利率，或者如果不同的简单利率适用于不同的余额，则适用于每个此类余额的简单利率，确定重新确认的金额中包含的每个此类余额的金额，或者

（Ⅲ）如果披露实体选择披露子条款（Ⅰ）项下的年百分率和子条款（Ⅱ）项下的简单利率；或者

（ⅱ）如果在提交申请时，债务是除开放式信贷计划之外的信贷延期，因为“信贷”和“开放式信贷计划”的术语在《真实借贷法》第103条中有定义，那么——

（Ⅰ）根据《真实借贷法》第128（a）（4）项，在就债务签订第（c）款所指明种类的协议之前，在向债务人提供的最新披露声明中向债务人披露的年百分率，或者，如果没有向债务人提供该披露声明，或在该年百分率不易获得或不适用的情况下，则为在向债务人提供披露声明时本应披露的年百分率，然后

（Ⅱ）适用于截至披露声明发给债务人之日重新确认金额的简单利率，或如果不同的简单利率适用于不同的余额，则确定适用于每一此种余额的简单利率，指明所重新确认金额中包含的余额，或者

（Ⅲ）如果披露实体选择披露子条款（Ⅰ）项下的年百分率和子条款（Ⅱ）项下的简单利率。

（F）如果所述债务交易在最近根据《真实借贷法》披露的情况下被披露为可变利率交易，则应说明“您的贷款利率可能是一个不时变化的可变利率，因此此处披露的年百分率可能会更高或更低”。

（G）如果债务是由1项担保权益担保的，而该项担保权益在披露时并未全部或部分被放弃，也未被法院在披露时的最后裁定中确定为无效，通过披露货物或财产上的担保权或物上优先权是对债务人重新确认的部分或全部债务主张的，并列出受主张的担保权益约束的物品及其原始购买价格，或者如果不是购买资金担保权益（purchase - money security interest），则按项目或类型列出贷款的原始金额。

（H）在债权人选择时，使用含1份或以下组合的还款计划表的声明——

（ⅰ）声明：“您的首次付款金额为__________，付款将于__________到期，但未来的付款金额可能会有所不同。如适用，请咨询您的再确认协议或信贷协议。”，并说明首次付款的金额及该笔付款在供款地的到期日；

（ⅱ）声明：“您的付款计划将是：”，（原文有此逗号）并将付款计划描述为计划偿还到期债务的数量、金额和到期日期或还款期限，在披露方所知的被重新确认的债务范围内；或者

（ⅲ）以披露方当时所知的合理具体程度描述债务人的还款义务。

（I）以下声明：“注意：当披露涉及债权人‘可以’做的事情时，它不使用‘可以’一词给予债权人具体许可。‘可以’这个词用来告诉您，如果法律允许债权人采取行动，可能会发生什么。如果您对重新确认债务或法律要求有任何疑问，请咨询帮助您协商本协议的律师。如果您没有律师协助您，法官会在重新确认协议的听证会举行时解释您重新确认债务的效果。”

（J）

（ⅰ）下列补充声明：

“重新确认债务是一项严肃的财务决定。法律要求您采取某些步骤，以确保这个决定符合您的最佳利益。如果这些步骤没有完成，即使您已经签署了重新确认协议，它也不会

生效。

“1. 仔细阅读 A 部分披露的内容。仔细考虑重新确认的决定。然后，如果您想重新确认，请在 B 部分中签署重新确认协议（或者您可以使用您和您的债权人同意的单独协议）。

“2. 填写并签署 D 部分，确保您能够支付您同意支付的款项，并已收到一份披露声明和一份已完成并签署的重新确认协议。

“3. 如果您在重新确认协议的谈判中由律师代表，则该律师必须已在 C 部分的证明上签字。

“4. 如果您在重新确认协议的谈判中没有律师代表，您必须已填写并签署 E 部分。

“5. 本披露的原件必须由您或您的债权人提交给法院。如果签署了单独的重新确认协议（除 B 部分中的协议外），则必须附上该协议。

“6. 如果您在重新确认协议的谈判过程中由律师代表，则您的重新确认协议在向法院提交文件时生效，除非重新确认被推定为 D 部分所述的不当困难。

“7. 如果您在重新确认协议的谈判中没有律师代表，除非法院批准，否则协议无效。法院会通知您重新确认协议的听证会。您必须出席破产法院的听证会，法官将在听证会上审查您的重新确认协议。破产法院必须批准您的重新确认协议，使其符合您的最佳利益，但如果您的再确认协议是针对由抵押、信托契约、担保契据或您的不动产（如您的房屋）的其他担保权担保的消费者债务，则无须法院批准。

“您有权撤销（取消）您的再确认协议。您可以在破产法院下达解除令之前的任何时间，或在您向法院提交重新确认协议之日起 60 天期限届满之前（以较晚者为准），撤销（取消）您的重新确认协议。要撤销（取消）您的重新确认协议，您必须通知债权人您的重新确认协议已被撤销（或取消）。

“如果您重新确认债务，您的义务是什么？重新确认的债务仍然是您个人的法律义务。在您的破产案中它没有被免责。这意味着，如果您在破产案结束后拖欠您的债务，您的债权人可能会拿走您的财产或工资。否则，您的义务将由重新确认协议决定，该协议可能改变了原始协议的条款。例如，如果您重新确认开放式信贷协议，则该协议或适用法律可能允许债权人在未来的某些条件下更改该协议的条款。

“任何法律要求您签订一份重新确认协议吗？不，任何法律都不要求您重新确认债务。只有在符合您最大利益的情况下，才同意重新确认债务。您一定要付得起您同意支付的款项。

“如果您的债权人有担保权（security interest）或物上优先权（lien）怎么办？您的破产免责并不能消除对您财产的任何物上优先权。‘物上优先权’通常被称为担保权益、信托契约、抵押或担保契约。即使您不重新确认以及您的个人债务责任被免责了，但因为物上优先权，如果您不支付债务或违约金，您的债权人可能仍然有权获得（take）为该物上优先权做担保的财产。如果该物上优先权是在一项动产（personal property）上，根据您的州的法律是免责的或受托人已经放弃的，您可以赎回（redeem）该财产，而不是重新确认债务。要赎回，您必须向债权人支付一笔款项，数额等于双方同意或法院确定的被批准的有担保债权的数额。”

（ⅱ）在根据第（m）（2）项重新确认的情况下，本目第（ⅰ）子句要求的披露中编号为第6段的内容如下：

“6. 如果您在重新确认协议的谈判期间由律师代表，则您的重新确认协议在向法院备案后生效。”

（4）本款所规定的协议的形式应包括：

“B部分：重新确认协议。我（我们）同意重新确认以下信贷协议下产生的债务。

“信贷协议简介：

“作为本再确认协议一部分对信贷协议所作的任何更改的说明：

“签名：日期：

“借款人：

“共同借款人，如果还重新确认这些债务：

“债权人接受：

“债权人接受日期：”。

（5）声明应包括下列内容：

（A）下列证明：

“C部分：债务人律师的证明（如有）。

“我在此证明：（1）本协议代表债务人完全知情和自愿的协议；（2）本协议不会给债务人或债务人的任何受扶养人带来不适当的困难；（3）我已向债务人充分告知本协议的法律效力和后果以及本协议项下的任何违约事项。

“债务人律师签名：日期：”。

（B）如已就上述协议确立不当困难的推定，则该项证明须述明律师认为债务人有能力付款。

（C）如属第（m）（2）项所指的再确认协议，第（B）目不适用。

（6）

（A）债务人应在提交法院之前签署并注明日期的支持该协议的声明中包括以下内容：

“D部分：债务人支持重新确认协议的声明。

“1. 我相信这项重新确认协议不会给我的家属或我带来不必要的困难。我有能力支付重新确认的债务，因为我的月收入（实得工资加上收到的任何其他收入）是__________美元，而我的实际每月支出包括破产后债务和其他重新确认协议的月付款，总计__________美元，剩下__________美元在该重新确认的债务上支付所需的款项。我明白，如果我的收入减去我每月的开支，没有足够的钱来支付这些费用，这一重新确认协议将被认为是对我的不适当的困难，必须由法院重新审查。但是，如果我向法院解释我如何能够负担得起此处的付款并令其满意，这种假设是可以被克服的：__________。

“2. 我收到了A部分中的重新确认披露声明的副本和一份已完成并签署的重新确认协议。”

（B）如果债务人由律师代表，并重新确认欠《联邦储备法》第19（b）（1）（A）（iv）子句定义的债权人的债项，债务人应在向法院提交破产申请之前签署并注明日期的重新确认协议支持声明中应包括以下内容：

“我相信这一重新确认协议符合我的经济利益。我有能力偿还重新确认的债务。我收到了A部分中的重新确认披露声明的副本和一份已完成并签署的重新确认协议。”

（7）如为使该协议生效而须经法院批准，则可使用的动议，须由该动议人签署及注明日期，并须由以下各项组成：

“E部分：请求法院批准的动议（只有在债务人没有律师代表的情况下才能完成）。我（我们）作为债务人，确认以下内容真实无误：

“我没有一名律师代表我参加这项重新确认协议。

“我认为，根据我在声明中披露的收入和费用，本重新确认协议符合我的最佳利益，并因为（提供法院应考虑的任何其他相关理由）：

“因此，我请求法院下令批准这一重新确认协议。”

（8）法院裁定可用于批准该协议，其内容如下：

“法院裁定：法院同意债务人的申请，并批准上述重新确认协议。”

（l）尽管本编有任何其他规定，下列规定应适用：

（1）债权人可在第（c）款所指明种类的协议提交法院之前及之后，接受债务人的付款。

（2）债权人可根据该协议接受债务人的付款，而该协议须使该债权人真诚地相信是有效的。

（3）如第（c）（2）项及第（k）款所规定的披露是真诚作出的，则第（c）（2）项及第（k）款的规定须予符合。

（m）

（1）直至第（c）款所指明种类的协议提交法院后60天为止（或在该期限届满前法院经通知、听证及因故裁定延长的期限内），如债务人为支持第（k）（6）（A）目所规定的协议而填妥及签署的报表所示，债务人的月收入减去债务人的月开支，少于就重新确认债务而安排的付款，则须推定该协议对债务人是不适当的困难。法院应审查这一推定。债务人可以书面推翻这一推定，条件是该声明包括1项解释，说明根据该协议的条款确定支付款项的额外资金来源。如该项推定未获推翻而令法院采纳，则法院可不批准该项协议。未经通知债务人和债权人并举行听证，不得否决协议，听证应当在债务人的免责开始前结束。

（2）本款不适用于债权人为《联邦储备法》第19（b）（1）（A）（iv）子句所定义的信用合作社的再确认协议。

第525条【反歧视性待遇】

（a）除了1930年《易腐烂农产品法》、1921年《批发商及养殖场法》和1943年7月12日通过的《为了给农业部截至1944年6月财政年度拨款和为其他用途拨款的法案》的

第 1 条另有规定外，任何政府机构不得仅仅因为下述原因就针对特定人员否决、吊销、暂缓或拒绝延期许可证、通行证、特许状或其他类似授权，对授权附加条件、在授权相关方面歧视对待、拒绝提供就业机会、解除雇佣关系或在就业相关方面歧视对待等。这里的“特定人员”是指：某些人现在是或者过去是本编下的债务人，或者现在是或过去是《破产法案》下的破产人或债务人，或者是与该破产人或债务人有关联的其他人，仅因为该破产人或债务人是或曾经是本编下的债务人，或《破产法案》下的破产人或债务人，对在本编案件开始之前，或在本编案件期间但在债务人被授予或拒绝债务免责之前，或没有支付在本编案件中可以免责的或根据《破产法案》以被免责的债务，（该人）已经无力偿债。

（b）任何私人雇主不能中止雇佣关系或歧视这样的自然人：现在是或曾经是本编项下的债务人，《破产法案》项下的债务人或破产人，或与该债务人或破产人有关的自然人，仅仅因为该债务人或破产人——

（1）现在是或曾经是本编项下的债务人或《破产法案》项下的债务人或破产人；

（2）在本编破产案件开始之前或在破产案件过程中但是在破产免责被批准或驳回之前，已经无力偿债；或者

（3）不能清偿本编破产案件中可免责的债务或依《破产法案》已被免责的债务。

（c）

（1）经营助学金或贷款计划的政府部门和从事包括根据助学贷款计划提供担保或保险的贷款业务的人不得拒绝助学金、贷款、贷款担保，或贷款保险给本编下的债务人或《破产法案》下的破产人或债务人，或与债务人或破产人有关联的其他人，因为债务人或破产人是或曾经是本编下的债务人或《破产法案》下的破产人或债务人，在本编下的案件开始前或在案件悬而未决期间，但在债务人被授予或拒绝债务免责之前，或在根据本编或《破产法案》被免责的情况下，未支付可免责债务的债务之前，已经无力偿债。

（2）在本条中，“学生贷款计划”是指根据 1965 年《高等教育法案》第Ⅳ编运作的任何计划或根据州或地方法律实施的类似计划。

第 526 条【对债务援助机构的限制】

（a）债务援助机构不得——

（1）未能履行该机构通知其将提供的与本编案件或诉讼有关的协助人员或预期协助人员的任何服务；

（2）在根据本编提交申请的案件或诉讼中，作出任何不真实或具有误导性的陈述，或建议或劝告任何受助人或潜在受助人在文件中作出不真实或具有误导性的陈述，或作出在合理谨慎的情况下，该机构本应知道的不真实或具有误导性的陈述；

（3）直接或间接地、肯定地（affirmatively，指明知且故意）或重大遗漏地向任何受助人或预期受助人作出关于以下的失实陈述——

（A）该机构将向该人提供的服务；或者

（B）如果该人成为本编案件的债务人，可能产生的利益和风险；或者

（4）建议受助人或潜在受助人承担更多债务，以使该人根据本编提出破产申请，或向

律师或破产申请书编制人支付费用或手续费，作为在本编案件中为债务人准备或代表债务人提供服务的一部分。

（b）任何被受助人放弃的本条规定的任何保护或权利，不得由任何联邦或州法院或任何其他人对债务人强制执行，但可针对债务援助机构强制执行。

（c）

（1）债务援助机构与受助人之间的任何破产援助合同，如不符合本条、第 527 或 528 条的实质性规定，则该合同无效，不得由任何联邦或州法院或任何其他人（受助人除外）强制执行。

（2）任何债务援助机构须向受助人负法律责任，金额为债务援助机构已收取的与向该人提供破产援助有关而收取的任何费用或收费，并须支付实际损害赔偿，以及合理的律师费及费用，如在通知及听证后，该机构被发现有——

（A）故意或过失未遵守本条、第 527 或 528 条中有关本编下此类受助人的案件或诉讼的任何规定；

（B）在本编的案件或诉讼中，向受助人提供破产援助，该案件或程序因该机构故意或过失未能提交任何要求的文件（包括第 521 条中规定的文件）而被驳回或转换为本编另 1 章项下的案件；或

（C）故意或过失地无视本编或适用于该机构的联邦破产程序规则的实质性要求。

（3）除州法律规定的其他补救措施外，当 1 个州的首席执法官员或 1 个州指定的官员或机构有理由相信任何人违反或正在违反本条时，该州——

（A）可提起诉讼，禁止这种违反行为；

（B）可代表其居民提起诉讼，以追讨因该项违反而引致的受助人的实际损害赔偿，包括第（2）项所指的任何法律责任；以及

（C）如根据第（A）或（B）目进行的任何诉讼成功，则须获判诉讼费用及由法院厘定的合理律师费。

（4）位于该州地区内的美国地区法院对第（3）（A）或（3）（B）目下的任何诉讼具有共同管辖权。

（5）尽管联邦法律有任何其他规定，除联邦或州法律规定的任何其他补救措施外，如果法院自行或根据联邦托管人或债务人的动议，认定某人故意违反本条，或以明确而一贯的方式或行为行违反本条之实的，法院可——

（A）禁止违反该条；或者

（B）对该人处以适当的民事惩罚。

（d）本条、第 527 或 528 条的条文不得——

（1）废除、更改、影响或豁免受该等条文规限的任何人遵从任何州的任何法律，但如该等法律与此等条文不符，则属例外，仅限于不一致的程度内；或者

（2）被视为限制或缩减以下的权力或能力——

（A）1 个州或其分部或机构，确定和执行根据该州法律从事法律工作的资格；或者

（B）联邦法院决定及强制执行在该法院席前执业的资格。

第 527 条【披露】

（a）向受助人提供破产援助的债务援助机构须提供——

（1）第 342（b）（1）项所规定的书面通知；以及

（2）在第（1）项所述的书面通知没有涵盖的范围内，并在债务援助机构首次提出向受助人首次提供任何破产援助服务之日后 3 个营业日内，1 份清楚而醒目的书面通知，告知受助人——

（A）在本编案件中，受助人被要求跟破产申请同时及在后续进程中提供的所有信息必须完整、准确和真实；

（B）所有资产和所有负债均须在立案文件中完整而准确地被披露，并且在经过合理调查以确定其价值后，如有要求，第 506 条中定义的每项资产的重置价值必须在这些文件中说明；

（C）当前每月收入，第 707（b）（2）项中规定的金额，以及在本编第 13 章案件中，可支配收入［根据第 707（b）（2）项确定的金额］，必须在合理调查后予以说明；以及

（D）受助人在其案件期间提供的信息可根据本编进行审计，如果不提供此类信息，则可能导致本编下的案件被驳回或招致其他制裁，包括刑事制裁。

（b）向受助人提供破产援助的债务援助机构，须在根据第（a）（1）项发出通知的同时，向每个受助人提供以下陈述（在适用范围内）或 1 份实质上相似的陈述。声明应清晰、醒目，并应放在 1 份单独的文件中，以与提供给受助人的其他文件或通知分开——

"律师或破产申请书编制人提供的有关破产援助服务的重要信息。

"如果您决定寻求破产救济，您可以为自己辩护，您可以聘请一名律师为您辩护，或者您可以在某些地方从一名非律师的破产申请书编制人那里得到帮助。法律要求律师或破产申请书编制人给您一份书面合同，详细说明律师或者破产申请书编制人会为您做什么及其花费。在雇用任何人之前，先要看一下合同。

"以下信息有助于您了解在例行破产案件中必须做些什么，以帮助您评估您需要多少服务。尽管破产可能很复杂，但许多案件都是例行公事。

"在提交破产案件申请之前，您或您的律师应该分析您是否有资格根据《破产法典》获得不同形式的债务减免，以及哪种形式的减免最有可能对您有利。一定要明白您能得到的减免和它的局限性。要提出破产案件申请，需要正确准备被称为申请书、附表（Schedules）和财务声明的文件，在某些情况下，还需要准备一份意向书，并提交破产法院。您必须向破产法院支付申请费。一旦您的案件开始，您将必须参加被要求的第一次债权人会议，在那里您可能会被一个叫作'受托人'的法院官员和债权人质询。

"如果您选择提交第 7 章案件的申请，债权人可能会要求您重新确认债务。您可能需要帮助以决定是否这样做。债权人不得强迫您重新确认债务。

"如果您选择提交一个第 13 章案件的申请，在这个案件中，您将以您可能支付的金额偿还债权人 3 至 5 年的债务，您可能还需要帮助准备您的第 13 章计划，并在破产法官面前

举行关于您的计划的确认听证会。

“如果您根据破产法选择了第 7 或 13 章以外的其他类型的救济，您会想从一个熟悉这类救济的人那里知道该做些什么。

“您的破产案件也可能会涉及诉讼。您通常被允许在破产法院的诉讼中代表您自己，但只有律师，而不是破产申请书编制人，才能给您提供法律建议。”

（c）除非债务援助机构在对受助人或其他人进行合理的尽职调查后自行提供所需信息，以便合理准确地获得该等信息，列入破产申请书、附表或财务声明，向受助人提供破产援助的债务援助机构在非破产法所允许的范围内，须在根据第（a）（1）项所述通知所规定的时间，向每名受助人提供合理而充分的信息（须以清楚而醒目的文字提供），向该受助人说明如何依据第 521 条的规定，提供根据本编要求受助人提供的所有信息，包括——

（1）如何按重置价值评估财产，确定当前每月收入、第 707（b）（2）项规定的金额，以及在第 13 章案件中，如何根据第 707（b）（2）项和相关计算确定可支配收入；

（2）如何填写债权人名册，包括如何确定欠款数额和债权人地址；以及

（3）如何确定哪些财产是免责财产，以及如何按照第 506 条中定义的重置价值对免责财产进行估价。

（d）债务援助机构须将本条第（a）款所规定的通知书的副本，在向受助人发出通知书之日后 2 年内备存。

第 528 条【对债务援助机构的要求】

（a）债务援助机构应——

（1）不迟于该机构向受助人提供任何破产援助服务的第 1 个日期后的 5 个营业日，但在该受助人根据本编提出破产申请之前，与该受助人签署 1 份书面合同，该合同应清楚而显著地解释——

（A）该机构将向该受助人提供的服务；以及

（B）该等服务的费用或收费，以及付款条件；

（2）向受助人提供已全部履行完毕的合同副本；

（3）在任何破产援助服务的广告中明确而显著地向公众披露（无论是在一般媒体、研讨会或特定邮件、电话或电子信息中，或其他方式）破产的利益，表明该服务或利益与本编所指的破产救济有关；并且

（4）在该广告中明确及显著地使用以下声明：“我们是债务援助机构，我们帮助根据《破产法典》申请破产救济的人。”或者类似的说法。

（b）

（1）向公众刊登宣传破产援助服务或破产利益的广告包括——

（A）与第 13 章计划有关的破产援助的说明，不论该广告是否特别提及第 13 章；及

（B）诸如“联邦监管的偿还计划”或“联邦债务重组帮助”等声明或其他类似声明，这些声明可能导致理性的消费者认为，服务实际上是为了提供对第 13 章计划的破产援助或

对本编下其他形式的破产救济的援助。

（2）向公众发布的广告，表明债务援助机构在信贷违约、抵押品赎回权丧失、驱逐程序、过度债务、债务催收压力或无力偿还任何消费者债务方面提供帮助的，应——

（A）在该广告中明确而显著地披露该援助可能涉及本编下的破产救济；以及

（B）包括以下声明：“我们是一个债务援助机构。我们帮助人们根据破产法申请破产救济。”或者类似的说法。

第3节 破产财团

第541条【破产财团的财产】

（a）根据本编第301、302或303条的破产案件的开始形成了破产财团。该财团的财产由下列所有财产构成，不论位于何处及由谁持有——

（1）破产开始时债务人依据普通法或衡平法的所有财产利益，除非本条第（b）款或者第（c）（2）项另有规定。

（2）当破产案件开始之时债务人及其配偶在夫妻共同财产上的所有财产利益，即——

（A）在债务人单独的、平等的或共同的管理和控制之下；或者

（B）对针对债务人的被承认的债权负有责任，或对针对债务人及其配偶的被承认的债权都负有责任，在对其财产利益负有责任的范围内。

（3）根据本编第329（b）、363（n）款，第543、550、553或723条重新获得的财产收益。

（4）为本编第510（c）款或第551条下的破产财团的利益而保留或裁定转让给该财团的任何财产权益。

（5）任何财产权益，如该权益在破产申请书提交之日是债务人的权益，而债务人在该日后180天内取得或有权取得，则该权益即为该破产财团的财产——

（A）借动产遗赠、不动产遗赠或其他遗产继承所获得的；

（B）因与债务人的配偶订立财产清偿协议，或因1项中间或最终离婚判决所获得的；或者

（C）作为人寿保险单或死亡抚恤金的受益人而获得的利益。

（6）财团财产还包括由财团财产转化而来的收益、产品、孳息、租金或利润等财产利益，债务人在破产案件开始之后通过提供服务获得的收入除外。

（7）破产案件开始之后财团财产获得的收益属于财团财产。

（b）财团财产不包括——

（1）债务人单纯为财团利益而非为自己的利益所行使的权力；

（2）债务人作为非居住性不动产租赁承租人的任何权益，在本编案件开始前，在该租赁的规定期限届满时终止，并不再包括债务人作为承租人在非居住性不动产租赁中的任何权益，该租赁在本案期间该租赁的规定期限届满时终止；

（3）任何合格的债务人根据 1965 年《高等教育法》（20U. S. C. 1001 及以下；42U. S. C. 2751 及以下）授权的计划项目，或者债务人经过资质鉴定或经由州政府颁发许可证而作为教育机构所获得的收益；

（4）债务人在下列范围之内的农业上（liquid or gaseous hydrocarbons）的任何收益——

（A）

（ⅰ）债务人已根据转让协议（farmout agreement）或与转让协议直接相关的任何书面协议转让或同意转让该等权益；并且

（ⅱ）若无本款的实施，该破产财团仅可凭借本编第 365 条或第 544（a）（3）项包括第（ⅰ）子句所述的权益；或者

（B）

（ⅰ）债务人已根据生产付款（production payment）的书面转让协议（a written conveyance），将该利益转移给不参与从中转移生产付款的财产经营的实体（an entity that does not participate in the operation of the property from which such production payment is transferred）；以及

（ⅱ）为了本项的适用，破产财团可以包括仅仅由于本编第 365、542 条的规定而涉及第（ⅰ）子句的财产利益；

（5）教育个人退休账户［定义见 1986 年《国内税收法典》第 530（b）（1）项］的资金，不迟于根据本编提交申请之日前 365 天存入，但——

（A）只有在存入该账户的应纳税年度，该账户的指定受益人是债务人的子女、继子女、孙子女或继孙子女的情况下；

（B）仅限于，当该等基金——

（ⅰ）未就任何信贷延期向任何实体作出质押或承诺；以及

（ⅱ）并非超额供款［如 1986 年《国内税收法典》第 4973（e）款所述］；以及

（C）如存放在所有该等账户内的资金，而该等账户具有相同的指定受益人，则不得早于该日期前 720 天或迟于该日期前 365 天，只可拨出不超过 5000 美元的款项；

（6）根据 1986 年《国内税收法典》第 529（b）（1）（A）目，用于购买学费抵免或证书的资金，或根据合格的州学费计划［定义见该法典第 529（b）（1）项］提供给账户的资金，不得迟于根据本编提交案件申请之日前 365 天，但是——

（A）只有在支付或供款的应纳税年度，向该计划支付或供款的指定受益人是债务人的子女、继子女、孙子女或继孙子女的情况下；

（B）就已向具有相同指定受益人的该计划缴付或供款的总额而言，金额不超过根据该法典第 529（b）（6）项就该受益人而准许的供款总额，根据劳工部编制的消费物价指数中教育支出类别的年度增减（四舍五入至 1% 的 1/10），自破产申请书提交之日起进行调整；以及

（C）如已缴付或供款给该计划的款项，而该等款项的指定受益人不早于该日期前 720 天或不迟于该日期前 365 天，只可拨出不超过 5000 美元的款项；

（7）以下任何金额——

（A）雇主从雇员的工资中扣缴作为供款的款项——

（ⅰ）至——

（Ⅰ）受1974年《雇员退休保障法》第Ⅰ编规制或根据1986年《国内税收法典》第414（d）款属政府计划的雇员福利计划；

（Ⅱ）根据1986年《国内税收法典》第457条制订的递延薪酬计划；或者

（Ⅲ）1986年《国内税收法典》第403（b）款所指的递延税款年金；

但本项所指的数额不构成第1325（b）（2）项所定义的可支配收入；或者

（ⅱ）州法律规定的健康保险计划，无论是否受该编的规制；或者

（B）雇主从雇员处收取作为供款的款项——

（ⅰ）至——

（Ⅰ）受1974年《雇员退休保障法》第Ⅰ编规制或根据1986年《国内税收法典》第414（d）款属政府计划的雇员福利计划规限的雇员福利计划；

（Ⅱ）根据1986年《国内税收法典》第457条制订的递延薪酬计划；或者

（Ⅲ）1986年《国内税收法典》第403（b）款所指的递延税款年金；

但本项所指的数额不构成第1325（b）（2）项所定义的可支配收入；或者

（ⅱ）州法律规定的健康保险计划，无论是否受该权利的约束；

（8）在符合第5章第Ⅲ节的规定下，债务人在财产中的任何权益，当其将有形个人财产（证券、书面或印刷的债务或所有权证据除外）质押或出售，作为依法获得发放贷款或垫款许可的人发放该等贷款或垫款的担保物时，而——

（A）有形动产由质权人或受让人占有；

（B）债务人没有义务偿还款项、赎回抵押品或按规定价格回购财产；以及

（C）债务人和受托人均未按照州法律和第108（b）款的规定及时行使合同或州法律规定的任何赎回权；

（9）构成债务人出售汇票所得收益的现金或现金等价物的任何权益——

（A）在破产申请提交之日14天前的当日及以后；以及

（B）根据与汇票出票人订立的禁止将该等收益与债务人财产混合的协议（尽管与该协议相反，该等收益可能已与债务人财产混合）；

除非汇票出票人在破产申请提交前没有采取行动要求遵守该项禁止；或者

（10）不迟于本编案件的破产申请提交之日前365天存入合格的可执行计划账户［定义见1986年《国内税收法典》第529A（b）款］的资金，但是——

（A）只有在存入该账户的应纳税年度，该账户的指定受益人是债务人的子女、继子女、孙子女或继孙子女的情况下；

（B）仅限于该等基金——

（ⅰ）未就任何信贷延期向任何实体作出质押或承诺；以及

（ⅱ）并非超额供款［如1986《国内税收法典》第4973（h）款所述］；以及

（C）如存放在所有该等账户内的款项具有同一指定受益人，则不得早于该日期前 720 天或迟于该日期前 365 天，只有该等资金中不超过 6225 美元的部分。

第（4）项不得解释为将债务人因根据转让协议转让农产品权益而保留、收到或有权收到的任何对价将从破产财团中被排除。

（c）

（1）除本款第（2）项另有规定外，尽管协议、转让文书或适用的非破产法中有任何规定，债务人在财产中的权益仍成为本条第（a）（1）、（a）（2）或（a）（5）项下的财产——

（A）限制或就债务人转让该等权益附条件；或者

（B）以债务人的破产或财务状况为条件，以本编案件的启动为条件，或以本编案件的受托人或托管人在启动前的指定或接管为条件，这样做使债务人有权或可以选择没收、修改或终止其财产权益。

（2）根据适用的非破产法可强制执行的信托中债务人受益权转让的限制，在本编案件中可强制执行。

（d）自本案开始之日起，债务人仅持有法定所有权而非衡平法权益的财产，如不动产担保的抵押权或该抵押权上的权益，由债务人出售但债务人保留了对提供或监督提供该抵押权或权益的法定所有权的，根据本条第（a）（1）或（a）（2）项成为该破产财团的财产，但仅限于债务人对该财产的法定所有权，而不限于债务人不持有的该财产的任何衡平法权益。

（e）在确定第（b）款第（5）（A）或（6）（A）目所指明的任何关系是否存在时，个人的合法领养子女（以及该个人家庭成员的子女，如由获授权的安置机构安置在该个人处供该个人合法领养）或个人的抚养子女（如果该子女的主要居住地为债务人的家，并且是债务人的家庭成员）应被视为该个人的血亲子女。

（f）尽管本编有任何其他规定，由 1986 年《国内税收法典》第 501（c）（3）项所述的公司债务人持有并根据该法第 501（a）款免税的财产可转让给非该公司的实体，但转让条件应与债务人未在此编下立案时的相同。

第 542 条【将财产移交（turnover）给破产财团】

（a）除本条第（c）或（d）款另有规定外，除保管人（custodian）外的任何实体，在本案期间占有、保管或控制受托人根据本编第 363 条可以使用、出售或租赁的财产，或债务人根据本编第 522 条可获免责的财产的，应向受托人交付并说明该财产或该财产的价值，除非该财产对破产财团没有任何价值或利益。

（b）除非本条第（c）或（d）款另有规定，任何实体如欠了属于该破产财团财产的债务，而该债务已到期、须即期付款（payable on demand）或须依指令支付（payable on order）的，则该实体须向受托人或按受托人的指令支付该债务，但根据本编第 553 条此类债务可与针对债务人提出的求偿权相抵销的情形除外。

（c）除非本编第362（a）（7）项另有规定外，对于债务人的案件的开始既无实际通知也无实际知情的实体，可以善意地并以本条第（d）款规定之外的方式将破产财团的财产转让给另一实体，或支付欠债务人的债务给受托人以外的实体，其对该实体的效力同本编下有关债务人的案件尚未开始时所进行的此类转让或付款一样。

（d）人寿保险公司可以善意地向该公司转让破产财团财产或债务人的财产，对该公司而言，该行为具备同本编涉及债务人的破产案件尚未开始时一样的效果，如果该转让是支付保险费或履行非没收保险选择权（a nonforfeiture insurance option），并且需要自动得到履行的，则可以依照在破产申请提出之前就同该公司签订的人寿保险合同，且该财产即为破产财团的财产。

（e）根据任何适用的特别待遇，在通知和听证之后，法院可以裁定律师、会计师或其他持有已记录信息（包括与债务人财产或财务有关的账簿、文书、档案和证件）的人，向受托人转交或披露该已记录的信息。

第543条【保管人对财产的移交】

（a）保管人在知道本编涉及债务人的破产案件开始时，不得从债务人的财产、收益、产品、孳息、租金、该财产的利润或由保管人占有、保管或控制的破产财团的财产中支付任何款项或采取任何管理行动，但为保全该财产而必须采取的行动除外。

（b）保管人将——

（1）向受托人转交任何该保管人持有的或接受转移的债务人财产，或由该保管人在获知破产案件开始之日占有、保管或控制的收益、产品、孳息、租金或该财产的利润；并且

（2）对在任何时候转入该保管人占有、保管或控制的债务人的任何财产，或收益、产品、孳息、租金或该财产的利润进行清点记账（file an accounting）。

（c）在通知和听证之后，法院将——

（1）保护保管人对该财产或该财产的收益、产品、孳息、租金或利润负有义务的所有实体；

（2）对保管人提供的服务和发生的费用作出合理补偿；并且

（3）就任何不当或过多的付款，向该保管人（为债务人的债权人的利益而在破产申请提交之日前超过120天获委任或接管的委托代理人除外）征收附加费，根据适用法律支付的款项或在本编案件开始前经有管辖权的法院通知和听证后批准的款项除外。

（d）在通知和听证之后，破产法院——

（1）如果允许保管人继续占有、保管或控制该等财产将更好地为债权人和（如果债务人并未无力偿债）股权持有人的利益服务，则可以免除遵守本条第（a）、（b）或（c）款的义务，以及

（2）如保管人是为债务人的债权人的利益而设的委托代理人，而该委托代理人是在破产申请提交之日前超过120天获委任或接管的，则除非为防止欺诈或不公正而有需要遵从该等条文，否则保管人可不遵从本条第（a）款及第（b）（1）项。

第 544 条【作为物上优先权债权人（lien creditor）及作为某些债权人和购买方的继任者的受托人】

（a）受托人自案件开始时起，在不考虑受托人或任何债权人的任何知情的情形下，应对于债务人财产的任何转让或债务人所招致的任何债务享有权利及权力，或可因以下情形而可撤销时撤销该等转让或负债——

（1）在案件开始时向债务人授信的债权人，在这种情况下，就该等贷款获得司法物上优先权，在 1 个简单合同的债权人可以获得这种司法物上优先权的所有财产上，不论是否存在该债权人；

（2）债权人在案件开始时对债务人授信，并在该等贷款期间对债务人请求支付而未获清偿的，不论是否存在该债权人；或者

（3）来自债务人的不动产（固定装置除外）的善意购买人，如果州法允许该转让行为被公示（to be perfected），并且在破产案件开始前公示了该转让行为的，就可以获得善意购买人的身份，而不管实际上是否存在那样的善意购买人。

（b）

（1）除本款第（2）项另有规定外，受托人可撤销对债务人财产权益的转让或债务人任何义务的承担，（只要）该转让或承担根据适用法律，可由持有本编第 502 条允许的或仅根据本编第 502（e）款不允许的无担保债权的债权人撤销。

（2）第（1）款不适用于因第 548（a）（2）项而不在第 548（a）（1）（B）目所涵盖范围内的慈善捐款的转让［如第 548（d）（3）项所界定］。任何人根据联邦或州法律向联邦或州法院提出的，以收回前一项所述的被转让的捐款的任何请求，因破产案件的开始而被取代（preempted）。

第 545 条【法定物上优先权（statutory liens）】

受托人可以撤销在债务人财产上的法定物上优先权的确定（fixing，或译为“固定”），当此种物上优先权——

（1）首先针对债务人有效——

（A）在本编项下涉及债务人的破产案件开始之时；

（B）当本编以外的有关债务人的破产程序启动时；

（C）当托管人被任命或被授权，将要或正在占有债务人财产时；

（D）当债务人无力偿债时；

（E）当债务人的财务状况达不到列明的标准时；或者

（F）在执行债务人财产时，该财产是应法定物上优先权持有人以外的实体的请求而征收（levied）的；

（2）该法定物上优先权在针对善意购买人（在案件开始时购买该财产）的破产案件开始之时尚未公示或不可执行，不管是否存在这样的购买人，但 1986 年《国内税收法典》第 6323 条或州或地方法律的任何其他类似规定中所述的买方除外；

（3）用于出租；或者

（4）是用于扣押租金的物上优先权。

第 546 条【撤销权（avoiding power）上的限制】

（a）根据本编第 544、545、547、548 或 553 条提出的诉讼或程序在下列较早时间之后不能被启动——

（1）下列中的后者（the later of）——

（A）发出救济令之后两年；或者

（B）根据本编第 702、1104、1163、1202 或 1302 条任命或选举出第 1 任受托人之后 1 年，如果该任命或选举在本款第（A）目所列明的期限终止之前发生的话；或者

（2）破产案件被终结或驳回之时。

（b）

（1）受托人在本编第 544、545 和 549 条项下的权利和权力服从于一般可适用的以下法律——

（A）允许对财产利益的公示，并且对在该公示日期之前即获得该财产权利的主体发生效力；或者

（B）规定对在采取行动维持或继续公示财产权益之前取得该财产权利的实体的有效财产权益的维持或继续公示。

（2）如果——

（A）第（1）项所述的法律要求扣押该等财产或展开诉讼以完成该等公示，或维持或继续公示财产权益；以及

（B）该破产财产尚未被查封，或该诉讼行为尚未在破产申请提出之日以前开始；

应在该法律规定的扣押或启动时间内发出通知，以公示该财产的权益，或维持或继续公示该权益。

（c）

（1）除本条第（d）款及第 507（c）款另有规定外，在不损害该等货物或其收益的担保权益持有人的在先权利（the prior rights）的情况下，受托人根据第 544（a）款，第 545、547 及 549 条所享有的权利及权力，须受在此类卖方的正常业务过程中已将货物出售给债务人的货物卖方的权利所规限，如果债务人在无力偿债的情况下收到该货物，则在本编下的案件开始之日前 45 天内可取回该货物，但此类卖方不得取回该货物，除非此类卖方以书面形式要求取回该货物——

（A）不迟于债务人收到该等货物之日后 45 天；或者

（B）如 45 天期限在案件开始后届满，则不得迟于案件开始后 20 天。

（2）如果货物卖方未能以第（1）项所述的方式提供通知，卖方仍可主张第 503（b）（9）项所载的权利。

（d）如果卖方是出售给粮食储存机构（由债务人拥有或经营）的粮食生产商，在卖方的正常经营过程中（如本编第 557 条所定义），或者如果美国渔民在其正常经营过程中将鱼类出售给债务人拥有或经营的鱼类加工机构，则受托人在本编第 544（a）款，第 545、

547和549条下的权利和权力，受该等生产者或渔民取回该等谷物或鱼类的任何法定或普通法权利的约束，当债务人是在无力偿债时收到该等谷物或鱼类的，但是——

（1）该农业生产者或渔民不能对任何谷物或鱼类主张返还，除非该生产者或渔民在债务人收到之后10天内以书面要求取回该谷物或鱼类；并且

（2）仅在法院通过物上优先权为该债权提供了担保的情况下，法院可以否认农业生产者或渔民要求取回谷物或鱼类的权利。

（e）尽管有本编第544、545、547条，第548（a）（1）（B）目和第548（b）款的规定，托管人不能撤销本编第101、741或761条所定义的保证金支付或本编第101或741条所定义的结算支付的交易，该交易由商品经纪、远期合约商户、股票经纪、金融机构、金融参与者或证券结算机构作出或向其（或为其利益）作出，或该交易是由商品经纪、远期合约商、证券经纪人、金融机构、金融参与者或证券结算机构作出或向其（或为其利益）作出，与在案件开始前订立的证券合同［第741（7）款定义的］、商品合同［第761（4）款定义的］或远期合同有关，但本编第548（a）（1）（A）目规定的除外。

（f）尽管有本编第544、545、547条，第548（a）（1）（B）目和第548（b）款的规定，受托人不得撤销回购参与人或金融参与人进行或向其（或为其利益）进行的与回购协议有关且在案件开始前进行的转让，但根据本编第548（a）（1）（A）目进行的转让除外。

（g）尽管有本编第544、545、547条，第548（a）（1）（B）目和548（b）款的规定，受托人不得撤销在任何掉期协议项下或与任何掉期协议有关的、在案件开始前由掉期参与人或金融参与人进行或向其（或为其利益）进行的转让，但根据本编第548（a）（1）（A）目进行的转让除外。

（h）尽管受托人根据第544（a）款，第545、547、549和553条享有权利和权力，但如果法院根据受托人在本编第11章案件的救济令下达之日后120天内以及在通知和听证后提出的动议，确定返还财产符合破产财团的最佳利益，债务人经债权人同意，并受该货物的担保权益持有人或该货物收益的先前权利的限制，可以在案件开始前将该债权人发运的货物返还债务人，而债权人可用该货物的购买价款抵销债权人在案件开始前对债务人提出的任何债权。

（i）

（1）尽管有第545（2）及545（3）项的规定，受托人不得撤销保管人因储存、运输或因储存及处理货物而附带的其他费用而享有的物上优先权。

（2）第（1）项所述的禁止应以与适用于该物上优先权的任何州法规相一致的方式适用，该法规类似于2005年《防止破产滥用和消费者保护法》颁布之日生效的《统一商法典》第7－209条，或该第7－209条的任何承继条文。

（j）尽管有第544、545、547条，第548（a）（1）（B）目及548（b）款的规定，受托人不得撤销由主净额结算协议（master netting agreement）参与人根据或就任何主净额结算协议或该协议所涵盖的任何个别合同在案件开始前作出的转让，或向其（或为其利益）而作出的转让，根据第548（a）（1）（A）目及受托人可在其他情况下撤销根据该主净额

结算协议所涵盖的个别合约作出的转让除外。

第 547 条【优惠行为（preferences）】①

（a）在本条中——

（1）“存货”是指被租赁或者提供的动产，被持有待售或者待租，或为劳务合同、原材料合同、加工产品合同而提供的动产，或者被持有待售或待租的在经营中使用或者消耗的材料（包括农作物或牲畜等农产品）；

（2）“新价值”是指货物、服务或新信贷中的金钱或金钱价值，或在债务人或受托人根据任何适用法律既非无效也非可撤销的交易中，受让人免除先前转让给该受让人的财产（包括该财产的收益）的责任，但不包括取代现有义务的义务；

（3）“应收款项”是指接受支付的权利，无论该权利是否通过履行而获得；以及

（4）税收债务发生在该税款最终应付之日，含任何延期，不包括罚款。

（b）除本条第（c）及（i）款另有规定外，受托人可在根据个案情况的合理尽职调查的基础上，并考虑一方根据第（c）款所知或合理可知的肯定抗辩，撤销（avoid）债务人下列财产权益的转让——

（1）转让给某债权人或为了该债权人利益的转让；

（2）为了或由于在该转让发生之前归属于债务人的在先债务；

（3）当债务人处于无力偿债状态时发生的转让；

（4）在下列情况下发生的转让——

（A）在破产申请提出日之前 90 天以内（含本数）；或者

（B）在破产申请提出前介于 90 天和 1 年，如果该债权人在该转让发生之时还是内部人；并且

（5）将使该债权人获得的收益超过其在下列情形下可获得的——

（A）该案件是本编第 7 章案件；

（B）该转让未发生时；以及

（C）该债权人获得的该债务的支付是在本编有关条款规定的范围之内。

（c）受托人不得根据本条撤销任何转让——

（1）如该项转让是——

（A）债务人及债权人拟将该项转让作为给予债务人或为其利益的新价值的同时交换；以及

（B）其实是实质上的同时交换；

（2）该项转让是为了偿付债务人在债务人和受让人的正常业务或财务过程中所招致的债务，而该项转让是——

（A）在债务人和受让人的正常业务或财务过程中作出；或者

（B）根据一般的商业条款作出的；

---

① 译者注：相当于中国法里所说的个别清偿、偏颇清偿行为。

（3）该转让在债务人取得的财产上设定了担保权益——

（A）该担保权益所担保的新价值——

（ⅰ）在担保协议签署时或签署后提供，该协议载有该财产作为抵押品的说明；

（ⅱ）由被担保方或其代表根据该协议提供；

（ⅲ）使债务人能够取得该财产；以及

（ⅳ）事实上是债务人用来取得该财产的；以及

（B）该转让是在债务人占有该财产之后的30天内公示的；

（4）对债权人或为其利益的转让，但在该项转让后，该债权人对债务人或为该债务人的利益给予新价值——

（A）未以其他不可撤销的担保权益作担保；以及

（B）债务人没有因此而向该债权人或为该债权人的利益作出其他不可撤销的转让；

（5）在存货或1项应收账款或前述两者任何的收益上设定1项被公示的担保权益，除非向受让人作出的所有该类转让的总和（在破产申请书提交之日）造成了无担保债权人的利益受损，导致该担保权益所担保的债权额，在以下较晚日期超过了该债权的所有担保权益的价值时——

（A）

（ⅰ）就本条第（b）（4）（A）目适用的转让而言，在破产申请提交之日前90天；或者

（ⅱ）就本条第（b）（4）（B）目适用的转让而言，在破产申请提交之日前1年；或者

（B）根据创设该担保物权的担保协议，第1次给付新价值之日；

（6）本编第545条规定的不可撤销的法定物上优先权的确定（fixing）；

（7）在该转让是在对家庭支持义务之债的善意支付的范围内；

（8）债务主要是消费者债务的，债务人提起的破产案件中，组成该财产转让或受到该财产转让影响的所有财产的总价值不足600美元的；或者

（9）如债务人的破产案件中，其债务并非主要是消费者债务，构成该项转让或受该项转让影响的所有财产的总值，少于5000美元的。

（d）受托人可以撤销将债务人的财产权益转让给保证人或为保证人的利益而作出的转让，以确保偿还该保证人，而该保证人提供了解除司法物上优先权的保证书或其他义务，而该司法物上优先权是受托人根据本条第（b）款本可撤销的。该保证人在该保证书或义务项下的责任，须在受托人收回该财产的价值或支付给受托人的金额的范围内被撤销。

（e）

（1）就本条而言——

（A）不动产（其固定装置除外）的转让，包括不动产出售合同下的卖方或买方的权益，当该财产的善意购买人无法从适用法律允许公示该转让的债务人处获得优于受让人权

益的权益时，该转让即告完成公示（perfected）[①]；以及

（B）当一个简单合同中的债权人不能获得优于受让人利益的司法物上优先权时，固定装置或非不动产的财产转让即告完成公示。

（2）为本条之目的，除非本条第（3）项另有规定外，财产转让应当这样完成公示——

（A）该转让在转让者和受让者之间生效时，如果该转让在该时或该时之后的30天以内完成公示的，除非本条第（c）（3）（B）目另有规定；

（B）在该转让完成公示之时，如果该转让是在该时30天之后完成公示的；或者

（C）在紧接提出破产申请之前就完成公示，如果该转让在以下日期中较迟者未获完成公示——

（ⅰ）破产案件开始时；或者

（ⅱ）在该转让在转让者和受让者之间生效之后30天。

（3）为本条之目的，在债务人取得所转让财产的权利之前，不得作出转让。

（f）为本条之目的，债务人被推定为在提出破产申请之前的90天内已经处于无力偿债状态。

（g）为本条之目的，受托人负有证明本条第（b）款下的转让是可撤销的责任，而被要求收回或撤销的债权人或利益相关人负有证明本条第（c）款下的转让是不可撤销的责任。

（h）如该转让是由认可的非营利预算及信贷咨询机构在债务人与债务人的任何债权人之间订立的替代还款计划的一部分，则受托人不得撤销该项转让。

（i）如受托人根据第（b）款撤销在破产申请提交之日前90天至1年，为属知情人的债权人之利益，由债务人向并非知情人士的实体进行转让，则根据本条，此类转让，对作为知情人的债权人而言应被视为已被撤销。

第548条【欺诈性的财产转让和义务】

（a）

（1）受托人可以撤销债务人财产权益的任何转让（包括根据雇佣合同向关联方或为关联方的利益而进行的任何转让），或债务人招致的任何义务（包括根据雇佣合同向关联方或为关联方的利益而承担的任何义务），只要上述转让或义务是在提交破产申请之日或前2年内提出或发生的，如果债务人自愿或非自愿地——

（A）作出该项转让或招致该项义务，而实际目的是在作出该项转让或招致该项义务的当日或之后，阻碍、延迟或欺诈债务人对其负债的任何实体；或者

（B）

（ⅰ）以低于合理等值的价格换取该项转让或义务；以及

（ⅱ）

（Ⅰ）在该项转让或义务发生之日无力偿债，或因该项转让或义务而无力偿债；

① 译者注：译者的理解，应指进入合同生效、物权登记完成、物权所有权转移成功等法律效力状态。

（Ⅱ）从事业务或交易，或即将从事业务或交易，但债务人可作为资本的剩余财产少得不合理；

（Ⅲ）故意招致或相信债务人将会招致在债务到期时超出债务人偿债能力的债务；或者

（Ⅳ）根据雇佣合同而非在正常业务过程中，向关联方或为关联方的利益而进行此项转让，或对关联方或为其利益而招致此项义务。

（2）向具备资格的宗教人士、慈善团体或组织转让慈善捐款，在下列任何情况下，均不得视为第（1）（B）目所涵盖的转让——

（A）捐款数额不超过捐款转让年度债务人年收入总和的15%；或者

（B）债务人的捐款超过了第（A）目所规定的年总收入比例限制，但转让符合债务人作出慈善捐助的一贯做法。

（b）合伙企业债务人的受托人可以撤销债务人在财产上权益的转让，或债务人所招致的任何义务，只要该转让或义务是在提交破产申请书之日或其之前2年内，向债务人的普通合伙人所作出的，如果债务人在此类转让或产生此类义务之日无力偿债，或因此类转让或义务而无力偿债。

（c）除非根据本编第544、545或547条可撤销的转让或义务根据本条也可撤销，否则善意（真诚而有偿）取得此项转让或义务的受让人或债权人对转让的任何权益享有物上优先权，或可保留转让的任何权益，或可强制执行产生的任何义务，视情况而定，但以该受让人或债权人为交换该转让或义务而向债务人提供的价值为限。

（d）

（1）就本条而言，作出转让的标志是，当该转让被公示时（transfer is so perfected），债务人的善意购买人（适用法允许对该转让加以公示）就该转让财产无法获得优于受让人在该财产中的权益，但如该项移让在案件开始前并未如此公示，则该项移让须在紧接申请书提交之日前作出。

（2）在本条中——

（A）“价值”是指债务人的财产、清偿或担保现有或以前的债务，但不包括向债务人或其亲属提供支持的未履行承诺；

（B）接受本编第101、741或761条定义的保证金付款或本编第101或741条定义的结算付款的商品经纪人、远期合同商、股票经纪人、金融机构、金融参与者或证券结算机构在该付款的范围内有偿取得；

（C）回购参与人或金融参与人收到本编第741或761条定义的保证金付款，或本编第741条定义的与回购协议有关的结算付款，在该付款的范围内有偿取得；并且

（D）接受与掉期协议有关的转让的掉期参与者或金融参与者在该转让的范围内有偿取得；以及

（E）主净额结算协议参与人收到与主净额结算协议或其所涵盖的任何个别合同有关的转让的，在该转让的范围内有偿取得，但就其所涵盖的任何个别合同项下的转让而

言，如果该主净额结算协议参与人未以其他方式有偿取得（或被视为未取得）该项转让的。

（3）在本条中，“慈善捐款”一词是指根据1986年《国内税收法》第170（c）款所定义的慈善捐款，如果该捐款——

（A）由自然人捐献；并且

（B）包括——

（i）金融支付手段［定义见1986年《国内税收法》第731（c）（2）（C）目］；或者

（ii）现金。

（4）在本条中，“有资格的宗教或慈善团体或组织”是指——

（A）1986年《国内税收法典》第170（c）（1）项所规定的团体；或者

（B）1986年《国内税收法典》第170（c）（2）项所规定的团体或组织。

（e）

（1）除受托人以其他方式可撤销的任何转让外，受托人亦可撤销债务人在破产申请提交当日或之前10年内所作的财产权益的任何转让，如果——

（A）该项转让是向自我结算信托或相类似的工具作出的；

（B）该项转让是由债务人作出的；

（C）债务人是该信托或类似工具的受益人；以及

（D）债务人作出该项转让的实际意图，是在该项转让作出之日或之后，阻碍、拖延或欺诈债务人所欠的任何实体。

（2）就本款而言，转让包括预期因以下原因而招致的任何金钱判决、和解、民事罚款、衡平法上的裁定或刑事罚金而作出的转让，或债务人认为是由以下原因引起的——

（A）违反证券法［定义见1934年《证券交易法》第3（a）（47）项、《美国法典》第15卷第78c（a）（47）项］、任何州证券法或根据联邦证券法或州证券法颁布的任何法规；或者

（B）以代理人身份（从事）或与购买或出售根据1934年《证券交易法》第12条或第15（d）款［《美国法典》第15卷第781条和第78o（d）款］或1933年《证券法》第6条（《美国法典》第15卷第77f条）注册的任何证券有关的欺诈、欺骗或操纵。

第549条【破产申请后的交易】

（a）除本条第（b）或（c）款另有规定外，受托人可以撤销以下对破产财团财产的转让行为：

（1）当该转让发生在破产案件开始之后；并且

（2）

（A）仅根据本编第303（f）或542（c）款获得授权；或者

（B）未获本编或法院的授权。

（b）在非自愿的破产案件中，受托人不得根据本条第（a）款撤销在该案开始后但在救济令发出前作出的转让，但以在该案件开始后为交换该项转让而给予的任何价值为限，

包括服务，但不包括清偿或担保在该案开始前产生的债项，即使受让人已就有关案件发出任何通知或知悉该案。

（c）除非申请书的副本或通知已提交，否则受托人不得在不知道案件开始的情况下，根据本条第（a）款，以目前的公平等价价值，撤销对善意购买人的不动产权益转让，凡该不动产权益的转让可被登记以公示该项转让，则在该项转让如此公示以前，该不动产的真实购买人，在适用法律允许该转让得以公示的情况下，不能取得优于该善意购买人利益的利益。善意购买人在不知道案件开始的情况下，以低于当前公平等价价值的价格，对所转让的财产享有以任何给定的现值为限的物上优先权，除非在该转让如此公示之前，已提交了诉状的副本或通知。

（d）本条所指的诉讼或法律程序，不得在以下较早日期后展开——

（1）在转让日期后两年内寻求撤销；或者

（2）结案或驳回案件时。

第 550 条【被撤销的转让的受让人责任】

（a）除非本条另有规定，转让行为依本编第 544、545、547、548、549 条，第 553（b）或 724（a）款被撤销时，受托人可以为破产财团的利益，从下列人处追回被转让的财产，或者依据法院的裁定追回该财产的价值——

（1）该转让的初始受让人或为其利益进行转让的实体；或者

（2）该初始受让人的任何直接或中间受让人。

（b）受托人不能依据本条第（a）（2）项对下列主体实施追回——

（1）支付了对价，包括对现存的或者先前的债务提供了清偿或担保、诚实可信的、对被撤销的转让行为的可撤销性不知情的受让人；或者

（2）该受让人的任何直接的或者间接的善意受让人；

（c）如在提交破产申请书前 90 天至 1 年内作出的转让——

（1）根据本编第 547（b）款被撤销；以及

（2）是为债权人的利益作出的，而该债权人在该项转让时是关联方；

受托人不得根据第（a）款向并非关联方的受让人追讨。

（d）受托人根据本条第（a）款只享有一次清偿（a single satisfaction）。

（e）

（1）善意受让人对受托人根据本条第（a）款向其收回的财产享有物上优先权，以担保以下较少的金额——

（A）该受让人在转让后所作的任何改善的费用，减去该受让人从该财产中变现或应累计的任何利润的金额；以及

（B）因该等改善而导致的该等财产价值的任何增加。

（2）在本款中，“改善”包括——

（A）对被转让的财产的物理添加或改变；

（B）对该财产的修整；

（C）该财产上任何税款的支付；

（D）支付由该财产上的物上优先权（lien）所担保的任何债务，该物上优先权优于或等于受托人的权利；以及

（E）该财产的保全（preservation）。

（f）本条所指的诉讼或法律程序，不得在以下较早日期后展开——

（1）在根据本条寻求追回的转让被撤销 1 年后；或者

（2）结案或驳回案件之时。

第 551 条【被撤销的转让的自动保全（automatic preservation）】

根据本编第 522、544、545、547、548、549 条或第 724（a）款被撤销的任何转让，或根据本编第 506（d）款被认定无效的任何担保，为破产财团的利益而被保全，但仅限于破产财团的财产。

第 552 条【担保权益（security interest）在破产申请之后的效力】

（a）除本条第（b）款另有规定外，破产财团或债务人在案件开始后取得的财产，不受债务人在案件开始前订立的任何担保协议所产生的任何物上优先权的约束。

（b）

（1）除非本编第 363 条，第 506（c）款，第 522、544、545、547 和 548 条另有规定，如果债务人和某一实体在破产案件开始之前就签订了担保协议，并且如果该担保协议创设的担保权益扩展到在破产案件开始之前就取得的债务人的财产及其收益、产品、孳息或利润，则该担保权益应扩展到破产案件开始之后取得的，在该担保协议和可以适用的非破产法的范围内的，该财产的收益、产品、孳息或利润，而法院在通知和听证之后，基于破产案件的公平公正作出其他裁定的除外。

（2）除非本编第 363 条、第 506（c）款、第 522、544、545、547 和 548 条另有规定，并且尽管本编第 546（b）款也有所规定，如果债务人或某一实体在破产案件开始之前就签订了担保协议，并且该担保协议创设的担保权益扩展到在破产案件开始之前就获得的债务人的财产以及作为该物业租金支付的款额，或使用或占用酒店、汽车旅馆（motels）或其他住宿物业的房间及其他公共设施的费用、收费、账目（fees，charges，accounts）或其他付款，则该等担保权益延伸至该等租金及该等费用、收费、账目，或在该等担保协议所规定的范围内，或在案件开始后由该产业取得的其他付款，但法院在通知和听证之后，基于破产案件的公平公正作出其他裁定的除外。

第 553 条【抵销权（setoff）】

（a）除非本条和本编第 362、363 条另有规定，本编不影响债权人就其在本编下的案件开始前对债务人所欠的相互债务（a mutual debt）对该债权人在案件开始前对债务人的债权所享有的抵销权，以下范围除外——

（1）针对债务人的该债权人的债权被驳回的；

（2）该债权是由债务人以外的实体转让给该债权人的——

（A）在破产案件开始之后；或者

（B）

（ⅰ）在提出破产申请之日前的 90 天内（after 90 days before the date of the filing of the petition，应该理解为 after“90 days before the date of the filing of the petition”）；并且

（ⅱ）当时债务人处于无力偿债的状态［但第 362（b)(6)、362（b)(7)、362（b)(17)、362（b）（27）项，第 555、556、559、560 或 561 条所述的抵销除外］；或者

（3）该债权人欠债务人的债务是由该债权人在以下情形招致的——

（A）在提出破产申请前的 90 天内；

（B）当时债务人处于无力偿债状态；并且

（C）为取得针对债务人的抵销权之目的［第 362（b）（6)、362（b）（7)、362（b）（17)、362（b）（27）项，第 555、556、559、560 或 561 条所述的抵销除外］。

（b）

（1）除本编第 362（b）（6)、362（b）（7)、362（b）（17)、362（b）（27）项，第 555、556、559、560、561 条，第 365（h)、546（h）款或第 365（i）（2）项规定的抵销外，如果债权人在提交破产申请之日或之前的 90 天内，用对债务人的债权抵销对债务人的相互债务，则受托人可向该债权人追回经如此抵销的金额，在抵销之日的任何不足部分（insufficiency）均少于以下较晚日期的不足部分的范围内——

（A）在提出破产申请之日前的 90 天内；并且

（B）在紧接申请书提交日期前 90 天内第 1 个不足的日期。

（2）在本款中，“不足”是指对债务人的债权超过该债权持有人欠债务人的相互债务的金额（如有的话）。

（c）就本条而言，债务人被推定为在提出破产申请之日或之前的 90 天内已经处于无力偿债状态。

第 554 条【破产财团财产的放弃】

（a）在通知和听证之后，受托人可以放弃任何难以承受的、对破产财团仅具微不足道的价值或利益的任何破产财团的财产。

（b）根据利害关系一方的请求，并且在通知和听证之后，法院可以裁定受托人放弃任何难以承受的、对破产财团仅具微不足道的价值或利益的任何破产财团的财产。

（c）除非法院另有裁定，任何本编第 521（a）（1）项所列，在破产案件结束之时未另行管理的任何财产，将被放弃给债务人，并为了本编第 350 条的目的进行管理。

（d）除非法院另有裁定，没有根据本条被放弃，在破产案件中也未予管理的破产财团财产仍然属于破产财团的财产。

第 555 条【清算、终止或加速证券合同的合同权利】

因本编第 365（e）（1）项规定的条件，股票经纪人、金融机构、金融参与者或证券结算机构行使本编第 741 条定义的导致证券合同清算、终止或加速的合同权利，不得因本编

任何条款的实施或法院或行政机构在本编下的任何程序中的裁定（命令）而被冻结、撤销或以其他方式受到限制，除非该裁定（命令）是根据1970年《证券投资者保护法》或证券交易委员会管理的任何法规授权的。在本条中，“合同权利”包括衍生工具清算组织（定义见《商品交易法》）、多边清算组织（定义见1991年《联邦存款保险公司改进法》）、国家证券交易所、国家证券业协会、证券结算机构、根据《商品交易法》指定的合约市场、根据《商品交易法》注册的衍生品交易执行机构或贸易委员会（定义见《商品交易法》）或其理事会决议，以及根据普通法、商人法或由于正常商业惯例所产生的某种权利，无论是否有书面证明。

第556条【清算、终止或加速商品合同或远期合同的合同权利】

由于本编第365（e）（1）项中规定的条件，商品经纪人、金融参与者或远期合同商导致商品合同或远期合同被清算、终止或加速的合同权利（本编第761条所定义），以及受托人就未履行完毕的商品合同或远期合同而收取的变更或维持保证金付款的权利，不得因本编任何条文的实施或法院在本编下的任何诉讼中的裁定而被冻结、撤销或以其他方式受到限制。在本条中，“合同权利”包括衍生工具清算组织（定义见《商品交易法》）、多边清算组织（定义见1991年《联邦存款保险公司改进法》）、国家证券交易所、国家证券业协会、证券结算机构、根据《商品交易法》指定的合约市场、根据《商品交易法》注册的衍生品交易执行机构或贸易委员会（定义见《商品交易法》）或其理事会决议，以及根据普通法、商人法或由于正常商业惯例所产生的某种权利，无论是否有书面证明。

第557条【加快确定对粮食资产的权益、放弃或其他处置】

（a）本条仅适用于涉及拥有或经营粮食储存设施的债务人的破产案件，仅适用于粮食和粮食收益。本条不影响本编任何其他部分对粮食及粮食收益以外的财产的适用。

（b）在本条中——

（1）“粮食”是指小麦、玉米、亚麻籽、高粱、大麦、燕麦、黑麦、大豆、其他干燥的可食用的豆类或大米；

（2）“粮食储存设施”是指经常用于为生产者储存粮食或储存从生产者处获得的粮食以供转售的场所或物理结构；以及

（3）“生产者”是指从事于粮食种植的实体。

（c）

（1）尽管有本编第362、363、365和554条之规定，法院可以自行，并应受托人或主张谷物权益或谷物收益的实体的请求，加快确定谷物权益和处置谷物及谷物收益的程序，通过尽可能缩短在其他方面适用于该程序的时间，并通过裁定确定1个不超过120天的时间表，以完成本条第（d）款所规定的适用程序。法院可因故按照本条第（f）款修改上述期限和时间表。

（2）依据下列事项，法院可决定该时间期限应当被缩短的程度——

（A）要求对此类粮食或粮食收益享有权益的实体迅速确定这种权益的任何需要；

（B）该实体迅速处置此类粮食的任何需要；

（C）此类粮食的销售行情；

（D）此类粮食被储存的条件；

（E）继续储存或处置此类粮食的费用；

（F）财团财产的有序管理；

（G）某实体对此类粮食主张利益的适当机会；以及

（H）与案件中加快此类程序的必要性有关的其他考虑。

（d）根据本条第（c）款可加速执行的程序包括——

（1）下列事项的提出和回复——

（A）所有权的主张；

（B）债权的证明；

（C）请求放弃；

（D）根据本编第362（a）款针对破产财产提出诉讼中止的救济请求；

（E）确定担保地位的请求；

（F）请求对该类粮食及其收益作出决定——

（ⅰ）是否破产财团的财产；

（ⅱ）是否必须移交给破产财团；或者

（ⅲ）是否可以被使用、出售或租借；以及

（G）任何对该类粮食或其收益的利益作出决定的其他请求；

（2）在对该类粮食或其收益的利益作出决定之前或之后，通过下列方式处置该类粮食或其收益——

（A）出售该类粮食；

（B）放弃；

（C）分配；或者

（D）破产案件中其他公平合理的方式；

（3）根据本编第701、702、703、1104、1202和1302条，指定受托人或审查员，并保留和补偿任何专业人员，以协助与确定此类粮食或其收益的权益或处置相关的事宜；以及

（4）与本款第（1）、（2）或（3）项中详细列明的事项有关的任何争论的决定。

（e）

（1）对债务人或债务人企业的经营或清算具有监管管辖权的任何政府部门，应就根据本条第（c）款提出的任何请求或下达的任何命令向其发出通知。

（2）在根据本条第（c）款提出请求或下达命令的情况下，任何此类政府部门可提出任何与粮食或粮食收益有关的问题，并可出庭并听取其陈述。

（3）受托人在采取任何与处置由债务人或破产财团占有、保管或控制的粮食有关的行动之前，应与该政府部门协商。

（f）法院可根据本条为了粮食或其收益最终的处置，将期限延长至120天以上，如果法院发现——

（1）鉴于案件的复杂性，司法的利益要求如此；并且

（2）有权参与粮食或其收益分配的索赔人的利益不会因这种额外的延误而受到实质性损害。

（g）除非根据本条第（c）款确立的快速程序的裁定，或决定或批准任何处置粮食或粮食收益的任何权益的裁定，在上诉期间被暂缓执行——

（1）上诉命令的撤销或修改不影响撤销或修改前发生的任何程序、裁定或处置的有效性，无论该实体是否知晓该上诉是未决的；以及

（2）无论是法院还是受托人，都不会因为对该裁定提出的上诉，而延误发出该命令的案件的任何法律程序。

（h）

（1）受托人可从粮食及其收益中获取根据本编第503（b）款允许的，因为保存或处置该粮食或其收益的合理和必要的成本和开销，但不得从粮食或其收益中获取任何其他的成本或开销。

（2）尽管有本编第326（a）款的规定，该条中规定的金钱数额包括，受托人以实物形式分配的任何粮食在处置之日的价值。

（i）在任何情况下，经营粮食储存设施的债务人持有的某一特定类型粮食的数量超过1万蒲式耳的，该粮食应由受托人出售，并由受托人按照本条的规定分配其所得。

第558条【破产财团的抗辩】

破产财团应享有债务人对破产财团以外的任何实体的任何抗辩权，包括关于时效、欺诈、高利贷和其他个人抗辩权的法律规定。债务人在案件开始后放弃任何此类抗辩的，对破产财产不具有约束力。

第559条【清算、终止或加速回购协议的合同权利】

因本编第365（e）（1）项所规定的情形，回购参与人或金融参与人行使合同权利，导致回购协议被清算、终止或加速的，不得被冻结、撤销，或以其他方式受限于本编任何条款的实施或法院或行政机构在本编下的任何程序中的命令（裁定），当债务人是股票经纪人或证券结算机构，除非该命令是根据1970年《证券投资者保护法》或证券交易委员会实施的任何法规的规定授权的。如果回购参与人或金融参与人与债务人清算1项或多项回购协议，且根据1项或多项回购协议的条款，该等协议已同意将受回购协议约束的资产交付给债务人，在清算此类资产时收到的市场价格的任何超额部分（或如果在清算此类回购协议之日未处置任何此类资产，则按照清算此类回购协议时从一般公认来源获得的价格或从此类来源获得的最新收盘报价）超过规定的回购价格和与该等回购协议清算有关的所有费用的总和，应视为破产财团的财产，但受可用抵销权的限制。在本条中，“合同权利”包括衍生工具清算组织（定义见《商品交易法》）、多边清算组织（定义见1991年《联邦存款保险公司改进法》）、国家证券交易所、国家证券业协会、证券结算机构、根据《商品

交易法》指定的合约市场、根据《商品交易法》注册的衍生品交易执行机构或贸易委员会（定义见《商品交易法》）或其理事会决议，以及根据普通法、商人法或由于正常商业惯例产生的某种权利，无论是否有书面证明。

第 560 条【清算、终止或加速交换协议的合同权利】

因本编第 365（e）（1）项规定的条件，任何掉期参与人或金融参与人行使任何合同权利，导致 1 项或多项掉期协议被清算、终止或加速，或抵销或扣除因 1 项或多项掉期协议的终止、清算或加速而产生的或与之相关的任何终止价值或付款金额，不得被冻结、撤销，或因本编任何条款的实施或法院或行政机构在本编下的任何诉讼中的裁定（命令）而受到其他限制。在本条中，“合同权利”包括衍生工具清算组织（定义见《商品交易法》）、多边清算组织（定义见 1991 年《联邦存款保险公司改进法》）、国家证券交易所、国家证券业协会、证券结算机构、根据《商品交易法》指定的合约市场、根据《商品交易法》注册的衍生品交易执行机构或贸易委员会（定义见《商品交易法》）或其理事会决议，以及根据普通法、商人法或由于正常商业惯例而产生的某项权利，无论是否有书面证明。

第 561 条【根据主净额结算协议和跨合同终止、清算、加速或抵销的合同权利；根据第 15 章的程序】

（a）除第（b）款另有规定外，因第 365（e）（1）项所指明的条件，行使任何合约权利，而导致抵销的终止、清算、加速，或抵销根据下列 1 项或多项（或下列 1 项或多项的终止、清算或加速）所产生的或与之有关的净终止价值、付款额或其他转让义务——

（1）第 741（7）项所界定的证券合约；

（2）第 761（4）项所界定的商品合约；

（3）远期合同；

（4）回购协议；

（5）互换协议；或者

（6）主净额结算协议，不得因本编任何条款的实施或法院或行政机构在本编下的任何程序中的任何裁定（命定）而被冻结、撤销或以其他方式受到限制。

（b）

（1）一方可行使第（a）款所述的合同权利，以终止、清算或加速，但前提是该方可根据第 555、556、559 或 560 条，对争议中的主净额结算协议所涵盖的每份单独合同行使该权利。

（2）如果债务人是第 7 章第 4 节规定的商品经纪人的——

（A）一方不得将根据或受制于《商品交易法》指定的合同市场规则或根据《商品交易法》注册的衍生品交易执行工具进行交易的商品合同产生的或与之相关的对债务人的债务，用以扣减或抵销因第（a）款所列其他文书、合同或协议引起的或与之相关的任何索赔，但该方在债务人的商品账户中拥有正净权益的情形除外，该净权益是根据该节计算的；以及

（B）另一商品经纪人不得扣减或抵销对债务人承担的债务，该债务是因代表债务人的客户签订或持有的商品合同而引起或与之有关，并在根据或受制于《商品交易法》指定的合约市场或根据《商品交易法》注册的衍生品交易执行工具的规则下进行交易，以对抗因第（a）款所列其他文书、合同或协议引起的或与之相关的任何索赔。

（3）第（2）（A）或（2）（B）目的任何规定均不得禁止抵销在以下情况下产生的债权及义务——

（A）经商品期货交易委员会或依《商品交易法》第5c（c）（1）或5c（c）（2）项提交商品期货交易委员会，且未被商品期货交易委员会废除或失效的交叉保证金协议或类似安排；或者

（B）结算机构（定义见第761条）与商品期货交易委员会批准的其他实体之间的任何其他净额结算协议。

（c）如本条所述，"合同权利"包括衍生工具清算组织（定义见《商品交易法》）、多边清算组织（定义见1991年《联邦存款保险公司改进法》）、国家证券交易所、国家证券业协会、证券结算机构、根据《商品交易法》指定的合约市场、根据《商品交易法》注册的衍生品交易执行工具或贸易委员会（定义见《商品交易法》）或其理事会决议，以及根据普通法、商人法或由于正常商业惯例而产生的某项权利，无论是否有书面证明。

（d）本编中与证券合同、商品合同、远期合同、回购协议、掉期协议或主净额结算协议有关的任何规定，应适用于第15章案件，因此，此类合同和协议的合同条款按照某条款的执行不会因本编任何条款的实施或本编任何案件下法院的裁定而被冻结或受到其他限制，并且撤销权仅限于与本编第7章或第11章项下的程序相同的范围内（此类强制执行不因债务人在美国的资产存在或不存在而受到限制）。

第562条【与互换协议、证券合同、远期合同、商品合同、回购协议和主净额结算协议相关的损害计量时机】

（a）如果受托人根据第365（a）款拒绝掉期协议、证券合同（定义见第741条）、远期合同、商品合同（定义见第761条）、回购协议或主净额结算协议，或者如果远期合同商、股票经纪人、金融机构、证券结算机构、回购参与人、金融参与人、主净额结算协议参与人或掉期参与人清算、终止或加速该等合同或协议，损害赔偿应以下列较早者为准——

（1）拒绝的日期；或者

（2）清算、终止或加速的日期。

（b）如截至第（a）（1）或（a）（2）项所提及的任何日期，并无任何商业上合理的价值决定因素，则损害赔偿须自其后有商业上合理的价值决定因素的最早日期起计算。

（c）就第（b）款而言，如果损害赔偿在拒绝、清算、终止或加速之日或之前未计算，且远期合约商、股票经纪人、金融机构、证券结算机构、回购参与人、金融参与人、主净额结算协议参与人或掉期参与人或受托人对损害赔偿的计算时间提出异议——

（1）如远期合约商、股票经纪、金融机构、证券结算机构、回购参与人、金融参与人、主净额结算协议参与人或掉期参与人提出反对的，则为受托人；或者

（2）如果受托人提出异议，远期合约商、股票经纪人、金融机构、证券结算机构、回购参与人、金融参与人、净额结算主协议参与人或掉期参与人，有责任证明截至该日期，没有任何商业上合理的价值决定因素。

第7章 清 算

第1节 负责破产事务的官员及管理

第701条【临时受托人】

（a）

（1）在依据本章规定发出救济令之后，联邦托管人应当立即任命1名无利害关系的人员担任案件中的临时（interim）受托人，该人是依据第28篇第586（a）（1）项成立的私人受托人小组的成员，或在紧接根据本章作出的救济令作出前，由有关个案中的受托人，在本案中担任临时受托人。

（2）如果没有此类小组的成员愿意担任案件中的临时受托人，则联邦托管人将担任本案的临时受托人。

（b）当根据本编第702条选举或指定的受托人，符合本编第322条规定的受托人资格时，临时受托人在本条下的服务终止。

（c）根据本条任职的临时受托人是本编所指案件的受托人。

第702条【受托人的选任】

（a）符合下列条件的债权人有权选任受托人——

（1）根据本篇第726（a）（2）、（a）（3）、（a）（4）项，第752（a）、766（h）或766（i）款规定，持有有权参与分配的正当的、无争议的、确定的、可清算的、无担保的债权；

（2）除与该债权人作为债权人的权益无关的股东权益外，并无对有权享有该项分配的债权人的权益有重大不利影响的权益；以及

（3）不是关联方。

（b）在根据本篇第341条召开的债权人会议上，如依本条第（a）款可投票的债权人要求选任受托人，并且该债权人持有不少于20%的本条第（a）（1）项规定的债权额的，债权人可以选任1人担任案件中的受托人。

（c）受托人候选人在下列情况下当选为受托人——

（1）可以根据本条第（a）款投票的债权人进行了投票，且参与投票的债权人持有本条第（a）（1）项中规定的债权金额的至少20%；并且

（2）该候选人获得持有本条第（a）（1）项规定的多数债权的债权人的支持，且这些

债权由参与选任受托人的债权人持有。

（d）如依本条规定未选出受托人，则由临时受托人充任本案的受托人。

第 703 条【继任受托人】

（a）如果受托人在案件期间死亡或辞职、不符合本编第 322 条规定的资格，或根据本编第 324 条被撤职的，债权人可依照本编第 702 条规定的方式，选任 1 人填补受托人职位空缺。

（b）在依据本条第（a）款选出受托人之前，如有必要保护破产财团或者防止损失，联邦托管人有权依据本编第 701（a）款规定的方式任命 1 名临时受托人。

（c）如果债权人未能依据本条第（a）款选出继任受托人，或者在本编第 350 条规定的重审案件中需要 1 名受托人，则联邦托管人——

（1）应当任命 1 名无利害关系的、依据第 28 编第 586（a）（1）项成立的私人受托人小组的成员担任案件中的受托人；或者

（2）如果此类小组中没有任何无利害关系的成员愿意担任受托人，可自行担任案件中的受托人。

第 704 条【受托人的职责】

（a）受托人应当——

（1）收集破产财团的财产并将其变现，并在符合利益相关方最大利益的情况下，尽快终结该财团；

（2）负责所有接管的财产；

（3）确保债务人履行本篇第 521（a）（2）（B）目规定的债务人的意向书；

（4）调查债务人的财务状况；

（5）如果需要，审查债权证明，并拒绝承认不恰当的债权；

（6）有正当理由时，反对给予债务人破产免责；

（7）除非法院另有裁定，否则应利益相关方的请求，提供有关破产财团和破产财团管理的信息；

（8）如果债务人的业务获授权营业，则须向法院、联邦托管人和任何负责收取或决定该业务所产生的任何税项的政府部门提交该业务经营的定期报告及摘要，内容包括企业收支说明书以及联邦托管人或法院要求的其他信息；

（9）向法院和联邦托管人提交管理破产财团的最终报告和决算表；

（10）如果对债务人有家庭扶持义务类债权，则须提供第（c）款规定的适用通知；

（11）如果在案件开始时，债务人（或债务人指定的任何实体）担任雇员福利计划的管理人（定义见 1974 年《雇员退休收入保障法》第 3 条），受托人须继续代为履行对管理人所要求的义务；以及

（12）尽一切合理和最大努力，将患者从正在关闭的医疗保健机构转移到适当的医疗保健机构，该机构应——

（A）在正在关闭的医疗保健机构附近；

（B）向患者提供与正在关闭的医疗保健机构提供的服务大致相似的服务；以及

（C）保持合理的护理质量。

（b）

（1）对于本章所述案件中的个人债务人——

（A）联邦托管人（或破产管理人，如有）应审查债务人提交的所有材料，并在不迟于第一次债权人会议之日后10日内向法院提交一份声明，说明债务人的情况是否会被推定为第707（b）款规定的滥用；以及

（B）在收到根据第（a）款提交的声明后7日内，法院应向所有债权人提供该声明的副本。

（2）联邦托管人（或破产管理人，如有）应在根据第（1）项提交声明之日起不迟于30日内，根据第707（b）款提交驳回或（程序）转换的动议，或者提交一份声明，说明联邦托管人（或破产管理人，如有）并不认为该动议适当的理由，如果联邦托管人（或破产管理人，如有）根据第707（b）款确定债务人的情况应推定为滥用，并且债务人当前月收入乘以12的乘积不低于——

（A）如果债务人是一个一口之家，则为该适用州（债务人所在州）1名收入者家庭的收入中位数；或者

（B）如果债务人在2人或2人以上的家庭中，则为该适用州相同或更少人数家庭的最高家庭收入中位数。

（c）

（1）在第（a）（10）项所述的情况下，如第（a）（10）项适用，受托人须——

（A）

（ⅰ）向第（a）（10）项所述债权的持有人提供书面通知，并告知该持有人有权使用依《社会保障法》第464和466条为其居住州所设立的州儿童抚养执行机构所提供的服务，以便在本案期间和之后协助收集儿童抚养费；

（ⅱ）在根据第（ⅰ）子句所提供的通知中，应包括该州儿童抚养执行机构的地址和电话号码；以及

（ⅲ）在根据第（ⅰ）子句所提供的通知中，说明该持有人根据本章享有就该债权获得支付的权利；

（B）

（ⅰ）向该州儿童抚养执行机构提供书面通知；以及

（ⅱ）在根据第（ⅰ）子句提供的通知中应包括该持有人的姓名、地址及电话号码；以及

（C）在债务人根据第727条获准债务免责时，向该持有人和该州儿童抚养执行机构书面通知以下内容——

（ⅰ）获准债务免责；

（ⅱ）债务人最新的已知地址；

（ⅲ）债务人的雇主的最新的为人所知的姓名或名称及地址；以及

（ⅳ）持有债权的每个债权人的姓名或名称，当——

（Ⅰ）该债项未根据第523（a）（2）、523（a）（4）或523（a）（14A）项被免责；或者

（Ⅱ）该债项由债务人根据第524（c）款被重新确认。

（2）

（A）第（a）（10）项所述债权的持有人或该持有人所在州的州儿童抚养执行机构可向第（1）（C）（ⅳ）子句所述的债权人要求提供债务人最新为人所知的地址。

（B）尽管有任何其他法律规定，债权人如根据第（A）目提出的请求而披露债务人最后为人所知的地址的，无须因披露而承担法律责任。

第705条【债权人委员会】

（a）在依据本编第341（a）款规定召开的会议上，依据本编第702（a）款可投票选举受托人的债权人可选举1个委员会，由不少于3名但不超过11名债权人组成，每名债权人持有1笔根据本编第726（a）（2）项有权获得分配的被许可的无担保债权。

（b）依据本条第（a）款规定选出的委员会，可就破产财团管理事宜咨询受托人或联邦托管人，就受托人的履职向受托人或联邦托管人提出建议，并向法院或联邦托管人提交任何影响破产财团管理的质询。

第706条【（破产程序的）转换】

（a）如果1个案件尚未依据本篇第1112、1208或者1307条被转换，债务人有权在任何时候将1个适用本章规定的案件转换为适用第11、12或者13章规定的案件。任何放弃根据本款转换程序的权利（的行为）都不可执行。

（b）应利益相关方的申请，并经过通知与听证程序，法院有权在任何时候将1个适用本章规定的案件转换为本编第11章规定的案件。

（c）除非债务人要求或同意此项转换，法院不得将1个本章下的案件转换为本编第12或13章规定的案件。

（d）即使本条另有规定，1个案件不应当被转换为本编其他章下的案件，除非债务人是符合该章规定的债务人。

第707条【驳回案件或转换为第11或13章规定的案件】

（a）本章规定的案件，法院只有在经过通知和听证后，才可以因下列正当理由驳回——

（1）债务人不合理的迟延，损害债权人利益的；

（2）未支付第28篇第123章规定的任何费用或开支；以及

（3）在自愿破产案件中，债务人未能在引起该案件开始的申请书提交后的15天内或法院允许的额外时间内，提交第521（a）（1）项所要求的资料，除非依联邦托管人的提议。

（b）

（1）在通知与听证后，如果发现给予救济将导致对本章规定的滥用，法院可依照职权

或者联邦托管人、受托人（或破产管理人，如有）或任何利害关系方的提议，驳回个人债务人根据本章提出的、其债务主要是消费者债务的案件，或经债务人同意，将该案件转为本编第 11 或 13 章规定的案件。在决定是否根据本章规定驳回某个案件时，法院不得考虑债务人是否已向或继续向任何具备资格的宗教或慈善团体或组织［该术语定义见 548（d）（4）项］作出慈善捐助［符合第 548（d）（3）项下“慈善捐助”的定义］。

（2）

（A）

（ⅰ）在根据第（1）款考虑给予救济是否会滥用本章的规定时，如果债务人的当前月收入减去根据第（ⅱ）、（ⅲ）和（ⅳ）子句确定的金额，并且乘以 60 不小于——

（Ⅰ）本案中债务人的非优先、无担保债权的 25% 或 6000 美元，以较大者为准；或者

（Ⅱ）10,000 美元。

（ⅱ）

（Ⅰ）债务人的月支出，是指国家标准和地方标准规定的适用债务人的月支出额，以及在共同破产案件中，依债务人、受债务人扶养的人和债务人的配偶（如果配偶在其他方面不是受扶养人）获得救济令的日期，国内税务局（Internal Revenue Service）就债务人居住地区规定为其他必要支出类别的债务人的实际月支出。该等费用应包括债务人、债务人配偶或受其扶养人的合理必要的健康保险、残疾保险和健康储蓄账户费用。尽管本子句有任何其他规定，债务人的每月支出不应包括任何债务付款。此外，债务人的每月支出应包括债务人为维护债务人和债务人家庭免受家庭暴力（根据《家庭暴力预防和服务法》第 302 条或其他适用的联邦法律确定）所产生的合理必要的费用。前项债务人每月支出之费用，法院应予以保密。此外，经证明是合理、必要的，债务人每月的支出还可以包括按照国内税务局发布的国家标准规定的食品和服装类别的 5% 的食品和服装额外补贴。

（Ⅱ）此外，债务人的每月费用可包括（如适用）债务人为照顾和支持老年人、慢性病患者或残疾家庭成员或债务人直系亲属（包括父母、祖父母、兄弟姐妹、子女、债务人的孙子女、受债务人扶养的人，以及共同破产案件中非受债务人扶养的配偶）而支付的合理和必要的实际费用的延续，如前述人等无力支付此类合理和必要的费用。如适用，每月支出还可包括对合格的 ABLE 计划账户的供款，只要该等供款不是超额供款［规定在 1986 年《国内税收法》第 4973（h）款］，且该账户的指定受益人为债务人的子女、继子女、孙子女或继孙子女。

（Ⅲ）此外，对于符合第 13 章的债务人，债务人的每月支出可包括为债务人居住地区管理第 13 章计划的实际管理费用，最高为预计计划付款的 10%，根据联邦托管人执行办公室发布的附表确定。

（Ⅳ）此外，债务人的每月开支可包括每名不满 18 岁的受抚养子女在私立或公立小学或中学上学的实际开支，每名子女每年不超过 1500 美元，如果债务人提供了此类费用的文件，并详细解释了此类费用为何是合理和必要的，以及此类费用为何未包含在在国家标准、地方标准或第（Ⅰ）子款中提及的其他必要费用中。

（Ⅴ）此外，债务人每月的开支可包括住房和水电费津贴，超过国内税务局颁布的当地住房和水电费标准的规定，如果债务人提供此类实际费用的文件并证明此类实际费用是合理和必要的，则以家居能源成本的实际费用为准。

（ⅲ）债务人因有担保债务而平均每月支付的款项，应当计算为以下的金额除以60——

（Ⅰ）在破产申请提交之日后的60个月内，每月按合同规定应向担保债权人支付的所有款项的总额；以及

（Ⅱ）债务人在根据本编第13章提交计划时，为维持对债务人及受其扶养的人所需的债务人的（作为担保债务的抵押品的）主要住所、机动车辆或其他财产的占有权，而向担保债权人支付的任何额外款项。

（ⅳ）债务人应支付的所有优先债权（包括优先的儿童抚养费和赡养费债权）的费用，按有优先权的债务（priority claims）总额除以60计算。

（B）

（ⅰ）在根据本款提起的任何法律程序中，只有在证明有特殊情况（如严重的医疗状况或被要求或命令在武装部队服役）的情况下，足以证明有必要支付额外费用或调整目前没有合理替代办法的月收入的情况下，方可推翻滥用的推定。

（ⅱ）为确定特殊情况，债务人须逐项列明每项额外开支或收入调整，并须提供——

（Ⅰ）该等开支或收入调整的文件；以及

（Ⅱ）对使该等费用或收入调整必要且合理的特殊情况的详细解释。

（ⅲ）债务人须经宣誓所提供的任何资料的准确性，以证明需要额外开支或调整收入。

（ⅳ）仅当第（ⅰ）子句所述的额外费用或对收入的调整导致债务人当前月收入减去根据第（A）（ⅱ）、（A）（ⅲ）和（A）（ⅳ）子句所确定的金额乘以60的乘积后小于下列更小者时，滥用的推定方可被推翻——

（Ⅰ）债务人非优先、无担保债权的25%或6000美元，以较大者为准；或者

（Ⅱ）10,000美元。

（C）作为第521条所规定的当前收支明细表的一部分，债务人须提供包括债务人当前每月收入的报表，以及根据（A）（ⅰ）子句是否作出推定决定的计算公式，显示如何计算每1笔此类金额。

（D）以下情形不适用第（A）至（C）目，法院也不得基于任何形式的收入测试（means testing）驳回或转换案件——

（ⅰ）如果债务人是伤残退伍军人［定义见第38编第3741（1）款］，且其债务主要发生在他或她——

（Ⅰ）在职期间［定义见第10编第101（d）（1）项］；或者

（Ⅱ）进行国土防卫活动中［定义见第32编第901（1）款］；或者

（ⅱ）就债务人而言，当债务人——

（Ⅰ）在紧接债务人被免除债务后的540天内，在职期间［定义见第10编第101（d）（1）项］不少于90天；或者

（Ⅱ）在紧接债务人不再履行义务后的540天内，履行了不少于90天的国土防卫活动［定义见第32编第901（1）款］；如果在2001年9月11日之后，债务人作为武装部队预备役成员或国民警卫队成员，被征召服现役或进行国土防卫活动。

（3）在根据第（1）项考虑给予救济是否会滥用本章的条文时，在第（2）（A）（ⅰ）子句的推定没有产生或被推翻的情形下，法院须考虑——

（A）债务人是否恶意提出破产申请；或者

（B）债务人财务状况的全部情况［包括债务人是否寻求拒绝个人服务合同以及债务人所寻求的这种拒绝（such rejection）的财务需要］表明了滥用。

（4）

（A）法院可根据《联邦破产程序规则》第9011条所述的程序，依职权或根据利害关系方的申请，裁定债务人的律师向受托人偿付根据第707（b）款提出申请时的所有合理费用，包括合理的律师费，如果——

（ⅰ）受托人根据本款提出驳回或转换的申请；以及

（ⅱ）法院——

（Ⅰ）批准该申请；以及

（Ⅱ）认定债务人的律师根据本章提起诉讼的行为违反了《联邦破产程序规则》第9011条。

（B）如果法院认为债务人的律师违反了《联邦破产程序规则》第9011条，法院可依职权或根据利害关系方的申请，按照该程序，裁定——

（ⅰ）对债务人的律师作出适当的民事惩罚的判定；以及

（ⅱ）向受托人、联邦托管人（或破产管理人，如有）支付该民事罚款。

（C）律师在申请书、答辩书或书面提议上的签名，即构成该律师已——

（ⅰ）对导致申请书、答辩书或书面申请的情况进行了合理调查；以及

（ⅱ）裁定该申请书、答辩书或书面提议——

（Ⅰ）事实上是有充分根据的；并且

（Ⅱ）由现行法律予以保证或因善意理由对现行法律进行延伸、修改或撤销，且不构成第（1）项项下的滥用。

（D）律师在申请书上的签名，即构成1项证明，证明该律师在查询后并不知道随申请书提交的附表内的资料不正确。

（5）

（A）除第（B）目和第（6）项另有规定外，法院可依职权或应利害关系方的申请，按照《联邦破产程序规则》第9011条所述的程序，判给债务人对动议提出异议的所有合理费用（包括合理的律师费），以抗辩利害关系方［受托人或联邦托管人（或破产管理人，如有）除外］根据本款提出的申请，当——

（ⅰ）法院不批准该项申请；以及

（ⅱ）法院裁定——

（Ⅰ）提出申请方的立场违反了《联邦破产程序规则》第9011条；或者

（Ⅱ）提出申请的律师（如有）不符合第（4）（C）目第（ⅰ）和（ⅱ）子句的要求，且提出该申请的唯一目的是强迫债务人放弃本编向债务人保证的权利。

（B）债权总额少于1000美元的小微企业，不受第（A）（ⅱ）（Ⅰ）子款的规限。

（C）就本段而言——

（ⅰ）“小微企业”是指以下非法人企业、合伙企业、公司、协会或组织——

（Ⅰ）在申请提出之日所确定的全职雇员少于25名；以及

（Ⅱ）从事商业或经营活动（commercial or business activity）；以及

（ⅱ）公司全资子公司的雇员人数包括以下主体的雇员——

（Ⅰ）母公司；以及

（Ⅱ）母公司的任何其他子公司。

（6）只有法官或联邦托管人（或破产管理人，如有）可根据第707（b）款提出申请，如果在救济令签发之日，债务人、（或在共同破产案件中）债务人及其配偶的当前每月收入乘以12等于或小于——

（A）对于1人家庭中的债务人，该适用州1个收入者的家庭收入中位数（the median family income of the applicable Statefor 1 earner）；

（B）对于2、3或4人家庭中的债务人，该适用州相同或更少人数家庭的最高家庭收入中位数；或者

（C）对于超过4人家庭中的债务人，该适用州4人或4人以下家庭的最高家庭收入中位数，超过4人的每人每月加525美元。

（7）

（A）如在救济令下达之日，任何法官、联邦托管人（或破产管理人，如有）、受托人或其他利害关系方均不得根据第（2）项提出申请，前提是债务人，包括退伍军人（该术语的定义见第38编第101条），及其配偶的当前月收入合计乘以12等于或小于——

（ⅰ）对于1人家庭中的债务人，该适用州1个收入者的家庭收入中位数；

（ⅱ）对于2、3或4人家庭中的债务人，该适用州相同或更少人数家庭的最高家庭收入中位数；或者

（ⅲ）对于超过4人家庭中的债务人，该适用州4人或4人以下家庭的最高家庭收入中位数，超过4人的每人每月加525美元。

（B）在非共同破产的案件中，就第（A）目而言，不应考虑债务人配偶的当前月收入，只要——

（ⅰ）

（Ⅰ）债务人及其配偶根据适用的非破产法分居；或者

（Ⅱ）债务人及其配偶分居，但为逃避第（A）目之目的除外；以及

（ⅱ）债务人根据伪证罪提交陈述书——

（Ⅰ）指明债务人符合第（ⅰ）（Ⅰ）或（Ⅱ）子款的要求；以及

（Ⅱ）披露从债务人配偶处收到的、归属于债务人当前月收入的任何现金或款项的总额或总额的最佳估计数。

（c）

（1）在本款中——

（A）“暴力犯罪”的含义见第18编第16条；以及

（B）“贩毒罪”的含义见第18编第924（c）（2）项。

（2）除第（3）项另有规定外，法院经通知和听证后，根据暴力犯罪或贩毒犯罪的被害人的申请，在符合被害人最大利益的情况下，可以驳回属于个人的债务人根据本章提出申请的自愿破产案件，如果该个人被定罪。

（3）如果债务人通过充分证据证明，根据本章提出申请的案件是履行家庭扶持义务要求所必需的，则法院不得驳回第（2）项所指的案件。

第2节　破产财团的归集、清算和分配

第721条【授权经营业务】

法院可以授权受托人在一定期限内经营债务人的业务，如果此种经营符合破产财团的最大利益并且与破产财团的有序清算相一致。

第722条【赎回（redemption）】

无论债务人是否放弃本条规定的赎回权，只要该财产根据本编第522条被豁免或根据第554条被放弃，个人债务人均可从担保可免除的消费者债务的物上优先权（lien）中赎回主要用于个人、亲属或家庭用途的有形个人财产，通过向该物上优先权持有人支付该持有人在赎回时由该物上优先权全额担保的被允许担保债权的金额。

第723条【合伙企业的受托人对普通合伙人的权利】

（a）当破产财团的财产不足，无法全额支付在本章所述的合伙企业案件中被批准的、合伙企业的普通合伙人应承担个人责任的所有债务，如果根据适用的非破产法，该普通合伙人对此不足负有个人责任的，受托人应向该普通合伙人提出偿债请求。

（b）在可实行的范围内，受托人首先应向该合伙企业中的任何普通合伙人（在本编案件中，该普通合伙人不是债务人）寻求弥补该等不足。在确定该等不足之前，法院可裁定任何该等（普通）合伙人，就可向其追讨的任何不足部分，向破产财团提供补偿或付款保证，或不处置财产。

（c）受托人对该合伙企业（在本编案件中为债务人）中的每一位普通合伙人的财产拥有1项求偿权，金额为被获准的与该合伙企业有关的债权人的全部债权。尽管有本编第502条的规定，在该（普通）合伙人的情况下，不允许对该（普通）合伙人提出该合伙人和该合伙企业都负有责任的求偿，除非该债权仅由该（普通）合伙人的财产担保，而不是由该合伙企业的财产担保。受托人根据本款提出的求偿有权根据本编第726（a）款在该（普通）合伙人的情况下获得与该条所指明的任何其他债权相同的分配。

（d）如果受托人根据本条第（c）款从普通合伙人的财团中追讨的款项总额，大于根据本条第（b）款未获追讨的任何不足，则法院在通知及听证后，须决定公平分配如此追讨的剩余，受托人须按照该项决定，将该等剩余分配给该合伙企业的普通合伙人的财团。

第 724 条【对特定的物上优先权的处理】

（a）受托人可撤销为本编第 726（a）（4）项规定的一类债权提供担保的物上优先权。

（b）该破产财团拥有权益的财产，该财产受本编下不可撤销的物上优先权的约束［但因对破产财团的不动产或动产征收从价税而产生的适当公示的不可避免的税收性的物上优先权（unavoidable tax lien）除外］，并且该财产保证了获准的税收债权，或该财产的收益，应当这样分配——

（1）分配给任何获准债权的持有人，该债权由根据本编不可撤销的、并且优先于税收性的物上优先权的、在该财产上设置的物上优先权提供担保；

（2）分配给本编第 507（a）（1）（C）目或第 507（a）（2）项（但是，除在提交破产申请之日后产生的工资、薪金或佣金债权外，每一条下的此类费用应限于本章下发生的费用，不包括本编第 11 章下发生的费用），第 507（a）（1）（A）、507（a）（2）（B）目，第 507（a）（3）、507（a）（4）、507（a）（5）、507（a）（6）或 507（a）（7）项所指明种类的债权的任何持有人，并且在由税收性的物上优先权提供担保的被许可税款债权的金额范围内；

（3）分配给该税收性的物上优先权的持有人，在由该税收性的物上优先权提供担保的获准的税款债权超过任何根据本款第（2）项进行分配的金额范围内；

（4）分配给在不能根据本编而撤销并且劣后于税收性的物上优先权的，在该财产上设置的物上优先权所担保的获准债权的任何持有人；

（5）分配给该税收性的物上优先权的持有人，在由该税收性的物上优先权担保的该持有人的获准债权未根据本款第（3）项得到清偿的范围内；并且

（6）分配给破产财团。

（c）如果超过 1 个债权持有人根据本条第（b）款下的特殊条款获得分配的资格，根据该条款向该持有人进行的分配应当和并非根据本条进行分配一样，以相同的顺序进行。

（d）根据 1986 年《国内税收法》第 6323 条，以与税收性的物上优先权的优先权（priority）相同的方式确定优先权（priority）的法定物上优先权，应根据本条第（b）款处理，如同该物上优先权是税收性的物上优先权一样。

（e）在将该破产财团的不动产或动产从属于 1 项税收性的物上优先权之前，受托人须——

（1）用尽破产财团的未设置担保的财产；以及

（2）以符合第 506（c）款的方式，从获得许可的担保债权的财产中追讨合理、必要的费用及维护或处置该财产的费用。

（f）尽管根据本条排除了从价税性质的物上优先权（ad valorem tax liens），但在符合第（e）款的规定下，可从作为税收性物上优先权担保的财团财产或该财产的收益中支付

下列款项——

（1）根据第 507（a）（4）项有权享有优先权（priority）的工资、薪金及佣金的债权；

（2）根据第 507（a）（5）项有权享有优先权的雇员福利计划供款的债权。

第 725 条【确定的财产的处置】

在本章下的破产案件开始之后，在根据本编第 726 条对破产财团进行最终分配之前，经通知和听证，受托人可以处理任何由破产财团以外的实体拥有利益的财产，如物上优先权（lien），以及还未根据本编的其他条款进行处置的财产。

第 726 条【破产财团财产的分配】

（a）除本编第 510 条另有规定外，财团财产将按照下列规定进行分配——

（1）按照本编第 507 条详细列明的种类和次序来清偿债权，根据本编第 501 条及时提交证明，或在下列较早日期的当日或之前延迟提交证明——

（A）受托人最后报告摘要邮寄给债权人之后 10 天的日期；或者

（B）受托人根据本条开始最终分配的日期；

（2）清偿所有获准的排除在本款第（1）、（3）或（4）项规定之外的无担保债权，其证明如下——

（A）根据本编第 501（a）款及时提交；

（B）根据本编第 501（b）或 501（c）款及时提交；或者

（C）根据本编第 501（a）款延迟提交，如果——

（ⅰ）拥有此债权的债权人没有接到通知或没有及时获知该破产案件的开始，因而未能根据本编第 501（a）款及时提交债权证明；

（ⅱ）债权的证明在规定允许获得清偿的截止时间前已及时提交；

（3）清偿根据本编第 501（a）款其证明被延迟提交的任何获准的无担保债权，但本款第（2）（C）目规定的债权种类除外；

（4）清偿在发出救济令或者任命受托人之前产生于任何罚款、罚金、罚没或者多重的、惩戒的或者惩罚性的损害赔偿的获准债权，无论是担保债权还是非担保债权，只要该罚款、罚金、罚没或者损害赔偿金不是对债权人所遭受实际金钱损失的补偿；

（5）根据本款第（1）、（2）、（3）或（4）项支付的任何债权的利息，从申请书提交之日起按法定利率计算；以及

（6）剩余财产返还债务人。

（b）根据本编第 507（a）（1）、（a）（2）、（a）（3）、（a）（4）、（a）（5）、（a）（6）、（a）（7）、（a）（8）、（a）（9）、（a）（10）项或者本条第（a）（2）、（a）（3）、（a）（4）、（a）（5）项特别列明所要清偿的债权，应当对特别条款指定的破产债权按比例清偿，除根据本编第 1112、1208 或 1307 条已经转化为本章案件的情况外，根据本编第 503（b）款获准的，在上述转化发生之后根据本章产生的破产债权，优先于根据本编第 503（b）款在转换前根据本编任何其他章节或本章产生的索赔，也优先于根据本编第 543 条被取代的保管人（custodian）的任何费用。

（c）尽管有本条第（a）和（b）款的规定，如果该破产财团中存在本编第 541（a）（2）项中规定的财产或该财产的收益，则该财产或收益应与该财团的其他财产分开，并且该财产或收益和该财团的其他财产应按照以下方式分配——

（1）本编第 503 条许可的债权，根据公平正义的原则，应当既可通过第 541（a）（2）项详细指明的财产进行清偿，也可通过破产财团的其他财产进行清偿。

（2）除本编第 503 条允许的债权外，其他获准的债权应按照本条第（a）款规定的顺序支付，对于本编第 507 条特定段落或本条第（a）款所规定的债权，则应按照下列顺序和方式进行清偿——

（A）对债务人或其配偶的共同债权应以本编第 541（a）（2）项列明的财产进行清偿，但该财产仅对债务人的债务负责的除外。

（B）如果根据本款第（A）目对债务人的共同债权未得到偿付，则此类共同债权应从本编第 541（a）（2）项规定的财产中受偿，该财产仅对债务人的债务负责。

（C）如果根据本款第（A）或（B）目对债务人的所有债权（包括对债务人的共同债权）未得到偿付，则该等债权应从本编第 541（a）（2）项规定的财产以外的财产中受偿。

（D）如果根据本款第（A）、（B）或（C）目，对债务人或其配偶的共同债权未得到偿付，则该等债权应从破产财团的所有剩余财产中受偿。

第 727 条【破产免责（discharge）】

（a）法院将赋予债务人破产免责，除非——

（1）债务人并非个人；

（2）债务人意图阻碍、拖延或欺骗债权人或根据本编负责保管财产的财团管理人员，并已经对下列财产实施或者允许他人实施了转让、转移、销毁、损坏或隐匿行为的——

（A）在破产申请之日前 1 年内的债务人财产；或者

（B）在破产申请日之后破产财团的财产；

（3）债务人隐匿、销毁、损坏、伪造或者未能保存或保留任何能够反映、确定债务人财务状况或商业交易的记录信息，包括账簿、文书、档案和文件，除非这样的作为或者不作为根据整个案件的情况被证明是正当的；

（4）在破产案件中或与破产案件有关的过程中，债务人明知而欺诈性地——

（A）作出虚假的誓言或陈述；

（B）提出或使用伪造的债权；

（C）给予、提供、接受或者企图获得金钱、财产或利益，或者因为某种作为或不作为而获得对金钱、财产或者利益的某种承诺；或者

（D）拒绝向根据本编有权占有破产财团的联邦托管人交出任何有关于债务人财产和财务状况的账簿、文书、档案和文件；

（5）在根据本款确定拒绝免除债务之前，债务人未能令人满意地解释任何资产损失或资产不足以偿付债务人的债务的原因；

（6）在破产案件中，债务人拒绝——

（A）遵守法院的任何合法裁定，但回答重大问题或作证的裁定除外；

（B）以不自证其罪的特权为理由，在债务人就援引该特权的事项获得豁免权（immunity）后，对法院批准的重大问题作出答复或作证；或者

（C）以适当援引的反对自证其罪的特权以外的理由，回答法院核准的重大问题或作证。

（7）债务人在破产申请之日或之前 1 年内，或在本案期间，从事了本款第（2）、（3）、（4）、（5）或（6）项规定的［与本编或《破产法案》（Bankruptcy Act）项下涉及关联方的另一案件有关的］任何行为；

（8）债务人根据本条、本编第 1141 条或者《破产法案》第 14、371 或 476 条，已经在破产申请之日前 8 年内进行的破产案件中获得过破产免责的；

（9）债务人根据本编第 1228 或 1328 条，或者《破产法案》第 660 或 661 条，在破产申请之日前 6 年内进行的破产案件中获得过破产免责，除非该破产案件的清偿计划下的偿还合计不少于——

（A）在该破产案件中 100% 的被获准的无担保破产债权；或者

（B）

（ⅰ）70% 的上述债权；以及

（ⅱ）该破产计划是债务人善意提出的，且债务人已尽全力；

（10）法院在根据本章规定发出救济令之后，批准了由债务人执行的书面的放弃破产免责的弃权声明。

（11）在提交破产申请后，债务人未能完成第 111 条所述的有关个人财务管理的教学课程，但本款不适用于第 109（h）（4）项所述的债务人，或居住在联邦托管人（或破产管理人，如有）确定经认可的教学课程不足以服务于其他人的地区的债务人，依照本条他们被要求去完成此类教学课程［作出本项所述决定的联邦托管人（或破产管理人，如有），须在决定日期后 1 年内复核该项决定，并且此后每年不少于 1 次复核］；或者

（12）在通知和于作出免责裁定之日前不超过 10 天内举行 1 次听证后，法院认为有合理理由相信——

（A）第 522（q）（1）项可适用于债务人；以及

（B）在任何未决的诉讼中，债务人可能被裁定犯有第 522（q）（1）（A）目所述种类的重罪，或对第 522（q）（1）（B）目所述种类的债务负有法律责任。

（b）除本编第 523 条另有规定外，根据本条第（a）款的破产免责将免除债务人负担的、本章规定的救济令下达日之前的所有债务，以及属于本编第 502 条项下的债务，如同该债务是在案件开始之前产生的一样，无论是否根据本编第 501 条提交基于任何此类债务或责任的债权证明，以及是否根据本编第 502 条允许基于任何此类债务或责任的请求权。

（c）

（1）受托人、债权人或联邦托管人可以反对根据本条第（a）款授予债务人的破产免责。

（2）根据利益相关方的请求，法院可以裁定受托人审查债务人的有关作法和行为，以决定取消破产免责的理由是否存在。

（d）应受托人、债权人或联邦托管人的请求，并在通知和听证之后，如有以下情形，法院应撤销根据本条第（a）款已授予债务人的破产免责——

（1）该破产免责是债务人通过欺诈行为获得的，请求方直到准予免责后才知道有这种欺诈行为；

（2）债务人取得属于破产财团的财产，或者被授权可以取得即将成为破产财团的财产，并且明知而欺诈地不向受托人报告该财产的取得或享有，或者不向受托人交付或交出该财产；

（3）债务人实施了本条第（a）（6）项规定的行为；或者

（4）债务人未能令人满意地作出解释——

（A）第28编第586（f）款所述审计中的重大错误陈述；或者

（B）未能提供所有必要的账户、文书（papers）、证件（documents）、财务记录、档案（files）以及第28编第586（f）款所述的要求进行审计的属于债务人的所有其他文件、物品或财产，以供检查。

（e）受托人、债权人或者联邦托管人可要求法院撤销破产免责——

（1）根据本条第（d）（1）项，在批准破产免责之后的1年内；或者

（2）根据本条第（d）（2）或（d）（3）项最迟不得超过——

（A）在批准破产免责后1年，以及

（B）破产案件结案之日。

第3节　股票经纪人的清算

第741条【本节中的定义】

在本节中——

（1）“委员会”是指证券交易委员会；

（2）“消费者”包括——

（A）1个人作为委托人或代理人与之交易的实体，该实体对该人在其作为股票经纪人的正常业务过程中从该实体的证券账户或为该实体的证券账户收到、获得或持有的证券提出债权请求——

（ⅰ）为了安全保管的目的；

（ⅱ）以销售为目的；

（ⅲ）涵盖1项已完成的销售；

（ⅳ）依据某购买项目（pursuant to a purchase）；

（ⅴ）作为担保协议项下的抵押品；或者

（ⅵ）有效办理转让登记；并且

（B）某实体因下列原因对某人拥有债权的——

（ⅰ）按本款第（A）目规定收到、取得或持有的证券的出售或转换；或者

（ⅱ）为购买或出售证券而向该人存入现金、证券或其他财产；

（3）“客户名下证券”（customer name security）是指这样的证券——

（A）在债务人或其代表提交破产申请之日为客户持有的；

（B）在该日期以该客户的名义注册，或在根据债务人的指示注册的过程中注册；并且

（C）不得以可在该日期交付的形式转让；

（4）“客户财产”是指由债务人账户或为债务人账户，从客户证券账户或为客户证券账户收到、取得或持有的现金、证券（security）[①] 或其他财产，或该现金、证券或其他财产收益——

（A）包括——

（ⅰ）非法转换而来的财产和破产财团的合法财产；

（ⅱ）作为债务人财产而持有的证券，但以该证券满足客户基于同一种类和同一发行系列的证券的净权益请求权所需为限；

（ⅲ）通过使用或实现客户的借方现金余额，或通过可包含在证券交易委员会根据1934年《证券交易法》颁布的经纪人和经销商准备金率确定公式中的借记项，而提供的资源；以及

（ⅳ）任何可适用的法律、规则或条例要求为客户的利益而预留或持有的债务人的其他财产，除非客户财产中包含这类财产并不会显著增加客户财产；但是

（B）不包括——

（ⅰ）根据本编第751条交付给或由客户取回的客户名下证券；或者

（ⅱ）客户没有基于该财产对债务人提出请求权的财产；

（5）“保证金支付”是指现金、证券或其他财产的支付或存款，证券交易中通常称为原始保证金、初始保证金、维持保证金或变动保证金，或作为按市价结算（mark－to－market，逐日盯市）的支付，或为证券结算机构参与者的义务提供担保；

（6）“净权益”是指，就客户的所有账户而言，该客户具有相同的下列能力——

（A）

（ⅰ）在该等账户清算后，在提交破产申请时，通过出售或购买该等账户中所有证券头寸（该等客户的任何客户名下证券除外）而保留在该等账户中的美元余额总额；减去

（ⅱ）债务人以该身份对该客户提出的任何债权，而该债权本应在该项清算后立即到期；加上

（B）在根据本编第342条发出通知后60天内，该等客户向受托人支付债务人以该等身份向该等客户提出的任何与业务有关的债权；

---

① 译者注：没有冠词，仅从文字上无法判断应该翻译成“证券”还是“担保”。考虑到前后的现金和财产都是一种财产形式，因此翻译成“证券”应该更合适。

（7）“证券合同”——

（A）是指——

（ⅰ）购买、出售或贷出下列证券类产品的合同，包括证券、存款单、抵押贷款、抵押贷款中的任何权益、证券组合或指数、存款单、抵押贷款或其中的权益（包括其中的权益或基于其价值的权益）的，或上述任何 1 项的期权，包括购买或出售任何该等证券、存款单、抵押贷款、利息、组合或指数，或期权，以及包括任何该等证券、存款单、抵押贷款、利息、组合或指数，或期权的回购或逆回购交易（不论此类回购或逆回购交易是否为第 101 条定义的“回购协议”）；

（ⅱ）在国家证券交易所就外币订立的任何期权；

（ⅲ）任何证券结算机构对下列证券类产品的结算或为结算所作的担保（包括以更替方式作出的担保），包括现金、证券、存款单、抵押贷款或其利息、证券组合或指数、抵押贷款或其利息（包括其中的任何利息或以其价值为基础的利息），或对上述任何一项的期权，包括购买或出售任何该等证券、存款单、抵押贷款、利息、组合或指数，或期权［不论该等结算是否与第（ⅰ）至（ⅹⅰ）子句所指的任何协议或交易有关］；

（ⅳ）任何保证金贷款（margin loan）；

（ⅴ）为证券交易的清算或结算而提供的任何信贷；

（ⅵ）任何贷款交易与证券领牌交易、任何预付费远期证券交易或任何总回报掉期交易与证券销售交易相结合；

（ⅶ）与本款所指的协议或者交易类似的其他协议或者交易；

（ⅷ）本款所指协议或交易的任何组合；

（ⅸ）订立本款所指任何协议或交易的任何期权（option，选择权）；

（ⅹ）主协议，规定了第（ⅰ）、（ⅱ）、（ⅲ）、（ⅳ）、（ⅴ）、（ⅵ）、（ⅶ）、（ⅷ）或（ⅸ）子句所述的协议或交易，以及对任何此类主协议的所有补充，而不考虑主协议是否规定了本款下非证券合同的协议或交易，但该主协议仅就第（ⅰ）、（ⅱ）、（ⅲ）、（ⅳ）、（ⅴ）、（ⅵ）、（ⅶ）、（ⅷ）或（ⅸ）子句所提及的该主协议项下的每项协议或交易而被视为本款所指的证券合同；或者

（ⅹⅰ）与本款所指的任何协议或交易有关的任何担保协议或安排或其他信用增级方式，包括与证券经纪人、证券结算机构、金融机构或向其提供的任何担保或偿付义务，或与本项所提及的任何协议或交易有关的金融参与人，但不得超过根据第 562 条计量的与任何该等协议或交易有关的损害赔偿；以及

（B）不包括参与商业抵押贷款下的任何购买、出售或回购义务；

（8）“结算付款”是指初步结算付款、部分结算付款、中期结算付款、分期结算付款、最终结算付款或证券交易中常用的任何其他类似付款；以及

（9）“SIPC”是指证券投资者保护协会。

第 742 条【本编第 362 条在本节中的效力】

尽管有本编第 362 条的规定，SIPC 可根据 1970 年《证券投资者保护法》申请保护令。

提交此类申请将冻结本编所述案件的所有程序，除非此类申请被驳回。如果 SIPC 完成了对债务人的清算，则法院应驳回该案件。

第 743 条【通知】

书记员应向 SIPC 和委员会发出本编第 342 条要求的通知。

第 744 条【待执行的合同】

尽管有本编第 365（d）（1）项的规定，受托人应根据本编第 365 条的规定，在救济令下达之日后的合理时间内（但不超过 30 天），承担或拒绝债务人在正常业务过程中购买或出售证券的任何待执行合同。受托人未在该期限内承担该合同的，则该合同被解除（rejected）。

第 745 条【账户的处理】

（a）债务人以单独身份为特定客户持有的账户应被视为单独的客户账户。

（b）如果股票经纪人或银行持有由该股票经纪人或银行客户的交易而产生的对债务人的客户净权益债权，则该股票经纪人或银行的每一位客户均应被视为债务人的单独客户。

（c）在债务人账簿上指明为受托人的账户，以及根据 1986 年《国内税收法》向国内税务局提交并符合其资格的信托契据所支持的账户，应视为该受托人账户下每个受益人的单独客户账户。

第 746 条【客户债权的范围】

（a）如在破产申请提交之日后，某实体与债务人订立 1 项交易，而该项交易在申请书提交之日前发生，则该实体本应成为客户，并且该交易是由该等实体善意订立的，且在根据本编第 322 条获得受托人资格之前，则该等实体应被视为客户，且该等交易的日期应被视为提交申请以确定该等实体的净权益的日期。

（b）在某实体通过合同、协议、谅解（备忘录）或法律的实施将现金或证券转让给债务人的范围内，该实体对下列不享有任何作为客户所应享有的债权——

（1）债务人的部分资本；或者

（2）劣后于任何或所有债权人的债权。

第 747 条【某些客户债权的劣后】

除本编第 510 条另有规定外，除非所有其他客户净权益债权已获全额支付，否则受托人不得直接或间接地全额或部分支付下列客户在导致该债权的交易发生之日的任何净权益债权——

（1）关联方；

（2）债务人任何类别权益证券至少 5% 的实益拥有人，除了——

（A）具有固定优先股息和清算权的不可转换股票；或者

（B）有限合伙人在有限合伙企业中的权益；

（3）占债务人净资产或净利润 5% 以上的有限合伙人；或者

（4）通过协议或其他方式直接或间接行使或拥有对债务人管理或政策的控制权的实体。

第 748 条【将证券兑现为货币】

在救济令下达之日后，受托人应按照良好的市场惯例，尽快将作为不动产财产持有的所有证券兑现为货币，但根据本编第 751 条交付或收回的客户名下证券除外。

第 749 条【可撤销的转让】

（a）除本条另有规定外，如果受托人根据本编第 544、545、547、548 或 549 条撤销此类转让，则受托人可撤销任何财产转让，且此类财产应视为客户财产。就本条而言，如此转让的财产须当作为债务人的财产，而如该项转让是为客户或为客户的利益而作出的，则就本条而言，该客户须当视为债权人。

（b）尽管有本编第 544、545、547、548 和 549 条的规定，受托人不得撤销在救济令发出后 7 日内作出的转让，如该项转让是在转让之前或之后由委员会通过规则或命令所批准的，并且如果此类转让是——

（1）由债务人订立或执行或通过债务人代表客户订立、执行的证券合约的转让，以及为该证券合约提供保证金或担保的任何现金、证券或其他财产的转让；或者

（2）由债务人代表客户订立、执行或通过债务人订立、执行的证券合同的清算。

第 750 条【有价证券的分配】

除非根据本编第 751 条，受托人不能分配有价证券。

第 751 条【客户名称证券（customer name securities）】

受托人应将任何客户名下证券交付给有权获得该证券的客户或代表该客户进行交付，除非该客户的净权益为负。经受托人批准，某客户可在受托人允许的期限内向受托人支付债务人对该客户的任何索赔后收回某种客户名称证券，前提是该客户在该等付款后不会拥有负的净权益（a negative net equity）。

第 752 条【客户财产】

（a）受托人应在该等客户允许的净权益债权的基础上，并在该等客户允许的净权益债权的范围内，将客户财产按比例分配给客户，并优先于所有其他债权，但本编第 507（a）（2）项规定的可归因于该等客户财产管理的债权除外。

（b）

（1）受托人应按照本编第 726 条的规定，分配超过根据本条第（a）款规定分配的客户财产。

（2）除本编第 510 条另有规定外，如果未向客户支付该客户允许的客户财产净权益债权的全部金额，则该债权的未付部分是有权根据本编第 726 条进行分配的债权。

（c）债务人根据证券合同设定的证券利益清算后剩余的任何现金或证券，不包括根据本编第 741（4）（B）目排除的财产，应在一般破产财团和客户财产之间按与债务人的一般破产财团和客户财产受该证券利益约束的相同比例进行分配。

第 753 条【股票经纪人清算和远期合约商、商品经纪人、股票经纪人、金融机构、金融参与者、证券结算机构、掉期参与者、回购参与者和主净额结算协议参与者】

尽管本编有任何其他规定，本编下的远期合约商、商品经纪人、股票经纪人、金融机

构、金融参与者、证券结算机构、掉期参与者、回购参与者，或主净额结算协议参与者行使权利，不得影响其在行使该等权利后可能拥有的任何无担保债权的优先权（priority，优先性）。

第4节　商品经纪人的清算

第761条【本节中的定义】

在本节中，

（1）“《法案》”是指《商品交易法》；

（2）“清算组织”是指根据《商品交易法》注册登记的衍生品清算组织；

（3）“委员会”是指商品期货交易委员会；

（4）“商品合同”是指——

（A）就期货商而言，指在合约市场或交易委员会上购买或出售商品以供未来交割的合同，或受其规则约束的合同；

（B）与国外的期货商有关的外国期货；

（C）与杠杆交易商有关的杠杆交易；

（D）就结算机构而言，指在该结算机构清算的合约市场或交易委员会上，或在该等市场或交易委员会的规则的规制下，购买或出售日后交付的商品的合同，或在合约市场或交易委员会交易的商品期权，或在该等结算机构结算的合约市场或交易委员会的规则规制下，购买或出售商品期权的合同；

（E）就商品期权交易商而言，指商品期权；

（F）

（ⅰ）与本款所指的合同、期权、协议或交易类似的任何其他合同、期权、协议或交易；以及

（ⅱ）就期货商或结算组织而言，在每种情况下，由结算组织结算的任何其他合同、期权、协议或交易；

（G）本项所提及的协议或交易的任何组合；

（H）订立本项所提及的协议或交易的任何期权（选择权）；

（I）主协议，规定了第（A）、（B）、（C）、（D）、（E）、（F）、（G）或（H）目所指的协议或交易，以及对该主协议的所有补充，而不考虑主协议是否规定了根据本项不属于商品合同的协议或交易，但主协议仅就第（A）、（B）、（C）、（D）、（E）、（F）、（G）或（H）目所提及的主协议项下的每项协议或交易而被视为本款所指的商品合同；或者

（J）与本项所述任何协议或交易有关的任何担保协议或安排或其他信用增级工具，包括商品经纪人或金融参与者就本款所述任何协议或交易而承担的或向其承担的任何担保或偿付义务，但不得超过根据第562条计量的与任何该等协议或交易有关的损害赔偿；

（5）“商品期权”是指受《商品交易法》第4c（b）款规定约束的协议或交易；

（6）“商品期权交易商”是指向该人的客户提供信贷或接受现金、证券或其他财产以购买或出售商品期权权益的人；

（7）“合同市场”是指经注册的实体；

（8）“销售合同”“商品”“衍生品结算机构”“期货交割”“交易委员会”“注册实体”“期货商”具有《商品交易法》所赋予的含义；

（9）“客户”是指——

（A）就期货商而言——

（ⅰ）为该期货商交易的实体或与之交易的实体，并因所订立、收到、取得的商品合约而对该期货商持有债权，或由该期货商或透过该期货商在该期货商作为期货商的正常业务过程中，从该实体的商品合约账户或为该实体的商品合约账户持有债权；或者

（ⅱ）因下列原因而对该期货商持有债权的实体——

（Ⅰ）本目第（ⅰ）子句详细列明的一类商品合同的订立、清算或者价值变动；

（Ⅱ）向该期货商存入或支付现金、证券（此处用的是 a security）[①] 或其他财产，以订立该商品合约或为该合约提供保证金；或者

（Ⅲ）该商品合同的交货或提货；

（B）就外国期货商而言——

（ⅰ）指为该外国期货商交易的实体或与该外国期货商交易的实体，并因所订立、收到、取得的商品合约而对该外国期货商持有债权，或由该外国期货商或通过该外国期货商在该外国期货商作为外国期货商的正常业务过程中从该实体的外国期货账户或为该实体的外国期货账户持有债权；或者

（ⅱ）因下列原因对该外国期货商持有债权的实体——

（Ⅰ）本款第（ⅰ）子句详细列明的一类商品合同的订立、清算或者价值变动；

（Ⅱ）向该外国期货商存入或支付现金、证券或其他财产，以订立或为该等商品合约提供保证金；或者

（Ⅲ）该商品合同的交货或提货；

（C）就杠杆交易商而言——

（ⅰ）指为该杠杆交易商交易或与之交易的实体，并因该杠杆交易商在其作为杠杆交易商的正常业务过程中作为杠杆交易商参与或与之交易的商品合同，对或为该实体的杠杆账户而持有对该杠杆交易商的债权；或者

（ⅱ）对杠杆交易商持有债权的实体——

（Ⅰ）本款第（ⅰ）子句详细列明的一类商品合同的价值的订立、清算或者价值变动；

（Ⅱ）在杠杆交易商处存入或支付现金、担保物或其他财产，以签订此类商品合同或

---

① 译者注：有一个不定冠词在前面，同样无法判断这里是指一种证券还是指一种担保物，根据上下文及所处的章节，还是翻译成“证券”。

为其提供保证金；或者

（Ⅲ）该商品合同的交货或提货；

（D）就结算组织而言，指该结算组织的结算成员，与该结算组织进行交易并因该结算组织收取的现金、证券或其他财产由该结算机构在该结算会员的自营账户或客户账户中为商品合约提供保证金、保证或担保，而对该结算组织持有债权的；或者

（E）就商品期权交易商（a commodity options dealer，如果是商品期货交易商则是 commodity futures dealer）而言——

（ⅰ）指为该商品期权交易商交易或与之交易的实体，该实体持有该商品期权交易商在该商品期权交易商作为商品期权交易商的正常业务过程中，从或为该实体的商品期权账户订立、收到、取得或持有商品合约（而产生）的债权；或者

（ⅱ）指因下列原因对商品期权交易商持有债权的实体——

（Ⅰ）本款第（i）子句详细列明的一类商品合同订立、清算、履行或价值变动；或者

（Ⅱ）向该等商品期权交易商存入或支付现金、证券或其他财产，以订立、行使该商品合同或作为其保证金；

（10）“客户财产”指由债务人账户或为债务人账户，从客户账户或为客户账户收到、取得或持有的现金、担保物或其他财产，或该现金、担保物或其他财产之收益——

（A）包括——

（ⅰ）为商品合同提供保证金、保证、担保、购买或出售而收到、取得或持有的财产；

（ⅱ）因商品合同给客户带来的利润、合同权利或者其他权利；

（ⅲ）一个开放的商品合同（并不试图修改或排除法律为该类合同所设定的默示条款的合同）；

（ⅳ）具体可辨认的客户财产；

（ⅴ）债务人持有的证明交付财产所有权或产权（ownership of or title to property）的仓单或其他文件，为履行来自或为了客户账户的商品合同；

（ⅵ）债务人为履行商品合同向客户账户或者自客户账户支付商品价款而收到的现金、证券或者其他财产；

（ⅶ）作为债务人财产而持有的证券，只要该证券是在为满足基于发行人的同一种类和同一发行系列的证券的净权益要求所必需的范围内；

（ⅷ）从该破产财团非法转换而来的财产和破产财团的合法财产；以及

（ⅸ）任何可适用的法律、规则或条例要求为客户的利益而预留或持有的债务人的其他财产，除非客户财产中包括这类财产并不会显著增加客户财产的；但是

（B）不包括客户没有基于该财产向债务人主张债权的财产；

（11）“外国期货”是指在美国境外的贸易委员会购买或销售商品以备将来交付，或受其规则约束的合同；

（12）“外国期货商”是指为购买或出售外国期货而从事招揽或接受订单的实体，或该实体（与前述招揽或接受相关）接受现金、证券或其他财产，或将信用扩展到为因此类招

揽或接受而产生的任何交易或合同提供保证金、保证或担保；

（13）“杠杆交易”是指受《商品交易法》第 19 条监管的协议，以及通常在商品交易中被称为保证金账户、保证金合同、杠杆账户或杠杆合同的协议；

（14）“杠杆交易商”是指从事杠杆交易业务的人；

（15）“保证金支付”是指现金、证券或其他财产的支付或存款，通常被在商品交易中被称为原始保证金、初始保证金、维持保证金或变动保证金，包括按市价（逐日盯市）支付、结算支付、变动支付、每日结算支付，以及作为结算价格调整而进行的最终结算支付；

（16）“成员财产”是指由或为作为结算组织的债务人的账户、从作为债务人结算成员的客户的自有账户或为其账户接收、取得或持有的客户财产；以及

（17）“净权益”是指在符合委员会根据《商品交易法》颁布的规则和条例的前提下，该客户以相同身份拥有的所有客户账户的总和——

（A）下列时间结束后该客户账户即刻的结余——

（ⅰ）该客户的所有商品合同均已转让、清算或为交付而被特定化；以及

（ⅱ）该客户以该身份对债务人所负的所有债务已被抵销；加上

（B）在本编第 766 条规定的返还日，在本款第（A）目规定的日期之前实际返还给该客户的任何具体可辨的（已特定化的）客户财产的价值；加上

（C）在转让之日的下列价值——

（ⅰ）根据本编第 766 条转让给第三人的该客户有权获得的任何商品合同（的价值）；以及

（ⅱ）根据本编第 766 条转让给该第三人的该客户的，作为该转让商品合同的保证金或担保的，任何现金、证券或其他财产（的价值）。

第 762 条【向（商品期货交易）委员发送通知和发表意见的权利】

（a）书记员应向（商品期货交易）委员会发送本编第 342 条要求的通知；

（b）在本章案件中，委员会可以提出任何问题，也可以出席和听取任何问题的陈述。

第 763 条【账户的处理】

（a）债务人以单独身份为特定客户持有的账户应视为单独客户的账户。

（b）结算机构的成员应被视为以独立于该成员客户账户的身份持有该成员的专有账户（proprietary account）。

（c）客户账户中的净权益不得与任何其他客户账户中的净权益相抵销。

第 764 条【可撤销的转让】

（a）除本条另有规定外，债务人对财产的任何转让，如非因该项转让，本应属客户财产，则受托人可撤销该项转让，如受托人根据本编第 544、545、547、548、549 条或第 724（a）款撤销该项转让，则仅在该范围内，该项财产须被视为客户财产。就本条而言，如此转让的财产须当作为债务人的财产，而如该项转让是为客户或为客户利益而作出的，则就本条而言，该客户须当作为债权人。

（b）尽管有本编第 544、545、547、548、549 条和第 724（a）款的规定，受托人不得撤销在救济令发出后 7 日内作出的转让，如果无论在此转让之前或之后委员会通过规则或命令批准此类转让，并且如果此类转让是如下情形的——

（1）转让由债务人或通过债务人代表客户订立、持有商品合同，以及用任何现金、证券或其他财产为该商品合同提供了保证金或担保的；或者

（2）由债务人或通过债务人代表客户订立、执行的商品合同的清算（the liquidation，结算）的。

第 765 条【对客户的指示】

（a）本编第 342 条要求向客户发出的通知应指示每个客户——

（1）立即提交该客户债权的证明，并在该债权中指明任何具体可识别的担保、财产或商品合同；以及

（2）指示受托人对该客户的预期处置，包括根据本编第 766 条的规定转让或清算任何明确指定给该客户的商品合同。

（b）受托人须在切实可行的范围内，遵从客户就客户所期望的处置任何特别指明给该客户的商品合同而发出的任何指示。如果受托人已根据本编第 766 条转让了此类商品合同，受托人应将任何此类指示转交给接受此类商品合同转让的商品经纪人。

第 766 条【对客户财产的处置】

（a）受托人应在受托人返还或转让该商品合同之前，对客户的特定可辨认商品合同的所有保证金催缴作出答复，但受托人不得作出超过该客户根据本条第（h）或（i）款有权获得的分配效果的保证金付款。

（b）受托人应防止任何未结（open）[①] 商品合同在该商品合同的最后 1 个交易日后，或在该商品合同的意向交付通知发出的第 1 天（以先发生者为准）后继续未结。对于在该等商品合同的最后 1 个交易日后仍然保持未结的任何商品合同，或根据订立该等商品合同的合约市场规则必须作出或接受交付的任何商品合同，受托人可为以下目的而经营债务人的业务——

（1）接受或发出旨在交付该商品合同标的实物商品的意向通知；

（2）为此类商品的交付提供便利；或者

（3）如果商品合同的一方违约，则处置该商品。

（c）受托人应立即将该客户有权享有的任何特别可识别的证券（specifically identifiable security）、财产或商品合同退还给客户，或代表该客户将该证券、财产或商品合同转让给非本编下债务人的商品经纪人，且须遵守交易委员会所订明的规则或条例，但该等证券、财产或商品合约的价值不超过如该等证券、财产或商品合约没有根据本款退回或转让，该客户根据本条第（h）或（i）款有权享有的金额。

---

① 译者注：有两种可能，一种翻译成“未结的”，另一种翻译成“开放式的”，此处最后选择翻译成“未结的”，因为开放式商品合约不是一种很惯常的说法。

（d）如果特别可识别的证券、财产或商品合同的价值超过债务人的客户根据本条第（h）或（i）款有权获得的金额，则该证券、财产或者具体确定的商品合同的客户，可以按照该证券、财产或者商品合同的价值与该金额的差额，向受托人存入现金，受托人应当——

（1）立即将该等证券、财产或商品合同退还给该客户；或者

（2）代表客户将该等证券、财产或商品合同转让给非本编下债务人的商品经纪人，但须遵守委员会可能规定的规则或条例。

（e）在符合本条（b）款的规定下，受托人应当结算任何下列商品合同——

（1）为某一特定客户所识别，且该客户未及时指示受托人对该商品合同的预期处置；

（2）不能根据本条第（c）款被转让；或者

（3）无法被特定客户识别。

（f）在本案开始后，受托人须在切实可行的范围内，尽快以符合良好市场惯例的方式将所有证券及其他财产（商品合约除外）变现，而该等证券及其他财产是作为有关破产财团的财产而被持有的，但根据本条第（h）或（i）款可分配的特别可识别的证券或财产除外。

（g）除根据本条第（h）或（i）款的规定外，受托人不得分配证券或其他财产。

（h）除本条第（b）款另有规定外，受托人须在该等客户获准的净权益请求权（net equity claims）的基础上及在该等客户获准的净权益请求权的范围内，按比例将客户财产分配给客户，并优先于所有其他债权，但本编第507（a）（2）项规定的可归因于客户财产管理的债权除外。该分配应以下列形式进行——

（1）现金；

（2）根据本条第（c）或（d）款，返还或转让特定可识别客户证券、财产或商品合同；或者

（3）根据本条第（a）款支付保证金。

尽管本款有任何其他规定，基于交易委员会的规则、规章或命令定义的专有账户的客户净权益请求权，不得全部或部分直接或间接从客户财产中支付，除非所有其他客户净权益请求权已获全额支付。

（i）如债务人是结算机构的，受托人应当分配——

（1）客户财产（成员财产除外），在该等客户允许的基于该等客户账户（专有账户除外）的净权益请求权的基础上和范围内，按比例分配给客户，并优先于所有其他债权，但本编第507（a）（2）项规定的可归因于客户财产的管理而产生的债权除外；以及

（2）在客户允许的基于客户专有账户的净权益请求权的基础上和范围内向客户按比例分配成员财产，并优先于所有其他债权，但本编第507（a）（2）项规定的可归因于成员财产或客户财产管理而产生的债权除外；

（j）

（1）受托人应按照本编第726条的规定，分配超过根据本条第（h）或（i）款应分配的客户财产。

（2）除本编第 510 条另有规定外，如果未向客户支付该客户被允许的客户财产净权益请求权的全部金额，则该请求权的未付部分是有权根据本编第 726 条进行分配的债权。

第 767 条【商品经纪人清算和远期合约商、商品经纪人、股票经纪人、金融机构、金融参与者、证券结算机构、掉期参与者、回购参与者和主净额结算协议参与者】

尽管本编有任何其他规定，远期合约商、商品经纪人、股票经纪人、金融机构、金融参与者、证券结算机构、掉期参与者、回购参与者或主净额结算协议参与者在本编下行使权利的，不得影响其在行使该等权利后可能拥有的任何无担保债权的优先权（priority）。

第 5 节　结算银行的清算

第 781 条【定义】

就本节而言，以下定义应如此适用：

（1）董事会——

“董事会”是指联邦储备系统（美联储）的董事会。

（2）存款机构——

“存款机构”的含义与《联邦存款保险法》第 3 条的相同。

（3）结算银行（clearing bank）——

“结算银行”是指未投保的州成员银行，或根据《联邦储备法》第 25A 条组建的、根据 1991 年《联邦存款保险公司改进法》第 409 条经营或作为多边结算组织经营的公司。

第 782 条【受托人的选任】

（a）一般而言——

（1）指定——

尽管本编有任何其他规定，提交申请的保管人或接管人（conservator or receiver）应为本章下的受托人，除非董事会指定替代受托人。

（2）继任者——

如有需要，董事会可指定继任受托人。

（b）受托人的职权——

无论何时董事会任命或指定受托人，本编第 3 章和第 704 和 705 条应以其适用于联邦托管人的相同方式和程度适用于董事会。

第 783 条【受托人的额外权力】

（a）分配不属于破产财团的财产——

本节下的受托人有权分配不属于破产财团的财产，包括分配给被本章第 3 和第 4 节授权的客户。

（b）机构处置——

本节下的受托人可在收到通知和听证后——

（1）将结算银行出售给存款机构（depository institution）或存款机构联合体（该联合体可就结算银行在联合体之间的分配达成一致意见）；

（2）将结算银行和存款机构合并；

（3）按照《联邦存款保险法》第 11（e）款第（9）和（10）项的规定，与存款机构的接管人拥有相同范围的合同转让权；

（4）向存款机构转移资产或负债；以及

（5）按照《联邦存款保险法》第 11（n）款第（1）项，第（3）（A）目，第（5）和（6）项，第 11（n）款第（9）至（13）项，第 11（n）款第（4）项第（A）至（H）和（K）目的规定，将资产和负债转让给过渡性存款机构，除了——

（A）就本款而言，该等资产或负债转移至的过渡性存款机构须视为结算银行；以及

（B）在任何此类法律条款中，对联邦存款保险公司的任何提及均应解释为对指定机构的提及，且应省略对存款保险的提及。

（c）包括某些转让——

本条中提及的任何债务转让均包括按比例转让在优先权类别内（within a priority class）的债务。

第 784 条【发表意见的权力】

美联储董事会或联邦储备银行（如果结算银行是该银行的成员）可就本节的案件提出任何问题，并可就任何问题出席听证和发表意见。

第9章　市政当局债务的调整

第1节　总　　则

第901条【本编其他条款的适用性】

（a）本章的案件可以适用本编第301、333、344条，第347（b）款，第349条，第350（b）款，第351、361、362条，第364（c）－（f）款，第365、366、501－504、506条，第507（a）（2）项，第509、510条，第524（a）（1）、524（a）（2）项，第544、545、546、547、548条，第549（a）、549（c）、549（d）款，第550－553、555－557、559、560－562、1102、1103、1109条，第1111（b）款，第1122条，第1123（a）（1）－（a）（5）项，第1123（b）、1123（d）款，第1124、1125条，第1126（a）－1126（c）、1126（e）－1126（g）、1127（d）款，第1128条，第1129（a）（2）、1129（a）（3）、1129（a）（6）、1129（a）（8）、1129（a）（10）、1129（b）（1）项，第1129（b）（2）（A）、1129（b）（2）（B）目，第1142（b）款，第1143－1145条。

（b）本编某条中使用的术语因本条第（a）款或本编第103（c）款适用于本章所述案件的，具有为该适用条之目的对该术语所定义的含义，但本编第902条另有规定的除外。

（c）因本条第（a）款适用于本章案件的条文，如果债务人的业务被授权经营，则该条在本章案件中有效。

第902条【本章的有关定义】

在本章中——

（1）"破产财团财产"在根据本编第103（e）款或第901条在适用于本章案件的条文中使用时，指债务人的财产；

（2）"特殊收入"是指——

（A）债务人对主要用于或拟主要用于提供运输、公用事业或其他服务的项目或系统的所有权、经营或处置产生的收入，包括为项目或系统融资的借款收益；

（B）对特定活动或交易征收的特别消费税；

（C）增值税融资（tax－increment financing）情况下受益地区的增值税收入；

（D）从债务人的特定职能取得的其他收益或收入，不论债务人是否具有其他职能；或者

（E）为资助1个或多个项目或系统而专门征收的税款，不包括为资助债务人的一般目

的而征收的一般财产税、销售税或所得税（增值税融资除外）；

（3）“特别纳税人”是指不动产的法定或衡平法所有权的记录所有人或持有人，已对其收益征收特别核定的付款额（a special assessments）或特别税，且其收益是债务人为支付与该不动产有关的改良费用而导致的债务的唯一支付来源；

（4）“受本（债务调整）计划影响的特殊纳税人”是指本（债务调整）计划拟对其不动产增加本条第（2）项所述的针对该不动产的特别核定的付款额或特殊税收比例的特殊纳税人；以及

（5）“受托人”在因本编第103（e）款或第901条适用于本章案件的条文中使用时，指债务人，除非本编第926条另有规定。

第903条【各州对市政当局控制权的保留】

本章不限制或损害一州（通过立法或其他方式）通过行使该市政的政治或政府权力控制该州的或该州内某一市政的权力，包括因行使该权力而导致支出，但是——

（1）如州法律规定了该市政债务的构成方式（a method of composition），则对不同意该债务构成的任何债权人不具有约束力；以及

（2）根据此种法律作出的判决，不得约束不同意此种构成的债权人。

第904条【对法院管辖和权力的限制】

即使法院有任何权力，除非债务人同意或（债务调整）计划如此规定，否则法院不得通过任何冻结、裁定或判令（在该个案中或以其他方式）干扰——

（1）债务人的任何政治或政府权力；

（2）债务人的任何财产或收入；或者

（3）债务人使用或享有任何产生收入的财产。

第2节　管　　理

第921条【破产申请以及与之相关的程序】

（a）尽管有本编第109（d）款和第301条的规定，根据本章，涉及1个非法人税（unincorporated tax）或特别核定额地区（special assessment district）的案件，如果该区没有自己的官员，则由该区的有权征收税款或核定额以履行该地区义务的管理当局或董事会或机构，根据本编第301条提交本章下的破产申请而启动。

（b）巡回范围包括已启动案件的行政区域的上诉法院的首席法官，应任命破产法官来管理该案。

（c）对破产申请提出异议后，如果债务人未善意地提交申请，或者该申请不符合本编要求的，法院在通知和听证后，可驳回该破产申请。

（d）如果该破产申请并非根据本条第（c）款被驳回的，即使有第301（b）款的规定，法院也可根据本章发出救济令。

（e）法院不得因对救济令的上诉而推迟本章所指的上诉案件中的任何诉讼；也不得命

令在上诉期间中止该诉讼。对管辖权裁决上诉的撤销不影响法院根据本编第 364（c）或 364（d）款授权产生的任何债务的有效性。

第 922 条【针对债务人的债权的强制执行的自动冻结】

（a）除本编第 362 条规定的冻结外，根据本章提出的破产申请，对任何实体都产生下列冻结效力——

（1）对寻求对债务人强制执行债权的债务人的官员或居民提起或继续进行司法、行政或其他诉讼或程序，包括签发或使用传票（issuance or employment of process）；以及

（2）对债务人所欠税款或核定额的或由此产生的物上优先权（lien）的强制执行。

（b）本编第 362 条第（c）、（d）、（e）、（f）和（g）款适用于本条第（a）款项下的冻结，与该款适用于本编第 362（a）款下的冻结相同。

（c）如果债务人根据本编第 362、364 或 922 条对以债务人财产的物上优先权为担保的债权持有人的利益提供了充分的保护，并且尽管有这种保护，该债权人仍有 1 项债权，该债权产生于根据本编第 362 或 922 条对该财产的诉讼冻结或根据本编第 364（d）款被授予的物上优先权，则根据本编第 503（b）款，此类债权应被允许作为管理费用。

（d）尽管有本编第 362 条和本条第（a）款的规定，根据本章提交的破产申请并不因符合本编第 927 条规定的方式而能被用于冻结被质押的特殊收入，以支付由此类收入担保的债务。

第 923 条【通知】

应根据本章发出立案通知、根据本章发出救济令通知，以及根据本章发出驳回案件通知。该通知亦须以公告方式每周最少刊登 1 次，连续刊登 3 周，刊登在该案开始的地区内至少 1 份普遍发行的报纸上，以及在法院指定的在债券交易商及债券持有人之间普遍发行的其他报纸上。

第 924 条【债权人名单】

债务人在提出破产申请时应附有债权人名单。

第 925 条【债权列表的效力】

对于根据本编第 924 条提交的名单中出现的任何债权，根据本编第 501 条提交的债权证明被视为已提交，但被列为有争议、或有（contingent）或未清算（unliquidated，未结算）的债权除外。

第 926 条【撤销权】

（a）如果债务人拒绝根据本编第 544、545、547、548 条，第 549（a）款或第 550 条提起诉讼，则在债权人的请求下，法院可指定 1 名受托人提起诉讼。

（b）根据本编第 547 条的规定，债务人向债券或票据的任何持有人或为其利益而进行的财产转让，不得因此类债券或票据（bond or note）而被撤销。

第 927 条【追索权（recourse，求偿权）的限制】

根据适用的非破产法，仅从债务人的特别收入中获得支付的债权的持有人不应被视为根据本编第 1111（b）款就该债权对债务人具有追索权。

第 928 条【担保权在破产申请后的效力】

（a）尽管有本编第 552（a）款的规定，且在符合本条第（b）款的规定下，债务人在案件开始后获得的特别收入仍受债务人在案件开始前签订的任何担保协议所产生的任何担保权的约束。

（b）对项目或系统产生的特殊收入（市政改善的核定付款额除外）的任何此类担保权，应视情况而定，以该项目或系统的必要运营费用为准。

第 929 条【市政当局的租赁】

就本编第 365 条或第 502（b）（6）项而言，对市政当局的租赁不应仅因债务人未能支付租金而终止而被视为未执行合同或未到期租赁。

第 930 条【驳回（破产案件）】

（a）经通知和听证，法院可以因故驳回（dismiss）本章案件，原因包括——

（1）缺少控诉（want of prosecution）；

（2）债务人不合理拖延，损害债权人利益的；

（3）未能在本编第 941 条规定的时间内提出（债务整理）计划；

（4）计划未能在法庭规定的时间内被接受；

（5）拒绝根据本编第 943（b）款确认计划，拒绝延长期限以重新提出计划或对计划进行必要的修改；或者

（6）如果法院在计划得到确认之后保留了（驳回的）权限，当——

（A）债务人对该计划的某一条款有重大违约；或者

（B）因计划中规定的条件发生而终止该计划。

（b）如果拒绝确认本章规定的计划，法院应驳回本章规定的案件。

第 3 节　（债务调整）计划

第 941 条【计划的提交】

债务人应当提出债务调整计划。如该计划未随破产申请提交，债务人须在法院所定的较迟时间提交该计划。

第 942 条【计划的修改】

债务人可以在（计划被）确认前随时修改该计划，但不得修改计划使修改后的计划不符合本章的要求。债务人提出修改后，修改后的计划即成为（新的）计划。

第 943 条【（计划的）确认】

（a）特别纳税义务人可以反对确认计划。

（b）法院将确认该计划，如果——

（1）本计划符合因本编第 103（e）款和第 901 条而适用的本编各项规定；

（2）该计划符合本章的相关规定；

（3）债务人或任何人就本案或本计划中的服务或开支而须支付的所有款项，均已获充

分披露并且是合理的；

（4）法律不禁止债务人采取任何必要行动执行该计划；

（5）除非特定债权的持有人同意对此类债权采取不同的处理方式，否则计划规定，在计划生效之日，本编第 507（a）（2）项规定的每一类债权的持有人将因此类债权收到与此类债权的允许金额相等的现金；

（6）根据适用的非破产法，已经获得为执行本计划的任何规定所需的任何规制性或选举性准批（any regulatory or electoral approval），或该规定明确以该批准为条件；以及

（7）该计划符合债权人的最大利益，而且可行。

第 944 条【确认（confirmation）的效力】

（a）已确认计划的规定对债务人和任何债权人都有约束力，不论是否——

（1）根据本编第 501 条提交或视为提交了此类债权人的债权证明；

（2）根据本编第 502 条许可此类债权；或者

（3）该债权人已经接受了该计划。

（b）除非本条第（c）款另有规定，债务人从下列时间开始，被免除所有的债务——

（1）该计划被确认；

（2）债务人将根据计划分配的任何对价交由法院指定的支付代理人保管；以及

（3）法院已经决定了下列事项——

（A）任何这样提存的证券（any security so deposited）在分配之后将成为债务人有约束力的法律义务；并且

（B）为支付或保证支付该义务而作出的任何规定均有效。

（c）债务人不能根据本条第（b）款免除下列任何债务——

（1）除非通过计划或批准计划的裁定而免责；或者

（2）欠某实体的款务，该实体在计划得到确认之前，既没有收到通知，也没有实际了解该案。

第 945 条【持续性的管辖权和案件的终结】

（a）为了计划成功执行期间的需要，法院对案件可以保留管辖权；

（b）除本条第（a）款另有规定外，法院须在案件的管理完成后结案。

第 946 条【提出破产申请之前证券交易的效力】

在计划之下，为了履行该计划下的请求权而进行的新证券的交易，无论是发生在提出破产申请日之前还是之后，都不能限制或削弱该计划和本章规定的效力。本编第 1126（c）款规定的金额和数量包括参与任何此类交易的债权人以前持有的债权金额和数量。

第11章　重　　整

第1节　管理人员及管理

第1101条【本章中的定义】

在本章中：

（1）“留任的债务人”（debtor in possession，DIP，继续持有或占有破产财产的债务人，也有译为经管债务人的）是指债务人，除非根据本编第322条具有资格的人担任本案的受托人；

（2）“实质性完成”是指——

（A）转让计划所涉全部或实质上全部财产的转让；

（B）债务人或其继承者根据企业计划或管理计划所涉全部或实质上全部财产的处分；以及

（C）根据计划开始分配。

第1102条【债权人委员会以及权益性证券持有人（equity security holders'）委员会】

（a）

（1）除第（3）款规定的情形外，在根据本编第11章下达救济令后，联邦托管人应在切实可行的范围内尽快任命持有无担保债权的债权人委员会，并可在联邦托管人认为适当的情况下任命其他债权人或权益性证券持有人委员会。

（2）应利益相关方的请求，必要时法院可以裁定组建另外的债权人委员会或者权益性证券持有人委员会，以确保债权人或者权益性证券持有人的利益得到充分的代表。联邦托管人应任命任何此类委员会。

（3）除非法院另有裁定，否则不得在小企业案件或本章第5节所指案件中指定债权人委员会。

（4）应利益相关方的请求，并在通知和听证之后，如果法院认为为了确保债权人或权益性证券持有人有足够的代表性，有必要进行变更，法院可裁定联邦托管人变更根据本款任命的委员会的成员。法院可裁定联邦托管人增加委员会成员的数量，以包括属于小企业的债权人［如《小企业法》第3（a）（1）项所述］，如果法院确定该债权人持有（委员会所代表的种类的）债权总额相对于该债权人的年度总收入，大得不成比例。

（b）

（1）依照本条第（a）款组建的债权人委员会一般应当包括愿意参加、对债务人持有该委员会所代表债权种类的前 7 位人员（以债权金额计算），或由债权人在本章所指的案件开始前组织的委员会的成员组成，只要该委员会是被公平挑选出来的，而且代表不同类型债权人的主张。

（2）依照本条第（a）（2）项组建的权益性证券持有人委员会一般应当包括愿意参加的、对债务人持有该委员会所代表的权益性证券种类的前 7 位人员（以证券金额计算）。

（3）根据第（a）款任命的委员会须——

（A）为下列债权人提供获取信息的途径——

（ⅰ）持有该委员会所代表的种类的债权；以及

（ⅱ）没有获委任为委员会成员；

（B）征求并听取第（A）目所述债权人的意见；以及

（C）须受法院裁定所规限，该裁定强制向第（A）目所述的债权人作出任何额外报告或披露。

第 1103 条【委员会的权利及责任】

（a）依照本编第 1102 条规定组建的委员会在预定的会议上，该委员会的多数成员都出席，并经法院批准，该委员会可选择并授权该委员会雇佣 1 名或者多名律师、会计师或者其他代理人，代表该委员会或为该委员会服务。

（b）受聘代表根据本编第 1102 条任命的委员会的律师或会计师在受聘于该委员会期间，不得代表与本案有相反利益关系的任何其他实体。委员会所代表的同一类别的 1 名或多名债权人的代表事实本身，并不构成相反利益的代表。

（c）依照本编第 1102 条任命的委员会可以——

（1）就案件的管理与受托人或债务人进行协商；

（2）调查债务人的行动、行为、资产、债务以及财务状况，债务人企业的经营和继续经营该企业的有利条件，以及与案件或计划制订有关的任何其他事项；

（3）参与制订计划，将委员会对已制订计划的决定告知委员会所代表的人员，并收集或向法院提交对计划的接受或拒绝意见；

（4）根据本编第 1104 条要求任命受托人或审查员；以及

（5）履行与被代表人利益相关的其他服务。

（d）在根据本编第 1102 条任命委员会后，受托人应在切实可行的范围内尽快与该委员会见面，以处理必要和适当的事务。

第 1104 条【任命受托人或者审查员（examiner）】

（a）在案件开始后但在重整计划得到确认前的任何时间，应利益相关方或者联邦托管人的请求，在通知和听证以后，法院应裁定任命受托人——

（1）根据下述事由，包括欺诈、不诚实、不称职或当前管理层在案件开始之前或之后对债务人事务的严重管理不善，或类似原因，但不包括债务人的证券持有人的人数或债务人资产或负债的金额；或者

（2）如该项委任符合债权人、任何权益性证券持有人及该破产财团的其他利益，则不

论债务人的证券持有人人数或债务人的资产或负债金额。

（b）

（1）除非本编第1163条另有规定外，应利益相关方的请求，在法院根据第（a）款裁定任命受托人后30天内，联邦托管人应召开债权人会议，以选出1名无利害关系的人担任本案受托人。受托人的选择应按照本编第702（a）、（b）和（c）款规定的方式进行。

（2）

（A）如在根据第（1）项举行的债权人会议上选出1名符合资格、无利害关系的受托人，则联邦托管人须提交1份证明该项选择的报告。

（B）在根据第（A）目提交报告时——

（ⅰ）根据第（1）项选出的受托人，须视为已为施行本条而被选出及获委任；以及

（ⅱ）根据第（a）款委任的受托人的服务须终止。

（C）法院应解决因第（A）目所述的选择而产生的任何争议。

（c）如法院没有根据本条命令委任受托人，则在计划确认前的任何时间，应利益相关方或联邦托管人的请求，并在通知及听证后，法院须裁定委任1名审查员对债务人进行适当的调查，包括调查对债务人的现任或前任管理层在管理债务人事务时（所作出或所提出）的欺诈、不诚实、无能力、不当行为、管理不善或管理不规范的任何指控，如果——

（1）该项任命是有利于债权人、权益性证券持有人或符合破产财团的其他利益；或者

（2）债务人的固定债务、清算债务、无担保债务（货物债务、服务债务或税款债务除外）或欠关联方的债务超过5,000,000美元。

（d）如果法院裁定任命受托人或审查员，而该受托人或审查员在案件期间死亡或辞职，或根据本编第324条被撤职，或如果受托人未能根据本编第322条取得资格，则联邦托管人应在与利益相关方协商后任命（经法院批准，除联邦托管人外的）1名无利害关系的人，在本案中担任受托人或审查员（视属何情况而定）。

（e）如果有合理理由怀疑债务人的管理机构的现任成员、债务人的首席执行官或首席财务官或选择债务人首席执行官或首席财务官的管理机构的成员，在管理债务人或债务人的公共财务报告中参与实际欺诈、不诚实或犯罪行为的，联邦托管人应根据第（a）款提议任命1名受托人。

第1105条【受托人任命的中止】

在计划确认前的任何时候，应利益相关方或联邦托管人的请求，并在通知和听证后，法院可终止受托人的任命，并恢复债务人对破产财团财产和债务人营业的占有和管理。

第1106条【受托人及审查员的职责】

（a）受托人必须——

（1）履行第704（a）（2）、（5）、（7）、（8）、（9）项所规定的受托人职责；

（2）提交本编第521（a）（1）项所要求的清单、附表和说明，如果债务人没有这样做；

（3）除法院另有裁定外，调查债务人的行动、行为、资产、债务以及财务状况、债务人业务的运营情况和继续运营该业务的可行性，以及与该案件或与制定计划有关的任何其他事项；

（4）如可行，尽快——

（A）对依照本款第（3）项规定所进行的任何调查提交1份报告，包括对声称债务人在管理过程中发生了诸如欺诈、不诚实、不称职、不当行为、管理不善或者债务人事务管理不规范，或对破产财团声称有诉讼理由，确认有否相关事实；以及

（B）向每1个债权人委员会、权益证券持有人委员会、任何契约受托人以及法院指定的其他实体发送任何此类声明的副本或摘要；

（5）在可行的情况下，尽快根据本编第1121条提交计划，提交受托人为何不提交计划的报告，或建议将案件转换为本编第7、12或13章规定的案件，或驳回案件；

（6）对于债务人未提交法律要求的纳税申报表的任何年份，在不承担个人责任的情况下，根据债务人账簿和记录的状况以及此类信息的可得性（availability），提供向其提交此类纳税申报表的政府部门可能要求的信息；

（7）在重整计划被确认后，根据需要或者依照法院的裁定提交报告；以及

（8）如就债务人有就家庭扶持义务提出的债权，则须提供第（c）款规定的适用通知。

（b）根据本编第1104（d）款任命的审查员应履行本条第（a）（3）和（4）项规定的职责，以及，除法院另有裁定外，法院命令留任的债务人（DIP）不得履行的任何其他的受托人职责。

（c）

（1）在第（a）（8）项所述的情况下，如第（a）（8）项适用，受托人须——

（A）

（ⅰ）向第（a）（8）项所述债权的持有人提供书面通知，并说明该持有人有权使用根据《社会保障法》第464和466条为其居住州设立的州儿童抚养执行机构的服务，以便在本编案件期间和之后协助收取儿童抚养费；并且

（ⅱ）在第（ⅰ）子句所要求的通知中包括该州儿童抚养执行机构的地址和电话号码；

（B）

（ⅰ）向该州儿童抚养执行机构提供书面通知；

（ⅱ）在第（ⅰ）子句要求的通知中包括该持有人的姓名、地址和电话号码；以及

（C）在债务人根据第1141条获准免除债务时，向该持有人及该州儿童抚养执行机构提供书面通知，说明——

（ⅰ）批准免除债务；

（ⅱ）债务人最近已知的地址；

（ⅲ）债务人的雇主的最近为人所知的名称及地址；以及

（ⅳ）持有下列债权的每个债权人的名称——

（Ⅰ）未根据第523（a）（2）、（4）或（14A）项被免责的；或者

（Ⅱ）根据第524（c）款被债务人重新确认的。

（2）

（A）第（a）（8）项所述的债权的持有人或该持有人所在州的州儿童抚养执行机构可向第（1）（C）（ⅳ）子句所述的债权人要求债务人最后为人所知的地址。

（B）尽管有任何其他法律规定，债权人如就根据第（A）目提出的请求而披露债务人最后为人所知的地址，不应因披露而承担法律责任。

第1107条【留任的债务人（DIP）的权利、权力以及职责】

（a）在不影响对根据本章在案件中服务的受托人的任何限制以及法院规定的限制或条件的情况下，留任的债务人（DIP）应拥有除根据本编第330条获得赔偿的权利外的所有权利和权力，并应履行受托人在本章案件中［除本编第1106（a）（2）、（3）和（4）项规定职责之外］的所有职能和职责。

（b）尽管有本编第327（a）款的规定，任何人不得仅因为在案件开始前由债务人雇佣或代表债务人而被留任的债务人（DIP）根据本编第327条被取消雇佣资格。

第1108条【授权运营业务】

除非法院应利益相关方的请求，并经通知和听证程序后另有裁定外，受托人可以运营债务人的业务。

第1109条【被听证的权利】

（a）证券交易委员会可就本章所指案件的任何问题提出听证的要求、参加听证或者被听证，但证券交易委员会不得就该案件的任何判决、裁定或者决定提出上诉。

（b）利益相关方，包括债务人、受托人、债权人委员会、权益证券持有人委员会、1名债权人、权益证券持有人或者任何契约受托人，可以就本章所规定案件的任何问题提出听证的要求、参加听证或者被听证。

第1110条【航空设备以及船舶】

（a）

（1）除本条第（2）项另有规定外，按照第（b）款的规定，对第（3）项所述设备享有担保权的被担保方或该设备的出租人或有条件的卖方有权按照担保协议、租约或有条件销售合同占有该设备，以及根据该担保协议、租约或有条件销售合同强制执行其任何其他权利或补救措施，以出售、租赁或以其他方式保留或处置该等设备，不受本编任何其他条款或法院任何权力的限制或以其他方式影响。

（2）第（1）项所述的接管和强制执行其他权利及补救措施的权利，须受第362条的限制，如——

（A）在本章规定的救济令下达后的60天内，经法院批准，受托人同意履行债务人在该担保协议、租约或有条件销售合同项下的所有义务；以及

（B）除第365（b）（2）项规定的违约外，该担保协议、租约或有条件销售合同项下的任何违约——

（ⅰ）发生在救济令日期之前，该60天的期限尚未届满，上述违约被纠正；

（ⅱ）发生在救济令日期之后，该60天的期限尚未届满，上述违约在下列较晚日期被纠正——

（Ⅰ）违约发生日的30天后；或者

（Ⅱ）该60天期限届满后；以及

（ⅲ）如果该协议、租约或合同允许补救，则在该60天期限届满之日或之后发生的情况应按照该担保协议、租约或有条件销售合同的条款予以补救。

（3）本项所描述的设备

（A）是指——

（ⅰ）出租给或有条件出售给债务人的飞机、飞机发动机、螺旋桨、装置或备件（定义见第49编第40102条），受债务人许可的担保权益的约束，该债务人在进行此类交易时持有根据第49编第447章签发的航空承运人运营证书，签发给能够运载10人以上或者6000磅以上货物的航空器；或者

（ⅱ）根据第46编第121章登记的船舶，该船舶（是租赁给或有条件出售给债务人的）受担保权益的约束，该担保由作为水运承运人的债务人许可，而该债务人在该交易订立时持有交通部签发的公共方便及必要性证书或许可证；以及

（B）包括根据担保协议、租约或有条件销售合同的条款所要求的，与该等设备有关的所有记录和文件，该等记录和文件须由债务人就该等设备的交还或退回而交还或退回。

（4）第（1）项适用于担保权人、出租人或有条件卖方代表其自身，或作为受托人或以其他方式代表另一方行事的情形。

（b）受托人和担保权人、出租人或有条件卖方［其占有权受第（a）款保护］可同意延长第（a）（1）项规定的60天期限，但须经法院批准。

（c）

（1）在本章规定的任何情况下，在本章规定的救济令日期后的任何时间，受托人应立即将第（a）（3）项所述设备交还或退回给第（a）（1）项所述担保权人、出租人或有条件卖方，如果在本章规定的救济令下达之日后的任何时候，该担保权人、出租人或有条件卖方有权根据第（a）（1）项接管该等设备，并向受托人提出了该等接管的书面要求。

（2）在受托人依第（1）项规定交还和退回第（a）（3）项所述的设备时，该等设备的任何租约，以及与该等设备有关的任何担保协议或附条件买卖合同（如该等担保协议或附条件买卖合同是1份待履行的合同），则应视为被解除。

（d）对于1994年10月22日或之前首次投入使用的设备而言——

（1）“租约”包括出租方及债务人（承租方）所达成的任何书面协议，已在该协议或实质上同时的书面文字中表明这是1份符合联邦所得税要求的租赁合同；以及

（2）“担保权益”（security interest）是指设备购置款的担保权益。

第1111条【债权以及权益】

（a）对于根据本编第521（a）（1）或1106（a）（2）项提交的附表中出现的任何债权或权益的（债权或权益）证明均应被视为根据本编第501条提交的，但被列为有争议

的、或有的或未清算的债权或权益除外。

（b）

（1）

（A）根据本编第 502 条的规定，被破产财团财产担保的债权应被允许或拒绝，如同该债权的持有人因该债权而对债务人有诉求一样，无论该持有人是否拥有该诉求，但下列情形除外——

（ⅰ）该债权所属的类别选择适用本条第（2）项的规定，而该等债权额最少为该类获准债权的 2/3，且人数超过该类获准债权人数的一半；或者

（ⅱ）该债权持有人不具有该诉求，且该财产已按照本编第 363 条的规定被出售，或根据计划即将被出售。

（B）下列情形，某一类别的债权不得选择适用本条第（2）项的规定——

（ⅰ）该债权持有人的利益相对于该破产财产的债权而言是无关紧要的；或者

（ⅱ）该类别债权的持有人已经向债务人追偿了该项债权，而且该破产财产已经按照本编第 363 条的规定被出售，或者根据计划即将被出售。

（2）如果作出以上选择，那么不论本编第 506（a）款如何规定，该债权只要被允许，就属于担保债权。

第 1112 条【转换或者驳回】

（a）债务人可以将本章所规定的案件转换为本编第 7 章所规定的案件，但下列情形除外——

（1）债务人不是留任的债务人（DIP）；

（2）该案件最初是作为本章所规定的非自愿案件而提起的；或者

（3）在债务人以外当事方的请求下，该案被转换为本章案件的。

（b）

（1）除本条第（2）项及第（c）款另有规定外，应利益相关方的请求，在通知和听证后，法院根据法定事由，应将本章的案件转为第 7 章案件，或根据本章驳回案件，以符合债权人和破产财产的最大利益，除非法院裁定根据第 1104（a）款委任受托人或审查员符合债权人及破产财团的最大利益。

（2）法院不得将本章案件转为第 7 章案件，或驳回本章下的案件，如果法院发现并具体查明了特殊情况，证明转换程序或驳回案件不符合债权人和破产财团的最大利益，且债务人或任何其他利益相关方证明有以下情形的——

（A）在本编第 1121（e）和 1129（e）款规定的时间范围内，或者如果上述条款不适用，则在合理的时间范围内，计划获得批准是合理可能的；以及

（B）转换或驳回案件的理由包括债务人除根据第（4）（A）目以外的作为或不作为，当——

（ⅰ）对该作为或不作为有合理的理由；以及

（ⅱ）将在法院所规定的合理期间内予以补救。

（3）法院应在不迟于根据本款提出申请后 30 天内就该申请开始听证，并应在不迟于该听证开始后 15 天内决定该申请，除非该申请人明确同意可在一段特定时间内继续审理，或因迫不得已的情形阻止法院遵守本款所定的期限。

（4）就本款而言，“原因”包括——

（A）破产财团的实质性或持续性损失或减少，而且缺乏合理的恢复可能性；

（B）财团管理严重不善；

（C）未能维持对破产财团或公众构成风险的适当保险；

（D）未经授权使用对一个或多个债权人有重大损害的现金担保物（cash collateral）；

（E）没有遵从法院的裁定；

（F）无故未能及时满足本编或适用于本章案件的任何规则规定的任何备案或报告要求；

（G）债务人未提出正当理由，而不参加根据第 341（a）款召开的债权人会议或根据《联邦破产程序规则》第 2004 条所作裁定而进行的审查；

（H）未能及时提供信息或参加联邦托管人（或破产管理人，如有）合理要求的会议；

（I）未及时缴纳救济令之日后所欠税款或者申报救济令之日后所欠税款的；

（J）未能在本编或法院规定的时间内提交披露声明或者提交或确认重整计划；

（K）未能偿付第 28 编第 123 章所规定的任何费用；

（L）根据第 1144 条撤销确认令；

（M）无法实现已批准的重整计划的实质性完成；

（N）债务人对已批准的重整计划的实质性违约；

（O）因重整计划规定的情况发生而终止已批准的计划；以及

（P）债务人未能支付在提交破产申请之日后首次应支付的任何家庭扶持义务。

（c）如果债务人是农户或非金融、非商业或非贸易公司的公司，则法院不得将本章案件转换为本编第 7 章案件，除非债务人要求如此转换。

（d）只有在下列情形下，法院才能将本章案件转换为本编第 12 章或者第 13 章规定的案件——

（1）债务人要求这种转换；

（2）债务人未根据本编第 1141（d）款被免责；以及

（3）如果债务人要求转换到本编第 12 章，这一转换是公平的。

（e）除非第（c）及（f）款另有规定，应联邦托管人的请求，法院可将本章案件转换为本编第 7 章案件，或者可以驳回本章案件，只需要考虑哪一种方式对债权人以及破产财团最为有利，如果自愿案件中的债务人未能在申请开始后 15 天内或法院允许的额外时间内提交第 521（a）（1）项要求的信息，包括 1 份清单，其中包含 20 个最大无担保债权的持有人的姓名和地址（或所有无担保债权如果无担保债权少于 20 个），以及每一个此类债权的近似金额。

（f）无论本条的其他条款如何规定，一个案件不得被转换为本编另一章下的案件，除非债务人可能是该章下的债务人。

第 1113 条【拒绝集体谈判协议】

（a）留任的债务人（DIP），或者依照本章规定被任命的受托人（本章第 4 节和《铁路劳动法》第 1 编所涵盖案件的受托人除外）可根据本条规定接受或拒绝集体谈判协议。

（b）

（1）在提交破产申请之后以及提交拒绝集体谈判协议的申请之前，留任的债务人（DIP）或者受托人（本条以下所称“受托人”包括留任的债务人），应——

（A）根据提出建议时可获得的最完整和最可靠的信息，向该协议所涵盖的雇员的授权代表提出建议，该建议对雇员福利和保护进行必要的修改，以便债务人重整，并保证所有债权人、债务人和所有受影响的当事人均得到公平和公正的对待；以及

（B）依照第（d）（3）项的规定，向雇员代表提供评估该建议所必需的相关信息。

（2）在由第（1）项所规定的建议提出之日起至第（d）（1）项所规定的听证之日止的期间内，受托人应在合理时间举行会议，与授权代表真诚协商，试图达成双方满意的协议修订。

（c）如果法院认定存在下列情形的，应批准拒绝集体谈判协议的申请——

（1）在听证前，受托人已经提出了 1 份满足第（b）（1）项要求的建议；

（2）雇员的授权代表无合理理由拒绝接受该建议；以及

（3）利益平衡之后明显倾向于拒绝该协议。

（d）

（1）驳回申请一经提交，法院应安排在不迟于该申请提交之日后 14 天举行听证会。所有利害关系方均可出席并在听证会上发言。应在听证会日期前至少 10 天向上述各方提供充分的通知。如案件的情况及司法公正需要，法院可将开始听证的期限延长不超过 7 天，或延长至受托人及代表同意的额外期限。

（2）在听证开始后的 30 日之内，法院应对拒绝申请作出裁决。出于公正的考量，法院可将裁定期限延长至受托人以及雇员代表所同意的额外期限。如果在听证开始后的 30 日之内或者受托人以及雇员代表所同意的额外期限内，法院没有对该申请作出裁决，在法院就该申请作出裁决之前，受托人可终止或更改集体谈判协议的任何条款。

（3）法院可根据雇员的获授权代表评估受托人的建议及拒绝申请的需要，以作出所需的保护令，以防止向该代表所提供的资料被向外披露，如果这种披露可能损害债务人相对于其所从事行业的竞争对手的地位。

（e）在集体谈判协议继续有效的期间内，如果对债务人继续其业务是至关重要的，或者为了避免对破产财团造成不可挽回的损失，在通知及听证后，法院可以授权受托人对集体谈判协议的条款、条件、规定的工资、福利、工作纪律进行临时变更。依据本款所举行的任何听证须按照受托人的需要安排。临时变更的实施，不影响驳回申请。

（f）本编的任何规定不得解释为允许受托人在遵守本条规定之前单方面终止或更改集体谈判协议的任何条款。

第 1114 条【偿付已退休雇员的保险费用】

（a）就本条而言，“退休人员福利”是指偿付给任何实体或个人的款项，用于支付或偿还退休员工及其配偶和家属的医疗、手术或医院护理福利，或在疾病、事故、残疾或死亡的情况下，由债务人在根据本编提出立案申请之前维持或全部或部分建立的任何计划、基金或方案（通过购买保险或其他方式）下的福利。

（b）

（1）就本条而言，“被授权的代表”是指根据第（c）款为领取集体谈判协议所涵盖的退休人员福利的人员指定的授权代表，如果领取退休人员福利的人员不在此类协议的范围内，则指根据第（d）款指定的授权代表。

（2）法院依据本条任命的退休雇员委员会应享有与根据本编第 1102 和 1103 条任命的委员会相同的权利、权力和职责，以实现第 1114 条和第 1129（a）（13）项的目的，并在法院允许的情况下，有权强制执行与退休人员福利有关的人员在本编下的权利。

（c）

（1）就本条而言，只要劳工组织是签字方，那么劳工组织就是那些接受了由集体谈判协议所涵盖的退休福利的个人的授权代表，除非下列情形——

（A）该劳工组织选择不担任该等人士的被授权代表，或者

（B）经任何利益相关方的申请，在通知和听证之后，法院裁定为该等人士另选代表是恰当的。

（2）在第（1）项所指的劳工组织选择不担任该劳工组织签署的任何集体谈判协议所涵盖的领取退休人员福利的人员的授权代表的情况下，或如法院依据第（1）项认为该等人士的代表不同是适当的，如果债务人试图更改或不支付退休人员的利益，或法院另有裁定，则法院应任何利益相关方的申请，并在通知及听证后，从该等人士中委任 1 个退休雇员委员会，作为该等人士根据本条获授权的代表。

（d）如果债务人试图修改或者不偿付退休福利，或如果法院以其他方式作出适宜裁定，则应任何利益相关方的申请，并在发出通知及听证之后，法院须裁定任命一个退休雇员委员会，作为根据本条获得集体谈判协议未涵盖的退休人员福利的人员的授权代表。联邦托管人应任命任何此类委员会。

（e）

（1）不论本编其他条款如何规定，留任的债务人（DIP），或者受托人，如依照本章规定有人被任命的话（本条以下所称“受托人”包括留任的债务人）应及时偿付退休福利，而且不得更改，但下列情形除外——

（A）法院在受托人或获授权代表提出申请，并在发出通知及听证后，可根据本条第（g）及（h）款的条文，命令更改该等付款，或者

（B）受托人及该等利益接受者的授权代表可同意更改该等付款，而在更改后，该等经更改的利益应继续由受托人支付。

（2）在根据本编第 1129 条确认的计划生效之前需支付的退休人员福利的任何款项，

具有本编第503条规定的被允许的管理费用的优先等级。

(f)

(1) 在提起破产申请之后到提出修改退休福利的申请以前，受托人应该：

(A) 根据提出建议时所掌握的最完整和最可靠的资料，向退休人员的授权代表提出建议，其中可规定对退休人员福利作出必要的修改，以便债务人重整，并确保所有债权人、债务人和所有受影响的当事人均受到公正和公平的对待；以及

(B) 依照第(k)(3)项的规定，向退休员工的代表提供为了评估这份建议所必需的相关信息。

(2) 在由第(1)项所规定的建议提出之日起至第(k)(1)项所规定的听证之日止的期间内，受托人须在合理时间与获授权代表会面，真诚协商，以期对该等退休人员的利益作出双方满意的更改。

(g) 法院如认为有以下情形，应裁定更改退休人员福利的支付——

(1) 在听证以前，受托人已经提出了1份符合第(f)款要求的建议；

(2) 退休人员的授权代表无正当理由拒绝接受该建议；以及

(3) 这种更改是必要的，以便允许债务人进行重整，并确保所有债权人、债务人和所有受影响的当事人都得到公平和公正的对待，而且利益平衡之后明显地倾向于进行该等更改；但是在任何情况下法院均不得裁定这样一种更改——更改的水平低于受托人所提出的，且法院已经认定满足了本款以及第(f)款要求的建议；但前提是，在规定更改退休人员利益的支付命令后的任何时间，或在受托人与该等利益的接受者的获授权代表订立更改该等利益的协议后的任何时间，获授权的代表可向法院申请增加该福利，如所要求增加的退休人员福利符合第(3)项所订标准的，则法院应批准；进一步的前提是，受托人及获授权的代表均可就本款所规制的更改令提出1次以上的申请。

(h)

(1) 在法院根据本条第(g)款发布最终裁定之前，如果对债务人业务的继续至关重要，或者为了避免对破产财团造成不可弥补的损害，法院在发出通知和举行听证之后，可以授权受托人对退休人员福利进行临时更改；

(2) 根据本款举行的听证，须按照受托人的需要安排；

(3) 执行这些临时性更改并不意味着更改的动议无效。

(i) 在提交破产申请书之日和根据本编第1129条确认的计划生效之日期间支付的退休人员福利，不得从允许作为任何未付福利债权的金额中扣除或抵销，也不得从根据该计划支付的与未付福利债权有关的金额中扣除或抵销，无论未付福利的债权是基于或产生于未来未付福利的权利，还是根据本条允许的更改而尚未支付的任何福利。

(j) 退休人员福利的债权不受本编第502(b)(7)项规定的限制。

(k)

(1) 在提交修改退休人员福利的申请之后，法院应在提交该申请之日后的14天之内安排1场听证。所有利益相关方均可出席并在听证会上发言。应在听证会之日前至少10天

向上述各方提供充分的通知。如案件的情况及司法公正需要，法院可将开始听证的时间延长不超过7天，或延长受托人及获授权代表同意的额外时间。

（2）在听证开始后的90天内，法院应就该更改申请作出裁定。为公正起见，法院可将裁定期限延长一段受托人及获授权代表同意的额外期间。如法院在听证开始之日后90天内，或在受托人及获授权代表同意的额外期间内，没有就该项申请作出裁定，则在法院就该项申请作出裁定前，受托人可实施所建议的更改。

（3）根据退休人员的授权代表评估受托人的建议和更改申请的需要，法院可发出必要的保护令，以防止向该代表所提供的信息被向外披露，如果披露相关信息可能危及债务人相对于其所从事行业内的竞争对手的地位。

（l）如债务人在截至破产申请提交之日的180天内——

（1）更改了退休人员的福利；以及

（2）在该等利益被更改之日已经无力偿债；

应利益相关方的申请，并在通知及听证后，法院应发出裁定，自作出更改之日起，恢复在紧接该日之前有效的利益，除非法院认定利益平衡明显支持此类更改。

（m）本条不适用于任何退休人员，或该退休人员的配偶或家属，但如该退休人员在破产申请提出前12个月的总收入相等或超过250,000美元，则除非该退休人员能证明且令法院相信，相比雇主在根据本编提交申请书前1天提供的保险（覆盖范围），他不能获得为他本人、配偶和亲属提供的健康、医疗、生活及残疾保险，而这些人本来会由雇主的保险计划承保。

第1115条【破产财团财产】

（a）如债务人是个人，则除第541条指明的财产外，该破产财团财产还包括——

（1）第541条所指明的所有财产，而该财产是债务人在案件完成后但在案件结案、被驳回或转为第7、12或13章程序之前（以先发生者为准）取得的；以及

（2）债务人在案件开始后但在案件结束、被驳回或转为第7、12或13章程序之前（以先发生者为准）所提供服务的收益。

（b）除第1104条或被批准的重整计划或批准该计划的裁定另有规定外，债务人须继续管有该破产财团的所有财产。

第1116条【小企业案件中受托人或留任的债务人（DIP）的责任】

在小企业案件中，除了本编规定的职责和法律另有要求外，受托人或留任的债务人（DIP）应——

（1）附于自愿破产申请后，或在非自愿情况下，不迟于救济令日期后7天内提交——

（A）其最近的资产负债表、经营报表、现金流量表和联邦税收申报表；或者

（B）根据伪证罪作出的声明，声明未编制资产负债表、经营报表或现金流量表，也未提交联邦纳税申报表；

（2）通过其高级管理人员和法律顾问，出席由法院或联邦托管人安排的会议，包括初次与债务人面谈、日程安排会议和根据第341条召集的债权人会议，除非法院在发出通知

和举行听证后，在认定有特殊和令人信服的情况时，放弃这一要求；

（3）及时提交所有附表和财务报表，除非法院在发出通知和举行听证后批准延期，但在没有特殊和紧迫情形的情况下，该延期不得延长至救济令下达之日后30天；

（4）提交“联邦破产程序规则”或地方法院规定的所有申请后须提交的财务报告和其他报告；

（5）在符合第363（c）（2）项的规定下，维持符合行业惯例和适当的保险；

（6）

（A）及时提交纳税申报表和其他必要的政府文件；以及

（B）在符合第363（c）（2）项的规定下，及时支付所有有权享有行政开支优先权（administrative expense priority）的税款，但因适当诉讼而受到质疑的税款除外；以及

（7）允许联邦托管人，或联邦托管人的指定代表，先书面通知后，在合理的时间检查债务人的营业场所、账簿和记录，除非债务人放弃通知。

第2节　（重整）计划

第1121条【谁可以提交重整计划】

（a）债务人可以在开始自愿案件的申请时提出重整计划，也可以在自愿案件或非自愿案件中随时提出重整计划。

（b）除本条另有规定外，只有债务人可以在本章规定的救济令下达之日后120天内提交重整计划。

（c）任何利益相关方，包括债务人、受托人、债权人委员会、权益证券持有人委员会、债权人、权益证券持有人或任何契约受托人，均且仅可在下列情形下提交重整计划——

（1）已经依照本章的规定任命了受托人；

（2）根据本章下达救济令后的120天之内债务人没有提交重整计划；或者

（3）根据本章下达救济令后的180天之内，债务人没有提交已被该计划项下受损的各类债权或权益所接受的重整计划。

（d）

（1）除第（2）项另有规定外，在本条第（b）及（c）款所指明的各期间内，并在通知及听证后，利益相关一方提出要求，法院可因故减少或增加本条所述的120天或180天期限。

（2）

（A）第（1）款规定的120天期限不得超过根据本章下达救济令之日后18个月。

（B）第（1）款规定的180天期限不得超过根据本章下达救济令之日后20个月。

（e）如果债务人属于小企业，则——

（1）只有债务人才可以在根据本章下达救济令后的180天之内提交重整计划，除非该期限是——

（A）根据本款规定在通知及听证后所延长的；或者

（B）法院因故另有裁定；

（2）该计划及披露声明（如有）须在不迟于救济令下达之日后300天内提交；以及

（3）第（1）及（2）项所指明的期间，以及第1129（e）款所规定的计划确认的时间，只有在下列情形下，方可延长——

（A）债务人在向利益相关方（包括联邦托管人）发出通知后，以大量证据证明法院可能在合理期限内确认1项重整计划；

（B）在批准延期时规定新的期限；以及

（C）延长时间的裁定是在现有期限届满前签署的。

第1122条【债权或权益的分组（classification，分类）】

（a）除本条第（b）款另有规定外，重整计划可以将某一债权或权益归入特定的组别中，该债权或权益必须在实质上与该组别内的其他债权或权益相类似。

（b）重整计划可以设计一种单独的债权组别，只包含法院出于管理的合理和方便而确认的少于或者被缩减到特定金额的未担保债权。

第1123条【重整计划的内容】

（a）不论有否其他可适用的非破产法规定，重整计划必须——

（1）依照本编第1122条的规定，设计除本编第507（a）（2）、（a）（3）或（a）（8）项规定以外的债权种类和权益种类；

（2）指明本计划下未受损害的任何组别的债权或权益；

（3）说明本计划下受损的任何组别的债权或权益的处理方法；

（4）对特定组别中的每项债权或权益提供相同的处理办法，除非特定债权或权益的持有人同意对该债权或权益实行更不利的处理办法；

（5）为重整计划的实施提供充足的手段，例如——

（A）债务人保留破产财团财产的全部或任何部分；

（B）将破产财团的财产全部或者部分转交给1个或数个实体，不论该实体是在该重整计划被确认之前或之后成立的；

（C）将债务人与1人或数人进行合并或联合；

（D）出售全部或者部分破产财团的财产，不论是否受制于任何物上优先权，或者在那些对该破产财团财产拥有权益的人之间分配全部或者部分破产财团的财产；

（E）清偿或者修改任何物上优先权（lien）；

（F）撤销或者修改任何契约或者类似协议；

（G）纠正或弃权任何违约行为（curing or waiving of any default）；

（H）对已发行的证券延展到期日或者更改利率或者其他条款；

（I）修改债务人章程；或者

（J）发行债务人的，或者本项第（B）或（C）目所规定的任何实体的证券，用以换取现金、财产、现有证券，或者用以交换债权或权益，或者用于其他合适的目的；

（6）如债务人是一家公司，或者是属于本款第（5）（B）或第（5）（C）目所规定的任何公司，则在债务人的章程中应包括1条：禁止发行无表决权的权益证券，同时还应规定，对于拥有表决权的几类证券，将表决权在这些组别之间进行恰当的分配，如果任何组别的权益证券在分红方面比另一组别的权益证券有优惠（preference），则应包括在该等分红支付违约的情况下选举代表该等优先组别的董事的充分规定（adequate provisions）；

（7）仅包含与债权人和权益证券持有人的利益以及与本计划下任何管理人员、董事或受托人的选择方式以及该管理人员、董事或受托人的任何继任者相关的公共政策相一致的规定；以及

（8）在债务人是个人的情况下，规定根据计划向债权人支付债务人在案件开始后提供个人服务所得的全部或部分收入，或债务人为执行计划所需的其他未来收入。

（b）除本条第（a）款另有规定外，重整计划还可以——

（1）对任何种类的债权（包括担保债权和无担保债权）或权益进行削减或者不削减；

（2）在不违反本编第365条的情况下，对债务人的任何未履行的合同或未到期的租赁（依据本条的规定先前未被解除），规定继续履行、解除或者转让；

（3）规定——

（A）对属于债务人或属于破产财团财产的任何债权或权益提供解决或调整方案；或者

（B）债务人、受托人，或者出于类似目的而指定的破产财团的代表，对该债权或权益的保留和执行；

（4）规定将该破产财团的全部或实质上全部财产出售，并将出售所得分配给债权或权益持有人；

（5）修改担保债权人的权利，但只以债务人主要居住地的不动产担保物权为担保的债权除外，或者修改无担保债权人的权利，或者对任何组别债权持有人的权利不作任何修改；以及

（6）包括与本编适用条款不矛盾的任何其他适当条款。

（c）在有关个人的案件中，由债务人以外的实体提出的重整计划不得规定根据本编第522条对免责财产的使用、出售或租赁，除非债务人同意此类使用、出售或租赁。

（d）尽管有本条第（a）款和本编第506（b）款、第1129（a）（7）项和第1129（b）款的规定，如果在重整计划中提出违约补救的，违约补救所需金额应根据相关协议和适用的非破产法确定。

第1124条【债权或权益的削减】

除本编第1123（a）（4）项规定以外，任何一类债权或权益都将被重整计划所削减，除非针对该债权或权益，重整计划——

（1）保留该等债权或权益持有人享有的法律、衡平法和合同权利不变；或者

（2）尽管有任何合同规定或适用法律授权该等债权或权益的持有人在违约发生后要求或收到该等债权或权益的加速支付，重整计划可以——

（A）纠正在本编案件开始之前或之后发生的任何此类违约，但本编第365（b）（2）

项规定的违约或第365（b）（2）项明确不要求纠正的违约除外；

（B）恢复该债权或权益的到期日，如同该到期日在违约发生前就已存在；

（C）补偿此类债权或权益的持有人因其合理依赖这些合同条款或者这些可适用法律条款而最终导致的任何损失；

（D）如果该债权或该权益是由于没有履行非货币性义务而产生的，则应补偿该等债权或权益的持有人（债务人或关联方除外）因该等未能履行义务而招致的任何实际金钱损失，但不包括因不经营第365（b）（1）（A）目所规定的非住宅不动产租赁而招致的违约；以及

（E）不会以其他方式改变此类债权或权益持有人享有的法律、衡平法或合同权利。

第1125条【提交申请后的披露及征求意见】

（a）在本条中——

（1）“充分信息”，是指根据债务人的性质和历史以及债务人账簿和记录的状况，在合理可行的范围内，尽可能详细的一类信息，包括讨论本计划对债务人、债务人的任何继承人以及本案中典型的债权或权益持有人的假设投资者所可能产生的重大联邦税收后果，使相关组别的假设投资者能够对本计划作出知情的判断，但充分的信息不必包括任何其他可能的或提议的计划的信息，并且在确定披露声明是否提供充分的信息时，法院应考虑该案件的复杂性、额外信息对债权人和其他利益相关方的益处，以及提供额外信息的费用；以及

（2）“投资者，特别是相关组别的债权或权益的持有人”是指下列投资者——

（A）拥有相关组别的债权或权益；

（B）与债务人的关系，就如同该组别其他债权或权益持有人与债务人之间通常具有的一样；以及

（C）从本条所规定的信息披露来源以外的地方获得此类信息的能力，是该组别债权或权益持有人所普遍具有的。

（b）在本编案件开始以后，不得向与该等债权或权益有关的债权或权益的持有人征求对计划的接受或拒绝意见，除非在该等征求时或之前，已将计划或计划摘要转交给该持有人，以及1份书面披露声明，经法院在通知及听证后批准，内载足够资料。法院可批准披露声明，而无须对债务人进行估值或对债务人资产进行估价。

（c）同样的披露报告必须送达特定组别中的每一位债权或权益持有人，在不同的组别之间所送达的披露报告，可以在数量、细节或者所包含的信息种类上有所差别。

（d）本条第（b）款所规定的披露报告是否包含充分的信息，非由其他可适用的非破产法律、规则或者规章所决定，而受管理或执行此类法律、规则或规章的机构或官员的约束，可就披露声明是否包含足够信息的问题听取监管意见。此类机构或官员不得对批准披露声明的裁定提出上诉或寻求复审。

（e）善意地并按照本编的适用规定被征集接受或拒绝计划意见的人，或善意地并按照本编的适用规定参与向债务人提供、发行、出售或购买根据计划提供或出售的证券的人，

与债务人参与联合计划的关联方，或计划项下新成立的债务人之继承人，不因该等征集或参与违反任何适用的法律、规则或规章或关于征集接受或拒绝计划或提供、发行、出售或购买证券的规定而承担责任。

（f）尽管有第（b）款的规定，在小企业案件中——

（1）法院可确认该计划本身已提供了足够的信息，而无须另作单独的披露声明；

（2）法院可批准以法院批准或根据第 28 编第 2075 条采纳的标准格式所提交的披露声明；以及

（3）

（A）法院可有条件批准披露声明，但须在通知和听证后才能最终批准；

（B）如果债务人向被征集意见的债权或权益的每 1 个持有人提供足够的信息，则可以根据有条件批准的披露声明征集对该计划的接受和拒绝，但有条件批准的披露声明应不迟于批准该计划的听证会召开之日 25 天前邮寄；以及

（C）披露声明的听证可以与确认计划的听证合并。

（g）尽管有第（b）款的规定，如果债权或权益的持有人对该计划的接受或拒绝符合适用的非破产法，并且如果该持有人在案件开始前以符合适用的非破产法的方式被要求接受或拒绝该计划。

第 1126 条【重整计划的接受】

（a）本编第 502 条所规定的债权或权益持有人可以接受或拒绝重整计划。如果美利坚合众国是债权人或权益证券的持有人，财政部部长可以代表美利坚合众国接受或者拒绝重整计划。

（b）依照本条第（c）和（d）款的规定，债权或权益的持有人在本编案件开始前已经接受或拒绝了重整计划的将被视为已经接受了或拒绝了重整计划，如果——

（1）征集这种接受或拒绝满足可适用的非破产法法律、法规或者规章对披露充分性的要求；或者

（2）如果不存在类似法律、法规或者规章，那么接受或拒绝必须在本编第 1125（a）款所规定的对持有人披露充分信息之后才能征集。

（c）如果该计划已经被持有该债权总额超过 2/3，人数超过一半的债权人［本条第（e）款所规定的任何实体除外］所接受，就意味着某一类债权已经接受了重整计划。

（d）如果该计划已经被持有该权益总额超过 2/3 的权益持有人［本条第（e）款所规定的任何实体除外］所接受，就意味着某一类权益已经接受了重整计划。

（e）应利益相关方的请求，经过通知和听证程序以后，法院可以认定任何实体接受或拒绝该重整计划不是出于善意，或不是符合本编规定而进行征集或者获得的。

（f）不论本条其他款项如何规定，未受到重整计划削减的债权或权益组别以及该组别中每 1 位债权或权益的持有人，都被结论性地假设为已经接受了该重整计划，而无须再征集该组别债权或权益的持有人的接受。

（g）不论本条其他款项如何规定，如果该重整计划规定此组别的债权或权益不允许其

持有人接受或者占有重整计划所涉及的财产，则该组别被认为没有接受重整计划。

第 1127 条【重整计划的修改】

（a）重整计划的提出者可以在确认之前的任何时间修改此类计划，但不得使修改之后的计划超出本编第 1122 和 1123 条的要求。重整计划的提出者向法院提交修改之后，修改后的重整计划就成为新的重整计划。

（b）重整计划的提出者或者重整后的债务人，可以在确认之后以及基本上完成该计划之前的任何时间修改此类计划，但不得使修改之后的计划超出本编第 1122 和 1123 条的要求。依照本条规定进行修改后的重整计划，只有在条件允许修改的情况下，被法院依据本编第 1129 条的规定，经过通知和听证程序以后被确认其修改，才能成为新的重整计划。

（c）修改重整计划的提出者必须符合本编第 1125 条的规定。

（d）任何已经接受或拒绝了重整计划的债权或权益的持有人，都被认为是已经接受或者拒绝了修改后的重整计划，但在法院所规定的时间内，该持有人改变先前的接受或拒绝决定的除外。

（e）如果债务人是个人，可在计划确认后，但在完成计划项下的付款之前，应债务人、受托人、联邦托管人或允许的无担保债权持有人的请求，随时修改计划，无论该计划是否已实质性完成，以——

（1）增加或者减少计划规定的特定组别债权的支付金额；

（2）延长或者缩短支付期限；或者

（3）如任何债权人的债权是由计划所规定的，则在顾及根据计划以外的任何债权付款所必需的范围内，更改该债权人的分配金额。

（f）

（1）第 1121 至 1128 条及第 1129 条的规定适用于根据第（e）款作出的任何修改。

（2）经修改的重整计划，须根据第 1125 条披露并经法院指示，在通知、听证并获批准后，方可成为新的重整计划。

第 1128 条【确认听证】

（a）在经过通知以后，法院应召开确认重整计划的听证会。

（b）利益相关方可以拒绝对重整计划进行确认。

第 1129 条【确认重整计划】

（a）只有在下列条件都得到满足的情况下，法院才可以确认重整计划——

（1）重整计划符合本编的可适用条款。

（2）重整计划的提出者符合本编的可适用条款。

（3）重整计划是善意提出的，不是通过法律所禁止的手段提出的。

（4）重整计划提出者、债务人或者依照重整计划发行证券或取得财产的人，他们所作出的或者即将作出的偿付，用以支付破产案件、重整计划或者与案件、计划相关的服务或开销，已经被法院确认，或者必须被法庭院认为合理的。

（5）

（A）

（ⅰ）重整计划的提出者已经披露拟在法院确认以后，担任债务人的董事、高管或者具有投票权的受托人，或者担任参与债务人联合重整计划的关联人，或者债务人继承人的任何个人的身份及其关联关系；以及

（ⅱ）任命或者继续让上述个人担任该职位符合债权人、权益证券持有人以及公共政策的利益；以及

（B）重整计划的提出者已经披露被重整后的债务人雇佣或者留任的内部人员的身份，以及对该内部人员的补偿的性质。

（6）对债务人利率具有相关管辖权的任何政府监管机构，在重整计划获得确认以后，确认了计划中所提议的利率变动，或者在确认重整计划时明示是以利率变动为前提条件的。

（7）针对每1类受到削减的债权或权益——

（A）该类债权或权益的持有人——

（ⅰ）已经接受了重整计划；或者

（ⅱ）将根据本计划收取或保留该等债权或权益财产，该等债权或权益财产的价值，自本计划生效之日起，不低于债务人在该等日期根据本编第7章被清算时该持有人将收取或保留的金额；或者

（B）如果本编第1111（b）（2）项适用于此类债权，那么该债权的每一位持有人将接受或者保留的该债权或权益在重整计划生效日当天的财产价值，不得少于该持有人在为该债权提供担保的破产财团财产的权益价值。

（8）对每1组债权或权益——

（A）该组别已经接受了重整计划；或者

（B）该组别未受到重整计划的削减。

（9）除特定债权的持有人就其债权处理方式达成其他协议以外，重整计划应当规定——

（A）对于本编第507（a）（2）或（a）（3）项所规定的债权而言，在重整计划生效日当天该债权持有人所收到的对该债权的现金补偿等于该债权被重整计划所认可的金额；

（B）对于本编第507（a）（1）、（a）（4）、（a）（5）、（a）（6）和（a）（7）项所规定的债权而言，该组债权的每1位持有人将获得——

（ⅰ）如果该组债权已经接受了重整计划，则自该计划生效之日起，价值等于重整计划所认可的该项债权的递延现金偿付金额；或者

（ⅱ）如果该组债权没有接受重整计划，在重整计划生效之日，与重整计划所认可的该项债权相当的现金偿付。

（C）对于本编第507（a）（8）项规定的债权，此类债权持有人将收到定期分期付款现金——

（ⅰ）截至该计划生效日期的总价值，相等于被该计划所认可的金额；

（ⅱ）在不迟于根据第301、302或303条作出的救济令的日期后5年的期间内；以及

（ⅲ）以不低于计划所提出的最优惠的非优先无担保债权的方式［根据第1122（b）款向某组债权人支付的现金除外］；以及

（D）关于本可满足第507（a）（8）项所述政府部门无担保债权的说明的有担保债权，但就该债权的担保地位而言，该债权的持有人将按第（C）目的规定，在同一期间内以同样的方式收到该债权的现金付款。

（10）至少有1组被削减的债权已经接受了重整计划，如果某一组债权在未包括任何关联方接受计划的情况下根据所确定的计划受到损害。

（11）在确认计划之后，债务人或计划下债务人的任何继承人不太可能被破产清算或需进一步的财务重整，除非计划中提议进行清算或重整。

（12）根据第28编第1930条应支付的所有费用（由法院在确认计划的听证会上确定）均已支付，或计划规定在计划生效日期支付所有此类费用。

（13）重整计划规定自生效日开始以后继续偿付本编第1114条所规定的所有退休福利，偿付标准按照本编第1114（e）（1）（B）目或者第（g）款执行。偿付必须在确认重整计划之前开始，时限以债务人所承诺提供该福利的期限为准。

（14）如果司法或行政命令或法规规定债务人须缴付法定赡养费，则债务人已缴付根据该命令或法规须缴付的该等债务的所有金额，而该等金额是在破产申请提交日期后首次须缴付的。

（15）如果债务人是个人，并且允许的无担保债权的持有人反对确认该计划——

（A）因该项债权而根据该计划分配的财产的价值，截至该计划的生效日期，不少于该债权的金额；或

（B）根据该计划分配的财产的价值，不少于债务人的预计可支配收入［定义见第1325（b）（2）项］，该可支配收入须在该计划规定的首次付款到期之日起的5年期间内，或在该计划规定的付款期间内（以较长者为准）收取。

（16）根据计划进行的所有财产转让，均须按照非破产法的任何适用条文进行，该等条文规范并非以金钱、经营或商业形式成立的法团或信托（corporation or trust）的财产转让。

（b）

（1）不论本编第510（a）款如何规定，如果除第（8）项以外本条第（a）款的所有可适用条件都得到满足，而且重整计划没有不公平地歧视，而是公平、公正地对待每一组被重整计划所削减而没有接受该计划的债权或权益。即使存在本条第（a）（8）项的规定，法院也应根据重整计划提出方的请求，确认该计划。

（2）就本款而言，对某组债权或权益公平、公正的重整计划包含以下条件——

（A）针对某组担保债权而言，重整计划规定——

（ⅰ）

（Ⅰ）该债权的持有人保留对该债权进行担保的物上优先权（lien），不论该物上优先

权所针对的财产是由债务人保留还是被转让给了其他实体，以该等债权的允许金额为限；以及

（Ⅱ）该组债权的每1位持有人接受的递延现金支付，金额至少等于重整计划生效日当天该债权被认可的金额，或至少等于该持有人在该财产中的权益的价值。

（ⅱ）依照本编第363（k）款的规定，出售受担保该组债权的物上优先权约束的任何（破产）财产时，首先去除（free and clear of）该等物上优先权，将物上优先权与出售的收益相联系，然后按照本目第（ⅰ）或（ⅲ）子句的规定处置该等物上优先权所附着的收益；[①] 或者

（ⅲ）该持有人将该债权变卖为明确的等价物。

（B）针对某类无担保债权而言——

（ⅰ）重整计划规定同一组别的每一位债权持有人接受或者保留该债权被重整计划所认可的，在重整计划生效日当天的财产价值；或者

（ⅱ）较低等级的债权或权益的持有人，不会因该较低等级债权或权益而依据计划收取或保留任何财产，但如果债务人是个人，则在符合该项要求的情况下，可在符合本条第（a）（14）项的规定下，根据第1115条保留包括在该破产财团内的财产。

（C）针对某类权益而言——

（ⅰ）重整计划规定每1位该类权益的持有人，在该等权益的基础上，收取或保留该等权益的财产，而该等财产的价值，在重整计划生效日当天，等于重整计划所允许的固定清算优惠（fixed liquidation preference）、固定补偿价格或者该权益价值三者中的最大值；或者

（ⅱ）任何较该组别的权益为低的权益的持有人，不会因该等较低的权益而根据计划收取或保留任何财产。

（c）不论本条第（a）或（b）款如何规定，除非本编第1127（b）款另有规定，法院只可以确认1份重整计划，但确认裁定依照本编第1144条的规定被撤销的除外。如果多份重整计划都满足本条第（a）和（b）款的要求，法院必须在优先考量债权人和权益证券持有人利益的基础上决定确认其中1份。

（d）不论本条其他款项如何规定，如果重整计划的主要目的是避税或者规避适用1933年《证券法》第5条，应政府部门利益相关方的请求，法院可以不确认重整计划。在本款所规定的任何听证程序中，政府部门负有证明发生规避事项的举证责任。

（e）在小企业案件中，法院应在不迟于计划提交后45天内确认符合本编适用条款且按照第1121（e）款提交的计划，除非确认时间按照第1121（e）（3）项被延长。

---

① 译者注：此句较难"（ⅱ）for the sale，subject to section 363（k）of this title，of any property that is subject to the liens securing such claims，free and clear of such liens，with such liens to attach to the proceeds of such sale，and the treatment of such liens on proceeds under clause（ⅰ）or（ⅲ）of this subparagraph；or"。

第3节　确认后事项

第1141条【确认的效力】

（a）除本条第（d）（2）和（d）（3）项另有规定外，不论该债权人、权益证券持有人或者普通合伙人的债权或权益是否被重整计划所削减，也不论该债权人、权益证券持有人或者普通合伙人是否已经接受了重整计划，确认后重整计划的条款对债务人、依照重整计划发行股票的任何实体、依照重整计划取得财产的任何实体以及任何债权人、权益证券持有人或者债务人的普通合伙人，都具有约束力。

（b）除重整计划或者确认重整计划的裁定另有规定外，确认重整计划意味着将破产财产的所有财产权交付给债务人。

（c）除本条第（d）（2）和（d）（3）项另有规定外，或者除非重整计划或确认重整计划的裁定另有规定，重整计划得到确认以后，重整计划所涉及的财产不受任何债权人、权益证券持有人或者债务人的普通合伙人所主张债权或权益的追究或溯及。

（d）

（1）除本款另有规定外，在重整计划或确认重整计划的裁定中，确认重整计划将——

（A）使债务人对确认之日前所招致的债务免责，也不需要对本编第502条第（g）、（h）或（i）款所规定的债务负责，不论——

（ⅰ）依照本编第501条的规定已经提交或者被认为已经提交了针对该债务的请求权证明；

（ⅱ）该债权依照本编第502条的规定被认可；或者

（ⅲ）该债权的持有人已经接受了重整计划；以及

（B）终止重整计划所规定的权益证券持有人和普通合伙人的所有权利和权益。

（2）确认重整计划没有使个人债务人免于偿还债务，但是可以免于偿还本编第523条所规定的债务。

（3）确认重整计划没有使债务人免于偿还债务，如果——

（A）重整计划规定清算所有或者绝大部分破产财产；

（B）债务人在完成重整计划以后将不再从事该行业；或者

（C）如果案件属于本编第7章所规定的案件，依照本编第727（a）款的规定，债务人将被拒绝债务免责。

（4）在本章所规定的司法救济令颁发以后，法院可以确认1份由债务人执行的放弃免于偿债的书面声明。

（5）债务人是个人的——

（A）除非法院在发出通知及听证后另有原因而作出裁定，否则对该计划的确认，并不免除计划所规定的任何债务，直至法院在完成计划下的所有偿付后予以免责；

（B）在计划获得确认后的任何时间，以及在通知及听证后，如有以下情形，法院可准许尚未根据计划完成偿付的债务人余债免责——

（ⅰ）自计划生效之日起，因每项被批准的无担保债权而根据计划实际分配的财产的价值，不低于如果债务人的破产财团已在所述日期根据第7章清算的情况下就该债权应获支付的金额；

（ⅱ）根据第1127条修改重整计划并不切实可行；以及

（ⅲ）第（C）目允许法院准予免责；以及

（C）如法院在作出准予免责的裁定的生效日期前不超过10天的通知及听证后，认为没有合理原因相信——

（ⅰ）第522（q）（1）项可适用于债务人；以及

（ⅱ）在任何法律程序中，债务人可能被裁定犯有第522（q）（1）（A）目所述种类的重罪或对第522（q）（1）（B）目所述种类的债项负有法律责任；以及是否符合本项第（A）或（B）目的要求。

（6）尽管有第（1）项的规定，重整计划的确认并不能免除作为公司的债务人的以下任何债务——

（A）属于第523（a）款第（2）（A）或（2）（B）目所指明的组别，而该组别是欠政府部门的，或因根据第31编第37章第3节或任何类似的州法而提出的诉讼而欠某人的；或者

（B）对债务人的税务或关税义务——

（ⅰ）作出欺诈性申报；或

（ⅱ）故意以任何方式企图逃避或阻挠（defeat）此类税项或关税。

第1142条【实施重整计划】

（a）尽管存在其他可适用的有关财务状况的非破产法律、法规或规章，债务人、已经组建或者即将组建用以实施重整计划的任何实体必须执行重整计划，而且必须遵守法院所颁发的任何裁定。

（b）法院可以指示债务人或者任何必要的其他当事人执行、转交或者联合执行或转交文件（这些文件是执行确认后重整计划所涉及的财产移交所必需的），或者实施其他对完成重整计划而言是必要的行为，包括满足任何物上优先权（lien）。

第1143条【分配】

如果重整计划规定以兑付或者退还股票，或者执行任何其他行为，作为参与分配的条件，该行为必须在确认计划之日后的5年内采取。任何实体在上述时段内没有兑付或者退还股票，或者没有采取重整计划所规定的任何其他行动的，不得参与重整计划所规定的分配。

第1144条【确认裁定的撤销（revocation）】

在确认裁定颁布后的180天内，应利益相关方的请求，经过通知和听证程序后，只有在该项裁定是通过欺诈手段获得时，法院才可以撤销该项裁定。本条所规定的撤销确认裁定的令状必须——

（1）包含保护因善意相信确认裁定而取得权利的任何实体所必需的条款；以及

（2）撤销债务人免责的裁定。

第 1145 条【豁免于证券法律】

（a）除非某实体是本条第（b）款或者 1933 年《证券法》第 5 条所定义的证券承销商，或者任何州或地方的法律要求对证券发行或销售进行登记，或者要求对成为证券发行方、承销商、经纪人或者经销商进行登记或注册，否则不得适用下列要求——

（1）依照重整计划发行或者销售，债务人的证券、与债务人一同参与联合重整计划的关联方的证券，或重整计划所规定的债务人的继承人的证券——

（A）用以交换针对债务人或关联方的债权、权益或者在相关案件中对管理费用的请求权；或者

（B）主要用于上述交换，剩余部分用以交换现金或财产；

（2）以本款第（1）项所规定的方式，通过保证付款、期权、认购权、优先兑换权等提供证券，或者在行使该保证付款、期权、认购权、优先兑换权时出售证券；

（3）不按照重整计划的安排提供或销售证券，发行方也不是债务人或关联方，如果——

（A）该证券在提交破产申请的当日已被债务人所拥有；

（B）该证券的发行方——

（ⅰ）按照 1934 年《证券交易法》第 13 条或第 15（d）款的要求必须提交报告；以及

（ⅱ）符合可适用条款所要求的披露及报告要求；以及

（C）此类提供或销售是关于不超过下列比例的证券——

（ⅰ）在提交破产申请之日后的两年期限内，该等证券在该等日期的未偿证券的 4%；以及

（ⅱ）在上述两年期限届满后的任何 180 天内，在该 180 天期间开始时该类别已发行证券的 1%；或者

（4）股票经纪人在本款第（1）或（2）项所指明的证券交易后，并在发行人或承销商或通过承销商向公众真诚提供该证券的首日后 40 天届满前进行的证券交易，只要该股票经纪人在该股票经纪人进行此类交易之时或之前提供了根据本编第 1125 条被认可的披露声明，且如果法院命令，提供了补充该披露声明的信息。

（b）

（1）除本款第（2）项另有规定外，除非发行人之外的实体的正常交易（ordinary trading transactions），否则该实体是 1933 年《证券法》第 2（a）（11）项所规定的承销商，如果该实体——

（A）购买了针对债务人的债权、权益或者在相关案件中的对管理费用的请求权，如果这种购买是出于对已接受或者即将接受的证券进行分配，用以交换该债权或权益；

（B）依照重整计划该证券持有人要求出售已发行或已售出的证券；

（C）依照重整计划该证券持有人要求购买已发行或已售出的证券，如果此项购买要约是——

（ⅰ）以期对此类证券进行分配；以及

（ⅱ）依照与重整计划有关的 1 项协议，与完成重整计划或者与重整计划下证券的发行或销售有关；或者

（D）是 1933 年《证券法》第 2（a）（11）项所述的与该等证券有关的发行人。

（2）对于只涉及下列内容的协议，任何实体都不是 1933 年《证券法》第 2（a）（11）项或者本款第（1）项所规定的承销商——

（A）

（ⅰ）将根据重整计划已发行或已出售证券的部分权益匹配或者整合成为一个整体权益；或者

（ⅱ）从或向根据重整计划获得零星权益（fractional interests）的实体购买或者销售该等零星权益；或者

（B）为该等实体购买或出售该等零星或整体权益，以在该等匹配（such matching）后，为任何剩余的零星权益进行必要的调整。

（3）不属于本款第（1）项所规定的实体，对于任何按照本条第（a）（1）项所规定的方式发行或者销售的证券而言，不是 1933 年《证券法》第 2（a）（11）项所规定的承销商。

（c）按照本条第（a）（1）项所规定的方式发行或者销售证券，被视为公开发行。

（d）1939 年《信托契约法》不适用于按照重整计划规定所发行的，在重整计划生效之日后 1 年内到期的票据。

第 1146 条【特别税收条款】

（a）发行、转让或者交换证券，或者根据本编第 1129 条所确认的重整计划制造或移交证券转换工具，不得依照任何法律征收印花税或者类似的税负。

（b）法院可以授权重整计划的提出方在相关法律问题的范围内就重整计划的税收后果，要求负有征收或确认所得税责任的州或地方政府机构，依照本编第 346 条以及征收这种税赋的法律，进行确认。如果发生了事实上的争议，法院可以在下列两个日期中的靠前者宣告这种税收后果——

（1）依照本款规定政府部门答复这种要求之日；或者

（2）在提出这种要求的 270 日之后。

第 4 节　铁路公司的重整

第 1161 条【其他条款的不适用性】

本编第 341、343 条，第 1102（a）（1）项，第 1104、1105、1107 条，第 1129（a）（7）项以及第 1129（c）款不适用于涉及铁路的破产案件。

第 1162 条【定义】

在本节中，“委员会”是指“水陆运输委员会”。

第 1163 条【指定受托人】

在作出救济令后，交通部（the Secretary of Transportation）须在切实可行的范围内尽快提交 1 份由 5 名无利益相关方组成的名单，该 5 名无利益相关方有资格并愿意在有关个案中担任受托人。联邦托管人应指定其中 1 人担任本案的受托人。

第 1164 条【被听证的权利（发表意见的权利）】

水陆运输委员会、交通部以及任何州或地方对债务人具有管理权限的委员会可以就本章规定的案件的任何问题提出听证要求、出席听证并发表意见，但是不得对听证会就该案件所达成的任何裁决、裁定或者法令提出上诉。

第 1165 条【保护公共利益】

在适用本编第 1166、1167、1169、1170、1171、1172、1173 和 1174 条时，法院和受托人除应考虑债务人、债权人和权益证券持有人的利益外，还应考虑公共利益。

第 1166 条【第 49 编第 4 子编（subtitle）的效力以及联邦、州或者地方法规的效力】

除本编第 1170 条项下的放弃，或者合并、修改债务人的财务结构、发行或出售重整计划项下的证券外，受托人和债务人受第 49 编第 4 子编适用于铁路的规定的约束，受托人须服从任何联邦、州或地方监管机构的命令，其程度与债务人根据本章提出的破产立案申请尚未提交时的程度相同，但——

（1）任何该等裁定，如须从该破产财团支出款项，或须承担该项支出的义务，则除非获法院批准，否则无效；以及

（2）本章的规定受 1973 年《区域铁路重整法案》第 601（b）款的约束。

第 1167 条【集体谈判合同】

尽管有本编第 365 条的规定，法院和受托人均不得改变由受《铁路劳动法》约束的集体谈判协议确定的债务人雇员的工资或工作条件，除非符合该法第 6 条的规定。

第 1168 条【机车车辆设备】

（a）

（1）对第（2）项所述设备的出租人或有条件的供应商有担保权益的被担保方拥有的，根据设备担保协议、租赁或有条件销售合同占有此类设备的权利，以及根据此类担保协议、租赁或有条件销售合同强制执行其任何其他权利或补救措施的权利，用以出售、租赁或以其他方式保留或处置此类设备的，不受本编任何其他条款或法院任何权力的限制或其他影响，但占有和执行这些其他权利和补救措施的权利应受第 362 条的限制，如果——

（A）在本章规定的案件开始之日后 60 天内，经法院批准，受托人同意履行债务人在担保协议、租赁或有条件销售合同项下的所有义务；以及

（B）除第 365（b）（2）项所述的违约外，该担保协议、租赁或有条件销售合同项下的任何违约——

（ⅰ）在案件开始之日前发生，且属于违约事项的，在该 60 天期限届满前被予以纠正；

（ⅱ）在案件开始之日后及在该 60 天期限届满前发生或成为违约事件的，在下列较晚日期前获补救（is cured）——

（Ⅰ）违约或违约事件发生后30天之日；或者

（Ⅱ）60天的期限届满；以及

（ⅲ）在该60天期限届满当日或之后发生的，如该协议、租约或有条件销售合同允许补救，则按照该担保协议、租约或有条件销售合同的条款予以补救。

（2）本项所描述的设备——

（A）是指用于机车车辆设备（包括上部结构或机架）的机车车辆设备或附件，受由债务人授予、租给或有条件出售给债务人的担保权益的约束；以及

（B）包括根据担保协议、租约或有条件销售合同的条款，与该等设备有关的所有记录和文件，该等记录和文件须由债务人就该等设备的交出或退回而交出或退回。

（3）第（1）项适用于担保权人、出租人或有条件卖方代表其自身或作为受托人或以其他方式代表另一方行事。

（b）受托人和被担保方、出租人或有条件卖方［其占有权受第（a）款保护］可同意延长第（a）（1）项规定的60天期限，但须经法院批准。

（c）

（1）在本章的任何案件中，如果在本章案件开始之日后的任何时候，该被担保方、出租人或有条件卖方有权根据第（a）（1）项接管该等设备，并书面要求受托人接管该等设备的，受托人应立即将第（a）（2）项所述设备交出或退还给第（a）（2）项所述的被担保方、出租人或有条件卖方。

（2）在第（1）项要求受托人交出和归还第（a）（2）项所述的设备时，如该等设备的任何租约，以及与该等设备有关的任何担保协议或附条件买卖合同（如该等担保协议或附条件买卖合同是1项待履行的合同）均须当作被拒绝。

（d）对于1994年10月22日或之前首次投入使用的设备，就本条而言——

（1）"租赁"包括任何书面协议，出租人和债务人作为承租人已在该协议或实质上同时的书面文件中表示，该协议将被视为联邦所得税用途的租赁；以及

（2）"担保权益"是指设备购置款（purchase – money equipment）担保权益。

（e）对于1994年10月22日之后首次投入使用的设备，就本条而言，"机车车辆设备"包括经过实质性改造的机车车辆设备以及在这些设备上使用的附件。

第1169条【解除铁路线路租赁的后果】

（a）除非本条第（b）款另有规定，如果根据本编第365条，债务人作为承租人的铁路线路租赁被解除，并且如果受托人在法院规定的时间内，并经法院批准，选择不经营租赁线路，则该租赁下的出租人，经批准后，方可运营该线路。

（b）如果该出租人使用该线路是不可行或违反公共利益的，法院应在该出租人的要求下，并在通知和听证后，裁定受托人继续使用该线路为该出租人服务，直到根据本编第1170条被裁定放弃（abandonment，中止），或直至该行动以其他方式合法终止（lawfully terminated），以先发生者为准。

（c）在任何此类操作期间，该出租人被视为承运人，但须遵守适用于铁路的第49编

第 4 子编的规定。

第 1170 条【放弃铁路线路】

（a）法庭经通知和听证后，可以授权放弃铁路线路的全部或者部分，如果这种放弃——

（1）

（A）对破产财团而言是最好的办法；或者

（B）对制订重整计划而言是至关重要的；而且

（2）与公共利益相一致。

（b）除本章规定的案件悬而未决外，如果根据美国法律，此类放弃需要（水陆运输）委员会批准，受托人应向该委员会提出适当的放弃申请。法院可规定该委员会就该项申请向法院作出报告的期限。

（c）在法院收到水陆运输委员会的报告以后，或在根据本条第（b）款所定的期限届满后（以先到者为准），法院可在向委员会、交通部、受托人、任何已要求被通知的利益相关方、任何受影响的托运人或团体，以及法院规定的任何其他实体，发出通知和举行听证后，授权该项放弃。

（d）

（1）授权放弃的裁定的执行，须冻结至提出上诉的期限届满为止，如上诉是及时提出的，则须冻结至该裁定成为最终裁定为止。

（2）如果授权放弃的裁定遭到上诉，法院可应利益相关方的请求，在向委员会、交通部、受托人、要求被通知的利益相关方、任何受影响的托运人或者团体以及法庭所规定的其他实体，发出通知和举行听证之后，授权暂停（suspension）一条线路或者一条线路的部分运营，直至该上诉得到裁决为止。上诉人在上诉待决期间，不得借发出取代保证书（supersedeas bond）或以其他方式，而冻结执行授权该项暂停的裁定。

（e）

（1）法院在根据本条授权放弃铁路线路时，应要求铁路承运人提供公平的安排，至少与根据第 49 编第 11326（a）款确立的对雇员利益的保护一样。

（2）本款的任何规定，均不得影响在没有本款的情况下本可存在的雇员保障的优先次序或支付时间。

第 1171 条【优先债权】

（a）针对债务人或者破产财团的，因债务人或者破产财团的运营而造成的人身伤害或者死亡，作为个人或者代表已去世个人提出的债权，都必须按照管理费用进行偿付，不论该债权是否在破产案件开始之前就已被提出。

（b）任何针对债务人的无担保债权，如果债务人财产的衡平法上的接管人在本编规定的救济令下达之日已由联邦法院指定，本应享有优先权（priority）的，则在本章规定的情况下，应有权享有相同的优先权。

第 1172 条【重整计划的内容】

（a）除本编第 1123 条要求或允许的规定外，重整计划——

（1）须指明拟继续提供债务人铁路服务的范围及方式，以及拟终止债务人铁路服务的范围；以及

（2）可以包含下列规定——

（A）将债务人的任何或所有正在经营的铁路线路转让给另一正在经营的铁路公司；或者

（B）依照本编第 1170 条的规定放弃任何铁路线路。

（b）除本章所述案件悬而未决外，如果债务人或重整计划中债务人的继承人以外的实体转让或运营债务人的任何铁路线将需要（水陆运输）委员会根据美国法律批准，则除非重整计划的提出人在法院所定的时间内（不超过 180 天）向委员会提出适当的转让或运营申请，否则重整计划不得建议该项转让或操作，委员会可决定是否举行听证，并在有或无修改或附带条件的情况下批准该项申请，或不对该项申请采取行动。委员会批准、修改、设定条件或不批准此类申请的任何行动或命令，仅可由法院根据第 5 编第 706（2）（A）、706（2）（B）、706（2）（C）和 706（2）（D）项进行审查（is subject to review）。

（c）

（1）在批准根据本条第（b）款提出的申请时，委员会应要求铁路承运人提供公平安排，至少与根据第 49 编第 11326（a）款确立的对雇员利益的保护一样。

（2）本款的任何规定，均不得影响在没有本款的情况下本可存在的雇员保障的优先次序或支付时间。

第 1173 条【重整计划的批准】

（a）如果出现下列情况，法院须批准重整计划——

（1）本编第 1129 条的可适用要求已经得到满足；

（2）各债权人或权益证券持有人将在本计划生效之日收到或保留 1 笔，价值不低于该债权人或权益证券持有人在出售债务人的所有运营铁路线时收到或保留的财产价值的财产，假如该项出售的收益及该破产财团的其他财产，在该日根据本编第 7 章进行了分配的话；

（3）根据债务人的过往收益和重整后债务人的可能预期收益，该等预期收益将足以覆盖重整计划规定的任何固定费用，如债务利息、融资债务摊销和铁路租赁租金；以及

（4）该计划符合公共利益。

（b）如果不只 1 份计划满足了本条第（a）款的要求，法院必须确认最有可能为公共利益保留足够铁路运输服务的重整计划。

第 1174 条【清算】

应利益相关方的请求，并在通知和听证后，法院可以，或者如果在救济令下达之日起 5 年内，计划尚未根据本编第 1173 条被确认，则法院应命令受托人停止债务人的经营，并以与本编第 7 章案件相同的方式收集和变现（reduce to money）破产财团的所有财产。

第5节　小规模经营（small business）债务人的重整

第1181条【其他条款不适用】

（a）一般而言——

本编第105（d）、1101（1）款，第1104、1105、1106、1107、1108、1115、1116、1121条，第1123（a）（8）项，第1123（c）款，第1127条，第1129（a）（15）项，第1129（b）、1129（c）、1129（e）款和第1141（d）（5）项不适用于本节规定的案件。

（b）法院权力——

除非法院因故另有裁定，否则本编第1102（a）款第（1）、（2）和（4）项以及第1102（b）款，第1103和1125条不适用于本节规定的案件。

（c）免责特别规则——

如果根据本编第1191（b）款确认了重整计划，则本编第1141（d）款不适用，除非本编第1192条另有规定。

第1182条【定义】

在本节中：

（1）债务人——

（A）除第（B）目另有规定外，是指从事商业或商业活动的人员（包括该人员的任何关联公司，该公司也是本篇下的债务人，但不包括主要活动为拥有单一房地产资产的人员），其在提交破产申请或获救济令之日非或有、已清算的担保和无担保债务总额不超过7,500,000美元（不包括欠1个或多个关联公司或内部人士的债务），其中不少于50%是由债务人的商业或商业活动引起的；以及

（B）不包括——

（ⅰ）关联债务人（affiliated debtors）集团的任何成员，其非或有、已清算的担保和无担保债务总额超过7,500,000美元（不包括欠1个或多个关联公司或内部人士的债务）；

（ⅱ）受1934年《证券交易法》第13条或第15（d）款规定的报告要求所约束的公司债务人；或者

（ⅲ）1934年《证券交易法》第3条中定义的作为发行人关联方的任何债务人。

（2）留任的债务人（DIP）——

“留任的债务人”是指债务人，除非根据本编第1185（a）款被免除作为留任的债务人的身份。

第1183条【受托人】

（a）一般而言——

如果联邦托管人已根据第28编第586（b）款任命个人担任本节案件的常设受托人

(standing trustee),[①] 并且如果该个人符合本编第 322 条的受托人资格，则该个人可在本节任何案件中担任受托人。否则，联邦托管人应指定 1 名无利害关系的人担任本案的受托人，或联邦托管人可在必要时担任本案的受托人。

(b) 职责——受托人应当——

(1) 履行本编第 704 (a) 款第 (2)、(5)、(6)、(7) 和 (9) 项规定的职责；

(2) 履行本编第 1106 (a) 款第 (3)、(4) 和 (7) 项规定的职责，前提是法院出于正当理由并应利益相关方、受托人或联邦托管人的请求下达了命令；

(3) 在本编第 1188 条规定的进度讨论会上 (status conference，情况会商) 出席并对以下事项发表意见——

(A) 受物上优先权 (lien) 约束的财产的价值；

(B) 确认根据本节提交的计划；

(C) 计划确认后的修改；或者

(D) 出售破产财团的财产；

(4) 确保债务人按照本节批准的重整计划及时付款；

(5) 如果债务人不再是留任的债务人，则履行本编第 704 (a) (8) 项和第 1106 (a) 款第 (1)、(2) 和 (6) 项规定的职责，包括经营债务人的业务；

(6) 如果存在关于债务人家庭扶持义务的主张，则履行本编第 704 (c) 款规定的义务；以及

(7) 促进制订协商一致的重整计划。

(c) 受托人服务的终止——

(1) 一般而言——

如果债务人的计划根据本编第 1191 (a) 款得到确认，则当计划基本完成时，受托人在该案中的服务应终止，但联邦托管人可根据履行本条第 (b) (3) (C) 目和本编第 1185 (a) 款项下职责的需要重新任命受托人。

(2) 实质性完成通知的送达——

在债务人的重整计划实质性完成 (consummated) 后 14 天内，债务人应向法院提交并向受托人、联邦托管人和所有利益相关方送达实质性完成的通知。

第 1184 条【留任的债务人的权利和权力】

在不违反法院规定的限制或条件的情况下，留任的债务人应享有除本编第 330 条项下的赔偿权外的所有权利和权力，并应履行除本编第 1106 (a) 款第 (2)、(3) 和 (4) 项规定的职责外的所有职能和职责，如同在本章案件中任职的受托人所享有和履行的，包括经营债务人的业务（的职能和职责）。

第 1185 条【免除留任的债务人】

(a) 一般而言——

---

① 译者注：在名册中的受托人，以与册外可担任个案中受托人的具有专业资格的人士相区别。

应利益相关方的请求，并在发出通知和进行听证之后，法院应命令债务人在案件开始日期之前或之后，由于法定理由包括欺诈、不诚实、无行为能力或对债务人事务的严重管理不善，或未能履行依本节批准的计划项下债务人的义务，不得再担任留任的债务人（DIP）。

（b）恢复——

应利益相关方的请求，并在通知和听证后，法院可恢复留任的债务人（DIP）。

第 1186 条【破产财团的财产】

（a）包含——

如果根据本编第 1191（b）款批准了（重整）计划，则除本编第 541 条规定的财产外，破产财团的财产还包括——

（1）在本编第 7、12 或 13 章（以先发生者为准）规定的案件结束、驳回或转换程序之前，债务人在案件开始之日后取得的该条规定的所有财产；以及

（2）在本编第 7、12 或 13 章（以先发生者为准）规定的案件结束、驳回或转换程序之前，债务人在案件开始之日后履行服务的所得。

（b）债务人继续占有——

除本编第 1185 条、根据本节批准的计划或根据本节批准计划的裁定另有规定外，债务人可继续占有破产财团的所有财产。

第 1187 条【债务人的义务及报告要求】

（a）备案要求——

在选择成为本节下的债务人时，债务人应提交本编第 1116（1）项第（A）和（B）目要求的文件。

（b）其他适用条款——

除本编规定的义务和法律另有规定外，债务人还应遵守本编第 308 条和第 1116 条第（2）、（3）、（4）、（5）、（6）和（7）项的要求。

（c）单独披露声明豁免——

如果法院根据本编第 1181（b）款命令适用本编第 1125 条，则应适用本编第 1125（f）款。

第 1188 条【进度讨论会】

（a）一般而言——

除第（b）款另有规定外，法院应在本章规定的救济令生效后不迟于 60 天举行进度讨论会，以促进根据本节迅速、经济地解决案件。

（b）例外——

如果延期的需要可归因于债务人不能被公正地追究责任的情况，法院可根据第（a）款延长举行进度讨论会的期限。

（c）报告——

债务人应在不迟于第（a）款规定的进度讨论会前 14 天向法院提交 1 份报告，并将该

报告送达受托人和所有利益相关方，该报告应详细说明债务人为达成协商一致的重整计划所作和将要作出的努力。

第 1189 条【提交（重整）计划】

（a）谁能提交计划——

只有债务人可以根据本节提交计划。

（b）最后期限——

债务人应在本章规定的救济令下达后 90 天内提交 1 份计划，但如果延期的需要可归因于债务人不宜承担公正责任的情形（if the need for an extension is attributable to circumstances for which the debtor should not justly be held accountable），法院可延长期限。

第 1190 条【计划的内容】

根据本节提交的计划——

（1）应包括——

（A）债务人的经营简史；

（B）清算分析；以及

（C）关于债务人根据拟议重整计划付款能力的预测；

（2）应规定将债务人未来收益或其他未来收益的全部或部分提交受托人监督和控制，以执行计划；以及

（3）尽管有本编第 1123（b）（5）项的规定，可修改债务持有人的权利，该债务仅以不动产的担保权益来担保，而该不动产是债务人的主要居所，前提是与授予担保权益有关的新价值是——

（A）不主要用于获取该不动产；以及

（B）主要用于债务人的小规模经营。

第 1191 条【计划的批准】

（a）条款——

只有在满足本编第 1129（a）款［该款第（15）项除外］的所有要求时，法院才应批准本节下的计划。

（b）例外——

尽管有本编第 510（a）款的规定，如果本编第 1129（a）款的所有适用要求［该款第（8）、（10）和（15）项除外］均已满足，则法院应债务人的请求，即使有前述各段的规定，如该计划对在该计划下受减损而未接受该计划的每类债权或权益并无不公平的歧视并且是公平合理的，则须批准该计划。

（c）解释规则——

就本条而言，计划对每 1 组债权或权益公平合理的条件包括以下要求：

（1）关于某组担保债权，计划符合本编第 1129（b）（2）（A）目的要求。

（2）自本计划生效之日起——

（A）该计划规定，自根据该计划应支付的第 1 笔款项到期之日起，债务人在 3 年期间

或法院规定的不超过 5 年的较长期间内收到的所有预计可支配收入，将用于根据该计划支付款项；或者

（B）根据计划分配的财产，自根据计划首次分配到期之日起，在 3 年内或法院规定的不超过 5 年的较长期间内，其价值不低于债务人的预计可支配收入。

（3）

（A）债务人将能够支付计划项下的所有款项；或者

（B）

（ⅰ）债务人有合理可能根据该计划支付所有款项；以及

（ⅱ）该计划提供了适当的补救措施，其中可能包括清算非免责资产，以在未付款的情况下保护债权或权益持有人。

（d）可支配收入——就本条而言，“可支配收入”是指债务人收到的、不需要为下列事由而合理支出的收入——

（1）为了——

（A）债务人或其受养人的赡养、扶养或抚养；或者

（B）在申请书提交之日后首次应支付的家庭扶持义务；或者

（2）支付债务人维持、保全或经营业务所需的支出。

（e）特殊规则——

尽管有本编第 1129（a）（9）（A）目的规定，约定通过本编第 507（a）款第（2）或（3）项规定的计划偿付债权的重整计划可根据本条第（b）款予以批准。

第 1192 条【免责】

如果债务人的计划是根据本编第 1191（b）款批准的，则在债务人切实可行地迅速完成根据计划在前 3 年内到期的所有付款后，或在法院规定的不超过 5 年的更长期限到期后，除非法院批准债务人在根据本章下达救济令后签署的书面免责弃权书（放弃免责的声明），法院应授予债务人撤销本编第 1141（d）（1）（A）目规定的所有债务，以及根据本编第 503 条允许并在计划中规定的所有其他债务，但以下债务除外——

（1）在计划的前 3 年或法院规定的不超过 5 年的其他时间后，最后 1 笔付款已到期的；或者

（2）属于本编第 523（a）款规定的类型。

第 1193 条【计划的修改】

（a）确认前修改——

债务人可在确认前的任何时候修改计划，但如果修改后的计划不符合本编第 1122 和 1123 条的要求［第 1123 条第（a）（8）项除外］，则不得修改计划。向法院提交修改后，修改后的计划即成为新的计划。

（b）确认后修改——

如果计划已根据本编第 1191（a）款确认，则债务人可在计划批准后和计划实质性完成前的任何时间修改计划，但不得使修改后的计划不符合本编第 1122 和 1123 条的要求

[第 1123 条第（a）（8）项除外]。只有在情况允许时，根据本款修改的计划才成为新的计划，并且法院在通知和听证后，确认根据本编第 1191（a）款修改的计划。

（c）某些其他修改——

如果计划已根据本编第 1191（b）款被批准，债务人可在 3 年内或法院规定的不超过 5 年的更长时间内随时修改该计划，但不得修改计划使修改后的计划不符合本编第 1191（b）款的要求。只有在情况允许时，根据本款修改的计划才成为新计划，并且法院在通知和听证后，确认根据本编第 1191（b）款修改的计划。

（d）债权或权益的持有人——

如果计划已根据本编第 1191（a）款得到批准，已接受或拒绝该计划的债权或权益的任何持有人被视为已接受或拒绝（视情况而定）经修改的计划，除非该持有人在法院规定的时间内更改了该持有人先前的接受或拒绝。

第 1194 条【支付】

（a）受托人的保留和分配——受托人收到的款项和资金应由受托人保留，直至批准或拒绝批准计划。如计划获批准，受托人须按照计划分配任何该等款项。如计划未获批准，受托人须在扣除下列款项后，将其余额退还债务人——

（1）根据本编第 503（b）款允许的任何未付债权；

（2）为给担保债权持有人的财产权益提供充分保护而支付的任何款项；以及

（3）欠受托人的任何费用。

（b）其他计划——

如果根据本编第 1191（b）款确认计划，除非计划或批准计划的裁定另有规定，受托人应根据计划向债权人付款。

（c）批准前付款——

在批准计划前，法院在发出通知和举行听证后，可授权受托人向担保债权的持有人付款，以便对财产权益提供充分保护。

第 1195 条【与专业人士的交易】

尽管有本编第 327（a）款的规定，债务人并不仅因某人持有在案件开始前产生的少于 10,000 美元的债权而被取消其在本编第 327 条项下的就业资格。

第 12 章　有固定收入的家庭农场主和渔民的债务调整

第 1 节　管理人员、管理和破产财团

第 1201 条【针对共同债务人诉讼的冻结（stay，中止）】

（a）除本条第（b）和（c）款另有规定外，在本章规定的救济令下达以后，债权人不能再进行或启动或继续任何民事诉讼（civil action），向任何对债务人负有债务责任的个人或有担保的个人收取债务人的全部或部分消费债务，除非——

（1）该自然人在一般的商业交易过程中对该债务人负有责任或提供过担保；或者

（2）该破产案件被终结、驳回或转换成本编第 7 章案件。

（b）债权人可以提示可流通票据（negotiable instrument），也可以发出票据退票通知（give notice of dishonor of such an instrument）。

（c）根据利益相关方的请求并且在通知和听证之后，法院可以对本条第（a）款规定的与债权人有关的民事诉讼中止批准免除冻结令，但须在如下范围内——

（1）在债务人与根据本条第（a）款受保护的个人之间，该个人收到该债权人所持债权的对价；

（2）债务人提交的债务调整计划建议不支付此类债权；或者

（3）该债权人的利益将因这种冻结的继续而受到不可挽回的损害。

（d）在根据本条第（c）（2）项提出请求免除本条第（a）款规定的冻结后 20 天内，就提出该请求的利益相关方而言，该冻结终止，除非债务人或对该等债务负有责任的任何个人向该利益相关方提出并送达对采取拟议行动的书面异议。

第 1202 条【受托人】

（a）如果联邦托管人已经根据《美国法典》第 28 编第 586（b）款任命了某自然人为本章破产案件中的常设受托人，并且如果该自然人符合本编第 322 条规定的受托人资格，则该自然人可以在本章任何破产案件中担任受托人。否则，联邦托管人应指定 1 名无利害关系的人担任本案的受托人，或联邦托管人可在必要时担任本案的受托人。

（b）受托人应当——

（1）履行本编第 704 条第（a）（2）、（a）（3）、（a）（5）、（a）（6）、（a）（7）和（a）（9）项所详细规定的职责；

（2）如果法院根据利益相关方、受托人或联邦托管人的请求，并且因为正当理由作出裁定，受托人还应履行本编第 1106（a）（3）和 1106（a）（4）项所列明的职责；

（3）在有关下列事项的听证会上，出席并且发表意见——

（A）受物上优先权（lien）约束的财产的价值；

（B）债务调整计划的确认；

（C）计划确认之后的修改；或者

（D）破产财团财产的出售；

（4）确保债务人及时支付经确认的债务调整计划所要求的款项；

（5）如果债务人不再是留任的债务人（DIP），则须履行第 704（8）款，第 1106（a）（1）、1106（a）（2）、1106（a）（6）、1106（a）（7）项和第 1203 条所列明的职责；以及

（6）如果债务人有家庭扶持义务的债项，则须提供第（c）款指明的适用通知。

（c）

（1）在第（b）（6）项所描述的案件中，如第（b）（6）项适用，受托人须——

（A）

（ⅰ）向第（b）（6）项所述债权的持有人提供书面通知，并说明该持有人有权使用根据《社会保障法》第 464 和 466 条为其居住州设立的州儿童抚养执行机构的服务，以便在本编案件期间和之后协助收集儿童抚养费。

（ⅱ）在第（ⅰ）子句所要求的通知中包括该州儿童抚养执行机构的地址和电话号码；

（B）

（ⅰ）向持有该债权的州儿童抚养执行机构提供书面通知；

（ⅱ）在第（ⅰ）子句要求的通知中包括该持有人的姓名、地址和电话号码；以及

（C）在债务人根据第 1228 条予以债务免责时，向该持有人及该州儿童抚养执行机构提供书面通知，说明——

（ⅰ）予以债务免责；

（ⅱ）债务人最近已知的地址；

（ⅲ）债务人的雇主的最近为人所知的姓名或名称及地址；以及

（ⅳ）持有以下债权的每个债权人的姓名或名称——

（Ⅰ）未根据第 523（a）款第（2）、（4）或（14A）项被免责；或者

（Ⅱ）债务人根据第 524（c）款重新确认的。

（2）

（A）第（b）（6）项所述的债权的持有人或该持有人所在州的州儿童抚养执行机构可向第（1）（C）（ⅳ）子句所述的债权人要求债务人最后为人所知的地址。

（B）尽管有任何其他法律规定，债权人如就根据第（a）款提出的请求而披露债务人最后为人所知的地址，无须因披露而承担法律责任。

第 1203 条【债务人的权利和权力】

受制于法院规定的限制，留任的债务人（DIP）应当拥有所有的权利而非仅仅是根据

第 330 条获赔偿的权利和权力，并且应当履行受托人在第 11 章项下所有的功能和职责，包括运作债务人的农场或商业渔业经营，但第 1106（a）款第（3）和（4）项所列明的职责除外。

第 1204 条【留任的债务人的免除】

（a）根据利益相关方的请求，并且在通知和听证之后，法院应当裁定债务人因为某些原因不能继续作为留任的债务人，这些原因包括债务人的欺诈、不诚实、无能力或对债务人事务的严重管理不善，该裁定可以在破产案件开始前，也可以在案件开始后作出。

（b）根据利益相关方的请求，并且在通知和听证之后，法院可以恢复债务人对破产财产的占有。

第 1205 条【充分的保护】

（a）第 361 条不适用于本章的破产案件。

（b）本章的案件中，当某实体在财产上的利益根据本编第 362、363 或 364 条需要得到充分保护时，该充分保护可以这样提供——

（1）当本编第 362 条项下的冻结、本编第 363 条项下的使用、出售或租赁，或本编第 364 条项下的任何物上优先权（lien）的授予，导致担保某债权的财产价值或某实体对财产的所有权权益减少时，要求受托人向该实体支付现金或定期支付现金，并以此减少额为限；

（2）在该冻结、使用、出售、租赁或授予导致担保某债权的财产价值或某实体对财产的所有权权益减少的范围内，给该实体提供附加的或替代性的物上优先权；

（3）根据租金价格、净收入和破产财产的营利潜力，向该实体支付使用（破产）财产所位于的农地的合理的、在该共同体中有惯例的租金；或者

（4）批准其他的免责令，而非授权该实体获得作为管理费用的本编第 503（b）（1）项所允许的赔偿，就如同要充分地保护担保某债权或该实体在（破产）财产上所有权利益的财产价值一样。

第 1206 条【无获利的出售】

在通知和听证之后，加上本编第 363（f）款所包含的授权，本章破产案件下的受托人可以根据本编第 363 条第（b）和（c）款出售破产财产，且与某非破产财团的实体的该财产上的任何利益没有义务或牵连，如果该财产是农田或农业设备或用于进行商业捕鱼作业的财产（包括商业渔船）的话，除了出售所得的收益，其余都应归属于该利益。

第 1207 条【破产财团的财产】

（a）破产财团的财产，除本编第 541 条所规定的财产，还包括——

（1）所有债务人在破产案件开始之后但是在破产案件终结、驳回或转换成本编第 7 章案件之前（无论何者先发生）要求适用的条款中所详细列明的一类财产；以及

（2）债务人在破产案件开始之后但是在破产案件终结、驳回或转换成本编第 7 章案件之前（无论何者先发生）提供服务所获得的收入；

（b）除非在本编第 1204 条、经批准的债务调整计划或批准该计划的裁定中另有规定，

债务人应当继续占有破产财团的所有财产。

第 1208 条【破产案件的转换或驳回】

（a）债务人可以在任何时候将本章的破产案件转换成本编第 7 章案件，任何根据本款放弃转换的权利都是不可执行的（unenforceable）。

（b）不论债务人什么时候提出请求，如果破产案件尚未根据本编第 706 或 1112 条进行驳回（dismiss），法院应当根据本章驳回该案件，任何根据本款放弃驳回的权利都是不可执行的。

（c）根据利益相关方的请求，并且在通知和听证之后，法院可因某些原因根据本章驳回该案件，这些原因包括——

（1）引起债权人意见的债务人的不合理的延迟或严重的管理不善；

（2）没有根据《美国法典》第 28 篇第 123 章支付任何酬金或费用；

（3）未能根据本编第 1221 条及时地提出债务调整计划；

（4）未能根据经确认的债务调整计划及时地进行支付；

（5）否认本编第 1225 条的债务调整计划的批准，并且拒绝延长补交或修改计划的时间的请求；

（6）与经确认的债务调整计划有关的债务人实质性的未履行职责；

（7）撤回本编第 1230 条项下的批准债务调整计划的裁定并且否认对本编第 1229 条项下的修正的计划的确认；

（8）因发生了债务调整计划中所列明的情形，而终止经批准的计划；

（9）继续浪费破产财团的财产或降低财产价值，并且缺乏恢复财团财产的合理可能；以及

（10）债务人未能支付在提交破产申请后首次应支付的任何家庭扶持义务。

（d）根据利益相关方的请求，并且在通知和听证之后，只要发现债务人实施了与破产案件有关的欺诈行为，法院就可以驳回本章项下的案件或将本章案件转换成第 7 章案件。

（e）尽管本条还有任何其他的规定，破产案件不得转换成本编其他章规定的案件，除非债务人可能是该章下的债务人。

第 2 节　债务调整计划

第 1221 条【债务调整计划的提交】

债务人应当在本章规定的救济令下达后不晚于 90 天内提交债务调整计划，但如果延期的需要可归因于债务人不宜承担公正责任的情形，法院可延长该期限。

第 1222 条【债务调整计划的内容】

（a）债务调整计划应当——

（1）为了执行债务调整计划，规定债务人全部或部分的将来收入或其他未来收益提交受托人监督和控制；

（2）规定以递延现金付款方式全额支付根据第507条享有优先权（priority）的所有债权，除非特定债权的持有人同意对该债权采取不同的处理办法；

（3）如果债务调整计划对债权和利益进行分组，在特定的组别中对每一个债权或利益都同等地对待，除非特定的债权或利益的持有人自己同意不太优惠的待遇（less favorable treatment）；

（4）尽管本条另有规定，只有当债务调整计划规定债务人的所有预计可支配收入从计划下的首次付款到期之日起的5年期内将用于支付计划下的款项时，计划才能规定对于根据第507（a）（1）（B）目享有优先权（priority）的债权所欠的所有款项，少于全额支付；以及

（5）除第1232条另有规定外，第1232（a）款所述的政府部门对任何债权作出了规定。

（b）受制于本条第（a）和（c）款，债务调整计划可以——

（1）按照本编第1122条的规定，指定1个或多个组别的无担保债权，但不得不公平地歧视如此指定的任何组别；但是，如果个人对债务人的消费债务负有不同于其他无担保债权的责任，则该计划可以处理债务人的消费者债务主张；

（2）修改担保债权持有人或无担保债权持有人的权利，或不影响任何组别债权持有人的权利；

（3）规定任何违约责任的补救或免除；

（4）规定任何无担保债权的付款与任何担保债权或任何其他无担保债权的付款同时进行；

（5）规定在合理时间内纠正任何违约行为，并在案件悬而未决时维持付款，当任何无担保债权或担保债权的最后1笔付款在本计划下的最终付款到期日之后到期；

（6）在不违反本编第365条的情况下，对债务人的任何未履行合同或未到期租约的承担、解除或转让作出规定，该等合同或未到期租约先前未根据该条被解除的；

（7）规定从债务人的破产财团财产或债务人财产中偿付债务人的全部或部分债务；

（8）规定将破产财团的全部或任何部分财产出售，或将该破产财团的全部或任何部分财产分配给对该类财产有权益的人；

（9）规定在超过第1222（c）款允许的期限内支付符合本编第1225（a）（5）项的被许可的担保债权；

（10）规定破产财团的财产在计划批准或之后的时间归属债务人或任何其他实体；

（11）规定支付根据第1228（a）款规定不可撤销的无担保债权在提交破产申请之日后产生的利息，但该利息仅在债务人有可支配收入支付该利息的范围内支付，前提是债务人已为所有被许可的债权的全额支付作出了规定；以及

（12）包括与本编不矛盾的任何其他适当规定。

（c）除第（b）（5）和（b）（9）项另有规定外，债务调整计划不能规定长于3年时间的支付，除非法院因故批准了更长的期限，但法院不得批准长于5年的期限。

（d）尽管有本条第（b）（2）项和本编第 506（b）款和第 1225（a）（5）项的规定，如果在债务调整计划中提出补救违约，补救违约所需的金额应根据相关协议和适用的非破产法确定。

第 1223 条【确认前债务整理计划的修改】

（a）债务人在债务调整计划确认之前的任何时间都可以修改该计划，但是不能使修改后的计划不符合本编第 1222 条的要求。

（b）债务人根据本条提交修改之后，被修改的计划即成为正式的债务调整计划。

（c）已接受或拒绝了债务调整计划的担保债权的任何持有人，被视为已根据具体的情况接受或拒绝了修改后的计划，除非该修改规定了该持有人在修改之前根据计划所享有的权利有所变化，并且该持有人改变了先前的接受或拒绝。

第 1224 条【计划批准的听证】

法院经催告后，应当就确认计划举行听证。利益相关方、受托人或联邦托管人可对计划的批准提出异议。除因故外，听证应当在计划提交后 45 日内结束。

第 1225 条【计划的批准】

（a）除第（b）款另有规定外，法院应当确认债务整理计划，如果——

（1）该计划符合本编的规定和本编的其他适用规定；

（2）已支付第 28 编第 123 章或该计划要求在批准前支付的任何费用、收费或金额；

（3）该计划是善意提出的，而不是以任何法律禁止的方式提出的；

（4）截至本计划生效之日，因每 1 项被许可的无担保债权而根据本计划分配的财产的价值不低于如果债务人的财团财产在该日期根据本编第 7 章进行清算时，就该等债权将支付的金额；

（5）关于本计划规定的每项被许可的担保债权——

（A）该债权的持有人已经接受了该计划；

（B）

（ⅰ）该计划规定该债权的持有人保留了担保该债权的物上优先权（lien）；并且

（ⅱ）在该计划生效之日，受托人或债务人因该项债权而根据该计划获得分配的财产的价值，不少于该项债权的允许金额；或者

（C）债务人向债权持有人交出了担保该债权的财产；

（6）债务人将能够支付计划项下的所有款项并遵守计划；以及

（7）债务人已支付了根据家庭扶持义务必须支付的所有款项，如果司法或行政命令或法规要求债务人支付此类家庭扶助义务，则在提交破产申请之日后首次支付。

（b）

（1）如果受托人或被许可的无担保债权的持有人反对批准该计划，那么法院不能批准该计划，除非在该计划的生效之日——

（A）因该项债权而须根据该计划获得分配的财产的价值，不少于该项债权的金额；

（B）该计划规定，债务人在 3 年内或法院根据第 1222（c）款批准的较长期间内（自

根据该计划应支付的第 1 笔款项到期之日起）收到的所有预计可支配收入，将用于根据该计划支付债款；或者

（C）自根据该计划首次分配到期之日起 3 年内，或法院根据第 1222（c）款批准的较长期间内，根据该计划分配的财产的价值，不得低于债务人在该期间的预计可支配收入。

（2）根据本款的立法目的，“可支配的收入”是指债务人获得的，并且没有下列合理必要去花费的收入——

（A）为了债务人或其受养人的赡养、扶养或抚养，或为在破产申请书提交日期后首次成为应付款项的家庭扶持义务；或者

（B）为了继续、保持并且运行债务人的营业而必须的支出；

（c）债务调整计划得到批准之后，法院可以裁定债务人从其获得收入的任何实体向受托人支付全部或部分收入。

第 1226 条【支付】

（a）受托人收到的款项和资金应由受托人保留，直至批准或拒绝批准债务调整计划为止。如计划获批准，受托人须按照计划分配任何该等款项。如计划未获批准，受托人须将任何该等款项在扣除下列部分之后退还给债务人——

（1）根据本编第 503（b）款许可的任何未付之债；以及

（2）如常设受托人在本案件中提供了服务的话，还要包括为该常设受托人厘定的费用的百分比。

（b）在根据债务调整计划向债权人进行每笔支付之前或之后，下列项目应当被支付——

（1）本编第 507（a）（2）项所列明的任何未支付之债；并且

（2）如果根据本编第 1202（c）款任命的常设受托人正在本案中任职，则根据本编第 1202（d）款为该受托人设定的酬金的百分比；

（c）除债务调整计划或确认该计划的裁定另有规定外，受托人应根据该计划向债权人完成支付。

第 1227 条【批准的效力】

（a）除本编第 1228（a）款另有规定外，已确认的债务整理计划的规定对债务人、各债权人、各权益证券持有人和债务人的各普通合伙人，均有约束力，无论该债务人、债权人、权益证券持有人或普通合伙人的债权是否在该计划中有所规定，以及无论该债务人、债权人、权益证券持有人或普通合伙人是否已经反对、接受或拒绝该计划。

（b）除该计划或批准该计划的裁定另有规定外，该计划的批准将破产财团的所有财产授予债务人。

（c）除非本编第 1228（a）款另有规定，并且除非在该计划或批准该计划的裁定中另有规定，根据本条第（b）款归属于债务人的破产财团财产不用于支付该计划规定的任何债权人的债权或权益。

第 1228 条【债务免责】

（a）在符合第（d）款的规定下，当债务人在切实可行的范围内尽快完成本计划项下

的所有付款后，如债务人是根据司法或行政命令或法规的要求须支付家庭扶持义务的，在该债务人证明已支付根据该命令或该法规在证明日期或之前到期应付的所有款项（包括在提交破产申请书之前到期应付的款项，但仅限于计划规定的范围）后，除本编第1222（b）（5）或1222（b）（9）项规定的被许可的债权的持有人的付款外，除非法院批准债务人在本章规定的救济令下达后签署债务免责的书面弃权书，否则法院应准许债务人免除该计划规定的所有债务（根据本编第503条被许可，或根据本编第502条不被许可的），下列债务除外——

（1）本编第1222（b）（5）或1222（b）（9）项所规定的；或者

（2）本编第523（a）款所列明的一类债务，但第1232（c）款规定的除外。

（b）在债务调整计划批准之后的任何时间并且在通知和听证之后，法院应当对因下列原因还没有根据该计划完成支付的债务人予以免责——

（1）债务人未能完成该支付是因为债务人不应当合理担责（如不可控制、不可抗力等）的因素造成的；

（2）截至本计划生效之日，因每1项被许可的无担保债权而根据本计划实际分配的财产的价值不低于如果债务人的财产在该日期根据本编第7章被清算时，该等债权本应支付的金额；以及

（3）根据本编第1229条的计划修改是不能实施的（not practicable）。

（c）根据本条第（b）款授予的免责令，免除了计划规定的或根据本编第502条不予许可的所有无担保债务，但任何下列债务除外——

（1）本编第1222（b）（5）或1222（b）（9）项所规定的；或者

（2）本编第523（a）款所详细列明的那一类债务，但第1232（c）款规定的除外。

（d）根据利益相关方的请求在根据本条批准了债务免责后的1年以内，并且在通知和听证之后，法院可以在下列情形撤回该免责，当——

（1）该免责是债务人通过欺诈性手段所获得的；并且

（2）请求方直到该免责被批准之后才知道该欺诈性行为。

（e）在债务人被予以免责之后，法院应当终止受托人在破产案件中的服务性工作。

（f）法院不得根据本章予以债务免责，除非法院在作出准许债务免责裁定的日期前不超过10天的通知及听证后，认为没有合理原因相信——

（1）第522（q）（1）项可适用于债务人；以及

（2）在任何法律程序中，债务人可能被裁定犯有第522（q）（1）（A）目所述种类的重罪或对第522（q）（1）（B）目所述种类的债务负有法律责任。

第1229条【计划被批准之后的修改】

（a）债务整理计划被批准之后，在该计划项下的支付完成之前的任何时候，计划都可以根据债务人、受托人或被许可的无担保债权持有人的请求，而进行下列修改——

（1）计划规定的特定组别中的债权支付金额的增减；

（2）延长或缩短支付的时间；

（3）改变分配给债权人的金额，而该债权人的债权是由该计划所规定的，但须顾及该债权在该计划以外的任何偿付；或者

（4）就第 1232（a）款所述债权的付款作出规定，而该债权是在破产申请提交的日期后产生的。

（b）

（1）本编第 1222（a）、1222（b）和 1223（c）款，以及本编第 1225（a）款所提出的要求，适用于本条第（a）款下的任何计划修改。

（2）经修改的计划成为正式的债务调整计划，除非该修改在经通知和听证之后被否决。

（c）根据本条修改的计划不得规定在原确认计划下的第 1 笔付款到期后的 3 年后才到期的期间内付款，除非法院因故批准更长的期间，但法院不得批准在该时间后 5 年后到期的期间。

（d）根据本条，计划不得有如下更改——

（1）在修改后的计划中，增加计划前任何应付款项的金额；

（2）除债务人外的任何人，在增加债务人可支配收入的基础上，增加某个月向无担保债权人支付的金额，使该款项的总额超过该月债务人可支配收入；或者

（3）在计划的最后 1 年，除债务人以外的任何人，要求支付的金额，将在计划完成后使债务人没有足够资金继续农业经营。

第 1230 条【批准计划的裁定的撤销（revocation）】

（a）根据本编第 1225 条作出批准计划的裁定之后的 180 天内的任何时间，根据利益相关方的请求，并在通知和听证之后，法院可以撤销该裁定，如该裁定是通过欺诈的方式取得的。

（b）如果法院根据本条第（a）款撤销批准计划的裁定，法院应当根据本编第 1207 条办理该案件，除非在法院规定的时间内，债务人提出建议并且法院根据本编第 1229 条批准了该计划的修改。

第 1231 条【特种税条款】

（a）根据本编第 1225 条确认的计划，对某证券（a security）的发行、转让或交换，或转让文书（an instrument of transfer）的制作或交付，均不得根据任何征收印花税或类似税收的法律征税。

（b）法院可授权计划的提交者请求任何政府部门根据本编第 346 条和征收此类税收的法律，对计划的税收影响作出决定，但仅限于法律问题，该政府部门负责对收入或按收入计量的税款进行征收或确认。如有实际争议，法院可以在下列时间中较早的日期宣告该税收影响——

（1）该政府部门根据本款而回应该要求之日；或者

（2）在该要求发出之后 270 天。

第 1232 条【政府部门就农业经营中使用的财产的处置提出的债权】

（a）政府部门因出售、转让、交换而对债务人或破产财团提出的任何无担保债权，而该债权是在破产申请提交前产生的，或是在申请提交后及债务人根据第 1228 条债务免责前产生的，或以其他方式处置债务人在农业经营中使用的任何财产——

（1）应被视为在提交申请之日前产生的无担保债权；

（2）无权根据第 507 条享有优先权（priority）；

（3）应在计划中规定；以及

（4）须按照第 1228 条免责。

（b）第 1225（a）（4）、1228（b）（2）和 1229（b）（1）项适用于本条第（a）款所述的债权，如果债务人的财产根据本编第 7 章被清算，则应支付该债权的金额应为该破产财团在第 7 章下应支付的金额，如果债权是在破产申请提交日期前产生的无担保债权，无权根据第 507 条享有优先权（priority）。

（c）为将第 523（a）款、第 1228（a）（2）及 1228（c）（2）项适用于本条第（a）款所述的债权，该债权不得被视为第 523（a）（1）项第（A）或（B）目所指明的债权。

（d）

（1）政府部门可就第（a）款所述的在破产申请提交之日后产生的债权提交债权证明。

（2）如债务人在破产申请提交后，就第（a）款所描述的债权产生期间提交报税表，而该债权与报税表有关，则债务人须按第 505（b）（1）项所指定的方式，将该项债权通知负责在该地址征收税款的政府部门。根据本款发出的通知应当说明债务人已根据本章提出申请，说明本章所述案件待审法院的名称和地点，说明债权金额，并附上 1 份已提交的纳税申报表和证明债权计算结果的文件。

（3）如债权通知书已按照第（2）项送达政府部门，政府部门可在该通知书送达之日后不迟于 180 天提交债权证明。如果政府部门没有及时提交债权证明，债务人或受托人可以提交与根据第（2）项送达的通知相一致的债权证明。如果债务人或受托人根据本项提交了债权证明，政府部门不得修改该债权证明。

（4）根据本款提出的债权，须根据第 502 条（a）、（b）或（c）款予以确认和批准，或根据第 502（d）或（e）款不予批准，方式犹如该债权是在紧接破产申请提交日之前提出的一样。

第 13 章　有固定收入的个人的债务调整

第 1 节　管理人员、管理和破产财团

第 1301 条【冻结对共同债务人的诉讼】

（a）除本条第（b）和（c）款另有规定外，在本章规定的救济令下达后，债权人不得采取行动，或开始或继续任何民事诉讼，向任何对债务人负有债务责任的个人或担保该债务的个人收取债务人的全部或部分消费者债务，除非——

（1）该个人在其正常业务过程中对该债务承担责任或提供了担保；或者

（2）本案根据本编第 7 或 11 章结案、驳回或转换。

（b）债权人可以提示可流通票据，也可以发出票据退票通知。

（c）基于利益相关方的请求，在经过通告及听证后，法院应就本条第（a）款所规定的针对债权人的冻结提供救济措施，只要——

（1）在债务人及本条第（a）款所保护的个人之间，该个人接受由债权人所持有的与诉讼要求相关的对价；

（2）由债务人提出的债务调整计划中建议不对该债权进行偿还；或者

（3）该债权人的利益将会因为继续这种冻结而遭受不可弥补的损害。

（d）在根据本条第（c）（2）项提出请求免除本条第（a）款规定的冻结后 20 天，对于提出这种请求的利益相关方，此种冻结终止，除非债务人或对该等债务负有责任的任何个人向利益相关方提出并送达 1 份对拟议诉讼的采纳（the taking of the proposed action）的书面拒绝书（a written objection）。

第 1302 条【受托人】

（a）如果联邦托管人根据第 28 编第 586（b）款任命个人作为本章案件的常设受托人，并且如果该个人符合本编第 322 条下的资格，则该个人应作为本案的受托人。否则，联邦托管人须委任 1 名无利害关系的人出任本案的受托人，或联邦托管人可出任本案的受托人。

（b）受托人应——

（1）履行本编第 704（a）款第（2）、（3）、（4）、（5）、（6）、（7）及（9）项所规定的职责；

（2）出席并在任何相关的听证会上就下列事项发表意见——

（A）担保财产的价值；

（B）对债务调整计划的确认；或者

（C）债务调整计划确认后的修改；

（3）在《破产法典》第13章所规定的案件中，按照美国法院行政办公室主任所颁布的条例，处置所接收到的或者即将收到的款项；

（4）就法律事务以外的方面提出建议，并协助债务人履行债务调整计划；

（5）确保债务人按照本编第1326条的规定及时还款；以及

（6）如对该债务人，有就家庭扶持义务提出的债权，则须提供第（d）款指明的适用通知。

（c）如果债务人从事业务活动，那么除了行使本条第（b）款所规定的职责外，受托人还应该履行本编第1106（a）（3）以及（a）（4）项所规定的职责。

（d）

（1）在第（b）（6）项所述的情形下，如第（b）（6）项适用，受托人须——

（A）

（ⅰ）向第（b）（6）项所述债权的持有人提供书面通知，并说明该持有人有权使用根据《社会保障法》第464和466条为其居住州设立的州儿童抚养执行机构的服务，以便在本编案件期间和之后协助收集儿童抚养费；以及

（ⅱ）在第（ⅰ）子句所要求的通知中包括该州儿童抚养执行机构的地址和电话号码；

（B）

（ⅰ）向该州儿童抚养执行机构提供书面通知；并且

（ⅱ）在根据第（ⅰ）子句提供的通知中包含该持有人的姓名、地址和电话号码；以及

（C）在债务人根据第1328条予以债务免责时，向该持有人及该州儿童抚养执行机构提供书面通知，说明——

（ⅰ）予以债务免责；

（ⅱ）债务人最近已知的地址；

（ⅲ）债务人的雇主的最近为人所知的姓名或名称及地址；以及

（ⅳ）持有下列债权的每个债权人的姓名或名称——

（Ⅰ）未根据第523（a）（2）或523（a）（4）项被免责；或者

（Ⅱ）债务人根据第524（c）款重新确认的。

（2）

（A）第（b）（6）项所述的债权的持有人或该持有人所在州的州儿童抚养执行机构可向第（1）（C）（ⅳ）子句所述的债权人要求债务人最后为人所知的地址。

（B）尽管有任何其他法律规定，债权人如就根据第（A）目提出的请求而披露债务人最后为人所知的地址，无须因披露而承担法律责任。

第1303条【债务人的权利和权力】

在不违反本章对受托人的任何限制的情况下，除受托人外，债务人还应享有本编第

363 条第（b）、（d）、（e）、（f）和（l）款所规定的受托人的权利和权力。

第 1304 条【从事经营的债务人】

（a）自营职业的债务人从事经营活动，并在这种职业产生的收入中获得交易信贷（trade credit）。

（b）除法院另有裁定外，从事经营的债务人可以继续运营其业务，同时在本编第 363（c）款和第 364 条对受托人的任何限制以及法院规定的限制或条件的约束下，具有除受托人外，受托人在该等条文下的权利及权力。

（c）从事经营的债务人应该履行本编第 704（a）（8）项规定的受托人职责。

第 1305 条【受理后债权的申报及获准】

（a）任何对债务人提出下列债权的实体都可以提交债权证明——

（1）在案件悬而未决期间应向政府部门缴纳的税款；或者

（2）在本章规定的救济令颁布之日后所产生的消费债务，而且是债务人履行债务调整计划所必须的财产或服务。

（b）除本条第（c）款规定的以外，依照本条第（a）款所提交的债权可以根据本编第 502 条的规定获得确认或者不获确认，该决定必须在申报债权当日作出，可依据本编第 502（a）、502（b）或者 502（c）款确认，也可以依据本编第 502（d）或 502（e）款不予确认，就如同该债权是正式提交破产申请之前产生的一样。

（c）根据本条第（a）（2）项申报的债权，如该债权的持有人知道或本应知道，受托人事先批准债务人招致该项债务是切实可行的，而并未获得该项批准，则该债权不得获确认。

第 1306 条【破产财团的财产】

（a）除本编第 541 条规定的财产外，破产财团的财产还包括——

（1）在本编第 7、11 或 12 章（以先发生者为准）规定的情况下，债务人在案件开始后但在案件结束、驳回或转换程序之前取得的该条所指明的所有财产；以及

（2）债务人在案件开始后但在案件结束、驳回或根据本编第 7、11 或 12 章转换程序之前（以先发生者为准）提供服务所获的收益。

（b）除经批准的计划或批准计划的裁定另有规定外，债务人须继续占有该破产财团的所有财产。

第 1307 条【转换或驳回】

（a）债务人可随时将本章案件转为本编第 7 章案件。放弃根据本款的转换权利是不可执行的。

（b）应债务人随时请求，如果案件未根据本编第 706、1112 或 1208 条进行转换，法院应根据本章驳回案件。放弃根据本款的驳回申请权是不可执行的。

（c）除本条第（f）款另有规定外，应利益相关方或者联邦托管人的请求，并在通知和听证后，法院就可以将本章案件转换为本编第七章案件，或者驳回本章案件，以符合债权人及破产财团财产的最大利益，而且是基于下列理由之一——

（1）债务人不合理的拖延将对债权人造成损害；

（2）不偿付第 28 编第 123 章所规定的任何费用及开销；

（3）未能依照本编第 1321 条及时提交债务调整计划；

（4）未能依照本编第 1326 条开始及时偿付；

（5）拒绝确认本编第 1325 条所规定的债务调整计划，以及拒绝请求宽限时限以便提交另外 1 份计划或对原计划进行修改；

（6）债务人对已批准的计划的某一条款发生实质性违约；

（7）撤销本编第 1330 条所规定的确认裁定，以及拒绝确认本编第 1329 条所规定的修改后的计划；

（8）因出现债务调整计划中所规定的情形而中止执行已批准的计划，而不是已按照该计划完成了偿债；

（9）仅在联邦托管人的要求下，债务人未能在启动案件的破产申请提交后的 15 天之内，或者在法院所允许的延长期之内提交第 521（a）（1）项所要求的信息；

（10）仅在联邦托管人的要求下，未能及时提交第 521（a）（2）项所要求的信息；或者

（11）债务人未能支付在提交破产申请之日后首次应支付的任何家庭扶持义务。

（d）除本条第（f）款另有规定外，在根据本编第 1325 条确认计划之前的任何时候，应利益相关方或联邦托管人的请求，并在通知和听证之后，法院可将本章案件转为本编第 11 或 12 章规定的案件。

（e）如债务人未能根据第 1308 条提交纳税申报表，应利益相关方或联邦托管人的要求，并在通知和听证后，法院应驳回本章案件或将本章案件转为本编第 7 章案件，以符合债权人和破产财团的最大利益为准。

（f）如果债务人是农场主，法院不得将本章案件转换为本编第 7、11 或 12 章规定的案件，除非债务人要求转换。

（g）尽管本条有任何其他规定，案件不得转换为本编另一章规定的案件，除非债务人可能是该章下的债务人。

第 1308 条【破产申请前纳税申报表的提交】

（a）如债务人根据适用的非破产法须提交报税表，则债务人须在不迟于根据第 341（a）款首次安排举行债权人会议之日的前 1 天，向有关税务当局提交截至该日止的 4 年期内的所有应纳税期的所有报税表。

（b）

（1）除第（2）项另有规定外，如第（a）款所规定的报税表在债权人会议首次根据第 341（a）款安排的日期前尚未提交，则受托人可在合理期间内举行该会议，使债务人有额外一段时间提交任何未提交的报税表，但上述额外期限不得超过——

（A）就截至破产申请提交日期的逾期申报表而言，指该会议日期后 120 天的日期；或者

（B）任何截至破产申请提交日期仍未逾期的报税表，以较迟者为准——

（ⅰ）该会议日期后120天；或者

（ⅱ）根据适用的非破产法，在债务人有权提交的最后1次自动延长的申报时间，报税表到期的日期，以及及时提出申请的日期。

（2）在根据第（1）项规定的任何适用的提交期届满前作出通知、听证及裁定后，如债务人有充分证据证明未能按第（1）项的规定提交报税表是因债务人无法控制的情况所致，则法院可在下列范围内延长受托人根据第（1）项设立的提交期限——

（A）不超过第（1）（A）目所述报税期30天；以及

（B）在第（1）（B）目所述报税表的适用延长到期日之后不得延长的期间。

（c）就本条而言，“报税表”包括根据1986年《国内税收法》第6020（a）或（b）款或类似州或地方法律编制的报税表，或对非破产法院作出的判决或最终裁定的书面规定。

第2节　债务调整计划

第1321条【提交债务调整计划】

债务人须提交债务调整计划。

第1322条【计划的内容】

（a）债务调整计划——

（1）应规定将债务人的全部或部分未来收益或其他未来收益提交受托人监督和控制，以执行该计划；

（2）应规定以延期现金支付的方式全额支付根据本编第507条有权享有优先权（priority）的所有债权，除非特定债权的持有人同意对此类债权采取不同的处理方式；

（3）如果该计划对债权进行分组，则应对每1组别中的不同债权采取同样的处理方式；以及

（4）尽管有本条的任何其他规定，可规定对根据第507（a）（1）（B）目享有优先权的索赔欠下的所有款项少于全额支付，但前提是该计划规定，自该计划下的首次付款到期之日起的5年期内，债务人的所有预计可支配收入将用于根据该计划还款。

（b）除本条第（a）和（c）款另有规定外，该计划还可以——

（1）按照本编第1122条的规定，指定1个或多个组别的无担保债权，但不得不公平地歧视如此指定的任何组别；但是，如果个人对债务人的消费者债务负有与其他无担保债权不同的责任，则本计划可以处理债务人的消费者债务请求；

（2）修改担保债权持有人的权利，但仅由债务人主要居住地的不动产担保权益担保的债权除外，或修改无担保债权持有人的权利，或不影响任何组别债权持有人的权利；

（3）规定对任何违约的补救或弃权（waiving）；

（4）规定任何无担保债权的付款与任何有担保债权或任何其他无担保债权的付款同时进行；

（5）尽管有本款第（2）项的规定，规定在合理时间内纠正任何违约行为，并在任何无担保债权或有担保债权的案件悬而未决期间维持付款，而该无担保债权或有担保债权的最后一笔付款是在本计划下的最终付款到期日之后到期的；

（6）规定支付本编第1305条允许的任何债权的全部或任何部分；

（7）在不违反本编第365条的情况下，对债务人的任何未执行合同或未到期租约的承担、解除或转让作出规定，该等合同或未到期租约先前未根据该条被解除；

（8）规定从债务人的破产财团财产或债务人的财产中向债务人支付全部或部分债权；

（9）规定破产财团财产在本计划被批准后或在以后的时间归属债务人或任何其他实体；

（10）规定支付根据第1228（a）款规定不可免除的无担保债权在提交破产申请之日后产生的利息，但该利息只能在债务人有可支配收入支付该利息的范围内支付，该可支配收入是在为所有被允许债权的全额支付做好准备（after making provision）之后支付的；以及

（11）包括与本编规定不矛盾的任何其他恰当的规定。

（c）虽然第（b）（2）项及适用的非破产法已有规定——

（1）与债务人主要居所的物上优先权（lien）有关的违约或由此产生的违约，可根据第（b）（3）或（b）（5）项予以补救，直至该居所在根据适用的非破产法进行的止赎出售（foreclosure sale）中被出售；以及

（2）如果原付款时间表上仅由债务人主要居住地不动产担保权益担保的债权的最后1笔付款在该计划下的最终付款到期日之前到期，则本计划可规定按照本编第1325（a）（5）项修改后的债权付款。

（d）

（1）如果债务人及其配偶目前的月收入加起来乘以12，不少于——

（A）对于1人家庭中的债务人，该适用州1个收入者的家庭收入中位数（the median family income of the applicable State for 1 earner）；

（B）对于2、3或4人家庭中的债务人，该适用州相同或更少人数家庭的最高家庭收入中位数；或者

（C）对于超过4人家庭中的债务人，该适用州4人或4人以下家庭的最高家庭收入中位数，超过4人的每人每月加525美元，该计划不得规定超过5年的付款期限。

（2）如果债务人及其配偶的当前月收入加起来乘以12，少于——

（A）对于1人家庭中的债务人，该适用州1个收入者的家庭收入中位数；

（B）对于2、3或4人家庭中的债务人，该适用州相同或更少人数家庭的最高家庭收入中位数；或者

（C）对于超过4人家庭中的债务人，该适用州4人或4人以下家庭的最高家庭收入中位数，超过4人的每人每月加525美元，该计划不得规定超过3年的付款期限，除非法院因故批准更长的期限，但法院不得批准超过5年的期限。

（e）尽管有本条第（b）（2）项和本编第506（b）款和第1325（a）（5）项的规定，

如果在补救计划违约中提出，补救违约所需的金额应根据相关协议和适用的非破产法确定。

（f）该计划不得实质性改变第362（b）（19）项所述贷款的条款，而偿还该贷款所需的任何金额，不得构成第1325条所指的“可支配收入”。

第1323条【在批准前修改债务调整计划】

（a）债务人可以在批准前的任何时间修改债务调整计划，但是修改后的计划不能满足本编第1322条规定的不得进行修改。

（b）债务人根据本条提交修改以后，修改后的计划成为正式的计划。

（c）已接受或拒绝该计划的担保债权的任何持有人视为已接受或拒绝（视情况而定）经修改的计划，除非修改规定该持有人的权利与修改前计划下的权利有所不同，且该持有人更改其先前的接受或拒绝。

第1324条【关于批准的听证会】

（a）除第（b）款另有规定并经过通知以后，法院应就批准该计划举行听证会。任何利益相关方都可以反对该计划的批准。

（b）根据第341（a）款的规定，关于批准该计划的听证可不早于债权人会议之日20天和不晚于该日45天举行，除非法院决定在较早的日期举行听证符合债权人和破产财团的最大利益，且（相关各方）对较早的日期并无异议。

第1325条【计划的批准】

（a）除第（b）款另有规定外，法院须批准某计划，如果——

（1）该计划符合本章条款的规定，也符合本编其他可适用条款的规定；

（2）第28编第123章或者该计划所规定的所有费用、开支或金额在批准之前都已付清；

（3）该计划是善意提出的，而不是通过任何法律所禁止的手段提出的；

（4）截至本计划生效之日，因每1项被认可的无担保债权根据本计划分配的财产的价值不低于如果债务人的财产在该日期根据本编第7章进行清算，该等债权将获支付的金额；

（5）针对每1项被认可的担保债权，该计划规定——

（A）该项债权的持有人已经接受了该计划；

（B）

（ⅰ）该计划规定——

（Ⅰ）该项债权的持有人依然保留担保该项债权的物上优先权（lien），直至下列较早者——

（aa）根据非破产法确定的相关债务（the underlying debt）的支付；或者

（bb）根据第1328条免责；以及

（Ⅱ）如果本章案件在该计划未完成的情况下被驳回或转换，该物上优先权也应由该持有人在适用的非破产法承认的范围内被保留；

（ⅱ）在计划生效之日，因该项债权而须根据该计划分配的财产的价值，不少于该项

债权被允许的金额；以及

（ⅲ）如果——

（Ⅰ）根据本款分配的财产是以定期付款的形式支付的，此类付款应每月等额支付；以及

（Ⅱ）该债权的持有人是以个人财产作担保的，该项付款的金额不得少于足以在计划期间向该债权的持有人提供充分保障的金额；或者

（C）债务人将但保该项债权的财产交还该持有人；

（6）债务人将能够根据计划支付所有款项并遵守该计划；

（7）债务人提出破产申请的行为是善意的；

（8）债务人已支付根据家庭扶持义务应支付的所有款项，如果司法或行政裁定或法规要求债务人支付此类家庭扶持义务，且该款项应在提交破产申请之日后首次支付；以及

（9）债务人已按照第 1308 条的要求提交了所有适用的联邦、州和地方的纳税申报表。

就第（5）款而言，第 506 条不适用于该款所述的索赔，如债权人有“购买款项担保权益”（purchase money security interest），以担保该索赔标的的债项（该债项是在破产申请提交日期前的 910 天内发生的），而该债项的抵押品包括为债务人个人使用而购置的机动车辆（定义见第 49 编第 30102 条），或者如果该债务的抵押品包括任何其他有价物（当该债务是在该申请之前的 1 年期间发生的）。

（b）

（1）如果受托人或者被认可的无担保债权的持有人反对批准该计划，则法院不得批准该计划，除非在该计划生效之日的当天出现下列情形——

（A）每一项被认可的无担保债权，按照该计划所分配到的财产，在该计划生效日当天的价值不少于该债权的金额；或者

（B）该计划规定，从计划规定的第 1 笔付款到期之日起，债务人在适用的承诺期内预计将收到的所有可支配收入将用于向该计划规定的无担保债权人付款。

（2）就本款而言，“可支配收入”是指债务人收到的当前每月收入（根据适用的非破产法为受抚养儿童支付的子女抚养费、寄养费或残疾补助金除外，但以合理的必要支出为限）减去合理必要支出的余额——

（A）

（ⅰ）为债务人或其受养人的赡养、抚养或扶养，或为家庭扶持义务，在破产申请书提交之日后首次应予支付；以及

（ⅱ）向合格的宗教或慈善实体或组织［参见第 548（d）（4）项的定义］进行的慈善捐款［参见第 548 条（d）（3）项所定义的慈善捐款］，但金额不得超过债务人作出该等捐款的年总收入的 15%；以及

（B）如果债务人仍然从事经营，为了延续、保持以及运营该项业务所必需的支出。

（3）除第（2）（A）（ⅱ）子句外，根据第（2）项需要合理支出的金额，应根据第 707（b）（2）项第（A）和（B）目确定，如果债务人的当前月收入乘以 12，大于——

（A）如于1人家庭中的债务人，该适用州1个收入者家庭的收入中位数；

（B）对于2、3或4人家庭中的债务人，该适用州相同或更少人数家庭的最高家庭收入中位数；或者

（C）对于超过4人家庭中的债务人，该适用州4人或4人以下家庭的最高家庭收入中位数，超过4人的每人每月加525美元。

（4）就本款而言，“适用承诺期”（applicable commitment period）指——

（A）除第（B）款另有规定外，须为——

（ⅰ）3年；或者

（ⅱ）不少于5年，如果债务人及其配偶的当前月收入乘以12，不少于——

（Ⅰ）对于1人家庭中的债务人，该适用州1个收入者的家庭收入中位数；

（Ⅱ）对于2、3或4人家庭中的债务人，该适用州相同或更少人数家庭的最高家庭收入中位数；或者

（Ⅲ）对于超过4人家庭中的债务人，该适用州4人或4人以下家庭的最高家庭收入中位数，超过4人的每人每月加525美元；以及

（B）可少于3年或5年，以第（A）目下适用者为准，但前提是该计划规定在较短期间内全额偿付所有被允许的无担保债权。

（c）计划得到批准以后，法院可裁定债务人从其处获得收入的任何实体向受托人支付全部或部分收入。

第1326条【支付】

（a）

（1）除法院另有裁定外，债务人须在债务调整计划提交或救济令作出之日以后的30天内（以较早者为准）开始支付下列金额——

（A）由该计划向受托人提出的；

（B）在个人财产租赁中直接向出租人安排的、在救济令下达之后到期的那部分债务，减去根据第（A）目支付的金额，并向受托人提供此类付款的证据，包括付款的金额和日期；以及

（C）直接向持有以动产为担保的被许可债权的债权人提供充分保护，只要该债权可归因于债务人就救济令下达后到期的债务部分购买该等财产，减去根据第（A）目支付的金额，并向受托人提供该项付款的证据，包括付款的金额及日期。

（2）依照本款第（1）（A）目进行的付款，须由受托人保留，直到该计划获得批准或者被拒绝批准为止。如果该计划获得批准，受托人须在切实可行的范围内尽快按照该计划分配任何该等款项。如该计划未获批准，受托人须在扣除根据第503（b）款所允许的任何未付债权后，将任何该等款项退回债务人，而该等款项是根据第（3）项未曾支付但尚未到期及欠债权人的。

（3）除第363条另有规定外，法院可在通知及听证后，在批准计划前，修改、增加或减少本款所规定的付款。

（4）在根据本章提起破产申请之日后的60天内，债务人保留对受租赁限制的或可全部或部分归因于该动产购买价格的担保债权的动产的占有，应向出租人或担保债权人提供合理证据，证明其就该动产的使用或所有权维持了任何所需的保险范围，并且只要债务人保留对该财产的占有，就继续这样做。

（b）在根据该计划向债权人支付每1笔款项之前或当时，应支付——

（1）本编第507（a）（2）项所规定的任何未偿付债权；

（2）如根据第28编第586（b）款委任的常任受托人正在该个案中任职，则为该常任受托人根据第28编第586（e）（1）（B）目厘定的以百分比计算的费用；以及

（3）如果根据第707（b）款，第7章受托人因债务人先前案件的转换或驳回而获得赔偿，而在转换为本章的案件中，或在根据第707（b）款被驳回并根据本章重新提交的案件中，部分赔偿金仍未支付的，任何此类未付赔偿金的金额，应按月支付——

（A）在计划的剩余期限内按比例分摊该金额；以及

（B）每月付款不得超过——

（ⅰ）25美元；或者

（ⅱ）计划规定的应付给无担保非优先债权人的金额乘以5%，结果除以计划中的月数。

（c）除计划或批准计划的裁定另有规定外，受托人应根据计划向债权人付款。

（d）尽管本编有任何其他规定——

（1）第（b）（3）项所提及的补偿是须予支付的，并可由受托人根据该项收取，即使该等补偿已在本编所指的先前案件中被免除；以及

（2）在本章规定的情况下，仅在第（b）（3）项允许的范围内支付此类赔偿。

第1327条【批准的效力】

（a）经过批准的计划的条款对债务人及每1位债权人都具有约束力，不论该债权人的债权是否由计划规定，以及该债权人是否反对、接受或拒绝该计划。

（b）除计划或批准计划的裁定另有规定外，批准后的计划将破产财团的所有财产授予债务人。

（c）除计划或批准计划的裁定另有规定外，根据本条第（b）款归属债务人的财产，不受计划所规定的任何债权人的任何债权或权益的限制。

第1328条【免责】

（a）在符合第（d）款的规定下，债务人在切实可行的范围内尽快完成本计划项下的所有付款后，如债务人是根据司法或行政命令或法规要求支付家庭扶持义务的，在该债务人证明根据该命令或该等法规在证明之日或之前到期的所有应付款项（包括在提交破产申请之前到期的款项，但仅在本计划规定的范围内）均已支付后，除非法院批准债务人在根据本章下达救济令后签署的免除债务的书面弃权书，否则法院应授予债务人免除计划规定的或根据本编第502条不予允许的所有债务，但不包括任何下列债务——

（1）第1322（b）（5）项所规定的；

（2）属于第507（a）（8）（C）目或第523（a）款第（1）（B）、（1）（C）目，第

523（a）款第（2）、（3）、（4）、（5）、（8）或（9）项所指明的组别；

（3）因赔偿或者刑事罚款而导致的债务，包括在对债务人定罪的判决中；或者

（4）因债务人故意或者恶意伤害（willful or malicious injury）致人身伤害或者死亡，而在针对债务人的民事诉讼中判决的赔偿金或损害赔偿金。

（b）除第（d）款另有规定外，在计划获批准后的任何时间，以及在通知及听证后，只有在以下情形下，法院方可准许尚未根据该计划完成付款的债务人免除债务，只要——

（1）债务人未能完成该付款的原因是由于债务人不宜被公正追责的情形造成的；

（2）在本计划生效之日，因每1项被许可的无担保债权而根据本计划实际分配的财产的价值不低于如果债务人的财产在该日期根据本编第7章被清算，该等债权本应获得支付的金额；以及

（3）按照本编第1329条的规定对该计划的修改无法实现。

（c）按照本条第（b）款所颁布的免责令将会免除债务人对该计划所规定的所有无担保债权的责任，或者免除对按照本编第502条规定的未被许可的债务所负有的责任，但不包括任何下列债务——

（1）本编第1322（b）（5）项所规定的；或者

（2）本编第523（a）款所列明的种类。

（d）尽管有本条的任何其他规定，根据本条授予的免责并不免除债务人基于根据本编第1305（a）（2）项提交的被许可债权而产生的任何债务，前提是债务人产生此类债务的受托人的事先许可（prior approval）是可行的，且未获得该许可。

（e）在根据本条授予免责后1年内，如有利害关系方提出要求，法院在通知及听证后，在下列情形下，可撤销该项免责，如果——

（1）债务人通过欺诈获得免责；以及

（2）该免责令被下达前，请求方不知道该欺诈手段的存在。

（f）尽管有第（a）及（b）款的规定，如债务人已在下列情形被免除过债务的，则法院不得批准免除该计划所规定的或根据第502条被驳回的所有债务——

（1）根据本编第7、11或12章在根据本章下达救济令之前的4年内提交的案件中；或

（2）根据本编第13章在该裁定日期之前的2年内提交的案件中。

（g）

（1）除非在提交破产申请后，债务人已完成第111条所述的有关个人财务管理的教学课程，否则法院不得根据本条予以债务人债务免责。

（2）第（1）项不适用于第109（h）（4）项所述的债务人，或不适用于居住在联邦托管人（或破产管理人，如有）确定经批准的教学课程不足以为因第（1）项的要求而需要完成该教学课程的其他人员提供服务之地区的债务人。

（3）作出第（2）项所述决定的联邦托管人（或破产管理人，如有）应在不迟于该决定之日起1年内审查该决定，此后每年至少审查1次。

（h）法院不得根据本章准予免除债务，除非法院在作出准予免除债务的裁定生效之日

前不超过 10 天经通知及听证后，认为没有合理因由相信——

（1）第 522（q）（1）项可适用于该债务人；以及

（2）在任何法律程序中，该债务人可能被裁定犯有第 522（q）（1）（A）目所述种类的重罪或对第 522（q）（1）（B）目所述种类的债务负有法律责任。

第 1329 条【批准后对债务调整计划的修改】

（a）在计划批准后以及按照该计划完成偿付以前的任何时间，应债务人、受托人或者被许可的无担保债权持有人的要求，该计划都可以被修改，用以——

（1）增加或者减少计划所规定的特定种类债权的偿付额；

（2）延长或者缩短此类付款的时间；

（3）改变分配给债权人的金额，而该债权人的债权是由该计划所规定的，但须顾及该债权在该计划以外的任何偿付；或者

（4）从计划规定的偿付金额中减去债务人为自己（及为其没有其他健康保险的受养人）购买健康保险而实际支付的金额，如果债务人记录了该保险的费用并证明——

（A）该等开支是合理及必需的；

（B）

（ⅰ）如债务人先前已缴付健康保险，则该金额在实质上不大于债务人先前已缴付的费用或维持失效保单所需的费用；或者

（ⅱ）如果债务人没有健康保险，则该金额实质上不大于购买健康保险的债务人可能招致的合理费用，如与该债务人具有相似的收入、开支、年龄及健康状况，以及居住在同一地理位置、有相同数量的受养人，且这些受养人没有其他健康保险；以及

（C）根据本编第 1325（b）款，在确定可支配收入时，不得以其他目的使用该金额；并应任何利益相关方的请求，提交购买健康保险的证据。

（b）

（1）本编第 1322（a）、1322（b）以及 1323（c）款和本编第 1325（a）款所规定的要求适用于本条第（a）款所规定的任何修改。

（2）修改后的计划成为现行的计划，除非经过通知及听证程序以后该修改被驳回。

（c）根据本条修改的计划不得规定在第 1325（b）（1）（B）目规定的适用承诺期之后，在原确认计划下的第 1 笔付款到期后的期限内付款，除非法院因故批准更长的期限，但法院不得批准在该时间 5 年后到期的期间。

第 1330 条【批准裁定的撤销】

（a）在本编第 1325 条所规定的批准裁定作出后的 180 天内的任何时间，应利益相关方的请求，经过通知和听证程序以后，如果该裁定被证明是通过欺诈手段而获得的，法院可以撤销该裁定。

（b）如果法院依照本条第（a）款撤销了批准裁定，法院必须依照本编第 1307 条的规定处理该案，除非在法院规定的时间内，债务人根据本编第 1329 条提议并经法院确认对该计划进行了修改。

第 15 章　附属案件和其他跨境案件

第 1501 条【目的和适用范围】

（a）本章纳入《跨境破产示范法》，以便为处理跨国界破产案件提供有效机制，目的是——

（1）合作——

（A）在联邦法院、联邦托管人、受托人、审查人、债务人和留任的债务人（DIP）之间的合作；以及

（B）涉及跨境破产案件的外国法院和其他主管当局之间的合作；

（2）提高贸易和投资的法律确定性；

（3）公平有效地管理旨在保护所有债权人和包括债务人在内的其他实体的利益的跨境破产；

（4）保护债务人资产的价值并使其最大化；

（5）协助拯救陷入经济困境的企业，从而保护投资和保障就业。

（b）本章适用于——

（1）外国法院或外国代表在美国寻求与某一外国程序有关的协助；

（2）就本法下的案件在外国寻求协助；

（3）外国程序和本法下关于同一债务人的案件正同时未决；或者

（4）在外国的债权人或其他利益相关方有权要求启动或参与本编下的案件或程序。

（c）本章不适用于——

（1）涉及第 109（b）款中被排除的实体（外国保险公司除外）的法律程序；

（2）在第 109（e）款所指明的限额内负有债务的个人或其配偶，并且是合法获准在美国永久居留的美国公民或外国人；或者

（3）根据 1970 年《证券投资者保护法》进行诉讼的实体，属于本编第 7 章第 3 节的股票经纪人，或属于本编第 7 章第 4 节的商品经纪人。

（d）法院不得根据本章就任何适用的州保险法或法规要求或允许的任何存款、托管、信托基金或其他担保授予救济，以使美国境内的债权持有人受益。

第 1 节　总　　则

第 1502 条【定义】

在本章中，术语——

（1）“债务人”是指作为外国程序主体的实体；

（2）“机构”是指债务人进行非交易性经济活动的任何营业场所；

（3）“外国法院”是指有权控制或者监督外国诉讼程序的司法机关或者其他机关；

（4）“外国主要诉讼”是指在以被告人为主要利益中心的国家未决的外国诉讼；

（5）“外国非主要程序”是指在债务人设立机构的国家进行的外国程序，但外国主要程序除外；

（6）“受托人”包括受托人、在本编任何章节案件中的留任的债务人（DIP）或本编第 9 章下的债务人；

（7）“承认”是指根据本章规定，作出承认外国主要程序或外国非主要程序的裁定；

（8）“在美国领土管辖范围内”，当用于提及债务人的财产时，是指位于美国领土内的有形财产和根据适用的非破产法被视为位于该领土内的无形财产，包括任何可能被美国联邦或州法院扣押或收集的财产。

第 1503 条【美国的国际义务】

如果本章与美国与 1 个或多个其他国家缔结的任何条约或其他形式的协定所产生的义务相冲突，则以条约或协定的要求为准。

第 1504 条【附属案件的开始】

根据本章提起的案件是通过根据第 1515 条提出承认外国程序的请求而开始的。

第 1505 条【在外国行事的授权】

法院可授权受托人或另一实体（包括审查员）代表根据第 541 条设立的破产财团在外国行事。根据本条授权行事的实体可以适用的外国法律所允许的任何方式行事。

第 1506 条【公共政策例外】

如果有行动明显违反美国的公共政策，本章的任何规定都不能阻止法院拒绝采取由本章管辖的诉讼。

第 1507 条【额外援助】

（a）在不违反本章其他规定的具体限制的情况下，如果给予承认，法院可根据本编或美国其他法律向外国代表提供额外援助。

（b）在确定是否根据本编或美国其他法律提供额外协助时，法院应考虑此类符合礼让原则的额外协助是否会合理地保证——

（1）公正对待针对债务人财产的所有债权或权益持有人；

（2）保护美国境内的债权持有人，使其免受在此类外国程序中债权处理时的损害和不便；

（3）防止优先或者欺诈性处分债务人的财产；

（4）债务人财产收益的分配，按照本章规定的顺序进行；以及

（5）在适当的情形下，为此类外国程序所涉及的个人提供重新开始的机会。

第 1508 条【解释】

在解释本章时，法院应考虑其国际渊源，以及促进适用本章的必要性，使之与外国司

法管辖区采用的类似法规的适用相一致。

第 2 节　外国代表和债权人进入法院

第 1509 条【直接进入权】

（a）外国代表可根据第 1504 条直接向法院提交 1 份根据第 1515 条承认外国程序的申请。

（b）如法院根据第 1517 条予以承认，并受法院根据本章政策可能施加的任何限制所规限——

（1）外国代表有能力在联邦法院起诉和应诉；

（2）外国代表可直接向联邦法院申请在该法院的适当救济；以及

（3）美国法院应给予外国代表礼让或合作。

（c）外国代表在予以承认的法院以外的联邦法院请求礼让或合作，应附有根据第 1517 条予以承认的裁定的核证副本。

（d）如果法院根据本章拒绝承认，法院可以发布任何必要的适当裁定，防止外国代表从联邦法院获得礼让或合作。

（e）不论法院是否予以承认，在不违反第 306 和 1510 条的情况下，外国代表均须遵守适用的非破产法。

（f）尽管本条有任何其他规定，外国代表未能根据本章提交案件或获得承认，并不影响外国代表在美国法院提起诉讼以收集或收回属于针对债务人财产的债权的任何权利。

第 1510 条【有限管辖权】

外国代表根据第 1515 条提交申请的唯一事实并不使外国代表出于任何其他目的受美国任何法院的管辖。

第 1511 条【根据第 301、302 或 303 条展开的案件】

（a）一经承认，外国代表可开始——

（1）根据第 303 条提出的非自愿案件；或者

（2）第 301 或 302 条所指的自愿性案件，前提是该外国法律程序是外国主要程序。

（b）根据第（a）款提起案件的申请必须附有批准承认的裁定的核证副本。已提出承认请求的法院必须被告知，外国代表打算在启动之前根据第（a）款提起案件申请。

第 1512 条【外国代表参与本编案件】

在承认外国程序后，经承认的程序中的外国代表有权就债务人的案件作为利益方参与。

第 1513 条【外国债权人进入本编案件】

（a）外国债权人在启动和参与本编案件方面享有与国内债权人相同的权利。

（b）

（1）第（a）款不改变或不编纂（codify，整理、归类使体系化）关于第 507 或 726 条下的债权优先权（the priority of claims）的现行法律，但外国债权人根据该等条文提出的债权，不得仅因该等债权的持有人是外国人而获给予较一般无担保债权较低的优先权。

（2）

（A）第（a）款和第（1）项不改变或编纂关于在本编下的程序中承认外国税收债权或其他外国公法债权的现行法律。

（B）外国税收债权或其他外国公法债权的免税额和优先权，应在规定的条件和情况下，由美国适用的任何税收协定管辖。

第 1514 条【就本编案件通知外国债权人】

（a）无论何时，在本编案件下，通知一般应发给全体债权人或任何种类或类别的债权人，一般也应发给在美国没有地址的已知债权人或应被通知的种类或类别的债权人。法院可命令采取适当步骤，以通知尚未知道其地址的任何债权人。

（b）向有第（a）款所述外国地址的债权人发出的通知，应单独发出，除非法院认为，在这种情况下，某种其他形式的通知更为适当，不需要信件或其他手续。

（c）向外国债权人发出立案通知时，应当——

（1）写明债权证明文件的提交期限和提交地点；

（2）说明担保债权人是否需要提交债权证明；以及

（3）包含根据本编和法院裁定向债权人发出此类通知中需要包含的任何其他信息。

（d）法院关于通知或提交债权证明的任何程序规则或裁定，均须向有外国地址的债权人提供在当时情况下合理的额外时间。

第 3 节　承认外国程序和救济

第 1515 条【申请承认】

（a）外国代表向法院申请承认外国程序，在该程序中，该外国代表已通过提交承认申请书而获委任。

（b）承认申请书须附有——

（1）启动该外国诉讼和指定外国代表的决定的核证副本；

（2）来自外国法院的证明，确认该外国程序的存在，以及外国代表的任命；或者

（3）在没有第（1）和（2）项所提及的证据的情况下，法院可接受的关于该外国程序的存在和外国代表的任命的任何其他证据。

（c）申请承认的同时，还应附上 1 份声明，指明外国代表所知的与债务人有关的所有外国程序。

（d）第（b）款第（1）和（2）项所提及的文件，须翻译成英文。法院可要求将附加文件翻译成英文。

第 1516 条【推定承认】

（a）如第 1515（b）款所提及的决定或证明书显示该外国程序确系外国程序，而该人或团体确系外国代表，则法院有权如此推定。

（b）法院有权推定为申请承认而提交的文件是真实的，不论这些文件是否已被合法化（legalized）。

（c）在没有相反证据的情况下，债务人的注册办事处或个人的惯常居住地被推定为债务人的主要利益中心。

第 1517 条【裁定予以承认】

（a）除第 1506 条另有规定外，在通知及听证后，如有以下情形，则须作出承认外国程序的裁定——

（1）寻求承认的该外国程序是第 1502 条所指的外国主要程序或外国非主要程序；

（2）申请承认的外国代表是个人或团体；以及

（3）申请符合第 1515 条的规定。

（b）应承认这种外国程序——

（1）作为外国主要程序，如果该程序在债务人的主要利益中心所在国待决；或者

（2）作为外国非主要程序，如果债务人在该程序待决的外国拥有第 1502 条所指的机构。

（c）对要求承认外国程序的申请，应尽早作出决定。作出承认外国程序的裁定构成本章规定的承认。

（d）本节的规定不阻止对承认的修改或终止，如果证明予以承认的理由完全或部分缺乏或已经不存在，但法院在考虑该等诉讼时，须适当考虑对依赖予以承认的裁定的各方可能造成的损害。本章案件可以第 350 条规定的方式结案。

第 1518 条【后续信息】

外国代表在提交承认外国程序的申请时，应立即向法院提出有关下列事项的变更通知——

（1）该外国程序的状态或者外国代表的任命状态发生任何实质性变化的；以及

（2）外国代表知道有关债务人的其他外国程序的。

第 1519 条【申请承认时可以给予的救济】

（a）从提出承认申请之日起至法院对该申请作出裁决为止，法院可应外国代表的请求，在迫切需要救济以保护债务人的资产或债权人的利益的情况下，给予临时性质的救济，包括——

（1）冻结执行债务人的资产；

（2）将债务人在美国的全部或部分资产的管理或变现委托给外国代表或法院授权的其他人，包括审查员，以保护和保全因其性质或其他情况而易腐烂、易贬值或有其他危险的资产的价值；以及

（3）第 1521（a）款第（3）、（4）或（7）项所提及的任何救济。

（b）除非根据第 1521（a）（6）项延展，否则在批准承认申请时，终止根据本条给予的救济。

（c）根据本条拒绝给予救济的理由是此类救济会干扰外国主要程序的管理。

（d）法院不得根据本条禁止政府部门的警察或监管行为，包括刑事诉讼或程序。

（e）适用于强制令（injunction）的标准、程序及限制，适用于本条所指的救济。

（f）根据第362（b）款第（6）、（7）、（17）或（27）项或第362（o）款行使的权利不受第362（a）款所规定的冻结的约束，不得在本章所指的任何诉讼中被法院或行政机关的任何命令所冻结。

第1520条【承认外国主要程序的效力】

（a）一经承认某外国程序为外国主要程序的——

（1）第361和362条适用于债务人和债务人在美国领土管辖范围内的财产；

（2）第363、549和552条适用于债务人在美国领土管辖范围内的财产上的权益的转让，其程度与该等条款适用于破产财团财产的程度相同；

（3）除法院另有裁定外，该外国代表可经营债务人的业务，并可根据第363和552条行使受托人的权利及权力；以及

（4）第552条适用于债务人在美国领土管辖范围内的财产。

（b）第（a）款不影响为保全对债务人的债权而在该外国提起个人诉讼或程序的权利。

（c）第（a）款不影响外国代表或实体根据本编提出破产申请的权利，也不影响任何一方在此案中提出债权请求或采取其他适当行动的权利。

第1521条【承认时可以给予的救济】

（a）一经承认外国程序，无论主要程序还是非主要程序，在必要时，为了实现本章的目的和保护债务人的资产或债权人的利益，法院可应外国代表的请求，给予任何适当的救济，包括——

（1）冻结关于债务人的资产、权利、义务或责任的个别诉讼或法律程序的展开或继续，但以该等诉讼或程序没有根据第1520（a）款被冻结为限；

（2）在债务人的资产尚未根据第1520（a）款被冻结执行的情况下，冻结对该资产的执行；

（3）暂停（suspending）转让、抵押（encumber，设立负担）或以其他方式处置债务人任何资产的权利，但以该权利尚未根据第1520（a）款被暂停为限；

（4）规定讯问证人、取证或提供有关债务人资产、事务、权利、义务或债务的资料；

（5）委托外国代表或法院授权的其他人（包括审查员）管理或变现债务人在美国临时管辖权范围内的全部或部分资产；

（6）延长根据第1519（a）款给予的济助；以及

（7）给予受托人可获得的任何额外救济，但根据第522、544、545、547、548、550条及第724（a）款可获得的救济除外。

（b）在承认外国程序（不论主要程序或非主要程序）后，法院可应外国代表的请求，委托外国代表或法院授权的其他人（包括审查员）分配债务人在美国境内的全部或部分资产，前提是法院确信美国境内债权人的利益得到充分保护。

（c）在根据本条向外国非主要程序的代表给予救济时，法院必须确信该救济涉及根据

美国法律应在外国非主要程序中管理的资产，或涉及该程序所需的信息。

（d）法院不得根据本条禁止政府部门的警察或监管行为，包括刑事诉讼或程序。

（e）适用于强制令的标准、程序及限制，应适用于第（a）款第（1）、（2）、（3）及（6）项所指的救济。

（f）根据第362（b）款第（6）、（7）、（17）或（27）项或根据第362（o）款行使的权利不受第362（a）款所规定的冻结的约束，不得在本章所指的任何诉讼中被法院或行政机关的任何命令所冻结。

第1522条【保护债权人和其他利益相关方】

（a）只有在债权人和其他利益实体（包括债务人）的利益得到充分保护的情况下，法院才可根据第1519或1521条给予救济，或根据第（c）款修改或终止救济。

（b）法院可将根据第1519或1521条给予的救济，或根据第1520（a）（3）项经营该债务人的业务，限定为其认为适当的条件，包括要求提供担保或提交保证书。

（c）法院可应外国代表或受根据第1519或1521条给予的救济影响的实体的申请，或依职权，修改或终止该救济。

（d）第1104（d）款适用于根据本章委任的审查员。审查员须遵守第322条对受托人施加的资格规定。

第1523条【避免损害债权人的行为的诉讼】

（a）在承认外国程序后，外国代表在本编另一章的与债务人有关的未决案件中有资格根据第522、544、545、547、548、550、553条和第724（a）款提起诉讼。

（b）当外国程序是外国非主要程序时，法院必须确信第（a）款下的诉讼与根据美国法律应在外国非主要程序中管理的资产有关。

第1524条【外国代表的干预】

在承认外国程序后，外国代表可介入债务人为当事人的美国各州或联邦法院的任何程序。

第4节　与外国法院和外国代表的合作

第1525条【法院与外国法院或外国代表的合作和直接沟通】

（a）根据第1501条，法院应尽可能直接或通过受托人与外国法院或外国代表合作。

（b）法院有权直接与外国法院或外国代表联系，或直接要求外国法院或外国代表提供资料或协助，但须受利害关系人的通知权和参与权的限制。

第1526条【受托人与外国法院或外国代表的合作和直接沟通】

（a）根据第1501条，受托人或获法院授权的其他人，包括审查员，应在法院的监督下，最大限度地与外国法院或外国代表合作。

（b）受托人或法院授权的其他人（包括审查员），在法院的监督下，有权直接与外国法院或外国代表联络。

第 1527 条【合作形式】

第 1525 及 1526 条所提及的合作，可通过任何适当方法予以实施，包括——

（1）委任任何人或团体（包括审查员）在法院指示下行事；

（2）以法院认为适当的方式交流信息；

（3）协调债务人资产和事务的管理和监督；

（4）批准或执行有关程序协调的协议；以及

（5）协调同一债务人同时进行的程序。

第 5 节　同时进行的程序

第 1528 条【承认外国主要程序后根据本编启动案件】

在承认外国主要程序后，只有债务人在美国拥有资产，才可根据本编另一章启动案件。该案件的效力应限于债务人在美国领土管辖范围内的资产，并在为根据第 1525、1526 和 1527 条进行合作和协调所必需的范围内，限于债务人根据本编第 541（a）款和第 28 编第 1334（e）款在法院管辖范围内的其他资产，前提是此类其他资产不受本章承认的外国程序的管辖和控制。

第 1529 条【本编案件与外国程序的协调】

如果针对同一债务人的外国程序和本编另一章下的案件同时未决，则法院应根据第 1525、1526 和 1527 条寻求合作和协调，并应适用以下规定：

（1）如果美国的案件在申请承认该外国程序时悬而未决——

（A）根据第 1519 或 1521 条给予的任何救济，必须与该案在美国给予的救济相一致；以及

（B）即使该外国程序被承认为外国主要程序，第 1520 条也不适用。

（2）如果根据本编在美国的案件是在承认该外国程序之后，或在申请承认之日之后开始的——

（A）根据第 1519 或 1521 条生效的任何救济，须由法院复核，如与美国的案件不符，则须予以修改或终止；以及

（B）如果该外国程序是外国主要程序，则第 1520（a）款所述的冻结和暂停，应在与在美国给予的救济不一致的情况下予以修改或终止。

（3）在给予、延长或修改被给予外国非主要程序的代表以救济时，法院必须确信该救济与根据美国法律应在外国非主要程序中管理的资产有关，或与该诉讼中要求的信息有关。

（4）为根据第 1528 及 1529 条达成合作及协调，法院可批准根据第 305 条获授权的任何救济。

第 1530 条【协调一个以上的外国程序】

就第 1501 条所述的事项而言，就多于 1 个有关债务人的外国程序而言，法院须根据第

1525、1526 及 1527 条寻求合作及协调，且以下条文适用：

（1）承认外国主要程序后，根据第 1519 或 1521 条给予外国非主要程序代表的任何救济必须与外国主要程序一致。

（2）如果外国主要程序是在承认外国非主要程序之后，或在提出承认请求之后才被承认的，则根据第 1519 或 1521 条生效的任何救济应由法院审查，如果与外国主要程序不一致，则应予以修改或终止。

（3）承认外国非主要程序后，又承认另一外国非主要程序的，法院为便于协调程序，应当给予、变更或者终止救济。

第 1531 条【基于承认外国主要程序的破产推定】

在没有相反证据的情况下，就根据第 303 条启动的程序而言，承认外国主要程序是债务人通常在债务到期时未偿付其债务的证明。

第 1532 条【并行程序中的付款规则】

在不影响担保债权或对物权利（rights in rem）的情况下，根据破产法在外国程序中就其债权收到付款的债权人，在本编关于债务人的任何其他章的案件中，在同类别的其他债权人的付款按比例低于该债权人已经收到的付款的前提下，不得就同一债权收到（重复）付款。

1986 年英国《支付不能法》

Insolvency Act 1986

1986 年英国《支付不能法》

版本说明：

本译稿采用英国议会官网（https：//www. legislation. gov. uk/ukpga/1986/45/contents）公布的最新条文及修改为翻译母本，最近更新日期：2022 年 1 月。

英国《破产法》国内曾有过一个全译本，由丁昌业于 2003 年在法律出版社出版。但是由于语言习惯问题，本稿译者较少参考丁译本的翻译，而是按照更接近中文表达习惯的方法进行了重新翻译。破产一词英语中有 insolvency 和 bankruptcy 两词，“insolvency”一词的本意是支付不能，因此，国内也有将其破产法译为英国《支付不能法》的，本稿即采用此说。

翻译说明：

英国《支付不能法》公司和个人破产有各自不同的编，然后也有共同适用的编。出于翻译目的和工作量考虑，本译稿并非全本，只翻译了个人破产所涉部分（包括个人破产编及通用编，且不包括附表的内容，尽管如此，本译稿依然有接近 10 万字的体量）。如果要参考公司破产独有的相关章节（以及体量庞大的附表内容），读者还须参考丁昌业先生的译本。

全文层级按照下列顺序排列：编（Title）、部分（Part）、章（Charpter）、1 条、（1）款、（a）项、（ⅰ）目。

对于很多具有一定翻译或理解难度的英文单词及表述（含单词、词组、意群甚至整句），在相应译文之后用括号方式列举了原文的表述，其他可能的译法，甚至制作了专门的翻译脚注（本译稿现有译注 16 处），以便读者对译法进行研判和批评，以期有利于未来的改进。

翻译人员：

齐砺杰：深圳大学法学院破产法研究中心主任、副教授，英国曼彻斯特大学法学博士。

本译稿先由齐砺杰将英国《支付不能法》的原文，通过网络翻译机进行初步汉化以大幅降低汉字输入的时间和人力。整理成中文版工作文本后，由齐砺杰根据官网上的条文，逐条翻译、修改、排版，形成翻译初稿，此项工作于 2019 年年底完成。

2022 年 1 月，齐砺杰对翻译初稿进行审校（含全文表述上的统一、前后条文之间的串通、文字修改、订正错误、添加脚注等）并再次核对原文，将初稿至审校之间的新修订条文一并放入审校稿中。

英国《支付不能法》章节目录

第17部分 杂项和一般规定（第426～434条，其中第432条“法人组织的犯罪”从略）

第17A部分 补充规定（supplementary provisions，附则）（第434A～434E条，其中第434B条“在决议程序和会议中的公司代表”、第434D条“公司备案义务的履行”、第434E条“海外公司备案义务的适用”从略）

第18部分 解释（第435～436B条）

第19部分 最后的规定（第437～444条）

第二编　个人支付不能；破产

（第 251A ~ 385 条）

第 7 部分　债务减免令（debt relief orders）

序　　言

251A 债务减免令

（1）无力偿债的个人可以申请根据本部分就其合格债务作出命令（“债务减免令”）。

（2）在本部分中，“合格债务（qualifying debt）”是指［除第（3）款另有规定外］下列债务：

（a）须立即或者须在未来某个特定时间支付的清偿金额（a liquidated sum）；以及

（b）并非被排除的债务（is not an excluded debt）。

（3）只要被担保了的，某债务就不属于合格的债务。

（4）在本部分中，“被排除的债务”是指为本款的目的而规定的任何类型的债务。

债务减免令的申请

251B 申请的提出

（1）债务减免令的申请必须通过经批准的中介向官方托管人（the official receiver）提出。

（2）申请必须包括：

（a）一份债务人在申请之日所负担债务的清单，列明每项债务的金额（包括在该日期或之前就该项债务应付的任何利息、罚款或其他款项）以及所欠的债权人；

（b）就任何此类债务所具有的任何担保的详情；以及

（c）所规定的有关债务人事务（包括其债权人、债务和责任以及其收入和资产）的其他信息。

（3）破产规则（The rules）可就以下事项作出进一步规定：

（a）债务减免令的申请形式；

（b）提出申请的方式；以及

（c）为支持申请而须提供的信息和文件。

（4）就本部分而言，申请不应视为已被提出直至：

（a）该申请已被提交给了官方托管人；以及

（b）根据第 415 条作出的命令所规定的与该申请有关的任何费用已支付给了该命令所指明之人。

251C 官方托管人考虑及裁定（determine，确定）申请的职责

（1）本条适用于申请债务减免令的情形。

（2）在他收到就与该申请有关的任何事项向债务人提出的任何查询的答复之前，官方托管人可暂缓考虑该项申请。

（3）官方托管人必须以下列方式裁定该项申请：

（a）决定（deciding）是否拒绝该项申请；

（b）如果他没有拒绝该项申请，则可就其所相信的在申请之日属于债务人的合格债务的特定债务作出债务减免令；

但仅在本条后述任何条款授权或要求其拒绝申请的情况下，他才能拒绝该项申请。

（4）官方托管人可以拒绝该项申请，如果他认为：

（a）该项申请不符合第 251B 条所规定的或根据该条所提出的（imposed by or under section 251B）所有要求；

（b）向债务人提出的任何疑问，均未在产生这些疑问时所规定的时间内得到令该官方托管人满意的答复；

（c）债务人在提出申请或提供任何支持该项申请的信息或文件时作出了任何虚假陈述或遗漏。

（5）官方托管人必须拒绝某项申请如果他不相信：

（a）该债务人是一个没有偿债能力的个人；

（b）在该申请之日，至少有一项被列明的债务曾是（at least one of the specified debts was）该债务人的合格债务；

（c）符合附件 4ZA 第 1 部分规定的各项条件。

（6）官方托管人如果不相信附表 4ZA 第 2 部分所列明的每项条件均被符合，可以拒绝该项申请。

（7）官方托管人如果拒绝某项申请，必须按规定的方式向债务人说明拒绝的理由。

（8）在本条中，“被列明的债务”是指申请中列明的债务。

251D 适用于裁定申请的假设

（1）以下假设（presumptions，推定）适用于裁定债务减免令的申请。

（2）官方托管人必须假设债务人是在裁定日期无力偿债的个人，如果：

（a）官方托管人根据申请中所提供的信息，觉得在申请之日情况属实，且他没有理由相信所提供的信息不完整或不准确；以及

（b）他没有理由相信，自申请之日起，由于债务人的财务状况发生变化，债务人可能有能力偿还债务。

（3）官方托管人必须推定某项被列明的债务（数额为申请书所列明并属于拖欠某被列明债权人的债务）在申请之日属于合格的债务，如果：

（a）根据申请中所提供的信息，他觉得情况属实；以及

（b）他没有理由相信所提供的信息不完整或不准确。

（4）官方托管人必须假设符合附表4ZA第1段所列明的条件，如果：

（a）根据申请中提供的信息，他觉得情况属实；

（b）已经进行了与该条件相关的任何规定的验证检查；以及

（c）他没有理由相信所提供的信息不完整或不准确。

（5）官方托管人必须假设符合附表4ZA第1部分或第2部分所列明的任何其他条件，如果：

（a）根据申请中提供的信息，他觉得在申请之日情况属实，并且他没有理由相信所提供的信息不完整或不准确；

（b）已经进行了与该条件相关的任何规定的验证检查；以及

（c）他没有理由相信，由于自申请之日以来情况的变化，该条件可能不再得到满足。

（6）本条中凡提及申请中所提供的信息均包括为支持该项申请而向官方托管人所提供的信息。

（7）在本条中，“列明的债务”是指申请中所列明的债务。

债务减免令的作出与生效

251E 作出债务减免令

（1）本条适用于官方托管人在裁定根据第251C条提出的申请时作出债务减免令的情形。

（2）命令必须以规定的形式作出。

（3）该命令必须包括一份官方托管人所相信的在申请之日为债务人合格债务的债务清单，并列明当时的债务金额和当时所欠的债权人。

（4）官方托管人必须：

（a）将该命令的副本交给债务人；以及

（b）在登记薄中为该命令记入条目，其中包含关于该命令或债务人的规定信息。

（5）破产规则可就官方托管人或债务人在作出命令时必须采取的其他步骤制定条文。

（6）这些步骤可以特别包括将下列信息通知每一位被拖欠该命令中规定的合格债务的债权人：

（a）该命令的作出及其效力；

（b）债权人可以根据第251K条提出异议的理由；以及

（c）任何其他规定的信息。

（7）在本部分中，与作出债务减免令有关的条目被首次记入登记薄的日期为“生效日期”。

251F 债务减免令对于其他债务管理安排（debt management arrangements）的影响

（1）本条适用于以下情形：

（a）制定债务减免令，以及

（b）在该命令作出之前，其他债务管理安排已对该债务人生效。

（2）其他债务管理安排在债务减免令作出之后停止生效。

（3）在本条中，“其他债务管理安排”是指：

（a）1984 年《郡法院法》第 6 部分规定的管理令（an administration order）；

（b）《郡法院法》第 6A 部分规定的强制执行限制令（an enforcement restriction order）；

（c）根据 2007 年《审裁处、法院和强制执行法》（the Tribunals，Courts and Enforcement Act）第 5 部分第 4 章批准的债务管理程序所作的偿债计划。

251G 合格债务的暂停偿债期（Moratorium from qualifying debts）

（1）暂停偿债期自债务减免令生效之日开始，适用于该命令中规定的每项合格债务（“一项符合规定的合格债务”）。

（2）在暂停偿债期内，被拖欠特定合格债务的债权人：

（a）对于该项债务没有任何补救措施，以及

（b）不能：

（ⅰ）就该项债务以债权人的身份启动破产申请，或者

（ⅱ）以其他方式就该项债务对债务人提起任何诉讼或者其他法律程序，

除非获得法院许可并按照法院规定的条款。

（3）如果在生效之日，被拖欠特定合格债务的债权人有第（2）（b）项所述的任何破产申请、诉讼或其他法律程序在任何法院待决的，则该法院可以：

（a）暂停有关破产申请、诉讼或其他法律程序（视情况而定），或者

（b）允许债权人按照该法院认为合适的条件继续（这些程序）。

（4）在第（2）（a）项和第（2）（b）项中，凡提及债务之处均包括在申请之日后就该债务而应支付的任何利息、罚款或其他款项。

（5）本条的任何规定均不影响债务人的有担保债权人强制执行其担保的权利。

251H 暂停偿债的期间

（1）与债务减免令中规定的合格债务有关的暂停偿债期自该命令生效之日起持续一年，除非：

（a）该暂停偿债期提前终止；或者

（b）官方托管人根据本条或者法院根据第 251M 条延长了该暂停偿债期。

（2）官方托管人只能为以下目的而延长暂停偿债期：

（a）根据第 251K 条进行或完成某项调查；

（b）就该命令采取他认为必要的任何行动（无论是由于调查还是其他原因）；或者

（c）在他决定撤销（revoke）该命令的情况下，为债务人提供安排偿还其债务的机会。

（3）未经法院许可，官方托管人不得因第（2）（a）项所述之目的延长暂停偿债期。

（4）官方托管人不得将暂停偿债期延长至超出第（1）款所述的最初1年期限结束后开始的3个月［beyond the end of the period of three months beginning after the end of the initial period of one year mentioned in subsection (1)］。

（5）暂停偿债期可以延长不止一次，但任何延期（无论是由官方托管人还是法院所作的）都必须在暂停偿债期结束之前进行。

（6）在本部分中，凡提及提前终止的暂停偿债期，均包括在本应为暂停偿债的期限结束之前以任何方式被终止的暂停偿债期间，无论该期间是在该命令被撤销时还是凭借任何其他成文法而被终止的（References in this Part to a moratorium terminating early are to its terminating before the end of what would otherwise be the moratorium period, whether on the revocation of the order or by virtue of any other enactment）。

251I 合格债务的免责

（1）在符合以下规定的情况下，在适用于债务减免令的暂停偿债期结束时，债务人被免除该命令中列明的所有合格债务（包括自申请之日起可能就该等债务应付的所有利息、罚款和其他款项）。

（2）如果暂停偿债期提前终止，则第（1）款不适用。

（3）第（1）款不适用于债务人因任何欺诈或其作为一方的任何欺诈性违反信托（fraudulent breach of trust to which the debtor was a party）而招致的任何合格债务。

（4）根据第（1）款解除债务人的义务并不免除任何其他人的：

（a）任何债务（无论是作为债务人的合伙人或共同受托人还是以其他身份），尽管该债务人通过免责已被解除了该项债务；或者

（b）作为债务人的担保人或具有担保人性质的人的任何责任。

（5）如果法院在暂停偿债期结束后根据第251M条撤销该命令，则该命令中所列明的合格债务应（在切实可行的范围内）被视为从未适用于第（1）款。

债务人的义务

251J 向官方托管人等提供协助

（1）本条中的义务在债务人提出债务减免令申请后的任何时间适用于该债务人。

（2）债务人必须：

（a）向官方托管人提供有关其事务的信息，

（b）在上述时间拜访官方托管人，以及

（c）做所有其他（必要的）事情，

只要官方托管人为执行他与该项申请有关的职能或者他与因该项申请而作出的债务减免令有关的职能（视情况而定）而合理的要求。

（3）债务人如果知悉以下情形，必须在合理可行的范围内尽快通知官方托管人：

（a）在申请中或为支持申请而向官方托管人提供的信息中有任何错误或者遗漏；

（b）在申请日期与裁定日期之间其情况的任何变化，该变化将影响（或已经影响）对申请的裁定。

（4）只要官方托管人能够行使第（2）款所述的职能，则第（1）款和第（3）款所规定的职责适用于对申请的裁定之后（以及之前）。

（5）如果债务减免令是因申请而作出的，债务人必须将下列情形在合理可行的范围内尽快通知官方托管人：

（a）在适用于该命令的暂停偿债期内，其收入有所增加；

（b）债务人在该期间取得了任何财产或者任何财产被移交给了他；

（c）他在裁定之日后获悉他向官方托管人提供的任何信息中有任何错误或者遗漏。

（6）根据第（3）款或第（5）款发出的通知必须提供所通知事项的规定细节（如有）。

异议、调查和撤销

251K 异议和调查

（1）任何人在债务减免令中被指明为被拖欠所列明的合格债务之债权人的，可对下列事项提出异议：

（a）该命令的作出；

（b）将该债务列入债务人合格债务的清单；或者

（c）该命令中列明的债务细节。

（2）根据第（1）款提出的异议必须：

（a）在与该命令有关的暂停偿债期内以及在规定的异议期限内作出；

（b）以规定的方式向官方托管人作出；

（c）基于规定的理由；

（d）由规定的任何信息和文件支持；

而第（a）项所述的规定期限，不得少于有关债权人在获得作出该命令的通知后 28 天。

（3）官方托管人必须考虑根据本条向他提出的每项异议。

（4）官方托管人可以：

（a）作为他考虑（是否支持）某项异议的一部分（as part of his consideration of an objection），或者

（b）依其职权（on his own initiative），

对该官方托管人觉得与作出第（5）款所述的与债务减免令或该债务人有关的任何决定有关的任何事项进行调查。

（5）调查可能涉及的决定如下：

（a）是否应根据第 251L 条撤销或修改该命令；

（b）是否应根据第 251M 条向法院提出申请；或者

（c）是否应就该债务人采取任何其他步骤。

（6）根据本条进行调查的权力可以在与该命令有关的暂停偿债期之后（以及期间）行使。

（7）官方托管人可要求任何人向他提供他就根据本条进行的调查而合理要求的该等信息及协助。

（8）除破产规则中就根据本条进行调查时应遵循的程序另有规定外，官方托管人可以按照其认为合适的方式进行任何调查。

251L 官方托管人撤销或者修改债务减免令的权力

（1）在本条规定的情形下，官方托管人可以在适用的暂停偿债期内撤销或者修改债务减免令。

（2）官方托管人可以撤销该命令，理由是：

（a）债务人在下列情形向其提供的任何信息是不完整、不正确或具有误导性的：

（ⅰ）在申请中或者用于支持该项申请的，或者

（ⅱ）在裁定日期之后；

（b）债务人未能履行第 251J 条规定的义务；

（c）已就债务人作出破产令；或者

（d）债务人已根据第 8 部分提出建议（或已将其意向通知官方托管人）。

（3）官方托管人可撤销该命令，理由是他不应相信：

（a）该命令所列明的债务在申请之日是债务人的合格债务；

（b）符合附件 4ZA 第 1 部分规定的条件；

（c）该附表第 2 部分所列明的条件已获符合，或者任何不符合某项条件的情形并不妨碍他作出该命令。

（4）官方托管人可以在该命令作出后的任何时间，以附表 4ZA 第 7 段及第 8 段（每月收入盈余及财产）中的任何一项条件不符合或者两项条件均不符合为理由，撤销该命令。

为此目的，以上段落应理解为所规定的有关时间即裁定日期。

（5）凡官方托管人决定撤销该命令，他可以决定该项撤销：

（a）立即生效，或者

（b）自其指定的日期（不超过决定日期后 3 个月）起生效。

（6）在考虑撤销何时生效时，官方托管人必须考虑（根据作出撤销决定的理由和案件的所有其他情况）是否应给予债务人安排偿还债务的机会。

（7）如果该命令已被撤销并将在指定日期生效，而官方托管人认为在该日期前的任何时间该撤销生效是适当的，也可撤销该命令并立即生效。

（8）官方托管人可以修改债务减免令，以更正该命令所列明的任何事项的错误或者遗漏。

（9）但是，第（8）款不允许官方托管人将任何未在债务减免令申请中列明的债务添加到合格债务的清单中。

（10）破产规则可以就官方托管人行使其在本条下的权力时必须遵循的程序作出进一

步的规定。

法院的作用

251M 与债务减免令有关的法院权力

（1）任何人如果对官方托管人的任何作为、不作为或决定（any act，omission or decision）感到不满，而该作为、不作为或决定与债务减免令或者该命令的申请有关，可向法院提出申请。

（2）官方托管人可以就与债务减免令或者申请该命令有关的任何事宜，向法院申请指示或者命令。

（3）第（2）款中提及的事项包括（除其他事项外）与债务人遵守根据第 251J 条产生的任何义务有关的事项。

（4）除破产规则另有规定外，根据本条所作的申请可以被随时提交。

（5）法院可以为裁定根据本条提交的申请而延长适用于债务减免令的暂停偿债期。

（6）根据本条提交的申请，法院可驳回该申请或采取以下一项或多项措施：

（a）全部或部分撤销（quash）官方托管人的任何行为或决定；

（b）向官方托管人发出指示［包括针对他须重新考虑其行为或决定已根据第（a）项被撤销的任何事宜的指示］；

（c）作出命令，强制执行债务人因第 251J 条下的义务而招致的任何法律责任；

（d）延长适用于债务减免令的暂停偿债期；

（e）作出撤销或修改债务减免令的命令；

（f）根据第 251N 条作出命令；或者

（g）作出法院认为适当的其他命令。

（7）根据第（6）（e）项作出的撤销债务减免令的命令：

（a）可以在适用于该债务减免令的暂停偿债期内或该期限结束后的任何时间作出；

（b）如果法院已在该期间就该债务人作出破产令，则可由该法院主动作出；

（c）可规定撤销该命令，使其按照法院指明的条款及时间生效。

（8）根据第（6）（e）项作出的修改债务减免令的命令，不得将申请该债务减免令时未列明的任何债务加入合格债务清单。

251N 查询债务人的交易和财产

（1）法院可应官方托管人的申请，根据本条作出命令。

（2）根据本条作出的命令是指传唤以下任何人出庭的命令：

（a）债务人；

（b）债务人的配偶或前配偶或者债务人的同性伴侣（civil partner，民事伴侣）或前同性伴侣；

（c）法院认为能够提供有关债务人或者其交易、事务和财产的信息或协助的任何人。

（3）法院可以要求符合第（2）（c）项规定的人员：

（a）提供其与债务人交易的书面说明；或者

（b）出示其占有或控制的与债务人有关的或者与债务人的交易、事务或财产有关的任何文件。

（4）第（5）款适用于根据本条发出的命令传唤某人出庭时无合理辩解而不出庭的情形。

（5）法院可向警员或法院指定的官员签发逮捕令（a warrant）以：

（a）逮捕前述人员，以及

（b）扣押该人所占有的任何记录或其他文件。

（6）法院可授权将根据上述逮捕令被捕之人拘留（to be kept in custody），并根据破产规则扣留根据该逮捕令扣押的任何物品，直到该人根据该逮捕令被带到法院，或者直到法院命令的其他时间。

罪　　行

251O 虚假陈述和遗漏

（1）任何人如果在提出申请或向官方托管人提供任何信息或文件以支持该项申请时，明知或者罔顾后果地作出任何虚假陈述或遗漏的，即属犯罪。

（2）申请债务减免令的人，如有以下列情形，即属犯罪：

（a）他故意不履行与该申请有关的第251J（3）款所规定的职责；或者

（b）他在向官方托管人提供与该项职责有关或与该项申请有关的任何信息时，明知或者罔顾后果地作出了任何虚假陈述或遗漏。

（3）就第（1）款或者第（2）款所规定的罪行而言，是否因该项申请而作出了债务减免令并不重要。

（4）获发债务减免令的人，如有以下情况，即属犯罪：

（a）他故意不履行第251J（5）款下与该命令有关的职责；或者

（b）在向官方托管人提供与该项职责有关的信息，或者在提供其他方面与官方托管人执行与该命令有关的职能有关的信息时，他明知或者罔顾后果地作出了任何虚假陈述或遗漏。

（5）就第（4）款所规定的罪行而言，该罪行是否属于下列情形并不重要：

（a）该罪行是发生在暂停偿债期之内还是发生在暂停偿债期之后；以及

（b）无论该命令是否在构成犯罪的行为发生后被撤销。

251P 隐匿或伪造文件

（1）获发债务减免令的人，如果在与该命令有关的暂停偿债期内有下列行为的，即属犯罪：

（a）他没有应官方托管人的要求，提供他占有或控制并与其事务有关的所有账簿、文书及其他记录；

（b）他阻止向官方托管人出示任何与其事务有关的账簿、文书或其他记录；

（c）他隐匿、销毁、（部分）损毁或伪造（conceals，destroys，mutilates or falsifies），或者导致或允许任何与其事务有关的账簿、文书或其他记录的隐匿、销毁、（部分）损毁或伪造（the concealment，destruction，mutilation or falsification）；

（d）他在任何与其事务有关的账簿、文书或记录中作出、安排作出或准许作出任何虚假记载；或者

（e）他处置、更改或遗漏与其事务有关的任何账簿、文书或记录，或者导致或允许与其有关的任何账簿、文书或记录的处置、更改或遗漏。

（2）获发债务减免令的人，如有以下情况，即属犯罪：

（a）他在截至申请之日的 12 个月内作出了第（1）款第（c）项至第（e）项所述的任何事情；或者

（b）他在该日期之后但在生效日期之前作出了属于第（1）款第（b）项至第（e）项所述的任何事情。

（3）任何人如能证明就构成该罪行的行为而言，他并无诈骗或隐瞒其事务的意图，即未犯本条所规定之罪行。

（4）在适用于交易记录时，第（2）（a）项具有此等效力，即将前述所说的 12 个月扩展为 2 年（In its application to a trading record subsection（2）（a）has effect as if the reference to 12 months were a reference to two years）。

（5）在第（4）款中，"交易记录"是指显示或解释某人经营的交易状况或财务状况的账簿、文书或记录，包括：

（a）支付和接收现金的定期记录；

（b）定期盘点报表（a statement of periodic stock – taking）；以及

（c）除以零售贸易方式出售的货物外，出售和购买的货物的记录，通过该记录可识别买方和卖方或者使买卖双方能够被识别。

（6）就本条所规定的罪行而言，有关的债务减免令是否在构成犯罪的行为发生后被撤销并不重要（但该命令被撤销后的行为并不依照本条构成犯罪）。

251Q 欺诈性处置财产

（1）获发债务减免令的人，如果在以下期间内作出或安排作出任何赠与或转让其财产的，即属犯罪：

（a）自申请之日前的两年期间开始（之日）；到

（b）暂停偿债期的终止（之日）。

（2）第（1）款中所述之任何财产的转让包括导致或放任对该财产实施征收的任何执行（includes causing or conniving at the levying of any execution against that property）。

（3）任何人如能证明就构成该罪行的行为而言，他并无诈骗或隐瞒其事务的意图，即未犯本条所规定之罪行。

（4）就第（3）款而言，任何人如有以下情形，即视为已证明其并无该（犯罪）意图：

（a）有充分证据能得出他是否有该意图之结论；以及

（b）相反的情形并不能排除合理怀疑。

（5）就本条而言，有关的债务减免令是否在构成犯罪的行为发生后被撤销并不重要（但该命令被撤销后的行为并不构成犯罪）。

251R 欺诈性处理以信贷方式获得的财产

（1）获发债务减免令的人，如果在有关期间内处置其以信贷方式取得的任何财产，且在处置该财产时该人并无就该财产支付价款的，即属犯罪。

（2）任何其他人如果在相关期限内从一个获发债务减免令之人（“债务人”）处取得或收受了财产，且当时明知或相信存在下列情形的，即属犯罪：

（a）债务人就该财产拖欠了款项，以及

（b）债务人不打算或不太可能偿还所欠款项。

（3）在第（1）款和第（2）款中，“相关期限”是指：

（a）自申请之日前的两年期间开始（之日）；到

（b）裁定作出之日。

（4）如果财产的处置、取得或收受是在债务人在处置、取得或收受时所进行的正常业务过程中发生的，则某人并未犯有第（1）款或第（2）款所述的罪行。

（5）为了第（4）款的目的，在确定任何财产是否在债务人经营的正常业务过程中被处置、取得或收受时，可以特别考虑为该财产所支付的价格。

（6）任何人如能证明就构成第（1）款所规定的罪行的行为而言，他并无欺诈或隐瞒其事务状况的意图的，即不属犯罪。

（7）在本条中，当提及对财产的处置包括对财产的抵押或质押（pawning or pledging）；当提及对财产的取得或收受也应如此解读。

（8）就本条而言，有关的债务减免令是否在构成犯罪的行为发生后被撤销并不重要（但该命令被撤销后的行为并不构成犯罪）。

251S 获取信贷或从事商业活动

（1）在有关期间内，获发债务减免令的人如有下列行为的，即属犯罪：

（a）他（单独或与任何其他人共同）获得信贷时，未向授信之人提供有关其状态的相关信息；或者

（b）他以用于该命令中的名称以外的名称直接或间接从事任何业务时，未向与他订立任何业务交易之人披露其在该命令中的名称。

（2）就第（1）（a）项而言，关于某人状态的相关信息（视情况而定）是指：

（a）就债务减免令而言，暂停偿债期正在生效中，

（b）债务减免限制令（a debt relief restrictions order）正对其有效，或者

（c）暂停偿债期和债务减免限制令均已生效。

（3）在第（1）款中，“相关期限”（视情况而定）是指：

（a）与债务减免令有关的暂停偿债期，或者

（b）某债务减免限制令对获发该债务减免令之人有效的期间（the period for which a debt relief restrictions order is in force in respect of the person in respect of whom the debt relief order is made）。

（4）如果信贷金额低于规定金额（如有），则第（1）（a）项不适用。

（5）第（1）（a）项中所提及的获得信贷之人包括以下情形：

（a）货品是根据租购协议（a hire – purchase agreement）受托保管给他，或是根据附条件售卖协议被同意售卖给他的；

（b）（以金钱或其他方式）为其提供货物或者服务而预付款项的。

251T 罪行：补充

（1）就本部分所述罪行提起的诉讼只能由国务大臣（the Secretary of State）提起，或者由检察长（the Director of Public Prosecutions）提起或经检察长同意而提起。

（2）在就本部分所规定的罪行而进行的法律程序中，如果所依据构成该罪行的任何事情全部或部分是在英格兰及威尔士以外地方作出的，不可作为免责的辩护事由。

（3）任何人犯本部分所规定的罪行，可处监禁或罚款，或者两罚并处（见第 430 条）。

补　　充

251U 经批准的中介（Approved intermediaries）

（1）在本部分中，“经批准的中介”是指当时经某个主管机构（a competent authority）批准担任希望申请债务减免令的人与官方托管人之间的中间人的个人（an individual，自然人）。

（2）在本条中，“主管机构”是指由国务大臣指定当时用于根据本条授予批准权限的人或团体（a person or body，person 可以指法人或自然人）。

（3）对主管机构的指定可能会受到限制，以允许该机构仅批准特定类别的人员（担任中介）。

（4）国务大臣可以通过法规（regulations）规定：

（a）指定某人或团体为主管机构的程序；

（b）对无资格获得本条批准之个人的描述；

（c）根据本条授予批准权限的程序；

（d）对根据本条所作指定或批准的撤销；

而根据第（a）项或第（c）项作出的条文，可包括规定缴付费用的条文。

（5）破产规则可就某位经批准的中介就申请债务减免令而须进行的活动作出规定，特别可包括：

（a）协助债务人提出申请；

（b）检查该项申请是否已经正确完成；

（c）将该项申请发送给官方接管人。

（6）破产规则还可对经批准的中介所开展的其他活动作出规定。

（7）经批准的中介不得就债务减免令的申请向债务人收取任何费用。

（8）经批准的中介在就债务人的特定债务减免令申请而担任（或看来是担任）经批准的中介时，无须对任何人任何事项的作为或不作为承担损害赔偿责任。

（9）如果该作为或不作为是出于恶意，则第（8）款不适用。

（10）第（4）款下的条例应通过法定文书制定，而该等文书须根据议会两院的决议予以废除。

251V 债务减免限制令和承诺（undertakings）

附表 4ZB（就债务减免限制令和债务减免限制承诺作出规定）具有效力。

251W 债务减免令等的登记簿

国务大臣必须保存一份与下列事项有关的事项登记簿：

（a）债务减免令；

（b）债务减免限制令；以及

（c）债务减免限制承诺。

251X 解释

（1）在本部分中：

“申请日期”，就债务减免令或债务减免令的申请而言，指向官方托管人提出该命令之申请的日期；

“经批准的中介”具有第 251U（1）款规定之含义；

“债务减免令”指官方托管人根据本部分所作出的命令；

“债务人”：

（a）就债务减免令的申请而言，指申请人；以及

（b）就债务减免令而言，指与该命令有关的人；

“债务减免限制令”和“债务减免限制承诺”指根据附件 4ZB 所作出的命令或接受的承诺；

“裁定日期”，就债务减免令或债务减免令的申请而言，指官方托管人就该命令的申请作出裁定的日期；

“生效日期”具有第 251E（7）款规定之含义；

“被排除的债务”应按照第 251A 条进行解释；

“暂停偿债期”和“暂停偿债期的期限”应根据第 251G 条和第 251H 条进行解释；

“合格的债务”，就债务人而言，具有第 251A（2）款规定之含义；

“登记簿”是指根据第 251W 条保存的登记簿；

“列明的合格债务”具有第 251G（1）款规定之含义。

（2）在本部分中，凡提及在债务减免令中被指明为债务人所欠合格债务的债权人的，都包括在申请该命令之日后，通过转让或法律实施而接受了全部或部分债务的请求权转移的任何人。

第 8 部分　个人自愿安排（individual voluntary arrangement）

对支付不能的债务人的延期偿付安排

252 法院的临时令（interim order）

（1）在下列情形下，法院可根据本条规定作出针对债务人（为个人）的临时令。

（2）临时令在生效期间内，有下列效力：

（a）不得提出或者进行与债务人有关的破产申请；

（aa）除非法院许可，债务人未遵守房屋租赁的约定或条件，业主或其他能够收取租金的人不应以和平收回（peaceable re – entry）债务人租赁的房屋的方式行使任何没收（forfeiture）的权利；以及

（b）除非法院许可，不得启动或继续进行任何其他法律程序，也不得对债务人或其财产进行任何扣押。

253 临时令的申请

（1）凡债务人拟根据本部分提出建议，即向其债权人提出清偿其债项的债务和解建议或安排其事务的计划，则可向法院申请临时令（在上述两种情况下，均指从此处起，作为“自愿安排”）。

（2）该建议必须提出某人［“被提名人（the nominee）”］担任该自愿安排的受托人或监督自愿安排的执行，且该被提名人必须取得与自愿安排相关的破产执业人员资格或被授权行事。

（3）受限于以下规定，下列人员可以提出申请：

（a）如债务人是未获免责的破产人的，则债务人，破产财团的受托人（the trustee of his estate）或官方托管人（the official receiver），以及

（b）其他任何情况下，该债务人。

（4）除非债务人已将建议通知官方托管人，如有破产财团的受托人还应通知该受托人，否则不能根据第 3（a）项提出申请。

（5）…………

254 申请的效力

（1）在任何时候当根据第 253 条规定申请的临时令未决（is pending）时：

（a）除非法院许可，业主或其他须缴付租金的人，不得针对出租给债务人的处所（该债务人未遵从其租赁该处所的任何条款或条件），行使可借和平方式重新进入而予以没收的权利；且

（b）法院应禁止对债务人的财产进行任何扣押或/和随后的出售，并应冻结（stay，中止）针对该债务人的任何诉讼，执行或者其他法律程序。

（2）针对个人的法律程序未决的法院，有证据证明根据该条关于该个人的申请已经被

提出的，可以冻结该程序或允许其按照法院认为适当的条件继续进行。

255 得作出临时令的情形

（1）法院不应根据第 253 条的申请作出临时令，除非满足：

（a）债务人有意根据本部分规定提出建议；

（b）在提出申请日，债务人是未获免责的破产人或者能够申请破产；

（c）在该日之前的 12 个月的期间内，债务人未申请过临时令；且

（d）债务人建议中的被提名人愿意依该建议行事。

（2）法院如认为为方便考虑和执行债务人的建议而作出命令是适当的，可作出临时令。

（3）当债务人是未获免责的破产人，该临时令可以包含在命令的有效期内关于破产人行为以及管理破产财产的规定。

（4）受以下规定的限制，本条第（3）款规定的临时令中的规定，可以包括冻结破产中的程序或者修改本编（this group of parts）的任何规定的条款，以及实施细则（the rules）在适用于债务人破产时的任何条款。

（5）关于破产人，临时令不应规定放松或撤销本编条款或者实施细则的任何要求。除非法院确定，为了破产目的，该规定不可能导致债务人财团或该财团的价值的任何重要减少。

（6）受本部分以下规定的限制，经第 253 条规定的申请而作出的临时令，在该命令作出之日起 14 日后停止有效。

256 被提名人对债务人建议书的报告

（1）当临时令因第 253 条规定的申请作出时，在该命令停止有效之前，该被提名人应向法院提交报告，阐明：

（a）在其看来是否认为债务人建议的自愿安排有被同意和执行的合理希望，且

（aa）在其看来，是否应召集债务人的债权人会议以考虑债务人的建议，

（b）…………

（2）为使被提名人能准备上述报告，债务人应向被提名人提交：

（a）列明债务人建议的自愿安排条款的文件；以及

（b）对他的个人事务的陈述中，应包含：

（ⅰ）规定的关于他的债权人、他的债务及其他责任以及他的财产的详细情况；以及

（ⅱ）规定的其他信息。

（3）法院应该：

（a）在被提名人未提交本条所要求的报告或者已经死亡的情况下，经债务人申请；或者

（b）在被提名人继续担任该职务已经不现实或者不适当的情况下，经债务人或者被提名人申请，可以指定其他有资格担任破产执业者或者被授权担任被提名人的人员代替该被提名人从事自愿安排。

（3A）在被提名人未提交本条要求的报告的情况下，经债务人申请，法院可以指示临时令在指示中规定的期限内继续有效或（如临时令已经停止有效）重新有效。

（4）法院经被提名人申请，可以延长临时令的有效期限，以使被提名人有更多时间准备上述报告。

（5）收到被提名人的报告，法院如果认为应召集该债务人的债权人会议以考虑债务人的建议，则为使债权人根据本部分以下规定考虑债务人的建议，法院应指示临时令的有效期根据它在指示中确定的更长期限进行延长。

（6）经被提名人申请，如果法院认为有以下情形，可以解除（discharge）临时令：

（a）债务人未履行本条第（2）款规定的义务；或者

（b）因任何其他原因，召集债务人的债权人会议来考虑债务人的建议可能是不适当的。

当没有临时令时的程序

256A 债务人的建议书与被提名人的报告

（1）本条适用于债务人（为个人时）：

（a）有意根据本部分提出建议书（但是关于该建议书的临时令尚未被作出，并且不存在悬而未决的对该命令的申请），且

（b）如果他是未获免责的破产人，已经将该建议书通知官方托管人，以及他的财产的受托人（如有）。

（2）为了使被提名人能准备第（3）款下的报告，债务人应该向被提名人提交：

（a）列出债务人建议的自愿安排条款的文件，以及

（b）含有以下内容的关于他的事务的报告：

（ⅰ）规定的关于他的债权人、他的债务及其他责任以及他的财产的详细情况；以及

（ⅱ）可能规定的其他信息。

（3）如果被提名人认为，债务人是未获免责的破产人或者能自行申请破产，被提名人应在收到本条第（2）款提及的文件和报告后 14 日（或者法院可能允许的更长期限）内，向法院提交报告，说明：

（a）在其看来是否认为债务人建议的自愿安排有被同意和执行的合理希望，以及

（b）在其看来，是否应召集债务人的债权人会议以考虑债务人的建议书，

（c）…………

（4）法院得：

（a）在被提名人未提交所要求的报告或者已经死亡的情况下，经债务人申请；或者

（b）在被提名人继续担任该职务已经不现实或者不适当的情况下，经债务人或者被提名人申请，指定有关该自愿安排有资格担任破产执业者或者被授权担任被提名人的人代替该被提名人。

（5）经被提名人申请，法院可以延长被提名人提交报告的期限。

债权人的决议

257 债权人对债务人提议的审议

（1）本条适用于根据第256条报告至法院或根据第256A条报告至债务人的债权人，关于债务人的债权人应考虑债务人之建议书的情形。

（2）被提名人［或根据第256（3）款或第256A（4）款被提名人的替代人］必须寻求债务人的债权人就其是否批准拟议的自愿安排作出决定（除非在第256条适用的报告中，法院另有指示）。

（2A）该决定将由债权人的决议程序作出。

（2B）债权人决议程序的通知必须发给债务人的每一名债权人，其债权和地址由被提名人（或被提名人的替代者）知晓。

（3）为此目的，未获免责的破产人的债权人包括：

（a）关于某破产债务，每一个是该破产人的债权人的人；及

（b）如果破产在会议通知发出之日已经开始，则包括将会是债权人的每一个人。

对债务人建议书的考量与执行

258 债务人建议书的批准

（1）根据第257条规定召集的债权人会议应决定是否同意被建议的自愿安排。

（2）债权人（会议）可以批准经过修改的被建议的自愿安排，但是除非债务人同意每一处修改，否则不获批准。

（3）拟议的自愿安排可能获得批准的修改，可以包括将拟授予被提名人的职能授予另一名有资格担任破产执业者，或被授权担任与自愿安排相关的被提名人的人员。

但是该修改不应包括使该建议不再是本部分规定的建议的修改。

（4）债权人（会议）不应同意影响某有担保债权人执行担保的权利的任何建议或修改。但是该债权人同意的除外。

（5）受以下规定的限制，债权人（会议）不应同意有以下情况的任何建议或修改：

（a）债务人的任何优先债务将不会优先于非优先债务而被偿付；

（aa）除优先于债务人可能拥有的任何次级优先债务外，债务人的任何普通优先债务均须予以偿付；

（b）债务人的某优先债权人关于该优先债将被偿付的金额占该优先债的比例小于其他优先债将被偿付的金额占该其他债的比例；

（c）债务人的优先债权人须获得支付一笔款项，而该笔款项是就次级优先债（a secondary preferential debt）而承担的，但该笔款项所占的比例，须小于就该另一次级优先债而须支付的金额；或者

但是，经有关优先债权人的同意，会议可以同意该项建议或修改。

（d）如债务人是有关联关系的金融机构（见第387A条），则任何非优先债务须以其他方

式支付，而不是按照第 328（3A）款的规则支付（凡提及破产人之处均可解读为债务人）。

（6）…………

（7）在本条中，“优先债务”、“普通优先债务”（ordinary preferential debts）、“次级优先债务”（secondary preferential debts）均具有第 12 部分第 386 条所赋予的含义；并且，“优先债权人”将被相应地解释。

259 决定报告提交法院

（1）根据第 257 条，债务人的债权人已决定是否批准债务人的提案（有或无修改），被提名人［或被提名人在第 256（3）款或第 256A（4）款下的替代者］必须：

（a）将会议的结果通知规定的相关人员，并且

（b）如果债权人根据第 256（1）（aa）项向法院提交的报告审议了债务人的提议，则应向法院报告债权人的决定。

（2）如果报告（内容）是会议已经拒绝（经过或未经过修改）批准根据第 256 条提出的债务人的建议书，法院可以解除对债务人生效的临时令。

260 批准的效力

（1）当根据第 257 条召集的债权人（会议）同意被建议的自愿安排（经过或未经过修改），本条具有效力。

（2）被批准的安排：

（a）如为债务人作出的，则在债权人决定批准该项建议时生效；且

（b）约束根据规定享有以下权利的每一人：

（ⅰ）有权在该会议上表决的人（无论他是否亲自出席或者由他人代理出席）；或者

（ⅱ）如果知道该会议，本应有该（表决）权利的人，

如同他是该自愿安排的一方当事人。

（2A）如果：

（a）当自愿安排停止生效，根据该安排应向受本条第（2）（b）（ⅱ）目规定约束之人支付的金额尚未被支付；且

（b）该安排没有过早地结束，

该债务人在该时应向该人支付安排规定的应支付金额。

（3）…………

（4）在根据第 259 条的规定向法院报告债权人会议之日起 28 日的期间届满前，对债务人有效的任何临时令在该期间届满时失效。

本款适用于除法院为以下第 262 条规定的任何申请目的而作出指示之外的情况。

（5）当破产申请程序因本条第（4）款规定的停止有效的临时令而中止，除非法院另有命令，该申请视为被驳回。

261 对未获免责的破产人的其他效力

（1）本条规定适用于：

（a）当根据第 257 条规定召集的债权人（会议）同意被建议的自愿安排（经过或未经

修改），且

（b）债务人是未获免责的破产人。

（2）法院可以废除破产令，经：

（a）破产人的申请，或者

（b）若在规定的时间破产人没有作出申请的，由官方托管人申请。

（3）以本条第（2）款为依据作出的申请，在下列情况下不得作出：

（a）在根据第 262（3）（a）项指明的期间内，债权人会议的决定可根据第 262 条的申请而受到质疑，

（b）根据第 262 条提出的申请是未决的，或者

（c）根据第 262 条申请提起的上诉在未决时或可能提起期间的。

（4）在适用本条规定时，如果其认为为了促进被批准的自愿安排是适当的，法院可以指示破产的进行和破产财团的管理。

262 对债权人会议决议的异议

（1）受本条规定限制，以下规定的任何人可以以下述一个或者全部两个理由向法院提出申请，即：

（a）根据第 257 条规定召集的债权人会议同意的自愿安排不公平地损害了该债务人的债权人的利益；

（b）在根据该条提出的债权人的决议程序方面，存在重大不当行为。

（2）可以根据本条规定提出申请的人是：

（a）债务人

（b）某人：

（ⅰ）根据规则，有权在债权人会议上投票的人。

（ⅱ）如果知晓会议，本应有上述权利的人。

（c）被提名人［或者根据第 256（3）款、第 256A（4）款或第 258（3）款的规定替代他的人］；及

（d）如果债务人是未获免责的破产人，则是他的财产受托人或官方托管人。

（3）本条规定的申请不应在以下期间届满后作出：

（a）自债权人会议的报告根据第 259 条规定向法院作出之日起 28 日内；或者

（b）如任何人未获债权人决议程序的通知，则从他知道是否批准所建议的自愿安排的决定已作出之日起算的 28 日内，

但是，（受该限制）除非该安排过早结束，本条第（2）（b）（ⅱ）目规定的人可以以自愿安排损害他的利益为由，在该安排已经停止有效后提出申请。

（4）根据本条规定的申请，法院确信本条第（1）款中提及的任一理由成立的，法院可以作出以下一个或全部两个决定，即：

（a）撤销或暂停债权人（会议）给予的任何同意；

（b）指示任何人询问债务人的债权人的决议，是否（使用债权人的决议程序）批准：

（ⅰ）债务人可提出的任何修订建议，或者

（ⅱ）如属第（1）（b）项所指的情况，债务人的原建议。

（5）当在为召集债权人（会议）以考虑修改后的建议而作出本条第（4）（b）项规定的指示后的任何时间，法院确信债务人无意提交该建议，法院应撤销该指示，并且撤销或者暂停之前会议给予的任何同意。

（6）当法院作出第（4）（b）项规定的指示时，法院也应指示继续或者，根据具体情况，按照指示中的规定延长关于债务人的任何临时令的效力期限。

（7）在任何情况下，当法院经根据本条规定提出关于债权人决议的申请而作出第 4（b）项规定的指示，或者根据第 4（a）项或第（5）款规定撤销或暂停某个同意时，法院可以作出其认为合适的补充指示，尤其是关于以下的指示：

（a）自决议之后，根据会议同意的任何自愿安排而完成的事项；以及

（b）自决议后被完成的，如果在此时关于债务人的临时命令有效，则本不能被完成的事项。

（8）除根据本条前述规定外，在根据第 257 条召集的会议上作出的同意不因在该会议中的或者关于该会议的任何不规范而无效。

262A 虚假陈述等

（1）如果为了获取其债权人对自愿安排建议的同意，债务人：

（a）作出任何虚假陈述；或者

（b）欺诈性地作出任何事项或什么都不作，

他构成违法行为。

（2）即使建议未被批准，本条第（1）款仍适用。

（3）根据本条规定构成违法行为的人应被监禁或处以罚款，或二者并处。

262B 起诉拖欠的债务人（Prosecution of delinquent debtors）

（1）本条适用于根据第 257 条经债权人会议批准的自愿安排已生效的情形。

（2）如被提名人或监督人认为债务人犯有与自愿安排相关的应承担刑事责任的任何罪行，则需随即：

（a）将事件报告给国务大臣（the Secretary of State）；且

（b）按照国务大臣的要求，向其提供信息以及检查和复印文件的途径和设施（由其持有或控制的并且与争议的事件有关的信息或文件）。

（3）当检控机关（a prosecuting authority）在根据第（2）款规定的任何报告之后提起刑事程序，被任命人，或根据具体情况，监督人应向该机关提供他能合理提供的关于检控的所有协助。

为此目的，“检控机关”意指总检察长（the Director of Public Prosecutions）或国务大臣。

（4）如果被提名人或监督人不遵守第（3）款规定，经检控机关申请，法院可以指示其遵守该款规定。

262C 建议书的提前（prematurely）终止

为本部分规定之目的，经第257条规定召集的债权人会议同意的自愿安排，如果在其停止有效时，其关于因第260（2）（b）（ⅰ）目受该安排约束的所有人尚未被全部执行的，则该自愿安排提前终止。

263 经批准的自愿安排的执行与监督

（1）本条适用于当根据第257条召集的债权人会议被同意的自愿安排已生效的情形。

（2）就自愿安排而言，当其时正在执行（因对被提名人的批准而）被授予的职能的人［或者根据第256（3）款、第256A（4）款或第258（3）款所规定的替代者］，应被视为自愿安排的监督人。

（3）如果债务人，其任何债权人或者其他任何人不满意监督人的任何行为、疏忽或决定，他可以向法院申请；且经过该申请，法院可以：

（a）确认、撤销或者变更监督人的任何行为或决定；

（b）向其作出指示；或者

（c）作出法院认为合适的其他命令。

（4）监督人可以向法院申请关于自愿安排的任何具体事务的指示。

（5）无论何时，法院可以：

（a）适当地任命某人行使监督人的职能；以及

（b）就该自愿安排，作出委任一名有资格担任破产执业者或获授权担任监管人的人的命令，以代替现有监管人或填补其空缺，当在没有法院协助的情况下作出该任命是不适当、困难或不切实际的情况下。

（6）可以行使本条第（5）款授予的权力，以增加履行监督人职责的人的数量，或者（当有超过一个人履行那些职责时）代替那些人中的一个或多个。

263A 可行性

…………

263B 决定

…………

263C 后果

…………

263D 自愿安排的批准

…………

263E 执行

…………

263F 撤销

…………

263G 违法行为

…………

第 9 部分　破　　产

第 A1 章　审裁人（adjudicator）[①]：债务人的破产申请及破产令

263H 向审裁人提出破产申请

（1）个人可按照本章向审裁人提出申请，要求对其作出破产令。

（2）个人只能以无力清偿债务为由提出破产申请。

263I 审裁人可对其作出破产令的债务人

（1）只有在下列情况下，审裁人才有权裁定破产申请：

（a）债务人的主要利益中心在英格兰和威尔士，或者

（ab）债务人的主要利益中心位于成员国（丹麦除外），且债务人在英格兰和威尔士设有机构，或者

（b）……符合第（2）款中的检验。

（2）检验是：

（a）债务人的住所是英格兰和威尔士，或者

（b）在截至向审裁人提出申请之日的 3 年期间内的任何时间，债务人：

（ⅰ）通常在英格兰及威尔士居住或曾有居住地，或者

（ⅱ）曾在英格兰及威尔士经营业务。

（3）第（2）款所述经营业务的债务人，包括：

（a）由债务人所属的商号或合伙（a firm or partnership）来经营业务，以及

（b）由债务人或该商号或合伙的代理人或经理经营业务。

（4）在本条中，提及的债务人主要利益中心的含义与《欧盟条例》第 3 条中的含义相同。

（5）在本条中，“设立”的含义与《欧盟条例》第 2（10）款中的含义相同。

263J 申请破产的条件

（1）破产申请必须包括：

（a）规定的债务人的债权人、债务及其他负债及财产的详情，以及

（b）规定的其他资料。

（2）除非与根据第 415 条作出的命令所规定的申请有关的任何费用或押金已支付给规定的人及在规定的期间内，否则不视为已提出破产申请。

（3）破产申请不得撤回。

（4）如在针对债务人作出破产令前的任何时间，或如审裁人拒绝作出该项命令，则债

---

① 译者注：该词中国目前无对应的机构及人员，是英国破产服务局下设的前置处理破产案件的专门机构。参见高丝敏：《论个人破产“看门人”制度的构建》，载《法治研究》2022 年第 4 期。

务人必须通知审裁人：

（a）债务人有能力偿还其债务，或者

（b）已就债务人向法院提出破产申请。

263K 破产申请的确定

（1）审裁人收到破产申请后，必须确定是否符合下列条件：

（a）审裁人根据第263I条具有司法管辖权，可在提出申请当日裁定受理该项申请，

（b）债务人在裁定之日无力偿付其债务，

（c）在裁定日期，并无与债务人有关的破产申请待决，及

（d）没有就在裁定日期属于申请标的的任何债务作出过破产令。

（2）如审裁人信纳第（1）款的每项规定均被符合，则审裁人必须针对债务人作出破产令。

（3）如审裁人不信纳，则审裁人必须拒绝对债务人作出破产令。

（4）审裁人必须对债务人作出破产令，或在规定期间（“裁定期间”）结束前拒绝作出破产令。

263L 审裁人要求进一步的信息

（1）审裁人可在裁定期内的任何时间，向债务人索取审裁人为裁定是否必须作出破产令而认为必需的资料。

（2）审裁人可指明根据第（1）款要求提供信息的日期；但该日期不得在裁定期结束后。

（3）如规则如此规定，根据第（1）款提出的要求，可包括以口头方式提供信息的要求。

（4）规则可订立条文，使审裁人能或规定审裁人在规定情况下，向规定类别的人索取信息。

263M 破产令的作出

（1）凡审裁人因破产申请而作出破产令的适用本条。

（2）命令必须以规定的格式作出。

（3）审裁人必须：

（a）将该命令的副本交予债务人，及

（b）将该命令通知规定种类的人。

263N 拒绝作出破产令：复核和上诉等

（1）审裁人拒绝就破产申请作出破产令的，审裁人必须向债务人发出通知：

（a）说明拒绝的理由，及

（b）解释第（2）款至第（5）款的效力。

（2）如果债务人在规定期限结束前提出要求，则审裁人必须审查在作出导致拒绝的决定时其所获得的信息。

（3）根据第（2）款的复核，审裁人必须：

（a）确认拒绝作出破产令，或者

（b）对债务人作出破产令。

（4）审裁人根据第（3）款确认拒绝的，必须通知债务人：

（a）说明确认的理由，以及

（b）解释第（5）款的效力。

（5）如该项拒绝根据第（3）款获确认，债务人可在规定期间终结前，向法院上诉反对该项拒绝。

263O 虚假陈述和遗漏

（1）在下列情形中明知或罔顾后果地作出虚假陈述或不作为，即属犯罪：

（a）向审裁人提出破产申请时，或者

（b）就破产申请向审裁人提供任何资料时。

（2）明知或罔顾后果而没有按照本部分所施加的或本部分的要求，将某事项通知审裁人，即属犯罪。

（3）就本条所涉罪行而言，破产令是否因该项申请而作出并不重要。

（4）在就本条所涉罪行而进行的法律程序中，如有任何作为构成该罪行的全部或部分依据的事情是在英格兰及威尔士以外地方作出的，该理由不能作为免责辩护。

（5）只有下列人员可就本条所涉罪行提起法律程序：

（a）国务大臣，或者

（b）由或经总检察长同意。

第 1 章　法院：破产申请和破产令

前　　言

264 可以提出破产申请的人

（1）以下主体可以根据本部分以下规定向法院提出针对某个人的破产令的申请：

（a）该个人的某一债权人或者两个以上债权人联合提出，

（b）…………

（ba）…………

（bb）…………

（c）由该人建议并根据第 8 部分获批准的自愿安排的监督人，或当时受该自愿安排约束的任何人（该人除外），或者

（d）如已由正式申请人或命令中指明的任何人依据 1973 年《刑事法院权力法》第 39（3）（b）项对该个人作出刑事破产令（criminal bankruptcy order）。

（2）除该等条文另有规定外，法院可应任何该等申请作出破产令。

265 债权人的申请：法院可对其作出破产令的债务人

（1）只有在下列情况下，破产申请书才可根据第 264（1）（a）项提交法院：

（a）债务人的主要利益中心在英格兰和威尔士，或者

（ab）债务人的主要利益中心位于成员国（丹麦除外），且债务人在英格兰和威尔士设有机构，或者

（b）……符合第（2）款中的测试（test）。

（2）测试是：

（a）债务人的住所是英格兰和威尔士，或者

（b）在截至申请书提出之日的3年期间内的任何时间，债务人：

（ⅰ）在英格兰及威尔士经常居住或曾有居住地，或者

（ⅱ）曾在英格兰及威尔士经营业务。

（3）第（2）款所述经营业务的债务人，包括：

（a）由债务人所属的商号或合伙来经营业务，以及

（b）由债务人或该商号或合伙的代理人或经理经营业务。

（4）本条提及的债务人主要利益中心的含义同《欧盟条例》第3条。

（5）在本条中，“设立”的含义与《欧盟条例》第2（10）款中的含义相同。

266 其余初步条件

（1）当根据第264（1）款两个或多个段落规定有权提出申请的人提出关于某个人的破产申请时，为本部分之目的，该申请被视为根据该申请中确定的那些段落之一作出的申请。

（2）没有法院的许可，不得撤回破产申请。

（3）如果法院认为，因为已经违反规则或因任何其他原因而驳回破产申请或经该申请而冻结程序是适当的，则法院有此一般性权力；且当经申请而冻结程序时，法院可以施加其认为合适的条款和条件。

（4）在不损害第（3）款的原则下，凡根据第264（1）（a）或（c）项就任何个人提出的申请，在针对该人作出刑事破产令时悬而未决，或在该命令作出后提出的，法院如觉得适当，可应官方申请人（the Official Petitioner）的申请驳回该申请。

债权人的申请

267 债权人申请的理由

（1）某债权人的申请必须与债务人所欠的一项或多项债务有关，并且提出申请的每一个债权人，必须是该所欠债务或者根据具体情况至少是其中一项债务的债权人。

（2）受下列三条规定的限制，只有在提出申请时有下列情况的，才可以向法院提出关于某一项或多项债务的“债权人的申请”：

（a）债务的金额或者债务的总金额等于或者超过破产的标准；

（b）债务，或每一项债务，都是用于偿付申请债权人或一个或多个申请债权人的清偿金额，即刻或在某一特定的未来时间，并且是无担保的；

（c）债务，或每一项债务，在债务人看来是无力偿还或没有合理支付能力的债务；

（d）没有任何未决申请，要求撤销（set aside）已送达的（served）（根据下文第 268 条）与该债务或任何债务有关的法定要求（a statutory demand）。

（3）为了本条第（2）款规定的目的，不能仅因为刑事破产令中规定的债务的金额而视某债务为已经偿清金额的债务。

（4）“破产标准”是 5000 英镑；但是国务大臣可以在法定文件中命令以在该命令中规定的任何金额代替该金额，或者根据具体情况，代替目前根据该命令是破产标准的金额。

（5）除非根据本条第（4）款规定作出的命令草案已经被提交于议会两院，并且已经被该两院决议允许，否则不应作出该命令。

268 “无力清偿债务”定义等；法定要求（“法定追债书”）

（1）为了第 267（2）（c）项规定的目的，当且仅当（if，but only if）债务人表现为无力清偿债务时，债务应是立即支付的，且有下列情形：

（a）提出申请的债权人已经以规定的形式向债务人送达“要求”（“法定追债书”），要求债务人支付债务或者提供满足债权人的担保或和解，自要求发出至少 3 个星期已过，并且该要求既未被满足也未根据规则被撤销；或者

（b）根据任何法院有利于申请债权人或一名或多名被拖欠债务的申请债权人的判决或命令，与债务相关的执行或其他程序已全部或部分无法执行（has been returned unsatisfied）。[①]

（2）为了第 267（2）（c）项所规定的目的，当且仅当，债务不需立即支付且有下列情形，债务人表现为无合理可能支付某债务：

（a）提出申请的债权人已经以规定的形式向债务人发出“要求”（“法定追债书”），要求该债务人证明其有合理希望能够在债务到期时支付债务；

（b）自发出该要求起至少 3 个星期已经过去；且

（c）该要求既未被满足也未根据规则被撤销。

269 担保债权人

（1）如果有下列情形，据以提出债权人申请的债务或其中一项债务，无须解除担保：

（a）申请中含有有权执行担保的人关于他愿意在破产令被作出的情况下，他为所有债权人的利益而放弃他的担保的陈述；或者

（b）在申请中表明该申请与债务中被担保的部分无关，且含有该人关于在申请日为债务被担保部分进行估值的陈述。

（2）当有本条第（1）（b）项规定的情形时，债务中有担保及没有担保的部分根据第 267 条至第 270 条的规定，将被视为单独的债务。

270 加急申请

在债权人的申请全部或部分关系第 268 条规定的法定追债书涉及的债务的情形下，如果有很大的可能债务人的财产或者他的财产的任何价值在该条提及的 3 个星期内将减少的，

---

① 译者注：已执行不能，债权人无法通过执行或其他程序获得清偿。

并且该申请中包含具有效力的陈述，则可以在该3个星期届满之前提出该申请。

271 债权人申请的程序

（1）除非法院确信与申请相关的债务或任一债务属于以下情形，否则法院不应经债权人的申请作出破产令：

（a）申请日到期或已经到期，但是既没有被偿付也没有被担保或者提出和解；或者

（b）当债务到期时，债务人没有合理的前景能够偿付某债务。

（2）当申请中含有第270条要求的陈述，直到第268条规定的任何法定追债书送到后至少3个星期满为止，法院不应该作出破产令。

（3）如果法院确信债务人能够偿付他的全部债务，或者认为具备下列情况，可以驳回该申请：

（a）债务人已经就被提出申请的债务提出担保或者进行和解，

（b）接受该提议将需要驳回申请，以及

（c）该提议被不合理地拒绝了。

并且，为了本款规定的目的，在决定债务人是否能够偿付他的所有债务时，法院应考虑到他的或有以及预期债务。

（4）为了本条规定的目的，在决定构成债务人在债务到期时能够偿付债务的合理期望的因素时，将假设债权人在进行产生该债务的交易时已知的事实及其他事项显示的期望是合理的期望。

（5）第267条至第271条并不损害法院按照规则所具有的权力，授权债权人的申请书因遗漏任何债权人或债务而予以修订，以及法院按照规则继续处理的权利，犹如为该等条文的目的而作出的事项，是只由余下的债权人或债务作出或只与余下的债权人或债务有关的一样。

272 债务人申请的理由

…………

273 法院对破产执业者的指定

…………

274 对破产执业者的报告的诉讼

…………

274A 符合债务免除令的债务人

…………

275 简易管理

…………

其他需要特殊考量的事项

276 不履行自愿安排

（1）法院不应经第264（1）（c）项规定的申请（被建议并且被同意的自愿安排的监

督人，或者受该安排约束的人）而作出破产令，除非法院确信：

（a）债务人未履行他在自愿安排中的义务；或者

（b）虚假或者在任何重大细节上误导性的或者有严重遗漏的信息：

（ⅰ）包含在债务人根据第 8 部分向任何人提供的任何事务说明书或其他文件中，或者

（ⅱ）被债务人在关于根据该部分规定召集的会议上提供给债权人，或者

（c）债务人未履行为了自愿安排目的由自愿安排监督人对他合理要求的所有事项。

（2）当因为第 264（1）（c）项规定的申请作出破产令的，应从破产财产中首先支付因管理该自愿安排正常发生的任何费用。

277 基于刑事破产令的申请

（1）受第 266（3）款规定的限制，经根据第 264（1）（d）项规定提供刑事破产令副本的申请，法院应作出破产令。

如果法院认为刑事破产令经上诉已经被撤销，则不适用该规定。

（2）受本部分规定限制，针对刑事破产令据以作出的任何定罪的上诉待决的事实，不影响以该命令为基础提出第 264（1）（d）项规定的申请产生的任何程序。

（3）为了本条的目的，以下情形，针对某定罪的上诉未有结果：

（a）在任何情况下，直到定罪日起的 28 日的期限届满为止；

（b）如果向上诉法院上诉的通知在该期间发出，并且在该期间上诉人通知官方托管人，直到上诉决定是待决的，以及在其后只要在第（4）款所规定的情形下向最高法院上诉的决定是待决的。

（4）就第（3）（b）项而言，向最高法院提出的上诉应该被视为待决的，直至上诉许可的申请获得处理（disposed，处置）为止；如上诉许可获得批准，则须视为待决，直至上诉获得处理为止；而就本款而言，上诉许可的申请，如没有在该期限内提出，则须视为在提出该申请的期限届满时已获处置。

第 1A 章　破产的启动与持续

278 启动与持续

破产令已经对其作出的个人的破产：

（a）从命令作出之日开始；且

（b）持续到根据本章的以下规定该个人被免责。

279 期间

（1）破产人将从破产中免责，在从破产开始 1 年期间届满时。

（2）…………

（3）在官方托管人或破产财产的管理人申请时，法院可以命令第（1）款中的期间停止计算直至：

（a）所指定的期间届满，或者

（b）所指定的条件实现。

（4）只有当确信破产人不能或即将不能遵守本部分的义务，法院可根据第（3）款作出命令。

（5）第（3）（b）项中的“条件”包括法院对某件事感到满意的条件。

（6）若个人债务人根据第 264（1）（d）项被宣告为破产人，则：

（a）第（1）款到第（5）款不再适用，且

（b）根据第 280 条作出的法院命令，破产人将从破产中免责。

（7）本条不影响法院宣布破产令无效的任何权力。

280 因法院的命令而获免责

（1）在第 279（6）款规定下，对解除个人破产的法院令的申请可以由破产人在破产开始的 5 年后的任何时间提出。

（2）根据本条进行的申请，法院可以：

（a）拒绝破产人从破产中免责，

（b）作出完全免责的命令，或者

（c）作出免责的命令，但对于该破产人可能随后应得的收入，或者对于转移给他或者他取得的财产等事项，免责后仍受命令中指明的条件的限制。

（3）法院可以规定第 2（b）或（c）项所指的命令立即生效，或者在命令规定的期间内或直到命令中规定的条件（包括让法院就任何事项满意这一条件）实现前，暂停有效。

281 免责的效力

（1）受下列规定的限制，当破产人被免责，该免责将免除他的所有破产债务，但在以下情况下无效：

（a）对他的财产受托人的职能不产生效力（只要该职能仍需履行）；或者

（b）为执行那些职能的目的而实施本部分的规定（不产生效力）。

并且尤其，免责不影响破产人的任何债权人在破产中申报破产人被免除的任何债务的权利。

（2）免责不影响破产人的任何担保债权人为追偿破产人被免除的债务而执行担保的权利。

（3）免责不免除破产人以任何欺诈或者欺诈性地违反该破产人作为一方当事人的信托的方式发生的或者担保其延期偿还的任何破产债务。

（4）免责不免除破产人关于因犯罪而对其施加的罚款债务或者保证书规定的任何责任。但是（在根据关于财政收入的法令，该罚款是因犯罪施加的惩罚或者在保证书的情况下）有财政部门同意的除外。

（4A）第（4）款中所指对一项罪行处以的罚款，包括：

（a）根据《判刑法典》（the Sentencing Code）第 46 条被命令支付的（刑事法庭罚款），不论是否定罪；

（b）根据 2002 年《犯罪收益法》第 2、3 或 4 部分的没收命令所处以的。

（5）除法院指示的范围和条件之外，免责不免除破产人的如下破产债务：

（a）包括因过失、妨害或者违反法定、合同或其他职责而支付的赔偿金或因 1987 年《消费者保护法》第 1 部分的规定而支付赔偿金的责任，在任一情况下，该赔偿金是关于对任何人的个人侵害；或者

（b）在家庭诉讼中作出的任何命令而产生的债务或者根据 1991 年《儿童抚养法》作出的生活费计算。

（6）免责不免除依规定破产人在破产中不能申报的其他破产债务。

（7）免责不免除除破产人之外的任何人因破产人免责而被免除的任何责任（无论作为破产人的合伙人或联合受托人或其他），或者任何担任破产人的保证人或性质上是保证人的任何责任。

（8）本条中：

"家庭诉讼"是指：

（a）家庭法院的诉讼程序，以及

（b）1984 年《婚姻家庭诉讼法》第 5 部分的家庭诉讼。

"罚款"的意思与 1980 年《治安法院法》规定的相同；以及

"人身伤害"包括人的身体或精神状况的死亡和任何疾病或其他损害。

281A 免责后的限制

本法规定的附件 4A 中（破产限制令和破产限制承诺）应生效。

282 法院撤销破产令的权力

（1）如果在任何时候法院认为有下列情况的，可以撤销破产令：

（a）因在作出命令时存在的任何理由，本不应作出该命令；或者

（b）在规则要求的程度内，破产债务以及破产费用自作出命令之日已经被支付或提供了担保。

（2）如果在任何时候，经官方申请人的申请，法院认为有下列情形，可以撤销因第 264（1）款下第（a）或（c）项规定的申请而作出的针对某人的破产令：

（a）在作出针对某人的刑事破产令的某个时刻，申请是待决的或者该申请在该命令作出后才被提出；以及

（b）任何人如因任何罪行被定罪而被作出刑事破产令，并无上诉待决（第 277 条所指的上诉）；

并且，如果在任何时候法院认为作为申请依据的刑事破产令随上诉的结果已经被撤销，法院应撤销根据第 264（1）（d）项规定的申请而作出的破产令。

（3）无论破产人是否从破产中免责，法院均可撤销破产令。

（4）凡法院撤销破产令（不论是根据本条或根据第 8 部分第 261 条）：

（a）根据本部分任何条文作出的任何财产出售或其他产权处置、付款或其他妥为作出的事项，是由官方托管人或者破产财产的受托人或在其授权下作出的，或由法院授权的，均属有效，但

（b）如破产人的任何财产当时根据任何该等条文归属该受托人，则该财产须归属法院

所委任的人，如无任何该等委任，则须按法院所指示的条款（如有的话）归还给破产人；

且法院可在其命令中列入规则授权的补充条文。

（5）…………

第2章　破产财团的保护以及破产人事务的调查

283 破产财团（bankrupt's estate）的定义

（1）就本编任何部分而言，破产财产包括：

（a）破产发生时，属于或者被破产人拥有的所有财产，以及

（b）任何凭借本部以下任何条文而构成该财团的财产或被视为符合前款规定的财产。

（2）第（1）款不适用于：

（a）破产人在就业、营业或职业中亲自使用的必需的工具、书籍、车辆及其他设备；

（b）为满足破产人及其家庭的基本生活需要而必需的衣物、床上用品、家具、家庭设备及给养。本款受第4章第308条（受托人可收回的某些除外财产）的限制。

（3）第（1）款不适用于：

（a）破产人替他人托管之财产，或者

（b）获得空置的基督教会封地（a vacant ecclesiastical benefice）的提名权。

（3A）受限制于第4章第308A条，第（1）款不适用于：

（a）1988年《房屋法令》第1部分所界定的有保证的租地或有保证的农业用地，以及1977年《租金法令》第127（5）款所述之禁止转让的土地期权，或者

（aa）2016年《出租屋（威尔士）法案》第8条所指的标准合同，其条款禁止1977年《租金法令》第127（5）款所述的转让；或者

（b）1977年《租金法令》界定的受保护租地，根据该法第9部分的任一规定，合法转让不允许以附加费作为转让条件，或者

（c）根据1976年《租赁（农业）法令》的规定，破产人是租赁住宅的受保护占用者，并且该法令条款禁止1977年《房租法令》第127（5）款中所述的转让，或者

（d）1985年《房屋法令》第4部分所指非私人房屋租赁的租约不能转让，除非属于该法令第91（3）款所述的情形。

（e）2016年《出租房屋（威尔士）法案》第8条所指的不可转让的担保合同，除非：

（ⅰ）在该法案第251条（家庭财产令）所述的情况下，

（ⅱ）根据1985年《房屋法令》第92条（以交换方式转让），或者

（ⅲ）如果合同持有人在转让不久前死亡，则有资格继承该合同持有人的人。

（4）在本编任何部分中，凡提及财产，包括提及他可对财产或就财产而行使的任何权力，但如该权力可对破产财产或就并非当时包括在破产财团内的财产而行使的，则属例外；并且

（a）该权力可在官方托管人根据第3章第299（2）款就该财团免除债务后，或该财团的受托人已根据第298（8）款离任后如此行使，或者

（b）不能为破产人的利益而如此行使；

而就本编任何部分而言，可就财产或就财产而行使的权力，须归属于在该项交易或事件发生时有权行使该项权力的人（不论该项权力在当时是否可如此行使）。

（5）就本编其他任何条文而言，破产财产所包含的不动产，须受破产人以外的任何人（不论是否是破产人的有担保债权人）就该等财产所享有的权利的规限，但不理会以下情形：

（a）在破产人的破产申请书中作出第 269（1）（a）项所规定的陈述所关乎的任何权利，以及

（b）按照规则以其他方式放弃的任何权利。

（6）本条之效力不及于本法未提及的有关将任何财产排除于破产财产之外的任何成文规则（其他法律另有规定除外）。

283A 破产人住宅不视为破产财团一部分的情形

（1）本条适用于破产人某一不动产在破产日为以下人士唯一或主要居所的情形：

（a）破产人，

（b）破产人的配偶或民事伴侣，或者

（c）破产人的前配偶或前民事伴侣。

（2）在自破产日起算的 3 年期间届满时，第（1）款所述的权益须：

（a）不再包括在破产财团内，及

（b）归属破产人（不得转让、分配或搬迁）。

（3）第（2）款不适用，如果在上述期间发生以下情形：

（a）受托人实现第（1）款所述权益，

（b）受托人申请居所出售令，

（c）受托人申请居所占有权，

（d）受托人就该利益申请第 4 章第 313 条规定之法庭令，或者

（e）受托人与破产人一致同意破产人应该对其财团承担确切债务（无论是否自同意之日起产生额外利息），因此第（1）款所述的权益不再构成该财团的一部分。

（4）凡第（3）（b）项至（d）项所述种类的申请在第（2）款所述期间提出并被驳回的，除非法院另有命令，否则该申请所关乎的权益须在该项申请被驳回时：

（a）不再包括在破产财产内，以及

（b）归属破产人（不得转让、分配或搬迁）。

（5）如破产人没有在自破产日起算的 3 个月期间届满前，将其在任何财产中的权益通知受托人或破产托管人，则第（2）款所述的 3 年期间：

（a）不得以破产日开始，但是

（b）须自受托人或官方托管人知悉破产人权益之日起算。

（6）法院可将第（2）款所述的 3 年期间以更长的期间代替：

（a）在规定的情形下，以及

（b）在法院认为适宜的其他情形下。

（7）实施细则可就本条作出规定，使其在规定情形下（可借破产案中受托人所采取的行动而规定）以较短的期间代替第（2）款所述的3年期间而生效。

（8）实施细则也可作出特别规定：

（a）规定或授权破产财团的受托人作出本条适用或不适用的通知；

（b）关于第（a）项规定的通知的效力；

（c）要求破产财团的受托人向土地登记官（the Chief Land Registrar，土地登记处处长）申请。

（9）在特定情况下，第（8）（b）项的规定能够：

（a）使本条不适用；

（b）授权法院不适用本条；

（c）在不适用本条之后制定条款；

（d）授权法院在不适用本条之后制定条款；

（e）制定补偿条款（可能涉及关于法院和特别法院管辖权的条款）。

284 财产处置权的限制

（1）当一个人被宣告为破产人，此人在本条规定期间所做的所有财产处置皆无效，除非在法院同意或者处置后被法院批准的情况下。

（2）第（1）款适用于涉及财产处置（无论是以现金还是其他方式）的支付，相应地，本条款判定该支付无效，接受支付者应为破产人保留该款项作为其财团。

（3）本节适用于提出破产申请或（视情况而定）提交破产申请书之日起，止于根据本部分第4章将破产财团赋予受托人之日的期间。

（4）本部分前述条款不允许给予任何人关于下列情形的补偿：

（a）在破产开始前某人收到的善意财产和支付，具备合法代价并且未事先提出申请，或者

（b）就任何因为本款而就该等权益而产生的财产的任何权益而言，没有任何补偿。

（5）凡破产人在其破产开始后，因作出根据本条属无效的付款而招致欠银行或其他人的债务，则就本编任何部分而言，该债务须当作是在破产开始前招致的，除非：

（a）银行或其他人在债务产生前已注意到破产发生，或者

（b）向付款人追讨该笔付款的金额不是合理的切实可行的。

（6）即使财产并非或（视属何情况而定）不会包含在破产财产中，财产处置亦属无效；但本条内容并不影响其为他人托管财产的处置。

285 诉讼和补偿的限制

（1）在破产相关诉讼程序或破产申请相关诉讼程序待决或个人破产的任何时候，法院可以阻止针对债务人的财产或人员或者针对破产人的财产和人员提起的任何诉讼、执行或其他法律程序。

（2）如有针对任何人的诉讼等待裁决，如证明已就该人提出破产申请或该人是未清算

破产人，法院可冻结诉讼或让其继续按法院认为适宜的条款进行诉讼。

（3）在破产令发出之后，破产人的债权人不能就可证实的破产债务：

（a）享有任何财产补偿，针对债务发起任何诉讼，或者，

（b）在破产免责之前，针对破产人发起任何诉讼或其他法律程序，除非获得法院的许可并按法院所施加的条款执行。

本条受第 346 条（执行程序）和第 347 条（财产扣押限制权）约束。

（4）以下情况中，第（3）款不影响破产人的担保债权人实施其担保权。

（5）如果任何人以质押、典当或其他担保方式持有任何未被清偿的破产人货物，则官方托管人可在书面通知其意图后，对货物进行检查。

凡向任何人发出此类通知，该人无权在没有法院许可的情况下获得其担保，除非他已向破产财产的受托人提供合理的机会以检查货物并行使破产人的回赎权（right of redemption）。

（6）本条所指的破产财产或货物是指其任何财产或货物，无论是否属于其财团的。

286 指定临时接管人的权力

（1）如果有必要保护债务人的财产，法院可以在提出破产申请之后以及在颁布破产令之前的任一时间，指定官方托管人或某破产执业人为债务人财产的临时接管人。

（2）…………

（3）法院可在一临时命令中，指定接管人的权力应受该命令在任何方面的限制；但是，除非另有指示，临时接管人就债务人的财产享有下一条赋予的所有权利、权力、义务和豁免。

（4）法院委任任何人为临时接管人的命令，须规定该人立即接管债务人的财产，或（视属何情况而定）其作为临时接管人的权力范围内的部分财产。

（5）凡已委任临时接管人，债务人须向临时接管人提供其财产清单及其他资料，并须在临时接管人为履行其在本条下的职能而合理要求的时间出席临时接管人的会议。

（6）凡任命临时接管人，第 285（3）款适用于任命和依申请颁布破产令的期间，或者适用于驳回申请，则任命相当于作出该命令。

（7）如果与债务人有关的破产申请被驳回，如果破产令申请生效或法院依命令终止该任命，则该人不再是债务人财产的临时接管人。

（8）如果判定破产，本条所述债务人财产指其所有财产，不论该财产是否会包含在债务人的破产财团内。

287 临时接管人的职权

（1）根据第 286 条委任的临时接管人是债务人财产的接管人及［除第 370 条（特别经理人）另有规定外］该财产的经理人，并有责任如此行事。

（2）根据本条，临时接管人同时也是债务人财产的托管人或经理人的职能是保护该财产；因此目的：

（a）他具有与高等法院指定的托管人或经理人一样的权力，以及

（b）他有权出售或以其他方式处置该财产中的任何易腐货物，以及如果不予处理价值可能减少的任何其他货物。

（3）官方托管人作为债务人财产的托管人或经理人，按照本条行事：

（a）须采取他认为适当的所有措施，以保护债务人财产，

（b）无须作出任何涉及其招致开支的事情，除非遵照以下指示：

（ⅰ）如官方托管人是临时接管人，则为国务大臣，或者

（ⅱ）在任何其他情况下，法院的指示。

（c）如他认为适当（并在法庭指示下）随时获得了债务人的债权人的指示。

（4）凡：

（a）临时接管人根据本条作为债务人财产的托管人或经理人，检取或处置任何并非债务人财产的财产，以及

（b）在扣押或处置（seizure or disposal）时，临时接管人认为，并有合理理由相信，他有权（无论是按照法院命令或以其他方式）扣押或处置该财产，

临时扣押人不应对因扣押或处置而造成的任何损失或损害向任何人承担责任，除非是因疏忽而造成的损失或损害；对于扣押或处置所发生的临时破产管理费用，他对该财产或其出售所得具有物上优先权（a lien）。

（5）…………

288 事务声明

（1）如果破产令是以债务人申请以外的方式作出的，破产托管人可在破产免责发出前任何时候要求破产人向官方托管人提交一份声明书。

（2）声明书须包括：

（a）破产人的债权人、债务、其他义务及可能合法占有的其他资产的详情，以及

（b）规定的其他信息。

（2A）凡破产人须根据第（1）款的规定向官方托管人提交一份事务声明的，则破产人须在官方托管人就该项规定向破产人发出规定的通知的翌日起计算的 21 天期间终结前［除第（3）款另有规定外］提交该事务声明。

（3）官方托管人如认为适当，可以：

（a）免除破产人第（1）款所规定的义务，或者

（b）在发出第（2A）款所述的通知时，或在其后，延长该款所述的期间，

如果官方托管人拒绝行使本条赋予的权力，法院如果认为适宜的，可以行使该项权力。

（4）破产人：

（a）未遵守本条所述责任且无合理辩解理由，或者

（b）无合理辩解而提交不符合规定的事务声明，即属犯藐视法庭罪，并可因此受到（除其他可能遭受的惩罚外）惩罚。

289 官方托管人的调查职责

（1）官方托管人须：

（a）调查每个破产人的行为和事务（包括他在破产令作出之前的行为和事务），以及

（b）向法院作出官方托管人认为适合的报告（如有）。

（2）第（1）款不适用于当官方托管人认为该款下的某项检查并非必要之时。

（3）凡破产人根据第 280 条提出免责申请的：

（a）官方托管人应向法院报告规定的事项，以及

（b）法庭在对申请作出决定前应考虑该报告。

（4）官方托管人根据本条作出的报告在任何法律程序中均为其所述事实的初步证据。

290 破产人的公开审查

（1）凡破产令已作出，官方托管人可在破产人免责前的任何时间向法院申请公开审查破产人。

（2）除非法院另有命令，如果不少于一半的总债权人（包括发出通知的债权人）根据规则向官方托管人发出通知要求他提出申请，则官方托管人必须提出申请。

（3）在根据第（1）款提出的申请中，法院须给出指示在指定的日期对破产人进行公开审查；破产人当天应出席并对就其财务状态、交易和财产接受公开审查。

（4）下列人士可参与破产人的公开审查，并可就其财务状态、交易及财产及其失败原因提出疑问，即：

（a）官方托管人，如属根据第 264（1）（d）项提出的申请而破产的个人，则为官方申请人，

（b）破产财产托管人，如其委任已生效，

（c）任何获委任为破产财产或营业的特别经理人，

（d）在破产中提出证明的破产人的任一债权人。

（5）如破产人在无合理辩解的情况下未能随时根据本条出席其公开审查，即属犯藐视法庭罪，并可因此受到惩罚（以及他可能受到的任何其他惩罚）。

291 破产人对官方托管人的义务

（1）…………

（2）…………

（3）…………

（4）破产人须向官方托管人提供其财团的库存清单（inventory）和其他信息，并须在官方托管人提出以下合理要求时与官方托管人会面：

（a）为了本章的目的，或者

（b）与颁发破产限制令相关时。

（5）第（4）款适用于破产人免责后的情形。

（6）如破产人无合理辩解而没有遵守本条规定的任何义务，即属犯藐视法庭罪，并可因此受到惩罚（以及他可能受到的任何其他惩罚）。

第 3 章　破产中的受托人

受托人的职责期限

291A 破产中的首位受托人（first trustee）

（1）在作出破产令时，官方托管人成为破产财产的受托人，除非法院根据第（2）款委派另一人。

（2）当作出命令时，就第 8 部分的破产人批准的自愿安排的监督者，法院可在作出命令时指定该安排的监督者为受托人。

（3）凡任何人根据本条成为破产财团的受托人，该人必须将该事实通知破产人的债权人（或如法院准许，则须按照法院的指示公告该事实）。

（4）根据第（2）款指定的受托人发出的通知或广告，必须解释根据第 301 条设立债权人委员会的程序。

292 指定（Appointment，委任）受托人：一般规定

（1）本条适用于指定任何人（官方托管人除外）为破产财团的受托人。

（2）任何人不得被指定为破产财团的受托人，除非他在被任命时有资格充当破产人的破产执业者。

（3）指定任何人为破产财团受托人的权力，包括指定两人或多人为共同受托人的权力；但该项指定必须就受托人必须共同行事的情况，以及其中一人或多人可代他人行事的情况，订立条文。

（4）任何人获指定为受托人，只有在该人按照规则接受该项指定时，该项指定才有效。此外，指定任何人为受托人的，须在其委任书中指明的时间生效。

（5）…………

293 召集指定首位受托人的会议

…………

294 债权人要求召集会议的权力

…………

295 未能在会议上指定受托人

…………

296 由国务大臣指定受托人

（1）根据本章的任何规定，任何时候当官方托管人就是破产财团的受托人时，他可以向国务大臣申请指定某人担任受托人而不是官方托管人。

（2）根据第（1）款提出的申请，国务大臣须作出指定或拒绝作出指定。

（3）即使国务大臣拒绝就先前根据第（1）款或根据下文第 300（4）款提出的申请作出指定，该项申请仍可提出。

（4）凡破产财团的受托人已由国务大臣指定（不论是否根据本条指定），受托人须将该指定通知破产人的债权人，或如法院准许，受托人须按照法院的指示公告该指定。

（5）在通知或公告中，受托人应根据第 301 条解释设立债权人委员会的程序。

297 特殊案件

…………

298 受托人的免职（removal）；离职（vacation of office，离任）

（1）主题如下（subject as follows），破产财团的受托人只能通过法院命令或由债权人根据实施细则专门为该目的而制定的决议程序作出的债权人会议的决议而被免职。

（2）…………

（3）…………

（4）当根据第 291A（1）款，官方托管人是受托人，或受托人由国务大臣［除根据第 291A（2）款外］或法院指定，则可通过债权人（会议）的决议程序，以罢免（removing）受托人为目的，当：

（a）受托人认为适当，或者

（b）法院如此指示，或者

（c）……某一破产债权人要求，并获得不少于持有债权总额 1/4 的债权人（包括作出请求的债权人）的同意。

（4A）凡破产人的债权人决定罢免受托人，他们可按照规则委任另一人代替他出任受托人。

（4B）凡根据第（4）款作出罢免受托人的决议，则该项决议在破产人的债权人（会议）委任另一人代替他出任受托人后生效。

（5）如受托人是由国务大臣任命的，他可以在国务大臣的指示下被解除职务。

（6）如受托人（非官方托管人）在某时失去破产执业者资格，即须离职。

（7）受托人在规定的情况下，可以向规定的人发出辞职通知，辞去其职务。

（8）受托人如向规定的人发出通知，表示受托人已根据第 331（2）款发出通知，即须离职。

（8A）根据第（8）款发出的通知：

（a）不得在实施细则所规定的破产债权人可反对受托人离职的期间届满前发出，以及

（b）必须说明破产人的债权人（会议）是否反对该受托人的离职。

（9）如破产令失效，受托人应离职。

299 解除（release）受托人（的责任）

（1）凡官方托管人不再是破产财团的受托人并已指定他人的情况下，官方托管人须在下列时间内解除相关义务，即：

（a）他人由破产人的债权人或国务大臣指定，根据本款的规定，官方托管人通知规定的人以被替换的时间，以及

（b）他人由法院指定，解除时间由法院决定。

（2）如果官方托管人在担任受托人期间，通知国务大臣并说明根据本部分第 4 章为破

产人进行财产的实际管理的目的已完成，官方托管人则应从国务大臣决定的时间起解除义务。

（3）官方托管人以外的人不再担任受托人的，须在下列时间内解除相关义务，即：

（a）在下列情形中，根据该人已不再担任职务的实施细则向指定人发出通知的时间：

（ⅰ）该人因破产债权人（会议）的决议而被免职，债权人（会议）尚未决议反对解除其义务；

（ⅱ）该人已死亡；

（b）在下列情况下，国务大臣可在该人申请时决定：

（ⅰ）该人因破产债权人（会议）的决议而被免职，债权人（会议）已决议反对解除其义务；

（ⅱ）该人已被法院或国务大臣免职，

（ⅲ）该人已根据第298（6）款搬出办公室；

（c）如有辞职者，可按规定时间办理；

（d）如属根据第298（8）款搬出办公室的人：

（ⅰ）如果破产人的债权人（会议）在实施细则规定的异议期限结束之前反对解除该人职务的，国务大臣可在该人提出申请时决定；

（ⅱ）否则，在该人腾出办公室之时。

（3A）因破产债权人（会议）的决议而被罢免的，破产债权人（会议）对该人是否应当被解除其职务的任何决定都必须由债权人（会议）的决议程序作出。

（4）如果破产令被撤销，则撤销时由法院决定受托人解除职务的时间。

（5）如官方托管人或受托人根据本条解除职务，则自本条上述各款所指明的时间起，他在财产管理方面的作为或不作为，以及在其他方面与他作为受托人的行为有关的一切法律责任，均须解除。

但是，本条中的任何内容都不能阻止法院根据本条规定对解除职务人员行使第304条规定的权力。

300 受托人职位空缺

（1）如指定任何人为破产财团的受托人未能生效，或此前已有委任状生效的，则本条适用，否则受托人职位空缺。

（2）官方托管人应为受托人，直至空缺填补。

（3）官方托管人可要求破产人的债权人指定一人为受托人，如破产人的债权人所占债权额不少于债权总额的1/10时，则官方托管人必须这样做。

（3A）如官方托管人提出该项要求，破产人的债权人可按照实施细则指定一人为受托人。

（4）如官方托管人在自空缺首次提请其注意之日起算的28天期间完结时，没有要求或打算要求破产人的债权人指定一人为受托人，则官方托管人须将指定的需要转呈国务大臣。

（5）…………

（6）根据第（4）款交送至国务大臣后，国务大臣必须决定接受或拒绝作出指定。

（7）如根据第（4）款交送至国务大臣后，未作出任何指定，官方托管人应继续担任破产财团的受托人，但无害于其进一步作出移交决定的权力。

（8）本条中提及的职位空缺的情况包括：在受托人根据第 298（8）款卸任或官方托管人根据第 299（2）款发出通知后，就破产财团所包括或可能包括的任何财产而言，有需要恢复该财团的托管权（trusteeship）的情形。

对受托人的控制

301 债权人委员会

（1）按照以下规定，破产人的债权人会议可以按照实施细则的规定设立委员会（称为债权人委员会），行使本法赋予的职权。

（2）债权人会议不得在官方托管人是破产财团的受托人的任何时候设立该委员会，或赋予该委员会任何职能，除非与受托人而不是官方托管人的指定有关。

302 国务大臣行使的债权人委员会职责

（1）当官方托管人是破产财团的受托人时，债权人委员会不能或不需要履行其职责；但在任何时候，除非实施细则另有规定，否则该委员会在本法下的职能应归属于国务大臣。

（2）在任何破产的情况下，当暂时没有债权人委员会并且当破产财团的受托人是除官方托管人以外的人时，除非实施细则另有规定，否则该委员会的职能应归属于国务大臣。

303 法院对受托人的一般控制（general control）

（1）破产人或其任何债权人或任何其他人如果对破产财团的受托人的任何作为、不作为或决定不满，可向法院提出申请；而法院可就该申请确认、推翻或修改受托人的任何作为或决定，也可给受托人发出指示或作出法院认为合适的其他命令。

（2）破产财团的受托人可向法院申请就破产中产生的任何特定事宜作出指示。

（2A）无论是否根据1994 年《合伙破产法令》的规定，关于任何人的破产申请向法院提出后的任何时间，法院的注意力都应放在有关人士是否作为破产合伙成员的事实上来，法院可以就未来破产诉讼的进行作出命令，以及对此法令的任一条款进行必要的修改。

（2B）如果上述第（2A）款所述破产申请是针对一名以上的个人提出的，法院可给出指示，在认为公正的情况下，合并其中部分或全部司法程序。

（2C）在官方托管人、任何负责任的破产专业人员、该合伙的受托人或任何其他利害关系人的申请下，法院可根据第（2A）款或第（2B）款作出任何命令或指示，其中可包括关于合伙共同财产管理的条款，特别是如何管理合伙人共同和单独的财产。

304 受托人的（赔偿）责任

（1）凡根据本条提出的申请，法院相信：

（a）破产财团的受托人曾误用，或保留，或对该破产财团所包含的任何款项或其他财

产负有责任的，或者

（b）破产财团因任何受托人在履行其职能时作出不当行为或违反信托或其他义务而遭受任何损失的，

考虑到破产财团的利益，法院可命令受托人偿还、归还或列入预算金钱或其他财产（连同按法院认为公正的利率计算的利息），或视情况需要，以法院认为公正的方式，以支付该等款项的方式对该错误行为（misfeasance）或者违反信托义务或其他义务的行为进行赔偿。

这不影响本条外产生的任何其他责任。

（2）根据本条，申请可由官方托管人、国务大臣、破产人的某个债权人或［就第330（5）款（最终分配）而言，在无论是否有或可能有盈余的情况下］破产人自己提出。

但是，如果破产人要提出申请或者在受托人根据第299条离职之后提出申请，则需要法院许可。

（3）凡：

（a）受托人扣押或处置的未包含在破产财团中的财产，以及

（b）在扣押或处置时，受托人相信，并且是有合理理由相信，本人有权（不论是依据法院命令或其他方式）扣押或处置该财产，

受托人对于扣押或处置过程中造成的任何损失或损害不对任何人承担任何责任（无论是根据本条还是其他规定），除非该损失或损害是受托人的疏忽所致；而且他对财产或其出售所得有优先权，以支付因扣押或处分而发生的破产费用。

第4章　受托人进行管理

序　　言

305 受托人的一般职能

（1）本章适用于任何符合以下两条件之一的破产：

（a）对某人担任破产财团受托人的指定生效，或者

（b）官方托管人成为破产财团的受托人。

（2）受托人的职责是依照本章下列规定介入、变现和分配破产财团；在执行该职能和管理破产财团时，受托人有权根据这些规定自由裁量。

（3）如受托人不是官方托管人，则以下为其义务：

（a）向官方托管人提供此类信息，

（b）向官方托管人提供并允许官方托管人查阅此类簿册、文件和其他记录，以及

（c）向官方托管人提供其他协助，

如官方托管人合理要求，协助以履行其在破产中的相关职能。

（4）受托人的正式名称为“……（破产人）的破产财团的受托人”（插入破产人的姓名）；但他可能被称为特定破产人的“破产中的受托人”（the trustee in bankrupty）。

收购、控制和变现破产财团

306 赋予受托人破产财团

（1）破产财团须在其委任生效时立即被赋予受托人，如受托人为官方托管人，则应在其将成为受托人之时赋予其该财团。

（2）凡将破产财团或将构成破产财团的任何财产（无论是根据本条还是本部分的任何其他条文）赋予受托人的，则该财产将无须转易、转让或移转而被赋予受托人。

306A 受制于限制令（restraint order）的财产

（1）本条适用于以下情形：

（a）根据 2002 年《犯罪所得法案》（受制于限制令的财产）第 417（2）（a）项，将该财产排除在破产财团之外，

（b）根据该法案第 50、67A、128、131A、198 或 215A 条并未就财产作出命令，而且

（c）限制令已解除，以及

（d）在限制令解除后，该财产没有根据或凭借该法令第 44A、47J、122A、127J、193A 或 195J 条被扣留。

（2）作为破产财团的一部分，该财产被赋予受托人。

（3）但第（2）款不适用于管理接管人（a management receiver）根据该法令第 49（2）（d）项或第 197（2）（d）项变现而得的财产收益（变现财产以应付接管人的薪酬及花费）。

306AA 解除扣留（detention）而得的财产

（1）本条适用于以下情形：

（a）根据 2002 年《犯罪所得法案》第 417（2）（b）项（根据某些规定扣留的财产）被排除在破产财团外的财产，

（b）在该法令第 41、50、120、128、190 或 198 条下，没有对该财产生效的法令，以及

（c）财产被解除扣留。

（2）该财产作为破产财团的一部分被赋予受托人。

306B 接管令或破产管理令下的财产

（1）本条适用于以下情形：

（a）根据 2002 年《犯罪所得法案》第 417（2）（c）项（根据该法案，有关该财产指定接管人或管理人的命令已生效），该财产被排除在破产财团之外，

（b）根据该法案第 6、92 或 156 条发出没收令（a confiscation order），

（c）没收令下的应付金额已全额支付，并且

（d）财产的任何部分仍然在接管人或管理人手中（视情况而定）。

（2）该财产作为破产财团的一部分被赋予受托人。

306BA 就其作出变现令（realisation order）的财产

（1）本条适用于以下情形：

（a）根据2002年《犯罪所得法案》第417（2）（d）项（已经下发关于某财产由合适的官员授权变现的命令），该财产被排除在破产财团之外，

（b）根据该法令第6、92或156条发出没收令，并且

（c）没收令下的应付金额已全额支付，并且

（d）该财产的任何部分保留在合适的官员手中。

（2）该财产作为破产财团的一部分被赋予受托人。

306C 没收令被解除或撤销时（discharged or quashed）受某些命令约束的财产

（1）本条适用于以下情形：

（a）根据2002年《犯罪所得法案》第417（2）（a）、（b）、（c）或（d）项（被排除在破产财团之外的财产），该财产被排除在破产财团之外，

（b）根据该法第6、92或156条发出没收令，

（c）根据该法第30、114或180条（视情况而定）或根据该法令撤销或依据任何与对定罪或判刑的上诉有关的成文法则，没收令被解除。

（2）任何该等财产如在破产人手中，即归属受托人，作为破产财产的一部分：

（a）根据该法案第2部分或第4部分被指定的接管人，

（b）根据该法案第3部分被指定的破产管理人，

（c）适当官员（该法案第41A、120A或190A条所指的）。

（3）但第（2）款不适用于管理接管人根据该法令第49（2）（d）项或第197（2）（d）项变现而得的财产收益（变现财产以支付接管人的薪酬及花费）。

307 事后取得的财产

（1）除本条及第309条另有规定外，受托人可借书面通知，就破产人的财团追索自破产开始以来由破产人取得或转让给破产人的任何财产。

（2）根据本条发出的通知不得为以下财产而发：

（a）第2章第283（2）或（3）款定义下的财产，

（aa）凭借第2章第283A条赋予破产人的财产，

（b）凭借任何其他规则排除在破产财团之外的财产，或者

（c）在不损害第280（2）（c）项（申请法院免责令）的前提下，破产免责后取得或转让给破产人的任何财产。

（3）除第（4）和（4A）款另有规定外，在根据本条通知破产人的服务中，通知所涉及的财产应作为破产财团的一部分被赋予受托人；受托人对该财产的所有权与破产人取得或被转让财产的时间有关。

（4）凡在根据本条送达破产人通知书之前或之后：

（a）任何人在没有知悉破产通知的情况下，善意和有偿地取得财产，

（b）…………

关于该财产，受托人不受限于本条所称的财产对该人的任何救济，或接受任何人所称任何财产权来自该人的辩解。

（4A）凡任何银行在根据本条向银行送达通知前（不论是在根据本条送达破产人通知之前或之后）进行交易，则受托人无权就该交易凭借本条对该银行作出任何补救。

不论银行是否已知悉破产事由，本款都适用。

（5）本条中所述财产，并不包括作为破产人收入一部分的任何财产，这些财产可能是根据第 310 条作出的收入支付令的标的。

308 赋予受托人特定额外价值的项目（items）

（1）根据第 309 条，凡：

（a）根据第 283（2）款（贸易工具，家居用品等）的规定，该财产从破产财团中被排除，以及

（b）受托人认为该财产的全部或任一部分的可变现价值超出该财产或其部分的合理替代的成本的，

受托人可为破产财团（之利益）书面通知追索该财产或（视何情况而定）其部分。

（2）根据本条向破产人发出通知后，该通知所关乎的财产作为破产财团的一部分被赋予受托人；除非某购买者在善意、对破产不知情且等价情况下收购该财产，否则受托人对该财产的所有权从破产开始即存在。

（3）受托人须将破产财团中的款项用作破产人或代破产人购买根据本条归属于受托人的任何财产的合理替代品；而本款规定的责任优先于受托人分配该财团的义务。

（4）就本条而言，如果财产足以满足其他财产可满足的需求，则该财产是其他财产的合理替代。

308A 赋予受托人特定租约（certain tenancies）

在受托人根据本条以书面通知破产人后，任何租约：

（a）凭借第 283（3A）款从破产财团中被排除在外，以及

（b）该通知所关乎的，

作为破产财团的一部分被赋予受托人；除非，某购买者在善意、对破产不知情且等价情况下收购该租约，否则受托人对该租约的权利从破产开始即存在。

309 第 307 条和第 308 条的通知时限

（1）除法院许可外，通知书不得在下列时间送达：

（a）根据第 307 条，在受托人首次知悉有关财产已由破产人取得或被转让给破产人的 42 天的期间结束后；

（b）根据第 308 条或第 308A 条，在受托人首次知悉有关财产或租约之日起起算的 42 天期间结束后。

（2）就本条而言：

（a）就受托人的继任者而言，受托人知悉的任何事务被视为受托人的继任者同时知悉；以及

（b）在某人成为受托人之前［除第（a）项另有规定外］，某人知悉的所有事务，在其委任生效时都被视为已知悉，或就官方托管人而言，在他成为受托人的同时，都将视为已知悉。

310 收入支付令

（1）法院可下达命令（“收入支付令”），要求为破产财团追索该命令所指明的破产人在该命令有效期内的收入。

（1A）收入支付令只能在被申请的情况下作出：

（a）由受托人，以及

（b）在破产人被免责前。

（2）法院不得作出有使破产人收入减少效果的收入支付令，当与第（8）款适用的任何付款一起计算时，该效果会造成该收入低于法院认为的破产人及其家庭的合理家庭需求。

（3）收入支付令应当，就其适用的任何收入支付而言：

（a）要求破产人向受托人支付该命令声称的相同的金额，或者

（b）要求付款人，而非破产人，向受托人支付如此款项。

（4）当法院作出收入支付令，如其认为适当，可解除或更改任何当前有效的支付令附加条件，以确保破产人的付款。

（5）受托人根据收入支付令获得的款项构成破产财团的一部分。

（6）收入支付令必须规定其生效期限；该期限：

（a）可在破产人获得免责后终止，但是

（b）不得在命令作出之日起3年内终止。

（6A）根据受托人或破产人的申请（不论在免责前后），收入支付令可［但须受第（6）（b）项的限制］予以更改。

（7）就本条而言，破产人的收入包括任何时间破产人获得以及享有权利的收入性质的款项，包括任何有关继续经营或任何职位或工作的收入（尽管1999年《福利改革和退休金法案》第11条或第12条有其他规定）以及任何退休金计划下的付款，但不包括第（8）款所适用的任何付款。

（8）本款适用于：

（a）通过被保证的最低养老金方式的支付；

（b）…………

（9）在本条中，“被保证的最低养老金”之含义与1993年《养老金计划法》中的含义相同。

310A 收入支付协议

（1）在本条中，“收入支付协议”指破产人与其受托人之间，或破产人与官方托管人之间的书面协议，应规定：

（a）破产人须在指定期间向受托人或官方托管人支付破产人收入的指明部分或相当比

例的款项，或者

（b）第三人将以某一特定时期的收入，向受托人或官方托管人支付一定比例的资金。

（2）第（1）（a）或（b）项所指明的某类收入支付协议的条文可被强制执行，如同收入支付令一样具有法律效力。

（3）虽然收入支付协议有效，但法院可应破产人、受托人或官方托管人的申请，解除或更改当时有效的收入令（earnings order）附件，以保障破产人支付。

（4）第 310 条的以下条款适用于收入支付协议，一如其适用于收入支付令：

（a）第（5）款（收据构成财产的一部分），以及

（b）第（7）款至第（9）款（收入的含义）。

（5）收入支付协议必须规定其生效的期限；且该期限：

（a）可在破产人免责后终止，但是

（b）不得在协议签订之日起 3 年内终止。

（6）收入支付协议可以［除第（5）（b）项另有规定外］被更改：

（a）通过双方之间的书面协议，或者

（b）由破产人、受托人或官方托管人提出申请的法院。

（7）法院：

（a）不得改变收入支付协议，意在将不能包含在收入支付令中的条约包含在内，以及

（b）如果法院认为为避免第 310（2）款所述的影响而必须作出变更，则应批准变更收入支付协议的申请。

311 受托人取得控制权（acquisition by trustee of control）

（1）受托人须获得与破产财团或事务相关以及破产人拥有或管控的所有簿册、文件及其他纪录（包括任何在法律程序中可被披露的记录）。

（2）就获得或保留破产财团而言，受托人的地位相当于由高等法院指定的财产的接管人；法院可以根据其申请强制执行相应的收购或保留（acquisition or retention）。

（3）凡破产财团的任何部分包括公司的股票或股份，船舶的股份或在其他任何公司、办公室或人员的簿册内可转让的财产，受托人都可行转移财产的权力，就如破产人没有破产时可行使的权力一样。

（4）如果遗产的任何部分包括非法占有财产，被视为已转让给受托人；但在该被视为的转让是来自破产人本人以保护受托人的优先权的情况下，除非有必要，否则无须发出转让通知。

（5）凡财产所包含的任何货品是任何人以质押、典当或其他抵押品的方式持有的，并且官方托管人未根据（变现抵押品限制）就该等货品送达通知，受托人可以就货物提供通知；而不论是否已根据本条或第 285（5）款送达通知，在受托人认为适当的情况下，可就任何该等货品行使破产人的赎回权。

（6）受托人根据第（5）款送达的通知，与官方托管人根据第 285（5）款送达的通知具有同等效力。

312 将控制权让与受托人的义务

（1）破产人须交付受托人管理其拥有或控制的任何财产、簿册、文件或其他记录。

这不妨碍本章第333条规定的破产人的一般责任。

（2）如任何以下人士管有受托人须接管的任何财产、簿册、文件或其他纪录，即：

（a）官方托管人，

（b）不再是该破产人的受托人的人，或者

（c）曾根据第8部分作为获批准的破产人自愿安排的监督人，

官方托管人或（视属何情况而定）上述该人须将该财产、簿册、文件或纪录交给受托人。

（3）破产人的任何银行或代理人或任何其他人在破产人的账户中持有任何财产的，须向受托人支付或交付由其管有或控制的破产人的部分或全部的财产，而且根据法律规定不得对破产人或受托人有所保留。

（4）任何人无合理辩解而没有遵守本条所规定的任何责任的，即属犯藐视法庭的罪行，并可因此受到惩罚（以及他可能受到的任何其他惩罚）。

313 破产人的房屋费用

（1）凡由破产人或其配偶或前配偶或其民事伴侣或前民事伴侣占用的住宅中产生利息并包含在破产财团中，而受托人出于任何理由暂时无法变现该财产的，受托人可向法院申请命令，为破产财团之利益对该财产征收费用。

（2）如法院根据本条提出的申请对任何财产征收费用，则该费用产生的利益应包括在破产财团内，并可随时执行达到所应收取的价值，用于从破产财团中支付除给破产人外应支付的任何金额，以及按规定利率支付该金额的利息。

（2A）在第（2）款中，“应收取的价值”的含义是：

（a）收费令中所指明的金额即破产人在该命令当日的财产权益价值，加上

（b）按照规定费率收取的自下发命令之日起的利息。

（2B）在根据本条确定利息价值时，法院应忽视任何根据实施细则需要忽视的事项。

（3）根据本条就赋予受托人的财产作出的命令，须按实施细则规定该财产不再包含在该破产财团中，并在收取费用（及任何以前收费）的情况下，不再赋予破产人。

（4）1979年《收费令法案》第3（1）、（2）、（4）、（5）、（6）款（关于收费令的补充条文），如同对该法令下的收费令具有效力，对本条下的收费令也具有效力。

（5）但该法令第3（5）款下的命令不得改变收费价值。

313A 低价值房屋：申请出售、拥有或收费（charge）

（1）本条适用于以下情形：

（a）破产财团所包括的物业，包括在破产当日是其唯一或主要居所的住宅的权益，归属于：

（ⅰ）破产人，

（ⅱ）破产人的配偶或民事伴侣，或者

（ⅲ）破产人的前配偶或前民事伴侣，以及

（b）受托人申请出售该物业、占有该物业或根据第 313 条就该物业作出的命令。

（2）如果利息的价值低于本款规定的数额，法院应驳回申请。

（3）在为本条的施行而厘定利息的价值时，法院应忽视为施行第（2）款而订明款额的命令要求忽视的任何事宜。

314 受托人的权力

（1）经债权人委员会或法院准许，受托人可行使本法附表 5 第 1、2 部分所指明的任何权力。

（2）受托人可指定破产人：

（a）监督其财产或任何财产部分的管理工作，

（b）为债权人的利益，继续其营业（如有），或者

（c）在任何其他方面按照受托人指示的方式及条款管理该财团。

（3）…………

（4）…………

（5）本法附表 5 第 3 部分对受托人为行使其任何部分所赋予的任何权力或与之有关而能够作出的事情具有效力。

（6）如受托人（并非官方托管人）行使本编内任何条文赋予他的权力：

（a）将破产财团中包含的任何财产处置给破产人的合伙人，或者

（b）雇用事务律师，

如果当时债权人委员会已成立，他应当通知委员会以行使其权力。

（7）在不损害第（5）款及附表 5 第 3 部分的概括性原则下，受托人如认为适合，可以随时从债权人会议那里寻求有关事项的决议。

根据本编之前条文的规定，如果某位破产债权人请求受托人向债权人会议寻求某一事项的决议，并且该请求是以破产债权人（包括作出请求的债权人）所占债权额不少于债权总额十分之一的数量所提出的，受托人应遵照行事。

（8）本法案中的任何内容都不能被解释为限制受托人在英格兰和威尔士以外行使其任何权力的能力。

放弃负有苛刻条件的财产（disclaimer of onerous property）

315 放弃（一般权力）

（1）受托人可以通过发出规定的通知，放弃任何负有苛刻条件的财产，尽管他已经占有也有权这么做并尽力出售或以其他方式行使与其有关的所有权。

（2）就本条而言，以下所列属于负有苛刻条件的财产，即：

（a）任何无利可图的合同，以及

（b）该破产财团中包含的任何不可销售或不易销售的财产，或可能导致付款或执行其他繁重行为的责任的其他财产。

（3）根据本条作出的弃权声明：

（a）从声明之日起，确定破产人及其财团在被放弃财产中及关于该财产的权利、利益和责任，以及

（b）从受托人开始接手时，解除受托人对该财产的所有个人责任，

但除非对于将破产人、破产财团和受托人从任何责任中解除来说是必要的，否则不影响任何其他人的权利或义务。

（4）根据本条，不得对根据第 307 条（后获得的财产）或第 308 条（破产人的个人财产超过合理重置价值）或 308A 条申请获得的破产财团的财产提出弃权声明，除非法院许可。

（5）因根据本条操作弃权声明书而蒙受损失或损害的任何人在损失或损害的范围内被视为破产人的债权人，如可证明该项损失或损害为破产债务。

316 索求受托人决定的通知

（1）如属以下情形，不得依第 315 条就任何财产作出弃权声明（notice of disclaimer）：

（a）对该财产感兴趣的人已以书面形式向受托人或他的其中一位前任受托人，要求受托人或该前任决定他是否会放弃权力，以及

（b）自提出申请当日起算的 28 日期限届满，而没有根据第 315 条就该财产作出弃权声明的通知。

（2）受托人被视为已接受（根据本条其无权放弃权力的）任何合约。

317 租赁权（leaseholds）的弃权

（1）除非弃权声明的副本（只要受托人知悉其地址）已送达破产人名下的每一位租客或抵押权人手中，否则任何租赁性质的财产权利的弃权声明不生效，以及：

（a）在根据本款送达的最后通知送达之日起 14 天的期限结束之前，没有根据第 320 条提出申请，或者

（b）如果已提出了此类申请，法院指示该弃权生效的。

（2）如法院根据第（1）（b）项发出指示，在其认为合适的情况下，亦可代替或补充根据第 320 条作出的关于房屋改动、租客改善和由租约产生的任何其他相关事宜的命令。

318 居所的弃权

在不影响第 317 条的情况下，除非弃权声明的副本（只要受托人知道他们的地址）已送达每一个占有或声称对居所有占有权的人，否则住宅中任何财产的弃权不生效，并且：

（a）在根据本条送达最后通知当日开始的 14 日期限结束前，并没有根据第 320 条提出有关该财产的申请，或者

（b）如果已提出了此类申请，法院指示该弃权生效的。

319 须缴付租金的土地（land subject to rentcharge）的弃权

（1）以下适用于根据第 315 条对任何须缴付租金的土地的弃权声明，该土地由法律授予了王室或任何其他人（在下一款中称为“业主”）。

（2）业主及业主的所有权继承人对任何根据租金应付的任何款项不承担任何个人责任，但业主或根据或通过业主主张的某人已占有或控制该土地或已开始占用该土地之后到期的款项除外。

320 赋予被弃权财产的法院令

（1）当受托人根据第 315 条放弃财产权利时，本条及下一条适用。

（2）下列人员可根据本条向法院提出申请：

（a）声称与被放弃的财产有利害关系的任何人，

（b）对被放弃的财产承担任何责任的任何人，不是弃权声明所免除的责任，或者

（c）如果被放弃财产是居所内的财产，则在提出破产申请或（视情况而定）提交破产申请书时，正占用或有权占用该住宅的任何人。

（3）在本条及下一条文中，除本条及下一条另有规定外，法院可就根据本条提出的申请，以其认为合适的条款作出命令，将该等被放弃的财产转归或交付给：

（a）有权获得的人或该人的受托人，

（b）第（2）（b）项所述负有责任的人或该人的受托人，或者

（c）如果被放弃的财产是居所内的财产，则在提出破产申请或（视情况而定）提交破产申请书时，正占用或有权占用该居所的任何人。

（4）法庭不得凭借第（3）（b）项作出命令，但如果法院觉得为补偿须就弃权负上法律责任的人而言这样做是公正的，则属例外。

（5）为实施第 315（5）款，在评估任何人因弃权而遭受的任何损失或损害程度时，须考虑根据本条作出的任何命令的效力。

（6）根据本条将财产归属任何人的命令，尢须借任何运输、转让或移转（conveyance, assignment or transfer）而完成。

321 第 320 条下租借权的命令

（1）法院不得根据第 320 条将任何租赁性质的财产转让给任何人，除非条款使该人：

（a）在提出破产申请或（视情况而定）提交破产申请书当日与破产人根据租约承担同样的责任和义务，或者

（b）如果法院认为适合，该人应当承担如果租赁在该日转让于他，他可能承担的相同的责任和义务。

（2）就根据第 320 条作出的命令而言，该命令只关乎租约所包括的任何财产的一部分，第（1）款规定的条件适用，如同该租约只包括该命令所关乎的财产一样。

（3）凡第（1）款适用，并且任何人不愿按照该款规定的条件接受第 320 条规定的命令，法院可（根据第 320 条规定的命令）将该财产或者该破产人在该财产中的权益授予任何有责任（无论是亲自还是以代表身份，无论是单独还是与破产人连带）履行租约中承租人义务的人。

法院可凭借本款将该财产及权益归属该人，而该人从破产人所设定的一切财产、负担及权益中已获解除和免责。

（4）如第（1）款适用而任何人拒绝接受根据第320条作出的命令，则该人不得享有该财产的所有权益。

破产财团的分配

322 债务的证明

（1）除本条及下一条另有规定外，破产人的有担保或无担保债权人提供的任何破产债项证明，以及任何证明的接受或拒绝均须按照实施细则进行。

（2）如果破产债务产生利息，该利息可作为债务的一部分加以证明，但就破产开始后的任何期间而须缴付者除外。

（3）受托人应估计任何破产债务的价值，因为受到任何意外事件或突发事件或任何其他原因的影响，债务可能不具有一定的价值。

（4）如受托人根据第（3）款估计破产债务的价值，或凭借第3章第303条由法院估计破产债务的价值，可证明的数额即为该估计的数额。

323 相互信贷（mutual credit）及抵销

（1）本条适用于在破产开始前，在破产人和证明或声称证明破产债项的破产人的任何债权人之间存在相互信贷、相互债务或其他双向交易的情形。

（2）应就交易中每方对另一方债务的到期情况进行交代，并应用一方当事人的款项抵扣另一方的款项。

（3）如果另一方在破产人对其所欠的债务到期时，知晓关于破产人的破产申请正在进行中或破产申请待决，则破产人欠另一方的款项，不包括在根据第（2）款计算的账目内。

（4）只有根据第（2）款缴付的账户余额（如有的话）可证明为破产债项或（视属何情况而定）须作为破产财团的一部分支付给受托人。

324 以待摊还债款（dividend）[①] 的方式分配

（1）当受托人手头有足够的资金，他须在保留破产开支所需的该等款项的情况下，就向债权人宣布及派发的有关其破产债项的待摊还债款作出分别证明。

（2）受托人须通知他有意宣布及派发待摊还债款。

（3）受托人宣布派发待摊还债款时，应当通知派发待摊还债款及如何派发等信息；而根据本款发出的通知须载有破产财团的规定详情。

（4）在计算及派发待摊还债款时，受托人须对以下情形作出规定：

（a）在受托人看来是由于居住地点距离较远的人可能没有足够时间申报并建立其证明的人的任何破产债务，

（b）任何尚未确定的请求权所涉及的破产债务，以及

---

① 译者注：dividend直译是分红的意思，但是破产程序中肯定不会有分红的问题，因此译成“待摊还债款”。

（c）有争议的证明和申报。

325 清偿不足的（unsatisfied）债权人申报

（1）债权人在宣布任何待摊还债款前未证明其债项，由于尚未参与而无权干扰该待摊还债款的分配以及在其债项被证明前宣布的任何其他待摊还债款，但：

（a）当他证明债权人有权获得支付时并且存在可以暂时用于支付任何未来待摊还债款的任何款项，但他没有收到任何一项或多项待摊还债款时；以及

（b）根据第（a）款应付的任何一项或多项待摊还债款须于该款项用于支付任何该等未来待摊还债款前支付。

（2）该待摊还债款上没有针对受托人的诉讼，但如果受托人拒绝支付待摊还债款，法院如认为合适，可命令他支付待摊还债款，甚至用受托人自己的钱来支付：

（a）待摊还债款的利率，按照 1838 年《裁决法案》第 17 条规定的利率，并从其被拒绝给付的时间开始计算，以及

（b）作出支付令的诉讼费。

326 财产按种类分配

（1）在不损害第 315 条至第 319 条（弃权）的原则下，受托人可在债权人委员会的准许下，在破产人的债权人之中，按其现有形式，按其估计价值，将任何特有性质或其他特殊情况不能容易地或有利地出售的财产出售。

（2）为第（1）款的目的而给予的许可不应是一般性许可，而应与有关权力的特定建议行使有关；并且与受托人进行善意及有偿交易的人，无须查询是否已给予第（1）款所规定的准许。

（3）如受托人未获得第（1）款所规定的准许而做出任何事项，则法庭或债权人委员会可为使他从破产财产中获偿其费用，而批准受托人的行为。

但除非委员会确信受托人是在紧急情况下采取行动，并且没有不适当地拖延寻求批准，否则委员会不应批准。

327 刑事破产下的分配

凡破产令是根据第 264（1）（d）项（刑事破产）的申请发出的，且只要针对作为申请依据的刑事破产令据以作出的对破产人的任何犯罪行为的定罪上诉在待决中（在第 277 条的含义内），则不得根据第 324 条至第 326 条作出分配。

328 债务优先权

（1）在分配破产财团时，其优先债务应优先于其他债务获得清偿。

（1A）普通优先债务在破产费用之后平等、足额受偿，除非破产财团不足以偿付这些债务，在此情况下，这些债务按它们之间的同等比例减少。

（1B）次级优先债务在普通优先债务之后平等、足额受偿，除非破产财团不足以偿付它们，在此情况下，按它们之间的同等比例减少。

（2）…………

（3）既非优先债务也不属于下一条适用的债务之间也享有同等地位，并且在优先债务之

后应全额支付，除非破产财团不足以支付它们，在这种情况下，按它们之间的同等比例减少。

（3A）如破产人是有关联关系的金融机构，则第（3）款不适用，但是——

（a）破产人的普通非优先债务（ordinary non – preferential debts）应优先于其次级非优先债务（secondary non – preferential debts）受偿；

（b）排在次级优先债务之后的破产人的普通非优先债务的受偿顺序都是相同的，并应全额受偿，除非破产人的财团不足以清偿这些债务，此种情形下，这些普通非优先债务按同等比例减少（受偿）；

（c）破产人的次级非优先债务应优先于其第三级非优先债务（tertiary non – preferential debts）受偿；并且

（d）排在普通非优先债务之后的破产人的次级非优先债务的受偿顺序都是相同的，并应全额受偿，除非破产人的财团不足以清偿这些债务，此种情形下，这些次级非优先债务按同等比例减少（受偿）。

（4）偿还债务后所剩下的任何结余——

（a）在第（3）款适用的情形下，凡在该款下是优先的或同等受偿顺序的，或者

（b）在第（3A）款适用的情形下，凡在该款中是优先的或被提及的，

应用于支付破产开始以来未偿还债务期间内的债务利息；且优先之债的利息与其他债务利息的受偿顺序相同。

（5）根据第（4）款须就任何债项应付的利率，以下列中较大者为准：

（a）破产开始时根据 1838 年《裁决法案》第 17 条规定的利率，以及

（b）破产之外适用于该债务的利率。

（6）本条和下一条不妨碍本法或任何其他法律的任何条款，在该条款下，如果发生破产，支付债务或作出任何其他付款如无特别的优先权即须推迟。

（7）在本条中，“优先债务”、“普通优先债务”和“次级优先债务”各有第 12 部分第 386 条所赋予的含义。

329 配偶间债务

（1）本条适用于在破产开始时因破产人的配偶或民事伴侣（不论是破产人的配偶或是提供信贷时的民事伴侣）提供的信贷所欠的破产债务。

（2）该等债务：

（a）其优先权排在根据第 328（4）款被要求支付的利息之后，以及

（b）在第 328（5）款规定的利率下，自破产开始之日起尚未偿还的期间支付利息；

且根据第（b）项应付的利息与应付债务的优先权相同。

330 最终分配

（1）当受托人已变现破产人的全部财团（财产）或其认为在不必要延长托管期的情况下可变现的部分财产时，受托人应以规定的方式发出通知，包含：

（a）宣布他最终待摊还债款的意图，或者

（b）他不会宣布待摊还债款或下一步的待摊还债款。

（1A）根据第（1）（b）项发出的通知无须发给选择退出的债权人。

（2）根据第（1）款发出的通知须载有规定的详情，并须在通知指明的日期（“最后日期”）内就破产财团提出申报。

（3）法院可以应任何人的申请推迟最后日期。

（4）最后日期后，受托人须：

（a）从破产财团中支付任何未偿付的破产费用，以及

（b）如果他有意宣布最终的待摊还债款，则应宣布和分配该待摊还债款，而不考虑任何人对于尚未在破产中证明的债项的申报。

（5）如果全部付清后仍有剩余，并且全部破产债权人的利息和破产费用都已支付，破产人有权获得剩余。

（6）…………

331 最终报告

（1）本条及下一条的内容如下，本条适用于以下情况：

（a）受托人认为根据本章对破产财团的管理是为了现实目的而完成的，并且

（b）受托人不是官方托管人。

（2）受托人必须向破产人的债权人（选择退出的债权人除外）发出通知，说明受托人觉得对破产财团的管理是为了现实目的而完成的。

（2A）通知必须：

（a）附有受托人管理破产财团的报告；

（b）解释第 299（3）（d）项的效力，以及债权人可如何反对受托人的责任解除。

（3）…………

（4）…………

332 保留破产人居所

（1）本条适用于以下情形：

（a）破产财团中包含由破产人或其配偶或前配偶或其民事伴侣或前民事伴侣占用的居所权益，以及

（b）受托人无法以任何理由变现该财产。

（2）受托人不得根据第 331（2）款发出通知，除非：

（a）法院根据第 313 条作出命令，为了破产财团的利益而向该财产收费，或者

（b）法院根据该条的申请而拒绝作出这样的命令，或者

（c）国务大臣已向受托人发出证明书，指出在该案中提出此类申请是不恰当或不公正（inappropriate or inexpedient）的。

补 充 条 款

333 破产人对受托人的义务

（1）破产人须：

（a）向受托人提供有关其事务的资料，

（b）当其时，伴随受托人，并且

（c）做所有类似其他事情，

当受托人为了履行本法案任何部分的合理要求而履行其职责时。

（2）凡在破产开始后的任何时间内，任何财产被破产人收购或由其收回，或破产人的收入增加，破产人须在指定期间内向受托人提供财产或（视情况而定）收入增加通知。

（3）第（1）款适用于破产人免责后。

（4）如破产人在无合理辩解的情况下没有遵守本条所规定的任何义务，即属犯藐视法庭罪，并可因此受到惩罚（以及他可能受到的任何其他惩罚）。

334 二次破产情况下的停止分配

（1）本条及下一条适用于破产未免责的破产人再次获得破产令的情形；并在两条中：

（a）“较晚破产”是指由该破产令引起的破产，

（b）“较早破产”是指破产人在较晚破产开始时并未免责的破产（或最近的破产，视情况而定），以及

（c）“现有受托人”指担任较早破产中破产人的受托人（如有）。

（2）如现有的受托人已获作出申请的规定通知或（如有可能）提交较晚破产的申请书，则在收到通知后作出的下一款所适用的任何分配或其他处分，都是无效的，除非它是在法院同意下作出的，或是在法院批准或随后批准的范围内。

这不妨碍第 284 条（破产令后财产处置的限制）的适用。

（3）本款适用于：

（a）根据第 307（3）款已授予现有受托人的财产（其后取得的财产，after - acquired property）；

（b）依第 310 条根据收入支付令支付给现有受托人的款项；以及

（c）属现有受托人或掌握在现有受托人手中的任何财产或金钱，指出售或运用属于本款（a）或（b）项中所指财产或金钱的收益。

335 较早和较晚破产财团间的调整

（1）从较晚破产生效开始，第 334（3）款所适用的任何在该破产开始前，视为较早破产中的破产财团，须被视为包括在破产人较晚破产的破产财团范围内，并且在该财产有受托人之前，由现有受托人按照实施细则处理。

（2）对于现有受托人，根据第 310 条下收入支付令中的任何待支付款项，在较晚破产生效之日，须被视为包括在破产人较晚破产的破产财团范围内；而法院可以作出其认为适合的对支付令的修改指示。

（3）凭借第（1）款或第（2）款在破产财团中包含的任何财产，都可用于支付现有受托人在此事项中产生的破产费用。

（4）除上文及第 334 条另有规定外，属于或凭借第 308 条（破产人的个人财产超过合理重置价值）或第 308A 条（授予受托人某些租约）的财产可以被视为较早破产（或任何

在此之前发生的破产）的破产财团，而不应被囊括在较晚破产的破产财团范围内。

（5）债务人的较早破产中的债权人和更早破产中的债权人，就同一债务，不再是较晚破产的债权人；但现有受托人可在较晚破产中证明以下事项的除外：

（a）在较早破产中，破产人的可证明债项在破产财团中未得到足额受偿（包括本款下的任何债项）；

（b）该余额应该支付的任何利息；以及

（c）早前破产的任何未付费用。

（6）根据第（5）款可予证明的任何金额，排在较晚破产案中可予证明的所有其他债项及该等债项的利息之后，具有优先权，因此，除非该等债项及该等利息已首先全数缴付，否则不受清偿。

第 5 章　破产对某些权利交易的影响等

土地信托下的权利

335A 土地信托下的权利

（1）受托人根据 1996 年《土地信托及受托人委任法》（法院就土地信托而具有的权力）第 14 条就破产财团申请根据该条作出售卖土地的命令，须向对该破产案件有司法管辖权的法院提出。

（2）在该申请中，法院须从以下方面考虑作出该命令是公正及合理的：

（a）破产债权人的利益；

（b）该申请针对的土地是破产人或破产人的配偶或民事伴侣或前配偶或前民事伴侣的居所或曾经是他们的居所：

（ⅰ）该配偶、民事伴侣、前配偶或前民事伴侣的行为造成破产，

（ⅱ）该配偶、民事伴侣、前配偶或前民事伴侣的需要和财政来源，以及

（ⅲ）子女的需要；以及

（c）除破产人的需求外，本案的所有情况。

（3）如该项申请是在破产财团根据本部分第 4 章首次归属受托人时起算的 1 年期间届满后提出的，则除非案件的情况属例外，否则法院须假定破产人的债权人的利益超过所有其他考虑。

（4）本条赋予法院的权力，不论是在本条生效日期之前还是之后作出，均可行使。

占　有　权

336 破产人配偶或民事伴侣的占有权等

（1）根据 1996 年《家庭法法令》第 4 部分的规定，在破产初期发生的任何事情［也就是说，从作出破产申请之日起，或（根据情况可能是）破产申请的提交和破产财团归属于受托人的这段期间内］不得被视为产生了与破产财团中的住宅有关的任何住房权利。

（2）凡配偶或民事伴侣根据1996年法令所享有的住房权利对另一配偶或民事伴侣的财产或利益提出指控，或对另一配偶或民事伴侣的受托人提出指控，而另一配偶或民事伴侣被宣告破产的：

（a）尽管破产指控仍继续存在，在符合该法规定的情况下，破产财团的受托人和根据受托人获得所有权的人员都要受该指控的约束，且

（b）任何根据该法33条作出的命令的申请，均须向具有该破产案件的司法管辖权的法院提出。

（3）…………

（4）在第（2）款所述的申请中，法院须根据1996年法令的第33条作出该命令，且它认为公正和合理须考虑到以下因素：

（a）破产债权人的利益，

（b）该配偶、民事伴侣、前配偶或前民事伴侣的行为造成破产，

（c）该配偶、民事伴侣、前配偶或前民事伴侣的需要和财政来源，

（d）子女的需要，以及

（e）除破产人的需求外，本案的所有情况。

（5）如该项申请是在破产财团根据本部分第4章首次归属受托人时起算的1年期间届满后提出的，则除非案件的情况属例外，否则法院须假定破产人的债权人的利益超过所有其他考虑。

337 破产人的占有权

（1）这部分适用于：

（a）有权凭借受益财产或利益占有住宅的人被判定破产的，以及

（b）任何年龄在18岁以下的人曾在某段时间与该人共同占有该住宅，在提出破产申请或（视情况而定）提交破产申请书以及破产开始时与该人有家庭的。

（2）破产人的配偶或民事伴侣（如有）是否有1996年《家庭法法令》第4部分规定的住宅权利：

（a）破产人有以下权利对抗他财产的委托人：

（ⅰ）如果在占有中，破产人有不被逐出或排除在住所及其任何部分的权利，除非法院允许，

（ⅱ）如果不在占有中，经法院允许进入和占有住宅的权利，以及

（b）破产人的权利是对其在该住宅的不动产或权益的抵押（charge），其优先权与紧接破产开始前所设定的衡平法上的权益相同，而抵押的款额是赋予受托人的。

（3）伴随必要的修改，1996年的法令有如下影响：

（a）第（2）（a）项所赋予的权利是根据该法享有的住宅权利，

（b）该项所提及的任何申请，均为申请根据该法33条作出命令，以及

（c）该款第（b）项对于受托人财团或权益上的任何抵押，是该法对于配偶或民事伴侣的财团或权益上的抵押。

（4）任何对于第 2（a）项提及的或是就本条根据 1996 年法令第 33 条规定的命令的任何申请都应向对该破产案件有司法管辖权的法院作出。

（5）对于该申请，法院需考虑到债权人的权益，破产人的经济来源，子女的需要，以及除破产人的需要以外的所有情况的公平和正义后，按 1996 年法令第 33 条规定作出命令。

（6）如该项申请是在破产财产根据本部分第 4 章首次归属受托人时起算的 1 年期限届满后提出的，则除非案件的情况属例外，否则法院须假定破产人的债权人的利益超过所有其他考虑。

338 破产人占有的房屋的费用支付

凡破产财团中的任何处所均由破产人（不论是凭借前一条或以其他方式）占有，条件是他须支付应付楼宇按揭或以其他方式抵偿房屋欠款所产生的任何责任，则他不会因这些付款而在房屋内获得任何收益。

先前交易的调整等

339 低价交易

（1）在本条及第 341、342 条中，如某个人被宣告破产，而他已在有关时间（第 341 条所界定）与任何人订立一项交易，则该破产财团的受托人可根据本条向法院申请命令。

（2）针对该申请，法院应当做出其认为合适的命令，以恢复到假设该人未进入该交易时的情形。

（3）根据本条以及第 341 条和第 342 条的目的，某人在下述情况下与他人进行的是低价（undervalue）交易，比如：

（a）他向该人赠送礼物，或约定不考虑报酬与其进行交易；

（b）他与该人进行的交易是考虑到婚姻或者民事伴侣关系的形成，或者，

（c）他与该人进行交易，货币或货币的价值大大低于该人提供的货币或货币的价值。

340 偏颇交易（preferences，优惠）

（1）在本条及以下两条的规定中，如某人被宣告破产，而他在有关时间（第 341 条所界定）中给予任何人以优惠（偏颇交易），则破产财团的受托人可向法院申请根据本条作出命令。

（2）法院在该项申请下，须作出其认为适当的命令，将情形恢复至假设该人没有被给予该项优惠的本来水平。

（3）为本条及以下两条的规定，某人在以下情形给予他人优惠：

（a）那个人是该人的债权人之一或者是该人的债务或其他责任的保证人，以及

（b）该人做任何事或造成任何事（在任何情况下）都将使他在遭遇个人破产时比不这么做处境更佳。

（4）法院不得根据本条就任何人的优惠作出命令，除非给予该优惠的个人在做决定时，是为了给那个人创造与第（3）（b）项相同的影响。

（5）在给予优惠时，对与自己有关系的人给予优惠（除仅仅因为他是其雇员之外），

除非有相反显示，否则认定是受第（4）款所提及的意愿影响。

（6）根据法院命令做事这个事实本身，没有其他事实的话，并不妨碍被做的那件事成为或受制于“构成优惠的给予”。

341 第 339、340 条规定的相关时间

（1）遵守以下规则，当某人以低价或优惠进行交易时，进入交易或给予优惠的时间就是相关时间：

（a）在低价交易的案件中，指个人进入破产之日前的 5 年内的任何时间里，该破产是提出破产申请或（视情况而定）提交破产申请书之结果，[①]

（b）在优惠而非低价交易的案件中，并且该优惠是给予与该人有联系的人（除仅仅因为他是其雇员之外）时，交易日前的 2 年内的任何时间里，

（c）在优惠而非低价交易的其他情形，在该交易日之前的 6 个月内。[②]

（2）当某人以第（1）（a）、（b）或（c）项中提到的某个时间［关于低价交易，非第（a）项提及的期间届满前 2 年内的某个时间］进行低价交易或给予优惠，该时间并不是第 339 条和第 340 条所指的相关时间，除非：

（a）在该时间无力偿债，或者

（b）因为该交易或优惠的原因无力偿债；

除非有相反证明，否则本款的规定被假定为适用于任何个人与相关的人订立的低价交易（除仅仅因为他是其雇员之外）。

（3）为了第（2）款的目的，某人被认为无力偿债，如果：

（a）他无法偿还到期债务，或者

（b）他资产的价值低于他的负债总额，考虑到他的或有及预期债务。

（4）进入一项交易或给予优惠的某人如果之后根据第 264（1）（d）项（刑事破产）被宣告破产，那该交易或优惠则被视为是在第 339 条和第 340 条所指的相关时间进入或给予的，如果该交易或优惠是为了本款目的在申请所依据的刑事破产令的日期之后的任何时间而进入或给予的。

（5）凡有针对该人的任何罪行的上诉（第 277 条所指的上诉）待决，而刑事破产令是凭借该罪行作出的，则不得凭借本条第（4）款根据第 339 条或第 340 条作出命令。

342 第 339、340 条规定的命令

（1）在不损害第 339（2）款或第 340（2）款的前提下，根据其中任一条款关于其后被宣告破产的个人订立交易或给予优惠的命令应当（受如下限制）：

（a）要求将作为交易一部分或与优惠给予有关的任何财产，作为破产财团的一部分赋予破产财团的受托人；

（b）如果它在任何人手中都代表了对如此转让财产或如此转让货币的收益的运用，要

---

① 译者注：指的是自愿破产，因此低价交易是一种破产欺诈行为，规定了 5 年的撤销期。

② 译者注：非关联性地授予优先权。

求任何财产如此归属；

（c）解除或免除（全部或部分）个人提供的任何担保；

（d）要求任何人就其从该个人获得的利益，按照法院指示向破产财团受托人支付这笔款项；

（e）允许任何保证人或担保人［他们对任何人的义务已经解除或免除（全部或部分）］在交易中或通过给予优惠承担法院认为对那人适当的新的或恢复的义务，

（f）允许为免除该命令所施加或产生的任何义务而提供的担保，允许在任何财产上设立抵押担保义务，允许该担保或抵押具有与通过交易或给予优惠而免除或解除（全部或部分）的担保或抵押具有相同的优先权；并且

（g）规定任何人的财产可被命令授予破产财团受托人的限度，或者该命令可以将义务施加给何人，该人能在破产中证明其债务及其他义务来自该交易或该优惠的给予，或其债务及其他义务在该交易或优惠的给予中或因之被免除或被解除（全部或部分）。

（2）根据第339条或第340条作出的命令可影响任何人的财产或对其施加任何义务，不论他是否与有关个人订立交易，或视情况而定给予优惠；但这样的一个命令：

（a）不得损害以善意和有偿从该人以外的人那里获得的财产的任何权益，或损害源于该等利益的任何利益，以及

（b）不得要求善意和有偿地从交易或优惠中获得利益的人向破产财团的受托人支付一笔款项，除非他是该交易的一方或者该付款是当他是该人的债权人时，给予该人的优惠。

（2A）如果一个人从当事人以外的人那里获得了财产的权益，或者从交易或优先权中获得了利益，并且在取得或收到时：

（a）他注意到有关的周围情况和有关的诉讼程序，或者

（b）他是有关个人或与该人进行交易的人或该人给予优惠的人的关联方或与其有关的人，

除非有相反证据显示，否则就第（2）（a）项或（视情况而定）（b）项而言，须推定该权益非因诚信而取得。

（3）根据第339条或第340条规定的命令向受托人支付的任何款项包括在破产财团中。

（4）就第（2A）（a）项而言，有关的周围情况（视情况而定）指：

（a）该个人低价进行交易；或者

（b）这种情况等同于当事人给予优惠。

（5）就第（2A）（a）项而言，如有人了解如下事项，就应了解有关法律程序：

（a）破产申请是已经被宣告破产的当事人造成的结果或者（视情况而定）是其提交破产申请的结果这一事实；或者

（b）该人已被宣告破产的事实。

（6）本法第7部分第249条适用于第（2A）（b）项的目的，如同它适用于第一编所有部分的目的。

342A 收回过多的养老金缴款

（1）当被宣告破产的某人：

（a）在经批准的津贴安排下享有权利，或者

（b）在未经批准的津贴安排下排除了权利，

破产财团的受托人可根据本条向法院申请命令。

（2）如果法院确信：

（a）该安排下的权利在任何程度上是（无论直接还是间接地）相关缴款的成果，并且

（b）提供任何有关缴款（“过度缴款”，excessive contributions）已经不公正地损害了该人的债权人，

法院可以作出它认为合适的命令，以恢复到其未曾做出过多缴款应有的状态。

（3）第（4）款的适用情形：当法院确信该安排项下的权利价值，作为该人权利在安排下的结果或任何其他养老金安排在任何时间成为1999年《福利改革和养老金法案》（实行养老金分摊的借记）第29（1）（a）项下规定的借记（a debit），低于本来应有价值时。

（4）本款适用于：

（a）任何受借记限制的权利所代表的相关缴款，就第（2）款而言，须视为是产生该安排下权利的缴款；以及

（b）凡该安排下的权利［包括凭借第（a）项所代表的权利］所代表的相关缴款并非全部为过量缴款，除第（a）项规定的安排下的权利所代表的相关缴款之外，在该项所代表的任何缴款面前，应被视为过度缴费。

（5）在第（2）款至第（4）款中，“相关缴款”是指对该安排或任何其他养老金安排的缴款：

（a）是个人在任何时候以个人名义作出的，或者

（b）是在某一时刻以个人名义作出的。

（6）法院在决定根据第（2）（b）项是否确信时，应特别考虑：

（a）任一缴款是否为了使该人的债权人或他们中任何人无法获得财产的目的而作出的，以及

（b）任何缴款总额是否：

（ⅰ）由该人或以该人名义根据养老金安排作出，以及

（ⅱ）由被批准的养老金安排（直接或间接）的权利所代表或者由未被批准的养老金安排的权利所排除，

在进行缴款时，考虑到该个人情况，金额是过高的。

（7）就本条及第342B条及第342C条（“追回规定”）而言，如属未获批准的养老金安排下的个人的权利，如其权利因根据1999年《福利改革和养老金法案》第12条被排除在该人财产之外，则是被排除在外的权利。

（8）在追回规定中：

“经批准的养老金安排”与1999年《福利改革和养老金法案》第11条中的含义相同；

“未经批准的养老金安排”与该法第 12 条中的含义相同。

342B 根据第 342A 条发出的命令

（1）在不损害第 342A（2）款的一般性原则下，第 342A 条下的命令可包括以下规定：

（a）要求负责该安排的人向破产人的受托人支付一笔金额，

（b）调整有关个人在该安排中的责任，

（c）就任何其他人士而言，调整该安排的任何负债，而该等负债直接或间接源自该个人在该安排下的权利，

（d）由负责该项安排的人（不论是从该人被命令支付的任何款额中扣除或以其他方式）追讨该人因在破产人的个案中遵从第 342C（1）款下的任何规定或为执行该命令而招致的费用。

（2）在第（1）款中，提及调整有关某人的安排的责任，包括（特别是）减少该人在该安排下有权享有的任何利益或未来利益的金额。

（3）在第（1）（c）项中，提及该安排的责任并不包括因执行 1999 年《福利改革和养老金法案》第 28（1）款内的命令或条文（养老金分享令和协议）而对某人产生的责任。

（4）根据第 342A 条所下的命令可能需要某安排的责任人所支付的最高金额是以下之中较低者：

（a）过量缴款的数额，以及

（b）该安排下个人权利的价值（如果该安排是经批准的养老金安排）或该安排下其被排除的权利（his excluded rights）的价值（如果该安排是未经批准的养老金安排）。

（5）根据第 342A 条所下的命令，要求某安排的责任人向破产人的受托人支付一笔金额（“恢复金额”），必须规定该安排的责任将相应减轻。

（6）就第（5）款而言，如果以下之间的差额相应减少，则责任相应减少：

（a）即将扣减之前的责任金额，以及

（b）刚刚扣减之后的责任金额，

等于恢复金额。

（7）第 342A 条规定的关于某安排的命令：

（a）应当限制该安排的责任人，以及

（b）推翻安排中与命令有冲突的规定。

342C 第 342A 条规定的命令：补充规定

（1）对以下负责的人：

（a）破产人享有权利的经批准的养老金安排，

（b）破产人一项已经被排除了权利的未经批准的养老金安排，或者

（c）破产人一项随时可以享有的养老金安排。

须就破产人的破产受托人作出书面要求，向受托人提供有关受托人可能合理要求或与第 342A 条下的申请有关的安排和权利的信息。

（2）不应有：

（a）1993 年《养老金计划法》第 159 条或 1995 年《养老金法案》第 91 条的任何条文［该等条文禁止转让和禁止作出（限制某人接受任何他不得转让之物的）命令］。

（b）与第（a）项所述的任何条款相对应的任何成文法规（无论是在 1999 年《福利改革和养老金法案》通过之前还是之后）；或者

（c）与任何这些规定相对应有关安排的任何规定，

适用于根据第 342A 条行使权力的法庭。

（3）凡根据第 342A 条作出的命令须向破产受托人支付任何款项，该款项须包括在破产财团中。

（4）为了追回规定（the recovery provisions）的目的，法规可以对计算和核实作出规定：

（a）第 342B（4）（b）项所述的任何价值；

（b）第 342B（6）（a）及（b）项所述的任何金额。

（5）第（4）款赋予的权力包括提供计算或核实的权力：

（a）在特定情况下，可由规定的人允许的方式，或者

（b）按照规定，不时由指定人员进行指导。

（6）在追回规定中提到的养老金安排的责任人是：

（a）该安排的受托人，经理人或提供人，或者

（b）该安排中具有与受托人，经理人或提供人对应职能的人。

（7）在本条以及第 342A 条和第 342B 条中：

“规定的”是指法规规定的；

“追回规定”是指本条及第 342A 条和第 342B 条；

“条例”是指国务大臣制定的条例。

（8）根据追回规定的规章可以：

（a）对不同情况作出不同的规定；

（b）包含国务大臣认为必要或适宜的附带、补充和过渡条款。

（9）追回规定的规章应由制定法文件规定，两院任何一院的决议方得废除。

342D 在养老金分享案件中对过度缴款的追回

（1）就第 339、341 条及第 342 条的目的而言，养老金分享交易（pension – sharing）应被视为：

（a）由转让人与被转让人订立的交易，由转让人将适当金额转让给被转让人；以及

（b）只有在转移了可追回的适当金额的情况下才能够成为低价交易。

（2）就第 340 条至第 342 条的目的而言，养老金分享交易应被视为：

（a）由转让人完成的事项（将适当金额转让给被转让人）；以及

（b）只有在转让了可追回的（recoverable）适当金额的情况下才能是给予被转让人以优惠（preference）的交易。

（3）如应根据第 339 条或第 340 条提出的申请中，就养老金分享交易的适当金额能否

追回或在多大程度上是可以追回的这个问题，应根据第（4）款至第（8）款的规定而确定。

（4）法院应首先确定在何种程度上（如有）交易时转让人在共享安排下的权利（直接或间接地）是缴款的成果（“个人缴款”）：

（a）转让人在任何时候都代表他自己，或者

（b）在任何时候都由他人代表转让人作出，

共享安排或任何其他养老金安排。

（5）如果这些权利在任何程度上都是个人缴款的成果，那么法院应当确定这些权利的程度（如有）是已经不公平地损害了转让人的债权人的个人缴款的结果（“不公平的缴款”）。

（6）如果法院认为这些权利在一定程度上是不公平缴款的结果，导致适当金额的转让可能源自分享安排下的权利，而该分享安排并非不公平缴款的结果，那么适当的数额是不可追索的。

（7）如果法庭认为转让是不可能充分完成的，那么在法院认为转让不能完成的范围内，适当的金额是可以追索的。

（8）法院在作出第（5）款所述的命令时，须特别考虑：

（a）是否有任何个人缴款是为了将财产置于转让人的全体或任何一个债权人所及之外，以及

（b）在进行养老金分享交易时，养老金安排下的权利所代表的任何个人缴款总额，考虑到转让人的情况，是过高的金额。

（9）在本条和第 342E 条和第 342F 条中：

就“养老金分享交易”而言，“适当金额”是指就 1999 年《福利改革和养老金法案》第 29（1）款（创建养老金信贷和借记）与该交易有关的适当金额；

“养老金分享交易”是指 1999 年《福利改革和养老金法案》第 28（1）款（启动养老金分享的命令和协议）所规定的命令或条款；

“共享安排”，就养老金分享交易而言，是指交易所涉及的养老金安排；

“被转让人”，就养老金分享交易而言，是指交易受益的人；

“转让人”，就养老金分享交易而言，是指交易所涉及的权利人。

342E 根据第 339 条或第 340 条有关养老金分享交易的命令

（1）如属法庭根据第 339 条或第 340 条作出命令，本条及第 342F 条适用于以下情形：

（a）交易或优先权是养老金分享交易的一部分，以及

（b）转让人享有由养老金分享交易直接或间接衍生的养老金安排（“终点安排”，可能是共享安排或任何其他养老金安排）下的权利。

（2）在不损害第 339（2）款或第 340（2）款或第 342 条的一般原则下，命令可包括以下条文：

（a）规定终点安排（the destination arrangement）的责任人向转让人的破产受托人支付一笔款项，

（b）调整有关被转让人终点安排的责任，

（c）调整终点安排关于任何其他人的任何责任，该责任是直接或间接地从终点安排下被转让人的权利派生而来的，

（d）要求负责终点安排的人（不论是通过扣除该人被命令支付的任何金额还是其他方式）追回该人在转让人案件中为符合第 342F（1）款或为使命令生效而产生的费用，

（e）由负责养老金安排的人从转让人的破产受托人处追回该人在转让人的案件中为遵守第 342F（2）或（3）款规定的任何要求而产生的费用。

（3）在第（2）款中，提及的调整终点安排中某人的责任，包括（特别是）扣除该人在安排下有权享有的任何利益或未来利益的金额。

（4）根据该命令终点安排责任人可能须支付的最高金额为以下最小者：

（a）根据第 342D 条，可追回的适当金额，

（b）不能根据第 342A 条规定的命令追回的同不公平缴款［限于第 342D（5）款赋予的含意］一样多的金额（如有的话），该命令中含有如第 342B（1）款中的规定，以及

（c）被转让人在终点安排下的权利的价值，只要该价值是直接或间接从养老金分享交易中获得的。

（5）如果该命令要求终点安排的责任人在破产时向转让人的受托人支付一定金额（“恢复金额”），则必须规定相应减少安排的责任。

（6）就第（5）款而言，责任应相应减少，如果：

（a）立即扣减之前的责任金额，以及

（b）刚刚减扣之后的责任金额，

等于恢复金额。

（7）命令：

（a）对终点安排的责任人员具有约束力，以及

（b）可推翻终点安排的规定，在两者之条款相互抵触的情况下。

342F 根据第 339 条或第 340 条就养老金分享案件作出的命令：补充条款

（1）转让人的破产受托人向终点安排的责任人提出书面要求时，该人须向受托人提供以下有关资料：

（a）该安排的文本，

（b）被转让人在该安排中的权利，以及

（c）如终点安排是共享安排，则转让人在该安排中的权利，

由受托人根据第 339 条及第 340 条作出合理要求或就此提出申请。

（2）如共享安排不是终点安排，则共同安排的责任人应借助转让人的破产受托人向该人提出书面要求，向受托人提供以下信息：

（a）该安排的文本，以及

（b）被转让人在该安排中的权利，

由受托人根据第 339 条及第 340 条作出合理要求或就此提出申请。

（3）就转让人的破产受托人向任何中间安排（intermediate arrangement）的责任人发出书面要求，该人须向受托人提供关于以下事宜的资料：

（a）该安排的文本，和

（b）被转让人在该安排中的权利，

由受托人根据第 339 条及第 340 条作出合理要求或就此提出申请。

（4）在第（3）款中，“中间安排”是指除共享安排或终点安排外，符合以下条件的养老金安排：

（a）某一段时间，受让人有权根据养老金共享交易的衍生（直接或间接）安排享有权利，以及

（b）受让人在终点安排下的权利（迄今为止源自养老金分享交易）在任何程度上（直接或间接）源自第（a）项中提及的权利。

（5）以下不适用于根据第 339 条或第 340 条规定行使权力的法院：

（a）1993 年《养老金计划法案》第 159 条或 1995 年《养老金法案》第 91 条的任何规定［这些条文禁止转让和禁止作出（限制某人接受任何他不得转让之物的）命令］，

（b）与第（a）项提及的任何条款相对应的任何成文法规（无论是在 1999 年《福利改革和养老金法案》通过之前还是之后），或者

（c）与上述任何条款相对应的终点安排的任何规定，

（6）就第 339 条至第 342 条，第 342D 条和第 342E 条及本条目的而言，规章可就以下各项计算及核实作出规定：

（a）第 342E（4）（c）项所述的任何价值；

（b）第 342E（6）（a）及（b）项所述的任何金额。

（7）第（6）款赋予的权力包括提供计算或核实的权力：

（a）在特定情况下，可由规定的人士批准；或者

（b）随时遵循指定人员提供的指示。

（8）在第 342E 条及本条中，养老金安排的责任人是指：

（a）该安排的受托人，经理人或提供人，或者

（b）在该安排中具有与受托人，经理人或提供人对应职能的人。

（9）在本条中：

“规定的”是指法规规定的；

“条例”是指由国务大臣制定的条例。

（10）本条所指的规章可以：

（a）对不同情况作出不同的规定；

（b）包含国务大臣认为必要或适宜的附带、补充和过渡条款。

（11）本条所指的规章应由制定法文件规定，两院任何一院的决议方得废除。

343 敲诈性（extortionate）信用交易

（1）凡任何人是已经或曾经参与交易的一方或因涉及该项提供给当事人的信用交易而

被宣告破产的人，本条适用。

（2）根据破产财团受托人的申请，如果该交易是或曾是敲诈性的，并且是在破产开始前3年内进行的，法院可就该交易作出命令。

（3）就本条而言，如果考虑到提供信用的人所接受的下列风险，则交易是敲诈性的：

（a）其条款是否要求就信用的提供作出高昂的偿还（无论是无条件还是在某些特定情况下），或者

（b）它严重违反公平交易的一般原则；

并且除非相反证明成立，否则应推定根据本条提出申请的交易是（或视情况而定）敲诈性的。

（4）根据本条就任何交易作出的命令，可包括法庭认为适当的以下一项或多项，即：

（a）取消交易所产生的全部或部分义务的条款；

（b）以其他方式改变交易条款或为交易目的而设置的任何担保条件的条款；

（c）规定任何正在或曾经参与交易的人向受托人支付破产人因交易向该人支付的任何款项；

（d）规定任何人为交易的目的而向受托人交付其持有的财产作为担保；

（e）规定在任何人之间记账的条文。

（5）根据本条所作命令向受托人支付或提交的任何款项或财产，须包括在破产财团中。

（6）…………

本条授予的权力可在任何交易中行使，并可与根据本法可行使的与该（低估值）交易相关的任何权力同时行使。

344 账面债务（book debts）一般转让无效

（1）以下适用于当从事任何营业的人就其现有或未来账面债务或其任何一部分向另一人作出一般转让（a general assignment），[①] 并随后被宣告破产。

（2）对于在破产申请开始前或（视情况而定）破产申请书提交前尚未支付的账面债务，转让对破产财团的受托人是无效的（void），除非转让已根据1878年的《销售法案》进行登记。

（3）就第（1）款及第（2）款而言：

（a）“转让”包括通过担保或抵押账面债务方式进行的转让，以及

（b）“一般转让”不包括：

（ⅰ）债务人在转让日到期的账面债务的转让或根据指定合同到期的债务的转让，或者

（ⅱ）转让账面债务，包括善意和有偿地转让业务或为债权人的普遍利益转让财产。

（4）根据1878年法案规定的注册目的，账面债务转让须视为并非以支付一笔款项作为担保的转让契据；而该法中有关转让契据登记的条文，经根据该法订立的规则所作的必

---

① 译者注：General 一词可译为总体的，也可译为一般的、广义的，此处采用后种说法。

要修改而相应地适用。

345 破产人参加的合同

（1）以下适用于与随后被宣告破产的人订立合同的情形。

（2）法院可应合同的任何其他当事人的申请，作出命令，解除合同规定的义务，条件是申请人或破产人因不履行义务而支付损害赔偿金，或法院认为公平的其他条件。

（3）破产人凭借根据本条作出的命令而须支付的任何损害赔偿可作为破产债项（a bankruptcy debt）① 申报。

（4）凡未免责的破产人与任何人共同订立了任何合同，则该人可在没有破产人共同参与的情况下就该合同起诉或应诉。

346 执行程序

（1）除第 2 章第 285 条（法律程序及补救措施的限制）及本条下列款项另有规定外，凡任何被宣告破产的人的债权人在破产开始前：

（a）针对该人的货物或土地签发执行令，或者

（b）附上另一个人欠该人的债务（attached a debt due to that person from another person），该债权人无权对破产财团的官方托管人或受托人保留执行或冻结的利益，或保留为避免执行或扣押而支付的任何款项，除非，在破产开始之前执行或冻结已完成或该等款项已支付。

（1A）就本节而言，如果英国税务海关总署已对某人根据 2015 年《金融（第 2 号）法》附表 8 第 1 部分采取了行动（通过从账户中扣除来强制执行），导致该人持有的账户贷记金额减少，则应视为已向该人支付债务：

（a）在符合根据该附表第 6（3）段所做的安排之下，或者

（b）根据该附表第 13 段的扣减通知的主体（the subject）。

（2）在下述情况下，如某人的任何货品已被执行，那么，如果在执行结束前，执行官员或其他负责执行的官方人员被通知该人已被宣告破产：

（a）执行官员或其他官方人员应根据要求向破产财团的官方托管人或受托人交付为部分清偿执行而扣押或追回的货物及任何款项，但是

（b）执行费用是如此交付的货物或款项的首押（a first charge）的，官方托管人或受托人可为清偿该项抵押而将货物或货物的充足部分出售。

（3）除以下第（6）款另有规定外，凡：

（a）在判决的执行中，如出现超出本款规定数额的一笔款项，可出售任何人的货物或支付货款以避免出售，以及

---

① 译者注：英美法一般就说是 bankruptcy debt，意在强调“债”这个事实，中国法上一般说申报破产债权，而英美法债权对应的通常是 claim 一词，debt 要直接翻译则为债务。但是申报破产债务又不符合中文习惯说法，因此，很多地方用债项（绝对性概念，说明有一个“债”客观存在）来表述，以避免债权还是债务（这是相对性概念，对债权人而言是债权，对债务人而言是债务）的区分。

（b）在销售或支付当日开始的 14 天期间结束之前，执行官员或其他负责执行的官方人员被通知关于该人的破产程序已被申请或破产申请书已被提交，并且

（c）作为该申请或由于该申请的结果，破产令将被或已被作出了，

在扣除执行成本后，销售收入或支付金额的余额（优先于申请执行的债权人的债权）应包含在破产财团中。

（4）因此，如果执行裁决的金额超过为第（3）款而规定的金额的，执行官员或其他负责执行的官方人员：

（a）不得在上述 14 天期间内的任何时间处置第（3）款所述的余额，或当有关破产申请的法律程序正在进行中，或（视情况而定）有一宗破产申请待决，而他已根据该款获得了通知，以及

（b）如该余款依据该款被包括在破产财团中，则须向官方托管人或该受托人（如有一名）支付该余额（that balance）。

（5）就本条而言：

（a）针对货物的执行通过取得和销售或通过根据 1979 年《扣押令法案》第 1 条发出的扣押令（a charging order）而完成；

（b）针对土地的执行，是通过占有，委任接管人或根据该条作出扣押令而完成的；

（c）债务的附加（an attachment of a debt，债务的附连）是通过收到该债务而完成的。

（6）第（1）款至第（3）款授予官方托管人或受托人的权利，可由法院在其认为适当的范围内和按其认为适当的条款予以撤销，以利于发出执行令或扣押债务的债权人。

（7）本条并不使破产财团的受托人有权向根据执行官员或其他负责执行的官方人员的出售而善意取得货物的人去申索货物。

（8）第（2）款或第（3）款均不适用于自破产开始以来破产人已经取得或已经移交给破产人的任何财产的执行，除非在执行时或在完成之前：

（a）该财产根据第 307 条（后取得的财产）已经被主张或（将）被主张是破产财团，以及

（b）根据该条发出的通知书副本已经被送达或（将）被送达执行官员或其他负责执行的官方人员。

（9）在本条中，“执行官员”是指根据 2003 年《法院法》被授权担任执行官员的人员。

347 扣押等

（1）CRAR① ［根据 2007 年《法庭、法院和执行法》第 72（1）款收回商业租金欠款的权力］可在承租人是未免责的破产人的情况下［根据上文第 252（2）（b）项和第 254（1）款以及下文第（5）款］对破产财团中包含的货物和物品进行行使，但只适用于破产开始前 6 个月的应计租金。

（2）凡已行使 CRAR 向被申请破产或提出破产申请书的任何个人追讨租金，而其后因

① 译者注：commercial rent arrears recovery，商业欠租收回。

该申请或对该申请作出破产令的，则以 CRAR 方式追讨的任何金额，凡：

（a）是超过凭借第（1）款在破产开始后可予追回的金额，或者

（b）是指货物根据 CRAR 被控制后一段或部分时期内的租金，

应作为破产财团的一部分为破产人持有。

（3）第（3A）款适用于：

（a）任何人（无论是业主还是有租房权的人）已扣押某人的货品或财物，且该人在自扣押开始的 3 个月期限届满前已被宣告破产，或者

（b）英国税务海关总署根据 2015 年《金融法（第 2 号）》附表 8 第 1 部分（通过从账户中扣除来执行）已从某人账户中获得了任何金额的偿付，且该个人在自付款之日起的 3 个月期限结束前已被宣告破产。

（3A）本款适用于以下情形：

（a）在第（3）（a）项内，货物或财物，或其销售收益，以及

（b）在第（3）（b）项所指的情形下，有关金额，

在破产人的财产暂时不足以支付以上金额的范围内，以破产人的优先债务为破产财团的利益设置抵押。

（4）凡任何人凭借第（3A）款作出任何担保，向破产财团的受托人交出任何货品或财物，或向受托人作出付款，则该人就受托人出售这些货品或财物所得的金额或（视情况而定）偿付的金额，将作为破产人的优先债权人（受偿）。但破产财团中有任何部分因放弃或偿付而可供优先债权人受偿的部分除外。

（5）在破产人对破产财团中所包含的任何货物或财物免责后，CRAR 在任何时候都不可行使。

（6）…………

（7）…………

（8）除上文第 252（2）（b）项及第 254（1）款外，本编规定均不影响任何非为租金而扣押的权利；而且任何此类权利在任何时候都可行使，不受对于破产财团所包含的财产的限制，即使该权利，在任何法令中被表述为可以以类似的方式作为扣押租金的权利被行使。

（9）任何扣留破产财团中包含的财产的权利都是可以行使的，尽管这些财产已归属于受托人。

（10）本条的规定不损害业主申报任何关于租金的破产债务的权利。

（11）…………

348 学徒等

（1）本条适用于以下情形：

（a）针对某人的破产令已作出，而在提出破产申请或（视情况而定）提交破产申请书时，另一个人是该人的一名学徒或见习职员（apprentice or articled clerk），以及

（b）破产人或该学徒或职员向受托人发出终止学徒或见习的通知。

（2）除下文第（6）款另有规定外，学徒契约或（视情况而定）实习合同应从破产开

始实施后解除。

（3）如有任何款项是由或者代表学徒或职员支付给破产人的，则受托人可凭借该学徒或职员或代表其所作出的申请，向该学徒或职员支付受托人认为合理的款项，考虑到：

（a）费用金额，

（b）破产开始前学徒或职员提供了服务的应付给其费用期间的比例，以及

（c）案件的其他情形。

（4）受托人根据第（3）款作出付款的权力优先于其分配破产财团的义务。

（5）受托人如认为由学徒或职员作出或代表该名学徒或职员作出的申请合适，可不根据第（3）款作出支付，便可将合同或协议转让给破产人以外的人。

（6）凡根据第（5）款作出转让，第（2）款仅在学徒或职员与破产人之间有效。

349 账簿留置权等不能执行（unenforceability of liens on books，etc.）

（1）除下列情形外，保留对破产人任何账簿、文件或其他记录占有的留置权或其他权利，不能强制执行，只要该强制执行会否认破产财团的官方托管人或受托人对任何账簿、文件或其他记录的占有。

（2）第（1）款不适用于设定了财产所有权并因此被持有的文件的留置权（a lien）①。

349A 一方是破产人的仲裁协议

（1）凡破产人在其破产开始前已成为载有仲裁协议的合约一方，本条适用。

（2）如果破产受托人接受该合同的继续，则仲裁协议可在由或针对受托人对由合同引起或与合同有关的事项上强制执行。

（3）如果破产受托人没有接受该合同的继续，并且仲裁协议适用的事项需要与破产程序有关或为破产程序的目的而确定：

（a）经债权人委员会同意的受托人，或者

（b）协议的任何他方，

可以向法院提出申请，如果该法院认为案件所有情形都适合，可命令将该事项按照仲裁协议提交仲裁。

（4）在本条中：

“仲裁协议”的含义与1996年《仲裁法》第1部分的含义相同；以及

“法院”是指在破产程序中具有管辖权的法院。

第6章　破产罪行

预备条款

350 本章结构

（1）除以下第360（3）款另有规定外，本章适用于：

① 译者注：英美法中“lien”一词尤为难译，此处译为留置权而非物上优先权更容易理解。

（a）审裁人因破产申请（a bankruptcy application）而作出破产令；或者

（b）法院已就破产呈请（a bankruptcy petition）作出破产令。①

（2）不论破产令是否被撤销，本章均适用，但本章所规定之罪行的诉讼程序，不得在撤销后提起。

（3）在不影响破产人对后来的破产担责的前提下，破产人在其免责后所做的任何事情不属于本章规定的犯罪行为；但本编（this Group of Parts）规定不能阻止针对已免责的破产人就其免责前所犯罪行提起诉讼。

（3A）第（3）款不影响本章的任何规定，该规定适用于破产限制令对其生效的人。

（4）在本章所规定之罪行的诉讼程序中，对于构成该罪行不可或缺的任何行为的全部或部分是在英格兰和威尔士以外进行的，并不是辩护理由。

（5）除非由国务大臣或经总检察长同意，否则不得提起根据本章或实施细则规定的对犯罪的诉讼程序。

（6）犯本章规定的任何罪行的人可被判处监禁或罚款，或两者并处。

351 定义

在本章的下列规定中：

（a）凡提到破产财团所包含的财产或须交付给官方托管人或受托人占有的财产，包括根据第 307 条（后获得的财产）、第 308 条（破产人具有的超过代替价值的个人货物和财物）或第 308A 条（赋予受托人的某些租赁权）规定已发出的关于那些财产的通知的任何财产。

（b）"初始期"是指提出破产申请或（视情况而定）提交破产申请书与破产开始之间的期间；和

（c）…………

352 无辜意图的辩护

就本章任何条款所规定的犯罪行为而言，本条适用时，如果他证明在构成犯罪行为时他没有意图欺诈或隐瞒其事务状况，则该人没有犯该罪行。

破产前后破产人的错误做法（wrongdoing）

353 不披露

（1）如有以下情况，破产人即属犯罪：

（a）他没有尽其所知所信将其财团中的所有财产向官方托管人或受托人披露，或者

（b）他并未通知官方托管人或受托人而处置任何财产（该财产是因该种处置才如此形成的），未说明如何、何时、向谁以及以何种代价（for what consideration）处置该财产。

① 译者注：相对于 application 而言，petition 是一种敬语。以显示对法庭的尊重。可以都翻译成"申请"，或者 application 翻译成申请，而 petition 翻译成呈请。本译稿尽量都翻成申请，仅在完全无法区分的情形下，才将 petition 翻译成呈请。

（2）第（1）（b）项不适用于在破产人进行的正常营业过程中进行的任何处置，亦不适用于支付破产人或其家庭的一般开支。

（3）第 352 条适用于该罪行。

354 财产的隐瞒

（1）如有以下情形，破产人即属犯罪：

（a）他没有向官方托管人或受托人交出由他管有或在他控制和占有之下的财产，或依照官方托管人或受托人指示，交出由他管有或在他控制和占有之下的财产中法律规定他应交出的部分，

（b）他隐瞒拖欠的或欠他的任何债务，或隐藏其价值不低于规定金额的任何财产，而这些财产应被交付给官方托管人或受托人，或者

（c）在作出破产申请或（视情况而定）提交破产呈请书前的 12 个月内，或在初始期间，他所做的任何事情，如果破产令是在紧接他行为之前作出的，则会构成上文第（b）项所规定之罪行。

第 352 条适用于该罪行。

（2）破产人如转移或在初始期间转移任何财产，而该财产的价值不低于规定的金额，并且他所占有的这些财产，已被或本应被要求交付给官方托管人或受托人的，即属犯罪。

第 352 条适用于该罪行。

（3）破产人即属犯罪，如果他没有合理理由，而在官方托管人、受托人或法院的要求下无法：

（a）解释为何在申请破产或（视情况而定）提交破产呈请书前 12 个月或在初始期间内，其财产中的任何重大部分招致损失；或者

（b）对该项损失的发生方式作出令人满意的解释。

355 账簿和文件的隐瞒；伪造

（1）如破产人并未向官方托管人或受托人，或依照官方托管人或受托人指示交付他所占有或控制的涉及他的财产或事务的所有簿册、文件及其他记录，则该破产人即属犯罪。

第 352 条适用于此罪行。

（2）如有以下情形，破产人即属犯罪：

（a）他阻止或在初始期间阻止过制作与其财产或事务有关的任何簿册、文件或记录；

（b）他隐匿、破坏、毁损或伪造，或导致或准许隐匿、破坏、毁损或伪造与其财产或事务有关的任何簿册，文件或其他记录；

（c）他作出、导致或准许在与其财产或事务有关的任何簿册、文件或记录中作出虚假记载；或者

（d）在破产申请或（视情况而定）提交破产呈请书前的 12 个月内，或在初始期间，如在他进行该行为前破产令已下，他可能触犯上述第（b）项或第（c）项所述的任何罪行。

第 352 条适用于此罪行。

（3）如有以下情形，破产人即属犯罪：

（a）就与其财产或事务有关的任何簿册、文件或记录，他处置、更改或作出任何遗漏，或导致或准许处置、更改或作出任何遗漏，或者

（b）在破产申请或（视情况而定）提交破产呈请书前的 12 个月内，或在初始期间，如在破产令发出前他已作出该行为，则他可能触犯第（a）项所述的罪行。

第 352 条适用于此罪行。

（4）在适用于交易记录时，第（2）（d）项及第（3）（b）项有效，只是所述期限从 12 个月变为 2 年。

（5）在第（4）款中，“交易记录”指显示或解释某人的营业的交易或财务状况的簿册、文件或记录，包括：

（a）现金收支的定期记录，

（b）定期盘点的声明，以及

（c）除以零售贸易方式销售的货物外，销售和购买的货物记录标明买方和卖方，或能够识别买方和卖方。

356 虚假陈述

（1）如破产人在根据本编任何条文作出的任何陈述中作出或已作出任何重大遗漏并与其事务有关，即属犯罪。

第 352 条适用于此罪行。

（2）如有以下情形，破产人即属犯罪：

（a）知道或相信任何人在破产中已证明虚假债务，但他没有在切实可行范围内尽快通知受托人；或者

（b）他企图以虚假的损失或费用来解释其财产的任何部分；或者

（c）在破产申请或（视情况而定）提交破产呈请书前 12 个月内的任何债权人决议或视同同意的程序中，或在初始期间的任何时间内（无论是否跟前述债权人程序有关），如果破产令下达之前他已经做出了该行为，即属第（b）项所订罪行；或者

（d）为就其事务或破产达成协议而以取得债权人会议或他们中任何人的同意为目的，他犯有或曾在任何时间进行过虚假陈述或其他欺诈行为。

357 欺诈处置的财产

（1）如破产人作出或安排作出，或在截至破产开始之日的 5 年内作出或安排作出，将其财产作进行赠与、转让或抵押的，即属犯罪。

第 352 条适用于此罪行。

（2）转让或抵押任何财产包括引致或纵容对该财产的任何执行。

（3）在获得对他不利的付款判决或命令之后或之前两个月内，该判决或命令在破产开始前没有得到履行，而破产人隐瞒或抽逃，或在破产开始前任何时间隐瞒或抽逃其财产任何部分的，即属犯罪。

第 352 条适用于此罪行。

358 潜逃

破产人有罪，如果：

（a）他带着任何财产离开或试图准备离开英格兰和威尔士，而该财产的价值不低于规定数额，且按规定他须将其交付给官方托管人或受托人占有，或者

（b）在申请破产或（视情况而定）提交破产呈请书前的6个月内，或在初始期间，他所做的任何事情，如破产令是在临近他行为之前作出的，即属第（a）项所订罪行。

第352条适用于此罪行。

359 对信用取得的财产的欺诈处理

（1）如在申请破产或（视情况而定）提交破产呈请书前的12个月内或在初始期间，他处分了他赊账所得的任何财产，在处分时，他还没有付款，则该破产人即属犯罪。

第352条适用于此罪行。

（2）任何人如在申请破产或（视情况而定）提交破产呈请书前的12个月内或在初始期间内，在知道或者相信以下情形时从破产人处获得或接受财产的，即属犯罪：

（a）有关该财产该破产人已欠款，及

（b）破产人不打算或无力支付他欠下的款项。

（3）如果处置、取得或接收该财产是破产人在处置、取得或接收时正在进行的正常业务过程中发生的，则该人不属犯第（1）款或第（2）款所述罪行。

（4）在为本条目的确定是否有任何财产在破产人经营的正常业务过程中被处置、取得或接收时，应特别考虑到该财产的支付价格。

（5）在本条中，处置财产包括典当或质押；并应相应阅读获取或接收财产的参考资料。

360 取得信用；经营业务

（1）如有以下情况，破产人即属犯罪：

（a）不论单独还是与任何其他人共同，在规定数额或以上的范围内获得信贷，而没有向对他受信的人提供他目前状况的有关资料；或者

（b）他（直接或间接）以不属于他被宣告破产的名字从事任何业务，而未向与其进行任何商业交易的所有人披露他被宣告破产的名字。

（2）所述破产人获得信用，包括以下情形：

（a）根据租购协议由他寄存货物，或根据有条件销售协议，同意将货物出售给他，以及

（b）他为货物或服务的提供而提前支付（无论是以货币还是其他方式）。

（3）在苏格兰被扣押财产或在北爱尔兰被裁决破产的人，作为未被免责的破产人且其财产扣押或在北爱尔兰的裁决是根据本部分规定所作之裁决，则在免责之前，他在英格兰和威尔士做了任何根据第（1）款可能属罪行之事，即属犯罪。

（4）就第（1）（a）项而言，有关该人状况的资料是指，他是未获免责的破产人（视情况而定）或其财产在苏格兰已被扣押并且他还没有被免责的信息。

（5）本条适用于免责后的破产人，在破产限制令对他有效的情形下。

（6）就第（1）（a）项而言，如根据第（5）款适用时，有关该人状况的有关资料是对破产人有效的破产限制令的信息。

361 未适当保存业务账目

…………

362 赌博

…………

第 7 章　法院在破产中的权力

363 法院的一般控制

（1）每个破产案件都在法院的一般控制下，并且受本编条款的限制，法院有权全权决定破产中产生的任何优先事项问题以及任何其他无论法律或事实的问题。

（2）在不影响本编其他条款的前提下，未免责的破产人或已免责的破产人，其财产依照本部分第 4 章被继续管理，须作出法院为其破产或为管理其财产（视情况而定）而指示他作出的一切事情。

（3）官方托管人或破产财团的受托人可随时向法院申请根据第（2）款作出的指示。

（4）任何人无合理辩解而没有遵从第（2）款施加于他的任何责任，即属犯藐视法庭罪，并可因此受到惩罚（除可作为其他惩罚外）。

364 逮捕的权力

（1）在下一款规定的情形下，法院可安排向法警或规定的法院官员签发授权手令：

（a）为逮捕与破产申请或呈请有关的债务人或未获免责的破产人，或某破产人虽已获免责，但其财产依据本部分第 4 章依然在被管理当中的，以及

（b）为取得根据授权手令而被逮捕（arrested under the warrant）的人所占有的任何簿册、文件、记录、金钱或货品，

并可授权拘留（kept in custody）根据该手令被逮捕的人，以及扣留（held）根据该手令检取（seized）的任何东西，按照规则直至法院命令的时间为止。

（2）如在针对某人申请破产或提交破产呈请书之后或向其下达破产令之后的任何时间，法院认为有以下情形的，可向债务人或未获免责或已获免责的破产人行使第（1）款所赋予的权力：

（a）有合理理由相信他已潜逃或即将潜逃，以避免或拖延支付他的任何债务或在针对他的破产申请中露面，或者避免、拖延或干扰针对他的任何破产程序或对其事务的任何审查，或者

（b）他即将移走其货品，以阻止或延迟官方托管人或其财产受托人接管，或者

（c）有合理理由相信他隐瞒或销毁，或即将隐瞒或销毁他的任何货物或在其破产过程中可能对其债权人有用的或与他的财产管理有关的任何簿册、文件或记录，或者

（d）没有官方托管人或其财团受托人的许可，他已挪用他占有的任何价值超出本款所

规定金额的货品，或者

（e）他没有合理辩解而未能出席法院下令进行的任何质询。

365 破产财产的取得

（1）在破产令发出后的任何时间，法院可以根据官方托管人或破产财团的受托人的申请签发授权手令，授权被指示的人去取得任何构成破产财团的财产或与破产财产或事务有关的任何簿册、文件或记录，这些内容在破产人的占有之下或在其或任何其他有该提交义务（将财产、簿册、文件或记录提交给官方托管人或受托人的义务）的人的控制之中。

（2）根据本条执行授权手令的人为扣押破产财团中所包含的任何财产或与该破产财产或事务有关的任何簿册、文件或记录，可强行进入该破产人或根据授权手令可扣押的任何财产所在或被认为所在的房屋，以及打开存有或被认为存有任何可扣押之物的该破产人的场所（premises）。

（3）如在破产令发出后，法院确信破产财团中包含的任何财产，或与该破产财团或事务有关的任何簿册、文件或记录，隐藏于任何不属于破产人的场所，法院可签发授权手令令任何法警或规定的法院官员为该簿册、文件或记录而搜查该场所。

（4）根据第（3）款作出的授权手令，除按照规定的方式及按照其条款外，不得执行。

366 质询破产人的交易及财产

（1）在破产令作出后的任何时间，法院可应官方托管人或破产财团的受托人的申请，传唤以下人出庭：

（a）破产人或破产人的配偶或前配偶或民事伴侣或前民事伴侣；

（b）已知或相信其占有破产财团所含任何财产，或欠破产人债务的人；

（c）任何能出庭向法院提供有关破产人或破产人的交易、事务或财产的资料的人。

法院可要求任何第（b）项或第（c）项所述的人向法院提交由真实陈述（a statement of truth）佐证的证人陈述书，载明其与破产人交易的账目或出示其管有的任何文件或在其控制下与破产人或破产人的交易、事务或财产有关的文件。

（2）在不损害第364条的原则下，以下情况适用于：

（a）无合理理由在根据本条被传召出庭时未能出庭的人；或者

（b）有合理理由相信为避免根据本条出庭，某人已潜逃或即将潜逃。

（3）为将该人及其管有的任何东西带到法庭，可向法警或规定的法院人员签发授权手令以：

（a）逮捕该人，并且

（b）取得该人所拥有的任何簿册、文件、记录、金钱或货品。

（4）根据该规则，法庭可授权拘留根据该授权手令被逮捕之人，并持有根据该授权手令扣押的任何东西，直至该人根据授权手令被带到法院或法院可能下令的其他时间。

367 第366条下的法院执行权

（1）如法院在考虑根据第366条或本条取得的任何证据时，认为任何人管有破产财团所包括的任何财产，则法院可经官方托管人或破产财团的受托人之申请，命令该人按照法院认为合适的方式、合适的时间、合适的条件将该财产的全部或任何部分交付官方托管人或受托人。

（2）如法院在考虑根据第 366 条或本条取得的任何证据后，认为任何人拖欠破产人债务的，则法院可应官方托管人或破产财团的受托人之申请，命令该人按照法院指示的时间和方式，向官方托管人或受托人支付全部或部分的应付款项，无论是完全免除（破产人的）债务还是法院认为合适的其他标准。

（3）法庭如认为适当，可命令在法院管辖范围内可根据第 366 条出庭的任何人，须在哪怕其当时所在的联合王国的任何地方或在联合王国以外的任何地方接收质询。

（4）任何根据第 366 条或本条出庭或被带到法庭的人，可经宣誓被口头或书面质询关于破产人或破产人的交易、事务及财产（的情况）。

368 对应第 366 条规定，当临时接管人被任命时

第 366 条及第 367 条适用于根据第 286 条委任临时接管人的情形，一如他们在已作出破产令时适用，犹如：

（a）凡提及官方托管人或受托人的，同样指临时接管人，以及

（b）凡提及破产人及其财产的，（分别）指债务人及其财产。

369 要求国内税收署（inland revenue）提供文件的命令

（1）为根据第 290 条（公开质询破产人）的质询或根据第 366 条至第 368 条规定的程序的目的，法院可应官方托管人或破产财团受托人的申请，命令国内税收署官员向法院出示：

（a）破产人向任何国内税收署官员提交的任何申报表、账目（不论在破产开始之前还是之后）；

（b）任何国内税收署官员对破产人作出的任何评估或裁定（不论在破产开始之前还是之后）；或者

（c）破产人与任何国内税收署官员之间的任何信件（无论在破产开始之前还是之后）。

（2）凡法庭已根据第（1）款就任何质询或法律程序作出命令，法院可在该命令所针对的文件出示后的任何时间，以命令授权向官方托管人、破产财团的受托人或破产人的债权人披露该文件或其内容的任何部分。

（3）法院不得根据第（1）款向国内税收署官员发出命令，除非他认为该官员正在处理或曾处理过破产人的事务。

（4）如根据第（1）款作出的命令所关乎的任何文件并未由该命令所针对的官员持有，则该官员有责任采取一切合理步骤以取得该文件的持有，如果他不这样做，应向法院报告他未能这样做的原因。

（5）如根据第（1）款作出的命令所关乎的任何文件由命令所针对的国内税收署官员以外的其他官员持有，则管有该文件的官员有责任经接受该命令的官员的请求，将其交给该请求者。

（6）在本条中，“国内税收署官员”是指由国内税收专员任命的任何税务稽查员或征收员，或由专员指定以任何其他身份任职之人。

（7）本条不适用于凭借第368条（临时接管人）进行的用于取代根据第366条及第367条进行的质询。

370 任命特殊经理的权力

（1）法庭可应根据本条提出的申请，委任任何人为以下事务的特殊经理（the special manager）：

（a）破产财团，或者

（b）未获免责的破产人的营业，或者

（c）根据第286条委任临时接管人的债务人的财产或业务。

（2）如临时接管人或破产财团的受托人觉得因破产人的财产、财物或营业的性质或债权人的一般利益，需要委任另一人管理该财产、财物或营业的。

（3）根据本条委任的特殊经理具有法院授予他的权力。

（4）法庭根据第（3）款授予特殊经理的权力，包括指示本编条款中官方托管人、临时接管人或受托人具有效力的任何规定，就特殊经理执行官方托管人、临时接管人或受托人的职能而言，有相同的效力。

（5）根据本条委任的特殊经理须：

（a）提供可能规定的担保，

（b）准备并保存可能规定的账目，并且

（c）按照规定向国务大臣或其他规定的人员出示这些账目。

371 破产人信件地址更新等

（1）如破产令已作出，法院可不时根据官方托管人或破产财团受托人的申请，命令邮递人员（依2011年《邮政服务法》第3部分定义），更新指定地址并递送或交付给官方托管人或受托人或其他任何人（在该法案的含义范围内）由有关邮递人员在命令确定的地点向破产人递送或交付的邮件。

（2）根据本条发出的命令在该命令规定的期间内有效，但不得超过3个月。

第10部分　个人破产：总则

372 燃气、水、电等的供应

（1）本条适用于发生以下事件的任何日期（“有关日期”）：

（a）发出针对某人的破产令或任命个人财产的临时接管人，或者

（b）个人提出的自愿安排根据第8部分被批准，

（c）…………

并且在本条中，“任职人员”是指官方托管人、破产受托人、临时接管人或自愿安排的监督人（视情况而定）。

（2）如在第（4）款所述任何供应品的有关日期后，有人提出属下一款所指的供应要求，则供应商：

（a）可使该职位的职位持有人亲自保证缴付与该项供应有关的任何费用，作为提供该项供应的条件，但

（b）不得将在有关日期前给予该人的任何未付费用，作为给予该项供应的条件，或作出任何具有使其成为给予该项供应的条件的效果的事件。

（3）如有以下情形，则该项要求受本款限制：

（a）经或得到任职人员的同意；并且

（b）为了该人、某商号或合伙（该人是或曾是其成员）或者为了该人、商号或合伙的代理人或经理人，正在或曾经经营某种营业目的。

（4）第（2）款提到的供应指：

（a）1986 年《燃气法》第 1 部分所指的燃气供应商供应的燃气；

（aa）1986 年《燃气法》附表 2A 第 1 段内的任何人供应的燃气（如由房东等供应）；

（b）1989 年《电力法》第 1 部分所指的电力供应商供应的电力；

（ba）由 2001 年《电力（豁免牌照要求的类别）令》（S. I. 2001/3270）附表 4 的 A 类（小供应商）或 B 类（转售）所规定的一类人供应的电力；

（c）水供应商供应的水；

（ca）1991 年《水工业法》所指的供水许可证持有人供应的水；

（cb）对受供水的处所享有权益之人供应的水；

（d）公共电信服务提供者提供的通信服务。

（e）由经营包括提供通信服务在内业务的人提供的通信服务；

（f）由经营包括提供第（4A）款所述货品或服务业务的人所提供的货品或服务，而该等货品或服务的提供是为了使任何事情能够或方便以电子方式作出而提供的。

（4A）第（4）（f）项所提及的货品及服务是：

（a）销售点终端；

（b）计算机硬件和软件；

（c）与使用信息技术有关的信息、咨询和技术援助；

（d）数据储存和处理；

（e）网站托管。

（5）以下适用第（4）款的表述：

（a）…………

（b）…………

（c）“通信服务”不包括用于广播或以其他方式传输节目服务在内的电子通信服务（在 2003 年《通信法》的范围内）。

372A 基本用品的进一步保护

（1）向个人提供基本货物或服务的合同中与破产有关的条款在下列情况下失效：

（a）该个人所建议的自愿安排已根据第 8 部分获得批准，以及

（b）该项供应是为了该人、某商号或合伙（该人是或曾是其成员）或者为了该人、商号或合伙的代理人或经理人，正在或曾经经营某种营业的目的。

（2）在以下情况下，与破产有关的合同条款并不因第（1）款而停止生效，只要：

（a）该条款规定，由于该个人受到自愿安排以外的破产程序的约束，合同或供应终止，或发生任何其他事情；

（b）它使供应商有权终止合同或供应，或做任何其他事情，因为该个人受到自愿安排以外的破产程序的约束；或者

（c）它使供应商有权因个人提出的自愿安排获得批准后发生或可能发生的事件而终止合同或供应。

（3）凡与破产有关的合同条款根据本条不再有效，供应商可：

（a）如符合第（4）款的条件，终止合约；

（b）如符合第（5）款的条件，终止供应。

（4）本款的条件是：

（a）自愿安排的监督人同意终止合同，

（b）法院准许终止合同，或者

（c）在自愿安排获批准后就供应而招致的任何费用，在自付款到期之日起算的 28 天期间内不予支付。

法院只有在确信继续履行合约会使供应商陷入困境时，方可根据第（b）项授予许可。

（5）本款的条件是：

（a）供应方就自愿安排向监督人发出书面通知，除非监督人亲自保证在该安排获批准后支付与继续供应有关的任何费用，否则将终止供应，以及

（b）监督人在收到通知之日起 14 天内未提供该担保。

（6）为确保供应商的利益受到保护，凡：

（a）与破产有关的合同条款（“原条款”）因第（1）款而失效，以及

（b）该个人提出的随后的自愿安排获得批准，

就第（1）款至第（5）款而言，在紧接该个人提出的随后的自愿安排获得批准之前，该合同被视为包括了一个与原条款相同的与破产有关的条款。

（7）基本货物或服务的供应合同是第 372（4）款所述的供应合同。

（8）向个人提供基本货物或服务的合同中与破产有关的条款，是指根据该条款：

（a）由于个人提出的自愿安排获得批准，合同或供应将终止，或发生任何其他事情，

（b）由于个人提出的自愿安排获得批准，供应商有权终止合同或供应，或做任何其他事情，或

（c）供应商有权终止合同或供应，因为在个人提出的自愿安排获得批准之前发生的事件。

（9）第（1）款对 2015 年 10 月 1 日之前签订的合同无效。

373 对无力偿债的个人的管辖权

（1）高等法院和郡法院（county court）在本编规定范围内在英格兰和威尔士有管辖权。

（2）就这些部分的目的而言，郡法院除其普通管辖权之外，还有高等法院的所有权力和管辖权；法院的命令可以按照规定的方式执行。

（3）为施行该等部分，由以下法院行使司法管辖权：

（a）根据规则分配到伦敦支付不能区（insolvency district）① 的破产法律程序，由高等法院或郡法院；以及

（b）分配到任何其他支付不能区的破产法律程序，由郡法院行使。

（4）第（3）款不妨碍按破产程序规则规定的方式将破产程序从一个法院移送到另一个法院；并且该款并不以任何法律程序是在错误的法院提起或继续进行为由而使其无效。

374 支付不能区

（1）大法官可在首席大法官的同意下，为本编所有部分之目的，借命令指定当时伦敦支付不能区、郡法院的支付不能区或其他区的范围。

（2）根据本条发出的命令可能包含大法官和首席大法官可能认为必要或适宜的附属、补充和过渡条款。

（3）根据本条发出的命令应由制定法文件形式作出，并在作出后提交给国会两院。

（4）受本条规定的任何命令限制：

（a）在指定日期之前是伦敦破产区（the London bankruptcy district）的地区在当天即成为伦敦支付不能区（the London insolvency district）；

（b）在该日之前是郡法院的破产区（the bankruptcy district of a county court）的任何地区，当日成为该法院的无力偿债区（the insolvency district of that court），以及

（c）该日之前被排除在破产管辖之外的任何郡法院，在该日当天及之后，为本编所有部分的目的，而不再具有管辖权。

（5）首席大法官可提名司法官员［如 2005 年《宪法改革法》第 109（4）款所定义的］，以根据本条行使其职能。

375 从行使破产管辖权的法院上诉等

（1）对于本编中的这些部分而言，任何具有管辖权的法院都可以审查、撤销或更改其行使司法管辖权的任何命令。

（2）就郡法院或破产和公司法院法官为该等部分的目的而行使司法管辖权的决定所提出的上诉，须向高等法院的单独一名法官提出；而就该等上诉所作出的决定提出的上诉，须向上诉法院提出。

（3）郡法院在为这些部分的规定而行使管辖权时，不受其他法院命令的限制，也不会因其行使该管辖权的决定而被提出上诉，但本条规定的除外。

---

① 译者注：之前叫作破产区（bankruptcy district），之后改称支付不能区（insolvency district）。

376 时间限制

凡借本部分任何条文或实施细则做出任何事情（包括与破产申请有关的任何事情）的时间是有期限的，法院可按其认为适当的条款（如有的话）在该期限届满之前或之后延展该期限。

377 正式瑕疵

任何人作为破产财团的受托人或特别经理人的行为，以及为任何破产而成立的债权人委员会的行为，即使受托人或经理人或委员会任何成员（视情况而定）的委任、选举或资格有任何欠妥之处，均属有效。

378 印花税的豁免

印花税不得对以下内容征收：

（a）仅与破产财团所包含的财产有关的任何文件，无论是契据、转易契、转让、退回、接纳或其他保证文书，在该文件履行后，只要该财产是或仍然在法律上或在衡平法上是属于破产人或该财团的受托人的财产，

（b）仅与破产财产或任何破产程序有关的任何法令、命令、证明或其他文件。

379 年度报告

在1986年年底及其后的每一日历年年底，国务大臣应在切实可行的情况下尽快准备并向国会两院提交一份报告，说明该年内本法案中本编所有部分规定的执行情况。

债权人的决定

379ZA 债权人的决定：一般规定

（1）就本部分而言，凡任何人（以下简称P）就任何事宜寻求某人的债权人的决定的，则本条适用。

（2）该项决定可由任何债权人的决定程序作出，但除非第（3）款适用，否则不得由债权人会议作出。

（3）如符合最少数量规定的债权人以书面要求由债权人会议作出决议的，则本款适用。

（4）如果第（3）款适用，P必须召集债权人会议。

（5）第（2）款受本法、实施细则或任何其他立法或法院命令的约束：

（a）要求某一债权人的决定程序（债权人会议除外）作出决定或禁止作出决定；

（b）允许或要求债权人会议作出决定。

（6）第379ZB条规定，在某些情况下，可以使用视同同意程序，以代替债权人的决定程序。

（7）就第（3）款而言，债权人的“最低数目”为以下任何一项：

（a）债权人债权总价值的10%；

（b）债权人总人数的10%；

（c）10名债权人。

（8）第（7）款所说债权人，是指任何类别的债权人，即使只向某类别的债权人寻求决定。

（9）在本条中，凡提及会议，均指邀请债权人在同一地点出席的会议（不论是否可能在不出席该地点的情况下出席会议）。

（10）除第（8）款另有规定外，本条中凡提及债权人之处，包括特定类别的债权人。

（11）在本编各部分中，“债权人决定程序”是指附表 9 第 11A 段规定或授权的程序。

379ZB 视为同意程序

（1）在某人的债权人就任何事项作出决定时，可用视为同意程序代替债权人的决定程序，除非：

（a）根据本法、实施细则或任何其他立法，要求债权人的决定程序就此事作出决定，或者

（b）法院命令由债权人的决定程序就此事作出决定。

（2）如果实施细则规定由某人的债权人就任何人的报酬作出决定，则必须规定由债权人的决定程序作出决定。

（3）视为同意程序是向有关债权人（选择退出的债权人除外）发出通知，包含：

（a）债权人将作出决定的事项，

（b）发出通知的人应作的决定（“拟建议的决定”），

（c）第（4）款及第（5）款的效力，及

（d）反对该拟建议的决定的程序。

（4）按照通知规定的程序，对建议的决定提出异议的有关债权人不足适当人数的，视为债权人作出了建议的决定。

（5）否则：

（a）债权人须被视为没有就有关事项作出决定，以及

（b）如果再次要求债权人就该事项作出决定，则必须采用债权人的决定程序。

（6）就第（4）款而言，有关债权人的“适当数目”为该等债权人的债权总额的 10%。

（7）“有关债权人”是指如果由债权人的决定程序作出决定，将有权在该程序中投票的债权人。

（8）在本条中，凡提到债权人之处，包括某一特定类别的债权人。

（9）实施细则可就视为同意程序作出进一步规定。

379ZC 修订第 379ZA 条及第 379ZB 条的权力

（1）国务大臣可通过法规修订第 379ZA 条，以更改最低债权人人数的定义。

（2）国务大臣可通过法规修订第 379ZB 条，以更改适当数量相关债权人的定义。

（3）根据本条订立的规则，可参照以下任何一项或多项，界定最低数目或适当数目：

（a）债权额度上的比例，

（b）人数上的比例，

（c）绝对数，

定义可包括替代、累积或相对要求。

（4）根据第（1）款的规定，可以参照所有债权人，或参照债权人的具体说明，确定债权人的最低数量。

（5）根据本条制定的规则，可订立条文，使第379ZA条或第379ZB条就不同个案（包括就不同种类的决定）有不同的定义。

（6）根据本条制定的规则，可订立过渡性条文。

（7）国务大臣根据本条订立规则的权力，可借制定法文件行使。

（8）载有本条所订规则的制定法文件，不得订立，除非该文件的草稿已提交每一议院，并已获每一议院的决议批准。

379A 远程参加会议

…………

公职人员发出通知等

379B 网络的使用

（1）本条适用于以下情形：

（a）针对个人的破产令被作出或个人财产的临时接管人被指定，或者

（b）根据第8部分提出或批准与个人有关的自愿安排，

并且“公职人员”是指官方托管人、破产受托人、临时接管人、自愿安排的提名人或监督人（视情况而定）。

（2）如果本法或实施细则的任何条款要求公职人员向任何人提供、交付、供应或发送通知或其他文件或信息，则通过在网站上提供通知、文件或信息来满足该要求：

（a）按照实施细则，并且

（b）在可能规定的情况下。

379C 债权人选择不接收某些通知的能力

（1）在实施细则所规定的情况下，任何规定公职人员须向任何个人的债权人发出通知的条文，不适用于那些选择不参与的债权人（opted - out creditors，或译成选择退出的债权人）。

（2）第（1）款：

（a）不适用于财产分配通知或拟分配财产给债权人的通知；

（b）须受法院命令所规限，当该命令规定须向所有债权人（或某一特殊类别的所有债权人）发出通知的。

（3）除实施细则另有规定外，债权人可参与债权人的决定程序或视为同意程序，并可在该程序中投票，即使该债权人因是选择不参与的债权人而没有接到该程序的通知。

（4）在本条中：

“给予”包括交付、提供或发送；

“通知”包括任何文件或其他形式的信息；

“公职人员”，就个人而言：

（a）针对破产令所指向的某人，是指官方托管人或破产受托人；

（b）如该人财产的临时接管人获委任，则为该临时接管人；

（c）根据第 8 部分获批准的与该个人有关的自愿安排的监督人。

第 11 部分　为第二编各部分的解释

380 介绍

接下来的 5 条对本编各部分所包含的条款的解释有效；在为特定表达提供定义的情况下，除上下文另有要求外，该定义适用。

381 “破产人”和相关术语

（1）“破产人”是指已被宣告破产的个人，并且就破产令而言，指依该命令被宣告破产的个人。

（1A）“破产申请”（bankruptcy application）是指向审裁人申请破产令。

（2）“破产令”是指宣告个人破产的命令。

（3）“破产呈请”（bankruptcy petition）是指向法院申请破产令。

382 “破产债务”，“责任”

（1）“破产债务”，就破产人而言，指（受下一款规定限制）以下任何一项：

（a）他在破产开始时须承担的任何债务或责任，

（b）因破产开始前发生的任何义务而在破产开始后（包括破产免责之后）他可能须承担的任何债务或责任，

（c）根据 1973 年《刑事法院权力法》第 39（3）（c）项在破产开始前针对他作出的任何刑事破产令中指明的任何金额，及

（d）第 9 部分第 4 章第 322（2）款所述可证明的任何利息。

（2）为本编任何条款的目的，在决定侵权责任是否为破产债务时，破产人因在诉讼原因产生时所承担的义务而被视为须承担该项责任。

（3）就本部分中提及的债务或负债而言，无论该债务或负债是现在的还是将来的，是确定的还是或有的，其金额是固定的还是可变的，是能够由固定规则确定的还是对其看法因人而异的，都无关紧要；在本编条文中，凡提及欠债之处，均须据此阅读（理解）。

（4）在本编条文中，除上下文另有规定外，“责任”是指［受上述第（3）款限制］支付金钱或金钱价值的责任，包括根据成文法规则承担的任何责任，因违反信托、合同、侵权或动产寄托以及因归还义务而产生的任何责任。

（5）1991 年《儿童抚养法》规定的任何人向儿童支付抚养费的责任，不是第 8 部分所指的债务或责任。

383 “债权人”“担保”等

（1）“债权人”：

（a）就破产人而言，指被欠下任何破产债项的人［符合第 382（1）款中或“破产债务”定义的第（c）项所指金额，或指在有关的刑事破产令中规定被欠下该金额的人］，以及

（b）就与破产申请有关的个人而言，指在破产令经该申请被作出时会成为破产债权人的人。

（2）除后两款及实施细则任何条文规定债权人须放弃其抵押品以证明债项外，就本编各部分而言，债项是有担保的，但以该债项所欠的人持有该债项的抵押品为限（不论是按揭、抵押、留置还是其他担保）。

（3）如有担保债权人为破产申请的目的而作出第 9 部分第 1 章第 269（1）（a）项所述的声明，并且随后该申请获得了破产令，为本编各部分规定之目的，该债权人则被视为放弃了该声明中所指明的担保。

（4）在第（2）款中，提及的担保并不包括对账簿、文件或其他记录的留置权（lien），除非它们由赋予财产所有权的文件组成并因此被持有。

383A “选择不参与的债权人”

（1）就本编各部分而言，“选择不参与的债权人”对于个人破产的公职人员来讲，是指：

（a）是该个人的债权人，以及

（b）已按照规则选择（或被当作已选出）作为（而并非不再是）与该公职人员有关的选择不参与的债权人。

（2）在本条中，“公职人员”就个人而言，是指：

（a）如针对该个人已作出了破产令的，为官方托管人或破产受托人；

（b）如该人的财产的临时接管人已获委任的，则为该临时接管人；

（c）根据第 8 部分被批准的与该个人有关的自愿安排的监督人。

384 “规定的”及“实施细则”（the rules，系特指破产程序的实施细则）

（1）受下一款以及第 9 部分第 5 章第 342C（7）款及第 342F（9）款规定的限制，“规定的”是指由实施细则规定的；而“实施细则”指根据第 15 部分第 412 条规定所作出的实施细则。

（2）本编各部分中，凡提及为施行以下任何条文而规定的金额：

第 251S（4）款；

…………

第 313A 条；

第 346（3）款；

第 354（1）及（2）款；

第 358 条；

第 360（1）款；

第 361（2）款；

第 364（2）（d）项；

附表 4ZA 第 6 段至第 8 段；

以及在这些条款中提及规定金额时，均应按照第 15 部分第 418 条和根据该条作出的命令来理解。

385 其他定义

（1）以下定义具有效力：

“审裁人”是指由国务大臣根据第 398A 条任命的人；

“该法院”指就任何事项而言，按照第 10 部分第 373 条及实施细则被分配或移送破产法律程序的法院；

“债权人的决定程序”具有第 379ZA（11）款所赋予的含义；

“债权人的申请”是指根据第 264（1）（a）项提出的破产申请；

“刑事破产令”是指根据 1973 年《刑事法院权力法》第 39（1）款作出的命令；

“债务”须按照第 382（3）款解释；

“债务人”：

（za）就债务减免令或就该命令提出的申请而言，与第 7A 部分中该词的含义相同，

（a）就第 8 部分所指的建议而言，指提出或打算提出该建议的个人，以及

（b）就破产申请或呈请而言，指该申请或呈请涉及的个人；

…………

“债务豁免令”是指官方托管人根据第 7A 部分作出的命令；

“视为同意程序”是指第 379ZB 条规定的视为同意程序；

“确定期”具有第 263K（4）款所赋予的含义；

“住宅”包括作为住宅占用的任何建筑物或部分建筑物，以及属于住宅并与之一起使用的任何庭院、花园、车库或外围建筑；

“财产”，就破产人而言，须按照第 9 部分第 2 章第 283 条解释；

“家庭”，就破产人而言，指与他共同生活并依靠他的人（如有的话）；

“破产管理令”是指对已故债务人（在其去世之日为个人）的破产财团进行破产管理的命令；

“破产管理申请”是指对破产管理令的申请；

“有担保”及相关表述须按照第 383 条解释；

“实施细则”是指 2016 年《破产实施细则（英格兰和威尔士）》，以及

“受托人”就破产和破产人而言，指破产财团的受托人。

（2）本编各部分对个人事务的规定包括其营业（如果有的话）。

第三编　关于公司及个人破产的其他事项；一般解释；最终规定

（第 386 ~ 444 条）

第 12 部分　公司与个人破产中的优先与非优先（preferential and non - preferential）债务

386 优先债务的类别

（1）本法中提及的公司或个人的优先债务是指本法附表 6 所列债务（对企业养老金计划的缴款；雇员的薪酬和福利；对煤炭和钢铁生产的征税；欠金融服务补偿计划的债务；金融服务补偿计划涵盖的存款；其他存款；欠英国税务及海关总署（HMRC）的某些债务；对优先债权人的提及应作相应的解读。

（1A）本法所称公司或个人之“一般优先债”，系指本法附表 6 第 8 段至第 15B 段所列之优先债。

（1B）本法所称公司或个人之“次级优先债”，系指本法附表 6 第 15BA 段或第 15BB 段或 15D 段所列之优先债。

（2）在附表 6 中，“债务人”指有关的公司或个人。

（3）附表 6 须与 1993 年《退休金计划法》附表 4（企业年金计划供款）一并阅读。

387 “相关日期”

（1）本条解释附表 6 所提及的有关日期（决定优先债务的存在及数额的日期）。

（2）就第 1 部分第 4 条（考虑公司自愿安排）而言，有关没有清算的公司的相关日期为：

（a）如果公司处于破产管理程序（administration）中，则为其进入该程序的日期；以及

（b）如果公司不处于破产管理程序中，则为自愿安排生效的日期。

（2A）…………

（3）就正在清算（wound up）的公司而言，以下规定适用：

（a）如清算是由法院作出的，而清算令是在破产管理令解除后立即作出的，则有关日期为公司开始破产管理程序的日期；

（aa）…………

（ab）…………

（b）如该案不属第（a）项的范围，而公司：

（ⅰ）正由法院清算，及

（ⅱ）在清算令作出之日前，并未开始自愿清算，

相关日期是任命（或首次任命）临时清算人的日期，如果没有任命，（相关日期）则为清算令的日期；

（ba）如该案不属第（a）项或第（b）项所指的范围，而该公司正依据附表 B1 第 83 段接受破产管理程序后清算的，则有关日期为该公司开始接受破产管理的日期；

（c）如该案不属第（a）、（b）或（ba）段的范围，则有关日期为公司清算决议通过的日期。

（3A）就正在破产管理程序中的公司（而本条并无其他条款对其适用）而言，有关日期为该公司进入破产管理的日期。

（4）就接受破产管理的公司（如第 40 条或第 59 条，视情况而定）而言，有关日期为：

（a）在英格兰和威尔士，债券持有人任命接管人的日期，以及

（b）在苏格兰，根据第 53（6）款或（视情况而定）第 54（5）款委任接管人的日期。

（5）就第 8 部分（私人自愿安排）第 258 条而言，就并非未获免责破产的债务人而言，有关日期为：

（a）凡已根据第 252 条就其建议作出临时命令的，该命令之日期，以及

（b）在任何其他情况下，指自愿安排生效的日期。

（6）就某破产人而言，以下规定适用：

（a）凡破产令作出时已经有临时接管人根据第 286 条获得委任的，有关日期即为在提出破产申请或（视情况而定）提交破产呈请书后首次委任临时接管人的日期；

（b）否则，有关日期为作出破产令的日期。

387A 金融机构及其非优先债务

（1）在本法中，“相关金融机构”指以下任何一种：

（a）信贷机构，

（b）投资公司，

（c）金融控股公司，

（d）混合金融控股公司，

（da）投资控股公司，

（e）下列金融机构：

（i）第（a）项至第（da）项所述实体的子公司，以及

（ii）由金融市场行为监管局根据第 9C 部分的规则或者由审慎监管局（the Prudential

Regulation Authority）根据欧洲议会第 575/2013 号（欧盟）法规及 2013 年 6 月 26 日关于信贷机构和投资公司的审慎要求条例或 CRR（Capital Requirements Regulation，资本要求条例）规则，受到针对该实体的合并监管（covered by the supervision of that entity on a consolidated basis），或者

（f）混合经营的控股公司。

（2）第 575/2013 号（欧盟）法规第 4 条中的定义适用于第（1）款之目的，但“合并基础”（consolidated basis）和“合并情形”（consolidated situation）的定义除外。

（2A）就第（1）款而言——

“在合并基础上”是指在合并情形的基础上；

“合并情形”是指根据第 9C 部分的规则、第 575/2013 号条例（欧盟）或 CRR 规则（视情况而定），因一个实体被视为是由该实体与一个或多个其他实体（合并）组成的单个实体而产生的情形；

“CRR 规则”具有 2000 年《金融服务和市场法》第 144A 条规定之含义；

“第 9C 部分的规则”具有 2000 年《金融服务和市场法》第 143F 条规定之含义。

（3）在本法中，与相关金融机构相关的：

（a）“普通非优先债务”是指既不是次级非优先债务，也不是三级非优先债务的非优先债务；

（b）“次级非优先债务”是指根据以下文件发行的非优先债务：

（ⅰ）票据的原始合同到期日至少为 1 年，

（ⅱ）该工具不是衍生工具且不包含嵌入式衍生工具，以及

（ⅲ）相关合同文件和与债务发行相关的招股说明书（如适用）解释了本法案项下债务的优先权，以及

（c）“三级非优先债务”是指所有次级债务，包括（但不限于）普通股一级工具、附加一级工具和二级工具下的债务（均在 2009 年《银行法》第 1 部分的含义范围内）。

（4）在第（3）（b）项中，“衍生工具”的含义与第 648/2012 号（欧盟）法规第 2（5）条中的含义相同。

（5）就第（3）（b）（ⅱ）目而言，票据不包含嵌入式衍生工具，仅因为：

（a）它规定了从广泛使用的参考利率衍生的可变利率，或者

（b）不以债务发行人的本国货币计价（前提是本金、还款和利息以相同货币计价）。

第 13 部分　破产执业者（insolvency practitioner）及其资格

对无资格担任清算人、破产受托人等的限制

388“作为破产执业者行事”的含义

（1）任何人就公司破产事务以下列身份行事者，即为作为破产执业者行事：

（a）作为其清算人、临时清算人、管理人、管理接收人（administrative receiver）或监督员（monitor），或者

（b）凡在根据第 1 部分被建议或批准的与公司有关的自愿安排中，作为被提名人或监督人。

（2）任何人就个人破产事务以下列身份行事者，即为作为破产执业者行事：

（a）作为其破产受托人或其财产的临时接管人，或作为其财产扣押的受托人（或临时受托人）；或者

（b）作为契据（在苏格兰为其债权人的信托契据）下的受托人；或者

（c）凡在根据第 8 部分被建议或批准的与该个人有关的自愿安排中，以被指定人或监督人身份；

（d）如属根据第 421 条（本法条文适用于死者无力偿债的遗产）作出的命令而适用于其遗产（estate）① 被管理的已故个人，则为该遗产的管理人。

（2A）任何人就破产合伙企业的事务以下列身份行事者，即为作为破产执业者行事：

（a）作为其清算人、临时清算人或管理人，或者

（b）根据 1994 年《破产合伙企业令》第 11 条的规定，作为合伙企业的受托人，或者

（c）作为根据本法第 1 部分被建议或批准的自愿安排的被提名人或监督人。

（2B）就根据第 1 部分或第 8 部分被建议的自愿安排而言，任何人如果执行了根据有关部分赋予被提名人的任何职能，就被视为被提名人。

（3）除文意另有所指外，本条所指个人包括 2016 年《破产（苏格兰）法》所指的任何债务人。

（4）在本条中：

"行政接管人"具有第 7 部分第 251 条所赋予的含义；

"公司"是指：

（a）根据 2006 年《公司法》在英格兰、威尔士或苏格兰注册的公司，或

（b）根据本法第 5 部分可能被清算的公司（未注册公司）。

"监督员"的含义与 A1 部分（暂停偿付期，moratorium）中的含义相同；

"扣押（sequestration）"是指根据 2016 年《破产（苏格兰）法》进行的扣押；

（5）本条并不适用于以下人员：

（a）官方托管人；或

（b）破产会计师（2016 年《破产（苏格兰）法》所指）所作的任何事情。

（6）…………

389 没有资格的行为构成犯罪

（1）任何人如尚未获得认证前就以破产执业者的身份就任何公司或个人事务行事，可处监禁或罚款，或两者兼罚。

---

① 译者注：虽然还是财团的概念，但是在中文语境下，此处用遗产更好。

（1A）…………

（2）本条不适用于官方接管人或破产会计师（依2016年《破产（苏格兰）法》的含义）。

389A 被提名人和监督人（supervisor）的授权

…………

389B 官方托管人作为被提名人或监督人

（1）官方托管人获授权就根据第8部分批准的自愿安排，以被提名人或监督人的身份行事，只要债务人在被建议作出该项安排时是未获免责的破产人。

（2）国务大臣可借命令废除第（1）款的限制。

（3）根据第（2）款作出的命令：

（a）必须以制定法文件作出，及

（b）须依据任何一个议院的决议予以废除。

390 没有资格担任破产执业者的人

（1）非个人的人没有资格担任破产执业者。

（2）任何人在任何时候都没有资格担任破产执业者，除非当时该人已根据第390A条获得适当授权。

（3）任何人在任何时候都没有资格就另一人担任破产执业者，除非：

（a）当时有安全措施，或在苏格兰，对他适当履行职责有相关警告，以及

（b）该项安保或警告措施符合规定的要求。

（4）任何人在任何时候都没有资格担任破产执业者，如果当时：

（a）他已根据本法或1989年《破产（北爱尔兰）令》破产，或其财产已被没收，且（在任何一种情况下）他未被债务免责，

（aa）根据本法或1989年《破产（北爱尔兰）令》下达的债务减免令，暂停偿付期对其适用，

（b）他已根据1986年《公司董事资格取消法》或2002年《公司董事资格取消（北爱尔兰）令》接受了取消资格令或作出了取消资格的承诺（a disqualification undertaking）；

（c）他是2003年《精神健康（护理和治疗）（苏格兰）法》第329（1）款所指的病人，或根据2000年《丧失行为能力成年人（苏格兰）法》被指定了监护人，或者

（d）他缺乏作为破产执业者的能力（根据2005年《精神能力法》的含义）。

（5）在下列限制对其有效期间，某人没有资格担任破产执业者：

（a）根据本法、1985年《破产（苏格兰）法》或2016年《破产（苏格兰）法》或1989年《破产（北爱尔兰）令》发出的破产限制令，或者

（b）根据本法或该令发出的债务减免限制令。

390A 授权

（1）在本部分中，“部分授权”指作为破产执业者行事的授权：

（a）仅就公司而言，或

（b）仅就个人而言；

“完全授权”是指在公司、个人和无力偿债的合伙企业破产事务中作为破产执业者的授权；

“部分授权”和“完全授权”应作相应解释。

（2）任何人根据本条获得作为破产执业者的完全授权：

（a）凭借其是根据第 391（1）款获得认可的专业团体的成员，并为所有目的或依据该团体的规则而获得以破产执业者身份从事的许可，或者

（b）持有北爱尔兰企业、贸易和投资部根据 1989 年《破产（北爱尔兰）令》第 352 条给予的授权。

（3）任何人根据本条获部分授权担任破产执业者：

（a）凭借其是根据第 391（1）款获得认可的专业团体的成员，并凭借或依照该团体的规则，获准许只就公司或只就个人破产事务而以破产执业者身份行事，或

（b）凭借其是根据第 391（2）款获得认可的专业团体的成员，并凭借或依照该团体的规则，获准许以破产执业者身份行事。

390B 部分授权：与合伙企业有关的行为

（1）获部分授权就公司担任破产执业者的人，如在获委任时知悉该公司有以下情形，则可不接受就该公司破产事务行事的委任（appointment，指定）：

（a）是或曾经是合伙企业的成员，及

（b）有与该合伙企业有关的未偿债务。

（2）获部分授权就个人担任破产执业者的人，如在获委任时知悉该个人有以下情形，则可不接受就该个人破产事务行事的委任：

（a）是或曾经是苏格兰合伙企业以外的合伙企业的成员，及

（b）有与该合伙企业有关的未偿债务。

（3）除第（9）款另有规定外，获部分授权就某公司担任破产执业者的人，如知悉该公司有以下情形，可不继续就该公司破产事务行事：

（a）是或曾经是合伙企业的成员，及

（b）与该合伙有关的法律责任尚未清偿，

但如该人获法院准许继续行事，则属例外。

（4）除第（9）款另有规定外，获部分授权就个人担任破产执业者的人，如知悉该个人：

（a）是或曾经是苏格兰合伙企业以外的合伙企业的成员，及

（b）与该合伙企业有关的法律责任尚未清偿，

但如该人获法院准许继续行事，则属例外。

（5）法院如信纳某人有能力继续为第（3）款或第（4）款的目的行事，可准许该人继续行事。

（6）获部分授权并知晓如第（3）款或第（4）款所述的人可向法院申请一项命令（“替代命令”），任命一名获完全授权作为破产执业者的人代替其履行与公司（视情况而

定）或个人破产管理有关的职责。

（7）下列情形，任何人可向法院申请准许继续行事或申请一项替代命令：

（a）如就公司行事，则依照本条或（如适用）第168（5B）款（无力偿债之合伙企业的成员：英格兰及威尔士）；

（b）如就个人行事，则依照本条或（如适用）第303（2C）款（无力偿债之合伙企业的成员：英格兰及威尔士）。

（8）任何人在违反第（1）款至第（4）款的情况下以破产执业者身份行事，即属犯第389条（无资格行事）所规定的罪行。

（9）任何人在被许可期间继续担任破产执业者的，并不违反第（3）款或第（4）款，只要在知悉第（3）款或第（4）款所述事项的翌日起算的7个工作日内，该人：

（a）向法院申请许可继续行事，或者

（b）向法院申请补发命令。

（10）就第（9）款而言：

“工作日”是指除周六、周日、圣诞节、耶稣受难日或英国任何地区的银行假日以外的任何一天；

“被许可期间”是指从第（3）款或第（4）款所述的该人知悉之日起至：

（a）第（9）（a）或（b）项所述的该人向法院提出申请的日期起算的6个星期的期限届满，以及

（b）法院处理该项申请的日期（借批准或拒绝该项申请）届满；

“替换令”具有第（6）款所赋予的含义。

391 公认的专团体

（1）如果国务大臣确信某一团体符合第（4）款的要求，可通过命令宣布该团体为公认的专业机构（recognised professional body，也可译成被认可的专业机构），能够向其破产专家成员提供全部或部分授权。

（2）如果国务大臣确信某一团体符合第（4）款的要求，可通过命令宣布该团体为公认的专业机构，该团体仅能向其破产专家成员提供命令中规定的部分授权［关于该命令，见第390A（1）款］。

（3）第391A条规定了某团体得向国务大臣提出申请根据本条作出命令。

（4）有关要求是：

（a）该团体管理（或将管理）某专业的执业；

（b）该团体有其将维持和执行的规则，以确保其破产专家成员：

（ⅰ）是担任破产执业者的适当人选，以及

（ⅱ）在教育、实践培训和经验方面达到了可接受的要求，以及

（c）该机构为了或关于授权相关人员担任破产执业者的有关规则和做法，以及为了或关于监管相关人员以此身份行事的有关规则和做法，旨在确保达到监管目标（关于这些目标，见第391C条）。

（5）国务大臣根据本条作出的命令，自该命令所指明的日期起生效。

（6）根据本条作出的命令，可由根据第 391L 条或第 391N 条作出的命令撤销［见第 415A（1）（b）项］。

（7）在本部分中：

（a）凡提及被认可的专业团体的成员，均指在有关专业的执业中受该团体的规则规制的人，不论是否为该团体的成员；

（b）凡提及专业机构的破产专家成员是指被该机构允许担任或根据其规则被允许担任破产执业者的成员。

（8）在本部分中，凡提及被认可的专业团体，即指根据本条被认可的团体［见第 391L（6）及 391N（5）款］。

391A 申请认可为被认可的专业团体

（1）根据第 391（1）或（2）款申请作出命令，必须：

（a）以国务大臣要求的形式和方式向其提出，

（b）附有国务大臣所要求的资料，及

（c）在收到申请和作出决定之间的任何时间，由国务大臣要求的附加资料加以补充。

（2）根据第（1）款可施加的要求，可因不同的申请而有所不同。

（3）国务大臣可以要求根据本条提供的资料应采用其指明的格式，并以其指明的方式核实。

（4）根据第 391（1）或（2）款申请作出的命令，必须附有：

（a）申请人规则的副本，

（b）申请人的政策及实务的副本，及

（c）申请人以书面形式发出的任何指引的副本。

（5）在第（4）（c）款中，凡提及申请人所发出的指引，即指以下的指引或建议：

（a）申请人所发出或作出的指引或建议，而该等指引或建议将适用于其破产专家成员或寻求成为该等成员的人，

（b）与本部分目的有关，以及

（c）意图持续有效，

包括与接纳或驱逐成员有关的指导或建议。

（6）如国务大臣在顾及一个或多个已根据或相当可能根据第 391 条获承认的其他团体的存在后，认为无须承认有关团体，则国务大臣可拒绝根据第 391（1）或（2）款申请作出命令。

（7）凡国务大臣拒绝根据第 391（1）或（2）款提出之命令申请的，则第（8）款适用；而不论该申请是否因第（6）款所述理由而遭拒绝，第（8）款均适用，可能因为国务大臣不信纳 391（1）或（2）款所述，或由于未支付费用［见第 415A（1）（b）项］。

（8）国务大臣必须书面通知申请人国务大臣的决定；该通知必须说明拒绝申请的理由。

监管目标（Regulatory objectives）

391B 监管目标的应用

（1）在履行监管职能时，被认可的专业团体必须在合理可行的范围内，以下列方式行事：

（a）符合监管目标，以及

（b）为实现这些目标，以其认为最适当的方式。

（2）在履行本部分规定的职能时，国务大臣必须考虑到监管目标。

391C“监管职能”和“监管目标”的含义

（1）就本部分而言，本条具有效力。

（2）“监管职能”，就认可的专业团体而言，是指其具有的以下任何职能：

（a）根据或关于其安排，或与：

（ⅰ）授权某人担任破产执业者有关的任何职能，或者

（ⅱ）规范作为破产执业者的人，或者

（b）与作出或更改这些安排有关的职能。

（3）“监管目标”是指以下目标：

（a）有一套规范破产执业者的制度，即：

（ⅰ）确保公平对待受其作为和不作为影响的人，

（ⅱ）反映监管原则，以及

（ⅲ）确保一致的结果，

（b）鼓励一个独立和有竞争力的破产执业者行业，其成员：

（ⅰ）以公平合理的成本向接受方提供高质量的服务，

（ⅱ）以透明和诚信的方式行事，以及

（ⅲ）在所有案件中考虑到所有债权人的利益，

（c）促进债权人受偿价值的最大化，并促进作出偿付的及时性，以及

（d）保护和促进公共利益。

（4）在第（3）（a）项中，“监管原则”是指：

（a）监管活动的原则应是透明的、负责的、相称的、一致的和仅针对需要采取行动的情形，以及

（b）有关团体认为［就第391B（1）款规定的义务的情形］，或国务大臣［就第391B（2）款规定的义务的情形］认为，可促成最佳监管实践的任何其他原则。

对公认专业团体的监督

391D 指示

（1）如果国务大臣确信某公认的专业团体在履行其一项或多项监管职能时的作为或不作为（或一系列此类作为或不作为）已经或可能对实现一项或多项监管目标产生不利影

响，则本条适用。

（2）如果在本案的所有情形下，国务大臣认为这样做是适当的，则可以指示该团体采取国务大臣认为将对抗负面冲击、减轻其影响或防止其发生或再次发生的步骤。

（3）根据本条作出的指示，可规定公认的专业团体：

（a）只采取其根据其监管安排有权采取的步骤；

（b）采取步骤，以期修改其监管安排的任何部分。

（4）根据本条作出的指示，可规定公认的专业团体：

（a）采取步骤，以期提起或以其他方式进行特定的监管程序；

（b）就所有或某指明类别的监管程序采取步骤。

（5）就本条而言，采取步骤的指示包括要求公认的专业团体不采取某项特定行动的指示。

（6）在本条中，“监管安排”，就公认的专业团体而言，是指该团体为了或与之相关的那些安排所从事的以下事项：

（a）授权某人担任破产执业者，或

（b）监管担任破产执业者之人。

391E 指示：程序

（1）在根据第 391D 条向公认的专业团体发出指示前，国务大臣必须向该团体发出通知，并附上拟议指示的草稿。

（2）根据第（1）款发出的通知必须：

（a）声明国务大臣提议以所附草案的形式向该团体发出指示，

（b）说明国务大臣为何得出第 391D（1）和（2）款所述结论，以及

（c）指明该团体可就该项建议作出书面申述的期间。

（3）根据第（2）（c）项所定期间：

（a）必须从向该团体发出通知的当日开始，且

（b）不得少于 28 天。

（4）在该期限届满时，国务大臣必须决定是否给予该团体拟议的指示。

（5）国务大臣必须将该决定通知该团体。

（6）凡国务大臣决定发出建议的该项指示，根据第（5）款发出的通知必须：

（a）载有该项指示，

（b）说明该项指示的生效时间，及

（c）说明国务大臣作出指示的理由。

（7）凡国务大臣决定发出其所建议的指示，国务大臣必须根据第（5）款刊登该通知；但本款不适用于为对个人提起或以其他方式就个人提起监管程序而采取任何步骤的指示。

（8）国务大臣可撤销根据第 391D 条作出的指示；而在这样做时，国务大臣：

（a）必须给予被指示的团体该撤销（the revocation）的通知；及

（b）必须公布该通知，如果根据第（5）款发出的通知依据第（7）款公布，并且必须用与发布通知相同的方式这样做（如果可能的话）。

391F 经济处罚

（1）如国务大臣相信以下情形，本条适用：

（a）公认的专业团体没有遵从本条规定的要求，以及

（b）在有关个案的所有情形下，对该团体施加罚款是适当的。

（2）本条适用于对公认的专业团体根据以下施加的要求：

（a）根据第391D条发出的指示，或者

（b）根据本法或根据本法制定的附属立法的规定。

（3）国务大臣可对未履行义务的行为处以其认为适当的罚款。

（4）国务大臣在决定适当的（罚款）金额时：

（a）必须顾及该项未获遵从的要求的性质，以及

（b）在根据本部分履行职能时，不得记入国务大臣的费用。

（5）本条所指的罚款须付给国务大臣；而国务大臣就本条所指的罚款（包括利息）而收取的款项，须存入综合基金。

（6）在第391G条至第391I条中，“罚款”指本条所指的经济处罚。

391G 经济处罚：程序

（1）在对公认的专业机构施以处罚之前，国务大臣必须向该机构发出通知，说明：

（a）国务大臣提议施以处罚和所提议的处罚金额；

（b）相关的要求；

（c）国务大臣为何信纳第391F（1）款所述事项，及

（d）该团体可就该项建议作出书面申述的期间。

（2）第（1）（d）项所说的期间：

（a）必须从向该团体发出通知的当日开始，且

（b）不得少于28天。

（3）在该期限届满时，国务大臣必须决定：

（a）是否施以罚款，以及

（b）罚款应为通知中所述的数额还是减少的数额。

（4）国务大臣必须将该决定通知该团体。

（5）凡国务大臣决定施以罚款，根据第（4）款所发出的通知必须：

（a）说明国务大臣已对该团体施以罚款及该罚款的数额，

（b）明确有关的要求，并说明：

（ⅰ）国务大臣觉得该项要求未获遵守的理由，或者

（ⅱ）在当时该项要求已获遵守的情况下，为什么国务大臣在根据第（1）款发出通知时，认为该要求没有得到遵守，以及

（c）指明要求支付罚款的时间。

（6）根据第（5）（c）项所指明的时间，须为根据第（4）款向该团体发出通知的日期后最少 3 个月后。

（7）如果决定施以罚款，国务大臣必须根据第（4）款发布通知。

（8）国务大臣可撤销或减少对公认的专业团体施加的罚款；在撤销或减少罚款的情况下，国务大臣：

（a）必须向该团体发出通知，说明该罚款已被撤销或减少至通知中所载明的金额，并且

（b）必须公布该通知；并且必须（如果可能的话）以与第（4）款通知相同的方式公布。

391H 对经济处罚的上诉

（1）被施以罚款的公认专业团体可基于一项或多项理由向法院提出上诉。

（2）上诉理由包括：

（a）根据第 391F 条，施以该项罚款不在国务大臣权力范围之内；

（b）在根据第 391G（1）款发出通知前，施以罚款的规定已获遵守；

（c）没有遵守第 391G 条有关施以罚款的要求，而该团体的利益因此受到了实质性损害；

（d）罚款的金额不合理；

（e）国务大臣要求在根据第 391G（5）（c）项发出的通知所指明的时间前缴付所判处的罚款是不合理的。

（3）根据本条提出的上诉，必须在根据第 391G（4）款就该罚款向该团体发出通知之日起算的 3 个月内提出。

（4）在根据本条提出的上诉中，法院可：

（a）撤销该处罚，

（b）以法院认为适当的较低金额的处罚来代替，或

（c）就第（2）（e）项所述的上诉理由而言，以另一时间代替国务大臣所定的时间。

（5）凡法院以较低金额的罚款代替的，可规定从法院认为公正及公平的时间起，按法院认为公正及公平的利率，就所代替的罚款缴付利息。

（6）凡法院将根据第 391G（5）（c）项发出的通知书所指明的时间改为较迟时间的，法院可规定按其认为公正及公平的利率，从该替代时间起支付罚款的利息。

（7）凡法院驳回上诉的，可规定从根据第 391G（5）（c）项发出的通知书所指明的时间起，按其认为公正及公平的利率，缴付罚款的利息。

（8）在本条中，“法院”指高等法院或苏格兰的开庭法院（the Court of Session）。

391I 经济处罚的追偿

（1）如果罚款的全部或部分未在规定的时间内缴付，未支付的余额将按照 1838 年《判决法》第 17 条规定的利率不时被计息［但这受法院根据第 391H（5）、（6）或（7）款所提任何要求的规制］。

（2）如有根据第 391H 条就罚款提出的上诉，则在上诉被裁决或撤回（withdrawn）前，无须缴付罚款。

（3）第（4）款适用于罚款的全部或部分在规定时间仍未缴付，且：

（a）在可提出上诉的期间内，并无根据第 391H 条就该罚款提出的上诉，或

（b）已根据该条提出上诉，并已被裁决或撤回。

（4）作为欠国务大臣的债项，国务大臣可向有关的公认的专业团体追讨任何罚款及任何尚未缴付的利息。

391J 斥责（reprimand）

（1）如果国务大臣确信某公认的专业团体在履行其一项或多项监管职能时的作为或不作为（或一系列此类作为或不作为）已经或可能对一项或多项监管目标的实现产生不利影响，则本条适用。

（2）如果在本案的所有情形下，国务大臣认为这样做是适当的，可以发表声明，斥责该团体的作为或不作为（或一系列作为或不作为）。

391K 斥责：程序

（1）如国务大臣拟根据第 391J 条就公认的专业团体发表声明，则国务大臣必须向该团体发出通知：

（a）说明国务大臣拟发表该声明，并列明该声明的条款，

（b）指明该拟议声明所关乎的作为或不作为，及

（c）指明该团体可就该拟议声明作出书面申述的期间。

（2）根据第（1）（c）项所指明的期间：

（a）必须从向该团体发出通知的当天开始，且

（b）不得少于 28 天。

（3）在该期限届满时，国务大臣必须决定是否发表声明。

（4）国务大臣可更改拟议的声明；但在此之前，国务大臣必须向该机构发出通知：

（a）列明拟议的更改及其理由，及

（b）指明该团体可就拟议的更改作出书面申述的期间。

（5）根据第（4）（b）项指明的期间：

（a）必须从向该团体发出通知的当天开始，且

（b）不得少于 28 天。

（6）在该期限届满时，国务大臣必须决定是否公布经修改的声明。

撤销认可等

391L 在国务大臣的发起下撤销认可

（1）根据第 391（1）或（2）款就公认的专业团体作出的认可命令可被国务大臣以命令撤销，如果国务大臣确信：

（a）该团体在履行其一项或多项职责时的作为或不作为（或一系列作为或不作为）已

经或可能对实现一项或多项监管目标产生不利影响，以及

（b）在本案的所有情形下，根据第 391 条撤销对该机构的认可是适当的。

（2）如符合第（3）款所列的条件，根据第 391（1）款就公认的专业团体作出的认可命令，可由国务大臣借命令撤销，而该命令亦可宣布有关团体为公认的专业团体，但仅能向其破产专业成员提供限于该命令中规定的特定类型［见第 390A（1）款］的部分授权。

（3）条件是国务大臣确信：

（a）如第（1）（a）项所述，及

（b）在本案的所有情形下，宣布该机构为公认的专业机构是适当的，该机构仅能够向其破产专业成员提供该命令所指明种类的部分授权。

（4）在本部分中：

（a）根据第（1）款作出的命令称为“撤销令”；

（b）根据第（2）款作出的命令称为“部分撤销令”。

（5）撤销令或部分撤销令：

（a）自该命令所指明的日期起生效，及

（b）可订立条文，规定有关团体的成员在命令生效后的一段指定期间内继续被视为完全或部分获授权（视情况而定）而担任破产执业者。

（6）部分撤销令具有效力，犹如该命令是根据第 391（2）款作出的一样。

391M 第 391L 条下的命令：程序

（1）在就公认的专业团体作出撤销令或部分撤销令前，国务大臣必须通知该团体：

（a）说明国务大臣拟作出该项命令及该项命令的条款，

（b）指明国务大臣提议作出该项命令的理由，以及

（c）指明该机构、该机构的成员或可能受该提议影响的其他人可就该命令作出书面申述的期限。

（2）凡国务大臣根据第（1）款发出通知，国务大臣必须在同一天公布该通知。

（3）根据第（1）（c）项指明的期间：

（a）必须从向该团体发出通知的当日开始，且

（b）不得少于 28 天。

（4）在该期限届满时，国务大臣必须决定是否就该机构作出撤销令或（视情况而定）作出部分撤销令。

（5）国务大臣必须将该决定通知该机构。

（6）凡国务大臣决定作出该命令，根据第（5）款发出的通知必须载明：

（a）该命令何时生效，及

（b）国务大臣作出该命令的理由。

（7）根据第（5）款发出的通知必须以（如有可能）与第（1）款发出的通知相同的方式予以公布。

391N 应团体要求撤销认可

（1）根据第391（1）或（2）款就公认的专业团体作出的认可命令，可由国务大臣借命令撤销，如果：

（a）该团体已要求根据本款作出该命令，以及

（b）国务大臣信纳在本案的所有情形下，根据第391条撤销该机构的认可是适当的。

（2）根据第391（1）款就公认的专业团体作出的命令，可由国务大臣借一项命令撤销，而该项命令同时亦可宣布有关团体为公认的专业团体，但仅能向其破产专业成员提供该命令所指明种类［见第390A（1）款］的部分授权，当：

（a）该团体已要求根据本款作出命令，以及

（b）国务大臣确信，在本案的所有情形下，宣布该机构为公认的专业机构是适当的，该机构仅能够向其破产专家成员提供命令中规定的部分授权。

（3）凡国务大臣决定根据本条作出命令，国务大臣必须发出通知，指明：

（a）命令何时生效，以及

（b）国务大臣作出命令的理由。

（4）根据本条作出的命令：

（a）自该命令所指明的日期起生效，及

（b）可规定有关团体的成员在命令生效后的一段指定期间内继续被视为被完全或部分授权（视情况而定）而担任破产执业者。

（5）根据第（2）款作出的命令具有效力，犹如该命令是根据第391（2）款作出的一样。

法院在公共利益案件中对破产执业者的制裁

391O 直接制裁令

（1）就本部分而言，“直接制裁令”是指由法院针对以下人士作出的命令：

（a）宣布该人士不再获授权（不论全部或部分）担任破产执业者；

（b）宣布该人不再完全地有权作为破产执业者行事，但仍部分地有权作为破产执业者行事，无论是对公司还是个人破产事务而言，如命令所述；

（c）宣布该人以破产执业者身份行事的授权在该命令所指明的期间内或在该命令所指明的要求获遵守前暂停生效；

（d）规定该人在担任破产执业者期间须遵守该命令所指明的其他要求；

（e）要求该人向其作为破产执业者或曾经作为破产执业者履职的公司、个人或支付不能的合伙企业的一名或多名债权人作出该命令所指明的报酬退回（contribution）。

（2）凡法院作出直接制裁令，有关的公认的专业团体必须采取一切必要步骤使该命令生效。

（3）不得对在北爱尔兰企业、贸易和投资部获得破产执业者资格的人作出直接制裁令［见第390A（2）（b）项］。

（4）直接制裁令不得规定第（1）（e）项所述的报酬退回，该退回不得超过该人在该案中作为破产执业者已收取或将收取的薪酬。

（5）在本条及第 391P 条中：

“法院”是指高等法院或苏格兰的开庭法院；

“相关的公认的专业团体”，就作为破产执业者行事的人而言，指该人士获授权行事的被认可的专业团体。

391P 对直接制裁令的申请及其作出的权力

（1）如果国务大臣认为对任何人作出直接制裁令符合公共利益，则国务大臣可向法院申请对该人作出直接制裁令。

（2）国务大臣必须将申请的副本发送给相关的公认的专业团体。

（3）凡根据本条提出的申请，法院确信条件 1 及条件 2、3、4 及 5 中的至少一项已被该被申请人符合，则法院可对该人作出直接制裁令。

（4）（上述各）条件见第 391Q 条。

（5）法院在决定是否对某人作出直接制裁令时，必须考虑到：

（a）有关的公认的专业团体已就条件 1 所述的失职对该人采取行动，及

（b）该项行动足以解决该项失败。

391Q 直接制裁令：条件

（1）条件 1 是，该人在担任破产执业者或就任何该类指定行事时，没有遵从：

（a）有关的公认的专业团体的规则所施加的要求；

（b）有关的公认的专业团体不时采用的破产执业者专业领域的任何标准或道德守则。

（2）条件 2 是：

（a）不是担任破产执业者的适当人选；

（b）是只就公司破产事务担任破产执业者的适当人选，但对该人的授权并无如此限制；或

（c）是只就个人破产事务担任破产执业者的适当人选，但对该人的授权并无如此限制。

（3）条件 3 是，该人作为破产执业者的授权应暂停一段时间或直至一项或多项要求得到遵守为止。

（4）条件 4 是，对作为破产执业者行事的人施加其他限制是适当的。

（5）条件 5 是，其债权人由于条件 1 所述的一个或多个公司、个人或支付不能的合伙企业的失败而蒙受损失，而该人是作为或曾作为破产执业者行事的。

（6）在本条中，“有关的公认的专业团体”具有与第 391O 条相同的含义。

391R 直接制裁指示，而非命令

（1）在下列情形下，当国务大臣确信时，可就担任破产执业者的人员向相关的公认的专业团体发出指示（“直接制裁指示”），（而不是申请或继续申请针对该人的直接制裁令）：

（a）条件1及条件2、3、4及5中的至少一项已被该被指示人符合（见第391Q条）；及

（b）发出该指示符合公共利益。

（2）但未经该人同意，国务大臣不得对该人发出直接制裁指示。

（3）直接制裁指示可要求有关的公认的专业团体采取一切必要步骤，以确保：

（a）该人不再获授权（不论全部或部分）担任破产执业者；

（b）该人不再获完全授权担任破产执业者，但仍部分有权就指示中载明的公司或个人的破产事务担任破产执业者；

（c）该人以破产执业者身份行事的授权在该指示所载明的期间内或在该指示所载明的要求获遵守前暂停生效；

（d）该人在作为破产执业者行事时必须遵守该指示所载明的其他要求；

（e）该人向该人作为或曾作为破产执业者行事的公司、个人或破产合伙企业的一名或多名债权人作出指示中载明的退款。

（4）不得对由北爱尔兰企业、贸易和投资部授权担任破产执业者的人发出直接制裁指示［见第390A（2）（b）项］。

（5）直接制裁指示不得规定第（3）（e）项所述的退款，如果该退款超过该人在该案中作为破产执业者已收取或将收取的薪酬。

（6）在本条中，“有关的公认的专业团体”具有与第391O条相同的含义。

一 般 规 定

391S 国务大臣获取信息的权力

（1）第（2）款所提及的人士必须向国务大臣提供国务大臣为根据本部分行使其职能而借书面通知的所需资料。

（2）该等人士是：

（a）公认的专业团体；

（b）根据第390A条获授权或已获授权担任破产执业者的任何个人；

（c）与该等个人有关联的任何人。

（3）在授权期间的任何时候，如有以下情形，将被认为某人与被授权或已被授权作为破产执业者的个人有关联：

（a）该人是该个人的雇员；

（b）该人以任何其他方式代表该个人行事；

（c）该人受雇于该个人；

（d）该人是该个人的雇主的雇员同事；

（e）如果该个人受雇于一家事务所、合伙企业或公司（a firm，partnership or company），则该人是该事务所或合伙企业的成员或（视情况而定）该公司的董事。

（4）在根据第（1）款施加要求时，国务大臣可指明：

（a）提供有关资料的期限，及

（b）核实该资料的方式。

391T 遵从令

（1）如在任何时间，国务大臣觉得：

（a）公认的专业团体没有遵从由本部分或凭借本部分施加于它的要求，或

（b）任何其他人没有遵守凭借第 391S 条施加于该人的规定，

国务大臣可向法院提出申请。

（2）如法院回应根据本条提出的申请，裁定该团体或其他人没有遵守有关规定，可命令该团体或该人采取法院认为可确保该规定获得遵守的步骤。

（3）在本条中，“法院”指高等法院或苏格兰的开庭法院。

392 主管当局授权

…………

393 赋予、拒绝和撤销授权

…………

394 通知

…………

395 陈述权

…………

396 提交审裁处（Tribunal）

…………

397 审裁处的转介诉讼

…………

398 未经审裁处而拒绝或撤回

…………

第 14 部分　公共管理（英格兰和威尔士）

审裁员（Adjudicators）

398A 审裁员和助理的任命等

（1）国务大臣可任命人员担任审裁员。

（2）根据第（1）款获委任的人：

（a）须从议会提供的款项中获得国务大臣所指示的薪酬的支付，

（b）按国务大臣所指示的其他条款及条件任职，

（c）可由国务大臣指示免职。

（3）获授权出任官方托管人的人，不得根据第（1）款获委任。

（4）国务大臣可任命国务大臣部门的官员协助审裁员履行职责。

官方托管人

399 官方托管人的任命等

（1）就本法而言，官方托管人，就任何破产、清算（winding up）、个别自愿安排、债务减免令或申请某一命令而言，就是凭借本条以下或第 401 条以下的条款获授权作为官方托管人行事的人，以处理有关破产、清算、个别自愿安排、债务减免令或申请某一命令的事宜。

（2）国务大臣可（在财政部就数目批准的情况下）委任某多人出任官方托管人的职位，并可委任某一人出任该职位（无论是根据本条还是 1914 年《破产法》第 70 条的规定）：

（a）应从议会提供的资金中支付其工资，依国务大臣与财政部共同指示的金额，

（b）应根据国务大臣与财政部共同指示的其他条款和条件任职，以及

（c）可由国务大臣指示免职。

（3）凡任何人担任官方托管人的职位，国务大臣须不时将其配属到（attach him to）[①]高等法院或郡法院。

（4）除下文第（6）款所指的任何指示另有规定外，配属于某一法院的官方托管人，是获授权就属于该法院司法管辖权范围的每宗破产、清算、个别自愿安排、债务减免令或该命令之申请出任官方托管人的人。

（5）国务大臣须确保在任何时候，至少有一名官方托管人配属于高等法院，且至少有一名配属于郡法院；但他可将同一名官方托管人配属于两个法院。

（6）国务大臣可就处置官方托管人的业务发出指示，而该等指示可以，特别是：

（a）授权配属于一个法院的官方托管人就属另一法院司法管辖权范围内的任何案件或各类案件担任官方托管人；

（b）如有多于一名官方托管人获授权担任与任何法院司法管辖权范围内的任何案件有关的官方托管人，在他俩或他们之间（between or among themselves）分配业务。

（7）任何人如在 1985 年《破产法》第 222 条（由本条代替）生效时是配属于法院的官方托管人，则在该条生效后，该人须继续担任根据本条配属于法院的官方托管人。

400 官方托管人的职能和地位

（1）除本法赋予官方托管人的任何职能外，担任官方托管人职位的人须执行国务大臣不时赋予他的其他职能。

（2）担任官方托管人职位的人在行使其职位的职能时，须根据国务大臣的一般指示行事，并须是与他行使该等职能有关的法院的人员。

（3）任何因其官方身份而赋予任职官方托管人之人的财产，在该人去世时、停止任职或在相关破产或清算中由另一官方托管人承继职位之时，无须转易、转让或移转即被授予

---

① 译者注：应指建立固定联系、搭配或隶属关系，也可翻成委派到。

其继任者。

401 官方托管人的副手和工作人员

（1）为方便处置配属于任何法院的官方托管人的业务，国务大臣如认为适宜，可委任其部门的官员作为该官方托管人的副手。

（2）除国务大臣根据第 399 条或第 400 条作出的任何指示另有规定外，获委任为官方托管人副手的人，在其委任条款所指明的条件及期间内，具有与他被任命为其副手的官方托管人相同的地位及职能。

因此，在本法中［第 399（1）至（5）款除外］凡提及官方托管人之处，包括获委任为其副手的人。

（3）根据第（1）款作出的委任，可由国务大臣随时终止。

（4）在财政部批准任命的人数和报酬以及其他条款和条件的前提下，国务大臣可任命其部门的官员协助受托人履行职责。

官方申请人

402 官方申请人

（1）就作出刑事破产令的案件而言，仍有一名为官方申请人的官员，以履行本法或根据本法委予他的职能；而凭借其职位，总检察长（the Director of Public Prosecutions）继续成为官方申请人。

（2）官方申请人的职能包括：

（a）考虑在作出刑事破产令的情况下，他本人根据本法第 264（1）（d）项提出申请是否符合公共利益；

（b）在他认为提出申请符合公共利益的情况下，提出申请；

（c）在他决定的情况下，支付其他人因依据该申请进行的法律程序而招致的开支；及

（d）行使本法或根据本法授予他的任何权力，只要他认为这样做符合公共利益。

（3）官方申请人的任何职能，可由任何获其授权行事的人代其履行。

（4）官方申请人或任何获其授权行事的人，均无须就官方申请人在履行或看来是履行其职能时所做或不做的任何事情而承担任何诉讼或程序的法律责任。

（5）在本条中，“刑事破产令”是指根据 1973 年《刑事法院权力法》第 39（1）款作出的命令。

破产服务局的财务、会计和投资

403 破产服务局账户

（1）国务大臣就本法适用于英格兰和威尔士的程序而收到的所有款项，均应存入国务大臣在英格兰银行开立的破产服务局账户；而所有由国务大臣在该账户中记入贷方（standing to the credit，赊账）的支付款项，均须由英格兰银行按其指示的方式支付。

（2）当破产服务局账户贷方项下的现金余额超过了国务大臣认为目前应对破产财团或

公司财团的要求所必需（的金额）时，国务大臣应：

（a）将超额部分通知国债专员（the National Debt Commissioners），以及

（b）按照本部分下列条文，向专员在英格兰银行开立的破产服务局投资账户（“投资账户”）支付该专员要求投资的全部或部分超额款项。

（3）当国务大臣认为如此投资的款项的任何部分须对破产财团或公司财团的任何要求作出回应，他须将所需的金额通知国债专员，而专员：

（a）须随即向国务大臣偿还破产服务局账户贷方所需的金额，以及

（b）为此目的，可指示将该款项投资的该部分证券出售，如果需要的话。

404 投资账户

任何记入投资账户贷方的款项（包括国债专员根据本条以任何投资的利息或收益形式收到的任何款项）可由专员进行投资，按照财政部发出的指示，以 1961 年《受托人投资法》附表 1 第 2 部分当时指明的任何方式。

405 收入在投资账户中的应用；结余的调整

…………

406 清算人或破产受托人收到并投资的款项的利息

凡根据本法附表 8 第 16 段（公司清算人收到的款项的投资）或本法附表 9 第 21 段（破产受托人收到的款项的投资）所订立的规则，公司或破产财团有权获得以利息方式支付的任何款项，国务大臣应证明该笔款项和应付给国债专员的税款；专员应从该投资账户中支付：

（a）经核实的金额减去经核实的税额，进入破产服务局账户，以及

（b）如此核实的税额，给国内税务专员公署（the Commissioners of Inland Revenue）。

407 尚未主张的分配（dividends）和未分配余额

（1）国务大臣须不时从破产服务局账户中向综合基金支付该账户贷方项下所代表的金额：

（a）在财政部不时决定的日期前宣布但尚未申索的分配，以及

（b）在该日期之前确定的余额太小，无法分配给有权享有这些余额的人。

（2）就本条而言，记入破产服务局账户贷方的款项，须当作包括从该账户支付的任何款项，并由记入投资账户贷方的任何款项或证券来代表。

（3）国务大臣可要求国债专员从投资账户中向破产服务局账户支付其根据第（1）款须从该账户中支付的全部或部分款项；而专员可指示将该等证券出售，而该等证券须记入投资账户的贷方（当为该目的而必需时）。

408 结余调整

（1）财政部可指示从综合基金中拨出款项，拨入：

（a）破产服务局账户；

（b）投资账户。

（2）财政部须向下议院证明根据第（1）款付款的理由。

（3）国务大臣可将破产服务局账户中的款项存入综合基金。

（4）国债专员可将投资账户中的款项存入综合基金。

409 年度财务报表和审计

（1）截至每年 3 月 31 日，国家债务专员应按财政部所指示的格式及方式，制备一份记入投资账户贷方及借方的款项报表，并在下一年 11 月底前送交会计长和审计长。

（2）截至每年 3 月 31 日，国务大臣应按照财政部指示的格式和方式，就其根据上文第 403 条收到或支付的款项制备一份报表，并在下一年 11 月底前将每份报表送交会计长和审计长。

（3）每份该等报表均须包括财政部所指示的附加资料。

（4）会计长和审计长须审查、核证及报告每份该等报表，并须将该报表及其报告的副本提交议会。

补 充 规 定

410 这部分的范围

该法的这一部分仅适用于英格兰和威尔士。

第 15 部分　附 属 立 法

411 公司破产规则（从略）

412 个人破产规则（英格兰和威尔士）

（1）司法大臣（the Lord Chancellor）经国务大臣同意（在影响法院程序的规则的情况下）并经首席大法官（the Lord Chief Justice）同意，可为实施本法第 7A 部分至第 11 部分或《欧盟条例》之目的而制定规则。

（2）在不损害第（1）款之原则性的前提下，或在不损害可凭借该等条文就任何事宜订立本条所指的规则的前提下，根据本条订立的规则可载有：

（a）本法附表 9 所指明的任何规定，或与紧接指定日期前根据 1914 年《破产法》第 132 条订立的规则所载规定相对应的任何该等规定；以及

（b）司法大臣觉得必要或适宜的该等附带性、补充性及过渡性规定。

（2A）就第（2）款而言，在本法附表 9 中，凡提及根据或为本法条文之目的而作出的任何事情，包括根据或为《欧盟条例》之目的而作出的任何事情（只要本法的规定与《欧盟条例》适用的事项有关）。

（2B）为实施《欧盟条例》而根据本条制定的规则不得构成新的相关罪行。

（3）根据本条订立的实施细则，须以制定法文件形式订立，得依据任何一个议院的决议而废除。

（4）国务大臣根据本条所赋予的权力而订立的规章，须以制定法文件形式订立，并在订立后，提交每一议院审阅。

（5）本条并不损害订立法院规则的权力。

（6）首席大法官可提名一名司法人员（a judicial office holder）［如2005年《宪法改革法》第109（4）款所定义的］根据本条行使其职能。

413 破产实施细则委员会

（1）根据1976年《破产法》第10条设立的委员会（破产和清算细则咨询委员会）继续存在，以便根据本条进行咨询。

（2）大法官在根据第411条或第412条订立任何实施细则前须咨询委员会，除非该等细则载有一项陈述，说明该等细则所订立的唯一规定就是适用根据第411条所订立细则的规定（不论是否经变通），为了根据以下任一条文制定规则之目的：1991年《水工业法》第23条至第26条或该法附表3的任何一条，或1993年《铁路法》第59条至第65条或附表6或7的任何一条。

（3）除下一款另有规定外，委员会须由下列人员组成：

（a）配属于衡平法庭的高等法院法官；

（b）巡回法官；

（c）破产和公司法庭法官；

（d）地区法院法官；

（e）执业出庭律师（barrister）；

（f）执业事务律师（solictor）；和

（g）执业会计师；

而委任任何人为委员会委员，须按照第（3A）款或第（3B）款作出。

（3A）首席大法官须在咨询司法大臣后，委任第（3）（a）至（d）项所提之人。

（3B）司法大臣须在咨询首席大法官后，委任第（3）（e）至（g）段所提之人。

（4）司法大臣可委任他觉得有资格或经验的人为委员会的额外成员，而该等资格或经验对委员会考虑与大法官有关的任何事宜都有价值。

（5）首席大法官可提名一名司法人员［定义见2005年《宪法改革法》第109（4）款］根据本条行使其职能。

收　费　令

414 收费令（公司破产程序）（从略）

415 收费令（英格兰和威尔士的个人破产程序）

（1）须就以下事项缴付费用：

（za）根据第7A部分以被认可的中介身份行事的人的费用，

（a）根据本法第7A部分至第11部分进行的法律程序，

（b）官方托管人或国务大臣履行根据那些（those，应指上述的）部分规定的职能，以及

（c）履行本法第9部分规定的审裁人（adjudicator）职能，

财政部通过命令批准的司法大臣可能指示的费用。

（1A）根据第（1）款作出的命令，可为不同的目的而订立不同的条文，包括参照法律程序展开的方式或形式。

（2）财政部可借命令指示收费人、收费方式及收费理由。

（3）司法大臣可在财政部的许可下，通过命令，规定由该命令所指明的人，在该命令所指明的方式及情况下，以保证金的方式为支付以下费用之目的存入款项：

（a）因本条须缴付的费用，以及

（b）根据第 9 部分第 1 章第 274 条应向编制破产执业者报告之人支付的费用。

（4）根据本条作出的命令，可载有司法大臣或财政部（视情况而定）觉得必需或合适的附带性、补充性及过渡性条文。

（5）根据本条作出的命令，须以制定法文件形式作出，并须在作出后提交每一议院。

（6）凭借本条须缴付的费用，须拨入综合基金。

（7）本条并不损害订立法院规则的权力。

415A 收费令（一般）

（A1）国务大臣：

（a）可借命令规定任何人或团体就根据第 251U 条授予或维持该人或团体作为有权机关的委任而缴付费用，以及

（b）可拒绝授予或撤回，未支付费用的任何此类委任。

（1）国务大臣：

（a）可借命令规定任何团体缴付与根据第 391 条给予或维持对该团体的认证有关的费用，以及

（b）可拒绝承认，或借另一命令撤销根据第 391（1）或（2）款作出的认证令，如该项费用未获支付。

（1A）第（1）款下的费用可能会因该团体是根据第 391（1）款（提供全部和部分授权的机构）还是根据第 391（2）款（提供部分授权的机构）获得认证的而有所不同。

（1B）在根据第（1）款厘定与维持认证有关的费用金额时，国务大臣可考虑的事项（尤其是）包括国务大臣就履行第 391D、391E、391J、391K 和 391N 条所指的任何职能而需收取的费用。

（2）…………

（3）国务大臣可通过命令要求支付与下列事项有关的费用：

（a）破产服务局账户的运作；

（b）该账户的进出款项。

（4）第 414 条的以下规定适用于本条下的费用，一如其适用于该条下的费用：

（a）第（3）款（付款方式），

（b）第（5）款（附加条文），

（c）第（6）款（制定法文件），

（d）第（7）款（存入综合基金），以及

（e）第（9）款［法院规则的保留（saving for rules of court）］。

（5）第391M条适用于根据第（1）（b）项作出的命令，一如其适用于根据第391L条作出的撤销命令。

与本法实施相关的金额的规范（specification）、增加和减少

415B 货币限额（公司的暂停偿债期）（从略）

416 货币限额（公司清算）（从略）

417 第222条中的金额（从略）

417A 货币金额（公司的暂停偿债期）

…………

418 货币限额（破产）

（1）国务大臣可通过命令为第二编各部分中的下列条款规定金额：

第251S（4）款（作出债务减免令的人在不披露其身份的情况下可获得的最高信用额度）；

第273条（确定是否应立即下达破产令的债务人财产的最低价值；小破产案件水平）；

第313A条（低于某财产价值的出售、占有或抵押申请将被驳回）；

第346（3）款（最低判决金额，决定出售债务人的货品而收回的金额是否须被视为其破产财团的一部分）；

第354（1）和（2）款（隐藏债务或隐藏或转移的价值或财产的最低金额，根据该条确定刑事责任）；

第358条（破产人从英格兰和威尔士取得财产的最低价值，确定其刑事责任）；

第360（1）款（破产人可在不公开其身份的情况下获得的最高信贷额）；

第361（2）款（若无担保债务不超过规定的最低限额，则免除破产人因未能妥善保管账户而承担的刑事责任）；

第364（2）（d）项［破产人转移的货物的最低价值，决定他的逮捕责任（his liability to arrest）］；

附表4ZA第6段至第8段（取得债务减免令所需的个人债务、每月剩余收入及财产的最高限额）；

而在第二编各部分中提到的为施行任何该等条文而规定的金额，以及在该等条文中所涉的规定金额，均须据此解释。

（2）根据本条作出的命令，可载有国务大臣觉得必要或适宜的过渡性条文。

（3）根据本条作出的命令，须以制定法文件形式作出，可依据任何一个议院的决议予以废除。

破 产 实 务

419 为第 13 部分之目的的条例（Regulations，也可译成规章、规则等）

（1）国务大臣可为实施本法第 13 部分而制定条例；该部分中的“规定的”是指国务大臣制定的条例中所规定的。

（2）在不损害第（1）款的一般性或该部分任何规定的前提下，根据本条可就任何事宜制定条例，其中可载有：

（a）关于在决定某人是否适合担任破产执业者时须考虑的事宜的条文；

（b）禁止某人在规定的将或可能产生利益冲突的情况下如此行事的条文；

（c）对下列事项提出要求的规定：

（ⅰ）由作为破产执业者的人编制和保存规定的账簿、账户和其他记录，以及

（ⅱ）为规定的人士制作这些账簿、账目及记录；

（d）赋予规定的人士以下列权力的条文：

（ⅰ）规定任何以破产执业者身份行事或曾经以破产执业者身份行事的人，就其如此行事或曾经如此行事的案件回答任何查询，以及

（ⅱ）向法院申请就该案件询问该人或经宣誓的任何其他人；

（e）将不遵守任何条例定为刑事罪行的条文；以及

（f）国务大臣认为必要或适宜的该等附带性、补充性和过渡性条文。

（3）第 13 部分或本部分所赋予的订立条例、细则或命令的权力，可以制定法文件的形式行使，可经任何一议院的决议予以废除。

（4）根据第 13 部分或本部分订立的任何细则或条例，可就不同的案件或案件的类别作出不同的规定，包括就不同的地区作出不同的规定。

（5）在根据本条制定条例时，国务大臣必须考虑监管目标［如第 391C（3）款所定义］。

其他命令制定权

420 无力偿债的合伙企业

（1）司法大臣可经国务大臣及首席大法官的共同同意而作出命令，规定该命令所指明的本法条文，经如此指明的变通后，适用于无力偿债的合伙企业。

（1A）根据本条作出的命令，可就《欧盟条例》作出规定。

（1B）但根据本条就《欧盟条例》作出的规定不得构成新的相关罪行。

（2）根据本条作出的命令，可就不同案件订立不同条文，并可载有司法大臣或首席大法官觉得必需或适宜的附带性、补充性及过渡性条文。

（3）根据本条作出的命令，须以制定法文件形式作出，可依据任何一个议院的决议予以废除。

（4）终审法院首席大法官可提名一名司法人员［定义见 2005 年《宪法改革法》第

109（4）款］根据本条行使其职能。

421 死者无力偿债的遗产

（1）大法官可经国务大臣及首席大法官的共同同意而作出命令，命令中所指明的本法规定，经如此指明的变通后，适用于关于死者无力偿债的遗产的管理。

（1A）根据本条作出的命令，可就《欧盟法规》作出规定。

（1B）但根据本条就《欧盟法规》作出的规定不得构成新的相关罪行。

（2）根据本条作出的命令，可就不同案件订立不同条文，并可载有司法大臣及首席大法官觉得必需或适宜的附带性、补充性及过渡性条文。

（3）根据本条作出的命令，须以制定法文件形式作出，可依据任何一个议院的决议予以废除。

（4）就本条而言，如死者的遗产在变现时不足以清偿其所须承担的所有债务及其他法律责任，则该遗产即属无力偿债。

（5）终审法院首席大法官可提名一名司法人员［定义见 2005 年《宪法改革法》第 109（4）款］根据本条行使其职能。

421A 破产财团：共同租赁（joint tenancies）

（1）本条适用于以下情形：

（a）已就死者无力偿债的破产财团作出了破产管理令；

（b）要求作出该命令的申请是在本条生效日期后，并在自死者去世之日起算的 5 年期间内提出的，以及

（c）在紧接去世前，他作为共同承租人有权享有任何财产的权益。

（2）为确保该财产所须承担的债务及其他法律责任得以清偿，法院可应依据破产管理令委任的受托人的申请，根据本条作出命令，规定遗属（尚存者）向受托人支付一笔款项。不超过遗产损失的价值。

（3）法院在决定是否根据本条作出命令及该命令的条款时，必须顾及案件的所有情况，包括死者的债权人及遗属的利益；但除非情况特殊，法院必须假定死者的债权人的利益高于所有其他考虑。

（4）该命令可按法院认为适当的条款及条件（terms and conditions）作出。

（5）按照根据本条作出的命令须付给受托人的任何款项，须包括在遗产内。

（6）根据第 421 条作出的命令可对本法作出的修改，包括因本条而需要或适宜作出的任何修改。

（7）在本条中，"遗属"是指在紧接死者去世前作为死者的共同承租人享有实益权利（was beneficially entitled）的人，或如享有此权利的人在破产管理令作出后去世，则指他的私人代表。

（8）如有多于一名的遗属：

（a）可根据本条针对所有或任何遗属作出命令，但是

（b）遗属须缴付的遗产损失的价值，不得多于应合理归因于他的部分。

（9）在本条中：

“破产管理令”的含义与根据第 421 条作出的任何当时生效的命令的含义相同，

“遗产的价值损失”是指如果支付给受托人，法院认为该金额将恢复到如果死者在其死亡前立即破产时的状态。

422 原授权银行

（1）国务大臣可经财政部（the Treasury）同意并经与金融行为监管局（Financial Conduct Authority）和审慎监管局（the Prudential Regulation Authority）协商后，通过命令规定，第一编各部分中的规定，经特定的修改，应对任何人在以下情形中适用：

（a）就他按照 1979 年《银行法》（c. 37）或 1987 年《银行法》（c. 22）接受的存款负有法律责任，但

（b）并无根据 2000 年《金融服务及市场法》（c. 8）第 4A 部分（受规制活动）接受存款的准许。

（1A）第（1）（b）项须按照以下方式解释：

（a）2000 年《金融服务及市场法》第 22 条（受规制活动的种类及投资类别），

（b）根据该条作出的任何有关命令，以及

（c）该法附表 2（受规制活动）。

（1A）…………

（2）根据本条作出的命令，可就不同的案件作出不同的条文，并可载有国务大臣觉得必需或适宜的附带性、补充性及过渡性规定。

（3）根据本条作出的命令，须以制定法文件形式作出，可依任何一个议院的决议予以废除。

422A “相关罪行”的含义

在本部分中，“相关犯罪”是指可处以两年以上监禁或经简易程序定罪可处以 3 个月以上监禁或标准等级 5 级以上罚款（如果不按天计算）或每天 100 英镑以上罚款的刑事犯罪。

第 16 部分　撤销债务的规定（仅限英格兰和威尔士）

423 欺诈债权人的交易

（1）本条关乎以低于合理的价格订立的交易；且某人订立如下交易：

（a）向另一人作出馈赠，或以其他方式与另一人订立一项（其条款规定该人不得收取对价的）交易；

（b）他与另一人订立交易，以结婚或成立民事伴侣关系为对价；或者

（c）他与另一人订立交易，而该交易的对价，以金钱或金钱价值计算，其价值大大低于他所提供作的为对价的金钱或金钱价值。

（2）凡任何人已订立该项交易，法院如根据下一款信纳，可作出其认为适当的命

令，以：

（a）将该地位恢复至假若该项交易未曾订立时的状态，以及

（b）保护该交易受害者的利益。

（3）当某人进行该项交易，只有在法院信纳该项交易是由他为以下目的而订立的情况下，方可作出命令，即：

（a）为将资产置于正在或可能在某时间向他追偿的人所不能及之处，或者

（b）以其他方式损害该人就其提出或可能提出的追偿而享有的利益。

（4）在本条中，“法院”指高等法院，或：

（a）如参与该项交易的人是个人，则指就与其有关的破产申请具有司法管辖权的任何其他法院；

（b）如果该人是一个能够根据本法第 4 部分或第 5 部分被清算的机构，则指有清算该机构之管辖权的任何其他法院。

（5）就一项低于合理价格的交易而言，在本条及以下各处提及该项交易的受害人，指受该项交易损害或有能力受该项交易损害的人；而在以下两条中，作出该项交易的人被称为“债务人”。

424 可根据第 423 条申请命令的人

（1）根据第 423 条作出命令的申请，不得就任何交易提出，以下情形除外：

（a）如债务人已被宣告破产，或是正在被清算或在破产管理程序中的法人组织，可由官方托管人，由破产财团的受托人或法人组织的清算人或管理人，或（经法院许可）由交易的受害者提出该申请；

（b）如果交易的被害人受到根据本法第 1 部分或第 8 部分批准的自愿安排的约束，由自愿安排的监督人或作为该等被害人的任何人（不论是否受此约束）提出该申请；或者

（c）在任何其他情况下，由该交易的被害人提出申请。

（2）根据第（1）款任何一项提出的申请，须视为代表交易的每一名受害人提出的。

425 可根据第 423 条借命令订立的规定

（1）在不损害第 423 条之原则性的前提下，根据该条就某项交易作出的命令，可（在符合以下规定的情况下）：

（a）规定任何作为该项交易的一部分而转让的财产，归属于某人，不论是绝对地或是为了所有人的利益（对该命令的申请被视为是代表所有的人作出的）（either absolutely or for the benefit of all the persons on whose behalf the application for the order is treated as made）；

（b）如任何财产在任何人手中代表如此转让的财产的出售收益或如此转让的款项运用，则规定该财产须如此归属；

（c）解除或免除（release or discharge）（全部或部分）债务人提供的任何担保；

（d）要求任何人就从债务人处获得的利益向任何其他人支付法院指示的款项；

（e）规定任何担保人或保证人，其在该项交易下（全部或部分）对任何人的义务已被解除或免除，但该担保人或保证人可根据法院认为适当的新的或恢复履行的义务而恢复对

该交易承担责任；

（f）规定为免除由该命令所施加或产生的任何义务而提供担保，规定对任何财产进行抵押的义务，以及规定该担保或抵押（security or charge）与根据该交易（全部或部分）解除或免除的担保或抵押具有相同的优先权。

（2）根据第 423 条作出的命令，可影响任何人的财产，或对任何人施加任何义务，不论该人是否是与债务人订立交易的人；但该命令：

（a）不得损害从债务人以外的人处取得的财产权益，而该财产权益是在不知道有关情况的前提下善意和有偿地取得的，亦不得损害由该权益衍生的任何权益，以及

（b）不得要求不知情而善意和有偿地从该交易中获得利益的人支付任何款项，除非他是该交易的一方。

（3）就本条而言，与某项交易有关的情况，是可凭借该情况就该项交易根据第 423 条作出命令的情况。

（4）在本条中，“担保”指任何抵押、质押、留置或其他担保。

第 17 部分　杂项和一般规定

426 对破产行使管辖权的法院之间的合作

（1）联合王国任何组成部分的法院在就破产法行使管辖权时作出的命令，须在联合王国任何其他组成部分强制执行，犹如该命令是由在该其他组成部分行使相应管辖权的法院作出的一样。

（2）但在不损害本条以下规定的前提下，第（1）款并不要求联合王国任何组成部分的法院就位于该组成部分的财产，强制执行联合王国任何其他组成部分的法院所作出的任何命令。

（3）国务大臣在就位于英格兰及威尔士的财产取得司法大臣的同意后，可借命令订立条文，以确保联合王国任何一个组成部分的破产法的受托人或代理人有，经该命令所指明的修改后，就位于联合王国另一组成部分的任何财产所享有的权利，与他根据该另一组成部分的破产法担任受托人或代理人时在相应情况下所享有的权利相同。

（4）在联合王国任何一个组成部分对破产法具有管辖权的法院，应协助在联合王国任何其他组成部分或任何有关国家或地区具有相应管辖权的法院。

（5）就第（4）款而言，由联合王国任何组成部分或有关国家或地区的法院向联合王国任何其他组成部分的法院提出的请求，是接受该请求的法院的权限，关于请求书中规定的任何事项，破产法对两个法院就其管辖范围内的可比事项都同样适用。

法院根据本款行使其撤销权时，应特别注意国际私法规则。

（6）凡根据破产法是联合王国任何组成部分的受托人或代理人的人，就位于联合王国任何其他组成部分的财产提出追偿［不论是凭借根据第（3）款作出的命令还是其他理由］，向在该另一组成部分对破产法行使管辖权的法院提交该债权，须以与法院为施行第

（4）款而提出的请求相同的方式对待。

（7）1977 年《刑法》第 38 条（在整个联合王国内执行逮捕令）适用于在行使与破产法有关的任何管辖权时，在联合王国任何地方发出的逮捕某人的手令，一如其适用于在联合王国该组成部分发出的逮捕被控罪行的人的手令。

（8）在不损害订立法院规则的权力的前提下，为使联合王国任何组成部分的破产法对公司或个人生效而由附属立法作出规定的任何权力，包括为使本条前述规定或根据本条前述规定作出的任何规定在该组成部分生效而作出规定的权力。

（9）根据第（3）款作出的命令，须以制定法文件形式作出，可依据任何一个议院的决议予以废除。

（10）在本条中，“破产法”是指：

（a）就英格兰和威尔士而言，指根据本法制定或本法之下的规定，已经扩展适用至英格兰和威尔士，或 1986 年《公司董事资格取消法》第 1A、6 至 10、12 条至第 15 条、19（c）款和第 20 条（连同附表 1）以及该法第 1 条至第 17 条，就如这些规定在该法之中一样地被适用；

（b）就苏格兰而言，指根据本法制定或本法之下的规定，已经扩展适用至苏格兰，或 1986 年《公司董事资格取消法》第 1A、6 条至第 10、12 条至第 15 条、19（c）款和第 20 条（连同附表 1）以及该法第 1 条至第 17 条，就如这些规定在该法之中一样地被适用，以及《公司法》第 18 部分或 2016 年《破产（苏格兰）法》；

（c）就北爱尔兰而言，指 1989 年《破产（北爱尔兰）令》或 2002 年《公司董事取消资格（北爱尔兰）令》作出的或根据该法令作出的规定；

（d）就任何有关国家或地区而言，指该国家或地区的法律中相当于上述任何段落的规定；

而在本款中，凡提及任何成文法则（enactment），包括，就该成文法则生效前的任何时间而言，当时有效的相应成文法则。

（11）在本条中，“有关国家或地区”是指：

（a）海峡群岛中的任何一个或马恩岛，或者

（b）由国务大臣以制定法文件形式作出的命令中为本条的目的而指定的任何国家或地区。

（12）当本条适用于北爱尔兰时：

（a）凡提及国务大臣之处，均以北爱尔兰经济发展部取代之；

（b）在第（3）款中，凡提及“联合王国的另一组成部分”及“该另一组成部分”均替换为“北爱尔兰”；

（c）第（9）款以下列形式替代之：

“（9）北爱尔兰经济发展部根据第（3）款作出的命令，为下列目的而成为法定细则（the Statutory Rules）：1979 年《法定细则（北爱尔兰）令》，应按照 1954 年《解释法（北爱尔兰）》第 41（6）款的含义予以否定性处理。”

（13）2009 年《银行法》第 129 条规定，就本条而言，该法关于银行破产的规定为“支付不能法”（“insolvency law”）。

（14）2009 年《银行法》第 165 条规定，就本条而言，该法关于银行管理的规定为“支付不能法”。

426A 取消议员资格（英格兰、威尔士和北爱尔兰）

（1）破产限制令（a bankruptcy restrictions order）或债务减免限制令（a debt relief restrictions order）对其生效的人，须被取消以下任职资格：

（a）下议院议员成员资格，

（b）上议院议员就任资格或投票资格，以及

（c）上议院委员会或两院联合委员会就任资格或投票资格。

（2）如下议院议员根据本条丧失资格，其席位须予腾空。

（3）根据本条被取消资格的人，如被推回下议院任议员（is returned asa member of the House of Commons），其推回无效。

（4）不得向根据本条被取消资格的上议院议员发出传票。

（5）如法院就下议院议员或上议院议员作出破产限制令或临时命令，或作出债务减免限制令或临时债务减免限制令的，则法院须通知该议院议长（the Speaker）。

（6）如果国务大臣接受下议院或上议院议员作出的破产限制承诺（a bankruptcy restrictions undertaking）或债务减免限制承诺，则国务大臣应通知该议院议长。

（7）如果北爱尔兰企业、贸易和投资部接受下议院或上议院议员根据 1989 年《破产（北爱尔兰）令》附表 2A 作出的破产限制承诺，则该部应通知该议院议长。

（8）在本条中，凡提及破产限制令或临时命令，均包括根据 1989 年《破产（北爱尔兰）令》附表 2A 作出的破产限制令或临时命令。

426B 权利下放（Devolution，放权）

（1）如英格兰及威尔士法院就苏格兰议会、北爱尔兰议会或威尔士国民议会议员作出破产限制令或临时命令，或就某成员作出债务减免限制令或临时债务减免限制令，则法院须通知该机构的主席。

（1A）如北爱尔兰高等法院根据 1989 年《破产（北爱尔兰）令》附表 2A 就苏格兰议会或威尔士国民议会议员作出破产限制令或临时令，则法院应通知该机构的主席。

（2）如果国务大臣接受苏格兰议会、北爱尔兰议会或威尔士国民议会议员作出的破产限制承诺或债务减免限制承诺，则国务大臣应通知该机构的主席。

（3）如果北爱尔兰企业、贸易和投资部接受苏格兰议会或威尔士国民议会议员根据 1989 年《破产（北爱尔兰）令》附表 2A 作出的破产限制承诺，则该部应通知该机构的主席。

426C 与特权无关

（1）有关破产的成文法则适用于下议院或上议院的议员，而不论议会有何特权。

（2）在本条中，“成文法则”包括由下列立法或根据下列立法制定的规定：

（a）苏格兰议会法案，或

（b）北爱尔兰立法。

427 取消参与议会的资格（苏格兰）

（1）凡苏格兰法院判决没收个人财产，则该个人被取消下列资格：

（a）在上议院就任或投票，

（b）被选入下议院或在下议院就任或投票，以及

（c）在下议院委员会就任或投票。

（2）凡任何个人根据本条被取消资格，在以下情形该项资格取消即告终止：

（a）除非在该个人没有先获免责的情况下撤回或减少该项裁决，否则在该个人免责时，以及

（b）在例外情形下，因（该项裁决的）撤回或减少，视情况而定。

（3）不得向根据本条当其时丧失在上议院就任及投票资格的议员发出传票。

（4）凡根据本条被取消资格的下议院议员继续丧失资格，直至自裁决作出之日起算的6个月期间终结为止，其席位须在该期间终结时腾空。

（5）就任何上议院议员或下议院议员作出第（1）款所述裁决的法院，须随即向上议院议长或下议院议长（视情况而定）核证该裁决（forthwith certify the award）。

（6）凡法院已根据第（5）款将裁决书核证给下议院议长，则在立即明确下列哪一项证明书适用后，法院须向下议院议长证明：

（a）自裁决之日起的6个月期间已届满，而裁决没有被撤回或减少（recalled or reduced），或者

（b）裁决在该期限结束前已被撤回或减少。

（6A）第（4）款至第（6）款对苏格兰议会议员具有效力，就像：

（a）凡提及下议院之处均指议会，而凡提及议长之处均指主席，以及

（b）在第（4）款中，“根据本条”替换为“由于本条原因根据1998年《苏格兰法》第15（1）（b）项”。

（6B）第（4）款至第（6）款对威尔士国民议会议员具有效力，就像：

（a）凡提及下议院之处均指议会，凡提及议长之处均指主席，以及

（b）在第（4）款中，“根据本条”替换为“由于本条原因根据2006年《威尔士政府法》第16（2）款”。

（6C）第（4）款至第（6）款对北爱尔兰议会议员具有效力，就像：

（a）凡提及下议院之处均指议会，凡提及议长之处均指主席；以及

（b）在第（4）款中，“根据本条”替换为“由于本条原因根据1998年《北爱尔兰法》第36（4）款”。

（7）…………

428 豁免于《限制贸易实施法》

（1）…………

（2）…………

（3）在本条中，“破产服务”是指以破产执业者身份，或根据北爱尔兰法律以履行第 13 部分第 388（1）或（2）款所述职能相对应的人员的身份，所提供的服务。

429 因撤销对个人的行政命令而产生的除权（Disabilities）

（1）凡任何人没有支付根据 1984 年《郡法院法》第 6 部分作出的行政命令而须支付的款项，则以下规定适用。

（2）根据该命令管理该人财团的法院如认为适当，可：

（a）撤销该管理命令，以及

（b）作出命令，指示本条及 1986 年《公司董事丧失资格法》第 12 条在如命令所指明的该段期间内适用于该人，不超过 1 年。

（3）本条如此适用的人不得：

（a）单独或联同另一人，取得为第 360（1）（a）项之目的而规定的金额或以上的信贷，或者

（b）在他直接或间接从事的任何营业的过程中或为该营业的目的而进行任何交易，

而无须向他取得信贷的对方或（视情况而定）与他进行交易的对方披露本条适用于他的事实。

（4）第（3）款所提及取得信贷之人，包括：

（a）根据租购协议将货品寄存或出租给该人，或根据有条件售卖协议同意将货品出售给该人的情形，以及

（b）为提供货物或服务而该人获预付款（不论以金钱或其他方式）的情形。

（5）任何人违反本条，即属犯罪，可处监禁或罚款，或两者兼罚。

430 引入惩罚附表（schedule of punishments）的规定

（1）本法附表 10 对本法所规定的犯罪一经定罪即予惩处的方式具有效力。

（2）就附表第 1 栏（column）所指明的本法规定所定罪行（该罪行的一般性质载于第 2 栏），第 3 栏显示该罪行在依公诉程序或简易程序定罪时是否可予惩处，或者以哪种方式是可以惩处的。

（3）就某罪行而言，附表第 4 栏显示根据本法可以第 3 栏（依公诉或简易程序）就该罪行以指明的方式对被定罪的人施加的最高刑罚，即一段数年或数月的监禁期。

（4）第 5 栏显示［就在该栏有条目（entry）的罪行而言］任何人在持续违反该项罪行后被定罪的，可处按日计算的失责罚款；即如第二次或其后再次被定罪，可处该栏指明的罚款，按违例事项持续的每一天计算（而非附表第 4 栏就该罪行指明的罚款）。

（4A）就 2022 年 5 月 2 日之前犯下的罪行而言，附表 10 中所说的 12 个月在涉及英格兰和威尔士简易程序中的定罪时，应理解为 6 个月。

（5）就本法中任何规定公司违约管理人员应受到罚款或处罚的成文法则而言，“违约管理人员”（officer who is in default）一词是指公司的任何管理人员，其明知而故意授权或允许成文法则所述的违约、拒绝或违反。

431 简易程序

（1）在不损害除本款以外可行使的任何司法管辖权的前提下，就本法第 A1 部分至第 7 部分所规定的罪行而进行的简易程序，可在法人团体（a body corporate）设有营业地的任何地方针对该法人团体提起，以及在他当时所处的任何地方对任何其他人提起。

（2）无论 1980 年《治安法院法》第 127（1）款有任何规定，任何可由英格兰及威尔士治安法院（a magistrates'court）审理的关于该罪行的资料，如在罪行发生后 3 年内，并在检察长（the Director of Public Prosecutions）或国务大臣（视情况而定）认为足以证明该程序合理的证据获其知悉的日期后 12 个月内的任何时间提出，则可如此审讯。

（3）在苏格兰就上述罪行进行的简易程序，不得在该罪行发生（之日）起算 3 年届满后展开。

除此之外（尽管 1995 年《刑事诉讼（苏格兰）法》第 136 条有任何规定），该等程序可（在苏格兰）在总检察长（the Lord Advocate）认为足以证明该等程序合理的证据为其所知悉之日起 12 个月内的任何时间展开，或如该等证据是由国务大臣向他报告的，则可在国务大臣知悉之日起 12 个月内的任何时间展开；而该条第（3）款适用于本款，一如其适用于该条。

（4）就本条而言，检察长、总检察长或国务大臣（视情况而定）就其知悉上述证据的日期所发出的证明书，即为确凿证据。

432 法人组织的犯罪（从略）

433 事务说明等证据的可采纳性（admissibility）等

（1）在任何程序中（无论是否根据本法）：

（a）为本法任何条款而编制的源自 1985 年《破产法》的事务说明（a statement of affairs，情况说明、事务声明、情况陈述等），

（aa）依据 2009 年《银行法》第 2 部分（银行破产）或应其要求所作出的说明，

（ab）依据 2009 年《银行法》第 3 部分（银行管理）或应其要求所作出的说明，以及

（b）任何其他说明，凡依据任何类似规定或应其要求，或依据依照本法所制定的实施细则或应其要求所作出的，

皆可用作针对作出或同意作出该说明的人的证据。

（2）但在刑事法律程序中，如该人被控犯本款所适用的罪行，则：

（a）控方或控方代表不得援引与该说明有关的证据，以及

（b）不得提出与该说明有关的问题，

除非在该刑事法律程序中该人或该人之代表，援引了与该说明有关的证据，或提出了与之有关的问题。

（3）第（2）款适用于任何罪行，但以下罪行除外：

（a）第 22（6）、47（6）、48（8）、66（6）、67（8）、95（8）、99（3）、131（7）、192（2）、208（1）（a）或（d）或（2）、210、235（5）、353（1）、354（1）（b）或（3）、356（1）或（2）（a）或（b）项或附表 7 第 4（3）（a）段所规定的罪行；

（b）以下罪行：

（ⅰ）由根据本法订立的实施细则所造成的，以及

（ⅱ）因国务大臣制定的该等实施细则或条例，为本款之目的所指认（designated for the purposes of this subsection）的；

（c）以下罪行：

（ⅰ）由根据任何该等实施细则订立的条例所造成的，以及

（ⅱ）因该等条例，为本款之目的所指认的；

（d）1911 年《伪证法》第 1、2 或 5 条所规定的罪行（经宣誓或非经宣誓而作的虚假陈述）；或者

（e）1995 年《刑法（综合）（苏格兰）法》第 44（1）或（2）款所规定的罪行（经宣誓或非经宣誓而作的虚假陈述）。

（4）根据第（3）（b）（ⅱ）目订立的条例，须以制定法文件形式订立，并在订立后提交每一议院审阅。

434 适用于王座

为免生疑问，特此声明，本法（1986 年《支付不能法》）中凡源自 1985 年《支付不能法》的条文，以及本法第 A1 部分、第 233A 条、第 233B 条及附表 4ZZA，只要影响或涉及下列事项的，均对王座具有约束力，即：

（a）对公司或个人的救济，或对公司或个人的财产的救济；

（b）债项的优先权；

（c）以低于估值或优惠进行的交易；

（d）根据第 1 部分或第 8 部分批准的自愿安排；以及

（e）破产免责。

第 17A 部分　补充规定（supplementary provisions，附则）

434A 绪论

本部分规定就以下条文有效：

（a）第一编各部分，及

（b）第 15 部分第 411、413、414、416 条及第 417 条。

434B 在决议程序和会议中的公司代表（从略）

434C 法律职业特权

在就本法所述罪行对任何人提起的诉讼中，本法不得要求任何人披露他有权基于法律专业特权（在苏格兰，通信保密）拒绝披露的任何信息。

434D 公司备案义务的履行（从略）

434E 海外公司备案义务的适用（从略）

第18部分　解　　释

435“关联方”（associate，关系人）的含义

（1）就本法而言，任何人是不是另一人的关联方的问题，应按照本条的下列规定予以确定（任何关于一人是另一人的关联方的规定被认为是指他们彼此之间互为关联方）。

（2）如果某人是以下情形，被视为是另一个人的关联方：

（a）该个人的丈夫或妻子或民事伴侣（civil partner），

（b）以下人的亲属（relative）：

（ⅰ）该个人，或者

（ⅱ）该个人的丈夫或妻子或民事伴侣，或者

（c）以下人的亲属的丈夫或妻子或民事伴侣：

（ⅰ）该个人，或者

（ⅱ）该个人的丈夫或妻子或民事伴侣。

（3）某人是其合伙人的关联方、与其合伙的某个人的丈夫、妻子、民事伴侣、亲属的关联方；而一个苏格兰律所是任何身为该所成员的人的关联方。①

（4）任何人是其所雇用或受雇的人的关联方。

（5）任何人以信托受托人的身份，只要不是：

（a）根据本法第二编任何部分或2016年《破产（苏格兰）法》产生的信托，或者

（b）退休金计划或雇员股份计划产生的信托，

就是另一人的关联方，只要该信托的受益人包括该另一人或该另一人的关联方，或该信托条款赋予该另一人或该另一人的关联方可为其利益而行使的权力。

（6）一间公司是另一间公司的关联方：

（a）如同一人控制两者，或一人控制其中一个公司和作为他的关联方的其他人，而该人及其关联方的其他人控制另一个公司，或者

（b）如由两人或多人组成的团体控制每间公司，而该等团体或由相同的人组成，或可被视为由相同的人组成，方法是（在一宗或多宗个案中）用一名与其有关联的人取代任何一个团体的成员。

（7）任何公司如由另一人控制，或如由该人及与他有关联的人共同控制，则该公司即为该另一人的关联公司。

（8）就本条而言，某人如是该个人的兄弟、姐妹、叔叔、婶婶、侄子、侄女、直系祖先或直系后裔，则某人是该个人的亲属，并将：

（a）任何混血关系视为全血关系，任何人的继子女或养子女视为其子女，以及

---

① 译者注：一般的律所如果是特殊的普通合伙，成员之间承担无限但不连带责任，则不宜被认定为关联方，但是苏格兰律所可能比较特殊，可能是普通合伙，成员之间彼此承担无限连带责任。但此推测并未经考证。

（b）非婚生子女视为其母亲和名义父亲的婚生子女；

而在本条中，凡提及丈夫或妻子之处，包括前任丈夫或妻子及名义上的丈夫或妻子；凡提及民事伴侣之处，包括前任及名义上的民事伴侣。

（9）就本条而言，公司的任何董事或其他高管人员须视为受雇于该公司。

（10）就本条而言，任何人将被认为控制了一家公司，如果：

（a）该公司或控制该公司的另一家公司（或其中任何一家）的董事习惯于按照其指示或说明行事，或者

（b）他有权在该公司或控制该公司的另一家公司的任何股东大会上行使或控制行使三分之一或以上的表决权；

凡两人或两人以上共同符合上述任何一项条件，他们将被视为控制了该公司。

（11）在本条中，“公司”包括任何法人团体（不论是在大不列颠或其他地方成立）；凡提及公司的董事及其他高管人员，以及提到公司在任何股东大会上的表决权，在作出任何必要的变通后均具效力。

436 通常使用的表达

（1）在本法中，除非上下文另有要求（并受第 7 部分和第 11 部分的约束）：

“农业费用”的含义与 1928 年《农业信贷法》中的含义相同；

“农业接管人”是指根据农业抵押（agricultural charge）指定的接管人；

“指定日期”是指本法根据第 443 条生效的日期；

“关联方”具有第 435 条所赋予的含义；

“法人团体”包括在大不列颠境外注册成立的法人团体，但不包括：

（a）独资公司，或

（b）合伙企业，不论是否为法人，根据其被管辖的法律不被视为法人团体的；

“营业”包括贸易或职业；

“《公司法》”是指 1985 年《公司法》；

“公司法规”是指在大不列颠生效的公司法律规范（如 2006 年《公司法》第 2 条所定义）；

“有条件销售协议”和“租购协议”的含义与 1974 年《消费者信贷法》中的含义相同；

“公司成员”是指作为公司的破产成员（insolvent member）；

“法院”，就无力偿债的合伙企业而言，是指有权清算该合伙企业的法院；

“扣押（distress）”包括使用 2007 年《法庭、法院和执行法》附表 12 中的程序，提及征收扣押、扣押货物和相关表述应据此解释；

“欧盟条例”是指 2015 年 5 月 20 日欧洲议会和理事会关于破产程序的条例（EU）2015/848，因为该条例在退出日当天和之后构成了国内法的一部分；

“欧洲经济区国家”是指 1992 年 5 月 2 日在波尔图签署的，经 1993 年 3 月 17 日在布鲁塞尔签署的议定书调整的《欧洲经济区协定》的缔约国；

“雇员股份计划”是指鼓励或促进由或为以下人士的利益而持有公司股份或债券的计划：

（a）以下机构的善意（bona fide）雇员或前雇员：

（i）该公司，

（ii）该公司的任何附属公司，或者

（iii）该公司的控股公司（holding company）或该公司控股公司的任何子公司，或者

（b）该等雇员或前雇员的配偶、民事伴侣、尚存配偶（surviving spouses）①、尚存民事伴侣、未成年子女或继子女。

“个人成员”是指作为个人的破产成员；

“破产令”是指：

（a）如属无力偿债的合伙企业或公司成员，则指清算令；以及

（b）如属个人成员，则指破产令；

“破产呈请书”在向法院提出呈请的情况下，指：

（a）针对公司成员的呈请书，要求法院对其进行清算的呈请书；

（b）针对个人成员的呈请书，要求对该个人作出破产令的呈请书，

凡该呈请书与法院根据该法将该合伙企业作为未注册公司清算的呈请书一并提交的；

“破产程序”是指根据1986年《公司法》、本法或实施细则进行的任何程序；

“无力偿债成员（insolvent member）”是指无力偿债的合伙企业的成员，该成员正被或已被提出破产申请；

“联合破产申请”是指根据本法第11条提出的申请；

“共同债务”是指根据本法第4部分或第5部分作出命令的无力偿债的合伙企业的债务；

“共同财产”是指根据本法第4部分或第5部分作出命令的无力偿债的合伙企业的合伙财产；

“共同费用”是指破产合伙企业的清算或破产合伙企业的营业的清算及其财产管理所产生的费用；

“有限合伙人”的含义与1907年《有限合伙法》中的含义相同；

“成员”是指合伙企业的成员，以及根据1890年《合伙企业法》第14条规定作为合伙人负有责任的任何人；

“修改”包括增加、修改和省略，同源词语应作相应解释；

“高级管理人员”就无力偿债的合伙企业而言，是指：

（a）成员；或者

（b）对合伙企业的营业有管理或控制权的人；

“合伙财产”的含义与1890年《合伙法》中的含义相同；

---

① 译者注：强调“尚存”，应该意指该雇员或前雇员已经过世，相当于汉语里旧时“未亡人”的概念。

“延期债务”是指根据本法或任何其他成文法则的任何规定延期支付的债务；

“财产”包括金钱、货物、动产、土地和各种财产，不论其位于何处，也包括义务和各种利益，不论是现在的、将来的、既得的、或有的、由财产引起的或附带的；

“记录”包括计算机记录和其他非文件记录；

“负责任的破产执业者”指：

（a）在清算中，破产合伙企业或公司成员的清算人；以及

（b）在破产中，个人成员的财产受托人，

而在任何一种情况下，当如此行事时，包括官方托管人；

“单独债务”是指合伙企业成员负有责任的债务，但联合债务除外；

“单独破产财产”是指已对其发出破产令的破产成员的财产；

“单独费用”是指公司成员清算或个人成员破产时产生的费用；以及

“附属立法”的含义与 1978 年《解释法》中的含义相同；以及

“交易”包括赠与、协议或安排，提及达成交易时应作相应解释。

“合伙企业的受托人”是指根据本法第 11 条作出的命令而被授权的人，其目的是结束破产合伙企业的营业并管理其财产。

（2）下列用语在本法中的含义与在《公司法》中的含义相同：

与公司有关的“章程”（见 2006 年《公司法》第 18 条）；

“债券”（见该法第 738 条）；

“控股公司”（见该法第 1159 条和第 1160 条及附表 6）；

“股份公司法”（见该法第 1171 条）；

“海外公司”（见该法第 1044 条）；

“已付”（见该法第 583 条）；

“私人公司”和“上市公司”（见该法第 4 条）；

“公司注册处”（见该法第 1060 条）；

“股份”（见该法第 540 条）；

“附属公司”（见该法第 1159 条和第 1160 条及附表 6）。

436A《欧盟条例》下的诉讼：修改的财产定义

…………

436B 书面提及

（1）本法中提及的书面形式的物品（a thing）包括电子形式的。

（2）第（1）款不适用于以下规定：

（a）第 53 条（被抵押持有人委任的方式），

（b）第 67（2）款（接管人的报告），

（c）第 70（4）款（提及设立抵押的文书），

（d）第 111（2）款（反对根据第 110 条作出的安排），

（e）在苏格兰注册的公司清算的情况下，第 111（4）款，

（f）第 123（1）款（无力偿债的定义），

（g）第 198（3）款［郡督（sheriff principal，警长）对讯问（examination）的责任］，

（h）第 222（1）款（无力偿债：750 英镑或以上金额未支付给债权人），以及

（i）第 223 条（无力偿债：提起诉讼后未清偿的债务）。

第 19 部分　最后的规定

437 过渡性规定及保留

本法附表 11 所列过渡性条文及保留均具效力，该附表由下列各部分组成：

第 1 部分：公司无力偿债及清算（指定日期前发生的事宜，以及在某些情况下在指定日期前继续进行的法律程序）；

第 2 部分：个人破产（由此产生的事项，以及在某些情况下破产程序的延续，与该日之前相同）；

第 3 部分：在指定日期前进行的交易，并能够受到法院根据本法第 16 部分下达的命令的影响；

第 4 部分：在指定日期前以破产执业者身份行事的；以及

第 5 部分：被本法和 1986 年《公司董事资格取消法》、1985 年《公司法》规定、1985 年《破产法》的大部分和其他法令废除和替换所必须或与之相关的一般过渡性规定及保留。

438 废除

本法附表 12 第 2 栏所指明的成文法规，在该附表第 3 栏所指明的范围内予以废除。

439 法规修正案

（1）《公司法》经修订，如本法附表 13 第 1 部分和第 2 部分所示，是对本法和 1986 年《公司董事资格取消法》的相应修订。

（2）本法附表 14 第 1 栏所指明的成文法规（指涉及或以其他方式相关的被本法或 1986 年《公司董事资格取消法》废除和取代的成文法规）如该附表第 2 栏所示被修订。

（3）大法官可借命令，对在指定日期前订立的附属立法所载的任何条文，以及他觉得就以下事项而有需要或适宜的与该等修改有关的过渡性条文，作出相应的修改：

（a）在该附属立法中，凡提及 1914 年《破产法》；

（b）在该附属立法中，凡提及由 1985 年《破产法》第 3 部分或第 4 部分或附表 10 废除的任何成文法规；或者

（c）在该附属立法中提及的根据 1914 年法令或任何如此废除的成文法规所规定的任何事宜。

（4）根据本条作出的命令，须以制定法文件形式作出，可依据任何一个议院的决议予以废除。

440 范围（苏格兰）

（1）除下一款另有规定外，本法第一编各部分所载的规定适用于苏格兰，除非另有

说明。

（2）本法的下列规定不适用于苏格兰：

（a）在第一编各部分中：第 43 条；第 238 条至第 241 条；以及第 246 条；

（b）第二编各部分；

（c）在第三编各部分中：第 399 条至第 402 条，第 412、413、415、415A（3）、418、420 和 421 条，第 423 条至第 425 条，以及第 429（1）及（2）款；以及

（d）在附表中：附表 11 第 2 部分及第 3 部分；及附表 12 及 14，但以废除或修订只适用于英格兰及威尔士的成文法规为限。

441 范围（北爱尔兰）

（1）本法下列规定适用于北爱尔兰：

（a）第 197、426、426A、426B、427、428 条；以及

（b）第 439 条和附表 14 中与适用于北爱尔兰的法规有关的部分。

（2）在符合上述规定的情况下，以及符合对在大不列颠以外其他地方注册成立的公司的任何明确规定的情况下，本法中的任何规定均不适用于北爱尔兰，也不适用于在北爱尔兰注册成立的公司。

442 范围（其他领土）

女皇陛下可借枢密院命令，指示该命令所指明的本法条文，即先前载于 1985 年《破产法》的条文，经该命令所指明的变通后，适用于海峡群岛或任何殖民地。

443 开始

本法自 1985 年《破产法》第 236（2）款规定的该法第 3 部分（个人无力偿债和破产）生效之日起生效，紧接着该法第 3 部分在英格兰和威尔士生效而生效。

444 引用

本法可被称为 1986 年《破产法》。

澳大利亚《破产法》

Bankruptcy Act 1966

(No. 33，1966)

澳大利亚《破产法》

版本说明：

本译稿采用澳大利亚政府官网公布的最新条文（1966年澳大利亚《破产法》第88次修订本：https：//www. legislation. gov. au/Details/C2021C00346），为翻译母本（修订日期：2021年9月1日；包括修订至：Act No. 13，2021；登记日期：2021年9月15日），最近翻译核对更新日期：2022年6~11月。

澳大利亚《破产法》体例接近美国《破产法典》，不区分企业破产与个人破产，而是按照不同的程序来区分不同章节。因此，本法采用了全文翻译，共25万字。在中国属于首次翻译。

本译稿为国内目前唯一译本。

翻译说明：

本法正文有19个部分（Part）（序号1~16部分之外，还有1A、1B和11A三个历次修订中新增的部分）。此外还有两个附表（Schedule），由于内容相对不算太多，且国内并无相关翻译，因此此次一并进行了翻译。

全文层级按照下列顺序排列：部分（Part）、节（Division）、1条、（1）款、（a）项、（ⅰ）目。

对于很多具有一定翻译或理解难度的英文单词及表述（含单词、词组、意群甚至整句），在相应译文之后用括注方式列举了原文的表述或其他可能的译法，有些地方还做了专门的译者注（本译稿现有译者注62处），以便读者对译法进行研判和批评，以利于未来的改进。

翻译人员：

齐砺杰：深圳大学法学院破产法研究中心主任、副教授，英国曼彻斯特大学法学博士。

曹悦、卢远捷：参与翻译此稿时是深圳大学法学院在读本科生，现在澳大利亚、中国某地法院等机构从事相关法律工作。

本稿先由曹悦、卢远捷分别将澳大利亚《破产法》的原文通过网络翻译机进行文本汉化、统一术语和初步翻译（根据各自的实际能力），以大幅降低汉字输入的时间和人力。

整理成中文版工作文本后，由齐砺杰根据澳大利亚政府官网上的条文，逐条翻译、修改、排版，形成翻译初稿，此项工作于2020年年初完成。

2022年2~3月及6~11月，齐砺杰对翻译初稿进行了两次审校（含全文表述上的统一、前后条文之间的串通、文字修改、订正错误、添加脚注等），并再次核对原文，将初稿至审校之间的新修订条文一并放入审校稿中。

澳大利亚《破产法》章节目录

---

① 译者注：目前本部分仅剩第 2 节，原文如此。本翻译稿法条的条、款、项、目号如有缺漏、不连贯者，都是条文修改、废除所造成的，不再特别提示。因为英美法系法条的修订，是不会改变原来的法条编号的。如果是增加，则在上一条款的数字后面增加后缀（例如，在第 168 条后面增加一条，则为第 168A 条，如再增加一条，则为第 168B 条，如果增加的条文涉及章节变动或者多次增加，则后缀同时也反映相应的变动情况，如出现了 189AAA、139ZIEA 这样的条文号）；如果是减少，则相应条款号消失，其他条文号保持不变。这样做的好处是，任何时候提到某个条文号，对应的内容都是不变的，非常便于研究和查找条文内容。反之如果每次修法都修改法条的编号，则必然出现类似软件版本冲突的问题，极为不便。尤其在年代久远的情形下。

第10节　导言

第15节　受托人名册

第20节　注册的受托人

第A小节　导言

第B小节　注册

第C小节　注册条件的变更等

第D小节　续期（renewal，更新）

第E小节　与登记有关的罪行

第25节　保险

第30节　受托人年度报告

第35节　通知的要求

第40节　纪律处分和其他行动

第A小节　导言

第B小节　遵循指示

第C小节　自动取消

第D小节　检察长可暂停或取消注册

第E小节　委员会的纪律处分

第F小节　终止或缩短暂停（Lifting or shortening suspension）

第G小节　行业机构发起的处分行动

第45节　法院对注册受托人的监督

第50节　本部分所指的委员会

第3部分　有关财团管理的一般规则

第55节　导言

第60节　受托人收到的报酬和其他福利

第A小节　简介

第B小节　受托人的报酬

第E小节　受托人与报酬及福利等有关的职责

第65节　资金处理

第70节　信息

第A小节　简介

第B小节　年度管理申报

第C小节　保存记录

第D小节　向债权人和其他人提供信息等

第E小节　其他信息的要求等

第F小节　向检察长报告

第G小节　受托人可能被迫遵守对信息的请求等

关于本修正案

本修正案

本文为1966年《破产法》的修正案，该内容于2021年9月1日（修正日期）起生效。

本修正结尾处的注释（尾注）包括有关修正法律的信息和已编纂法律条文的修正历史。

未开始的修正案

未开始的修正案不被已编纂成册的法律收纳。任何对法律有影响的未开始的修正案均可在立法登记册（www. legislation. gov. au）上查阅。尾注中强调了截至编纂日期但未在编纂日期开始的修正细节。有关任何未开始的修正案的更多信息，请参阅已出台的法律的立法登记册系列页。

条文及修正案的适用、保留及过渡性条文

如果本修正案中未包括的适用、保留或过渡性条款影响到编纂法律的某一条款或修正案的实施，则在尾注中列入详细内容。

编辑性改动（changes）

此编纂中所有与编辑相关的更改信息，请参阅尾注。

修正

如果已出台的法律经过修正，按修正后的法律执行，但修正（modification）不修改（amend）原法律文本。因此，本文不显示修正后的汇编法律文本。有关任何修正的详细信息，请参阅已出台的法律的立法登记册系列页。

已废除条款

如果已出台的法律中某一条文根据该法的规定应被废除，则应将详细情况载于尾注。

第 1 部分 导　　言

1 短标题

本法可引称为 1966 年《破产法》。

2 开始实施

本法自公告内确定的日期生效。

4 废除

（1）附表 1 所列出的法令已被废除。

（2）尽管本条第（1）款废除了 1958 年《破产法》或 1959 年《破产法》：

（a）由 1959 年《破产法》修正的 1958 年《破产法》中的第 7 条规定继续适用于在本法生效前适用这些规定所声称的延长时间或确定时间；以及

（b）1959 年《破产法》第 5 条规定继续适用于在本法生效日期前适用该等规定的封印或印章（a seal or stamp）问题；

就像那些法案没有被废除。

4A 破产程序进程表

附表 2 生效。

第1A部分 解 释

5 解释

（1）在本法中，除非出现相反的意思表示，一般情况下：

“ADI”（authorised deposit－taking institution，授权存款机构，缩写为ADI）① 是指：

（a）1959年《银行法》规定为ADI的法人团体（a body corporate）；或者

（b）澳大利亚储备银行；或者

（c）符合本定义目的且被下列机构书面批准的银行：

（ⅰ）由财政部（Treasurer，司库）批准；或者

（ⅱ）由财政部书面授权的人基于本定义的目的而批准。

“管理人”（administrator），就债务协议而言，指该人：

（a）被授权处理授权范围内的财产；或者

（b）根据第185ZB条成为代理管理人；或者

（c）由官方接管人（Official Receiver）根据第185ZC条委任。

“宣誓书（affidavit）”包括确认书和法定声明书（affirmation and statutory declaration）。

“批准形式”：如文件符合第6D条的规定，则该文件须采用批准形式（approved form，核准格式）。

“关联实体”（associated entity），就个人而言，是指：

（a）与该人有联系或曾与该人有联系的实体（公司除外）②；或者

（b）在某公司是或曾经是（视情况而定）封闭公司③时，与该人有联系或曾经有联系的公司。

“授权员工”是指职责包括下列一项或两项的APS（The Australian Public Service，澳大利亚公共服务）员工：

（a）帮助检察长根据本法履行其职能或行使其权力；

（b）帮助官方接管人根据本法履行其职能或行使其权力。

“政府部门”（authority，当局），就地区（Territory，领土）而言，当局是指根据该地区的法律设立的政府部门，包括由该地区法律或根据或该地区法律所设立的职位的任职者（the holder of an office established by or under a law of the Territory）。

“可得破产行为”（available act of bankruptcy），就债务人而言，可得破产行为是指在申

① 译者注：ADI缩写后面的“（授权存款机构）”如果是原文中就有的，在本译稿中全部保留。

② 译者注：此处原文为“other than a company”。

③ 译者注：a private company 应该对应的是 publiccompany，即公众公司或上市公司。

请书提交之日，或凭借申请书，使债务人成为破产人时，可向债务人提出申请的破产行为。

“银行”指 ADI（授权存款机构）或任何其他银行。

“破产人”（bankrupt）是指一个人：

（a）针对其财团（estate，产业）已作出扣押令；或者

（b）凭借债务人申请而成为破产人。

“破产”（bankruptcy），就司法管辖或程序而言，指根据或凭借（under or by virtue of）本法的任何司法管辖或程序。

“账簿”包括任何账目、契据、资料（paper）、书写（writing）或文件，以及任何以书面、缩微胶卷、电子处理或其他方式编撰、记录或储存的资料备份。

“失职”是指渎职（malfeasance）、滥用职权（misfeasance）、疏忽、故意违约或失信。

“工作日”是指相关地域内非星期六、星期日、公共假日或银行假日（bank holiday）的日期。

“子女”，在本法没有另外限制的情况下，下列每一种情况都可看作其为一个人的子女：

（a）该人的领养子女、继子女或婚前子女；

（b）1975 年《家庭法》中对人的子女所作出的规定。

“近亲属”，就某人而言，指该人的配偶、事实上的伴侣、父母、子女、兄弟、姐妹、同父异母或同母异父的兄弟或姐妹。

“联邦（Commonwealth）[①] 犯罪收益管理机构（proceeds of crime authority）”是指 2002 年《犯罪收益法》所指的犯罪收益管理机构。

［按语（Note）：根据该法，犯罪收益管理者是澳大利亚联邦警察局局长或检察长（见该法第 338 条中犯罪收益管理者的定义），责任可以在这些当局者之间转移（见该法第 315B 条）。］

“公司”，除在澳大利亚境内或境外注册成立的公司以外，还包括下列机构：

（a）公共当局；或者

（b）政府在联邦、某州或领地上的权力工具或机构。

“公司管理人员”，就公司而言，包括：

（a）公司的董事或秘书；

（b）根据文书所载权力委任的公司财产接管人及经理人；

（ba）2001 年《公司法》中所规定的公司管理人；

（bb）公司根据《公司法》第 5. 3A 部分签署的公司安排的契约管理人；

（d）公司主动申请破产清算时委任的公司清算人；以及

（e）公司与另一人或其他人之间的协定或安排的受托人或其他人；

---

① 译者注：“Commonwealth”，通常翻译为英联邦［当然，英联邦最正式的译法为 the British Commonwealth（of Nations）］，也可翻译为联邦（大家比较熟悉的联邦译法是 United States）。本法所称 Commonwealth，是指澳大利亚联邦（Commonwealth of Australia）。

但不包括：

（f）不是经理的受托人；

（g）由法院指定的受托人及经理人；或者

（h）由法院指定的清算人。

“没收令”与2002年《犯罪所得法》中规定的相同。

“警员”（constable）指澳大利亚联邦警察的成员或特别成员，或某州或领地的警察部队成员。

“公司”包括任何法人团体。

“相应的法律”与2002年《犯罪所得法》（the Proceeds of Crime Act）中规定的相同。

“即决管辖权（summary jurisdiction，简易管辖权）法院”包括领地法院，是根据本国法律对违法行为（offences）作出即决裁判或即决惩罚的法院。

“债权人”，就抚养令下的法律责任而言，包括1988年《儿童抚养（登记和领养）法》所指的被抚养儿童登记人。

“债权人请求”是指由一个债权人或者两个以上债权人共同提出的请求。

“债务”包括责任（liability）。

“债务协议”是指因接受债务协议提议而根据第185H条达成的协议。

“债务协议建议书”是指第185C（1）款中提及的书面建议书。

“债务人申请书”是指债务人针对债务人本人提出的申请书，包括根据第56A条针对合伙企业（a partnership）① 提出的申请书和联合债务人（joint debtors，共同债务人）根据第57条针对债务人本人提出的申请书。

“意向声明”是指根据第54A条提交并根据第54C条接受的声明。

“声明债务人”（declared debtor）是指根据第54A条提交意向声明的债务人。

“事实合伙人”具有1901年《法案解释法》赋予的含义。

“违约期”是指：

（a）如果规定的期限超过21天，则该期限被视为违约期；或者

（b）否则，则为21天。②

“董事”，就公司而言，包括：

（a）以任何名义担任或代理公司董事职位的任何人，不论其是否被有效任命担任或正式授权担任该职位；

---

① 译者注：合伙理论上至少有非组织性的民事合伙和组织性的商业合伙两大类，后者在我国一般注册为合伙企业。本译稿中所有“partnership”一词，为方便中国读者理解，均翻译成合伙企业。但是要提醒读者的是，在实体上，澳大利亚法中的“partnership”或许不限于中国的合伙企业。

② 译者注：原文为“or（b）otherwise—21 days”，编辑在审稿时建议将“否则（otherwise）”改为“若未规定期限或规定的期限少于21天，则违约期限视为……”，这种理解当然是对的，编辑认真负责的精神也非常值得赞美，但是作为条文翻译者，本人不能采纳这种译法，这种因意译导致的添加显然超出了条文翻译的工作范畴。原因有三：（1）如此就成了外国法条文解读，而非翻译；（2）实体上不能确定译者的添加成分是否为全面且无遗漏的，更不用说可能存在理解错误；（3）即使没有这些增加，专业的读者也不难理解这句话的意思。

（b）公司董事惯常按照其命令或指示行事的人；以及

（c）如果公司设有管理委员会、理事会或其他理事机构：

（ⅰ）该管理委员会、理事会或其他理事机构的成员；

（ⅱ）以任何名义担任或代理该管理委员会、理事会或其他理事机构成员的任何人，不论其是否被有效任命担任或正式授权担任该职位；以及

（ⅲ）该管埋委员会、理事会或其他理事机构的成员习惯按照其命令或指示行事的人。

“资格法官”指部长根据第129A（2）款规定宣布其为合格法官的法院法官。

“结束”是指：

（a）就任何破产而言，指该破产人完成清偿或该破产宣告无效；或者

（b）就第4部分第6节（Division）所指的组成或安排方案而言，该组成或安排（视情况而定）停止生效的时间已到；或者

（ba）就个人破产协议而言，指该协议设定的所有义务均已解除；或者

（c）就第11部分所指的行政管理而言，指该行政管理的终结。

“强制执行”，就冻结债务而言，是指在判决债务（judgment debt）的情况下：

（a）法院为以任何方式强制执行判决债务的缴付而适用的法律程序；或者

（b）在不限制第（a）款的概括性的原则下，为了执行判决债务，法院将债务或其他应付款项或者负债，或将来会成为应付款项或者负债的款项，追缴给（attaching to）声明债务人（the declared debtor）的程序。

“实体”是指自然人、公司、合伙企业或信托。

“可审查事项”（examinable affairs），就某自然人而言是指：

（a）该人的协议、交易、财产和其他事务；以及

（b）与该人或其任何行为、协议、交易、财产和事务相关的或看似相关的该人关联实体的财务事务。

“可审查期”（examinable period），具有第139CA条所赋予的含义。

“可审查人”（examinable person），就某人而言（在本定义中称为相关人）是指：

（a）如相关人是债务人，且已知或怀疑债务人的财产被该人占有；

（b）如相关人已破产，且已知或怀疑破产人的财产被该人占有；

（c）在任何情况下，该人可能被认为负有对相关人的债务；

（d）如果该人包括下列情形：

（ⅰ）与相关人有关联实体的人；或者

（ⅱ）与相关人的关联实体有联系或曾有联系的人；

可提供相关人信息或与相关人有关的任何可审查事务的资料的人；或者

（e）如果账簿（包括相关人的关联实体的账簿）：

（ⅰ）由该人保管，包括第（d）（ⅰ）、（ⅱ）项所提及的人；以及

（ⅱ）该人与相关人或任何相关人的可审查事务有关。

“财政部部长”是指执行 2013 年《公共治理、绩效和责任法案》的部长（the Minister）①。

“没收令”（forfeiture order）指根据《犯罪所得法》作出的没收令。

“冻结债务”（frozen debt）是指：

（a）声明债务人所欠的债务；以及

（b）如果债务人在根据第 54C 条接受意向声明时已成为破产人，则可在破产中证明；

但不包括与债务人在抚养协议或抚养令下的责任有关的债务（无论何时签订或作出）。

“物品”包括所有动产。

“行业法规”是指：

（a）规定就业条件的联邦、某州或领地的法律；或者

（b）根据这种法律作出的裁决、决定或协议。

“破产实务规则”是指部长根据附表 2 第 105－1 条制定的规则。

“检察长”是指破产程序中（in Bankruptcy）的检察长，包括担任检察长的人。

“州际罚没令”（interstate confiscation order）是指州际没收令（interstate forfeiture order）或州际罚款令（interstate pecuniary penalty order）。

“州际没收令”含义与 2002 年《犯罪所得法》规定的相同。

“州际罚款令”含义与 2002 年《犯罪所得法》规定的相同。

“占有”包括在其保管或控制之下。

“法律”，就某一领地而言，指该领地内有效的法律。

示例（Example）：某州或某另一领地适用的法律是在某领地生效的法律（A law in force in a Territory that is an applied law of a State or another Territory）。

“地方法官”是指：

（a）根据适用第 17B（1）款的规定担任州地方法官的人；

（b）根据适用第 17B（2）款的规定担任北方领土地区（the Northern Territory，可简称为北领地）地方法院法官的人；或者

（c）担任某领地地方法官的人。

“抚养协议”是指：

（a）在澳大利亚法院或境外法院登记或批准的抚养协议（以 1975 年《家庭法》所规定的为准）；或者

（b）与在澳大利亚或外国的领地法院登记或批准的人有关的任何抚养协议；

但不包括金融协议或 1975 年《家庭法》第 8AB 部分所指的金融协议。

“抚养令”是指：

（a）根据联邦、某州或领地的法律作出或提出的关于抚养某人的命令，包括关于支付拖欠的抚养费的命令；或者

---

① 译者注：本法中后面所称“部长”，应该都是指财政部部长。

（b）根据1989年《儿童抚养（评估）法》进行的评估。

“修改”包括添加、省略和替换。

“国民个人破产索引”是指根据法规建立的该名称的索引。

“净值”（net value），就财产而言，是指：

（a）如该财产无抵押无担保，则为该财产的价值；

（b）如该财产已设抵押，且该财产的无抵押价值超过该财产设抵押部分的金额，则计算为超出部分的价值；

（c）在任何其他情况下，零金额（a nil amount）。

“净资产”（net worth），就实体和时间而言，是指：

（a）如果该实体是信托，且信托财产当时的总价值超过受托人当时的债务总额（除了作为信托受益人的人的权利构成的债务外），则为超出部分的金额；

（b）如果该实体不是信托，且该实体当时的资产总价值超过该实体当时的负债总额，即超出部分的金额；或者

（c）在任何其他情况下，零金额。

“誓言”包括宣誓和法定声明。

“违反本法的罪行”包括违反《刑法》第137.1、137.2款的罪行，即与本法有关的罪行。

“官员”指法院或联邦的官员。

“官方接管人”（Official Receiver）包括一名担任官方接管人的人。

“官方受托人”（Official Trustee）是指破产法规定的受托人。

“营业”，即与实体有关的，指下列所有方面：

（a）该实体的经营、贸易、交易和协议：

（ⅰ）是否单独或与另一实体或其他实体联合；

（ⅱ）是否为代理人、受寄托人（bailee）或受托人；

（b）该实体的利润、收入和进账；

（c）该实体的损失、开支和花费。

“父母”：一个人是其子女的父母的人。

“罚款令”是指：

（a）根据犯罪所得相关法规作出的罚款命令；或者

（b）2002年《犯罪所得法》所指的文学作品收益没收令；

（c）2002年《犯罪所得法》所指的没有明确来源的财产没收令。

“个人破产协议”是指根据第10部分签署的个人破产协议。

（按语：第188A条规定了个人破产协议的请求。）

“个人服务”，对破产人而言，是指体力劳动、智力劳动或以其他方式由破产人本人提供的服务：

（a）无论是否以雇员的身份；以及

（b）无论破产人提供的服务是否解除了实体提供服务的义务。

“申请书”是指根据本法提出的申请书。

“PPSA 设保人（grantor）或债务人”［《个人财产证券法》（Personal Property Securities Act）设保人或债务人的简称］，就 PPSA 担保权益而言，是指 2009 年《个人财产证券法》所指的设保人或债务人。

“PPSA 担保权人”（《个人财产证券法》担保权人的简称），就 PPSA 担保权益而言，是指 2009 年《个人财产证券法》所指的担保权人。

“PPSA 担保协议”（《个人财产证券法》担保协议的简称），就 PPSA 担保权益而言，是指 2009 年《个人财产证券法》所指的担保协议。

“PPSA 担保权益”（《个人财产证券法》担保权益的简称），是指 2009 年《个人财产证券法》所指的以及该法所适用的担保权益，但不包括该法所指的过渡性担保权益。

［按语 1：2009 年《个人财产证券法》适用于个人财产的某些担保权益，有下列规定：

（a）第 8 条（该法不适用的权益）；

（b）第 12 条（担保权益的含义）；

（c）第 9 章（过渡条款）。］

（按语 2：过渡性担保权益的含义见 2009 年《个人财产证券法》第 308 条。）

“场所”包括：

（a）任何土地；

（b）任何构筑物（structure）、建筑物（building）、飞机、车辆、船舶或地方（无论其上面是否有建筑物）；以及

（c）这些构筑物、建筑物、飞机、车辆、船舶或地方的任何一个区域。

“私人公司”，就某一特定时间而言，指不仅是一个公司，在该时间：

（a）已被正式列入官方的金融市场名单（如 2001 年《公司法》第 9 条所界定）；以及

（b）尚未从该正式名单中被删除。

“诉讼”是指根据本法进行的诉讼。

“收益”，就债务的强制执行程序而言，是指：

（a）出售财产的过程中所获得的收益；

（b）在执行程序中得到的资金；

（c）在执行程序中因扣押而收到的款项；或者

（d）为避免在强制执行程序中取得或出售财产，或避免在强制执行程序中被扣押而支付的款项。

“《犯罪所得法》”指：

（a）2002 年《犯罪所得法》；或者

（b）1987 年《犯罪所得法》；或者

（c）相关的法律。

“犯罪所得令”指：

（a）限制令；或者

（b）没收令；或者

（c）罚款令。

“已宣告的法律”是指，根据第253B条生效的公告中规定的当时的法律。

“专业意见”是指一个人在履行与其专业能力有关的职能时提供的财务、商业或法律意见。

“财产”是指任何种类的动产或不动产，不论其位于澳大利亚还是其他地方，并包括附带的任何资产、权益或利润，不论是现在或将来的、已经拥有的或附条件的，由任何此类动产或不动产引起的或与之相关的。

“可证明债务”是指根据本法，在破产时可证明的债务或义务。

“提供者”，与RSA（Retirement Savings Accounts，退休储蓄账户的缩写）有关的，具有与1997年《退休储蓄账户法》相同的含义。

“注册受托人”的含义与附表2第5-5条相同。

“管理人名册”的含义与附表2第15-1条相同。

“书记员”（Registrar）是指：[①]

（a）联邦法院的首席执行官和首席书记官、书记员、地区书记员或地区副书记员（a Deputy District Registrar）；或者

（b）澳大利亚联邦巡回和家庭法院（第2分部）的书记员。

“相关主体”（related entity），就某人而言，是指下列几种：

（a）该人的亲属；

（b）法人团体（a body corporate），该人或该人的亲属是该法人团体的董事；

（c）与第（b）项所提及的法人团体有关的法人团体；

（d）第（b）、（c）项所提及的法人团体的董事或董事的亲属；

（e）该人或其亲属为受托人的信托受益人；

（f）上述受益人的亲属；

（g）上述受益人的配偶或事实伴侣；

（h）该人或其亲属为上述受益人的信托的管理人（a trustee of a trust）；

（i）该人或其亲属是其成员的合伙（a member of a partnership）的（其他）成员；

就本定义的第（c）项而言，一个法人团体是否与另一个法人团体有关的问题，应与2001年《公司法》中确认该问题的方式相同。

“亲属”（relative），对于某人而言，是指：

（a）该人的配偶；或者

（b）该人或其配偶的父母或较远的直系祖先；或者

（c）该人或其配偶的子女或较远的直系后裔；或者

---

① 译者注：也可以翻译成书记官、司法常务官等，译者依据中国的习惯称呼，翻译为书记员。

（d）该人或其配偶的兄弟姐妹；或者

（e）该人或其配偶的叔伯、姨婶、侄子及外甥或侄女及外甥女；或者

（f）第（b）、（c）、（d）或（e）项所指定的人的配偶。

在本定义中，配偶包括事实伴侣。

（按语：父母和子女由本小节定义。）

“决议”：由监管债务人财产的债权人通过决议：

（a）在附表2第75-50（2）（k）项所规定的情况下举行会议；或者

（b）在附表2第75-40（5）（b）项所规定的情况下，无须举行会议。

“限制令”是指根据《犯罪所得法》作出的限制令。

“RSA”的含义与1997年《退休储蓄账户法》中的含义相同。

“RSA持有人”的含义与1997年《退休储蓄账户法》中的含义相同。

“农村援助计划”是指：

（a）由联邦、某州或领地管理的或代表联邦、某州或领地管理的；以及

（b）涉及下列方面：

（ⅰ）农业或土地耕种；或者

（ⅱ）以商业为目的的动物饲养；或者

（ⅲ）园艺；或者

（ⅳ）其他第一产业（指农业、矿业等生产原材料的产业）活动。

“担保债权人”，就债务人而言，是指：

（a）在债务由PPSA担保物权（security interest）担保时，PPSA担保权人与该权益相关，请求该担保：

（ⅰ）作为债务的担保；以及

（ⅱ）是完整的（在2009年《个人财产证券法》的含义范围内）；或者

（b）在非上述债务的情形下，某人持有以债务人财产设置的抵押、质押或留置权，作为债务人欠他或她的债务的担保。

“执行员”（sheriff）[①] 包括负责执行书面命令（a writ，令状）或其他程序的任何人。

“特别决议”：被受监管债务人财产的债权人通过的特别决议：

（a）在附表2第75-50（2）（k）项所规定的情况下举行会议；或者

（b）在附表2第75-40（5）（b）项所规定的情况下，无须举行会议。

“事态”，就某实体而言，是指下列所有内容：

（a）实体的财产和资产：

（ⅰ）无论是单独持有还是与另一人或多人共同持有；以及

（ⅱ）是否作为代理人、受托人或管理人持有；

---

① 译者注：“sheriff”也可译为警长、治安官、治安法官、执行员、执行法官等，本译稿根据其在破产程序中所起的作用，认为翻译为执行员或许最易中国读者理解。

（b）该实体的负债：

（ⅰ）无论是实际存在的还是依情况而定的；

（ⅱ）无论是单独还是与另一人或多人共同负担的（owed，欠下的）；以及

（ⅲ）是否作为管理人所负担的。

“法定最低限额”是指：

（a）如果规定的金额超过5000澳大利亚元，则为规定金额；或者

（b）否则，则为5000澳大利亚元。

“法定期限”是指：

（a）如果规定的期限超过21天，则为规定期限；或者

（b）否则，则为21天。

“冻结期”（stay period，中止期），就债务人提交的意向声明而言，是指从根据第54C条接受声明之日起至下列情况结束的期间：

（a）［从（接受声明之日）当天开始的］违约期结束之日；或者

（b）债权人或债务人，针对该债务人提出破产申请；

（c）债务人根据第188条签署授权书；

（d）对债务人发出扣押令（a sequestration order）；

以先发生者为准。

“根据宣布的法律而暂缓”，就某人或某死者的遗产而言，指由于或根据宣布的法律而暂缓与该人或该遗产（视情况而定）所负担的全部或任何债务有关的法律程序或执行。

“继子女”：在本法中，在不限制谁是某人的继子女的情况下，如果一个人与其事实伴侣合法结婚，则其合法伴侣的儿女被视为该人的继子女。

“破产的开始”，就破产人而言，是指根据第115条他或她（his or her）[①] 的破产程序被视为开始的时间。

“法院”是指根据本法具有破产管辖权的法院。

“破产日期”，就破产人而言，是指对其个人财产作出扣押令的日期；如果他或她（破产人）是因其本人的申请而破产，则是指其因第55、56E或57条（视情况而定）的生效而破产的日期。

“联邦法院”是指澳大利亚联邦法院。

“官方接管人”，[②] 指任何官方接管人。

“破产人的财产”，就破产人而言，是指：

（a）除第58（3）、（4）款外：

（ⅰ）破产人的债权人之间可分割的财产；以及

---

① 译者注：外国的官方法律文件中，为显示男女平等，经常使用这种包含两种性别的表述方式。

② 译者注：有翻译为“破产署署长”的，但是Receivership（管理、接收）是英美法系中大量使用的制度，如果Receiver翻译为“署长”，那在其他场合中，Receiver就可能要换作其他译法，影响翻译的统一性。

（ⅱ）在他或她破产之前，可由其行使的与其财产有关的任何权利及权力；以及

（b）在第58（3）、（4）款中：

（ⅰ）本定义第（a）款所指的财产、权利和权力；以及

（ⅱ）破产人的其他财产。

“受托人”（the trustee）是指：

（a）就破产而言，指破产财团的受托人；或者

（b）就第4部分第6节所指的和解或安排方案而言，指该和解或安排方案的受托人；或者

（c）就个人破产协议而言，指该协议的受托人；或者

（d）就已根据第11部分对死者的遗产作出了命令的情况而言，指该遗产的受托人；或者

（e）就信托而言：

（ⅰ）若只有一人是该信托的受托人，则该人为受托人；或者

（ⅱ）如有二人或二人以上是该信托的受托人，则其中任何一人或多人；

以他、她或它之身份作为信托的受托人（in his，her or its capacity as a trustee），[①] 或（视情况而定）以其各自的身份作为信托的受托人。

“该法”包括相关法规（the regulations）和《破产实务规则》。

“规定期限”（time fixed），就遵守破产通知而言，是指该通知中规定的期限（根据第41（2A）款的规定）。

（1A）本法中某处提及关于某人的关联实体的账簿，并不妨碍本法中任何其他一般性提及账簿之处。[②]

（1B）本法所称实体，就信托而言，包括信托受托人。

（1C）第（1）款中“可审查事务”定义的第（b）项之规定，并不妨碍本法中任何其他一般性提及某人的行为、来往、交易、财产或事务之处。

（2）一个人具有“偿付能力”指的仅是在当该人的所有债务到期时，该人具有支付其所有债务的能力。

（3）没有偿付能力的人被定义为“无力偿债者（insolvent，支付不能者）”。

（4）除非出现相反的意思表示，否则本法中提及破产财团的受托人或个人破产协议的受托人应：

（a）就有2名或2名以上的共同受托人（joint trustees）的资产或个人破产协议而言，

---

① 译者注：受托人可以是自然人，也可以是非自然人如公司，因此此处“它”指非自然人担任受托人之情形。

② 译者注：此句的原文为“A reference in this Act to books of an associated entity of a person does not limit the generality of any other reference in this Act to books”。这句话的意思大概是指，不能因为本法中某一处提及账簿时，指的是“某人的关联实体的账簿”，就认为本法中凡提及账簿，都是特指“某人的关联实体的账簿”，而是泛泛而指各种可能的账簿。

须理解为所有受托人；或者

（b）就有2名或2名以上的连带受托人（joint and several trustees）的资产或个人破产协议而言，须理解为所有受托人，或者任何1名或多名受托人。

（6）就本法而言，一个人的“家庭成员”包括（但不限于）下列内容：

（a）该人的事实伴侣；

（b）因本条对子女（child）的定义而成为该人的子女或该人是其子女的人；

（c）如果第（a）、（b）项中提到的人被视为该人的家庭成员，则将成为该人家庭中的一员。

5A 按照某人的指示或命令行事

就本法而言，任何人不得仅仅因为董事根据该人在适当履行其专业能力或其与董事或法人团体的业务关系所要求的职能时所提供的意见行事，而被视为法人团体的董事习惯于按照其指示或命令行事的人。[①]

5B 关联实体：公司

（1）就本法而言，如果某自然人与公司有关联，是指该人：

（a）是公司的高级职员或以其他方式涉及（concerned）或参与公司的管理；或者

（b）能够控制或影响公司的活动或内部事务；或者

（c）是该公司的成员；[②] 或者

（d）能够在公司（股东）大会上投票或控制投票；或者

（e）有权处置或控制公司股份；或者

（f）与公司的经营成败或表面的经营成败有经济利益关系；或者

（g）与公司有债务关系；或者

（h）被公司雇用或根据服务合同聘用；或者

（j）在任何交易或协议中担任公司的代理人；或者

（k）为公司提供专业意见。

（2）就本法而言，如果公司与某自然人有关联，是指该公司：

（a）与该人共同持有财产；或者

（b）作为该人的代理人处理该人的财产；或者

（c）是该人的可受益信托的受托人；或者

（d）因与该人交往而得以取得或处置财产。

（3）就本法而言，第（1）、（2）款所列的情形是公司与该自然人有关联的唯一情形。

5C 关联实体：自然人

（1）就本法而言，如果某自然人（在本条中称为关联人）与另一自然人有关联，是指

---

① 译者注：这是澳大利亚法上的“影子董事”条文之一。大概意思是指，不能因为董事听取了专业人士的建议，就认为该专业人士是该公司的“影子董事”。

② 译者注：公司成员一般指股东。

该人：

（a）与关联人共同持有财产；或者

（b）是关联人的可受益信托的受托人；或者

（ba）可根据关联人为受托人的信托而受益；或者

（c）受雇于或根据服务合约受雇于关联人；或者

（d）在任何交易或协议中担任关联人的代理人（agent）；或者

（da）是关联人作为代理人的委托人；或者

（e）根据授权（under a power of attorney，因代理委托权）是关联人的律师（attorney，代理人）；或者

（f）已根据授权委任关联人为另一人的律师；或者

（g）为关联人提供专业意见；或者

（h）由关联人提供专业意见。

（2）如果某自然人（关联人）因与另一人（another person）交易而获得或处置了财产，则该自然人（关联人）也与另一人有关联。

（3）就本法而言，第（1）款和第（2）款所述的情形是某自然人与另一人有关联的唯一情形。

5D 关联实体：合伙企业

就本法而言，如果某人与合伙企业有关联，则指该人：

（a）是合伙企业中的合伙人；

（b）能控制合伙企业的活动或内部事务或者对其产生重大影响；

（c）合伙企业的经营成败或表面经营成败与其存在经济利益关系；

（d）是合伙企业的债权人；

（e）受雇于合伙企业，或根据服务合同受雇于合伙企业；

（f）在任何交易或协议中担任合伙企业的代理人；或者

（g）为合伙企业提供专业意见。

5E 关联实体：信托

就本法而言，如果某人与信托有关联，则指该人：

（a）是信托的委托人或委托人之一；

（b）根据信托条款有权委任或罢免该信托的受托人，或者有权更改信托的任何条款；

（c）是信托的受托人；

（d）能够控制或在实质上影响该信托的受托人的活动；

（e）如信托的受托人是一家公司，而该人是该公司的高级管理人员，或在其他方面与该公司的管理有关，或参与该公司的管理；

（f）可因信托而受益；

（g）是信托受托人的债权人；

（h）由该信托的受托人雇用或根据服务合约聘用；

（j）在任何交易或协议中作为信托受托人的代理人；或者

（k）为信托受托人提供专业意见。

5F 控制与某一事项有关的实体

（1）除本条另有规定外，就本法而言，任何人如有下列情况或行为，应视为该人在某一特定时间就某一事项控制某一实体；

（a）任何与其真实指示、意思或意愿不符的作为、不作为或决定；以及

（b）在考虑到所有情况后，可合理地预期上述作为、不作为或决定不会发生；

当时是由该实体或代表该实体完成或者作出此事项的。

（2）任何人不得仅因下列原因而被视为在某一特定时间就某一事项控制某一实体：

（a）任何作为、不作为或决定，均不得与其在正常履行其专业能力所要求的职能或与该实体的业务关系有关的职能时所提供的意见相抵触；以及

（b）在考虑到所有情况后，可合理地预期上述作为、不作为或决定不会发生；

当时是由该实体或代表该实体完成或者作出此事项的。

（3）在第（1）、（2）款中，就某事项而言，凡涉及作为、不作为或决定，即认为是在考虑了该事项的性质后具有重大重要性的作为、不作为或决定。

（4）如公司在某段时间并非私人公司，则不认为任何人在此时间段就某一事项有控制公司的行为。

5G 公司财务事项

就本法而言，公司的财务事项包括：

（a）公司的晋级（promotion）、组建、成员资格、控制、运营及状况（operations and state of affairs）；

（b）公司的管理和诉讼；

（c）由本公司或代表本公司在下列情况下作出的任何与本公司业务或财产有关的行为或事项（包括订立的任何合同和达成的任何交易）：

（ⅰ）接管人（或接管人及经理人）拥有或控制公司财产；

（ⅰa）公司处于2001年《公司法》所定义的管理之下；

（ⅰb）公司根据该法第5.3A部分签署的契约尚未终止；

（ⅲ）公司与另一人或多人之间的和解或安排（a compromise or arrangement）仍在执行中；或者

（ⅳ）公司正在清算中；

以及，在不限制前述规定的一般情况下，接管人或接管人及经理人（such a receiver or such a receiver and manager）、本公司的管理人（administrator）（在本法的含义范围内）、某契约（such a deed）的管理人、管理该和解或安排的任何人或公司的清算人或临时清算人的任何行为；

（d）公司股份和债券的所有权；

（e）任何人行使或控制行使附属于（attached to）公司股份的表决权，或处置或者控

制处置该等股份的权力；

（f）任何人取得或处置，或者有权取得或处置公司股份或债券的情形；或者

（g）与查明（ascertaining）和公司之间正有关联或曾有关联的人员有关的事项。

5H 自然人的财务事项

就本法而言，自然人的财务事项包括：

（a）该人的业务经营和状况；

（b）由该人或代表该人在下列情形作出与该人业务或财产有关的任何行为或事项（包括订立的任何合同和达成的任何交易）：

（ⅰ）根据本法或域外法律（the law of an external Territory），该人是破产人，且破产程序尚未完结；

（ⅱ）根据域外法律或澳大利亚以外的国家的法律，该人具有未免责的破产人地位；

（ⅲ）根据第188条授权，该人的财产受第10部分第2节管控；或者

（ⅳ）根据第10部分或根据域外或者澳大利亚以外的国家的法律的相应规定订立的个人破产协议对该人或该人的财产有效；

（c）在不限制第（b）项的一般原则下，破产企业的受托人、个人破产协议的受托人或根据该授权行事的人所作出的任何行为；以及

（d）与查明和该人之间正有关联或曾有关联的人有关的事项。

5J 合伙企业财务事项

就本法而言，合伙企业的财务事项包括：

（a）合伙企业的晋级、组建、成员资格、控制、经营和状况；

（b）合伙企业的管理和诉讼；

（c）在合伙企业清算时，代表合伙企业作出与合伙企业有关的任何行为或事项（包括订立的任何合同和达成的任何交易）；以及

（d）与查明和该合伙企业之间正有关联或曾有关联的人有关的事项。

5K 信托财务事项

就本法而言，信托的财务事项包括：

（a）信托的设立；

（b）根据信托条款产生的或与信托条款有关的事项；

（c）信托受托人的委任及罢免；

（d）信托受托人的业务、买卖、协议及交易；

（e）信托受托人的盈利、收入及进账；

（f）信托受托人的损失、开支及花费；

（g）信托财产，包括信托财产的交易和协议以及由此产生的收入；

（h）信托受托人的负债；

（j）信托的管理；

（k）在信托清算时，由信托受托人或代表信托受托人作出的有关信托的任何行为或事

项（包括订立的任何合同和达成的任何交易）；

（m）与查明和该信托之间正有关联或曾有关联的人有关的事项；

（n）与查明受益人在该信托下的权利以及受益人根据信托条款已收到或应收到的任何款项或者财产分配有关的事宜。

6 意图欺诈债权人的含义

在本法中，凡涉及欺诈债权人或者损害债权人权利的意图，均应理解为包括欺诈或损害任何一名或多名债权人的意图。

6A 除第 11 部分以外的其他事项说明

（1）本条对本法案的下列条款具有效力，即第 54（1）、（2）款，第 54A（2）款，第 55（2）（b）项，第 56B（3）（a）、（b）项，第 56F（1）（a）、（b）项，第 57（2）（a）、（b）项，第 77CA、185D 条和第 10 部分。

（2）在本法第（1）款所提及的事项说明需：

（a）采用标准格式；以及

（b）包括一份声明，指定债权人与债务人或破产人之间的关系；以及

（c）含一项声明，表明就债务人或破产人所知晓的内容，该项声明所载的详情准确无误。

（3）如受托人有合理理由怀疑他人在：

（a）提交的资产负债表上所列的所有内容中，在某些重要事项上是虚假或有误导性的；

（b）该声明中遗漏了某些重要信息的；

受托人可向该人发出书面通知，要求该人在不少于 14 天的指定期限内提供或出示通知书中所指定的资料或账簿，以使受托人能够查明该声明中所载信息是否正确。

（4）就第（3）款根据第 10 部分所要求的资产负债表的适用而言，在该款中，凡提及受托人之处，即指下列适用范围：

（a）第 10 部分所指的控权受托人（the controlling trustee）；

（b）有关个人破产协议的受托人。

6B 根据第 11 部分提供的声明和死者遗产（财团）管理声明

（2）在第 246（1）（a）项或第 247（1）款中，凡提及死者的事务及死者遗产的管理，即认为是以标准格式作出的该事务及该项管理的声明。

（3）受托人根据第 11 部分规定管理死者的遗产（财团），有正当理由怀疑他人在：

（a）根据第 246（1）款或第 247（1）款提交的资产负债表所列的所有内容中，在某些重要事项上是虚假或有误导性的；

（b）该声明中遗漏了某些重要信息；

受托人可向该人发出书面通知，要求该人在不少于 14 天的指定期限内提供或出示通知书中所指定的资料或账簿，以使受托人能够查明该声明所载信息是否正确。

6C 关于犯罪所得的解释性规定

当财产被限制令或没收令所控制时①

（1）就本法而言，在下列期间，财产由限制令或没收令所控制：

（a）在该命令生效时开始；以及

（b）在下列情形（以最早发生的计算）发生时结束：

（ⅰ）该命令失效；

（ⅱ）法院将该财产排除在该命令之外；

（ⅲ）如该命令是限制令，即法院将该财产排除在没收范围之外，但该财产会因或可能会因判决结果而被没收。

罚款令的履行

（2）在不限制罚款令失效的情况下，如果履行完毕，则罚款令失效。

当犯罪所得申请最终确定时

（3）就本法而言，对犯罪所得令的申请在下列情形下被视为最终完成：

（a）申请被撤回；或者

（b）申请成功，犯罪所得令生效；或者

（c）申请未获通过，但上诉期限已届满，上诉已得到判决或以其他方式被处置完毕。

6D 文件的标准（Approved，被正式认可的）格式

（1）本法要求采用标准格式的文件必须符合下列条件：

（a）采用检察长批准的文件格式；以及

（b）包括表格所规定的资料、说明、解释或其他事项；以及

（c）附带表格所规定的任何其他材料。

（2）在本法中，对标准格式文件的要求，也适用于其所包含或附带的任何相关文件或其他材料。

（3）如果：

（a）本法要求文件使用标准格式；以及

（b）本法的条文具体规定了或授权《破产实务规则》具体规定文件中必须列明的信息、声明、解释或其他事项，或文件中必须附带的其他材料；

上述条文并不排除或限制第（1）款对标准格式的适用（因此表格或表格所附资料等也需符合标准格式）。

（4）《破产实务规则》可就下列事项作出规定：

（a）判定文件或资料符合标准格式规定或以标准格式提供的方法；以及

（b）填写方式、签署人、指示或规定均要求或应用标准格式签署、制作或填写。

---

① 译者注：澳大利亚法条文中，除每条有条文号和标题之外，条内可能还有款标题，如本6C条之中，就有“当财产被限制令或没收令所控制时”“罚款令的履行”“当犯罪所得申请最终确定时”三个款标题。原文对款标题采用的是斜体字，与汉语习惯不符，本稿改成了字体加黑，以与非标题性文字相区别。

第 1B 部分　本法的适用

7 本法的适用

（1）本法扩张适用于非澳大利亚公民和享有议会特权的债务人。

（1A）适用本法的债务人，不受是否年满十八周岁的限制。

（2）扣押令不得针对下列实体作出，针对债务人的申请亦不得由下列实体提出：

（a）公司；或者

（b）根据联邦、某州或领地之法律注册的合伙企业或协会，前述法律规定了根据该法律注册的合伙企业或协会的清算。

（3）本法经法规（the regulations）规定的任何修改后，适用于有限合伙企业，如同它们是普通合伙企业；有限合伙企业的所有普通合伙人破产后，该有限合伙企业的资产应归属于（shall vest in）受托人。

7A《刑法典》的适用

《刑法典》第二章适用于所有违反本法的罪行。

（按语：《刑法典》第二章规定了刑事责任的一般原则。）

8 本法约束王室

本法对联邦、各州、澳大利亚首都领地和北方领土地区的王权（the Crown in right of）具有约束力。

9 不受本法影响的州和领地的法律

（1）本法不影响与本法没有明确关系或必要处理事项的州或领地。

第2部分　管　　理

第1节　概　　述

10 部长或秘书的授权（Delegation）

（1）部长可通过其签署的书面文件，将其在本法中的所有或任何权力［第185C（4B）、186F（4）、186G（2B）款和附表2第105－1（1）款下的权力和本授权性权力除外］概括地或按授权书中所规定地授权给官员。

（2）根据第（1）款授予的权力，在由被授权人行使时，视为由部长本人行使。

（3）根据第（1）款进行的授权不影响部长行使权力。

（4）秘书可通过其签署的书面文件，将其在本法项下的所有或任何权力（本授权性权力除外）概括地或按授权书中所规定地授权给官员。

（5）根据第（4）款授予的权力，在由被授权人行使时，视为由秘书本人行使。

（6）根据第（4）款作出的授权不影响秘书行使权力。

（7）本条中：

行为包括表现。

权力包括行使职能。

秘书是指部门秘书。

11 破产检察长

（1）就本法而言，破产案件中应设有一名检察长。

（2）检察长拥有：

（a）根据本法的一般管理权；以及

（b）本法赋予的其他权力和其他职能。

（3）检察长可行使官方接管人的一切权力（包括第18条所指的权力）以及履行官方接管人的一切职能，与官方接管人相同。

（4）检察长可将其在本法下的所有权力和职能以书面形式授权给被获准的员工。

12 检察长的职能

（1）检察长：

（a）应按部长的指示进行询问和调查；以及

（b）可就受托人（包括控权受托人）的管理或行为，就下列事项进行检察长认为适当的询问和调查：

（ⅰ）破产；或者

（ⅱ）根据第4部分第6节所形成的和解或安排方案；

（ⅲ）个人破产协议；或者

（ⅳ）根据第9部分作出的管理行为；或者

（ⅴ）根据第50（1）款交付的财产；或者

（ⅵ）受托人根据第188条授予的权力作为控权受托人时，有关的财产；以及

（ba）检察长可就下列行为及可审查事务，进行其认为适当的询问及调查：

（ⅰ）破产人；或者

（ⅱ）根据第4部分第6节订立的和解或安排方案的破产人或债务人；或者

（ⅱa）根据第9部分订立的债务协议建议书或债务协议的债务人；或者

（ⅱb）根据第10部分第2节，其财产被控制的债务人；或者

（ⅲ）个人破产协议的债务人；

与破产、和解、计划或协议（视情况而定）有关的；以及

（bb）可就管理人与债务协议有关的任何行为，进行检察长认为适当的询问和调查；以及

（bc）可就某人是否违反本法，进行检察长认为适当的询问和调查；以及

（bd）可就注册的债务协议管理人（a registered debt agreement administrator）的任何行为［包括根据第185C（2）（c）项规定的管理人在将债务协议建议书提交给官方接管人之前所从事的行为］进行检察长认为合适的询问和调查，但第（bb）或（bc）项所涵盖的行为除外；以及

（c）可不时从官方接管人、其他官员及注册受托人处获得关于本法的实施报告；以及

（d）在每个财政年度结束后，须向部长提交一份关于在该财政年度内本法实施情况的报告，供部长提交议会。

（1A）如果检察长为实现第（1）款的目的，要求注册受托人或债务协议管理人提供关于本法实施情况的报告，那么注册受托人或管理人（视情况而定）应立即提供检察长所要求的报告。

（1BA）检察长可随时根据第（1）（b）、（ba）、（bb）或（bc）项进行询问或调查，无论是在有关破产、和解、计划、协议或执行结束之前还是之后。

（1B）若检察长进行第（1）（b）、（ba）、（bb）或（bc）项所指的询问或调查，检察长可将询问或调查结果的报告副本交给其认为合适的任何人。

（1C）在不限制第（1）（a）、（b）项的普遍性的情况下，检察长可应下列主体的请求进行查询和调查：

（a）如果检察长确信该请求与没收令的申请或拟提申请有关，则由作为负责机关或拟作为负责机关的联邦犯罪所得管理机构根据2002年《犯罪所得法》提出申请或拟提申请；或者

（b）如果检察长确信该请求与州际没收令的申请或拟提申请有关，则为根据相应法律有权申请此类命令的人。

（1D）就第（1）（bb）项而言，债务协议管理人从事的任何行为：

（a）履行或声称履行管理人在本法下的职责；或者

（b）违反本法规定的管理人职责；

均被视为管理人与债务协议有关的行为，即使该行为与特定债务协议无关。

（1E）就第（1）（bb）项而言，如任何人根据第 185C（2d）款就任何债务协议建议签署证明书，则该人就该证明书而作出的行为，须视为管理人就该债务协议而作出的行为。

（1F）就第（1）（bb）项而言，如任何人：

（a）发出符合或看起来符合第 185N（5）款的通知；或者

（b）违反第 185N（5）款；

发出通知或违约（视情况而定）的行为均被视为与债务协议有关的管理人的行为。

（2）为履行本法规定的职责，检察长可以：

（a）要求出示官方托管人或受托人备存的任何账簿；以及

（b）要求受托人回答就受托人正从事或曾从事的下列任何事项向其进行的询问：

（ⅰ）破产；

（ⅱ）根据第 188 条授予的权力对财产的控制；

（ⅲ）根据第 11 部分作出的管理行为；

（ⅳ）个人破产协议、安排或和解方案；以及

（c）在任何时间调查受托人的账簿；以及

（d）要求出示由债务协议的管理人或前任管理人备存的任何账簿；以及

（e）要求债务协议的管理人或前任管理人回答其就债务协议的管理而进行的询问；以及

（f）在任何时间调查债务协议的管理人或前任管理人的账簿。

（2A）如果检察长基于合理理由认为某人拥有与第（1）（bc）项所述询问或调查相关的信息，检察长可书面通知该人，要求该人在通知规定的期限内，以通知规定的方式，向检察长提供任何此类信息。

（2B）根据第（2A）款发出的通知所指定的期间，必须是该通知发出后的至少 14 天。

（2C）任何人如有下列情形，即属犯罪：

（a）该人已收到根据第（2A）款发出的通知；以及

（b）该人没有遵守该通知。

刑罚：监禁 12 个月。

（2D）根据第（2A）款发出的通知必须载明下列规定的效力：

（a）第（2C）款；

（b）《刑法》第 137.1 条（关于提供虚假或误导性信息）。

（2E）第（2A）款并不限制第（2）款对根据第（1）（bc）项进行的询问或调查的适用。

（4）如果检察长认为，在行使本法规定的权力或履行本法规定的职能过程中获得的信息能够或有助于该机构行使其任何权力或履行其任何职能，检察长可向下列任何机构披露该信息：

（a）联邦实体（2013 年《公共治理、绩效和责任法案》所指）；

（b）法定的专业纪律机构。

13 澳大利亚金融安全局

就《金融法》（在 2013 年《公共治理、绩效和责任法案》的含义范围内）而言：

（a）下列人员为名单上的实体：

（ⅰ）检察长；

（ⅱ）根据 1999 年《公共服务法》受聘协助检察长的人员；以及

（b）该名单上被称为澳大利亚金融安全局的实体；以及

（c）检察长是澳大利亚金融安全局的责任机构（the accountable authority）；以及

（d）第（a）项所指的人员为澳大利亚金融安全局的官员；以及

（e）澳大利亚金融安全局的职能包括第 11（2）款和第 12 条中提及的检察长的职能。

15 官方接管人

（1）部长可决定其认为所需要的官方接管人的数量。

（3）每名官方接管人都具有本法授予或附加（conferred or imposed on）给官方接管人的权力及职能。

（4）官方接管人可将其依据本法规定的所有权力和职能书面授权给被获准的员工。

（5）法院可审查官方接管人所作出的行为。

（按语：第 303 条解释了谁可向法院申请复核官方接管人的行为。）

16 检察长和官方接管人的任命

检察长和各官方接管人应由部长任命。

17 检察长和官方接管人的代理

（1）部长在下列情形下可任命他人代理担任检察长：

（a）在检察长职位空缺期间；或者

（b）在检察长缺勤或不在澳大利亚或者因任何其他原因不能履行其职务的期间。

（按语：适用于代理任命的规则，见 1901 年《法案解释法》第 33A 条。）

（2）检察长可任命他人担任官方接管人：

（a）在官方接管人职位空缺期间；或者

（b）在官方接管人缺勤或不在澳大利亚或因任何其他原因不能履行其职务的期间。

（按语：适用于代理任命的规则，见 1901 年《法案解释法》第 33A 条。）

17B 州地方法官和北方领土地区地方法官的职责安排

（1）地方行政长官可与州长在本法规定下不定期安排他人担任州地方法官。

（2）地方行政长官可与北方领土地区行政长官在本法规定下不定期安排他人担任北方领土地区地方法官。

18 破产官方受托人（The Official Trustee in Bankruptcy）

官方受托人的法人地位（corporate status）

（1）在本款开始生效前存在的名为破产官方受托人的唯一法人团体，（在本款生效后）以同一名称的法人团体继续存在。[①]

（2）根据第（1）款继续存在的该法人团体：

（a）永久延续；

（b）可取得、持有及处置不动产和动产；以及

（c）可以法人团体名义起诉及应诉。

官方受托人的额外职能

（3）官方受托人的职能包括按照法院判决，代某人履行其对联邦或某联邦机构的债务。

[示例：例如，该命令可规定官方受托人：

（a）保管、控制及拥有该人财产，作为偿付该债务的保证；及

（b）出售该财产；以及

（c）将出售所得全部或部分用于偿付债务。]

（按语：本法和联邦其他法律规定赋予官方受托人其他职能。）

官方受托人的印章

（4）官方受托人应持有部长手写形式所示的印章。[②]

（5）官方受托人印章的设计应由部长亲自以手写形式确定。

（7）所有法院（不论是否行使联邦司法管辖权）及所有以司法方式行事的人，均须就文件上所盖印章的标记，采取司法认知，[③] 并在没有相反证明的情况下，推定该印章已妥为加盖。

官方接管人代理（acting for）**官方受托人**

（8）官方接管人可行使官方受托人的权力及履行其职能。

（8AA）官方接管人根据第（8）款行使权力或履行职能时，必须以官方受托人的名义代其行事。

（8A）官方接管人以官方受托人的名义或代表官方受托人作出的一切行为及事项，均须当作由官方受托人本人作出的。

---

① 译者注：原文为“The corporation sole known as the Official Trustee in Bankruptcy, that existed immediately before this subsection commenced, continues in existence as a body corporate with the same name”。其中“that existed immediately before this subsection commenced”，这样的表述译者仅在澳大利亚立法中见过。确实不知道该如何翻译，只能臆测如上。

② 译者注：即签名章一类的手写体印面的印章。

③ 译者注：获得司法认知后，此类印记就可成为法院审理案件时认可的一个“免证事实”。

检察长代理官方受托人

（8B）检察长可行使与下列事项无关的官方受托人的任何权力和履行其任何职能：

（a）破产；

（b）根据第50条对债务人财产的控制；

（c）根据第4部分第6节所形成的和解或安排方案；

（d）与债务协议提议有关的事项；

（e）第10部分的管理；

（f）第11部分的管理。

（8C）在根据第（8B）款行使权力或履行职能时，检察长必须以官方受托人的名义代理其行事。

（8D）检察长以官方受托人的名义或代理官方受托人作出的一切行为及事项，均须当作由官方受托人本人作出的。

（8E）在第（8B）款中，

与债务协议提议有关的事项包括：

（a）债务协议；以及

（b）债务协议要求或允许的活动。

第10部分的管理是指：

（a）控权受托人在同意行使权威机构（an authority）根据第188条赋予的权力（包括根据第10部分第2节对债务人财产的控制）后，可以或必须进行的活动；或者

（b）个人破产协议。

官方受托人的心理状态（state of mind）

（9）根据本法的规定，官方受托人行使权力或履行职能取决于其对某一事项的意见、信念或心理状态：

（a）该项权力或职能可由根据第（8）、（8B）款行使该项权力或履行该项职能的人，以官方受托人的名义或代表其行使，而行使该项权力或履行该项职能的人，就其意见、信念或心理状态来行使该项权力或履行该项职能；以及

（b）按照本款作出的任何行为或事项，须当视为由官方受托人作出的。

（10）如官方受托人是个人破产协议、和解或安排的受托人之一，则行使权力或履行职能需取决于其他受托人对该事项的意见、信念或心理状态，可由其意见、信念或心理状态而行使该项权力或履行该项职能的是：

（a）官方接管人；或者

（b）经官方接管人授权的另一人；

以官方受托人的名义或代表官方受托人行使权力或履行职能的行为，视为就官方受托人的意见、信念或心理状态而行使权力或履行职能。

一般解释条款

（11）在联邦法律中，就财产的归属、持有或处置而言，凡提及破产财团的官方接管

人，须理解为包括官方受托人。

（12）在联邦法律中，凡提及官方接管人，须理解为包括官方受托人。

18AA2013 年《公共治理、绩效和责任法案》不适用于官方受托人

尽管 2013 年《公共治理、绩效和责任法案》第 10（1）（d）项有规定，但就该法案而言，官方受托人不属于联邦实体。

18A 官方受托人的责任

（1）就其作为或不作为行为，须承担相同的个人法律责任的官方受托人，例如：

（a）破产财团的受托人；或者

（b）已故债务人遗产的受托人；或者

（c）根据第 4 部分第 6 节接受和解或安排的受托人；或者

（d）与其财产根据第 10 部分第 2 节受控制的债务人有关的控权受托人；或者

（e）个人破产协议的受托人；

如果某个人（an individual）像受托人一样作为或不作为，则该人应像受托人一样受到约束。

（2）联邦政府根据本款的规定，有责任赔偿官方受托人因下列原因而导致的任何个人责任，包括与费用有关的任何个人责任：

（a）由于第（1）款；或者

（b）根据第 50 条规定任何由法院执行、指示或命令而作为或不作为；或者

（c）下列情形下，官方受托人作为或不作为：

（ⅰ）根据第 9 部分所规定的；或者

（ⅱ）根据债务协议所载的权限，处理协议一方（作为债务人）的人的财产。

（3）第（2）款并不影响官方受托人除该款外的任何因个人法律责任而获得偿付的权利，或就任何该等法律责任而给予官方受托人任何其他补偿的权利。

（4）凡联邦政府按照第（2）款所提及的补偿作出给付时，联邦政府在给付方面即享有与官方受托人在其给付时享有的相同权利（包括给予官方受托人的另一项赔偿进行的偿付）。

19 受托人的职责等

（1）破产财团的受托人的职责包括：

（a）将破产通知破产债权人；

（b）确认财团是否包括可在变现后向债权人进行分配的财产；

（c）在破产发生之日起的 3 个月内，向债权人报告债权人在破产结束前获得财产分配的可能性；

（e）确认破产人是否作出过对受托人而言无效的财产转让；

（f）为财团的利益采取适当步骤收回财产；

（g）采取一切可行的行动来努力确保破产人履行本法规定的破产人的所有义务；

（h）考虑破产人是否实施了违反本法的行为；

(i) 向检察长或相关执法机关提交破产人违反本法的一切证据;

(j) 避免不必要的开支,尽可能高效地管理财产;

(k) 以商业上合理的方式行使权力和履行职能;

(l) 根据附表 2 授予受托人的职责。

(2) 凡因债权人的申请而成为破产人,不能制作合乎要求的事务陈述书的,受托人可聘用一名有资质的人员协助制作该事务陈述书,所产生的费用由破产财团承担。

19AA 破产调查权

(1) 破产财团的受托人可以调查下列事项:

(a) 破产人的行为和可审查的事务;以及

(b) 破产人备存的账簿、账目及记录;只要(该事项)与破产有关。

19A 检察长、官方接管人等的责任

(1) 联邦政府应对适用本条的下列任何人员进行赔偿,使其免予承担任何责任:

(a) 他或她在履行其在本法下的职责过程中的任何疏忽行为或疏忽导致的不作为;以及

(b) 他或她为善意履行其在本法下的职责而作出的任何行为。

(2) 联邦政府对适用本条的人在履行或认为是履行其在本法下的职责过程中的作为或不作为行为负有相同的责任。

(3) 在本条中,凡提及适用本条的人,须理解为检察长、书记员、官方接管人、行使官方接管人权利并履行其职能的人员或协助书记员或者官方接管人执行其职能或职责或者行使其权力的人员或其他人。

19B 受托人须向官方接管人提供资料等

(1) 破产财团的管理人必须向官方接管人提供查阅破产人账簿所需的资料、途径及设施,以及一般而言官方接管人履行其职责所需的协助。

(2) 本条不适用于官方受托人。

第 2 节　共同投资基金

20A 解释

在本节中,除非出现相悖的意图:

共同基金(Common Fund)指根据第 20B 条设立的共同投资基金。

均衡账户是指按照第 20G 条继续存在的共同投资基金均衡账户。

20B 共同投资基金(The Common Investment Fund)

(1) 官方受托人须开立及维持一个名为共同投资基金的账户。

(2) 在本条生效后由官方受托人收取的所有款项[第(8)款适用的款项除外]均须存入共同基金。

(3) 在本条生效后由官方受托人持有的所有款项[第(8)款适用的款项除外],包括当时根据第 172（1）款存入银行的款项，根据该款作出并由官方受托人当时持有的所有投资，均构成共同基金的一部分。

（4）官方受托人须为共同基金的目的，在一个或多个 ADI 开立并维持为共同基金的目的而必需的账户。

（6）将款项存入第（4）款所述的账户，视作将款项存入共同基金。

（7）本法规定或根据本法规定授权、请求或允许官方受托人从破产人或已故债务人的遗产中以贷记方式支付的任何款项，均应从共同基金的款项中支付。

（7A）官方受托人根据下列协议被授权、请求或允许支付的任何款项需由共同基金的款项支付：

（a）债务协议；或者

（b）个人破产协议。

（8）本款适用于官方受托人持有或收取的款项：

（aa）按照法院关于某人向联邦政府或某联邦机构偿还债务的命令行事；或者

（a）根据第 50 条发出的指示或作出的命令；或者

（c）作为控权受托人，涉及的债务人财产根据第 10 部分第 2 节的规定被控制。

20D 共同基金投资

（1）共同基金中的款项，如非因本法规定而需立即给付的，可由官方受托人投资于：

（a）公开证券；或者

（b）由联邦、某州或领地政府担保偿还的贷款；或者

（c）向澳大利亚市政公司或其他地方管理机构的贷款；或者

（d）向 ADI 贷款或存入 ADI；或者

（e）由 ADI 承兑或背书的银行汇票。

（4）官方受托人：

（a）须尽力确保在可行范围内，存放于一个或多个 ADI 随时调用的账户内的共同基金款项，在任何时间均足以支付根据本法须由共同基金支付的款项；以及

（b）将确保共同基金中的款项，如官方受托人认为无须按照第（a）项存入一个或多个 ADI 随时调用的账户的，则在可行范围内，须按照第（1）款规定投资。

（6）利用共同基金投资所得的利润，无须根据联邦、某州或领地的法律纳税。

（7）共同基金不受联邦法律的征税，也不受非联邦管辖的某州或领地（a State or Territory to which the Commonwealth is not subject）法律的征税，而官方受托人行使第（1）款赋予的权力时所作的任何事项，在其他方面均无须根据该等法律缴税。

（8）在本条中，公开证券是指：

（a）根据法律发行的债券、公司债券、股票和其他证券；

（b）由下列发行人发行的债券、公司债券、股票和其他证券：

（ⅰ）某州；

（ⅱ）某领地；

（ⅲ）某市政公司或其他地方管理机构；或者

（ⅳ）由某州或领地的法律或者根据某州或领地的法律所组建的公共机构（a public authority）；

（c）就向主要业务为供水、供气或供电的机构（不论是否为法人团体）的贷款而发行的证券；以及

（d）法规为本条指定的公开证券的其他证券；

但不包括：

（e）第（a）、（b）项所指的证券，是就在澳大利亚及其领地以外筹集的贷款发行的，除非该证券是 1936 年《所得税评估法》所指的公开证券；或者

（f）1976 年 4 月 12 日之后由 ADI 发行的证券。

20E 共同基金的借款

（1）如官方受托人认为：

（a）共同基金中存放在一个或多个 ADI 或 ADI 催缴账户中的款项，很可能不足以支付根据本法需从共同基金中支付的款项；以及

（b）将根据第 20D 条作出的投资转换为货币，以此来完成付款是不可取的；

官方受托人可向财政部部长申请根据本条向联邦借款，借款金额不得超过文书中规定的金额。

（2）财政部部长可代表联邦政府，按照其确定的条款和条件，将其根据第（1）款申请借款的金额借给官方受托人。

（3）官方受托人根据本条从联邦借入的款项，须存入共同基金。

（4）联邦政府根据本条借给官方受托人的款项，无须支付利息。

（5）联邦政府根据本条借给官方受托人的款项，须从议会拨款下可动用的款项中拨付。

20F 非因特定财团等而持有的普通基金款项

（1）共同基金内的任何款项，不得为任何特定财团或基金而持有，或因任何目的而被视为为特定财团或基金持有。

（2）由共同基金的款项作出的投资，不得因任何特定财团或基金而作出，或因任何目的而被视为为特定财团或基金作出。

（3）由共同基金中的资金进行的投资价值的任何资本增值或折旧，不得增加或减少根据本法就任何财团或基金应付的金额。

（4）由共同基金中的资金实现投资而产生的资本利润或资本损失，不得增加或减少根据本法就任何财团或基金应付的金额。

（5）将款项投资于共同基金所得的利息，不增加根据本法须就任何资产或基金缴付的金额。

（6）官方受托人须安排备存账目，实时（from time to time）显示记入贷方的共同基金金额，表明已将款项存入共同基金的各财团或基金。

（7）就本法而言，官方受托人作为任何资产或基金的受托人而收取或持有的款项，并不因已将该等款项拨入或成为共同基金的一部分而不再是其可支配的款项（moneys in hand）。

（8）在本条中：

财团是指破产人或已故债务人的财团。

基金是指第20J（1）（b）项所指的货币基金。

20G 共同投资基金均衡账户

（1）共同投资基金均衡账户持续存在。

［按语：该账户是由1999年《财务管理立法修正案》第5（3）款设立的。］

（2）该账户是2013年《公共治理、绩效和责任法案》的专用账户。

20H 均衡账户的记入和借出

（1）共同基金中的资金投资产生的利润必须支付给联邦政府。

（2）必须从共同基金中向联邦政府支付一笔由共同基金中的资金进行投资时获得的资本利润的金额。

（3）每当根据第（1）、（2）款向联邦政府支付款项时，必须将相等数额的款项记入均衡账户的贷方项下。

（4）下列每一笔金额均应记入均衡账户中的借方项下，并存入共同基金：

（a）利用共同基金中的资金进行投资变现时所导致的任何资本损失的金额；或者

（b）下列每笔利息（利润）金额：

（ⅰ）凭借第20J（2）、（3）款成为破产人或已故债务人财团的一部分；或者

（ⅱ）凭借第20J（2）、（3A）款成为第20J（1）（b）项所述基金的一部分；或者

（ⅲ）凭借第20J（4）款须支付给他人。

（5）检察长必须在其认为适当的时候，在任何情况下，至少每6个月确定一次是否有任何款项为第（4）款的目的，不需要记入均衡账户中的贷方项下。如果检察长确定不需要任何款项，检察长可指示将不需要的款项或这些款项的任何部分记入均衡账户中的借方项下。

（6）每当第（4）款规定从均衡账户借记的金额超过均衡账户贷记的金额时，须将与超出部分相等的金额记入均衡账户中的贷方项下。

20J 只在特定情况下支付的共同基金款项利息

（1）当官方受托人是：

（a）破产人或已故债务人的财团的受托人；或者

（b）货币基金的受托人，该基金是官方受托人因下列身份而为某债务人或破产人持有或收取的：

（ⅰ）根据第4部分第6节通过的和解或安排方案的受托人；或者

（ⅱ）个人破产协议的受托人；

除第（2）、（3）及（3A）款另有规定外，财团或基金无权就官方受托人作为财团或

基金（视情况而定）的受托人所持有的款项获得利息。

（2）凡款项已由官方受托人以破产人或已故债务人的财团受托人的身份，或以第（1）（b）项所述的基金受托人的身份，因一个规定的理由，或因规定的理由之后另一个规定的理由而持有或可能持有，不短于1年；而长于那些由于该理由或该等理由已经被或可能被官方受托人持有这些款项的期限的，检察长可以以手写的书面形式（by writing under his or her hand）指示，这些款项的利息依法为本条所规定的利率，并在检察长确定的期限内，构成该财产或基金的一部分（视情况而定）。

（3）凡在本条生效日期（在本款中称为生效日期）当日或之后，官方受托人收取的款项［但不包括第（1）（b）款所提种类的款项］或投资的利息，根据第20B（3）款构成共同基金的一部分：

（a）如果在生效日期之前结束的期间的应计利息，则利息金额构成在紧接生效日期前持有这些款项或投资的财团的一部分；或者

（b）如某段期间的应计利息在该段期间生效日期之前开始计算，在生效日期或之后终止计算，则官方受托人收取的款项与利息是这样一个金额，其与应计利息之间的比例，与发生在生效日期前的应计利息部分的天数与该期间的天数之间的比例相同，该期间收取的款项与利息构成在临近生效日期之前持有这些款项或投资的财团的一部分。①

（3A）凡在本款生效日期（在本款中称为生效日期）当日或之后，官方受托人因担任第（1）（b）款所述的基金［在本款中称为适当基金（the appropriate fund）］的受托人而以利息方式持有或收取的款项，即构成共同基金的部分款项：

（a）如果在生效日期之前结束的一段时间内产生了利息，则该利息金额构成适当基金的 部分；或者

（b）如某段期间的应计利息是在生效日期之前开始但在生效开始当日或之后结束的，该利息部分所占款项金额的比例，须与在生效日期前发生的应计利息日所占该期间的天数的比例相同，且构成适当基金的一部分。

（4）经确定：

（a）官方受托人作为破产人或已故债务人财团的受托人而持有的款项，不构成该财团的一部分；或者

（b）官方受托人作为第（1）（b）款所述的基金的一部分而持有的款项，并不构成该基金的一部分；

该等款项的利息，须依照为实施本条所制定法规所规定的利率（the rate prescribed by the regulations for the purposes of this section）计算，并在官方受托人持有该等款项期间，从

---

① 译者注：原文晦涩，现摘录如下“（b）if the interest accrued in respect of a period that commenced before, but ended on or after, the commencing date—an amount that bears to the amount of that interest the same proportion as the number of days in the part of the period in respect of which the interest accrued that occurred before the commencing date bears to the number of days in that period forms part of the estate in respect of which those moneys or investments were held immediately before the commencing date”。

共同基金中支付给合适的收款人。

（5）就第（2）款而言，如款项已由官方受托人持有或可能持有（视情况而定），则该款项须视为已由官方受托人因下列法定的理由持有或可能持有：

（a）善意提起或抗辩的法律程序；

（b）由某人善意提起或抗辩的法律程序，或由某人考虑善意提起或抗辩的法律程序；或者

（c）为施行本条而由法规宣布为法定理由的任何其他理由。

第3部分　法　　院

第2节　破产法院的管辖权和权力

27 破产法院

（1）联邦法院和澳大利亚联邦巡回和家庭法院（第2分部）对破产具有并行管辖权，该管辖权不包括除以下法院以外的所有法院的管辖权：

（a）《宪法》第75条规定的高等法院管辖权；或者

（b）根据本法第35、35A条，澳大利亚联邦巡回和家庭法院（第1分部）拥有管辖权。

（2）为免生疑问，第（1）款：

（a）不赋予刑事事宜的司法管辖权；或者

（b）不排除1903年《司法法》规定的某州或领地法院在与本法有关的刑事案件中的管辖权。

29 法院互助

（1）根据本法具有管辖权的所有法院、该等法院的法官和该等法院的或在该等法院管理下的官员们（the officers of or under the control of those Courts）应在所有破产事宜中相互协助和辅助。

（2）在所有破产事宜中，法院：

（a）须为有破产司法管辖权的外法域法院及规定国家的法院（the courts of the external Territories，and of prescribed countries）提供协助及辅助；以及

（b）可以协助和辅助其他有破产管辖权的国家的法院。

（3）凡外法域法院或澳大利亚以外的国家的法院已就破产事宜提交了请求援助的申请书的，破产法院可就该事宜行使在其管辖范围内发生时可行使的权力。

（4）破产法院可以请求在破产案件中有司法管辖权的外法域或澳大利亚以外的国家的法院在任何破产案件中协助破产法院并对其起辅助作用。

（5）在本条中，规定国家是指：

（a）英国，加拿大和新西兰；

（b）规定适用本款的国家；以及

（c）第（a）款所规定的国家或其殖民地、海外领地或保护国。

30 破产法院的一般权力

（1）法院：

（a）在任何破产案件或根据第 9、10、11 部分处理的任何事宜中，有权决定法院审理范围内的所有问题，不论是法律问题还是事实问题；以及

（b）可以作出法院认为在此类案件或事项中执行或实施本法所必需的命令（包括宣告性命令和授予禁令或其他衡平法补救措施的命令）。

（2）法院为进行开庭前的法律程序可要求进行其认为必需的查询和账目索要，并可在要求提交账目时或之后，对账目的计算或证明方式给予特别指示。

（3）如果在根据本法向联邦法院提起的诉讼中，一方希望在陪审团面前（before a jury）进行事实问题的审判，联邦法院可在其认为适当的情况下，指示将该问题的审判交由陪审团进行，相应地，其审判的方式可以与诉讼中审判事实问题的方式相同。

（5）当：

（a）破产人、债务人或任何其他人未能遵守根据本法书记员发出的命令或指示，或官方接管人或者受托人发出的指示或要求；或者

（b）官方受托人未能遵守书记员的命令、指示或要求，或本法规定的检察长的要求或请求（a requirement or request）；

法院可应书记员、官方接管人、受托人或检察长的申请，实施下列行为（视情况而定）：

（c）命令未遵守命令、指示、规定或要求（视情况而定）的人遵守该命令、指示、规定或要求；或者

（d）如认为适当，可立即命令将该人交付监狱收监执行（make an immediate order for the committal to prison of that person）。

（6）第（5）款赋予法院的权力，是对未遵守命令、指示、规定或要求（视情况而定）的其他权利或补救措施的补充，而非替代。

31 行使管辖权

（1）在根据本法行使管辖权时，法院应在公开法庭上审理和裁定下列事项：

（a）债权人的申请书；

（b）根据本法进行的调查；

（c）与考虑根据第 153B 条（宣告）破产失效有关的法律程序（proceedings in connection with the consideration of an annulment of a bankruptcy under section 153B）；

（d）根据下列规定提出的申请：

（ⅰ）第 222 条（如第 76B 条所适用）；或者

（ⅱ）第 222C 条（如第 76B 条所适用）；

撤销或终止根据第 4 部分第 6 节订立的和解或安排方案的命令；

（e）撤销（set aside）或取消（avoid）抵押、抵押令、结算、处置、转让产权（conveyance，转易）、转让担保（transfer security）或付款的申请；

（ea）根据第 139A 条提出的申请；

（f）主张或反对受托人对任何财产的所有权的申请；

（g）将某人交付监狱或释放被收监的人的申请；

（ⅰ）向陪审团申请审理事实问题及其他问题；

（j）根据第 10 部分提出的申请：

（ⅰ）撤销或终止个人破产协议的命令；或者

（ⅱ）针对债务人财团的扣押令（sequestration order）；

（ja）根据第 11 部分申请撤销死者遗产管理的命令；以及

（k）根据第 14 部分进行的简易审判。

（2）本法规定的所有其他事项可由法院酌情决定在公开法庭或内庭（in open Court or in Chambers）① 进行审理。

32 成本

法院可在开庭前的任何法律程序中，包括因缺乏司法管辖权而被驳回的法律程序中，就诉讼费用作出其认为适当的命令。

33 休庭、修改程序及时间的延长和缩短

（1）法院可以：

（a）按其认为适当的条款，在任何时间将本应在其开庭前进行的任何法律程序延期至某一固定日期或概括地（generally，无确定日期地）延后；

（b）在任何时候允许修改本法规定的任何书面程序、诉讼程序或通知；或者

（c）在期满前或（如果本法没有明确相反规定）在期满后，延长本法规定的任何时间，或延长为做出某一行为或事项或者曾为缩短任何此类时间，法院或书记员根据本法所确定的任何时间（为遵守破产通知的要求而确定的时间除外）。

33A 变更事务陈述书的提交日期

（1）本条适用于破产人、或后来破产的人根据第 54、55、56B、56F 或 57 条所提交的事务陈述书。

（2）如果法院确信该人因合理的理由认为该陈述书在破产申请被实际提交之前已经提交，法院可以命令视为该陈述书在破产申请被实际提交之前已经被提交。

（3）法院不得作出会导致该人在作出命令后 30 天内从破产中被免责（being discharged from bankruptcy）② 的命令。

（4）在本条中：

提交包括提交、提出或给予。

34 询问证人的命令和委托

以开庭前进行的任何法律程序为目的，法院可以：

---

① 译者注：chamber 指非公开的会议室，可翻译为“内庭”。

② 译者注：在英美法系的破产法中，“discharge”一词指的是对破产人的“免责”或“复权”，而并非程序终结或程序解除。从语法的角度出发，这个动词后面接的宾语是人而非程序。

（a）命令在澳大利亚境内的任何地方，在法院人员或其他人面前对某人进行经宣誓的询问；或者

（b）命令委员会向澳大利亚境内或境外的人发出命令，授权他或她宣誓作证；

也可以：

（c）对同一命令或其后的命令，就询问的时间、地点及方式作出任何必需的指示；以及

（d）除所有正当的例外情形外，接纳在询问中或由委员会取得的证言为证据。

34A 证明标准

（1）凡在法院的法律程序中（就犯罪而进行的法律程序除外），为与根据本法产生的事项有关的目的，有必要确立或使法院确信某一特定事实的（包括违反本法的事实），只要该事实的成立确有足够的概率（on the balance of probabilities），或法院对该事实（视情况而定）表示确信即可。

（2）除非本法另有明确规定，第（1）款具有效力。

35 澳大利亚联邦巡回和家庭法院（第 1 分部）在破产案件中的管辖权，当受托人是财产结算（property settlement）或配偶扶养等诉讼的一方

（1）如果在特定时间：

（a）婚姻的一方是破产人；以及

（b）破产财团的受托人是：

（ⅰ）与婚姻的任何一方或双方有关的财产结算程序的一方；或者

（ⅱ）根据 1975 年《家庭法》第 79A 条，在涉及婚姻关系中一方或双方的财产结算程序中申请更改或撤销并得到相关命令的申请人；或者

（ⅱa）申请根据 1975 年《家庭法》第 90K（1）、（3）款所发出的申请人，该涉及撤销婚姻关系双方间的财务协议；或者

（ⅲ）与婚姻一方的扶养问题有关的，配偶扶养诉讼的一方；

则在当时及之后，澳大利亚联邦巡回和家庭法院（第 1 分部）对与破产人破产有关或由破产人破产引起的任何事项拥有破产管辖权。

（1A）如果在特定时间：

（a）事实婚姻关系中的一方破产；以及

（b）破产财团的受托人是：

（ⅰ）与事实婚姻关系的任何一方或双方有关的财产分割程序（property settlement proceedings，财产结算程序）的一方；或者

（ⅱ）根据 1975 年《家庭法》第 90SN 条，在与事实婚姻关系的一方或双方有关的财产分割程序中，要求变更或撤销根据该法第 90SM 条作出的命令的申请人；或者

（ⅱa）申请根据 1975 年《家庭法》第 90UM（1）、（6）款发出的申请人，该涉及撤销事实婚姻关系双方间的第 8AB 部分财务协议；或者

（ⅲ）1975 年《家庭法》第 8AB 部分规定的扶养诉讼的一方当事人，涉及事实婚姻关系的另一方当事人的扶养；

则在当时及之后，澳大利亚联邦巡回法院和家庭法院（第 1 分部）对与破产人破产有关或因破产人破产而产生的任何事项拥有破产管辖权。

（2）第（1）、（1A）款并未根据第 35A 条限制澳大利亚联邦巡回和家庭法院（第 1 分部）的管辖权。

（3）在本条中：

财产结算程序的含义与 1975 年《家庭法》相同。

配偶扶养诉讼是指根据 1975 年《家庭法》就婚姻关系中一方的扶养问题提起的诉讼。

（4）第（1A）款中使用的、也在 1975 年《家庭法》中使用的词语在该款中的含义与该法中的含义相同。

35A 向澳大利亚联邦巡回和家庭法院（第 1 分部）移交诉讼程序

（1）除第（2）款另有规定外，凡任何诉讼（a proceeding）在联邦法院待决的，联邦法院均可依诉讼一方的申请或依职权将该诉讼移交给澳大利亚联邦巡回和家庭法院（第 1 分部）。

（2A）凡任何诉讼在澳大利亚联邦巡回和家庭法院（第 2 分部）待决的，该法院均可依诉讼一方的申请或依职权将该诉讼移交给澳大利亚联邦巡回和家庭法院（第 1 分部）。

（3）除第（4）款另有规定外，凡将诉讼移交给澳大利亚联邦巡回和家庭法院（第 1 分部）的：

（a）法院有权审理和裁判该诉讼；

（b）法院也有权审理和裁判下列不在其管辖范围内的事项［不论是根据第（a）项还是其他原因］：

（ⅰ）与诉讼中发生的事项有关的；或者

（ⅱ）除 1976 年澳大利亚《联邦法院法》第 32（1）款外，联邦法院有权在诉讼中审理和裁判的；

（c）法院可就有关诉讼而：

（ⅰ）给予该等补救；

（ⅱ）作出此类命令；以及

（ⅲ）发出及指示发出该类书面命令（writs，令状）；

如联邦法院本可批准、作出、发出或指示发出（视情况而定）与诉讼有关的文件；

（d）法院在该诉讼中或与该诉讼有关而授予、作出或发出的补救、命令及书面命令，具有效力，并可由法院强制执行，视为该等补救、命令及书面命令是由联邦法院授予、作出或发出的；

（e）对法院就有关诉讼作出的判决提出上诉，应视为该判决是由一名法官组成的联邦法院作出的，而不得以其他方式提出；以及

（f）在符合第（a）项至第（e）项（含本项）的规定下，本法、1976 年澳大利亚《联邦法院法》和联邦其他法律适用于该诉讼程序并与之相关（apply in and in relation to the proceeding），如同：

（ⅰ）提及联邦法院（除“法院或法官”一词外）均指澳大利亚联邦巡回和家庭法院（第1分部）；

（ⅱ）提及联邦法院法官（除“法院或法官”一词外）均指澳大利亚联邦巡回和家庭法院法官（第1分部）；

（ⅲ）在涉及联邦法院时，对“法院或法官”一词的提及均指在内庭审理的澳大利亚联邦巡回和家庭法院（第1分部）法官；

（ⅳ）对书记员的提及，均指澳大利亚联邦巡回和家庭法院（第1分部）书记员；以及

（ⅴ）其他必要的变更。

［按语：根据2021年澳大利亚《联邦巡回和家庭法院法》第3章制定的法院规则（而不是根据1976年澳大利亚《联邦法院法》制定的法院规则）适用于根据本条移送给澳大利亚联邦巡回和家庭法院（第1分部）的诉讼。］

（4）如在某项诉讼程序中或就某项诉讼程序而适用第（3）（c）、（d）、（f）项有困难，澳大利亚联邦巡回和家庭法院（第1分部）可依该项诉讼程序的任何一方的申请或依职权主动作出其认为适当的指示及命令，以解决困难。

（5）澳大利亚联邦法院或联邦巡回和家庭法院（第2分部）就根据本法向澳大利亚联邦巡回和家庭法院（第1分部）移送诉讼的决定不得提出上诉。

35B 西澳大利亚州（Western Australia）家庭法院

（1）第27、35条［第（1A）款除外］及第35A条适用于西澳大利亚州家庭法院，其适用方式与适用于澳大利亚联邦巡回和家庭法院（第1分部）的方式相同。

（1A）即使有第（1）款的规定，第35A条也不适用于西澳大利亚州家庭法院与事实上的财务原因有关（在1975年《家庭法》的含义范围内）的案件。

（2）第35A（3）（f）项对移交给西澳大利亚州家庭法院的诉讼具有效力，如同：

（a）在第35A（3）（f）（ⅱ）、（ⅲ）目中，凡提及联邦巡回和家庭法院（第1分部）法官之处，均指西澳大利亚州家庭法院法官；以及

（b）在第35A（3）（f）（ⅳ）目中，凡提及联邦巡回和家庭法院（第1分部）的书记员，均指西澳大利亚州家庭法院的书记员。

36 执行命令（orders，也可以翻译为裁定、裁决、裁判）[①] 等

（1）根据本法作出的法院命令或发出的搜查令可由一名警员在澳大利亚全境强制执行。

（2）为执行法院根据本法作出或判处的拘押令或监禁刑罚，逮捕或拘留任何人的执行

---

① 译者注：“order”一词在本法的原文中出现近千次，该词通常翻译成“命令”。在中国法中，法院的命令主要用于上下级法院之间及法院内部，但是在外国法尤其是英美法中，命令的使用范围要远广于此，几乎到了“无所不可以order”的程度，本法中甚至出现了order（相当于中文中的判决或判处）犯有某种罪行的表述。本译稿中仅在翻译成命令非常不合适的地方，才翻译成裁定或其他可能的表述。

令，可盖上法院的印章发出。

（3）凡法院根据本法将某人交付监狱，可将其交付给法院认为合适的监狱。

37 法院撤销命令等的权力

（1）除第（2）款另有规定外，法院可撤销、更改或解除其根据本法作出的命令，或暂停该命令的执行。

（2）法院无权撤销、解除或中止下列事项的实施：

（a）扣押令；或者

（b）根据第11部分的规定，对死者的遗产进行管理的命令。

第4部分　破 产 程 序

第1节　破产行为（Acts）[①]

40 破产行为

（1）债务人有下列情形之一的，为破产：

（a）如果他或她在澳大利亚或其他地方为其债权人的利益而转让或分配其财产；

（b）如果他或她在澳大利亚或其他地方破产，对受托人来说是无效的行为有：

（ⅰ）他或她对其财产或其财产的任何部分作出的转让、交易、让与或其他处置；

（ⅱ）对其财产或者财产的任何部分设定抵押；

（ⅲ）他或她付款；或者

（ⅳ）他或她承担义务；

（c）如果为了阻碍或者拖延他或她的债权人实现债权：

（ⅰ）他或她离开澳大利亚或待在澳大利亚以外的地方；

（ⅱ）他或她离开住所或者正常场所的；

（ⅲ）他或她本人缺席；或者

（ⅳ）他或她开始不去工作（begins to keep house，开始宅在家里，开始操持家务）。

（d）如果：

（ⅰ）已根据法院程序对他或她发出执行令，而他或她的任何财产因此已由执行员出售或由执行员持有21天；或者

（ⅱ）已根据法院程序对其进行执行，但尚未执行完毕；

（daa）如果债务人根据本法提出债务人的破产申请；

（da）如果债务人根据第54A条向官方接管人提交声明书（a declaration）；

（e）在他或她的债权人的会议上：

（ⅰ）他或她同意根据本法提交债务人的申请书，但在他或她同意之日起7天内没有提交申请书；或者

（ⅱ）他或她同意根据第188条签署授权书，但在他或她同意签署授权书之日起7天内，没有签署授权书，也没有以书面形式将签署授权书的人的姓名通知会议主席；

---

① 译者注：Act在本节中，不翻译为法律，而翻译为行为。

（f）如果他或她在其任何债权人的会议上，在承认他或她处于无力偿债的情况时，并在债权人根据本法规定提出对其事务的决议的请求下，他或她自会议之日起7天内，没有：

（ⅰ）提出债务人的破产申请；或者

（ⅱ）根据第188条签署授权书，并以书面形式将授权书签署人的姓名通知会议主席；

（g）如果债权人已获得针对债务人的终局判决或终局裁定，而该判决或裁定的执行尚未中止，且该债权人已在澳大利亚，或经法院许可在其他地方向债务人送达本法所规定的破产通知，而债务人没有遵守下列通知的要求，或使法院确信他或她有反诉、抵销或交叉请求（cross demand），等于或超过判决债务或根据终局裁定应支付的金额（视情况而定），或是在他或她获得判决或裁定的诉讼或者程序中不可能提出的反诉、抵销或交叉请求：

（ⅰ）如该通知是在澳大利亚境内送达，在该通知所指定的时间内送达的；或者

（ⅱ）如该通知是在澳大利亚境外送达，在许可执行该项送达的裁定所规定的时间内送达的；

（h）如果他或她通知任何债权人：他或她已暂停或者即将暂停偿还其债务；

（ha）如果债务人向官方接管人提出债务协议建议；

（hb）债务人向官方接管人提出的债务协议建议得到债务人的债权人接受；

（hc）债务人违反债务协议；

（hd）债务人作为当事方（作为债务人）的债务协议根据第185P、185Q或185QA条终止；

（i）他或她根据第188条签署授权书；

（j）其债权人的会议是依据该项授权召开的；

（k）如无充分理由，他或她没有出席依据该项授权召开的债权人会议；

（l）如果他或她的债权人会议的特别决议要求他或她签署个人破产协议或提交债务人的申请书，他或她在没有充分理由的情况下未能：

（ⅰ）遵守本法关于其执行协议的要求；或者

（ⅱ）在决议所指定的时间内提出债务人的申请；

视情况而定；

（m）如果他或她根据第10部分签署的个人破产协议：

（ⅰ）被法院撤销；或者

（ⅱ）被终止；

（n）如果债务人的债权人根据第4部分第6节接受的和解或安排方案：

（ⅰ）被法院撤销；或者

（ⅱ）被终止；

（o）如果债务人因一次或多次按照下列规定转让财产而无力偿债：

（ⅰ）金融协议（1975年《家庭法》所指）；或者

（ⅱ）第8AB部分金融协议（在1975年《家庭法》的含义范围内）；

债务人是其中一方的。

（2）为施行第（1）（d）（ⅰ）目而计算的由执行员持有财产的期间，自就该财产而发出内部传唤传票的日期起至就该传票而进行诉讼程序最终处理的日期止的任何时间，已结算或已终止的，不予考虑在内。

（3）就第（1）（g）项而言：

（a）凡法院准许强制执行根据提交仲裁而作出的裁决，则根据该裁决，债务人须向另一人支付款项：

（ⅰ）裁决须被视为该人针对债务人而取得的最终裁决；以及

（ⅱ）仲裁程序须作为取得该最终裁决的程序；

（b）可强制执行的判决或裁定，如果是在诉讼中取得的终局判决（或以与该判决或裁定相同的方式），须当视为如此取得的终局判决，而取得该判决或裁定的法律程序（或因此而取得该判决或裁定的法律程序），须当视为取得该判决或裁定的诉讼；

（d）有权强制执行给付的终局判决或终局裁定的人，须为已取得终局判决或终局裁定的债权人；

（e）法院行使本法赋予的司法管辖权作出的支付款项的判决或裁定，应被视为一项尚未中止执行的判决或裁定，即使该判决或裁定在法律上不能通过执行程序强制执行；以及

（f）根据 1975 年《家庭法》，在本项生效后作出的由某人支付另一人的抚养费欠款的裁定，应被视为该另一人获得的针对首先提到的某人的终局裁定（a final order against the first – mentioned person obtained by the other person）。

（4）第（1）（j）项所指定的破产行为，须当视为在召集会议的通知书交付或送达债权人的当日作出，如并非全部在同一日交付或送达的，则为最后一份通知送达或寄出之日。

（5）第（1）（l）项所指定的破产行为，须当视为在规定债务人签订协议的期间或规定提出申请的期间（视情况而定）届满后的第 2 天作出。

（6）第（1）（m）项所指定的破产行为，须当视为在协议被撤销或终止的当日（视情况而定）作出。

（7）第（1）（n）项所指定的破产行为，须当视为在该项和解或安排方案被撤销或终止的当日作出。

（7A）就第（1）（o）项而言：

（a）转让财产包括付款；以及

（b）任何人作出某些事项，导致另一人成为先前不存在的财产的拥有人，即被视为已将该财产转让给另一人。

（8）本条在其能够适用的范围内，既适用于在本法生效之前（或部分之前和部分之后）已发生或正在发生的行为和事项，以及由于疏忽和未能采取行动导致的行为和事项，也适用于在本法生效之后已发生或正在发生的行为和事项，以及由于疏忽和未能采取行动

导致的行为和事项。①

41 破产通知

（1）官方接管人可应债权人的申请针对其债务人发出下列破产通知：

（a）终局判决或终局裁定：

（ⅰ）属第40（1）（g）项所规定的种类；以及

（ⅱ）金额至少为法定最低金额；或者

（b）两项或两项以上的终局判决或终局裁定：

（ⅰ）属第40（1）（g）项所规定的种类；以及

（ⅱ）金额合计至少为法定最低金额。

（2）该通知必须符合法规所规定的格式。

（2A）通知必须规定遵守通知的期限。这段时间必须是：

（a）如果该通知将在澳大利亚送达，则为债务人收到通知后的法定期限；或者

（b）如果该通知将在其他地方送达，则须在法院发出的准许送达通知的命令所指定的期间内送达。

（3）不得就债务人发出破产通知的情况有：

（a）除应已针对债务人取得第40（1）（g）项所指的终局判决或终局裁定的债权人或凭借第40（3）（d）项须当视为该等债权人的人的申请外；

（b）在申请发出破产通知时，与该通知有关的判决或裁定的执行已被暂停；或者

（c）就付款的判决或裁定而言，如：

（ⅰ）自判决或裁定作出之日起，已过去6年以上；或者

（ⅱ）该判决或裁定根据第37条暂停执行。

（5）破产通知不得仅因通知中指定的应付债权人的金额超过实际应付的金额而无效，除非债务人在规定的付款期限内通知债权人，他或她以错误陈述为理由对通知的有效性提出异议。

（6）破产通知所指定的金额超过实际到期的金额，而债务人没有按照第（5）款向债权人发出通知的，如果在规定的付款期间内，他或她采取了当通知中正确规定到期金额时本应构成履行通知的行为的，视为他或她履行了通知。

（6A）在符合破产通知规定的期限届满前：

（a）债务人已提起撤销发出关于破产通知的判决或裁定的法律程序；或者

（b）已向法院申请撤销破产通知；

除第（6C）款另有规定外，法院可延长履行破产通知的期限。

---

① 译者注：本款规定经过最新修订后表述过于复杂，故全文直引，以飨读者“This section applies，so far as it is capable of application，in relation to acts and things done or occurring，and omissions and failures to do acts or things occurring，before，or partly before and partly after，the commencement of this Act，as well as to acts and things done or occurring，and omissions and failures to do acts and things occurring，after the commencement of this Act”。

（6C）当：

（a）债务人向法院申请延长履行破产通知的期限，理由是债务人已提起撤销发出关于破产通知的判决或裁定的法律程序；以及

（b）法院认为撤销判决或裁定的法律程序：

（ⅰ）并非被善意地提起；或者

（ⅱ）没有受到尽职的检控；

法院不得延长履行破产通知的期限。

（7）在履行破产通知的规定期限届满前，债务人已向法院申请撤销破产通知，理由是债务人有第40（1）（g）项所提及的反诉、抵销或交叉请求，而法院在该期限届满前仍未决定是否确信债务人有该等反诉、抵销或交叉请求权的，该期限应被视为在其即将到期前已被延长，直至并包括法院确定其是否确信之日。

42 破产通知送达后向联邦或州支付的债务等

（1）当本法项下的破产通知由联邦或州送达债务人，如果在通知允许的时间内，债务人对下列人员支付通知所要求支付的金额，或为该金额提供担保或混合担保（compounds）以满足支付要求的，则视为充分遵守该通知：

（a）律政司秘书或州的皇家事务律师（视情况而定）；或者

（b）如联邦或州（视情况而定）的代理人在该通知中为此目的而有所指定，则指被指定的代理人。

（2）在应联邦或州的申请而发出的破产通知中，可包括一项声明，说明债务人可按第（1）款所提及的方式履行该通知。

第2节　债权人的破产申请

43 作出封存令（sequestration orders，也可翻译为扣押令、没收令）的司法管辖权

（1）根据本法，如果：

（a）债务人已作出破产行为；以及

（b）在作出破产行为时，债务人：

（ⅰ）常在或通常居住在澳大利亚；

（ⅱ）在澳大利亚有住所或场所；

（ⅲ）亲自或通过代理人或者经理在澳大利亚经营业务；或者

（ⅳ）是通过1名或多名合伙人、代理人或者经理在澳大利亚经营业务的公司或合伙的成员；

法院可应债权人提出的申请，对债务人的财团作出封存令。

（2）对债务人的财团作出封存令后，债务人即成为破产人，并继续保持破产人的身份，直至：

（a）他或她因被执行第149（1）款而免责；或者

（b）其破产因第 74（1）、153A（1）款的效力或根据第 153B 条的效力而作废。

44 债权人提出破产申请的条件

（1）债权人不得对债务人提出破产申请，除非：

（a）债务人欠提出申请的债权人的金额达到法定最低金额或以上，或者有 2 名或以上的债权人一起申请，债务人欠几名提出破产申请的债权人的债务总额达到法定最低金额；

（b）债务或每项债务（视情况而定）：

（ⅰ）是一笔按法律或衡平法或者部分按法律及部分按衡平法（at law or in equity or partly at law and partly in equity，这里的法律指成文法，衡平法为判例法）已到期的清算款项；以及

（ⅱ）须立即或在某个未来时间支付；以及

（c）提出申请所依据的破产行为是在申请提出前 6 个月内作出的。

（2）除第（3）款另有规定外，就第（1）（a）项而言，只有在欠担保债权人的债务金额超过其担保价值的范围（如有的话）内，担保债权人才成为债权人。

（3）担保债权人可以提交或参与提交对债务人的破产申请，如同他或她是无担保债权人，只要他或她在申请书中列入一项声明，表明他或她愿意在针对债务人作出封存令的情况下，为债权人的整体利益而交出（surrender）其担保物。

（4）如果提出申请的债权人是担保债权人，他或她须在申请书中列明其担保的详情。

（5）如果担保债权人已提出或参与提出债权人（对债务人）的破产申请，则视他或她为无担保债权人，他或她须应受托人的书面请求，在作出封存令后 3 个月内，为了债权人的整体利益，将其担保物交给受托人。

（6）第（5）款适用的担保债权人，如在受托人按照该款提出请求时没有交出其担保物，即构成藐视法庭罪。

45 债权人对合伙企业的申请

（1）合伙企业的债权人如有权就合伙企业的债务向合伙企业的任何一名成员提出申请，也可对该合伙企业提出申请。

（2）有权针对合伙企业提出申请的债权人，可针对该合伙企业的任何成员提出申请，但不包括其他成员。

46 针对 2 名或以上共同债务人的破产申请

（1）债权人的破产申请可针对 2 名或以上的共同债务人提出，不论该债务人是否为合伙人。

（2）凡债权人的破产申请有 2 名或以上的被申请人（respondents），法院可针对其中 1 名或以上的被申请人作出封存令，并可在该申请与另 1 名或多名被申请人有关的范围内驳回该申请。

47 关于债权人申请的请求

（1）债权人的破产申请书必须由知道有关事实的人的宣誓书核实（must be verified by an affidavit of a person）。

（1A）如法院规则就本款规定了标准格式，则申请书必须采用标准格式。

（2）除非获得法院许可，否则债权人的申请书在提交后不得撤回。

49 替代申请人

如果债权人的申请因未尽应有的注意而未被继续处理（Where a creditor's petition is not prosecuted with due diligence）或法院认为（基于任何其他原因）如此行事是适当的，对于申请人（们），法院可以用符合本法规定的破产申请的债务金额的其他债权人（们）进行替代，并可将替代债权人（们）视为提出请求的债权人而继续进行破产程序。

50 封存前取得对债务人财产的控制

（1）在债务人发出破产通知或债权人提出破产申请后，债务人破产前，法院可以：

（a）指示官方受托人或指定的注册受托人（a specified registered trustee）接管债务人的财产；以及

（b）就该财产作出任何其他命令。

（1A）只有在下列情形下，法院才可发出指示或作出命令：

（a）债权人已向法院申请作出指示；以及

（b）法院确信这样做符合债权人的利益；以及

（c）债务人没有遵守破产通知。

（1B）如果法院指示受托人接管债务人的财产，那么法院也必须指定接管何时结束。

（2）在不限制第（1）款规定的一般性的原则下，法院可在根据第（1）款作出指示后的任何时间，传召债务人或与债务人有关的可询问的人，根据本条就债务人进行询问。

（3）根据第（2）款向任何人发出的传票，须规定其在下列要求下根据本条就债务人及债务人的可审查事务经宣誓后接受询问：

（a）在指定地点及指定日期的指定时间；以及

（b）按传票指示，在法院、书记员或地方法官席前。

（4）根据第（2）款向任何人发出的传票，可规定其在询问时出示符合下列要求的账簿（包括债务人的关联实体的账簿）：

（a）由上述首先提到的人（the first - mentioned person）拥有的；以及

（b）与债务人或债务人的任何可审查事务有关的。

（5）为根据第（2）款被询问而传召的人，第 81（2）款至第 81（17）款（含该款）在规定的任何修改下都适用，譬如：

（a）法院根据本条第（1）款作出指示时，已针对债务人作出封存令；

（b）该调查是根据第 81 条进行的；以及

（c）在上述条款中，凡提及债权人，即指已对其作出本款第（a）项所述的封存令，而该人所持有的债权可在债务人破产时被证明。

51 受理债权人申请的费用

除第 109 条另有规定外，对债权人提出的破产申请的受理，包括对申请作出的封存令的受理，均须由债权人承担费用。

52 关于债权人申请的程序和命令

（1）在听证债权人的破产申请时，法院须要求提供下列证据以证明：

（a）申请书所述事项（为此，法院可接受证明申请书充分性的宣誓书）；

（b）申请书的送达；以及

（c）提出申请的债权人所依据的一项或多项债务仍然被拖欠的事实；

如确信上述事项的证明，法院可对债务人的财团作出封存令。

（1A）如法院作出封存令，取得该命令的债权人必须在该命令作出当日起算的2天期间终结前，将该命令的一份副本交给官方接管人。

处罚：5个罚金单位（5 penalty units）①

［按语：另见第277b条（关于侵权通知）。］

（1B）违反第（1A）款是一项须负严格法律责任的罪行。

［按语：严格法律责任见《刑法》第6.1条。］

（2）如果法院不确信任何前述事项的证据，或确信债务人：

（a）他或她有能力偿还债务；或者

（b）因其他充分理由，不应作出封存令的；

可以驳回申请。

（3）法院如认为适当，可按其认为适当的条款及条件，将根据封存令进行的所有法律程序暂停一段时间，但不得超过21天。

（4）债权人的请求在下列期限届满时失效：

（a）除第（b）项另有规定外，自申请书提交之日起12个月；或者

（b）如法院根据第（5）款就该申请作出了裁定，则为该裁定所规定的期间；

除非在上述任何适用期间届满前，法院已就该申请作出了封存令，或该申请已被驳回或撤回。

（5）法院如认为在债权人提出申请之日起12个月届满前的任何时间，法院的行事是公正及公平的，可按其认为适当的条款及条件作出裁定，裁定申请失效的期限，为自该裁定指定的申请书提交之日起的12个月到24个月之间。

53 合并程序

（1）凡合伙企业的2名或多名成员，或者2名或多名共同债务人（joint debtors）已破产的，法院可按其认为适当的条款合并法律程序。

---

① 译者注：此处的原文为“Penalty：5 penalty units”。“Penalty”一词有处罚、刑罚、惩罚、罚金等多种意思。译者认为类似这种“几个处罚单位”的表述，指罚金的概率比较高。但是鉴于本法中有的处罚形式并非罚金而是监禁，因此，penalty不与units合用的时候，最好翻译为“处罚”，可包含其他可能的（罚金以外的）处罚方式。而penalty units作为一个固定的词组，则翻译为“罚金单位”，否则在监禁和罚金并处的条文里，无法区分两类处罚方式。而如果penalty之后所接的是多少个月的监禁，则翻译为“刑罚”。因为译者本人并非刑法专家，对澳大利亚刑法更是门外汉，在难以彻底搞清相关刑法问题之前［包括但不限于如何区分罚款和罚金（fine）；作出处罚的机关是否只有法院，须知外国的交通处罚都是要开庭审理的，交警的罚单并不直接生效；以及对犯罪记录将产生的影响，比如接受过penalty的处罚，当事人是否丧失某些执业资格等］，采用最不容出错的翻译法较为稳妥。

（2）凡法院根据第（1）款作出裁定，则第110条适用于根据本法管理的与该裁定有关的所有财团。

（3）凡法院根据第（1）款就2名或多名破产人的财团作出裁定的，法院可在该裁定中：

（a）为将第6部分第3节的条文适用于共有财团的管理，确定一个特定的为所有与该等财团的管理有关的提交申请书的日期；

（b）为此目的，宣布某一特定日期为每项相关财团的破产日期；以及

（c）为此目的，宣布一个特定时间为所有相关财团的破产开始的时间；

如果法院依上述方式行事，则这些财团需据此管理。

54 破产人的事务陈述书（statement of affairs①）

（1）凡作出封存令的，被封存财团的人须在收到破产通知之日起14天内：

（a）就官方接管人的事务制备一份陈述书，并将该陈述书送交官方接管人存档；以及

（b）向官方受托人提供该陈述书的副本。

处罚：50个罚金单位。

（2）凡针对2名或多名共同债务人（不论是否为合伙人）作出封存令，该等人士除须就其事务遵守第（1）款外，还须在收到破产通知之日起14天内，为其自身或与其他债务人一起，共同：

（a）就上述人士的共同事务制备一份陈述书，并将该陈述书送交官方接管人办公场所存档；以及

（b）向官方受托人提供该陈述书的副本。

处罚：50个罚金单位。

（3）违反第（1）、（2）款是一项须负严格法律责任的罪行。

（按语：严格法律责任见《刑法》第6.1条。）

（4）任何人如以书面形式说明他或她是已对其作出封存令的破产人的债权人，或是已对其作出一项封存令的2名或多名破产人的债权人，则可无须缴付费用。而任何其他人在缴付由部长通过立法文件确定的费用后，可亲自或由代理人检查破产人（们）提交的事务陈述书（视情况而定），并可获得该事务陈述书的副本或摘录。

（5）已对其作出封存令的破产人，可无须缴付费用而亲自或由其代理人：

（a）查阅该破产人的事务陈述书；或者

（b）取得该破产人的事务陈述书的副本或摘录。

（6）如经核准的事务陈述书显示该陈述书内的特定信息不应向公众披露，则官方接管人必须确保该特定信息不会被披露给任何人（破产人或破产人的代理人除外）。

（6A）第（6）款并不妨碍按法律规定提供信息。

---

① 译者注："statement of affairs"英美法中也有翻译为资产负债表的，但是由于包含个人破产，所以翻译为事务陈述书包含性会更好一些。

（7）官方接管人可以以查阅该特定信息会危害或相当可能危害任何人的安全为由，拒绝任何人根据本条查阅破产人的事务陈述书内的特定信息。

第2A节　提出债务人申请的意向声明

54A 申报声明

（1）除第54B条另有规定外，债务人可向官方接管人提交一份采用标准格式的声明，说明债务人拟提交债务人的破产申请书的意向。

（2）债务人根据本条提交的声明，必须附有债务人的事务陈述书及其副本。

54B 当债务人丧失提交声明的资格时

债务人无权根据第54A条提出声明：

（a）除非获得法院许可，否则债务人无权根据第55条提出申请；

（b）在针对该债务人破产提出的债权人的申请书送达债务人后，且之前已经：

（ⅰ）应申请书而作出封存令；

（ⅱ）申请书被撤回或驳回；或者

（ⅲ）该申请书根据第52（4）款失效；

（c）在债务人的破产申请书被针对该债务人提出后，在申请书被接受或拒绝前；

（d）债务人的财产受第10部分第2节规定所控制时；

（e）在债务人根据第188条签署授权书后6个月内；或者

（f）在债务人根据第54A条提交的声明依据第54C条被接受后12个月内。

54C 接受或拒绝声明

（1）除第54D条另有规定外，凡债务人根据第54A条提出声明，官方接管人须：

（a）如果官方接管人觉得债务人有权根据第54A条提交声明，且提交的声明是按照标准格式作出的：

（ⅰ）接受该项声明，并据此予以认可；以及

（ⅱ）随即签署声明副本；或者

（b）在任何其他情况下，拒绝该项声明。

（2）如官方接管人接受该项声明，则官方接管人必须向债务人的事务陈述书所披露的每名债权人发出接受该项声明的书面通知。

54D 官方接管人向债务人提供资料

（1）官方接管人在接受债务人根据第54A条提交的声明前，必须向债务人提供法规所列明的资料。

（2）违反第（1）款并不影响官方接管人根据第54C条接受依据第54A条提交的声明的有效性。

54E 在冻结期间暂缓执行

（1）在与债务人提交的意向声明有关的冻结期（stay period）内，一份由接受该声明

的官方接管人签署的声明的副本，须出示给债务人欠其已冻结债务（a frozen debt）的债权人，则第（2）款在该期限的剩余期间内有效。

（2）债权人无权：

（a）就该债务申请启动强制执行程序；或者

（b）就该债务对债务人的人身或财产强制执行某种补偿措施。

（3）本条并不妨碍债权人就任何债务展开法律程序，或在该法律程序中采取新的步骤，但与强制执行判决有关者除外。

54F 执行员的职责

（1）在由债务人提交的意向声明的冻结期内，将接受该声明的官方接管人签署的声明的副本提交给执行员，则第（2）、（3）款在该段期间的剩余部分依然有效。

（2）执行员不得采取行动或采取进一步行动，执行或出售由债务人所欠冻结债务的强制执行程序所规定的财产。

（3）执行员不得向任何人支付就债务人所欠的冻结债务而启动的强制执行程序的收益。

（4）违反本条并不影响任何人对根据就任何债务而启动的强制执行程序所进行的出售而善意购买的财产的所有权。

（5）当：

（a）根据本条，执行员不得根据就债务而启动的强制执行程序，采取行动或进一步行动出售不动产；

（b）债务人破产；以及

（c）该财产为破产财团的受托人所控制；

执行程序的费用是对财产的第一项求偿（a first charge，最优先的请求权）。

54G 法院书记员的职责

凡在与债务人提交的意向声明有关的冻结期内，已向法院书记员或其他适当人员出示由接受该声明的官方接管人签署的声明的副本，则书记员或其他人员须在该期限的剩余期间，不向任何人支付就债务人所欠冻结债务而启动的强制执行程序的收益。

54H 有权扣除所欠声明债务人款项的人的职责

（1）在与债务人提交的意向声明有关的冻结期内，已向根据联邦法律、州法律或联邦领地法律享有权利的人出示由接受该声明的官方接管人签署的声明的副本：

（a）从债务人的应付款或所欠款中保留或扣除款项，或者成为债务人的应付款或所欠款；以及

（b）将保留或扣除的款项用于清偿债务人所欠任何人的冻结债务；

适用第（2）、（3）款。

（2）在该段期限的剩余期间内，本条所述之人须：

（a）不得如此保留或扣除款项；以及

（b）在向任何人出示签署的副本之前，不得向该人（债务人除外）支付或以其他方式

运用保留或扣除的款项。

（3）本条并不影响任何人向债务人付款的法律责任。

54J 本节防止行为发生的时间的延长

如果在整个特定期间内，本节阻止了某一特定行为的发生，则为任何法律、协议或文书的目的，在确定该行为是否在特定期间内或特定期间之前发生时，应忽略该期间。

54K 第 33 条不适用于本节

第 33 条中的任何规定均不允许延长或缩短本节规定的期限或时间（a period or time）。

54L 担保债权人的担保权利不受影响

本节的任何规定均不影响担保债权人实现或以其他方式处理债权人的担保的权利。

第 3 节　债务人的破产申请

55 债务人的破产申请

（1）除本条另有规定外，债务人可向官方接管人提出针对其本人的破产申请。

（2）债务人根据本条提出的破产申请书：

（a）须符合标准格式；以及

（b）须附有债务人的陈述书及该陈述书的副本。

（2A）官方接管人只能在下列情形下接受债务人的破产申请，对其他情况应拒绝：

（a）常在或通常居住在澳大利亚；或者

（b）在澳大利亚有住所或场所；或者

（c）亲自、通过代理人或经理在澳大利亚经营业务；或者

（d）是通过一个或多个合伙人、代理人或经理在澳大利亚经营业务的公司或合伙企业的成员。

（3）如有下列情形，官方接管人可拒绝债务人的破产申请：

（a）申请书实质上不符合标准格式；或者

（b）申请书没有附事务陈述书；或者

（c）官方接管人认为申请书所附的事务陈述书不充分。

（3AA）官方接管人可拒绝任何债务人的破产申请（当前的申请），如果：

（a）从事务陈述书内的信息（及债务人提供的任何额外信息）来看，如债务人并未破产，债务人很可能（立即或在合理时间内）能够偿付事务陈述书中列明的所有债务；以及

（b）至少符合下列一项：

（ⅰ）从事务陈述书中的信息（以及债务人提供的任何补充信息）来看，债务人不愿意向一个或多个特定债权人偿付一项或多项债务，或不愿意一般性地向债权人偿付债务；

（ⅱ）在提交本申请之前，债务人曾因债务人的申请而破产至少三次，或在提交本申请之前的 5 年内破产至少一次。

（3AB）官方接管人无须在每宗案件中均考虑是否有根据第（3AA）款拒绝的酌情决

定权。

（3AC）债务人可向行政上诉审裁处（the Administrative Appeals Tribunal，AAT）申请复核官方接管人根据第（3AA）款驳回申请的决定。

（3A）官方接管人在接受债务人的申请前，必须向债务人提供法规所列明的信息种类。

（3B）如有债权人的破产申请是针对一组债务人（不论他们是共同债务人或合伙的成员），其中包括债务人的破产申请所针对的债务人，则官方接管人必须将债务人的申请转交法院，请求法院作出接受或拒绝该申请的指示。

示例 1：当债务人安娜提出对她本人的破产申请时，有一个债权人的待决申请将其作为共同债务人（安娜和帝姆）。官方接管人必须将债务人的申请提交法院。

示例 2：当债务人彼得提出对他本人的破产申请时，有两个债权人的申请待决。官方接管人无须将债务人的申请提交法院，因为彼得并非独自组成一个团体。

（3C）如法院指示官方接管人接受债务人的破产申请，则法院必须指定因接受债务人的申请而导致破产开始的时间。

（4）官方接管人必须接受债务人的破产申请，除非官方接管人根据本条规定拒绝该申请，或获法院指示拒绝该申请。

（4A）如果官方接管人接受根据本条提出的申请，则：

（a）他或她须据此在申请书上批注；以及

（b）官方接管人在批准申请后，提出申请的债务人凭借本条的效力及申请的提出而成为破产人。

（5）如注册受托人是根据本条成为破产债务人的财团的受托人，官方接管人必须；

（a）将破产通知受托人；以及

（b）将附于债务人申请书的事务陈述书的一份副本交给受托人。

（5A）作为债务协议一方（债务人身份）的债务人不得提出对债务人本人的破产申请，除非法院准许债务人这样做。

（6）已签署个人破产协议的债务人，除获得法院许可外无权提出针对其本人的破产申请，除非：

（a）该协议已作废；或者

（b）该协议已终止；或者

（c）该协议规定的所有义务均已解除。

（6A）根据宣布的法律适用冻结的债务人，除获得法院许可外无权提出针对其本人的申请。

（7）如债务人在违反第（5A）、（6）或（6A）款的情况下提出针对其本人的申请，该债务人不能凭借该申请而成为破产人。

（8）根据本条而成为破产人的人，破产人身份持续至：

（a）他或她因被执行第 149（1）款而免责；或者

（b）其破产因第 74（1）、153A（1）款的效力或者根据第 153B 条的效力而作废。

（9）任何人如以书面形式说明他或她是破产人的债权人，且该破产人已因本条的效力而成为破产人，则该人可无须缴付费用，亲自或由其代理人查阅与破产人提出的申请书一并提交的事务陈述书，并可取得该陈述书的副本或摘录，而其他人则需在支付由部长根据立法文件确定的费用后才可获得上述权利。

（10）因本条的效力而成为破产人的，可无须缴付费用而亲自或由其代理人：

（a）查阅该破产人的事务陈述书；以及

（b）取得该破产人的事务陈述书的副本或摘录。

（11）如经核准的事务陈述书显示该陈述书内的特定信息不应向公众披露，则官方接管人必须确保该信息不会被披露给破产人（或破产人的代理人）以外的任何人。

（11A）第（11）款并不妨碍按法律规定提供信息。

（12）官方接管人可以以查阅该信息会危害或相当可能危害任何人的安全为由，拒绝任何人根据本条查阅破产人的事务陈述书内的特定信息。

56A 可对合伙企业提出债务人申请的人

（1）对合伙企业的债务人申请可由下列人士提出：

（a）所有合伙人；或者

（b）居住在澳大利亚的大多数合伙人。

（2）作为债务协议一方（债务人身份）的合伙企业成员（A member of a partnership）① 不得参与针对合伙企业提交的债务人申请，除非法院允许该成员这样做。

（3）已签署个人破产协议的合伙企业成员不得参与针对该合伙企业提交的债务人申请，除非：

（a）该协议已作废；或者

（b）该协议已终止；或者

（c）该协议设定的所有义务均已解除；或者

（d）法院准许该成员加入针对该合伙企业提交的破产申请。

（6）根据宣布的法律适用冻结的合伙企业成员，除非法院准许，否则不得参与针对该合伙企业提出的破产申请。

（7）如果合伙企业的成员因参与申请而违反第（2）、（3）、（4）、（5）或（6）款，则该申请不具有任何效力。

56B 针对合伙企业提交债务人破产申请书

（1）任何债务人针对合伙企业提出的破产申请，均必须提交给官方接管人。

（2）申请书必须符合标准格式。

（3）申请书必须附有：

（a）提交申请的每位合伙成员的事务陈述书；以及

---

① 译者注：法条原文中有“partner”和“A member of a partnership”两种表述，不清楚实体上的区别何在。故本译稿针对不同的英文表述分别采用“合伙人”与“合伙企业的成员”两种不同的中文翻译。

（b）对合伙企业事务的陈述书；以及

（c）所有陈述书的副本。

（4）如有下列情形，官方接管人可驳回申请：

（a）申请书实质上不符合标准格式；或者

（b）申请书没有附上所有申请合伙人及该合伙企业的事务陈述书；或者

（c）官方接管人认为申请书所附的事务陈述书并不充分。

（5）官方接管人在接受债务人针对合伙企业提出的申请前，必须将法规所列明的信息种类提供给每名加入申请的合伙成员。

56C 向法院提交债务人对合伙企业的破产申请

（1）在符合下列其中一项或两项条件的情况下，官方接管人须将债务人针对合伙企业的破产申请转交法院，请求法院对接受或拒绝该申请作出指示：

（a）该申请是由该合伙企业的部分但并非全部成员针对该合伙企业提出的；

（b）至少有1份针对合伙企业中至少1名成员的债权人申请书（不包括债权人针对合伙企业所有成员以及其他任何人所提出的申请）。

示例1：伊迪丝、林赛和伯莎是合伙企业的成员。当伊迪丝和林赛提交债务人对合伙企业的破产申请时，有1个债权人对伯莎的申请未决，官方接管人必须将债务人的申请提交法院。

示例2：基思、利和朱迪思是合伙企业的成员。当他们都提交了1份针对合伙企业的债务人破产申请时，另有2份债权人的申请未决：1份针对基思、利和朱迪思，另1份仅针对朱迪思。官方接管人必须将债务人的申请提交法院。

示例3：梅雷迪思、拉姆齐和威尔逊是合伙企业的成员。当他们都提出债务人对合伙企业的破产申请时，另有2个债权人的申请未决。2个债权人的申请都是针对梅雷迪思、拉姆齐和威尔逊的（没有其他人），官方接管人无须将债务人的申请提交法院。

（2）如官方接管人将破产申请转交法院，因为该申请是由合伙企业的部分（并非全部）成员提出的，则官方接管人必须按照法规向没有提出申请的成员发出通知。

（3）破产申请提交法院后，法院必须指示官方接管人：

（a）以其提交给法院的形式接受该申请；或者

（b）在按法院的指示修改后接受该申请；或者

（c）拒绝该申请。

（4）如果：

（a）债务人的申请是针对包括根据公布的法律适用冻结的人所属的合伙企业提出的；以及

（b）该人并非提出申请的合伙人之一；

法院不得就该申请作出指示，直至执行被公布的法律的人有机会被听取意见。

（5）如法院指示官方接管人接受（不论是否经修改）转交法院的申请，则法院必须指定每名因此而成为破产人的人开始破产的时间。

56D 官方接管人接受债务人针对合伙企业的破产申请

（1）官方接管人必须接受债务人针对合伙企业提出的破产申请，除非官方接管人根据第56B条拒绝该申请，或获法院指示拒绝该申请。

（2）官方接管人接受破产申请时，必须在申请书上注明申请已获接受的事实。

56E 接受债务人对合伙企业的破产申请的效力

（1）如在没有根据法院指示修改的情况下，官方接管人在破产申请书上注明接受该申请的事实，则该合伙企业的每名成员均因本条的效力而成为破产人。

（2）官方接管人如在已根据法院指示修改的破产申请书上注明接受该申请的事实，则该申请所适用的合伙企业的每名成员均因本条的效力而成为破产人。

（3）根据本条而成为破产人的人，破产人身份持续至：

（a）他或她因被执行第149（1）款而免责；或者

（b）其破产因第74（1）、153A（1）款的效力或根据第153B条的效力而作废。

（4）如注册受托人是根据本条成为破产债务人的财团的受托人，官方接管人必须：

（a）将破产通知该受托人；以及

（b）向受托人提供随债务人申请书而提交的每份事务陈述书的副本。

56F 破产的非申请合伙人的额外义务

（1）没有参与提交债务人针对该合伙企业的破产申请的合伙成员，但因申请被接受而破产的，须向官方接管人提供：

（a）该成员的事务陈述书；以及

（b）该合伙企业的事务陈述书；

自该成员被通知破产之日起14天内提交。

处罚：50个罚金单位。

（1A）违反第（1）款是一项须负严格法律责任的罪行。

（按语：严格法律责任见《刑法》第6.1条。）

（1B）如成员有合理辩解，则不适用第（1）款。

{按语：被告人对第（1B）款［见《刑法》第13.3（3）款］所述事项负有举证责任。}

（2）合伙企业的任何成员符合第（1）（b）项规定，如果该成员和合伙企业中至少1名其他（one other member）没有参与提交针对该合伙企业的破产申请的成员共同向官方接管人提交了一份关于该合伙企业的事务陈述书的。

（3）根据第（1）款须向官方接管人提交事务陈述书的合伙企业成员，必须向该成员破产的受托人提供该事务陈述书的副本。

56G 检查合伙人和合伙企业的事务陈述书

（1）任何人均可查阅、获得或摘录与债务人针对合伙企业提出的申请有关而提交给官方接管人的任何事务陈述书的副本。

（2）在查阅、获得或摘录陈述书副本之前，该人必须支付部长通过立法文件

（legislative instrument）确定的费用，除非：

（a）该人以书面形式说明他或她是该合伙企业的债权人或因申请而破产的合伙企业成员的债权人；或者

（aa）该人是因申请而破产的合伙企业成员；或者

（b）该人是第（a）、（aa）项所述的人的代理人。

（3）因第56E条的效力而成为破产人的人，可无须缴付费用而亲自或由其代理人：

（a）查阅申请书所附的任何事务陈述书；以及

（b）取得申请书所附的任何事务陈述书的副本或摘录。

（4）如经核准的事务陈述书显示该陈述书内的特定信息不应向公众披露，则官方接管人必须确保该信息不会根据本条被披露给任何人（因申请而破产的合伙企业成员或该成员的代理人除外）。

（5）官方接管人可以以查阅该信息会危害或相当可能危害任何人的安全为由，拒绝任何人根据本条查阅事务陈述书内的特定信息。

57 非合伙人共同债务人的债务人申请

（1）凡共同债务人并非彼此合伙（are not in partnership with one another），则债务人或者任何2名或多名债务人（the debtors，or any 2 or more of the debtors）可向官方接管人提出针对他们的共同破产申请。

（2）根据本条提出的申请，须按照标准格式提出，并附有：

（a）每名申请债务人的事务陈述书；

（b）他们共同事务的陈述书；以及

（c）所有陈述书的副本。

（2A）官方接管人仅在下列情形下接受债务人的破产申请，其他情况下需拒绝债务人的申请：

（a）（债务人）常在或通常居住在澳大利亚；或者

（b）在澳大利亚有住所或场所；或者

（c）亲自、通过代理人或经理在澳大利亚经营业务；或者

（d）是通过一个或多个合伙人（by means of a partner or partners）、代理人或经理在澳大利亚经营业务的公司或合伙企业的成员。

（3）如有下列情形，官方接管人可拒绝债务人的破产申请：

（a）申请书实质上不符合标准格式；或者

（b）申请书没有附第（2）款所规定的所有事务陈述书；或者

（c）官方接管人认为申请书所附的事务陈述书并不充分。

（3AA）如果其中至少1名提出申请的债务人符合下列条件，官方接管人可拒绝任何债务人的申请（当前的申请）：

（a）从事务陈述书内的信息（及债务人提供的任何额外信息）来看，如债务人并非破产，债务人很可能（立即或在合理时间内）能够偿付债务人的事务陈述书中规定的所有

债务；

（b）至少满足下列一项：

（ⅰ）从事务陈述书中的信息（以及债务人提供的任何补充信息）来看，债务人不愿意向一个或多个特定债权人偿付一项或多项债务（one or more debts to a particular creditor or creditors），或不愿意一般性地向债权人偿付债务；

（ⅱ）在提交本破产申请书之前，债务人曾因债务人提交申请书而破产至少3次，或在提交本申请书之前的5年内破产至少1次。

（3AB）官方接管人无须在每宗案件中均考虑是否有根据第（3AA）款拒绝破产申请的酌情决定权。

（3AC）可向行政上诉审裁处申请复核官方接管人根据第（3AA）款拒绝破产申请的决定。

（3A）官方接管人在接受债务人针对共同债务人提出的破产申请前，必须向每名申请债务人提供法规所列明的资料。

（3B）如至少有一名债权人的申请有下列情形的，官方接管人必须将债务人的申请提交至法院，由法院指示接受或拒绝该申请：

（a）针对至少一名债务人待决（不论该债权人的申请是否也与其他人有关）；以及

（b）并不只涉及提交债务人申请的所有共同债务人。

示例1：佩塔和阿卜杜勒是共同债务人。当他们提出债务人对自己的申请（主动申请）时，有一个债权人对阿卜杜勒的申请悬而未决。官方接管人必须将债务人的申请提交法院，因为债权人的申请并非与佩塔和阿卜杜勒都有关。

示例2：琼和克雷格是共同债务人。当他们提出债务人对自己的申请时，有一个债权人对琼、克雷格和保罗的申请悬而未决。官方接管人必须将债务人的申请提交法院。

示例3：金、罗宾和简是共同债务人。当他们提出债务人对自己的申请时，有一个债权人对金、罗宾和简的申请悬而未决，不涉及其他人。官方接管人无须将债务人的申请提交法院。

（3C）如法院指示官方接管人接受债务人的申请，则法院必须指定因接受债务人的申请而导致的每宗破产案件的开始时间。

（4）官方接管人必须接受债务人的破产申请，除非官方接管人根据第（3）款拒绝该申请，或获法院指示拒绝该申请。

（5）凡官方接管人接受根据本条提出的破产申请，则：

（a）他或她须据此在申请书上批注；以及

（b）官方接管人签署申请书后，每名申请债务人均因本条的效力及申请书的提交而成为破产人。

（6）如注册受托人是根据本条成为破产债务人的财团的受托人，官方接管人必须：

（a）将破产通知受托人；以及

（b）向受托人提供随债务人申请书而提交的每份事务陈述书的副本。

(6A) 作为债务协议一方（债务人身份）的债务人不得提出债务人的破产申请，除非法院准许债务人这样做。

(7) 已签署个人破产协议的债务人无权加入根据本条提出破产申请的程序，除非：

(a) 该协议已作废；或者

(b) 该协议已终止；或者

(c) 该协议设定的所有义务均已解除；或者

(d) 法院准许债务人加入根据本条提出破产申请的程序。

(8) 根据公布的法律适用冻结的债务人，除非获得法院许可，否则无权加入根据本条提出破产申请的程序。

(9) 凡破产申请是在违反第 (6A)、(7) 或 (8) 款的情况下提出的，则申请的提出并无任何效力。

(10) 根据本条而成为破产人的，其破产人身份持续至：

(a) 他或她因被执行第 149 (1) 款而免责；或者

(b) 其破产因第 74 (1)、153A (1) 款的效力或根据第 153B 条的效力而作废。

(11) 任何人如以书面形式说明他或她是因债务人针对共同债务人提出的破产申请而成为破产人的破产债权人 (a creditor of a bankrupt who has become a bankrupt)，或是因本条的效力而成为破产人的部分或全部共同债务人的债权人的，可无须缴付费用，而其他人需在支付部长通过立法文件确定的费用后，才可亲自或由其代理人检查与共同债务人提交的申请书一同提交的任何事务陈述书，并可获得任何此类事务陈述书的副本或摘录。

(12) 因本条的效力而成为破产人的，可无须缴付费用而亲自或由其代理人：

(a) 查阅申请书所附的任何事务陈述书；以及

(b) 取得申请书所附的任何事务陈述书的副本或摘录。

(13) 如经核准的事务陈述书显示该陈述书内的特定信息不应向公众披露，则官方接管人必须确保该信息不会根据本条被披露给任何人（因申请而破产的合伙企业成员或该成员的代理人除外）。

(14) 官方接管人可以以查阅该信息会危害或相当可能危害任何人的安全为由，拒绝任何人根据本条查阅事务陈述书内的特定信息。

57A 根据债务人的申请而破产的时间

凡在本条生效后，任何人因提出债务人的破产申请而成为破产人的，则就本法而言，在官方接管人接受申请当日即刻 (at the first instant of the day) 成为破产人。

第 4 节　破产对财产和程序的影响

58 破产财产归属通则

(1) 除本法另有规定外，债务人成为破产人时：

(a) 破产人的财产，除了之后取得的财产 (after - acquired property，如债务人死亡，则翻译成“后获得财产”会较为合理），随即归属于官方受托人，或者在债务人成为破产人时，注册受托人凭借第156A条成为破产财团的受托人的，则归属于该注册受托人；以及

（b）破产人之后取得的财产，一经破产人取得或转移给破产人，即归属于官方托管人，如果注册受托人是破产财团的受托人，则归属于该注册受托人。

（按语1：如果有根据《犯罪所得法》生效的裁定，则本款适用范围有限：见第58A条。）

［按语2：即使财产已根据本条有所归属，也可根据2002年《犯罪所得法》：

（a）受限制令规制；以及

（b）在作出罚款令时予以考虑；以及

（c）如受限制令规制，则须被抵押以确保根据罚款令缴付金额；以及

（d）如受限制令规制，且法院已指示该官方受托人从受限制令规制的财产中向联邦缴付罚款令所定的金额，则由官方受托人处理。］

（2）凡联邦、某州或领地的法律规定须对财产的转让进行登记，并使破产财团的受托人能如同破产财团中与破产相关财产的所有权人一样进行登记的，即使凭借本条公正赋予了受托人对财产的权利，但在符合当地法律的规定前，该财产并不被认为已经授予了受托人。

（3）除本法规定外，债务人破产后，债权人无权：

（a）就可证明的债务对破产人的人身或财产强制执行以补偿自己；或者

（b）除非获得法院许可并按照法院认为适当的条款，就可证明的债务展开任何法律程序或在此类法律程序中采取任何新的步骤。

（4）债务人破产后，不得对破产人的财产进行欠租扣押的征收或者处理（distress for rent shall not be levied or proceeded with against the property of the bankrupt），不论破产人是否为寻求征收扣押财物的房东的承租人。

（5）本条并不影响担保债权人实现或以其他方式处理其担保权。

（5A）本条并不妨碍债权人就破产人在下列情形下的任何法律责任，对破产人或其任何财产进行强制执行以补偿债权人自己：

（a）扶养协议（a maintenance[①]agreement）；或者

（b）扶养令；

不论是在本款生效日期之前还是之后成立或订立（视情况而定）。

（6）在本条中，之后取得的财产，就破产人而言，指破产人在破产当日或之后取得或者转移给破产人的财产，而该财产是可在破产人的债权人之间分割的财产。

---

① 译者注：此处的“maintenance”应包括中国法上所说的抚养、赡养和扶养（《民法典》婚姻家庭编中的“三养”），但是为了行文的方便，将“maintenance agreement”翻译成抚养协议，但实际上包含了中文中的赡养和扶养协议。之所以不翻译成“三养协议”是因为属于生造词。

58A 破产时财产的归属——根据《犯罪所得法》生效的命令的效力

如果限制令或没收令生效

(1) 如破产人的财产为在破产日之前作出的限制令或没收令所涵盖，则第58(1)款不适用于该命令所涵盖的财产。

如果罚款令生效

(2) 如在破产日之前针对破产人作出罚款令，则第58(1)款不适用于该命令有效期间破产人的任何财产。

(按语：有关在破产日期当日或之后作出的犯罪所得令，以及有关犯罪所得令的申请，见第114A条至第114C条。)

将第58(1)款适用于财产的理由通知受托人

(3) 如果出现了依据本条第58(1)款不再适用于破产人财产的情形，公诉署署长(或澳大利亚联邦警察署署长，如果署长是联邦犯罪收益管理者，也就是负责根据2002年《犯罪所得法》下达命令的官方机构)必须在可行的情况下尽快以书面形式通知受托人上述情形的存在。

59 第二次或连续破产

(1) 当破产人再次成为破产人时：

(a) 破产人的财产：

(ⅰ) 在前一次破产日期或之后由破产人取得或转移给破产人的财产；

(ⅱ) 在该人再次成为破产人之前，未在前一次破产中被分配给债权人的财产；

应须随即归属再次破产的受托人管理(但如该财产由前一次破产中的受托人在不知悉破产申请书的提交或凭借申请书的提交而作出了处置的，则在再次破产中，按第126条的规定归属再次破产的受托人管理)；

(b) 财产：

(ⅰ) 在再次破产日期的当日或之后由破产人取得或转移给破产人的财产；以及

(ⅱ) 在再次破产中可在债权人之间进行分割的；

在再次破产中，一旦被破产人取得或转移给破产人，即被授予受托人管理；

(c) 前一次破产的管理人：

(ⅰ) 就其在前一次破产中的开支或酬金等未清偿的余额部分、在前一次破产中管理当时的破产财团所承担的新债务，以及在前一次破产中所证明的债务(无论这些债务在前一次破产中是否享有优先权或被推迟)而言，须被视为再次破产案件中的债权人；

(ⅱ) 在再次破产中，须与普通无担保债权人同等顺序受偿；以及

(ⅲ) 如他或她已在再次破产中提交了债权证明，则可在未经再次破产的受托人同意的情况下，修改该债权证明，以增加：

(A) 在提交债权证明后累计的他或她在前一次破产中的开支，或者他或她在前一次破产中的酬金；

(B) 在提交债权证明后，他或她在前一次破产案件中管理当时的破产财团所承担的法

律责任；或者

（C）在提交债权证明后在前一次破产中已获证明的债权；

或在再次破产的受托人同意下，作任何其他用途；

（d）根据第118（9）款而对前次破产的受托人无效的抵押或抵押令（a charge or charging order），继续对该受托人无效；以及

（e）根据第120、121、122、128B或128C条而对前次破产的受托人无效的交易，继续对该受托人无效。

（2）破产财团的受托人收到债权人提出针对破产人的破产申请的通知后，该受托人须持有当时由受托人保管的破产人之后取得的财产或财产收益，直至该破产申请已由法院处理或已失效。

（3）破产财团的受托人收到债务人针对破产人的破产申请已转交法院的通知后，该受托人须持有当时由受托人保管的破产人之后取得的财产或财产收益，直至法院处理完该破产申请。

（4）破产财团的受托人依据第（2）款或第（3）款持有破产人之后取得的财产或任何此类财产的收益后，如果破产人再度破产的，受托人须：

（a）如受托人亦为该破产人再次破产的受托人，则持有所有破产相关财产及该等财产的收益；或者

（b）在其他情形下，将所有破产相关财产及该等财产的收益交付给再次破产的受托人。

（5）凡联邦、某州或领地的法律规定须对财产的转让进行登记，并使破产财团的受托人能作为属于破产人财产一部分的任何此类财产的所有权人一样被登记的，尽管该财产凭借第（1）款被归属于受托人的权益，但在符合当地法律的规定被遵守前，该财产并不被认为已经授予了受托人。

（6）在第（2）、（3）、（4）款中，就破产人而言，之后取得的财产，指破产人在破产日期当日或之后取得的或转移给破产人的财产，且该财产是可在破产人的债权人之间分割（divisible），但尚未被分配（been distributed）的财产。

59A　根据1975年《家庭法》第8部分或第8AB部分下达的命令

根据1975年《家庭法》第8部分或第8AB部分的命令，第58、59条具有效力。

60 法律程序中止

（1）法院可在破产申请提出后的任何时间，按其认为适当的条款及条件：

（a）解除根据任何有关监禁欺诈债务人的法律对债务人的人身或财产作出的命令，不论该命令是在本款生效之前还是之后作出的；如债务人根据该法律被监禁或以其他方式被羁押，则解除债务人的羁押（custody）；或者

（b）中止下列针对债务人的人身或财产的任何法律程序，无论是民事还是刑事法律程序，亦不论是在本款生效之前还是之后提起的法律程序：

（ⅰ）事关不支付可证明债务或因不支付可证明债务而须支付的罚款；或者

（ⅱ）由于他或她拒绝或未能遵守法院的命令，无论是在民事还是刑事诉讼中作出的，令其支付可证明的债务；

以及，在债务人因未支付可证明的债务或第（ⅰ）目所指的罚款而被监禁或者以其他方式被羁押的情况下，或在因债务人拒绝或者未能遵守第（ⅱ）目所指的命令而被监禁或以其他方式被羁押的情况下，解除债务人的羁押。

（2）由随后成为破产人的人展开的诉讼，在他或她成为破产人时，须暂缓进行，直至受托人以书面作出选择继续起诉或中止诉讼。

（3）如果受托人在被告人或诉讼的另一方（or other party）[①] 向他或她送达诉讼通知后 28 天内没有作出选择，他或她应被视为放弃诉讼。

（4）即使本条有任何规定，破产人仍可继续以其本人的名义，在他或她成为破产人之前就下列事项提起诉讼：

（a）对破产人、其配偶或事实上的伴侣或者其家庭成员造成的任何人身伤害或不当行为（wrong done）；或者

（b）其配偶或事实上的伴侣或者其家庭成员死亡。

［按语：另见第 5（6）款。］

（4A）尽管有第（1）（b）款的规定，但本条并未授权法院根据《犯罪所得法》中止任何诉讼。

（5）在本条中，诉讼指任何民事诉讼，不论是依据成文法还是衡平法。

61 破产的合伙人的受托人所提起的诉讼

（1）凡合伙的任何成员破产，法院均可应受托人的申请，授权受托人以受托人及破产人的一名或多名合伙人的名义展开和进行任何诉讼。

（2）申请授权展开诉讼的通知书，须发给破产人的一名或多名合伙人，而该合伙人或其中任何人都可提出反对该项诉讼的理由。

（3）法院在收到该合伙人的申请后，如认为适当，可指示该合伙人收取他或她作为合伙人有权享有的诉讼收益的份额。

（4）如果合伙人没有请求从诉讼中获得任何利益，法院可以命令向他或她赔偿与诉讼有关的费用。

（5）除非法院另有命令，否则在根据本条向合伙人发出通知后，合伙人解除与该项诉讼有关的债务或请求的，对受托人无效。

（6）本条适用于非合伙人的共同债务人，犹如他们是合伙人。

62 对共同合同的诉讼

如果破产人是与另一人或其他人共同订立合同的合同方，则该人或该等人（that person or those persons）可就该合同起诉或被起诉，无须破产人参与。

---

① 译者注：应该包括原告方（如提出反诉时）或其他诉讼当事人。

63 破产人死亡

如果破产人在破产解除前死亡，除非法院另有指示，否则破产程序须在其能继续的范围内继续进行，犹如他或她还活着。

第 6 节　与债权人达成和解或债务安排

73 和解或债务安排（composition or arrangement）

（1）当破产人向债权人提议：

（a）清偿其债务的和解；或者

（b）安排其债务事宜的计划；

他或她可以向受托人提交一份由他或她签署的书面提议，列明拟议的和解或债务安排方案的条款以及构成提议一部分的任何担保人（sureties）或保证（securities）的详情。

（1A）受托人必须在收到该项提议后 2 个工作日内，将该提议的一份副本交给官方接管人。

处罚：5 个罚金单位。

[按语：另见第 277b 条（关于侵权通知）。]

（1C）违反第（1A）款是一项须负严格法律责任的罪行。

（按语：严格法律责任见《刑法》第 6.1 条。）

73B 拟任受托人对和解或债务安排方案所作的关系声明

（1）如果建议规定破产财团受托人以外的任何人（拟议受托人）将成为和解协议或债务安排方案的受托人，则适用本条。

（2）拟任受托人必须作出书面声明，说明破产人是否属于下列关联实体（related entity，关联方）：

（a）拟任受托人；或者

（b）拟任受托人的关联实体。

（3）拟任受托人必须：

（a）将该项声明的一份副本交给官方接管人；以及

（b）将该项声明的一份副本交给破产财团的受托人；以及

（c）备存声明副本。

74 破产宣告无效（Annulment）

（1）如在按照《破产实务规则》举行的会议上，债权人的特别决议接受该项提议，则该项破产在特别决议通过之日即因本款的效力而无效。

（5A）受托人必须在自该日期起算的 2 天内，向官方接管人发出书面通知，列明前破产人的姓名、破产编号及无效日期。

处罚：5 个罚金单位。

[按语：另见第 277b 条（关于侵权通知）。]

（5B）违反第（5A）款是一项须负严格法律责任的罪行。

（按语：严格法律责任见《刑法》第6.1条。）

（6）凡破产根据本条被撤销，受托人或任何在撤销前根据受托人或法院的授权行事的人所作出的一切财产出售、处置和付款，以及所作出的一切行为（and all acts done），均须当作已有效地被作出或完成（shall be deemed to have been validly made or done）。但除第（7）款另有规定外，归属于受托人的破产人的财产仍归属于法院指定的人，如无前述指定，按法院命令的条款及条件（如有的话），将破产人的全部财团或权益归还破产人。

（7）如果联邦、某州或领地的法律规定须对财产的转让进行登记，在破产宣告无效时，归属受托人的任何相关财产，即使本法已将相关财产赋予法院指定的人或破产人（视情况而定），但在符合当地法律的规定被遵守前，该财产也并不被认为已经授予了被指定的人或破产人。

74A 和解或安排方案的变更

（1）本条适用于按照本节接受的和解或安排方案。

由债权人特别决议变更

（2）债权人经债务人书面同意，可在为此目的而召开的会议上，以特别决议方式变更债务的和解或安排方案。

受托人的变更建议

（3）受托人可以书面提出更改和解或安排方案。未经债务人书面同意，受托人不得提出变更。

（4）受托人必须将拟议的变更通知所有有权收到债权人会议通知的债权人。

（5）通知必须：

（a）包括变更原因的陈述，以及变更对债权人可能产生的影响（如果变更生效）；以及

（b）指定变更建议的生效日期（在发出通知后最少14天后）；以及

（c）说明任何债权人可在指定日期前最少2天书面通知受托人，反对该项变更在没有召开债权人会议的情况下生效。

（6）如没有债权人在指定日期前最少2天向受托人提交反对通知书，[①] 则建议的变更须在通知书指定的日期生效。

（7）由受托人签署的证明书，说明与根据本条拟作出的变更有关的任何事宜，即为该事宜的初步证据。

75 和解或安排方案的影响

（1）除本条另有规定外，按照本节被接受的债务和解或安排方案，就破产人所欠债权人的可证明债务而言，对破产人的所有债权人均具有约束力。

（2）对和解或安排的接受不可作出下列行为：

---

① 译者注：a written notice of objection，指第74A条第5（c）项所说的表达反对意见的书面通知。

（a）除非获得到期债务的债权人的同意，免除破产人因破产免责而无法免除的可证明债务；或者

（b）免除任何其他人因破产人的破产免责而不会免除的任何法律责任。

（3）法院可应利害关系人的申请，强制执行已按照本节接受的和解或安排方案的条文，如不遵守法院应申请而作出的命令，即构成藐视法庭罪，可据此予以惩罚。

76 将第8部分及附表2适用于和解或安排方案的受托人

（1）经法规所规定的任何修改后，第8部分及附表2适用于根据本节订立的债务和解或安排方案的受托人，犹如债务人是破产人，而受托人是该债务人破产案件的受托人。

（2）如在考虑法规所规定的修改后，第8部分或附表2的条文不能适用于任何和解或安排方案的受托人，或前述条文与本节不符的，则不适用该条文。

76B 撤销和终止和解或安排方案

第222条至第222D条以及第224、224A条经法规所规定的修改（如有的话）后，适用于根据本节作出的和解或安排方案，犹如：

（a）该和解或安排方案是由债务人实施的个人破产协议；以及

（b）和解或安排方案的受托人是个人破产协议的受托人。

第5部分　对债务人和破产人的人身和财产的控制

第1节　概　　述

77 破产人发现财产等的责任

（1）破产人除非获受托人准许或因疾病或者有其他充分理由，否则须：

（a）在破产后，立即给予受托人：

（ⅰ）所有由破产人管有并与其任何可审查事务有关的账簿（包括破产人的关联实体的账簿）；以及

（ⅱ）为破产人所持有的为旅行所用的护照或文件；以及

（b）在受托人合理要求时，与受托人会面；以及

（ba）提供受托人所要求的有关破产人的任何行为及可审查事务的信息（such information about any of the bankrupt's conduct and examinable affairs）；以及

（bb）在成为破产人后，在可行范围内尽快将从破产人提交其事务陈述书至该破产人成为破产人之间发生的任何实质性变更通知受托人；以及

（bc）如以后发生实质性变更，则在变更发生后，在可行范围内尽快将该变更通知受托人；以及

（c）在受托人要求时出席债权人会议；以及

（d）在破产人出席的每次债权人会议上，提供该会议所规定的有关破产人的任何行为及可审查事务的信息；以及

（e）根据本法或受托人的要求，或法院根据受托人申请所作出的命令，执行此类文书，并通常采取与破产人的财产及其变现有关的所有行动和事项（generally do all such acts and things in relation to his or her property and its realization）；以及

（f）在可行的范围内，尽快向受托人披露破产人在破产免责前所取得或接受转移的财产，且该财产是可以在破产债权人之间进行分配的；以及

（g）尽其所能地协助受托人管理破产财团。

（2）在本条中：

实质性变更是指对破产人的事务陈述书所载事项的变更，可以合理地预期该变更与破产财团的管理有关。

77AA 由官方接管人及其他人进入场所（Access by Official Receiver and others to premises）

（1）官方接管人或经官方接管人书面授权根据本条行使权力的人员，有权在任何合理时间，为本法的任何目的，充分而自由地接触所有场所及账簿（all premises and books），并为该目的：

（a）可复制或摘录账簿；以及

（b）可从场所转移官方接管人或相关人员合理认为与下列人等的可审查事务有关的账簿：

（ⅰ）根据第4部分其事务正在被管理的破产人；或者

（ⅱ）作为债务协议一方（债务人）的人；或者

（ⅲ）根据第10部分其事务正在被管理的债务人；或者

（ⅳ）根据第11部分其事务正在被管理或受债务协议约束的已故债务人。

（1A）如有下列情形，注册受托人可陪同及协助官方接管人或根据第（1）款行使权力的人员：

（a）官方接管人已书面授权注册受托人；以及

（b）第（1）款所指的权力的行使，关乎破产人、债务人或已故债务人，而该破产人、债务人或已故债务人的事务是由注册受托人管理的。

（1B）注册受托人可由注册受托人提名的人陪同。

（1C）仅在下列情形下，经过合理考虑，官方接管人或工作人员才可从场所转移相关账簿：

（a）在该场所内复制或摘录该等账簿并非合理可行（not reasonably practicable）；或者

（b）留在该场所复制或摘录该等账簿，是对该场所占用人的事务的不合理干涉。

（1D）如官方接管人或人员合理地相信任何账簿与或可能与破产人的可审查事务有关，而该人为债务协议的一方（债务人），其事务正根据第10部分被管理，或该人为已故债务人，其事务正根据第11部分被管理的，官方接管人或工作人员可以保留这些账簿，直到他或她确定：

（a）他或她不再需要这些账簿；或者

（b）该等账簿与任何破产人、作为债务协议一方（债务人）的人、债务人或已故债务人的可审查事务无关。

（1E）在官方接管人或人员备存账簿时，账簿所有人或从其场所取得账簿的人，可在任何合理时间查阅账簿。

（2）任何工作人员如应场所占用人请求证明其权限，而该工作人员没有根据第（1）款出示其授权的（produce the officer’s authority），则无权根据本条进入或留在任何场所内。

（3）根据第（1）款由官方接管人或工作人员进入或拟进入的任何场所的占用人，必须向官方接管人或该工作人员提供一切合理的设施及协助，以助其有效行使本条所指的权力。

处罚：30个罚金单位。

77A 受托人查阅关联实体的账簿

（1）如果受托人根据第19AA条进行与任何人（在本条中称为破产人）有关的调查，则适用本条第（2）款和第（3）款。

（2）为进行调查，受托人可书面要求任何人：

（a）向指定的人，即管理人或其他人；以及

（b）在指定地点，指定期间内，或在指定日期的指定时间内，而该地点、该期间或该时间及该日期，均指在有关情况下是合理的；

出示（produce）特定账簿或特定类别的账簿，只要是属于：

（c）与破产人有关联的实体的账簿；

（d）由接受要求的人管有；以及

（e）受托人认为与该项调查有关。

（3）当受托人根据本条规定要求某人（在本款中称为相关人）向指定的人出示账簿，则受托人或该被指定之人：

（a）如果相关账簿如上所述出示时：

（ⅰ）可复制或摘录该等账簿；以及

（ⅱ）可要求有关的人或任何其他曾参与编制该等账簿的人，尽其所知所信，就编制该等账簿或与该等账簿有关的事宜作出解释；或者

（b）在其他情况下，可要求有关人员尽其所知或所信陈述：

（ⅰ）可找到该等账簿的地方；以及

（ⅱ）最后管有、保管或控制该等账簿的人，以及在何处可找到该人。

（4）根据本条交出账簿，并不损害任何人对账簿所具有的留置权（a lien）。

77C 官方接管人取得信息及证据的权力

（1）官方接管人可通过向任何人发出的书面通知，要求该人作出下列一项或多项事项：

（a）向官方接管人提供官方接管人为履行官方接管人或受托人在本法下的职能而需要的信息；

（b）在官方接管人面前或获官方接管人书面授权行使本款所指权力的人员面前出现，并作出下列一项或两项事项：

（ⅰ）就与官方接管人或受托人根据本法履行职能有关的任何事宜提供证据；

（ⅱ）出示该人所管有的与官方接管人或受托人根据本法履行职能有关的任何事宜的所有账簿；

（c）出示该人所管有的与官方接管人或受托人根据本法履行职能有关的任何事宜的所有账簿。①

① 译者注：此处（ⅱ）与（c）的内容在原文中表述完全一致。

该人是否破产，是否受雇于联邦、某州或领地的某个部门或机构，或与之相关，都无关紧要。

（2）官方接管人或获授权人员可规定该等信息或证据经宣誓后以口头或书面形式作出，并可为此目的监督宣誓（administer an oath）。

（3）根据第（1）（b）项在官方接管人或获授权人员面前出席会议的人所记录及签署的记录，以及出席会议的人所提供的证据的誊本：

（a）可在根据本法进行的任何诉讼中用作证据，不论该人是否为诉讼的一方；以及

（b）可供查阅：

（ⅰ）为该人免费提供；以及

（ⅱ）如果记录和证据涉及该人和另外一人的破产事宜，为受托人和书面声明其为债权人的人免费提供；以及

（ⅲ）其他人查阅需支付部长通过立法文件确定的费用。

77CA 官方接管人取得事务陈述书的权力

官方接管人可通过向破产人发出的书面通知，要求破产人在接到该通知后 14 天内向官方接管人提交一份有关破产人事务的陈述。

（按语 1：第 6A 条规定了对事务陈述书的要求。）

（按语 2：不遵守此通知即构成犯罪，见第 267B 条。）

77D 出席的津贴和费用

（1）除本条另有规定外，根据第 77C（1）款在官方接管人或获授权人员面前出席的人，有权：

（a）由官方接管人就该人出席的每一天或不足一天，支付 20 澳大利亚元的津贴；以及

（b）由官方接管人偿还该人因出席而支出的交通、饮食及住宿等任何合理费用。

（2）破产人或曾经破产的人无权就其出席作证或出示与其破产有关的账簿而得到津贴支付或任何费用补偿。

（3）除非向官方接管人出示足够的书面证据，证明其已承担了这些费用，否则任何人无权获得任何费用补偿。

（4）本条在符合第 304A 条的规定下具有效力。

77E 预付津贴和费用

（1）如根据第 77C（1）款发出的通知书规定任何人须在官方接管人或获授权人员面前出席，而该人根据第 77D（1）款有权就出席而得获支付津贴及获得费用补偿的，则官方接管人必须在该人为出席而启程前，就津贴和费用补偿向该人提供根据本条厘定的预付款。

（2）如官方接管人确信该人有必要乘飞机从其主要居住地前往出席地，预付款金额等于 20 澳大利亚元加上从离主要居住地最近的机场到离该人被要求参加的地点最近的机场的普通单程经济舱机票价格的总和。

（3）如该人使用私人汽车出行，则预付款为20澳大利亚元加上下列金额中较低者的总和：

（a）法规所列明的金额；

（b）如有一个机场对平民乘客开放，且该机场的半径在该人的主要居住地100千米以内，则为从该机场到离该人需要去的地方最近的机场的普通单程经济舱机票。

（4）如该人并非以第（2）、（3）款所述方式出行的，则预付款为：

（a）如该人的主要居住地与该人须出席的地点之间的距离超过50千米，则为10澳大利亚元加上法规所列明的额外金额（如有的话）；或者

（b）在其他情况下为10澳大利亚元。

（5）法规可就不同的距离及不同的出行方式列明不同的金额。

（6）本条在符合第304A条的规定下具有效力。

77F 从破产财团中支付的津贴和费用

如某人根据第77C条提供的证据或某人出示的账簿与某另一人的破产事宜有关，则根据第77D条或第77E条须支付给首次提及的人（the first - mentioned person，本条中的某人而非某另一人）的任何金额，须从破产财团中支付，作为破产管理的开支。

78 逮捕债务人或破产人

（1）如果有人向法庭提出：

（a）已向其发出破产通知或提出破产申请的债务人已潜逃或即将潜逃，以期逃避其债务的偿付或防止或者推迟（or to preventing or delaying）根据本法对其提起的诉讼；

（b）已收到破产通知或已提出破产申请的债务人已隐藏或转移，或者即将隐藏或转移他或她的任何财产，以防止或推迟在其破产时根据本法，他或她对该财产的占有权被夺走；

（c）已收到破产通知或已提出破产申请的债务人，已销毁、隐藏或转移或者即将销毁、隐藏或转移与该债务人的任何可审查事务有关的账簿（包括该债务人的关联实体的账簿）；

（d）破产人已隐藏或未经受托人准许而转移破产人的任何财产；或者

（f）破产人在没有正当理由的情况下，忽视或未能遵守法院的命令或本法规定的任何其他义务；

法院可发出逮捕债务人或破产人的执行令（视情况而定），并将其交付法院指定的拘留所（his or her committal to such gaol as the Court appoints）①，直至法院另有命令发出，并可借同一执行令，命令检查债务人或破产人管有的任何财产及账簿，并交付法院指定的人保管。

（2）依根据第（1）款作出的命令交付某人保管的任何财产及账簿，须由该人保留，直至法院就其处置作出命令。

---

① 译者注："gaol"，拘留所，监狱；英国文件中用"gaol"，美国文件中则用"jail"。

（3）第（1）（a）、（b）项及第（c）项适用于任何债务人，不论该债务人是否已破产，亦不论该项申请是否为债权人针对某债务人提出的。

80 姓名、地址或日间电话号码变更通知

（1）在破产期间，如破产人的姓名或其主要居住地的地址发生改变，破产人必须立即以书面形式将此种变更通知受托人。

刑罚：监禁6个月。

（1A）违反第（1）款是一项须负严格法律责任的罪行。

（按语：严格法律责任见《刑法》第6.1条。）

（2）就第（1）款而言，如破产人事实上被发现使用了不同的名称或额外的名称，则该破产人的名称须视为已更改。

81 破产人财产的发现等事项

（1）凡任何人（在本条中被称为相关人）成为破产人，法庭或书记员可在任何时间（不论是在破产结束之前还是之后），应下列人士的申请：

（a）一人（在本条中被称为债权人）有或曾有可在该破产案件中被证明的债务；

（b）相关人财团的受托人；或者

（c）官方接管人；

传唤相关人或与相关人有关的可询问的人就破产案件进行询问。

（1A）法庭或书记员根据第（1）款向任何人发出的传票，须规定该人出席：

（a）在指定地点及指定日期的指定时间，而该地点、时间及日期在有关情况下是合理的；以及

（b）在法庭或书记员面前，或如法庭或书记员认为适当，在地方法官面前；

传召有关人士，或传召与该有关人士有关的可审查人士，以就破产案件进行审查。

（1B）根据第（1）款向某人发出的传票，可规定该人出示相关账簿（包括有关人士的关联实体的账簿）：

（a）由首先提到的人管有；以及

（b）与有关人士或有关人士的可审查事务有关。

（1C）在应债权人根据第（1）款提出的申请而传召任何人之前，法庭或书记员（视情况而定）可就诉讼费用向申请人适用其认为适当的条款。

（2）根据本条进行的调查须公开举行。

（3）法庭、书记员或地方法官可根据本条随时将对任何人的调查延后至某一固定日期，或概括地延后，或结束调查。

（4）书记员或地方法官可根据本条随时将对任何人的调查延后，以便在法庭面前进一步听证。

（5）凡调查被书记员或地方法官延后，以便在法庭面前作进一步听证的，书记员或地方法官（视情况而定）可向法庭提交他或她认为适当的关于调查的报告。

（6）如果该项调查延后在法庭面前作进一步听证，法庭可：

（a）继续该调查；

（b）在任何时间指示在书记员或地方法官面前继续进行调查；或者

（c）作出其认为在有关情况下适当的其他命令。

（7）根据本条被传召到法庭、书记员或地方法官面前接受调查的人，可由其法律顾问或事务律师（counsel or a solicitor）来代表接受调查，法律顾问或事务律师可在被调查后再调查他或她。①

（8）任何人根据本条被传召接受调查，债权人、受托人或官方接管人可参与调查，并为此目的可由法律顾问、事务律师，或为此目的（指代表参与）而获得书面授权的代理人，代表参与调查。

（9）在不限制第（8）款的适用范围的前提下［Without limiting the generality of subsection（8）］，如果受托人是官方受托人，则官方受托人可代表官方接管人参加调查。

（10）法庭、书记员或地方法官可向或允许向根据本条接受调查的人，就相关人士或相关人士的任何可调查事务，提出法庭、书记员或地方法官（视情况而定）认为合适的问题。

（10A）尽管有第（10）款的规定，任何人在破产结束后根据本条接受调查的，关于破产结束后产生或发生（arising or occurring）的事宜或事项（a matter or thing）的问题，不得在调查中被提出或被允许提出，除非该问题是与相关人士的财团管理有关的事宜或事项。

（11）根据本条接受询问的人，须回答法庭、书记员或地方法官向其提出或准许向其提出的所有问题（all questions... puts or allows to be put to him or her）。

（11AA）除法庭、书记员或地方法官另有相反指示外，有关人士不得仅因回答问题可能会导致其入罪而免予回答。

（11A）法庭、书记员或地方法官可指示正在根据本条接受调查的人，在调查时出示该人所管有的特定账簿或特定类别的账簿，且这些账簿或特定类别的账簿与该人正在或将要被调查的事宜有关。

（11B）在不限制第（11A）款的适用范围的前提下，根据该款作出的指示可关乎相关人士的关联实体的账簿。

（12）凡任何人在根据本条接受调查时承认他或她拖欠相关人士的债务，则法庭、书记员或地方法官（视情况而定）可应受托人或债权人的申请，命令该人在该时间或在该时间前向受托人付款，且以法庭、书记员或地方法官（视情况而定）认为适当的方式，使该人承认所欠相关人士的全部或部分债务。

（13）凡任何人（首次提及的人，首述之人）在根据本条接受调查时承认其管有相关

① 译者注："A person summoned to attend before the Court, the Registrar or a magistrate for examination under this section is entitled to be represented, on his or her examination, by counsel or a solicitor, who may re－examine him or her after his or her examination."从语法角度出发，"re－examine"的主体应该是"counsel or a solicitor"。

人士（次述之人）的财产，而该财产可在债权人之间分割的，则法庭、书记员或地方法官（视情况而定）可应受托人或债权人的申请，命令该人（首述之人）在指定期限内，以指定方式和条件将该财产交付给受托人。

（14）法庭、书记员或地方法官（视情况而定）可指示应由相关人士的财团支付根据本条接受询问的人（相关人士除外）的费用。

（15）法庭、书记员或地方法官（视情况而定）可安排将根据本条对某人的调查，以法庭、书记员或地方法官（视情况而定）认为适当的书面形式记录下来，且受调查的人须在该记录上签字。

（17）任何人依据第（15）款记下并签署的记录，以及在根据本条询问任何人时所提供的证据的誊本：

（a）可在根据本法进行的任何法律程序中用作证据，不论该人是否为该法律程序的一方；以及

（b）可由该人、相关人、受托人或以书面形式说明他或她是不用缴费的债权人的人进行查阅，并可由任何其他人在缴付法规所列明的费用后进行查阅。

第 2 节　境外信息通知

81A 发出通知

（1）如官方接管人有理由相信：

（a）与破产人的可审查事务有关的信息是：

（ⅰ）在澳大利亚境外的人所知道的（无论是仅其一人知道或其他情形）；或者

（ⅱ）在澳大利亚境外的账簿中记录的（无论是仅其一处记录或其他情形）；或者

（b）与破产人的可审查事务有关的账簿在澳大利亚境外（不论这些账簿的副本是否在澳大利亚境内，或如果所需账簿是某些账簿的副本，则无论其原账簿是否在澳大利亚境内）①；

官方接管人可向任何人发出书面通知（在本节称为“境外信息通知”）要求该人：

（c）在该通知书所列明的期间内，以该通知书所列明的方式，向官方接管人提供任何该等信息；或者

（d）在该通知书所列明的期间内，以该通知书所列明的方式，向官方接管人出示任何该等账簿；或者

（e）复制相关账簿，并在该通知书所列的期间内，以该通知书所列明的方式，向官方接管人出示该等账簿的副本。

（2）境外信息通知中规定的期限必须在发出通知之日后 90 天结束。

---

① 译者注：“if the books are copies of other books, whether or not those other books are in Australia”，原文如此。

81B 通知期限的延长

（1）官方接管人在收到境外信息通知书通知之人在该通知书所列明的期间内提出的书面申请后，可向该人发出书面通知，将境外信息通知书所列明的期间延长。

（2）如果：

（a）根据第（1）款提出的申请是在境外信息通知书所列明的期间届满前提出的；以及

（b）在该期间终结时，官方接管人没有将其就该项申请所作的决定通知该人的；

下列规定具有效力：

（c）视为官方接管人已将第（1）款所指的期间延长至官方接管人将决定通知发送给接受境外信息通知书之人的那天；

（d）如官方接管人决定将该期间延长，则延长的期间必须在第（c）项所提及的日期后终结。

（3）在本节［本条第（1）款除外］中，凡提及境外信息通知书所列明的期间，即包括根据该款延长后的期间。

81C 通知的变更

（1）如果：

（a）已向任何人发出境外信息通知（在本款中称为第一份通知）；以及

（b）在第一份通知所载期间（包括根据本款在一项或多项先前的申请中列明的期间），向该人发出另一份境外信息通知（在本款中称为其后的通知）；以及

（c）其后的通知是以更改第一份通知的方式表达的；

下列规定具有效力：

（d）为实施第 81G 条，其后的通知所载的要求或每项要求，均视为已在第一份通知内列出；

（e）如除本款外，第一份通知所列明的期间，在其后的通知所列期间终结前终结，第一份通知所列期间视为已根据第 81B（1）款延长至其后的通知所列期间终结时。

（2）官方接管人可书面通知获发境外信息通知书的人，将境外信息通知书作下列更改：

（a）缩小其范围；或者

（b）改正文书中的错误或明显错误；

如果官方接管人如此更改，则在本节中，凡提及境外信息通知书，即视为提及更改后的通知书。

81D 撤回通知

（1）官方接管人可撤回境外信息通知书。

（2）如官方接管人撤回一份境外信息通知书，该撤回并不妨碍官方接管人发出另一份境外信息通知书去取代被撤回的通知书。

81E 通知可包含在同一文件中

境外信息通知可与根据第 77C 条发出的通知包含在同一文件中。

81F 本节与第 77C 条之间的关系

本节不影响第 77C 条的运用，第 77C 条也不影响本节的运用。

第 3 节　未能遵守某些通知

81G 不遵守通知的影响

（1）在本条中：

相关程序是指：

（a）追讨破产人根据第 139ZG 条须支付的款项；或者

（b）追讨任何人根据第 139ZL 条须支付的款项；或者

（c）涉及根据第 6 部分第 3 节针对受托人的交易是否无效的问题。

（2）除第（3）款另有规定外，任何人拒绝或不遵守按照第 1 节或第 2 节发给该人的通知书中所列的提供任何信息或出示任何账簿的要求或规定（where a person refuses or fails to comply with a request or requirement set out in a notice given to the person under Division 1 or 2 to give any information or produce any books）：

（a）如该项要求或规定适用于信息，则该信息在有关法律程序中是不足采信的；或者

（b）如该项要求或规定适用于账簿，则该账簿或该账簿的任何派生证据（any secondary evidence of the books）在有关法律程序中均是不足采信的。

（3）如某人证明：

（a）该信息或账簿在发出通知时并非由该人管有；以及

（b）该人不能以任何合理方式取得该信息或账簿。

（4）根据第 1 节或第 2 节发给任何人的通知，必须列明第（2）款及第（3）款的效力。

（5）不遵守第（4）款并不影响通知的有效性。

第6部分　财 产 管 理

第1节　债的证明（proof of debts）[①]

82 破产中可证明的债务

（1）在符合本节的规定下，破产人在破产之日所承担的所有债务及法律责任，不论是现时的或将来的、确定的或视情况而定的，或者因破产之日前发生的债务而可能在破产人债务豁免前受其约束的，均可在破产人的破产程序中被证明。

（1A）在不限制第（1）款的前提下，该款所提及的债务包括破产人在破产日期前根据扶养协议或扶养令而须支付的全部或部分款项。

（2）因合同、承诺或者失信以外的原因造成的等待法庭裁判的损害赔偿之债（unliquidated damages），在破产中是不可证明的（are not provable in bankruptcy）。

（3）法院就违反法律（不论是否为联邦法律）的罪行所施加的罚金或罚款（penalties or fines），在破产案件中是不可证明的。

（3AA）根据2001年《公司法》第1317G条作出的命令而应付的金额在破产中是不可证明的。

（3AB）根据下列任何一项而导致的债务在破产中不可证明：

（a）2003年《高等教育支持法》第4－1部分（HELP债务）；[②]

（aaa）2016年《VET学生贷款法》第3A部分（VET学生债务）；[③]

（aa）1991年《社会保障法》第2AA部分第3节（学生创业贷款债务）；

（ab）1973年《学生援助法》第2部分第3节或第4节（原住民学生创业贷款债务）；

（b）2014年《贸易支持贷款法》第3部分第1节（贸易支持贷款债务）。

（3A）根据《犯罪所得法》作出的命令而须支付的金额，在破产中是不可证明的。

---

① 译者注：英文中“debts”一词，在有些场合可以翻译成债权，有些场合可以翻译成债务，因为债（所欠之金钱）如果是一种客观的存在或一种客观的法律关系（某人欠了另一人），是债权还是债务纯粹看是从谁的角度出发。对债务人而言，这是一种债务，对债权人而言，这就是一种债权。因此，翻译成债权还是债务，看从谁的立场而言。有时候不知道如何确定立场（比如此处作为节标题，总不能说本节是写给债务人，不是写给债权人的。而具体到每条而言，则确实有的条文以债务人为主语，有的以债权人为主语，较好区分。）的地方，就干脆翻译成“债”或“债项”。而有的地方则必须翻译成“债款”，如跟动词“attach”或其名词“attachment”搭配时。

② 译者注：HELP，英文全称为Higher Education Loan Program，意为“高等教育贷款计划”。

③ 译者注：VET，英文全称为Vocational Education and Training，意为“职业教育与培训”。

（3B）在破产案件中，如债务是由在破产日或该日后开始的期间内，可在破产案件中证明的债务的应计利息所构成的，则该债务是不能在破产案件中证明的。

（4）受托人须对在破产案件中可证明的债务或义务（a debt or liability）的价值作出估计，该债务或义务由于受不可控因素的影响或由于任何其他原因，而不具有确定的价值。

（5）任何人如因上述估值而感到不服，可在收到通知后28天内，向法院提出上诉。

（6）法院认为债务或义务的价值不能被公允地估计，则该债务或者义务应当视为在破产中不能被证明。

（7）如法院裁定该债务或义务的价值可被公允地估计，则法院须以其认为适当的方式评估该价值。

（8）在本条中，义务包括：

（a）对已完成的工作或劳动的补偿；

（b）在破产人获得免责前，因违反明示或默示的契约、合同、协议或承诺而须支付金钱或金钱价值的义务或可能的义务，不论该项违反是否发生、或将发生或者能够发生（whether or not the breach occurs, is likely to occur or is capable of occurring）；以及

（c）明示或默示的约定、协议或承诺，用以支付或能够导致支付金钱或金钱的价值，不论该项支付是：

（ⅰ）就固定的或尚需决算的（fixed or unliquidated）金额而言；

（ⅱ）就目前或将来的时间，确定或不确定的事项（certain or dependent on a contingency）而言；或者

（ⅲ）就估值方式而言，该估值方式可由固定规则（fixed rules）确定或只可作为选项（only as matter of opinion）而确定。

83 未经承认不得视为已证明的债权

就本法而言，在债权人就某项债权提交的债权证明获得承认之前，不得视为该债权人已证明该债权。

84 债权证明方式

（1）除本节另有规定外，任何债权人如欲在破产案件中证明债权，须依照本条，向受托人提交或安排向受托人提交其债权证明。

（2）债权证明：

（a）须列明该债权的详情；

（b）须符合核准格式；

（c）须指定可证明该债权的凭证（如有的话）；以及

（d）应说明债权人是否为担保债权人。

（3）如果受托人认为债权人向其提交的债权证明中所载的所有事项或某些事项宜通过法定声明加以核实，受托人可向债权人送达书面通知，告知债权人他或她有此意见，除非债权人向受托人提交法定声明，以核实债权证明所载事项或受托人在通知书内指定的事项，否则受托人将管理该财团，犹如未提交债权证明。

（4）核实债权人提交的债权证明中事项的法定声明可由下列人士作出：

（a）债权人；或者

（b）其本身熟知包括法定声明所载事实及债权证明，并获债权人授权作出声明的人。

（5）如果受托人根据第（3）款就债权证明向债权人送达通知，就本法而言（第263条除外），除非且直到（unless and until）债权人已向受托人提交法定声明，该声明用以核实债权证明书内的事项或通知书内指定的事项（视情况而定），否则视为没有向受托人提交债权证明。

（6）本条所指的债权证明，或第（3）款所提及的法定声明，以挂号信（邮资已付）的形式邮寄给受托人的，视为已向受托人递交，并视为已在通常邮寄过程中在本应递交的时间递交了（shall be deemed to have been so lodged at the time at which it would have been delivered in the ordinary course of post），除非能证明受托人在该时间并未收到。

85 由员工证明（proof by employees）

（1）如果破产人的事务陈述书显示，破产人拖欠了他或她凭工资或薪金而雇用的许多人的债务，则该债务可由其中一人代表所有该类人加以证明。

（2）就个别债务而提供的债务证明，须按照标准格式作出。

（2A）如果受托人认为，任何人依据本条向他或她提交的债权证明所载的所有事项或某些事项，宜通过法定声明予以核实的，受托人可向该人送达书面通知，通知该人他或她持有该意见。除非该人向受托人提交一份法定声明，以核实债权证明所载的事项或受托人在该通知中指定的事项，否则受托人将管理财团，就好像债权证明未被提交。

（2B）核实任何人（债权人）根据本条提交的债权证明中的事项的法定声明，可由下列人士作出：

（a）债权人；或者

（b）熟知包括法定声明所载事实及债权证明的另一人，该人获债权人授权作出该项声明。

（2C）如果受托人根据第（2A）款就债权证明向债权人送达通知，就本法而言（第263条除外），除非且直到债权人已向受托人提交法定声明，该声明用以核实债权证明书内的事项或通知书内指定的事项（视情况而定），否则视为没有向受托人提交债权证明。

（2D）本条所指的债权证明，或第（2A）款所提及的法定声明，以挂号信（邮资已付）的形式邮寄给受托人的，视为已向受托人递交，并视为已在通常邮寄过程中在本应递交的时间递交了，除非能证明受托人在该时间并未收到。

（3）依据本条提交的债权证明，其效力犹如该债权证明所关乎的每名债权人已分别提交了债权证明。

86 共同信贷和抵销（set－off）

（1）除本条另有规定外，如果已成为破产人的人与请求在破产案件中证明其债权的人[1]之间曾有相互授信、相互债务或其他相互交易（mutual credits，mutual debts or other mutual dealings）的：

（a）须考虑一方就相互交易而欠另一方的款项；

（b）一方应付的款项应抵销另一方应付的任何款项；以及

（c）只有账目余额可在破产案件中申报，或须支付给破产案件的受托人（视情况而定）。

（2）如果在向破产人提供信贷时或在从该人处获得信贷时，他或她已收到该人可能有破产行为的通知，则他或她无权根据本条主张抵销之利益。

87 折扣的减除（deduction of discounts）

如债务人并非破产时，本就可以给予折扣的减除，则债权人在证明债务时，须给予应有的折扣减除。

88 破产前支付的本金和利息的分摊（apportionment）

非为其他目的仅就本法而言，即使有任何相反的协议，债务人在破产前向债权人所支付的款项，约定其中一部分为本金，另一部分为利息的，应视为已按约定的利率，在偿付时，按本金与应付利息的比例进行了分摊（have been apportioned in satisfaction of principal and interest in the proportion that the principal bears to the amount payable as interest at the agreed rate）。

89 破产前或破产后变现的担保的分摊

（1）如果一项由本金和利息组成的债务在债务人破产前已被担保，而该项担保在债务人破产前已变现，变现所得的收益，尽管有任何相反的协议，非基于其他目的而仅就本法而言，应视为已按约定利率，在偿付时按变现时本金与应付利息的比例进行了分摊（be deemed to have been apportioned in satisfaction of principal and interest in the proportion that the principal bore，at the time of the realization，to the amount then payable as interest at the agreed rate）。

（2）如果一项由本金和利息组成的债务有担保，而该担保是在债务人破产后变现的，或该担保的价值是在债权人的债权证明中估计的，则变现或估计的金额，即使有任何相反的协议，非基于其他目的而仅就本法而言，应视为已按约定的利率，在偿付时按本金与应付利息的比例进行了分摊。

90 担保债权人的债权证明

（1）担保债权人有权按照本节随后的规定，而非其他规定，在债务人破产时证明其全部或部分担保债权。

（2）担保债权人为了全体债权人的利益向受托人放弃其担保权的，通常可为其全部债权提供证明。

（3）变现其担保的担保债权人可在扣除已实现的净额后证明其应得的余额，除非受托

---

① 译者注：如果是抵销，则应该是双方互欠债务。

人不确信担保是善意和以适当方式变现的。

（4）没有变现或放弃其担保的担保债权人可以：

（a）估计其价值；以及

（b）证明在扣除上述估值后所欠他或她的余额。

（5）第（4）款适用的担保债权人，须在其债权证明中说明其担保的详情及担保的估值。

91 受托人等赎回担保

（1）如果担保债权人已就扣除其担保的估值后的到期余额提交债权证明，受托人可在任何时候将该担保赎回，但须向债权人支付该担保的估值金额。

（2）如果受托人对债权人估计的担保价值不满意，他或她可以请求在债权人和受托人商定的时间、条款和条件下出售担保中包含的财产。

（3）如果任何上述担保财产是以公开拍卖方式要约出售的，则债权人或代表该财团的受托人有权竞购该担保财产。

（4）债权人可随时凭借书面通知，请求受托人选择他或她是否行使赎回该担保或请求将该担保变现的权力，如受托人没有在收到该通知后 3 个月内，书面通知债权人他或她是否选择行使该权力，则：

（a）他或她无权行使；

（b）除第（5）款另有规定外，归属受托人的担保中所包含的财产的任何赎回权或其他权益（any equity of redemption or other interest），均归属债权人；以及

（c）就本节而言，该债权人的债权金额应视为减去该债权人为该担保所估价值后的金额（be deemed to be reduced by the amount at which the creditor has estimated the value of the security）。

（5）凭借第（4）（b）项被赋予赎回权或其他财产权益的，须符合联邦、某州或领地的任何法律，根据这些法律须对该等财产权益的转让进行登记（is subject to compliance with any law of the Commonwealth or of a State or Territory requiring the transmission of such interests in property to be registered）。

92 估值的修正

（1）担保债权人就扣除其担保的估计价值后的余额提交债权证明的，可以随时向受托人或法院申请许可，修正估值以更改之前提交的债权证明（to amend the proof of debt by altering the estimated value）。

（2）如受托人或法院确信：

（a）对担保的估值是在错误的基础上善意作出的；或者

（b）自作出估值以来，该担保的价值已发生变化；

受托人或法院可准许债权人据此更改其债权证明。

（3）如果法院允许债权人更改其债权证明，应按照法院认为公正、公平的表述进行更改（on such terms as it thinks just and equitable）。

93 超额还款

（1）根据第 92 条修正债权证明的债权人，如以财产分配（dividend）[①] 的方式收取了任何金额，且该金额超过他或她根据修正后的债权证明本应享有的金额，则他或她须随即将超过的金额返还给受托人。

（2）如果经如此修正的债权证明的债权人，以财产分配方式收取的金额少于他或她根据经修正的债权证明本会有权获得的金额，则他或她有权从当前可作为财产分配领受的款项中，获得支付该等款项用于支付未来财产分配前的差额，但无权影响在修订债权证明前宣布的财产分配的领受。

94 担保的后续实现

如果已就扣除其担保的估计价值后的余额提交债权证明的担保债权人其后变现其担保，或根据第 91 条变现，变现的净额应取代担保的估计价值，而第 93 条适用，犹如债权人已根据第 92 条对债权证明作出相应修正。

95 不同合同的证明

任何人在破产时是两家或以上不同公司的成员，或作为一家公司的独立签约人（a sole contractor），就不同合同负有法律责任，若公司全部或部分由同一群人（the firms are in whole or in part composed of the same individuals）组成，或独立签约人也为公司成员（the sole contractor is also a member of the firm），[②] 并不妨碍就有关合同向依合同承担各自责任的破产财团证明其债权（does not prevent proof in respect of the contracts against the estates respectively liable on the contracts）。

96 定期付款比例部分的证明

若有法律责任定期付款（包括租金）的人在到期付款日以外的日期成为破产人，有权获得付款的人可在破产中就自最后一笔付款到期之日起至破产之日止的期间，就该付款的相关比例部分提出证明，犹如该笔付款按日累计。

97 汇票和本票的提示（production）

若债权人请求就破产人负有法律责任的汇票、本票或其他可转让票据或者证券证明其债权，除非法院另有相反命令，须向受托人提示汇票或本票的票据或证券，否则债权证明不获接受。

98 债权证明的修改

（1）债权人经受托人同意，可以修改其提交的债权证明。

（2）本条并不授权通过更改担保债权人担保的估计价值来修改其债权证明。

100 证明债权的费用等

（1）除非法院在该个案中另有命令，否则债权人须自行承担证明其债权的费用。

---

① 译者注：dividend，一般翻译为分红，但是此处（破产情况下）显然不能翻译为分红，只能翻译为财产分配，即破产财产或剩余财产的分配。

② 译者注：公司有缔约权的是高管，而公司的成员是出资人，两者并不一定重叠。

（2）根据第92条或第98条修改债权证明有关的费用，须由债权人承担。

101 债权人等对证明的检查

（1）债权人有权在任何合理时间审查其他债权人的债权证明。

（2）受托人须应有可证明债权的债权人的书面请求，向该债权人提供一份载有已提交债权证明的债权人姓名或名称的书面陈述，包括其中每名债权人所申报的债权额及受托人就每名债权人所承认的债权额。

102 承认或拒绝（债权）证明

（1）受托人须审查每份债权证明及被求证债权的理由，并在不迟于拟宣布财产分配通知书所指定的期间届满后14天内（法院有延长该期限之权力）宣布下列之一的决定，债权人可在该期间内提交债权证明：

（a）整体承认债权证明；

（b）部分承认及部分拒绝；

（c）全部拒绝；或者

（d）要求提供进一步的证据支持。

（2）如受托人全部或部分拒绝接受债权证明，他或她须将拒绝接受的理由以书面形式通知提交债权证明的债权人。

（3）如果受托人认为债权证明被错误地承认，他或她可以：

（a）撤销承认债权证明的决定，并将其全部驳回；或者

（b）通过增加或减少被承认债权的金额，变更承认债权证明的决定。

（4）受托人认为债权证明全部被错误地驳回的，可以：

（a）撤销驳回债权证明的决定；以及

（b）承认全部债权证明，或接纳部分并拒绝部分债权证明。

（5）若受托人撤销承认债权证明的决定，并全部拒绝该债权证明，或通过减少被认可债权的金额而变更该项决定：

（a）他或她应以书面形式将其撤销或变更的理由通知提交该证明的债权人；以及

（b）债权人须随即向受托人偿还就债权证明收取的任何金额，或偿还减少被承认的债权额后超过部分的金额，视情况而定。

（6）若受托人撤销拒绝承认全部债权证明的决定，或通过增加被承认的债权证明的金额而更正承认部分债权证明的决定，则提出债权证明的债权人有权从当时在受托人手中的可动用款项中获得偿付。若在可动用的款项用作支付进一步债务之前，债权人原本有权收取的财产分配或财产分配的额外金额（视情况而定）如最初已全部被承认或该增加部分（视情况而定）已被承认的，债权人无权干预在受托人撤销或更正该决定前宣布的任何财产分配（the creditor is not entitled to disturb the distribution of any dividends declared before the trustee revoked or so amended the decision）。

103 债权四舍五入至最接近的澳大利亚整元

如果债权金额包括澳大利亚分（cents），则在承认债权证明时必须忽略澳大利亚分。

104 对受托人有关（债权）证明的决定提出上诉

（1）债权人或破产人可向法院申请审查受托人根据第102（1）、（3）或（4）款关于债权证明的决定。

（2）法院可应申请确认、推翻或更改受托人的决定。

（3）除法院有权延长期限外，根据本条提出的复核决定（review a decision）的申请，除非是在作出决定之日起21天内提出的，否则不得由法院受理（shall not be heard）。

105 上诉费用

（1）官方受托人个人不承担与审查受托人根据第102（1）、（3）或（4）款对债权证明所作决定有关的费用。

（2）注册受托人无须对该等诉讼费承担个人责任，除非法院认为有特殊情况证明有理由命令该受托人承担个人责任。

106 受托人可主持宣誓等

（1）受托人可为执行其在本节下的职责而监督宣誓和作出誓词及附誓书面证词（administer oaths and take affirmations and affidavits），但无权就该等宣誓、誓词或附誓书面证词收取费用，除非他或她获授权以附誓书面证词专员（a Commissioner for Affidavits）的身份如此行事。

（2）本条不适用于官方受托人。

107 债权人不得收取超过其债权和利息金额的款项

在遵守第91条规定的情况下，债权人无权就可证明债权收取超过债权和应得利息的金额。

第2节　债务清偿顺序

第A小节　（Subdivision）概述

108 除有特殊规定外，被证明的债权地位平等

除本法另有规定外，破产债权一律平等，破产财产的变现所得（the proceeds of the property of the bankrupt）不足以全部清偿的，应当按比例支付。

（按语：本小节下的债务偿还规则可能受到犯罪所得令和犯罪所得令申请的影响，参见第B小节。）

109 优先付款

（1）除本法另有规定外，受托人在将破产财产的变现所得用于支付任何其他款项之前，必须按下列顺序使用该等所得：

（a）按法规所规定的顺序，支付申报债权人的经评定的诉讼费用[①]（the taxed costs）

① 译者注：以计算方式而言，诉讼费可分为两种，即定额诉讼费用（fixed costs）以及经评定的诉讼费用（taxed costs）。

以及破产管理的成本、费用和开支，包括受托人的薪酬和开支以及根据附表 2 第70 – 15 条或第 70 – 20 条进行的任何审计的成本；

（b）如破产人在破产日期前已根据第 188 条签署授权书，则支付：

（ⅰ）控权受托人的薪酬（定义见第 187 条）；以及

（ⅱ）在授权期间，控权受托人合理支出的费用、收费及开支（包括控权受托人发现的在破产中可证明的任何债项）；

（c）在破产人签署个人破产协议后 2 个月内发生的破产，或破产人的债权人接受的和解或安排方案（包括在本项生效前的时间）已被撤销或在支付第 114 条所述的债务、承诺、费用或报酬时终止；

（d）如根据第 11 部分管理已故债务人的遗产，支付适当的丧葬费和遗嘱费用；

（e）在破产日期前向破产人或为破产人提供的服务（in respect of services rendered to or for the bankrupt），[①] 应以薪酬、工资、佣金或其他方式向雇员支付的金额（包括根据雇用合同或行业文书以津贴或补偿方式支付的金额，但不包括长期服务假、延长假、年假、休闲假或病假的金额）不超过 1500 澳大利亚元或根据法规为施行本项而规定的更高金额；

（f）支付根据联邦、某州或领地任何与劳动者赔偿有关的法律应支付的赔偿金的所有应付款项，该赔偿金是在破产日期前的应计负债；

（g）支付在破产日期前就休闲假、病假、长期服务假、延长假、年假应支付破产人的雇员或与雇员有关的所有款项，不论该等款项是以薪酬、工资、佣金还是以其他方式支付的；

（h）支付根据第 113 条须支付的任何款项；

（j）债权人会议通过特别决议决定支付下列款项：

（ⅰ）就其他债权人或某组债权人而言，享有优惠条件、优先权或有利条件（preferences，priorities or advantages）的债权人或一组债权人；以及

（ⅱ）在破产日期前为债权人的利益而产生的成本、费用及开支；

（1A）第（1）款符合下列条件时具有效力：

（a）1988 年《儿童抚养（登记和领养）法》第 50 条；以及

（b）1936 年《所得税评估法》原第 221YHJ（3）、（4）、（5）款和第 221YHZD（3）、（4）、（5）款，以及原第 221YU 条。

（按语：1936 年《所得税评估法》的规定不适用于 1993 年 6 月 30 日以后产生的负债。）

（1B）第（1）（e）项所指对破产人的雇员的欠款金额包括为雇员或雇员的受养人（dependants of the employee）提供或获得退休金福利而应向基金（a fund）缴款的金额。

---

① 译者注：破产人所购买的服务，可能是为自己所用，也可能是为他人所用。外国法条中有很多非常细致的区分，若翻译成中文而不加解释，看起来啰唆重复，但其实这种“重复”背后自有更为精细的区别。

（1C）在第（1）（e）项中，凡提及破产人欠任何雇员或与破产人任何雇员有关的金额，均包括提及作为退休金保证收费而须缴付的金额（在1992年《退休金保证（管理）法》所指的范围内），或关于未缴纳养老金担保费的一般利息费用。

（2）除第（3）款另有规定外，凡破产人已支付第（1）（e）、（g）项所指的金额，而该款项是由某人为了支付或使支付可行而预付（advanced）的款项，预付款项的人对预付款项享有与收到款项的人在未付款的情况下享有的相同的优先权。

（3）就第（2）款所指目的而赋予预付款的优先权，并不扩展至这一部分预付金额，即超过收到付款的人有权享有优先权的金额减去付款后所余部分的［The right of priority conferred by subsection（2）in respect of moneys advanced for the purpose referred to in that subsection does not extend to so much of the money so advanced as exceeds the amount by which the amount in respect of which the person who received the payment would have been entitled to priority has been diminished by reason of the payment］。

（5）第（1）（f）项在破产人根据保险合同就该项所提及的法律责任获得赔偿的金额范围内不得适用。

（6）根据联邦、某州或领地提供雇员补偿的法律，破产人有责任向任何团体或基金（a body or fund）作出付款，以补偿该团体或基金根据该法律已支付或须支付的赔偿金（compensation paid or payable by the body or out of the fund under that law），但第（1）（f）项不适用于破产人支付应付金额。

（6A）凡根据与雇员补偿有关的法律而须支付的补偿是以定期付款方式支付的，则就第（1）（f）项而言，该补偿的金额须视为定期付款。如可赎回，可予赎回的整笔款项也需根据定期付款的法律赎回。

（8）在第28（1）（j）项下的付款不得在特别决议通过之日后的第2天作出。

（9）破产人或债权人在第（8）款所指期间届满前，可向法院申请撤销或变更债权人的决定，法院可根据申请作出其认为适当的命令。

（10）在任何破产中，当：

（a）财产已根据1名或多名债权人提供的诉讼费用赔偿（an indemnity for costs of litigation）而收回、变现或保全；或者

（b）债权人赔偿受托人的费用已经收回；

则考虑到债权人（们）已承担的风险，为使作出赔偿的债权人（视情况而定）比其他人有优势（with a view to giving the indemnifying creditor or creditors，as the case may be，an advantage over others in consideration of the risk assumed by creditor or creditors），法院可应受托人或某债权人的申请，就财产的分配及被追回的开支金额，作出其认为公正及公平的命令。

（11）除第（1）（a）项规定外，第（1）款所列各等级的债务地位平等，除非破产财产的收益不足，才按比例支付，否则应全额偿付。

（12）在第（11）款中，债务包括第（1）款所指定的负债、酬金、承付款项（commitments）及开支。

109A 应付雇员债务

（1）在破产日前，若破产人与某雇员的雇用合同仍存续，无论该雇员是否属于第（2）款所指的人，均须根据第 109 条的规定支付该雇员薪酬，如同该雇员已于该日被解雇。

（2）以破产为目的，管理人雇用一名因破产事实而被破产人终止雇佣的人，则该人在主张长期服务假、延长假、年假、休闲假或病假之付款权利时，应视为被破产人雇用。

（3）除第（4）款另有规定外，在破产日期之后，就第（2）款所指的雇用而言，就长期服务假或延长假而须支付的金额，视为破产费用。

（4）凡在破产日期，破产人雇用之人的符合资格的服务年限不足以使该人有权获得长期服务假或延长假的任何金额，但根据第（2）款的实施，该人在破产日期之后有权获得该金额的，则该金额：

（a）是一笔破产费用，其金额应与该人在该日期之后的合格服务期限与该合格服务总期限的比例相同；以及

（b）在该金额的余额范围内，应视为第 109（1）（g）项所指的金额。

110 共同债务人财团（estates of joint debtors）的适用

（1）共同债务人，不论是否为合伙人，应当首先以共同财团来清偿其共同债务；各共同债务人的单独财团（the separate estate of each joint debtor），应当首先用于其单独债务的清偿。

（2）如单独财团有盈余，则须作为共同财团的一部分处理；如共同财团有盈余，则须按照每个共同债务人在共同财团中的权利及权益的比例，作为单独财团的一部分处理。

113 学徒等的声明

（1）凡在提交破产申请时，某人借该申请或者由于该申请而成为破产人，且该破产人有学徒或助理的，如果该学徒或助理或者其代理人向受托人发出书面通知，说明学徒或助理选择解除学徒契约或协议条款（the indenture of apprenticeship or articles of agreement），则扣押令或者破产申请（在债务人主动申请破产的情况下）可起到完全解除该契约或协议条款的作用。

（2）若该契约或协议条款已解除，而该学徒或助理曾向或被代理向破产人缴付费用的，考虑到由学徒或助理或者其代理人支付的金额以及学徒或职员根据契约或者协议曾为破产人服务过的时间以及案件的其他情形（having regard to the amount paid by or on behalf of the apprentice or clerk and to the time during which he or she has served with the bankrupt under the indenture or articles and to the other circumstances of the case），受托人可应学徒或助理或者其代理人的请求，从破产人的财产中支付受托人认为合理的金额给学徒或者助理或供其使用（to or for the use of the apprentice or clerk）。

（3）受托人在破产人的学徒或助理或者其代理人的申请下，应将学徒契约或协议条款转让给他人。

114 因被终止的契约（terminated deed）等导致的债务支付等

（1）债务人在其签署的个人破产协议或其债权人接受的和解协议或者安排方案被撤销

或终止后破产的，无论是在本法生效之前还是之后，下列：

（a）受托人或债务人根据被终止的协议（the terminated agreement）、和解或安排方案善意产生的任何未付债务，以及善意订立的任何未支付承诺；

（b）受托人根据被终止的协议、和解或安排方案合理善意地产生且尚未报销的费用；以及

（c）债权人通过决议确定的与被终止的协议、和解或安排方案相关的受托人未付报酬的相应比例的部分（such proportionate part of the unpaid remuneration）；

都是在破产中可证明的债务。

（2）在本条中：

被终止的协议、和解或安排方案是指已经搁置或终止的协议、和解或安排方案。

第 B 小节　犯罪所得令的影响和犯罪所得令的应用

114A 犯罪所得令的影响

（1）如果破产人的财产在破产之日或之后被限制令或者没收令所包括，则在此期间，该命令所包括的财产收益不得根据第 A 小节被使用。

（2）如在破产之日或之后对破产人作出罚款令，则在该命令有效期间，破产人的任何财产收益不得根据第 A 小节被使用。

（按语：对于在破产之日前作出的犯罪所得令，请参阅第 58A 条。）

114B 申请犯罪所得令的效果

（1）如果：

（a）根据《犯罪所得法》申请限制令或没收令；以及

（b）如该命令已作出，则该命令的效力及于破产人的财产（不论该项申请是在破产日期之前、当日还是之后提出的）；

在申请最终确定之前，不得根据第 A 小节使用破产人的任何财产所得，只要在该命令效力所及范围之内。

（2）如果：

（a）根据《犯罪所得法》对罚金令（a pecuniary penalty order）作出的申请；以及

（b）该命令所针对的人是破产人，或日后将成为破产人的人；

在申请最终确定之前，不得根据第 A 小节使用破产人的任何财产所得。

114C 检察长（Director of Public Prosecutions）或澳大利亚联邦警察局局长必须通知受托人的事项

如果出现下列情形：

（a）因遵守本小节之缘故，不得依照第 A 小节使用破产财产的所得；或者

（b）因遵守本小节之缘故，可以依照第 A 小节使用破产财产的所得；

检察长（或澳大利亚联邦警察局局长，如果局长是联邦的犯罪所得收益管理机构的主管，即根据 2002 年《犯罪所得法》所作命令的负责人）必须在切实可行的情况下，尽快

向受托人发出书面通知，说明情况的存在。

第 3 节　可用于偿还债务的财产

第 A 小节　概　　述

115 破产的开始

（1）如果某人是因债权人的申请而非第（1A）款的适用而破产，则破产可被追溯至与该人在债权人申请之日前 6 个月内所作出的最早的破产行为之时有关（破产从该时间开始）。

（1A）如果：

（a）任何人因债权人的申请而成为破产人，而该申请违反了破产通知；以及

（b）根据第 41（7）款的规定，已延长了遵守通知的时间；以及

（c）发出扣押令的法院认为，根据第 41（7）款提出的申请是不严肃的、无理的或没有实质价值的（frivolous，vexatious or otherwise without substantial merit）；

则破产可被追溯至与本条第（1）款下本应适用的时间有关（破产从该时间开始），如果须遵守的时间（the time for compliance）未被延长。

（1B）如果某人因第 4 部分第 6 节或第 10 部分作出的扣押令而破产，则该破产可被追溯至与扣押令作出之日前 6 个月内该人实施的最早的破产行为之时有关（破产从该时间开始）。

（2）因接受债务人（其本人）的申请而破产的可追溯至与如下表所示的时间有关（破产从该时间开始）。

债务人申请破产——破产可追溯的时间以及破产开始的时间		
	提出或接受债务人的申请书的情况	破产可追溯时间和破产开始时间
1	官方接管人在法院指示下接受的申请	法院指定破产开始的时间
2	当至少一个债权人针对债务人（无论是单独，作为合伙的成员还是作为共同债务人）提出未决的申请，并且在没有法院指示的情况下被官方接管人接受	债权人的请求所依据的最早破产行为的发生时间
3	没有债权人的申请待决，但提交申请时债务人在过去 6 个月内已实施了至少一项破产行为，而官方接管人在没有法院指示的情况下接受了该申请	在申请提出前 6 个月内实施了最早破产行为的时间
4	没有债权人的申请待决，但提交申请时债务人在过去 6 个月内并未实施任何破产行为，而官方接管人在没有法院指示的情况下接受了该申请	提交申请的时间

（3）债权人的破产申请或根据债权人的破产申请作出的扣押令，在该破产申请所依据的债务发生之前，并不因发生破产行为而无效。

116 债权人之间可分割的财产

（1）根据本法：

（a）在破产开始时属于破产人或被授予破产人的所有财产（all property that belonged to, or was vested in, a bankrupt），或在破产开始后至破产免责前已由破产人取得或即将取得，或者已移交或即将移交给破产人的所有财产；以及

（b）行使财产中所包含的、设置在财产上的或与财产有关的一切权力（exercising all such powers in, over or in respect of property）的能力，以及为行使前述一切权力而进行法律程序的能力，如同破产人在破产开始时或在破产开始后及在破产免责前任何时间为其自身利益而行使权力的能力；以及

（c）通过或根据第139D、139DA条所作出的命令（by or under an order under section 139D or 139DA）而归属破产财团的受托人的财产；以及

（d）根据第139E、139EA条所作出的命令支付给破产财团的受托人的款项；以及

（e）根据第128K（1）（b）项所作出的命令支付给破产财团的受托人的款项；以及

（f）根据第139ZQ条就根据第128C条对受托人而言无效的交易向破产财团的受托人所支付的款项；以及

（g）根据第139ZU条所作出的命令支付给破产财团的受托人的款项；

是在破产人的债权人之间可以分割的财产。

（2）第（1）款不适用于下列财产：

（a）破产人为他人以信托形式持有的财产；

（b）破产人的家庭财产中：

（ⅰ）属法规所列明的种类；或者

（ⅱ）由债权人在受托人变现财产前通过债权人决议所确定的；

（ba）破产人的个人财产中：

（ⅰ）对破产人有感情价值；

（ⅱ）属法规所列明的种类；以及

（ⅲ）由债权人在受托人变现财产前通过的债权人特别决议所确定的；

（c）由破产人以个人努力获得的财产；且

（ⅰ）总价值不超过法规所规定的限额；或者

（ⅱ）由通过的债权人决议所确定；或者

（ⅲ）由法院应破产人的申请而作出的命令所确定的；

（ca）破产人主要用作运输工具的财产（先提及的），是总价值不超过法定金额的财产（后提及的）或者某更大的金额［如果在受托人将后提及的财产（last - mentioned property）变现之前，债权人通过决议确定了与该财产相关的更大金额的］；

（d）除非第128B、128C、139ZU条另有规定：

（ⅰ）关于破产人或破产人的配偶或者事实伴侣的人寿保险或养老保险的保单；

（ⅱ）破产日或以后收到的此类保单的收益；

（ⅲ）破产人在下列方面的权益：

（A）受监管的退休金基金｛1993 年《退休金行业（监管）法》［Superannuation Industry（Supervision）Act 1993］所指｝；或者

（B）某个经过核准的存款基金（an approved deposit fund）（1993 年《退休金行业（监管）法》所指）；或者

（C）某免税的公共部门退休金计划（an exempt public sector superannuation scheme）（1993 年《退休金行业（监管）法》所指）；

（ⅳ）在破产之日或之后从该基金中向破产人支付的款项，且该款项不是 1993 年《退休金行业（监督）法》所指的退休金；

（ⅳa）根据 1975 年《家庭法》第 8B 部分以付款分割（under a payment split，分批付款、费用分担、分账支付）方式向破产人所支付的款项，其中：

（A）所涉及的合格的退休金计划（the eligible superannuation plan involved）是第（ⅲ）目所涵盖的基金或计划；以及

（B）所涉及的可分割的付款（the splittable payment involved）不是 1993 年《退休金行业（监督）法》所指的退休金；

（ⅴ）破产人在 RSA 中持有的金额；

（ⅵ）在破产之日或之后从 RSA 收到的对破产人的付款，且该付款不是 1997 年《退休储蓄账户法》所指的退休金或年金；

（ⅶ）根据 1975 年《家庭法》第 8B 部分以付款分割方式向破产人所支付的款项，其中：

（A）所涉及的合格的退休金计划是一个 RSA；以及

（B）所涉及的可分割的付款不是 1997 年《退休储蓄账户法》所指的退休金或年金；

（g）破产人追讨损害赔偿或补偿的权利：

（ⅰ）对破产人、破产人的配偶或事实伴侣或者破产人的家庭成员造成人身伤害或不当行为（personal injury or wrong done）；或者

（ⅱ）破产人的配偶或事实伴侣或破产人的家庭成员的死亡；

以及破产人（不论是在他或她成为破产人之前还是之后）就该人所遭受到的伤害或不当行为或者死亡（in respect of such an injury or wrong or the death of such a person）而追讨的任何损害赔偿或补偿；

［按语：另见第 5（6）款。］

（ga）根据 2018 年《机构儿童性虐待国家补救方案法》（National Redress Scheme for Institutional Child Sexual Abuse Act 2018）向破产者支付的款项（无论在他或她在破产之前还是之后，以及无论他或她是否属于与该付款相关的性虐待受害者）；

（k）根据本款规定的农村扶持计划支付给破产人的款项；

（l）根据本款规定的农村扶持计划支付给破产人的款项，当该款项是在本款规定的情形下支付的；

（m）根据本款规定的农村扶持计划支付给破产人的规定款项；

（ma）根据本款规定的农村扶持计划支付给破产人的规定款项，当该款项是在本款规定的情形下支付的；

（mb）联邦向破产人支付的与下列损失有关的赔偿金：

（ⅰ）第（k）、（l）、（m）、（ma）项所涵盖的款项；或者

（ⅱ）全部或部分以该款项购买或取得的财产；

（n）根据第（3）款而适用本款的财产；

（p）根据第（2C）、（4）款付给破产人的款项；

（q）根据1975年《家庭法》第8部分的命令，受托人须转让给破产人的配偶或前配偶的任何财产；

（r）根据1975年《家庭法》第8AB部分的命令，受托人须转让给破产人的前事实伴侣的财产；

（s）破产人的财产是：

（ⅰ）根据国家残疾保险计划（定义见2013年《国家残疾保险计划法》）为破产人提供的支持；或者

（ⅱ）一笔新的发展指标（NDIS）款项（定义见2013年《国家残疾保险计划法》）。

（2B）据第（2）（b）、（c）、（ca）项通过债权人（会议）决议或由法院作出的命令，归属于受托人的财产在某一特定时间不再是可在债权人之间分割的财产，则紧接着在该时间之后：

（a）该财产重新归属于破产人；

（b）受托人就该财产免除了受托人的法律责任；以及

（c）破产人须受该等法律责任限制。

（2C）当：

（a）破产人主要用作运输工具的财产归属于受托人；以及

（b）在受托人变现该财产时：

（ⅰ）并无其他财产凭借第（2）（ca）项仍归属于破产人；以及

（ⅱ）由于债权人根据第（2）（ca）项所作的决定，没有其他财产凭借第（2B）款被重新归属于（revested）破产人；

受托人须将变现该财产的所得，加上受托人先前根据本款向破产人支付的总金额（如有的话）支付给破产人，但该所得额不得超过第（2）（ca）项所规定的金额。

（2D）在第（3）、（4）款中：

豁免贷款款项，就某一特定时间而言，是指在该时间前从豁免款项中偿还给破产人，或破产人与另一人或者其他人（to the bankrupt, or to the bankrupt and another person or other persons）的贷款本金的金额。

豁免款项是指下列任何一种款项：

（a）第（1）款因第（2）（d）（ⅱ）、（ⅳ）目而不适用的金额；

（b）第（2）（g）项所规定的损害或者赔偿的种类；

（c）第（2）（k）、（l）、（m）、（ma）、（mb）项所涵盖的金额。

支出，就财产和某一特定时间而言，是指下列各项：

（a）为该财产的购买（the purchase）而支付或用于该财产收购（the acquisition）的款项；

（b）在该时间之前就该项购买或收购后建造或制作（constructed or made）的财产的扩建、改建和改进（如有的话）支付的款项。

受保护款项（protected money），就特定时间而言是指：

（a）豁免款项；或者

（b）豁免与该时间相关的贷款款项。

（2E）本法或2003年《立法法》中的任何规定均不得妨碍基于第（2）（k）、（l）、（m）、（ma）项的目的而制定的法规适用于法规生效前支付的款项。

（2F）为施行第（2）（k）、（l）、（m）、（ma）项而订立的法规，可通过适用、采纳或合并（by applying，adopting or incorporating）任何记载于某文书（an instrument）或其他偶尔生效或者存在的书面文件内（or other writing as in force or existing from time to time）的任何事项，就该事项作出规定。

（3）如果在任何时候，为购买或用于收购特定财产而支付的全部或实质上的全部（the whole，or substantially the whole）资金是受保护的款项，则第（2）（n）项适用于该财产。

（4）如在受托人变现第（2）（n）项不得适用的某项财产时，与该财产有关的支出（the outlay）部分为受保护款项（部分为其他款项），则受托人须将变现该财产的所得中可公平归属于该受保护款项的金额，支付给破产人。

117 第三方责任险保单（Policies of insurance against liabilities to third parties）

（1）当：

（a）根据对第三方承担责任的保险合同，破产人是或曾是被保险人；

（b）他或她被投保或曾被投保的法律责任已发生（不论是在他或她破产之前还是之后）；

保单项下破产人获得赔偿的权利（the right of the bankrupt to indemnity under the policy）归属于受托人，受托人根据保单从承保人处收到的与责任有关的任何金额，如果责任尚未得到赔付，则应立即全额支付给第三方。

（2）第（1）款并不限制第三方在获得该款所提及的赔付款后，就欠其的任何余额[①]

---

① 译者注：保险的赔付如果不足以弥补第三方的损失，则在实际损失与保险赔付之间，是存在未获赔付的余额的。对于该余额，第三方仍可向侵权方主张侵权损害赔偿。

(any balance due to him or her) 所享有的权利。

(3) 即使有相反的约定，本条仍适用于本法生效之前及之后。

118 债权人对破产债务人的财产的执行等

(1) 除第 (2) 款另有规定外，当：

(a) 债权人在破产申请提出前 6 个月内，或在申请提出后 6 个月内，针对债务人：

(ⅰ) 由他或她，或者代表他或她，因执行债务人的财产而收到的款项，该等款项是出售债务人财产的所得 [而该等财产已按照流程被出售或被没收 (seized)]，或是按照流程为避免债务人财产被没收 (seizure) 或出售而支付的款项 (received moneys as a result of execution having been issued by him or her, or on his or her behalf, against property of the debtor, being moneys that are the proceeds of the sale of property of the debtor that has been sold in pursuance of the process or that were seized, or paid to avoid seizure or sale of property of the debtor, in pursuance of the process)；或者

(ⅱ) 其 (他或她) 或其代表因扣押的原因 (as a result of the attachment)① 而就债务人到期债务而收到的款项；以及

(b) 债务人随后因 (其主动) 申请或凭借 (他人之被动) 申请 (on, or by virtue of the presentation of, the petition) 而成为破产人；

债权人须向破产财团的受托人支付该等金额，即超过执行或扣押 (视情况而定) 的经评定的诉讼费用的金额。

(2) 就债务人在扶养协议或扶养令下的任何法律责任而言 [不论是在本条生效日期之前还是之后加入或订立的 (entered into or made)，视情况而定]，第 (1) 款不适用于某债权人因其本人或其代表针对债务人财产执行而收到的款项，或者该债权人或其代表因扣押而就债务人到期债务而收到的款项。

(3) 凡债权人已根据第 (1) 款将出售财产的所得或其他款项支付给破产财团的受托人，则该债权人可在破产案件中证明其作为无担保债权人的债权，就如同执行或扣押 (视情况而定) 从未发生过。

(4) 当：

(a) 债权人已依据第 (1) 款向破产财团的受托人支付出售财产的所得或因执行而收取的其他款项，而该等款项是由该债权人或代表该债权人针对破产人的财产进行执行，或由该债权人或者代表该债权人，因扣押的原因，就债务人到期债务而收到的款项；以及

(b) 如破产人在该执行发生或该债款被扣押 (视情况而定) 较短时间前已成为破产人的，则该财产或债款不会在破产人的债权人之间分割；

受托人须将该等所得或其他款项支付给破产人或破产人基于此目的而书面授权的人。

(5) 除本条另有规定外，凡向债权人发出某债权人针对债务人提出破产申请的书面通知的：

---

① 译者注："attachment of debt" 翻译为债款扣押。

（a）债权人不得采取任何行动或进一步行动（any action or further action）（视情况而定）以扣押欠债务人的债款（to attach a debt due to the debtor），直至该破产申请已由法院处理或已失效；以及

（b）如果债权人已扣押欠债务人的债款：

（ⅰ）债权人应立即向有责任偿还债款的人发出破产申请的书面通知；以及

（ⅱ）在法院处理该破产申请或该申请失效前，该债款的扣押暂停（the attachment of the debt is suspended）。

（6）除本条另有规定外，如果向债权人发出书面通知，说明债务人的主动破产申请已提交法院：

（a）在法院处理该破产申请前，债权人不得采取任何行动或进一步行动（视情况而定），以扣押欠债务人的债款；以及

（b）如果债权人扣押欠债务人的债款：

（ⅰ）债权人应立即向有责任偿还债款的人发出破产申请的书面通知；以及

（ⅱ）在法院处理该破产申请前，该债款的扣押暂停。

（7）在按照第（5）、（6）款暂停扣押债务人的债款期间，本条的任何规定不得被视为阻止有法律责任向债务人偿还债款的人向债务人偿还债款或部分债款。

（8）若债权人违反或没有遵守第（5）、（6）款，即属藐视法庭。

（9）除第（10）款另有规定外，凡：

（a）债权人在破产申请提出前6个月内，或在申请提出后6个月内，已取得针对债务人财产的抵押或抵押偿债令（a charge or charging order）；以及

（b）债务人其后在（主动）提出破产申请时或因破产申请的（被动）提出而成为破产人；

抵押或抵押偿债令（视情况而定）对破产案件的受托人无效。

（10）就债务人根据扶养协议或扶养令（无论是在本条生效之前还是之后进入或订立的，视情况而定）所负的法律责任而言，第（5）、（6）、（9）款不适用于对债务人欠款的扣押，或对债务人财产的抵押或者抵押偿债令。

（11）无论本法有何种规定，善意购买财产的人：

（a）根据执行员因针对债务人财产的执行而作出的出售，而该债务人在该出售后成为破产人的；或者

（b）因债权人强制执行针对债务人财产的抵押或抵押偿债令而作出的出售，而该债务人在该出售后成为破产人的；

可从破产财团的受托人处取得对财产的完整所有权。

（12）在本条中：

抵押是指联邦法律或者某州或领地法律在任何登记处登记某判决（registration of a judgment）时所设定的抵押。

抵押偿债令是指法院就某判决作出的抵押偿债令。

119 执行员在收到提交破产申请的通知之后的职责

（1）除本条另有规定外，凡向执行员发出针对债务人提出债权人破产申请的书面通知的，执行员：

（a）应避免：

（ⅰ）由债权人或代表债权人进行任何执行程序，采取任何行动出售债务人财产的行为；以及

（ⅱ）代表债权人采取行动以扣押欠债务人的债款；以及

（b）不得：

（ⅰ）向某债权人支付由该债权人或代表该债权人，因执行债务人的财产而收到的款项，或向代表某人的任何人（any person on his or her behalf）支付出售债务人财产的所得（而该等财产已按照流程被出售或被没收），或是按照流程为避免债务人财产被没收或出售而支付的款项；或者

（ⅱ）向某债权人或代表该债权人的人支付因扣押欠债务人的债款而收取的任何款项；

直至该申请已被法院处理或已失效。

（2）除本条另有规定外，若将债务人针对自己的破产申请（a debtor's petition against a debtor，债务人的主动申请）提交法院一事以书面形式通知执行员后，执行员：

（a）应避免：

（ⅰ）依据某债权人或代表该债权人发起的任何执行程序，采取任何行动（taking any action）出售债务人财产；以及

（ⅱ）代表债权人采取任何行动，以扣押欠债务人的债款；以及

（b）不得：

（ⅰ）向某债权人支付由该债权人或代表该债权人，因执行债务人的财产而收到的款项，或向代表某人的任何人支付出售债务人财产的所得（而该等财产已按照流程被出售或被没收），或是按照流程为避免债务人财产被没收或出售而支付的款项；或者

（ⅱ）向某债权人或代表该债权人的人支付因扣押欠债务人的债款而收取的任何款项；直至该申请已被法院处理。

（3）凡已根据第（1）款向执行员发出债权人已对债务人提出破产申请的通知，或已根据第（2）款向执行员发出债务人对自己的破产申请已提交法院的通知，对债务人的财产发起了执行程序的债权人，或被代表发起了执行程序的债权人，或已采取行动或者代表其采取行动扣押了欠债务人的债款的债权人，就债务人在扶养协议或扶养令下的法律责任（不论是在本条生效日期之前还是之后加入或订立的，视情况而定）而言，可向执行员发出书面通知，列明扶养协议或扶养令的详情，而在发出该通知后，第（1）、（2）款（视情况而定）不再适用于执行或扣押程序（视情况而定）。

（4）除本条另有规定外，凡向书记员或其他适当的工作人员发出债权人已对债务人提出破产申请的书面通知：

（a）出售债务人财产的所得或其他款项，已由执行员依据债权人或其代表针对债务人

财产发起的执行程序支付；或者

（b）已依据债权人或其代表提起的法律程序（proceedings instituted）缴付款项，以扣押欠债务人的债款；

则任何未从法院获得支付的所得或款项，在破产申请获法院处理或失效前，不得支付给债权人或其代表。

（5）除本条另有规定外，如向法院的书记员或其他适当的工作人员发出书面通知，说明债务人对自己的破产申请已提交法院的，如果：

（a）出售债务人财产的所得或其他款项，已由执行员依据由债权人或其代表针对债务人财产而发起的执行程序支付；或者

（b）已依据债权人或其代表提起的法律程序缴付款项，以扣押欠债务人的债款；

则任何未从法院获得支付的所得或款项，在破产申请获法院处理或失效前，不得支付给债权人或其代表。

（6）凡已根据第（4）款向法院的书记员或其他适当的工作人员发出债权人已对债务人提出破产申请的书面通知，或已根据第（5）款向法院的书记员或者其他适当的工作人员发出债务人对自己的破产申请已提交法院的通知，对债务人的财产发起了执行程序的债权人，或被代表发起了执行程序的债权人，或已采取行动或者代表其采取行动扣押了欠债务人的债款的债权人，就债务人在扶养协议或扶养令下的法律责任（不论是在本条生效日期之前还是之后加入或订立的，视情况而定）而言，可向书记员或其他适当的工作人员发出书面通知，列明扶养协议或扶养令的详情。而在发出该通知后，第（4）、（5）款（视情况而定）不再适用于执行或扣押程序（视情况而定）。

（7）如执行员依据第（1）、（2）款不采取行动出售债务人的财产（为不动产），债务人即成为破产人，而该财产归属破产案件的受托人，则执行该财产的费用是该财产的第一项抵押（a first charge，首押，须最优先受偿的意思）。

（8）如执行员未遵守本条的规定，并不影响在其依据债权人或代表债权人发起的执行程序而作出的出售中破产财产善意购买人的权利（does not affect the title of a person who purchases property of a bankrupt in good faith under a sale by the sheriff in pursuance of a process of execution issued by or on behalf of a creditor，规定了善意取得权）。

119A 收到破产通知后执行员的职责等

（1）若债务人已破产（不论是应债权人的申请还是其他方式，亦不论是在本条生效日期之前还是之后），受托人可就该事实向执行员或法院的书记员或者其他适当的工作人员发出书面通知，而在发出通知后：

（a）执行员须向受托人交付或支付：

（ⅰ）在债权人或其代表发起的执行程序中管有的破产人的任何财产；

（ⅱ）出售破产财产的所得或破产人管有的其他款项，即在破产人成为破产人之前或之后依据任何法律程序而出售的财产所得或者被没收的款项（moneys seized），或在破产人成为破产人之前或之后为避免没收或者出售破产财产依据任何法律程序而支付的款项；以及

（ⅲ）因债权人或其代表扣押欠破产人的债款而由执行员管有的任何款项；或者

（b）法院的书记员或其他工作人员须向受托人支付：

（ⅰ）在破产人成为破产人之前或之后，书记员依据债权人或其代表针对破产人的财产发起的执行程序，出售破产人财产的所得或缴存至法院的其他款项（other moneys paid into court）；以及

（ⅱ）因债权人或其代表提起的法律程序，而在法院缴存的任何款项（不论是在破产人成为破产人之前还是之后），用以扣押欠破产人的债款；

视情况而定。

（2）凡第（1）款规定须将财产或出售财产的所得或者其他款项交付或支付给受托人，则执行或扣押该财产的费用（视情况而定）是该财产或者该出售所得或其他款项（视情况而定）的第一项抵押。

（3）为使第（2）款所提及的抵押生效，执行员、法院的书记员或其他工作人员可代表有权享有该抵押之利益（entitled to the benefit of the charge）的债权人，从该款所提及的出售所得或其他款项中，保留他或她认为实现该生效之目的而需要的金额。

（4）凡执行员、法院的书记员或其他工作人员已依据第（1）款将财产或款项交付或支付给受托人，发起执行程序或实施扣押程序（issued the process of execution or instituted the attachment proceedings）的债权人，或代其发起或实施该等程序的人（视情况而定），则可在破产案件中证明其作为无担保债权人的债权，如同该项执行或扣押（视情况而定）并未发生。

（5）当：

（a）执行员、法院的书记员或其他工作人员已根据第（1）款向受托人交付被没收的财产，或者由于对破产人财产的执行或对欠破产人债款的扣押，而向受托人支付财产出售之所得或收到的其他款项的；以及

（b）如果破产人在发起执行或债款被扣押（视情况而定）后不久成为破产人，该财产或债款不会在破产人的债权人之间分割的；

受托人须将该财产或所得或者其他款项（视情况而定）交付或支付给破产人或破产人为此目的而以书面授权的人。

（6）当：

（a）财产已由执行员交付，或出售财产的所得或者其他款项已由执行员、法院的书记员或其他工作人员依据第（1）款支付给了破产财团的受托人；以及

（b）该财产由执行员管有，或该财产的出售所得或者其他款项由执行员管有或缴存法院（视情况而定），该管有或缴存是根据或者依照债权人或其代表发起的执行程序或者提起的债款扣押程序而作出的，是关于破产人在扶养协议或扶养令下的法律责任（不论是在本条生效日期之前还是之后进入或订立的，视情况而定）的；

则受托人须将该财产交付给，或者将该等所得或其他款项（视情况而定）支付给该债权人。

（7）执行员未遵守本条的规定，并不影响在其依据债权人或代表债权人发起的执行程序而作出的出售中破产财产善意购买人的权利。

120 低于市值的交易（Undervalued transactions）

对受托人无效（实际上是可撤销的概念）的转让①

（1）在下列情形，即将成为破产人的人（转让人）向另一人（受让人）转让财产的行为对转让人破产案件的受托人无效，当：

（a）该转让是在破产开始前5年起至破产结束日期之内进行的；以及

（b）受让人没有为该转让支付对价，或支付的对价远低于该转让财产的市值。

（按语：适用本条时，如果考虑的是第三方而不是转让人的，见第121A条。）

豁免

（2）第（1）款不适用于：

（a）根据联邦、某州或领地的法律须缴付的税款；或者

（b）为履行扶养协议或扶养令规定的全部或者部分法律责任而作出的转让；或者

（c）根据债务协议转让财产；或者

（d）若该财产转让属于法规所列明的种类。

（3）在下列情形，尽管有第（1）款规定，转让也对受托人有效：

（a）在转让给转让人的关联实体的情形下：

（ⅰ）该项转让是在破产开始前4年以上进行的；以及

（ⅱ）受让人证明，在转让时，转让人有偿付能力；或者

（b）在任何其他情形下：

（ⅰ）该转让是在破产开始前2年以上进行的；以及

（ⅱ）受让人证明，在转让时，转让人有偿付能力。

可反驳的破产推定（Rebuttable presumption of insolvency）

（3A）就第（3）款而言，如果确定转让人有下列情形，则可以可反驳地推定（a rebuttable presumption arises）转让人在转让时无力偿债：

（a）在该段时间内，没有就转让人所经营的业务备存常见及相应的账簿、账目及记录（books，accounts and records），也没有充分披露转让人的业务往来及财务状况；或者

（b）曾备存该等账簿、账目及记录，但未保存好（having kept such books，accounts and records，has not preserved them）。

---

① 译者注：虽然法条原文使用的是void、avoidance、avoidable等词，但是英美法上所说的“无效”，实际上还是中国法意义上的可撤销。因为后面条文讲到偏颇清偿的时候，也是用同样的表述。实际上只要属于需要通过诉讼来决定行为性质的，都只能是“可撤销的”。中国法上的无效属于一种上帝视角（一种不考虑程序的纯粹实体法概念），因为即使是绝对无效（违反法律的强制性规定）行为，不通过法官的判决，也没有人就能直接宣称该行为违反了法律的强制性规定。无效判断是一个诉讼结论，从“诉”的角度出发（除时效问题之外），无效和撤销并无差别。

对价的退还

（4）受托人必须向受让人支付一笔金额，数额等于受让人就该无效转让所支付的对价。

不构成对价的

（5）就第（1）、（4）款而言，下列各项并无作为对价的价值（have no value as consideration）：

（a）受让人与转让人有关联的事实；

（b）如受让人是转让人的配偶或事实伴侣，受让人所作出的有利于转让人的行为；

（c）受让人承诺与转让人结婚或成为转让人的事实伴侣；

（d）受让人对转让人的爱或感情（love or affection）；

（e）如果受让人是转让人的配偶或前配偶，则受让人应赋予转让人在转让财产上的居住权，除非涉及 1975 年《家庭法》规定的财产转让、清算或协议（a transfer or settlement of property，or an agreement）；

（f）如果受让人是转让人的前事实伴侣，则受让人应赋予转让人在转让财产上的居住权，除非涉及 1975 年《家庭法》规定的财产转让、清算或协议。

对权利继受人的保护

（6）本条并不影响善意且以不低于市场价格的对价从受让人处取得该财产的人的权利。

财产转让与市值的含义

（7）就本条而言：

（a）财产转让包括付款；以及

（b）如果某人做了某件事，导致另一人成为先前不存在的财产（property that did not previously exist）的所有人，则视为已将该财产转让给了另一人；以及

（c）所转让财产的市值是其转让时对应的市场价值。

121 为阻却债权人的转让（Transfers to defeat creditors）

无效的转让（Transfers that are void）

（1）在下列情形，即将成为破产人的人（转让人）向另一人（受让人）的财产转让，对于转让人的破产受托人无效，当：

（a）该财产很可能已成为转让人财团的一部分（part of the transferor's estate），或如果该财产未被转让，可能已被提供给了债权人；以及

（b）转让人进行转让的主要目的是：

（ⅰ）防止被转让财产在转让人的债权人之间被分割（divisible）；或者

（ⅱ）妨碍或者拖延转让人的债权人之间财产分割的程序。

（按语：适用本条时，如果考虑的是第三方而不是转让人的，见第 121A 条。）

表明转让人进行转让的主要目的

（2）如果从所有情形可以合理推断，在转让时，转让人已经或即将无力偿债，则其进

行转让的主要目的为第（1）（b）项所述目的。

其他表明转让人进行转让的主要目的的方式

（3）第（2）款并不限制确认转让人进行转让的主要目的的方式。

如果受让人是善意的，则转让有效

（4）尽管有第（1）款的规定，但在下列情形下，财产转让对受托人有效，当：

（a）受让人为该财产转让支付了不低于该财产市值的对价；以及

（b）受让人不知道，也不能合理地推断出转让人进行转让的主要目的是第（1）（b）项所述的目的；以及

（c）受让人不能合理地推断出在转让时，转让人已经或即将无力偿债。

可反驳的破产推定

（4A）就本条而言，如果确定转让人有下列情形，则对转让人在转让时已经或即将无力偿债产生一个可反驳的推定：

（a）在该段时间内，未就转让人所经营的业务备存常见及相应的账簿、账目及记录，也未充分披露转让人的业务往来及财务状况；或者

（b）曾备存该等账簿、账目及记录，但未保存好。

对价的退还

（5）受托人必须向受让人支付一笔金额，数额等于受让人就该无效转让所支付的任何对价的价值。

不构成对价的

（6）就第（4）、（5）款而言，下列各项并无对价的价值：

（a）受让人与转让人有关联的事实；

（b）如受让人是转让人的配偶或事实伴侣，受让人所作出的有利于转让人的行为；

（c）受让人承诺与转让人结婚或成为转让人的事实伴侣；

（d）受让人对转让人的爱或感情；

（e）如果受让人是转让人的配偶或前配偶，则受让人应赋予转让人在转让财产上的居住权，除非涉及1975年《家庭法》规定的财产转让、清算或协议；

（f）如果受让人是转让人的前事实伴侣，则受让人应赋予转让人在转让财产上的居住权，除非涉及1975年《家庭法》规定的财产转让、清算或协议。

根据债务协议豁免财产转让

（7）本条不适用于根据债务协议所作的财产转让。

对继受人权利的保护

（8）本条并不影响善意且以不低于市场价格的对价从受让人处取得该财产的人的权利。

财产转让与市值的含义

（9）就本条而言：

（a）财产转让包括付款；以及

（b）如果某人做了某件事，导致另一人成为先前不存在的财产的所有人，则视为已将该财产转让给了另一人；以及

（c）所转让财产的市值是其转让时对应的市场价值。

121A 对价付给第三方的交易

（1）本条适用于下列情形：

（a）即将成为破产人的人（转让人）将财产转让给另一人（受让人）；以及

（b）受让人将转让财产的部分或全部对价付给了转让人以外的人（第三方）。

（2）第 120、121 条适用时，向第三方提供对价就如同转让人转让构成对价的财产（as if the giving of the consideration to the third party were a transfer by the transferor of the property constituting the consideration）。

（3）如根据第 120、121 条给予第三方的对价对转让人的破产受托人无效，受托人有权收回构成对价的财产，与受托人在给予对价实际上是转让人转让构成对价财产的情况下享有的权利相同。

122 偏颇清偿的撤销（Avoidance of preferences）

（1）破产人（债务人）以某债权人为受益人而转让财产的下列行为对债务人的破产受托人无效：

（a）具有给予该债权人相对于其他债权人的特惠、优先权或优势（a preference, priority or advantage）的效力；以及

（b）如下表所示，是在与债务人有关的期间内作出的。

财产转让无效的期间		
	对导致债务人破产的申请的说明	转让期间
1	债权人的破产申请	自申请提出前 6 个月起至债务人破产之日止的期间
2	当债务人的申请提出时，至少有一个未决的债权人的申请针对提出申请的债务人或针对提出债务人破产申请的合伙企业的成员	自债务人破产开始之日起至债务人破产之日止的期间
3	在任何其他情况下提出的债务人的破产申请	自申请提出前 6 个月起至债务人破产之日止的期间

（1A）第（1）款适用于债务人以债权人为受益人转让财产的行为：

（a）无论债务人对债权人的责任是其单独的责任，还是与另一人或其他多人共同承担的责任；以及

（b）不论所转让的财产是债务人自己的财产，还是债务人与另一人或其他多人的财产。

（2）本条并不影响：

（a）买方、收款人或产权负担人（a purchaser，payee or encumbrancer）在正常商业过程中的权利，该人真诚行事，并以不低于该财产的市值的价格支付了对价；或者

（b）通过或根据（through or under）债务人的债权人善意取得所有权的人的权利，且该人以不低于该财产的市值的价格支付了对价；或者

（c）债务人根据扶养协议或扶养令而执行、作出或导致（executed，made or incurred）的转移、转让、抵押、付款或债务（a conveyance，transfer，charge，payment or obligation）；或者

（d）根据债务协议转让财产。

（3）第（2）款所提及的事项的证明责任，由主张享有该利益的人承担。

（4）就本条而言：

（a）如果财产转让以债权人的信托人为受益人（it is made in favour of a person in trust for the creditor），则视为以债权人为受益人（is taken to have been made in favour of a creditor）的财产转让；以及

（b）向税务局局长（the Commissioner of Taxation）支付的税款（或向联邦政府支付的任何其他款项），该局长根据或由于（under or because of）某法律而拥有一般行政管理权，视为在正常业务过程中支付的与付款的价值相等的对价；以及

（c）如果财产转让是在某债权人知道或有理由怀疑的下列情形下进行的，则该债权人不被视为善意的购买人、收款人或产权负担人：

（ⅰ）债务人无法用自己的钱偿还到期的债务；以及

（ⅱ）转让的效果是给予他或她相对于其他债权人的特惠、优先权或优势。

（4A）在本条［第（5）款除外］中，凡提及债务人的债权人，须理解为包括在合同、协议、交易或其他商业往来中（a contract，agreement，transaction or other dealing）是债务人的债权人的人，而该合约、协议、交易或其他商业往来的全部或部分（in whole or in part），根据或由于（by or under）联邦、某州或领地的法律并非是无效的或不可执行的或者尚未全部或部分无效（were not，in whole or in part，void or unenforceable，or had not been voided in whole or in part）。

（5）如财产转让因本条而由破产案件的受托人解除（set aside），则获转让财产的债权人可在破产案件中证明其债权，就像该转让并未作出。

（7）在本条中：

税收是指根据联邦、某州或领地的法律应支付的税款（无论如何描述），例如征收、收费、市政或其他税费（for example，a levy，a charge，and municipal or other rates）。

（8）就本条而言：

（a）财产转让包括付款；以及

（b）如果某人做了某件事，导致另一人成为先前不存在的财产的所有人，则视为已将该财产转让给了该另一人；以及

（c）所转让财产的市值是其转让时相应的市场价值。

123 保护某些财产转让免受追溯（relation back）等

（1）除第 118 条至第 122 条（含各该条）及第 128B 条与第 128C 条另有规定外，在债务人破产的任何情形下，下列行为根据本法均不失效：

（a）债务人向其任何债权人支付的款项；

（b）债务人按市值作出的转移、转让或分配；

（c）由债务人或与债务人以市值而订立的合同、交易或其他商业行为；或者

（d）现有债权人当前预付款范围内（to the extent of a present advance）的任何交易；

如果：

（e）该项交易是在债务人破产之日前发生的；

（f）与债务人以外的人进行交易时，该人并未收到针对债务人提出破产申请的通知；以及

（g）交易是善意的且是在正常的商业过程中进行的。

（2）第（1）（e）、（f）、（g）项中与某项交易有关的事项的证明责任，由主张该项交易的有效性的人来承担（lies upon the person who relies on the validity of the transaction）。

（3）就第（1）款而言，一项交易不得，仅因交易时进行该交易的人（债务人除外）已收到债务人的破产通知，而被视为是非善意的且是在非正常商业过程中作出的。

（4）本法的任何规定均不使债务人在其破产之日或之前需向法院支付的就违反法律（不论是否属于联邦法律）的罪行对其施加的罚款或罚金无效（a penalty or fine imposed on him or her by a court in respect of an offence）。

（6）除第 121、128B、128C 条另有规定外，在债务人破产的任何情况下，本法的任何规定均不使债务人在破产日之前根据扶养协议或扶养令而签订、作出或导致的转移、转让、抵押、处置、分配、付款或债务失效。

（7）在本条中：

付款包括汇票、支票或本票（a bill of exchange，cheque or promissory note）的支取、制作或背书（drawing，making or indorsing）。

交易包括付款、交付、转移、转让、分配、合同或经营（dealing）。

124 对破产人某些付款的保护等

（1）尽管本法有规定，向即将或已经破产的人（第一人）或者通过转让向其主张债权的人（a person claiming by assignment from him or her）（按照其命令或指示）付款或交付财产（包括担保或可转让票据）的，是对该付款人或财产交付者的责任的有效解除方式（is a good discharge to the person paying the money or delivering the property）：

（a）如果付款或交付是在上述第一人成为破产人的日期前作出的，则该付款或交付是善意且在正常商业过程中作出的；或者

（b）如果付款或交付是在上述第一人破产之日或之后进行的，则该项付款或交付是在正常商业过程中善意作出的，且并无疏忽。

（2）第（1）款所提及的事项的证明责任，由主张财产付款或交付的有效性的人承担。

（3）就本条而言，财产的付款或交付不得仅因在付款或交付时，作出该项付款或交付之人有下列行为，就被视为非在正常商业过程中且非善意作出的：

（a）知道或有理由怀疑，向其付款或交付之人或者按照该人之命令或指示向其付款或交付之人，无力用自己的钱偿还该人的到期债务；或者

（b）已收到该人的破产通知，或已收到债权人针对该人提出破产申请的通知。

125 未免责破产人的某些账户

（1）凡某规定机构（a prescribed organization）已确定在该机构中持有账户的人是仍未免责的破产人，则除非该机构确信此账户是代表他人开立的，否则该机构须立即书面通知受托人该账户的存在，而除第（2）款另有规定外，该机构不得从该账户中再支付任何款项，但根据法院的命令（该命令的副本已送达该机构）或按照受托人的书面指示支付款项的除外。

（2）如在该规定机构通知受托人该账户存在之日起一个月内，法院就该账户发出的命令副本没有被送达该机构，并且该机构在此期间内没有收到受托人就该账户发出的书面指示，则该机构有权在不考虑受托人对该账户可能拥有的任何请求或权利的情况下采取行动（is entitled to act）。

（2A）本条不适用于破产人所持有的账户，如果该账户是一个与其有关的受监管账户（a supervised account in relation to the bankrupt）。

（3）在本条中：

合作社是指：

（a）根据某州或领地的法律作为合作住房协会（a co – operative housing society）成员而注册或成立的社团（a society）；或者

（b）任何其他社团，其主要业务包括从其成员处借钱并将这些钱借给其成员，并根据与合作社有关的州或领地的法律注册或成立的。

规定机构是指银行、合作社或为本定义由法规所规定的任何其他金融组织。

受监管账户的含义见第139ZIB条。

126 与未免责的破产人就后取得的财产（after – acquired property）进行的交易

（1）破产人就其在破产当日或之后所取得的财产，与善意第三人以不低于市值的对价进行的交易，如在受托人干预前完成（if completed before any intervention by the trustee），则对受托人有效，且根据本法归属于受托人的任何财产的产业权或权益（any estate or interest in that property），应以使该项交易生效所需的方式及范围进行确定和转移（shall determine and pass in such manner and to such extent as is necessary for giving effect to the transaction）。

（2）就第（1）款而言，由破产人的开户行（banker）（或由其开户行依照破产人的命令或指示）收到破产人的任何货币、证券或可转让票据（money, security or negotiable instrument），以及破产人的开户行（或由其开户行依照破产人的命令或指示）向破产人的任何付款或证券或者可转让票据的交付，应被视为破产人与该开户行之间的交易，以获得

有价值的对价（valuable consideration）。

（3）就本条而言，受托人所提交的具有禁止效果的警告（a caveat having the effect of forbidding），将影响任何土地或该土地的产业权或权益（an estate or interest in any land）的文书注册的，须视为对该土地或该土地的产业权或者权益交易的充分干预（a sufficient intervention）。

（4）在本条中：

开户行是指 ADI 或任何其他银行。

127 受托人提出请求的期限等

（1）自任何人成为破产人之日起满 20 年后，该破产案件的受托人不得再对破产人的任何财产提出请求，并且除受限于受托人以外的其他人对财产的权利（如有）之外，该财产应被视为归属于破产人，或归属于通过或者借助破产人（through or under him or her）提出请求的人（视情况而定）。

（2）自破产人成为破产人之日起满 6 年后，破产财团的受托人不得再根据第 118（9）款就抵押或抵押支付令提起诉讼。

（3）自破产人成为破产人之日起满 6 年后，破产财团的受托人不得再根据第 120 条就（财产）转让而提起诉讼。

（4）根据第 121 条就财产转让而进行的诉讼，可由破产财团的受托人在任何时间提起。

（5）自破产人成为破产人之日起满 6 年后，破产财团的受托人不得再根据第 122 条就财产转让提起诉讼。

128 当怀疑破产人的卖方等的身份时，通知受托人

（1）如果对在任何财产所有权中出现的人与破产人的身份的同一性产生疑问（Where a doubt arises as to the identity with a bankrupt of a person appearing in the title to any property），打算或实际出售、抵押或出租财产的人或根据联邦、某州或领地有关土地所有权的任何法律的规定提出申请的人，或者联邦、某州或领地的任何法律所规定的恢复或建造机构（a resuming or constructing authority）可向破产案件的受托人发出通知，其中包含有关财产的详情以及与破产人有身份同一性争议之人的详情（a notice containing particulars of the property in question and of the person whose identity with the bankrupt is in question），以及一份有关他或她的意图的声明：说明其打算出售、抵押或租赁该财产（或完成该财产的出售、抵押和租赁）（to sell, mortgage or lease, or complete a sale, mortgage or lease of, the property），或打算该财产纳入联邦、某州或领地有关土地所有权的任何法律规定的效力范围，或打算就该财产的恢复支付赔偿（视情况而定）。

（2）受托人可在通知发出后的 3 个月内，向产权登记官、总登记官或者联邦、有关州或领地的其他适当的官员或官方机构（the Registrar of Titles or Registrar – General or other appropriate officer or authority of the Commonwealth, or of the State or Territory concerned）提交一份对发出通知的财产提出债权主张的备忘录（a memorandum）。

（3）如果受托人没有按照第（2）款提交一份主张财产的备忘录，他或她在将来无权对卖方、抵押人、出租人、申请人或者恢复或建造当局主张他或她对该财产的所有权，或就该财产提出任何债权请求（视情况而定），或借助或通过（under or through）该卖方、抵押人、出租人、申请人提出个人请求（a person claiming）。

（4）受托人可在第（2）款所提及的 3 个月期限届满前的任何时间，撤回根据该款提交的备忘录。

第 B 小节　退休金供款（Superannuation contributions）

128A 简单概要

下列是本小节的简单概要：

· 本小节旨在能够收回（recovery）为对抗（defeat）破产债权人而作出的退休金供款。

· 可收回的供款有两种：

（a）其后成为破产人的人所作的供款（见第 128B 条）；

（b）第三方为其后成为破产人的人的利益而作出的供款（见第 128C 条）。

· 在根据第 139ZQ、139ZU 条采取收回行动之前，可冻结退休金账户最多 180 天。

128B 为对抗债权人而提供的退休金供款－供款人是后来的破产人

无效的转让

（1）在下列情形下，由后来破产人的人（转让人）向另一人（受让人）转让财产对转让人破产案件的受托人无效，当：

（a）该转让是以向合格的退休金计划供款的方式作出的；以及

（b）该财产很可能已成为转让人财团的一部分，或者如果该财产未被转让，则可能已被提供给了债权人；以及

（c）转让人进行转让的主要目的是：

（ⅰ）防止转让财产在转让人的债权人之间被分割；或者

（ⅱ）妨碍或延迟转让人的债权人之间分割财产的程序；以及

（d）转让发生在 2006 年 7 月 28 日或之后。

表明转让人进行转让的主要目的

（2）如能从所有情况中合理推断出（if it can reasonably be inferred from all the circumstances that）转让时转让人已经或即将无力偿债，则转让人进行转让的主要目的视为第（1）（c）项所述的目的。

（3）在确定转让人进行转让的主要目的是否为第（1）（c）项所述目的时，必须考虑：

（a）在转让前结束的任何期间内，转让人是否建立了向一项或多项符合条件的退休金计划供款的模式（had established a pattern of making contributions to one or more eligible superannuation plans）；以及

（b）如果是这样的话，按照这种模式来考虑，这种转让是否不正常（is out of character）。

其他表明转让人进行转让的主要目的的方式

（4）第（2）、（3）款并不限制确定转让人进行转让的主要目的的方式。

可反驳的无力偿债的推定

（5）就本条而言，如果确定转让人有下列情形，则可产生认定转让人在转让时已经或即将无力偿债的可反驳之推定：

（a）在该段时间内，未就转让人所经营的业务备存常见及相应的账簿、账目及记录，亦未充分披露转让人的业务往来及财务状况；或者

（b）曾备存该等账簿、账目及记录，但没有保存好。

退回供款相关税费等

（5A）如果：

（a）由于第（1）款的规定，以合格的退休金计划的供款方式作出的转让，对转让人破产案件的受托人无效；以及

（b）下列任何一笔款项已从供款中被扣除：

（ⅰ）与供款有关的税款；

（ⅱ）该项供款的费用或收费（a fee，or a charge）；以及

（c）根据与转让有关的第 139ZQ 条所规定的通知，合格的退休金计划的受托人向转让人破产案件的受托人支付一笔款项；以及

（d）按照第 139ZQ 条所规定的通知所缴付的金额，超过相应记入借方的金额（exceeds the amount so debited，超过如此借记的金额）；

转让人破产案件的受托人必须向合格的退休金计划的受托人支付一笔相当于借记金额的款项。

对所有权继受人的保护

（6）本条并不影响善意且以不低于市值的对价从受让人处取得该财产的人的权利。

财产转让与市值的含义

（7）就本条而言：

（a）财产转让包括付款；以及

（b）如果某人做了某件事，导致另一人成为先前不存在的财产的所有人，则视为已将该财产转让给了另一人；以及

（c）所转让财产的市值是其转让时对应的市场价值。

128C 为对抗债权人而作出的退休金供款－供款人是第三方

无效转让

（1）如果：

（a）某人（转让人）将财产转让给另一人（受让人）；以及

（b）该项转让是为即将破产的人（受益人）的利益而向合格的退休金计划作出的供

款；以及

（c）转让人是根据受益人是其中一方的计划这样做的；以及

（d）该财产很可能已成为受益人财团的一部分（part of the beneficiary's estate），或如果该财产未被转让，可能已被提供给了债权人；以及

（e）受益人订立该计划的主要目的是：

（ⅰ）防止该被转让的财产在受益人的债权人之间分割；

（ⅱ）妨碍或者拖延财产在受益人的债权人之间分割的过程；

（f）该转让发生在2006年7月28日或之后；

该转让对受益人破产案件的受托人无效。

（2）就第（1）（b）项而言，不考虑在某人死亡时须支付的利益（disregard a benefit that is payable in the event of the death of a person）。

表明受益人订立计划的主要目的

（3）如能从所有情况合理地推断在受益人订立该计划时，受益人已经或即将无力偿债，则受益人订立该计划的主要目的被视为第（1）（e）项所述的目的。

（4）在确定受益人订立该计划的主要目的是否为第（1）（e）项所述的目的时，必须考虑：

（a）在该计划订立前结束的任何期间内，转让人是否已为受益人的利益而建立了向一项或多项合格的退休金计划供款的模式；以及

（b）如果是这样的话，当按照这种模式来考虑时，这种转让是否不正常。

（5）就第（4）（a）项而言，不考虑某人死亡时须支付的利益。

表明受益人订立计划的主要目的的其他方式

（6）第（3）、（4）款并不限制确定受益人订立计划的主要目的的方式。

可反驳的无力偿债的推定

（7）就本条而言，如果确定受益人有下列情形，则认为该受益人在转让时已经或即将无力偿债的可反驳的推定可以成立：

（a）在该段时间内，未就受益人所经营的业务备存常见及相应的账簿、账目及记录，亦未充分披露转让人的业务往来及财务状况；或者

（b）曾备存该等账簿、账目及记录，但没有保存好。

退回供款相关税费等

（7A）如果：

（a）由于第（1）款的规定，以向合格的退休金计划供款的方式作出的转让，对受益人破产案件的受托人无效；以及

（b）下列任何一笔款项已从供款中被扣除：

（ⅰ）与供款有关的税款；

（ⅱ）该项供款的费用或收费；以及

（c）根据与转让有关的第139ZQ条所规定的通知，合格退休金计划的受托人向受益人

破产案件的受托人支付了一笔款项；以及

（d）按照第139ZQ条所规定的通知缴付的金额，超过相应记入借方的金额；

受益人破产的受托人必须向合格的退休金计划的受托人支付一笔相当于借记金额的款项。

对所有权继受人的保护

（8）本条并不影响善意且以不低于市值的对价从受让人处取得该财产的人的权利。

财产转让与市值的含义

（9）就本条而言：

（a）财产转让包括付款；以及

（b）如果某人做了某件事，导致另一人成为先前不存在的财产的所有人，则视为已将该财产转让给了另一人；以及

（c）所转让财产的市值是其转让时对应的市场价值。

128D 受托人索赔的时间

（1）根据第128B、128C条就某项交易提起的诉讼，可由破产财团的受托人在任何时间展开。

（2）根据第128B、128C条，对就破产财团受托人而言无效的交易所发出的第139ZQ条规定的通知，不得在2007年《破产法修正案（退休金供款）法案》附表1第2部分生效前发出。

（3）根据第128B、128C条，对就破产财团受托人而言无效的交易所发出的第139ZQ条规定的通知，即使该交易发生在2007年《破产立法修正案（退休金供款）法》附表1第2部分的生效日期之前也可以发出。

128E 退休金账户－冻结通知

范围

（1）如官方接管人有合理理由相信出现下列情形，则本条适用于合格的退休金计划的成员：

（a）根据第128B、128C条，某交易对破产财团的受托人无效；以及

（b）下列两者之一：

（ⅰ）该成员的全部或部分退休金权益可归因于该项交易；或者

（ⅱ）破产人财团的受托人已申请第139ZU条所规定的命令，该命令涉及该交易和该成员的退休金权益。

发出冻结通知

（2）官方接管人可向合格的退休金计划的受托人发出书面通知（退休金账户冻结通知），指示该计划的受托人不得：

（a）取现或借记（cash or debit）；或者

（b）允许取现、借记、滚动还债、转让或没收（cashing，debiting，roll－over，transfer or forfeiture）；

退休金权益的全部或任何部分，但下列情形除外：

（c）为遵守根据第139ZQ条发出的通知；或者

（d）为遵守根据第139ZU条作出的命令；或者

（e）为了从退休金权益中收取费用或从中扣除费用（charging costs against，or debiting costs from）；或者

（f）为了实施《家庭法》所规定的付款分割；或者

（g）按照官方接管人根据第128H条给予的书面同意；或者

（h）为遵守根据第128K（1）（b）项作出的命令；或者

（i）为遵守根据第139ZT（2）款作出的命令；或者

（j）在法规所列明的情况下（如有的话）。

（3）退休金账户冻结通知书必须列明官方接管人认为其有合理理由相信的事实和情况：

（a）根据第128B、128C条，该项交易对破产财团的受托人无效；以及

（b）下列两者之一：

（ⅰ）该成员的全部或部分退休金权益可归因于该项交易；或者

（ⅱ）破产人财团的受托人已申请第139ZU条所规定的命令，该命令涉及该交易和该成员的退休金权益。

官方接管人可在何时发出冻结通知

（4）官方接管人可发出退休金账户冻结通知：

（a）如果官方接管人是破产财团的受托人时，由其主动提出；或者

（b）如果注册受托人是破产财团的受托人时，则依该注册受托人之申请。

冻结通知何时生效

（5）向合格的养老金计划的受托人发出通知后，养老金账户冻结通知生效。

128F 撤销（Revocation）退休金账户冻结通知

官方接管人撤销冻结通知书

（1）如退休金账户冻结通知书对合格的退休金计划的成员有效，官方接管人可向该计划的受托人发出书面通知，撤销该退休金账户冻结通知书。

（2）官方接管人可撤销与合格的退休金计划的成员有关的退休金账户冻结通知书：

（a）如果官方接管人是破产财团的受托人，由其主动提出；或者

（b）如果注册受托人是破产财团的受托人，则依该注册受托人之申请；

（c）在任何其他情况下，依该成员之申请。

当符合第139ZQ条规定时撤销冻结通知等

（3）如果：

（a）第128E（1）（b）（ⅰ）目适用于就合格的退休金计划的成员发出的退休金账户冻结通知；以及

（b）在退休金账户冻结通知生效后180天内，就第128E（1）（a）项所述交易，发出

第 139ZQ 条所规定的通知；

退休金账户冻结通知在下列情形被撤销：

（c）当该计划的受托人遵守第 139ZQ 条所规定的通知时；或者

（d）当第 139ZQ 条所规定的通知被撤销时；或者

（e）当法院撤销第 139ZQ 条所规定的通知时。

若 180 天后仍未发出第 139ZQ 条所规定的通知，则撤销冻结通知

（4）如果第 128E（1）（b）（ⅰ）目适用于针对合格的退休金计划的成员所发出的退休金账户冻结通知，则在下列情形中，撤销该冻结通知：

（a）该通知生效 180 天之后；以及

（b）没有就第 128E（1）（a）项所提及的交易发出第 139ZQ 条所规定的通知。

在遵守第 139ZU 条所规定的命令时撤销冻结通知等

（5）如果：

（a）第 128E（1）（b）（ⅱ）目适用于就合格的退休金计划的成员所发出的退休金账户冻结通知；以及

（b）在退休金账户冻结通知生效后的 180 天内，就第 128E（1）（a）项所述交易和该成员的退休金权益作出第 139ZU 条所规定的命令；

退休金账户冻结通知在下列情形被撤销：

（c）当该计划的受托人遵守第 139ZU 条所规定的命令；或者

（d）当第 139ZU 条所规定的命令在上诉中被撤销时（is set aside on appeal）。

申请驳回或撤回（dismissed or withdrawn）第 139ZU 条所规定的命令时撤销冻结通知

（6）如果：

（a）第 128E（1）（b）（ⅱ）目适用于就合格的退休金计划的成员发出的退休金账户冻结通知；以及

（b）在退休金账户冻结通知生效后 180 天内：

（ⅰ）法院驳回就第 128E（1）（a）项所提及的交易及有关成员的退休金权益而提出的对第 139ZU 条所规定的命令的申请；或者

（ⅱ）就第 128E（1）（a）项所提及的交易及就该成员的退休金权益而提出的对第 139ZU 条所规定的命令的申请被撤回（withdrawn）的；

该退休金账户冻结通知被撤销（revoked）。

如果在 180 天之后没有作出第 139ZU 条所规定的命令，则撤销冻结通知

（7）如果第 128E（1）（b）（ⅱ）目适用于对合格的退休金计划的成员发出的退休金账户冻结通知，出现下列情形时，账户冻结通知将被撤销：

（a）该通知生效 180 天之后；以及

（b）没有就第 128E（1）（a）项所提及的交易及有关成员的退休金权益而作出第 139ZU 条所规定的命令。

延长 180 天的期限

（8）法院可应官方接管人的申请，延长或再次延长第（5）、（6）、（7）款所规定的 180 天的期限。

（9）官方接管人可根据第（8）款提出申请：

（a）如果官方接管人是破产财团的受托人，由其主动提出；或者

（b）如果注册受托人是破产财团的受托人，则依该注册受托人之申请。

128G 交给受托人退休金账户冻结通知的副本等

（1）如官方接管人发出或撤销（gives or revokes）与合格的退休金计划的成员有关的退休金账户冻结通知：

（a）官方接管人必须将退休金账户冻结通知书或撤销通知书（视情况而定）的 2 份副本，交给破产财团的受托人；以及

（b）该受托人必须将其中一份副本交给该成员。

（2）未能遵守第（1）款的规定不影响退休金账户冻结通知或撤销通知（视情况而定）的有效性。

128H 官方接管人同意将退休金利息取现等

范围

（1）如果退休金账户冻结通知对成员的退休金权益有效（is in force），则适用本条。

同意

（2）该成员可向官方接管人提出书面申请，请求官方接管人同意将其退休金权益全部或部分取现、记入借方、滚动还债、转让或没收。

（3）如果有人根据第（2）款提出申请，官方接管人可向有关的合格的退休金计划的受托人发出书面通知，同意将该成员的退休金权益全部或部分取现、记入借方、滚动还债、转让或没收。

（4）根据第（3）款作出的同意可以是：

（a）无条件的；或者

（b）受同意通知书所指定的条件（如有的话）所限。

（5）如官方接管人根据第（3）款就任何成员的退休金权益给予同意，则官方接管人必须将同意书的一份副本交给该成员。

咨询

（6）官方接管人在根据第（3）款给予同意前，必须咨询破产财团的受托人。

决定的复核

（7）可向行政上诉审裁处申请复核官方接管人根据第（3）款拒绝给予同意的决定。

（8）破产财团的受托人可向行政上诉审裁处申请复核官方接管人根据第（3）款给予同意的决定。

128J 法院撤销退休金账户冻结通知的权力

（1）如法院依下列人士之申请：

（a）收到退休金账户冻结通知的人；或者

（b）退休金账户冻结通知影响其退休金权益的成员；或者

（c）任何其他利害关系人；

确信官方接管人没有合理理由相信下列情况的发生：

（d）根据第128B、128C条，有关交易对破产财团的受托人无效；以及

（e）下列两者之一：

（ⅰ）有关成员的全部或部分退休金权益可归因于该项交易；或者

（ⅱ）破产财团的受托人已申请与该项交易及有关成员的退休金权益有关的第139ZU条所规定的命令；

法院可作出命令撤销该通知。

（2）已被撤销的退休金账户冻结通知视为未被作出。

128K 退休金账户冻结通知的司法执行（Judicial enforcement）

（1）如果法院确信合格的退休金计划的受托人已违反或拟违反（has breached, or is proposing to breach）退休金账户冻结通知，则法院可依有关破产财团的受托人的申请，作出下列任何或所有（any or all）命令：

（a）指示该计划的受托人遵守该通知的命令；

（b）指示该计划的受托人向有关破产财团的受托人缴付一笔不超过因第128E（1）（a）项所提及的交易而收取的款项或财产价值的命令；

（c）法院认为适当的任何其他命令。

（2）法院可解除或更改（discharge or vary）根据本条所批准的命令。

（3）法院根据第（1）（b）项作出的命令是可强制执行的，就好像该命令是法院在行使本法以外的司法管辖权时作出的付款命令（as if it were an order for the payment of money made by the Court when exercising jurisdiction otherwise than under this Act）。

128L 对合格的退休金计划的受托人的保护

（1）任何合格的退休金计划的受托人，不得因其善意作出（或未作出）下列任何事项而被提起刑事或民事法律程序：

（a）遵守退休金账户冻结通知；或者

（b）与受托人遵守退休金账户冻结通知有关或附带发生的（in connection with, or incidental to）；或者

（c）遵守第139ZQ条所规定的通知；或者

（d）与受托人遵守第139ZQ条所规定的通知有关或附带发生的；或者

（e）遵守第139ZU条所规定的命令；或者

（f）与受托人遵守第139ZU条所规定的命令有关或附带发生的；或者

（g）遵守第139ZT（2）款所规定的命令；或者

（h）与受托人遵守第139ZT（2）款所规定的命令有关或附带发生的；或者

（i）遵守第128K（1）（b）项所规定的命令；或者

（j）与受托人遵守第128K（1）（b）项所规定的命令有关或附带发生的。

（2）受管制（regulated）的退休金基金的受托人或被认可的存款基金（an approved deposit fund）的受托人善意作出（或未作出）下列任何事项：

（a）遵守退休金账户冻结通知；或者

（b）与受托人遵守退休金账户冻结通知有关或附带发生的；或者

（c）遵守第139ZQ条所规定的通知；或者

（d）与受托人遵守第139ZQ条所规定的通知有关或附带发生的；或者

（e）遵守第139ZU条所规定的命令；或者

（f）与受托人遵守第139ZU条所规定的命令有关或附带发生的；或者

（g）遵守第139ZT（2）款所规定的命令；或者

（h）与受托人遵守第139ZT（2）款所规定的命令有关或附带发生的；或者

（i）遵守第128K（1）（b）项所规定的命令；或者

（j）与受托人遵守第128K（1）（b）项所规定的命令有关或附带发生的。

不视为违反：

（k）1993年《退休金行业（监管）法》；或者

（l）根据该法所规定的任何标准。

（3）RSA提供商善意作出（或未作出）下列任何事项：

（a）遵守退休金账户冻结通知；或者

（b）与受托人遵守退休金账户冻结通知有关或附带发生的；或者

（c）遵守第139ZQ条所规定的通知；或者

（d）与受托人遵守第139ZQ条所规定的通知有关或附带发生的；或者

（e）遵守第139ZU条所规定的命令；或者

（f）与受托人遵守第139ZU条所规定的命令有关或附带发生的；或者

（g）遵守第139ZT（2）款所规定的命令；或者

（h）与受托人遵守第139ZT（2）款所规定的命令有关或附带发生的；或者

（i）遵守第128K（1）（b）项所规定的命令；或者

（j）与受托人遵守第128K（1）（b）项所规定的命令有关或附带发生的。

不视为违反：

（k）1997年《退休储蓄账户法》；或者

（l）根据该法所规定的任何标准。

128M 提及合格的退休金计划的成员

本小节的条款中提及：

（a）合格的退休金计划的成员；以及

（b）破产人；

并不暗示该破产人可能不是（may not be）该成员。

128N 定义

在本小节中：

被认可的存款基金的含义与1993年《退休金行业（监管）法》中的相同。

与退休金权益有关的取现，包括用于退休金的提供（includes applied towards the provision of a pension）。

与某RSA有关的供款，其含义与1997年《退休储蓄账户法》中的相同。

成本：

（a）就受监管的退休金基金而言，被认可的存款基金或RSA包括：

（ⅰ）交易成本；以及

（ⅱ）政府收费；以及

（ⅲ）税费（taxes and duties）；以及

（ⅳ）与基金资产或RSA资产（视情况而定）的管理或投资有关的费用；或者

（b）在任何其他情况下，包括根据法规（the regulations）就本段（this paragraph）而言被视为成本的任何费用（anything）。

合格的退休金计划是指下列任何一项：

（a）受管制的退休金基金；

（b）被认可的存款基金；

（c）RSA；

（d）公共部门退休金计划。

家庭法付款分割是指根据1975年《家庭法》第8B部分进行的付款分割。

成员：

（a）就受管制的退休金基金而言，指该基金的成员；或者

（b）就被认可的存款基金而言，指该基金的存款人；或者

（c）就RSA而言，指该RSA的持有人；或者

（d）就公共部门退休金计划而言，具有法规所赋予的含义。

养老金包括：

（a）根据1993年《退休金行业（监管）法》第10（1）款中为定义养老金而制定的法规，由该基金所提供的福利（a benefit），如果该福利被视为该法所指的养老金的（if the benefit is taken. . . to be a pension for the purposes of this definition）；以及

（b）公共部门退休金计划根据法规所提供的福利，如果该福利被视为本定义的养老金的。

公共部门退休金计划的含义与1993年《退休金行业（监管）法》中的相同，但不包括受监管的退休金基金。

被监管的退休金基金的含义与1993年《退休金行业（监管）法》中的相同。

RSA提供方的含义与1997年《退休储蓄账户法》中的相同。

方案是指：

（a）任何协议、安排、谅解、承诺或保证，不论明示或默示，亦不论是否可借法律程序被强制执行或意图被强制执行（intended to be enforceable）；以及

（b）任何安排、计划、提议、行动（action）、行动方式或行为方式（course of action or course of conduct），不论是单方面的还是非单方面的（whether unilateral or otherwise）。

退休金账户冻结通知是指第128E条所规定的通知。

退休金权益是指合格的退休金计划中的权益，但不包括将来应享有的权益（a reversionary interest，归复权益、将来权益、未来可继承利益）。

受托人，就合格的退休金计划而言，是指：

（a）如该计划是一项基金，而该基金有一名受托人（在该词的一般含义内），则为该计划的受托人；或者

（b）如果该计划是一个RSA，则为RSA的提供方；或者

（c）如果：

（ⅰ）上述均不适用；以及

（ⅱ）就本定义而言，任何人按照法规已被确定为该计划的受托人；

根据法规所确定的人员；或者

（d）在任何其他情况下，指管理该计划的人（the person who manages the plan）。

如果并非该合格的退休金计划受托人的人仍有权向该计划的成员付款，则本小节中提及的该计划的受托人包括该人（then references in this Subdivision to the trustee of the plan include references to that person）。

提取福利（withdrawal benefit）：

（a）就受管制的退休金基金或被认可的存款基金而言，该词（提取福利）具有与1994年《退休金行业（监管）规则》中相同的含义；或者

（b）就RSA而言，该词具有与1997年《退休储蓄账户规则》中相同的含义；或者

（c）就公共部门退休金计划而言，该词具有法规所赋予的含义。

第4节　财产变现

129 受托人接管破产人的财产

（1）受托人须立即接管破产人所有可实际交付（capable of manual delivery）的财产，包括破产人的所有契据、账簿及文件（deeds，books and documents）。

（2）法院可应受托人的申请，强制占有相应财产。

（3）就受托人而言，任何人无权扣留破产人的账簿或任何与该账簿或与破产人的任何可审查事务有关的凭据或文件（papers or documents），亦无权就该凭据或文件主张任何留置权（claim any lien）。

（4）任何人如占有根据法律他或她无权针对破产人或受托人保留的任何款项或担保，则他或她须将该款项或担保支付或者交付给受托人。

（4A）如果：

（a）根据联邦、某州或领地的法律，应向某人支付款项；

（b）该人是破产人，或该款项须支付给在他或她去世时是破产人的法定个人代表的人；以及

（c）该款项是可在破产人或已故破产人（视情况而定）的债权人之间分割的财产；

即使该法律有任何相反的规定，若受托人请求，则该款项须支付给受托人。

（4B）根据第（4A）款提出的请求，须按照标准格式提出。

（4C）依照根据第（4A）款提出的请求而支付的款项，在所支付的金额的范围内，视为对作出付款的人针对破产人或已故破产人的财团（视情况而定）付款责任的有效解除。

（5）任何人若不向受托人支付或交付第（4）、（4A）款规定他或她应支付或交付的任何款项或担保的，即属藐视法庭。

（6）如果未支付或交付任何款项或担保的人是公司，则该公司及该公司每名对不遵守规定负有责任的高级管理人员，均构成藐视法庭。

129AA 财产变现期限

（1）本条仅适用于：

（a）在破产人的事务陈述书中披露的财产（现金除外）；以及

（b）破产人在知悉破产人所转移或取得的财产后 14 天内，以书面形式向受托人披露的事后取得的财产（现金除外）。

在本款中，现金包括记入银行账户或类似账户贷方的金额。

（2）如任何该类财产在归还日期前较短时间内（immediately before the revesting time，紧接归还日期前）仍归属于受托人的，则该等财产在归还时，依据本条的效力而归属于破产人。

（3）最初，财产的归还时间为：

（a）就事务陈述书所披露的财产而言，自破产人从破产中被免责 6 周年之后开始计算；以及

（b）就破产人从破产中被免责前所披露的事后取得的财产而言，自破产人从破产中被免责 6 周年之后开始计算；以及

（c）就破产人从破产中被免责后所披露的事后取得的财产而言，自破产人向受托人披露该财产之日起 6 周年之后开始计算。

（4）如果受托人在归还时间前，向破产人发出书面通知（延期通知），提出一个适用于某财产的推后归还的时间，则该推后的时间成为该财产的归还时间。

（5）受托人可发出的延期通知的次数（不论是一般发出还是就个别财产所发出的）并无限制。

（6）延期通知中规定的时间必须是：

（a）一段确定的时间，且该段时间不长于目前归还时间之后的 3 年；或者

（b）以发生某指定事件（例如，终身租客去世）而计算的时间，且不得超过该事件发

生后3年。

（7）根据本条归属于破产人的任何财产，不再受限于第127条。

129A 有资格的法官

（1）法院法官可以通过书面形式由部长根据第（2）款宣布任命。

（2）部长可通过书面形式，宣布根据第（1）款而有效同意（whose consent is in force）的法院法官为本法所规定的有资格的法官。

（3）有资格的法官有权根据第130条发出执行令，与高等法院的法官在高等法院诉讼中享有同样的保护和豁免权。

130 没收与破产人有关的财产的执行令（Warrant，授权令、搜查令、手令）

（1）如果破产财团的受托人有合理理由怀疑在任何场所之上或之内（on or in any premises）有下列财产（本条称为有关财产），受托人可向有资格的法官申请根据第（2）款发出执行令：

（a）破产人的任何财产；

（b）可与破产人的可审查事务有关的财产；或者

（c）与破产人的任何可审查事务有关的账簿（包括破产人的关联实体的账簿）。

（2）法官在接到根据第（1）款所提出的申请后，可发出执行令，授权警员及执行令中指名的任何其他人员：

（a）占据或进入（enter on or into）该场所，并基于此目的而使用在有关情况下合理的武力；

（b）在该场所内搜查有关财产；

（c）在该场所或该场所内打开任何相关物品，如橱柜、抽屉、箱子、后备箱、盒子、包裹或其他容器，不论是否上锁，并搜查有关财产；

（d）占有或确保在该场所或场所内所发现的任何有关财产不受干扰（secure against interference）；以及

（e）将根据执行令取得占有权的任何财产交付受托人或受托人书面授权的人。

（3）有资格的法官不得根据第（2）款发出执行令，除非：

（a）已向法官提交宣誓书，列明请求发出执行令的理由；

（b）申请执行令的人（或其他人）已以口头或宣誓书向法官提供了法官所要求的关于申请执行令的理由的进一步信息（如有的话）；以及

（c）法官确信有合理理由发出该执行令。

（4）如果有资格的法官根据第（2）款发出执行令，他或她须在按照第（3）款提交的宣誓书上列明：

（a）宣誓书所指定的理由；以及

（b）其他理由（如有的话）；

即其赖以证明签发执行令的正当性。

（5）根据本条发出的执行令须：

（a）说明是否授权在白天或夜晚的任何时间（at any time of the day or night）或者白天或夜晚的指定时间（during specified hours of the day or night）内进入；以及

（b）指定执行令失效的日期，但不得迟于执行令发出之日起7天后。

（6）如果某人是根据本条占有财产或确保财产免受干扰的，则该人无权针对受托人主张对财产的留置权，但该留置权不受其他损害。

（7）如果某人（首述之人）根据本条占有账簿，或确保账簿免受干扰，则该人或根据第（2）（e）款而获得交付账簿的任何其他人（次述之人）：

（a）可复制或摘录该等账簿；

（b）可请求曾参与编撰该等账簿的人，尽其所知及所信，就编撰该等账簿或与该等账簿有关的事宜作出解释；

（c）可保留对该等账簿的占有，保留期为受托人或代表受托人查阅该等账簿以及制备或取得该等账簿的副本或者摘录所必需的期间；以及

（d）在该段期间内，任何人如有权查阅任何该等账簿中的一本或多本，而该等账簿并非由首述之人或另一人占有，则须准许该（任何）人在任何合理时间查阅其有权查阅的该等账簿。

（8）本条所赋予的权力，是对法律所赋予的任何其他权力的补充，而非减损（are in addition to，and not in derogation of，any other powers conferred by law）。

132 财产的归属和转让

（1）除本条及第158条另有规定外，凡受托人是由债权人委任的，破产人的财产即转移至及归属于（passes to and vests in）在该项委任生效当日受如此委任的受托人。

（2）在符合本条的规定下，破产人的财产由受托人转移至受托人（the property of the bankrupt passes from trustee to trustee），[①] 并在受托人继续任职期间，或在官方受托人的任期内（当官方受托人为受托人时）归属于受托人，而无须任何转易、让与或转让（conveyance，assignment or transfer）。

（3）凡联邦、某州或领地的法律规定财产的转让须进行登记，并使受托人可以通过登记而为任何该等财产的所有者，且该等财产是破产人财产的一部分的，尽管可凭借本条赋予受托人权益，但在符合该法律的规定之前，该等财产不得依法归属于受托人（notwithstanding that it vests in equity in the trustee by virtue of this section，does not vest in the trustee at law until the requirements of that law have been complied with）。

133 负义务的财产（onerous property）的放弃申明（disclaimer）

（1AA）如果破产财产的任何部分包括：

（a）被负义务契约（onerous covenants）所约束的属于任何保有形式的土地（land of any tenure）；或者

---

① 译者注：如果法条原文的表述没有错误的话，"财产由受托人转移至受托人"应该是指财产在不同受托人之间交接的时候，并不需要任何手续。

（b）不可出售或不易出售的财产（包括土地）；

则适用第（1）款。

（1AB）当：

（a）破产财产的任何部分由既非土地又非土地权益（being neither land nor an interest in land）的财产组成；以及

（b）可以合理地预期，受托人在变现财产时产生的成本、费用和开支将超过该财产的变现所得；

则适用第（1）款。

（1）在符合本条的规定下，即使受托人已尽力出售或已接管该财产，或已就该财产行使任何所有权，尽管如此，如果属于联邦、某州或领地的法律规定须通过登记而转让的财产，而他或她没有成为该财产的登记所有人（the registered owner），则在任何时候，可通过他或她签署的书面文件，放弃该财产（disclaim the property）。

（1A）在符合本条的规定下，受托人可随时凭借其所签署的书面文件，放弃构成破产财产一部分的任何合同（any contract），不论受托人是否曾努力转让该财产或就该财产行使任何权利。

（2）根据第（1）、（1A）款作出的放弃声明，其作用是立即决定（operates to determine forthwith）破产人及其财产在该被放弃的财产中或就该被放弃财产而拥有的权利、权益及法律责任（the rights，interests and liabilities of the bankrupt and his or her property in or in respect of the property disclaimed），并免除受托人自该财产归属于受托人之日起就该财产所承担的一切个人责任，但除为解除（releasing）破产人及其财产及受托人的法律责任而确有需要外，不影响任何其他人的权利或责任。

（3）如果受托人放弃财产，而根据联邦、某州或领地的法律，该财产的转让必须进行登记，则受托人必须在可行范围内尽快将该放弃行为通知承担转让登记职责的官员。

（4）未经法院许可，受托人无权放弃租约（disclaim a lease），除非：

（a）受托人已向出租人发出书面通知，如果破产人已将租出财产的全部或任何部分转租（has sub－let the whole or any part of the leased property），或者已将该租约按揭，则须向各转租人或按揭权人（each sub－lessee or mortgagee）发出书面通知，说明其放弃租约的意向；以及

（b）受托人已向某人发出上述通知，而该人在通知发出后28天内，没有向受托人发出书面通知，请求受托人向法院申请许可，以放弃该租约。

（5）法院可就根据本条提出的放弃租约许可的申请，作出法院认为公正和公平的下列决定：

（a）施加条款作为批准该许可的条件（impose such terms as a condition of granting the leave）；以及

（b）就租约所产生的固定设施、改善及其他事宜（fixtures，improvements and other matters arising out of the lease）作出命令。

（5A）未经法院许可，受托人无权放弃任何合同［无利可图的合同除外（other than an unprofitable contract）］。

（5B）法院可就根据本条提出的放弃合同许可的申请，作出法院认为公正和公平的下列决定：

（a）施加条款作为批准该许可的条件；以及

（b）就合同所产生的事宜作出此类命令。

（6）当：

（a）对财产有利害关系的人已向受托人提出书面申请，请求受托人决定是否放弃该财产；以及

（b）受托人在收到申请后 28 天内，或在法院允许的延长期间内，拒绝或忽略放弃该财产（declined or neglected to disclaim the property）；

受托人无权根据本条放弃财产（当有合同时），而他或她须被视为已遵守该合同。

（7）法院可应与破产人签订的合同的受益人或负担人（作为受托人之对方）的申请，就因不履行合同而由任何一方付出或付给任何一方的损害赔偿金的条款，作出撤销该合同的命令，或法院认为公正和公平的其他命令。①

（8）如此支付的损害赔偿金，可在破产中被证明为债务。

（9）法院可应任何人（该人就放弃的财产主张权益或者负有本法未免除之责任）的申请，并在听取法院认为适当的人的意见后，按照法院认为公正和公平的条款作出命令，将该财产归属于或将该财产交付给有权享有该财产的人，或者应归属于或交付给的人（it should be vested or delivered），或该人的受托人。

（10）除第（11）款另有规定外，凡根据第（9）款作出将财产归属于某人的命令，该命令指定的财产无须任何转易、让与或转让，随即归属于该命令所指定的人。

（11）当：

（a）该命令所涉及的财产，是联邦、某州或领地的法律规定须经过登记才能转让的财产；以及

（b）该法律使该命令可被登记；

尽管该财产以权益形式归属于命令所指定的人，但在该法律的规定得到遵守之前，该财产在法律上并不归属于该人。

（12）若某人的权利因根据本条作出的免责声明而遭受侵犯，该人可作为破产人的债权人，在他或她因该免责声明而遭受损失的范围内，证明其损失为破产中的债权。

---

① 译者注：此条不长，但歧义丛生，极其难以翻译，此处是译者认为最为合理的译法，但不保证正确，特全文摘录，以飨读者。“The Court may, on the application of a person who is, as against the trustee, entitled to the benefit or subject to the burden of a contract made with the bankrupt, make an order rescinding the contract on such terms as to payment by or to either party of damages for the non – performance of the contract, or otherwise, as the Court considers just and equitable.”

（13）在本条中：

按揭（mortgage）包括抵押（charge）。

按揭权人包括有权享有抵押利益的人（mortgagee includes the person entitled to the benefit of a charge）。

134 受托人可酌情行使（exercisable at discretion）的权力

（1）根据本法，受托人可作出下列全部或任何事项：

（a）出售破产人的全部或部分财产；

（aa）在没有条款或条件（without terms or conditions）的情况下，或在符合条款和条件的情况下，接受一笔在未来某一时间须支付的款项，以作为出售破产人任何财产的代价或部分代价（as the consideration or part of the consideration）；

（ab）出租破产人的任何财产；

（ac）按其现有形式和估值，将因其特殊性质或其他特殊情况而不能轻易或有利地出售的（cannot readily or advantageously be sold）财产分配给债权人；

（b）为债权人的利益，在处置或清算（dispose of it or wind it up）破产人业务所需的范围内经营破产人的业务；

（c）推迟破产财团的清算；

（d）证明任何欠破产人的债务；

（da）将破产人的任何财产按揭或抵押，以筹集款项支付在破产案件中可证明的债权；

（e）让步于（compromise）破产人主张的任何债权（any debt claimed to be due to the bankrupt）或破产人的任何请求；

（f）就破产中可证明或声称可证明的债权，与债权人或声称是债权人的人达成和解（make a compromise）；

（g）就因管理破产人的财团而产生的任何请求作出和解，不论该请求是由受托人提出还是向受托人提出的；

（h）处理破产人作为承租人而享有实益权利（is beneficially entitled）的财产，其方式与破产人并非破产人时处理该财产的方式相同；

（i）就破产人的财团管理或者破产人的行为或事务，取得他或她认为适当的意见或协助；

（ia）将任何争议提交仲裁；

（j）提起、启动或抗辩（bring，institute or defend）与破产财团管理有关的任何诉讼或其他法律程序；

（k）执行授权书、契约或其他文书所赋予的权力（execute powers of attorney，deeds or other instruments），以使本法的规定生效；以及

（m）雇用破产人：

（ⅰ）监督（superintend）破产人全部或部分财产的管理；

（ⅱ）为破产人的债权人的利益而继续破产人的经营或业务；或者

（ⅲ）以任何其他方式协助管理破产人的财产；

考虑到破产人的服务，并从破产人的财团中支付给破产人该受托人认为合理的津贴；

（ma）从破产财团中向破产人、破产人的配偶或事实伴侣或者破产人的家庭支付他或她认为公正的（just）补助；

[按语：另见第5（6）款。]

（n）监督破产人全部或部分财产的经营；

（o）以任何其他方式管理破产人的财产。

（1A）法院可应利害关系人的申请，扣减依据第（1）（m）项支付给破产人的津贴。

（3）在符合本法的规定下，受托人可自行决定破产财团的管理。

136 偿还按揭贷款（mortgages）的权利

（1）破产人的财产设置了按揭时，受托人可向按揭权人发出6个月的书面通知（6 months'notice in writing），说明他或她的意向，或在支付6个月的利息以代替通知（in lieu of notice）后，请求按揭权人解除（discharge）该按揭。即使按揭所欠款项的付款时间尚未到来，在按揭权担保的款项一经交付和（如适用）以利息代替通知后，按揭权人有义务签署付款所需的文件（the mortgagee is bound to execute such documents as are necessary in consequence of the payment）。

（2）第（1）款赋予受托人的权利，在按揭文书或某州或者领地的法律赋予按揭权人的到期日之前，是对偿还按揭所担保的全部或部分款项的任何权利的补充（are in addition to any rights to pay off the whole or part of the moneys secured by the mortgage before the due time conferred on the mortgagor by the mortgage instrument or by a law of a State or Territory）。

137 受托人检查作为担保的货物的权利

（1）如果破产人的货物是由任何人以担保方式持有的，受托人可在发出书面通知，说明其意图后，检查该等货物。

（2）根据第（1）款发出的通知，持有货物之人在他或她给受托人合理的检查货物的机会并适当地行使他或她的赎回权之前，无权实现他或她的担保。

（3）本条并不影响真正的有偿购买者的权利或所有权（the rights or title of a bona fide purchaser for value），该购买者购买以担保方式持有的货物或订立该等货物的购买协议，而无须注意（without notice）其购买货物或与之订立货物购买协议的人（交易或拟交易的对方）已收到根据本条所发出的通知的事实。

138 受托人在著作权、专利权等方面的权力限制

（1）当：

（a）破产人的财产包括与工业产权（industrial property）相关的权利；以及

（b）破产人有责任就该等权利向任何人支付特许权使用费（royalties）或利润分成；

受托人无权：

（c）行使该等权利，除非他或她向该人支付破产人本应支付的特许权使用费或利润分成；或者

（d）未经该人或法院同意，将该等权利转让或移转，或就该等权利授予任何执照或许

可，但有条款规定以不低于破产人有法律责任支付的比例，以特许权使用费或利润分成方式向该人付款的情况除外。

（2）在本条中，

工业产权是指：

（a）任何作品的版权；

（b）某项发明的专利；

（c）注册商标；或者

（d）注册外观设计中的版权。

注册外观设计是指根据联邦有关工业外观设计的法律所注册的外观设计。

注册商标是指根据联邦有关商标的法律所注册的商标。

139 在某些情况下保护受托人不承担个人责任

（1）当：

（a）受托人已扣押或处分由破产人占有或在破产人的场所内的任何物

品，而未曾注意到任何人就该等物品的任何主张；以及

（b）在破产之日，这些物品已不是破产人的财产；

受托人对扣押或处分所造成的任何损失或者损害（any loss or damage），或因扣押或者处分而发生的诉讼费用，均不负个人责任，除非受理请求的法院认为受托人在扣押或处分方面有过失。

（2）受托人对由于联邦或某州或者领地的法律或根据该法律对构成或者关于破产人财团一部分的财产所征收的任何地方税、土地税或市政或者其他法定收费（any rates，land tax or municipal or other statutory charges），无须承担个人责任。前述税费等是指在破产日期当日或之后到期的地方税、土地税或市政或者其他法定费用，但受托人在破产日期当日或之后就该财产收取的租金和利润除外（如有）。

（3）破产财团的受托人继续从事破产人之前的经营时，他或她对破产人负有法律责任的有关长期服务假或延长假期的任何付款（for any payment in respect oflong service leave or extended leave）不负个人责任，对他或她以破产财团受托人（或该人的法定代理人）的身份所雇用之人所负有法律责任的有关任何长期服务假或延长假期在破产之日后有权享有的任何付款，也不负个人责任。

（4）本条不影响破产财团受托人个人责任之外的任何法律责任。

第4A节　与受破产人控制或破产人从中受益的实体的财产有关的命令

139A 受托人可向法院申请

破产财团的受托人可以在破产日后6年内的任何时间向法院申请在本节下与某实体（an entity）有关的命令（本节中称为被诉实体）。

139B 向被诉实体送达的申请

第139A条下的申请人：

（a）应将申请送达该被诉实体；以及

（b）可将申请送达任何其他人或实体。

139C 可能出席听证的人

在就根据第139A条提出的申请进行听证时：

（a）被诉实体可以；以及

（b）任何其他人或实体可在法院许可下；

出庭作证并提交材料。

139CA 可审查期（examinable period）的定义

（1）就本节而言，可审查期为：

（a）如申请对破产人的关联实体作出命令，该期间从下列时间开始：

（ⅰ）如破产人在破产开始前5年起算的1年期间内一次或多次（at a time or times during the period of 1 year beginning 5 years before the commencement of the bankruptcy）变得无力偿债，则从该次或其中首次的时间（视情况而定）开始；或者

（ⅱ）在任何其他情况下，从破产启动4年前开始；

并在提出申请之日终止；或者

（b）在任何其他情况下，该期间从下列时间开始：

（ⅰ）如破产人在破产开始前5年起算的3年期间内一次或多次变得无力偿债，则从该次或其中首次的时间（视情况而定）开始；或者

（ⅱ）在任何其他情况下，从破产启动2年前开始；

并在提出申请的当天终止。

（2）就第（1）（a）（ⅰ）、（b）（ⅰ）目而言，如果确定破产人有下列行为，则由此产生了一个可反驳的假设，破产人在相关目所指的期间内已无力偿债：

（a）在该时间段内，没有就转让人（the transferor）所经营的业务备存常见且合适的账簿、账目及记录，也没有充分披露转让人的业务往来及财务状况；或者

（b）曾备存该等账簿、账目及记录，但没有保存好。

139D 关于自然人以外的实体（entity other than a natural person）的财产的命令

（1）在根据第139A条提出的关于与自然人以外的答辩实体（a respondent entity，被告实体）有关的命令的申请中，如果法院确信：

（a）破产人在可审查期间及破产结束前，一次或多次向答辩实体或为答辩实体或者代表其提供个人服务（supplied personal services to，or for or on behalf of），而破产人在该期间控制了提供该等服务的该实体；

（b）以下两者之一：

（ⅰ）破产人没有因该服务而收取金钱或其他财产的报酬；或者

（ⅱ）破产人因该服务而收取的金钱或其他财产报酬，其数额或价值远低于在类似情

况下与该实体进行公平交易提供服务的人可合理地预期收取的报酬；以及

（c）在可审查期内，该实体直接或间接因破产人提供这些服务（或其中的事项）而取得了特定财产中的产业权（during the examinable period, the entity acquired an estate in particular property as a direct or indirect result of, or of matters including, the supply by the bankrupt of those service）;

（d）在可审查期间内一次或多次，破产人在控制与该财产有关的实体时，使用该财产或从该财产处（不论是直接或间接）获得利益；以及

（e）该实体在该财产中仍有产业权；

则第（2）、（3）款有效，不论破产人是否曾在该财产中拥有产业权。

（2）法院可借命令赋予申请人：

（a）该实体的全部或部分财产中的产业权；或者

（b）该财产的全部或某特定部分中的特定产业权，而该产业权可凭借该实体在该财产中的产业权，由该实体或代表其如此赋予。

（3）法院可作出命令，指示：

（a）文书的执行；

（b）出示所有权文件；或者

（c）作出任何其他行为或事项；

以使根据本条就该项申请所作出的命令得以生效。

139DA 关于自然人财产的命令

回应根据第139A条就属于自然人的答辩实体发出命令的申请时，如果法院确信：

（a）在可审查期内，该实体因破产人在该期间所作的资金支援（financial contributions）而直接或间接取得了特定财产中的产业权；以及

（b）在可审查期内一次或多次，破产人使用该财产或从该财产处（不论是直接或间接）获得利益；以及

（c）该实体仍拥有该财产中的产业权；

法院可作出第139D（2）、（3）款所提及的命令，不论破产人是否曾在该财产中拥有产业权。

139E 关于自然人以外的实体的资产净值（net worth）的命令

（1）凡在收到根据第139A条提出的就自然人以外的答辩实体作出命令的申请后，如果法院确信：

（a）破产人在可审查期间及破产结束前，一次或多次向答辩实体或为答辩实体或者代表答辩实体提供个人服务，而破产人在该期间控制了提供该等服务的该实体；

（b）以下两者之一：

（ⅰ）破产人没有因该服务收取金钱或其他财产的报酬；或者

（ⅱ）破产人因该服务而收取的金钱或其他财产报酬，其数额或价值远低于在类似情况下与该实体进行公平交易（at arm’s length，不亲近，指公平、无偏私的交易）提供服务

的人可合理地预期收取的报酬；以及

（c）如果没有提供这些服务的话，该实体在可审查期内某一特定时间（最后提到的时间）的资产净值，较大数额地超过了该实体在最后提到的时间可合理预期的资产净值；

则第（2）款有效。

（2）法院可借命令指示：

（a）如果该实体是合伙企业，则该合伙企业的1名或多名合伙人；或者

（b）在任何其他情况下，该实体；

向申请人支付不超过（1）（c）项所提及的指定金额。

139EA 关于自然人财产增值的命令

回应根据第139A条就自然人答辩实体作出命令的申请时，如果法院确信：

（a）在可审查期内，该实体在某项财产中的权益的价值因破产人在该期间的资金支援而直接或间接地增加了；以及

（b）破产人在可审查期内一次或多次使用该财产或从该财产处（不论是直接或间接）获得利益；

法院可借命令指示该实体向申请人支付一笔指定金额，但不得超过该实体因破产人的资金支援而在该财产中增加的权益价值金额。

139F 法院对于他人利益的考虑

（1）在考虑是否根据第139D、139DA条就答辩实体拥有产业权的财产作出特别命令时，法院应考虑：

（a）任何其他人或实体在该财产中拥有的任何不动产的性质和范围，以及该命令可能给该人或实体造成的任何困难（hardship）；以及

（b）答辩实体的当前净资产以及该命令可能给该答辩实体的债权人造成的任何困难。

（2）法院在考虑是否根据第139E、139EA条作出某项命令时，须考虑答辩实体的现时净值（respondent entity's current net worth）及该项命令是否可能给该实体的债权人造成的任何困难。

139G 执行本节的命令

（1）当：

（a）法院根据第139D、139DA条作出命令，将财产中的产业权归属于某人；以及

（b）联邦、某州或某领地的法律请求设立、转移或转让该财产中的产业权须进行登记的；

该产业权凭借该命令依据衡平法而归属于该人（that estate vests in equity in the person by virtue of the order），但在以上法律获遵守前，该产业权依法（at law）尚不归属于该人。

（2）若法院根据第139D、139DA条作出命令，指示某文书的执行，而：

（a）某人拒绝或没有遵守该指示；或者

（b）由于任何其他理由，法院认为有必要根据本款行使其权力；

法院可借命令委任书记员：

（c）以某人的名义签署该文书；以及

（d）为使文书生效而作出一切必要的行为和事项（all acts and things necessary）。

（3）法院根据第139E、139EA条作出的命令是可执行的，犹如该命令是法院在行使本法以外的司法管辖权时（when exercising jurisdiction otherwise than under this Act）作出的付款命令。

139H 有权申请破产的实体

（1）凡法院回应根据第139A条所提出的申请，依第139D、139DA条作出命令，将财产中的产业权授予申请人，或根据第139E、139EA条作出命令，指示向申请人支付列明的金额，则答辩实体可就该财产以作出命令时的价值或就列明的金额（视情况而定）请求在破产案件中获得分配（may claim for dividend in the bankruptcy）。

（2）根据第（1）款所提出的请求，须延长至其他债权人的所有请求［包括对破产日后一段期间的有息债项（interest - bearing debts）而提出的利息的请求，但不包括根据第120（4）款所提出的请求］获清偿。

第4B节　破产人供款和财产追回

第A小节　导言（Preliminary）

139J 本节目标

本节的目标是：

（a）请求在破产期间获得收入的破产人向破产财团支付供款（to pay contributions towards the bankrupt's estate，指将其收入算入破产财团）；以及

（b）允许为破产财团的利益而追回某些款项及财产。

第B小节　解　　释

139K 定义

在本节中，除非出现相反的意思表示，则：

实际收入起征点金额（actual income threshold amount），在就供款评估期（a contribution assessment period）进行评估时是指：

（a）如破产人当时并无任何受养人（any dependants），[①] 则为基本（base）收入起征点金额；或者

（b）如破产人当时有1名受养人，则基本收入起征点金额增加18%；或者

（c）如破产人当时有2名受养人，则基本收入起征点金额增加27%；或者

---

① 译者注：dependants就是中国法律上所说的受抚养人、受赡养人、受扶养人的总称，为了简练且没有偏废，本译稿生造“受养人”这样一个统称，比“靠他人生活者”或者“家属”似乎更加准确且简练。

（d）如破产人当时有3名受养人，则基本收入起征点金额增加32%；或者

（e）如破产人当时有4名受养人，则基本收入起征点金额增加34%；或者

（f）如破产人当时有多于4名受养人，则基本收入起征点金额增加36%。

评估，就供款评估期而言，指该期的原评估或其后的评估（the original assessment or a subsequent assessment in respect of that period）。

基本收入起征点金额，在对供款评估期进行评估时是指：

（a）对于1年的供款评估期，即为1991年《社会保障法》表B第2项第3栏（第1064 - B1点）养老金费率计算器A（Pension Rate Calculator A）中当时所规定金额的3.5倍；或者

（b）对于不足1年的供款评估期，即为根据该期间的整天数按比例减少的金额（a proportionally smaller amount based on the number of whole days in the period）。

就破产人而言，供款评估期是指：

（a）从破产人成为破产人之日或破产期间每周年的破产日期之日（an anniversary of that day during the bankruptcy，破产的周年日）开始；以及

（b）在破产当日或其周年日（视情况而定）后一年终结，如破产人在该年内被免责或其破产被宣告无效的，则在免责或宣告破产无效时终结。

就破产人而言，在供款评估期内，受养人是指符合下列所有条件的人：

（a）该人与破产人同住；

（b）该人完全或部分依赖破产人提供经济支持；

（c）该人在供款评估期内取得（或可能取得）的收入，不超过基于本项之目的由法规规定的金额。

就本定义而言，收入具有其一般含义。

取得的指从澳大利亚境内或境外的任何来源所获得、取得或接收（earned，derived or received）的（收入）。

与破产人有关的收入，具有第139L条所赋予的含义。

所得税包括医疗保险税（Medicare levy）。

就供款评估期而言，原评估指受托人根据第139W（1）款就该期间作出的评估。

就破产人而言，配偶包括破产人的事实伴侣（a de facto partner）。

就供款评估期而言，其后的评估指受托人根据第139W（2）款就该期间所作出的评估。

就通知书所提及的财产而言，价值指发出通知书时该财产相应的市值。

第C小节　收　　入

139L 收入的含义

（1）在本节中，

与破产人有关的收入具有一般含义，但须符合下列条件：

（a）下列是与破产人有关的收入（不论是否属于“收入”的一般含义）：

（ⅰ）由公积金（provident）、福利金（benefit）、养老金（superannuation）、退休金（retirement）或被认可的存款基金支付给破产人的年金（annuity）或者抚恤金（pension，通常泛指退休金）；

（ⅰa）由某 RSA 向破产人支付的年金或抚恤金；

（ⅱ）因任何职位或雇佣关系的终止而付给破产人的款项；

（ⅲ）破产人根据人寿保险或养老保险的保单（a policy of life insurance or endowment）而收取的年金或抚恤金金额；

（ⅳ）破产人作为信托受益人而收取的金额，在该金额由信托收益支付的范围内；

（ⅴ）利益的价值：

（A）在任何情况下由任何人（提供方）提供给破产人；以及

（B）是 1992 年 7 月 1 日开始生效的 1986 年《附加福利税评估法》所指的福利［但基于该法的目的而属豁免利益（an exempt benefit）的除外，如果该等利益的提供者是破产人作为雇员的雇主，且该等利益是提供人就破产人的雇用而提供的］；

则指根据该法的规定计算出的价值，但要服从依本法所制定的法规对该法任何规定所进行的任何修改（but subject to any modifications of any provisions of that Act made by the regulations under this Act）；

（ⅵ）破产人的关联实体向破产人提供的贷款的价值，包括：

（A）贷款，其款项并非根据该贷款支付给破产人，而是应破产人的指示而支付或使用的；以及

（B）法律或衡平法上不可强制执行的贷款；

（ⅶ）破产人以外的人（首述之人）因破产人所做的工作或所提供的服务而从另一人处收取的任何款项或者任何其他对价的价值，减去首述之人与该工作或服务相关的必要费用（资本性质的费用除外）；

（b）下列并非与破产人有关的收入（即使它们属于“收入”的一般含义）：

（ⅰ）付给破产人的金额：

（A）根据 1988 年《儿童抚养（登记和托收）法》设立的儿童抚养账户；或者

（B）来自另一来源，用于抚养破产人所监护的子女；或者

（ⅳ）根据下列规定对破产人的付款：

（A）根据联邦或某州或者领地的法律设立的法律援助计划或服务（a legal aid scheme or service）；或者

（B）检察长基于《澳大利亚联邦法院条例》第 2（4）（a）项的目的所批准的法律援助计划或服务；或者

（C）为向低收入者提供援助而设立的任何其他法律援助计划或服务；

（ⅴ）法规所规定的付款或金额，并非破产人的收入。

抚恤金包括 1993 年《养老金行业（监管）法》所指的抚恤金。

（2）为将第（1）款中收入的定义适用于第HA小节，该定义中所指的破产人包括已免责的破产人。

（按语：第HA小节论述受监管账户制度。）

139M 收入的取得（derivation of income）

（1）就本节而言，如因下列原因收入并非由破产人实际收取的（received），该收入仍被视为是由破产人取得的（derived）：

（a）根据联邦、某州或领地的法律，从该收入中扣除（或该收入全部或者部分以其他方式被使用）的金额；或者

（b）该收入被再投资、累积或资本化；或者

（c）代表破产人或按破产人指示处理该收入。

（2）在本节中，凡提及破产人在供款评估期内可能取得的收入，均包括破产人在该期内已取得的收入。

（3）在本节中，凡提及破产人在供款评估期内所得的收入，均包括破产人在该期间之前所作的工作或所提供的服务所得的收入，或包括破产人在该期间之后所作的工作或者所提供的服务所得的收入。

139N 因所得税支付、退税和儿童抚养费而改变的收入

（1）破产人在供款评估期内可能取得或曾经取得的收入：

（a）要被减去：

（ⅰ）破产人在该期间就所得税而缴付或可能须缴付、或已缴付或者曾有义务缴付（视情况而定）的任何金额（但不包括与某可证明的债务有关的金额）；以及

（ⅲ）如破产人在该期间内，依照根据1975年《家庭法》订立的抚养协议或根据抚养令，支付或可能有义务支付、已支付或曾有义务支付（视情况而定）一笔抚养子女的款项金额，但该金额不得超过（如无该项协议或命令）破产人可在该期间或本可在该期间根据1989年《儿童抚养（评估）法》就儿童抚养须支付的最高金额；以及

（b）被视为增加破产人在该期间作为所得税退税（a refund，退款）而收取或可能收取、已收取或曾有权收取（视情况而定）的任何金额。

（2）第（1）（b）项所指的退税，如与在破产日期前终结的收入年度有关（if it relates to a year of income that ended before the date of the bankruptcy），则不予考虑。

（3）如果退税涉及在破产日期之前开始但在破产日期之后结束的收入年度，则该退税款之中，仅有可归因于破产日期之后收入年度的那一部分（only to the extent that the refund is attributable to the part of the year of income after the date of bankruptcy），可根据第（1）（b）项予以考虑。为此，退款金额须按时间进行分摊（the refund is apportioned on a time basis）。

第D小节　破产人缴付供款的责任

139P 破产人缴付供款的责任

（1）根据第139Q条，如果破产人在受托人根据原始评估所评估的供款评估期内可能

取得的收入，超过作出该项评估时适用于破产人的实际收入起算金额的，破产人有责任就该期间向受托人缴付供款。

（2）根据第139Q条，如果破产人在受托人根据原始评估所评估的供款评估期内可能取得的收入，不超过作出该项评估时适用于破产人的实际收入起算金额的，破产人无须承担责任。但如果他或她有此意愿，可就该期间向受托人缴付一笔供款。

139Q 破产人责任的变更

（1）如某破产人在受托人根据其后的评估而评估的供款评估期内可能取得或已取得的收入，超过了在其后的评估作出时适用于破产人的实际收入起算金额的（If the income that a bankrupt is likely to derive, or derived, during a contribution assessment period as assessed by the trustee under a subsequent assessment exceeds the actual income threshold amount applicable in relation to the bankrupt），破产人有责任就该期间向受托人缴付供款。

（2）破产人根据第（1）款就供款评估期所负的责任，取代（is in substitution for）破产人根据第139P（1）款或根据本条第（1）款的任何先前的适用而就该期所负的责任（under any previous application of subsection（1）of this section），尽管第139P（2）款另有规定而依然有效。

（3）如破产人在受托人根据其后的评估而评估的供款评估期内可能取得或已取得的收入，未超过在其后的评估作出时适用于破产人的实际收入起算金额的，则：

（a）破产人无责任，除非他或她愿意就该收入向受托人缴付供款；以及

（b）破产人根据第139P（1）款或根据本条第（1）款须就该期间缴付供款的任何责任，即告消灭。

139R 不受后续免责影响的责任

破产人根据第139P、139Q条所负的任何责任，在作出导致该责任的评估后（after the making of the assessment that gave rise to the liability），不受其破产免责的影响。

139S 破产人应付的供款

破产人须就供款评估期缴付的供款，为按照下列公式计算的金额：

（被评估的收入－实际收入起算金额）/2

当：

受评估的收入是指受托人评估的破产人在供款评估期内可能取得或已经取得的收入。

实际收入起算金额是指受托人在评估时评估的适用于破产人的实际收入起算金额。

139T 在困难情势下（in cases of hardship）确定更高的收入起算金额

（1）如果：

（a）受托人已对破产人在一段供款评估期内须向受托人缴付的供款作出了评估；以及

（b）破产人认为，如须缴付该笔供款，他或她会因第（2）款所列的一项或多项理由而遭受困难（suffer hardship）；

则破产人可就该段期间，以书面向受托人申请根据本条作出决定。

（2）其理由如下：

（a）破产人或其受养人患有需要持续医疗和药品供应的疾病或残疾病症，破产人须从其收入中支付该医疗或药品费用的相当一部分；

（b）破产人必须从其收入中支付款项，以支付儿童日托费用，使破产人能够继续就业或从事其他工作；

（c）破产人所居住的出租房屋并非出自下列来源：

（ⅰ）联邦、某州或领地；或者

（ⅱ）联邦、某州或领地的某机构；或者

（ⅲ）某地方政府机构；

而破产人须全部或主要由其收入支付该住所的费用；

（d）破产人在往返破产人的工作地点或其他工作地点时，不论是乘公共交通工具或以其他方式，均会造成大额开支；

（e）破产人的配偶或与破产人同住的另一人，通常会分担破产人的家庭维持费用（ordinarily contributes to the costs of maintaining the bankrupt's household），但因失业、疾病或受伤而无力再分担该等费用；

（f）法规规定的其他理由。

（3）受托人不得根据本条作出决定，除非破产人提供令人满意的证据，证明破产人的收入及开支，以及破产人用以支持申请理由的任何其他事由。

（4）受托人必须在切实可行的范围内尽快决定该项申请，无论如何不得迟于收到申请之日后 30 天。

（5）如果受托人在 30 天的期限内没有就该项申请作出决定，则视为受托人在该期限结束时作出了拒绝申请的决定。

（6）当受托人确信破产人如须缴付供款会遭受困难，则受托人可决定，就第 139S 条有关破产人的供款评估期的适用而言，在作出评估时适用于破产人的实际收入起算金额，被视为已增加至受托人所确定的金额。

（7）如受托人不确信破产人如被请求缴付供款会遭受困难，则受托人必须拒绝该项申请。

（8）如受托人根据第（6）款作出决定，受托人必须根据第 139W 条作出使该项决定生效所需的评估。

（9）受托人必须向破产人发出书面通知：

（a）列明受托人对该项申请的决定；以及

（b）指出该项决定所依据的证据或其他材料；以及

（c）给出决定的理由。

（10）通知必须包括一份声明，大意是破产人可以请求检察长复核该决定。

（11）某项决定违反（contravention）第（10）款的，并不影响该项决定的有效性（the validity）。

（12）受托人根据本条作出的决定，可根据第 G 小节予以复核，其方式与受托人作出评估的方式相同。

第 E 小节　向受托人提供信息

139U 破产人提供收入证明

（1）破产人必须在可行范围内尽快（在任何情况下，不得迟于供款评估期结束后 21 天）向受托人提供：

（a）一份陈述：

（ⅰ）列明破产人在该供款评估期内所取得的所有收入的详情；以及

（ⅰa）列明破产人的每名受养人在该供款评估期内所取得的所有收入的详情；以及

（ⅱ）列明破产人在下一个供款评估期内预计将会取得的收入（如有的话）；以及

（ⅲ）列明破产人的每名受养人在下一个供款评估期内预计将会取得的收入（如有的话）；以及

（b）第（a）（ⅰ）目所提及的证明收入来源的账簿，是由破产人占有的或破产人可轻易取得的（can readily obtain）。

刑罚：监禁 6 个月。

（2）破产人在根据第（1）（a）（ⅰ）、（ⅰa）目向受托人作出的陈述中须包含的详情（the particulars），是破产人所知道的全部详情以及破产人可轻易取得的任何详情。

（3）在不限制第（1）（b）项的适用范围的前提下，破产人根据该项须就供款评估期提交给受托人的账簿包括：

（a）破产人从其雇主处收到的一份或多份工资单或其他证明文件（one or more pay slips or other documents），以证明该雇主在该期间向其支付工资或薪水——该文件或其中每一份文件（that document or each of those documents）；以及

（b）破产人所持有的与该期间的全部或部分时间有关的集体证明（a group certificate，团体证书）或支付摘要（payment summary）（1953 年《税务管理法》附表 1 第 16－170 条含义范围内的）的任何副本；以及

（c）某 ADI 或其他金融机构向破产人提供的任何报表，该报表显示了在该期间内定期向破产人（单独或与任何其他人共同）在该机构开立的账户付款；以及

（d）根据 1936 年《所得税评估法》，就包含该期间在内的收入年度（in respect of a year of income in which that period is included）向破产人发出的任何评估通知书；以及

（e）如果破产人根据联邦、某州或领地的法律领取抚恤金、津贴或其他收益，则包括由管理提供该收益的立法或计划的部门或机构发给破产人的任何信件或其他文件（any letter or other document sent or given to the bankrupt by the Department or authority that administers the legislation or scheme under which the benefit is provided）。

139V 受托人要求破产人提供补充证据的权力

如果受托人有合理理由怀疑：

（a）破产人根据第 139U（1）款作出的陈述所载的任何详情，在重要事项上是虚假或有误导性的；或者

（b）该陈述书遗漏了任何重要详情；

则为使受托人能确定陈述书所列明的详情是否正确，受托人可向破产人发出书面通知，规定破产人在不少于 14 天的指定期间内，向受托人提供该通知所列明的信息或账簿。

第 F 小节　收入和供款评估

139W 破产人的收入及供款评估

（1）受托人须在破产人的每个供款评估期开始后，在可行范围内尽快就破产人在该段期间可能取得或曾经取得的收入作出评估，要将作出评估时破产人的实际收入起算金额，以及破产人根据第 139S 条就该期间须缴付的供款（如有的话）考虑在内。

（2）若在任何时间，不论是在供款评估期内还是之后，有下列任何一段或多段所描述的情形：

（a）受托人确信破产人在该期间可能取得或曾经取得的收入，大于或小于上一次就该期间作出的评估（as assessed by the last preceding assessment）所确定的收入金额的；

（b）在就该期间作出上一次评估后及该期间终结前基本收入起算金额增加或减少了的；

（c）受托人确信破产人的受养人的数目在上一次评估作出后以及该期间终结前增加或减少了的；

受托人须就破产人在该期间可能取得或曾经取得的收入，根据作出该项评估时适用于破产人的实际收入起算金额，以及破产人在该期间须缴付的供款（如有的话），重新作出评估。

（3）受托人根据第（2）款所具有的权力，可由其主动或应破产人的请求行使，但除非破产人使受托人确信有合理理由行使该权力，否则受托人无须考虑是否应破产人的请求行使该等权力。

（4）在作出评估后，受托人必须在切实可行的范围内尽快向破产人发出书面通知，列明评估的详情，并告知破产人根据第 139T 条作出更改的可能性。

139WA 评估无时间限制

（1）根据第 139W 条就供款评估期作出的评估［包括第 139W（2）款所提及的新评估］，可在任何时间作出，包括：

（a）供款评估期结束后；或者

（b）破产人被免责后。

（2）为适用第（1）款，本节凡提及破产人，均包括曾是破产人的人。

139X 评估基础

（1）在对破产人可能在供款评估期内取得或曾经取得的收入作出评估时，受托人可参考破产人提供的任何信息或者受托人占有的任何其他信息。

（2）如受托人认为破产人提供的任何信息不正确或可能不正确，受托人可忽略该信

息，并可根据其认为正确的信息作出评估。

139Y 受托人可认为破产人获得了合理的薪酬（reasonable remuneration）

（1）如果：

（a）破产人正从事或曾在供款评估期内被雇用或从事其他工作，或从事与被雇用或者进行的其他工作相似的活动；以及

（b）若破产人没有收到与雇用、工作或活动有关的任何薪酬，或收到的薪酬低于下列薪酬（在本款中称为合理薪酬），则为评估的需要，受托人可判定破产人就该项雇用、工作或活动收取了合理薪酬：

（ⅰ）就雇用而言，如某行业文件（an industrial instrument，行业标准）中规定了该雇用的薪金或工资等费用或最低费用，则可合理地预期破产人可凭借该文件就其雇用收取相应费用；或者

（ⅱ）在任何其他情况下，如从事类似的雇用、工作或活动的某人与其为之进行该项雇用、工作或活动的另一人之间并无关系或其他联系，则可合理地预期该人将会或者已经收到了报酬。

（2）如果：

（a）破产人在供款评估期内将要进行或者已经进行了可合理预期会产生或已产生收入的交易；以及

（b）破产人尚未从该项交易中取得任何收入或没有取得过任何收入，或者将要取得或取得过的收入，少于以公平方式进行交易可合理预期取得的收入（在本款中称为合理收入）；

则为评估的需要，受托人可判定破产人从该项交易中将取得或取得过合理收入。

139Z 如果破产人声称未获收入

（1）如果破产人：

（a）没有提供信息说明他或她是否能在供款评估期内取得或曾经取得收入或某一特定类别的收入；或者

（b）主张在供款评估期内不可能取得或曾经取得任何收入或某一类别收入；

但受托人有合理理由相信破产人在该期间内可能取得或曾经取得收入或某一特定类别的收入，则为评估之目的，受托人可判定破产人在该期间可能取得或曾经取得收入或该特定类别的收入，也可判定该收入的金额。

（3）在不限制受托人为就供款评估期作出第（1）款所述的评估而须考虑之事项的原则下，受托人可考虑破产人在该期间之前从事的任何雇用（employment）、其他工作或其他创收活动，并可判定破产人是否可能在该期间从事或曾经从事类似的雇用、工作或其他创收活动。

第 G 小节　评估的复核（review）

139ZA 内部评估复核

（1）检察长可在下列情形下复核受托人作出的评估决定：

（a）由检察长主动提出；或者

（b）破产人提出请求，且其理由在检察长看来足以证明该复核是合理的。

（2）如果监察员（theOmbudsman）请求，检察长必须复核该决定。

（3）破产人向检察长提出复核某决定的请求必须：

（a）以书面形式作出，并在破产人收到受托人的评估通知之日后的60天内提交给检察长；以及

（b）附有：

（ⅰ）评估通知书的副本；以及

（ⅱ）破产人为支持其请求而作为证明的任何文件。

（5）在收到请求后60天内，检察长必须：

（a）决定是否复核该项决定；以及

（b）如果检察长决定复核该项决定，则应就复核结果作出自己的决定。

139ZC 检察长可要求提供更多信息

（1）为行使本小节规定的权力，检察长可以：

（a）要求破产人以口头或书面形式提供进一步信息，以满足检察长指定的要求；以及

（b）要求受托人提供检察长指定的口头或书面信息，说明作出评估的决定和作出该决定的理由。

（2）如果以口头形式提供信息，检察长须以书面形式记录。

139ZD 对复核（结果）的决定

在复核一项决定时，检察长拥有受托人的所有权力，并可以：

（a）确认该项决定；或者

（b）撤销该项决定，并根据第139W（2）款重新作出评估。

139ZE 检察长将决定通知破产人和受托人

（1）如果检察长：

（a）复核该决定；或者

（b）拒绝破产人复核该决定的请求；

检察长必须向破产人和受托人发出书面通知，说明检察长对复核或根据请求（视情况而定）所作出的决定。

（2）该通知必须：

（a）列明其决定；以及

（b）列明作出该项决定所依据的证据或其他材料；以及

（c）说明作出该项决定的理由。

（3）在（检察长的）某决定是关于复核受托人所作的评估决定时，该通知还必须包括一项声明，指出如果破产人或受托人对检察长的该决定不满意的，可根据1975年《行政上诉审裁处法》向行政上诉审裁处提出申请复核该决定。

（4）如（检察长的）某决定是关于拒绝复核受托人所作的评估决定，则给破产人的通

知中应包括一项声明，指出如果破产人对检察长的该决定不满意，可根据 1975 年《行政上诉审裁处法》向行政上诉审裁处提出申请复核该决定。

（5）如某项决定违反第（3）、（4）款，并不影响该项决定的有效性。

（6）如果在破产人提出复核受托人所作评估决定的请求后 60 天内，检察长没有按照第（1）款向破产人发出书面通知，说明检察长之决定，视为其已复核了该决定，并根据第 139ZD（a）项予以确认。

（7）如检察长作出新的评估，检察长必须在可行范围内尽快书面通知破产人，并列明新评估的详情。

（8）除本小节外，本节适用于检察长所作出的评估，如同该评估是受托人根据第 139W（2）款所作出的一样。

139ZF 评估决定的复核

可向行政上诉审裁处申请复核：

（a）检察长关于复核受托人所作评估决定的决定；或者

（b）检察长拒绝复核受托人所作评估决定的决定。

第 H 小节　当供款可缴付时

139ZG 供款的缴付

（1）除第 139ZI（3）款另有规定外，任何人根据第 139P（1）、139Q（1）款须缴付的供款，须在受托人规定的时间缴付，如受托人准许分期缴付，则须按受托人决定的时间及金额缴付。

（2）任何人根据第 139P（1）、139Q（1）款缴付供款的法律责任，不受下列因素影响：

（a）该人根据第 139T（1）款向受托人提出申请；或者

（b）该人向检察长提出请求，请求复核受托人作出的导致责任产生的评估的决定；或者

（c）向行政上诉审裁处提出申请，请求复核检察长的决定。

（3）破产人没有缴付的任何供款或分期付款的总额，可作为破产财团应付的债务由受托人追讨。

（4）管理人可就追讨该项债务而进行的法律程序而：

（a）签署列明该项债务的性质及金额的证明书；以及

（b）将该证明书送交提起法律程序的法院存档（file the certificate in the court in which the proceedings have been instituted）。

（5）在这样的法律程序中，该证明书是债务存在和债务金额的初步证据（prima facieevidence，表面证据）。

139ZH 如果供款被超额缴付

（1）如果：

(a) 某人已就该项供款缴付了一笔金额，而该金额是该人经评估需定期缴付的；以及

(b) 经随后的评估：

(ⅰ) 该人无须就该期间缴付供款；或者

(ⅱ) 第 (a) 款所提及的金额，超过该人就该期间所应缴付的供款金额；

该人无权请求退还已付金额或超额部分（视情况而定）。

(2) 任何人已就某供款评估缴付一笔款项，而该笔款项在后续评估中被认定是该人无缴付责任的，则受托人须将该笔款项用于该人应就较后的供款评估缴付的金额中或用于该人有法律责任须缴付的任何供款中。

139ZI 决定的通知

(1) 如受托人根据第 139ZG 条对任何人作出决定，受托人必须向该人发出书面通知，列明该项决定的详情。

(2) 根据第 (1) 款发给某人的通知书，可包含于评估通知书内。

(3) 根据第 139ZG 条所作决定被请求付款的，所定付款时间不得早于根据本条第 (1) 款就该决定向该人发出通知后的第 14 天。

第 HA 小节　受监管账户制度

139ZIA 目标

本小节的目标是：

(a) 提高破产人可足额缴付供款或分期缴付供款的可能性；以及

(b) 确保破产人所收入的所有款项均存入某单个账户（监管账户）；以及

(c) 确保受托人可以监督从该账户的提款。

139ZIB 定义

在本小节中

破产人包括已经从破产中获得免责之人。

受监管账户制度所适用的破产人是指根据第 139ZIC (1) 款所作决定将对其生效的破产人。

推定收入到账安排（constructive income receipt arrangement）是指一项安排，其效果是破产人取得的收入并非由破产人实际收到，因为该收入已被：

(a) 再投资、累积或资本化；或者

(b) 代表破产人或按破产人指示处理了。

供款是指破产人根据第 139P (1)、139Q (1) 款有责任支付的供款。

从事行为（engage in conduct）是指

(a) 作出某行为；或者

(b) 不履行某行为。

非货币收入到账安排是指一项安排，其效果是：破产人取得的收入由于是以非货币形式取得的，因此并非实际以货币形式由破产人取得。

可复核的决定是指破产财团受托人的下列决定：

（a）作出第139ZIC（1）款的决定；或者

（b）拒绝撤销第139ZIC（1）款的决定；或者

（c）为实施第139ZIE（1）（a）（ⅱ）目，在受监管账户通知中规定一段期间；或者

（d）为实施第139ZIE（1）（a）（ⅱ）目，拒绝在受监管账户通知中规定一段期间；或者

（e）为实施第139ZIE（1）（a）（ⅸ）目，在受监管账户通知中列明要求（specify requirements）；或者

（f）拒绝行使第139ZIEA（1）款所赋予的权力；或者

（g）拒绝根据第139ZIG（3）、139ZIH（5）、139ZIHA（5）、139ZII（3）款给予同意（give a consent）；或者

（h）更改根据第139ZIG（3）、139ZIH（5）、139ZIHA（5）、139ZII（3）款所给予的同意；或者

（i）拒绝更改根据第139ZIG（3）、139ZIH（5）、139ZIHA（5）、139ZII（3）款所给予的同意；或者

（j）撤销根据第139ZIG（3）、139ZIH（5）、139ZIHA（5）、139ZII（3）款所给予的同意。

受监管账户，就受监管账户制度适用的破产人而言，是指由破产人按照对破产人有效的受监管账户通知而维持的账户。

受监管账户通知具有第139ZIE（1）款所赋予的含义。

提款，与某账户有关的提款包括：

（a）转出；以及

（b）就此账户开立支票；以及

（c）作出任何其他导致从账户中扣除款项的事情（do any other thing that results in a debit from）。

139ZIC 受托人可决定受监管账户制度适用于破产人

（1）破产财团的受托人可向破产人发出书面通知，决定受监管账户制度适用于该破产人。

（2）受托人不得根据第（1）款就该破产人作出决定，除非在作出该决定时：

（a）该破产人有法律责任缴付供款；以及

（b）以下二者选一：

（ⅰ）如果受托人已根据第139ZG条作出决定，准许以分期付款方式缴付供款，而破产人在分期付款到期之时或之前未支付全部分期付款款项的（the bankrupt has not paid the whole of an instalment at or before the time when it became payable）；或者

（ⅱ）如果受托人已根据第139ZG条作出决定，规定破产人须在指定时间缴付供款，而破产人在到期应付之时或之前未支付全部供款的。

（3）根据第（1）款发出的通知必须采用标准格式。

（4）根据第（1）款发出的通知必须附有：

（a）有关破产人的受监管账户通知书；以及

（b）如下陈述以说明：

（ⅰ）第139AZIE至139ZIT条的效力；以及

（ⅱ）法规所列明的其他信息（如有的话）。

139ZID 决定的撤销

（1）如根据第139ZIC（1）款，就破产人所作的决定有效，受托人亦可向破产人发出书面通知，撤销该裁定。

（2）除非受托人在考察下列事项后确信，破产人将在任何现在或将来的供款或分期供款到期之时或之前缴付全部供款，否则受托人不得撤销该项决定：

（a）破产人过去的付款记录；以及

（b）任何其他有关事项；

（3）第（1）款赋予受托人的权力可在下列情形行使：

（a）由其主动行使；或者

（b）应破产人的申请。

（4）如在破产人提出申请后，受托人拒绝撤销该项决定的，受托人必须书面通知破产人。

（5）根据第（1）款发出的通知必须采用标准格式。

139ZIDA 当决定失效时

废止（Annulment）

（1）如果：

（a）根据第139ZIC（1）款就破产人所作的决定有效；以及

（b）破产被宣告无效；

该决定自废止之日起停止生效。

免责—解除缴付责任

（2）如果：

（a）根据第139ZIC（1）款就破产人所作的决定有效；以及

（b）破产人被破产免责；以及

（c）在破产免责时，破产人无法律责任缴付供款；

该决定在免责之时停止生效。

免责—继续缴付责任

（3）如果：

（a）根据第139ZIC（1）款就破产人所作的决定有效；以及

（b）破产人被破产免责；以及

（c）在破产免责时，破产人有法律责任缴付供款；

当破产人不再有法律责任缴付供款时，该决定停止生效（the determination ceases to be in force when the bankrupt is no longer liable to pay a contribution）。

139ZIE 破产人必须开立并维持受监管账户

受监管账户通知

（1）就本小节而言，受监管账户通知是由破产财团的受托人发出的书面通知，而该通知：

（a）规定破产人在下列期限内：

（i）在向破产人发出通知后10个工作日内；或者

（ii）在通知所指定的较长期间（如有的话）；

开立符合下列条件的账户（受监管账户）：

（iii）该账户由某ADI所控制（is kept with）；

（iv）该账户由澳大利亚所控制；

（v）该账户以澳大利亚货币计算；

（vi）该账户仅以破产人的名义持有；

（vii）可以向该账户存款，也可以从该账户提款；

（viii）账户设计为没有借方余额（the account is designed not to have a debit balance）；

（ix）通知书所列明的其他要求（如有的话）；以及

（b）规定破产人在开立该账户时，须告知该ADI，该账户是受监管的账户；以及

（c）规定破产人在该账户开立后，在该通知有效期内持续使用（maintain，维持）该账户。

（2）受监管账户通知必须采用标准格式。

遵守受监管账户通知

（3）适用受监管账户制度的破产人必须遵守对其生效的受监管账户通知。

受监管账户通知失效时

（4）如破产人不再是适用受监管账户制度的破产人，则与该破产人有关的受监管账户通知停止生效。

[按语：受监管账户通知可根据第139ZIEA（1）款被撤销。]

账户详情通知受托人

（5）适用受监管账户制度的破产人必须在开立受监管账户后2个工作日内，向受托人发出书面通知，列明有关受监管账户的下列信息：

（a）有关ADI的名称；

（b）账户的名称；

（c）账号；

（d）有关的BSB号码。①

---

① 译者注：在澳大利亚等地使用的电汇清算代码，即Bank State Branch Number。

犯罪

(6) 某人如有下列情形，即属犯罪：

(a) 该人受第 (3)、(5) 款的规定限制；以及

(b) 该人从事某行为；以及

(c) 该人的行为违反了该规定。

违反本款的刑罚：监禁6个月。

139ZIEA 新的受监管账户

(1) 如破产人是适用受监管账户制度的破产人，受托人可以：

(a) 向破产人发出书面通知，撤销与破产人有关的受监管账户；以及

(b) 向破产人发出新的受监管账户通知，并将新的通知书发给破产人；以及

(c) 以书面形式通知破产人，要求破产人在按照新通知开立账户后立即进行转让：

(ⅰ) 根据被撤销的通知所持续使用的账户内的余额（如有）；

到：

(ⅱ) 按照新通知所开立的账户。

(2) 根据第 (1) (a) 项对受监管账户通知的撤销，在破产人按照新的受监管账户通知开立账户时生效。

(3) 根据第 (1) (a)、(c) 项所作出的通知可载于同一份文件内。

(4) 第 (1) 款所赋予受托人的权力可在下列情形行使：

(a) 由其主动行使；或者

(b) 应破产人的申请。

(5) 如在破产人提出申请后，受托人拒绝行使第 (1) 款所赋予的权力，受托人必须以书面形式通知破产人。

犯罪

(6) 某人如有下列情形，即属犯罪：

(a) 该人受第 (1) (c) 项的规定限制；以及

(b) 该人从事某行为；以及

(c) 该人的行为违反该规定。

违反本款的刑罚：监禁6个月。

139ZIF 破产人的货币收入 (monetary income) 存入受监管账户

(1) 适用受监管账户制度的破产人必须确保破产人在受监管账户开立后实际收到的所有货币收入均存入该账户：

(a) 如果该收入是在收到后5个工作日内以现金或支票形式收取的；或者

(b) 在任何其他情形下，在收到后立即存入。

现金退款 (Cash refunds)

(2) 为第 (1) 款之目的，如果：

(a) 破产人以现金形式获得一笔收入；以及

（b）在第（a）项所指的金额存入受监管账户前，破产人将该金额的一部分用作退款（the bankrupt uses a part of that amount to make a refund）；

则破产人必须将第（a）项减去第（b）项所述部分后的剩余金额存入受监管账户。

（3）为第（1）款之目的，如果：

（a）破产人以现金形式获得一笔收入；以及

（b）在第（a）项所指的金额存入受监管账户前，破产人将该金额的全部用作退款；

则破产人被视为没有收到过第（a）项的金额。

犯罪

（4）某人如有下列情形，即属犯罪：

（a）该人受第（1）款的规定限制；以及

（b）该人从事某行为；以及

（c）该人的行为违反该规定。

违反本款的刑罚：监禁12个月。

139ZIG 受托人监督从受监管账户中提款

一般禁止提款

（1）适用受监管账户制度的破产人不得：

（a）从受监管账户中提款；或者

（b）授权（他人）从受监管账户中提款。

例外情况

（2）在下列情形下，第（1）款不适用：

（a）受托人根据第（3）款作出了同意；或者

（b）为缴付供款或分期缴付供款；或者

（c）根据第139ZIEA（1）（c）项发出的通知，要求转移一笔款项；或者

（d）用于退款；或者

（e）撤销先前的贷记入账，如该项贷记是由于支票的错误或拒付（arose from an error or the dishonour of a cheque）而产生的；或者

（f）免除破产人的任何税务责任（1953年《税收管理法》所指）；或者

（g）免除破产人缴付由联邦、某州或领地的法律或根据前述法律（imposed by or under a law of the Commonwealth，a State or a Territory）之规定所征收的税款（无论如何描述）的法律责任；或者

（h）向破产人追讨一笔金额与相关ADI已缴付或者有责任缴付的与该账户的运作有关的税款（不论如何描述）相等的金额；或者

（i）免除破产人缴付与该账户的运作有关的费用或收费（a fee or charge in connection with the operation of the account）的责任。

受托人可同意提款

（3）受托人可以书面形式向破产人发出通知，同意其从受监管账户中提取下列款项：

（a）指定的提款；

（b）包含在特定类别提款中的提款（withdrawals included in a specified class of withdrawals）；

（c）按照通知所确定的每日、每周、每两周（fortnightly）或每月的最高额度所进行的提款。

（4）受托人可以书面形式向破产人发出通知，更改或撤销其同意。

（5）第（3）、（4）款赋予受托人的权力可在下列情形下行使：

（a）由其主动行使；或者

（b）应破产人的申请。

（6）如在破产人提出申请后，受托人拒绝行使第（3）、（4）款所赋予的权力，受托人必须以书面形式通知该破产人。

犯罪

（7）某人如有下列情形，即属犯罪：

（a）该人受第（1）款的规定限制；以及

（b）该人从事某行为；以及

（c）该人的行为违反了该规定。

刑罚：监禁 12 个月。

第三人的权力不受影响（Garnishee powers not affected）

（8）本条不影响下列条款所赋予的权力的行使：

（a）本法第 139ZL 条；或者

（b）1953 年《税收管理法》附表 1 第 260－5 条；或者

（c）下列法律中类似的规定：

（ⅰ）联邦的任何其他法律；或者

（ⅱ）某州或领地的法律。

139ZIH 推定收入接收安排（Constructive income receipt arrangement）

破产人不订立新安排

（1）适用受监管账户制度的破产人不得订立推定性收入接收安排。

（2）如破产人按照受托人根据第（5）款所作的同意而订立推定性收入接收安排的，则第（1）款不适用。

破产人不参与现有安排

（3）如破产人在成为适用受监管账户制度的破产人不久之前正参与一项推定收入接收安排，则破产人必须在成为破产人后在可行范围内尽快停止参与该项安排。

（4）如受托人根据第（5）款作出了同意，则破产人可继续参与推定收入接收安排，则第（3）款不适用。

同意

（5）受托人可以书面通知破产人：

(a) 同意破产人订立：

(ⅰ) 指定的推定收入接收安排；或者

(ⅱ) 包含在特定类别内的推定收入接收安排（constructive income receipt arrangements included in a specified class of constructive income receipt arrangements）；或者

(b) 同意破产人继续参与：

(ⅰ) 指定的推定收入接收安排；或者

(ⅱ) 包含在特定类别内的推定收入接收安排。

(6) 受托人可以书面形式向破产人发出通知，更改或撤销上述同意。

(7) 第（5）、(6) 款赋予受托人的权力可在下列情形下行使：

(a) 由其主动行使；或者

(b) 应破产人的申请。

(8) 如在破产人提出申请后，受托人拒绝行使第（5）、(6) 款所赋予的权力的，受托人必须书面通知破产人。

犯罪

(9) 某人如有下列情形，即属犯罪：

(a) 该人受第（1）、(3) 款规定的限制；以及

(b) 该人从事某行为；以及

(c) 该人的行为违反该规定。

违反本款的刑罚：监禁 12 个月。

139ZIHA 非货币收入接收安排（Non – monetary income receipt arrangements）

破产人不订立新安排

(1) 适用受监管账户制度的破产人不得订立非货币收入接收安排。

(2) 如破产人按照受托人根据第（5）款所作的同意而订立非货币收入接收安排的，则第（1）款不适用。

破产人不参与现有安排

(3) 如破产人在成为适用受监管账户制度的破产人不久之前正参与一项非货币收入安排，则破产人必须在成为破产人后在可行范围内尽快停止参与该项安排。

(4) 如受托人根据第（5）款作出了同意，则破产人可继续参与非货币性收入接收安排，第（3）款不适用。

同意

(5) 受托人可以书面形式通知破产人：

(a) 同意破产人订立：

(ⅰ) 指定的非货币收入接收安排；或者

(ⅱ) 包含在特定类别内的非货币收入接收安排；或者

(b) 同意破产人继续参与：

(ⅰ) 指定的非货币收入接收安排；或者

（ⅱ）包含在特定类别内的非货币收入接收安排。

(6) 受托人可以书面形式向破产人发出通知，更改或撤销上述同意。

(7) 第 (5)、(6) 款赋予受托人的权力可在下列情形下行使：

(a) 由其主动行使；或者

(b) 应破产人的申请。

(8) 如在破产人提出申请后，受托人拒绝行使第 (5)、(6) 款所赋予的权力，受托人必须书面通知破产人。

犯罪

(9) 某人如有下列情形，即属犯罪：

(a) 该人受第 (1)、(3) 款规定的限制；以及

(b) 该人从事某行为；以及

(c) 该人的行为违反了该规定。

违反本款的刑罚：监禁 12 个月。

139ZII 现金收入

(1) 适用受监管账户制度的破产人不得收取现金形式的收入。

(2) 如收入是经受托人根据第 (3) 款所同意而收取的，则第 (1) 款不适用。

同意

(3) 受托人可以书面形式向破产人发出通知，同意破产人以现金形式收取：

(a) 规定的收入项目；或者

(b) 列入某一特定类别收入项目的收入。

(4) 受托人可以书面形式向破产人发出通知，更改或撤销上述同意。

(5) 第 (3)、(4) 款赋予受托人的权力可在下列情形下行使：

(a) 由其主动行使；或者

(b) 应破产人的申请。

(6) 如在破产人提出申请后，受托人拒绝行使第 (3)、(4) 款所赋予的权力，受托人必须书面通知破产人。

犯罪

(7) 某人如有下列情形，即属犯罪：

(a) 该人受第 (1) 款规定的限制；以及

(b) 该人从事某行为；以及

(c) 该人的行为违反了该规定。

违反本款的刑罚：监禁 12 个月。

139ZIIA 保存账簿

如果：

(a) 某人是适用受监管账户制度的破产人；以及

(b) 该人已被破产免责；

第277A条适用于该人，如同：

（c）该人是该条所指的破产人；以及

（d）当该人不再是适用受监管账户制度的破产人时，该人已被破产免责。

139ZIJ 禁令（Injunctions）

强制令（Restraining injunctions）

（1）如破产人已经、正在或打算从事违反本小节的任何行为（has engaged, is engaging or is proposing to engage, in any conduct in contravention of this Subdivision），法院可应受托人的申请，发出禁止令：

（a）限制破产人从事该行为；以及

（b）如法院认为，要求破产人做某事（to do something）是可取的。

履行令（Performance injunctions）

（2）如果：

（a）破产人已经、正在或者打算拒绝或未能从事任何行为或事项（has refused or failed, or is refusing or failing, or is proposing to refuse or fail, to do an act or thing）；以及

（b）该项拒绝或不作为（refusal or failure）在过去、现在或将来是违反本小节的；

法院可应受托人的申请，发出强制令，规定破产人从事该行为或事项。

139ZIK 临时（Interim）禁令

临时禁令的发出

（1）如有人根据第139ZIJ条向法院申请禁令，法院可在考虑该项申请前，发出临时禁令，禁止破产人从事该条所提及的某类行为。

不承诺损害赔偿

（2）作为批准临时禁令的条件，法院不得要求根据第139ZIJ条申请禁令的申请人就损害赔偿作出任何承诺（to give any undertakings as to damages）。

139ZIL 禁令解除等

法院可解除或更改根据本小节所发出的禁令。

139ZIM 对发出禁令的某些限制不适用于强制令

强制令

（1）法院根据本小节批准禁止破产人从事某类行为的强制令的权力，可在下列情形下行使：

（a）法院确信破产人曾从事某类行为，不论法院觉得该破产人是否打算再度或继续从事该类行为；或者

（b）如法院觉得，若没有批准该强制令，破产人有相当可能会从事某类行为，不论该破产人以前是否曾从事过该类行为，亦不论如果破产人作出该类行为，是否有对他人造成重大损害的紧急危险。

履行令

（2）法院发出强制令，规定破产人从事任何行为或事项的权力，可在下列情形下

行使：

（a）若法院确信破产人已经拒绝或者未能从事该行为或事项，不论法院觉得破产人是否打算再次或者持续拒绝或者不能从事（the bankrupt intends to refuse or fail again, or to continue to refuse or fail, to do that act or thing）该行为或事项；或者

（b）若法院觉得，如没有批准该强制令，破产人很可能会拒绝或不能从事该行为或事项，不论破产人先前是否曾经拒绝或未能从事该行为或事项，亦不论破产人拒绝或未能从事该行为或事项，是否有对他人造成重大损害的紧急危险。

139ZIN 法院的其他权力不受影响

根据本小节赋予法院的权力是对法院的其他权力的补充，而非替代，无论该权力是由本法还是其他法律赋予的。

139ZIO 检察长可复核受托人的决定

可复核的决定

（1）检察长可复核一项可复核的决定（review a reviewable decision）：

（a）由检察长主动提出；或者

（b）如破产人提出申请，检察长认为有足够理由进行复核的。

（2）根据第（2A）款的规定，如果监察员请求，检察长必须复核该项可复核的决定。

与破产实务规则的相互影响

（2A）如果法院正在根据附表2第45-1、90-5、90-10、90-15条行使与某项决定有关的权力，检察长可拒绝复核该项可复核的决定。

（2B）如果：

（a）检察长正在复核一项可复核的决定；以及

（b）法院开始根据附表2第45-1、90-5、90-10、90-15条行使与该决定有关的权力；

本条第（5）款中所述的期间在下列期限内每天之后再延长一天（is extended by one day for each day during the period）：

（c）在法院开始行使第（b）项所述的权力时开始；以及

（d）在法院停止行使该等权力时终止。

破产人请求

（3）破产人向检察长提出复核一项可复核决定的请求必须：

（a）以书面形式作出，并在该决定首次通知破产人之日后60天内送交检察长；以及

（b）该请求须附有：

（ⅰ）受托人根据本小节公布或发出的任何有关文件的副本；以及

（ⅱ）破产人为证明该请求合理所需的任何其他文件。

审查期限

（5）在收到请求后60天内，检察长必须：

（a）决定是否复核该项决定；以及

（b）如果检察长决定复核该项决定，则应就复核结果作出决定。

139ZIP 检察长可要求提供更多信息

（1）为行使与可复核决定的复核或复核请求有关的权力，检察长可以：

（a）要求破产人以口头或书面形式提供检察长所指定的进一步有关信息；以及

（b）请受托人提供检察长具体所需要的关于决定和决定理由的口头或书面信息。

（2）如果以口头形式提供信息的，检察长必须以书面形式记录。

139ZIR 检察长关于复核的决定

（1）在对可复核决定进行复核时，检察长拥有受托人的所有权力，并可以：

（a）确认该项决定；或者

（b）更改该项决定；或者

（c）撤销该项决定；或者

（d）撤销该项决定，并作出新决定以代替被撤销的决定。

本小节适用于检察长的决定

（2）本小节（第139ZIO条至第139ZIT条除外）适用于检察长所作出的决定，如同该决定是由受托人根据本小节所作出的一样。

139ZIS 检察长将决定通知破产人和受托人

（1）如果检察长：

（a）复核一项可复核的决定；或者

（b）拒绝破产人复核一项可复核决定的请求；

检察长必须书面通知：

（c）破产人；以及

（d）受托人；

检察长对该复核或请求（视情况而定）的决定。

（2）该通知须：

（a）列明该项决定；以及

（b）说明作出决定的理由。

行政上诉审裁处的复核权通知

（3）如果（检察长）决定复核一项可复核的决定，向破产人发出的通知中还必须包括一项声明，指定如果破产人或受托人对检察长的决定不满意，可根据1975年《行政上诉审裁处法》提出申请，交行政上诉审裁处（AAT）复核。

（4）如果（检察长）决定拒绝复核一项可复核决定的请求，则向破产人发出的通知中还必须包括一项声明，指定如果破产人对检察长的决定不满意，可根据1975年《行政上诉审裁处法》提出申请，交行政上诉审裁处复核。

（5）违反第（3）、（4）款关于决定的规定不影响该决定的有效性。

检察长认为已经复核并确认了决定

（6）如在破产人提出复核一项可复核决定请求后60天内，检察长没有按照第（1）款将其决定书面通知破产人，则认为检察长已复核了受托人的决定，并根据第 139ZIR（1）（a）项对受托人的决定予以确认。

139ZIT 行政上诉审裁处对决定的复核

可向行政上诉审裁处申请复核：

（a）检察长关于复核一项可复核决定的决定（a decision of the Inspector – General on the review of a reviewable decision）；或者

（b）检察长拒绝复核一项可复核决定请求的决定。

第 I 小节　官方接管人向破产人以外的人接收款项或财产

139ZJ 定义

在本小节中：

破产人包括已被破产免责的人。

139ZK 适用本小节的人员

（1）本小节适用于下列人员：

（a）该人对破产人的任何款项已到期或正在累计，或可能到期（from whom any money is due or accruing，or may become due，to a bankrupt）；或者

（b）该人为或因破产人，或者之后可能为或因破产人而持有款项（who holds，or may subsequently hold，money for or on account of a bankrupt）；或者

（c）该人为其他人，或者之后可能为其他人持有款项，以支付给破产人或代表破产人进行付款；或者

（d）该人获其他人授权以支付给破产人或代表破产人进行付款；或者

（e）该人（首述之人）有全部或主要责任向破产人在破产开始后所提供的个人服务进行付款或转让财产，不论该服务是提供给首述之人还是提供给其他人；或者

（f）该人（首述之人）完全或主要因破产人在破产开始后提供的个人服务而收取款项或财产，不论该等服务是提供给首述之人或其他人。

（2）在第（1）款中：

个人服务，就破产人而言，是指第 5（1）款所定义的个人服务，不论该服务是否为支付破产人的款项或提供其他对价而提供的（whether or not supplied for the payment of money，or the provision of other consideration，to the bankrupt）。

（3）除本款外，除非符合条件，否则款项不会到期或不会按请求被偿还给任何人，或不会产生将财产转让给任何人的义务，但为本条之目的，该款项视为已到期或须应请求而被偿还，或视为已产生将该财产转让给该人的义务（视情况而定），即使尚未符合条件（If，apart from this subsection，money would not be due，or would not be repayable on demand，to a person，or the obligation to transfer property to a person would not arise，unless a condition were fulfilled，then，for the purposes of this section，the money is taken to be due or to be repayable on demand，or the obligation totransfer the property to the person is taken to arise，as the case may be，even though the condition has not been fulfilled.）。

139ZL 官方接管人可请求任何人付款

（1）根据第139P、139Q条，如破产人有责任向受托人缴付供款，则下列情形，官方接管人可以书面形式通知需要适用本小节的人，按照本条向受托人作出1项或多项付款，以解除破产人的缴付责任：

（a）如该官方受托人是受托人——由官方接管人主动提出；或者

（b）如注册受托人是受托人——应受托人的申请。

（2）该通知必须列出事实和情况（特别是有关金钱或财产的），因为官方接管人认为之所以本小节适用于收到通知之人，是因为这些事实和情况。

（3）该通知可以：

（a）请求支付的款项或财产价值，不得超过破产人有责任予以支付的供款的金额或款项总额（the amount，or the total of the amounts）；或者

（b）如果该人有责任向破产人或代破产人缴付款项，则规定该人在其不时有责任缴付的每笔款项中（out of each payment that the person becomes liable from time to time to make），必须依照通知书中所列明的金额进行缴付，直至破产人缴付款项的责任解除为止。

（4）该通知可以：

（a）规定须在款项到期、被托管、可行使职权、法律责任产生或已收到该款项或财产（视情况而定）时立即付款（require a payment to be made immediately the money becomes due or is held，the authority becomes exercisable，the liability arises or the money or property is received，as the case requires）；或者

（b）规定付款须在通知所列明的时间或期限内作出，但该时间或期限不得开始于该款项到期、被托管、可行使职权、法律责任产生或已收到该款项或财产（视情况而定）之前。

（5）在官方接管人根据第（1）款向任何人发出通知（首述的通知）后，官方接管人可随时通过向该人进一步发出通知，撤销或更改首述的通知。

（6）如官方接管人根据本条发出通知，则官方接管人必须将该通知的副本送交破产人，如注册受托人是受托人，则须将该副本送交受托人。

（7）根据本条向联邦、某州或领地，或者联邦、某州或领地的官方机构发出的通知，如果根据任何法律、法规、委任或授权（by any law，regulation，appointment or authority），向具有付款职能或实际上代表联邦、该州或领地的某一部门（a Department），或代表该官方机构（视情况而定）付款的人发出该通知，即视为已完成发出。

（8）如果根据本条发出的通知请求任何人向受托人支付任何财产的价值，如果财产被转让给受托人，则视为遵守了该请求。

（9）按照本条进行付款或转让财产的人，视为是在破产人及所有其他有关人员的授权下行事，并有权就该项付款或转让而从破产财团中获得补偿。

（10）任何人根据本条须支付给受托人的金额，可由受托人向具有司法管辖权的法院

对该人提起诉讼，作为债务予以追讨。

139ZM 法院撤销通知的权力

（1）法院在收到根据第139ZL条向其发出通知之人或任何其他有利害关系之人所提出的申请后，如确信根据该通知所列明的事实及情况，本小节不应适用于该人，则法院可作出命令，撤销该通知。

（1A）提交申请须：

（a）不迟于根据第139ZL条向申请人发出通知之日后60天内；或者

（b）如申请人是另一利害关系人，则不得迟于该申请人知悉该通知已发出之日后60天内。

（2）已撤销的通知视为从未发出。

139ZN 财产上的抵押

（1）如果根据第139ZL条向适用本小节的某人发出通知，是因为该人有责任转让或者已经收到第139ZK（1）（e）、（f）项所述的任何财产：

（a）该财产须由该人负责按照通知的规定付款；以及

（b）如该人向受托人付款或转让财产，则该财产不再受该抵押约束。

（2）在第（3）款的规定下，根据第（1）款所收取的费用优先于任何现有的或后续的按揭、留置、抵押或其他有利于破产人之关联实体的产权负担（encumbrance），并且无论联邦的任何其他法律或任何州或领地的任何法律（如何规定），均具有优先权。

（3）如该关联实体使法院确信某项按揭、留置、抵押或其他产权负担是有利于破产人之关联实体的，则一项抵押并不比该项按揭、留置、抵押或其他产权负担具有优先权，只要前述产权负担等产生于一项公平范围内的交易（transaction that was entered into at arm's length），并由该实体提供了价值充分的对价。

（4）如任何土地性质的财产（any property being land）根据第（1）款须受某项抵押约束，官方接管人可以书面形式证明该土地根据该款须受该项抵押约束，并可将该证明文件送交该土地所在州或领地的注册总局（the Registrar－General，总登记官）、产权注册官（Registrar of Titles）或其他适当官员和机构。

（5）收到证明文件的官员，应在可行范围内，根据该土地所在州或领地的现行法律尽量以土地按揭登记的方式（in the way in which mortgages over land are registered under the law in force），登记该项抵押。

（6）受托人有权出售根据第（1）款存在抵押（首述抵押）的任何财产，如果该财产是如此出售的，则在受到优先于首述抵押的任何抵押的约束下，出售收益在首述抵押的范围内（the proceeds of the sale are，to the extent of the charge），被用在或用于（to be applied in or towards）解除向获发通知之人的受托人进行付款的责任。

139ZO 未遵守通知

（1）任何人拒绝或没有遵守根据第139ZL条发出的通知，即属犯罪，一经定罪，可处不超过6个月的监禁。

（2）如果任何人因其自己或另一人拒绝或者没有遵守根据第139ZL条所发出的通知（the refusal or failure of the convicted person or another person to comply with a notice under section 139ZL）而被裁定犯第（1）款所订罪行，对其定罪的法院除可对被定罪人施加刑罚外，还可命令该人向受托人缴付一笔不超过被定罪人或该另一人（视情况而定）拒绝或没有按照该通知书向受托人缴付的金额或款项总额。

139ZP 雇主不得因发出通知而解雇或迫害（dismiss or injure）破产人

（1）如果根据第139ZL条向破产人的雇主发出通知，则雇主不得因该通知而解雇该破产人、以该破产人的工作而对其进行迫害（injure the bankrupt in his or her employment）或者改变破产人的地位使其受损（or alter the position of the bankrupt to the bankrupt's prejudice）。

刑罚：监禁6个月。

（2）在对第（1）款所述罪行进行的检控中，检察官无须证明被告人被提出控罪的理由是发出该通知（it is not necessary for the prosecutor to prove that the defendant's reason for the action charged was the giving of the notice），但如果被告人证明该行为并非因发出该通知而采取的，则可作为对控罪的辩护（but it is a defence to the prosecution）。

（3）如果雇主因解雇破产人构成违反第（1）款的行为而被定罪，则判定该雇主有罪的法院可命令该雇主：

（a）恢复破产人在被解雇前所处的职位（首述职位），或恢复一个不低于首述职位的职位；以及

（b）向破产人支付其因解雇而损失的全部或部分工资。

第J小节　官方接管人向对受托人无效的交易一方收取款项或财产

139ZQ 官方接管人可请求付款

（1）如果任何人因根据第3节对破产人的受托人无效的交易而收取了任何款项或财产的，则官方接管人：

（a）如果该官方受托人是受托人，由官方接管人主动提出；或者

（b）如果注册受托人是受托人，由受托人提出申请；

可请求该人，以对该人的书面通知，向受托人支付一笔与下列任何金额相等的款项：

（c）如果：

（ⅰ）该项交易根据第128B、128C条对受托人无效；以及

（ⅱ）该项交易是为了可能成为破产人的人（受益人）的利益而向合格退休金计划的供款；以及

（ⅲ）该受益人是合格的退休金计划的成员；

以下列两者中较少者为准：

（ⅳ）所收取的款项或财产的价值；

（ⅴ）该受益人因合格的退休金计划的提款利益（withdrawal benefit）；

（d）在任何其他情形下，所收到的财产的款项或价值。

（2）该通知必须列明官方接管人认为该项交易对受托人无效的事实及情形。

（3）该通知可以：

（a）规定在通知所列明的时间或期限内缴付该金额；或者

（b）规定须按通知所列明的各个时间及分期缴付（at such times, and in such instalments）的金额。

（4）在官方接管人根据第（1）款向某人发出通知（首述的通知）后，官方接管人可随时借向该人发出的进一步通知，撤销或更改首述的通知。

（5）如果官方接管人根据本条发出通知，则官方接管人必须将该通知的副本送交破产人，如注册受托人是受托人，则须将该副本送交受托人。

（6）根据本条应向联邦、某州或领地或者联邦、某州或领地的官方机构所发出的通知，如果已经根据任何法律、法规、委任或授权，向具有付款职能或实际上代表联邦、该州或领地某一部门，或代表该官方机构（视情况而定）付款的人发出了（该通知的），即视为已完成发出。

（7）如果根据本条发出的通知规定任何人须向受托人缴付任何财产的价值，则如果财产被转让给了受托人，视为符合该请求。

（8）任何人根据本条须缴付给受托人的金额，可作为债务，由受托人向具有司法管辖权的法院对该人提起诉讼来追讨。

（9）就第（1）（c）（ⅱ）目而言，不考虑在某人死亡时所应支付的利益。

（10）在本条中：

供款与第 3 节第 B 小节中的含义相同。

合格的退休金计划与第 3 节第 B 小节中的含义相同。

合格退休金计划的成员与第 3 节第 B 小节中的含义相同。

提款利益与第 3 节第 B 小节中的含义相同。

139ZR 财产上的抵押

（1）如果根据第 139ZQ 条为了任何财产向任何人发出通知：

（a）该财产由该人按照通知的要求向受托人承担付款的责任；以及

（b）如该人向受托人付款或转让财产，则该财产不再受抵押约束。

（2）除第（3）款另有规定外，根据第（1）款所设立的抵押，不论联邦任何其他法律或任何州或领地的法律如何规定，对于任何现有或后续的按揭、留置、抵押或其他有利于破产人的关联实体的财产的产权负担，都享有优先权。

（3）如果能使法院确信某项按揭、留置、抵押或其他产权负担是有利于破产人的关联实体的，则第（1）款所指的抵押并不比该项按揭、留置、抵押或其他产权负担具有优先权，只要该类产权负担产生于一项在公平范围内所进行的交易，并由该实体提供了价值充分的对价，且根据第 3 节的规定，该交易对管理人并非无效。

（4）如果土地性质的任何财产根据第（1）款须受某项抵押约束，官方接管人可以书面形式证明该土地根据该款须受抵押约束，并可将证明文件送交该土地所在州或领地的注册总局、产权注册官或其他适当官员或官方机构。

（5）收到该证明文件的官员或官方机构，应尽可能根据（as nearly as practicable）该土地所在州或领地现行法律所规定的土地按揭登记方式，登记该项抵押。

（6）受托人有权出售根据第（1）款设立了抵押（首述抵押）的任何财产，如果该财产被出售，则在受到优先于首述抵押的任何抵押的约束下（subject to any charges that have priority over the first – mentioned charge），出售的所得在首述抵押的范围内，适用于或被用于免除向获发通知之人的受托人付款的责任（to be applied in or towards the discharge of the liability to make a payment or payments to the trustee of the person to whom the notice was given）。

139ZS 法院撤销通知的权力

（1）如果法院在收到根据第139ZQ条获发通知之人或任何其他利害关系人提出的申请后，确信该通知所列明的事实及情况，认为本小节不适用于该人，则法院可作出命令撤销该通知。

（1A）该申请的提交必须：

（a）不迟于根据第139ZQ条向申请人发出通知之日后60天；或者

（b）如申请人是另一利害关系人，则不得迟于该申请人知悉该通知已发出之日后60天。

（2）已撤销的通知视为未发出。

139ZT 未遵守通知

（1）任何人拒绝或没有遵守根据第139ZQ条所发出的通知，即属犯罪，一经定罪，可处不超过6个月的监禁。

（2）如果任何人因被定罪之人或另一人拒绝或没有遵守根据第139ZQ条所发出的通知而被裁决犯第（1）款所订罪行，定罪的法院除可对被定罪之人施加刑罚外，还可命令该人向受托人缴付一笔不超过被定罪之人或另一人（视情况而定）拒绝或没有按照该通知向受托人缴付的金额或款项总额。

第K小节　滚动的（Rolled – over）退休金利益等

139ZU 有关滚动的退休金利益等的命令

（1）应破产财团的受托人的申请，如法院确信：

（a）根据第128B、128C条，某项交易针对破产财团的受托人无效；以及

（b）该项交易是为可能成为破产人的人（受益人）的利益而向合格的退休金计划（首个计划）供款；以及

（c）受益人就首个计划而享有的取款利益少于因该项交易而收取的金额或财产价值；以及

（d）受益人在另一个合格的退休金计划中享有退休金利益；以及

（e）第（d）项所述的退休金利益，全部或部分归因于第（a）项所述交易发生后，受益人在首个计划中的全部或部分退休金利益的滚动展期或转存（the roll - over or transfer）;

法院可借命令指示其他合格退休金计划的受托人，向破产财团的受托人缴付指定的金额，但不得超过下列两者中较低者：

（f）第（c）项所指的差额金额（the amount of the shortfall）;

（g）受益人可提取的与其他合格的退休金计划有关的利益。

（2）除非法院确信根据第（1）款所作的命令符合破产人的债权人的利益，否则不得根据该款作出命令。

（3）就第（1）（a）项而言，该项交易是在本条生效日期之前、当日还是之后发生的，并不重要。

（4）就第（1）（b）项而言，不考虑在某人死亡时须支付的利益。

（5）就第（1）（c）项而言，如果受益人在合格的退休金计划中没有退休金利益，则该受益人被视为在该计划中享有零取款利益（have a nil withdrawal benefit）。

（6）就第（1）（e）项而言，是否直接或间接在一个或多个合格退休金计划之间进行滚动或转移并不重要。

（7）根据第（1）款提出申请的人必须将该申请的副本送交：

（a）其他合格的退休金计划的受托人；以及

（b）受益人。

（8）在对根据第（1）款所提出的申请进行听证时：

（a）其他合格的退休金计划的受托人；以及

（b）受益人。

可以出席、举证和提出意见（may appear，adduce evidence and make submissions）。

（9）就第128E、128F、128J条而言，根据本条所作出的命令，须视为关于：

（a）本条第（1）（a）项所提及的交易；以及

（b）本条第（1）（d）项所述受益人的退休金利益。

139ZV 命令的执行

法院根据第139ZU条所作出的命令是可执行的，如同该命令是法院在行使本法以外的管辖权时所作出的付款命令一样。

139ZW 定义

在本小节中：

供款与在第3节第B小节中的含义相同。

合格的养老金计划与在第3节第B小节中的含义相同。

养老金利益与在第3节第B小节中的含义相同。

合格的养老金计划的受托人与在第3节第B小节中的含义相同。

取款利益与在第3节第B小节中的含义相同。

第5节　财 产 分 配

140 宣布和分配剩余财产（declaration and distribution of dividends）①

（1）破产财团的受托人须依照本条，以尽可能快的速度（with all convenient speed），向已证明其债权的债权人宣布及分配剩余财产。

（2）在保留为支付破产管理或实施本法规定所需费用金额的前提下，受托人应将手头所有（其他）款项作为剩余财产进行分配。

（3）在宣布首次分配前，受托人必须将其分配财产的打算书面通知声称或者可能声称（who claims，or might claim）是债权人但尚未提交债权证明的人。

（4）受托人应在按照第（3）款发布或发出的通知中（in a notice published or sent），规定债权人可以提出债权证明的合理期限。

（5）在宣布财产分配（首次或最终分配除外）之前，受托人须向据其所知声称是或可能声称是债权人但尚未提供债权证明，以及没有根据本条就先前所宣布的分配而被送达通知的人，发出他或她拟如此行事（进行财产分配）的通知。

（6）受托人须在按照第（5）款发出的通知中，指定债权人可提交债权证明的合理期间。

（7）凡受托人根据本条第（3）、（5）款而发出关于分配宣告的通知的，直至该通知所指定的期限之后21天届满为止，受托人不得宣告该项破产分配。

（8）除第（9）、（10）款另有规定外，凡受托人宣告分配财产的，他或她须向每名已证明其债权的债权人支付所欠该债权人的金额，并按照标准格式向该债权人送交一份关于财团变现及分配的声明（a statement，报告、报表、说明）。

（9）如果没有本款的规定，因分配而欠债权人的金额少于10澳大利亚元的，或者如果在宣布分配的当日开始时，法规为施行本款而规定了（比10澳大利亚元）更大金额的，受托人无须将该金额支付给债权人。

（10）如果债权人已向受托人提供了（has furnished to）书面授权，将应支付给该债权人的财产分配额支付给另一人，则可将应付予该债权人的财产分配额支付给该人，并可将依据第（8）款送交该债权人的声明送交该人。

（11）根据1975年《家庭法》第90SS、114条所作出的命令（该命令涉及中间禁令），本条具有效力。

---

① 译者注："dividend"一词，大家比较熟悉的是其公司法中的用法，即股息、分红、可分配利润之类的意思，但是破产法中显然不能这么用。在破产法中，一般应翻译为待摊还的债款、（可分配的）剩余财产或者破产分配，这种译法词典中不一定能找到，但是依据条文的意思，须如此翻译。一般也不译成分配，因为distribution通常被译成分配，实际上是分发、下发、派发的意思，distribution of dividends如果译成分配的派发，也并不合适。特殊情况下，如没有跟distribution或distribute并用时，为简化处理，单独使用的dividend译成分配或破产分配是可以的，如本法第145条的标题。

141 共同和独立分配（joint and separate dividends）

如果商号的一名合伙人（one partner of a firm）破产，[①] 则破产人与该商号的其他合伙人或其他任何一个合伙人（the other partners of the firm or any of them）共同欠其债务的债权人，不得从破产人的个人财产（the separate property）中收取剩余财产的分配，直至所有独立债权人（all the separate creditors）已经收取其各自债权的全部金额为止。

142 共同和独立财团的管理费用的分摊（apportionment）

如果有共同及独立财团正在被管理中，受托人须在顾及为每个财团所作的工作及该财团所获得的利益后，在共同和独立财团之间公平分摊管理该等财团的开支及附带费用。

143 对住处较远的债权人等作出规定

在计算和分配剩余财产时，受托人应对下列情形作出（特殊）规定：

（a）在破产人的陈述中出现的破产中可证明的债权，或以其他方式所欠居住在离受托人办公地很远地方的人的债权（在正常的通信过程中，这些人没有足够的时间来提供其债权证明）；以及

（b）在破产中可证明的债权，其债权证明已提交，但尚未被认可的。

144 在宣布分配前未证明债权的债权人的权利

在宣布分配前未证明其债权的债权人，有权从受托人手中当时可用（for the time being in the hands of the trustee）的任何款项中获得其在该款项用于支付未来分配前未能获得的分配（to be paid dividends that he or she has failed to receive before that money is applied to the payment of a future dividend），但他或她无权在证明其债权之前干扰已宣布的财产分配（is not entitled to disturb the distribution of a dividend declared before he or she proved his or her debt）。

145 最终分配（Final dividend）

（1）在符合本条的规定下，当破产财团的受托人已变现破产人的全部财产，或者在他或她看来可尽量变现而无须不必要地延长受托人的任期时，则他或她应宣布及派发最终分配。

（2）受托人须将所有已变现而先前尚未派发的款项作为最终分配派发，并应将最终分配派发而无须顾及在他或她宣布最终分配时尚未证明的任何债权。

（3）受托人须在宣布最终分配前，以法规所规定的方式，向每位据其所知声称是或可能声称是债权人但尚未证明其债权的人发出通知，说明如果该人在该通知所指定的期间内未能证明其债权，受托人将继续宣布最终分配，而不考虑其请求。

（4）受托人在依据第（3）款送交任何人的通知中，须允许该人在合理期间内证明其

---

① 译者注：对于承认两合或股份两合公司的国家而言，firm 在此处翻译成公司毫无问题。中国虽然没有两合类公司，但是如果只有单独“firm”一个词出现的地方，翻译成公司也未尝不可（本书其他地方就有将 firm 翻译成公司的，更易于理解）。但是如果 firm 和 partner 同时出现，翻译成“公司的合伙人”，对于中国读者来说就容易认为是翻译错误。因此，由于此处 firm 和 partner 同时出现，firm 翻译成商号（不能翻译成公司，而翻译成事务所又可能太狭窄）。

债权。

（5）法院可应声称是债权人之人的申请，延长该人证明其债权的期限。

（6）凡受托人已依据第（3）款就宣布最终分配而发出通知的，直至该通知所指定的期限之后21天届满为止，或者如果法院根据第（5）款，将某人可证明其债权的期限延长，则直至该延长期限之后21天届满为止，受托人不得宣布破产（最终）分配。

146 破产人未提交事务陈述书时的破产分配

如果破产人未能按本法规定提交其事务陈述书，法院可以应受托人的申请，按照法院认为适当的条款，命令已证明其债权的债权人，按照本节进行破产分配，如同破产人已提交其事务陈述书，而该等债权人在该陈述书中已被称为债权人一样。

147 无破产分配的诉讼

（1）对破产财团的受托人而言，破产分配的诉讼与受托人无关，但如果由于受托人疏忽或拒绝向债权人支付破产分配额的，则法院（在债权人的申请下）如果认为合适，可以命令受托人支付该破产分配额，并可命令受托人支付当时须分配金额的利息以及申请费用。

（2）如果法院命令破产人财团的受托人支付分配金额的利息或支付根据第（1）款提出申请的费用，受托人须就该等利息或费用的支付负担个人责任，而无权得到破产财团的补偿。

第7部分　免责和失效

第1节　导　　言

148 破产人的误导行为

就本部分而言，某破产人被视为关于某一特定金额（本条中被称为相关金额）作出了误导某人（首述之人）的行为（have engaged in misleading conduct），如果：

（a）在未告知某人他或她是仍未免责的破产人的情况下，该破产人单独或与任何其他人联合，从该首述之人处获得相关金额的贷款；或者

（b）在未告知某人他或她是仍未免责的破产人的情况下，该破产人单独或与任何其他人共同从该首述之人处取得货品或服务：

（ⅰ）通过发出由破产人单独或与另一人共同开出汇票、支票或本票的方式，而该汇票、支票、本票是与该应付款项有关的；或者

（ⅱ）通过使用两个或多个这样的手段（by giving 2 or more such instruments），而应付款项的总额等于相关金额的；

或者

（c）在未告知首述之人他或她是仍未免责的破产人的情况下，该破产人单独或与任何其他人联合，与首述之人订立租购协议（a hire - purchase agreement），或者为了从首述之人处租赁或租用（for the leasing or hiring）任何货物而订立协议，该协议是一份租购协议或货物租赁或租用协议，且根据该协议，应付款项总额等于相关金额；或者

（d）在未告知首述之人他或她是仍未免责的破产人的情况下，该破产人单独或与任何其他人联合，从首述之人处获得货物或服务，并承诺向首述之人或另一人支付相关金额或者等于相关金额的总金额（amounts）；或者

（e）在未告知首述之人他或她是仍未免责的破产人的情况下，该破产人单独或与任何其他人联合，通过承诺向该人或另一人提供货物或服务（by promising to supply goods to, or render services for），从首述之人处获得相关金额或者等于相关金额的总金额；或者

（f）该破产人以假名（an assumed name）、他人名义或商号名义（单独或以合伙的形式）经营业务，并且：

（ⅰ）在经营该业务的过程中，该破产人，或如果破产人以商号的名义合伙经营该业务，则由该合伙企业与首述之人打交道；以及

（ⅱ）该破产人未向首述之人告知他或她是仍未免责的破产人。

第2节　依法免责

第A小节　一定期间后免责

149 自动免责

（1）在符合第149A条的规定下，破产人（通过执行本款）依据本条被破产免责。

（2）如果：

（a）该破产人在1991年《破产修正法》第27条生效前成为破产人；以及

（b）在该条生效日期前不久：

（ⅰ）经修订的1966年《破产法》第149（3）（c）项曾适用于该破产人；或者

（ⅱ）根据经修订的1966年《破产法》第149（8）、（12）款作出的命令曾对该破产人有效；

自下列日期开始，该破产人在3年期满时被免责：

（c）该破产人提交其事务陈述书之日；或者

（d）该条的生效之日；

以较晚者为准。

（3）如果该破产人在1991年《破产修正法》第27条生效前成为破产人，并且第（2）款不适用于该破产人的，则该破产人在下列情形下被免责：

（a）自该破产人提交其事务陈述书之日起3年期限届满；或者

（b）该条的生效之日；

以较晚者为准。

（4）如果该破产人在1991年《破产修正法》第27条生效后成为破产人，则该破产人在其提交事务陈述书之日起3年期限届满时被免责。

149A 提出异议时延长破产期限

（1）如果对破产人免责的异议已按照第149G条生效，则除非该项异议被撤回或取消，否则在第149（2）、（3）、（4）款中，凡提及自破产人提交其事务陈述书之日起算的3年期间，即视为提及自规定之日起算的规定年限（is taken to be a reference to the prescribed number of years from the prescribed date）。

（2）就第（1）款而言：

（a）该规定年限为：

（ⅰ）如果作出该项异议所根据的理由为或包括（if the objection was made on a ground, or on grounds that included a ground）第149D（1）（ab）、（ac）、（d）、（da）、（e）、（f）、（g）、（h）、（ha）、（ia）、（k）、（ma）项中的一项——则为8年；或者

（ⅱ）其他任何情况——则为5年；以及

（b）规定之日为：

（ⅰ）如果作出该项异议所根据的理由为或包括第149D（1）（a）、（h）项中的一项——则为破产人返回澳大利亚的日期；或者

（ⅱ）任何其他情形——则为破产人提交其事务陈述书的日期。

（3）如果该项异议被撤回或取消：

（a）该项异议被视为从未被提出过；以及

（b）如果：

（ⅰ）第149（2）、（3）、（4）款所指定的适用于破产人的期间已届满；以及

（ⅱ）对该破产人的免责并无其他异议是有效的；

一旦该项异议被撤回或取消，该破产人即被视为根据第149条被免责。

第B小节　异　　议

149B 对破产免责的异议

（1）受本小节下列规定的约束，在破产人根据第149条破产免责前的任何时候，受托人可以针对该项免责向官方接管人提交一份书面形式的异议通知。

（2）破产财团的受托人如认为符合下列情形，必须提交一份反对破产免责的通知书：

（a）这样做有助于使该破产人履行其尚未履行的义务；以及

（b）该受托人没有其他方法使该破产人履行其尚未履行的任何义务。

149C 异议通知书的格式

（1）异议通知书必须：

（a）列出一项或多项反对理由，且该一项或多项反对理由属于第149D（1）款所列出的一项或多项理由，但并非对已被取消的免责（the discharge that was cancelled）所提出的一项或多项先前的反对理由（a ground or grounds of a previous objection）；以及

（b）提及该受托人认为证明该项理由或其中每项理由的证据或其他材料；以及

（c）阐明受托人基于该项或这些理由反对该项免责的原因。

（1A）第（1）（c）项不适用于第149D（1）（ab）、（d）、（da）、（e）、（f）、（g）、（h）、（ha）、（ia）、（k）、（ma）项所指定的理由。

（2）异议通知并不因为它没有按照第149D（1）款的规定来陈述异议的一项或多项理由而无效，只要从该通知的条款中可以合理地识别出（can reasonably be identified from）该一项或多项理由即可。

149D 异议理由

（1）可在异议通知书内列出下列异议理由：

（a）该破产人在破产日期之前、当日或之后离开澳大利亚，再没有返回澳大利亚；

（aa）因第120、122条，任何转让对该破产案件的受托人无效；

（ab）因第121条，任何转让对该破产案件的受托人无效；

（ac）因第128B条，任何转让对该破产案件的受托人无效；

（ad）因第128C条，任何转让对该破产案件的受托人无效；

（b）在破产日期后，该破产人违反了2001年《公司法》第206A条（取消管理公司的资格）；

（c）在破产日期后，该破产人就一笔或多笔总额超过3,000澳大利亚元的金额，对任何人作出过误导性行为；

（d）该破产人在受托人以书面请求提供有关该破产人的财产、收入或预期收入的书面信息时，未遵守该项请求；

（da）破产日期后，该破产人故意向受托人提供虚假或误导性信息；

（e）该破产人未按本法第6A（1）款或第139U条的规定披露其收入或预期收入的任何详情；

（f）该破产人没有向受托人支付该破产人根据第139ZG条有责任支付的金额；

（g）在破产开始前5年内或在破产期间内的任何时间，该破产人：

（ⅰ）使用了款项，但未能向受托人充分解释该款项的用途；或者

（ⅱ）处置了财产，但未能向受托人充分解释为何没有因该项处置而收取款项，或者该破产人如何处理因该项处置而收取的款项；

（h）当该破产人不在澳大利亚时，受托人要求他或她在某一特定日期或特定期间内返回澳大利亚，但该破产人未能在该日期或该期间内返回；

（ha）该破产人故意不向受托人披露破产当日已经存在的该破产人的法律责任；

（i）破产人曾故意或非故意没有向受托人披露破产当日已经存在的该破产人的法律责任；

（ia）该破产人没有遵守第77（1）（a）（ⅱ）目的规定；

（j）该破产人没有遵守第77（1）（bb）、（bc）项或第80（1）款的规定；

（k）该破产人在受托人依法要求签署文件后拒绝或没有（refused or failed）签署该文件；

（l）该破产人事先未获得受托人的书面批准而缺席其债权人会议，或未就缺席情况向受托人作出合理解释；

（m）该破产人未就其缺席为本法之目的而进行之面谈或审查（an interview or examination），且未就其缺席向受托人作出合理解释；

（ma）该破产人故意不向受托人披露该破产人在任何财产中的实际权益（beneficial interest）；

（n）该破产人故意或非故意没有向受托人披露该破产人在任何财产中的实际权益的。

（2）本条在符合第304A条的规定下具有效力。

149F 向破产人发出的异议通知书副本

（1）受托人提出异议后必须尽快将异议通知书副本连同破产通知书交给破产人，以使破产人可以请求官方接管人复核该受托人的提出异议通知的决定。

（2）根据第（1）款向破产人发出的通知，必须列明第149K（3）款的效力。

（3）违反本条并不影响该异议的有效性。

149G 异议生效日期

异议自异议通知的详细内容被列入国民个人破产索引之日（the day on which details of the notice of objection are entered in the National Personal Insolvency Index）起生效。

149H 管理人因故停止异议

（1）如果在破产人破产免责前的任何时间，受托人不再以某一理由反对该项破产免责，则该受托人必须向官方接管人发出列明其不再反对之理由的通知书，并向该破产人发出该通知书的副本。

（3）如果因任何理由不再有异议，则该项异议在根据第（1）款发出的通知的详情记入国民个人破产索引的最后一天开始时，停止生效。

（4）如果仍有一项或多项反对理由，则该项异议继续对其余一项或多项理由有效。

149J 撤回异议

（1）如果受托人在破产免责前的任何时间撤回其异议，该受托人必须向官方接管人发出撤回异议的通知，并向破产人提交该通知书副本。

（3）在根据第（1）款所发出的通知的详细情况被记入国民个人破产索引的当日，该项撤回开始生效。

第C小节　异议复核

149K 异议的内部复核

（1）检察长可以复核受托人提交异议通知的决定：

（a）由检察长本人主动行使；或者

（b）如果是因为破产人请求，检察长应有足够的理由以证明这种复核是正当的。

（2）如果是因为监察员请求，则检察长必须复核该项决定。

（3）破产人向检察长提出的复核该项决定的请求必须：

（a）不迟于受托人的异议自被通知该破产人之日起60天内，以书面形式送达检察长；

（b）并附有：

（ⅰ）该异议通知书的副本；以及

（ⅱ）破产人为支持该项请求而依据的任何文件。

（5）在收到请求后的60天内，检察长必须：

（a）决定是否复核该项决定；以及

（b）如果检察长决定复核该项决定，则应就该项复核作出决定。

149M 检察长可要求获取更多信息

（1）根据本小节行使职权时，检察长可以：

（a）要求破产人以口头或书面形式提供进一步信息，以支持检察长指定的要求；以及

（b）要求提交异议通知的受托人以口头或书面形式提供检察长指定的关于提交该通知的决定和决定理由的信息。

（2）如果以口头形式提供任何信息，检察长必须以书面形式记录。

149N 被复核的决定

（1）在复核某决定时，如果检察长确信：

（a）提出异议的一项或多项理由并非第 149D（1）款所指定的理由；或者

（b）没有足够证据支持存在一项或多项理由；或者

（c）该一项或多项异议理由不足以证明提出异议的合理性；或者

（d）基于该一项或多项理由，或者基于包括该一项或多项理由的理由而提出的先前的异议已被取消（was cancelled）；

则检察长必须取消该项异议。

（1A）在下列情形下，不得根据第（1）款取消某项异议：

（a）该项异议明确提出了至少一项特别的理由；以及

（b）有足够证据支持在该异议中至少存在一项特别理由；以及

（c）该破产人未能证明其对构成特别理由的作为或不作为（the conduct or failure）有合理的借口（reasonable excuse）。

为此目的，特别理由是指第 149D（1）（ab）、（d）、（da）、（e）、（f）、（g）、（h）、（ha）、（ia）、（k）、（ma）项中所规定的理由。

（1B）在适用第（1A）款时，在有关理由最初开始存在后（when the ground concerned first commenced to exist），不得针对破产人的任何行为发出通知（no notice is to be taken of any conduct of the bankrupt）。

（2）在下列情形下，取消才生效：

（a）可向行政上诉审裁处申请复核检察长该项决定的期限已届满；或者

（b）如有人提出申请，审裁处随即作出决定。

（3）如果检察长未如第（1）款所述而获满意，则应确认该项决定。

149P 检察长将其决定通知破产人和受托人

（1）如果检察长：

（a）复核某决定；或者

（b）拒绝破产人提出的复核某决定的请求；

检察长必须向破产人、受托人和官方接管人（视情况而定）书面通知其对复核或请求的决定。

（2）该通知必须：

（a）列明该项决定；以及

（b）列明作出该项决定所依据的证据或其他材料；以及

（c）说明作出该项决定的理由。

（3）如果决定复核提交异议通知的决定，则该通知还必须包括一项声明，即如果破产人或受托人对检察长的决定不满意的，可依据 1975 年《行政上诉审裁处法》，申请行政上诉审裁处复核该决定。

（4）如果决定拒绝复核提交异议通知的决定，则对破产人的通知还必须包括一项声明，即如果破产人对检察长的决定不满意的，可依据 1975 年《行政上诉审裁处法》，申请行政上诉审裁处复核该决定。

（5）某项决定违反第（3）、（4）款，并不影响该项决定的有效性。

（6）如果在破产人提出对受托人提交异议通知的决定进行审查的请求后 60 天内，检察长没有根据第（1）款向破产人发出书面通知说明检察长之决定的，检察长则被视为已经复核了该项决定并根据第 149N（3）款予以了确认。

149Q 对决定的复核

可向行政上诉审裁处申请复核下列事项：

（a）检察长关于复核受托人提交异议通知决定的决定；或者

（b）检察长拒绝复核受托人提交异议通知决定之请求的决定。

第 4 节　适用于所有免责的规定

152 被免责的破产人提供协助

被免责的破产人，即使已被免责，也必须提供受托人合理要求的协助，以实现和分配被授予受托人的破产人财产。

刑罚：监禁 6 个月。

153 免责的效力

（1）根据本条，当破产人从破产中获免责的，该项免责可以免除他或她在破产中可证明的所有债务（包括有担保的债务），在担保债务的情况下，不论担保债权人是否已经为债权人的一般利益而交出了其之担保（the secured creditor has surrendered his or her security for the benefit of creditors generally）。

{按语：根据 1988 年《高等教育资助法》，本条凡涉及 HEC [Higher Education Commission（高等教育委员会）的缩写] 累积债务和学期债务的操作之处，均受该法第 106YA 条的影响。}

（2）破产人的破产免责不得：

（a）免除该破产人的：

（ⅰ）保证金债务（a debt on a recognizance）；或者

（ⅱ）该破产人因被控触犯联邦、某州或领地的法律，在由执行员或其他公职人员所提起的诉讼中，根据保释承诺书（on a bail bond）而可被追讨的债务；或者

（aa）免除该破产人根据第 139ZG（1）款向受托人支付款项的责任；或者

（b）免除该破产人因欺诈、欺诈性违反其作为当事人的信托而招致的债务或者其因欺诈而获得宽限的债务（release the bankrupt from a debt incurred by means of fraud or a fraudulent breach of trust to which he or she was a party or a debt of which he or she has obtained forbearance by fraud）；或者

（c）除法院根据第（2A）款所作出的命令另有规定外，免除该破产人根据扶养协议或扶养令而须承担的任何责任。

［按语：已免责的破产人仍须根据罚款令承担责任，因为该等责任在破产中属于不能被证明的（are not provable），见第 82（3A）款。］

（2A）法院可命令将破产人从破产中免责，以免除该破产人根据扶养协议或扶养令缴付欠款的责任，法院可对免责的范围及条件作出其认为适当的规定。

（3）破产人的破产免责不影响担保债权人的权利，或任何人通过或根据（any person claiming through or under）他或她（该担保债权人）请求变现或以其他方式处分他或她的担保的权利：

（a）如果担保债权人尚未在破产中证明其担保债权的任何部分，为了取得对该担保债权之受偿的目的；或者

（b）如果担保债权人在破产中已经证明了其部分担保债权，为了获得其在破产中尚未证明的部分担保债权之目的；

而且，为了使该担保债权人或某人有权，通过或根据他或她请求变现或处分他或她的担保（而非其他方式），则该担保债权或部分担保债权，视情况而定，应被视为未因破产免责而被免除（and, for the purposes of enabling the secured creditor or a person claiming through or under him or her so to realize or deal with his or her security, but not otherwise, the secured debt, or the part of the secured debt, as the case may be, shall be deemed not to have been released by the discharge of the bankrupt）。

（4）任何人在某破产人成为破产人之日，如有下列情形，则该破产人的破产免责并不免除该人的任何法律责任：

（a）与该破产人是合伙人或共同受托人（关系），或与该破产人受共同约束，或曾与该破产人订立共同合同的；或者

（b）是破产人的保证人或具有保证人性质的人。

（5）当破产人已经从破产中获得免责，则破产中的或有关破产的所有法律程序，均须视为已经被有效地进行完毕（all proceedings taken in or in respect of the bankruptcy shall be deemed to have been validly taken）。

第 5 节　破产的失效

153A 债务清偿失效（Annulment on payment of debts）

（1）如受托人确信破产人的所有债务已全部清偿，则在最后一次此等债务清偿的日期，该破产因本款的效力而失效。

（1A）在确定是否已经全额清偿有利息的债务时，该利息必须计算至并包括该等债务（包括利息）的偿付日期。

（2）受托人必须在自该日期（失效日期）起算的 2 天期限届满前，向官方接管人发出

一份书面证明书，列明该名前破产人的（the former bankrupt’s）姓名、破产编号及失效日期。

处罚：5 个罚金单位。

[按语：另见第 277B 条（关于侵权通知）。]

（3）违反第（2）款是一项须负严格法律责任的罪行。

（按语：严格法律责任见《刑法》第 6.1 条。）

（4）就本条而言，如一项债权已由债权人证明，但找不到或无法识别该债权人（but the creditor cannot be found or cannot be identified），则该债权可被支付给官方接管人，且就本条而言，该债权须被视为已被全部支付给了该债权人。

（4A）官方接管人根据第（4）款收取的款项，是代表联邦政府收取的。

（5）如款项根据第（4）款被支付给了官方接管人，则第 254（3）款至第（9）款的条文适用于该款项，如同该款项已由受托人根据第 254（2）款支付给了联邦政府一样。

（6）在本条中：

破产人的债务是指经破产案件中被证明成立的全部债务，包括承担利息之债务的利息，以及管理破产的成本、收费和开支，包括受托人的报酬和开支。

153B 被法院宣告失效

（1）如法院确信不应作出扣押令或者（如属债务人申请的破产）确信该申请不应被提交或官方接管人不应接受该申请，则法院可作出命令，宣告该破产失效。

（2）如属债务人申请的破产，则在提出申请时，不论破产人是否已经无力偿债，（法院）均可作出该命令。

（3）受托人必须在知悉该命令（宣告失效的命令）当日起算的 2 天期限届满前，向官方接管人发出一份书面证明书，列明该名前破产人的姓名、破产编号及失效日期。

处罚：5 个罚金单位。

[按语：另见第 277B 条（关于侵权通知）。]

（4）违反第（3）款是一项须负严格法律责任的罪行。

（按语：严格法律责任见《刑法》第 6.1 条。）

154 失效的效力

（1）如果任何人（在本条中被称为前破产人）的破产根据本节被宣告失效：

（a）受托人或任何在失效前根据受托人或法院授权行事之人所合理作出的一切财产出售、处置及付款，以及所作出的一切行为，均视为已被有效地作出或完成（are taken to have been validly made or done）；以及

（b）受托人可运用仍归属于其的前破产人之财产，支付破产管理的成本、收费及开支，包括受托人的薪酬及开支；以及

（c）除第（3）、（6）、（7）款另有规定外，仍归属于受托人的前破产人财产的剩余部分（如有的话）归还（reverts to）破产人。

（2）如第（1）（b）项所提及的前破产人的财产不足以支付该项所提及的成本、收费

及开支，则不足的金额是前破产人欠受托人的债务，并可由受托人通过在具有司法管辖权的法院对该前破产人所提起的诉讼中进行追讨。

（3）如果主张第（1）（c）项所提及的财产权益的人向法院提出申请，法院在听取其认为适当之人的意见后，可无条件地或在法院认为公正及公平的条件下，作出命令，将该财产归属于或交付给法院认为出于公正和公平，应将其归属于或交付给的某人（a person）或该人的受托人。

（4）除第（5）款另有规定外，如根据第（3）款作出将财产归属某人的命令，该财产即已归属于该人，而无须任何转易、转让或协议。

（5）如果：

（a）该命令所关乎的财产，是联邦、某州或领地的法律规定须经登记的财产；以及

（b）该法律允许登记此类命令；

即使该命令所指名的人被授予了对该财产的权益，但在该法律的规定得到遵守之前，该财产在法律上也尚未归属于该人。

（6）下列情形下，法院可作出命令，指示受托人不得将第（1）（c）项所提及的财产或该财产的指定部分支付或转让给前破产人，当：

（a）第（6A）款所述之人根据本款申请作出命令；以及

（b）法院确信：

（ⅰ）根据《犯罪所得法》的规定，诉讼仍在进行中；以及

（ⅱ）前破产人的财产可以：

（A）成为诉讼程序中的没收令或州际没收令的对象；

（B）被请求用于履行诉讼程序中所作出的罚款令（pecuniary penalty order）或州际罚款令（interstate pecuniary penalty order）。

（6A）就第（6）（a）项而言，申请可由下列人士提出：

（a）在与2002年《犯罪所得法》的没收令或罚款令有关的未决诉讼中，联邦犯罪所得主管机关，或被提议为该法令下适用该命令的主管机关；或者

（b）在相应法律下的未决诉讼中，有权根据相应法律申请州际没收令的人。

（7）法院可应向其提出的申请，更改或撤销根据第（6）款所作出的命令。

第8部分　受　托　人

第1节　任命和法定名义

156A 同意担任受托人

（1）注册受托人可借其签署并送交官方托管人存档的文书，同意从事下列行为：

（a）在债务人破产的情况下，作为该文书所指定的债务人财团的受托人；或者

（b）身为该文书所指定的债务人的共同及单独财团的受托人，而该等债务人是合伙人或并非彼此合伙的共同债务人（joint debtors who are not in partnership with one another），可能会破产的，或如该等债务人中只有一人破产，作为该债务人财团的受托人。

（2）根据第（1）款所订立的文书，须符合标准格式。

（3）当：

（a）在债务人成为破产人时，注册受托人已根据第（1）款同意出任债务人财团的受托人，而该项同意并未被撤销的，则该注册受托人在当时即因本款的效力而成为破产财团的受托人；以及

（b）当2名或2名以上的债务人（该2名或2名以上的债务人是合伙的成员或并非彼此合伙的共同债务人）破产时，注册受托人已根据第（1）款同意出任该等债务人的共同及单独财团的受托人，而该项同意未被撤销的，则注册受托人在当时根据本款的效力成为破产人的共同及单独财团的受托人。

157 受托人的任命（appointment，指定、委任）

（1）凡债务人破产，如官方受托人是破产财团的受托人，债权人可在债权人会议上通过决议任命一名注册受托人代替官方受托人出任破产财团的受托人职位。

（2）在根据第（1）款任命注册受托人为破产财团的受托人或其中一名受托人时，身为破产财团受托人的人（在本条中被称为相关受托人）须在切实可行的范围内尽早书面通知注册受托人，他或她已被如此任命。

（3）如果根据第（1）款获任命的注册受托人在接到有关受托人的任命通知后10天内，书面通知有关受托人他或她接受该职位的，官方托管人须向他或她发出任命证明。

（4）根据第（1）款所作出的受托人的委任，自官方托管人发出的任命证明生效之日起生效。

（5）如果根据第（1）款获得任命的注册受托人在接到相关受托人（the relevant

trustee）关于其（该注册受托人）的任命通知后 10 日内，没有如此知会（does not so inform）相关受托人的，则他或她须被视为拒绝了该项任命，而相关受托人，除非债权人的决议已对紧急事件作出了规定，否则须在切实可行的范围内尽快召开另一次债权人会议，以便根据第（1）款任命另一名注册受托人出任受托人职位。

158 任命一名以上的受托人等

（1）债权人如认为合适，可共同地（jointly）或连带地（jointly and severally，共同且分别）任命 2 名或 2 名以上的注册受托人担任受托人职位，在上述任何一种情况下，破产人的财产归属于这些作为联合共有人的注册受托人。

（2）债权人如认为合适，在（其他）被任命的一名或多名注册受托人拒绝担任或因任何理由停止担任受托人职务的情况下（in the event of one or more of the registered trustees appointed declining to act or ceasing for any reason to hold the office of trustee），可以任命注册受托人连续担任受托人（act as trustees in succession）。

（3）在本条中，凡提及注册受托人，涉及破产财团受托人的任命的，均包括提及因第 156A（3）款成为破产财团受托人的注册受托人。

159 受托人职位的空缺

（1）债权人可在债权人会议上填补受托人职位的空缺。

（2）官方托管人须应债权人的请求，召集债权人会议，以填补该空缺。

（3）就本条而言，尽管官方受托人由于第 160 条的实施而暂时填补了受托人职位的，但该职位仍被视为空缺。

（4）第 157、158 条的规定，在其能适用的范围内，适用于根据本条对新受托人的任命并与该项任命有关。

160 没有注册受托人担任受托人时，由官方受托人担任受托人

在任何时候如果没有注册的受托人担任破产财团的受托人，则官方受托人应以本条的效力担任该财团的受托人。

161 受托人可以法定名义行事

（1）破产财团的受托人可以规定的法定名义起诉和应诉，并可以该名义持有、处置或取得各种财产、签订合同、订立对受托人及其继任者有约束力的契约，以及作出在执行其职务时需要或适宜作出的所有其他行为和事项。

（2）就第（1）款而言，规定的法定名义为“破产人（破产人名称）财产的受托人”。

（3）本条适用于根据 1975 年《家庭法》进行的法律程序，其适用方式与本条适用于某诉讼的方式相同。

（4）如果：

（a）某人（第一受托人）不再是破产财团的受托人；以及

（b）根据 1975 年《家庭法》，第一受托人是一方当事人的诉讼在终止前仍悬而未决；以及

（c）另一人（第二受托人）成为第一受托人的继任者；

第二受托人以本款的效力取代第一受托人作为诉讼的一方当事人。

第 2 节　官方受托人及官方托管人的报酬及费用

163 官方受托人的报酬

（1）官方受托人的报酬应由部长通过立法文件确定。

（2）须支付一笔相当于官方受托人收取的报酬的金额，给联邦政府。

［按语：报酬可能是针对官方受托人作为破产财团的受托人所做的工作，或者针对根据本法在任何其他情况下所做的工作（例如官方受托人作为个人破产协议的受托人所做的工作）。］

163A 官方托管人的成本及开支

（1）如任何官方托管人根据本法就破产人行使任何权力，则官方托管人在行使该权力方面的成本及开支，视为破产财团管理的成本及开支。

（2）如任何官方托管人应破产财团受托人的请求，根据本法行使任何权力，受托人应向官方托管人支付部长通过立法文件确定的收费。

（3）官方托管人根据第（2）款所收取的款项是代表联邦政府收取的。

第 5 节　离职（vacation of office）

180 受托人的辞职（resignation）

法院可以根据其认为公正的条款和条件，接受注册受托人从某财团受托人的职位上辞职。

181A 替换受托人的简化方法

（1）某破产财团的现任受托人可以在另一受托人（注册受托人或官方受托人）的书面同意下，提名（nominate）另一受托人为该财团的新受托人。

（2）现任受托人必须向有权收到债权人会议通知的所有债权人发出提名通知。

（3）该通知必须：

（a）指定建议新任受托人成为有关财团的受托人的日期（在发出通知最少 10 天后）；以及

（b）说明任何债权人可在指定日期至少 2 天前书面通知受托人，反对该项提名在没有债权人会议的情况下生效。

（4）如没有债权人在指定日期至少 2 天前向现任受托人提交反对通知书，则新任受托人在通知书所指定的日期，取代现任受托人为有关财团的受托人。

（5）就本法而言，新任受托人被视为已由债权人任命。

（6）由新任受托人签署的证明书，说明了与根据本条更换前任受托人有关的任何事宜的，即该项事宜的初步证据。

183 法院解除注册受托人的职务

（1）受托人可向法院申请对某财团的受托解除令。

（2）如法院确信受托人：

（a）已将破产人的全部财产或其可变现的部分变现，且无须过分延长托管期，或者已经派发完毕最终的财产分配；

（b）因根据第 4 部分第 6 节批准的和解或安排方案而停止履职；或者

（c）辞职或被免职；

法院可作出所申请的命令。

（3）在审理该申请时，法院还必须考虑由检察长、官方托管人、债权人或任何其他利害关系人对所申请的命令提出的任何异议。

（4）根据本条所发出的受托解除令：

（a）免除受托人在管理破产财团时所作的任何行为或所犯的任何失职的一切责任；以及

（b）如受托人尚未辞职或被免职，则须采取行动将其免职。

（5）根据本条所作出的受托解除令，如有证据证明是通过欺诈、压制（suppression）或隐瞒重要事实而取得，法院可撤销该命令。

（6）凡某受托人去世，管理受托人财团的人可向法院申请命令，免除受托人财团因该受托人管理其曾任受托人的财团所引起的任何债务请求，而法院在接到该项申请后，可作出其认为在有关情况下适当的命令。

（7）本条不适用于官方受托人。

184 7 年后依法解除注册受托人的职务

（1）如果破产财团的受托人：

（a）是注册受托人；以及

（b）尚未根据第 183 条解除其财团受托人的职务；

该受托人在官方托管人将“有关财团的管理已完成”这一事实记入国民个人破产索引之日起算的 7 年届满时，获解除职务。

（3）根据本条强制解除某受托人对财团的托管，其效力与根据第 183 条作出的解除令相同。

184A 解除官方受托人的职务

（1）凡根据第 183、184 条将注册受托人解除职务后，官方受托人成为破产财团的受托人，该官方受托人不会因其成为受托人而对先前受托人所作的行为、所犯的失职或所招致的责任承担个人责任。

（2）自官方托管人将“有关财团的管理已完成”这一事实记入国民个人破产索引之日起算的 7 年届满时，官方受托人获解除破产财团的受托人职务。

第9部分　债 务 协 议

第1节　简　　介

185 定义

在本部分中，除非出现相反的意图：

账户冻结通知是指根据第186LB（2）款发出的通知。

充分和适当的诚信保险（adequate and appropriate fidelity insurance）具有受第185A条影响的含义。

充分和适当的专业赔偿保险具有受第185A条影响的含义。

受影响的债权人指：

（a）就更改或终止债务协议的建议而言，指作为协议缔约方（作为债权人）的债权人；或者

（b）就债务协议建议而言，如果提出该建议，将成为该建议的缔约方的债权人。

适用期限：

（a）就债务协议建议而言，是指：

（ⅰ）如果官方托管人于（当年）12月底，即接受该建议后第42天结束时，接受该处理建议；或者

（ⅱ）其他情形，在官方托管人接受该处理建议后的第35天结束时；或者

（b）就更改债务协议的建议而言，是指：

（ⅰ）如果该建议是在12月底提交给官方托管人的，即该建议提交后第42天结束时；或者

（ⅱ）其他情形，在将该建议提交给官方托管人后的第35天结束时；或者

（c）关于终止债务协议的建议，是指：

（ⅰ）如果该建议是在12月底提交给官方托管人的，即该建议提交后第21天结束时；或者

（ⅱ）其他情形，在将该建议提交给官方托管人后的第14天结束时。

基本资格考试具有第186A条所赋予的含义。

第5章法人团体的含义与2001年《公司法》中的相同。

公司的债务协议活动是指公司与下列事项有关的活动：

（a）公司作为管理人（the administrator）的债务协议建议；以及

（b）公司作为管理人的债务协议。

指定的6个月拖欠违约（designated 6 – month arrears default）具有第185LC（3）款所赋予的含义。

被冻结的债务是指：

（a）债务人所欠的债务，而该债务人已提出了一项经官方托管人接受后即可用于债务处理的协议建议；以及

（b）是与拟议债务协议有关的可证明债务，如果该协议成立；

但不包括根据扶养协议或扶养令而产生的债务（无论何时签订或作出）。

就债务协议建议而言，拟议管理人是指根据第185C（2）（c）项指定的人。

可证明的债权，就债务协议而言，是指在国民个人破产索引中记录了接受有关债务协议处理建议的情况下，如果该债务人已破产，则本应在破产中获得证明的债权。

注册的债务协议管理人是指根据第186D条注册为债务协议管理人的人。

185A 充分和适当的专业赔偿和诚信保证保险（professional indemnity and fidelity insurance）

检察长可通过立法文件，就下列一种或两种情形，决定什么（情形）构成适当的专业赔偿保险和适当的诚信保证保险：

（a）（案件的）具体情况；

（b）一个或多个指定类别的注册债务协议管理人。

第2节　债务协议建议

185C 向官方托管人提交债务协议建议

提交债务协议建议

（1）无力偿债的债务人可向官方托管人提出订立债务协议的书面建议。

债务协议建议的请求

（2）债务协议建议必须：

（aa）采用标准的格式；以及

（a）指定须根据该协议进行处理的债务人财产；以及

（b）指定如何处理这些财产；以及

（c）授权指定人士（官方受托人、注册受托人或注册债务协议管理人，而非债务人）以指定的方式处理指定的财产；以及

（d）规定：

（ⅰ）与该协议有关的所有可证明债权均享有同等地位；以及

（ⅱ）如果债务人根据协议就这些可证明债权支付的总金额不足以全额偿还这些可证明债权的，则应按比例偿还这些可证明债权；以及

（e）规定债权人无权就可证明债权收取比债权金额更多的款项；以及

（f）规定与本协议有关的可证明债权的金额，须在接受处理建议时确定，并记入国民个人破产索引；以及

（g）如果债权人是担保债权人，则规定如果该债权人在协议有效期间未实现其担保，则为了计算根据协议应支付给该债权人的金额，该债权人仅在可证明债权的金额超过该债权人的担保价值的范围内（如有的话）被视为债权人；以及

（h）如果债权人是担保债权人，则规定如果该债权人在本协议有效期间实现了其担保，为计算根据本协议须支付给债权人的金额，该债权人只在扣除变现的净额后欠该债权人的任何余额范围内被视为债权人（to be a creditor only to the extent of any balance due to the creditor after deducting the net amount realised）；以及

（i）由债务人签署；以及

（j）指定债务人签署该项建议的日期。

（2AA）债务协议建议不得规定债务人在下列期间之后根据本协议支付与本协议有关的可证明债权：

（a）自协议签订之日起 3 年；或者

（b）如果第（2AB）款适用于债务人，则自协议签订之日起 5 年。

（按语：第 185H 条涉及债务协议的订立时间。）

（2AB）如果在债务人向官方托管人提交债务协议建议时，该债务人在澳大利亚的不动产中拥有下列任何一项权益，且该不动产既是该债务人的住所也是其主要居住地的，则本款适用于该债务人：

（a）是长期租约项下的权益；或者

（b）任何其他法律或衡平法上的财产或权益，下列权益除外：

（ⅰ）租赁权益（长期租赁除外）；或者

（ⅱ）许可证（licence，执照）下的权益；或者

（ⅲ）终身权益（a life interest）；或者

（ⅳ）地役权权益（an interest in an easement）；或者

（ⅴ）以信托形式为另一人持有的权益；或者

（ⅵ）就本项而言，根据第（2AD）款在文书中确定的一类权益。

（2AC）按照第（2AA）及（2AB）款的规定，如果债务协议建议规定债务人（针对与协议有关的可证明债权，在自协议订立之日起算的 3 年后，而非 5 年后）根据该协议付款，根据第（2）（a）项所确定的财产不得包括第（2AB）款所涵盖的任何权益。

（2AD）部长可通过立法文件为第（2AB）（b）（ⅵ）目之目的确定一种权益。

（2A）债务协议建议不得规定将财产（金钱除外）转让给某债权人。

（2B）提交给官方托管人的债务协议建议，必须附有一份以标准格式作出的解释性陈述，包含该格式所规定的信息。

（2C）债务人的第（2B）款所规定的陈述可与其债务协议建议包含于同一文件内。

（2D）向官方托管人提交的债务协议建议书中，必须附有拟任的管理人（the proposed administrator）签署的证明书，用以声明：

（a）该拟任的管理人同意根据第（2）（c）项被指定（being specified）；以及

（b）该拟任的管理人已向债务人提供法规所列明的信息；以及

（c）如果第（4C）款不适用于债务人，则在考虑到：

（ⅰ）在债务人签署事务陈述书时存在的情形；以及

（ⅱ）其他有关事项；

该拟任的管理人有合理理由相信，如同债务到期以及当债务（实际）到期时，债务人有可能被免除协议所规定的义务；以及

（d）该拟任的管理人有合理理由相信债务人的事务陈述书中要求列明的所有信息均已在该陈述书中被列明；以及

（e）该拟任的管理人有合理理由相信债务人在第（2B）款所规定的陈述书中被要求列明的所有信息，均已在该陈述书中被列明；以及

（f）如某人（经纪人）将债务人转介给该拟任的管理人，列明该经纪人与拟任的管理人之间关系的详情，以及该拟任的管理人就该项转介（that referral）向该经纪人已作出或者将作出的任何付款的详情；以及

（g）在某人成为受影响的债权人时，如果该人是该拟任的管理人的关联实体，指定该受影响的债权人的名称以及该受影响的债权人与拟任的管理人之间关系的性质。

（2DA）如第（4C）款适用于债务人，则提交给官方托管人的债务协议建议书，亦须附有根据第（4C）（b）项所发出的证明书。

（2E）债务协议建议不得由 2 名或多名债务人共同提出。

（2F）如果债务协议建议被表示为受在该建议被接受后指定期限内发生的特定事件限制，则该指定的期限不得超过 7 天。

债务协议建议可能包括哪些内容

（3）债务协议建议可以规定与债务人财务有关的任何事项。

如果拟任的管理人不是官方受托人，该建议还可以规定拟任的管理人的报酬。

管理人报酬

（3A）如果债务协议建议规定了拟任的管理人的报酬，债务协议建议必须：

（a）规定拟任的管理人的报酬总额等于根据本协议，债务人对可证明债权所应支付总额（payable by the debtor under the agreement in respect of provable debts）的特定百分比（报酬总额百分比）金额；以及

（b）规定，如果债务人根据本协议对可证明债权支付了一笔金额（个人债务偿还金额）：

（ⅰ）该债务人还必须向拟任的管理人支付根据协议所确定的金额（个人报酬金额）；以及

（ⅱ）个人报酬金额不得超过个人债务偿还金额中根据报酬总额百分比所计算的金额；

以及

（ⅲ）拟任的管理人必须将个人报酬金额用于满足其根据该协议获得报酬的权利。

费用的补偿

（3B）债务协议建议还可规定，对于该建议中所指定的费用［该费用是由拟任的管理人在管理因接受相关建议而制定的任何债务协议所招致的（expensesa kind specified in the proposal that are incurred by the proposed administrator in administering any debt agreement resulting from the acceptance of the proposal）］，拟任的管理人可获补偿。

当债务人无法提出债务协议建议时

（4）某债务人（被视为）不能在特定时间（建议时间）向官方托管人提供债务协议建议，当：

（a）在建议时间前10年内的任何时间，该债务人：

（ⅰ）已经是一名破产人；或者

（ⅱ）曾为债务协议的缔约方（作为债务人）；或者

（ⅲ）曾根据第188条被授权；或者

（b）在该建议时间，该债务人的无担保债务总额超过：

（ⅰ）阈值金额（the threshold amount，门槛金额）；或者

（ⅱ）如果法规为此目的规定了更大的金额，则为所规定的金额；或者

（c）在该建议时间，如果该债务人破产，债务人财产在债权人之间可分割的价值是阈值金额的两倍以上；或者

（d）在自该建议时间开始起算的一年中，该债务人的税后收入［见第（5）款］可能超过阈值金额的四分之三；或者

（e）如果第（2AB）款不适用于该债务人，则使用下列公式计算的金额（以百分比表示）超过根据第（4B）款在文书（aninstrument）中确定的百分比［除非第（4C）款适用于该债务人］：

［债务协议下债务人将被要求作出的偿债总额＋低收入债务人金额（见第（5）款）］/该建议时间起算的年度的债务人的税后收入①［见第（5）款］

（4A）第（4）（a）（ⅰ）目不适用于根据第153B条被撤销的破产。

（4B）部长可以通过立法文件决定：

（a）就第（4）（e）项而言的百分比（可超过100%）；

（b）就第（5）款中低收入债务人金额的定义而言的金额。

（4C）本款适用于债务人，如果：

（a）使用第（4）（e）项下的公式计算出的金额（以百分比表示）超过根据第（4B）款在文书中所确定的百分比；以及

（b）拟任的管理人向债务人提供一份由该拟任的管理人所签署的证书，说明在考

---

① 译者注：原文为“the debtor’s after Taxincome in the year beginning at the proposal time”。

虑到：

（ⅰ）在债务人签署事务陈述书时存在的情况；以及

（ⅱ）其他有关事项；

该拟任的管理人确信，该债务人可能能够在如同债务到期或债务实际到期时，被免除该协议所规定的义务。

（4D）任何人如有下列情形，即属触犯严格法律责任罪：

（a）该人根据第（4C）（b）项发出证明书；以及

（b）在颁发该证明书之前，此人没有：

（ⅰ）合理查询债务人的财务状况；或者

（ⅱ）采取合理步骤核实债务人的财务状况。

[按语：另见第277B条（关于侵权通知）。]

处罚：60个罚金单位。

（5）在本条中：

税后收入，就该债务人和案件所在年度而言（in relation to a debtor and a year），是指该债务人在该年度的应纳税所得额，减去根据应纳税所得额所征收的所得税和医疗保险税（如果该年度不是实际的收入年度，则将该年度视为收入年度）后可能的金额。

（按语：就本定义而言，应税收入、所得税和收入年份与1936年《所得税评估法》中的含义相同，而医疗保险税是指根据1986年《医疗保险征费法》所征之税。）

租赁包括转租。

长期租赁是指该租赁的期限（包括任何延期或续期）是由联邦、某州或领地所授予的，该期限在该租赁被授予时，有理由相信可能会超过20年。

低收入债务人金额在本定义中是指根据第（4B）款在文书中确定的金额。

就特定时间而言，阈值金额是指在案件发生之时（at that time）1991年《社会保障法》中第3栏第2项，表B第1064－B1点，退休金率计算器A（Pension Rate Calculator A）中所规定的金额的7倍金额。

无担保债权额包括债权价值超过该债权的担保价值的金额。

185D 与债务协议建议一起提交的事务陈述书

（1）向官方托管人提交债务协议建议书的债务人必须向官方托管人提交附有建议书的事务陈述书。

（按语：第6A条规定了对事务陈述书的要求。）

（2）对债务人或受影响的债权人可以不收取费用，由其亲自或由代理人：

（a）查阅事务陈述书；以及

（b）取得事务陈述书的副本或进行摘录。

（3）如果标准格式的事务陈述书显示，该书内的特定信息不会向公众提供，则官方受托人必须确保该信息不会根据本条被提供给债务人（或债务人的代理人）以外的人。

（4）官方托管人可拒绝某人根据本条查阅债务人事务陈述书内的特定信息，理由是：

查阅该项信息会危及或可能危及任何人的安全。

（5）债务人的事务陈述书可与该债务人根据第185C（2B）款所提交的陈述书包含于同一份文件中。

（6）本条并不限制第185C（2B）款。

185E 接受债务协议建议以进行处理

［没有（1），原文如此］

（2）如果债务人向官方托管人提出债务协议建议，在下列情形下，官方托管人可接纳该建议以供处理：

（a）官方托管人确信第185C（2）、（2A）、（2B）、（2E）、（4）款已获遵守；以及

［没有（b），原文如此］

（c）如果债务协议建议被表示为该债务协议建议受限制于被接受后的指定期限内所发生的特定事件，则官方托管人确信第185C（2F）款已获遵守；以及

（d）如果该建议规定了根据第185C（2）（c）项所指定人员的报酬，则官方托管人确信第185C（3A）款已获遵守；以及

（e）官方托管人确信该项建议所附的事务陈述书是合理的（is in order）。

（2AA）官方托管人不得接受债务协议的建议进行处理，除非该建议是在债务人签署建议之日后14天内提供给官方托管人的。

（2AB）如果官方托管人合理地相信遵守债务协议会对债务人造成不适当的困难，则官方托管人可拒绝接受处理债务协议的建议。

（3）如果官方托管人认为不接受处理债务的建议会更有利于债权人的利益，则官方托管人不得接受处理债务协议的建议。

（4）向官方托管人提出债务协议建议的债务人，可向行政上诉审裁处提出申请，以复核官方托管人是否接受处理该建议的决定。

（5）如果官方托管人接受依债务协议的建议进行处理，则其必须按照第185EA条处理该建议。

185EA 债务协议建议的处理

官方托管人处理建议

（1）如果第185E（5）款请求官方托管人处理某债务协议建议，官方托管人必须致函其所知道的每名受影响的债权人，请求每名受影响的债权人表明是否应接受该建议。

致函债权人以处理建议

（2）在根据第（1）款向每名受影响的债权人就某债务协议建议发出书面通知时，官方受托人必须：

（a）向债权人提供下列文件的副本：

（ⅰ）该债务协议建议；以及

（ⅱ）债务人根据第185C（2B）款所做的陈述；以及

（ⅲ）根据第185C（2D）款所发出的证明书，以及根据第185C（4C）（b）项所发出

的任何证明书，这些证明书是附随于该债务协议建议书的；以及

（b）请求债权人作出书面声明，说明是否应接受该债务协议建议；以及

（c）通知债权人应向谁提供声明以及在适用的截止日期之前提供该声明的必要性。

（3）第（2）（b）项的陈述必须采用标准格式。

（4）第（2）（b）、（c）项不适用于下列受影响的债权人：

（a）是拟任的管理人；或者

（b）在成为受影响的债权人时，是拟任的管理人的一个关联实体。

185EB 检查债权人的声明

如果某受影响的债权人给出了第 185EA（2）（b）项要求的声明：

（a）债务人；或者

（b）任何其他受影响的债权人；

可以在不收取其［是上述（a）项或（b）项哪一种情形的，这里的“其”就指对应的人］费用的情况下，由其亲自或由代理人：

（c）查阅该声明；以及

（d）取得该声明的副本或摘录。

185EC 接受债务协议建议

书面接受

（1）在下列情形下，接受债务协议建议：

（a）官方受托人根据第 185EA 条致函债务人的受影响的债权人；以及

（b）在适用的最后期限前作出答复的债权额多数的债权人表示应接受该建议。

（1A）就第（1）（b）项而言，不考虑下列受影响的债权人：

（a）是拟任的管理人；或者

（b）在成为受影响的债权人时，是拟任的管理人的一个关联实体。

接受的时间

（2）根据第（1）款被接受的债务协议建议，被视为是在适用的截止期限内被接受的（is taken to be accepted at the applicable deadline）。

债权人的债权额

（3）就第（1）（b）项而言，在评估作为债务人的关联实体的债权人的债权额时，转让给该债权人的任何债权的价值均被视为等于该债权人为该项转让而给予的对价的价值。

（4）就第（1）（b）项而言，债权人的债权额，应在接受该债务协议处理建议的事实，被记录于国民个人破产索引之时进行评估。

（5）就第（1）（b）项而言，只有在担保债权人的债权金额（如有的话）超过该债权人的担保的价值的范围内，才将其视为债权人。

违法行为

（6）任何人如有下列情形，即属犯罪：

（a）该人是与债务协议建议有关的拟任的管理人；以及

（b）该人给予、同意或提出给予受影响的债权人任何有值对价（valuable consideration）；以及

（c）该人这样做的目的是确保受影响的债权人接受或不接受该建议。

违反本款的刑罚：监禁6个月。

185ED 取消接受处理债务协议建议

范围

（1）本条适用于下列情形：

（a）官方托管人已接受处理债务协议建议；以及

（b）适用的最后期限尚未到期。

取消

（2）如有下列情形，官方托管人可取消接受处理债务协议建议：

（a）官方托管人意识到债务人的事务陈述书内并未披露一名或多名受影响债权人的情况；或者

（b）官方托管人意识到：

（ⅰ）债务人的事务陈述书；或者

（ⅱ）债务人根据第185C（2B）款所作声明；

由于遗漏了一个重要的细节或者因为在一个重要的细节上不正确而有缺陷；或者

（c）官方托管人意识到债务人的情况发生了下列重大变化：

（ⅰ）并未在债务人根据第185C（2B）款所作声明或债务人的事务陈述书中被预示（was not foreshadowed，能被合理预见）；以及

（ⅱ）官方托管人认为能够影响受影响的债权人是否接受该建议的决定；或者

（d）官方托管人意识到，如果官方托管人在接受处理债务协议建议时知道存在该等事项（matter）的，会因第185C（4）款未获遵守之理由而拒绝接受该项建议。

取消通知

（3）如果官方托管人取消接受处理债务协议建议书，则其必须将该项取消以及取消的理由书面通知：

（a）债务人；以及

（b）官方托管人所知道的受影响的债权人。

复核

（4）如果官方托管人决定取消接受债务协议建议的处理，债务人可向行政上诉审裁处申请复核该项决定。

185F 接受处理债务协议建议的效力

（1）债务协议建议的处理被接受后，下列事项将被记录在国民个人破产索引中：

（a）债权人不能申请强制执行已被冻结的债务或者申请强制执行对债务人的人身或财产的救济措施；以及

（b）执行员不得采取行动或进一步行动，根据法院启动（issued）的任何程序执行或

出售财产，以强制支付债务人所欠的被冻结债务；以及

（c）根据联邦、某州或领地的法律，有权保留或扣减已欠或将欠或应付给债务人的款项（to retain or deduct money from money that is or will be owing or payable to the debtor must not retain or deduct money）的人，在下列任何事件发生之前不得保留或扣减该款项：

（d）在下列情形下：

（ⅰ）适用的截止日期已到；以及

（ⅱ）该建议未被接受；

（则该事件为）适用的截止日期的到来；

（e）在下列情形下：

（ⅰ）该建议被接受；以及

（ⅱ）该建议在获得接受后的指定期间内，并未明确规定受某指定事件的限制；以及

（ⅲ）债务协议的详情被录入国民个人破产索引；

（则该事件为）国民个人破产索引录入这些详细信息；

（f）在下列情形下：

（ⅰ）该建议被接受；以及

（ⅱ）该建议被表述为受该建议被接受后的指定期间内所发生的特定事件的影响；以及

（ⅲ）该事件（上目所说的特定事件，下同）在该期间（上目所说的指定期间，下同）内发生；以及

（ⅳ）债务协议的详情被录入国民个人破产索引；

（则该事件为）国民个人破产索引录入这些详细信息；

（g）在下列情形下：

（ⅰ）该建议被接受；以及

（ⅱ）该建议被表述为受该建议被接受后的指定期间内发生的特定事件的影响；以及

（ⅲ）该事件在该期间内未发生；

（则该事件为）该期间的结束；

（h）在官方托管人取消接受处理该建议的情况下，（则该事件为）取消接受；

（i）在该建议失效的情况下，（则该事件为）该建议失效。

（2）第（1）款并不阻止债权人：

（a）就冻结的债务展开法律程序；或者

（b）在该法律程序中采取新的步骤（强制执行判决除外）。

（3）第（1）款并不阻止债权人就《犯罪所得法》规定的法律责任而申请强制执行或强制执行针对债务人人身或财产的救济措施。

185G 债务协议建议的失效（lapsing）

债务协议建议在下列情形下失效：

［原文无（a）］

（b）官方托管人接受该项处理建议，并就此致函受影响的债权人，但在适用的最后期

限前没有收到任何答复；或者

（c）债务人在向官方托管人提出建议后，在根据该建议订立债务协议前去世。

[按语：第 185H 条涉及债务协议的订立。]

第 3 节　订立债务协议

185H 订立债务协议

（1）本条列出订立债务协议的两种情形。

无条件的债务协议建议

（2）如果：

（a）某债务协议建议被接受了；以及

（b）该建议未被表述为受该建议被接受后的指定期间内发生的特定事件的影响；

则：

（c）官方托管人必须在国民个人破产索引中录入该债务协议的详情；以及

（d）该债务协议是在录入这些详情时根据所建议的条款订立的。

（按语：第 185EC 条解释了建议如何被接受。）

有条件的债务协议建议

（3）如果：

（a）某债务协议建议被接受；以及

（b）该建议被表示为受该建议被接受后的指定期间内发生的特定事件的影响；以及

（c）该事件在该期间内发生；

则：

（d）官方托管人必须在国民个人破产索引中录入有关该债务协议的详情；以及

（e）该债务协议是在录入这些详情时根据所建议的条款订立的。

（按语：第 185EC 条解释了建议如何被接受。）

185I 债务协议的当事人

债务协议的当事人为：

（a）债务人；以及

（b）债务人欠其可证明债务的债权人。

185K 防止与债务有关的诉讼

（1）当某债务协议生效时，其详情被录入国民个人破产索引，但债权人不能：

（a）对债务人提出债权人的破产申请；或者

（b）在该债务协议的详情被录入国民个人破产索引前，进一步开展针对债务人所提出的债权人的破产申请；或者

（c）对债务人的人身或财产采取补救措施，或在可证明的债权方面开始或展开新的诉讼程序。

（2）第（1）（c）项并不妨碍债权人就下列一项或多项原因所产生的责任，对债务人或债务人的财产强制执行救济措施：

（a）扶养协议；

（b）扶养令；

（c）犯罪所得法。

（3）当某债务协议生效，且其详情被录入国民个人破产索引时：

（a）执行员不得采取行动（或进一步行动），根据法院启动的任何程序执行或出售财产，以强制支付债务人所欠的可证明的债务；以及

（b）根据联邦法律、某州或领地的法律，有权保留或扣减欠债务人或将要欠债务人或应付给债务人的款项的人，不得保留或扣减该款项。

第3A节　管理人（Administrators）的职责

185LA 管理人的职责——概述

（1）债务协议的管理人的职责包括：

（a）按照债务协议中规定的方式处理债务人的财产；以及

（b）如果债务人对有关债务协议管理的信息提出合理请求，则向债务人提供这些信息；以及

（c）向下列债权人提供有关债务协议管理的信息：

（ⅰ）是债务协议的一方；以及

（ⅱ）对信息提出合理请求。

（d）考虑债务人是否违反本法；以及

（e）向检察长或相关执法机关提交债务人违反本法的任何犯罪证据。

（2）债务协议的管理人有责任不偿还管理人在管理债务协议时所招致的开支，除非该等开支属第185C（3B）款所述的有关债务协议建议所指定的种类。

（3）如债务协议的管理人根据第185M（1DB）（a）项或第185M（1F）款就更改协议的建议签署证明书，则管理人有责任确保证明书是正确的。

185LB 管理人通知债权人——债务人拖欠债务3个月

（1）如果债务人在与某债务协议有关的指定期间发生了3个月的债务拖欠情形（首述违约），该债务协议的管理人必须在发生该事件的10个工作日内，以书面形式通知作为债务协议一方的每个债权人。

（2）如有下列情形，某债务协议的管理人不需要根据第（1）款对3个月的债务拖欠情形（首述违约）发出通知：

（a）与该债务协议有关的债务人曾经发生过一次或者多次3个月拖欠的违约情形；以及

（b）与首述违约有关的3个月期间（时间段）与任何其他3个月拖欠违约有关的3个

月期间（时间段）之间相互重叠；以及

（c）已经根据第（1）款对任何其他3个月拖欠的违约行为发出过通知了。

（3）就本条而言，在下列情形下，债务人在与某债务协议有关的指定期间（测试期间）内，被视为发生了（可被定义为）3个月拖欠的违约事项：

（a）在测试期间之前刚刚结束的3个月内开始，债务人根据该债务协议到期应付一笔或多笔可证明债务的欠款（到期付款）；以及

（b）在整3个月的期间内，债务人拖欠了其中的部分或全部到期金额；以及

（c）两者选一：

（ⅰ）债务人拖欠的总金额超过300澳大利亚元，或该3个月期间开始时所有应付款项总额的20%，以较高者为准；或者

（ⅱ）如果该3个月期间开始时的所有到期付款总额为300澳大利亚元或更少，则为该期间内未支付任何款项，导致到期付款没有任何减少。

185LC 管理人通知官方托管人债务人指定的6个月欠款违约（a designated 6 – month arrears default）

（1）如果债务人在与某债务协议有关的指定期间发生指定的6个月欠款违约，该债务协议的管理人必须在该事件发生后10个工作日内以书面形式通知官方托管人。

（2）如果该债务协议的管理人已就该债务协议发出通知，则该管理人无须根据第（1）款就该债务协议再发出通知。

（3）就本部分而言，如果满足下列条件，则视为债务人在与该债务协议有关的指定期间（测试期间）发生了指定的6个月拖欠违约：

（a）下列两项均适用：

（ⅰ）在测试期间之前，债务人根据该债务协议到期应付一笔或多笔与可证明债务有关的欠款；

（ⅱ）在测试期间之前刚刚结束的6个月期间内，任何时候，与这些付款有关的任何义务均未被免除；或者

（b）下列两项均适用：

（ⅰ）在测试期间，该债务协议所产生的义务尚未被免除；

（ⅱ）这些义务中的最后一项（the last of those obligations）应在测试期间之前6个月已被免除。

185LD 管理人需单独开立银行账户

（1）某人是下列人员的：

（a）两者之一：

（ⅰ）注册的债务协议管理人；或者

（ⅱ）注册的受托人；以及

（b）一项或多项债务协议的管理人；

必须将该人根据这些债务协议从债务人处收到的所有款项偿还至一个单一计息的银行

账户的贷方（to the credit a single interest – bearing bank account），该账户应：

（c）包含：

（ⅰ）该人的姓名；以及

（ⅱ）“债务协议管理信托账户”的字样；以及

（d）符合法规中规定的其他要求（如有的话）。

（2）该人只能将其根据债务协议从债务人处收到的款项存入该账户。

（2A）除下列情形外，该人不得从该账户中支付任何款项：

（a）为与该债务协议管理有关的目的；或者

（b）依照本法；或者

（c）按照法院的指示。

（3）该人有权以其个人身份获得该账户的每笔利息付款，在减去在该利息所涉期间就该账户支付或应付的银行费用或收费（如有的话）之后。

（4）根据联邦、某州或领地的法律，账户中的货币利息不需纳税，除非1997年《破产（财团收费）法》第2部分另有规定。

185LDA 与信托账户有关的犯罪

任何人如有下列情形，即属犯严格法律责任之罪（an offence of strict liability）①：

（a）该人须受第185LD（1）、（2）、（2A）款规定的限制；以及

（b）该人未遵守该规定。

处罚：50个罚金单位。

185LE 管理人负责保存账户记录等

（1）某债务协议的管理人必须：

（a）负责保存账户、账簿和记录，以充分和正确地解释该债务协议的管理；以及

（b）检察长如有需要——可由检察长查阅这些账目和记录；以及

（c）检察长如有需要——回答有关该债务协议的任何询问；以及

（d）配合检察长根据第12（1）（bb）项作出的任何查询或调查。

（1A）任何人如有下列情形，即属犯严格法律责任之罪：

（a）该人须受第（1）（a）、（b）项规定的限制；以及

（b）该人未遵守该规定。

处罚：5个罚金单位。

（2）如果一或多个债务协议的管理人在这些债务协议下获得报酬，则该管理人必须：

（a）单独记录：

（ⅰ）该管理人从债务人那里收取的与这些债务协议有关的款项；以及

（ⅱ）该管理人就这些债务协议所支付的款项；以及

---

① 译者注：此处不能简化为“违反第（1）款须负严格法律责任”，而一定要翻译出这是一项罪行。因为“负严格法律责任”并不明确是民事、行政还是刑事责任，对中国读者而言容易产生严重的误解。

（ⅲ）该管理人就这些债务协议所持有的货币余额；以及

（b）如果该管理人根据第185 LD（1）款维持一个账户的记录——则至少每次不少于45天，将第185LD（1）款中的账户余额与根据本款第（a）项保持的相应记录进行核对。

185LEA 年度反馈（Annual return）

（1）如果在一个财政年度内，债务协议的管理人管理该协议，该管理人必须在该年度结束之后25个工作日内，以标准格式向检察长提供一份该年内有关该协议之管理的反馈意见。

处罚：5个罚金单位。

[按语：另见第277B条（关于侵权通知）。]

（2）违反第（1）款是一项须负严格法律责任的罪行。

（按语：严格法律责任见《刑法》第6.1条。）

185LF 管理人的继任

范围

（1）本条适用于下列情形：

（a）某人（先前的管理人）不再是某债务协议的管理人；以及

（b）另一人（后来的管理人）代替先前的管理人成为该债务协议的管理人。

职责

（2）先前的管理人必须：

（a）准备一个账户记录，记载：

（ⅰ）先前的管理人从债务人处收到的与该债务协议有关的款项；

（ⅱ）先前的管理人就该债务协议所作的付款；以及

（b）备存该账户记录的副本；以及

（c）交给后来的管理人：

（ⅰ）该账户的副本；以及

（ⅱ）先前的管理人从先前管理人之前的债务协议管理人处收到的任何其他账户的副本。

185LG 与债务协议有关的管理人的义务——扩展含义

（1）就本法而言，本法中管理人的义务被视为与某债务协议有关的管理人的义务，即使该义务与特定的某债务协议无关。

（1A）在任何人根据第185C（4C）（b）项就某债务协议建议签署证明书前，该人必须：

（a）合理查询债务人的财务状况；以及

（b）采取合理步骤核实债务人的财务状况。

就本法而言，第（a）、（b）项所规定的要求被视为管理人对某债务协议的职责。

（2）如某人根据第185C（2D）款或第185（4C）（b）项就某债务协议建议签署证明书：

（a）该人必须确保该证明书是正确的；以及

（b）就本法而言，第（a）项规定的要求被视为管理人对某债务协议的职责。

（3）就本法而言，在第185LF（2）款或第185N（5）款中所列的要求被视为是与某债务协议有关的管理人的职责。

第4节　更改债务协议

185M 更改债务协议

提议更改债务协议

（1）作为债务协议一方的债务人或债权人，可向官方托管人提交更改协议的书面建议。

（1A）该建议必须采用标准格式。

（1B）该建议必须附有一份标准格式的解释性说明，其中应包含该格式所要求的信息。

（1C）第（1B）款所要求的说明可与该建议包含于相同的文件内。

（1D）该建议不得试图改变该协议，以至于该协议规定债务人在下列时间之后，仍须支付该协议项下（与该协议有关的可证明债务）的款项：

（a）自该协议签订之日起3年；或者

（b）如果第（1DA）、（1DB）款适用，则自该协议签订之日起5年。

（按语：第185H条涉及债务协议的订立时间。）

（1DA）如第185C（2AB）款在有关的债务协议建议提交官方托管人时适用于债务人，则本款适用。

（1DB）下列情形适用本款，如果：

（a）向官方托管人提出的建议，附有一份由该协议的管理人签署的证明书，说明该管理人有合理理由相信：

（ⅰ）债务人在订立该协议后情况发生了重大变化，且这种变化在订立该协议时是不可预见的；以及

（ⅱ）债务人不太可能在该协议所设定的债务因该项变更而到期时（as and when they fall due because of that change）被免除该等债务；以及

（b）该项提议没有增加债务人根据该协议所应支付的欠款总额。

（1E）如果：

（a）在有关的债务协议建议被提交给官方托管人时（建议时），第185C（2AB）款不适用于债务人；以及

（b）任何人都未根据第185C（4C）（b）项针对有关的债务协议建议发出证明书；

则本条第（1）款下的建议不得试图更改该协议，使以下列公式（以百分比表示）计算的金额，超过建议时第185C（4B）款下文书中所规定的百分比（所计算的金额）的效果［exceeds the percentage in effect under an instrument under subsection 185C（4B）at the proposal time］：

[债务人被要求在该债务协议下所支付的总额（如建议被修改的那样） + 低收入债务人金额（在第 185C 条的定义范围内）] /该建议时起算的年度的（in the year beginning at the proposal time）债务人的税后收入（在第 185C 条的定义范围内）

（1F）向官方托管人提出的建议，须附有一份由该协议的管理人签署的证明书，说明在顾及下列事项后：

（a）管理人签署该证明书时存在的情形；以及

（b）其他有关事项；

管理人有合理的理由相信，债务人可能能够在到期时被免除该协议（如拟更改的）所规定的义务。

处理更改债务协议的建议

（2）如果官方托管人确信本条第（1A）、（1B）、（1D）、（1E）、（1F）款已获遵守，则官方托管人必须按照第 185MA 条处理该项建议。

（2A）但如有下列情形，则第（2）款并不要求官方托管人处理该项建议：

（a）官方托管人合理地相信，遵守该协议（如拟更改的）会对债务人造成不适当的困难（would cause undue hardship）；或者

（b）官方托管人认为，不处理该项建议，会更有利于债权人的利益。

（2B）如果官方托管人因第（2A）款而决定不处理该项建议，则官方托管人必须就该项决定及其理由书面通知下列人员：

（a）债务人；以及

（b）官方托管人所知的受影响的债权人。

（2C）如官方托管人因第（2A）款而决定不处理该项建议，债务人或受影响的债权人可向行政上诉审裁处申请复核该项决定。

更改协议

（3）如果该（更改）建议被接受，则协议将按照建议中规定的方式进行变更。

（按语：第 185MC 条解释了如何接受建议。）

185MA 处理变更债务协议建议的程序

官方托管人对建议的处理

（1）如果第 185M（2）款要求官方托管人处理更改债务协议的建议，官方托管人必须致函官方托管人所知的每名受影响的债权人，请求每名受影响的债权人表明建议是否应被接受。

致函债权人以处理该建议

（2）在根据第（1）款向受影响的债权人致函关于更改债务协议的建议时，官方托管人必须：

（a）向债权人提供一份：

（ⅰ）该项建议；以及

（ⅱ）第 185M（1B）款规定的有关说明；以及

（b）请求债权人作出书面陈述，说明该项建议是否应获接受；以及

（c）通知债权人应向谁提供该陈述以及说明在适用的截止日期前提供该陈述的必要性。

（3）第（2）（b）项规定的陈述必须采用标准格式。

（4）第（2）（b）、（c）项不适用于下列受影响的债权人：

（a）是该债务协议的管理人；或者

（b）在成为受影响的债权人时，是管理人的关联实体。

185MB 检查债权人的陈述

如果受影响的债权人给出第 185MA（2）（b）项所规定的陈述：

（a）债务人；或者

（b）任何其他受影响的债权人；

可在不收取其费用的情况下，由其亲自或由代理人：

（c）检查该陈述；以及

（d）取得该陈述的副本或摘录。

185MC 接受更改债务协议的建议

书面接受

（1）在下列情形下，接受更改债务协议的建议：

（a）官方托管人根据第 185MA 条向债务人的受影响的债权人致函；以及

（b）在适用的最后期限前作出答复的代表多数债权总额的债权人表示应接受该建议。

（1A）就第（1）（b）项而言，不考虑下列受影响的债权人：

（a）是该债务协议的管理人；或者

（b）在成为受影响的债权人时，是管理人的关联实体。

接受时间

（2）根据第（1）款被接受的建议，视为在适用的截止日期被接受。

债权人的债权额

（3）就第（1）（b）项而言，在评估作为债务人的某关联实体的债权人的债权额时，转让给该债权人的任何债权的价值，均被视为等于该债权人为该项转让而给予的对价的价值。

（4）就第（1）（b）项而言，应在有关处理债务协议建议的接受情况被记入国民个人破产索引时，评估债权人的债权额。

（5）就第（1）（b）项而言，担保债权人只有在债权人的债权金额超过该债权人的担保价值的范围（如有）内才被视为债权人。

犯罪

（6）任何人如有下列情形，即属犯罪：

（a）该人是债务协议的管理人；以及

（b）该人给予、同意或提出给予受影响的债权人任何有值对价；以及

（c）该人这样做的目的是确保受影响的债权人接受或不接受变更协议的建议。

违反本款的刑罚：监禁6个月。

185MD 对更改债务协议之建议的撤回

范围

（1）本条适用于下列情形：

（a）有关更改债务协议的建议已根据第185条被提出；以及

（b）适用的截止日期尚未到来；以及

（c）该建议尚未被接受。

撤回该建议

（2）如果：

（a）官方托管人知道有关的第185（1B）款的陈述有不足之处，因为它遗漏了重要细节或在重要细节上是不正确的；或者

（b）官方托管人察觉到情况有下列重大改变（a material change）：

（ⅰ）在有关的第185（1B）款的陈述中没有预见到；以及

（ⅱ）官方托管人认为，该项改变可影响受影响的债权人是否接受该建议的决定；

官方托管人可书面声明撤回该建议。

撤回通知

（3）如官方托管人根据第（2）款作出声明，官方托管人必须就该项声明及其理由对下列人员发出书面通知：

（a）债务人；以及

（b）官方托管人知悉的受影响的债权人。

复核

（4）如果官方托管人决定根据第（2）款作出声明，债务人或受影响的债权人可向行政上诉审裁处申请复核该决定。

第5节　结束债务协议

185N 根据协议免除义务而导致的债务协议终止

债务协议终止时间

（1）一项债务协议在其设定的所有义务都已被免除时终止，除非该协议先前已根据第185P、185Q、185QA、185R条提前终止了。

为遵守协议保留剩余财产

（2）当一项债务协议根据第（1）款终止时，债务人有权保留受债务协议约束但协议不请求分配给债权人的任何财产。

示例：瑞亚签订了一项债务协议，要求她卖掉自己的船和汽车，并从收益中偿还她的债权人15,000澳大利亚元。债务协议结束时，她以16,000澳大利亚元的价格卖掉了自己

的船和汽车。瑞亚向她的债权人支付了15,000澳大利亚元。她可以保留从销售中收到的剩余1000澳大利亚元。

债务协议终止证明

(3) 如果债务协议根据第(1)款终止，官方托管人必须向债务人提供证明。

证明的证据价值

(4) 该证明是其中所述事实的初步证据。

债务协议结束通知

(5) 如果一项债务协议根据第(1)款终止，则在该协议终止之前作为协议管理人的人必须在该协议终止后的5个工作日内以书面形式通知官方托管人。

(6) 根据第(5)款所发出的通知必须采用标准格式。

185NA 债务人从债务中解脱(Release，获得免除)

解脱的时间和效果

(1) 当一项债务协议根据第185N(1)款终止时，债务人将从可证明的债务中解脱出来，如果债务人在国民个人破产索引上记录了接受相关债务协议建议的处理，并已立即从破产中获得了免责(discharged)，则债务人可从可证明的债务中解脱出来。

解脱的限制

(2) 如果法院宣布该债务协议无效，则解脱不再有效。

(3) 解脱不包括：

(a) 其他任何人从与债务人共同承担的债务中解脱；或者

(b) 解除担保人对债务人债务所提供的担保。

185P 通过接受一项建议而终止一项债务协议

建议终止某债务协议

(1) 债务人(或债务人的遗产代理人，如债务人已死亡)或受一项债务协议约束的债权人可向官方托管人提出终止该协议的一项书面建议。

(1A) 该建议必须以标准格式作出。

(1B) 该建议必须附有一份标准格式的解释性说明，其中包含该格式所要求的信息。

(1C) 第(1B)款所规定的说明可包含于与该建议相同的文件中。

处理一项终止债务协议的建议

(2) 如果官方托管人确信本条第(1A)、(1B)款已获遵守，则官方托管人必须按照第185 PA条处理该建议。

在接受该建议时终止该债务协议

(3) 该建议被接受后，该债务协议终止。

示例：第185条解释了如何接受一项建议。

185PA 建议终止一项债务协议的处理程序

官方托管人对建议的处理

(1) 如果第185P(2)款规定官方托管人须处理终止一项债务协议的建议，则官方托管人必须致函他所知悉的每名受影响的债权人，请求每名受影响的债权人表明是否应接纳该建议。

致函债权人以处理一项建议

（2）在根据第（1）款就终止某债务协议的建议致函每名受影响的债权人时，官方托管人必须：

（a）向债权人提供下列文件的副本：

（ⅰ）该建议；以及

（ⅱ）相关的第185P（1B）款所规定的说明；以及

（b）请求债权人提供一份书面声明，说明是否应接受该建议。

（c）通知债权人应向谁作出声明，以及在适用的截止日期前提交声明的必要性。

（3）第（2）（b）项的声明必须采用标准格式。

（4）第（2）（b）、（c）项不适用于下列受影响的债权人：

（a）是该债务协议的管理人；或者

（b）在成为受影响的债权人时，是管理人的关联实体。

185PB 检查债权人的声明

如受影响的债权人提供第185 PA（2）（b）项所规定的声明：

（a）债务人；或者

（b）任何其他受影响的债权人；

可在不收取其费用的情况下，由其亲自或由代理人：

（c）查阅该声明；以及

（d）获取该声明的副本或摘录。

185PC 接受终止一项债务协议的建议

书面接受

（1）终止一项债务协议的建议在下列情形下被接受：

（a）官方托管人根据第185PA条致函受影响的债务人的债权人；以及

（b）在适用的截止日期之前作出答复的债权人（无论人数），其债权总额超过半数表示该建议应该被接受的。

（1A）就第（1）（b）项而言，不考虑下列受影响的债权人：

（a）是该债务协议的管理人的；或者

（b）在成为受影响的债权人时，是管理人的关联实体。

接受的时间

（2）根据第（1）款被接受的建议，视为在该适用的截止日期被接受。

债权人的债权额

（3）就第（1）（b）项而言，在评估作为债务人的某关联实体的债权人的债权额时，转让给该债权人的任何债权的价值，均被视为等于该债权人为该项转让而给予的对价的价值。

（4）就第（1）（b）项而言，应在处理相关债务协议建议的接受情况被记入国民个人破产索引时，评估债权人的债权额。

(5) 就第 (1) (b) 项而言，担保债权人只有在该债权人的债权金额超过该债权人的担保价值的范围（如有）内，才被视为债权人。

犯罪

(6) 任何人如有下列情形，即属犯罪：

(a) 该人是该债务协议的管理人；以及

(b) 该人给予、同意或提出给予受影响的债权人任何有值对价；以及

(c) 该人这样做的目的是确保受影响的债权人接受或不接受终止某协议的建议。

违反本款的刑罚：监禁 6 个月。

185PD 撤回关于终止一项债务协议的建议

范围

(1) 本条适用于下列情形：

(a) 终止一项债务协议的建议是根据第 185P 条提出的；以及

(b) 适用的截止日期尚未到来；以及

(c) 该建议尚未被接受。

建议的撤回

(2) 如果：

(a) 官方托管人意识到有关的第 185 P (1B) 款规定的声明有不足之处，因为它遗漏了重要细节或在重要细节上是不正确的；或者

(b) 官方托管人知悉情况有重大改变：

(i) 在有关的第 185P (1B) 款规定的声明中没有预先说明；以及

(ii) 官方托管人认为，该项改变能够影响受影响的债权人决定是否接受该建议；

官方托管人可书面声明该项建议已被撤回。

撤回通知

(3) 如官方托管人根据第 (2) 款作出声明，则官方托管人必须就该项声明及作出声明的理由发出书面通知，给：

(a) 债务人；以及

(b) 官方托管人知悉的受影响的债权人。

复核

(4) 如官方托管人决定根据第 (2) 款作出声明，债务人或受影响的债权人可向行政上诉审裁处申请复核该决定。

185Q 法院命令终止债务协议

申请命令

(1) 下列任何人均可向法院申请命令终止某债务协议：

(a) 债务人（或债务人的遗产代理人，如债务人已死亡）；

(b) 债务人的债权人；

（c）官方托管人。

同时申请扣押令

（2）债权人可在请求终止某债务协议的命令的申请中加入对扣押令的申请。

申请扣押令的效力

（3）就本法而言，根据第（2）款申请扣押令被视为向债务人提出债权人针对债务人的破产申请，但第43（1）款，第44、47条，第52（1）、（2）款及第11A部分不适用于该等申请。

作出终止某债务协议命令的先决条件（Prerequisites）

（4）法院如确信下列情形，可作出终止某债务协议的命令：

（a）债务人（如果债务人已去世，则为债务人的遗产代表人）未能执行该协议的条款，并且终止该协议符合债权人的利益；或者

（b）履行该协议会给债权人或债务人（或债务人的遗产，如果债务人已死亡）造成不公正或不适当的延误；或者

（ba）下列情形之一适用：

（ⅰ）该协议的管理人违反了与该相关债务协议的建议有关的第185EC（6）款；

（ⅱ）该协议的管理人已违反了与该协议有关的第185MC（6）款，不论更改该协议的建议是否被接受；

（ⅲ）如果终止该协议的建议未获接受，则该协议的管理人已违反了与该协议有关的第185PC（6）款；或者

（c）出于任何其他原因，应当终止该协议，当这样做符合债权人的利益。

扣押令

（5）法院裁定终止某债务协议的，如果债权人申请扣押令，法院也可以作出扣押令。

185QA 终止债务协议——指定6个月的拖欠违约

（1）如果：

（a）某债务协议的管理人通知官方托管人，债务人已发生指定的6个月拖欠债务的违约；以及

（b）官方托管人确信已发生指定的6个月拖欠债务的违约；

官方托管人必须：

（c）书面声明该协议已被终止；以及

（d）将该声明录入国民个人破产索引中。

（2）当该声明被录入国民个人破产索引中时，该债务协议终止。

185R 债务人破产终止债务协议

如果债务人破产，债务协议即告终止。

（按语：尽管有第185 K条的规定，作为某债务协议一方的债务人可以通过多种方式破产。例如，如果法院准许债务人提出或参与提出破产申请，债务人可因其自己的申请而破产，或债务人可因针对某合伙企业提出的破产申请而破产。）

185S 根据已终止的债务协议所做事项的有效性

如某债务协议根据第 185P、185Q、185QA、185R 条终止，则任何人在接到终止该债务协议的通知前，该人根据该协议已经真诚地作出的任何事项：

（1）有效；以及

（2）受托人不得根据第 120、121、122 条［运用前述法条自身的效力或者根据第 188A（4）款］撤销之。

第 6 节　取消一项债务协议

185T 申请一项宣告债务协议无效的命令

可申请命令的人

（1）债务人（或债务人的遗产代理人，如债务人已去世）、债权人或官方托管人可以向法院申请命令，宣布某债务协议的全部或指定部分无效。

申请命令的理由

（2）第（1）款所述之人可基于下列一项或多项理由申请该命令：

（a）有具体理由怀疑该债务协议的全部或部分不是根据本部分订立的，或不符合本部分的规定；

（b）该债务协议中提供的事务陈述书是有缺陷的，因为它省略了某重要细节或者某重要细节是不正确的；

（c）该债务协议的管理人违反了与该协议有关的义务；

（d）如果该债务协议的管理人是注册的债务协议管理人——该管理人违反了根据第 186F（4）、186G（2B）款在文书中确定的条件；

（e）如果该债务协议的管理人是注册受托人——该管理人违反了附表 2 第 20－35 条所规定的条件，在该条件与该债务协议管理相关联的范围内。

申请命令的时限

（3）任何人不得在某债务协议所产生的所有义务被免除后申请法院宣布该债务协议无效。

同时申请扣押令

（4）债权人可以在宣布某债务协议全部或部分无效的申请中列入对扣押令的申请。

申请扣押令的效力

（5）就本法而言，根据第（4）款提出的扣押令申请被视为债权人提出了针对债务人的破产申请，但第 43（1）款，第 44、47 条，第 52（1）、（2）款及第 11A 部分不适用于该项申请。

185U 作出宣布一项债务协议无效的命令

命令权

（1）对于根据第 185T 条提出的申请，法院可作出命令，宣布某债务协议无效。

因不遵守本部分规定而宣布某债务协议无效的限制

（2）如果某债务协议的全部或部分内容实质上符合（complies substantially with）本部分的规定，则法院不得以该债务协议不符合本部分的规定为理由宣布该债务协议的全部或部分无效。

以财务报表不完整为由宣布某债务协议无效

（3）法院不得以根据某债务协议所提交的事务陈述书有缺陷为由，宣布该债务协议的全部或部分无效，除非法院确信宣布该协议或该协议的部分无效符合债权人的利益。

扣押令

（4）当法院作出命令宣布某债务协议全部无效时，如果债权人申请扣押令，法院也可以作出扣押令。

附属命令（Ancillary orders）

（5）如法院作出命令，宣布某债务协议的全部或部分无效，则法院可作出其认为适当的其他命令。

（6）根据第（5）款作出的命令，可以是指示某人向另一人支付该命令所指定金额之补偿款的命令。本款不限制第（5）款。

185V 根据被宣布无效的债务协议所做事项的有效性

如果某债务协议被宣布无效，则在该人收到该声明的通知之前，该人根据该协议善意地作出的任何事项：

（a）是有效的；以及

（b）受托人不得根据第120、121、122条［无论运用其自身的效力还是根据第231（2）款］使之无效。

第7节　与债务协议有关的一般规定

185W 法院对官方托管人的指示

（1）下列任何人可向法院申请命令，指示官方托管人或另一人如何根据本部分行使官方托管人的权力：

（a）作为某债务协议一方当事人的债务人（或如债务人已死亡，则为其遗产的代理人）；

（b）作为某债务协议一方当事人的债权人；

（c）官方托管人。

（2）根据第（1）款提出的申请，法院可作出命令，指示官方托管人或其他人如何行使官方托管人在本部分的权力。

185X 债务协议无需缴纳印花税

债务协议或其变更，无需缴纳州或领地法律规定的印花税。

185XA 担保债权人

本部分的任何内容都不会影响担保债权人变现或者以其他方式处理债权人担保的

权利。

185Y 管理人收到的信托资金

如果某债务协议的管理人在该协议下从债务人处收到资金，该笔资金被视为是由信托管理人（the administrator on trust）收到的，以该债务协议中规定的方式处理。

185Z 管理人的报酬

（1）债务协议的管理人可按该协议规定获取报酬［见第185C（3）、（3A）款］。

（2）第（1）款不适用于官方受托人。

（按语：应付予官方受托人的报酬，见第163条。）

185ZA 管理人的死亡通知

（1）如果与某债务协议有关的管理人去世，则管理死者遗产的人（受影响的人）必须在受影响的人开始管理遗产之日起的28天期限结束之前，向官方托管人发出该宗死亡的书面通知。

处罚：5个罚金单位。

［按语：另请参阅第277B条（关于侵权通知）。］

（2）违反第（1）款是一项须负严格法律责任的罪行。

（按语：严格法律责任见《刑法》第6.1条。）

185ZB 官方受托人取代死亡的管理人等

（1）某债务协议的管理人死亡时，官方受托人成为该债务协议的替代管理人。

（2）如果：

（a）作为债务协议管理人的人是根据本部分第8节注册的；以及

（b）该人不再如此注册；

则：

（c）该人不再是该债务协议的管理人；以及

（d）官方受托人成为该债务协议的替代管理人。

（3）如果：

（a）某债务协议的管理人是注册受托人；以及

（b）该人不再是注册受托人；

则：

（c）该人不再是该债务协议的管理人；以及

（d）官方受托人成为该债务协议的替代管理人。

（5）如果根据第185ZCB条，法院撤销了某债务协议的管理人，则官方受托人成为该债务协议的替代管理人。

（6）如果根据第（1）、（2）、（3）、（5）款，官方受托人成为某债务协议的替代管理人，则官方托管人必须将下列情况通知该债务协议的缔约各方：

（a）官方受托人为替代管理人，直至另行通知；以及

（b）（如适用）官方托管人拟委任另一人为新管理人。

185ZC 官方托管人可委任新管理人

（1）如果某债务协议的缔约各方尚未变更协议以任命新的管理人，则官方托管人可委任另一人担任该协议的管理人，以取代官方受托人。

（2）任命必须以书面形式作出。

（3）官方托管人必须将该委任以书面形式通知该债务协议的当事人。

（4）官方托管人不能撤销根据第（1）款作出的委任。

（5）本条不妨碍因该债务协议的变更而任命另一人担任管理人。

185ZCA 法院可以责令管理人赔偿因失职造成的损失

（1）应下列人员申请，如果法院确信作为该债务协议管理人或已成为该债务协议管理人的人违反了与该债务协议有关的义务，则本条适用：

（a）检察长；或者

（b）是或曾经是某债务协议缔约一方的债务人。

（2）法院可作出下列一项或多项命令：

（a）指示该人赔偿债权人因该人失职而遭受的任何损失的命令；

（b）如果该人是注册的债务协议管理人，则命令检察长注销该人作为债务协议管理人的注册；

（c）法院在有关情况下认为公正和公平的任何其他命令。

185ZCB 法院对管理人的控制

如果某债务协议生效，法院可以应下列人员的申请：

（a）检察长；或者

（b）债务人；或者

（c）债权人；

调查管理人的行为，可采取下列任何一种或两种方式：

（d）免去管理人的职务；

（e）作出其认为适当的命令。

185ZD 管理人的报酬

根据第185ZC条成为某债务协议管理人的人，有权获得协议中规定的、尚未支付给前任管理人或任何前任管理人（to the previous administrator, or any of the previous administrators）的报酬（如有的话）。

第8节　债务协议管理人的注册等

第A小节　简　　介

186A 基本资格测试

个人

（1）就本节而言，个人在特定时间（测试时间）通过基本资格测试，除非：

（a）在截至测试时间止的 10 年期间，该个人是在管理下的无力偿债者（wasan insolvent under administration）；或者

（b）在截至测试时间止的 10 年期间，该个人被判处（was convicted of）犯有欺诈或不诚实的罪行；或者

（c）在测试时间，根据 2001 年《公司法》第 2D. 6 部分，该个人被取消了管理公司的资格；或者

（d）在截至测试时间止的 10 年期间，根据 2001 年《公司法》，该个人的清算人资格登记被取消（应其书面请求注销登记除外）；或者

（e）在截至测试时间止的 10 年期间，该个人作为受托人的资格登记被取消（应其书面请求注销登记除外）；或者

（f）在截至测试时间止的 10 年期间，根据第 186K 条，该人的债务协议管理人资格登记被取消，理由是：

（ⅰ）该个人违反了与该登记有关的条件；或者

（ⅱ）该个人没有适当履行某债务协议中管理人的职责；或者

（g）在截至测试时间止的 10 年期间，该个人的债务协议管理人的资格登记，因第 185ZCA 条下的命令而被取消；或者

（h）在截至测试时间止的 10 年期间，根据前第 186M 条（former section 186M）作出关于该个人的宣告；或者

（i）在截至测试时间止的 10 年期间，根据本条生效前已生效的 1996 年《破产法规》第 9.06（3）款，就该个人曾作出过一项裁决（a determination in relation to the individualwas made）。

（2）第（1）（a）项不适用于根据第 153B 条被撤销（has been annulled）的破产。

公司

（3）就本节而言，某公司在特定时间（测试时间）通过基本资格测试，除非：

（a）在截至测试时间止的 10 年期间，该公司是（《公司法》）第 5 章的法人团体；或者

（b）在截至测试时间止的 10 年期间，该公司被判犯有欺诈或不诚实的罪行；或者

（c）在截至测试时间止的 10 年期间，根据第 186L 条，该公司的债务协议管理人资格登记被取消，理由是：

（ⅰ）该公司违反适用于该登记的条件；或者

（ⅱ）该公司未能妥善履行有关债务协议的管理人职责；或者

（d）在截至测试时间止的 10 年期间，公司根据第 185ZCA 条的命令被取消了债务协议管理人的资格登记；或者

（e）在截至测试时间止的 10 年期间，根据前第 186M 条作出了关于该公司的宣告（a declaration was made under former section 186M in relation to the company）；或者

（f）在测试时间，公司董事未通过基本资格测试；或者

(g) 在截至测试时间止的10年期间，根据本条生效之前有效的1996年《破产法规》第9.06 (3) 款对该公司作出过一项裁决。

第B小节　债务协议管理人的注册

186B 申请注册为债务协议管理人

(1) 个人或公司可以向检察长申请注册为债务协议管理人。

(2) 申请必须：

(a) 采用标准格式；以及

(b) 附有法规所指定的信息及文件（如有的话）；以及

(c) 如该申请并非以续期方式提出的，则须附上部长根据立法文件确定的费用；以及

(d) 如果该申请是通过续期方式提出的，则应在申请人现有的债务协议管理人注册到期之前提出。

186C 检察长必须批准或拒绝批准注册申请

(1A) 为考虑根据第186B条提出的申请，检察长必须在收到申请后在切实可行的范围内尽快与申请人面谈。

(1) 在考虑根据第186B条作出的申请后，检察长必须在收到申请后45天内：

(a) 批准该项申请；或者

(b) 拒绝批准该项申请。

个人申请的批准

(2) 如果：

(a) 申请人是个人；以及

(b) 申请不是以续期的方式提出的；

检察长必须批准该申请，如果检察长认为申请人：

(c) 通过了基本资格测试；以及

(d) 有能力（包括知识）履行债务协议管理人的职责；以及

(e) 具有法规所规定的资格及经验（如有的话）；

(f) 已向检察长提交了书面证据，证明申请人为防范其作为注册债务协议的管理人可能招致的债务，已购买（taken out）：

(ⅰ) 足够和适当的专业赔偿保险；以及

(ⅱ) 足够和适当的诚信保险；以及

(g) 是一个合适的人选。

否则，检察长必须拒绝批准该申请。

(3) 如果：

(a) 申请人是个人；以及

(b) 申请是通过续期的方式进行的；

检察长必须批准该申请，如果检察长确信申请人：

（c）已向检察长提交了书面证据，证明申请人为防范其作为注册债务协议的管理人可能招致的债务，已购买：

（ⅰ）足够和适当的专业赔偿保险；以及

（ⅱ）足够和适当的诚信保险；以及

（d）不拖欠超过规定金额的被通知的财团费用（notified estate charges，被通知的遗产费）。

否则，检察长必须拒绝批准该申请。

[按语：有关被通知的财团费用，见第（5A）款。]

对公司申请的批准

（4）如果：

（a）申请人是一家公司；以及

（b）申请不是以续期的方式提出的；

则检察长必须批准该申请，如果检察长认为申请人：

（c）通过了基本资格测试；以及

（d）有能力履行有关债务协议管理人的职责；以及

（e）申请人已向检察长提交书面证据，证明申请人为防范其作为注册债务协议的管理人可能招致的债务，已购买：

（ⅰ）足够和适当的专业赔偿保险；以及

（ⅱ）足够和适当的诚信保险；以及

（f）申请人是一个合适的人选；以及

（g）公司的每一位董事都是一个合适的人选。

否则，检察长必须拒绝批准该申请。

（5）如果：

（a）申请人是一家公司；以及

（b）申请是通过续期的方式进行的；

则检察长必须批准该申请，如果检察长确信：

（c）申请人已向检察长提交书面证据，证明申请人为防范其作为注册债务协议的管理人可能招致的债务，已购买：

（ⅰ）足够和适当的专业赔偿保险；以及

（ⅱ）足够和适当的诚信保险；以及

（d）申请人不拖欠超过规定金额的被通知的财团费用。

否则，检察长必须拒绝批准该申请。

[按语：有关被通知的财团费用，见第（5A）款。]

当被通知的财团费用被拖欠时

（5A）如有下列情形，则为某人拖欠了被通知的财团费用，当：

（a）此人拖欠了下列任何一项：

（ⅰ）1997 年《破产（财团收费）法》项下的费用（财团费用）；

（ⅱ）根据本法第 281 条（滞纳金）对第（ⅰ）目费用的罚款；以及

（b）检察长在该人作为债务协议管理人的登记停止生效前的至少一个月加 10 个工作日内，已将未付财团费用通知了该人。

准则（Guidelines，指导方针）

（6）在决定是否批准根据第 186B 条作出的申请时，检察长必须考虑在第 186Q 条下生效的任何相关准则。

决定的通知

（7）如果检察长拒绝批准根据第 186B 条提出的申请，检察长必须给申请人书面的拒绝通知，并说明拒绝的理由。

复核

（8）如果检察长决定拒绝批准根据第 186B 条作出的申请，申请人可向行政上诉审裁处申请复核该决定。

注册条件

（9）如果检察长根据第 186B 条批准了该申请，则检察长可决定该申请人注册为债务协议的管理人应受特定条件的限制，如果该申请人根据第 186D 条注册成为债务协议的管理人。

（10）如果检察长根据第（9）款作出决定，检察长必须向申请人书面通知该决定及其理由。

（11）如果检察长根据第（9）款作出决定，则申请人可以向行政上诉审裁处申请对该决定进行复核。

（12）在第（11）款中：

决定与 1975 年《行政上诉审裁处法》中的含义相同。

186D 注册为债务协议管理人

（1）本条在下列情形下适用：

（a）检察长批准了根据第 186C 条提出的申请；以及

（b）申请人已支付部长通过立法文件确定的费用。

（2）检察长必须将法规所规定的申请人的详细资料输入国民个人破产索引，将其登记为债务协议管理人。

（3）在登记申请人成为债务协议的管理人后，检察长必须向该申请人提供注册证书。

186E 作为债务协议管理人的注册期限

根据本部分和第 185ZCA 条，如果某人根据第 186D 条注册为债务协议的管理人，则该注册在下列情形下有效：

（a）如果不是通过续期方式注册的，则在 3 年内有效，从该人的详细信息被列入国民个人破产索引之日起；或者

（b）如果注册是通过续期方式进行的，则在 3 年内有效，从该人现有的债务协议管理

人资格注册到期后立即开始计算（3 years beginning immediately after the person's existing registration as a debt agreement administrator expires）。

186F 注册条件——概述

（1）如该人是注册的债务协议管理人，则本条适用于该人。

（2）检察长可通过向该人发出书面通知，对该人注册为债务协议管理人施加特定条件。

（3）该人注册为债务协议的管理人，须受限于根据第（4）款订立的文书所确定的条件。

（4）部长可通过立法文件为第（3）款的目的确定条件。

186G 注册条件——公司

（1）如果公司是注册的债务协议管理人，则本条适用于公司。

（2）公司登记为债务协议管理人的条件是：每个负责管理公司债务协议活动的个人必须是：

（a）注册债务协议管理人；或者

（b）注册受托人。

（2A）公司注册为债务协议管理人，须受限于根据第（2B）款订立的文书所确定的条件。

（2B）部长可通过立法文件为第（2A）款的目的确定条件。

（3）第（2）款并不限制第186C（9）款或第186F条。

186H 申请变更或取消注册条件

（1）如果有条件的人登记为债务协议的管理人，可以向检察长申请变更或者取消这些条件。

（1A）第（1）款不适用于根据第186F（4）、186G（2B）款订立的文书所确定的条件。

（2）申请必须：

（a）采用标准格式；以及

（b）须附有法规所指定的信息及文件（如有的话）。

（3）在审查根据第（1）款作出的申请后，检察长必须：

（a）决定申请人作为债务协议管理人的登记条件不应被变更或取消（changed or removed）；或者

（b）决定应对申请人注册为债务协议管理人的条件进行特定的修改。

[按语：参阅第5（1）款中的修改的定义。]

决定的通知

（4）如果检察长决定不应变更或取消申请人注册为债务协议管理人的条件，则检察长必须向申请人书面通知该决定及其决定的理由。

（5）如果检察长决定对申请人注册为债务协议管理人的条件进行特定的修改，则检察长必须将该决定及其原因书面通知申请人。

复核

(6) 申请人可以向行政上诉审裁处提出申请，以复核检察长根据本条作出的决定。

(7) 在第 (6) 款中：

决定与1975年《行政上诉审裁处法》中的含义相同。

第BA小节 保　　险

186HA 注册的债务协议管理人须维持保险 (maintain insurance)

(1) 为应对其作为注册的债务协议管理人可能招致的债务，注册的债务协议管理人必须维持：

(a) 足够和适当的专业赔偿保险；以及

(b) 适当的诚信保险。

(2) 任何人如有下列情形，即属犯罪：

(a) 该人须受第 (1) 款的规定限制；以及

(b) 该人故意或鲁莽地不遵守该规定。

处罚：1000个罚金单位。

(3) 任何人如有下列情形，即属犯严格法律责任之罪：

(a) 该人须受第 (1) 款规定的规限；以及

(b) 该人未遵守该规定。

违反本款的处罚：60个罚金单位。

第C小节 作为债务协议的管理人放弃和取消 (Surrender and cancellation) 注册

186J 放弃注册为债务协议的管理人

(1) 如果该人是注册的债务协议管理人，则本条适用于该人。

(2) 该人可以通过书面形式通知检察长，请求检察长接受其放弃作为债务协议管理人的注册。

(3) 根据第 (2) 款提出的请求必须采用标准格式。

(4) 当检察长接受请求时，此人不再注册为债务协议的管理人。

(5) 如果检察长接受第 (2) 款规定的请求，检察长必须从国民个人破产索引中删除该人的注册详情。

186K 取消个人作为债务协议管理人的注册

范围

(1) 如果个人是注册的债务协议管理人，则本条适用于个人。

个人不再通过基本资格测试

(2) 如果检察长认为某个个人不再通过基本资格测试，则检察长必须取消该个人作为债务协议管理人的注册。

取消注册的其他理由

（3）如果检察长有合理的理由认为有下列情形，检察长可以要求该个人给予书面解释，为什么该个人应继续注册为债务协议的管理人：

（a）该个人不再有能力（包括知识）履行债务协议管理人的职责；或者

（b）该个人未能正确履行管理人关于债务协议的职责；或者

（c）该个人不再具备为实施第186C（2）（e）项而订立的法规所规定的资格或经验；或者

（d）该个人违反了个人登记的条件；或者

（e）该个人已不再具有：

（ⅰ）适当的专业赔偿保险；或者

（ⅱ）足够和适当的诚信保险；

该保险是为了应对该个人作为注册的债务协议管理人可能招致的债务；或者

（f）该个人不是一个合适的人选。

（4）如果：

（a）检察长在提出要求后28天内未收到解释；或者

（b）收到了解释，但不满意；

检察长可取消该个人作为债务协议管理人的注册。

取消的通知

（5）如果检察长根据第（2）、（4）款取消了个人作为债务协议管理人的注册，则检察长必须将该项取消以及取消的理由，书面通知该个人。

删除注册详情

（6）如果检察长根据第（2）、（4）款取消了个人作为债务协议管理人的注册，则检察长必须将该个人的注册详情从国民个人破产索引中删除。

准则

（7）在决定是否在第（2）、（4）款下取消个人作为债务协议管理人的注册时，检察长必须考虑根据第186Q条生效的任何相关准则。

复核

（8）如果检察长决定根据第（2）、（4）款取消个人作为债务协议管理人的登记，则该个人可向行政上诉审裁处申请复核该决定。

186L 取消公司作为债务协议管理人的登记

范围

（1）如果公司是注册的债务协议管理人，则本条适用于公司。

公司不再通过基本资格测试

（2）如果检察长认为某公司不再通过基本资格测试，则检察长必须取消该公司作为债务协议管理人的注册。

取消注册的其他理由

（3）如果检察长有合理的理由认为有下列情形，可以要求公司向检察长书面解释为什么该公司应继续作为债务协议管理人登记：

（a）该公司不再有能力（包括知识）履行债务协议的管理人职责；或者

（b）该公司未能正确履行管理人关于债务协议的职责；或者

（c）该公司违反了公司注册的条件；或者

（d）该公司已停止为应对其作为注册的债务协议管理人可能招致的债务而继续维持：

（ⅰ）适当的专业赔偿保险；或者

（ⅱ）足够和适当的诚信保险；

或者

（e）该公司不是一个合适的人选；或者

（f）该公司的某董事不是一个合适的人选。

（4）如果：

（a）检察长在发出要求后28天内未收到解释；或者

（b）收到了解释，但不满意的；检察长可以取消该公司作为债务协议管理人的注册。

取消的通知

（5）如果检察长根据第（2）、（4）款取消了某公司作为债务协议管理人的注册，检察长必须以书面形式通知该公司该项取消及其原因。

删除注册详情

（6）如果检察长根据第（2）、（4）款取消了某公司作为债务协议管理人的注册，则检察长必须从国民个人破产索引中删除该公司的注册详情。

准则

（7）在决定是否根据第（2）、（4）款取消某公司作为债务协议管理人的注册时，检察长必须考虑到根据第186Q条生效的任何相关准则。

复核

（8）如果检察长决定根据第（2）、（4）款取消某公司作为债务协议管理人的注册，该公司可向行政上诉审裁处申请复核该决定。

186LA 检察长可获取有关债务协议管理信托账户的信息

范围

（1）在下列情形下，本条适用于银行：

（a）检察长有合理理由认为：

（ⅰ）是或曾经是债务协议管理人的人在银行持有或曾持有某账户；以及

（ⅱ）该账户是按照或据称是按照第185LD（1）款的规定保留（kept）的；以及

（b）检察长已要求该人：

（ⅰ）在第186K（3）、186L（3）款下，向检察长书面解释为何该人应继续注册为债务协议的管理人；或者

（ⅱ）根据附表2第40－40（1）款，向检察长书面解释为何该人应继续注册为受托人；以及

（c）如果第（b）（ⅱ）目适用，检察长要求根据附表2第40－40（1）（m）项作出解释。

（1A）在下列情况下，本条亦适用于银行：

（a）检察长有合理理由认为：

（ⅰ）是或曾经是债务协议管理人的人在银行持有或曾经持有账户；以及

（ⅱ）该账户是按照或据称是按照第185LD（1）款保留的；以及

（b）检察长有理由怀疑，与该账户有关，该人：

（ⅰ）违反了本法规定；或者

（ⅱ）没有妥善履行管理人在债务协议方面的职责；或者

（ⅲ）违反了该人注册为注册债务协议管理人的条件。

要求

（2）检察长可向银行发出书面通知，要求银行在通知规定的期限内，按照通知中规定的方式，向检察长提供通知规定的账户信息。

犯罪

（3）任何人如有下列情形，即属犯罪：

（a）该人已根据第（2）款获得了通知；以及

（b）该人不作为；以及

（c）该项不作为违反了通知中的一项要求。

违反本款的处罚：60个罚金单位。

186LB 冻结账户通知——债务协议管理信托账户

范围

（1）如有下列情形，本条适用于银行：

（a）检察长有合理理由认为：

（ⅰ）是或曾经是债务协议管理人的人在银行持有或曾经持有账户；以及

（ⅱ）该账户是按照或据称是按照第185LD（1）款的规定保留的；以及

（b）在特定时间（说明事由的时间，the show cause time），检察长要求此人：

（ⅰ）在第186K（3）、186L（3）款下，向检察长书面解释为何该人应继续注册为债务协议的管理人；或者

（ⅱ）根据附表2第40－40（1）款，向检察长书面解释为何该人应继续注册为受托人；以及

（c）如果第（b）（ⅱ）目适用——检察长要求根据附表2第40－40（1）（m）项作出解释。

发出冻结通知

（2）检察长可在说明事由时间后42天内向银行发出书面通知（冻结账户通知），指示

银行不要：

（a）从该账户提款；或者

（b）允许从该账户提款；

除非：

（c）根据检察长的书面同意；或者

（d）向账户持有人追讨一笔相等于银行已缴付或有义务缴付的与该账户运作有关的税款（不论如何描述）；或者

（e）免除账户持有人就该账户运作而缴付费用或要价（to pay a fee or charge）的法律责任；或者

（f）在法规指定的情况下（如有的话）。

冻结通知的期限

（3）给银行的冻结账户通知：

（a）在该通知发给银行时生效；以及

（b）有效期为：

（ⅰ）说明事由时间后42天；或者

（ⅱ）如果通知中规定了较短的期限，则为该较短期限。

延长42天期限

（4）法院可应检察长的请求延长或进一步延长第（2）款或第（3）（b）（ⅰ）目所指的42天期限。

撤销冻结通知

（5）如果有关某银行的冻结账户通知生效，检察长可以通过书面通知该银行，撤销该冻结账户通知。

冻结账户通知的副本应发给账户持有人等

（6）如果检察长发出或撤销与某账户有关的账户冻结通知，检察长必须将该账户冻结通知或撤销通知（视情况而定）的副本交给账户持有人。

（7）不遵守第（6）款的规定，并不影响该账户冻结通知或撤销通知（视情况而定）的有效性。

检察长同意

（8）根据第（2）（c）项作出的同意可以是：

（a）无条件的；或者

（b）受该同意通知（the notice of consent）所指定的条件（如有的话）限制。

（9）如果检察长决定拒绝根据第（2）（c）项作出同意，可向行政上诉审裁处申请复核该决定。

186LC 法院撤销冻结账户通知的权力

（1）如法院应下列人士的申请：

（a）收到冻结账户通知的银行；或者

（b）账户受冻结通知影响的账户持有人；或者

（c）任何其他利害关系人；

确信检察长未获授权发出通知，法院可发出撤销（setting aside）该通知的命令。

（2）被撤销的冻结账户通知视为从未被发出。

186LD 冻结账户通知的司法强制执行

（1）如果法院确信银行违反了或打算违反冻结账户的通知，则法院可应检察长的请求，发出下列任一或所有命令：

（a）指示银行遵守该通知的命令；

（b）法院认为适当的任何其他命令。

（2）法院可撤销或更改根据本条作出的命令。

186LE 银行的保护

任何刑事或民事诉讼均不得因银行善意地作出（或不作出）下列任何事项而针对银行提起：

（a）遵守冻结账户通知；或者

（b）与银行遵守有关冻结账户通知有关或附带的（事项）。

第E小节　杂　　项

186N 注册证书的退还

放弃注册为债务协议的管理人

（1）任何人如有下列情形，即属犯罪：

（a）该人已根据第186D（3）款获注册证书；以及

（b）该人根据第186J（2）款发出通知，放弃该人的债务协议管理人注册；以及

（c）该人未在检察长接到通知之日起的7日内，将注册证书交还检察长。

处罚：5个罚金单位。

[按语：另见第277B条（关于侵权通知）。]

（2）如该人有合理辩解，则第（1）款不适用。

{按语：被告对第（2）款所述事项负有举证责任［见《刑法》第13.3（3）款］。}

取消个人作为债务协议管理人的注册

（3）个人有下列情形之一的，即属犯罪：

（a）该人已根据第186D（3）款获注册证书；以及

（b）根据第186K条，该个人作为债务协议管理人的注册被取消，以及

（c）在根据第186K（5）款向该人发出有关注销的通知之日起7日内，该人未将注册证书交还给检察长。

处罚：5个罚金单位。

[按语：另见第277B条（关于侵权通知）。]

（4）如个人有合理辩解，则第（3）款不适用。

{按语：被告人对第（4）款所述事项，负有举证责任［见《刑法》第13.3（3）款］。}

取消公司作为债务协议管理人的注册

（5）任何公司如有下列情形，即属犯罪：

（a）该公司已根据第186D（3）款获注册证书；以及

（b）根据第186L条，公司的债务协议管理人注册被取消；以及

（c）根据第186L（5）款向公司发出有关取消的通知之日起的7日内，公司未将注册证书交还检察长。

处罚：5个罚金单位。

［按语：另见第277B条（关于侵权通知）。］

（6）如公司有合理辩解，则第（5）款不适用。

{按语：被告人对第（6）款所述事项负有举证责任［见《刑法》第13.3（3）款］。}

法院命令取消作为债务协议管理人的注册

（6A）任何人如有下列情形，即属犯罪：

（a）该人已根据第186D（3）款获注册证书；以及

（b）因根据185ZCA条款作出的命令，该人作为债务协议管理人的注册被取消；以及

（c）在取消注册之日起7日内，该人未将注册证书交还检察长。

处罚：5个罚金单位。

［按语：另见第277B条（关于侵权通知）。］

（6B）如该人有合理辩解，则第（6A）款不适用。

{按语：被告人对第（6A）款所述事项负有举证责任［见《刑法》第13.3（3）款］。}

严格法律责任

（7）违反第（1）、（3）、（5）、（6A）款是须负严格法律责任的罪行。

（按语：严格法律责任见《刑法》第6.1条。）

186P 终止注册为债务协议管理人——不退还费用

（1）本条适用于不再注册为债务协议管理人的人。

（2）该人无权请求退还作为债务协议管理人注册的全部或部分费用。

186Q 与检察长权力有关的准则

检察长可通过立法手段为下列规定制定准则：

（a）第186C（6）款；

（b）第186K（7）款；

（c）第186L（7）款；

［按语：对于咨询要求（For consultation requirements）见2003年《立法法》第17条。］

第 10 部分 个人破产协议

第 1 节 解 释

187 解释

（1）在本部分中，除非出现相反的用意，否则：

控权受托人（controlling trustee），就财产根据第 2 节受控制的债务人而言，指根据第 188、192 条为控权受托人的人。

债务人指无力偿债的人。

可分割财产，就债务人签订的个人破产协议而言，指在债务人签订该协议当日或之后由债务人取得或移交给债务人的财产以外的财产，如该债务人在该日已破产，则该财产可根据第 6 部分在其债权人之间进行分割。

（1A）在不局限于第（1）款对债务人的定义的原则下，除非出现相反的用意，否则在本部分中凡提及债务人之处，须理解为包括当时无力偿债的人，即使该人最终可能不再无力偿债。

（2）在本部分中，就个人破产协议而言，凡提及可证明的债项，须理解为这样一种债项或义务：如果债务人在签订个人破产协议当日成为破产人，则本该是该债务人破产案件中可证明的债项或义务。

187A 本部分适用于共同债务人

本部分经过按照规定的修改（如有的话）后，适用于共同债务人，不论该债务人是否为合伙人。

第 2 节 债权人会议和债务人财产的控制

188 债务人可授权受托人或律师作为控权受托人

（1）债务人如欲根据本部分处理其事务而不令其财产被扣押，并且：

（a）亲自出现或通常居住在澳大利亚；

（b）在澳大利亚有住所或场所；

（c）亲自或通过代理人或经理在澳大利亚经营业务；或者

（d）是通过一个或多个合伙人或代理人或经理在澳大利亚经营业务的公司或合伙企业

的成员的；

可按照标准格式签署授权书（sign an authority），指名及授权注册受托人、律师或官方受托人召开债务人的债权人会议以及控制债务人的财产。

（2）就本部分而言，由债务人根据本条签署的授权书无效，除非：

（a）如果获得授权的人是注册受托人或律师——该人已书面同意行使授权书所赋予的权力；以及

（aa）如果获得授权的人是官方受托人——则官方托管人已书面批准债务人去指定授权书中的官方受托人。

（2AA）如果获得授权的人是注册受托人或律师，则在该人同意行使授权书所赋予的权力前，该人必须向债务人提供法规规定的信息。

（2AB）如果获得授权的人是官方受托人，则在官方托管人批准指定授权书中的官方受托人之前，官方托管人必须向债务人提供法规规定的信息。

（2A）法规可规定任何人（官方受托人或注册受托人除外）在本部分下无资格以控权受托人身份行事的具体情形。

（2B）就本部分而言，由债务人根据本条签署的授权书无效，如果在签署该授权书时该获授权人：

（a）并非官方受托人或注册受托人；以及

（b）根据法规，没有资格根据本部分担任控权受托人。

（2C）如果获得授权的人是注册受托人或律师，则就本部分而言，由债务人根据本条签署的授权无效，除非在获授权之人同意行使该授权所赋予的权力前，债务人给予该人：

（a）债务人事务的陈述书；以及

（b）根据本部分处理该等事务的建议。

按语：第6A条规定了对事务陈述书的要求。

（2D）如果获得授权的人是官方托管人，则债务人根据本条签署的授权就本部分而言无效，除非在官方托管人批准指定授权书中（所授权）的官方受托人之前（unless，before an Official Receiver gives approval to name the Official Trustee in the authority），债务人向官方托管人提供了：

（a）债务人事务的陈述书；以及

（b）根据本部分处理该等事务的建议。

（按语：第6A条规定了对事务陈述书的要求。）

（2E）根据本部分处理债务人事务的提议必须包括个人破产协议草案。

（按语：第188A条规定了个人破产协议的要求。）

（3）就本部分而言，根据本条而具有效力的授权，不可由债务人撤销。

（4）除第192（1）款另有规定外，除非法院准许，债务人不得在给予另一项授权后6个月内给予授权。

（5）任何注册受托人或律师如果同意行使授权所赋予的权力，必须在同意后2个工作日内，提供下列文件的副本：

（a）授权书；以及

（b）债务人的事务陈述书；

给官方托管人。

（6）当某项授权生效时，其授权之人成为控权受托人。

188A 个人破产协议

个人破产协议的要求

（1）个人破产协议是指：

（a）被表述为根据本部分订立的；以及

（b）符合第（2）款的规定。

（2）个人破产协议必须：

（a）确定债务人财产（无论债务人在签署协议时是否已经拥有），该财产可用于支付债权人的债权；以及

（b）指定如何处理该财产；以及

（c）确定债务人可用于支付债权人债权的收入（无论债务人在签署协议时是否已经取得）；以及

（d）指定如何处理该收入；以及

（e）指定债务人免除其可证明债务的程度（如有的话）；以及

（f）指定协议生效的条件（如有的话）；以及

（g）指定协议终止的情形或事件（specify the circumstances in which，or the events on which，the agreement terminates）；以及

（h）指定将第（a）项所提及的财产变现所得分配给债权人的顺序；以及

（i）指定第（c）项所提及的收入在债权人之间的分配顺序；以及

（j）说明本法先前的交易条款是否适用于债务人；以及

（k）为一人或多人成为该协议的受托人而订定条文；以及

（l）规定债务人将实施此类手段（execute such instruments）①，并通常就其财产和收入

---

① 译者注："execute"一词，既有签订又有执行、实施的意思。尤其是在 execute such documents 及 execute such instruments 这样的搭配中，更不好判断是哪一种意思。本句的原文为"provide that the debtor will execute such instruments and generally do all such acts and things in relation to his or her property and income as is required by the agreement"。有人建议翻译成"按照协议的请求执行与其财产和收入有关的所有行为和事项"，本稿译者认为这种理解是不对的。因为这句话的结构中，有一个非常不起眼，但是却起到关键作用的词，即我们非常熟悉的 and。显然"and"一词前后是并列的，这是本句的主干。前种翻译法没有体现这种并列结构，而是合并了 and 前后的内容（吞噬或者忽略了"and"一词），因此属于理解错误，也就是没有理解条文的撰写人使用这种句法的真正用意。既然 and 之后讲的已经是依照协议的请求做与财产和收入相关的行为与事务，那 and 之前就应该不是履行或执行该协议的问题，更何况 such instruments 和 the agreement 显然不是指的同一个内容［虽然本稿译者也不太清楚 such instruments 指的是什么，可能是指前面第（2）（a）项至第（2）（k）项列出的那些方法和手段］。因此，本稿选择将 execute such instruments 译为"实施这些手段"。这样能保证句子的结构不会出错，将来纠正起来比较方便，即使有理解错误，也属于明明白白地错误，而非糊糊涂涂地正确。本句充分说明了译事抉择之难，因此不厌其烦详文解说。

作出协议所规定的一切行为和事项。

（3）第（2）款并不限制可列入个人破产协议的条文。

前期交易条款

（4）如果个人破产协议规定本法的先行交易条款（the antecedent transactions provisions of this Act）适用于债务人，则第 120 条至第 125 条［经过按照法规规定的任何修改后（with any modifications prescribed by the regulations）］适用于债务人，如同：

（a）债权人的申请书是在要求签署协议的特别决议通过之日针对债务人提出的；以及

（b）在债务人签署协议当日，已就该申请针对债务人作出了扣押令；以及

（c）协议的受托人是债务人破产案件的受托人。

（5）在凭借第（4）款适用该款所提及的条文时：

（a）凡提及破产人的财产，须理解为提及（is to be read as a reference to）债务人的可分割财产；以及

（b）凡提及可证明债务，须理解为提及本部分所指的可证明债务；以及

（c）凡提及破产的终结，须理解为提及个人破产协议的终结。

定义

（6）在本条中：

收入具有第 139L 条给出的含义。

188B 检查债务人的事务陈述书

（1）本条适用于下列与债务人有关的文件：

（a）根据第 188（5）款给予官方托管人的债务人的事务陈述书的副本；

（b）根据第 188（2d）款向官方托管人提交的债务人的事务陈述书。

（2）任何人如以书面声明他或她是债务人的债权人，可免费：

（a）亲自或由代理人查阅该文件；以及

（b）取得该文件的副本或摘录。

（3）未以书面形式声明其为债务人的债权人的人，在支付部长通过立法文件确定的费用后，可：

（a）亲自或由代理人查阅该文件；以及

（b）取得该文件的副本或摘录。

（4）债务人可免费亲自或由代理人：

（a）查阅该文件；或者

（b）取得该文件的副本或摘录。

（5）如标准格式的事务陈述书显示，该陈述书内的特定信息不应向公众提供，则官方托管人必须确保该等信息不会根据本条提供给任何人（债务人或债务人的代理人除外）。

（6）官方托管人可拒绝任何人根据本条查阅债务人的事务陈述书内的特定信息，理由是查阅该信息会危害或有相当大可能危害任何人的安全。

189 对根据第 188 条授予权力的债务人的财产的控制（control of property of a debtor who has given authority under section 188）

（1）当债务人根据第 188 条给予的授权生效时（when an authority given by a debtor under section 188 becomes effective），债务人的财产即受本节的控制。

（1A）该控制继续，直至发生下列事件之一：

（a）债权人在根据本部分召开的会议上决定该财产不再受控制；

（b）债务人和受托人在债权人作出特别决议后执行个人破产协议；

（d）自第 188 条所指的授权生效起 4 个月后；

（e）法院根据第 208 条解除对该财产的控制；

（f）债务人成为破产人；

（g）债务人死亡。

（1B）受托人须在知悉该项控制因第（1A）款所指定的事件而终结后的 7 天内［within 7 days after the trustee becomes aware that the control has ended because of an event specified in subsection（1A）］，以书面形式通知官方托管人。

（2）其财产受本节控制的债务人：

（a）除非得到控权受托人的同意，否则不得移走、处置或处理债务人的任何财产；

（b）须向控权受托人提供控权受托人所要求的关于债务人的任何可审查事务的信息；以及

（c）应遵守控权受托人就债务人财产或事务向该债务人发出的任何指示。

刑罚：监禁 12 个月。

（3）债务人在违反第（2）款的情况下处置或处理财产，并非仅因该项违反而无效（is not invalid by reason only of that contravention）。

189AAA 在债务人的债权人会议之前冻结与债权人申请有关的程序

（1）如果：

（a）由债务人根据第 188 条签署的授权书已生效；以及

（b）以下两者选一：

（ⅰ）债权人的破产申请书是在授权生效前针对债务人提出的；或者

（ⅱ）债权人的破产申请书是在授权生效后但在根据该授权召集的债务人的债权人的首次或唯一一次会议之前针对债务人提出的；

根据本款的规定，与该申请有关的法律程序将被冻结至：

（c）该会议的结束；或者

（d）休会（the adjournment of the meeting）；

以较早者为准。

（2）本条并不限制第 206（1）款。

189AA 在控制债务人财产期间有效的法院命令

（1）法院可作出在债务人的财产受控制期间内有效的下列命令：

（a）该命令用以解除根据有关监禁欺诈债务人的法律（under a law relating to the imprisonment of fraudulent debtors）在任何时间对该债务人的人身或财产所作出的命令；或者

（b）该命令用以因债务人不履行下列义务而随时对其人身或财产提起民事或刑事法律程序：

（ⅰ）偿付债务人破产时可证明的债务；或者

（ⅱ）缴纳因债务人破产而未能偿付可证明债务而须缴纳的罚款；或者

（ⅲ）遵守法院的命令，以偿付债务人破产时可证明的债务；或者

（c）如债务人已根据第（a）项所述的法律被监禁，或因第（b）项所述的不履行而被监禁——解除对债务人的羁押。

（2）第（1）（b）项不允许法院冻结根据《犯罪所得法》进行的任何诉讼。

189AB 对受控制的债务人的财产的抵押

抵押的设定

（1）当债务人的财产受本节控制时，债务人的财产被抵押于：

（a）债务人在根据第 188 条签署授权书时的无担保债务；以及

（b）债务人的担保债务超过债务人根据第 188 条签署授权书时为偿付债务而提供担保的财产价值的任何金额。

尽管被抵押财产的所有权发生变化，抵押仍在继续

（2）除第（3）、（9）款另有规定外，抵押不受抵押物财产所有权的任何改变之影响。

某些其他抵押有优先权

（3）第（1）款设定的抵押须受下列限制：

（a）在债务人根据第 188 条签署授权书不久前，债务人财产上的任何抵押或产权负担；以及

（b）任何人善意地以市值（acquired. . . for market value）取得的任何抵押或产权负担，该人并不知悉第（1）款所设定的抵押。

优先于其他抵押

（4）由第（1）款设定的抵押，较第（3）款未提及的抵押或产权负担具有优先权。

抵押的登记

（5）如联邦、某州或领地的法律规定对某类财产的抵押进行登记，则控权受托人可对根据第（1）款在某项财产上所设定的抵押进行登记。

抵押登记的效力

（6）如受托人就某项财产上的抵押进行登记，则在抵押登记后取得该财产或该财产的权益的人，就第（3）、（9）款而言，被视为已收到该项抵押的通知。

控权受托人可出售被抵押的财产

（7）控权受托人可出售根据第（1）款须受抵押限制的财产。

销售收益的运用

（8）出售抵押财产所得的任何收益，如无须支付比第（1）款设定的抵押更高优先级的抵押或产权负担，则为债务人的财产。

因财产出售而导致的抵押终止

（9）第（1）款设定的抵押，如果是由下列任何人取得的，则对该财产不再有效：

（a）善意并支付了至少与该财产的市值等额的对价，且未被告知该项抵押的人；或者

（b）（由该人）从控权受托人根据第（7）款进行的售卖中取得。

当财产不再受控制时，抵押终止

（10）除非抵押已根据第（9）款停止生效，否则当债务人财产的控制权根据第189（1A）款终止时，抵押即停止生效。

债务人财产的含义

（11）在本条中：

债务人财产具有第190（5）款给出的含义。

189AC 控权受托人的受补偿权（Right of indemnity）

（1）控权受托人有权从债务人的财产中获得下列补偿：

（a）其报酬；以及

（b）控权受托人在债务人的财产根据本节受控制期间适当而合理地招致的任何成本、收费或开支。

（2）为取得第（1）款所指的受补偿权，控权受托人对债务人的财产享有物上优先权（a lien）。

（3）如债务人成为破产人，第（2）款所指的物上优先权即告失效。

189A 控权受托人的报告和声明

（1）控权受托人必须编制一份报告：

（a）总结及评述控权受托人可获得的有关债务人事务的信息；以及

（b）说明控权受托人是否相信债权人的利益，在下列情形时会得到更好的服务：

（ⅰ）根据本部分处理该债务人的事务时接受其建议；或者

（ⅱ）债务人破产；以及

（c）指定在债务人的事务陈述书中被确定为债务人的关联实体的每个债权人。

（2）受托人必须：

（a）向官方托管人及每名债权人提供该报告的副本；以及

（b）备存报告副本。

关系声明

（3）控权受托人必须作出书面声明，说明债务人是否下列实体的关联实体：

（a）控权受托人；或者

（b）控权受托人的关联实体。

（4）控权受托人必须：

（a）将一份该项声明的副本交给官方托管人；以及

（b）在控权受托人向每名债权人提供第（1）款所规定的报告时，向每名债权人提供一份该项声明的副本；以及

（c）备存声明副本。

189B 控权受托人制备关于可能的决议（possible resolutions）的声明

（1）根据第 188 条获授权的控权受托人必须就根据第 204 条作出的特别决议制备书面声明，且该项声明可被合理地预期将会在根据该授权而召集的债权人会议上通过（may reasonably be expected to be passed at a meeting of creditors called under the authority）。

（2）受托人必须：

（a）向官方托管人及每名债权人提供该项声明的副本；以及

（b）备存声明副本。

190 控权受托人的职责和权力

（1）控权受托人必须根据本节召开债务人的债权人会议。

（2）控权受托人有权：

（a）立即控制债务人的财产和事务；

（b）就债务人的财产及可审查的事务进行受托人认为需要的询问及调查；

（c）如受托人认为经营债务人的业务符合债权人的利益，则继续经营该业务；以及

（d）以受托人认为的符合债权人利益的任何方式处理债务人财产。

（3A）为行使第（2）款所赋予的权力，受托人可在债务人的书面同意下，取得受托人认为适当的意见或协助。

（4）为根据本条行使其权力，受托人可以用债务人的名义行事，就像该受托人已由债务人妥为委任，作为行使该等权力的合法代理人一样（as if he or she had been duly appointed by the debtor to be his or her lawful attorney to exercise those powers）。

（5）在本条中，就根据第 188 条被赋予权力的债务人而言，债务人的财产是指在下列情形下根据第6 部分（除第2 节第B 小节以外）在债务人的债权人中可分割的（that would be divisible）债务人的财产：在债务人签署授权书之日对该债务人作出了扣押令的，则包括（签署）当日或之后由该债务人获得或转移给该债务人的财产，但是，如果有个人破产协议，是由该债务人根据授权所召集的债权人会议的特别决议而签署，则不包括该债务人在协议签署当日或之后获得或接受转移的财产（if a sequestration order had been made against him or her on the day on which he or she signed the authority, and includes property that has been acquired by, or has devolved on, the debtor on or after that day, but, if a personal insolvency agreement is executed by him or her in accordance with a special resolution of a meeting of creditors called in accordance with the authority, does not include property that is acquired by, or devolves on, him or her on or after the day on which he or she executes the agreement）。

190A 控权受托人的额外职责

控权受托人的职责包括：

（a）将债务人根据第 188 条所给予的某项授权，通知债务人的债权人；

（c）采取任何切实可行的行动，努力确保债务人履行本法规定的所有义务；

（d）考虑债务人是否触犯了违反本法的罪行；

（e）向检察长或有关执法机构提供债务人违反本法的某项罪行的任何证据；

（f）就债务人的财产和可审查事务进行适当的查询和调查；

（g）向债权人披露由受托人持有的可能与受托人适当行使权力或履行职责相冲突的任何重大个人利益；

（h）以商业上合理的方式行使权力和履行职责；

（i）以公正和独立的方式行使权力和履行职责；

（j）根据附表 2 被委任给控权受托人的职责。

191 为保护财产而付款等

在不损害第 190 条所赋予控权受托人的权力的原则下，受托人可在债务人的财产受该受托人控制期间的任何时间，从债务人的款项中支付（该受托人认为）为保障债务人财产或其中任何部分的价值、避免没收或者确定债务人在该财产中的或对该财产的任何利益或权利（is necessary to pay for the purpose of safe – guarding the value of his or her property or any of it or of avoiding forfeiture or determination of any interest or rights of the debtor in or to property），而有必要支付的任何款项。

192 变更控权受托人

（1）如已同意行使根据第 188 条的授权而被给予的权力的注册受托人或律师：

（a）死亡；或者

（b）不再是注册受托人或律师；或者

（c）无能力行使其在本部分中的权力；或者

（d）向官方受托人提出免除本部分所指职责的书面请求的；

则：

（e）官方受托人成为控权受托人；以及

（f）债务人可根据第 188 条签署新的授权书。

（2）如债务人根据第 188 条签署新的授权书，指定注册受托人或律师，则该注册受托人或律师在同意行使该授权书所赋予的权力时，即成为控权受托人。

（3）如果：

（a）债权人会议或法院指定一名注册受托人或官方受托人为个人破产协议的受托人；以及

（b）被指定的受托人并非控权受托人；

则当被指定的受托人同意担任该协议的受托人时，被指定的受托人成为控权受托人。

（4）根据本条成为控权受托人的人：

（a）具有与最初（originally）被债务人根据第188条授权之人相同的权力和职责；以及

（b）就本节而言，被视为已作出任何行为或事项，而该行为或事项是由较早的控权受托人在较早的时间妥为作出的（duly done earlier by an earlier controlling trustee）。

（原文直接从第192条到第204条，中间的条文目前已经全部废除）

204 个人破产协议的决议

（1）债权人可在依据第188条所指的授权而召开的会议上，通过特别决议：

（a）如债务人的财产受本节的控制，则决定债务人的财产不再受本节的控制；

（b）要求债务人签署个人破产协议；或者

（d）要求债务人在决议通过之日起7日内提交债务人的（破产）申请书。

（2）要求债务人签署个人破产协议的特别决议，必须具体说明协议中应包括的条款。

（3）如果通过了一项特别决议，要求债务人签署个人破产协议，债权人必须通过决议指定1名或多名受托人担任该协议的受托人（们）。

（5）债权人为实施第（3）款而提名1名或多名受托人时，可以：

（a）提名2名或多名受托人共同或连带（jointly，or jointly and severally）担任受托人的职位；以及

（b）在1名或多名获提名的受托人因任何理由拒绝行事或停止担任受托人职位时，提名其他受托人继任为该个人破产协议的受托人。

（6）债务人的财产归属于一项个人破产协议的2名或多名受托人，不论这些受托人被提名共同还是连带担任该职位，均归属于这些作为共同承租人的受托人（们）（vests in thosc trustees as joint tenants）。

（7）在本条中：

受托人指注册受托人或官方受托人。

205 在收到根据第188条签署授权书的通知后，执行员的职责等

（1）除本条另有规定外，凡已将债务人根据第188条签署授权书、依据本节召开债务人的债权人会议，或者根据第204条通过特别决议（该决议要求债务人签署个人破产协议或提交债务人的破产申请）的书面通知送交执行员的，该执行员：

（a）应避免：

（ⅰ）根据由债权人启动或代表债权人启动的任何执行程序（in pursuance of any process of execution issued by or on behalf of a creditor），采取任何行动出售债务人的财产；以及

（ⅱ）代表债权人采取任何行动，将到期应付给债务人的债务扣押（to attach a debt due to the debtor）；以及

（b）不得：

（ⅰ）向启动执行程序的债权人或代表该债权人启动执行程序的人支付，或代表债务人向任何人支付根据任何该等程序出售该债务人财产的所得或被扣押的任何款项，或支付用于避免债务人财产根据任何该等程序被扣押或出售的款项（pay to the creditor by whom, or on whose behalf, the process of execution was issued, or to any person on his or her behalf, the proceeds of the sale of property of the debtor that has been sold in pursuance of any such process or any moneys seized, or paid to avoid seizure or sale of property of the debtor, in pursuance of any such process)；或者

（ⅱ）向债权人或代表债权人的任何人支付因扣押欠债务人的到期债务而收到的任何款项。

（2）凡根据第（1）款向执行员发出通知的，已针对债务人的财产启动执行程序的债权人或代表该债权人启动执行程序的人，或根据扶养协议或扶养令（不论是在本条生效日期之前或之后订立或成立的，视情况而定），已就债务人的法律责任采取行动的债权人或代表该债权人采取行动以扣押欠债务人的到期债务的人，可向执行员发出书面通知，列明该扶养协议或扶养令的详情，而在发出该通知后，第（1）款不再适用于该项执行程序或扣押（视情况而定）。

（3）除本条另有规定外，凡债务人根据第 188 条签署授权书、依据本节召开债务人的债权人会议或者根据第 204 条通过特别决议（该决议要求债务人签署个人破产协议或提交债务人的破产申请）的书面通知，提交给下列法院的书记员或其他适当人员：

（a）出售债务人财产的所得或其他款项，已由书记员依据由债权人启动或代表债权人针对债务人财产而启动的执行程序（向该法院）支付的；或者

（b）已依据债权人提起的或代表债权人提起的法律程序（向该法院）缴付款项，以扣押欠债务人的到期债务的；

任何未从法院支付的所得或款项，不得支付给债权人或代表该债权人的任何人。

（4）凡根据第（3）款向任何法院的书记员或其他适当人员发出通知的，已针对债务人的财产启动了执行程序的债权人或代表该债权人启动执行程序的人，或者采取行动的债权人或代该债权人采取行动的人，为扣押欠债务人的到期债务，就债务人在扶养协议或扶养令下的法律责任（不论是在本条生效日期之前或之后订立或作出，视情况而定），可向该书记员或其他人员发出书面通知，列明扶养协议或扶养令的详情，而在发出该通知后，第（3）款不再适用于该项执行程序或扣押（视情况而定）。

（5）在下列情形下，第（1）款并不阻止书记员出售财产、采取行动将债项扣押或将出售财产的所得或其他款项支付给债权人或代表该债权人的人，第（3）款亦不阻止法院内的款项从法院支付给债权人或代表该债权人的人：

（a）在收到债务人根据第 188 条签署授权书的通知后，执行员、书记员或其他人员在债务人签署授权书之日起 42 天内，并未收到根据第 204 条通过特别决议的通知，该决议要求债务人签署个人破产协议，或者提出债务人的破产申请；

（b）在收到债务人的债权人会议已召开的通知后，执行员、书记员或其他人员在会议召开之日起 7 天内，没有收到第（a）项所提及的通过特别决议或会议延期的通知；

（c）在收到债务人的债权人会议延期的通知后，执行员、书记员或其他人员在会议延期之日起 7 天内，未收到第（a）项所述通过特别决议或会议进一步延期的通知；或者

（d）在收到第（a）项所提及的通过特别决议的通知后，执行员、书记员或其他人员在该决议通过之日起21天内，没有收到要求签署的个人破产协议已被妥为签署或者债务人已提交债务人的破产申请的通知。

（6）当：

（a）执行员依据本条第（1）款或第119（1）、（2）款，不采取行动出售债务人的财产（不动产），债务人签署个人破产协议，且该财产归属该协议的受托人的；或者

（b）执行员依据第（1）款不采取行动出售债务人的财产（不动产），债务人成为破产人，且该财产归属该破产案件的受托人的；

则执行费用是该财产的首个抵押（a first charge，首押）。

（7）执行员不遵守本条规定的事实，并不影响在该执行员依据债权人启动的或者代表该债权人启动的执行程序所作的出售中，善意地购买债务人财产之人（所取得）的所有权。

205A 收到个人破产协议签署通知后的执行员的职责等

（4）除本条另有规定外，凡：

（a）执行员确信：

（ⅰ）债务人已签署个人破产协议；

（ⅱ）以及：

（A）根据债权人或其代表启动的执行程序而由该执行员所管有的财产；或者

（B）依据任何该等程序债务人出售财产的所得或该执行员管有的其他款项（出售财产的所得），不论是在该协议签署之前或之后，或依据任何该等程序为避免扣押或出售债务人财产而被扣押或支付的款项（不论是在该协议签署之前或之后）（proceeds of the sale of property of the debtor or other moneys in his or her possession, being proceeds of the sale of property sold, whether before or after the execution of the agreement, in pursuance of any such process or moneys seized, or paid to avoid seizure or sale of property of the debtor, whether before or after the execution of the agreement, in pursuance of any such process）；或者

（C）因债权人或其代表扣押欠债务人的债项而由该执行员管有的款项；

不受或均不受该协议约束；

执行员须将该财产或该等所得或其他款项（视情况而定）交付或支付给债务人或债务人为此（接受交付或支付）目的而以书面授权之人（or to a person authorized by the debtor in writing for the purpose）；或者

（b）法院的书记员或其他适当人员确信：

（ⅰ）债务人已签署个人破产协议；

（ⅱ）以及：

（A）债务人出售财产的所得或在法院的其他款项，即出售所得或其他缴付给法院的款项（不论是在签署协议之前或之后），由执行员依据债权人或该债权人的代表针对债务人财产启动的执行程序而缴付给法院的；或者

（B）因向法院缴付而存留于法院的款项，依据债权人或该债权人的代表提起的法律程序（不论是在协议签署之前或之后），以扣押欠债务人的到期债务的；

均不受该协议约束；

书记员或其他人员须将该等所得或其他款项（视情况而定）支付给债务人或债务人为此目的而以书面授权之人。

（5）执行员、法院的书记员或其他人员不得依据第（4）款，向债务人或债务人授权之人：

（a）就执行员而言——交付财产或支付出售财产所得或其他款项；或者

（b）就书记员或其他人员而言——支付留存在法院的款项（pay moneys in court）；

除非：

（c）自个人破产协议签署之日起已过去21天；以及

（d）执行员、书记员或其他人员（视情况而定）确信没有向法院提出（请求法院作出）撤销或终止该协议的命令的申请，或确信为作出该等命令而提出的申请或每项申请已被撤回或驳回。

（6）除本条另有规定外，凡：

（a）执行员确信：

（ⅰ）债务人已签署个人破产协议；

（ⅱ）以及：

（A）根据债权人或债权人代表启动的执行程序而由债权人管有的债务人财产；或者

（B）债务人出售财产的所得或债务人管有的其他款项，即依据任何该等程序出售财产的所得（不论是在该协议签署之前或之后），或为避免依据任何该等程序扣押或出售债务人财产而扣押或支付的款项（不论是在该协议签署之前或之后）；或者

（C）因债权人或其代表扣押欠债务人的到期债务而由该债权人管有的款项；

受或均受该协议约束；

执行员须将该财产或该等所得或其他款项（视情况而定）交付该协议的受托人；或者

（b）法院的书记员或其他适当人员确信：

（ⅰ）债务人已签署个人破产协议；

（ⅱ）以及：

（A）债务人出售财产的所得或在法院的其他款项，即出售所得或其他款项（不论是在协议签署之前或之后），由执行员依据债权人或其代表针对债务人财产启动的执行程序而缴付给法院的；或者

（B）因向法院缴付而存留于法院的款项，依据债权人或其代表提起的法律程序（不论是在协议签署之前或之后），以扣押欠债务人的到期债务的；

均受该协议约束；

书记员或其他人员须将该等所得或其他款项（视情况而定）支付给该协议的受托人。

（7）执行员、法院的书记员或其他人员不得依据第（6）款向该协议的受托人：

（a）就执行员而言——交付财产或支付出售财产所得或其他款项；或者

（b）就书记员或其他人员而言——支付留存在法院的款项；

除非：

（c）自个人破产协议签署之日起已过去21天；以及

（d）执行员、书记员或其他人员（视情况而定）确信没有向法院提出（请求法院作出）撤销或终止该协议的命令的申请，或确信为作出该等命令而提出的申请或每项申请已被撤回或驳回。

（8）凡第（4）、（6）款规定须将财产、出售财产的所得或其他款项交付或支付给个人破产协议的受托人或债务人或债务人授权的人，则执行或扣押该财产的费用（视情况而定），为该财产、该笔销售收入或其他款项的首个抵押（视情况而定）。

（9）为使第（8）款所提及的抵押生效，执行员、法院的书记员或其他人员可代表有权享有该抵押权益的债权人，从该款所提及的出售所得或其他款项中，保留他或她认为为（实现）该目的所需的金额（as he or she thinks necessary for the purpose）。

（10）凡执行员、法院的书记员或其他人员已依据第（4）、（6）款将财产或款项交付个人破产协议的受托人、债务人或债务人授权之人，则启动执行程序或提起扣押诉讼的债权人或代表该债权人启动程序（process）或提起诉讼（proceedings）（视情况而定）之人，可根据该协议以无担保债权人的身份获得债权证明，就像该执行或扣押（视情况而定）从未发生过一样。

（12）当：

（a）财产已由执行员交付，或者出售财产的所得或其他款项已由执行员、法院的书记员或其他人员支付给了：

（ⅰ）债务人或债务人根据第（4）款授权的人；或者

（ⅱ）第（6）款所指的个人破产协议的受托人；以及

（b）该财产由执行员管有，或该财产的出售所得或其他款项由执行员管有或缴存于法院（视情况而定），通过或依据（under or in pursuance of）由债权人或该债权人的代表启动的执行程序或债权扣押诉讼，（该程序或诉讼是）关于该债务人在扶养协议或扶养令下的法律责任（不论是在本条生效日期之前或之后订立或成立的，视情况而定）［the property was in the possession of the sheriff, or the proceeds of the sale of the property or the other moneys were in the possession of the sheriff or paid into court, as the case may be, under or in pursuance of a process of execution issued, or proceedings to attach a debt instituted, by or on behalf of a creditor in respect of a liability of the debtor under a maintenance agreement or maintenance order (whether entered into or made, as the case may be, before or after the commencement of this section)］；

受托人、债务人或其他人（视情况而定），如已获得被交付的财产或已获支付该等所得或其他款项，须将该等财产、所得或其他款项（视情况而定）交付给该债权人。

（13）执行员没有遵守本条的规定，并不影响在该执行员依据债权人启动的或者代表该债权人启动的执行程序所作的出售中，善意地购买债务人财产的人（所取得）的所有权。

206 如果债权人已通过个人破产协议的决议，法院可中止对破产申请的听证

（1）当：

（a）债权人会议已按照本部分通过一项特别决议，要求债务人签署个人破产协议；以及

（b）某债权人的破产申请是在决议通过前针对该债务人提出的，或是在决议通过后但在协议正式签署前针对该债务人提出的；

法院可应债务人、债权人或被指定为拟任协议受托人的申请，在法院看来根据该协议来管理债务人事务对债权人有利的情况下（if it appears to the court that it would be for the advantage of the creditors that the debtor's affairs be administered under the agreement），将该申请的听证延长一段必要的期间，以便协议的签署，如果该协议在该期限内被妥为签署，则法院应驳回该破产申请。

（2）如果债权人的破产申请是针对已获债权人会议特别决议要求签署个人破产协议的债务人提出的，则提出该项申请的债权人必须在切实可行的范围内尽快将该事实，① 以书面形式通知被提名为该协议受托人的人以及官方托管人。

207 担保债权人投票时放弃担保等

（1）如果担保债权人为了在债权人会议上进行表决而评估其担保物的价值，该会议的目的是使要求债务人签署个人破产协议的特别决议获得通过，则：

（a）除经法院批准外，该担保债权人无权为证明其在本协议项下的部分债权，以任何其他金额评估该担保物的价值；以及

（b）在按照特别决议签署的个人破产协议的受托人提出书面请求时，他或她应在被支付他或她为投票目的评估其担保物价值的金额后（upon payment of the amount at which he or she has estimated the value of his or her security for the purposes of voting），或者如果法院已批准他或她根据第（a）项以另一金额评估其担保的价值，则在被支付该另一金额后，交出该担保物（surrender the security）。

（2）法院不得根据第（1）（a）项作出批准，除非确信：

（a）为投票而作出的评估是在错误的基础上善意地作出的（was made in good faith on a mistaken basis）；或者

（b）自作出该项评估以来，该担保物的价值已有所改变。

（3）除第（4）款另有规定外，凡担保债权人已在债权人会议上表决，且在该会议上，第（1）款所提及的特别决议是根据该担保债权人的全部债权通过的，而该债权人并未交出其担保物（was passed in respect of the whole of his or her debt without having surrendered his or her security）：

---

① 译者注：指债权人会议特别决议请求签署个人破产协议。

（a）他或她应被视为已评估其担保物为无价值（as having no value）；以及

（b）根据依照特别决议签署的个人破产协议的受托人的书面请求，他或她应交出该担保物。

（4）法院如果确信适用第（3）款的担保债权人因疏忽而未能评估其担保物的价值，可根据该债权人的申请，按法院认为公正和公平的条款：

（a）免除他或她交出该担保物的义务；以及

（b）允许他或她评估其价值，以证明他或她在个人破产协议下的部分债权。

（5）除第（4）款另有规定外，如第（1）、（3）款所提及的债权人没有遵守根据该款提出的书面请求，则提出该项请求的受托人可向法院申请作出命令，规定该债权人交出与该项请求有关的担保物，而法院可据此作出命令。

（6）根据第 90 条赋予担保债权人的实现其担保并证明欠其的余额的权利，在适用个人破产协议时，在该协议的受托人已根据本条请求交出该担保物的情况下，该权利不可行使。

208 法院终止对债务人财产的控制

在下列情形下，法院可作出命令，解除债务人财产在本节下所受的控制：

（a）有利害关系的人向法院申请作出该命令；以及

（b）法院确信有特殊情况证明其作出该命令是正当的。

209 控权受托人的行为约束随后的个人破产协议或破产的受托人

当：

（a）债务人根据第 188 条签署授权书；以及

（b）债务人其后订立个人破产协议或成为破产人的；

控权受托人在依照本部分行使权力时，以其善意所作出的所有付款、行为及事项、交易，以及所招致的所有法律责任，对个人破产协议或破产案件（视情况而定）的受托人，均具有约束力。

210 关于控权受托人的其他规定

经法规所作任何变通规定后，第 8 部分适用于与某债务人有关的控权受托人，就如同：

（a）该债务人是破产人；以及

（b）该控权受托人是破产债务人财团的受托人。

211 关于债务人的其他规定

（1）第 77、77A、77C、77D、77E、77F、78［第 78（1）（a）、（b）、（c）项除外］、81 条经法规所作任何变通规定后，适用于其财产根据本节受到控制的某债务人，就如同：

（a）该债务人是破产人；以及

（b）该控权受托人是破产债务人财团的受托人。

（2）第 78 条［第 78（1）（d）、（f）项除外］经法规所作任何变通规定后，适用于其财产根据本节受到控制的某债务人，犹如该债务人是已获破产通知的债务人一样。

第3节　一般规定

215 个人破产协议受托人资格

只有注册受托人或官方受托人才能成为个人破产协议的受托人。

215A 个人破产协议受托人的提名或委任

（1）在债权人会议上通过的决议，其目的是：

（a）根据第204（3）款提名1名或多名受托人；或者

（b）根据第220（1）款委任1人担任个人破产协议受托人的空缺职位；

除非该人或每一人（the person or each of the persons）在会议前书面同意担任本协议的受托人，否则该决议无效。

（1A）在决议通过后，由决议提名或委任的每一人（官方托管人除外）必须尽快向官方托管人提供一份与该人有关的同意书副本。

（2）如果本款尚未颁布（if this subsection had not been enacted），任何看来是提名1人或多人，或看来是委任1人的决议，因某一特定事项而根据第（1）款无效的，则法院可根据该人或其中任何人（视情况而定）或任何其他有利害关系之人的申请，通过命令宣布该决议不会仅仅因该事项而无效。

（3）在根据第204（3）款提名1人或多人为受托人的债权人会议通过一项决议前：

（a）该人或该等人中的每一人必须作出书面声明，说明债务人是否为下列实体的关联实体：

（ⅰ）上述该人；或者

（ⅱ）上述该人的关联实体；以及

（b）该人或其中每一人必须：

（ⅰ）向控权受托人作出其声明；以及

（ⅱ）保存其声明的副本；以及

（c）控权受托人必须在会议上提交已向控权受托人提交的每份声明的副本；以及

（d）控权受托人必须在控权受托人向每位债权人提供第189A（1）款所述报告的同时，向每位债权人提供每份该等声明的副本。

（4）在根据第220（1）款委任某人担任个人破产协议受托人空缺职位的债权人会议通过一项决议前：

（a）该人必须作出书面声明，说明债务人是否为下列实体的关联实体：

（ⅰ）该人；或者

（ⅱ）该人的关联实体；以及

（b）该人必须：

（ⅰ）向会议主持人发表声明；以及

（ⅱ）保存其声明的副本；以及

（c）会议主持人必须将该声明的副本在会上提交。

216 个人破产协议的签署

（1）个人破产协议必须由债务人和受托人在特别决议（该决议要求债务人签署该协议）通过之日起21天内签署。

（2）债务人及受托人对该协议的签署，须由证人见证。

217 受托人未能签署个人破产协议

（1）凡个人破产协议没有按照第216条的规定，由注册受托人或由根据第204条在债权人会议决议中被提名为该协议受托人的注册受托人，或该协议的受托人（视情况而定）签署的，则由任何债权人或该债务人为该目的而召集的债权人会议可通过决议，提名任何其他注册受托人代替该注册受托人。

（2）如果该协议并非由被提名的注册受托人，在决议通过之日起7天内，或在法院根据（在该7天期限届满前提出的）申请而容许的更长期间内签署的，则法院可应债权人的申请，提名任何在该7天期限届满前准备接受该职位的注册受托人作为受托人，以代替未按第216条规定签署协议的注册受托人。

（3）由法院如此提名的注册受托人，须在获如此提名之日起的7天内，或在法院根据（在该7天期限届满前提出的）申请而容许的更长期间内，签署该协议（A registered trustee so nominated by the Court shall execute the agreement within 7 days from the date on which the trustee was so nominated or within such further period as the Court, on application made before the expiration of that period of 7 days, allows.）。

218 个人破产协议签署的通知

（1）依据本部分订立的个人破产协议的受托人须：

（a）在债务人及受托人签署该协议后，在切实可行的范围内尽快通知债务人的每位债权人；以及

（b）在债务人及受托人签署该协议后2天内，将协议副本送交官方托管人的办公场所存档。

（2）如受托人没有遵守第（1）（b）项的规定，即属犯罪。

处罚：5个罚金单位。

［按语：另见第277B条（关于侵权通知）。］

（2A）违反第（2）款是一项须负严格法律责任的罪行。

（按语：严格法律责任见《刑法》第6.1条。）

（3）受托人必须按照第（1）（a）项规定的方式通知债权人。

219 受托人可以官方名称起诉、应诉等

（1）依据本部分订立的个人破产协议的受托人，可以用规定的官方名称起诉和应诉，并可以该名称持有、处置或取得各类财产，订立合同（make contracts），订立对受托人及其继任者有约束力的合约（enter into engagementsbinding on the trustee and his or her successors in office），以及作出为执行受托人职务而必须或合宜的所有其他行为及事项（and do all other acts and things necessary or expedient to be done in the execution of the office of trustee）。

（2）就第（1）款而言，规定的官方名称为“债务人（债务人名称）财产的受托人”。

220 个人破产协议签署后受托人职位空缺的填补等

（1）凡根据本部分订立的个人破产协议的受托人职位出现空缺，则为此目的而召开的债权人会议，可通过决议委任一名注册受托人出任该空缺职位。会议可由任何债权人或该债务人召集。

（2）凡在任何时间，上述个人破产协议的受托人职位出现空缺的，法院可应债务人、某债权人或官方托管人的申请：

（a）委任一名愿意接受委任的注册受托人出任该空缺职位；或者

（b）委任官方受托人或愿意如此行事的注册受托人出任受托人，直至债权人会议填补空缺职位为止。

（3）债权人会议委任受托人填补受托人的空缺职位，该委任须被视为自该职位出现空缺之日起生效，但根据第（2）（b）项委任官方受托人或注册受托人出任受托人的除外，在此种情形下该等委任自作出之日起生效。

（4）法院委任注册受托人出任受托人的空缺职位，该委任须被视为自该职位出现空缺之日起生效。

（5）凡官方受托人或注册受托人根据本条获委任为受托人或以受托人身份行事：

（a）在符合第（6）款的规定下，所有与个人破产协议有关的财产单独归属于前受托人或共同归属于该前受托人与另一名受托人的，则须在无任何转易、转让或转移（conveyance，assignment or transfer）的情况下，单独归属于官方受托人或该注册受托人（视情况而定），或者共同归属于前两者之一与任何未更换的（continuing，继续的、持续的）受托人（视情况而定），自该等委任生效或被视为生效之日起算；以及

（b）官方受托人或该注册受托人（视情况而定）具有与该官方受托人或该注册受托人（视情况而定）曾是原受托人（had been an original trustee）情况下相同的权利、权力、职责及法律责任，但无须就先前受托人的行为、疏忽（omission）或招致的法律责任承担个人责任。

（6）凡联邦、某州或领地的法律规定财产转让须进行登记，并使获委任的受托人得以登记为与个人破产协议有关的任何该等财产的管有人，则即使该财产凭借本条为归属于受托人的权益，但在该法律的规定获遵守前，该财产在法律上并不归属于该受托人。

221 债务人未能出席会议、签署个人破产协议等情况下的扣押令

（1）当：

（a）债务人无充分理由未能出席债权人会议，该会议是根据其依第 188 条签署的授权而召开的（a meeting of creditors called under an authority signed by him or her under section 188）；

（aa）债务人已违反第 189（2）款；

（b）债务人因依据此种授权召开的债权人会议的特别决议而被要求签署个人破产协

议，但在没有充分理由的情况下未能在本法规定的时间内签署该协议；或者

（c）依据该授权而召开的债权人会议，在该次会议召开之日起的4个月内，没有通过第204（1）款所指特别决议之一的；

法院如认为适当，可应检察长、债权人或控权受托人的申请，立即对债务人的财团作出扣押令。

（2）法院如认为适当，可无条件地或在有条件的限制下，免除向债务人送达（针对根据本条提出的申请的）通知的义务（The court may，if it thinks fit，dispense with service on the debtor of notice of an application under this section，either unconditionally or subject to conditions）。

（3）除第（4）款另有规定外，就本法而言，根据本条针对债务人提出的申请，等同于债权人针对该债务人提出的破产申请。

（4）第43（1）款，第44、47条，第52（1）、（2）款及第11A部分的条文，不适用于根据本条提出的申请，但在听证该项申请时，法院须要求就该申请所述事项提供证据（可借宣誓书提供），除非法院已免除通知义务，否则由法院向债务人送达该申请书。

221A 个人破产协议的更改

由债权人特别决议更改

（1）债权人经债务人书面同意，可在为此目的召开的会议上以特别决议更改个人破产协议。

由受托人更改

（2）经债务人书面同意，受托人可书面提议更改个人破产协议。

（3）受托人必须将拟议的更改，通知所有有权收到债权人会议通知的债权人。

（4）该通知必须：

（a）包括对更改原因以及更改对债权人可能产生的影响（如果更改生效）的陈述；以及

（b）指定所建议的更改生效的日期（在发出通知至少14天后）；以及

（c）说明任何债权人可在指定日期至少2天前以书面形式通知受托人，反对该项更改在未召开债权人会议的情况下生效。

（5）如没有债权人在指定日期最少2天前向受托人递交书面形式的反对通知的，则所建议的更改须在通知书指定的日期生效。

（6）由受托人签署的证明书，说明与根据第（2）款所建议的更改有关的任何事宜，即该事宜的表面证据。

222 法院可撤销个人破产协议

以不合理等理由撤销（Setting aside）①

（1）如果个人破产协议生效，法院可应下列人士的申请：

---

① 译者注：一般翻译为搁置，但这里翻译为撤销比较好。

（a）检察长；或者

（b）受托人；或者

（c）债权人；

作出撤销该协议的命令，如果法院确信：

（d）该协议的条款不合理或者并非旨在使债权人普遍受益；或者

（e）由于任何其他原因，该协议应被撤销。

以不符合本部分等理由撤销

（2）如果个人破产协议生效，法院可应下列人士的申请：

（a）检察长；或者

（b）受托人；或者

（c）债权人；或者

（d）债务人；

作出撤销该协议的命令，如果法院确信：

（e）该协议并非按照本部分订立的；或者

（f）该协议不符合本部分的规定。

（3）如果个人破产协议实质上符合本部分的要求，法院不得以该协议不符合本部分的要求为由下令撤销该协议。

（4）法院不得根据第（2）款作出命令，除非对该命令的申请（unless the application for the order）是在个人破产协议设定的所有义务被免除之前提出的。

以虚假或误导性信息等为由撤销

（5）如果个人破产协议生效，法院可应下列人士的申请：

（a）检察长；或者

（b）受托人；或者

（c）债权人；

作出撤销该协议的命令，如果法院确信：

（d）在要求债务人签署协议的决议获得通过的债权人会议上，在回答向该债务人提出的问题（针对债务人的任何行为或可审查的事务）时，该债务人提供了虚假或误导性的信息；或者

（e）债务人：

（ⅰ）在根据第188（2C）、（2D）款作出的债务人事务陈述中遗漏了任何重要的详情；或者

（ⅱ）在该陈述中包括了不正确及重要的详情；或者

（f）债务人须根据附表2第75节（包括根据该节订立的规则）提交一份陈述书，而债务人：

（ⅰ）在该项陈述中遗漏了任何重要的详情；或者

（ⅱ）在该项陈述中包含了不正确及重要的详情；或者

（g）控权受托人：

（ⅰ）在控权受托人根据第189A（3）款作出的声明中遗漏了任何重要的详情；或者

（ⅱ）在该项声明中包含了不正确及重要的详情；或者

（h）根据附表2第75节（包括根据该节订立的规则）的规定，控制受托人须提交陈述书，而控制受托人：

（ⅰ）在该陈述中遗漏了任何重要的详情；或者

（ⅱ）在该陈述中包含了不正确及重要的详情；或者

（i）成为协议受托人的人：

（ⅰ）在该人根据第215A（3）、（4）款作出的声明中遗漏了任何重要的详情；或者

（ⅱ）在该项声明中包含了不正确及重要的详情。

（6）除非法院确信根据第（5）款作出的命令符合债权人的利益，否则不得根据该款作出命令。

（7）法院不得根据第（5）款作出命令，除非对该命令的申请是在个人破产协议设定的所有义务被免除之前提出的。

附属命令

（8）如法院根据第（1）、（2）、（5）款作出命令，法院可作出其认为适当的其他命令。

（9）根据第（8）款作出的命令，可以是指示任何人向另一人支付该命令所指定金额的补偿的命令（An order under subsection（8）may be an order directing a person to pay another person compensation of such amount as is specified in the order.）。本款不限制第（8）款。

申请扣押令

（10）受托人或债权人可在根据第（1）、（2）、（5）款提出的申请（首述申请）中，就债务人的财团提出扣押令的申请。如法院依照首述申请，根据本条作出命令，撤销个人破产协议，则法院如认为适当，可立即作出所申请的扣押令。

（11）就本法而言，受托人或债权人根据本条提出的扣押令申请，被视为等同于债权人针对债务人提出的破产申请，但第43（1）款，第44、47条，第52（1）、（2）款及第11A部分的条文不适用于该项申请。

法院可免除向债务人送达申请通知书

（12）法院如认为适当，可无条件地或在有条件的限制下，免除向债务人送达（针对检察长、受托人或债权人根据本条提出的申请的）通知的义务。

222A 受托人终止个人破产协议

（1）个人破产协议的受托人如确信债务人违约，可以书面形式提议终止该协议。

（2）受托人必须向有权收到债权人会议通知的所有债权人发出建议协议终止的通知。

（3）该通知必须：

（a）包括对终止理由以及终止对债权人可能产生的影响（如果终止生效）的陈述；

以及

（b）指定建议终止生效的日期（在发出通知至少14天后）；以及

（c）说明任何债权人可在指定日期至少2天前以书面形式通知受托人，反对该终止在没有召开债权人会议的情形下生效。

（4）如果：

（a）债务人违约；以及

（b）债权人未在指定日期至少2天前向受托人提交书面形式的反对通知；

则所建议的终止将于通知所指定的日期生效。

（5）就本条而言，债务人在且仅在下列情形下（if，and only if），构成违约：

（a）债务人未能履行（carry out）或遵守个人破产协议的条款；或者

（b）如债务人已去世，则该债务人或管理该债务人遗产的人未能履行或遵守该协议的条款。

（6）由受托人签署的证明书，说明与根据本条所建议的终止有关的任何事宜（stating any matter relating to a proposed termination under this section），即该事宜的表面证据。

222B 债权人终止个人破产协议

（1）在下列情形下，债权人可在为此（终止协议）目的召开的会议上通过决议终止个人破产协议：

（a）债务人违约；以及

（b）在决议通过前，协议的受托人向会议提交了一份书面声明，表明受托人确信债务人违约。

（2）债权人可在为此目的召开的会议上通过特别决议，在下列情形下终止个人破产协议：

（a）债务人的财产被限制令或没收令所涵盖；或者

（b）针对债务人作出的罚款令有效。

（3）但是：

（a）如在订立该个人破产协议时，限制令或没收令已涵盖有关财产，则第（2）（a）项不适用；以及

（b）第（2）（b）项不适用于在订立该个人破产协议时，罚款令已对该债务人生效的情形。

（4）就本条而言，债务人在且仅在下列情形下，才构成违约：

（a）债务人未能履行或遵守个人破产协议的条款；或者

（b）如债务人已去世，该债务人或管理该债务人遗产的人未能履行或遵守协议的条款。

222C 法院可终止个人破产协议

（1）如果某项个人破产协议生效，法院可应下列人士的申请：

（a）受托人；或者

（b）债权人；或者

（c）债务人；或者

（d）如债务人已去世，则为管理债务人遗产的人；

如果法院确信下列条件，则作出终止该协议的命令：

（e）即

（ⅰ）债务人；或者

（ⅱ）如债务人已去世，则指债务人或管理债务人遗产的人；

未能履行或遵守协议条款；或者

（f）协议不可能在没有导致下列主体不公正或不适当延误的情况下继续进行（that the agreement cannot be proceeded with without injustice or undue delay to，大体上等于“如要继续履行协议的内容，就必然会导致下列主体权利行使的延误”）①：

（ⅰ）债权人；或者

（ⅱ）债务人；或者

（ⅲ）如债务人已去世，则该债务人的遗产；或者

（g）因任何其他原因，该协议应予终止。

（2）法院不得以第（1）（e）、（g）项所列明的理由下令终止某项个人破产协议，除非法院确信这样做符合债权人的利益。

附属命令

（3）如法院作出命令终止某项个人破产协议，法院可作出其认为适当的其他命令。

（4）根据第（3）款作出的命令，可以是指示某人向另一人支付该命令所指定金额的补偿的命令［An order under subsection（3）may be an order directing a person to pay another person compensation of such amount as is specified in the order］。本款不限制第（3）款。

申请扣押令

（5）受托人或债权人可在根据第（1）款提出的申请（首述申请）中，就债务人的财团（或遗产）② 提出扣押令的申请。如法院应首述申请，根据本条作出命令终止个人破产协议，法院如认为适当，可立即作出所申请的扣押令。

（6）就本法而言，受托人或债权人根据本条提出的扣押令申请，视为等同于债权人针

---

① 译者注：汉语和英语有很多表达习惯差异较大，比如汉语很少会采用双重否定式（cannot be proceeded with without）。这导致翻译时会面临一个选择，是采用英文的表述还是转换成汉语习惯的表述。对于法条的翻译，本书译者坚持尽量采用最不会产生误差的直译法。因为转译可能会产生其他的（难以预见的）逻辑漏洞，比如说“不可能在没有导致下列人员不公正或不适当延误的情况下继续进行”涵盖了导致不公正或不适当延误的所有可能（未必是由于履行协议本身，也可能是意外或不可抗力导致的延误）。而“如要继续履行协议的内容，就必然会导致下列人等权利行使的延误”，只是说履行协议本身会导致拖延，就没有包含非履行行为可能导致的拖延。

② 译者注：在债务人未死亡的情况下，为债务人的（破产）财团，债务人死亡的情况下为债务人的遗产，除非某处非常清楚是指债务人死亡（遗产）的情形，否则一律翻译成债务人的财团。而债务人的财团包含“债务人的遗产”的情形。

对债务人提出的（破产）申请，但第43（1）款，第44、47条，第52（1）、（2）款及第11A部分的条文不适用于该项申请。

法院可免除向债务人送达申请通知的义务

（7）法院如认为适当，可无条件地或在有条件的限制下，免除向债务人送达（受托人或债权人根据本条提出的申请的）通知的义务。

222D 因发生终止事件而终止个人破产协议

个人破产协议因发生协议规定终止的任何情况或事件而终止。

224 撤销或终止个人破产协议的行为效力

范围

（1）如果个人破产协议是：

（a）由法院撤销；或者

（b）终止的。

行为效力

（2）根据本协议或为本协议的目的，通过下列人员善意地进行的所有付款、行为和事项以及交易：

（a）受托人；或者

（b）任何其他人；

在他或她收到法院命令或协议终止（视情况而定）的通知之前，是合理和有效的，并且不应被后来的个人破产协议或随后的破产的受托人撤销。

224A 个人破产协议被撤销、更改或终止的通知

（1）如果个人破产协议在为此（撤销、更改或终止）目的而召开的债权人会议上通过的决议或特别决议终止或更改，则该协议的受托人必须在终止或更改之日起的2天期限届满前（before the end of the period of 2 days beginning on the day of the termination or variation），将该决议或特别决议的副本提交给官方托管人。

处罚：5个罚金单位。

[按语：另见第277B条（关于侵权通知）。]

（2）如果个人破产协议按照第221A（5）款被更改，则该协议的受托人必须在更改当日起算的2天期限届满前，将该项更改的副本送交官方托管人办公场所存档。

处罚：5个罚金单位。

[按语：另见第277B条（关于侵权通知）。]

（3）如果某项个人破产协议（a personal insolvency agreement）因任何情况或事件的发生（the occurrence）而终止，而该协议规定该等（情况或事件的）发生会导致该协议被终止（the deed provides that it is to terminate）的，则该协议的受托人必须在终止当日起算的2天期限届满前，将该等事实以书面形式通知官方托管人。

处罚：5个罚金单位。

[按语：另见第277B条（关于侵权通知）。]

（4）如果：

（a）法院作出命令，撤销或终止某项个人破产协议；以及

（b）注册受托人是该项个人破产协议的受托人；

注册受托人必须在受托人知悉该命令当日起算的 2 天期限届满前，将该命令以书面形式通知官方托管人。

处罚：5 个罚金单位。

[按语：另见第 277B 条（关于侵权通知）。]

（5）如果：

（a）法院作出命令撤销或终止某项个人破产协议；或者

（b）非因法院命令而终止某项个人破产协议；

该项个人破产协议的受托人必须在作出命令或终止命令（视情况而定）后的 2 个工作日内，向每位债权人发出有关命令或终止的书面通知。

处罚：5 个罚金单位。

[按语：另见第 277B 条（关于侵权通知）。]

（7）违反第（1）、（2）、（3）、（4）、（5）款是须负严格法律责任的罪行。

（按语：严格法律责任见《刑法》第 6.1 条。）

225 个人破产协议、决议等的证据

（1）某项个人破产协议，如看来是由债务人及受托人签署的，并已按照本部分被证明，则除非相反证明成立，否则须当作已妥为签署及证明成立。

（2）根据第 204 条通过某项特别决议的证明书，如按照该条被签署，即以下事项的初步证据：该次会议已妥为召开及举行，且该证明书所指的特别决议已在该次会议上被妥为通过。

（3）根据第 204 条通过某项决议（并非特别决议）的证明书，如按照该条被签署，即该证明书所指的决议在该会议上已被妥为通过的初步证据。

（4）根据本部分举行的会议的记录，是会议程序的初步证据。

226 债权人可以查阅个人破产协议等

（1）任何人如以书面形式说明他或她是根据本部分签署的个人破产协议的债务人的债权人，可在任何合理时间，亲自或由代理人免费查阅该协议，根据第 188（2C）、（2D）款作出的债务人事务陈述书，以及债权人的债权证明；并可以复制或摘录该协议、陈述书和证明。

（3）任何人如以书面形式说明他或她是根据本部分签署的个人破产协议的债务人的债权人，可无须缴付费用，而任何其他人在缴付部长通过立法文件确定的费用后，可亲自或由代理人在官方托管人办公场所，查阅债务人根据本部分提交的任何文件，并可复制或摘录该文件。

（4）任何人在缴付部长通过立法文件确定的费用后，有权在官方托管人的办公场所取得根据本部分提交的任何文件的正式文本。

227 根据本部分订立的个人破产协议等，无须缴纳印花税

根据某州或领地的法律，印花税缴纳之要求不适用于：

（a）第188条所指的主管机关；或者

（b）个人破产协议。

229 个人破产协议约束所有债权人

（1）某项个人破产协议是：

（a）按照本部分订立的；以及

（b）符合本部分的规定的；

经债务人及受托人妥为签署后，对债务人的所有债权人具有约束力。

（2）如果某项个人破产协议对债务人的债权人具有约束力，只要该协议仍然有效，该协议在下列情形下对债权人就没有决定权（it is not competent for a creditor）：

（a）就可证明的债权提出该债权人针对该债务人的破产申请，或者继续进行在该协议具有约束力之前就已被提出的破产申请（or to proceed with such a petition presented before the agreement became so binding）；或者

（b）就（某债权人的）可证明的债权对该债务人的人身或财产强制执行任何补救措施；或者

（c）就可证明的债权展开任何法律程序，或在该法律程序中采取任何新步骤。

（3）本条并不：

（a）影响担保债权人变现或以其他方式处理其担保的权利；或者

（b）阻止债权人在个人破产协议所设定的所有义务被免除后，对其可证明的债权采取任何程序或强制执行任何补救措施，当债务人并未因该协议的实施而被免责。

（4）本条并不阻止债权人对下列各项，强制执行任何补救措施：

（a）已签署个人破产协议的债务人；或者

（b）该债务人不受该协议限制的任何财产；

就债务人在扶养协议或扶养令下的任何法律责任而言（不论是在本款生效之前或之后订立或签订的，视情况而定）。

230 可证明债务的免除（release）

（1）如个人破产协议规定免除债务人的可证明债务，则该协议的作用是免除债务人的该项可证明债务，除非该协议根据本部分被撤销或终止。

（2）第（1）款在符合第（3）、（4）、（5）款的规定时具有效力。

例外情况

（3）第（1）款不适用于免除债务人的债务，当在其签署个人破产协议当日已是破产人的，且该债务不会因该债务人的破产免责而被免除。

（4）第（1）款不影响担保债权人及通过担保债权人或根据担保债权人提出债权的人（a secured creditor, or a person claiming through or under a secured creditor），变现或以其他方式处理该债权人之担保的权利：

（a）如果该担保债权人未根据该协议就担保债权的任何部分提出证明，以获得对该担保债权的偿付；或者

（b）如果该担保债权人已根据该协议就部分担保债权进行了证明——企图获得该债权人未根据该协议证明的部分担保债权的偿付；

而且，为了使担保债权人及通过担保债权人或根据担保债权人提出债权的人能够变现或处理该债权人的担保，而不是以其他方式变现或处理该担保债权或该担保债权的一部分（视情况而定）的，（该债权）被视为未被免除。

（5）个人破产协议并不免除在债务人签署该协议之日下列人员所负担的义务：

（a）债务人的合伙人或共同受托人（a co - trustee）；或者

（b）与债务人共同受约束或已与债务人订立共同合同的人；或者

（c）保证人或债务人的保证人性质的人。

231《公司法》一般条款在个人破产协议中的适用

（1）第77、77A、77AA、77C、77D、77E、77F、78条［第78（1）（a）、（b）、（c）项除外］及第81条经规定的变通（如有）后适用于已签署个人破产协议的债务人，就如同（as if）：

（a）该债务人是破产人；以及

（b）该协议的受托人是破产债务人的财团的受托人。

（2）第78条［第78（1）（d）、（f）项除外］经规定的变通（如有）后适用于已签署个人破产协议的债务人，就如同该债务人是已被送达破产通知的债务人一样。

（3）第58（4）款及第60、61、62条，第82条至第118条，第127条至第130条，第133条至第139H条，第6部分第4B节第I、J小节及第140条至第147条，经规定的变通（如有）后，适用于该协议，就如同：

（a）债权人的破产申请是在要求签署协议的特别决议通过之日针对签署该协议的债务人提出的；以及

（b）在他或她签署该协议之日，已就该申请对他或她作出了扣押令；以及

（c）该协议的受托人是其破产案件的受托人。

（4）在根据第（1）、（2）、（3）款适用这些款中所提及的条文时：

（a）凡提及破产人的财产，须理解为提及债务人的可分割财产；以及

（b）凡提及可证明的债权，须理解为提及本部分所指的可证明的债权；以及

（c）凡提及破产终结，须理解为提及个人破产协议终结。

（5）经法规所规定的任何变通后，第8部分适用于个人破产协议的受托人，就如同：

（a）签署该协议的债务人是破产人；以及

（b）该协议的受托人是其破产案件的受托人。

（6）如在考虑规定的变通及第（4）款的条文后，第（1）、（2）、（3）、（5）款中所指定的条文不能适用于个人破产协议或该协议的受托人（视情况而定），或该条文与本部分不符的，则该条文并不适用。

（7）本部分并不授权法院根据《犯罪所得法》中止任何诉讼。

231A 债务人对剩余财产的权利

（1）与个人破产协议有关的债务人有权享有在全额偿付下列款项后剩余的任何财产：

（a）管理该协议的成本、费用及开支；以及

（b）所有可证明的债务；以及

（c）可证明的有息债务的利息。

（2）如有下列情形，法院可作出命令，指示受托人不向债务人支付或转让第（1）款所提及的财产或该财产的指定部分：

（a）第（2A）款所述之人申请根据本款作出命令；以及

（b）法院确信根据《犯罪所得法》正在进行的诉讼；以及

（c）法院确信债务人的财产可能会（may）：

（ⅰ）受在该诉讼中作出的没收令或州际没收令限制；或者

（ⅱ）被要求履行在该诉讼中作出的罚款令或州际罚款令。

（2A）就第（2）（a）项而言，申请可由下列人士提出：

（a）根据2002年《犯罪所得法》，在与没收令或罚款令相关的未决诉讼中——联邦犯罪所得管理局，该局担任或被建议担任负责根据该法申请该命令的主管机关；或者

（b）在根据相应法律进行的未决诉讼中，有权根据相应法律申请州际没收令的人。

（3）法院可应向其提出的申请，更改或撤销根据第（2）款作出的命令。

232 与义务免除有关的证明书

（1）如个人破产协议的受托人确信该协议所设定的所有义务均已被免除，则受托人必须应债务人的书面请求，向债务人发出由受托人签署的证明书。

（2）由受托人根据本条签署的证明书，即证明该书内所述事实的初步证据。

第 11 部分　破产人遗产的管理

244 在债权人提出破产申请后根据本部分对遗产的管理

（1）除本条另有规定外，凡：

（a）死者（a deceased person）去世时欠债权人的债务不少于法定最低数额（the statutory minimum）①，或欠任何 2 名或多名债权人的债务合计不少于法定最低数额；

（b）死者的法定个人代表（legal personal representative）欠债权人的债务不少于法定最低数额，或欠任何 2 名或多名债权人的债务合计不少于法定最低数额；或者

（c）一项不少于法定最低数额的债务，或一项合计不少于该金额的债务，如非去世，死者本应向债权人或任何 2 名或多名债权人支付的，但在他或她去世后成为欠款（becomes or become owing after his or her death）；

被该债务拖欠的 1 名或多名债权人，可根据本部分向法院提出破产申请，请求法院作出命令，以管理死者（在本条中也被称为已故债务人）的遗产。

（2）除第（3）款另有规定外，就第（1）款而言，只有在拖欠担保债权人的债务金额超过其担保的价值（如有）的范围内，担保债权人才被视为债权人。

（3）担保债权人可根据本条提出破产申请，或参与提出破产申请，就如同他或她是无担保债权人一样，只要他或她在申请书中包括一项声明，表明他或她愿意在（法院）根据本部分作出遗产管理令的情况下（in the event of an order for the administration of the estate under this part being made），为债权人的总体利益而交出其担保物。

（4）当提出破产申请的债权人是担保债权人时，他或她须在申请书中列明其担保的详情。

（5）根据本条提出的破产申请，须由知悉有关事实的人的通过附宣誓书的书面证词核实（shall be verified by the affidavit of a person who has knowledge of the facts，誓章核实）。

（6）根据本条所作的破产申请不能被提交，除非：

（a）该申请中所提及的债务或每项债务：

（ⅰ）是一笔按法律或衡平法或部分按法律及部分按衡平法已到期并已经过清算的款项；以及

（ⅱ）须立即或在某个未来时间支付；以及

---

① 译者注：之前条文中直接规定了是5000 澳大利亚元，现在去掉了具体数字，改成了弹性的“法定最低数额”。

（b）死亡时，已故债务人：

（ⅰ）曾亲自到达（was personally present）或通常居住（ordinarily resident）在澳大利亚；

（ⅱ）在澳大利亚有住所或营业场所；

（ⅲ）亲自或通过代理人、经理在澳大利亚经营业务；或者

（ⅳ）是通过1名或多名合伙人或代理人、经理在澳大利亚经营业务的公司或合伙企业的成员。

（7）凡担保债权人已根据本条提出或参与提出破产申请，就如同他或她是无担保债权人一样，则在（法院）根据本部分作出遗产管理命令后3个月内，他或她须应受托人的书面请求，为了债权人的总体利益，将其担保物交回受托人处。

（8）第（7）款适用的担保债权人，如在受托人按照该款提出请求时没有交出其担保物，即属藐视法庭罪。

（9）除第（10）款另有规定外，破产申请书的密封副本须送达已故债务人的法定个人代表，如无法定个人代表，则须送达法院所指定的人。

（10）法院如确信已故债务人并无法定个人代表，且有特殊情况证明该已故债务人生前有理由如此行事，则可通过命令免除申请书的送达，不论是无条件或是有条件地免除。

（11）在对破产申请的听证中，法院须要求证明：

（a）该申请书所述事项［为此目的，法院可接受“证实该申请书的附宣誓书的书面证词”（the affidavit verifying the petition）为充分的证据］；

（b）该申请书的送达，除非该申请书的送达已获免除；以及

（c）该申请书所关乎的一项或多项债务，仍被拖欠的事实；

而法院如确信该等事项的证明，可作出命令，根据本部分管理该遗产。

（12）法院如不确信任何该等事项的证明，或认为因其他充分原因不应作出所请求的命令，可驳回该项破产申请。

（13）凡已根据某州或领地的法律在某法院展开法律程序，以管理死者的遗产，则债权人不得根据本条申请就该遗产作出命令，除非经法院许可，并按法院认为适当的条款及条件（如有）提出申请。

（14）如法院作出命令根据本部分管理该遗产，则取得该命令的债权人必须在该命令作出当日起算的2天期间终结前，将该命令的一份副本交给官方托管人。

处罚：5个罚金单位。

［按语：另见第277B条（关于侵权通知）。］

（15）违反第（14）款是一项须负严格法律责任的罪行。

（按语：严格法律责任见《刑法》第6.1条。）

245 债务人在债权人提出破产申请后死亡

（1）除第（2）款另有规定外，凡根据第4部分被债权人提出破产申请的人在获送达申请书之后，但在根据该申请作出扣押令之前或该申请被驳回之前去世的，法院可就该申

请作出命令，根据本部分管理该债务人的遗产。

（2）在第（1）款适用的情况下，法院在作出命令前须获提供证据的事宜，是假若死者没有去世时法院在根据破产申请作出扣押令前本应要求提供证据的事宜。

（3）如法院作出命令根据本部分管理遗产，则取得该命令的债权人必须在该命令作出当日起算的2天期间终结前，将该命令的一份副本交给官方托管人。

处罚：5个罚金单位。

[按语：另见第277B条（关于侵权通知）。]

（4）违反第（3）款是一项须负严格法律责任的罪行。

（按语：严格法律责任见《刑法》第6.1条。）

246 法定个人代表对已故债务人事务等的声明

（1）凡根据第244、245条作出根据本部分管理死者遗产的命令，而死者有法定个人代表的，则该法定个人代表须在接到作出该命令的通知之日起的28天内：

（a）就该死者的事务及其对死者遗产的管理作出声明；以及

（b）将该声明书的一份副本交给官方托管人。

处罚：25个罚金单位。

[按语：另见第277B条（关于侵权通知）。]

（1A）违反第（1）款是一项须负严格法律责任的罪行。

（按语：严格法律责任见《刑法》第6.1条。）

（4）作出及提交此类声明书的费用，由遗产承担（shall be borne by the estate，从遗产中支取）。

（5）某人书面声明他或她是该遗产的债权人（无须缴付费用），及任何其他人（在缴付部长通过立法文件确定的费用后），可亲自或由代理人查阅根据本条所提交的关于死者的声明书，并复制或摘录该声明书。

（6）如该遗产的受托人是注册受托人，官方托管人必须将命令副本及声明书副本交给受托人。

247 管理死者遗产的人根据本部分提出的遗产管理申请

（1）在符合本条的规定下，管理死者遗产的人可提出申请，请求根据本部分作出遗产管理令，并附上一份一式两份的（in duplicate）对死者事务及其对死者遗产管理的声明。

（1A）法院在听证该申请时，可作出或拒绝作出其认为适当的被请求作出的命令。

（2）根据本条提出的申请，除非死者在死亡时：

（a）亲自到达或通常居住在澳大利亚；

（b）在澳大利亚有住所或经营场所；

（c）亲自或通过代理人、经理在澳大利亚经营业务；或者

（d）是通过1名或多名合伙人或代理人、经理在澳大利亚经营业务的公司或合伙企业的成员。

（3）如法院在听证申请后作出命令，则管理死者遗产的人必须在该命令作出当日起算

的2天期间终结前，将该命令的一份副本交给官方托管人。

处罚：5个罚金单位。

[按语：另见第277B条（关于侵权通知）。]

（4）违反第（3）款是一项须负严格法律责任的罪行。

（按语：严格法律责任见《刑法》第6.1条。）

247A 根据本部分开始管理

（1）凭借法院在本条生效日期后根据第244、247条作出的命令而根据本部分对死者遗产的管理，须视为与下列事项有关，并已在下列时间开始：

（a）如果该死者在其死亡之日无力从其自己的资金中偿还其到期债务，并且在紧接其死亡之日之前的6个月内（within the period of 6 months immediately preceding the day on which he or she died），作出了任何一项或多项破产行为（had committed any act or acts of bankruptcy）——则在实施该行为或其中的第一个行为之时，视情况而定；

（b）如果该死者在其死亡之日从其自己的资金中无力偿还其到期债务，但在紧接其死亡之日之前的6个月内，没有作出任何破产行为——则在其死亡之时；或者

（c）如果该死者在其死亡之日能够从其自己的资金中偿还其到期债务——则在作出该命令的申请被提出之时。

（2）根据本部分对死者遗产的管理（该管理是因法院依照债权人的破产申请根据第245条作出的命令而进行的），应视为可追溯至与该死者在紧接申请提出之日前6个月期间内所作出的最早的破产行为（the earliest act of bankruptcy），并在该时间（管理行为）已开始。

248 本部分所指管理的法律适用

（1）除本条另有规定外，第47（2）款，第49条至第51条（包括在内），第52（4）、（5）款，第62条，第73条至第76条（包括在内），第79条，第81条至第114条（包括在内），第117条至第130条（包括在内），第132条至第139H条（包括在内），第6部分第4B节第I、J小节，第140条至第147条（包括在内）以及第156A条至第184条（包括在内）经法规所规定的任何变通后，适用于根据本部分进行的法律程序及根据本部分进行的遗产管理。

（3）除法规另有规定外，在适用第（1）款中所规定的关于根据本部分进行的法律程序以及根据本部分管理死者遗产的条文时：

（a）凡提及扣押令，须理解为提及根据本部分作出的遗产管理令；

（b）凡提及破产，须理解为提及根据本部分作出的管理；

（c）凡提及破产人的财产，须理解为提及第249（6）款所定义的该遗产的可分割财产；

（d）凡提及破产日期或某人成为破产人的日期，须理解为提及根据本部分作出遗产管理令的日期；

（da）凡提及破产的开始，须理解为提及将根据本部分进行的遗产管理（凭借第247A

条）视为开始的时间；

（e）凡提及破产人，须理解为提及已根据本部分就其遗产作出遗产管理令的死者，并包括提及该死者的遗产；以及

（f）凡提及破产人遗产的受托人，须理解为提及死者遗产的受托人，而该死者的遗产已根据本部分被作出遗产管理令。

（4）如在考虑规定的变通及第（3）款的条文后，第（1）款所指定的条文不能就根据本部分进行的法律程序或根据本部分进行的遗产管理而适用，或与本部分不符的，则该条文并不适用（that provision does not so have application）。

248A 合并诉讼

（1）凡有命令（不论是在本条生效日期之前或之后）根据本部分管理一个合伙的 2 名或多名成员或者 2 名或多名对一项债务负有共同责任之人的财团，法院可按其认为适当的条款合并该等法律程序。

（2）当：

（a）不论是在本条生效日期之前或之后，任何合伙的成员已成为破产人，或任何合伙的 2 名或多名成员已成为破产人，不论是在本条生效日期之前或之后；以及

（b）已作出命令，不论是在本条生效日期之前或之后，根据本部分管理另一名合伙成员的财团，或已作出命令，不论是在本条生效日期之前或之后，根据本部分管理 2 名或多名该合伙企业其他成员的财团；

法院可按其认为适当的条款合并该等法律程序。

（3）当：

（a）对某项债务负有共同责任的人中有 1 人在本条生效日期之前或之后已成为破产人，或对某项债务负有共同责任的人中有 2 人或多人在本条生效日期之前或之后已成为破产人；以及

（b）已作出命令，不论是在本条生效日期之前或之后，根据本部分管理另一对该债务负有共同责任的人的财团，或已作出命令，不论是在本条生效日期之前或之后，根据本部分管理 2 名或多名对债务负有共同责任的人的财团；

法院可按其认为适当的条款合并该等法律程序。

（4）凡法院根据第（1）、（2）、（3）款作出命令，第 110 条适用于根据本法管理与该命令有关的所有财团（不论是破产人的财团或已故债务人的遗产）。

（5）凡法院根据第（1）、（2）、（3）款就 2 个或多个财团作出命令的，法院可在该命令中：

（a）为将第 6 部分第 3 节的条文适用于共同财团的管理，宣布指定日期为所有与该等财团的管理有关的破产申请均视为已被提交的日期（the date on which all the petitions relevant to the administration of those estates shall be deemed to have been presented）；

（b）为此目的，宣布一个指定日期为就每一个在破产中被管理的该等财团而破产的日期（the date of the bankruptcy in respect of each of those estates being administered in bankruptcy)，以及就根据本部分管理的该等财团而根据本部分作出的每项管理令的日期(and the date on which each order for administration under this part was made in respect of those estates being administered under this part)；以及

（c）为此目的，宣布一个指定的时间为被视为开始的时间，该时间为在破产中被管理的每一个该等财团开始破产的时间，以及凭借第247A条而根据本部分管理的每一个该等财团根据本部分进行管理的时间（但根据本部分作出的遗产管理令是在本条生效日期前就该遗产作出的除外）[declare a specified time to be, for that purpose, the time that is the commencement of the bankruptcy in respect of each of those estates being administered in bankruptcy and the time at which the administration under this part of each of those estates being administered under this part (other than an estate in respect of which the order for its administration under this part was made before the commencement of this section) is, by virtue of section 247A, to be deemed to have commenced]。

如果法院如此行事，则该等财团须据此管理。

249 作出命令时财产的归属（Vesting of property）

（1）除本法另有规定外，凡根据本部分作出管理死者遗产的命令：

（a）遗产中的可分割财产，不是事后取得的财产，立即归属于官方受托人，或者，如果该命令作出时，注册受托人根据本法是死者遗产的受托人，则归属于该注册受托人；以及

（b）遗产中的后取得财产，在该遗产被官方受托人取得或转移后，立即归属于官方受托人，或者，如果注册受托人是本法项下死者遗产的受托人，则归属于该注册受托人；

并可根据本法在死者及其遗产的债权人中分割（上述财产）。

（2）凡联邦或某州或领地的法律规定财产的转让须予登记，并使死者遗产的受托人根据本法得以登记为任何该等财产（是该遗产可分割财产的一部分）的管有者，尽管凭借本条该等财产可在衡平法上被归属于受托人（notwithstanding that it vests in equity in the trustee by virtue of this section)，但在法律的规定得到遵守之前，不得在法律上被如此归属于该受托人。

（3）除本法另有规定外，在根据本部分作出管理死者遗产的命令后，债权人无权：

（a）就管理中可证明的债权，对遗产强制执行任何补救措施；或者

（b）除非获得法院许可并按照法院认为适当的条款，就该债权展开任何法律程序或者在该法律程序中采取任何新的步骤（except with the leave of the court and on such terms as the court thinks fit, to commence any legal proceedings in respect of such a debt or take any fresh step in such a proceeding)。

（4）在根据本部分作出管理死者遗产的命令后，不得对该遗产的可分割财产运用或进行财物扣押以充抵租金（distress for rent shall not be levied or proceeded with against the divisible property of the estate)，不论死者是否该（请求运用扣押的）业主的租客（whether or not the deceased person was a tenant of the landlord by whom the distress is sought to be levied)。

(4A) 本条不得阻止债权人对法院已根据本部分作出遗产管理令的死者的遗产，或对该遗产中不属于该遗产可分割财产一部分的任何财产，就下列任何法律责任而强制执行任何补救措施：就遗产在扶养协议或扶养令下的任何法律责任（不论是在本款生效日期之前或之后订立或作出的，视情况而定）。

(5) 本条并不影响担保债权人变现或以其他方式处理其担保物的权利。

(6) 就本条而言，凡根据本部分对死者遗产的管理，凭借第247A条而视为在死者去世前已开始的，则该遗产的可分割财产包括：

(a) 在死者去世时构成该遗产一部分的财产，但下列财产除外：

(ⅰ) 根据本法第6部分不会在其债权人之间分割的财产（如果当时死者尚未死亡，且在死亡前已对其作出扣押令）；或者

(ⅱ) 下列所有款项：

(A) 人寿保险或养老保险保单的所得；或者

(B) 受监管的退休金基金［1993年《退休金行业（监管）法》所指］或核准存款基金［该《（监管）法》所指］的付款；或者

(BAA) 豁免公共部门退休金计划的付款（该法所指）；或者

(BA) RSA支付的款项；

在下列情况下，（上述款项）根据本法第6部分在死者的债权人之间是不可分割的：

(C) 死者并未死亡；以及

(D) 在死者死亡前已对其作出扣押令；以及

(E) 有关款项在他或她去世不久前已支付；

(b) 在死者去世后及根据本部分作出的命令解除遗产管理前，由该遗产所获得、已被移交到或将移交给该遗产的财产，会根据本法第6部分在其债权人之间分割，如果当时该死者尚未死亡且在其死亡不久前已对其作出了扣押令（property that was or is acquired by, or devolved or devolves on, the estate after the death of the deceased person and before an order releasing the estate from administration under this Part is made, not being property that, if the deceased person had not died and a sequestration order had been made against him or her immediately before his or her death, would not have been divisible amongst his or her creditors under part Ⅵ)；

(c) 在根据本部分将死者的遗产从遗产管理中解除的命令作出前的任何时间，死者的法定个人代表为该遗产的利益而在该财产中、凌驾该财产之上或与该财产有关而可能行使的一切权力（all such powers in, over or in respect of property），以及为行使该等权力而提起法律程序的能力；

(d) 凭借第251条构成该遗产可分割财产一部分的财产，以及任何人根据第251 (2) 款须向该遗产的受托人交代的金额；

(e) 如果在死者去世不久前，任何财产是由该死者及另一人或其他人以共同租客

(joint tenants，联权共有人、共同承租人）身份拥有的，其金额等于在根据本部分开始管理该死者遗产之后或不早于2年前，全部或主要由该死者或由其付费而对该财产所作改善（如有的话）的价值；

（f）在根据本部分开始遗产管理时属于或被授予死者的财产（死者死亡时构成其遗产一部分的财产除外），或在根据本部分开始遗产管理后至其死亡前由该死者取得或转移给该死者的财产，会根据本法第6部分在其债权人之间分割，如果在根据本部分开始管理其遗产时该人尚未死亡且已对该人作出扣押令；以及

（g）在根据本部分开始遗产管理时，或在死者的遗产根据本部分开始管理后以及该死者去世前的任何时间，为其自身的利益而在其财产中、凌驾该财产之上或与该财产有关而行使一切权力，以及为行使该等权力而提起法律程序的能力。

（7）就本条而言，凡死者的遗产管理（凭借第247A条）根据本部分被视为在其死亡时已开始的，则该遗产的可分割财产包括：

（a）在该死者死亡时构成其遗产一部分的财产，但下列财产除外：

（ⅰ）不会根据本法第6部分在其债权人之间分割的财产（如果该死者当时尚未死亡，且在死亡不久前已对其作出扣押令）；或者

（ⅱ）下列所有款项：

（A）人寿保险或养老保险保单的所得；或者

（B）受监管的退休基金［1993年《退休金行业（监管）法》所指］或核准存款基金［该《（监管）法》所指］的付款；或者

（BAA）豁免公共部门退休金计划的付款（该法所指）；或者

（BA）RSA支付的款项；

在下列情况下，（上述款项）根据本法第6部分在死者的债权人之间是不可分割的：

（C）死者并未死亡；以及

（D）在死者死亡前已对其作出扣押令；以及

（E）有关款项在他或她去世前已支付；

（b）在死者去世后及根据本部分作出的命令解除遗产管理前，由该遗产所获得、已被移交到或将移交给该遗产的财产，会根据本法第6部分在其债权人之间分割，如果当时该死者尚未死亡且在其死亡不久前已对其作出了扣押令；

（c）在根据本部分将死者的遗产从遗产管理中解除的命令作出前的任何时间，死者的法定个人代表为该遗产的利益而在该财产中、凌驾该财产之上或与该财产有关而可能行使的一切权力，以及为行使该等权力而提起法律程序的能力；

（d）凭借第251条构成该遗产可分割财产一部分的财产，以及任何人根据第251（2）款须向该遗产的受托人负责（is liable to account to）的金额；以及

（e）如果在死者去世不久前，任何财产是由该死者及另一人或其他人以共同租客身份拥有的，其金额等于在根据本部分开始管理该死者遗产之后或不早于2年前，全部或主要由该死者或由其付费而对该财产所作改善（如有的话）的价值。

（8）就本条而言，凡根据本部分对死者遗产的管理（凭借第247A条）被视为是在死者死亡后开始的，则该遗产的可分割财产包括：

（a）在根据本部分开始管理遗产时构成该遗产一部分的财产，但下列财产除外：

（ⅰ）不会根据本法第6部分在其债权人之间分割的财产（如果该死者当时尚未死亡，且在死亡不久前已对其作出扣押令）；或者

（ⅱ）下列所有款项：

（A）人寿保险或养老保险保单的所得；或者

（B）受监管的退休基金［1993年《退休金行业（监管）法》所指］或核准存款基金［该《（监管）法》所指］的付款；或者

（BAA）豁免公共部门退休金计划的付款［该《（监管）法》所指］；或者

（BA）RSA支付的款项；

在下列情况下，（上述款项）根据本法第6部分在死者的债权人之间是不可分割的：

（C）死者并未死亡；以及

（D）当时已针对死者作出扣押令；以及

（E）有关款项当时已偿付；

（b）在根据本部分的遗产管理开始后及在根据本部分作出命令将该遗产从遗产管理中解除之前，由该遗产所获得、已被移交到或将移交给该遗产的财产，会根据本法第6部分在其债权人之间分割，如果当时该死者尚未死亡且在根据本部分开始管理其遗产时已对该人作出扣押令；

（c）在根据本部分将死者的遗产从遗产管理中解除的命令作出前的任何时间，死者的法定个人代表为该遗产的利益而在该财产中、凌驾该财产之上或与该财产有关而可能行使的一切权力，以及为行使该等权力而提起法律程序的能力；以及

（d）凭借第251条构成该遗产可分割财产一部分的财产，以及任何人根据第251（2）款须向该遗产的受托人负责的金额。

（9）对根据本部分作出遗产管理令的死者所拥有的财产所作的任何改善，以及对作为共同租客的另一人或其他人所拥有的财产所作的任何改善，该改善的价值（The value of any improvements）须［为了第（6）（e）、（7）（e）项之目的］按死者去世当日的价值而定（be determined as at the date of the death of the deceased person）。

（10）在本条中：

后获得的财产，就遗产而言，是指在根据本部分作出遗产管理命令当日或之后由死者遗产所获得或转移给死者遗产的财产，而该财产是该遗产可分割财产的一部分。

管理的开始，就根据本部分对死者遗产的管理而言，是指根据本部分对遗产的管理（凭借第247A条）视为已经开始的时间（means the time at which the administration of the estate under this Part is，by virtue of section 247A，to be deemed to have commenced）。

249A 共同租赁财产的抵押

（1）当：

（a）一笔金额等同于对财产（property）所做改善的价值，包括根据本部分作出遗产管理令的死者所拥有的财产，以及为实施第 249 条而以合租人身份构成死者遗产可分割财产一部分的另一人或其他多人（another person or other persons）所拥有财产；以及

（b）在根据本部分作出遗产管理令的当日，该财产为该另一人所拥有，或由该全部或部分其他多人而非另外之人所拥有（by all or some of those other persons and no other person）（不论是以合租人或其他身份）；

则根据本款的效力（by force of this subsection），对该财产设定了一项抵押，以确保该款项的支付。

（2）根据第（1）款对财产所设定的抵押：

（a）劣后于根据本部分作出的遗产管理令作出前不久该财产上所设置的每项抵押或产权负担（is subject to every charge or encumbrance to which the property was subject immediately before the time at which the order for administration under this Part was made）；

（b）除第（3）款另有规定外，优先于所有其他抵押或产权负担；以及

（c）除第（3）款另有规定外，不受该财产所有权的任何改变的影响。

（3）根据第（1）款对任何财产设定的抵押：

（a）对该财产不再具有效力，当该财产以有价方式出售给在购买时未收到抵押通知的善意买受人时；以及

（b）因在购置时未收到前述抵押通知的人对该项以善意且有价方式取得的财产设置的进一步抵押（或设置权利负担）而延期。

（4）凡第（1）款就某一种类的财产设定抵押，而联邦或者某州或领地的任何法律的条文规定须将该类财产的抵押进行登记的，则该财团的受托人可安排将该项抵押根据该法律的条文进行登记，如受托人如此行事，在该抵押被登记后购买或以其他方式取得该财产或该财产之权益的人［为第（3）款之目的］，须被视为已收到该抵押的通知。

250 死者破产时根据本部分所作命令的效力

（1）凡根据本部分作出遗产管理命令，而死者在去世时是破产人的：

（a）其财产：

（ⅰ）在破产当日或之后由死者获得或转移给死者的；以及

（ⅱ）可在死者的债权人中分割，但在该命令作出当日之前，并未在破产案件中被分配给债权人的；

须（除破产案件的受托人在不知道作出该命令所依据的申请被提出的情况下对该财产所作的任何处置外，以及除第 126 条凭借第 248 条适用于根据本部分管理死者遗产时另有规定外）随即归属于该死者的遗产的受托人；

（b）其财产：

（ⅰ）在该命令作出当日或之后由死者的遗产获得或转移给死者的遗产；以及

（ⅱ）根据本部分可在该遗产的债权人之间分割的财产；

根据本部分归属于死者遗产的受托人，只要该财产是由该遗产获得或转移给该遗

产的；

（c）破产案件的受托人：

（ⅰ）就死者在破产案件中的开支或报酬的任何未清偿余额、该受托人在破产案件中管理遗产所招致的法律责任及在该破产案件中被证明的债权（不论在该破产案件中，这些债权是否有权享有优先权，或被暂缓受偿）而言，须被视为根据本部分被管理的死者遗产的债权人；

（ⅱ）在根据本部分进行遗产管理时，须与死者遗产的普通无担保债权人同等排名；以及

（ⅲ）如果该受托人已在根据本部分的遗产管理中提交了债权证明，可在未经死者遗产受托人根据本部分同意的情况下，修订该债权证明，以增补：

（A）他或她在提交该债权证明后累计计算的，在该破产案件中的开支（或他或她在较早的破产案件中的报酬）；

（B）在提交该债权证明后，他或她在管理破产财团时所招致的法律责任；或者

（C）在提交该债权证明后在该破产案件中获证明的债权；

或者在死者遗产受托人同意下，为任何其他用途；

（d）因第118（9）款而对该破产案件的受托人无效的抵押或抵押令，继续对该受托人无效；以及

（e）因第120、121、122、128B、128C条对该破产案件的受托人无效的交易，继续对该受托人无效。

（2）当：

（a）破产人去世后，其遗产的受托人接获债权人提出的针对该已故破产人的申请的通知，而该申请是在该破产人去世前提出的；或者

（b）该已故破产人的遗产的受托人接获根据本部分提出遗产管理申请的通知；

受托人须持有已故破产人的后获得财产，该财产（或其所得）当时由受托人管有，直至该申请已由法院处理或已失效为止。

（3）凡已故破产人遗产的受托人在该破产人去世后，收到该（已故）债务人向法院提出针对申请人自己的破产申请的通知，而该申请是在该已故申请人去世前提出的，则受托人须持有当时已由该受托人管有的该已故破产人的后获得财产（或其所得），直至法院处理该破产申请为止。

（4）凡已故破产人遗产的受托人依据第59（2）、（3）款或本条第（2）、（3）款持有该已故破产人的后获得财产（或任何该等财产的所得），且有命令根据本部分管理该已故破产人的遗产，则受托人应：

（a）作为根据本部分管理已故破产人遗产的受托人持有所有该等财产（及该等财产的所得），在该受托人同时是根据本部分管理已故破产人遗产的受托人的情况下；或者

（b）在任何其他情况下，将所有该等财产交付给并将该等财产的所得支付给根据本部分管理已故破产人遗产的受托人。

（5）凡联邦或者某州或领地的法律规定须将财产的转让进行登记，并使根据本部分管理死者遗产的受托人得以登记为该遗产财产一部分的任何该等财产的管有人（the owner of any such property that is part of the property of the estate），则该等财产即使因第（1）款在衡平法上归属于受托人，但在符合该法的规定前，在法律上尚不归属于该受托人。

（6）在第（2）、（3）、（4）款中，与已故破产人有关的后获得财产，是指该破产人在其破产当日或之后、其死亡之前所获得的（或接受转移）的财产，或在其死亡后由其遗产所获得（或接受转移）的财产，且该财产虽可由已故破产人的债权人分割但尚未在其债权人中分配的。

251 在某些情况下直接归属于受遗赠人的被遗赠不动产，构成遗产的一部分

（1）除本条另有规定外，凡根据本部分作出的管理死者遗产的命令是在该人死亡之后12个月内作出的，直接归属于（因该人死亡或者因遵守某州或领地与土地权益登记有关的法律）受遗赠人的，由死者遗嘱（根据该州或领地的法律）所遗赠的任何不动产，构成该遗产可分割财产的一部分。

（2）凡在作出该命令前，受遗赠人已经处置了该项被遗赠财产的，或已将该财产以有值代价按揭或抵押（has mortgaged or charged it，for valuable consideration）给了某善意行事之人（a person acting in good faith）的，则该财产不构成该遗产可分割财产的一部分，或者构成受按揭或抵押所限制的该遗产的可分割财产的一部分（视情况而定），但受遗赠人有义务向该遗产的受托人承担处置该项财产所得之责任，或承担相等于该财产被按揭或抵押的金额的责任（视情况而定）。

252 法定个人代表的责任

（1）由死者的法定个人代表支付或转让财产的情况发生在：

（a）根据本部分就该人（指死者）的遗产向他或她（指该法定个人代表）送达破产申请书之后；

（b）在第245（1）款适用的情况下，在他或她知道有人针对该人提出破产申请之后；或者

（c）在根据第247条就该人的遗产提出破产申请后；

如根据本部分就该破产申请作出了管理该人的遗产的命令，则支付或转让财产的情况并不解除该代表作为法定个人代表与受托人之间的关系（does not... operate as a discharge to the legal personal representative as between himself or herself and the trustee）。

（2）除第（1）款另有规定外，本部分不得视为对死者的法定个人代表施加了任何法律责任，如果责任源自根据本部分作出死者遗产管理令前，由该法定个人代表善意地作出的任何支付或财产转让，或者由该代表作出的任何行为或事项。

252A 债务清偿失效

（1）如死者遗产的受托人确信死者遗产的所有债务已全部清偿，则根据本部分作出的遗产管理命令，在最后一次该等债款获得清偿的日期，因本款的效力而失效。

（2）受托人必须在自该日期起算的2天期间终结前，向官方托管人发出书面证明书，

列明有关遗产的名称、管理编号及失效日期。

处罚：5 个罚金单位。

[按语：另见第 277B 条（关于侵权通知）。]

（3）违反第（2）款是一项须负严格法律责任的罪行。

（按语：严格法律责任见《刑法》第 6.1 条。）

（4）就本条而言，某项债权如已由某债权人证明，但（事后）找不到或无法识别该债权人的，则该项债权（的清偿额）可支付给官方托管人，如果已如此支付，则就本条而言，该项债权须被视为已全部支付给了该债权人。

（4A）官方托管人根据第（4）款收取的款项是代表联邦政府收取的。

（5）如款项根据第（4）款支付给官方托管人，则第 254（3）款至第（9）款的条文适用于该款项，就如同该款项是由受托人根据第 254（2）款支付给了联邦政府一样。

（6）在本条中：

死者遗产的债务指在遗产管理中已证明的所有债务，包括负担利息之债的应付利息，以及遗产管理的成本、费用和开支，包括受托人的报酬和开支。

252B 由法院撤销

法院如确信不应根据本部分作出遗产管理令的，可作出（新的）命令，撤销根据本部分对该遗产的管理。

252C 撤销的效力

（1）根据本部分对死者遗产的管理依照第 252A、252B 条被撤销后：

（a）本部分所指的遗产受托人或者任何在撤销前根据该受托人或法院之授权行事的人，妥为作出的一切财产出售、处置、准时付款及所作的一切行为，均被视为已有效地作出或完成；以及

（b）该受托人可将仍归属于其的与遗产管理有关的财产，用于支付遗产管理的成本、收费及开支，包括该受托人的报酬及开支；以及

（c）除第（2）款另有规定外，与遗产管理有关且仍归属于该受托人的财产的剩余部分（如有的话），归属于原死者的遗产。

（2）如请求第（1）（c）项所提及的财产权益的某人向法院提出申请，法院（在询问其认为适当的该等人员之后）可无条件地或在法院认为公正及公平的条件下，作出一项命令，将该等财产归属于或交付给法院认为出于公正及公平，应将该等财产归属或交付之人或该人的受托人［If an application is made to the Court by a person claiming an interest in property referred to in paragraph（1）（c），the Court，after hearing such persons as it thinks fit，may make an order，either unconditionally or on such conditions as the Court considers just and equitable，for the vesting of the property in，or delivery of the property to，a person in whom，or to whom，it seems to the Court to be just and equitable that it should be vested or delivered，or to a trustee for that person.］。

（3）除第（4）款另有规定外，如根据第（2）款作出将财产归属于某人的命令，该

财产即归属于该人，而无须任何转易、转移或转让。

（4）如果：

（a）该命令所关乎的财产，是联邦、某州或领地的法律规定须予登记的财产；以及

（b）该法律使该命令得以登记；

则该财产即使在衡平法上被归属于该命令所指定之人，但在该法律的规定得到遵守之前，该财产在法律上尚未属于该人。

第 11A 部分 对农民的债务援助

253A 解释

在本部分中，主管机构（relevant authority）就根据公布的法律（a proclaimed law）而适用于某人或死者遗产的冻结（stay）而言，是指执行所公布的法律的人，根据或依照该法律，此类冻结已被或正被执行。

253B 可以公布州或领地的法律

当某州或领地的某部法律（包括在本条生效前生效的法律）：

（a）规定提供财政援助，以清偿1935年《贷款（农民债务调整）法》所指农民的债务；或者

（c）使联邦与各州之间的协议生效，该协议的签署（代表联邦）由1976年《州拨款（农村调整）法》所批准或者被该协议随后的修订版［包括经联邦、各州和北方领土地区之间的协议所修订的该协议的版本，代表联邦签署该协议是由1979年《各州和北方领土地区拨款（农村调整）法》或最后提到的该协议的随后修订版本所批准］所批准［gives effect to the agreement between the commonwealth and the states the execution of which, on behalf of the commonwealth, was approved by the States Grants (Rural Adjustment) Act 1976 or that agreement as subsequently amended (including that agreement as amended by the agreement between the commonwealth, the states and the northern territory the execution of which, on behalf of the commonwealth, was approved by the States and northern territory grants (Rural Adjustment) Act 1979 or that last - mentioned agreement as subsequently amended)］；或者

（d）使联邦与各州及北方领土地区之间的协议生效，该协议的签署是由1985年《各州及北方领土地区供款（农村调整）法》或者该协议随后的修订版本所批准的；或者

（e）使联邦与某州或北方领土地区之间的协议生效，该协议的签署是由1988年《各州和北方领土地区供款（农村调整）法》或者该协议随后的修订版本所批准的；

总督可通过公告（proclamation），指定该法为本部分所适用的法律。

253C 根据公布的法律进行冻结的通知

主管机构可向官方托管人发出书面通知，说明根据公布的法律作出的冻结适用于该通知所指定的人。

253E 主管机构可根据某些申请请求冻结法律程序

（1）如果：

（a）债权人的破产申请是针对某人（不论是单独提出或与他人共同提出）或针对某人是其成员的合伙企业提出的；或者

（b）债务人的破产申请是针对某人是其成员的合伙企业（该人并非提出申请的合伙人）而提出的；

且根据已公布的法律而作出的冻结适用于该人，则主管机构可在根据债权人的破产申请作出扣押令前或在官方托管人（视情况而定）接受债务人的破产申请前的任何时间，申请法院作出命令，冻结根据该破产申请而进行的所有或者任何法律程序，且法院（如认为适当）可按其认为合适的条款及条件，冻结根据该破产申请而进行的所有或任何法律程序。

（2）如果一项破产申请根据第244条或第247条提出，请求作出管理死者遗产的命令，而根据公布的法律作出的冻结适用于该遗产，则主管机构可在该命令作出前的任何时间，向法院申请作出命令，冻结所有或者任何根据第244条或第247条进行的法律程序，且法院（如认为适当）可按其认为合适的条款及条件，冻结根据该项破产申请所进行的所有或者任何法律程序。

（3）根据本条作出的命令，可规定冻结的期限为无限期或法院认为适当的期限。

253F 主管机构可就有关债务人的破产申请所提出的请求出席听证

（1）主管机构可出席并在有关下列事项的听证中陈词：

（a）根据第55（6A）款请求许可提出一项破产申请，该破产申请是向与已公布的法律所适用的冻结有关的债务人提出的［an application under subsection 55（6A）for leave to present a petition against a debtor in relation to whom a stay applies under a proclaimed law］；或者

（b）某人根据第56A（7）款提出的请求（请求法院准许该人参与提出针对某合伙企业的破产申请），该人是根据一项已公布的法律而被冻结之人［an application under subsection 56A（7）by a person to whom a stay under a proclaimed law applies for the court's permission to join in presenting a petition against a partnership］；或者

（c）根据一项已公布的法律而被冻结的某人根据第57（8）款提出申请，请求许可加入根据第57条提出的破产申请［an application under subsection 57（8）by a person in relation to whom a stay under a proclaimed law applies for leave to join in presenting a petition under section 57］。

（2）主管机构可亲自出席，或者由出庭律师或事务律师代表其出席。

第 12 部分　无人领受的分配或款项

254 向联邦政府支付无人领受的款项

（1）在本条中，受托人指：

（a）破产财团的受托人；或者

（aa）债务协议的管理人；或者

（b）个人破产协议的受托人；或者

（c）和解或安排方案的受托人；或者

（d）根据本法第 11 部分规定的已故债务人遗产的受托人；

同时包括官方受托人。

（2）凡受托人控制的：

（a）任何剩余财产分配或其他款项在超过 6 个月的期间内无人领取，受托人已指定有权领受该剩余财产分配或其他款项的人，但在作出一切合理努力后未能找到该人的；或者

（b）建议不分配或支付给任何人的任何款项；

受托人应立即将这些款项支付给联邦政府。

（2A）当：

（a）法院在债权人针对债务人提出破产申请后，已指示官方受托人、官方托管人或注册受托人接管该债务人的财产；

（b）该申请已被撤回或驳回；

（c）官方受托人、官方托管人或注册受托人（视情况而定）依据该项指示而控制了款项；以及

（d）将该等款项支付给有权享有该等款项的人并非合理地切实可行；

官方受托人、官方托管人或注册受托人（视情况而定）须将该等款项支付给联邦政府。

确权申请（application for entitlement determination）

（3）任何人声称有权领取根据第（2）、（2A）款已付给联邦政府的任何款项，可以用标准格式向官方托管人申请确定该人有权领取该款项。

官方托管人确信有权领取款项之人

（4）如某人按照第（3）款提出申请，且官方托管人确信该人有权享有该等款项或该等款项的一部分，则官方托管人必须：

（a）就此作出书面决定；以及

（b）在决定书中指定该人有权获得的金额；以及

（c）将该项决定通知该人。

（5）联邦政府必须向该人支付与第（4）（b）项所述金额相等的金额。根据 2013 年《公共治理、绩效和问责法》第 77 条的规定，该金额是一笔还款。

官方托管人不相信有权领取款项之人

（6）如某人按照第（3）款提出申请，而官方托管人不确信第（4）款所述的情形，则官方托管人必须：

（a）就此作出书面决定；以及

（b）将该决定通知该人。

法院复核

（7）该人可向法院申请复核（官方托管人）根据第（4）、（6）款作出的决定。

（8）在复核该决定后，法院必须：

（a）确认该决定；或者

（b）更改该决定；或者

（c）将该决定搁置，并用另一个决定代替之。

官方托管人的决定并非法律文书

（9）根据第（4）、（6）款作出的决定并非法律文书。

第 13 部分 证　　据

255 程序记录或证据

（1）除非相反证明成立（unless the contrary is proved），否则任何声称是根据第 77C、81 条进行的法律程序或在法庭进行的法律程序的记录的笔录（Atranscript，含誊本）或者电子或磁质记录［electronic or magnetic recording，录音（像）］，须视为该类记录（is to be taken to be a record of that kind）。

（2）笔录或录音（像）可接纳为其语言在笔录或录音（像）内的人所描述事项的证据（is admissible as evidence of the matters described by a person whose words are recorded in the transcript or recording），除非该法院或寻求引入该笔录的某法院作出相反命令。

（3）制备笔录或录音（像）的费用，是管理与所记录事项有关的破产人或债务人的财团的一项开支。

256 在公报（*Gazette*）① 刊登的公告内所述事项的证据

载有依据本法在公报内插入的任何公告的文本，即该公告所述事项的初步证据（A copy of the *Gazette* containing any notice inserted in it in pursuance of this Act is *prima facie* evidence of the matters stated in the notice）。

257 债权人会议或检查委员会会议议程的证据

债权人会议或本法规定的检查委员会的会议议程记录，由自称是或看起来是会议主席的人签署（signed by a person describing himself or herself as，or appearing to have been，chair of the meeting），是这些会议议程的初步证据。

258 关于适当召开会议等的推定

根据本法，除非被证明相反情形：

（a）债权人会议或检查委员会的会议，如其会议议程记录已由自称是或看起来是会议主席的人签署，则该会议须被视为已妥为召集和举行；以及

（b）在该会议上通过的所有决议或进行的所有程序，均须视为已妥为通过或进行。

（从第 258 条直接到了第 262 条，原文如此。）

262 宣誓书的宣誓

（1）为本法之目的而使用的宣誓书，可在联邦或某领地内，在下列人员面前宣誓而生效：为某州或领地的高等法院或最高法院管理宣誓（administer oaths，监誓）之目的而获

① 译者注：拉丁文须斜写，*prima facie* 同。

授权之人、根据本法具有管辖权的法院的法官、官方托管人、治安法官（a justice of the peace）、宣誓专员（a commissioner for affidavits）或者声明专员（a commissioner for declarations）。

（2）为本法之目的而使用的宣誓书，可在联邦和某领地以外的地方在下列人士面前宣誓而生效：

（aa）获授权为高等法院在该地方管理宣誓之目的而设的高等法院专员；

（a）某州或领地的最高法院专员，可接受获得授权的宣誓书及有权在该地方行事（authorized to act in that place）；

（b）1955 年《领事费用法》所定义的，在该地方行使其职能的澳大利亚外交官员或澳大利亚领事官员；

（ba）联邦政府雇员：

（ⅰ）根据 1955 年《领事费用法》第 3（c）项被授权；以及

（ⅱ）在该地方行使其职能；

（bb）澳大利亚贸易和投资委员会的雇员：

（ⅰ）根据 1955 年《领事费用法》第 3（d）项被授权；以及

（ⅱ）在该地方行使其职能；

（c）在该地方行使其职能的公证人；或者

（d）有资格在该地方管理宣誓的人，该人是由第（aa）项至第（c）项任何一项所述之人，或者经该地方的高等法院证实有此资格的人。

第 14 部分　罪　　行

263 财产等的隐藏等（Concealment etc. of property etc.）

（1）任何人不得：

（a）意图欺诈下列主体的债权人：

（ⅰ）破产人；

（ⅱ）死者或死者的遗产；或者

（ⅲ）已签署个人破产协议、转让契据或安排契据（a deed of assignment or a deed of arrangement）的债务人；

隐匿破产人、死者、其遗产或者债务人的财产（conceal property of the bankrupt, of the deceased person or his or her estate or of the debtor）；

（b）从下列人士处接受财产：

（ⅰ）破产人或已签署个人破产协议、转让契据或安排契据的债务人，或代表该破产人或债务人之人；

（ⅱ）死者的法定个人代表；或者

（ⅲ）其后成为破产人或签署该等协议或契据的债务人，或代表该债务人的人；

蓄意欺诈或协助破产人、法定个人代表或债务人骗取破产人的债权人、死者、其遗产或债务人的财产；

（c）蓄意欺诈，在未经授权的情况下或在明知其有任何虚假细节的情况下，在公报或报纸上刊登或安排刊登一则看来是根据本法刊登的广告（with intent to defraud, insert or cause to be inserted in the *gazette* or in a newspaper an advertisement purporting to be under this Act without authority or knowing it to be false in any particular）；或者

（d）下列情形蓄意欺诈：

（ⅰ）在破产案件的任何法律程序中；

（ⅱ）与某死者遗产的管理有关；或者

（ⅲ）与根据个人破产协议、转让契据、安排契据、和解协议或安排方案（a composition or a scheme of arrangement）管理某债务人的事务有关；

作出虚假申报、宣告或陈述，而该项申报、宣告或陈述在任何细节上不真实，或提交在任何细节上不真实的债权证明。

刑罚：监禁 5 年。

（2）任何人（首述之人）如有下列情形，即属犯罪：

（a）该人处置、收受、转移、保留或隐藏下列已被扣押的财产：

（ⅰ）作为某破产人财产的一部分；或者

（ⅱ）作为某死者遗产的一部分；或者

（ⅲ）受个人破产协议、转让契约所约束（已被扣押的财产）；以及

（b）该首述之人知道该财产已被如此扣押。

刑罚：监禁1年。

（3）在本条中：

和解不包括为已公布的法律的目的（for the purposes of a proclaimed law，应指该法的立法目的）而订立的和解。

死者指根据本法第11部分对其遗产作出管理令的死者。

安排契据不包括为已公布的法律的目的而签署的安排契据。

安排方案（scheme of arrangement）不包括为已公布的法律的目的而作出或订立的安排方案。

263A 虚假宣誓书

任何人故意在用于本法目的之宣誓书中作虚假陈述的，即属犯罪，可处以下列刑罚：

（a）一经遵循简易程序定罪，可处以不超过6个月的监禁或不超过2个罚金单位的罚金，或监禁及罚金并处；或者

（b）一经遵循公诉程序定罪，可处以不超过4年的监禁。

263C 关于债权人投票权的虚假申报

（1）债权人不得明知或罔顾后果地（knowing or reckless）向受托人提供表决文件（a voting document），而该表决文件在重要的详情上是虚假或误导性的。

刑罚：监禁6个月。

（2）在本条中：

给予包括给予的理由。

受托人是指：

（a）破产案件的受托人；或者

（b）第4部分第6节所指的和解或安排方案的受托人；或者

（d）第10部分所定义的控权受托人；或者

（e）根据第10部分订立的个人破产协议的受托人；或者

（f）根据第11部分受到管理的遗产的受托人。

表决文件是指：

（a）一项声明：

（ⅰ）与下列事项有关：债权人声称破产人欠该债权人的金额、债权人就破产人欠该债权人的债权的任何转让而支付的对价的价值（the value of the consideration that the creditor gave for any assignment of a debt the bankrupt owes to the creditor），或者债权人是否对该债权持有担保权益；以及

（ⅱ）在为第 4、10、11 部分或者附表 2 之目的而召开的会议上或会议之前交给受托人的（声明）；或者

（b）一份表格：

（ⅰ）与指定某人作为该债权人的代理人在某会议上代表该债权人有关；以及

（ⅱ）在为第 4、10、11 部分或附表 2 之目的而召开的会议上或会议之前交给受托人的（表格）。

264A 某人未能出庭等

（1）本条适用于下列人员：

（a）在本款生效之前或之后，根据本法被送达传票，要求其出席根据本法（第 81 条除外）的规定进行的询问，或作为证人出庭，并被提供一笔合理的开支款项（is tendered a reasonable sum for expenses）；或者

（b）并非第 81 条所指的有关人员，但不论是在本条生效日期之前或之后，已获送达传票，请求根据该条出席询问，并已获提供一笔合理的开支款项；或者

（c）属第 81 条所指的有关人员，并在本条生效日期当日或之后获送达传票，以根据该条出席询问。

（1A）本条所适用的人员在本条生效日期之后不得：

（a）不按照送达该人的传票的规定出席；或者

（b）未能每天出现和报告（fail to appear and report from day to day），除非获得法庭、书记员或地方法官（视情况而定）谅解或免除进一步出席（unless excused or released from further attendance）。

刑罚：监禁 6 个月。

（1B）如该人有合理辩解，则第（1A）款不适用。

{按语：被告人对第（1B）款所述事项负有举证责任［见《刑法》第 13.3（3）款］。}

（2）本条并不限制法院因藐视法庭罪而惩罚任何人的权力，但任何人不得因同一行为或不作为（the same act or omission）而根据本条及因藐视法庭罪而再次受到惩罚。

264B 逮捕不到庭的人等

（1）除第（2）款另有规定外，凡获送达第 264A（1）款所提及的传票的人，不论是在本条生效日期之前或之后：

（a）没有按传票的规定到法庭、书记员或地方法官（视情况而定）面前出席；或者

（b）未能按照法庭、书记员或地方法官（视情况而定）的要求，每天出现并报到；

则法庭、书记员或地方法官（视情况而定）可借宣誓书证明传票的送达，发出执行令拘捕该人（issue a warrant for the apprehension of the person）。

（2）法庭、书记员或地方法官不得根据第（1）款发出执行令，拘捕第 264A（1）（a）、（b）项所述未能根据本法规定出席询问或未能根据本法规定的传票出庭作证的人，除非法庭、书记员或地方法官（视情况而定）经宣誓书证明，确信该人已获提供一笔合理的开支

款项。

（3）根据第（1）款发出的执行令授权拘捕该人并将其带到法庭、书记员或地方法官（视情况而定）席前，将其羁押，直至法庭、书记员或地方法官（视情况而定）命令释放该人为止。

（4）根据第（1）款发出的执行令，可由警员执行，且执行该执行令的警员有权为执行该令而闯入或进入任何地方或建筑物。

（5）法庭、书记员或地方法官（视情况而定）可命令根据本条被拘捕之人缴付拘捕的费用。

（6）根据本条对任何人的拘捕，并不免除该人因没有出现在法庭、书记员或地方法官（视情况而定）席前而招致的任何法律责任。

264C 拒绝宣誓或作证等

（1）根据本法接受询问而在法庭、书记员或地方法官席前出庭之人，或作为证人在法庭席前出庭之人，不得：

（a）拒绝或不宣誓或不作出确认（make an affirmation）；

（b）拒绝或不回答法庭、书记员或地方法官（视情况而定）要求他或她回答的问题；或者

（c）拒绝或不出示（fail to produce）法庭、书记员或地方法官（视情况而定）或者根据本法发出的传票要求他或她出示的任何账簿。

刑罚：监禁6个月或10个单位的罚金，或监禁及罚金并处。

（1A）如该人有合理辩解，则第（1）款不适用。

{按语：被告人对第（1A）款所述事项负有举证责任［见《刑法》第13.3（3）款］。}

（2）本条并不限制法庭因藐视法庭罪而惩罚任何人的权力，但任何人不得因同一行为或不作为而根据本条及因藐视法庭罪而再次受到惩罚。

264D 询问中的推诿或逃避

（1）凡根据本法在法庭、书记员或地方法官席前接受询问的人，犯有推诿或逃避的罪行，一经定罪，该人即属犯罪，可处不超过6个月的监禁或不超过10个罚金单位的罚金，或监禁及罚金并处。

（2）本条并不限制法庭因藐视法庭罪而惩罚任何人的权力，但任何人不得因同一行为而根据本条及因藐视法庭罪而再次受到惩罚。

264E 与书记员或地方法官进行询问有关的罪行

（1）任何人不得：

（a）侮辱或扰乱根据本法进行询问的书记员或地方法官；

（b）中断根据本法在书记员或地方法官席前进行的询问；

（c）在根据本法进行询问的地方或附近，在书记员或地方法官席前制造、参与制造或者继续制造骚乱；

（d）对根据本法进行询问的书记员或地方法官使用侮辱性或威胁性语言；或者

（e）通过书面或口头蓄意使用下列性质的词语（use words calculated）：

（ⅰ）不适当地影响根据本法进行询问的书记员或地方法官；或者

（ⅱ）使根据本法进行询问的书记员或地方法官名誉扫地的（is being held into disrepute）。

处罚：监禁6个月或10个罚金单位，或监禁及罚金并处。

（2）就第（1）款所规定的罪行而言，严格的法律责任适用于该犯罪情形的下列实质要件（strict liability applies to the following physical elements of circumstance of the offence）：

（a）书记员或地方法官是根据本法进行询问的书记员或地方法官；

（b）该项询问是根据本法在书记员或地方法官席前进行的询问。

（按语：严格法律责任见《刑法》第6.1条。）

265 破产人或债务人未披露财产等

（1）破产人：

（a）须向受托人全面而真实地披露该破产人的所有财产及其价值；

（b）应向受托人充分而真实地披露他或她在紧接他或她破产之日前2年内所作的任何财产处置的详情；

（c）不得拒绝或不遵守受托人的指示，将该破产人所管有的财产（破产人的全部或部分财产）交付受托人；

（ca）须向受托人充分而真实地披露受托人所规定的有关该破产人的任何行为及可审查事务的信息；

（d）不得拒绝或不告知受托人在何处可找到与该破产人的可审查事务有关的账簿（包括该破产人的关联实体的账簿）；

（e）不得拒绝或不遵守受托人的指示，将由该破产人管有并与其任何可审查事务有关的账簿（包括该破产人的关联实体的账簿）交付给受托人；

（f）在与该破产人的任何可审查事务有关的声明中，不得遗漏任何重要的详情；

（g）如果他或她知道某人在破产案件中提交了虚假的债权证明，须立即将此事通知受托人；以及

（h）应就其任何资产或其资产的任何部分在紧接其破产之日前2年内发生的任何损失或折旧，向受托人作出充分而适当的解释。

刑罚：监禁1年。

（1A）破产人如已按第（1）（a）、（b）、（ca）项的规定，尽其所知及所信（to the best of his or her knowledge and belief），充分而真实地披露了有关信息，即视为已遵守该项的规定。

{按语：被告人对第（1A）款所述事项负有举证责任［见《刑法》第13.3（3）款］。}

（2）破产人如证明任何财产已按其业务的一般方式或为支付其家庭的一般开支而处

置，则该财产须被视为已遵守第（1）（b）项的规定。

［按语：另见第5（6）款。］

（3）破产人（在拟就任何与其可审查事务有关的事宜，取得其债权人或其中任何债权人的同意的情况下）不得作出虚假声明或作出欺诈行为。

刑罚：监禁5年。

（4）在破产申请提交后，或凭借破产申请而成为破产人的人：

（a）隐藏、转移、处置或处理其财产的任何部分，价值为20澳大利亚元或以上；

（b）隐瞒欠其或者由其所欠下的债务（conceals a debt due to or by him or her）；

（c）在影响或关乎该人的任何可审查事务的账簿（包括该人的关联实体的账簿）内隐瞒、放弃（parts with）、销毁（destroys）、毁损（mutilates）、伪造（falsifies）、更改（alters）或作出虚假记载，或者在该账簿（包括该人的关联实体的账簿）内遗漏重要的详情；

（d）试图对其财产的任何部分作出说明（account for）时，谎称其遭受到了损失或费用（has incurred a loss or expense）；

（e）非以其正常业务的方式，处置或担保其以赊账方式取得（he or she has obtained on credit，以信用方式取得）但尚未支付的财产；或者

（f）阻止制作影响或关乎（affecting or relating to）该人的任何可审查事务的账簿（包括该人的关联实体的账簿）的；

即属犯罪，一经定罪，可处不超过1年的监禁。

（5）任何人在提交破产申请后（或凭借破产申请而）成为破产人，而该人是单独破产或与另一人共同破产的，如果该人：

（a）以欺诈手段取得财产；或者

（b）因欺诈而招致任何债务或法律责任；

即属犯罪，一经定罪，可处不超过5年的监禁。

（6）第（4）、（5）款适用于在本法生效日期后作出或完成的行为或不作为，前提是破产申请是在本法生效日期前提出的，但不适用于作出或完成该行为或不作为的人已被破产免责，或者在其破产被宣告无效后才作出或完成该行为或不作为的情形［Subsections（4）and（5）extend to an act or omission done or made after the commencement of this Act where the petition was presented before the commencement of this Act but do not apply to an act or omission done or made after the person by whom it was done or made has been discharged from the bankruptcy or after his or her bankruptcy has been annulled.］。

（7）任何人在本法生效后成为破产人，并在破产申请提出前12个月内或者凭借破产申请而成为破产人，已作出第（4）（a）项至第（f）项或第（5）（a）、（b）项所指定的任何事项（不论是在本法生效之前或之后）的，即属犯罪，一经定罪，可处不超过根据第（4）、（5）款（视情况而定）对作出该事项所适用的最高刑期的监禁［not exceeding the maximum period of imprisonment applicable to the doing of that thing under subsection（4）or subsection（5），as the case may be］。

（8）任何人成为破产人后，在其成为破产人之前 2 年内且在本法生效后，已通过合同约定了可在破产中被证明的债务（has contracted a debt provable in the bankruptcy），且在通过合同约定该债务时并无任何合理或可能之预期的理由（any reasonable or probable ground of expectation），考虑到他或她的其他负债（如有），其将有能力偿还该笔债务的，即属犯罪，一经定罪，可处不超过 1 年的监禁。

（9）如果被告人证明与该项控罪有关的行为或不作为是在无意欺诈其任何债权人的情况下作出或完成的，则对本条所指的控罪［并非第（1）（c）、（e）项或第（3）、（5）、（8）款所指的控罪］可作免责辩护。

265A 与根据第 77A、130 条行使权力有关的罪行

（1）任何人不得拒绝遵守或不遵守第 77A、130 条的规定。

（1A）如该人有合理辩解，则第（1）款不适用。

｛按语：被告人对第（1A）款所述事项负有举证责任［见《刑法》第 13.3（3）款］。｝

（2）任何人在声称是遵守第 77A、130 条的规定时（in purported compliance with a requirement under section 77A or 130），不得提供（就该人所知，在重要的详情上是虚假或误导性的）信息或作出（在重要详情上是虚假或误导性的）陈述。

（3）任何人不得：

（a）妨碍或阻碍任何人根据第 77A 条行使权力；或者

（b）妨碍或阻碍正在执行根据第 130 条发出的执行令的人。

（3A）如该人有合理辩解，则第（3）款不适用。

｛按语：被告人对第（3A）款所述事项负有举证责任［见《刑法》第 13.3（3）款］。｝

（4）任何人（前述之人）根据依照第 130 条发出的执行令进入相关营业场所的，该场所的占用人或掌管人（The occupier，or person in charge）须向前述之人提供一切合理的设施及协助，使他或她能有效地行使执行令所赋予的权力。

刑罚：监禁 12 个月。

266 由即将破产或已破产之人处置或抵押其财产

（1）任何人在提出破产申请后，或由于（他人对其之）破产申请而成为破产人的人，如处置任何财产或在任何财产上设定抵押，意图欺诈其债权人，即属犯罪，一经定罪，可处不超过 5 年的监禁。

（2）第（1）款不适用于在作出该项处置或设定该项抵押的人被破产免责后，或在该人的破产被宣告无效后，其所做出的财产处置或抵押的设定。

（3）任何人在本法生效后成为破产人（且在破产申请提出前 12 个月内），或者由于（他人对其之）破产申请而在本法生效后成为破产人，已处置任何财产或在任何财产上设定抵押，意图欺诈其债权人的，即属犯罪，一经定罪，可处 5 年以下监禁。

267 债务人或破产人虚假申报

（1）本条适用于下列陈述书（statement）中所载的声明（declaration）：

（a）根据第54（1）（a）、（2）（a）项提交的；或者

（aa）附随根据第54A条所提交声明的；或者

（b）附随根据第55（2）（b）项或第56B（1）款提交的申请书的；或者

（c）根据第56F（1）（a）、（b）项提交的；或者

（d）附随根据第57（1）款提交的申请书的；或者

（da）根据第77CA条交给官方托管人的；或者

（e）根据下列条款交给官方托管人的：

（ⅰ）第185C（2B）款；或者

（ⅱ）第185M（1B）款；或者

（ⅲ）第185P（1B）款；或者

（ea）根据第185D条连同一项债务协议建议一并交给官方托管人的；或者

（f）根据第188（2c）、（2d）款作出的。

（2）任何人不得作出本条所适用的声明，如果该人明知该声明是虚假的。

刑罚：监禁12个月。

电子声明中的推定声明人

（3）如果陈述书中有下列声明：

（a）由官方托管人以电子方式接收的；以及

（b）声称是由某特定之人作出的（purported to be made by a particular person）；

在没有相反证据的情况下，推定是由该人作出的声明。

（4）无论第（1）款所述的声明是否已提交、是否有附随声明或申请，或者是否已交给官方托管人，第（3）款均适用。

（5）第（3）款并不暗示地影响本条以外联邦法律的实施［Subsection（3）does not affect by implication the operation of a law of the Commonwealth outside this section］。

267B 个人未能提供信息

（1）任何人不得拒绝或不遵守根据第6A（3）、77C（1）款或第77CA、139V条向该人发出的通知。

刑罚：监禁12个月。

（2）如该人有合理辩解，则第（1）款不适用。

｛按语：被告人对第（2）款所述事项负有举证责任［见《刑法》第13.3（3）款］。｝

267D 未能出席

（1）根据第77C（1）款发出的通知，任何人被要求须到官方托管人或者被授权人员席前出席，且按照第77E（1）款该人已获提供预付款的，不得：

（a）不按通知的要求出席；或者

（b）不每天出现及报到，除非官方托管人或被授权人员（视情况而定）准许或免除其

进一步出席。

刑罚：监禁6个月。

（2）如该人有合理辩解，则第（1）款不适用。

{按语：被告人对第（2）款所述事项负有举证责任［见《刑法》第13.3（3）款］。}

267E 拘捕未能在官方托管人或被授权人员席前出席的人

（1）除第（2）款另有规定外，如果根据第77C（1）款发出的通知要求任何人须到官方托管人或被授权人员席前出席的，而该人：

（a）没有按通知的要求出席；或者

（b）没有按照官方托管人或被授权人员的要求，每天出现及报到；

则书记员（经宣誓书证明通知已送达）可发出逮捕该人的执行令。

（2）书记员不得根据第（1）款发出逮捕任何人的执行令，除非：

（a）经宣誓书证明，书记员确信该人已按照第77E（1）款获得了预付款；或者

（b）下列两者都满足：

（i）该人是或曾经是破产人；以及

（ii）该人的出席是为提供或出示与该人破产有关的证据或账簿之目的而要求的。

（3）根据第（1）款发出的执行令授权逮捕该人及将其带到书记员面前，并将其羁押直至书记员下令释放。

（4）根据第（1）款发出的执行令，可由警员执行，而执行该令的警员有权为执行该令而闯入及进入任何营业场所。

（5）书记员可命令根据本条被逮捕的人缴付逮捕费用。

（6）根据本条逮捕任何人，并不免除该人因未能到官方托管人或获授权人员席前而招致的任何法律责任。

267F 拒绝宣誓或作证等

（1）根据第77C（1）款发出的通知所要求的在官方托管人或被授权人员席前出席的人，不得：

（a）拒绝宣誓或确认，或者未能宣誓或确认（refuse or fail to be sworn or to make an affirmation）；或者

（b）拒绝或未能回答官方托管人或被授权人员（视情况而定）要求该人回答的问题；或者

（c）拒绝或未能出示通知书要求该人出示的任何账簿。

刑罚：监禁6个月。

（2）如该人有合理辩解，则第（1）款不适用。

{按语：被告人对第（2）款所述事项负有举证责任［见《刑法》第13.3（3）款］。}

267G 在作证过程中的推诿或逃避

凡任何人按第77C（1）款所指的通知书的要求，在官方托管人或被授权人员席前作证，而犯推诿或逃避的，一经定罪，该人可处不超过6个月的监禁。

268 与个人破产协议有关的罪行

（1）债务人不得明知而对在根据第10部分召开的会议上向其提出的问题作出虚假或误导性的回答。

刑罚：监禁1年。

（2）已根据第10部分签署个人破产协议的债务人：

（a）须向该协议的受托人全面而真实地披露该协议项下的所有财产及其价值；

（b）不得拒绝或不遵守该协议的受托人的指示，在符合该协议的规定下，将该债务人管有的财产交付给受托人；

（ba）须向该协议的受托人充分而真实地披露受托人所要求的有关该债务人的任何行为及可审查事务的信息；

（c）不得拒绝或不遵守该协议的受托人的指示：

（ⅰ）告知受托人哪里可以找到与该债务人的任何可审查事务有关的账簿（包括该债务人的关联实体的账簿）；或者

（ⅱ）将该债务人管有的账簿交给受托人；

（d）不得遗漏与该债务人的任何可审查事务有关的声明中的任何重要的详情；

（e）如他或她知道某人已根据该协议提交了虚假的债权证明，须立即将该事实通知受托人；

（f）应执行本法或受托人要求的，或法院应受托人的申请而命令的，与受该协议约束的财产及其变现（in relation to property subject to the agreement and its realization）有关的文书，并采取一切与前述财产有关的行动和事项；以及

（g）应尽其所能协助管理其在本协议项下的财产和事务。

刑罚：监禁1年。

（2A）债务人如已按照第（2）（a）、（ba）项的规定，尽其所知所信，充分而真实地披露有关情况，即被视为已遵守该项的规定。

{按语：被告人对第（2A）款所述事项负有举证责任［见《刑法》第13.3（3）款］。}

（3）已根据第10部分签署个人破产协议的债务人，不得作出虚假声明或进行任何欺诈，意图取得其全体债权人或其中任何一人对与该债务人任何可审查事务有关的任何事项之同意。

刑罚：监禁5年。

（4）第（2）、（3）款不适用于在下列情形后作出或完成的行为或不作为：

（a）个人破产协议设定的所有义务均已被免除；或者

（b）个人破产协议被撤销或终止。

{按语：被告人对第（4）款所述事项负有举证责任［见《刑法》第13.3（3）款］。}

（5）如果个人破产协议规定，本法先前的交易条款适用于债务人，该债务人必须向该协议的受托人充分而真实地披露，在紧接其根据第188条签署的授权书所召开的其债权人

会议（在该会议上通过了要求执行该协议的决议）之日前2年内，该债务人对其财产所作的任何处分的详情（If a personal insolvency agreement specifies that the antecedent transactions provisions of this Act apply to the debtor, the debtor must fully and truly disclose to the trustee of the agreement particulars of any disposition of property made by him or her within the period of 2 years immediately preceding the date on which he or she signed the authority under section 188 authorizing the calling of the meeting of his or her creditors at which the resolution requiring the execution of the agreement was passed）。

刑罚：监禁1年。

（5A）债务人如已按第（5）款的规定，尽其所知所信，完全而真实地披露该等信息，即被视为已遵守了第（5）款的规定。

{按语：被告人对第（5A）款所述事项负有举证责任［见《刑法》第13.3（3）款］。}

（6）债务人如证明任何财产已按其业务的正常方式或为支付其家庭的正常开支而处置，即被视为已就该财产遵守了第（5）款的规定。

［按语：另见第5（6）款。］

（7）债务人已根据第188条签署授权书，并在其签署该授权书之日前12个月内和本法生效后：

（a）作出第265（4）（a）项至第（f）项或者第265（5）（a）、（b）项所指定的任何事项；或者

（b）处置任何财产或设定任何财产的抵押，意图欺诈其债权人的；

即属犯罪，如该罪行与作出第265（5）（a）、（b）项所指定的事项或本款第（b）项所指定的事项有关，一经定罪，可处不超过5年的监禁，或在任何其他情况下，可处不超过1年的监禁。

（8）如果被告证明与该项控罪有关的行为或不作为是在无意欺骗其任何债权人的情况下作出的，则可作为对本条［并非根据本条第（2）（b）、（c）项或第（3）款提出的控罪，或者并非与作出第265（5）（a）、（b）项或本条第（7）（b）项所指定的事项有关的控罪］所指控罪的抗辩。

269 未披露破产或债务协议而作为债务协议一方获得信贷等的破产人或债务人

（1）未破产免责的破产人或作为债务协议一方的债务人不得：

（a）单独或联同另一人（another person），在不通知某人（a person）他或她是未获破产免责的破产人或债务协议一方（视情况而定）的情况下，从该人（that person）处取得3000澳大利亚元或以上的信贷；

（aa）单独或联同另一人，从某人处通过下列方式获得货物或服务：

（ⅰ）提供由他或她单独或与另一人共同开出的汇票、支票或本票，而该汇票、支票或本票的应付金额为3000澳大利亚元或以上；或者

（ⅱ）提供2份或多份的该等文书，而根据该等文书，须支付的款项总额为3000澳大

利亚元或以上；

未通知该人，他或她是未破产免责的破产人或债务协议的一方（视情况而定）；

（ab）单独或联同另一人与某人订立租购协议，或与某人订立租赁或租用任何货物的合同或协议，即一项应向该人支付的款项总额为3000澳大利亚元或以上的租购协议、合同或协议，而未通知该人他或她是未获破产免责的破产人或债务协议的一方（视情况而定）；

（ac）单独或联同另一人从某人处取得货品或服务，承诺向该人或另一人支付总额达3000澳大利亚元或以上的一笔或多笔款项，而未通知该人他或她是未获破产免责的破产人或债务协议的一方（视情况而定）；

（ad）单独或联同另一人，承诺向某人或另一人供应货品或提供服务，而从该人处取得总额达3000澳大利亚元或以上的一笔或多笔款项，而未通知该人他或她是未获破产免责的破产人或债务协议的一方（视情况而定）；或者

（b）以化名、他人名义或以商号名义单独或合伙经营业务，但不向与他或她或者（如果他或她以商号名义合伙经营业务）合伙企业交易的每个人披露其真实姓名以及他或她是未获破产免责的破产人或债务协议的一方（视情况而定）的事实。

（2）本条在符合第304A条的规定下具有效力。

刑罚：监禁3年。

270 没有妥善记账

（1）在本法生效后成为破产人的人，以及：

（a）没有在其经营的任何业务中保持正常和适当的账簿、账目和记录（books, accounts or records），以及没有在他或她成为破产人之日之前的5年期间内，充分披露他或她的业务交易和财务状况的账簿、账户和记录；或者

（b）曾备存该等账簿、账目或纪录，但没有保存好；

即属犯罪，一经定罪，可处以刑罚：

（c）如果某人以前是破产人，其破产未被宣告无效，或其事务已根据个人破产协议、转让契据（a deed of assignment）或根据本法或已废除法案下的安排契据（a deed of arrangement）进行了管理，或者已根据本法或已废除法案与债权人达成了和解或安排的，处以不超过3年的监禁；以及

（d）如属任何其他人的情形——可处不超过1年的监禁。

（2）如被告人证明在有关情况下，他或她没有备存或保存好账簿、账目或纪录是诚实和可原谅的，则可根据第（1）款就某项检控提出抗辩。

271 赌博或危险投机

在本法生效后成为破产人的人，以及：

（a）他或她在提出破产申请前2年内，或由于破产申请而成为破产人，不论该破产申请是在本法生效之前或之后提出的，实质上促成或增加了其无力偿债的程度；或者

（b）在从提出破产申请至他或她破产之日之间的任何期间内，他或她丧失了任何财产；

因赌博或投机（考虑到他或她当时的财务状况及任何其他重要情况，是轻率而危险的），该赌博或与其所经营的行业或业务无关的投机即属犯罪，一经定罪，可处刑期不超过 1 年的监禁。

272 离开澳大利亚，意图阻挠（defeat）债权人等

（1）某人：

（a）在提出破产申请前 6 个月内（其以破产申请或由于破产申请而成为破产人）离开澳大利亚（或作出准备离开澳大利亚的行为），意图阻挠或延迟其债权人；或者

（b）在提出破产申请之后或者由于破产申请而成为破产人之前，离开澳大利亚（或作出准备离开澳大利亚的行为），意图阻挠或延迟其债权人；或者

（c）在他或她成为破产人之后，及在他或她被破产免责之前，未经其财团受托人的书面同意，离开澳大利亚（或作出准备离开澳大利亚的行为）的；

即属犯罪，如该罪行与作出第（a）、（b）项所指定的事项有关，一经定罪，可处不超过 5 年的监禁，或在任何其他情况下，可处不超过 3 年的监禁。

（2）受托人可就为施行第（1）（c）项而给予的同意施加书面条件［The trustee may impose written conditions on a consent given for the purposes of paragraph（1）（c）］。如破产人有责任根据第 139P、139Q 条向受托人作出供款，则有关条件可包括关于该供款的缴付条件。

（3）破产人如违反受托人施加的任何条件，即属犯罪，一经定罪，可处不超过 1 年的监禁。

273 审判因拒绝（refusal）、不履行（failure）或不作为（omission）而构成的犯罪

（1）本条适用于违反本法的犯罪，其实质要件是：

（a）拒绝、不履行或不作为；或者

（b）因拒绝、不履行或不作为而构成的违反（a contravention，触犯）。

（2）任何人可被控及被裁定犯该罪行，如果当发生拒绝、不履行、不作为或违反事项的地点是下列任何一个地点时：

（a）该人本应作出该行为的地方；

（b）本应作出该行为时该人的经常居住地（the person's usual place of residence at the time the act should have been done）；

（c）该人为官方托管人所知的最后居住地。

（3）第（2）款受《宪法》第 80 条规限。

（4）第（2）款不适用于违反第 264A（1A）、264C（1）、267F（1）款的罪行。

275 不受免责等影响的刑事责任

任何人可因违反本法而被起诉，尽管：

（a）他或她已被破产免责或其破产已被宣告无效；

（b）已根据第 4 部分第 6 节接受或批准了一项和解或安排方案；或者

（c）个人破产协议对其债权人具有约束力。

276 根据已被撤销的个人破产协议行事的受托人

（1）根据（据法院所知）已被撤销或终止的个人破产协议担任受托人的任何人，一经法院或具有简易司法管辖权的法院定罪（on conviction by the court or a court of summary jurisdiction），可就该人如此行事的每一天处以不超过20澳大利亚元的罚款，这不包括他或她作为受托人受限于采取保护债务人财产所必需的措施的日子（not being a day on which his or her acting as a trustee was confined to taking such steps as were necessary for the protection of the property of the debtor）。

（2）对于根据第（1）款提起的法律程序，如被指称以受托人身份行事的人证明他或她以受托人身份行事仅限于采取保护债务人财产所需的措施，即可作为抗辩的理由。

277 藐视法庭罪

凡本法规定某人犯有藐视法庭罪，该人可由任何具有破产司法管辖权的法院，以他或她犯有藐视法庭罪进行处理，但该人无须就一项藐视法庭罪而受多个法院的惩罚。

277A 备存破产期间的账簿

（1）根据本条规定，破产人必须：

（a）备存账簿，该账簿记录和解释破产人取得的任何收入，记录破产人受雇的详情，并记录和解释破产人在破产期间的任何其他交往、交易或其他财务或业务事项；以及

（b）保留该等账簿，直至被破产免责为止。

（2）破产人必须：

（a）以英文书写该等账簿，或使该等账簿易于取用（to be readily accessible）及可转换为英文书写（convertible into writing in the English language）；以及

（b）备存该等账簿，使破产人因破产期间发生的任何行为、交易或其他事项而根据本法所产生的任何法律责任易于确定（to be readily ascertainable）。

（3）管有第（1）款所提及的任何账簿的人必须：

（a）在受托人或官方托管人提出要求时，向其出示该等账簿；以及

（b）保留该等账簿，直至破产人获破产免责为止。

（4）如受托人或官方托管人借给予某人的书面通知，已告知该人无须保留该等账簿，则该人无须保留该等账簿。

刑罚：监禁6个月。

277B 违法违规通知

（1）法规可订立条文，使被指称犯第（2）款列表所提及之罪行的人，能向联邦政府缴纳按照第（2）款所计算金额的罚金，作为被检控的替代（as an alternative to prosecution）。

（2）根据为实施第（1）款而订立的法规，就某罪行须向联邦缴纳的罚金额，由下表确定：

应付罚金		
项目	涉嫌犯罪	应付罚金
1	第52（1A）款	1个罚金单位
2	第73（1A）款	1个罚金单位
3	第74（5A）款	1个罚金单位
4	第153A（2）款	1个罚金单位
5	第153B（3）款	1个罚金单位
6	第185C（4D）款	12个罚金单位
7	第185LE（1A）款	1个罚金单位
12	第185LEA（1）款	1个罚金单位
13	第185ZA（1）款	1个罚金单位
14	第186N（1）款	1个罚金单位
15	第186N（3）款	1个罚金单位
16	第186N（5）款	1个罚金单位
17	第186N（6A）款	1个罚金单位
18	第218（2）款	1个罚金单位
19	第224A（1）款	1个罚金单位
20	第224A（2）款	1个罚金单位
21	第224A（3）款	1个罚金单位
22	第224A（4）款	1个罚金单位
23	第224A（5）款	1个罚金单位
24	第244（14）款	1个罚金单位
25	第245（3）款	1个罚金单位
26	第246（1）款	5个罚金单位
27	第247（3）款	1个罚金单位
28	第252A（2）款	1个罚金单位
29	附表2第30-1（5）款	1个罚金单位
30	附表2第35-5（2）款	1个罚金单位
31	附表2第65-40（3）款	1个罚金单位
32	附表2第70-10（4）款	1个罚金单位
33	附表2第70-11（2）款	1个罚金单位
34	附表2第70-25（4）款	1个罚金单位

第15部分　有关1997年《破产（财团收费）法》的规定

278 解释

在本部分中：

《财团收费法》指1997年《破产（财团收费）法》［the Bankruptcy（Estate Charges）Act 1997］。

利息费用指《财团收费法》第2部分规定的收费。

滞纳金指根据第281（1）款应支付的罚款。

变现费用（realisations charge）指《财团收费法》第3部分规定的收费。

279 收费法的管理及与收费法有关的权力和职能

（1）检察长负责《财团收费法》的总体管理。

（2）本法第12条或第77AA条中提及的“本法”应视为包括《财团收费法》。

280 利息费用或变现费用的推迟缴纳（deferred payment）

（1）任何人如有下列情形，可推迟缴纳与某特定受托人账户有关的利息费用：

（a）该人须就该账户缴纳的利息费用总额少于50澳大利亚元；以及

（b）该账户尚未被关闭；以及

（c）该人已按照第（3）款的规定通知了检察长。

（2）任何人如有下列情形，可推迟缴纳与某特定的破产人的财团、死者的遗产或债务人的财产（视情况而定）有关的变现费用：

（a）该人就该财团、遗产或财产有责任缴纳的变现费用总额少于50澳大利亚元；以及

（b）有关该财团、遗产或财产的受托人账户尚未关闭；以及

（c）该人已按照第（3）款的规定通知了检察长。

（3）如果某人打算推迟缴纳利息费用或变现费用，他或她必须在被要求缴纳该金额之前，以书面形式将这一（打算推迟缴纳的）事实通知检察长。

（4）如果某人按照本条推迟缴纳利息费用或变现费用，该笔款项仍须缴纳给联邦政府，但该人无须在下列任何一项先发生后的21天内缴纳该笔款项（but the person does not have to pay it until 21 days after whichever of the following happens first）：

（a）在收费期结束时：

（ⅰ）如果推迟缴纳的是利息费用，则该人就相关受托人账户有责任缴纳的利息费用

总额为50澳大利亚元或以上；或者

（ⅱ）如推迟缴纳的是变现费用，则该人就该有关财团、遗产或财产有责任缴纳的变现费用总额为50澳大利亚元或以上的；

（b）有关受托人账户已关闭。

按语：由于推迟缴纳的金额最终仍须支付给联邦政府，在计算第（1）（a）、（2）（a）、（4）（a）项所述的总金额时，必须考虑到推迟缴纳的金额。

（5）在本条中：

受托人账户指附表2第65-5条所指的账户。

281 滞纳金——利息及变现费用

（1）如果在缴费期间后，任何利息费用或变现费用仍未缴纳的，则有责任支付该等费用之人有责任向联邦政府支付滞纳金，滞纳金按未支付金额每年20%的比率计算。

（2）有责任缴纳滞纳金之人，须亲自缴纳，且无权就该等罚款从破产人的财团、死者的遗产或债务人的财产（视情况而定）中获得偿还。

282 延长缴纳期间（Extension of time for payment）——利息和变现费用

（1）在特定情况下，检察长可延长支付利息费用或变现费用的期间。

（2）下列条文适用于根据第（1）款延长期间：

（a）有责任缴纳费用的人可申请延期；

（b）申请应以书面形式提出，列明申请的理由，并应在原缴纳期间结束之前向检察长提出；

（c）检察长对申请的决定应以书面形式作出；

（d）可向行政上诉审裁处提出申请，请求复核拒绝该申请的决定或者批准了短于所申请期间的延期的决定（grant a lesser extension than was applied for）。

（按语：1975年《行政上诉审裁处法》第27A条请求就可复核的决定进行通知。）

283 利息费用、变现费用和滞纳金的减免（Remission）

（1）如果检察长认为有下列情形，可减免应缴纳但尚未缴纳的利息费用、变现费用或滞纳金：

（a）如不减免（remit，为remission的动词形式）该笔金额，会使某人感到不适当的困难（would cause a person undue hardship）；以及

（b）减免的金额是适当的。

（2）下列规定适用于根据第（1）款作出的减免：

（a）有责任缴付该等费用或罚款的人可申请减免；

（b）申请应以书面形式提出，列明申请的理由，并应向检察长提出；

（c）检察长对申请的决定应以书面形式作出；

（d）可向行政上诉审裁处提出申请，请求复核拒绝该项申请的决定或者减免金额少于所申请的决定。

（按语：1975年《行政上诉审裁处法》第27A条请求就可复核的决定进行通知。）

284 利息费用、变现费用及滞纳金的收回（Recovery）

到期应缴纳的利息费用、变现费用或滞纳金可作为欠联邦政府的债务而由其收回。

285 以支票或付款通知单形式缴纳

（1）如某人向联邦政府发出支票或付款通知单（cheque or payment order），以缴纳利息费用、变现费用或滞纳金，则在支票或付款通知单由付款机构支付之前，该金额视为尚未支付。

（2）如果：

（a）任何人向联邦政府发出支票或付款通知单，以缴纳利息费用或变现费用；以及

（b）该支票或付款通知单由签发该支票或付款通知单的机构支付；

然后，为了确定是否有延迟缴纳罚款的责任，当该人将支票交给联邦政府时，该费用金额被视为已经支付。

286 法规可以处理其他事项

（1）法规可包括处理收取及追讨利息费用、变现费用或滞纳金的其他条文，包括（但不限于）处理下列事项的条文：

（a）缴纳费用及滞纳金的方法；

（b）费用或滞纳金的退还或多付问题；

（c）将该金额或该金额的一部分记入某人缴纳费用或滞纳金责任的贷方，以代替将该金额或该金额的一部分退还给该人；

（d）与缴纳费用和滞纳金有关的表格和信息。

（2）为实施第（1）（a）项而订立的法规所涵盖的事项，包括但不限于使用下列方式的缴纳：

（a）电子资金转移系统；或者

（b）信用卡；或者

（c）借记卡。

（3）按照法规退还的金额，须由据此拨出的综合收益基金支付（is to be paid out of the Consolidated Revenue Fund，which is appropriated accordingly）。

第16部分　杂　　项

301 合同等中的某些条款无效

（1）出售财产的合同或协议、财产租赁合同、租购协议、许可证或 PPSA 担保协议中的某项规定，当其大意是：

（a）该合同、协议、租赁合同、租购协议、许可证或 PPSA 担保协议将终止，或可能由卖方、出租人、所有权人、许可人或 PPSA 担保方终止；或者

（b）该合同、协议、租赁合同、租购协议、许可证或 PPSA 担保协议的实施（the operation）将被调整（is to be modified）；或者

（c）与该合同、协议、租赁合同、租购协议、许可证或 PPSA 担保协议有关的财产，可由卖方、出租人、所有权人、许可人或 PPSA 担保方收回或由其代表收回；

如果买方、承租人、出租人、被许可人或 PPSA 授予人或债务人成为破产人、实施破产行为或根据本法签署个人破产协议的，则（该项规定）无效。

（2）本条适用于本法生效前签订或授予的合同、协议、租赁合同、租购协议和许可证。

（2A）本条适用于在本款生效之时或之后订立的 PPSA 担保协议。

[按语：本款从 2009 年《个人财产担保法》第 306 条所指的注册开始时间（the registration commencement time）开始。]

（3）在本条中：

租赁包括租赁合同。

承租人包括同意接受租赁的人。

出租人包括同意出租的人。

302 销售单据（bills of sale，卖据）等中的某些条款无效

（1）销售单据、按揭、留置、抵押或 PPSA 担保协议中的某项条款：

（a）使受让人（grantee）、承按人（mortgagee）、有权享有留置权或抵押利益的人，或者 PPSA 担保权人行使任何权力或补救措施；或者

（b）具有调整销售单据、按揭、留置、抵押或 PPSA 担保协议的实施的效果；

如果让与人（grantor）、按揭人（mortgagor）、其财产受留置或抵押约束之人、PPSA 让与人或者债务人，根据本法成为破产人、实施某种破产行为或签署某项个人破产协议的，则（该条款）无效。

（2）本条适用于本法案生效前签订或批准的销售单据、按揭、留置和抵押。

（3）本条适用于在本款生效之时或之后订立的 PPSA 担保协议。

（按语：本款从 2009 年《个人财产担保法》第 306 条所指的注册开始时间开始。）

302A《养老基金和核定存款基金管理办法》（Governing rules of superannuation funds and approved deposit funds）中的若干规定作废

（1）本条适用于有关公积金（a provident）、福利（benefit）、退休金（superannuation）、退休（retirement）或核定存款基金（approved deposit fund）管理规则中的某项规定，该项规定如具有下列效果：

（a）某成员或存款人的受益权的任何部分被取消、没收、减少或限定（is cancelled，forfeited，reduced or qualified）；或者

（b）受托人或另一人有权行使与该等受益权有关的酌情决定权（a discretion），可能损害该成员或存款人的利益；

如果该成员或存款人：

（c）成为破产人；或者

（d）有某种破产行为；或者

（e）根据本法签署了一项个人破产协议。

（2）该规定无效。

（2A）本条不适用于有助于遵守下列规定的条款（This section does not apply to a provision that facilitates compliance with）：

（a）第 128B 条；或者

（b）第 128C 条；或者

（c）根据第 128E 条发出的通知；或者

（d）根据第 128K（1）（b）项作出的命令；或者

（e）根据第 139ZQ 条发出的通知；或者

（f）根据第 139ZT（2）款作出的命令；或者

（g）根据第 139ZU 条作出的命令。

（3）本条适用于在本条生效日期前制定的管理规则。

（4）在本条中：

管理规则就基金而言，指管理基金设立或运作的任何信托文书、其他文件或法律，或其组合。

302AB RSA 条款和条件中的某些规定无效

（1）本条适用于 RSA 条款和条件中的某项规定，该项规定如具有下列效果：

（a）破产人在 RSA 中持有的款项的任何部分被取消、没收、减少或限定；或者

（b）RSA 的提供者有权行使与该金额相关的自由裁量权，从而损害 RSA 持有人的利益；

如果 RSA 持有人：

（c）成为破产人；或者

（d）有破产行为；或者

（e）根据本法签署个人破产协议。

（2）该规定无效。

（3）本条不适用于有助于遵守下列规定的条文：

（a）第128B条；或者

（b）第128C条；或者

（c）根据第128E条发出的通知；或者

（d）根据第128K（1）（b）项作出的命令；或者

（e）根据第139ZQ条发出的通知；或者

（f）根据第139ZT（2）款作出的命令；或者

（g）根据第139ZU条作出的命令。

302B 信托契约的某些条文无效

（1）信托契约的条文如具有下列效果，即属无效：

（a）取消、减少或限定受益人在该信托下的权益；或者

（b）准许受托人行使酌情决定权，从而损害受益人的利益；

如果受益人成为破产人、实施破产行为或根据本法签署个人破产协议。

（2）本条不适用于有助于遵守下列规定的条文：

（a）第128B条；或者

（b）第128C条；或者

（c）根据第128E条发出的通知；或者

（d）根据第128K（1）（b）项作出的命令；或者

（e）根据第139ZQ条发出的通知；或者

（f）根据第139ZT（2）款作出的命令；或者

（g）根据第139ZU条作出的命令。

303 向法庭提出的申请

就任何事项而言，如本法规定：

（a）可向法庭提出申请；或者

（b）法庭或书记员可行使权力；

而并未指定可由何人提出申请或可由何人行使权力（视情况而定），该项申请可由任何因该事项受到侵害或与该事项有利害关系之人（any person aggrieved by or interested in that matter）提出，或该项权力可依据该人的申请而行使。

304 在确定债权人债权额（in value of creditors，债权价值）等的多数时应忽略的澳大利亚元余额（Parts of dollar，零头）

为本法之目的，在确定债权人债权额之多数（或债权人债权额之特定比例）时，在确定是否已通过一项决议或做出了其他任何行为或事项时，如果债权人之债权由整元数及一元数之一部分组成（if a creditor's debt consists of a number of whole dollars and a part of a dollar)，则该元数之一部分（不足一元的零头）不得计算在内。

304A 指数化

（1）在本条中：

可索引金额（indexable amount，可转位金额）是指：

（a）第 77D（1）（a）项所提及的 20 澳大利亚元的金额；或者

（b）第 77E（2）款所提及的 20 澳大利亚元的金额；或者

（c）第 77E（3）款所提及的 20 澳大利亚元的金额；或者

（d）第 77E（4）（a）项所提及的 10 澳大利亚元的金额；或者

（e）第 77E（4）（b）项所提及的 10 澳大利亚元的金额；或者

（f）法规为实施第 77E（3）（a）、（4）（a）项而规定的金额；或者

（g）第 149D（1）（c）项所提及的 3000 澳大利亚元的金额；或者

（j）第 269 条所提及的每项 3000 澳大利亚元的金额；

或者，如任何该等金额先前已根据本条被更改，则为如此更改或最后更改的金额（the amount as so altered or last altered）。

与一个季度相关的指数（index number）是指澳大利亚国家统计局（the Australian Statistician）就该季度发布的所有群体消费价格指数（the All Groups Consumer Price Index number），即 8 个首府城市的加权平均数。

（2）第 77D、77E 条适用于任何人在有关条文生效日期后开始的一个季度内的某一天的签到（the attendance，出席、出现、现身），就像该条中的可索引金额或每一可索引金额均已被使用第（6）款的公式计算出的金额所取代了一样［Section 77D or 77E applies in relation to the attendance of a person on a day during a quarter that begins after the commencement of the section concerned as if the indexable amount or each indexable amount in that section were replaced by the amount worked out using the formula in subsection（6）］。

（3）第 149D 条适用于破产人的构成误导性行为的行为、不作为或交易（an act, omission or transaction by a bankrupt that constituted misleading conduct），而该行为、不作为或交易是在有关条文生效日期后开始的一个季度内的某一天发生或成立的，就像该条中的可索引金额已被使用第（6）款的公式计算出的金额所取代了一样。

（5）第 269 条适用于该条所提及的行为、不作为或交易，而该行为、不作为或交易是在 1991 年《破产修正法案》第 41 条生效日期后开始的一个季度内的某一天发生或成立的，就像第 269 条中的每一项可索引金额均已被使用第（6）款中的公式计算出的金额所取代了一样。

（6）第（2）、（3）、（5）款中的公式为：

上一可索引金额 × 指数因子

其中：

上一可索引金额（Previous indexable amount）指上一季度的可索引金额。

指数因子（Indexation factor）指根据第（8）款计算的季度指数因子。

（7）除本款外，如果根据第（6）款计算的金额为澳大利亚元及澳分（would be an amount of dollars and cents），则该金额须四舍五入至最接近的澳大利亚元［向上舍入 50 澳分（rounding 50 cents upwards）］。

（8）四分之一的指数因子是上一季度的指数除以紧接上一季度之前的季度的指数得出的数字（the number worked out by dividing the index number for the previous quarter by the index number for the quarter that immediately preceded the previous quarter）（精确到小数点后 3 位）。

（9）如果根据第（8）款计算出的某季度的因子（如计算至小数点后 4 位）以大于 4 的数字结尾，则根据该款计算出的该季度的因子，须被视为计算至小数点后 3 位后再增加 0.001（the factor worked out under that subsection in relation to that quarter is taken to be the factor worked out to 3 decimal places and increased by 0.001）。

（10）除第（11）款另有规定外，如在任何时间，不论是在本条生效日期之前或之后，澳大利亚国家统计局已经或正在公布某一季度的指数，以取代先前由澳大利亚国家统计局公布的该季度指数，则为本条之目的，后一指数的公布不予考虑（the publication of the later index number is to be disregarded for the purposes of this section）。

（11）如在任何时间，不论是在本条生效日期之前或之后，澳大利亚国家统计局已经或正在更改消费物价指数的指数参考期（has changed or changes the index reference period for the Consumer Price Index），则为了在变更发生后适用本条之目的，只应考虑在新的指数参考期内公布的指数。

305 由联邦政府支付的费用

（1）根据破产人的财团的受托人、本法第 10 部分某相关债务人的受托人的申请，或者根据本法第 11 部分被管理的死者遗产的受托人的申请，凡部长确信：

（a）与下列事项有关的法律程序：

（ⅰ）该破产人、债务人或死者的财团或遗产；或者

（ⅱ）该破产人、债务人或死者的任何可审查事务；

应被提起、继续或获得辩护；或者

（aa）受托人应出席并参加行政上诉审裁处对该受托人的决定或裁定进行复核的程序，或行政上诉审裁处复核检察长对该决定或裁定进行复核之决定的程序（that the trustee should appear and participate in proceedings before the Administrative Appeals Tribunal reviewing a decision or determination by the trustee, or reviewing a decision of the Inspector – General on a review of such a decision or determination）；或者

（b）应就下列事项进行调查：

（ⅰ）该破产人、债务人或死者的财团或遗产；或者

（ⅱ）该破产人、债务人或死者的任何可审查事务；

并确信该破产人、债务人的财团或该死者的遗产（视情况而定）中的款项，不足以或可能不足以支付法律程序或调查的费用的，则部长可借书面文书，指示联邦政府支付该诉

讼或调查的费用（包括可能判给受托人的任何费用），或者支付该指示中规定的诉讼或调查费用（包括可能判给受托人的任何费用）的一部分，且在这种情况下，该项费用或该部分费用（视情况而定）须相应地从议会拨款下可动用的款项中支付。

（2）部长根据第（1）款作出的指示，可受部长认为适当的条件［含对所有或任何费用课税的条件，以及由该破产人、债务人的财团或死者的遗产（视情况而定）偿还联邦政府全部或部分费用的条件］限制。

（3）部长可通过书面文书撤销或更改其根据第（1）款作出的指示。

（4）在本条中：

财团，就第10部分所指的个人破产协议而言，指受该协议约束的财产和收入。

306 不使诉讼无效的形式缺陷（Formal defect not to invalidate proceedings）

（1）根据本法进行的诉讼不因形式上的缺陷或不规则（an irregularity）而无效，除非基于该理由提出反对的法院认为，实质上的不公正（substantial injustice）是由该缺陷或不规则造成的，并且该不公正不能由该法院的命令予以补救。

（2）在任命某人行使（或意图行使）本法或根据本法签订的个人破产协议项下的权力或职能方面存在的缺陷或不规则，并不使该人的善意行为无效（A defect or irregularity in the appointment of any person exercising, or purporting to exercise, a power or function under this Act or under a personal insolvency agreement entered into under this Act does not invalidate an act done by him or her in good faith）。

306A 在询问（examinations）方面对书记员、地方法官等的保护

（1）书记员或地方法官（在履行和行使本法所赋予他或她与询问某人有关的职能和权力时）享有与高等法院法官相同的保护和豁免权。

（2）代表根据本法接受询问之人的出庭律师、事务律师或其他人，或者有权根据本法参与询问某人之人，在询问方面享有与出庭律师在高等法院法律程序中代表一方出庭一样的保护和豁免权。

（3）除本法另有规定外，根据本法被传唤出席询问或出庭接受询问的人，除本法规定的处罚外，与高等法院诉讼中的证人享有同样的保护，并承担同样的责任。

306B 关于报告的保护

（1）对于根据第12（1A）、（1B）款，第189A条或附表2第20－25、20－60、40－60、70－40条编制或提交给某人的报告中善意作出的陈述而言，任何诉讼、起诉或程序均不得针对检察长、官方托管人、破产财团受托人或任何其他人而提起。

（2）第（1）款不得视为限制或影响除该款外存在的任何其他权利、特权、豁免权或抗辩（any other right, privilege, immunity or defence existing apart from that subsection）。

307 以商号名义进行的诉讼

任何以商号名义经营业务之人（或多人，any person or persons）可以商号名义根据本法起诉或应诉，但在这种情况下，法院可应利害关系人的申请，命令以法院指示的方式披露和核实该经营业务之人或多人的姓名。

308 代表公司等

根据本法，就本法之目的而言：

（a）公司可由公司为此正式授权的任何人代为行事（a corporation may act by any person duly authorized in that behalf by the corporation）；

（b）合伙企业可由其任何成员或正式授权的代理人代为行事；

（c）精神不健全之人可由法律授权或有权代表其行事之人代为行事；以及

（d）任何人可由其为此正式授权的代理人代为行事。

309 通知书等的送达

（1A）凡受托人在 2 个或多个地址办公的，则未规定特别送达方式的通知书或其他文件，可在其中任何地址送交受托人。

（2）凡本法规定通知书或其他文件须发给或送达任何人的，法院可在个别情况下，命令以法院指定的方式发送该通知书或其他文件，不论是否规定了发送该通知书或其他文件的任何其他方式。

311 受托人的支票或收据不须缴纳印花税

（1）在本条中，受托人指：

（a）破产财团的受托人；或者

（b）个人破产协议的受托人；或者

（c）和解或安排方案的受托人；或者

（d）根据本法第 11 部分作出命令的死者遗产的受托人。

（2）即使某州或领地的法律中有任何（不同的）规定，根据该法律下列情形不应缴纳印花税：

（a）受托人就根据本法开立的账户开出的支票；

（b）受托人以受托人身份收到的支票，而该支票并非在受托人收到该支票的州或领地内开出的；或者

（c）在受托人以受托人身份出具收据时。

313 审计官方受托人及官方接管人的账目及记录

（1）审计长（auditor - general）应检查和审计官方受托人和官方接管人的账目和记录（the accounts and records），并应立即提请部长注意检查和审计被披露出的任何违规行为，当审计长认为这些违规行为具有充分的重要性，足以证明他或她这样做的正当性。

（2）审计长可自行决定免除对官方受托人和官方接管人的任何账目或记录的全部或部分的详细检查和审计。

（3）审计长应至少在每个财政年度向部长报告根据第（1）款进行检查和审计的结果。

（4）审计长或其授权之人有权在任何合理时间充分、自由地查阅官方受托人和官方接管人的所有账簿。

（5）审计长或其授权之人可复制或摘录官方受托人或官方托管人的任何账簿。

（6）审计长或其授权之人可要求任何人向其提供审计长或其授权之人认为为履行本法

规定的审计长职能所必需的或其有权获得的信息，且该人须遵守该项要求。

（7）任何人违反第（6）款，即属犯罪，一经定罪，可处不超过2个罚金单位的罚金。

315 法规

（1）总督（governor－general）可订立法规，规定下列事项：

（a）本法要求或允许规定的；或者

（b）为执行或实施本法而需要或方便规定的。

（2）特别是，法规可以：

（a）规定建立、维持、更正和检查国民个人破产索引；以及

（b）指定必须或可能记入该索引的事项；以及

（c）规定该索引所载资料摘录（extracts of material entered in the index）的取得；以及

（d）规定在根据本法和联邦、某州或领地的其他法律进行的诉讼中，使用该索引所载资料摘录作为证据；以及

（e）就因公布该索引所载资料或公布该索引所载资料摘录而引致的诽谤诉讼，规定豁免权；以及

（f）规定须提供信息及文件，供进入该索引的人查阅；以及

（g）规定文件的送达方式；以及

（h）就公布指定事件的通知书作出规定；以及

（j）就下列事项，规定费用的收取及缴纳，但不规定第81（17）（b）项所述费用以外的费用金额：

（ⅰ）根据本法提起的诉讼；以及

（ⅱ）查阅记入该索引或受托人名册（the Register of Trustees）的资料；以及

（ⅲ）取得记入该索引或受托人名册的资料的摘录；以及

（ⅳ）查阅及复制发给官方托管人的文件；以及

（ⅴ）根据本法提出其他请求或申请，或者根据本法提交或归档（lodgment）其他文件；以及

（k）就违反法规的罪行规定不超过50个罚金单位的罚金；以及

（l）规定被指控违反法规的人向联邦政府支付罚金，以替代起诉（罚金不超过法院可对该人处以的最高罚金的五分之一）。

316 确定费用的立法文件

（1）部长可制定立法文件，确定下列一项或多项金额：

（a）就附表2第54（4）、55（9）、56G（2）、57（11）款，第77C（3）（b）（ⅲ）目，第163A（2）款，第186B（2）（c）、186D（1）（b）项，第188B（3）款，第226（3）、（4）款，第246（5）款及第20－5（3）款，第20－30（1）（c）项及第20－70（3）款中的一项或多项而收取的费用（因其本身的效力而适用，或因另一条款而适用）；

（b）与下列一项或多项有关的其他费用：

（ⅰ）根据本法提起的诉讼；

（ⅱ）检查列入国民个人破产索引的资料；

（ⅲ）取得列入国民个人破产索引的资料摘录；

（ⅳ）查阅及复制发给官方托管人的文件；

（ⅴ）根据本法提出其他请求或申请，或根据本法提交或存档其他文件；

（c）官方受托人的报酬。

（2）所厘定的费用不得等同于税款（fees determined must not be such as to amount to taxation）。

附表（Schedule）1　被废除的法案

第4（1）条

1924 年《破产法》

1927 年《破产法》

1928 年《破产法》

1929 年《破产法》

1930 年《破产法》

1932 年《破产法》

1933 年《破产法》

1945 年《破产法》

1946 年《破产法》

1954 年《破产法》

1958 年《破产法》

1959 年《破产法》

1965 年《破产（十进制货币）法》

附表2　破产业务附表（破产）

（按语：见第 4A 条）

第1部分　导　　言

第1节　导　　言

1－1 本附表的目标

（1）本附表的目标是确保任何注册为受托人的人：

（a）具有适当水平的专业知识；以及

（b）道德地行事；以及

（c）持有足够的保险，以承担他或她在以注册受托人身份执业时的法律责任。

（2）本附表的目标还包括：

（a）始终如一地监管受监管的债务人财团的管理，除非有明确理由须以不同方式处理与某类财团有关的事宜（to regulate the administration of regulated debtors'estates consistently, unless there is a clear reason to treat a matter that arises in relation to a particular kind of estate differently）；以及

（b）监管受监管的债务人财团的管理，以给予债权人更大的控制权。

1－5 本附表的简化大纲

注册的受托人（Registering trustees）

根据本法，只有官方受托人或注册受托人（a registered trustee）可以作为受监管债务人财团的受托人。

本附表第2部分规定了注册为受托人的程序，也涉及对注册受托人进行纪律处分（disciplining）。

持续监管受监管的债务人财团的管理

本附表第3部分载列条文，以连贯地监管受监管的债务人财团的管理。

受监管债务人是指破产人（其财产受第10部分第2节的控制）、个人破产协议下的债务人，或者其遗产根据第11部分被管理的已故人士。

其他规定

本法还规定了与受监管债务人财团管理有关的其他事项。

本附表还授权立法文件（《破产实务规则》）处理某些事项。

本附表中的许多术语都有定义。第5－5条中的词典（The Dictionary）包含本附表中定义的每个术语的列表。其他术语见本法第5条。

第5节　定　义

第A小节　导　言

5－1 本节的简化大纲

本附表中使用的术语被定义于词典中。在某些情况下，该定义是附表另一条文的路标（signpost），该另一条中解释了该术语的含义。

其中一些关键术语的含义在本节中作了解释，它们是受监管债务人、受监管债务人的财团和受监管债务人财团的受托人。

第B小节　词　典

5－5 词典

在本附表中：

充分和适当的诚信保险具有受第 25 – 1（2）款影响的含义。

适当的专业赔偿保险具有受第 25 – 1（2）款影响的含义。

管理账户：见第 65 – 5 条。

年度管理申报表（annual administration return）是指根据第 70 – 5（2）款要求提交的申报表。

年度受托人申报表是指根据第 30 – 1（1）款要求提交的申报表。

检查委员会就受监管债务人的财团而言，是指根据第 80 – 10 条至第 80 – 25 条就该财团管理任命的委员会。

债权人，就受监管债务人的财团而言，指该财团的债权人。

现行条件（current conditions）：见第 5 – 10 条。

受监管债务人财团管理的结束指：

（a）在破产的情形下，则为该破产人获破产免责或该破产被撤销之日，以先发生者为准；以及

（b）如属根据第 10 部分作出的管理，则为债务人就管理其财团而订立的个人破产协议生效之日后 3 年期满之日；以及

（c）如属根据第 11 部分进行的管理，则为根据第 247A 条被视为已开始进行该项管理之日后 3 年期满之日。

财务利益：在第 5 – 30 条规定的情况下，某人在管理受监管债务人的财团方面具有财务利益。

消费税（GST）与 1999 年《新税收制度（商品和服务税）法》中的含义相同。

《破产实务规则》指部长根据第 105 – 1 条制定的规则。

《破产业务附表（公司）》指 2001 年《公司法》附表 2，包括根据该附表第 105 – 1 条制定的规则。

三月季度（March quarter）指自 1 月 1 日起的 3 个月。

受监管债务人财团受托人的最高违约金额：见第 60 – 15 条。

通知的财团费用（notified estate charge）：见第 20 – 75（7）款。

规定的指《破产实务规则》规定的。

注册受托人指根据本附表第 2 部分注册为受托人的个人。

受托人名册指检察长根据第 15 – 1 条建立和保存的登记册。

受监管债务人：见第 5 – 15 条。

受监管债务人的财团：见第 5 – 16 条。

报酬决定，对于受监管债务人财团的受托人而言，是指：

（a）根据第 60 – 10 条或第 60 – 11 条与受托人有关的；以及

（b）根据第 60 – 12 条。

本附表包括《破产实务规则》。

受监管债务人财团的受托人：见第 5 – 20 条和第 5 – 25 条。

第C小节 其他定义

5－10 现行条件的含义

（1）下列各项均为对注册受托人施加的现行条件：

（a）委员会决定注册受托人受第20－20（5）、（6）款规限之条件，且须受委员会决定对第20－55条所指条件作出的任何更改规限；

（b）根据第20－35条对所有注册受托人或者受托人同类的注册受托人（registered trustees of the trustee's class）所施加的条件；

（c）根据第40－15（2）款所施加的条件（不接受进一步任命的指示）；

（d）委员会根据第40－55（1）（f）、（g）项［纪律处分导致的条件（conditions as a result of disciplinary action）］决定注册受托人须受其约束的条件，但委员会根据第20－55条决定对该条件作出的任何变更除外；

（e）法院根据第45－1条对注册受托人施加的条件。

（2）但是，对注册受托人施加的现行条件不包括：

（a）委员会根据第20－55条决定撤销的条件；或者

（b）根据第40－15（4）款被撤销的条件［因撤销不接受进一步任命的指示而取消的条件（condition removed because a direction not to accept further appointments has been withdrawn）］；或者

（c）法院已根据第45－1条下令撤销的条件。

5－15 受监管债务人的含义

如果某人是：

（a）破产人；或者

（b）其财产根据第10部分第2节受到控制的人；或者

（c）个人破产协议下的债务人；或者

（d）根据第11部分被管理遗产的已故人士。

5－16 受监管债务人的财团的含义

某财团是受监管债务人的财团，如果它是：

（a）就某破产人而言，指该破产人的财团，但因该破产人是死者而根据第11部分被管理的该破产人的遗产除外；以及

（b）就其财产根据第10部分第2节受控制的人而言，指该人的财团；以及

（c）就个人破产协议下的债务人而言，该债务人的财团；以及

（d）就根据第11部分被管理遗产的已故人士而言，根据该部分被管理之人的遗产。

5－20 受监管债务人财团的受托人的含义

某人是受监管债务人财团的受托人，如果该人是：

（a）就某破产人而言，该破产财团的受托人；以及

（b）就其财产根据第10部分第2节受控制的人而言，控权受托人；以及

（c）就个人破产协议下的债务人而言，该协议的受托人；以及

（d）就根据第 11 部分被管理遗产的已故人士而言，根据该部分管理该遗产的受托人。

5－25 提及受监管债务人财团的受托人

在本附表中，凡提及受监管债务人财团的受托人之处，须被理解为：

（a）就有 2 名或多名共同受托人的受监管债务人的财团而言，提及了所有受托人；以及

（b）就任何受监管债务人的财团而言，如有 2 名或多名共同受托人，提及了所有受托人，或者任何一名或多名受托人。

5－30 在受监管债务人财团管理中有财务利益的人

某人在管理受监管债务人的财团方面拥有财务利益：

（a）如果该人是下列人士之一：

（ⅰ）受监管债务人；

（ⅱ）债权人；

（ⅲ）受托人；或者

（b）在规定的任何其他情形下。

第 6 节　本附表适用于官方受托人

6－1 附表一般不适用于官方受托人

本附表的条文不适用于官方受托人，除非该条文明确规定适用于官方受托人。

第 2 部分　注册和惩戒从业人员

第 10 节　导　　言

10－1 本部分的简化大纲

注册受托人

个人可向检察长申请注册为受托人。检察长将把该申请提交给某委员会，该委员会将审议该申请人的资格、行为和健康状况，以及该申请人是否将获得（take out）适当的保险。注册须符合条件，有效期为 3 年，并可续期。

注册受托人必须：

（a）向检察长提交年度报告，包括证明该受托人有适当的保险；以及

（b）如果该受托人的情况发生变化或发生某些其他事件，则向检察长发出通知。

惩戒注册受托人

如果注册受托人未能遵守某些要求，例如提交文件或提供信息的要求，检察长可发出可能导致该受托人无法接受进一步任命的指示。检察长也可寻求法院的命令。

> 检察长在某些情况下可暂停或取消受托人的注册。检察长也可向该受托人发出说明事由的通知（a show – cause notice）。如果发出此类通知后并未获得充分的解释，检察长可根据某委员会的决定采取进一步的纪律行动。
>
> 行业机构（Industry bodies）如怀疑有理由采取纪律处分，可通知检察长。
>
> **法院的权力**
>
> 法院拥有就注册受托人作出命令的广泛权力（包括对注册施加条件）。

10 –5 与澳大利亚证券投资委员会（ASIC）合作

在履行其在本法项下的职责和行使其在本法项下的权力时，对于根据本法已成为或可能成为注册受托人的人员以及根据 2001 年《公司法》已成为或可能成为注册清算人的人员，检察长必须与澳大利亚证券投资委员会合作。

第 15 节　受托人名册

15 –1 受托人名册

（1）检察长必须建立和维持受托人名册。

（2）受托人名册可以检察长认为适当的任何形式保存。

（3）《破产实务规则》可对受托人名册及就其相关问题作出规定（may provide for and in relation to the register of trustees）。

（4）在不限制第（3）款的情况下，《破产实务规则》可规定并涉及：

（a）须记入受托人名册的详情；以及

（b）须向公众提供的名册部分。

（5）在不限制第（4）（a）项的情况下，这些详情可包括：

（a）委员会根据第 40 –55 条决定的任何纪律处分的详情；以及

（b）根据本法被暂停或取消注册为受托人的人员的详情。

第 20 节　注册的受托人

第 A 小节　导　　言

20 –1 本节简化大纲

> 个人可向检察长申请注册为受托人。该申请将提交给某委员会，该委员会将根据特定的标准（申请人的资格、行为和健康状况以及申请人是否将获得适当的保险）对申请进行评估。委员会将向检察长报告其决定，如果委员会决定申请人应被注册，检察长将把该申请人注册为受托人。
>
> 注册可附加条件。委员会可对某一注册受托人，或者根据《破产实务规则》对所有注册受托人或一类注册受托人施加条件。注册受托人可向检察长申请撤销或更改委员会施加的条件。该申请将提交给某委员会。

注册有效期为3年，但可以续期，可在规定的时间内向检察长提出续期申请。

委员会就注册申请或注册条件作出的决定，可由行政上诉审裁处复核（见本附表第96节）。

第B小节 注　　册

20-5 注册申请

（1）个人可向检察长申请注册为受托人。

（2）申请必须以标准格式提交给检察长。

（3）申请书必须附有部长通过立法文件确定的申请费。

（4）如第（2）及（3）款获得遵守，则该项申请已妥为提出。

20-10 检察长可召集委员会审议

（1）为注册为受托人，检察长可召集一个委员会，审议一项或多项申请。

（2）该委员会必须包括：

（a）检察长；以及

（b）由规定的机构选出的注册受托人；以及

（c）由部长任命的人。

[按语1：第50-5条规定了一个人在根据第（2）（b）项作出任命前必须满足规定机构（所要求）的知识和经验。]

[按语2：第50-10条规定了部长在根据第（2）（c）项作出任命前必须满足的事项。]

20-15 检察长必须将申请提交给委员会

（1）检察长必须将适当提出的注册为受托人的申请，提交给根据第20-10条召集的委员会审议。

（2）检察长必须在收到申请后2个月内这样做。

20-20 申请审议委员会

委员会必须审议提交的申请

（1）如将注册为受托人的申请转交给委员会，委员会必须审议该项申请。

（2）为审议该项申请，委员会：

（a）必须与申请人面谈；以及

（b）可规定申请人参加考试。

委员会的决定

（3）在与申请人面谈后45个工作日内，该委员会必须决定申请人是否应注册为受托人。

（4）该委员会如确信申请人有下列情形，则必须决定将申请人注册为受托人：

（a）具有所规定的资格、经验、知识及能力；以及

（b）将获得：

（ⅰ）足够和适当的专业赔偿保险；以及

（ⅱ）足够和适当的诚信保险；

以承担申请人以注册受托人身份工作可能招致的法律责任；以及

（c）在提出申请前10年内，没有被判处犯涉及欺诈或不诚实的罪行；以及

（d）在提出申请前10年内，不是一个受到管理的无力偿债者；以及

（e）在提出申请前10年内未根据本法取消其作为受托人的注册，但应该申请人的书面请求取消该注册的除外；以及

（f）未在提出申请前10年内根据2001年《公司法》被注销其清算人（资格）的注册，但应该申请人的书面请求注销该注册的除外；以及

（g）根据2001年《公司法》第2D.6部分，或根据其他海外领地（an external Territory）或外国的法律，未丧失管理公司的资格；以及

（h）在其他方面是适当的人选；以及

（i）居住在澳大利亚或其他指定国家。

（5）即使该委员会不确信（is not satisfied of）第（4）（a）、（e）、（f）、（i）项所述事项，该委员会仍可决定将该申请人注册，但该委员会须确信，如果该申请人符合该委员会指定的条件，该申请人将适宜注册为受托人。

注册可能有条件

（6）该委员会可决定该申请人的注册须受该委员会指定的任何其他条件规限。

已过期的定罪（Spent convictions，已经超过披露时效的定罪）

（7）本条并不影响1914年《犯罪法》第7C部分的实施。

[按语：1914年《犯罪法》第7C部分规定，在某些情况下，免除个人披露已过期之定罪的责任，并要求知道此类（已过期的）定罪的人不予理会（该定罪）。]

20－25 委员会（提交）报告

委员会必须向申请人和检察长提交一份报告，列明：

（a）委员会就该项申请作出的决定；以及

（b）委员会作出该决定的理由；以及

（c）如果委员会根据第20－20（5）、（6）款决定，该申请人应在符合某条件的情况下注册：

（ⅰ）所说的该项条件；以及

（ⅱ）委员会施加该项条件的理由。

20－30 注册

注册为受托人

（1）在下列情形下，检察长必须将申请人登记为受托人：

（a）委员会已决定将该申请人注册；以及

（b）该申请人已向检察长提交书面证据，证明该申请人已获得：

（ⅰ）足够及适当的专业赔偿保险；以及

（ⅱ）足够和适当的诚信保险；

以承担该申请人以注册受托人身份工作可能招致的法律责任；以及

（c）该申请人已支付部长通过立法文件确定的登记费。

（2）检察长通过在受托人名册中录入第 15 – 1（3）款规定的该申请人相关的详细信息，对该申请人进行注册。

按现行条件注册

（3）注册须受施加于注册受托人的现行条件规限。

注册证书

（4）在将某人注册为受托人后，检察长必须向该人颁发注册证书。

（5）该证书可以电子方式发出。

注册期限

（6）注册有效期为 3 年。

20 – 35 对所有注册受托人或某类注册受托人施加的条件

（1）《破产实务规则》可对所有注册受托人或某指定类别的注册受托人施加条件。

（2）在不限制第（1）款的前提下，可施加条件，限制受托人可在注册期间或更短期间内所从事的活动的种类。

（3）在不限制第（1）款的前提下，可施加与受托人管理债务协议有关的条件。

第 C 小节　注册条件的变更等

20 – 40 申请注册条件变更等

（1）如某委员会已根据本附表决定，任何人的受托人注册须受某项条件规限，则该人可向检察长申请变更或取消该项条件。

（2）但是，下列情形不能提出申请：

（a）如该人的受托人注册被暂停（is suspended）；或者

（b）如该条件属于明确规定的种类；或者

（c）在明确规定的情况下。

（3）申请必须以标准格式提交给检察长。

（4）有下列情形之一的，申请成立：

（a）可以提出申请；以及

（b）符合第（3）款。

（5）注册受托人的单独一项申请可能涉及多个条件（a single application by a registered trustee may deal with more than one condition）。

20 – 45 检察长可召集委员会审议申请

（1）检察长可召集某委员会审议根据第 20 – 40 条提出的一项或多项申请。

（2）该委员会必须包括：

（a）检察长；以及

（b）由指定机构选出的注册受托人；以及

（c）由部长任命的人。

[按语1：第50－5条规定了在根据第（2）（b）项作出一项任命前，某人必须满足指定机构所要求的知识和经验。]

[按语2：第50－10条规定了在根据第（2）（c）项作出一项任命前，部长必须确信的事项。]

20－50 检察长必须将申请提交某委员会

（1）检察长必须将根据第20－40条适当提出的申请提交给根据第20－45条召集的某委员会审议。

（2）检察长必须在收到该申请后2个月内这样做。

20－55 委员会审议申请

（1）如果更改或取消注册条件的申请被转交给了某委员会，该委员会必须审议该项申请。

（2）除非申请人另有同意，否则该委员会在审议该项申请时，必须与申请人面谈。

（3）委员会必须在约谈申请人或取得第（2）款所提及的申请人同意后20个工作日内：

（a）决定是否应该更改或删除与该项申请有关的条件；以及

（b）如果某项条件须予更改，则指定更改该项条件的方式。

20－60 委员会报告

委员会必须向申请人和检察长提交一份报告，列明：

（a）该委员会就该项申请作出的决定；以及

（b）该委员会作出该决定的理由；以及

（c）如果该委员会决定某项条件应予更改，则明确将要进行的更改。

20－65 委员会的决定生效

如果委员会决定更改或删除对注册受托人施加的某项条件，则须按照该决定更改或删除该项条件。

第D小节　续期（renewal，更新）

20－70 申请续期

（1）个人可向检察长申请续期该人作为受托人的登记。

（2）在申请人作为受托人的注册失效之前，必须以标准格式向检察长提交申请。

注：法院可延长提出申请的期限，见第33（1）（c）项。

（3）如果个人申请续期其作为受托人的注册，则该个人必须在注册失效前至少1个月，支付部长通过立法文件确定的续期费用。如在注册失效前至少1个月仍未缴纳续期费用，则该申请人须缴纳相当于原续期费用20%的额外金额作为罚款。

（4）如第（2）款获遵守，则该项申请（被视为）已妥为提出。

20－75 续期

注册的续期

（1）在根据第20－70条提出申请时，如果出现下列情形，检察长必须更新申请人作为受托人的注册：

（a）申请已妥为提出；以及

（b）申请人已向检察长提交书面证据，证明该申请人保持了：

（ⅰ）足够及适当的专业赔偿保险；以及

（ⅱ）足够和适当的诚信保险；

以承担该申请人以注册受托人身份工作可能招致的法律责任；以及

（c）该申请人在其当前的注册期间，已遵守了任何有关继续专业教育的条件；以及

（d）该申请人已支付部长根据第20－70（3）款确定的续期费用以及根据该款规定的任何滞纳金；以及

（e）该申请人所拖欠的（金额）不超过所通知的财团费用（notified estate charges）的规定金额。

（2）检察长通过在受托人名册上录入或保存第15－1（3）款规定的与该申请人有关的详细资料，用以更新该申请人的注册。

按现行条件登记

（3）续期的注册须受施加于注册受托人的现行条件规限。

注册证书

（4）在将某人作为受托人的注册续期后，检察长必须向该人颁发注册证书。

（5）该证书可以电子方式发出。

注册期限

（6）续期的注册有效期为3年，自该人在注册为受托人之前的注册失效之日立即起算。

当通知的财团费用被拖欠时

（7）如有下列情形，某人拖欠了已通知的财团费用：

（a）该人拖欠了下列任何一项：

（ⅰ）1997年《破产（财团收费）法》项下的费用（财团费用）；

（ⅱ）根据本法第281条（滞纳金）对该项收费的罚款；以及

（b）检察长在该人作为受托人的登记失效前至少1个月零10个工作日（at least one month and 10 business days），将尚未支付的财团费用通知了该人。

第E小节　与登记有关的罪行

20－80 虚假陈述某人是注册受托人

任何人如有下列情形，即属犯罪：

(a) 该人作出陈述；以及

(b) 该项陈述是：该人是注册受托人；以及

(c) 该项陈述是虚假的。

处罚：30 个罚金单位。

第 25 节 保　　险

25－1 注册受托人维持保险

注册受托人必须维持保险

(1) 注册受托人必须维持：

(a) 足够及适当的专业赔偿保险；以及

(b) 足够和适当的诚信保险；

以承担该受托人作为注册受托人可能招致的法律责任。

(2) 检察长可通过立法文件，就下列任何一项或两项，确定什么构成适当的专业赔偿保险和适当的诚信保险：

(a) 指定的情况；

(b) 一个或多个指定类别的注册受托人。

犯罪

(3) 任何人如有下列情形，即属犯罪：

(a) 该人须受第（1）款规定规限；以及

(b) 该人故意或罔顾后果地没有遵守该项规定。

处罚：1000 个罚金单位。

(4) 任何人有下列情形之一的，依法追究刑事责任：

(a) 该人须受第（1）款规定所规限；以及

(b) 该人没有遵守该项规定。

处罚：60 个罚金单位。

第 30 节 受托人年度报告

30－1 受托人年度报告

注册受托人必须提交年度报告

(1) 在受托人的全部或部分报告年度内为注册受托人的人（A person who is a registered trustee during all or part of a trustee return year for the person），必须在该年度结束后的 1 个月内，向检察长提交符合第（3）款的报告。

(2) 对于将根据第 20－30 条注册为受托人或已根据第 20－30 条注册为受托人的人，下列每一项均为该受托人的报告年度：

(a) 自该项注册首次开始之日起算的 12 个月期间（the period of 12 months beginning on the day on which that registration first began）；

（b）之后每12个月。

（3）根据第（1）款提交的报告必须：

（a）采用标准格式；以及

（b）包含证据，以证明该人在注册为受托人的一年中的任何一段期间内，维持了：

（ⅰ）足够及适当的专业赔偿保险；以及

（ⅱ）足够和适当的诚信保险；

以承担该人以注册受托人身份工作可能招致的法律责任。

（4）检察长可根据注册受托人在根据第（1）款提交报告的期限结束前提出的申请，延长或进一步延长该期限。

犯罪

（5）有下列情形之一的，依法追究刑事责任：

（a）该人须受第（1）款规定所规限；以及

（b）该人没有遵守该项规定。

处罚：5个罚金单位。

[按语：另见第277B条（关于侵权通知）。]

第35节　通知的要求

35-1 重大事项通知

注册受托人必须提交通知

（1）如果发生下列任何事件，注册受托人必须以标准格式向检察长提交通知：

（a）受托人成了被管理的无力偿债者（an insolvent）；

（b）根据本法就作为债务人的受托人发出破产通知，或根据外领地法律或外国法律就作为债务人的受托人发出相应通知；

（c）受托人被裁判犯有涉及欺诈或不诚实的罪行；

（d）根据2001年《公司法》第2D.6部分，或根据外领地法律或外国法律，受托人被取消管理公司的资格；

（e）受托人不再拥有：

（ⅰ）足够及适当的专业赔偿保险；或者

（ⅱ）足够和适当的诚信保险；

以承担受托人作为注册受托人可能招致的法律责任；

（f）根据2001年《公司法》附表2第40-40条，受托人收到了一份关于该受托人根据该法注册为清算人的通知[事由通知（a show-cause notice）①]；

（g）受托人根据2001年《公司法》作为清算人的注册被暂停或取消；

（h）规定的任何其他事件。

① 译者注：show-cause一般指对某措施（依法）提出充分抗拒执行的理由。

通知必须在注册受托人可合理预期知悉的事件发生后5个工作日内递交。

犯罪

（2）任何人如有下列情形，即属犯罪：

（a）该人须受第（1）款规定规限；以及

（b）该人故意或罔顾后果地没有遵守该项规定。

处罚：100个罚金单位。

35－5 其他事项通知

注册受托人必须提交通知

（1）如果发生下列任何事件，注册受托人必须以标准格式向检察长提交通知：

（a）由受托人或代受托人制备的年度受托人申报表或年度管理申报表中所载的信息，在重要的详情上不准确或变得不准确；

（b）规定的任何其他事件。

通知必须在注册受托人可合理预期知悉的事件发生后10个工作日内递交。

犯罪

（2）任何人如有下列情形，即属犯罪：

（a）该人须受第（1）款规定规限；以及

（b）该人故意或罔顾后果地没有遵守该项规定。

处罚：5个罚金单位。

[按语：另见第277B条（关于侵权通知）。]

第40节　纪律处分和其他行动

第A小节　导　　言

40－1 本节简化大纲

> 未提交文件或未提供信息或文件的补救措施
>
> 检察长可指示注册受托人遵守向检察长提交文件或提供任何信息或文件的要求。如果该受托人未能遵守该指示，检察长可指示该受托人停止接受其他任命，或请求法院下令指示该受托人遵守该指示。
>
> **更正并完善提交给检察长的信息**
>
> 如果检察长合理怀疑注册受托人根据本法须向检察长提供的信息不完整或不准确，检察长可指示受托人确认、完善或更正该信息。检察长还可以指示受托人告知某人该信息中的缺陷。如果该受托人未能遵守该指示，检察长可指示该受托人停止接受其他任命，或请求法院下令指示该受托人遵守该指示。
>
> **指示停止接受其他任命的其他理由**
>
> 检察长可以根据其他理由发出停止接受其他任命的指示，例如，如果注册受托人未能遵守召集会议的指示。

暂停或取消注册

个人的受托人注册可被暂停或取消。

如果注册受托人破产或死亡（if the registered trustee becomes an insolvent under administration or dies），则其注册将被自动取消。

在某些情况下，检察长可以暂停或取消某人作为受托人的注册。检察长还可以向注册受托人发出通知，说明该受托人应继续注册的原因。如果检察长对答复不满意，检察长可将此事提交某委员会，由该委员会就应采取何种行动作出决定。

行业机构可以向检察长发出可能的纪律处分的理由通知。

如果暂停注册，受托人可以向检察长申请解除或缩短暂停注册。

关于暂停或取消受托人注册的决定，可由行政上诉审裁处复核（见本附表第96节）。

第B小节 遵循指示

40－5 注册受托人对未能提交文件或未能提供信息或文件进行补救

本条的应用

（1）如果注册受托人未能遵守本法所提出的受托人向检察长提交任何文件（或提供任何信息或文件）的要求，则本条适用。

检察长可指示遵守

（2）检察长可书面指示受托人在发出通知后10个工作日内遵守该项要求。

（3）检察长可根据注册受托人在第（2）款所述期限结束前提出的申请，延长或进一步延长该期限。

不遵守的后果

（4）如果受托人在期限内不遵守上述指示，检察长可采取下列任一或两种行动：

（a）根据第40－15（1）款作出指示（停止接受其他任命的指示）；

（b）根据本附表第30条（破产法院的一般权力）、第45－1条或任何其他有关条文，向法院申请作出命令，指示受托人在该命令所指定的时间内遵守该项要求。

指示并非立法文件

（5）根据第（2）款作出的指示并非立法文件。

与其他法律的关系

（6）本条中的任何规定均不限制本法（或任何其他法律）的任何其他规定对不遵守向检察长提交文件（或向检察长提供信息或文件）的要求之人的适用（Nothing in this section limits the operation of any other provision of this Act, or any other law, in relation to a person who fails to comply with a requirement to lodge a document with, or give information or a document to, the Inspector－General）。

40－10 注册受托人更正不准确（信息）等

本条的应用

（1）如果检察长合理地怀疑本法要求注册受托人向检察长提供的信息（无论是在提交给检察长的文件中还是在其他文件中）在任何方面不完整或不正确，则本条适用。

检察长可指示纠正信息等

（2）检察长可书面指示受托人在发出指示后的10个工作日内进行下列一项或多项工作：

（a）向检察长确认信息完整无误；

（b）完善或更正信息（视情况而定）；

（c）通知检察长指定的任何人员添加或更正。

（3）检察长可根据注册受托人在第（2）款所述期限结束前提出的申请，延长或进一步延长该期限。

不遵守的后果

（4）如果受托人在期限内不遵守指示，检察长可采取下列任一或两种行动：

（a）根据第40－15（1）款作出指示（停止接受其他任命的指示）；

（b）根据本附表第30条（破产法院的一般权力）、第45－1条或任何其他有关条文，向法院申请作出命令，指示受托人在该命令所指定的时间内遵守该项要求。

指示不是立法文件

（5）根据第（2）款作出的指示并非立法文件。

与其他法律的关系

（6）对于提供不完整或不正确信息的人，本节的任何规定均不限制本法或任何其他法律的任何其他规定的实施。

40－15 停止接受其他任命的指示

检察长可指示停止接受其他任命

（1）下列情形，检察长可书面指示注册受托人停止接受任何担任其他案件受托人的任命，或在指示所指定的期间内停止接受任何其他的受托人任命：

（a）该受托人未能遵守根据第40－5条向其发出的指示（补救未能提交文件或未能提供信息或文件的指示）；或者

（b）该受托人未能遵守根据第40－10条向其发出的指示（纠正不准确信息的指示）；或者

（c）委员会根据第40－55（1）（d）项决定，检察长应作出该项所述的指示；或者

（d）该受托人未能遵守根据第70－70条向其发出的指示（发出有关材料的指示）；或者

（e）该受托人未能遵守根据第75－20（1）、（2）款向其发出的指示（召集债权人会议或遵守与此类会议有关的要求的指示）。

符合指示的注册条件

（2）如果检察长根据第（1）款向注册受托人发出指示，则该受托人注册的一个条件是其必须遵守该指示。

撤回指示

（3）检察长可撤回根据第（1）款发出的指示。

（4）如果检察长撤回指示，则该条件将从受托人的注册中被删除。

指示不是立法文件

（5）根据第（1）款作出的指示并非立法文件。

与其他法律的关系

（6）本条中的任何规定均不限制本法（或任何其他法律）中有关下列事项的任何其他规定的实施：

（a）不遵守向检察长提交文件（或向检察长提供信息或文件）的要求的人；或者

（b）提供不完整或不正确信息的人；或者

（c）委员会根据第40－55（1）款作出决定的任何事项。

（7）本条中的任何规定均不限制检察长根据本法（或任何其他法律），就未能遵守第（1）款所述指示向法院申请命令的权力。

第C小节　自动取消

40－20 自动取消

（1）如有下列情形，任何人的受托人注册即予取消：

（a）该人成为被管理的无力偿债之人；或者

（b）该人死亡。

（2）该项取消自第（1）款所述事件发生之日起生效。

第D小节　检察长可暂停或取消注册

40－25 检察长可暂停注册

（1）在下列情况下，检察长可暂停某人作为受托人的注册：

（a）根据2001年《公司法》第2D.6部分，或根据外领地法律或外国法律，该人被取消管理公司的资格；或者

（b）该人不再拥有：

（ⅰ）足够及适当的专业赔偿保险；或者

（ⅱ）足够和适当的诚信保险；

以承担该人作为注册受托人而可能招致的法律责任；或者

（c）该人根据2001年《公司法》作为清算人的注册已被取消或暂停，除非不符合该人取消或暂停该注册的书面请求；或者

（d）该人所欠下的已被通知的财团费用超过了规定的金额；或者

（e）法院已根据第90－15条作出命令，要求该人偿还报酬，但该人未能偿还其报酬；

或者

（f）该人已被裁判犯有涉及欺诈或不诚实的罪行；或者

（g）该人以标准格式向检察长提出暂停注册的请求。

（2）本条并不影响1914年《犯罪法》第7C部分的实施。

（按语：1914年《犯罪法》第7C部分规定，在某些情况下，免除个人披露其曾被判有罪之事实的要求，并要求知道此类定罪事实的人不予理会。）

40－30 检察长可取消登记

（1）在下列情况下，检察长可取消某人作为受托人的登记：

（a）根据2001年《公司法》第2D.6部分，或根据外领地法律或外国法律，该人被取消管理公司的资格；或者

（b）该人不再拥有：

（ⅰ）足够及适当的专业赔偿保险；或者

（ⅱ）足够和适当的诚信保险；

以承担该人作为注册受托人可能招致的法律责任；或者

（c）该人根据2001年《公司法》作为清算人的登记已被取消，除非不符合该人取消或暂停该注册的书面请求；或者

（d）该人所欠下的已被通知的财团费用超过了规定的金额；或者

（e）如果法院已根据第90－15条作出命令，要求该人偿还报酬，但该人未能偿还其报酬；或者

（f）该人已被裁判犯有涉及欺诈或不诚实的罪行；或者

（g）该人以标准格式向检察长提出请求，请求取消注册。

（2）本条并不影响1914年《犯罪法》第7C部分的实施。

（按语：1914年《犯罪法》第7C部分规定，在某些情况下，免除个人披露其曾被判有罪的事实的要求，并要求知道此类定罪事实的人不予理会。）

40－35 暂停或取消通知

本条的应用

（1）如果检察长根据第40－25、40－30条决定暂停或取消某人作为受托人的注册，则本条适用。

检察长必须发出决定通知

（2）检察长必须在作出决定后10个工作日内，向该人发出书面通知，说明该决定及其理由。

决定生效的时间

（3）决定自通知送达之日起生效。

不通知不影响决定的效力

（4）检察长未能在10个工作日内根据第（2）款发出通知的，不影响该决定的有效性。

第E小节　委员会的纪律处分

40－40 检察长可发出说明事由通知

（1）检察长可以书面通知某注册受托人，要求其向检察长书面解释为什么其应继续获得注册，如果检察长认为：

（a）受托人不再具备第20－20（4）（a）项规定的资格、经验、知识和能力；或者

（b）受托人实施了本法、外领地或外国相应法律所指的破产行为；或者

（c）根据2001年《公司法》第2D.6部分，或根据外领地法律或外国法律，受托人被取消管理公司的资格；或者

（d）受托人已不再拥有：

（ⅰ）足够及适当的专业赔偿保险；或者

（ⅱ）足够和适当的诚信保险；

以承担该人作为注册受托人可能招致的法律责任；或者

（e）受托人已违反对其施加的当前条件；或者

（f）受托人违反了本法的规定；或者

（g）受托人根据2001年《公司法》作为清算人的注册已被取消或暂停，除非不符合该人取消或暂停该注册的书面请求；或者

（h）受托人所欠下的已被通知的财团费用超过了规定的金额；或者

（i）如果法院已根据第90－15条作出命令，要求受托人偿还报酬，而受托人没有偿还其报酬；或者

（j）受托人已被裁定犯有涉及欺诈或不诚实的罪行；或者

（k）受托人因身体或精神上无能力而永久或暂时不能履行受托人的职能及职责；或者

（l）受托人未能充分和适当地（无论是在澳大利亚境内、外领地还是外国）执行：

（ⅰ）受托人的职责；或者

（ⅱ）注册受托人根据联邦、某州或领地的法律，或根据一般法理（or under the general law），须履行的任何其他职责或职能；或者

（m）如果受托人是或曾经是债务协议的管理人（administrator），而该受托人未能充分和适当地（无论是在澳大利亚境内、外领地还是外国）履行管理人与债务协议有关的职责；或者

（n）受托人并非适当人选；或者

（o）受托人并非居住在澳大利亚或其他指定国家；或者

（p）受托人没有遵守为施行第（4）款而规定的标准。

（2）根据第（1）款发出的通知并非立法文件。

（3）本条中的任何内容均不影响1914年《犯罪法》第7C部分的实施。

（按语：1914年《犯罪法》第7C部分规定，在某些情况下，免除个人披露其曾被判有罪的事实的要求，并要求知道此类定罪事实的人不予理会。）

（4）《破产实务规则》可规定适用于注册受托人行使权力或履行职责的标准。

40－45 检察长可召集委员会

（1）检察长可召集某委员会，就1名或多名注册受托人作出第40－55条所述的决定。

（2）该委员会必须包括：

（a）检察长；以及

（b）由指定机构选出的注册受托人；以及

（c）由部长任命之人。

[按语1：第50－5条规定了某一位个人在根据第（2）（b）项被作出任命前，必须满足指定机构所要求的知识和经验。]

[按语2：第50－10条规定了部长在根据第（2）（c）项作出任命前必须满足的事项。]

40－50 检察长可将事项提交委员会

检察长可将某注册受托人提交给根据第40－50条召集的委员会，如果检察长：

（a）根据第40－40条向受托人发出通知（说明事由通知）；以及

（b）下列任一项：

（ⅰ）在通知发出后20个工作日内没有收到解释；或者

（ⅱ）不满意该解释。

40－55 委员会的决定

（1）如果注册受托人根据第40－50条被转介至某委员会，该委员会必须决定下列一项或多项：

（a）受托人应继续注册；

（b）受托人的注册应暂停一段时间，或直至决定中指定的事件发生为止；

（c）应取消受托人的注册；

（d）检察长应指示受托人停止接受任何其他的受托人任命，或在决定所述的期间内停止接受任何其他的受托人任命；

（e）受托人应受到公开训诫或谴责；

（f）决定中所指定的条件应施加于受托人；

（g）应向所有其他注册受托人施加一项条件，即在不超过决定中所指定的10年期间内，该等注册受托人不得容许该受托人代表他们（不论是以雇员、代理人、顾问或其他身份）执行受托人的任何职能或职责，或行使受托人的任何权力；

（h）检察长应公布与该委员会决定有关的具体信息以及作出该决定的理由。

（2）在不限制第（1）（f）项的情况下，根据该项所施加的条件可包括下列一种或多种：

（a）受托人从事或不从事指定行为的条件；

（b）受托人从事或不从事指定行为的条件，但在指定情况下除外；

（c）受托人公布指定信息的条件；

（d）受托人将指定信息通知指定之人或指定类别之人的条件；

（e）受托人发表指定声明的条件；

（f）受托人向指定之人或指定类别之人作出指定声明的条件。

（3）委员会在作出决定时，可考虑：

（a）检察长向该委员会提供的任何信息；以及

（b）受托人所作的任何解释；以及

（c）受托人向该委员会提供的任何其他信息；以及

（d）如果受托人是或曾经是2001年《公司法》规定的注册清算人，则由澳大利亚证券投资委员会或根据《破产实务附表（公司）》召集的委员会向该委员会提供的与该受托人有关的任何信息；以及

（e）该委员会认为有关的任何其他事项。

40－60 委员会报告

委员会必须向注册受托人和检察长提交一份报告，列明：

（a）委员会就受托人作出的决定；以及

（b）委员会作出该决定的理由；以及

（c）如果委员会根据第40－55（1）（f）项决定，受托人应在符合下列条件的情况下注册：

（ⅰ）该条件；以及

（ⅱ）该委员会施加该条件的理由；以及

（d）如果委员会根据第40－55（1）（g）项决定，对所有其他注册受托人施加与该受托人有关的条件：

（ⅰ）该条件；以及

（ⅱ）该委员会施加该条件的理由。

40－65 检察长必须执行委员会的决定

检察长必须执行委员会的决定。

第F小节　终止或缩短暂停（Lifting or shortening suspension）

40－70 终止或缩短暂停的应用

本条的应用

（1）如任何人的受托人注册已被暂停，则本条适用。

被暂停（注册）的受托人可向检察长提出申请

（2）该人可向检察长提出申请：

（a）将该项暂停解除；或者

（b）缩短暂停的期限。

（3）申请必须以标准格式提交给检察长。

（4）如第（3）款获遵守，则该项申请（被视作）已妥为提出。

40－75 检察长可召集委员会审议申请

（1）检察长可召集某委员会审议根据第40－70条提出的一项或多项申请。

(2) 该委员会必须包括：

(a) 检察长；以及

(b) 由指定机构选出的注册受托人；以及

(c) 由部长任命的人。

[按语1：第50－5条规定了某人在根据第(2)(b)项被作出任命前必须满足指定机构要求的知识和经验。]

[按语2：第50－10条规定了部长在根据第(2)(c)项作出任命前必须确认的事项。]

40－80 检察长必须将申请提交委员会

(1) 检察长必须将根据第40－70条适当提出的申请，提交给根据第40－75条召集的委员会审议。

(2) 检察长必须在收到申请后2个月内这样做。

40－85 委员会审议申请

(1) 如申请被转交给某委员会，该委员会必须审议该申请。

(2) 除非申请人另有同意，否则委员会必须为审议该项申请而与该申请人面谈。

(3) 在与申请人面谈或取得第(2)款所提及的该申请人同意后10个工作日内，委员会必须：

(a) 决定是否应终止暂停或缩短暂停期限；以及

(b) 如暂停的期限将予缩短，则须指定暂停的结束时间。

40－90 委员会报告

委员会必须向申请人和检察长提交一份报告，列明：

(a) 该委员会对该申请的决定；以及

(b) 该委员会作出该决定的理由；以及

(c) 如果该委员会决定缩短暂停的期限，则须指定暂停的结束时间。

40－95 委员会的决定生效

如果委员会决定终止或缩短暂停，则暂停应根据该决定被终止或缩短。

第G小节　行业机构发起的处分行动

40－100 行业机构可能的纪律处分理由通知

行业机构可发出通知

(1) 行业机构可向检察长提交标准格式的通知（行业通知）：

(a) 说明该机构经合理地怀疑，认为检察长有理由：

(ⅰ) 根据第40－25条暂停某注册受托人的注册；或者

(ⅱ) 根据第40－30条取消某注册受托人的注册；或者

(ⅲ) 根据第40－40条向某注册受托人发出通知（说明事由的通知）；或者

(ⅳ) 根据本附表另一条文向某注册受托人施加条件；以及

（b）识别该注册受托人；以及

（c）包括任何文件的信息及副本，怀疑即源于这些文件。

检察长必须考虑信息和文件

（2）检察长必须考虑行业通知中所包含的任何文件的信息和副本。

如果不采取任何处分行动，检察长必须发出通知

（3）如果在审议之后，检察长决定不对行业通知提出的事项采取处分行动，检察长必须向行业机构发出书面通知。

45 个工作日考虑和决定

（4）必须完成对行业通知中包含的任何文件的信息和副本的审议，如果检察长决定不采取处分行动，则必须在行业通知提交后 45 个工作日内根据第（3）款发出通知。

检察长不排除采取处分行动的可能性

（5）不排除检察长：

（a）根据第 40 - 25 条暂停某注册受托人的注册；或者

（b）根据第 40 - 30 条取消某注册受托人的注册；或者

（c）根据第 40 - 40 条向某注册受托人发出通知（说明事由通知）；或者

（d）根据本附表另一条文向某注册受托人施加条件；

全部或部分基于该行业通知中包含的文件信息或副本，仅仅因为检察长已根据第（3）款就该行业通知提出的事项发出过通知。

如果检察长采取处分行动，给行业机构的通知

（6）如果检察长确实完全或者部分根据行业通知中的文件信息或副本采取了第（5）款所述的处分行动，则检察长必须将该事实通知该行业机构。

通知不是立法文件

（7）根据第（3）、（6）款发出的通知并非立法文件。

40 - 105 对善意通知等不承担责任

（1）在下列情形下，某行业机构对根据第 40 - 100（1）款发出的通知不承担民事、刑事责任或者不在任何行政程序下承担责任（is not liable civilly, criminally or under any administrative process for）：

（a）该机构善意地发出该通知；以及

（b）该通知所指的怀疑是合理的怀疑（the suspicion that is the subject of the notice is a reasonable suspicion）。

（2）根据第 40 - 100（1）款的规定，在该行业机构发出通知的情况下，善意作出决定的人，对作出该项决定不承担民事、刑事责任或者不在任何行政程序下承担责任。

（3）任何人善意地提供给某行业机构的信息或文件，该信息或文件（或其副本）被包含在根据第 40 - 100（1）款发出的通知中，该人不承担提供该信息或文件的民事、刑事责任或者不在任何行政程序下承担责任。

40－110 行业机构的含义

《破产实务规则》可为本小节的目的规定行业机构。

第 45 节　法院对注册受托人的监督

45－1 法院可就注册受托人作出命令

（1）法院可就注册受托人作出法院认为适当的命令。

（2）法院可行使第（1）款所指的权力：

（a）在法院的诉讼程序中依职权行使；或者

（b）根据依照第（3）款提出的申请而行使。

（3）下列每一人均可根据第（1）款申请法院作出命令：

（a）注册受托人；

（b）检察长。

（4）在不限制法院在作出命令时可考虑的事项的原则下，法院可考虑：

（a）注册受托人是否已忠实履行或正忠实履行其注册受托人的职责；以及

（b）注册受托人的行为或不作为是否符合本法和《破产实务规则》；以及

（c）注册受托人的行为或不作为是否符合法院的命令；以及

（d）任何人是否因注册受托人的行为或不作为而蒙受或可能蒙受损失或损害（has suffered, or is likely to suffer, loss or damage）；以及

（e）注册受托人的任何行为或不作为的后果的严重性，包括该行为或不作为对注册受托人作为一个整体（registered trustees as a group）的公众信心的影响。

（5）本条不限制法院在本法任何其他条款或任何其他法律下的权力。

45－5 法院可就费用作出命令

（1）在不限制第 45－1 条的情况下，法院可就处理其所审议事项的费用对有关的注册受托人作出命令（without limiting section 45－1, the court may make orders in relation to a registered trustee that deal with the costs of a matter considered by the court）。

（2）该等命令可包括：

（a）注册受托人须就上述部分或全部费用负担个人责任；以及

（b）注册受托人无权就上述部分或全部费用从受管制的债务人财团或债权人处获得补偿。

（3）本条不限制法院在本法任何其他条款或任何其他法律下的权力。

第 50 节　本部分所指的委员会

50－1 本节的简化大纲

本节为根据本部分设立的委员会制定共同规则。

如果指定机构委任某人加入某委员会，该人必须具备规定的知识或经验（如果并

未规定相应的知识或经验)，则必须具备履行该职能所需的知识和经验。如果部长任命某人为某委员会成员，此人必须在商业、法律（包括破产法）或与破产有关的公共政策等领域具有知识或经验。

一个委员会可以审议多个事项。对某一事项的审议不受该委员会成员变动的影响。一个事项可以延期或移交给另一个委员会。《破产实务规则》可以规定程序，并为委员会（committees）制定其他规则。

向某委员会提供的信息的使用和披露仅限于列出之目的（is restricted to listed purposes)。

50 –5 指定机构任命某人加入委员会

本条的应用

(1) 如果指定机构根据本部分任命某人加入某委员会，则本条适用。

指定机构只能任命具有适当知识和经验的人员

(2) 指定机构只有在确信某人有下列情形时，方可任命该人为委员会成员：

(a) 如有任何知识或经验是就该委任而明确规定的——该等知识或经验；或者

(b) 如就拟作出的任命并未规定任何知识或经验，则为执行该人获任命为委员会委员之职能所必需的知识和经验。

50 –10 部长任命一名委员

本条的应用

(1) 如果部长根据本部分任命某人加入某委员会，则本条适用。

任命之前部长必须确信的事项

(2) 只有在部长确信某人有资格被任命为委员会成员时，部长才应任命此人为委员会成员，因为他或她在下列一个或多个领域的知识或经验：

(a) 商业；

(b) 法律，包括有关破产的法律；

(c) 经济学；

(d) 会计；

(e) 与破产有关的公共政策。

50 –15 单一委员会（Single committee）可审议多个事项

可根据本部分召开某单一委员会，审议下列中的一项或多项：

(a) 与一名申请注册为受托人的申请人有关的一项或多项事宜（a matter or matters)；

(b) 与多名申请注册为受托人的申请人有关的一项或多项事宜；

(c) 与一名注册受托人有关的一项或多项事宜；

(d) 与多名注册受托人有关的一项或多项事宜。

50－20 委员会正在审议的事项

如根据本部分召集某委员会审议某事项：

（a）该委员会在有关事项上的权力、职能及职责，不因委员会成员的变动而受影响；以及

（b）该委员会可（休会）延后对该事项的审议，并可多次（休会）延后；以及

（c）该事项可移交另一委员会，该另一委员会根据本部分就该等事项具有权力、职能及职责。

50－25 与委员会有关的程序和其他规则

《破产实务规则》可规定并涉及：

（a）根据本部分召集的委员会履行其职能的方式，包括：

（ⅰ）委员会会议；以及

（ⅱ）构成法定人数所需的委员会成员数目；以及

（ⅲ）在委员会席前披露“某事项的利益”；以及

（ⅳ）委员会决定问题的方式；以及

（b）委员会的改组；以及

（c）终止委员会对某一事项的审议，并将该事项移交另一委员会。

50－30 委员会成员的报酬

（1）根据本部分召集的委员会成员有权领取薪酬审裁处（the remuneration tribunal）确定的报酬（remuneration）。如果该审裁处没有对该报酬作出任何决定，则该成员有权获得部长书面决定的报酬。

（2）委员有权获得部长书面决定的津贴（allowances）。

（3）本条在1973年《薪酬审裁处法》的规限下具有效力。

50－35 委员会只能将信息等用于披露的目的

犯罪

（1）任何人如有下列情形，即属犯罪：

（a）该人是或曾是根据本部分召集的委员会的成员；以及

（b）为行使委员会成员的权力或履行委员会成员的职能而向该人披露信息或文件；以及

（c）该人使用或披露该信息或文件。

处罚：50个罚金单位。

例外——向澳大利亚证券投资委员会或其他委员会披露的信息或文件等

（2）如该信息或文件有下列情形，则第（1）款不适用：

（a）该人为行使第（1）款所述的委员会成员的权力或执行该委员会成员的职能而使用或披露；或者

（b）被披露给：

（i）澳大利亚证券投资委员会以协助其行使在2001年《公司法》第5章或《破产实务附表（公司）》下的权力或履行其职能；或者

（ii）根据《破产实务附表（公司）》第2部分召集的委员会，以协助该委员会根据该部分行使其权力或履行其职能；或者

（iii）根据本部分召集的另一委员会，以协助该另一委员会根据本部分行使其权力或执行其职能；或者

（iv）授权或者协助为实施本项而指定的机构，履行与其成员有关的纪律处分职能；或者

（v）授权或者协助某州或领地（或者外国的政府机构或个人），履行或行使与该委员会或检察长的任何职能和权力相同或类似的职能或权力；或者

（vi）某法院或审裁处，就正在该法院或审裁处席前进行的相关诉讼。

{按语1：被告人就第（2）款所述事项承担举证责任［见《刑法》第13.3（3）款］。}

（按语2：2001年《公司法》第5章涉及公司的外部管理。）

第3部分　有关财团管理的一般规则

第55节　导　言

55－1 本部分的简化大纲

本部分规定了管理受监管债务人财团的要求。

主要条款涉及：

（a）受托人的报酬；以及

（b）受托人处理财团款项及其他财产的责任；以及

（c）利益冲突；以及

（d）受托人有责任保持适当的记录，向检察长报告，并向债权人和其他人提供信息、文件和报告；以及

（e）债权人会议；以及

（f）设立及执行一个负责监督管理的委员会（称为检查委员会）；以及

（g）债权人检查管理的权利；以及

（h）债权人罢免受托人及委任另一受托人的权利；以及

（i）法院对管理的复核。

本法还规定了适用于受监管债务人财团管理的其他规则（例如，关于受托人的任命）。

第60节　受托人收到的报酬和其他福利

第A小节　简　　介

60－1 本节的简化大纲

报酬

受监管债务人财团的受托人有权就该受托人妥善进行的与管理有关的必要工作收取报酬。

报酬的金额通常由报酬决定（a remuneration determination）来规定。在大多数情况下，由债权人或检查委员会（如果有）来确定报酬。

但是，如果没有确定报酬，受托人将有权获得合理的工作酬劳。受托人可通过这种方式获得的最高金额为5000澳大利亚元［不包括商品服务税也不与（物价水平等）挂钩（exclusive of GST and indexed）］。

法院可复核受管制债务人财团的受托人的报酬，并可根据第90条就报酬作出命令（包括偿还报酬的命令）。

其他福利

受监管债务人财团的受托人不得：

（a）雇用关联实体，除非符合某些要求；或者

（b）购买该财团的任何资产；或者

（c）从财团管理中获得任何其他利益或利润。

第B小节　受托人的报酬

60－5 受托人的报酬

根据报酬决定确定的报酬

（1）受监管债务人财团的受托人有权根据受托人的报酬决定（如果有）（见第60－10、60－11条），就该受托人在管理受监管债务人财团方面适当开展的必要工作获取报酬。

未作报酬决定的受托人的报酬

（2）如果未就某受托人在管理受监管债务人财团方面妥为进行的必要工作作出报酬决定的，该受托人有权就该项工作收取合理报酬。但是，该报酬不得超过最高缺省金额（the maximum default amount）。

从财团的资金中支付报酬

（3）报酬将从被监管债务人财团的资金中支付。

60－10 债权人或检查委员会的报酬决定

可由下列方式作出决定，指明受监管债务人财团的受托人有权就该受托人妥善进行的与财团管理有关的必要工作而收取的报酬：

（a）经债权人决议；或者

（b）如有检查委员会，且报酬决定未根据第（a）项被作出的，则可由该检查委员会。

60－11 报酬决定——检察长

（1）检察长可在规定情况下作出决定，指明受监管债务人财团的受托人有权因该受托人在财团管理方面妥善执行的必要工作而获得的报酬。

（2）检察长必须考虑根据第（1）款作出决定时的任何法定事项。

（3）为实施第（2）款而制定的《破产实务规则》，可就下列事项订立条文：

（a）第60－12条所述事项；或者

（b）任何其他事项。

60－12 报酬决定——一般规则

规定报酬的方式

（1）根据第60－10、60－11条作出的决定，可指定受托人有权以下列任何1种或2种方式获得报酬：

（a）指定报酬金额；

（b）指定报酬金额的计算方式。

按时间成本计算的报酬

（2）如果根据第60－10、60－11条作出的决定规定，受托人有权获得全部或部分基于时间成本计算的报酬，则该决定必须包括对受托人有权获得的基于时间成本计算的报酬金额的上限。

按百分比计算的报酬

（3）如果根据第60－10、60－11条作出的决定规定，受托人有权根据其就受监管债务人财团收到的款项，获得全部或部分依特定百分比计算的报酬：

（a）该决定必须规定该百分比所适用的款项；以及

（b）所规定的百分比不得大于为实施本项而规定的百分比。

可作出一项以上的报酬决定

（4）为免生疑问，可根据第60－10、60－11条就特定受托人和特定受监管债务人的财团作出一项以上的决定。

60－15 最高缺省金额

最高缺省金额

（1）受托人的最高缺省（报酬）金额［不含商品及服务税（GST）］计算如下：

（a）如果受托人在2016年7月1日开始的财政年度内被任命为受监管债务人财团的受托人，则为5000澳大利亚元；

（b）如果受托人在2017年7月1日或之后开始的财政年度内被任命为受监管债务人财团的受托人，则为下列两者中的较大者：

（ⅰ）该财政年度的指数化因子（the indexation factor）［根据第（3）、（4）款计算］乘以在上一财政年度内获任命为受监管债务人财团受托人之受托人最高缺省金额而计算出的金额；以及

（ⅱ）为实施本目而规定的金额（如有的话）。

舍入（rounding）

（2）根据第（1）款计算的金额必须四舍五入至最接近的整澳大利亚元（向上舍入50澳分）。

指数化因子

（3）除第（4）款另有规定外，一个财政年度的指数化因子是指将该财政年度之前最近的3月（march，首述的3月）所属季度的指数除以该首述的3月所属季度之前次近的3月所属季度的指数得出的数字（the indexation factor for a financial year is the number worked out by dividing the index number for the March quarter immediately preceding that financial year by the index number for the March quarter immediately preceding that first – mentioned March quarter）。

（4）如果根据第（3）款计算出的指数化因子小于1，则该指数化因子须增加至1。

消费者物价指数（CPI）参考期的变动及替代指数的公布

（5）在计算指数化因子时：

（a）只使用根据最近公布的消费者物价指数的指数参考期（index reference period）所公布的指数数字；以及

（b）忽略为取代先前公布的指数数字（index numbers）而公布的指数数字（除非公布替代数字是为了考虑指数参考期的变化）。

定义——指数数字

（6）在本条中：

指数数字，就一个季度而言，是指澳大利亚国家统计局公布的该季度8个首府城市的加权平均数，即所有群体的消费价格指数。

第E小节　受托人与报酬及福利等有关的职责

60 –20 受托人不得从财团管理中获得利益或好处

从财团中获得利益或好处

（1）受监管债务人财团的受托人不得直接或间接从财团管理中获得任何利益或好处。

取得利益或好处的情况

（2）为免生疑问，在下列情况下，受监管债务人财团的受托人被视为从财团管理中获得了利益或好处：

（a）受托人直接或间接从为该财团或考虑到该财团（for or on account of the estate）而进行的交易（包括出售或购买）中获得了利益或好处；或者

（b）受托人直接或间接从该财团的债权人处取得利益或好处；或者

（c）受托人的关联实体直接或间接从财团管理中获得利益或好处。

例外情形

（3）第（1）款不适用于下列情形：

（a）本法或其他法律的其他规定要求或允许受托人获得利益或好处的；或者

（b）法院准许受托人获得利益或好处的。

［按语：例如，第（1）款不会阻止受托人就其妥善执行的与财团管理有关的必要工作收取报酬，因为根据本法其他规定，受托人可以这样做。］

（4）尽管有第（2）（c）项的规定，第（1）款不适用于：

（a）受托人雇用或聘用某人提供与财团管理有关的服务；以及

（b）受托人的关联实体直接或间接因该项雇用或聘用而获得利益或好处；以及

（c）符合下列条件之一：

（ⅰ）受托人不知道，也不能合理地被预期会知道，关联实体将获得该利益或好处；

（ⅱ）债权人通过决议，同意关联实体获得利益或好处的；

（ⅲ）在所有情况下，通过决议达成债权人与获得利益或好处的关联实体之间的协议是不合理的，并且雇用或聘用该人提供服务的成本在所有情况下都是合理的。

（4A）尽管有第（2）（c）项的规定，第（1）款不适用于受托人的关联实体直接或间接获得利益或好处的下列情形：

（a）根据本附表第60－5条支付给受托人的报酬；或者

（b）来自第（4）款所涵盖的利益或好处。

（5）第（1）款不适用于该利益或好处是一项付款的情形，而该项付款是：

（a）由联邦政府或代表联邦政府或者联邦的代理机构或当局（by or on behalf of the commonwealth or an agency or authority of the commonwealth）向受托人作出的；以及

（b）属规定的种类。

犯罪

（6）有下列情形之一的，即构成严格责任犯罪：

（a）该人须受第（1）款规定规限；以及

（b）该人没有遵守该项规定。

处罚：50个罚金单位。

｛按语：被告人对第（3）、（4）、（5）款所述事项负有举证责任［见刑法第13.3（3）款］。｝

违反本条的影响

（7）在违反本条的情况下作出的交易或任何其他安排，可由法院撤销。

60－21 被任命为受托人的原因

任何人（首述之人）如有下列情形，即属犯罪：

（a）首述之人给予、同意或提议给予另一人任何有价值的对价；以及

（b）首述之人这样做的目的是：

（ⅰ）确保首述之人获委任或获提名为受监管债务人财团的受托人；或者

（ⅱ）确保或阻止任命或提名第三人为受监管债务人财团的受托人。

刑罚：监禁6个月。

60－26 第三方履约付款

其他人履行受托人的普通职责时不付款

（1）如果受监管债务人财团的受托人因其服务而获得报酬，则不允许从该受托人账户中支付由另一人履行本法要求受托人履行的普通职责的款项。

例外

（2）第（1）款不适用于通过下列人士的决议所授权的付款：

（a）债权人；或者

（b）检查委员会（如有）。

犯罪

（3）任何人有下列情形之一的，即构成严格责任犯罪：

（a）该人须受第（1）款的规定规限；以及

（b）该人未遵守该项规定。

处罚：50个罚金单位。

{按语：被告人对第（2）款所述事项负有举证责任［见《刑法》第13.3（3）款］。}

第65节　资金处理

65－1 本节的简化大纲

受监管债务人财团的受托人有义务：

（a）迅速将该财团的所有款项存入一个账户（称为管理账户）；以及

（b）迅速将证券等票据（instruments）存入银行；以及

（c）不得将任何款项存入该账户，除非该款项是由受监管债务人的财团持有的；以及

（d）只有为合法目的才从该账户中支付款项。

受托人可为多个财团开立单一账户。

在受监管债务人财团管理中有财务利益的人（如债权人）可以请求法院就该财团的资金和其他财产的处理方式向受托人作出指示。

如果受监管债务人财团的受托人不符合本节的规定，受托人可能须支付罚款、获付较少的报酬或者被免任受托人。

65－5 受托人必须将所有款项存入管理账户

受托人必须将款项存入管理账户

（1）受监管债务人财团的受托人必须在接管财团后5个工作日内，将受托人代表该财团或就该财团所收取的所有款项存入该财团的管理账户。

例外

（2）如果法院作出与第（1）款不符的指示，则该款在该不符的范围内不适用（that subsection does not apply to the extent of the inconsistency）。

犯罪

（3）有下列情形之一的，即构成严格责任犯罪：

（a）该人须受第（1）款规定规限；以及

（b）该人没有遵守该规定。

处罚：50 个罚金单位。

{按语：被告人对第（2）款所述事项负有举证责任［见《刑法》第13.3（3）款］。}

65－10 管理账户

某银行账户是与受监管债务人财团有关的管理账户，如果：

（a）该账户的维持与受监管债务人的财团有关；以及

（b）就受监管债务人财团的管理账户有任何明确规定的，该账户符合该等规定。

65－15 受托人不得将其他款项存入管理账户

受托人不得将其他款项存入管理账户

（1）受监管债务人财团的受托人，如未代表或未就下列内容而收取任何款项的，不得将该款项存入该财团的管理账户：

（a）该财团；或者

（b）该等财团中的一个，只要受托人就受管制债务人或受管制债务人的多个财团而维持该账户的。

例外

（2）如果法院作出与第（1）款不符的指示，则该款在该不符的范围内不适用。

犯罪

（3）有下列情形之一的，即构成严格责任犯罪：

（a）该人受第（1）款规定规限；以及

（b）该人没有遵守该规定。

处罚：50 个罚金单位。

{按语：被告人对第（2）款所述事项负有举证责任［见《刑法》第13.3（3）款］。}

65－20 未将款项存入管理账户的后果

本条的应用

（1）本条适用于下列情形，如果：

（a）受监管债务人财团的受托人：

（ⅰ）符合第65－5（1）款的规定（将款项存入管理账户）；以及

（ⅱ）某笔款项未遵守相关规定；以及

（b）该笔款项的金额超过：

（ⅰ）50 澳大利亚元；或者

（ⅱ）如指定了另一金额，则该另一金额。

例外

（2）如果法院应受监管债务人财团的受托人的申请，确信该受托人有足够理由不遵守有关金额之规定的，则第（1）款不适用。

受托人必须支付超额罚金（penalty on excess）

（3）作为罚金，受托人必须就超额部分（就该受托人未能遵守该规定的期间）向联邦政府支付利息，利息按下列计算：

（a）按每年20%的比例；或者

（b）如规定了另一比例的，则按该另一比例。

（4）受托人须对该利息的支付承担个人责任，而无权由有关的财团进行补偿。

65－25 从管理账户支付款项

根据本法等，只能从管理账户中支付的款项

（1）受监管债务人财团的受托人不得从财团管理账户中支付任何款项，除非：

（a）为与财团管理有关的目的；或者

（b）根据本法；或者

（c）按照法院的指示。

犯罪

（2）有下列情形之一的，即构成严格责任犯罪：

（a）该人须受第（1）款规定规限；以及

（b）该人没有遵守该规定。

处罚：50个罚金单位。

65－31 管理账户的利息

（1）受监管债务人财团的受托人有权以其个人身份获得财团管理账户的每笔利息付款，减去在该利息相关期间就该账户支付或应付的银行费用或收费（如有）。

（2）如根据第（1）款，受托人仅有权获得利息付款的一部分，则该付款的其余部分：

（a）如果管理账户中仅包含来自受监管债务人的一个财团的款项，则构成受监管债务人财团的一部分；或者

（b）如果管理账户中包含来自一个或多个受监管债务人的多个财团的款项，或受监管债务人的多个财团构成该等财团的一部分，其比例与管理账户中针对每个财团持有的相应金额成正比（in proportion to the respective amounts of money held in the administration account on account of each of those estates）。

（3）除1997年《破产（财团收费）法》第2部分规定外，受监管债务人的财团管理账户中的资金利息不受联邦、某州或领地法律的征税。

65－32 管理账户的核对（reconciliation，对账、调节）

本条的应用

（1）如果受托人为受监管债务人（们）的一个或多个财团维持一个单独的银行账户，则本条适用。

受托人必须保持单独的记录

（2）受托人必须：

（a）为每一个该等财团的下列款项分别维持一份独立的记录：

（ⅰ）受托人就有关财团而从受监管债务人处收取的款项；以及

（ⅱ）受托人就该财团而作出的付款；以及

（ⅲ）受托人就该财团而持有的款项余额；以及

（b）至少每25个工作日一次，将该账户内持有的每个财团的余额与根据第（a）项备存的相应记录进行核对。

65-40 处理证券

证券必须存入管理账户（的开户）银行

（1）受监管债务人财团的受托人必须在银行存放：

（a）汇票；以及

（b）本票；以及

（c）任何其他可转让票据或证券；

受托人收到该等证券后尽快将其收款人写为受监管债务人或受托人（payable to the regulated debtor or the trustee as soon as practicable after they are received by the trustee）。

例外

（2）如法院作出与第（1）款不符的指示，则该款不适用于该种不符之处（that subsection does not apply to the extent of the inconsistency）。

犯罪

（3）任何人在以下情形下，即属严格责任犯罪：

（a）该人须受第（1）款规定规限；以及

（b）该人没有遵守该规定。

处罚：5个罚金单位。

{按语1：被告人就第（2）款所述事项承担举证责任［见《刑法》第13.3（3）款］。}

［按语2：另见第277B条（关于侵权通知）。］

证券交付

（4）汇票、本票或者其他票据、证券，必须按照受托人签字后的要求交付。

65-45 处理资金和证券——法庭指示

（1）法院在接到申请后，可就下列各项的付款、存放或保管发出指示：

（a）资金；以及

（b）汇票、本票和其他可转让票据和证券；

收款人写为受监管债务人财团的受托人或者由该受托人持有。

（2）法院可应申请发出指示，授权受监管债务人财团的受托人向某特别银行账户（a special bank account）支付或从中支出款项。

（3）在不限制第（2）款的前提下，法院可以：

（a）授权按其认为适当的时间及条款付款；以及

（b）命令将其关闭，如果法院认为该账户任何时候都将不再被需要。

（4）根据第（3）（b）项作出的命令的副本，必须由受托人送达开立特别银行账户的银行。

（5）根据本条所作的申请，可由在管理受监管债务人的财团方面有财务权益的人提出。

65－46 复核对第三方的付款

（1）《破产实务规则》可规定检察长对某人提供的与管理受监管债务人财团有关的服务费用清单进行复核，并可就复核作出规定。

（2）在不限制第（1）款的情况下，《破产实务规则》可规定并涉及：

（a）申请复核（包括可申请之人）；以及

（b）检察长在复核方面的权力；以及

（c）为复核之目的向检察长提供信息或文件；以及

（d）检察长可能就复核作出的决定；以及

（e）检察长所作决定的通知；以及

（f）审议检察长就法院的复核所作的决定（the consideration of the decisions made by the Inspector－General in relation to the review by the Court）。

65－50 关于不遵守本节规定之后果的规则

《破产实务规则》可规定并涉及：

（a）受监管债务人财团的受托人按规定的利率、金额及就规定的期间支付利息；以及

（b）拒绝批准（disallowance of，驳回）受监管债务人财团的受托人的全部或部分报酬；以及

（c）法院将受监管债务人财团的受托人免职；以及

（d）受监管债务人财团的受托人支付因其违约而引起的任何费用；

如果受监管债务人财团的受托人违反或未能遵守本节的规定（包括根据本节制定的《破产实务规则》）。

第70节 信　　息

第A小节 简　　介

70－1 本节的简化大纲

受监管债务人财团的受托人必须：

（a）向检察长提交财团管理的年度报告（称为年度管理申报表）；以及

（b）备存该财团的会议及其他事务的账簿（keep books of meetings and other affairs of the estate）；以及

（c）如有需要，容许该等账簿接受审计；以及

（d）准许债权人查阅该等账簿；以及

（e）向债权人和其他人提供所请求的与管理有关的信息、文件和报告。

检查委员会（如有的话）亦可根据第80节向受托人索取信息、文件及报告。

如果受托人不遵守要求，检察长可以指示受托人这样做。如果受托人不遵守指示，检察长可请求法院下令遵守，或者要求提供信息的人可以请求法院下令遵守该要求。

第B小节　年度管理申报

70－5 年度管理申报

本条的适用

（1）如果某人在某财政年度的全部或部分期间是受管制债务人财团的受托人，则本条适用。

提交年度管理申报表

（2）该人必须就该人在该年度或该年度的部分期间内（视情况而定）对该财团的管理提交申报表。

（3）申报表必须：

（a）采用标准格式；以及

（b）在该财政年度结束后的25个工作日内向检察长提交。

应付逾期提交费

（4）如果该人未在第（3）（b）项所述期限内提交申报表，则该人必须支付由部长通过立法文件确定的逾期提交费，作为罚款。

第C小节　保存记录

70－6 本小节适用于官方受托人

本小节适用于官方受托人，其适用方式与适用于受监管债务人财团的受托人相同。

70－10 管理账簿

受托人必须妥善保管账簿

（1）受监管债务人财团的受托人必须备存合适的账簿，受托人必须在该等账簿内作出下列记载：

（a）与财团管理有关的会议条目或会议记录（entries or minutes of proceedings at meetings）；以及

（b）为完整而正确地记录受托人对财团的管理所必需的其他记录。

（2）受托人必须：

（a）确保该等账簿可在受托人的办公场所被查阅；以及

（b）准许债权人或代表债权人行事的其他人在任何合理时间查阅该等账簿。

例外

（3）如受托人有合理辩解，则第（1）、（2）款不适用。

犯罪

（4）任何人在以下情形下，即属严格责任犯罪：

(a) 该人须受第（1）、(2) 款规定规限；以及

(b) 该人没有遵守该规定。

处罚：5 个罚金单位。

{按语 1：被告人就第（3）款所述事项承担举证责任［见《刑法》第 13.3（3）款］。}

［按语 2：另见第 277B 条（关于侵权通知）。］

70 – 11 受托人交易时的账簿

受托人必须保存交易账簿等

(1) 如果受监管债务人财团的受托人经营受监管债务人以前经营的业务，受托人必须：

(a) 备存通常就经营该类业务而须备存的账簿；以及

(b) 准许债权人或者代表债权人行事的其他人在任何合理时间查阅该等账簿。

犯罪

(2) 任何人在以下情形下，即属严格责任犯罪：

(a) 该人须受第（1）款规定规限；以及

(b) 该人没有遵守该规定。

处罚：5 个罚金单位。

［按语：另见第 277B 条（关于侵权通知）。］

70 – 15 管理账簿审计——检察长

检察长可以审计账簿，或者要求对账簿进行审计

(1) 检察长可审计或安排审计第 70 – 5 条（年度管理申报表）、第 70 – 10 条（管理账簿）或第 70 – 11 条（交易账簿）中提及的账簿。

根据检察长的倡议或要求进行审计

(2) 审计可在下列情况下进行：

(a) 由检察长主动提出；或者

(b) 应受监管债务人的请求；或者

(c) 应债权人的请求。

审计师必须准备一份报告

(3) 进行审计的人员必须编制审计报告。

检察长必须提供报告副本

(4) 检察长必须将报告副本交给：

(a) 该财团的受托人；以及

(b) 请求提交报告的人（如有的话）。

审计费用

(5) 本条项下的审计费用必须由检察长确定，并由财团承担。

与审计报告相关的有条件的特权（qualified privilege，限定特权）

(6) 根据本条进行审计的人，就根据第（3）款制备的、根据第（4）款给予任何人

的或以其他方式公布的任何报告而言，享有有条件的特权（在2001年《公司法》所指的范围内）。

70－20 根据法院命令审计管理账簿

（1）法院可命令检察长审计或安排审计第70－5条（年度管理申报表）、第70－10条（管理账簿）或第70－11条（交易账簿）所述的账簿。

（2）该命令可依据在管理受监管债务人财团方面具有财务利益的任何人的申请而作出。

（3）法院可就审计作出其认为适当的命令，包括：

（a）制备及提供审计报告；以及

（b）关于审计费用的命令。

70－25 受托人遵守审计师的要求

本条的适用

（1）如果根据第70－15、70－20条审计账簿，则本条适用。

受托人必须给予协助等

（2）财团受托人必须向审计人员提供该人合理需要的账簿、信息及其协助。

例外

（3）如受托人有合理辩解，则第（2）款不适用。

犯罪

（4）有下列情形之一的，依法追究刑事责任：

（a）该人须受第（2）款规定规限；以及

（b）该人没有遵守该规定。

处罚：5个罚金单位。

{按语1：被告人就第（3）款所述事项承担举证责任［见《刑法》第13.3（3）款］。}

［按语2：另见第277B条（关于侵权通知）。］

70－30 将账簿移交给新受托人

本条的适用

（1）本条适用于下列情形：

（a）任何人（前受托人）不再是受监管债务人财团的受托人；以及

（b）注册受托人（新受托人）被任命为该财团的受托人。

向新受托人移交账簿

（2）前受托人必须在移交期内，将前受托人管有或控制的与财团管理有关的任何账簿的管有或控制权移交给新受托人。

（3）移交期限为：

（a）由新受托人获任命的翌日起算的10个工作日期间；或者

（b）如前受托人与新受托人议定了另一段期间，则为该另一段期间。

（4）前受托人可在将该等账簿的管有或控制权移交新受托人前，取得该等账簿的任何部分的副本。

新受托人必须接受账簿

（5）新受托人必须接管或接受与受监管债务人财团管理有关的任何账簿。

新受托人必须允许检查等

（6）在该等账簿的管有或控制权转移后，新受托人必须允许前受托人在任何合理时间查阅该等账簿，并取得该等账簿的任何部分的副本。

犯罪

（7）任何人如有下列情形，即属犯罪：

（a）该人须受第（2）、（5）、（6）款规定规限；以及

（b）该人故意或罔顾后果地没有遵守该规定。

处罚：50 个罚金单位。

账簿留置权不受损害

（8）如新受托人有权根据本条接管或控制该等账簿：

（a）任何人无权向新受托人请求账簿上的留置权（a lien）；以及

（b）该留置权在其他方面不受损害。

70－35 保存、归还或销毁账簿

账簿保存期

（1）管理受监管债务人财团的最后一位受托人，自管理结束起 7 年（保留期）内必须保存下列所有账簿：

（a）与财团管理有关的；以及

（b）在财团管理结束时由最后一名受托人管有或控制的。

例外——合理理由

（2）如受托人有合理辩解，则第（1）款不适用。

例外——受监管债务人提供的账簿

（3）尽管有第（1）款的规定，受监管债务人已向财团受托人提供的任何账簿，可在保留期内归还受监管债务人：

（a）如有检查委员会，依该委员会指示；或者

（b）否则，由债权人通过的决议指示。

保留期结束时归还或销毁账簿

（4）受托人可在保留期结束时将该等账簿交还受监管债务人，或销毁该等账簿。

犯罪

（5）任何人如有下列情形，即属犯罪：

（a）该人须受第（1）款规定规限；以及

（b）该人故意或罔顾后果地没有遵守该规定。

处罚：50 个罚金单位。

{按语：被告人对第（2）款和第（3）款所述事项负有举证责任［见《刑法》第 13.3（3）款］。}

与其他法律的关系

(6) 第 (3) 款和第 (4) 款不适用于受托人根据本法其他规定或任何其他法律有义务保留账簿或部分账簿。

70-36 归还或销毁无关账簿

(1) 受监管债务人财团的受托人可在财团管理期间的任何时间，向受监管债务人交还或销毁下列任何账簿：

(a) 受监管债务人已将（该账簿）交给了任何财团受托人；以及

(b) 受托人认为（该账簿）对财团的管理并无帮助。

(2) 尽管有第 (1) 款的规定，受托人如果知道或者应当知道下列事项，则不得将该等账簿交还受监管债务人或将其销毁：

(a) 在受托人接管该等账簿前，另一人对该等账簿拥有留置权；或者

(b) 另一人有拥有该等账簿的合法权利；或者

(c) 由于本法的另一项规定或任何其他法律的规定，受托人不得将该等账簿归还或销毁（视情况而定）。

第 D 小节　向债权人和其他人提供信息等

70-37 本小节适用于官方受托人

本小节适用于官方受托人，其适用方式与适用于受监管债务人财团的受托人相同。

70-40 债权人向受托人索取信息等的权利

(1) 债权人可借决议请求受监管债务人财团的受托人：

(a) 提供信息；或者

(b) 提供报告；或者

(c) 出示文件；

给债权人。

(2) 受托人必须遵守该项请求，除非：

(a) 该信息、报告或文件与受监管债务人的财团的管理无关；或者

(b) 如受托人遵守该项请求，受托人会违反其在管理受监管债务人财团方面的职责；或者

(c) 受托人遵守该项请求在其他方面是不合理的。

(3)《破产实务规则》可规定受托人在何种情况下遵守第 (1) 款所述种类之请求是合理的，或是不合理的。

70-45 个人债权人向受托人索取信息等的权利

(1) 债权人可请求受监管债务人财团的受托人：

(a) 提供信息；或者

(b) 提供报告；或者

(c) 出示文件；

给债权人。

（2）受托人必须遵守该项请求，除非：

（a）该信息、报告或文件与受监管债务人财团的管理无关；或者

（b）如受托人遵守该项请求，受托人会违反其在管理受监管债务人财团方面的职责；或者

（c）受托人遵守该项请求在其他方面是不合理的。

（3）《破产实务规则》可规定受监管债务人财团的受托人在何种情况下遵守第（1）款所述种类之请求是合理的，或是不合理的。

70－50 向债权人报告

（1）《破产实务规则》可就或关于受监管债务人财团受托人的下列义务作出规定：

（a）提供信息；以及

（b）提供报告；以及

（c）出示文件；

给债权人或受监管债务人。

（2）在不限制第（1）款的情况下，《破产实务规则》可规定并涉及：

（a）受监管债务人财团的受托人必须向债权人或受监管债务人提供信息、报告或者出示文件的其他情形；以及

（b）提供信息、报告或者出示文件的方式及形式；以及

（c）提供信息、报告或者出示文件的时限；以及

（d）由谁承担提供信息、报告或者出示文件的费用。

（3）《破产实务规则》可以：

（a）就不同种类的财团管理作出不同的规定；以及

（b）规定《破产实务规则》中的具体要求可通过下列人员的决议替换或修改：

（i）债权人的；或者

（ii）如有检查委员会，则指该委员会的。

第E小节　其他信息的要求等

70－51 小节适用于官方受托人

本小节适用于官方受托人，其适用方式与适用于受监管债务人财团的受托人相同。

70－55 联邦政府可要求提供信息等

本条的适用

（1）本条适用于下列任何一种情形：

（a）受监管债务人的前雇员已就未支付的就业权利向联邦政府提出财务援助请求；或者

（b）联邦政府认为该项请求可能被提出。

联邦政府可要求提供信息等

（2）联邦政府可请求受监管债务人财团的受托人提供与受监管债务人财团管理有关的特定信息、报告或文件。

（3）受托人必须遵守该项请求。

（4）《破产实务规则》可就或关于由谁承担提供信息、报告或文件的费用作出规定。

70－56 受监管债务人向受托人索取信息等的权利

（1）受监管债务人可请求受监管债务人财团的受托人：

（a）提供信息；或者

（b）提供报告；或者

（c）出示文件；

给受监管的债务人。

（2）受托人必须遵守该项请求，除非：

（a）该信息、报告或文件与受监管债务人财团的管理无关；或者

（b）如受托人遵守该项请求，受托人会违反其在管理受监管债务人财团方面的职责；或者

（c）受托人遵守该项请求在其他方面是不合理的。

（3）《破产实务规则》可规定受监管债务人财团的受托人在何种情况下遵守第（1）款所述种类的请求是合理的，或不合理的。

第F小节　向检察长报告

70－60《破产实务规则》可规定向检察长报告

（1）《破产实务规则》可就或关于受监管债务人财团受托人的下列义务作出规定：

（a）提供信息；以及

（b）提供报告；以及

（c）出示文件；

给检察长。

（2）在不限制第（1）款的情况下，《破产实务规则》可规定并涉及：

（a）提供信息、报告或出示文件的方式及形式；以及

（b）提供信息、报告或出示文件的时限；以及

（c）由谁承担提供信息、报告或出示文件的费用。

（3）《破产实务规则》可就不同种类的破产财团管理作出不同的规定。

（按语：未能按照《破产实务规则》向检察长提供信息、报告或出示文件的，可能导致本附表第2部分第40节B小节项下的纪律处分。）

第G小节　受托人可能被迫遵守对信息的请求等

70－65 本小节的适用

（1）如果受监管债务人财团的受托人拒绝任何人根据下列规定提出的请求提供信息、

报告或出示文件，则本小节适用：

（a）第D小节；或者

（b）根据第70－50条订立的规则；或者

（c）第E小节；或者

（d）第80－40条。

（2）在本小节中：

（a）该信息、报告或文件被称为有关材料；以及

（b）该项请求被称为对有关材料的请求；以及

（c）提供信息、报告或出示文件，被称为提供有关材料。

70－70 检察长可指示受托人遵守对有关材料的请求

（1）检察长可书面指示受托人在发出指示后5个工作日内，将全部或部分相关材料提供给提出相关材料请求的一名或多名人员。

（2）根据第（1）款作出的指示并非立法文件。

70－75 检察长在根据第70－70条发出指示前必须通知受托人

（1）在根据第70－70条向受托人发出指示之前，检察长必须向受托人发出书面通知：

（a）说明检察长拟根据该条向受托人发出指示；以及

（b）确定：

（ⅰ）检察长提议提供的相关材料或相关材料的某一部分；以及

（ⅱ）检察长提议指示向其提供相关材料或相关材料的某一部分的人；以及

（c）邀请受托人在通知发出后10个工作日内向检察长提交书面材料，说明：

（ⅰ）受托人是否反对将有关材料或有关材料的该部分提供给一人或多人；以及

（ⅱ）如受托人有该项反对，则须说明该项反对的理由。

（2）如果受托人反对将相关材料或部分相关材料提供给某人，检察长在决定是否指示将相关材料或部分相关材料提供给此人时，必须考虑反对的理由。

（3）根据第（1）款发出的通知并非立法文件。

70－80 如果受托人有权不遵守请求，检察长不得指示受托人提供相关材料

如果检察长确信，根据本法或任何其他法律的规定，受托人有权不遵守某人对相关材料或部分相关材料的请求，则检察长不得根据第70－70条指示将相关材料或部分相关材料提供给该人。

70－85 检察长可对相关材料的使用施加条件

检察长可发出通知以施加条件

（1）通过对向检察长提供相关材料的一人或多人进行书面通知的形式，检察长可以对该等人士使用和披露相关材料或部分相关材料施加条件。

犯罪

（2）任何人如有下列情形，即属犯罪：

（a）检察长指示将有关材料或有关材料的一部分交给该人；以及

（b）检察长已根据第（1）款向该人发出通知，对该人使用或披露该材料施加条件；以及

（c）该人不遵守该条件。

处罚：10个罚金单位或监禁3个月，或者并处监禁及罚金。

通知不是立法文件

（3）根据第（1）款发出的通知并非立法文件。

70－90 法院可命令提供有关材料

（1）请求提供有关材料的一人或多人可向法院申请，命令受托人将有关材料的全部或部分给予该人。

（2）如果：

（a）检察长根据第70－70条就有关材料的全部或部分向受托人发出指示；以及

（b）受托人不遵守该指示；

检察长可向法院申请命令，要求受托人遵守该指示。

（3）法院在接到根据第（1）、（2）款提出的申请后，可以：

（a）命令受托人将该等材料的全部或部分，给予提出请求的任何人或所有人；以及

（b）作出其认为适当的其他命令，包括关于费用的命令。

第75节　债权人会议

75－1 本节的简化大纲

受监管债务人财团的受托人可以在任何时候召集（convene）债权人会议，并且必须在特定情况下召集，例如在某些债权人或检察长指示时。

召集和举行会议（包括通知、议程、法定人数、对提议和费用的表决）的要求载于《破产实务规则》。

有一种不用开会就能解决问题的机制。

75－2 本节适用于官方受托人

本节适用于官方受托人，其适用方式与适用于受监管债务人财团的受托人相同。

75－5 召集会议的其他义务不受影响

本节的任何规定均不限制本法（或任何其他法律）的任何其他规定的实施，该实施用以规定召集与受监管债务人有关的或者与管理受监管债务人的财团有关的会议的某种义务。

75－10 受托人可以召集会议

受监管债务人财团的受托人可以随时召集债权人会议。

75－15 在某些情形下，受托人必须召集会议

（1）在下列情形下，受监管债务人财团的受托人必须召集债权人会议：

（a）凡有检查委员会的，该检查委员会指示受托人如此行事；或者

（b）债权人凭借决议指示受托人如此行事；或者

（c）至少有25%债权额的债权人以书面形式指示受托人如此行事；或者

（d）下列两项均得到满足：

（ⅰ）所占债权额少于25%，但多于10%的债权人，以书面形式指示受托人如此行事；

（ⅱ）召开（holding）会议的费用的保证金（security）在会议召开前已交给了受托人的。

（2）但是如果该指示不合理，受监管债务人财团的受托人无须遵守该指示。

（3）《破产实务规则》可规定指示合理或不合理的情形。

（4）就第（1）（c）、（d）项而言，债权人的债权额须参照债权人就受监管债务人的财团而提出的债权申报的价值计算，而该等申报在作出指示时是已知的。

75－20 如果检察长请求，受托人必须召集会议

（1）检察长可书面指示受监管债务人财团的受托人召集债权人会议。

（2）检察长可在该指示中列入受托人在通知债权人会议和召开会议时应遵守的要求。

（3）受托人必须遵守根据第（1）款作出的指示，以及根据第（2）款作出的指示中所包含的任何规定。

（4）根据第（1）款发出的指示并非立法文件。

75－25 出席会议的受托人代表

（1）受监管债务人财团的受托人可以书面委托一人代表受托人出席会议。

（2）第（1）款不适用于特定种类的会议。

（3）如果受托人没有亲自出席会议，那么在本法的条款中，对于会议上发生的或与会议有关的事项，对该受托人的提及即指被指定代表该受托人出席会议之人。

75－30 检察长可出席会议

（1）检察长有权出席根据本法举行的任何债权人会议。

（2）根据本法的任何规定（包括与投票有关的任何规定），检察长有权参加根据本法举行的任何债权人会议。

75－35 联邦政府（的代表）可以出席某些会议等

如果：

（a）受监管债务人的前雇员已就尚未支付的雇员权利向联邦政府提出财务援助请求；或者

（b）联邦政府认为该项请求相当可能被提出；

联邦政府有权指定一名代表出席与受监管债务人财团管理有关的任何债权人会议。

75－40 未经会议向债权人提出的建议

由对债权人的通知而提出的建议

（1）受监管债务人财团的受托人可随时根据本条发出书面通知，向债权人提出建议。

通知的内容和送达

（2）通知必须：

（a）包含单一建议；以及

（b）包括一份声明，说明提出该项建议的理由，以及该项建议对债权人可能产生的影响（如该项建议获得通过）；以及

（c）发给每位有权收到债权人会议通知的债权人；以及

（d）请债权人：

（ⅰ）就该项建议投出赞成或反对票；或者

（ⅱ）反对未经债权人会议而表决该项建议；以及

（e）指定受托人必须收到答复的合理时间（以便加以考虑）。

与建议有关的证明文件

（3）由受监管债务人财团的受托人签署的证明书，说明与根据本条提出的建议有关的任何事宜，即该项事宜的表面证据。

与建议有关的《破产实务规则》

（4）《破产实务规则》可就该项建议作出规定或者作出与该项建议有关的规定，而无须根据本条举行会议。

（5）在不限制第（4）款的情况下，《破产实务规则》可规定并涉及：

（a）一项建议被视为已获通过的情形；以及

（b）某项建议如获通过，是否视为已作为决议或特别决议通过；以及

（c）与某项建议有关的费用及保证。

75－50 会议规则

（1）《破产实务规则》可规定并涉及债权人会议。

（2）在不限制第（1）款的情况下，《破产实务规则》可规定并涉及：

（a）必须或可以召集会议的情形；以及

（b）召集会议的通知；以及

（c）议程；以及

（d）向债权人提供的资料；以及

（e）由谁主持会议；以及

（f）构成法定人数所需的债权人人数；以及

（g）代理人和律师；以及

（h）动议；以及

（i）投票（包括决定票，casting votes）；以及

（j）必须或可能在会议上向债权人提交决议或特别决议的情形；以及

（k）在会议上向债权人提出的决议或特别决议获得通过的情形；以及

（l）可供会议使用的设施，包括电子通信设施；以及

（m）会议记录；以及

（n）与会议有关的费用及对该费用的担保。

第 80 节　检查委员会

80－1 本节的简化大纲

> 受监管债务人财团的债权人可决定设立一个检查委员会，以监督财团的管理并向受托人提供协助。
>
> **任命委员**
>
> 下列每一方均有权任命委员会成员（并罢免这些成员以及填补空缺）：
>
> （a）债权人通过决议；
>
> （b）一个被拖欠的债权人，或一组被共同拖欠的债权人，所欠金额均很大；
>
> （c）一个被拖欠的雇员，或一组被拖欠的雇员，所欠金额均很大。
>
> 一旦某人以一种身份行使任命一名成员的权利，该人就不能再以另一种身份行使任命另一名成员的权利。一人只能以特定身份行使任命一人的权利（除非该人正在填补该任命中的空缺）。
>
> **程序和权力**
>
> 本节还处理与检查委员会有关的程序和权力（包括指示受托人提供资料、文件和报告，并获得专家意见）。
>
> 受监管债务人财团的受托人必须考虑委员会的指示，但并无义务遵守（but is not obliged to comply）。
>
> **复核**
>
> 法院可就检查委员会的行为进行调查并作出命令。

80－2 本节适用于官方受托人

本节适用于官方受托人，其适用方式与适用于受监管债务人财团的受托人相同。

80－5 第 80－10 条至第 80－25 条的适用

如果受监管债务人财团的受托人召集债权人会议，以确定下列一项或两项，则第 80－10 条至第 80－25 条中的规则适用：

（a）是否有受监管债务人财团的检查委员会；

（b）如有或者将有检查委员会——谁会被任命为该委员会的委员。

80－10 检查委员会

受监管债务人财团的债权人可凭借决议，决定设立一个与该财团的管理有关的检查委员会。

80－15 通常情况下债权人对检查委员会成员的任免

（1）受监管债务人财团的债权人可通过决议任命与该财团的管理有关的检查委员会成员。

（2）受监管债务人财团的债权人可通过决议：

（a）罢免根据本条被任命为委员会成员之人；以及

（b）任命另一人填补根据本条委任的委员会成员的职位空缺。

（3）如有下列情况，任何人无权就根据本条任命或罢免检查委员会成员的决议进行投票：

（a）该人（单独或与他人一起行事）根据第80－20条任命某人为委员会成员；或者

（b）该人（单独或与他人一起行事）根据第80－25条任命某人为委员会成员。

80－20 大债权人任命委员会成员

（1）受监管债务人财团的代表至少10%债权额的债权人，或合计代表至少10%债权额的一组债权人，可任命某人为与该财团管理有关的检查委员会成员。

（2）如某债权人或一组债权人根据本条任命某人为检查委员会成员，则该债权人或一组债权人可以：

（a）罢免该人的委员会成员职务；以及

（b）任命另一人填补委员会该委员的空缺。

（3）如有下列情形，某债权人（单独或与他人一起行事）无权根据第（1）款任命任何人为检查委员会成员：

（a）该债权人对根据第80－15条任命或罢免委员会成员的决议进行表决；或者

（b）该债权人（单独或与他人一起行事）根据第80－25（1）款任命一名委员会成员；或者

（c）该债权人（单独或与他人一起行事）已根据本条第（1）款任命了一名委员会成员。

80－25 由雇员任命委员会成员

（1）下列之一：

（a）受监管债务人的一名雇员；或者

（b）受监管债务人的雇员们；

就向受监管债务人提供或为其服务而言，代表受监管债务人所欠或与雇员（们）有关的（债权）金额的价值至少50%的雇员（们），可任命一人为检查委员会成员，以代表该等雇员。

（2）如某雇员或雇员团体（an employee or a group of employees）根据本条任命任何人，则该雇员或雇员团体可以：

（a）罢免该人的委员会成员职务；以及

（b）任命另一人填补委员会该成员的空缺。

（3）某雇员如有下列情形，则不论是单独行事或与他人一起行事，均无权根据第（1）款任命任何人为检查委员会成员：

（a）该雇员就根据第80－15条任命或罢免委员会成员的决议进行了投票；或者

（b）该雇员（单独或与他人一起行事）根据第80－20（1）款任命了一名委员会成员；或者

（c）该雇员（单独或与他人一起行事）已经根据本条第（1）款委任一名委员会

委员。

80 –30 检查委员会——程序等

（1）除第（2）款另有规定外，检查委员会须决定其本身的程序（is to determine its own procedures）。

（2）《破产实务规则》可规定并涉及检查委员会。

（3）在不限制第（2）款的情况下，《破产实务规则》可规定并涉及：

（a）被任命为检查委员会成员的资格；以及

（b）会议的召开、进行、程序和表决；以及

（c）成员的辞职和罢免；以及

（d）成员空缺。

80 –35 检查委员会的职能

（1）检查委员会具有下列职能：

（a）就受监管债务人财团，向受托人提供意见及协助；

（b）向受监管债务人财团的受托人发出指示；

（c）监督财团管理的措施；

（d）本法赋予该委员会的其他职能；

（e）作出任何附带或有助于执行上述任何职能的事项。

（2）受监管债务人财团的受托人必须顾及（have regard to）检查委员会向受托人发出的任何指示，但受托人无须遵守该等指示。

（3）如果受监管债务人财团的受托人不遵守某项指示，受托人必须就该事实及受托人不遵守该项指示的理由，作出书面记录。

80 –40 检查委员会可请求提供信息等

（1）检查委员会可请求受监管债务人财团的受托人：

（a）提供信息；或者

（b）提供报告；或者

（c）出示文件；

给该委员会。

（2）受托人必须遵守请求，除非：

（a）该信息、报告或文件与受监管债务人财团的管理无关；或者

（b）如受托人遵守该项请求，受托人会违反其在管理受监管债务人财团方面的职责；或者

（c）受托人遵守该项请求在其他方面是不合理的。

（3）《破产实务规则》可规定受托人在何种情况下遵守第（1）款所述种类的请求是合理的，或不合理的。

80 –45 向检查委员会报告

（1）《破产实务规则》可就或关于受监管债务人财团的受托人的下列义务作出规定：

（a）提供信息；以及

（b）提供报告；以及

（c）出示文件；

给检查委员会。

（2）在不限制第（1）款的情况下，《破产实务规则》可规定并涉及：

（a）受托人必须向检查委员会提供信息、报告或出示文件的其他情形；以及

（b）提供信息、报告或出示文件的方式及形式；以及

（c）提供信息、报告或出示文件的时限；以及

（d）由谁承担提供信息、报告或出示文件的费用。

（3）《破产实务规则》可以：

（a）就不同类别的受监管债务人（或受监管债务人的财团）订立不同的条文；以及

（b）规定根据《破产实务规则》提出的具体请求可通过下列团体的决议，进行替换或修改：

（ⅰ）债权人的（the creditors）；或者

（ⅱ）检查委员会的。

80-50 检查委员会可获得专家意见或协助

（1）检查委员会可决定，委员会成员可以（代表该委员会）就管理受监管债务人财团的措施取得该委员会认为适当的意见或协助。

（2）检查委员会必须在获得建议或协助的费用产生之前，获得受监管债务人财团的受托人或法院的批准。

（3）为免生疑问，除非法院另有命令，否则根据第（2）款招致的费用，须视为管理财团的费用。

80-55 检查委员会成员的义务

（不得）从财团中获得利润或好处

（1）检查委员会成员不得直接或间接从受监管债务人的财团管理中获得任何利润或好处。

取得利润或好处的情形

（2）为免生疑问，在下列情况下，检查委员会的一名成员被视为从受监管债务人的财团管理中获得了利润或好处：

（a）该成员直接或间接地从为了该财团或者由于该财团而进行的交易（包括出售或购买）中获得利润或好处；或者

（b）该成员直接或间接地从该财团的债权人处获得利润或好处；或者

（c）该成员的关联实体直接或间接从财团管理中获得利润或好处。

例外情形

（3）如债权人另有决议，则第（1）款不适用。

（4）委员会成员无权就第（3）款所提及的决议进行投票。

（5）第（1）款在下列范围内不适用：

（a）本法或其他法律的另一项规定请求或允许检查委员会成员获得利润或好处；或者

（b）法院准许委员会成员获取利润或好处。

［按语：例如，第（1）款不会阻止债权人收回在破产案件中已被证明的债权，因为这是第6部分第2节允许的。］

（6）尽管有第（2）（c）项的规定，第（1）款不适用于：

（a）该利润或好处是由于受托人雇用或聘用任何人提供与管理受监管债务人的财团有关的服务而产生的；以及

（b）该人是检查委员会成员的关联实体；以及

（c）下列情况之一适用：

（i）该成员不知道，也不能合理地期望该成员知道，受托人已雇用或聘用该成员的关联实体；

（ii）债权人通过决议同意雇用或聘用该关联实体。

犯罪

（7）任何人有下列情形之一的，即属严格责任犯罪：

（a）该人须受第（1）款规定规限；以及

（b）该人没有遵守该规定。

处罚：50个罚金单位。

｛按语：被告人对第（3）、（5）、（6）款所述事项负有举证责任［见《刑法》第13.3（3）款］。｝

违反本条的影响

（8）在违反本条的情况下作出的交易或任何其他安排，可由法院撤销。

80－60 债权人任命检查委员会成员的义务

本条的应用

（1）如果代表受监管债务人财团至少10%债权额的某债权人根据第80－20条任命某人为与财团管理有关的检查委员会成员，则本条适用。

（2）该债权人不得直接或间接成为受监管债务人财团的任何部分的购买人。

例外情形

（3）如果债权人（the creditors）另有决议，则第（2）款不适用。

（4）该债权人无权就第（3）款所提及的决议进行表决。

（5）第（2）款不适用于下列情形：

（a）本法或其他法律的另一项规定请求或允许该债权人购买该财产；或者

（b）法院准许该债权人购买该财产。

犯罪

（6）任何人有下列情形之一的，即属严格责任犯罪：

（a）该人须受第（2）款规定规限；以及

（b）该人没有遵守该规定。

处罚：50 个罚金单位。

{按语：被告人对第（3）款和第（5）款所述事项负有举证责任［见《刑法》第 13.3（3）款］。}

违反本条的影响

（7）在违反本条的情况下作出的交易或任何其他安排，可由法院撤销。

80 -65 检察长可出席委员会会议

检察长有权出席检查委员会的任何会议。

80 -70 法院可调查委员会的行为

法院可调查检查委员会的行为，并作出法院认为适当的命令，以确保检查委员会的行为适当。

第 85 节　债权人的指示

85 -1 本节的简化大纲

受监管债务人财团的受托人必须顾及该财团债权人向受托人发出的指示，但并无义务遵守该等指示。

85 -2 本节适用于官方受托人

本节适用于官方受托人，其适用方式与适用于受监管债务人财团的受托人相同。

85 -5 受托人须顾及债权人的指示

（1）债权人可凭借决议，就财团的管理向受监管债务人的财团的受托人发出指示。

（2）受托人必须顾及第（1）款所述的任何指示，但受托人无须遵守该等指示。

（3）如果受托人不遵守某项指示，受托人必须就该事实及受托人不遵守该指示的理由作出书面记录。

（4）如果债权人根据第（1）款发出的指示与检查委员会根据第 80 -35 条发出的指示之间存在冲突，则债权人发出的指示优先于检查委员会发出的任何指示。

第 90 节　复核受监管债务人财团的管理

第 A 小节　导　　言

90 -1 本节的简化大纲

法院复核 法院可主动或者应检察长或在受监管债务人财团管理中有财务利益之人的申请，对受监管债务人财团的管理进行调查（inquire into）。 法院有广泛的权力作出命令，包括作出更换受托人或处理受托人违反职责所造成的损失的命令。

检察长复核

检察长可复核受监管债务人财团受托人从财团中提取资金以支付受托人报酬的决定。

《破产实务规则》可规定检察长进行这种复核的权力和义务，并可处理与复核程序有关的问题。

债权人罢免受托人

受监管债务人财团的债权人可将该财团的受托人罢免，并委任另一受托人。但受托人可向法院申请被重新任命（to be reappointed，再次任命）。

第B小节　法院调查及作出命令的权力

90－2 本小节适用于官方受托人

本小节适用于官方受托人，其适用方式与适用于受监管债务人财团的受托人相同。

90－5 法院可以主动调查

（1）法院可（依职权在其庭前开展的法律程序中）主动调查受监管债务人财团的管理。

（2）为进行该项调查，法院可规定身为或曾在任何时间身为受监管债务人财团受托人的人：

（a）提供信息；或者

（b）提供报告；或者

（c）出示文件；

给予财团管理有关的法院。

（3）本条不限制法院在本法任何其他条款或任何其他法律下的权力。

90－10 法院可以调查债权人的申请等

（1）法院可应第（2）款所述之人的申请，调查受监管债务人财团的管理。

（2）下列每一人均可申请进行调查：

（a）在管理受监管债务人财团方面有经济利益之人；

（b）如果检查委员会（如有的话）如此决定——则由代表该委员会的某债权人；

（c）检察长。

（3）为进行该项调查，法院可规定现在或曾经是受监管债务人财团受托人的人：

（a）提供信息；或者

（b）提供报告；或者

（c）出示文件；

给予财团管理有关的法院。

（4）如申请是由第（2）（b）项所提及之人提出的，则除非法院另有命令，否则与该项申请有关的合理费用须视为财团管理的费用。

（5）本条不限制法院在本法任何其他条款或任何其他法律下的权力。

90－15 法院可就财团管理作出命令

法院可作出下列命令

（1）法院可就受监管债务人财团的管理作出其认为适当的命令。

依职权或依申请作出命令

（2）法院可行使第（1）款所指的权力：

（a）在法院庭前的法律程序中依职权提出；或者

（b）依照根据第 90－20 条提出的申请。

可能作出的命令举例

（3）在不限制第（1）款的前提下，该等命令可包括下列任何一项或多项：

（a）裁定在财团管理中出现的任何问题的命令；

（b）命令某人不再是该财团的受托人；

（c）命令另一人被任命为该财团的受托人；

（d）与该财团受托人提起或其他人就财团管理提起之诉讼（含法院诉讼）的费用有关的命令；

（e）关于该财团因受托人违反职责而蒙受损失的命令；

（f）关于报酬的命令，包括规定任何人向受监管债务人的财团（或受监管债务人的债权人）偿还支付给该人作为受托人的报酬的命令。

可考虑的事项

（4）在不限制法院在作出命令时可考虑的事项的前提下，法院可考虑：

（a）受托人是否已忠实地履行或正在忠实地履行受托人的职责；以及

（b）受托人的行为或不作为是否符合本法和《破产实务规则》；以及

（c）受托人的行为或不作为是否符合法院的命令；以及

（d）受监管债务人的财团或任何人是否因受托人的行为或不作为而蒙受（或者可能蒙受）损失或损害；以及

（e）受托人的任何行为或不作为的后果的严重性，包括该行为或不作为对公众信心对注册受托人作为一个（职业）群体之信任的影响。

成本命令

（5）在不限制第（1）款的前提下，第（3）（d）项所述关于诉讼成本的命令，可包括下列命令：

（a）受托人或另一人须就上述部分或全部成本承担个人责任；以及

（b）受托人或另一人无权从受监管债务人的财团或债权人就部分或全部该等成本而获得补偿。

因失职而蒙受损失的赔偿令

（6）在不限制第（1）款的前提下，第（3）（e）项所述关于损失的命令，可包括下列命令：

（a）受托人个人有责任赔偿部分或全部损失；以及

（b）受托人无权由受监管债务人的财团或债权人就已获补偿的金额（in relation to the amount made good）而获得偿付。

本条不限制法院的权力

（7）本条不限制法院在本法任何其他条款或任何其他法律下的权力。

90－20 申请法院命令

（1）下列人员均可根据第 90－15 条申请命令：

（a）在管理受监管债务人的财团方面有财务利益之人；

（b）如检查委员会（如有的话）如此决定——则由代表该委员会的某债权人；

（c）检察长。

（2）如申请是由第（1）（b）项所提及之人提出的，则与该项申请有关的合理费用须视为财团管理的费用。

第 C 小节　由检察长复核

90－21 由检察长复核

（1）检察长可对受监管债务人财团的受托人因该受托人提供与财团管理有关的服务而收到的报酬进行复核。

（2）检察长可根据本小节进行复核：

（a）依职权主动进行；或者

（b）应受监管债务人或某债权人的申请。

（3）受托人、受监管债务人或受监管债务人的某债权人可向法院申请就检察长关于复核的决定作出命令。

（4）法院在根据第（3）款作出命令时，须考虑受托人所收取的报酬是否合理，含斟酌下列任何或所有事宜：

（a）受托人所作的工作在多大程度上是必需和妥善进行的（the extent to which the work by the trustee was necessary and properly performed）；

（b）可能由受托人进行的工作在多大程度上可能是必需和妥善进行的（the extent to which the work likely to be performed by the trustee is likely to be necessary and properly performed）；

（c）受托人所（或可能）进行的该项工作的期间；

（d）受托人所（或可能）进行的该项工作的质量；

（e）受托人所（或可能）进行的该项工作的复杂性（或其他方面）；

（f）受托人曾（或可能）被要求处理特别问题（deal with extraordinary issues）的程度（如有的话）；

（g）受托人曾（或可能）被要求承担比通常情况更高的风险或责任的程度（如有的话）；

（h）受托人处理（或可能处理）的任何财产的价值及性质；

（i）债权人的人数、性质及行为，或其可能的人数、性质及行为；

（j）如果全部或部分报酬是按时间成本计算的，则为受托人在执行工作中适当地或可能适当地花费的时间；

（k）任何其他有关事项。

90－22 复核的规则

（1）《破产实务规则》可就本小节下的复核作出规定并与之相关。

（2）在不限制第（1）款的情况下，《破产实务规则》可就下列任何或所有事项作出规定：

（a）在根据本小节开始复核或提出复核申请前，向受托人发出通知；

（b）检察长进行复核的权力和职责；

（c）检察长可能就复核作出的决定；

（d）受托人根据本小节进行复核后支付的报酬。

第D小节　被债权人免职

90－30 本小节适用于官方受托人

本小节适用于官方受托人，其适用方式与适用于受监管债务人财团的受托人相同。

90－35 被债权人免职

债权人可以免除受托人的职务，另行指定他人

（1）债权人可以：

（a）凭借会议决议，将受监管债务人财团的受托人免职；以及

（b）在同一次或随后的会议上通过决议，任命另一人作为受监管债务人财团的受托人。

（按语：有关会议的一般规则，见第75节。）

（2）但是债权人不得这样做，除非向所有有权收到债权人会议通知的人发出至少提前5个工作日的会议通知。

前受托人可向法院申请被重新任命

（3）任何人（前受托人）如经债权人决议被免除受监管债务人财团受托人身份的，可向法院申请被重新任命为受监管债务人财团的受托人。

（4）如前受托人提出上述申请，该前受托人必须：

（a）记录该前受托人及债务人的财团所招致的与申请有关的一切成本；以及

（b）以某种方式将这些成本与前受托人和受监管债务人财团就其他事项产生的成本区分开。

（5）如果法院确信将前受托人免职是1名或多名债权人不当使用权力的结果，则法院可命令将前受托人重新任命为受监管债务人财团的受托人。

（6）法院可就该项申请作出其认为适当的其他命令，包括与下列事项有关的命令：

（a）申请的费用；以及

（b）前受托人的报酬。

第4部分　其他事项

第95节　简　　介

95－1 本部分的简化大纲

<table><tr><td>这一部分涉及各种问题：
（a）受监管债务人财团的受托人可转让起诉权（may assign a right to sue）；以及
（b）部长有权制定被称为《破产实务规则》的规则。</td></tr></table>

第96节　行政复核

96－1 行政上诉审裁处的复核

可向行政上诉审裁处申请复核下列任何决定：

（a）某委员会根据第20－20条就注册为受托人的申请作出的决定；

（b）某委员会根据第20－55条就变更或撤销登记条件的申请作出的决定；

（c）检察长决定根据第40－15条向注册受托人发出停止接受任命的指示；

（d）检察长决定根据第40－25条暂停某人作为受托人的注册；

（e）检察长决定根据第40－30条取消某人作为受托人的注册；

（f）某委员会根据第40－55条（委员会的纪律处分）作出的决定；

（g）某委员会根据第40－85条就撤销或缩短暂停某人作为受托人的注册的申请作出的决定。

第100节　其他事项

100－1 本节适用于官方受托人

本节适用于官方受托人，其适用方式与适用于受监管债务人财团的受托人相同。

100－5 受托人可根据本法转让起诉权

（1）除第（2）、（3）款另有规定外，受监管债务人财团的受托人可转让本法赋予受托人的任何起诉权。

（2）如受托人的诉讼已开始，则除非该受托人获得法院批准，否则该受托人不得将起诉权转让。

（3）在根据第（1）款转让任何权利前，受托人必须向债权人发出拟进行转让的书面通知。

（4）如果根据本条转让权利，则在本法中对与该行为有关的受托人的提及即视为对权利受让人的提及。

第105节 《破产实务规则》

105－1《破产实务规则》

（1）部长可通过立法文件就下列事项制定规则：

（a）本法请求或允许规则规定的；或者

（b）为实施本法或者令本法产生效果而必要或方便规定的。

（2）根据第（1）款订立的规则可包括罪行（offences，罚则）。

（3）对第（2）款所述罪行的惩罚，个人不得超过50个罚金单位，法人团体不得超过250个罚金单位。

（4）为免生疑问，本规则不得作出下列规定：

（a）设定民事处罚；

（b）提供下列权力：

（ⅰ）逮捕或拘留；或者

（ⅱ）进入、搜查或扣押；

（c）征收税款；

（d）根据本法的拨款，从综合收入基金中拨出一笔款项；

（e）直接修改本法文本。

（5）与法规不一致的规则，在不一致的范围内不发生效力，但如果规则能够与法规同时运行，则视为与法规一致。

（7）在本条中：

本法不包括根据本条订立的法规或规则。

新加坡《破产、重组和解散法》

(2018 年第 40 号)

Insolvency, Restructuring and Dissolution Act 2018

(No. 40 of 2018)

新加坡《破产、重组和解散法》

版本说明：

本译稿采用新加坡政府官网（https：//sso. agc. gov. sg/Acts－Supp/40－2018/Published/20181107？DocDate＝20181107&WholeDoc＝1）公布的最新条文及修改为翻译母本，最近更新日期：2022年1～2月。

国内目前唯一译本。

翻译说明：

属于本法正文（不含附表等）的一共有25个部分。

其中第4～12部分是独立的公司破产部分，暂不翻译；而本法的第24、25部分，是因本法而导致的其他相关法律的修改或者属于保留和过渡性的条款，对于参考新加坡个人破产法律的目的而言，重要性较低，故暂不翻译。

其他部分属于个人破产部分或属于公司、个人破产通用的部分，对于参考新加坡个人破产法律的目的而言非常重要，因此全部进行了翻译，共10万字。在中国属于首次翻译。

全文层级按照下列顺序排列：部分（Part）、节（Division）、1条、（1）款、（a）项、（ⅰ）目。

对于很多具有一定翻译或理解难度的英文单词及表述（含单词、词组、意群甚至整句），在相应译文之后用括号方式列举了原文的表述和可参考的其他译法，甚至制作了专门的翻译脚注（本译稿现有译注11处），以便读者对译法进行研判和批评，以期有利于未来的改进。

翻译人员：

齐砺杰：深圳大学法学院破产法研究中心主任、副教授，英国曼彻斯特大学法学博士。

李晓玲、吴伟华、吴晓炜：当时都是深圳大学法学院在读研究生，现已在政府、企业等机构从事相关法律工作。

本稿先由李晓玲、吴伟华、吴晓炜分工将新加坡《破产、重组和解散法》的原文，通过网络翻译机进行初步汉化和术语统一，以大幅降低汉字输入的时间和人力的投入。整理成中文版工作文本后，由齐砺杰根据官网上的条文，逐条翻译、修改、排版，形成翻译初稿，此项工作于2020年年初完成。

2022年1~2月，齐砺杰对翻译初稿进行审校（含全文表述上的统一、前后条文之间的串联、文字修改、订正错误、添加脚注等）并再次核对原文，将初稿至审校之间的新修订条文（如有）一并放入审校稿中。

新加坡2018年《破产、重组和解散法》

（2018年第40号）

章节目录

本法于 2018 年 10 月 1 日由议会通过，并于 2018 年 10 月 31 日由总统批准。

部分条款的生效日期：第 2 ~ 466、468 ~ 478、480 ~ 494、495（a）、495（c） ~ （j）、496 ~ 498、500 ~ 527 条及附表，为 2020 年 7 月 30 日。

部分条款的生效日期：第 467（a） ~ （g）项，为 2020 年 9 月 15 日。

法案

命名（intituled）

本法旨在修订和合并与下列内容相关的成文法法案：公司或个人的债权人达成和解或安排、接管、公司无力偿债和清算、个人无力偿债和破产，以及破产公共管理，规定对破产执业者的监管，就有关事宜作出规定，废除《破产法》（2009 年修订版第 20 章），并对某些其他法律作出相应及相关的修订。

由总统在新加坡议会的建议和同意下颁布，具体如下：

第1部分 (Part)
预 备

短标题和开始

1. 本法为2018年《破产、重组和解散法》（Insolvency, Restructuring and Dissolution Act），在部长通过公报通知指定的日期生效。

一般性解释

2. ——①（1）在本法中，除非上下文另有要求——

“银行公司”是指根据《银行法》第7条或第79条规定的持有有效执照的银行。

“破产”是指——

（a）被破产令判定破产的个人债务人；或者

（b）破产令是针对商号（firm）的，则该商号中的每个合伙人。

“公司”（company）具有《公司法》第4（1）款所赋予的含义。

“出资人”具有《公司法》第4（1）款所赋予的含义。

“公司法人”（corporation）具有《公司法》第4（1）款所赋予的含义。

“法院”指高等法院。

“债权人委员会”，就破产而言，指根据第331条任命的委员会。

“外国公司”具有《公司法》第4（1）款所赋予的含义；

“破产执业者执照”是指根据第51条授予的执照；

“责任”是指支付金钱或金钱价值的责任，无论这种责任是现在的还是将来的，是确定的还是或有的，或是固定的或已清算的，或是能够由固定规则或意见确定的金额，包括由下列来源所产生的任何责任——

（a）根据任何成文法；

（b）根据合同、侵权行为或保释（bailment）；

（c）由于责任人违反信托；或者

（d）出于归还（make restitution）的义务。

“持牌破产执业者”及“被许可人”指根据第5条所批准的执照的持有人。

“有限责任合伙”具有《有限责任合伙法》第4（1）款所赋予的含义。

---

① 译者注：新加坡法中对于破折号的用法与中文的冒号大致相同，而条文号之后直接接破折号的，通常用于条号之后直接接款号，即“条”这一层本身没有任何文字的情形。

“清算人”包括担任公司清算人时的官方托管人（official receiver）。

“成员”，就公司而言，是指《公司法》第19（6）或（6a）款所述的公司成员。

“部长”的意思是——

（a）除第（b）款另有规定外，指负责管理支付不能的个人和公司的事务的部长；以及

（b）就第124（1）（g）及（2）（c）项、第125（5）款、第127（3）款及第198条而言，指负责公司注册的部长。

“官方受托人”（Official Assignee）指根据第16（1）款委任的官方受托人，包括副官方受托人、高级助理官方受托人和助理官方受托人。

“官方托管人”（Official Receiver）指根据第17（1）款委任的官方托管人，包括副官方托管人、高级助理官方托管人及助理官方托管人。

“财产”包括——

（a）无论位于何处的金钱、货物、动产、土地和各类财产；

（b）由财产引起或附带引起的义务及每一种类的权益，不论是现时的、将来的、既有的还是或有的。

“公共会计师”是指根据《会计师法》注册或被视为注册的担任公共会计师的人。

“书记官”（Registrar）是指最高法院书记官，包括最高法院副书记官或助理书记官。

“公司注册官”是指根据《公司法》第8条任命的公司注册官，包括任何副公司注册官或助理公司注册官。

“法规”指根据第449条订立的法规。

“规则”指根据第448条订立的法院规则。

“律师”指最高法院的辩护人及律师。

“子公司”的含义见《公司法》第5条。

“交易”包括任何赠与、协议或安排，凡提及进行交易的，均须据此解释。

“受托人”（trustee），就破产和破产人而言，是指破产财团的受托人，包括担任破产财团受托人时的官方受托人。

“破产受托人”指根据第36条被指定为破产财团的受托人的人。

（2）就第4～12部分及第23部分而言，任何并非公司成员，但公司股份已转让或已通过法律实施而转让的人，须被视为公司成员，而凡提及一名或多名成员，均须据此解读。

（3）除非出现相反的意图，否则在本法中对某一部分或某一部分的某一条的提及，须解释为包括提及与该部分或该条有关的任何附属立法。

第2部分
法院的管辖权、权力和程序

第1节 （division）管辖权

高等法院是对公司和个人破产等有管辖权的法院

3. 根据任何其他成文法，高等法院是对公司无力清偿和清算、个人无力清偿和破产以及本法规定的相关事项具有管辖权的法院。

分庭（chamber）行使管辖权

4. 在符合本法及其规则的前提下，法院的任何法官可在法庭内行使本法规定的法院的全部或部分管辖权。

本法规定的书记官的管辖权

5. 受规则限制——

（a）书记官具有法院的全部权力及司法管辖权；以及

（b）书记官在行使该等权力及司法管辖权时作出的任何命令或作出的任何行为，在可向法官在内庭提出上诉的前提下，须视为法院的命令或行为。

本法规定的法院的一般权力

6. ——（1）在符合本法的情况下，法院在根据本法行使其管辖权时，有权决定法院审理的本法下的任何案件或事项中可能出现的所有优先权（priorities）问题和所有其他问题，无论是法律还是事实问题，或法院认为（为了在任何该等案件或事宜中出于完全公正或完全分配财产的目的而）作出的决定是合适或必需之时，决定前述问题。

（2）法院可将法院审理范围内的本法项下的任何案件或事项押后，或作出法院认为适当的命令或指示，以公正、迅速和经济地处置任何该等案件或事项，通过向有关各方发出延期、命令或指示的书面通知之方式，而无须要求当事各方亲自出庭。

（3）如果任何债务人或破产人或任何其他人未能遵守法院、官方受托人或官方托管人根据本法发出的任何命令或指示，法院可应官方受托人、官方托管人或任何其他经官方受托人或官方托管人正式授权的人的申请，或根据法院自己的建议——

（a）命令该债务人、破产人或人员遵守该命令或指示；以及

（b）如法院认为适当，可作出命令，将该债务人、破产人或人员交付羁押（committal）。

（4）第（3）款所赋予的权力，是对不遵守命令或指示的任何其他权利或补救措施的补充。

复核命令的权力

7. 法院在根据本法行使其管辖权时，可复核、撤销或更改法院作出的任何命令。

根据本法提出的上诉

8. ——（1）法院根据本法就任何事项作出的任何命令，是应任何感到受到损害的（aggrieved，被委屈的）人的请求而作出的，但如果法院就任何其他事项作出的命令当时是可上诉的，则可按相同的方式提出上诉。

（2）就本条而言，凡官方受托人向法院提出的任何申请及官方托管人向法院提出的任何申请遭到拒绝的，该官方受托人及官方托管人分别被视为受到了损害。

地区法院和地方法院（district and magistrate's courts）的刑事管辖权

9. 即使《刑事诉讼法》有任何相反的规定，地区法院或地方法院有权审理和裁定本法项下的所有罪行，并有权对本法项下的任何罪行处以全额罚金或处罚。

第2节　程　　序

未规定具体程序的

10. ——（1）在本法未作具体规定的任何实操（practice，惯例）或程序事项中，必须尽可能遵循和采用最高法院目前正在使用或生效的程序和惯例。

（2）凡就任何实操或程序事项而言，有可能适用第（1）款的，法院可作出命令，发出可能确保各方之间实质公正的指示。

延期（adjourn）诉讼的权力

11. 法院可随时按其认为适当的条款（如有的话），将在法院席前进行的任何法律程序延后。

修改书面程序的权力等

12. 法院可随时修改任何书面法律程序，或按法院认为适当的条款（如有的话）修改任何法律程序。

延长时限的权利

13. 凡通过本法作出任何行为或事项的时间是有限制的，法院可按其认为适当的条款（如有的话）在该时限届满之前或之后延长该时限。

取证方式

14. 除规则另有规定外，法院可在任何事项中，以口头或质询书（interrogatories）、誓章（affidavit，宣誓书）或以海外委任（commission abroad）的方式，将任何证据的全部或任何部分带走。

费用由法院酌情决定

15. 根据本法及其规则，法院诉讼的费用和附带费用由法院酌情决定。

第3部分 官方受托人、官方托管人和破产执业者

第1节 官方受托人和官方托管人

官方受托人的任命

16. ——（1）为本部分及第13部分至第23部分的目的，部长可指定一人为破产财团的官方受托人。

（2）官方受托人须以司法通知（judicial notice）的形式指定。

（3）官方受托人必须根据部长的一般授权和指示行事，但其同时也是法院人员。

（4）部长可——

（a）任命一名副官方受托人、高级助理官方受托人和助理官方受托人，以及部长认为必要的其他临时或永久性官员，以使本部分和第13部分至第23部分生效；以及

（b）将部长认为合适的职责分配给副官方受托人和任何高级助理官方受托人、助理官方受托人或其他官员。

（5）根据第（4）款任命的每个副官方受托人、高级助理官方受托人和助理官方受托人在其任期内，拥有官方受托人的所有地位、权利和权力［根据第20（1）款授予的权力除外］，并承担所有责任。

官方托管人的指定

17. ——（1）为施行本部分及第4~12、22、23部分，部长可指定一人为官方托管人。

（2）官方托管人须以司法通知的形式指定。

（3）官方托管人必须在部长的一般授权和指示下行事，但其同时也是法院人员。

（4）部长可——

（a）如部长认为有必要，可以委任一名副官方托管人、一名高级助理官方托管人及一名助理官方托管人，以及一名其他人员（无论是临时还是永久性的），以使本部分及第4~12、22、23部分生效；以及

（b）向副官方托管人及任何高级助理官方托管人、助理官方托管人或其他人员指派部长认为适当的职责。

（5）根据第（4）款委任的每名副官方托管人、高级助理官方托管人及助理官方托管人，在其任期内，均具有官方托管人的所有地位、权利及权力［根据第20（1）款授予的

权力除外]，并承担所有法律责任。

官方受托人或官方托管人的罢免

18. 官方受托人或官方托管人被罢免时，必须在公报上刊登官方受托人或官方托管人（视情况而定）被罢免的公告。

官方受托人和官方托管人的官方名称

19. ——（1）官方受托人有以下官方名称：

（a）如官方受托人已根据第324条获委任为债务人财产的临时托管人——则为“债务人（债务人名称）财产的官方受托人”；

（b）如官方受托人根据第17部分担任破产财团的托管人及受托人——则为“（破产人名称）破产财团的官方受托人”；

（c）如官方受托人根据第419条在破产中作为已故债务人遗产的受托人——则为“（已故债务人的姓名）已故债务人遗产的官方受托人”。

（2）凡官方托管人根据本法以官方托管人的身份作为清算人行事的，则官方托管人的官方名称为“（官方托管人就其被指定为清算人的公司的名称）的官方托管人及清算人”。

（3）官方受托人及官方托管人可分别以第（1）及（2）款所提及的被适用的官方名称，分别地——

（a）起诉和应诉；

（b）持有各类财产；

（c）分别订立对官方受托人及官方托管人及其各自的继任者有约束力的合同或任何合同；以及

（d）分别为履行官方受托人及官方托管人的职务，而作出所有其他必须或合适的行为。

官方受托人和官方托管人的权力和职能转授（delegation，转委托）

20. ——（1）在符合本法的规定下，官方受托人及官方托管人可分别凭借由官方受托人及官方托管人签署的书面授权文书（a written instrument of delegation），将官方受托人及官方托管人根据本法（本条规定的委托权除外）拥有的全部或任何权力或职能分别授予任何人，以便委托人可以就委托书中规定的任何特定事项或事项的类别行使此类权力或职能。

（2）根据本条作出的任何授权并不阻止官方受托人或官方托管人（视情况而定）行使（再次）授权的权力或职能。

（3）官方受托人及官方托管人可随时各自撤销官方受托人及官方托管人根据本条所作的任何授权（delegation，转委托）。

官方受托人及官方托管人被视为公职人员

21. 官方受托人、官方托管人及部长根据第16（4）款或第17（4）款委任的每个人员，均被视为《刑法典》所指的公职人员。

官方受托人关于破产人的行为和事务的一般职责

22. ——（1）官方受托人对破产人负有下列职责：

（a）调查破产人的行为和事务，并向法院报告是否有理由相信破产人犯了本法或《刑法典》第 421、422、423 或 424 条所述的任何罪行，或有其他理由认为法院应拒绝、中止或限制破产人的破产免责令；

（b）就破产人的行为作出法院所指示或规定的其他报告；

（c）参加法院所指示或规定的对破产人及其他人的讯问；

（d）在起诉任何欺诈性破产人或被控犯本法所规定罪行的任何其他人时，按法院指示或按规定的方式，参与并提供协助。

（2）官方受托人根据第（1）款作出的报告，在任何法律程序中，即为该报告所述事实的初步证据。

（3）在本条中，破产人的行为及事务，包括破产人在对破产人作出破产令前的行为及事务。

关于破产人财团的官方受托人的一般责任

23. ——（1）官方受托人对由官方受托人管理的破产财团负有下列责任：

（a）在未根据第 379 条获指定为该财团的特别经理人（special manager）的情况下，出任破产财团的经理人（manager）；

（b）为该财团的目的筹集款项或垫款，并授权特别经理人（如有的话）为类似目的筹集款项或垫款，但在任何情况下，如为债权人的利益而有需要，则属例外；

（c）召集及主持本部分或第 13 部分至第 21 部分所指的所有债权人会议；

（d）发出委托书（forms of proxy），供债权人会议使用；

（e）向债权人报告官方受托人就清算破产人事务的方式提出的任何建议；

（f）刊登破产令、任何公开讯问的日期及刊登该等公告所需的其他事宜的公告。

（2）为执行托管人或经理人的职责，官方受托人具有犹如官方受托人是法院委任的托管人及经理人一样的权力。

（3）官方受托人必须在切实可行的范围内，就破产人财团的管理事宜咨询债权人，并可为此目的，在官方受托人认为可行的情况下，召集声称是债权人的人开会。

（4）官方受托人必须向法院交代并支付所有款项，并按照法院根据本法指示的方式处理所有证券。

破产财团管理中官方受托人的自由裁量权

24. ——（1）除本部分及第 13 部分至第 22 部分另有规定外，官方受托人对破产财团的管理有自由裁量权。

（2）除本部分及第 13 部分至第 22 部分另有规定外，官方受托人在管理破产财团时，必须顾及债权人在大会（any general meeting）① 上通过决议所发出的任何指示及债权人委

① 译者注：general meeting 一般指股东会，但是这里应该指债权人会议。

员会所发出的任何意见。

（3）凡破产人的债权人在大会上向官方受托人发出的任何指示，与债权人委员会向官方受托人发出的任何意见相抵触的，则以债权人大会发出的指示为准。

管理宣誓权

25. 官方受托人可为本法项下的任何事项或程序或为取得宣誓书（taking affidavits）而主持宣誓（administer oaths）。

官方受托人的账目（accounts）

26. ——（1）官方受托人必须在规定的期限内以官方受托人确定的形式和方式保存——

（a）官方受托人就其对破产财团的管理而收取及支付款项的账目情况；以及

（b）官方受托人就其根据第 15 部分管理偿债计划而收取及支付款项的账目情况。

（2）官方受托人必须在规定费用被支付后，允许——

（a）破产人、在破产案件中已证明其债权的债权人或任何其他有利害关系的人查阅第（1）（a）项所述的账目情况；以及

（b）第（1）（b）项所述的账目情况，由与偿债计划有关的债务人、已根据偿债计划证明其债权的债权人或任何其他有利害关系的人查阅。

（3）第（1）款所述的每个账目的情况必须由部长指定的官员每年至少审计 1 次。

（4）就根据第（3）款进行的审计而言，官方受托人必须——

（a）向审计人员出示该等簿册（books）；以及

（b）向审计人员提供审计人员所要求的凭单及资料。

官方受托人保存的记录

27. ——（1）官方受托人必须在规定的期限内，保存记录，记录根据本部分或第 13 部分至第 22 部分举行的任何会议的出席情况（entries）或议程记录（minutes of proceedings），以及规定的其他事项。

（2）下列任何人员的任何债权人——

（a）破产人；或者

（b）第 15 部分所述的债务人，在缴付规定的费用后，并在法院的控制下，可亲自或由债权人的代理人查阅由法定受托人根据第（1）款备存的与该破产人或债务人（视情况而定）有关的任何记录。

破产财团账户及偿债计划账户（account）

28. ——（1）官方受托人必须在其认为合适的银行保存——

（a）破产财团的账户。官方受托人根据本部分、第 13 部分或第 14 部分或第 16 部分至第 22 部分收到的所有款项，必须存入该账户中，但须符合本法；以及

（b）债务偿还计划账户。在符合本法的情况下，官方受托人根据第 15 部分收到的所有款项必须存入该账户。

（2）破产财团账户或债务偿还计划账户中记入官方受托人贷方的款项的所有付款，均由存放破产财团账户或债务偿还计划账户（视情况而定）的银行以官方受让人认为适当的

方式支付。

破产人的财团账户及偿债计划账户的盈余资金投资

29. ——（1）当破产财团账户或债务偿还计划账户贷方的现金余额，超过官方受托人认为当时需要满足根据第15部分（视情况而定）管理的破产财团或债务偿还计划要求的金额时，官方受托人必须——

（a）将超额部分通知总会计师（the accountant - general）；以及

（b）将超出部分的全部或任何部分，按总会计师的要求，存入总会计师指定的账户。

（2）总会计师可将根据第（1）（b）项缴付的款项或该款项的任何部分，投资于信托证券（trustee securities），以存入第（1）（b）项所述账户的贷方。

（3）官方受托人认为，根据第（1）（b）项从破产财团账户或偿债计划账户支付并根据第（2）款投资的款项的任何部分，须符合根据第15部分（视情况而定）管理的破产财团或偿债计划的任何要求，官方受托人必须将要求的金额通知总会计师。

（4）总会计师必须将第（3）款所规定的款项向官方受托人偿还至破产财团账户或债务偿还计划账户（视情况而定）的贷方，并为此目的，总会计师可指示出售必要的部分证券。

（5）根据第（2）款作出的任何投资所得的收入，构成综合基金（the Consolidated Fund）的一部分，并须顾及根据第15部分就破产法律程序及管理偿债计划而须缴付的费用金额。

（6）出售存入破产财团账户或偿债计划账户贷方的证券所得的利润，须记入综合基金贷方，而该基金有责任补偿因出售该等证券而招致的任何损失。

官方受托人提供债权人名单

30. 法定受托人必须在任何破产人的债权人提出要求时，在债权人缴付规定的费用后，向债权人提供并送达（furnish and transmit）一份破产人的债权人名单，该名单须显示破产人欠每一位债权人的债款数额。

法院对官方受托人的管控

31. ——（1）法院须注意（take cognizance of）官方受托人在管理破产财团方面的行为。

（2）如果官方受托人没有忠实地履行官方受托人的职责，或没有适当地遵守本法或任何其他成文法对官方受托人规定的关于官方受托人履行职责的所有要求，或任何债权人就官方受托人在该官方受托人管理破产财团方面的行为向法院提出申诉的，法院须就该事项进行调查，并就该事项采取法院认为合适的行动。

（3）法院可以——

（a）在任何时间要求官方受托人回答法院就官方受托人管理破产财团而作出的任何询问；以及

（b）指示对官方受托人的账簿及凭单进行调查，或对官方受托人就破产财团管理所作的宣誓进行审查。

部长对官方托管人的管控

32. 部长应注意官方托管人在公司清算中的行为，如果——

（a）官方托管人没有忠实地履行官方托管人的职责，或没有妥为遵守任何成文法或其他法律就执行官方托管人的职责而施加于官方托管人的所有规定；或

（b）任何债权人或出资人就官方托管人在任何公司清算中的行为向部长提出任何投诉，部长须调查此事，并就此事采取其认为合适的行动，并可指示对官方托管人的簿册及凭单进行调查。

法院对官方受托人的作为、不作为或决定的复核

33. ——（1）破产人、破产人的任何债权人或任何其他对行为不满之人，如对官方受托人就官方受托人对破产财团的管理而作出的任何作为、不作为或决定不满的，可向法院申请复核该作为、不作为或决定。

（2）官方受托人可向法院申请——

（a）就破产案件所引起的任何个别事项作出指示；或者

（b）撤销或修改官方受托人以前的任何行为或决定。

（3）法院在聆讯根据第（1）或（2）款提出的申请时，可——

（a）确认、撤销或修改官方受托人的任何行为或决定；或

（b）向官方受托人发出法院认为适当的指示，或作出法院认为适当的其他命令。

（4）即使破产人被破产免责或破产令被撤销，本条仍适用。

官方受托人的责任等

34. ——（1）官方受托人对其个人可能有责任履行的任何债务的解除所需的所有款项，均须由综合基金支付。

（2）官方受托人或官方受托人的任何高级职员均不对官方受托人或该高级职员（视情况而定）在任何情况下未导致（did not contribute to）或通过合理努力无法避免的任何行为承担个人责任。

（3）官方受托人或在官方受托人指示下行事的官方受托人的任何高级职员，如善意并以合理的谨慎行事的，在下列过程中或就下列事项作为或不作为时，无须令其承担个人的法律责任——

（a）行使或看来是行使任何权力；或者

（b）根据第20、25、334、358、370、379、382、393、395、403、433条或第436（3）款，执行或看来是执行任何职能或职责。

（4）除第（3）款另有规定外，任何针对官方受托人或官方受托人的任何高级职员的法律责任，均须由政府承担。

官方托管人的责任等

35. ——（1）官方托管人对其个人可能有责任履行的任何债务的解除所需的所有款项，均须由综合基金支付。

（2）如官方托管人或作为官方托管人的任何高级职员（视情况而定）没有以任何方式

导致，或在作出合理努力后未能避免作出的任何行为，官方托管人或作为官方托管人的任何高级职员均无须对该行为承担个人的法律责任。

（3）对于官方托管人或在官方托管人指示下行事的官方托管人的任何高级职员，如善意并以合理的谨慎行事的，可以在下列过程中或就下列事项作为或不作为时，无须令其承担个人的法律责任——

（a）行使或看来是行使任何权力；或

（b）根据第 71 条，第 134（b）款，第 137、188、189、192、197、199、212、213、214、241 条，或者根据《公司法》第 149、210、215、215K、390 条，执行或看来是执行任何职能或职责。

（4）除第（3）款另有规定外，任何针对官方托管人或官方托管人的任何高级职员的法律责任，均须由政府承担。

第 2 节　破产中的受托人（trustee in bankruptcy）

指定官方受托人以外的人为破产受托人

36. ——（1）在下列情形下，法院可委任官方受托人以外的人为破产财团的受托人：

（a）在作出破产令时，并应申请破产令的债权人的申请；

（b）在未解除或撤销的破产令作出后的任何时间，并应任何债权人、破产财团的官方受托人或任何现有受托人的申请。

（2）申请破产令的债权人，如有下列情形，必须向法院申请指定官方受托人以外的人为破产财团的受托人——

（a）该债权人是——

（ⅰ）机构债权人；

（ⅱ）机构债权人的子公司；或者

（ⅲ）由 2 名或多名机构债权人合计控制半数以上表决权的公司；或者

（b）该债项在发生时须支付给下列人士——

（ⅰ）机构债权人；

（ⅱ）机构债权人的子公司；或者

（ⅲ）由 2 名或多名机构债权人合计控制半数以上表决权的公司。

（3）受托人的官方名称为——

（a）“（破产人名称）破产财团的受托人”；或者

（b）“（破产人名称）破产的受托人”。

（4）在本条中——

“年度销售营业额”，就一项业务而言，在一段相关期间内，指——

（a）如有关期间为一个由 12 个月组成的营业年度，则为该营业年度内该企业的销售额；或者

（b）如果相关期间是一个不包括12个月的营业年度或是一个营业开始期间，则使用（S ÷ B）×12公式计算的金额，其中——

（ⅰ）S是该业务在该营业年度或营业开始期间的销售额；以及

（ⅱ）B是该营业年度或营业开始期间的月数。

“开始经营的期间”，是指企业业务开始之日至第（2）款所述破产令申请之日之间的期间（包括上述两个期日）。

“营业年度”是指企业准备或需要准备账目的期间。

“雇员”是指与雇主签订服务合同或根据服务合同工作的个人。

“机构债权人”是指——

（a）银行业公司（a banking corporation）；

（b）根据《金融公司法》（第108章）获得许可的金融公司；

（c）根据《证券及期货法》（第289章）获发资本市场服务执照的被许可人；或者

（d）一个企业（undertaking）——

（ⅰ）在有关期间内，年销售额超过1亿元；[①] 以及

（ⅱ）在第（2）款所述的破产令的申请日期，有超过200名雇员。

“有关期间”，就一个企业而言，是指——

（a）紧接第（2）款所述破产令申请日期前该企业的营业年度；或者

（b）无营业年度的，为该企业开始经营的期限。

“销售营业额”，就某企业而言，是指扣除销售退税、货物和服务税以及与这些金额直接相关的其他税费后的下列金额的总和：

（a）该企业从其正常活动范围内的产品销售和服务提供中获得的金额；

（b）从该企业的业务经营中取得的任何其他款项，但不包括出售固定资产、捐赠、补助、认购、利息、股息、为转售而购买的货物的收益和投资收入。

“企业”（undertaking）是指能够从事与货物或服务有关的商业或经济活动的任何个人、或任何法人团体、非法人团体、或其他实体，但不包括由任何公共法令或依据任何公共法令设立的履行或执行公共职能的法人团体或非法人团体。

破产受托人资格

37. 除非满足法院的下列要求，否则不得任命该人为破产受托人：

（a）该人是持牌的破产执业者；以及

（b）该人已以书面同意获指定为破产受托人。

被指定为破产受托人的人，在代理前提供担保

38. ——（1）被指定为破产案件受托人的人——

（a）在该人按照第（2）款提供担保（security）前，不得开始以该受托人身份行事；

---

① 译者注：此处的货币符号是“$”，全文其他地方都是使用该符号，通常指美元，新加坡元的符号为“S、$”。但也有说法，本国立法“$”默认为本国货币。为防止错误，本稿模糊处理，仅用“元”字。

以及

（b）凡受托人的担保已根据第42（8）款被没收的，则在该人按照第（2）款提供新的担保前，不得继续以该受托人身份行事。

（2）破产受托人必须以官方受托人所指明的方式提供担保，并令官方受托人确信受托人会忠实履行受托人的职责，并妥为遵守本法或任何其他成文法就受托人执行职责而施加的所有规定。

（3）任何人违反第（1）款，即属失职，一经定罪，可处不超过10,000元的罚金。

破产受托人的一般职能、职责和权力

39.——（1）除第（3）款及第42条另有规定外，破产受托人——

（a）具有本法规定的官方受托人在有关破产人的行为和破产财团管理方面的所有职能和职责；以及

（b）可就破产人及破产财团行使官方受托人的全部或任何权力。

（2）除非文意另有所指，本法中对官方受托人的任何提及都包括对破产受托人的提及。

（3）第20、25条，第34（3）及（4）款，第334、358、379、382、384、393、395、403、436条不适用于破产受托人，而第378（a）、（c）、（f）、（h）及（i）款不适用于破产受托人，但经法院、债权人委员会或如果没有债权人委员会，则为官方受托人同意的除外。

破产受托人将收到的款项存入指定银行账户

40.——（1）每名破产受托人必须按法规所规定的方式及时间，将以受托人身份收取的所有款项，存入该法规所规定或法院所指定的银行账户。

（2）任何破产案件的受托人如将以受托人身份收取的款项存入根据第（1）款规定或指定的银行账户以外的任何其他银行账户，即属犯罪，一经定罪，可处不超10,000元的罚金或不超12个月的监禁，或两者并处。

破产受托人的报酬

41.——（1）破产受托人有权获得按下列方式确定的工资或报酬：

（a）由破产受托人与债权人委员会（如有的话）达成的协议；

（b）如与债权人委员会并无协议，或如没有该委员会，由债权人作出特别决议，而该债权人的债项是为了（能参与）表决而获确认的，且其在受托人按照第（2）款向每名债权人发出通知而召开的会议上出席（亲自或由代理人出席）并表决；

（c）如果没有按第（a）或（b）项所述方式作出决定的，则由法院决定。

（2）破产受托人必须在根据第（1）（b）项发出的每份通知书上，附上一份关于受托人的所有收支及受托人所要求的酬金数额的报表。

（3）在本条中，“特别决议”具有第273（1）款所赋予的含义。

官方受托人对破产受托人的管控

42.——（1）官方受托人须知悉破产受托人在管理破产财团方面的行为。

（2）如果破产受托人没有忠实地履行受托人的职责，或者没有适当地遵守本法或任何其他成文法对受托人履行职责的所有要求，或任何债权人或破产人就受托人在财团管理方面的行为向官方受托人提出申诉的，官方受托人必须对此事进行调查，并在官方受托人认为合适的情况下对此事采取行动。

（3）官方受托人可以——

（a）在任何时间要求破产案件的受托人就其管理破产财团的事宜回答任何询问；以及

（b）直接对受托人的簿册及凭单进行调查。

（4）破产受托人的职责为——

（a）向官方受托人提供此类信息；

（b）向官方受托人出示该等簿册、文件及其他记录，并准许官方受托人查阅该等簿册、文件及其他记录；以及

（c）向官方受托人提供官方受托人合理要求的其他协助，以使官方受托人能够履行官方受托人与破产有关的职能。

（5）官方受托人在考虑根据本条进行的任何询问或调查的结果后，可向法院申请将破产受托人免职。

（6）如有下列事项，官方受托人可没收破产受托人根据第 38 条提供的担保——

（a）受托人没有遵守第 332（9）款或第 339（1）款适用于受托人的规定；

（b）受托人没有按照第 344 条提交破产管理报告；或者

（c）受托人未能履行任何其他职责，或未能遵守本法［第（a）或（b）项所述除外］或任何其他成文法对受托人就其职责的履行而施加的任何其他要求。

（7）在官方受托人给予有关破产案件的受托人一个机会，让该受托人说明其根据第 38 条所提供的担保不应被没收的原因之前，官方受托人不得没收任何担保。

（8）如在给予受托人提出理由的机会后，官方受托人确信破产受托人对第（6）（a）或（b）项所述的事项没有合理的辩解，则官方受托人必须没收受托人根据第 38 条提供的全部或部分担保。

（9）在决定是否没收破产受托人根据第 38 条提供的任何、全部或部分担保时，官方受托人须考虑第（6）（a）或（b）项所述的有关受托人不履行义务的情形（包括受托人是否有合理的理由不履行义务），以及任何减轻责任的情形。

法院对破产受托人的作为、不作为或决定的审查

43. ——（1）官方受托人、破产人、破产人的任何债权人或任何其他人，如对破产受托人就破产财团的管理而作出的任何作为、不作为或决定不满，可向法院申请复核该作为、不作为或决定。法院在聆讯该项申请时，可——

（a）确认、推翻或修改受托人的任何行为或决定；或者

（b）向受托人作出法院认为适当的指示或作出法院认为适当的其他命令。

（2）破产案件的受托人可就破产案件所引起的任何个别事项向法院申请指示。

破产受托人的罢免

44. ——（1）破产受托人只有在法院的命令下，或在按照法规为此目的而召集的破产人的债权人大会上，方可被罢免。

（2）如破产受托人不再是持牌的破产从业者，则破产受托人应辞去该职位。

（3）除第（4）款另有规定外，破产受托人可辞去该职位——

（a）通过提前 2 个月将受托人的辞呈通知法院及官方受托人；以及

（b）向法院提出申请，要求委任官方受托人或另一人担任破产人财团的受托人。

（4）破产受托人不得辞去该职位，除非该受托人——

（a）已向官方受托人提交了一份关于对破产财团所进行的工作的报告，内载规定的详情；

（b）已被提名担任破产财团的受托人——

（ⅰ）同意担任受托人的另一人；或者

（ⅱ）如果官方受托人书面同意该项任命，则须向官方受托人提交报告；以及

（c）已将受托人辞职的意向及根据第（b）项获提名的人的身份通知了破产人的债权人。

（5）如破产令被撤销，破产受托人即辞去该职位。

（6）破产受托人必须在根据第（2）款离职后的 2 个月内，或在官方受托人允许的较长期间内，向官方受托人提交一份有关破产财团的工作报告，包含所规定的详情。

（7）破产受托人无合理辩解而没有遵守第（6）款的，即属犯罪，一经定罪，可处不超过 10, 000 元的罚金。

破产受托人的职位空缺

45. 凡指定任何人为破产受托人的委任生效前，或委任已生效的破产受托人的职位出现空缺时，官方受托人——

（a）须担任破产财团的受托人，直至该职位空缺获填补为止；以及

（b）可为填补该空缺而召集破产人的债权人大会。

破产受托人的责任

46. ——（1）其中——

（a）破产案件的受托人挪用、保留（或对该挪用、保留负责）破产财团内的任何金钱或其他财产；或者

（b）破产财团因破产受托人在执行受托人职能时的不当行为或违反受托人的信托责任或其他职责而蒙受任何损失的，破产人的官方受托人、破产人或破产人的任何债权人可向法院申请第（2）款所指明的任何命令。

（2）法院在聆讯根据第（1）款提出的申请后，可为有关财团的利益，命令破产受托人——

（a）偿还、归还或交代（account for，预留、列入预算）任何款项或其他财产（连同按法院认为公正的利率计算的利息）；或者

（b）就不作为或违反受托人或法院认为公正的其他责任支付赔偿金。

（3）法院根据第（2）款作出的任何命令，不妨碍破产受托人因本条以外原因而须承担的法律责任。

（4）凡破产案件的受托人取得或处置任何不属于破产财团的财产，而在取得或处置该财产时，受托人相信且有合理理由相信的，受托人有权（不论是否依据法院的命令）取得或处置该财产，则该受托人——

（a）无须就取得或处置所引致的任何损失或损害向任何人承担法律责任（不论是根据本条还是其他规定），但如该损失或损害是由受托人的疏忽所引致的，则属例外；以及

（b）对该财产或其出售所得的收益享有优先权，以支付与该等扣押或处置有关的破产开支。

第3节　破产执业者的监管

作为破产执业者

47.（1）就本节而言，任何人——

（a）作为某法人团体（corporation，法团）相关的破产执业者，如果该人作为——

（ⅰ）该法人团体的清算人或临时清算人；

（ⅱ）该法人团体的司法管理人（judicial manager）或临时司法管理人；或者

（ⅲ）该法人团体（为一公司时）财产的托管人或管理人，或该法人团体（非公司时）财产在新加坡的托管人或管理人；以及

（b）作为与个人有关的破产执业者，如果该人作为——

（ⅰ）破产财团的受托人；或者

（ⅱ）凡根据第14部分提出或批准任何自愿安排的，该自愿安排下的被提名人。

（2）第（1）款不适用于——

（a）官方受托人或官方托管人；

（b）在根据第8部分第3节进行的成员自愿清算中被委任的清算人；或者

（c）根据本法第5部分或《公司法》第7部分就安排计划而委任的计划管理人。

（3）在根据第8部分第3节进行的成员自愿清算中任命某人为清算人，或在根据本法第5部分或《公司法》第7部分进行的安排中任命某人为计划管理人，必须以规定的格式向官方托管人发出任命该人的书面通知。

（4）在本条中，“计划管理人”及“安排计划”具有第61（1）款所赋予的含义。

无执照不得担任破产执业者

48.（1）除持有根据第51条批准或续期的破产从业者执照外，任何人不得——

（a）作为与法团或个人有关的破产执业者；或者

（b）宣传或以任何方式表明该人愿意作为法团或个人的破产执业者。

（2）任何人违反第（1）款，即属犯罪，一经定罪，可处不超过10,000元的罚金或不

超过 12 个月的监禁，或两者并处。

(3) 任何人对其在任何诉讼、起诉或事项中所做的任何导致本条所定罪行之事，均不可追讨费用、佣金或报酬。

发证官员及助理发证官员

49. —— (1) 部长可按姓名或职位任命一名或多名公职人员担任负责本节管理工作的一名或多名发证官员。

(2) 发证官员可委任其所需的一定数目的公职人员为助理发证官员，以协助发证官员执行本节发证官员的职能及职责。

(3) 本节授予发证官员的职能及职责，可由任何助理发证官员履行，而该等履行须受发证官员的指示及控制。

(4) 部长可不时向任何发证官员发出部长认为为履行本节规定所需的指示，但不得与本节的规定相抵触，发证官员必须遵守部长所发出的每一项指示。

个人持有破产执业者执照的资格

50. —— (1) 除非个人是合格人员，否则该个人没有资格获得或持有或继续持有破产执业者执照。

(2) 在本条中，“合格人员” 指——

(a) 律师;

(b) 公共会计师 (public accountant);

(c) 新加坡《会计委员会法》第 2 (1) 款所指的注册会计师；或者

(d) 具有部长在《公报》(gazettee，宪报、政府公报) 命令中规定的其他资格。

执照的批出及续期

51. —— (1) 执照的批出或续期申请必须——

(a) 以规定的格式及方式向发证官员提出；

(b) 同时规定费用 (如有的话)；以及

(c) 如属执照续期的申请，须在续期开始前提出。

(2) 申请批给执照或将执照续期的申请人必须在发证官员的要求下，提供发证官员为决定申请而可能需要的进一步资料或证据。

(3) 发证官员接到根据第 (1) 款提出的申请后，可——

(a) 批给或续期所申请的执照；或者

(b) 拒绝该申请。

(4) 除本节的条文另有规定外，根据第 (1) 款提出申请的人，有资格被批给或将其执照续期，但条件是——

(a) 该人已缴付规定的费用 (如有的话)；以及

(b) 该人符合就批给或续期执照而规定的其他要求。

(5) 在不影响第 (4) 款的前提下，如发证官员认为存在下列情形，发证官员可拒绝批给或续期该人执照——

（a）该人并非持有或继续持有执照的适当人选；或者

（b）批给或续期执照不符合公众利益，或执照的批给或续期可能对国家安全构成威胁。

（6）凡在执照续期期间开始前提交执照续期申请的，执照继续有效，直至执照续期或执照续期申请被拒绝（视情况而定）的日期为止。

（7）任何人在申请批给执照或执照续期时，出现以下情形，即属犯罪，一经定罪，可处以不超过10,000元的罚金或不超过12个月的监禁，或两者并处——

（a）作出该人明知是虚假或不相信是真实的任何陈述或提供如前所述的任何详情、资料或文件的；或者

（b）提供该人知道或有理由相信在重要事项上有误导性的资料的。

（8）为施行本条，发证官员在决定任何个人是否为持有或继续持有执照的适当人选时，可考虑发证官员认为有关的任何事宜，包括下列任何一项：

（a）该人是否在新加坡或其他地方被判犯有任何涉及欺诈、不诚实或道德败坏的罪行；

（b）该人是否在某个民事诉讼中被作出了涉及对该人欺诈、不诚实或违反信托义务的认定；

（c）该人是否患有精神错乱等精神疾病；

（d）该人是否未获破产免责，或是否已与该人的债权人订立和解协议或安排计划；

（e）该人是否曾被发证官员撤销执照。

（9）在本条中，就执照续期的申请而言，“续期期间”指紧接执照届满日期前的规定期间。

许可条件

52. ——（1）发证官员在批给执照或将执照续期时，可施加发证官员认为必需或合适的条件，但不得与本法的条文及执照的任何规定条件相抵触。

（2）为施行第（1）款，发证官员可指明——

（a）适用于所有被许可人的条件；

（b）适用于某指定类别的被许可人的条件；或者

（c）只适用于指定被许可人的条件。

（3）发证官员可随时增加、更改或撤销根据第（1）款施加的关于执照的任何条件。

（4）发证官员在对执照的条件作出任何更改前，必须向有关被许可人发出通知——

（a）述明发证官员拟以通知书所指明的方式作出更改；以及

（b）被许可人可就拟议的修改向发证官员作出书面申述的时间（不得少于通知书送达之日起14天）。

（5）发证官员在接到第（4）（b）项所述的任何书面申述后，必须考虑该项申述，并可——

（a）拒绝该项申述；

（b）在顾及该项申述后，以发证官员认为适当的方式修订拟议的该项修改；或者

（c）撤回拟议的修改。

（6）当出现以下情形时，发证官员必须向被许可人发出书面指示，规定被许可人在发证官员指明的期间内，实施根据第（4）款发出的通知所指明的修改，或发证官员根据第（5）（b）款进行的修订（视情况而定）——

（a）发证官员根据第（5）（a）项拒绝任何书面申述；

（b）发证官员根据第（5）（b）项修订关于执照条件的任何拟议修改；或者

（c）在发证官员根据第（4）（b）项指明的期间内，发证官员没有接到任何书面申述，或被许可人所作的任何书面申述被撤回，而被许可人并没有立即实施该项修改。

执照的形式和有效性

53.——（1）执照必须——

（a）采用发证官员所决定的格式；以及

（b）列明批准该执照的条件。

（2）执照的有效期至批准该执照的下一年的6月30日为止。

（3）续期的执照继续有效期为3年，从紧接该执照（如未续期的话）届满后的日期起算。

持牌破产执业者登记册

54.——（1）执照一经批出或续期，发证官员必须安排将被许可人的下列详情记入持牌破产执业者名册：

（a）被许可人的全名；

（b）被许可人的雇主的名称，或（如被许可人是自营职业者）被许可人的商号的名称；

（c）被许可人执业的主要地址。

（2）任何人可在办公时间内免费查阅持牌破产执业者名册。

（3）任何被许可人的第（1）款所述详情如有任何更改，该被许可人必须在更改后1周内，将该项更改通知发证官员，而发证官员则必须安排将有关该被许可人的记录在持牌破产执业者登记册内予以修订，以反映该项变更。

（4）如发证官员撤销、取消或暂时吊销任何被许可人的执照，发证官员必须安排将该被许可人在持牌破产执业者名册内的记录予以修订，以反映该项撤销、取消或暂时吊销。

持牌破产执业者在某些情况下不得行事

55. 持牌破产执业者不得在出现下列情形时，担任破产执业者——

（a）已被判定破产，但尚未破产免责；

（b）受根据《公司法》第149条作出的取消资格令所规限；

（c）受根据第15部分订立的偿债计划所规限；

（d）受根据第14部分作出的自愿安排所规限；或者

（e）受任何外国法律所规定的任何程序、命令、计划或安排所规限，而该等程序、命

令、计划或安排与（a）至（d）项所述的程序、命令、计划或安排相似。

执照的吊销、取消或暂时吊销等

56.（1）除第（3）款另有规定外，发证官员如认为出现下列情形，可通过命令撤销任何执照——

（a）被许可人没有遵守——

（ⅰ）执照所需符合的任何条件；或者

（ⅱ）本法中适用于被许可人的任何规定，违反该规定尚未构成犯罪的；

（b）该执照是通过欺诈或失实陈述而取得的；

（c）在执照被批给或续期时，发证官员并不知道有任何现有情况会规定或准许其拒绝批给或续期被许可人的执照；

（d）被许可人不再有资格根据第50条持有执照；

（e）被许可人在新加坡或其他地方被宣告破产；

（f）被许可人须受第15部分所指的偿债计划或第14部分所指的自愿安排的规限，或须受新加坡以外的类似计划或安排的规限；

（g）被许可人须受根据《公司法》第149条作出的取消资格令或根据任何外国法律作出的类似命令的规限；

（h）被许可人被判犯有本法所规定的罪行；

（i）被许可人在新加坡或其他地方被判犯欺诈、不诚实或道德败坏的罪行；

（j）被许可人不再是继续持有执照的适当人选；

（k）被许可人继续作为被许可人是不符合公众利益的；或者

（l）被许可人已去世。

（2）除第（3）款另有规定外，发证官员如认为并无足够严重的理由可撤销任何执照的，可命令——

（a）将执照暂时吊销不超过6个月；

（b）指示被许可人缴纳不超过100,000元的罚款；

（c）谴责有关被许可人；或者

（d）更改执照的任何条件，或施加发证官员认为适当的其他条件。

（3）发证官员必须以书面形式通知被许可人——

（a）发证官员根据第（1）或（2）款行使任何权力的意向，以及行使该权力的理由；以及

（b）发证官员拟行使该权力的日期。

（4）发证官员不得在其将该意向通知被许可人后30天内，根据第（1）或（2）款行使任何权力，但如果有关的被许可人有机会亲自或以书面或其他方式发表意见的，则属例外。

（5）凡发证官员已根据第（1）款撤销执照，或根据第（2）款就被许可人作出任何命令的，则发证官员必须向有关被许可人送达该命令的通知。

（6）根据第（1）或（2）款撤销或暂时吊销执照的命令，在该命令的通知书根据第（5）款送达被许可人后14天终结时生效。

（7）在因被许可人被判处刑事罪名而根据本条进行的任何法律程序中，发证官员必须认定被许可人的定罪为最终及决定性的定罪。

（8）为施行本条而决定被许可人是否继续持有执照的适当人选时，发证官员可考虑其认为有关的任何事宜，包括第51（8）款所述的任何事宜。

（9）凡发证官员以第（1）（l）款所述理由撤销执照的，则第（4）、（5）及（6）款均不适用。

（10）如被许可人向发证机关提交书面请求，要求取消被许可人的执照，并将被许可人的姓名从持牌破产执业者名册中删除的，发证官员可（在符合发证官员所施加或发出的条件或指示下）取消该执照，并将被许可人的姓名从登记册中删除。

要求（被许可人出示）文件或资料的权力

57.——（1）为调查任何被许可人是否违反或触犯（contravened）了本法或执照条件下的任何要求，发证官员可向任何被许可人发出书面通知，要求该被许可人出示任何文件或提供任何资料，包括——

（a）在通知书内指明或描述的，或属于通知书内指明或描述的文件或资料类别的（任何资料或文件）；以及

（b）发证官员认为与该项调查有关的（任何资料或文件）。

（2）根据第（1）款发出的通知必须——

（a）指明调查的主题及目的；以及

（b）提供第（5）、（9）及（10）款所定罪行的资料。

（3）发证官员可在通知书内指明——

（a）出示任何文件或提供任何资料的时间及地点；以及

（b）出示该文件或提供该资料的方式及形式。

（4）根据本条规定要求被许可人出示文件的权力，包括——

（a）如该文件被出示——

（ⅰ）复制或摘录该文件；以及

（ⅱ）规定该被许可人或该被许可人的任何现任或前任雇员就该文件作出解释；或者

（b）如该文件未被出示，则规定该被许可人尽其所知所信，述明该文件在何处。

（5）任何人没有遵守根据第（1）款施加于该人的规定，即属犯罪，一经定罪，可处不超过5000元的罚金或不超过12个月的监禁，或两者并处。

（6）如任何人就出示文件的规定被指控犯第（5）款所定罪行，则该人可证明——

（a）该文件并非由该人所占有或由该人所控制；以及

（b）该人有合理理由不遵守该项规定。

（7）如任何人就下列某项要求被指控犯第（5）款所定罪行——

（a）提供资料；

（b）对文件作出解释；或者

（c）述明在何处可寻获文件，

如该人证明其有合理理由不遵守该项规定，即为免责辩护。

（8）如根据第（1）款施加要求的发证官员没有按照第（1）及（2）款行事，未遵守该规定并不属于犯罪。

（9）根据第（1）款被要求出示文件的人，符合下列条件之一的，即属犯罪，一经定罪，可处不超过10,000元的罚金或不超过12个月的监禁，或两者并处——

（a）故意或罔顾后果地销毁或以其他方式处置该文件的；

（b）伪造或隐藏该文件的；或者

（c）致使或准许销毁、处置、伪造或扣押该文件的。

（10）任何人依据根据第（1）款发出的通知，向发证官员提供资料或出示任何文件，明知该资料或文件在重要事项上是虚假或具有误导性，或罔顾该等资料或文件在重要事项上是否是虚假或具有误导性的，即属犯罪，一经定罪，可处不超过10,000元的罚金或不超过12个月的监禁，或两者并处。

发出书面指示的权力

58.——（1）凡被许可人违反或很可能违反本节的任何条文或执照的任何条件时，发证官员如认为为本节的管理而有需要或合适，可向被许可人发出书面指示，要求被许可人为下列其中一项或两项（行为）：

（a）遵守或停止违反该条款或条件；

（b）妥善处理因违反而产生的任何违约。

（2）发证官员可随时更改、撤销或废除根据第（1）款发出的任何书面指示。

（3）任何被许可人没有遵守根据第（1）款发出的书面指示所指明的任何要求的，即属犯罪，一经定罪——

（a）可处不超过10,000元的罚金或不超过12个月的监禁，或两者并处；以及

（b）如属持续的罪行，可就定罪后该罪行持续的每一天或不足一天的，另处不超过1000元的罚金。

向部长提出上诉

59.——（1）任何申请执照或执照续期被发证官员拒绝的人，可在接到拒绝通知后的上诉期间内，以规定的方式向部长提出上诉。

（2）凡执照由发证官员在条件规限下批给或续期的，或凡根据第52（3）款增加或更改任何条件的，有关被许可人可在接到包含该等条件、该等增补或更改的通知后的上诉期间内，以规定的方式向部长提出上诉。

（3）如果发证官员根据第56（1）或（2）款就任何被许可人发出命令的，则被许可人在被送达上诉令后，在上诉期间内，可按规定的方式向部长提出上诉。

（4）在根据本条针对发证官员因被许可人刑事定罪而作出的任何决定或命令提出的上诉中，部长必须接受被许可人的定罪是最终和决定性的。

（5）根据本条针对发证官员的任何决定或命令提出的上诉［第56（6）款所述的命令除外］，并不中止上诉所针对的决定或命令，亦不阻止为执行该决定或命令而采取的行动，而上诉所针对的决定或命令，须予遵守，直至上诉获裁决为止。

（6）部长根据本条就上诉作出的决定为最终决定。

（7）在本条中，“上诉期”是指30天或部长在特定情况下允许的更长期限，无论是在30天结束之前还是之后。

罪行的构成

60. ——（1）发证官员可酌情决定将本节规定为可加重罪行的任何罪行，向合理怀疑犯该罪行的人收取一笔不超过下列较低者的款项：

（a）就该罪行规定的最高罚金金额的一半；

（b）5000元。

（2）在根据第（1）款缴纳该笔款项后，不得就该罪行对该人采取进一步的法律程序。

（3）根据本条收取的所有款项，必须拨入综合基金。

第 4 部分
公司破产、重组和解散
——初步规定 ~
第 12 部分
适用于第 4 部分至第 11 部分的一般规定

都为公司破产独有的章节，因此省略未翻译。

第13部分
（个人）破产——初步规定

第13部分至第21部分的解释

273.——（1）在本部分及第14部分至第21部分中，除非另有说明，否则——

“管理日期”是指——

（a）破产人提交破产事务说明书的日期；或者

（b）如果官方受托人根据第332（4）（c）项指示破产人提交补充信息，则为随后提交补充信息的日期。

“破产申请”是指向法院申请破产令。

“破产令”是指裁定（adjudging）债务人破产的命令。

“债权人”，就第14部分规定的自愿安排的债务人而言，债权人是指债务人欠了在破产中可证明的债务的债权人。

“在破产中可证明的债务”或“可证明的债务”是指根据本法在破产中可被证明的任何债务或法律责任。

“债务人”——

（a）就第14部分所指的自愿安排的建议而言，是指个人或企业或拟提出该建议的人，并包括该企业的每个合伙人；以及

（b）就破产申请而言，是指与该申请有关的企业或该企业的每一个合伙人。

“债务人的破产申请”是指债务人或企业的全部或大部分合伙人根据第308条针对其本人或该企业提出的破产申请。

“财团”（estate），就破产而言，应按照第329条的规定解释。

“家庭成员”，就破产而言，是指与破产人共同生活并依赖其的人（如果有的话）。

“企业”是指为了牟利而由合伙经营的个人组成的非法人团体。

“被公报”（gazetted）指在《公报》上刊登。

“物品”包括个人的所有动产。

“收入”包括所有收入，无论是否来自或产生于新加坡，以及是否在新加坡或其他地方收取的。

“判决债务”是指任何人根据对该人的判决或法院命令须支付的债务。

“每月供款”是指——

（a）根据第339条确定的数额，依据第371条要求破产人从其收入中每月支付给官方

受托人的金额；或者

（b）如果第（a）项所述的金额与法院根据第 340（5）（a）项、第 341（1）款或第 343（4）（a）项计算的金额或由官方受托人根据第 342（1）款或第 344（3）款减少的金额不同，则该变更或减少的金额（视情况而定）。

“被提名人”是指根据第 14 部分提出的自愿安排建议而获指定的人，该建议是为监督该项自愿安排的实施而作出的，或以其他方式监督该项自愿安排的实施，并包括——

（a）依据根据第 280（3）（a）项发出的指示或根据第 286（5）款作出的命令，而获指定的人；以及

（b）根据第 282（3）款被债权人会议授予被提名人职能的任何人。

“普通决议”是指在债权人亲自出席或通过债权人代表出席的债权人会议上，由所代表的债权额多数表决通过的决议。

“合伙债务”是指所有企业合伙人共同承担的债务。

“优先债务”是指应优先于所有其他无担保债务和第 352 条规定的任何债务的债务，对优先债权人的任何提及都应据此解释。

“记录”包括计算机记录和其他文件记录。

“担保债权人”，就债务人而言，是指对债务人的财产或其财产的任何部分（作为对债务人所负债务的担保）享有按揭、质押、抵押、留置或其他担保权的人。

“治安法官”包括负责执行法院任何令状或其他程序的法警（bailiff）及任何官员。

“特别决议”是指在债权人亲自出席的或由债权人代表出席的债权人会议上，由债权人人数过半且至少 3/4 以上债权额表决通过的决议。

“法定要求”是指按规定格式提出的要求，就该人欠债权人的任何债务，要求被送达人支付、担保或达成使提出要求之债权人合理满意之和解。

“补充信息”是指要求破产人提交第 332（4）（c）项所指的补充资料。

“目标供款”（target contribution）是指——

（a）等于下列所述金额——

（ⅰ）在任何情况下，如破产属重复破产，则须根据第 339 条确定的 76 笔（6 年的）每月供款；或者

（ⅱ）在任何其他情况下，按第 339 条确定的 52 笔（4 年零 4 个月的）每月供款；或者

（b）如果第（a）项所述的金额由法院根据第 340（5）（a）项、第 341（1）款或第 343（4）（a）项进行更改或由官方受托人根据第 342（1）款或第 344（3）款进行扣减，则该金额视情况而更改或减少。

（2）在本部分或第 14 部分至第 21 部分中，凡任何提及债务人或破产人的人或财产的，凡涉及属于企业的债务人或已被作出的破产令所针对的企业，则须被解读为提及该企业的每个合伙人的人或财产。

（3）根据本部分或第 14 部分至第 21 部分，如果在破产人被裁定破产的破产令作出

前，破产人已根据本法或先前任何与破产有关的成文法获得过破产免责的，除非上下文另有规定，否则某破产为重复破产（a bankruptcy is a repeat bankruptcy）。

逮捕和扣押权

274. ——（1）法院可以发出手令——

（a）逮捕已对其提出破产申请或作出破产命令的人；或者

（b）扣押该人所拥有的任何簿册、文件、记录、金钱或货物，

应官方受托人的申请，如果法院确信或者有合理理由相信该人——

（c）已潜逃或即将潜逃，以避免或延迟支付该人的任何债务或该人现身破产申请提交（appearance to a bankruptcy application），或避免、延迟或中断针对该人的任何破产中的程序或对该人的任何事务的审查；

（d）即将移走该人的货物，以防止或延迟官方受托人对其财产的占有；

（e）曾隐匿或销毁或即将隐藏或毁灭该人的任何物品或任何账簿、文书或记录，而该物品、账簿、文书或记录在该人破产或管理该人破产财团的过程中对债权人有用；

（f）在未经官方受托人许可的情况下，已移走该人所占有的超过规定价值的任何物品；或者

（g）在没有合理理由的情况下没有参加法院命令的任何审查。

（2）凡某人已根据本条被逮捕，法院可以——

（a）根据规则授权该人被拘留，直至法院作出命令；或者

（b）法院确信该人将遵守法院认为适合施加的条件时，可在有或没有担保的情况下作出释放该人的命令。

（3）根据第（1）款作出的指令而被扣押的任何东西，法院均可授权按照规则持有，直至法院作出命令为止。

（4）任何人在违反第（2）款所述的任何担保条件的情况下，提供的任何担保的变现收益，如（万一该人破产）该人是未获破产免责的破产人，或该人并非未获破产免责破产人，应被视为该人的财产，并将该收益转归官方受托人。

第 14 部分
自 愿 安 排

第 1 节　破产债务人的延缓偿付期（moratorium）

本部分不适用于未债务免责的破产人

275. 本部分不适用于——

（a）任何仍未获破产免责的个人债务人；或者

（b）已被作出破产令并且其合伙人尚未获得破产免责的企业。

临时法院命令

276. ——（1）除第（2）款另有规定外，任何无力偿债的债务人如拟向无力偿债的债务人的债权人提出建议，要求就无力偿债的债务人的债务作出和解，或提出安排无力偿债的债务人事务的计划（在本部分中被称为自愿安排），可根据本部分向法院申请临时命令。

（2）除非该企业的所有或大多数合伙人加入或打算加入自愿安排建议的提出，否则无力偿债企业的合伙人不得向法院申请对该企业的临时命令。

（3）在临时命令的有效期内——

（a）当该临时命令是关于个人债务人的——

（ⅰ）不得针对债务人提出或继续（proceeded）破产申请；以及

（ⅱ）未经法院许可，不得对债务人的人身或财产提起或继续进行其他诉讼、执行或其他法律程序；以及

（b）当该临时命令是关于企业的——

（ⅰ）不得针对该企业或该企业的任何合伙人提出或继续破产申请，除非经法院许可；以及

（ⅱ）未经法院许可，不得针对该企业或其财产或该企业的任何合伙人的人身及其财产提起或继续进行其他诉讼、执行或其他法律程序。

（4）除非法院另有指示，否则临时命令在发出 42 天后不再生效。

被提名人

277. ——（1）每一个为了本部分的目的而提出建议的债务人都必须在该建议中指定 1 名被提名人，就该自愿安排担任受托人或为监督该安排之执行的目的。

（2）除非该人是取得了执照的破产执业者，否则不得被指定为被提名人。

（3）部长可以制定法规，规定协助债务人的被提名人就自愿安排收取费用的幅度（scale）。

申请的效力

278. ——（1）在根据第276条提出的临时命令申请待决的任何时候，法院可以暂停针对债权人或债权人财产的任何诉讼、执行或其他法律程序。

（2）任何针对债务人的正在提起的诉讼的处理法院，确信已根据第276条提出了临时命令的申请后，可中止诉讼或允许它们以该法院认为适当的条件继续进行。

（3）凡根据第276条针对其提出的临时命令的申请（待决中）的债务人是一家企业的，第（1）款和第（2）款规定的法院的权力适用于任何针对该企业的任何合伙人的人身或财产的诉讼、执行或其他法律程序。

作出临时命令的条件

279. ——（1）法院不得应根据第276条提出的申请作出临时命令，除非法庭确信——

（a）债务人拟就自愿安排提出建议；

（b）在申请日期前的12个月内，并无先前针对债务人提出的临时命令的申请；以及

（c）由债务人的建议所委任的被提名人符合并愿意就该建议采取行动。

（2）法院如认为适当，可作出临时命令，以方便考虑及执行债务人的建议。

被提名人关于债务人建议的报告

280. ——（1）凡已作出临时命令，则在该命令停止生效前，被提名人须向法院提交报告，述明——

（a）被提名人是否认为应召开债务人会议，以考虑债务人的建议；以及

（b）如被提名人认为该会议应被召集，则被提名人应建议举行会议的日期、时间及地点。

（2）为使被提名人能拟备第（1）款所述的报告，债务人必须向被提名人提交——

（a）一份文件列明债务人所建议的自愿安排的条款；以及

（b）债务人的事务陈述包括——

（ⅰ）如该债务人是个人，他或她的资产、债权人、债务及其他可能被规定的法律责任的详情；

（ⅱ）如该债务人是企业，则须提供该企业及每一位合伙人的资产、债权人、债务及其他可能被规定的法律责任的详情；以及

（ⅲ）规定的其他资料。

（3）如果被提名人未能在法院要求的时间内提交本条所要求的报告，则法院可应债务人的申请，作出下列一项或两项：

（a）指示由另一名有资格以被提名人身份行事的人代替该名被提名人；

（b）指示该临时命令继续执行，或如该命令已停止生效，则该临时命令在法院认为适当的较长期间内继续有效。

（4）法院可以应被提名人的申请延长临时命令生效的期限，以便被提名人有更多时间

准备第（1）款所述的报告。

（5）如法院在接到被提名人的报告时确信应召集债务人的债权人会议以审议债务人的建议，法院必须指示，为使债务人的债权人能够考虑债务人的建议，并使被提名人根据第281条至第283条向法院报告债务人的债权人会议的结果，将临时命令生效的期限再作出法院认为适当的延长。

（6）法院可应被提名人的申请解除临时命令，如果法院确信——

（a）债务人没有遵守第（2）款；或者

（b）基于任何其他理由，为考虑债务人的提议而召集该债务人的债权人会议，是不适当的。

召集债权人会议

281. ——（1）当被提名人根据第280条向法院报告称应召集债务人的债权人会议时，除非法院另作指示，否则被提名人须根据其报告召集该会议。

（2）被提名人必须将被提名人已知债权主张和地址的每位债务人的债权人召集到会。

第2节　债务人建议的审议和执行

债权人会议决议

282. ——（1）根据第281条召集的债权人会议可以，在会议认为合适的情况下，通过特别决议批准被建议的自愿安排，不论是否进行修改。

（2）除非债务人同意如此修改，否则债权人会议不得批准拟议的自愿安排进行任何修改。

（3）就本条而言，债权人会议可以批准拟议的自愿安排的修改，可以将建议授予被提名人的职能授予有资格出任被提名人的另一人。

（4）根据第（3）款进行的修改，不得将建议修改到不再是债务人的自愿安排建议的程度。

（5）除得到担保债权人的同意外，债权人会议不得批准任何影响担保债权人实现其担保权利的建议或修改。

（6）未得到优先债权人的同意，债权人会议不得批准任何下列建议或对建议的任何修改——

（a）任何债务人的债务（非优先债务）先于债务人的任何优先债务获得清偿；或者

（b）就债务人的任何其他优先债务而言，偿还债务人的任何优先债务的优先权与第352条规定不符。

（7）每次债权人会议必须按照法规规定进行。

（8）任何债务人作出任何虚假陈述或进行任何其他欺诈行为，目的是获得债务人的债权人对自愿安排建议的批准的，即属犯罪，一经定罪，可处不超过10,000元的罚金或不超过3年的监禁，或两者并罚。

向法院报告其决定

283. ——（1）在根据第281条召集的债权人会议结束后，被提名人必须向法院报告会议结果，并将报告副本送达规定的人员。

（2）如果债权人会议拒绝批准债务人的建议，法院可以解除任何与债务人有关的生效的临时命令。

批准的效力

284. ——（1）凡根据第281条召集的债权人会议已批准拟议的自愿安排，无论该安排有没有任何修改，该被批准的安排——

（a）犹如由该债务人在该次会议上作出的一样而生效；以及

（b）约束每一名已获通知并有权在该次会议上投票的人，不论该人是否出席或由代表出席该次会议，犹如该人是该安排的成员一样。

（2）在符合第285条的规定下，与该债务人有关的临时命令在根据第283条向法院提出报告之日起28天后终止生效。

（3）凡破产申请的程序被临时命令中止，而该临时命令根据第（2）款不再生效，则除非法院另有命令，否则该申请视为被驳回。

债权人会议决定的复核

285. ——（1）根据第281条召集的债权人会议的任何债务人、被提名人或有权投票的人，均可基于下列理由向法院申请复核会议的决定——

（a）被批准的自愿安排不公正地损害了债务人或其债权人的利益；或者

（b）存在会议上或与会议有关的重大违规行为。

（2）在聆讯了根据第（1）款提出的请求后，法院可以在其认为适当的情况下作出下列一项或两项决定：

（a）撤销或中止债权人会议给予的任何批准；

（b）指示任何人召集债务人的债权人的进一步会议，以考虑债务人可能提出的任何修改建议，或在属于第（1）（b）项的情况下，重新考虑债务人的原始建议。

（3）在根据第283条向法院提交报告之日起28天后，不得提出本条所述的申请。

（4）凡在根据第（2）（b）款发出指示，要求召开另一次会议以审议经修订的建议后的任何时间，法院确信债务人无意提交此类建议的，则法院必须撤销该项指示，并撤销或暂停在上一次会议上作出的任何批准。

（5）法院在根据第（2）（b）项发出指示后，如认为公正，可将任何有关债务人的临时命令的有效期延展至法院认为适当的期间。

（6）法院在根据本条发出指示或撤销或暂停批准后，可发出其认为适当的补充指示，特别是关于下列的指示——

（a）自会议以来根据会议批准的任何自愿安排所做出的事项；以及

（b）自会议以来所做出的事项，如果临时命令在被作出时已对债务人生效，则是不可能被做出的。

（7）除根据本条规定外，在根据第 281 条召集的债权人会议上给予的任何批准均不得仅因会议上或与会议有关的任何不正当理由而无效。

被批准的自愿安排的实施与监督

286. ——（1）如根据第 28 条召集的债权人会议批准的自愿安排生效，被提名人必须监督该自愿安排的实施。

（2）在被提名人对自愿安排的实施进行监督的情况下，对被提名人的任何作为、不作为或决定感到不满，债务人或债务人的任何债权人可向法院申请复核该作为、不作为或决定。

（3）在聆讯根据第（2）款提出的申请时，法院可以——

（a）确认、推翻或修改该名被提名人的任何决定；或者

（b）向被提名人发出指示或作出法院认为适合的命令。

（4）被提名人可就根据自愿安排而产生的任何个别事宜向法院申请指示。

（5）下列情形，法院随时可以作出命令，任命有资格担任被提名人的人，以替代现有的被提名人或填补空缺——

（a）当有利时，任命一个人来履行被提名人的职能；以及

（b）在没有法院协助的情况下进行这种任命是权宜之计的、困难的或不切实际的时候。

债务人未能遵守自愿安排的后果

287. 凡任何债务人没有遵守自愿安排下的债权人义务，受该项自愿安排约束的被提名人或任何债权人，可根据第 16 部分的规定，提出针对该债务人的破产申请。

第15部分
偿 债 计 划

第1节 初 步 规 定

本部分的解释

288. ——（1）在本部分中，除非上下文另有要求——

“上诉小组”（panel），是指根据第304条设立的委员会（小组）；

“申请债权人”，就偿债计划中的债务人而言，是指对债务人提出破产申请的债权人；

“债务”，是指任何债务，或任何支付款项的法律责任，它是无担保的、现时的、确定的，且有已固定或经过清算的金额；

“债务人”，是指根据本部分适用债务还款计划的个人；

“生效日期”，就偿债计划而言，指该计划根据第292（1）款开始的日期；

“有关的破产申请”，对偿债计划下的债务人而言，是指法院根据第316（9）款或第318（3）款延后（adjourned）的破产申请，使官方受托人能够确定债务人是否适合该计划并实施该计划；

“还款期”，就偿债计划而言，指根据第291（8）款的生效日期开始的期限，根据该计划可以偿还该计划中所涉债务人的债务。

（2）就本部分而言——

（a）在适用于债务人的偿债计划的生效日期之前，根据第2部分针对某债务人的任何被证明的债务，在该计划生效之日被视为根据该计划已被证明；以及

（b）在适用于债务人的偿债计划的生效日期之前，由债务人（或关于债务人的）根据第2节提交、作出或呈递的任何申报、证明、声明或陈述，在生效日期时，须视为已根据该计划被提交、作出或呈递。

第2节 对偿债计划的建议

法院转交（referral）

289. ——（1）在法院裁定针对债务人提出的破产申请，并根据第316（9）款或第318（3）款将此事转交官方受托人时，官方受托人必须采取必要步骤——

（a）审查债务人是否适合某偿债计划；以及

（b）在债务人适合的情况下，按照本部分实施该偿债计划。

（2）如果发生下列情形，官方受托人必须向法院报告债务人不适合某偿债计划的情形——

（a）债务人的债务总额超过规定的数额；

（b）债务人不符合第 319（9）款的第（b）、（c）、（d）或（e）项（视情况而定）所规定的任何合格标准；

（c）债务人知道或相信任何人根据本节对债务人提出了虚假或不准确的债务主张，但未告知官方受托人；

（d）官方受托人知道第 300（1）款第（a）、（b）、（c）、（d）、（h）或（i）项提及的任何情况；或者

（e）官方受托人确信，出于其他任何原因，债务人不适合某偿债计划。

（3）第（2）款在债务偿还计划根据第 292（1）款就债务人开始执行时不再适用。

债务人事务陈述书、债务偿还建议，以及债权人的债权证明

290. ——（1）在法院延后针对债务人的破产申请后，根据第 316（9）款或第 318（3）款将该事项提交给官方受托人，官方受托人必须书面通知债务人，要求债务人以下列形式和方式，并在该通知中（由官方受托人）指定的时间内提交——

（a）债务人的事务陈述书；以及

（b）偿还期不超过 5 年的债务偿还计划，列明偿还债务人债务的条款，

债务人必须遵守该通知。

（2）官方受托人在收到债务人根据第（1）款提交的事务陈述书后，必须向该陈述书中披露的每一位债权人发出通知，要求债权人在该通知中（由官方受托人）指定的时间内提交债权证明。

（3）第 294 条适用于根据本节提交的债权证明，犹如该证明是根据债务偿还计划提交的债权证明一样。

偿债计划的审批

291. ——（1）除第（7）款另有规定外，官方受托人必须审查债务人根据第 290（1）款提交的事务陈述书和债务偿还计划以及针对该债务人提交的债权证明，并可在官方受托人认为适当的情况下，在根据第（2）款召开债权人会议前，对该计划作出修改。

（2）官方受托人必须召集和主持债权人会议，审查债务偿还计划。

（3）在符合第（7）款规定的情况下，官方受托人可在债权人会议上或之后批准债务偿还计划，而无须进行任何修改，或在官方受托人认为适当的情况下进行任何或进一步修改。

（4）债务人或在本节已证明债务人欠债的债权人，可在规定的时间内，依规定的方式，向上诉小组上诉，反对官方受让人根据第（3）款批准该偿债计划，理由是被批准的计划不公平地损害其利益。

（5）上诉小组可就上诉作出下列裁决——

（a）确认官方受托人对债务偿还计划的批准；或者

（b）受第（7）款的约束，对其认为适当的计划作出修改，

上诉小组的上述决定为最终决定。

（6）在第296条的规定下，由受托人批准或由上诉小组修改的债务偿还计划，可要求债务人进行全额偿还，或按计划的规定部分支付被包括在该计划中的债务。

（7）官方受托人批准或上诉小组根据本条修改的债务偿还计划的偿还期不得超过5年。

（8）债务偿还计划在官方受托人根据第（3）款批准计划时指定的日期生效，并约束下列人员——

（a）债务人；以及

（b）凡已根据本节证明债务人对其负有债务并已将所欠债务列入了计划的债权人。

（9）根据第（4）款提出的上诉，并不终止本部分下偿债计划的启动、运作或效果。

第3节　偿债计划的启动和管理

债务偿还计划的启动和管理

292.——（1）与某债务人有关的债务偿还计划自该计划根据第291（8）款对该债务人生效之日起开始。

（2）官方受托人——

（a）必须管理本部分下的所有债务偿还计划；以及

（b）可收取就该项管理而规定的费用。

（3）在债务人的债务偿还计划开始时，官方受托人必须从破产人的财团账户和债务偿还计划账户中支付申请债权人就针对债务人提出的有关破产申请向官方受托人支付的任何存款的余额，以清偿官方受托人在管理该计划时所招致的费用及开支。

债务偿还计划下的延期偿付（moratorium）等

293.——（1）除第（2）款另有规定外，在适用于债务人的债务偿还计划生效日期起至该计划根据第298（1）款终止之日止的期间内——

（a）（债务人根据该计划可证明的任何债项而拖欠的）债权人不得就该债项对该债务人的人身或财产采取任何救济措施；以及

（b）不得就该债务对债务人提起诉讼或其他法律程序，

但如经法院许可并按照法院所施加的条件提起的，则属例外。

（2）第（1）款不影响任何担保债权人，以与该款未颁布时担保债权人有权变现或处理的方式相同的方式，变现或以其他方式处理该担保债权人的担保权利。

（3）债务人（其适用偿债计划）的债权人已对债务人的物品或土地签发了执行令，或已扣押了属于债务人的任何到期债务或财产的，则除非债权人在计划生效日期前已完

成对债务人的执行或扣押，否则债权人无权保留对债务人执行或扣押的利益，下列情形除外——

（a）任何人如真诚地根据治安法官的售卖购买了债务人的任何物品，而该等物品已被强制执行，则在任何情况下，该人均取得该等物品对债务人的良好所有权；以及

（b）本款赋予债务人的权利，可由法院在其认为适当的范围内，并按其认为适当的条件，以有利于债权人的方式予以撤销。

（4）就第（3）款而言——

（a）对物品的执行是通过扣押和出售完成的；

（b）对债务的扣押（attachment）是在收到债务后完成的；以及

（c）对土地或任何土地权益的执行，须根据任何与土地注册有关的成文法对扣押及出售令状（a writ of seizure and sale）进行登记，并附上债务人在该扣押及出售令状所述土地上的权益。

偿债计划中的债务证明

294. ——（1）除第 296 条另有规定外，下列债项可根据债务人的偿债计划证明：

（a）在该计划的生效日期，债务人须受其规限的任何债项，以及在该计划生效日期前的任何期间，债务人须就该债项支付的任何利息；

（b）在计划生效日期之后但在计划终止日期之前，债务人因在生效日期之前招致的任何责任而承担的任何债务，以及债务人在生效日期前任何期间应付的该等债务的任何利息；

（c）任何债务，即债务人在计划生效日期就其所欠担保债务提供担保后所欠的余额，在计划终止前的任何时间变现。

（2）债权人必须按照规定的形式和方式，向官方受托人提交本部分所规定的债权人的债权证明。

（3）官方受托人必须按照法规的规定，全部或部分承认或拒绝根据本部分提交的任何债权证明。

（4）任何债务人或债权人对第（3）款规定的官方受托人的决定不满的，可以在规定的时间内，以规定的方式，就该项决定向法院提出上诉。

（5）法院在聆讯根据第（4）款提出的上诉时，可确认、推翻或更改官方受托人的决定。

（6）根据第（4）款提出的上诉，并不中止本部分所指的偿债计划的展开、实施或生效。

债务偿还计划的修改

295. ——（1）除第（6）款另有规定外，官方受托人可在偿债计划生效之日或之后的任何时间，根据自己的意愿或应下列人员的请求——

（a）该方案所适用的债务人；

（b）受该方案下的偿债计划约束的债权人；或者

（c）债权人，非第（b）项所指的债权人，在该方案下证明他或她的债务，以官方受托人认为适当的方式修改该计划。

（2）官方受托人在对债务偿还计划进行修改前，必须以书面形式通知债务人和根据债务偿还计划已经证明债权的所有债权人，召集和主持债权人会议。

（3）除第（6）款另有规定外，官方受托人可在债权人会议上或之后拒绝修改偿债计划，或可对该计划作出官方受托人认为适当的修改。

（4）债务人或任何已根据偿债计划证明其债权的债权人，可在规定的时间内，以该项决定不公平地损害其利益为理由，以规定的方式，向上诉小组提出上诉，反对官方受托人根据第（3）款作出的决定。

（5）上诉小组可通过下列方式裁定该上诉——

（a）确认官方受托人的决定；或者

（b）除第（6）款另有规定外，对其认为适当的债务偿还计划作出此类或更进一步的修改，

上诉小组的上述决定为最终决定。

（6）在对债务偿还计划延期还款期限另有规定的情况下，根据本条延长的偿债计划的还款期，在任何时候都不得超过下列还款期限——

（a）如该计划包括第294（1）（b）项或第（c）项所述的债项，则为7年；或者

（b）在其他情况下，则为5年。

（7）如果根据本条修改了债务偿还计划，则该修改应在官方受托人根据第（3）款对该计划进行的修改中指定的日期生效，自该日起，修改后的计划对下列人员具有约束力——

（a）债务人；

（b）修改前受计划约束的所有债权人；以及

（c）凡该计划经修改以包括第（1）（c）项所述债权人的债项，则该债权人（应受修改后的计划约束）。

（8）根据第（4）款提出的上诉，并不中止本部分下的偿债计划的展开、实施或生效。

债务优先权和债务利息

296. ——（1）下列各债权，应根据适用于债务人的偿债计划，优先于被该偿债方案（该计划与之相关）证明的并包括在该计划中的所有其他债权受偿——

（a）官方受托人在管理该方案过程中所发生的成本和费用；

（b）申请债权人针对债务人提出的有关破产申请的费用［（无论是评定的或议定的）whether taxed or agreed］；

（c）除第（2）款另有规定外，所有工资或薪金（不论是否全部或部分以佣金方式赚取的）包括根据任何雇佣合同、（赔偿）裁决（award）或协议规定的任何雇员雇佣条件下的津贴或补偿应付的任何金额；

（d）除第（2）款另有规定外，根据任何雇佣合同、（赔偿）裁决或协议（该合同或

协议规定雇佣条件）应付予雇员的作为裁员福利（retrenchment benefit）或特惠金（ex gratia payment）的金额，不论该金额在计划生效日期之前、当日或之后须予支付；

（e）根据《工伤补偿法》，在计划生效日期之前、当日或之后应付的与任何工伤补偿有关的所有款项；

（f）债务人作为任何人的雇主，根据与雇员退休金或公积金有关的任何成文法，或根据任何根据《所得税法》批准的任何退休金方案，在不早于计划生效日期前12个月至不迟于计划生效日期后12个月的连续12个月内应付的供款金额；

（g）除第（2）款另有规定外，就休假须支付给任何雇员的或（如雇员死亡）就雇员权利而须支付给任何其他人的所有薪酬，须就计划生效日期之前、当日或之后的任何期间而应累计计算的；

（h）在计划生效当日或之前，根据任何成文法应缴的所有税款及应缴的任何货品及服务税的金额；

（i）在确定的债务证明期限到期之前，2015年《MediShield人寿保险法》第3条提及的"健保双全"（MediShield）人寿保险计划下的所有保险费（包括逾期支付的利息和罚金）和其他应付款项。

（2）根据第（1）（c）、（d）及（g）项须支付的金额不得超过部长通过《公报》发布的命令所规定的金额。

（3）第（1）款所指明的每一类别的债权，均按第（1）款所指明的次序排列，但同一类别的债权之间排名相等，并须全数偿还，但如在偿债计划账户中，债务人的贷方余额不足以应付该等债权的，则在该等情况下，该等债权会相等地减少它们之间的比例。

（4）凡因工资、薪金或休假而从某人为此目的而垫付的款项中向债务人的任何雇员支付任何款项的，则垫付该款项的人——

（a）根据债务偿还计划，在如此预付和支付的款项方面享有优先权，直至雇员本应根据本条享有优先权的款项因该项付款而减少；以及

（b）在该笔款项上享有与该雇员在未付款的情况下本应享有的同等优先权。

（5）债权人根据偿债计划证明的债务包括利息的，应依下列条件计算利息——

（a）事先同意或保留利率的，按事先同意或保留的利率；或者

（b）在其他情况下，按规定的利率。

（6）优先债权的利息与优先债权以外的债权利息相等。

（7）在本条中——

"雇员"是指与债务人签订服务合同或根据服务合同工作的个人，包括劳务分包商。

"特惠金"是指雇员因裁员或因雇主的任何重新组织、专业、业务、行业或工作而终止其服务时，应支付给雇员的金额，而"应支付给雇员的金额"就上述目的而言，指根据任何雇佣合同、（赔偿）裁决或协议而确定的金额。

"利息"包括代替利息的任何金钱代价，以及任何罚金或滞纳金，不论其名称为何。

"优先债权"是指第（1）款中规定的任何债权。

"裁员福利"是指雇主在雇员因裁员或因雇主的任何重新组织、专业、业务、行业或工作而终止其服务时，应支付给雇员的金额；而"应支付给雇员的金额"就上述目的而言，是指根据任何雇佣合同、(赔偿）裁决或协议而确定的金额，或如不能如此确定金额，则指由劳工处处长（the commissioner for labour）或根据《国家法院法》（the State Courts Act）第 4 条组成的雇佣索偿审裁处（employment claims tribunal）所确定的金额。

"工资或薪金"包括——

（a）所有拖欠劳工分包商的款项；

（b）在终止雇佣通知期内或代替终止雇佣通知期内，因工资或薪金而须付给雇员的任何金额，不论该金额是在偿债计划的生效日期之前、当日还是之后须支付的；以及

（c）在雇员终止雇佣关系时，根据任何规定雇员的雇佣条件的雇佣合同、(赔偿）裁决或协议，作为酬金而付给雇员的任何金额，不论该金额是在债务偿还计划生效日期之前、当日还是之后须支付的。

偿债计划下款项的支付及分配

297. ——（1）偿债计划适用的债务人必须根据债务人的偿债计划向官方受让人支付所有款项。

（2）官方受托人可不时在保留管理偿债计划所需的费用及开支的情况下，并按照第 296 条、偿债计划及定明的法规，在以下债权人之间宣布及分配剩余财产：已证明其在该计划下的债权，并已将其债权列入该计划的债权人。

（3）不能针对官方受托人提起剩余分配诉讼。

（4）如果官方受托人拒绝支付任何剩余财产分配，法院可在其认为适当的情况下，命令官方受托人支付剩余财产分配，并从剩余财产扣留期间的共同基金利息和向法院提出申请的费用中支付。

第 4 节　停止偿债方案

偿债方案的停止

298. ——（1）适用于债务人的债务偿还方案终止于——

（a）根据第 299 条发出该计划不适用证明书的日期；

（b）根据第 300（1）款发出计划失败证明书的日期；

（c）根据第 301（1）款发出计划完成证明书的日期，尽管其后根据第 302（1）款撤销了该证明书；

（d）债务人根据本法被裁定为破产人；或者

（e）债务人死亡时，

以先发生者为准。

（2）债务偿还方案一经终止，该方案（scheme）下的债务偿还计划（plan）即告失效。

偿债方案的不适用证明

299. 在下列情形下，官方受托人必须出具关于债务人的债务偿还方案不适用的证明——

（1）第 294（1）（a）项所述并根据该计划证明的债权总额，在任何时间均超过第 289（2）（a）项所述的规定金额；或者

（2）第 294（1）（b）及（c）项所述并根据该计划证明的债权总额，在任何时间均超过了规定的金额。

偿债方案的失败证明

300. ——（1）在下列情形下，官方受托人可以就债务人的债务偿还方案出具失败证明书——

（a）债务人根据第 290 条提交一份事务陈述书，或就债务人的财产、债务人或其他财务事项向官方受托人提供任何其他资料或文件，而该等资料或文件在任何重要细节上是虚假或误导性的，或含有任何重大遗漏；

（b）债务人未按官方受托人的要求提供有关债务人财产、债务或者其他财务状况的资料或者文件；

（c）除第（2）款另有规定外，债务人未能向官方受托人披露债务人财产（或债务人财产的任何部分）或债务人财产（或债务人财产的任何部分）的处置情况；

（d）债务人试图通过虚构的损失或费用来说明债务人财产的任何部分；

（e）债务人未能遵守该方案下的偿债计划的任何条款；

（f）债务人无充分理由不出席根据第 295 条召开的任何债权人会议；

（g）债务人在该计划生效日期后，欠下超过 1000 元的债款，但未向其所欠债务的人披露该债务人受该计划约束的事实；

（h）除第（4）款另有规定外，债务人已与任何人在任何时间以较低的价值订立交易，而该交易的期间，由针对债务人提出有关破产申请的日期前 3 年起至紧接该计划完成前一天止；

（i）除第（7）款另有规定外，债务人已在下列任何时间给予下列人员不公平的优惠（该优惠并非以价值低估的方式进行交易）——

（ⅰ）债务人的关联方，在有关破产申请针对债务人提出之日前 2 年起至紧接该计划完成前一天止的期间内；或者

（ⅱ）在针对债务人提出有关破产申请前一年起至紧接该计划完成前一天止的期间内的任何其他人；

（j）债务人明知或相信任何人已根据该计划申报了虚假或不准确的债务，但未能通知官方受托人；

（k）债务人以欺诈、虚假陈述或者隐瞒重要事实的方式，取得了对该方案项下债务偿还计划的批准或变更；或者

（l）未经官方受托人同意，债务人在计划期间成为独资企业主、《合伙法》（第 391 章）所指企业的合伙人或有限合伙企业的合伙人。

（2）就财产处置而言，第（1）（c）项不适用于支付债务人及其受养人的一般开支。

（3）为实施第（1）（h）项，如债务人与任何人订立交易，当债务人有下列行为的，该交易的价值被低估——

（a）向该人馈赠礼物或以其他方式与该人订立交易，但条件是债务人不得收取对价；

（b）以结婚为代价与该人订立交易；或者

（c）与该人进行交易的对价，以货币或货币价值计算，其价值明显低于债务人提供的对价的货币或货币价值。

（4）官方受托人不得就债务人以较低的价值订立的任何交易，发出第（1）款所指的偿债计划失败的证明书，除非债务人在订立该交易时无力偿债，或因该交易而无力偿债。

（5）凡债务人以低估的价值与债务人的关联方进行交易（但仅因是债务人的雇员的除外），除非相反证明成立，否则推定符合第（4）款的规定。

（6）就第（1）（i）项而言，债务人在下列情形下给予了某人不公平的优惠——

（a）该人是债务人的债权人之一，或债务人的任何债务的担保人或保证人；以及

（b）债务人所做出的任何事项或所承受的任何事项，其效果是使该人处于一个比该人如果没有做出该事项本应处于的地位更好的地位。

（7）官方受托人不得就债务人给予任何人的任何不公平优惠而根据第（1）款发出任何债务偿还计划失败的证明，除非债务人——

（a）在债务人给予该项优惠时资不抵债，或因该项优惠而资不抵债；以及

（b）在决定给予该项优惠时，受到了第（6）（b）项所述对该人产生效力的愿望的影响。

（8）如债务人在给予某人不公平的优惠时，该人在被给予不公平的优惠时是该债务人的关联方（但仅因是债务人的雇员的除外），则除非相反证明成立，否则该债务人在决定给予该人不公平的优惠时，须被推定为受第（7）（b）项所述的愿望所影响。

（9）根据法院命令所做某件事项的事实，在没有更多（事实）的情况下，并不妨碍该事项的进行或所受的痛苦构成给予不公平的优惠。

（10）就本条而言，债务人在下列情形下无力偿债——

（a）债务人不能偿还到期债务；或者

（b）考虑到债务人的或有负债和预期负债，债务人资产的价值低于债务人负债的金额。

（11）任何人是否与他人有关联的问题，须按照第364（2）至（10）款决定。

偿债方案完成的证明

301.——（1）如果债务人根据本部分和该方案项下的债务偿还计划偿还了已根据该方案证明并包含在该计划中的债务人的债务，则官方受让人必须向债务人签发债务偿还方案完成证书。

（2）在符合本法和任何其他成文法的情况下，债务偿还方案完成证书一经签发，即免除债务人根据该方案所证明的所有债务，但下列债务除外——

（a）债务人未能向官方受托人披露的；以及

（b）没有根据该方案提交债务证明的。

（3）第397条第（2）至（8）款适用于债务人或就债务人而适用，犹如在该等条文中提及债务免责即提及债务偿还方案的完成证明书，在该等条文中提及破产人即提及债务人一样。

偿债方案完成证明的撤销

302.——（1）官方受托人可随时向债务人发出书面通知，撤销根据第301（1）款就债务人签发的债务偿还方案完成证书，前提是官方受托人确信债务人——

（a）据债务人所知或所信，未向官方受托人披露债务人的全部财产或对债务人财产（或债务人财产的任何部分）的处置；或者

（b）以欺诈、虚假陈述或者隐瞒重要事实等手段，取得本方案项下债务偿还计划的批准或者变更。

（2）与财产处置有关的第（1）（a）项不适用于支付债务人及其受养人的日常开支。

（3）在债务偿还方案完成证书被撤销后，债务人根据第301（2）款被解除其债务的行为即告终止。

第5节　其　　他

债务人的责任

303.——（1）债务人除本部分所规定的与债务偿还方案有关的其他职责外，还必须——

（a）向官方受托人披露——

（ⅰ）债务人的全部财产；以及

（ⅱ）在有关破产申请针对债务人提出之日前5年起，至紧接该计划完成前一日止的期间内，对债务人任何财产的处置；

（b）在官方受托人或上诉小组要求的时间内，以其要求的方式，提供与该方案有关的资料或文件；

（c）出席由官方受托人根据第291条或第295条召集的任何债务人的债权人会议，以及官方受托人可能要求的其他会议，除非因任何疾病或其他充分原因而无法出席；

（d）审查根据该方案提交的所有债务证明的正确性，并告知官方受托人，如果债务人知道或相信任何人提出了虚假的或不准确的申报；

（e）免除债务人在本方案项下的债务偿还计划中的债务；

（f）在该方案生效日期后招致任何超过1000元的债务前，将该债务人受该方案规限的事实披露给该债务所欠之人；

（g）随时告知官方受托人债务人的居住地，以及官方受托人可能要求的其他联系方式；以及

（h）一般而言，做出官方受托人合理要求或规定的与计划有关的一切行为及事项。

上诉小组及上诉小组委员会（appeal panel committee）

304. ——（1）为了审理对官方受托人根据第 291 条和第 295 条作出的决定而提出的上诉，应设立一个上诉小组，由部长随时任命的成员组成。

（2）上诉小组成员的任命期限和条件由部长决定。

（3）部长可从上诉小组成员中任命下列人员，其任期和条件由部长决定——

（a）上诉小组主席；以及

（b）部长认为合适的上诉小组副主席人数。

（4）应向上诉小组主席、副主席和其他成员支付部长可能决定的薪酬和津贴。

（5）部长可随时撤销第（2）或（3）款下的任何任命。

（6）上诉小组的每名成员均被视为《刑法典》所指的公职人员。

（7）上诉小组的一切权力、职能及职责，可由上诉小组委员会行使、履行及执行，该委员会由规定数目的上诉小组成员组成，其中至少 1 名成员须为上诉小组的主席或副主席。

（8）除第（7）款另有规定外，上诉小组委员会的成员由部长决定。

（9）上诉小组委员会的任何行为或决定均被视为上诉小组的行为或决定。

（10）根据第 291（4）款或第 295（4）款提出的上诉——

（a）必须致函上诉小组主席；

（b）必须提供上诉理由的充分细节；以及

（c）必须附上规定的费用。

根据偿债方案所做事项的有效性

305. 偿债方案的终止或该方案完成证明书的撤销，并不影响根据该方案或与该方案有关而做出的任何事项的有效性。

违法行为

306. ——（1）任何债权人根据偿债方案提出或提交任何请求、证明、声明或账目报表，而该请求、证明、声明或账目报表在任何重要细节上不真实的，即属犯罪，除非该债权人令法院确信该债权人并无欺诈意图。

（2）任何人犯第（1）款所定罪行的，一经定罪，可处不超过 10,000 元的罚金或不超过 3 年的监禁，或两者并处。

（3）本条规定的罚金必须存入根据第 435 条维持的偿债方案援助基金（Debt Repayment Scheme Assistance Fund）。

第 16 部分
破 产 程 序

第 1 节　破产申请和破产令

可以债权人身份提出（对债务人的）破产申请的人

307. ——（1）根据本部分的规定，可以债权人身份提出下列破产申请——

（a）针对某个人，由——

（ⅰ）该个人的债权人之一，或者由多个债权人共同提出；或者

（ⅱ）监督由该个人提出并根据第 14 部分获批准的自愿安排的实施的被提名人，或当时受该自愿安排约束的任何人（该个人除外）；或者

（b）针对某企业，由——

（ⅰ）一名或多名企业的债权人，如该等债权人根据第（1）（a）（ⅰ）目有权就合伙债务向该企业的任何一名合伙人提出债权人身份的破产申请；或者

（ⅱ）监督该企业所建议并根据第 14 部分获批准的自愿安排的实施的被提名人，或当时受该自愿安排约束的任何人（该企业的合伙人除外）。

（2）有权根据第（1）（b）项向企业提出破产申请的债权人，可向该企业的任何合伙人提出破产申请，但不包括其他合伙人。

（3）每项债权人的破产申请必须以规定的格式提出，并须由该债权人或代表该债权人而知悉事实的人的宣誓书支持。

（4）各债权人的破产申请必须按规定的方式送达。

可以债务人身份申请破产的人

308. ——（1）在符合本部分规定的情况下，可以债务人身份对下列人员提出破产申请——

（a）针对该个人债务人自己，或者

（b）由某企业的所有合伙人，或在提出申请时居住在新加坡的大多数合伙人，针对该企业提出。

（2）债务人的破产申请必须采用规定的格式，并附有一份宣誓书以证明下列所示之文件——

（a）如果债务人是个人的，（需附有）一份事务陈述书，包括该债务人的财产、债权

人、债务和其他责任等规定的详情；

（b）如果债务人是一家企业，（需附有）一份关于下列事务的陈述书——

（ⅰ）企业事务，包括其资产、债权人、债务和其他责任等规定详情；以及

（ⅱ）提出申请的企业内各合伙人的事务，包括各合伙人的资产、债权人、债务及其他责任等规定的详情；以及

（c）包含规定的其他信息的陈述。

破产令

309. 除本部分另有规定外，法院可就根据第307条或第308条提出的破产申请作出破产令。

关于债务人应当满足的条件

310. ——（1）不得根据第307（1）（a）项或第308（1）（a）项向法院提出针对个人债务人的破产申请，除非该债务人——

（a）在新加坡定居；

（b）在新加坡有财产；或者

（c）在紧接提出申请前1年内的任何时间——

（ⅰ）通常居住在新加坡或在新加坡有住所；或者

（ⅱ）在新加坡经营业务。

（2）不得根据第307（1）（b）项或第308（1）（b）项向法院提出针对企业的破产申请，除非——

（a）该企业至少有1名合伙人—

（ⅰ）在新加坡定居；

（ⅱ）在新加坡有财产；或者

（ⅲ）在提出申请之日前1年内的任何时间，通常居住在新加坡或在新加坡有住所；或者

（b）在紧接提出申请前1年内的任何时间，该企业曾在新加坡经营业务。

（3）第（1）（c）（ⅱ）目所指的在新加坡经营业务的个人包括——

（a）个人为作为合伙人的企业在新加坡经营业务；以及

（b）由代理人或经理人在新加坡为该个人或该企业经营业务。

破产申请的理由

311. ——（1）除第314条另有规定外，除非在提出破产申请时满足下列条件，否则不得就任何债务向法院提出破产申请——

（a）债务数额或债务总额不少于15,000元；

（b）该债务或者其中每一笔债务均为应立即支付给提出申请的债权人的清偿款项；

（c）债务人无力偿还债务或者各项债务；以及

（d）如果债务或每一笔债务均发生在新加坡境外，债务人应根据可在新加坡执行的判决或裁决，向提出申请的债权人偿付该笔债务。

（2）部长可通过在《公报》发布的命令，修订第（1）（a）项，用一笔不同的款项代替该条文中当时指明的款项。

无力偿债的推定

312. 就债权人身份的破产申请而言，在债务人提出相反证明前，如果该债务是须立即偿还的，且适用下列任何一项时，则债务人被推定为无力偿还第311（1）（c）项所指的任何债务：

（a）所欠债务的申请债权人已按规定方式向债务人送达法定偿债书，以及——

（ⅰ）法定偿债书送达之日起至少已过去21天；以及

（ⅱ）债务人既没有遵从该命令，也没有向法院申请撤销该命令；

（b）对判决中确定的债务人欠债权人的债务，发出的执行令全部或部分未获清偿而被退回；

（c）债务人已离开新加坡或逗留在新加坡以外，目的是拖延或阻挠债权人追讨债务；

（d）官方受托人已经——

（ⅰ）根据第299条发出不适用偿债方案的证明书；

（ⅱ）根据第300（1）款发出偿债方案的失败证明书；或者

（ⅲ）根据第302（1）款撤销偿债方案的完成证明书，

就债务人而言，在紧接破产申请提出之日前90天内，且申请债权人已证明了该债务偿还方案项下的债务。

破产令的申请人是担保债权人的

313. ——（1）如果破产令的申请人是担保债务人的，申请人在申请书中必须——

（a）声明在破产令发出时，申请人愿意为了破产人的其他债权人的利益而放弃担保；或者

（b）就该担保财产价值做出估计，在这种情况下，申请人可在扣除如此估计的价值后，在欠其的债务余额的范围内，以与该申请人（假设）是无担保债权人一样的方式被认定为债权人。

（2）如果申请破产令的是债务人的担保债权人，申请人未在申请书中披露申请人的担保的，视为该申请人为债务人的其他债权人的利益而放弃了担保，并在作出破产令时——

（a）申请人无权就破产人的财团强制执行该担保，也无权保留该担保财产变现的任何收益；以及

（b）申请人必须签署官方受托人要求的解除担保文件，并向官方受托人支付该担保任何变现的所有收益。

（3）任何担保债权人没有按照官方受托人根据第（2）（b）项的规定要求签署任何解除文件的，则官方受托人可代表担保债权人签署该文件，与担保债权人签署的文件具有相同的法律效力。

（4）任何担保债权人如没有将根据第（2）（b）项变现的担保所得的收益转账或支付给官方受托人的，即属犯罪，一经定罪，可处不超过15,000元的罚金或不超过3年的监

禁，或两者并处。

（5）就本法而言，根据第（4）款施加的任何罚金均被视为破产人财产的一部分，并归官方受托人所有。

加快破产申请

314. ——如符合下列情形，可在根据第 312（a）项所述的 21 天期限届满前，根据法定要求提出以债权人身份所作的破产申请——

（a）在此期间内，债务人的财产，或其全部或任何财产的价值，极有可能大幅减少；以及

（b）该申请书记载了如此效果的陈述。

法院冻结或驳回破产申请程序的权力

315. ——（1）法院可在任何时候，基于充分理由，根据法院认为公正的条款和条件，命令冻结破产申请的全部程序或在有限时间内冻结该等程序。

（2）在不影响第（1）款的情况下，凡法院觉得提出破产申请的人已违反了本法的任何条文或与破产申请的法律程序有关的任何规则，法院可酌情决定驳回申请，而不是冻结根据该款就该项申请进行的任何法律程序。

债权人身份的破产申请程序

316. ——（1）审理以债权人身份所作的破产申请的法院不得就该申请作出破产令，除非法院确信——

（a）该债项或申请所关乎的债项中的任何一项，是在申请日期须予偿付的债项，而该债项既未获偿付，亦未进行担保或和解；以及

（b）债务人未出席听证的，申请书已被正式送达该债务人。

（2）凡依据第 314 条提出的以债权人身份所作的破产申请是在法定要求书（the statutory demand）被送达后 21 天内提出的，则聆讯该申请的法院在法定要求书送达后至少 21 天内不得作出破产令。

（3）法院可在下列情形驳回该申请——

（a）法院不采信申请人的一项或多项债权证明的；

（b）送达债务人的申请的证明并未被证实；

（c）确信债务人可能有能力偿付债务人的全部债务；

（d）确信债务人已作出要约，为申请债权人的债权提供担保或达成和解，而该项要约的接受会导致驳回该申请，而申请债权人已不合理地拒绝了该项要约；或者

（e）基于其他的理由确信不应当对该项申请作出破产令。

（4）就第（3）（c）项而言，法院在决定债务人是否有能力支付其所有债务时，须考虑债务人的或有负债及预期负债（contingent and prospective liabilities）。

（5）以债务人有下列情形为理由提出针对债务人的破产申请的——

（a）未能支付判决债项，而认定该债项须予支付的判决或命令正在等待上诉或申请撤销；或者

（b）未能遵守某项法定要求，并且正在等待撤销法定要求的申请，

法院如认为适当，可冻结或驳回该项申请。

（6）如债务人出席对破产申请的聆讯，并否认其——

（a）对申请人负有债务；或者

（b）欠有一笔款项，使申请人有理由向他或她提出破产申请，

则在符合第（7）款的规定下，法院可按审讯与该债务有关的问题所需的时间，将所有法律程序冻结。

（7）法院不得命令根据第（6）款冻结任何法律程序，除非债务人根据法院命令向申请人提供支付下列款项的担保——

（a）在适当法律程序下可能对该债务人确定的任何债项；以及

（b）确定该债项的成本。

（8）凡法律程序被冻结，如因冻结法律程序或任何其他理由而引致延误的，法院可应其他债权人的申请而作出一项破产令，并按法院认为公正的条件，驳回对已被冻结的法律程序的申请。

（9）如果可以对破产申请作出破产令，法院必须将破产申请延期 6 个月或法院指定的其他期限，而非作出破产令，并将该事项提交官方受托人，以使官方受托人能够确定债务人是否适合根据第 15 部分实施的偿债方案，前提是满足下列所有合格标准：

（a）破产申请所关乎的债项或债项总额不超过规定金额；

（b）根据本法，债务人并非未获破产免责的破产人，且在破产申请提出日期前 5 年内的任何时间，该债务人并非破产人；

（c）根据第 14 部分就债务人作出的自愿安排不生效，而且在紧接破产申请提出之日前 5 年内的任何时候都没有生效；

（d）债务人不受第 15 部分所指的任何债务偿还方案的限制，并且在紧接破产申请提出之日前 5 年内的任何时间，该债务人都未受任何该等偿债方案限制；

（e）债务人并非独资经营者、《合伙法》所指企业的合伙人，也不是有限合伙的合伙人。

（10）下列情形，法院须着手聆讯根据第（9）款延后的破产申请——

（a）官方受托人根据第 289（2）款向法院报告，债务人不适宜根据第 15 部分实施债务偿还方案；或者

（b）在延后期间内，债务偿还方案并没有根据第 15 部分对债务人启动。

（11）如在根据第（9）款提出的破产申请延期期间的任何时间，根据第 15 部分就债务人启动了偿债方案的，该破产申请须视为在偿债方案启动之日被撤回。

（12）法院可就第（9）款所述的破产申请的延后、听证或处置，发出其认为适当的命令或指示。

（13）就第（9）（d）项而言，官方受让人向某人签发——

（a）根据第 299 条发出的债务偿还方案的不适用证明书；或者

（b）根据第301（1）款债务偿还方案的完成证明书——

（ⅰ）表明该人已根据偿债方案获证明的所有债项（包括按任何成文法或法律规则规定的债权人有权享有的利率来计算的每项债权的利息），以及该偿债方案的所有费用及开支，均已全数缴付；以及

（ⅱ）该计划并没有根据第302（1）款被撤销，

不得被视为已受该偿债方案所规限。

（14）在第（9）（a）项中，“债务（debt，或译为债项，在有的语境下，甚至必须译成债权）”的涵义与第288（1）款中“债务”的含义相同。

受自愿安排约束的被提名人或债权人的破产申请程序

317. 法院不得就监督有关自愿安排的实施的被提名人或受该自愿安排约束的任何债权人根据第307（1）（a）（ⅱ）或（b）（ⅱ）目提出的破产申请而作出破产令，除非法院确信——

（a）债务人没有履行其根据自愿安排所承担的义务；

（b）在任何重大事项上提供了虚假或误导性的信息，或有下列重大遗漏——

（ⅰ）载于债务人根据第14部分向任何人提供的任何事务陈述书或其他文件内的；或者

（ⅱ）在根据第14部分召集的会议上或与该会议有关而由债务人以其他方式提供给债权人的；或者

（c）债务人未能为该项自愿安排的目的，作出被提名人合理要求债务人作出的一切该等事项。

债务人破产申请的程序

318.——（1）聆讯债务人破产申请的法院，在未确信债务人无力偿债的情况下，不得对债务人的破产申请作出破产令。

（2）凡债务人的破产申请是由某企业的部分（并非全部）合伙人针对该企业提出的，则除非法院确信标准格式的申请通知书已按规定方式送达每一位没有加入该项申请的合伙人，否则法院不得就该项申请作出破产令。

（3）如破产令可应破产申请而作出，则法院必须（而不是作出命令）将破产申请延后6个月或法院所指示的其他期限，并将该事项提交官方受托人，以使该官方受托人能决定债务人是否适合根据第15部分订立的债务偿还方案，但须满足下列所有资格标准：

（a）根据第308（2）款提交了债务人宣誓书的事务陈述书所指明的债务总额，不超过第316（9）（a）项所述的金额；

（b）债务人并非未获破产免责的破产人，且在紧接破产申请提出日期前5年内的任何时间，该债务人并没有根据本法成为破产人；

（c）根据第14部分就债务人作出的自愿安排并不有效，以及在紧接破产申请提出日期前5年内的任何时间都未生效；

（d）债务人不受第15部所指任何偿债方案的规限，在紧接破产申请提出日期前5年

内的任何时间，也未受任何该等偿债方案的规限；

（e）债务人不是独资经营者、《合伙法》所指的合伙人，也不是有限合伙的合伙人。

（4）下列情形，法院将继续审理根据第（3）款暂停的破产申请——

（a）官方受托人根据第289（2）款向法院报告债务人不适宜根据第15部分实施债务偿还计划；或者

（b）在延后期间届满时，有关债务人的偿债方案尚未根据第15部分启动。

（5）如在根据第（3）款提出的破产申请延期的期间内，根据第15部分就债务人而展开了偿债方案的，该破产申请须视为在偿债方案开始的日期被撤回。

（6）法院可发出其认为适当的命令或指示，以便延后、聆讯或处置第（3）款所述的破产申请。

（7）就第（3）（d）项而言，官方受让人向某人发出——

（a）第299条规定的偿债方案的不适用证明书；或者

（b）第301条规定的偿债方案的完成证明书——

（ⅰ）说明该人已根据偿债方案中获证明的所有债项（包括按任何成文法或法律规则规定的债权人有权享有的利率来计算的每项债务的利息），以及该计划的所有费用和开支均已全数缴付；以及

（ⅱ）没有根据第302（1）款被撤销，

（该人）不应被视为受该偿债方案的约束。

（8）在第（3）（a）项中，“债务（债项）”具有与第288（1）款相同的含义。

破产申请的合并

319. 对同一债务人提出2项或2项以上破产申请的，法院可按其认为适当的条件，将该等法律程序或其中任何数项合并。

仅对某些被申请人（respondents）驳回申请的权力

320. 凡一项申请有2名或多名被申请人的，法院可驳回对其中一人或多人的申请，而不影响该项申请对其他一人或多人的效力。

改变诉讼行为的权力

321. 凡任何申请破产令的申请人没有就申请作出应有的努力，法院可以下列人员代替申请人——

（a）如属以债权人身份提起的破产申请，则为债务人欠下第311（1）（a）项所规定金额的任何其他债权人；或者

（b）在任何其他情况下，为官方受托人，

而除非法院另有指示，否则该等法律程序须继续进行，犹如该等法律程序的进行并无任何更改一样。

债务人死亡时诉讼的延续

322. 如提出或被提出破产申请的债务人死亡，除非法院另有指示，否则有关事宜的法律程序须继续进行，犹如该债务人仍然活着一样，而法院可以——

（a）命令将申请送达债务人的遗产代理人或法院认为适当的其他人员；或者

（b）免除向债务人送达破产申请。

撤回破产申请

323.——（1）根据本条第（2）款和第 316（11）款和第 318（5）款，未经法院许可，不得撤回破产申请。

（2）除第（3）款另有规定外，如破产申请的任何一方在超过 1 年［或法院根据第（4）款准许的延长期间］内，没有在破产申请中采取法院备存的记录所显示的任何步骤或程序，则该破产申请在当年（或延长期）届满后立即被视为已撤回。

（3）凡破产申请已被搁置（stayed，冻结），或有关申请的法律程序已由法院搁置，则第（2）款不适用。

（4）法庭可应任何一方在第（2）款所述的 1 年前提出的申请，将期限适当延长。

（5）第（2）款适用于任何破产申请，不论破产申请的日期是在 2012 年 3 月 1 日当天、之前或之后，但如果破产申请的最后一步或程序是在该日期之前发生的，则 1 年的期限从该日期开始起算。

（6）凡根据第（2）款被视为撤回破产申请的，法院可应申请恢复该破产申请，并准许破产申请按法院认为公正的条件进行。

第 2 节　债务人财产的保护

任命临时接管人

324.　　（1）法院如认为有需要或适宜保护债务人的财产，可在破产申请提出后及作出破产令前的任何时间，委任官方受托人为债务人财产或债务人财产的任何部分的临时接管人，并指示官方受托人立即接管该财产或其任何部分，包括与债务人业务有关的任何账簿及其他文书。

（2）凡法院已根据第（1）款委任 1 名临时接管人的，则就破产时可证明的债权而成为债权人的任何人不得从事下列行为，但获法院许可及按法庭所施加的条件进行的诉讼或其他法律程序则不在此限——

（a）就该债权对债务人的人身或财产采取任何补救措施；或者

（b）在临时接管人的委任有效期间，就该债权对债务人提起或继续进行任何诉讼或其他法律程序。

（3）根据第（1）款指定临时接管人后，债务人必须（按临时接管人为执行其在本条下的职能而合理要求的那样）——

（a）向临时接管人提供债务人的财产清单和其他信息；以及

（b）在该期间出席临时接管人的会议。

（4）在根据本条委任临时接管人后，第 335 条及第 336 条在作出必要的变通后适用，而在该等条文中，凡提及——

（a）破产令的作出，须理解为提及根据本条临时接管人的指定；

（b）官方受托人，须理解为提及临时接管人；以及

（c）破产人或破产人的财团，须理解为（分别）提及债务人或债务人的财产。

（5）下列情形，官方受托人不再是债务人财产的临时接管人——

（a）对债务人提出的破产申请已被驳回或撤回；

（b）应该申请作出了破产令；或者

（c）法院命令终止该项委任。

中止对债务人的人身或财产提起诉讼的权力

325. 法院可在破产申请提出后的任何时间，发出命令中止针对债务人的人身或财产的任何诉讼、执行或其他法律程序。

第 17 部分
破 产 管 理

第 1 节 破　　产

破产的开始和持续时间

326. 任何已被破产令裁定破产的人（不论是针对该人还是针对该人是其合伙人的企业的）——

（a）在作出破产令的日期开始；以及

（b）持续直至该人在第 18 部分下获得免责为止。

破产令的效力

327. ——（1）破产令作出后——

（a）破产人的财产——

（ⅰ）被授予官方受托人，无须任何进一步的转移、让与或转让（conveyance, assignment or transfer）；以及

（ⅱ）可在破产人的债权人之间分割；

（b）破产人财产的接管人是官方受托人；以及

（c）除非第 3 部分及第 13 部分至 22 部分另有规定，否则——

（ⅰ）破产人就破产时可证明的任何债项而欠下的债权人，不得就该债务对该破产人的人身或财产采取任何补救措施；以及

（ⅱ）不得就该债项对破产人提起诉讼或法律程序，

但如经法院许可并按照法院所施加的条件，则属例外。

（2）凡针对企业作出破产令，该命令的执行，犹如该命令是针对（在作出该命令时）该企业的每一个合伙人作出的破产令一样。

（3）本条不影响任何担保债权人按照本条未颁布时担保债权人有权变现或处理的方式变现或以其他方式处理担保债权人的担保的权利。

（4）尽占有第（3）款及第 356 条的规定，担保债权人在破产令作出后无权就担保债权人的债权享有任何利息，除非该担保债权人——

（a）在破产令下达之日后 30 天内通知官方受托人担保债权人打算主张这种权益；以及

（b）在下列时限，实现担保债权人的担保——

（ⅰ）破产令日期后12个月（在本条中称为变现期间）；或者

（ⅱ）官方受托人根据担保债权人的申请在变现期间届满前至少30天（或官方受托人允许的较短期限）前确定的更长期限。

破产人处分财产的限制

328.——（1）凡任何人被裁定破产，破产人在自破产申请提出之日起至破产令作出之日止的期间内，对财产所作的任何处分均属无效，除非该项处分是经法院同意作出的，或者后来被法院批准。

（2）就本条而言，财产处置包括破产人向任何人作出的任何付款（不论以现金或其他形式），因此，如果任何款项因本条而无效，则获付款的人持有为破产人支付的款项作为破产人财团的一部分。

（3）本条并未赋予针对任何人的下列任何补救——

（a）该人在破产开始前善意地、有偿地并在没有被通知破产申请已提出的情况下从破产人处收到的任何财产或付款；或者

（b）任何财产权益，而该权益是由凭借本款并无补救措施的权益衍生而来的。

（4）凡破产人在破产开始后，因根据本条无效的付款而欠银行或任何其他人的债务，则就第3部分及第13部分至第22部分而言，该债务须被当作在破产开始前招致的，除非——

（a）该银行或个人在债务发生前已收到破产通知；或者

（b）从被付款人处收回付款额不是合理地切实可行的。

（5）即使财产并非破产人的财团，或（视情况而定）不会包括在破产人的财团内，根据本条对财产的处置仍属无效，但本条并不影响任何人以信托方式为任何其他人对该人所持有的财产所作的任何处置。

破产人的财产在债权人之间可分割的说明

329.——（1）破产人的可在债权人之间分割的财产（在第3部分及第13部分至第22部分被称为破产人的财团）包括——

（a）所有在破产开始时属于或归属破产人的财产，或在破产人破产免责前由破产人取得或转授予破产人的财产；以及

（b）行使破产人在破产开始时或在破产免责前为其自身利益而可能行使的一切权力的能力，以及为行使该等权力而提起法律程序的能力。

（2）第（1）款不适用于——

（a）破产人为他人信托持有的财产；

（b）破产人在其工作、业务或者职业中为个人使用而需要的工具、书籍、车辆和其他设备；

（c）为满足破产人及其家庭的基本生活需要所必需的衣服、床上用品、家具、家用设备和用品；

（d）任何其他成文法不包括的破产人的财产；

（e）扣除破产人每月供款后破产人每月收入的剩余部分；以及

（f）作为破产人收入的一部分所支付的任何年度奖金或年度工资补助。

第2节　调查债务人的事务、交易、财产

债权人会议

330.——（1）破产令下达后，官方受托人可随时召集破产人的债权人会议。

（2）尽占有第（1）款的规定，每当法院指示，或破产人的债权人中所持债权额达1/4以上的人书面要求时，官方受托人都必须召集破产人的债权人会议。

（3）根据本条召集的每一次会议都必须按照法规进行。

债权人委员会

331.——（1）在官方受托人根据第330（1）款召集的任何会议上，有资格在会议上投票的债权人，包括该等债权人的一般代理人或一般授权书的持有人，可通过普通决议，从他们当中委任一个不超过3人的委员会（在本条中称为债权人委员会），就有关破产人财产的管理事项向官方受托人提供意见。

（2）官方受托人可在官方受托人认为必要的时候召集债权人委员会，但在委员会全体成员或过半数成员提出书面要求时，必须召集该委员会。

（3）债权人委员会的任何成员均可通过书面通知辞职，通知由该成员签署并送交官方受托人。

（4）如债权人委员会的任何成员破产，或与该成员的任何债权人达成和解或作出安排，或缺席该委员会连续3次会议，且未派代表出席的，则该成员的职位即告空缺。

（5）债权人委员会的任何成员均可在任何债权人会议上通过普通决议予以罢免，该会议须提前7天发出通知，说明会议的目的。

（6）在债权人委员会成员的职位出现空缺时，官方受托人必须立即召集债权人会议以填补其空缺，会议可通过普通决议任命第（1）款中的另一债权人或合格人士填补该空缺。

（7）在本条中，“一般授权书”包括根据《精神能力法》（Mental Capacity Act）注册的永久授权书。

破产人的事务陈述书（statement of affairs，事务说明）

332.——（1）除债务人的破产申请外，对个人作出破产令的，破产人必须在破产令发出之日起21天内向官方受托人提交破产事务陈述书。

（2）针对企业的破产令已作出的——

（a）在以债权人身份提出破产申请时，破产人作为命令发出时企业的合伙人，必须提交一份关于其合伙企业事务的联合声明，并且企业的每个合伙人都必须提交一份关于本人的单独事务的声明；或者

（b）在债务人的破产申请中，在命令下达时是企业合伙人但没有加入申请的每个合伙

人，都必须提交一份关于本人的单独事务的声明，

（上述两类声明须）在破产令下达之日起21天内送交官方受托人。

（3）第（1）款或第（2）（a）或（b）项提及的事务陈述书必须以规定的形式和方式（如有的话）提交，并且必须包含——

（a）规定的下列所有或任何事项的该等详情：

（ⅰ）破产人的财产；

（ⅱ）破产人的债权人、债务和其他法律责任；

（ⅲ）破产人的任何来源的当期收入；

（ⅳ）破产人当前的就业状况和从业经历；

（ⅴ）破产人的教育和职业资格，年龄和工作经验；

（ⅵ）破产人的家庭成员；

（ⅶ）维持破产人及其家属所需的每月开支；

（b）就企业而言，规定的该企业的资产、债权人、债务和其他法律责任的该等详情；以及

（c）规定的其他信息。

（4）官方受托人认为合适的话，他或她可以——

（a）解除破产人在第（1）或（2）款（视情况而定）下的责任；

（b）延长第（1）或（2）款所规定的期限；或者

（c）以书面形式指示破产人在该指示的日期后21天内，提交官方受托人认为，为使破产人的事务陈述完整，所必需的该指示中所指明的补充资料。

（5）凡官方受托人拒绝行使本条所赋予的权力，法院如认为适当，可行使该权力。

（6）破产人——

（a）无合理理由而没有遵守第（1）或（2）款所施加的义务，或没有遵守第（4）（c）项所指的指示；

（b）无合理理由，而提交一份不符合规定的事务陈述书；

（c）提交一份虚假的、破产人知道或相信是虚假的或不相信是真实的事务陈述书或任何补充资料；或者

（d）提交一份在任何重大事项上具有误导性或包含任何重大遗漏的事务陈述书或任何补充信息的，

即属犯罪，一经定罪，可处不超过10,000新加坡元的罚金或不超过2年的监禁，或两者并处，如属持续的罪行，则可就定罪后罪行持续的每日或不足1日，另处不超过200新加坡元的罚金。

（7）任何人以书面形式申报为破产人的债权人的，可以亲自或者委托代理人在任何合理的时间查阅破产人根据本条规定提交的事务陈述书，并在支付规定的费用后，取得该陈述书的任何副本或摘录。

（8）任何人如第（7）款所规定，不真实地声称自己是债权人的，即属犯罪，应处以

不超过2000新加坡元的罚金或不超过6个月的监禁，或两者并处。

（9）凡破产案件的受托人获委任管理破产人的财团，受托人必须在收到事务陈述书后30天内，或如破产人已获指示根据第（4）（c）项提交任何补充资料的，则须在收到该等补充资料后30天内——

（a）将破产管理的日期通知官方受托人；以及

（b）向官方受托人提交一份事务说明书副本和补充资料（如有）。

破产人提交账户（accounts）

333. ——（1）未获得免责的破产人必须在官方受托人指示下，向官方受托人提交一个下列用途的账户——

（a）在官方受托人指定的期间内，用于所有由破产人掌管供破产人自用的款项及财产；以及

（b）在同一期间内，用于维持破产人及其家庭所需开支的款项及财产。

（2）破产人如不遵守第（1）款的规定，即属犯罪，一经定罪，可处不超过10,000元的罚金或不超过2年的监禁，或两者并处，如属持续的罪行，则可就定罪后罪行持续的每日或不足1日，另处不超过200新加坡元的罚金。

官方受托人审查人员等的权力

334. ——（1）官方受托人或经官方受托人授权的任何官员，可在破产人被免责之前或之后的任何时间，通过书面通知——

（a）传唤第（2）款所列的任何人，在通知书所指明的日期及时间，到官方受托人席前，就破产人的事务、交易及财产经宣誓而接受讯问；以及

（b）要求该人出示及交出由该人占有或控制的与破产人的事务、交易及财产有关的任何簿册、文书或簿册或文书的副本，且无须付款而可查阅、备存、复制、拍摄或摘录该簿册、文书或副本。

（2）第（1）款所提及的人是——

（a）破产人；

（b）破产人的配偶；

（c）官方受托人已知或怀疑拥有破产人的任何财产或与破产人的事务、交易和财产有关的任何文件的人；

（d）被官方受托人认为欠了破产人款项的人；

（e）被官方受托人认为能够提供关于下列信息的人——

（i）破产人；或者

（ii）破产人的事务、交易及财产；以及

（f）某信托的受托人，破产人是该信托的委托人，或是或曾经是该信托的受托人。

（3）如根据第（1）（a）项被传唤的人在下列情形下，官方受托人可向法院申请对该人发出逮捕令——

（a）该人无合理辩解而没有在通知书所指明的日期及时间出席调查；或者

（b）有合理理由相信该人已潜逃或即将潜逃，以避免遵守本条。

（4）法院可授权将根据第（3）款逮捕的任何人羁押，直到该人被带到法院之前或直到法院命令的其他时间为止。

（5）凡某人已根据第（3）款被捕，法院可命令释放该人，不论是否有保证，以令法院确信该人会遵守法院所施加的认为适合的条件。

（6）任何人在无合理辩解的情况下进行的下列任何行为，即属犯罪，一经定罪，可处不超过1500元的罚金或不超过1个月的监禁，或两者并处：

（a）未能按照根据第（1）（a）项发出的通知的要求在官方受托人面前出庭；

（b）未能回答在根据第（1）（a）项进行的讯问中向该人提出的与破产人的事务、交易或财产有关的任何问题；

（c）未能按根据第（1）（b）项发出的通知书的规定，出示或交出由该人占有或控制的任何簿册、文书或簿册或文书的副本。

对破产人及其他人的审查

335.——（1）凡已作出破产令，法院可应官方受托人在任何时间（不论是在破产人免责之前或之后）提出的申请，或应债权人（已提交证明）在破产人免责之前的任何时间提出的申请——

（a）传唤破产人在指定日期到庭前，就破产人的事务、交易及财产，向破产人进行讯问；以及

（b）如法院觉得该人能提供有关破产人或破产人的事务、交易或财产的资料，则在同一日期或另一指定日期传召任何其他人出庭，并讯问该人。

（2）根据本条被传召到庭前的每一个人，均须在宣誓后接受讯问，不论是口头讯问还是书面质询（by interrogatories）。

（3）在不损害第（2）款的前提下，法院可随时要求在第（1）（b）项中提及的任何人向法院提交宣誓书，其中须包括该人与破产人交易的账目，或出示该人占有或控制下与破产人或破产人的事务、交易或财产有关的任何文件。

（4）法院可不时延后（adjourn，押后）根据本条进行的任何讯问。

（5）任何已提交债权证明的债权人或获书面授权的该债权人的代表，可就破产人的事务、交易或财产及破产人破产的原因，向破产人或法院根据第（1）款传召的其他人提出质询。

（6）官方受托人必须根据本条参与对破产人的讯问，并可为参与讯问而雇用1名事务律师（solicitor）。

（7）凡破产人的财团或业务的特别经理人（破产人本人除外）是由官方受托人根据第379条委任的，则该特别经理人可参与对破产人或根据本条传召的任何其他人的讯问，并可为参与讯问而雇用1名事务律师。

（8）任何事务律师均不得代表破产人参加根据本条进行的讯问。

（9）法院可向破产人或由法院传召的其他人提出法院认为合适的问题。

（10）破产人及法院根据本条传召的任何其他人有责任回答法院向破产人或其他人提出或容许向破产人或其他人提出的所有问题。

（11）法院必须安排作出其认为适当的讯问记录，而如此作出的任何记录，可在该记录作出后，被用作对在讯问过程中作出该记录的人不利的证据。

（12）根据第（11）款作出的任何记录，须在任何合理时间及支付规定费用后向任何债权人提供，以便在法院的场所（premises）进行复核。

（13）凡法院认为对破产事务已进行了充分调查的，法院可通过命令结束调查。

（14）根据第（13）款作出的命令，并不阻止法院在其认为适当时，就破产人的事务、交易及财产，对破产人或任何其他人作出进一步的讯问，不论该讯问是在破产人被免责之前还是之后作出的。

（15）凡法院根据本条传召的破产人或任何其他人无合理辩解而在任何时候没有出庭，或者有合理的理由认为该破产人或其他人为了避免他或她根据本条出庭，已经潜逃或将要潜逃的，法院可以签发逮捕令，逮捕破产人或其他人，并没收破产人或该其他人所占有的任何簿册、文书、记录、金钱或物品。

（16）法院可授权——

（a）继续羁押根据第（15）款被逮捕的任何人；以及

（b）扣留从该人身上没收（seized）的任何东西，直到该人被带到法院或直到法院命令的其他时间为止。

（17）法院如认为适当，可命令任何人，如在新加坡境内有法律责任被传召出庭并根据本条接受讯问的，须在新加坡或其他地方接受讯问。

审查破产人及其他人后的法院权力

336. ——（1）如果法院认为，根据第 335 条获得的任何证据表明，任何人拥有破产财团中所包含的任何财产，则法院可应官方受托人的申请，命令该人在法院认为适当的地点、时间、方式和条件将全部或部分财产交付给官方受托人。

（2）如果法院认为，根据第 335 条获得的任何证据表明，任何人拖欠破产人债务，可应官方受托人的申请，命令该人在法院指示的地点、时间及方式向官方受托人支付全部或部分应付款项，不论是完全清偿债务或法院认为适当的其他方式。

账簿留置权等的不可执行性

337. ——（1）根据本条规定，留置权或保留对与破产人的事务或财产有关的任何账簿、文件或其他记录的占有的其他权利，只要其强制执行会拒绝官方受托人对任何账簿、文件或其他记录的占有的，则不可强制执行。

（2）第（1）款不适用于对赋予财产所有权并作为财产持有的文件的留置权。

结算（settle）破产财团的债务人名单的官方受托人

338. ——（1）破产令作出后，官方受托人可拟备一份应欠破产人的名单（在本条中称为债务人名单），并将该名单送交法院存档，而该名单上应欠破产人的金额则分别列在其姓名的对面。

（2）在最终确定债务人名单上任何人的姓名和债务金额之前，官方受托人必须向该人发出通知书，说明——

（a）官方受托人已按照通知中指定的数额将该人列入破产财团的债务人名单；以及

（b）除非该人在该通知中指明的日期或之前，以书面形式向书记官和官方受托人表明该人有意对该人的债务提出异议，否则该人被视为承认该人与清单中所列出的姓名相对应的金额，是该人欠破产人的，而该人须据此在该名单上结清。

（3）任何被列入债务人名单的人，如在该名单所列明的时限内，没有发出通知表示有意就该人的债务提出争议，则该人须在该名单上予以结算，并可按该人在名单上与其姓名相对应的金额，对该人发出执行令，犹如已就该金额对该人作出了有利于官方受托人的判决一样。

（4）由书记官提供的证明书，证明该证明书上所指名的人已按证明书所指明的金额，以破产财团的债务人的身份，在一份债务人名单上已结清的，即为该证明书所述事实的证明。

（5）根据本条规定，在债务人名单上达成和解的人，可以以简易方式向法院申请许可，以对该人的债务人或该人的债务金额提出异议。

（6）法院如认为适当，（根据为诉讼费用提供担保之人的条件，以及在有关情况下看似合理的为全部或部分所指称的债务向法院缴付或提供保证的条件）可作出其认为合适的命令，以裁定第（5）款所述之人的债务或债务金额（indebtedness or amount of indebtedness）的问题，并可中止所有进一步的法律程序。

第3节　每月供款和目标供款

每月供款和目标供款的确定

339. ——（1）官方受托人必须在破产管理日（the administration date of a bankruptcy）后2个月内——

（a）确定破产人就破产所作的每月供款及目标供款（monthly contribution and target contribution）；以及

（b）将决定通知书送达——

（ⅰ）破产人；

（ⅱ）已就破产提交债权证明的每位债权人；以及

（ⅲ）如该项决定是在第347（2）款所述期间届满前作出的，则破产人的事务陈述书所述但没有提交债权证明的每位债权人。

（2）为确定第（1）（a）项中规定的每月供款，官方受托人必须考虑——

（a）破产人目前的月收入；

（b）破产人配偶目前的月收入可用于维持破产人家庭的程度；

（c）破产人在破产期间可合理预期的月收入，并考虑到——

（ⅰ）破产人以前和现在的月收入；

（ⅱ）破产人的教育和职业资格、年龄和工作经验；

（ⅲ）受雇于与破产人受雇或可预期受雇于的职业、职位或角色相似的职业、职位或角色的人所赚取的月收入的范围；

（ⅳ）破产对破产人的盈利能力或者其他收入可能产生的影响；

（ⅴ）当时的经济状况；以及

（ⅵ）破产人可能有能力赚取有意义的收入的期间；以及

（d）破产人及其家庭的合理开支。

（3）凡根据第（1）款作出的决定是由破产受托人作出的，则受托人亦必须将该决定的通知书连同作出该决定所依据的解释，送达官方受托人。

法院对确定每月供款和目标供款的复核

340. ——（1）如破产人或破产人的任何债权人不满意根据第 339 条决定的每月供款及目标供款，则破产人或债权人（视情况而定）可在决定通知书送达后 21 天内，向法院申请复核该决定。

（2）法院如确信根据第（1）款提出申请是公正的，可在任何个别情况下，将提出申请的期限延长。

（3）根据第（1）款提出的申请，必须在该申请提出之日后 3 日内送达——

（a）官方受托人或破产受托人，其根据第 339 条作出的决定是该申请的标的；以及

（b）破产人，除非该项申请是由破产人提出的。

（4）在根据第（3）款被送达申请后，官方受托人或破产受托人（视情况而定）必须立即向根据第 339（1）（b）（ⅱ）目与第（ⅲ）目及第（3）款规定送达决定通知书的每一个人（但如该项申请是由债权人提出的，则属例外）发出申请通知。

（5）法院在聆讯根据第（1）款提出的申请后，可以——

（a）确认或更改提出该申请所涉及的每月供款和目标供款；或者

（b）向官方受托人或破产受托人（trustee in bankruptcy）发出指示（视情况而定），或作出法院认为适当的命令。

（6）除非法院另有命令，否则根据第（5）（a）项对每月供款和目标供款的更改，将在命令作出之日生效。

（7）根据第（5）（a）项作出的每月供款和目标供款的更改，不影响破产人就更改日期之前的每月供款或目标供款而作出的任何付款。

（8）官方受托人或破产受托人（视情况而定）必须在根据第（5）（a）项更改每月供款和目标供款后的 14 日内，将变更令通知送达——

（a）破产人；

（b）每位就破产已提交债权证明的债权人；以及

（c）如更改是在第 347（2）款所述期间届满前作出的，则指在破产人的事务陈述书内所述但尚未提交债权证明的每位债权人。

法院更改每月供款和目标供款的权力

341. ——（1）凡法院应官方受托人或破产受托人、破产人或破产人的任何债权人的申请，确信第（2）款所述的任何条件适用，法院可作出其认为适当的命令，更改破产人的每月供款及目标供款。

（2）第（1）款所述的条件如下——

（a）在根据第339条决定每月供款及目标供款前，破产人向官方受托人或破产受托人（视情况而定）隐瞒或未向其披露破产人知道或理应知道的（会对决定有重大影响的）信息；

（b）对确定第339条所述的破产人每月供款和目标供款有重大影响的信息——

（ⅰ）在作出该决定之前，破产人无法获得；以及

（ⅱ）现在可以获得；

（c）否则，更改根据第339条决定的每月供款及目标供款，是公正及公平的。

（3）根据第（1）款提出的申请必须在提交之日后3天内送达——

（a）官方受托人或破产受托人，其根据第339条作出的决定是该项申请的标的，除非该项申请是由官方受托人或破产受托人（视情况而定）提出的；以及

（b）破产人，除非该申请是由破产人提出的。

（4）对于——

（a）官方受托人或破产受托人根据第（1）款提出的申请；或者

（b）根据第（3）（a）项获送达的申请，而该申请并非由官方受托人或破产受托人提出的，

官方受托人或破产受托人（视情况而定）必须立即将上述申请，通知根据第339（1）（b）（ⅱ）及（ⅲ）目及第（3）款可获送达决定通知书的每一个人（但如该项申请是由债权人提出的，则该债权人除外）。

（5）除非法院另有命令，否则根据第（1）款对每月供款和目标供款所作的更改，自命令之日起生效。

（6）根据第（1）款作出的每月供款和目标供款的更改不影响破产人在该更改日期之前就每月供款或目标供款而作出的任何付款。

（7）官方受托人必须在根据第（1）款更改每月供款和目标供款后的14天内，将更改命令通知书送达下列人员——

（a）破产人；

（b）已提交债权证明的每位债权人；以及

（c）如该项更改是在第347（2）款所述期间届满前作出的，则指在破产人的事务陈述书内所述但尚未提交债权证明的每名债权人。

官方受托人减少每月供款和目标供款的权力

342. ——（1）应破产人的申请，官方受托人可以在其认为适当的范围内，签发一份减少破产人每月供款和目标供款的证书，如果官方受托人确信在确定每月供款和目标供款

后，出现了第（2）款所述的一项或多项条件。

（2）第（1）款所述的条件如下：

（a）由于破产人家庭成员数目的增加，维持破产人家庭的合理开支增加了；

（b）破产人的配偶对破产人家庭开支的分摊，因该配偶每月收入的大幅减少而大幅减少，且该项收入的减少不太可能是暂时性的；

（c）破产人因其个人情况而无法支付每月的供款，包括但不限于令人衰弱的疾病，这导致破产人收入大幅减少，而收入的该种减少不可能是暂时性的。

（3）根据第（1）款发出的证明书，自发出之日起生效。

（4）根据第（1）款发出的证明书，并不影响破产人在证明书发出日期前就每月供款或目标供款而作出的任何付款。

（5）官方受托人必须在第（1）款发出的证书发出后的14天内将该证书的发出通知送达下列人员——

（a）破产人；

（b）提交债权证明的每位债权人；以及

（c）如减少是在第347（2）款所述期限届满前作出的，则指在破产人事务陈述书内所述但尚未提交债权证明的每位债权人。

（6）凡破产案件是由破产受托人管理的，而根据第（1）款发出的证书是由受托人发出的，受托人还必须将发出证书的通知书连同发出证书的理由解释送达官方受托人。

法院根据第342条复核官方受托人的决定

343.——（1）如果破产人或破产人的任何债权人对官方受托人根据第342（1）款作出的决定感到不满，则该破产人或债权人（视情况而定）可在送达第342（5）款所述通知后的21天内，向法院申请复核决定。

（2）在任何特定情况下，如法院确信该决定是公正的，则可延长根据第（1）款提出申请的期限。

（3）根据第（1）款提出的申请必须在提交申请之日后3天内送达官方受托人，官方受托人必须立即——

（a）将申请书的副本送达破产人，除非该项申请是由破产人提出的；以及

（b）向根据第342（5）（b）或（c）项有权获送达第342（5）款所述通知的每位债权人发出申请通知（但如该项申请是由债权人提出的，则该债权人除外）。

（4）法院在聆讯根据第（1）款提出的申请时，可以——

（a）确认、更改或取消根据第342（1）款提出申请的证书；或者

（b）向官方受托人发出法院认为适当的指示，或作出法院认为适当的命令。

（5）除非法院另有命令，否则根据第342（1）款作出的证书根据本条第（4）（a）项对该证书作出的更改，自该证书发出之日起生效。

（6）该证书的更改，并不影响破产人在更改日期前就依据该证书减少的每月供款而作出的任何付款。

（7）官方受托人必须在根据第（4）（a）项对第 342（1）款所规定的证书作出更改后的 14 天内，向根据第 342（5）或（6）款规定有权获得证书签发通知的所有人，送达该项更改令的通知。

由官方受托人复核破产受托人的管理

344. ——（1）破产受托人必须在破产管理日的每个相关周年日后 30 天内，向官方受托人提交一份受托人的破产管理报告（按规定的格式）。

（2）根据第（1）款提交的报告须载有——

（a）已提交债权证明的债权人的债权总额；

（b）破产财团中破产人的财产及其变现状况；

（c）破产人的每月供款和目标供款；

（d）破产人已向破产财团支付的款项；以及

（e）已向破产财团支付的任何其他款项。

（3）在收到第（1）款规定的报告后，如果官方受托人认为破产受托人确定的每月供款和目标供款过高，则官方受托人可签发一份减少每月供款和目标供款的证书。

（4）在本条中，“有关周年”，就破产管理日期（the administration date for a bankruptcy）而言，是指——

（a）在任何情况下，如属重复性破产，则指破产管理日期的第 7 个周年日及其后的每一个周年日；以及

（b）在任何其他情况下，指破产管理日期的第 5 个周年日及其后的每一个周年日。

第 4 节　债项（可以是债务也可以是债权，视其角度）证明

破产中可证明（provable，或译为可获批准的）债项的说明

345. ——（1）根据本条及第 352 条的规定，下列各项均可在破产案件中获得证明：

（a）破产人欠下的任何债务或责任——

（ⅰ）在破产令的日期受约束；或者

（ⅱ）可因在破产令日期前所招致的任何义务而在破产人免责前成为受规限的人；

（b）破产人就第（a）项所述的任何债务或法律责任，在破产令日期前的任何期间所须支付的任何利息。

（2）收到破产申请通知的人，不得根据应申请发出的破产令，就破产人在收到通知之日后所负担的任何债务或法律责任提出证明。

（3）非因合同、承诺、违反信托、侵权或委托，或因归还义务而产生的未清偿损害赔偿性质的要求，在破产中是不可证明的。

（4）就第（1）款而言，在决定任何侵权法律责任是否可在破产中证明时，破产人因在该侵权行为的诉讼原因产生时所承担的义务而被视为须承担该项法律责任。

（5）官方受托人须对根据本条可证明的任何债项或法律责任的价值作出估计，而该债项或法律责任是由于该债项或法律责任受任何意外、或有事项，或由于任何其他理由所限制，而没有一定的价值。

（6）任何人对此种估计数值感到不满的，均可上诉至法院。

（7）如果法院认为该债项或责任的价值不能被公平地估计，则法院可作出一项命令，作出该命令后，就第16部分至第21部分而言，该债项或法律责任即被视为在破产中不能被证明的债项。

（8）如果法院认为债项或责任的价值能够被公平估计，则法院可对其进行评估，并可为此目的提供所有必要的指示，而经评估的价值额，须被视为破产时可证明的债项。

（9）根据法院依照任何与没收犯罪所得有关的成文法作出的任何命令而须缴付的金额，在破产时可予证明。

相互信贷和抵销

346. ——（1）如果破产人与任何债权人之间存在任何相互信用、相互债务或其他相互交易，则各方因此类相互信用、债务或交易而承担或可能承担的债务和责任应相互抵销，且只有余额是可在破产中证明的债项。

（2）下列各项不包括在第（1）款下的任何抵销项目内：

（a）破产人在破产中不可证明的任何债务或法律责任；

（b）任何债务或法律责任，而该等债务或法律责任是由于在债权人知悉与破产人有关的破产申请待决时发生的义务而产生的。

债权人在规定的期限内提交债权证明

347. ——（1）官方受托人必须在破产管理日后30天内，以规定的方式（如有）将债权人的破产令和根据第（2）款要求债权人提交债权证明的期限，通知下列人员——

（a）事务陈述书或补充资料（如有）所述的每名债权人；以及

（b）据官方受托人所知，声称为债权人的其他任何人。

（2）除第（3）款及第（4）款另有规定外，除非债权人在破产管理日期后4个月内就该债权提交证明，否则债权人不能在破产中证明其债权。

（3）如果法院认为这样做是公正的，可在任何时候根据债权人的请求延长债权人可证明债权的期限。

（4）官方受托人可以根据债权人在任何时候提出的申请，延长债权人可证明其债权的期限，如官方受托人确信——

（a）债权人在第（2）款所述期间届满前不知道及不能合理地预知破产令；或者

（c）不能合理地期望该债权人在第（2）款所述期限届满前证明该等债权。

保密保证金的提交

348. ——（1）如果担保债权人不披露担保债权人的担保，担保债权人必须为债权人的普遍利益放弃担保，除非法院应担保债权人的申请，免除担保债权人因疏忽大意或诚实错误（on the ground that the omission is inadvertent or the result of an honest mistake）而受本条影响的责任。

（2）如法院给予担保债权人救济，法院可指示按法院认为公正的条款修订担保债权人的债权证明。

（3）法院免除破产人的担保债权人受本条效力影响的命令必须送达官方受托人。

财产估价

349. ——（1）如果担保债权人既没有变现又没有交出其担保，则担保债权人必须在剩余财产分配排序前，在担保债权人的证明中说明担保的细节、提供担保的日期以及担保债权人评估该担保的价值，而担保债权人只有在扣除如此评估的价值后，才有权就应付给担保债权人的债权余额收取财产分配。

（2）如果官方受托人对担保评估的价值不满，则官方受托人可要求按照债权人与官方受托人之间商定的条款和条件，将任何如此估价的担保所包含的财产出售，如果没有约定，则根据法院的指示。

未能遵守

350. 如果担保债权人违反第348、349或351条所述的任何规定。担保债权人不享有任何财产分配的所有份额。

债务证明的法规

351. 债权证明的方式、债权证明的数量、债权证明的接受和拒绝以及与债权证明有关的其他事项，必须遵守法规的规定。

债务优先权

352. ——（1）根据本法的规定，在分配破产人财产时，下列债务应优先于其他债务受偿：

（a）管理费用及开支，或官方受托人以其他方式招致的费用及开支；

（b）破产令申请人的诉讼费用（不论是评定的或议定的，whether taxed or agreed），以及被提名人就根据第14部分作出的任何自愿安排的管理而适当招致的成本及费用；

（c）除第（2）款另有规定外，所有工资或薪金（不论是否全部或部分以佣金方式赚取的），包括根据任何雇佣合同或规管任何雇员的雇佣条件的任何裁判或协议（的规定）而须以津贴或补偿方式支付的任何金额；

（d）在符合第（2）款的规定下，根据任何雇佣合同或任何规定雇佣条件的裁决或协议，应付给雇员的作为裁员福利或特惠金的金额，不论该金额是在破产令的日期之前、当日或之后支付的；

（e）根据《工伤赔偿法》应支付的任何工伤赔偿的所有金额，应在破产令日期之前、当日或之后产生；

（f）破产人作为任何人的雇主，在不早于破产令日期前12个月至不迟于破产令日期后12个月的连续12个月内，就应付供款而须缴付的所有款项，根据任何与雇员退休金或公积金有关的成文法，或根据任何根据《所得税法》所批准的退休金计划；

（g）除第（2）款另有规定外，就休假须支付给任何雇员的或（如雇员死亡）就雇员权利而须付给任何其他人的所有薪酬，须就破产令日期之前、当日或之后的任何期间而应累计计算的；

（h）破产令日期前任何成文法规定的或在规定的债务证明期限届满前任何时间评定的（assessed），所有税款和任何到期的货物及服务税的金额；

（i）在确定的债务证明期限到期之前，所有保险费（包括逾期支付的利息和罚款）和2015年《医疗保障计划法》第3条提及的医疗保障计划下的破产人保险的其他应付款项。

（2）根据第（1）（c）项、第（d）项和第（g）项规定应支付的金额不得超过部长在《公报》中通过命令规定的金额。

（3）在第（1）（c）项、第（d）项、第（f）项及第（g）项规定以及本款中——

"雇员"是指与破产人订立服务合同或根据服务合同工作的个人，包括劳务分包商（a subcontractor of labour）。

"特惠金"（ex gratia payment）是指雇员因裁员或因雇主的任何重新组织、专业、业务、行业或工作而终止其服务时，应支付给雇员的金额，而"应支付给雇员的金额"就上述目的而言，指根据任何雇佣合同、（赔偿）裁决（award）或协议而确定的金额。

"裁员福利"是指雇主在雇员因裁员或因雇主的任何重新组织、专业、业务、行业或工作而终止其服务时，应支付给雇员的金额；而"应支付给雇员的金额"就上述目的而言，是指从任何雇佣合同、（赔偿）裁决或协议中确定的金额，或如不能如此确定金额，则指由劳工处处长（the Commissioner for Labour）或根据《国家法院法》（the State Courts Act）第4条组成的雇佣索偿审裁处（Employment Claims Tribunal）所确定的金额；

"工资或薪金"包括——

（a）所有拖欠劳工分包商的款项；

（b）在终止雇佣通知期内或代替终止雇佣通知期内，因工资或薪金而须付给雇员的任何金额，不论该金额是在偿债计划的生效日期之前、当日或之后须支付的；以及

（c）在雇员终止雇佣关系时，根据任何规定雇员的雇佣条件的雇佣合同、（赔偿）裁决或协议，作为酬金而付给雇员的任何金额，不论该金额是在债务偿还计划生效日期之前、当日或之后须支付的。

（4）第（1）款所指明的每一类别的债项，均按该款所指明的次序排列，但同一类别的债项之间排名相等的，须全数偿还，除非破产人的财产不足以偿付该等债项，在此情况下，同一类别的债项须以相等的比例减少。

（5）凡破产人的任何雇员因工资、薪金或休假而从任何人为此目的而垫付的款项中获支付任何款项，则在破产案中垫付该款项的人——

（a）有权就如此预支及缴付的款项享有优先权，但不得超过雇员在破产案中本应享有优先权的款项因该项付款而减少的金额；以及

（b）在未支付款项的情况下，在该笔款项上享有与该雇员本应享有的同等优先权。

（6）凡任何债权人已就破产人的任何资产被追讨、保护或保全而作出任何弥偿或付

款，则法院可就该等资产的分配作出其认为公正的命令，以期给予该债权人相对于其他债权人的优势，以顾及该债权人在作出上述安排时所冒的风险。

（7）凡在作出破产令之前已根据第324条委任临时接管人的，则就本条而言，委任的日期为该破产令的日期。

合伙债务的清偿

353.——（1）对于合伙人，共同财产首先适用于支付其共同债务，而每个合伙人的单独财产首先适用于支付该合伙人的单独债务。

（2）分立财产有盈余的，作为共有财产的一部分处理。

（3）如该共同财产有盈余的，则须按每个合伙人在该共同财产中的权利及权益的比例，作为各自单独财产的一部分处理。

业主为了租金而扣押（distrain）的权利

354.——（1）除第（5）款另有规定外，任何可获付租金的业主或其他人，有权扣押破产人的物品和财产（goods and effects），以收取欠业主或其他人的租金，而该权利仅就破产开始前应累计计算的不超过3个月的租金而言，可对抗破产财团内所包含的物品和财产。

（2）凡须付租金的业主或其他人已扣押与破产申请有关的个人的物品和财产以收取租金，而其后又就该项申请作出破产令的，则以该项扣押而追讨的任何金额，如——

（a）超过根据第（1）款在破产开始后本应可以追偿的数额；或者

（b）就扣押后整个或部分期间的租金而言，

是由业主或其他人为破产人持有的信托财产，作为破产财团的一部分，业主或其他人必须在获官方受托人发出通知后，将业主或其他人为破产人持有的信托款项移交给官方受托人。

（3）如果任何人（不论是否为业主或有权出租的人）在从扣押开始的3个月期限届满前，已对被裁定破产的个人的物品或财产进行了扣押，那么这些物品、财产或其出售所得的收益，如并非由根据第（2）款以信托方式代破产人持有的，则须为破产财团的利益而以破产人的优先债项收取，但以破产人的财团当时不足以偿付该等债项为限。

（4）凡任何人凭借第（3）款将任何物品或财产交给官方受托人，则该人就官方受托人出售该等物品或财产所得的收益额或（视情况而定）付款额而言，该人是破产人的优先债权人，但如果破产财团中有任何部分可凭借放弃或偿付而供优先债权人偿付的，则属例外。

（5）在破产人破产免责后的任何时间，须付租金的业主或其他人，无权扣押破产财团内的任何物品或财产。

（6）尽管该财产已归属官方受托人，但对破产财团扣押的任何权利仍可行使。

（7）本条的规定不影响业主在破产中就破产人欠业主的租金债务提出证明的权利。

破产人参与的合同

355.——（1）凡与其后被判定破产的人订立合同的，本条即适用。

（2）法院可应合同任何其他一方的申请，作出命令，解除合同规定的义务，条件是申请人或破产人因不履行义务而支付损害赔偿金，或法院认为公平的其他条件。

（3）破产人根据法院在本条下的命令所应支付的任何损害赔偿，都是可在破产中证明的债务。

（4）凡未获破产免责的破产人是与任何人共同订立的任何合同的一方，该人可就该合同提出诉讼或被起诉，而无须破产人的共同诉讼。

债务利息

356. ——（1）未事先保留或者约定债务利息的，在下列情形下，允许以不超过规定利率的利率对债务计息：

（a）在任何情况下，如果债务是通过书面文书而到期，并应在特定日期偿还的，则允许在该日期后的第二天（包括该日）起至该破产令的日期（包括该日）止的期间内计算利息；

（b）在任何其他情况下，如债权人或其代表在破产申请提出前以书面形式提出付款要求，而有人发出通知，表示利息须自要求付款之日起至付款之日止支付，则自要求付款之日后一日起（含该日）至破产令之日止（含该日）的期间内，允许计息。

（2）就分配剩余财产而言——

（a）经破产证明的债权，包括利息，且该利息的利率是事先约定或者预留的，则计算利息——

（ⅰ）得从应付利息之日（含该日）起至破产令之日（含该日）止的期间内；以及

（ⅱ）按照事先约定或者保留的利率；以及

（b）凡在破产案件中证明的债项包括利息，而该利息的利率并未事先商定或保留的，则计算利息——

（ⅰ）得从应付利息之日（含该日）起至破产令之日（含该日）止的期间内；以及

（ⅱ）按规定的利率。

（3）优先债务的利息与其他债务的利息相等。

（4）在本条中，“利息”包括代替利息的任何金钱代价，以及以任何名称称为的罚金（或罚款）或滞纳金。

第5节 和解或安排方案

债权人可通过特别决议接受和解或方案

357. ——（1）凡已作出破产令，已证明其债权的债权人如认为合适，可以——

（a）在债权人会议上；或者

（b）以书面形式，

通过特别决议，决定接受一项和解建议，以清偿破产时欠他们的债务，或接受破产人事务的一项安排方案。

（2）根据第（1）（a）项举行的会议，须由官方受托人以不少于21天时间的通知召集。

（3）根据第（1）（b）项提出的书面特别决议，须由官方受托人发出通知，给予债权人21天的答复时间。

（4）根据本条发出的任何通知必须大体上说明其提案的条款，并须附上其官方受托人的报告。

（5）凡已根据第（1）（a）项在债权人大会上寻求特别决议的，任何已证明其债项的债权人，可借以规定的格式致信官方受托人，同意或反对该项和解或方案，并由证人证明，而发送或邮寄该信件以方便官方受托人不迟于会议召开前3天收到为准，如此表示同意或反对的债权人被视为已出席会议并在会议上投票。

（6）凡根据第（1）（b）项以书面形式寻求特别决议的，任何已证明其债项的债权人，可借致予官方受托人的信件，同意或反对该和解或方案，并在不迟于官方受托人通知之日后21天内发送或邮寄给官方受托人。

（7）除非与该和解或方案有关的破产令根据第358条被解除或废止，否则该和解或方案对债权人并无约束力。

（8）在本条中，“特别决议”——

（a）就根据第（1）（a）项所寻求的特别决议而言，是指在债权人大会上以已证明其债项的债权人的多数及至少3/4债权额通过的决议，认为未亲自出席或以代理人出席会议的债权人已对决议投了赞成票；以及

（b）就根据第（1）（b）项所寻求的特别决议而言，是指一项由已证明其债项的债权人的过半数和至少3/4的债权额以书面形式批准的决议，认为未能以书面形式同意或反对该项和解或方案的债权人已同意该项决议。

在债权人接受和解或方案的情况下，通过官方受托人的证明解除或撤销破产令

358.——（1）凡债权人根据第357条特别决议接受和解或方案的，官方受托人可以——

（a）发出免责证明书对破产人进行免责，或者

（b）如果所有债权人都接受该和解或方案，则通过签发一份撤销证明书来撤销破产令。

（2）根据第（1）款作出的每项免责或撤销的通知，必须送交书记官，并在《公报》上刊登，以及以官方受托人认为适当的其他方式刊登。

（3）官方受托人在破产人、破产债权人或其他利害关系人提出申请时，在支付规定费用后，应向申请人签发免责证明书（certificate of discharge）或者撤销证明书（certificate of annulment）的副本。

（4）根据第（1）款发出的免责证明书或撤销证明书，如与破产人欠所有债权人并可在破产时被证明的债项有关，则对所有债权人具有约束力。

（5）下列情形，法院可应官方受托人或任何债权人的申请，凭借撤销免责证明书或撤

销证明书（视情况而定）而撤销该项和解或方案——

（a）破产人没有缴付根据该项和解或方案到期的任何分期付款；或者

（b）法院确信——

（ⅰ）由于法律困难或任何充分理由，该和解或方案的进行会对债权人或破产人造成不公正或不应有的延误；或者

（ⅱ）债权人因被欺诈接受该（和解或方案的）提议。

（6）根据第（5）款撤销该和解或方案，并不影响根据或依据该和解或方案妥为做出的任何出售、处置或付款或妥为做出的任何事项的有效性。

（7）凡官方受托人根据本条撤销破产令，则由官方受托人或法院或在前两者授权下妥为做出的任何财产出售或其他处置、按时付款或其他应做的事项，均属有效，但破产人的财产归还破产人，或应任何利害关系人的申请，按法院指定的条件归属法院指定之人的，则属例外。

（8）法院可在其命令中列入规则授权的补充规定。

和解或方案的效力

359. 根据第357条接受的和解或方案，就根据第16部分至第21部分破产人不会因免责令而获破产免责的债务或法律责任而言，对任何债权人并无约束力，除非该债权人同意该和解或方案。

第6节　破产对先前交易的影响

关于第二次或随后破产等的规定

360. ——（1）当——

（a）针对破产人作出第二次或随后的破产令；或者

（b）已下令对已故破产人的遗产进行破产管理，

则为任何上述命令所引致的任何法律程序之目的，对于上一次破产可证明的债务的未清偿余额，就第二次或随后的破产或破产管理（视情况而定）中破产人的财产而言，官方受托人被视为债权人。

（2）就第（1）款而言——

（a）［根据第352（1）款须优先于该破产案件中所有其他债项被清偿的］任何在上一次破产案件中可被证明的未清偿债项，在第二次或随后的破产或破产管理中，继续按第352（1）款所指明的次序享有相同的优先权及相同的类别；以及

（b）在上一次破产中，第352（1）款所指明类别的任何未清偿债务，与在第二次或随后的破产或破产管理中的同一类别的债务相同。

（3）当——

（a）对破产人作出第二次或随后的破产令；或者

（b）已下令对已故破产人的遗产进行了破产管理的，

自破产人最后一次被裁定破产以来，破产人取得的任何财产，而在其随后提出破产申请的日期，该财产并未在上一次破产中被分配给债权人的，则因其后的破产或破产管理（视情况而定）而归属于官方受托人（但须受并不知悉其后申请的提出的官方受托人在该破产案件中作出的任何处置所规限）。

（4）凡破产案件中的官方受托人收到随后针对该破产人提出的破产申请的通知的，或在该破产人去世后收到管理破产财团申请的通知的，则该官方受托人持有该破产人自被裁定破产之日起所取得的而由官方受托人占有的任何财产，直至随后的破产申请被处理为止。

（5）如在随后的申请中作出破产令或破产财团管理令，则官方受托人须将该财产的所有财产或收益（扣除官方受托人的费用及开支后）记入随后的破产或破产管理账户，视情况而定。

（6）当对破产人作出第二次或随后的破产令——

（a）第371（1）款不再适用于上一次破产，自该命令的日期起生效；以及

（b）在第二次或随后的破产期间，第395（2）款不再适用于上一次破产。

低估值的交易

361.——（1）在符合本条、第363条及第365条的规定下，凡个人被裁定破产，并且该个人在相关时间（定义见第363条）与任何人达成低估值的交易，官方受让人可根据本条向法院申请命令。

（2）法院可应上述申请，作出其认为适当的命令，将该交易的状况恢复至该人没有订立该项交易时的状况。

（3）就本条及第363、365条而言，如有下列情形，视为任何个人与任何人以低估值进行了交易——

（a）该个人向该人赠送礼物，或以其他方式与该人进行交易，条件是该个人不收取任何对价；

（b）该个人在考虑结婚的情况下与该人进行交易；或者

（c）该个人与该人进行交易的对价，以金钱或金钱价值计算，其价值明显低于该个人提供的对价的金钱或金钱价值。

不公平的优惠

362.——（1）根据本条、第363条和第365条的规定，如个人被裁定破产，而该个人在有关时间（如第363条所定义）已给予任何人不公平的优惠（preferences），则官方受托人可根据本条向法院申请作出命令。

（2）法院可应该项申请，作出其认为适当的命令，将该交易的状况恢复至该人没有给予该项不公平优惠时的状况。

（3）就本条、第363条和第365条而言，如有下列情形，视为该个人给予了某人不公平的优惠——

（a）该人是该个人的债权人之一或任何个人债务或其他责任的担保人或保证人（a

surety or guarantor)；以及

（b）该个人所做的任何事情或所受的任何事情（在任何一种情况下）都会使该人处于一个会比在该个人破产时该人如果没有做该事情而会处于的更好的地位。

（4）法院不得根据本条就给予任何人的不公平优惠作出命令，除非给予该优惠的该个人在决定给予该优惠时受到影响，并希望就该人产生第（3）（b）项所述的效果。

（5）凡在给予不公平优惠时被给予不公平优惠的人是该个人的关联方（并非仅因是该个人的雇员），除非有相反证明，否则推定该个人在决定给予该优惠时受到第（4）款所述意愿（a desire）的影响。

（6）根据法院的命令做某件事项的事实，在没有更多证据的情况下，并不妨碍做成或遭受该事项所构成的"给予不公平的优惠"（the doing or suffering of that thing from constituting the giving of an unfair preference）。

第361条和第362条所指的有关时间

363.——（1）根据本条的规定，个人以低估的价格达成交易或给予不公平的优惠的时间，是指下列交易或给予优惠的相关时间——

（a）如果交易价格被低估——

（ⅰ）凡该个人被裁定破产的破产申请是基于第312（d）项所述的推定提出的，则在有关破产申请提出之日前3年内，至该个人被裁定破产的破产申请提出之日止的期间内；或者

（ⅱ）在任何其他情形下，在该个人被裁定破产的破产申请提出之日为止的3年期间内；

（b）如属不公平的优惠，而该优惠并非以低估值进行的交易，而是给予与该个人有关联的人（但仅因作为该个人的雇员的原因除外）——

（ⅰ）凡该个人被裁定破产的破产申请是基于第312（d）项所述的推定提出的，自有关破产申请被提出之日前2年内，至该个人被裁定破产的破产申请提出之日止的期间内；或者

（ⅱ）在任何其他情况下，在该个人被判定破产的破产申请提出当日为止的2年期间内；或者

（c）在任何其他情况下，不公平的优惠不是以低估值的价格进行的交易——

（ⅰ）凡该个人被裁定破产的破产申请是基于第312（d）项所述的推定而提出的，自有关破产申请提出之日前1年内，至该个人被裁定破产的破产申请提出之日止的期间内；或者

（ⅱ）在任何其他情况下，在该个人被裁定破产的破产申请提出之日为止的1年期间内。

（2）凡任何个人在第（1）（a）、（b）或（c）项所述的时间以低估值进行交易或给予不公平的优惠，则就第361、362条而言，该时间并非有关时间，除非该个人——

（a）当时无力偿债；或者

（b）因该交易或优惠而破产。

（3）凡任何个人与其关联方（仅因作为该个人的雇员的原因除外）以低估值订立交易，除非相反证明成立，否则第（2）款所规定的推定已获符合。

（4）就第（2）款而言，下列情形为个人无力偿债——

（a）该个人无力偿还到期债务；或者

（b）考虑到该个人的或有负债和预期负债，个人资产价值低于其负债金额。

（5）凡第（6）款所述有关个人的任何期间，与第（1）（a）、（b）或（c）项所述有关该个人的任何期间重合的，如果在紧接第（1）（a）项所述期间之前的期间内，该个人以低估值进行交易或给予不公平优惠，则该时间为相关时间，紧接第（1）（a）、（b）或（c）项（视情况而定）所述期间之前的期间，该期间等于第（6）款所述的与第（1）（a）、（b）或（c）项所述的期间（视情况而定）重合的所有该等期间的总和。

（6）第（5）款所述期间如下：

（a）根据第278条冻结任何破产申请的命令的有效期间；

（b）就根据第276条提出的申请而作出的临时命令对该个人有效的期间。

（7）在本条中，“有关破产申请”是指针对个人提出的破产申请，该申请导致了第312（d）项中提及的针对该个人的债务偿还方案。

关联方（associate）的含义

364.——（1）就第362、363、365条而言，任何人是否为另一人的关联方的问题，均须按照本条决定。

（2）如果某人是某个人的下列关系，则为其关联方——

（a）该个人的配偶；或者

（b）下列人等的亲属——

（i）该个人；或者

（ii）该个人的配偶；或者

（c）下列人等的亲属的配偶——

（i）该个人；或者

（ii）该个人的配偶。

（3）某人是下列人等的关联方——

（a）与该人合伙的任何个人；以及

（b）与该人合伙的任何个人的配偶或亲属。

（4）任何人是该人所雇用或受雇于该人的任何个人的关联方，而为此目的，公司的任何董事或其他高级管理人员均被视为受雇于该公司。

（5）如果信托受益人包括该个人或其关联方，或信托条款授予该个人或其关联方可为该个人或其关联方利益行事的权力，则具有该个人信托受托人身份的人是该个人的关联方。

（6）公司是个人的关联方，如果该个人控制了该公司，或者该个人和该个人的关联方共同控制了该公司。

（7）就本条而言，任何人如为某个人的兄弟、姐妹、叔叔（伯伯）、姑母（阿姨）、侄子（外甥）、侄女（外甥女）、直系祖先或直系后裔，则该人是该个人的亲属，并将——

（a）任何人的半血缘关系，作为全血缘关系，以及与该人的继子女或养子女的关系，作为该人的亲子女关系；以及

（b）非婚生子女作为该子女的母亲及名义父亲的婚生子女。

（8）在本条中提及的配偶包括前配偶。

（9）为了本条的目的，个人被视为控制了某公司（用C字母代替），如果——

（a）C或控制C的另一公司的董事（或其中任何一名董事）习惯于按照该个人指示或指令行事；或者

（b）该个人有权在C或控制C的另一家公司的任何股东会上行使或控制行使1/3或以上的表决权，

如果2名或2名以上的人共同满足第（a）或（b）项的要求，则被视为对C的控制。

（10）在本条中，“公司”包括任何法人团体（不论在新加坡或其他地方成立），凡提及公司的董事及其他高级管理人员，以及提及在任何公司的股东会上的表决权，经作出任何必要的变通后均具效力。

根据第361条及第362条作出的命令

365.——（1）在不限制第361（2）款及第362（2）款的前提下，根据其中任何一条作出的，与随后被裁定破产的个人达成或给予的交易或优惠有关的命令，在本条的规限下，可以——

（a）规定将作为交易一部分转让的任何财产，或与给予优惠有关的任何财产，都授予官方受托人；

（b）规定如果任何财产在任何人手中，代表如此转让的财产的销售收入或如此转让的资金的应用的，则要求将该财产如此归属；

（c）解除或免除（全部或部分）该个人提供的任何担保；

（d）要求任何人就其从该个人处获得的利益向官方受托人支付法院可能指示的款项；

（e）为任何担保人或保证人作出规定，该担保人或保证人对任何人的义务已根据该项交易而解除或免除（全部或部分），或是根据法院认为适当的新的或恢复的对该人的义务而给予的优先权而解除或免除的；

（f）规定为免除履行该命令所施加或产生的任何义务而提供担保，对任何义务而在任何财产上设置的抵押（charge），以及该等担保或抵押与根据该交易或被不公平优惠的给予而解除或免除（全部或部分）的担保或抵押具有相同的优先权；以及

（g）规定其任何财产由该命令被授予官方受让人的人，或被该命令施加了义务的人，在多大程度上能够在破产中证明债务及其他责任，这些债务及其他责任来自［或根据该交易或被不公平优惠的给予行为而被解除或免除（全部或部分）］该交易或给予不公平优惠的行为。

（2）根据第361条或第362条作出的命令，可影响任何人的财产或对该人施加任何义务，不论该人是否为与有关个人订立交易的人或（视情况而定）被给予不公平优惠的人。

（3）根据第361条或第362条作出的命令并不——

（a）损害从该个人以外的人处取得的财产权益，而该财产权益是善意和有价取得的，或损害由该权益衍生的任何权益；或者

（b）要求善意和有价地从交易或不公平优惠中获得利益的人向官方受托人支付一笔款项，除非该人是交易的当事方，或该笔款项是在该人（that person）是该个人（that individual）的债权人时被给予该人（that person）的不公平优惠。

（4）就第（3）（a）及（b）款而言，任何人（在本条中称为有关人士，the relevant person）如已从有关个人以外的人处取得财产权益，或已从该项交易或不公平优惠中获得利益的，则被推定（除非相反证明成立）已取得该权益，或在收购或接收时以善意以外的方式获得该利益（视情况而定），如果——

（a）有关人士已知悉有关环境及有关程序；或者

（b）有关人士是或曾是下列人员的关联方——

（ⅰ）有关的该个人（the individual in question）；或者

（ⅱ）与有关的该个人进行交易的人，或该个人给予不公平优惠的人（视情况而定）。

（5）根据第361条或第362条作出的命令须支付给官方受托人的任何款项，须包含在破产财团内。

（6）就第（4）（a）项而言，有关的环境是——

（a）有关个人以低估值参与交易的事实；或者

（b）构成有关该个人给予不公平优惠的情形。

（7）就第（4）（a）项而言，有关人士如知悉下列情形，则已知悉了有关的程序——

（a）有关的该个人被宣告破产的破产申请的提出；或者

（b）有关的该个人被裁定破产的事实。

（8）尽占有第364（1）款的规定，就第（4）（b）（ⅱ）目而言，某公司仍被视为另一家公司的关联方，如果——

（a）同一个人控制两家公司；

（b）一人控制一家公司，该人的一名关联方控制另一家公司，或该人及其关联人控制另一家公司；或者

（c）每一个公司由2人或多人组成的集团控制，而该集团——

（ⅰ）由相同的人组成；或者

（ⅱ）可被认为是由相同的人组成的，如果（如果在一种或多种情况下）任何一个集团中的一名成员被该成员的一名关联人所取代。

（9）就第（4）（b）项而言，有关人士如有下列情形，则被认为与某公司有关联——

（a）是该公司董事；或者

（b）是下列的关联方——

（ⅰ）该公司；或者

（ⅱ）该公司的董事。

（10）在第（9）款中，“董事”具有《公司法》第4（1）款所赋予的含义。

敲诈性（extortionate，价格过高的、离谱的）信贷交易

366. ——（1）本条适用于被裁定破产的人是或曾经是为该破产人提供信贷或涉及向该人提供信贷交易的一方的情形。

（2）如果交易是或曾经是敲诈性的，并且是在破产开始前3年内订立的，法院可应官方受托人的申请就该交易作出命令。

（3）就本条而言，除非相反证明成立，否则在考虑到提供信贷的人所接受的风险后，交易被推定为勒索，当——

（a）其条款现在或曾经要求就信贷的提供支付非常过高的款项（无论是无条件的还是在某些或有情形下）；或者

（b）这是严苛的、不合理的或实质上不公平的。

（4）根据本条作出的命令可载有下列一项或多项：

（a）撤销交易产生的全部或部分债务的规定；

（b）更改交易条款或更改为交易目的而持有任何担保的规定；

（c）要求任何参与或曾经参与交易的人向官方受托人支付任何已支付给该人的款项的规定；

（d）要求任何人将其持有的作为交易担保的任何财产交给官方受托人的规定；

（e）指示在任何人之间进行结算（accounts to be taken，对账）的规定。

（5）根据本条下的命令须向官方受托人支付或交出的任何款项或财产，须包括在破产财团内。

债权人执行或扣押权利的限制

367. ——（1）凡破产人的债权人已对破产人的物品或土地发出了执行令，或已将属于破产人的任何债项或财产扣押，则债权人无权对官方受托人保留执行或扣押的利益，除非债权人在破产令日期前已完成执行或扣押，下列情形除外——

（a）任何人如善意地根据治安法官（Sheriff）的售卖而购买了任何已被执行的破产人的物品，则在所有情况下，该人对官方受托人均取得良好的产权；以及

（b）本款赋予官方受托人的权利，可由法院在其认为适当的范围内及在其认为适当的条件规限下，为了债权人的利益而撤销。

（2）就本法而言——

（a）对货物的执行是通过扣押和出售完成的；

（b）对债务的扣押是在收到债务后完成的；以及

（c）对土地或任何土地权益的执行，是根据有关土地的出售和扣押令状的注册登记的任何书面法律的规定完成的，旨在固定破产人在该出售和扣押令状中所述土地上的权益。

治安法官对被执行财产的责任

368. ——（1）凡债务人的任何财产是在执行中取得的，则如果在执行完成前，有人通知治安法官：已针对债务人作出了破产令，则治安法官必须将该财产或该财产的占有权及任何该等款项交付给官方受托人。

（2）根据第（1）款执行的费用及附带费用，是该财产或款项上的第一项抵押（a first charge，首押），而官方受托人可为清偿该项抵押而出售该财产或该财产的任何足够的部分。

（3）凡已就一项超过2000新加坡元的判决发出出售和扣押令状，则治安法官须将根据该出售和扣押令状而送交该治安法官的所有款项持有14天，自收到该款项起算。

（4）如在第（3）款所述的时间内——

（a）已向治安法官送达通知，告知其针对债务人或由债务人提出的破产申请；以及

（b）根据破产申请或治安法官已获通知的任何其他申请，对债务人作出破产令，

治安法官必须扣除执行的费用和附带费用，并将余额支付给官方受托人，后者有权保留与执行债权人（the execution creditor，申请执行的债权人）相同的余额。

第7节　破产财产的占有、控制和变现

官方受托人对财产的占有

369. ——（1）官方受托人必须在破产令下达后立即接管——

（a）与破产人的财团或事务有关并属于破产人或处于破产人控制之下的契据、账簿及文件（包括在任何法律程序中有权披露的契据、簿册及文件）；以及

（b）破产人财产中能够实际交付（manual delivery）的所有其他部分。

（2）就取得或保留破产人财产而言，官方受托人的地位与官方受托人是法院指定财产的接管人的地位相同，法院可应官方受托人的申请，相应地强制执行购置或保留（acquisition or retention）。

（3）破产财产的任何部分，如由股票、船舶份额（shares in ships）、股份或任何公司、办事处或个人账簿上可转让的任何其他财产组成，则官方受托人可行使转让该财产的权利，其程度与破产人在其尚未破产时行使该财产的权利相同。

（4）凡破产人的财产的任何部分是由正在进行的事项组成的，则该等事项即当视为已妥为转让给了官方受托人。

（5）破产人的任何银行或代理人，或为破产人的账户或为破产人持有任何财产的任何其他人，必须向官方受托人支付和交付由银行、代理人或其他人所占有或控制的所有款项和证券，根据法律，代理人或其他人（视情况而定）无权针对破产人或官方受托人而保留该等财产。

（6）任何人不遵守第（5）款，即属犯罪，一经定罪，可处不超过1000元的罚金或不超过3年的监禁，或两者并处。

扣押破产人或其他人持有的破产财产

370. ——（1）在作出破产令后的任何时间，官方受托人或官方受托人授权的任何人可以清查并扣押破产财团中由破产人（包括在任何法律程序中享有特权无须披露的人）或任何其他须将财产、簿册、文件或记录交付官方受让人的人占有或控制的任何财产，或与破产财团或事务有关的任何账簿、文件或记录。

（2）官方受托人或经官方受托人授权的任何人，为清点或扣押破产人的财产或与破产人的财产或事务有关的任何簿册、文件或记录（包括在任何法律程序中有权被免于披露的任何簿册、文件或记录），可进入破产人或根据第（1）款可予扣押的任何东西所在或相信其所在的任何处所，以及打开载有或相信载有可予扣押的任何物品的破产人的任何器物。

（3）如果在作出破产令后，法院确信破产财团中所包含的任何财产，或与破产财团或事务有关的任何账簿、文件或记录（包括在任何诉讼中因特权免于披露的），都隐藏在不属于破产人的任何处所内的，则法院可发出手令，授权任何公职人员在该等处所，搜查其财产、账簿、文件或记录。

（4）第（3）款所指的手令必须按照规则及其条款执行。

每月供款

371. ——（1）除第（2）款另有规定外，未获免责的破产人必须在官方受托人以书面指明的每月某日或之前，向官方受托人缴付不少于破产人每月供款的金额。

（2）凡破产人的目标供款已全数缴付，不论是由破产人缴付或以其他方式缴付的，则第（1）款不再适用于该破产人。

（3）为免生疑问，第（1）款不妨碍破产人之外的任何人向官方受托人支付任何数额的破产人的目标供款。

将部分工资或薪金拨付给债权人

372. ——（1）如果破产人是新加坡武装部队的官员或公职人员，或以其他方式受雇或从事政府公务，则官方受托人应按法院的指示，在官方受托人的申请下，收取破产人的工资或薪金，以便将其分配给债权人。

（2）如果破产人——

（a）收到第（1）款所述以外的薪金或收入；或者

（b）有权获得由政府或任何其他雇主授予的任何半薪、退休金或补偿，

则法院可应官方受托人的申请，在不违反任何有关退休金的成文法的情况下，作出法院认为公正的命令，向官方受托人支付薪金、收入、半薪、退休金或补偿，或者薪金、收入、半薪、退休金或补偿的任何部分，由官方受托人以法院指示的方式申请。

（3）本条规定概不废除政府解散破产人或宣布没收任何破产人的半薪、退休金或赔偿金的权利。

（4）在确定官方受托人根据本条应收到的金额时，法院在不影响第（5）（a）项但符合第（5）（b）项规定的情况下，须考虑部长根据第449条为本条目的而制定的任何法规

所规定的薪金分配比例（the scale of appropriation of salary，薪金分配比例表）。

（5）法院——

（a）可酌情定出比上述比例表所载金额更大或更小的金额；但是

（b）不得执行下列任何操作——

（ⅰ）命令每月从破产人的月收入中支付超过破产人每月供款的任何金额；

（ⅱ）命令支付超过破产人的目标供款与已支付的破产人的目标供款之间的差额的金额；

（ⅲ）命令支付用以维持破产人及其家庭生活所必需的金额。

放弃负有义务的（onerous，烦琐的）财产的权力

373.——（1）官方受托人可以通过发出规定的通知，放弃任何负有义务的财产，即使已经接管、试图出售或以其他方式行使了与之相关的所有权，也可以这样做。

（2）为本条的目的，下列各项是负有义务的财产：

（a）任何无利可图的合同；

（b）破产财团中包括的任何下列其他财产——

（ⅰ）无法出售的；

（ⅱ）不易出售的；或者

（ⅲ）可能会导致支付金钱或承担其他繁重作为的法律责任。

（3）本条下的弃权声明（disclaimer）——

（a）自弃权声明之日起，确定破产人和破产财团在声明弃权的财产中或与声明弃权的财产有关的权利、权益和债务；以及

（b）自官方受托人的托管开始之日起，免除官方受托人就该财产所负的一切个人责任，但除为解除破产人、破产财团和官方受托人的任何责任所必需者外，并不影响任何其他人的权利及法律责任。

（4）不得根据第（1）款就下列任何财产发出弃权声明通知——

（a）如属附表2第1栏所列任何成文法所规限的财产，除非——

（ⅰ）官方受托人已将其放弃该财产的意图，书面通知了第2栏相对列明（set out opposite）的相关人士；以及

（ⅱ）自第（ⅰ）目所述的通知日期起算的28天期间已过；或者

（b）无论如何，如果——

（ⅰ）对该财产有利害关系的人已以书面形式向官方受托人或官方受托人的前任之一申请作为受托人，要求官方受托人或该前任决定官方受托人或该前任是否放弃该财产；以及

（ⅱ）自第（ⅰ）目所述的申请之日起28天内，或在法院所允许的更长期限内，未根据本条就该财产发出弃权声明通知。

（5）官方受托人被视为已采用任何根据本条官方受托人无权弃权的合同。

（6）因根据本条作出的弃权声明而蒙受损失或损害的任何人，在该损失或损害的范围

内，须被当作破产人的债权人，并可据此将该损失或损害证明为破产债权。

租赁的弃权声明

374. ——（1）根据第373条就任何具有租赁性质的财产而作出的弃权声明不生效，除非该弃权声明的副本已送达作为次承租人（sub-lessee）或抵押权人（mortgagee）提出破产债权申报的每个人（只要官方受托人知悉其地址），或者——

（a）在根据本款送达最后一份通知之日起算的14天期限届满前，并无根据第375条就该财产提出的申请；或者

（b）凡已根据第375条提出申请，法院应指示该弃权声明生效。

（2）凡法院根据第（1）（b）项作出指示，法院亦可就固定装置、租客的改善及因租契而产生的其他事宜，作出法院认为适当的命令，以代替或增补法院根据第375条作出的任何命令。

授予弃权财产的法院命令

375. ——（1）本条及第376条适用于官方受托人已根据第373条放弃财产的情形。

（2）下列人员可根据本条向法院提出申请——

（a）任何声称对弃权财产享有权益的人；

（b）任何对弃权财产负有任何法律责任的人，而该法律责任并非由该弃权声明而免除的；或者

（c）如果弃权财产是住宅中的不动产，则指破产令下达时占有或有权占有该住宅的任何人。

（3）法院可应根据本条提出的申请，按其认为适当的条款，作出命令，将弃权的财产归属于或交付给——

（a）有权享有弃权财产的人或该人的受托人；

（b）须承担第（2）（b）项所述法律责任的人或该人的受托人；或者

（c）如果弃权财产是住宅中的不动产，则指破产令下达时占有或有权占有该住宅的任何人。

（4）法院不得凭借第（3）（b）项作出任何命令，但如法院觉得为补偿就该项弃权承担法律责任的人而作出命令是公正的，则属例外。

（5）为施行第373（6）款，在评估任何人因弃权声明而蒙受的任何损失或损害的程度时，须考虑根据本条作出的任何命令的效力。

（6）根据本条将财产归属于任何人的命令——

（a）无须以任何转易、转让或移转的方式完成；但是

（b）在有关当局就该土地的归属作出适当的录入（entries）前，在转让或以其他方式归属土地方面并无任何效果或操作。

根据第375条就租赁权（leaseholds）作出的命令

376. ——（1）法院不得根据第375条作出任何命令，将租赁性质的财产授予任何人，除非有条款规定该人——

（a）与破产人在破产令作出当日根据租约所须承担的法律责任及义务相同；或者

（b）如果法院认为合适，则该人须承担的法律责任及义务，与该人在该日将租约转让给该人时所承担的法律责任及义务相同。

（2）就根据第375条作出的命令而言，该命令只关乎租约所包括的任何财产的一部分，第（1）款的规定适用，犹如该租约只包括该命令所关乎的财产一样。

（3）凡第（1）款适用，而无人愿意接受根据第375条就第（1）款所述条款作出的命令，法院可（通过根据第375条作出的命令）将破产财团或权益授予——

（a）任何有责任（不论是以个人或代表身份，抑或单独或与破产人共同）履行承租人在租约中的承诺的人；或者

（b）第（a）项所述的人，获解除或免除破产人所设定的一切财产权、产权负担及权益。

（4）凡第（1）款适用，而任何人拒绝接受根据第375条作出的任何命令，则该人不得享有该财产的所有权益。

官方受托人的财产处理权

377.——（1）根据第3部分及第13部分至第22部分的规定，官方受托人可以——

（a）以招标、公开拍卖或私人合约的方式，出售破产人的全部或任何部分财产，包括破产人业务的商誉（如有的话），以及到期或应累算的账面债项，并有权将全部财产转让给任何人或将财产分批出售；

（b）就官方受托人收到的任何款项出具收据，该收据有效地免除了付款人对该款项的使用所承担的所有责任；

（c）就任何到期应付给破产人的债项进行证明、排序、申报及支取剩余财产分配；

（d）行使根据第3部分及第13部分至第22部分赋予官方受托人的职权的任何权力，以及签署任何授权书、契据及其他文书，以施行该等部分的条文；以及

（e）以破产人可能处理的相同方式，处理破产人作为后续承租人（tenant in tail，最终租客）或作为遗产（an estate of inheritance）的其他所有人［其继承的财产少于单纯不动产（an estate in fee simple，单纯继承地产）］，有权可获利地享有的任何财产。

（2）处理第（1）（e）款所述的任何（破产人在其破产免责前有权处理的）财产，则即使在处理该财产时破产人已死亡，该等处理仍属有效，其运作方式与破产人在世时的相同。

官方受托人的一般权力

378. 官方受托人可以行使下列任何权力：

（a）经营破产人的任何业务，但以有利方式清算所需者为限；

（b）提起、开始或抗辩与破产财产有关的任何诉讼或法律程序；

（c）聘请一名辩护律师和事务律师处理任何诉讼或任何业务；

（d）接受一笔在日后应付的款项，作为出售破产人任何财产的代价，但须受官方受托人认为适当的保证或其他方面的规定所规限；

（e）将破产人的财产的任何部分抵押或者质押，以筹集资金清偿破产人的债务；

（f）将任何争议提交仲裁，或在破产人与任何可能已对破产人负有任何法律责任的人之间，就所有债务、请求权及法律责任（不论是现时的或将来的、确定的或或有的、已清算的或未清算的、存在的或假定存在的）达成妥协，但须在收到该等款项时，按协议的时间及一般条款进行；

（g）就破产案件下可证明的任何债项，与债权人或声称是债权人的人作出认为合适的和解或其他安排；

（h）就任何人向官方受托人或官方受托人向任何人提出或能够向官方受托人提出的由破产人财产引起或附带引起的任何请求，作出其认为合适的和解或其他安排；

（i）按其现有形式、按其估计价值在债权人之间分配因其特殊性质或其他特殊情况而不能轻易或有利地被出售的任何财产。

任命特别经理人的权力

379. ——（1）官方受托人如确信破产财团或业务的性质或债权人的利益一般需要指定官方受托人以外的财团或业务的特别经理人的，可指定该财团或业务的经理人行使该等权力，包括官方受托人委托经理人行使的接管人的任何权力。

（2）破产人可以被任命为特别经理人。

（3）特别经理人必须按照官方受托人可能直接指示的方式提供此类担保和账户。

（4）特别经理人将获得官方受托人可能确定的报酬。

允许破产人管理财产和给予破产人津贴的权力等

380. ——（1）法定受托人可以指定破产人监督破产人财产或财产的任何部分的管理，或者为了破产人的债权人的利益继续破产经营（如有的话），以及在任何其他方面以官方受托人指示的方式和条件协助管理财产。

（2）官方受托人可以从破产人的财产中给予官方受托人认为公正的津贴，以支持破产人及其家庭，或者当破产人清算破产财团时考虑破产人的服务，但法院可减少津贴金额，并限制取得津贴的期限。

（3）破产人死亡的，官方受托人可以给予破产人家属以扶养费。

（4）官方受托人还可以为支付破产人的丧葬费提供补贴。

（5）在确定津贴数额时，官方受托人可以考虑破产人在破产财产的管理或经营中提供的任何协助，或破产人的继续经营情况。

重新指示破产人的信件等

381. ——（1）凡已作出破产令，官方受托人可不时根据《邮政服务法》（第237A章）指示邮政许可证持有人在指示中指定一个或多个地点，以便重新指示并向官方受托人或其他人发送或交付其本应以其他方式发送或交付给破产人的任何邮政物品。

（2）根据本条作出的指示，在该指示所指明的期间内有效，但不得超过3个月。

扣押破产人护照等的权力

382. ——（1）官方受托人如认为有必要确保破产人在破产财团的管理期间不离开新

加坡，可向入境事务总监（the controller of immigration）发出指示，要求阻止破产人离开新加坡。

（2）除根据任何有关驱逐或入境的成文法所发出或作出的命令另有规定外，入境事务总监必须根据第（1）款下的指示，采取或安排任何入境事务官员采取所需的措施，以防止该指示所指名的破产人离开新加坡，包括扣留破产人的护照、身份证或批准破产人离开或进入新加坡的旅行证件。

（3）凡入境事务总监已根据第（2）款扣留破产人的护照、身份证或其他旅行证件的，总监必须立即将该护照、身份证或旅行证件送交官方受托人。

（4）尽占有第（1）、（2）和（3）款的规定，如果认为合适，官方受托人可以扣留授权破产人离开或进入新加坡的任何护照、身份证或其他旅行证件。

（5）如果认为合适，官方受托人可以保留或归还由入境事务总监根据第（3）款转交官方受托人的护照、身份证或旅行证件，或由官方受让人根据第（4）款扣留的旅行证件。

财产不足时发生的费用

383. ——（1）除本条及第 384 条另有规定外，除非破产财团有足够的可用财产，否则官方受托人无须就破产财团之财产的变现及分配承担任何开支。

（2）法院可应债权人的申请，指示官方受托人承担一项特别开支，但条件是该债权人须就收回开支的金额向该官方受托人作出补偿，如法院如此指示，则应提供法院认为合理的保证，以保证补偿的金额。

（3）本条的任何规定均不免除官方受托人在第 339、340、341、342、343、344 条下的任何义务。

（4）本条并不因破产受托人（trustee in bankruptcy）须为履行该义务承担开支，而免除破产受托人根据第 3 部分及第 16 部分至第 22 部分的任何条文，向官方受托人提交或送达文件（包括报告）的任何义务。

如果欠机构债权人的债务额价值占多数，则官方受托人不承担进一步费用

384. ——（1）官方受托人不承担任何与破产财产的变现和分配相关的费用，但与支付目标供款相关的费用除外——

（a）如果且只要满足相关条件；以及

（b）如果官方受托人已按照第（2）款向每名已提交债权证明的债权人发出书面通知。

（2）根据第 347（2）款规定的债权人须提交债权证明的期限届满后，如官方受托人确信有关条件已经符合，则官方受托人可向每位已提交债权证明的破产债权人发出书面通知——

（a）通知债权人，官方受托人已确信相关条件已符合；

（b）通知债权人，他们可能希望考虑根据第 36 条申请任命除官方受托人以外的人作为破产财团的受托人；以及

（c）提供破产财团的管理摘要，其中包含可能规定的详情。

（3）本条不免除官方受托人根据第339、340、342、343、344、347条承担的任何义务。

（4）在本条中——

“机构债权人”具有第36（4）款所赋予的涵义，但该条第（d）（ⅱ）目中提及的“机构债权人”的定义除外，至第36（2）款所述破产令的申请日期，须理解为提及导致破产人被裁定破产的破产申请日期。

“相关条件”是指已被证明（且未被撤销）的破产人债务总额中，大多数债务额是欠一名或多名机构债权人或其子公司的情形。

第8节 财产分配

剩余财产分配

385. ——（1）当官方受托人有足够的资金用于此目的时，官方受托人必须在保留破产费用所需款项的前提下，就债权人分别证明的债权向债权人宣布和分配剩余财产。

（2）官方受托人必须通知其打算宣布和分配剩余财产的意图。

（3）如果官方受托人已宣布剩余财产，官方受托人必须通知该剩余财产（的范围）以及官方受托人打算如何分配这些剩余财产。

（4）根据第（3）款发出的通知，必须载有破产财团的规定详情。

（5）在计算和分配剩余财产时，官方受托人必须对下列事项作出规定——

（a）任何可证明的债项，且该债项是任何请求权的标的，而该项请求权尚未被确定；以及

（b）有争议的证据和请求权。

（6）不得向任何不达50新加坡元（债权额）的债权人支付剩余财产。

未获清偿的债权人的请求权

386. ——（1）未在宣布任何剩余财产前证明其债权的债权人，无权因其未参与而干扰该剩余财产或债权证明之前宣布的任何其他剩余财产的分配。

（2）债权人证明其债权后，该债权人有权从当其时可供支付的任何款项中支取该债权人未收到的任何进一步剩余财产、任何一项或多项剩余财产（any further dividend, any dividend or dividends）。

（3）根据第（2）款须支付的任何一项或多项剩余财产，必须在该款项用于支付任何该等进一步剩余财产前支付。

最终分配

387. ——（1）当官方受托人认为其能够在无须延长破产程序，而变现全部破产财团或可变现的部分财团时，官方受托人可以以规定的方式通知，官方受托人宣布最终分配的意图。

（2）根据第（1）款发出的通知书必须载有规定的详情，并须规定在该通知书所指明

的日期（在本条中称为最后日期）前，对破产财团提出（债权）申报。

（3）法院可应任何人的申请，推迟最后日期。

（4）在最后日期之后，官方受托人必须——

（a）从破产财团中支付破产人的任何未付费用；以及

（b）如果官方受托人打算宣布最终分配，则宣布并分配该剩余财产，而不考虑任何人就破产中尚未证明的债权提出的请求。

联合和单独的剩余财产

388. ——（1）凡企业的一名合伙人被判定破产，而破产人与该企业的其他合伙人或其中任何一个合伙人共同欠下一名债权人，则在所有单独债权人已收到其各自债权的全部金额前，该名债权人无权从破产人的单独财产中收取任何剩余财产。

（2）在管理共同财产和单独财产的情况下，共同财产和单独财产的剩余财产须在法院应官方受托人或任何利害关系人的申请而作出的任何相反命令的规限下一并宣布。

（3）剩余财产的费用和附带费用应由官方受托人在共同财产和单独财产之间公平分摊，并考虑到为每项财产所做的工作和所获得的利益。

对剩余财产没有诉讼

389. ——（1）没有针对官方受托人提起的剩余财产分配诉讼。

（2）如果官方受托人拒绝分配任何剩余财产，法院可在其认为合适的情况下，命令官方受托人分配该剩余财产，并从合并基金中支付剩余财产被扣留期间的利息和向法院提出申请的费用。

从剩余（surplus）中支付超过第 356 条所允许的利息

390. ——（1）凡在偿付破产债权及开支后仍有任何金额（在本条中称为剩余）的，则第（2）款所述的利息必须在破产人根据第 391 条有权获得该剩余前支付。

（2）剩余须用于支付在破产案件中被证明的每一项债权的利息，从破产令日期后的一天（包括该日）起至（包括）债务支付日期，按债权人根据协议有权享有的利率计算，或在没有任何该等协议的情况下，按规定的利率计算。

（3）就第（2）款而言——

（a）优先债务的利息与其他债务的利息相等；

（b）同一（等级）类别的利息在他们自己之间是平等的；以及

（c）如果剩余不足以支付同一（等级）类别的全部利息，那么该（等级）类别的利息在他们之间以相等的比例减少。

破产人的余额权

391. ——（1）破产人有权在破产人的债权人被全额偿付后，获得任何的余额，并获得第 3 部分和第 13 部分至第 22 部分所规定的利息，以及破产申请下的程序的成本、收费和开支。

（2）尽占有第（1）款的规定，法院仍可作出命令，指示官方受托人在下列情形下不向破产人支付余额或部分余额——

（a）司法部长根据本条申请命令；以及

（b）法院确信——

（ⅰ）根据任何关于没收犯罪所得的成文法进行的诉讼仍在审理之中；以及

（ⅱ）破产人的财产可受没收令的约束，或须履行在该等法律程序中作出的其他命令。

（3）法院可应申请更改或撤销根据第（2）款作出的命令。

第 18 部分
撤销和免责

法院撤销破产令的权力

392. ——（1）法院可撤销破产令，如法院觉得该破产令——

（a）基于作出命令时存在的任何理由，该命令不应被作出；

（b）在法规所规定的范围内，自该命令作出以来，破产人的债项及开支均已获偿付或担保，并令法院满意；

（c）根据马来西亚破产法，破产财团和财产（the bankrupt's estate and effects）在债权人之间的分配程序在马来西亚尚待审理，而且分配应在马来西亚进行；或者

（d）在人数和债权额上，大多数债权人都属于马来西亚的居民，从破产人的财产状况或其他原因来看，破产财团和财产应根据马来西亚破产法分配给债权人。

（2）根据第（1）（a）项，撤销破产令的申请必须在作出破产令后 12 个月内向法院提出，除非法院准许以后提出申请。

（3）无论破产人是否已获破产免责，法院均可撤销破产令。

（4）凡法院根据本条撤销破产令，任何由官方受托人或法院授权妥为作出的财产出售或其他产权处置、付款或其他事情，均属有效，但破产人的财产须归属法院指定的人，或如无上述委任，则须按法院指示的条件归还破产人。

（5）法院可在其命令中列入规则授权的补充规定。

债务和费用全部清偿的，以官方受托人的证明撤销破产令

393. ——（1）如果官方受托人认为，在法规要求的范围内，已证明的债务和破产费用自作出破产令以来已全部清偿，则官方受托人可以签发证书，宣布破产令无效。

（2）根据第（1）款发出的每一份撤销证明书的通知，必须抄送书记官，并在《公报》刊登，以及以官方受托人认为适当的其他方式刊登。

（3）官方受托人须应破产人或破产债权人的申请，在（申请人）缴付规定的费用后，向申请人发出撤销证明书的副本。

（4）根据第（1）款发出的撤销证明书，如与破产人和全体债权人之间的债务有关，并且该债务可在破产程序中予以证明，则该证明书对所有债权人均具有约束力。

（5）凡官方受托人根据本条撤销破产令，由官方受托人或在其授权下或由法院妥为作出的任何财产出售或其他处置、付款或其他事项，均属有效，但破产人的财产归还给破产人，或应任何利害关系人的申请，并按法院指示的条件归还给法院指定的人。

（6）法院可根据法规的授权在命令中加入补充条款。

由法院免责

394. ——（1）官方受托人、破产人或与该事宜有利害关系的任何其他人，可在作出破产令后的任何时间，向法院申请免责令（an order of discharge）。

（2）如果官方受托人不是申请人，则每一份此类申请都必须送达每一位提交了债权证明的债权人和官方受托人，并且法院在作出免责令之前，必须听取官方受托人及任何债权人的意见。

（3）除第（4）款另有规定外，法院在接到根据本条提出的申请后，可以——

（a）驳回将破产人从破产中免责的申请；

（b）作出一个彻底令破产人免责的命令；或者

（c）作出令破产人免责的命令，但须受法院认为适合施加的条件所规限，包括关于下列事项的条件，可在命令中予以明确指出——

（ⅰ）破产人随后可能获得的任何收入；或者

（ⅱ）破产免责后向破产人移交的财产，或破产人取得的财产。

（4）凡破产人犯了本法第13部分至第21部分或《刑法》第421、422、423、424条所规定的罪行，或证明了第（5）款所述的任何事实的，法院必须——

（a）拒绝将破产人从破产中免责；

（b）作出破产免责的命令，但该命令受制于下列条件——

（ⅰ）下述一项或多项条件可被列明于该命令中——

（A）破产人向其债权人支付不少于25%的剩余财产分配金；

（B）在破产免责之后，该支付及于随后归于破产人的任何收入或移交给破产人的财产或破产人获得的财产；以及

（ⅱ）法庭认为适合附加的其他条件；或者

（c）如法院确信破产人不能履行第（b）项所指明的任何条件，而法院认为适当，则可作出命令，在法院认为适合施加的条件规限下，将破产人免责。

（5）第（4）款所述及的事实如下：

（a）破产人在紧接其破产前3年内，或在紧接该事件发生前法院认为在有关情况下合理的较短期间内，没有备存足以披露其业务交易及财务状况的账簿；

（b）破产人在明知或有理由相信自身已资不抵债的情况下仍然进行交易；

（c）破产人已订立可在破产案件中证明的任何债务，但在订立（该债务）合同时并无合理理由预期（由破产人证明）其有能力清偿该债务；

（d）破产人轻率地投机取巧或奢侈地生活，或鲁莽或缺乏对其业务和事务合理程度的打理和关注，从而导致或促成其破产；

（e）破产人对针对其提出或提起的任何诉讼或其他法律程序进行轻率或无理取闹的抗辩，从而延误或使其任何债权人承担不必要的费用；

（f）破产人在紧接破产令作出之日前的3个月内，在其无力偿还到期债务时，给予其

任何债权人不应有的优惠；

（g）破产人曾在新加坡或其他地方被判定破产，或与其债权人达成和解或安排；

（h）破产人曾犯任何欺诈或欺诈性违反信托的罪行；

（i）破产人已在紧接破产令作出之日前3个月内，在有合理理由认为该项交易并非真正的商业交易的情况下，将货物运出新加坡；

（j）破产财产的价值低于无担保债权金额20%的，除非破产人使法院确信，该等资产的价值不等于破产人无担保债权金额20%的事实是由于不能归咎于破产人的情形而产生的；

（k）破产人已与任何人以第361条所指的低估值订立交易；

（l）破产人给予第362条所指的任何人不公平的优惠。

（6）法院可以在免责命令作出之前的任何时间，撤销或变更该命令。

因官方受托人的证明而免责

395.——（1）官方受托人可以根据其自身的判断并结合本法第396条，出具令破产人从破产中免责的证明书。

（2）官方受托人不得根据第（1）款签发令破产人从破产中免责的证明书，除非——

（a）在任何情况下，当该破产不是破产人的重复破产时——

（ⅰ）下列均适用——

（A）目标供款已全数清偿，或官方受托人确信破产人已因情有可原的情形而无法全额清偿目标供款；

（B）或者——

（BA）自破产管理之日起3年期间已届满，债权人的相关起征点（the relevant threshold of creditors，估计是指触发债权人行动的某种门槛、阈值）对免责并未提出异议；或者

（BB）自破产管理之日起5年期限已届满；或者

（ⅱ）自破产管理之日起7年期限已届满；或者

（b）在任何情况下，当该破产是破产人的重复破产时——

（ⅰ）下列均适用——

（A）目标供款已全数清偿，或官方受托人确信破产人已因情有可原的情形而无法全额清偿目标供款；

（B）或者——

（BA）自破产管理之日起3年期限已届满，债权人的相关起征点对免责并未提出异议；或者

（BB）自破产管理之日起5年期限已届满；或者

（ⅱ）自破产管理之日起9年期限已届满。

（3）根据第（1）款作出的每项免责的通知，必须抄送书记官，并在《公报》上刊登，以及以官方受托人认为适当的其他方式刊登。

（4）官方受托人——

（a）应破产人、破产人的任何债权人或任何其他利害关系人的申请，并在缴纳规定的费用后，必须向申请人发出令破产人破产免责的证明书副本；但

（b）不得向除破产人以外的任何人发出任何该等证明书的副本，当——

（ⅰ）在破产人被破产免责之前，目标供款已全额清偿；以及

（ⅱ）自免责之日起，5 年期限已届满。

（5）为计算第（2）款所述的期间，若遇下列情形，则相关期限不予计算在内——

（a）破产人在新加坡以外的地方；以及

（b）破产人未征得官方受托人的同意就离开新加坡或滞留、居住在新加坡以外的地方。

（6）在本条中——

"情有可原的情形"（extenuating circumstances）是指下列任一情形：

（a）破产人死亡；

（b）破产人的任何个人情况（包括但并不限于使其身体虚弱的疾病），该情况使破产人无法在下列期间的截止日期前的剩余破产期限中，赚取一份有意义的工资——

（ⅰ）当该破产并非该破产人的重复破产时，则为第（2）（a）（ⅱ）目所述的期间；或者

（ⅱ）当该破产是该破产人的重复破产时，则为第（2）（b）（ⅱ）目所述的期间。

"债权人的相关门槛"，是指在已证明其债权的债权人中，人数不少于 1/2 或债权额不低于债权总额的 1/4，或两者兼而有之。

债权人对第 395 条破产免责的反对

396. ——（1）在根据第 395 条对官方受托人管理的破产发出免责证明书之前，官方受托人必须向每一位提交了债权证明的债权人送达一份官方受托人意图免除破产人责任的通知，并附上一份载明官方受托人意图这样做的理由的声明。

（2）已根据第（1）款获得通知的债权人，如欲向发出免除破产人责任证明书的官方受托人提出反对，可自收到官方受托人通知之日起 21 日内，向官方受托人提供其反对理由的陈述。

（3）债权人如不按照第（2）款向官方受托人提供其反对理由的陈述，即视为不反对该项免责。

（4）根据第（2）款向官方受托人提供其反对理由陈述的债权人，可在官方受托人通知其反对已被驳回后的 21 天内，向法院申请命令，以禁止官方受托人签发免责证明书。

（5）根据第（4）款提出的每项申请，必须送达官方受托人及破产人，而法院在就该项申请作出命令前，必须听取官方受托人及破产人的意见。

（6）在要求官方受托人根据第 395 条发出破产免责证明书前，管理破产财团的受托人必须向每名已提交债权证明的债权人送达其拟要求官方受托人免除破产人责任的通知书，以及其说明破产人应获免责的理由的陈述书。

(7) 已根据第（6）款获送达通知书的债权人，如欲对发出免除破产人责任的证明书的官方受托人提出反对，可在受托人发出通知书的日期后21日内，向破产案件的受托人提交一份说明该债权人反对理由的陈述书。

(8) 债权人如不按照第（7）款向破产案件的受托人提供其反对理由的陈述书，即视为其对该项免责并无异议。

(9) 已按照第（7）款向破产案件的受托人提供反对理由陈述书的债权人，可在受托人通知其异议已被驳回后的21日内，向法院申请命令，以禁止官方受托人签发免责证明书。

(10) 根据第（9）款提出的每项申请，必须送达官方受托人、破产案件的受托人及破产人，而法院在应申请作出命令前，必须听取法定受托人、受托人及破产人的意见。

(11) 法院在接到根据第（4）款或第（9）款提出的申请后，如认为公正且合适，可以——

(a) 驳回该申请；

(b) 除第（13）款及第（14）款另有规定外，作出命令，规定在不超过两年的期限内，破产人不得获得官方受托人发出的免责证明书；或者

(c) 作出命令，准许官方受托人发出免除破产人责任的证明书，但该命令须受法院认为适合附加的条件所限制，该条件（均可在该命令中予以列明）包括——

(ⅰ) 破产人被免责后其可能获得的任何收入；或者

(ⅱ) 破产免责后移交给破产人或破产人取得的任何财产。

(12) 法院在收到根据第（4）款提出的申请并根据第（11）（b）项作出命令时，必须委任一名破产受托人代替官方受托人管理破产财团。

(13) 除第（14）款另有规定外，根据第（11）（b）项作出的命令，不得推迟免责证明书的授予超过下列期间——

(a) 在任何情况下，当该破产并非该破产人的重复破产时（当破产人并非再次破产时），自破产管理之日起9年期限已届满；

(b) 在任何情况下，当该破产是该破产人的重复破产时（当破产人是再次破产时），自破产管理之日起11年期限已届满。

(14) 法院在考察了破产行为后，根据其自身的合理判断，可以在根据第（11）（b）项作出命令时，于特殊情况下，在晚于第（13）（a）项或第（13）（b）项所述的期间，但不晚于第（11）（b）项所述期间的范围内，推迟免责证明书的授予。

(15) 就第（13）款所提及的期限的计算而言，若遇下列情形，相关期限不予计算在内——

(a) 破产人在新加坡以外的地方；以及

(b) 破产人未经官方受托人的同意就擅自离开新加坡、滞留或居住于新加坡以外的地方。

免责的效力

397. ——（1）在符合本条及法院根据第394条或第396条施加的任何条件的情况下，

凡破产人已获免责，则该免责将把破产人从破产程序中所有可被证明的债务中解脱出来，但该免责对下列情形而言并无效力——

（a）关于官方受托人的职能（在其仍有待履行的范围内）；或者

（b）为执行该等职能，而施行的第 3 部分及第 13 部分至第 22 部分的规定。

（2）免责并不能使破产人从下列事项中解脱——

（a）对政府的任何负债；

（b）破产人可能在下列诉讼中应承担的任何债务——

（ⅰ）与政府或任何他人有关的，涉及公共收入的任何部门的成文法所规定的罪行；或者

（ⅱ）与治安法官或任何公职人员有关的，为任何因该等罪行而被检控的人的出庭而订立的保释保证书；以及

（c）与任何保费（包括利息和滞纳金）和 2015 年《MediShield 人寿计划法》规定的其他到期款项有关的债务。

（3）只有通过部长的书面证明，破产人才能免除第（2）款所述的任何债务。

（4）免责并不影响破产人的任何担保债权人强制执行其担保以使其债权获得清偿的权利。

（5）免责不会使债务人从下列债务中解脱——

（a）破产人因欺诈或欺诈性违反信托（破产人是其中一方）而招致的任何可证明债务，或借欺诈或欺诈性违反信托（破产人是其中一方）而获得的宽免（forbearnance）；或者

（b）任何因犯罪行为而需要负担的罚金。

（6）除法院指定的范围和条件外，免责并不能使破产人从已被证明的债务及下列事项中解脱——

（a）因过失、妨害或违反法定义务、合同义务或其他义务而需对任何他人的人身伤害承担损害赔偿的责任（债务）；

（b）在根据《妇女宪章》（第 353 章）进行的法律程序中作出的任何与家庭事务有关的命令而产生的责任（债务）；或者

（c）根据有关没收犯罪所得的成文法作出的涉及罚金责任的命令而产生的责任（债务）。

（7）免责并不免除破产人以外的任何人（无论是作为破产人的合伙人还是共同受托人，抑或与破产人有关的其他人）的法律责任，也不免除作为破产人的担保人或具有此种担保人性质的人应承担的任何法律责任。

（8）就第（6）款而言，“人身伤害”包括死亡和任何疾病或其他身体或精神状态的损害。

被免责的破产人所提供的协助

398. ——（1）被免责的破产人，尽管已被免责，仍须按照官方受托人的要求提供协

助，以变现和分配其已归属于官方受托人的财产。

（2）若被免责的破产人不依照第（1）款的规定向官方受托人提供协助，则——

（a）被免责的破产人即属犯罪，一经定罪，可处不超过10,000元的罚金；以及

（b）法院如认为适当，可撤销对已免责破产人的免责，但不得影响在该免责后，而在其撤销前，已妥为作出的任何售卖、处置或付款或其他事宜的有效性。

第 19 部分
破产人的义务、资格及能力的丧失

破产人的义务

399. ——（1）除第 3 部分及第 13 部分至第 21 部分所规定的任何其他义务外，破产人还必须——

（a）发现其所拥有或控制的所有破产财产，并将之交付官方受托人；

（b）将所有簿册、记录、文件、书面材料和文书包括（但不限于）任何文件或契据、保单、税务记录或报税表，以及任何该等文件、契据、保单、记录或报税表的副本，以及能以任何方式与破产人的财产或事务有关的（文件），送交官方受托人；

（c）在官方受托人确定的时间和地点与其会面，并回答官方受托人就破产人的事务、交易和财产以及破产原因向该破产人提出的问题；

（d）在破产人的权力（power）范围内，协助官方受托人清点破产人的财产；

（e）依照官方受托人的要求，向其披露在破产前的特定时间内处置的所有财产，以及任一部分该财产是如何处置的、处置给了谁、交易的对价等情况，但该部分财产是通过一般的交易方式予以处置或用于合理的个人消费的除外；

（f）向官方受托人披露在紧接破产前的 5 年内以赠与或和解方式处置，且没有获得充分对价的所有财产；

（g）出席官方受托人根据第 330 条召开的破产人的债权人会议，并在会议上接受询问，但如因疾病或其他充分理由而不能出席的，则不在此限；

（h）根据要求，参加破产人的债权人的任何其他会议；

（i）协助官方受托人变现破产人的财产，并将所得分配给破产人的债权人；

（j）按照官方受托人的要求，履行代理权（attorney）、产权转让证书（conveyances），契约书（deeds）和法律文件（instruments）；

（k）按照官方受托人的要求，检查所有提交的债权证明文件的正确性；

（l）如有任何人向破产人提出虚假的债权申报，须立即向官方受托人披露该事实；

（m）在官方受托人要求的范围内，向其披露破产人已成为或可能成为被告人或答辩人的任何事宜（包括在刑事诉讼程序中）；

（n）一般而言，须按照官方受托人的合理要求、法规的规定或法院根据官方受托人或破产人的任何债权人的申请所作出的命令的指示，对破产人的财产及其在破产人的债权人中的分配做出所有相应的行为即事宜；以及

（o）在破产人破产免责前，随时将其居住地或地址和官方受托人可能要求的其他联系

方式通知官方受托人。

（2）凡破产人已更改其居住地址，并已根据《国家登记法》（第201章）第8条就该项更改作出报告的，则——

（a）视为破产人已按照第（1）（o）项的规定，将更改其居住地址一事通知了官方受托人；以及

（b）破产人根据《国家登记法》第8条报告的新住址，除非该地址与破产人书面通知官方受托人的地址相左，否则该地址被视为第（3）款项下的破产人最后为人所知的地址。

（3）任何根据破产人最后为人所知的地址向其发出或送达的通知书，被视为已向该破产人妥为发出或送达，并且将作为该送达的最终证据。

破产人的资格丧失

400.——（1）除了根据任何其他成文法丧失相关资格外，除非获得法院的许可，否则破产人亦丧失在任何信托、遗产或结算业务领域获委任为受托人或私人代表的资格。

（2）在下列情形下，破产人根据本条产生的资格丧失的情况将终止——

（a）针对破产人的破产令被宣告无效或撤销；或者

（b）根据第18部分的规定，破产人被破产免责。

（3）任何人在根据第（1）款被取消资格期间以受托人或遗产代理人的身份行事的，即属犯罪，一经定罪，可处不超过10,000元的罚金或不超过2年的监禁，或两者并处。

破产人能力的丧失

401.——（1）破产人未获免责的——

（a）除非破产人事先获得官方受托人的批准，否则其无权开始、继续或抗辩——

（ⅰ）任何诉讼，除了——

（A）与破产人的人身损害有关的诉讼；或者

（B）婚姻方面的法律程序；或者

（ⅱ）由第（ⅰ）目的诉讼所引发的上诉；以及

（b）未经官方受托人事先的许可，破产人不得离开新加坡或滞留或居住在新加坡以外的地方。

（2）尽占有第（1）（a）项的规定，破产人必须在第（1）（a）（ⅰ）目的第（A）句或第（B）句所提及的任一程序或源于该程序的上诉程序的开始、继续、抗辩或上诉（视情况而定）的前3日，向官方受托人通知该事项。

（3）破产人不遵守本条规定的，即属犯罪，一经定罪，应被处以不超过10,000元的罚金或不超过2年的监禁，或两者并处。

（4）在本条中——

“诉讼”和“程序”包括仲裁；

“婚姻方面的法律程序”指的是——

（a）根据《妇女宪章》第6、9、10部分进行的诉讼；或者

（b）《穆斯林管理法案》第35（2）（a）、（b）、（c）、（d）、（e）项或第35A条所述的程序。

第20部分
破产犯罪

对本部分的解释

402. 在本部分中——

（a）凡提及破产财团所包含的财产，或须交付官方受托人占有的财产，即包括第329（1）款所提及的任何财产；

（b）“初始期间”（initial period），是指债务人提出或他人针对债务人提出破产申请至债务人的破产程序开始之间的期间；

（c）凡提及破产申请提出前的数个月或数年，则须理解为提及以破产申请的提出为终结的期间；以及

（d）“官方受托人”包括破产受托人。

调查权

403.——（1）为调查第3部分及第13部分至第21部分所规定的任何罪行，官方受托人或任何获官方受托人授权的人员（在本条中称为获授权人）可采取下列所有或任一行动——

（a）发出书面通知，要求任何疑似对相关犯罪的情况和事实有所了解的人，与官方受托人或获授权人在通知中列明的某一日期或某一时间会面；

（b）讯问任何疑似熟悉与该罪行有关的事实及情况的人员，并要求该人回答官方受托人或获授权人（视情况而定）提出的与该罪行有关的问题；

（c）要求任何人提供与该罪行有关的任何资料，或交出与该罪行有关的任何簿册、文件或副本，并在无须付款的条件下查阅、备存、复制、摄影或摘录任何该等簿册、文件或副本。

（2）任何根据本条接受讯问的人所作的陈述必须——

（a）还原为书面形式；

（b）向该人宣读；

（c）若该人无法理解英文，则应用一种该人能够理解的语言向其解释；以及

（d）经更正后（若有必要），由该人签字。

（3）任何人无合理理由而做出下列行为，即属犯罪，一经定罪，可处不超过1500元的罚金或不超过1个月的监禁，或两者并处：

（a）没有按照第（1）（a）项规定的通知的要求，参与和官方受托人或获授权人的

会面；

（b）没有按照第（1）（c）项规定的要求，向官方受托人或获授权人提供该人所掌握的任何信息，或出示该人所占有的任何簿册、文件或其副本。

（4）任何人无合理理由而不按第（1）（b）款的规定回答向该人提出的任何问题的，即属犯罪，一经定罪，可处不超过3000元的罚金或不超过6个月的监禁，或两者并处。

以不具有犯罪意图为由的辩护

404.——（1）如属本部分任何条文所规定的罪行［但第406（e）款、第408条、第411（2）款、第413条、第414条及第416条规定的罪行除外］，若某人能证明在构成该罪行的行为发生时，其并无欺诈或隐瞒其事务的意图，则该人的行为即不属犯罪行为。

（2）若破产人能够证明在构成该罪行的行为发生时，其并不知道或没有任何理由相信其已破产的，则不构成第406（a）、（b）或（d）项，第407（a）、（b）、（c）、（d）或（e）项，第410（a）项，第412（1）（a）、（b）或（c）项所规定的任何犯罪。

不披露

405.——（1）若存在下列情形，则破产人的行为构成犯罪——

（a）破产人不根据其所知所信的信息，向官方受托人披露其财团中的所有财产；或者

（b）破产人不将任何财产的处置通知官方受让人，并说明该财产是如何、何时、向何人及以何种代价处置的，而该财产如非因为该项处置，即会包括在破产财团内。

（2）第（1）（b）项不适用于在破产人经营的正常业务过程中对财产的任何处置，亦不适用于支付破产人或破产人家庭的任何一般开支。

隐匿财产

406. 破产人的下列行为应被认定为犯罪行为——

（a）破产人没有将由破产人占有或控制的、法律规定破产人必须交出的破产财团中所包含的财产部分交付给官方受托人，或没有按照官方受托人的指示交付；

（b）破产人隐匿其债权或债务，或隐匿任何价值至少1000元（甚至规定的更高数额）的财产，而该财产依照规定应向官方受托人交付；

（c）在破产人提出或针对破产人提出破产申请前的12个月内，或在（破产）初始期间，若针对破产人的破产令是在破产人做出该事项之前作出的，破产人所做的任何事项则属第（b）款所规定的罪行；

（d）破产人转移或在（破产）初始期间转移任何价值至少为1000元（或规定的更高数额）的财产，而破产人本须根据要求将对该财产的占有交给或已交给了官方受托人的；或者

（e）破产人没有任何合理理由的情况下，不按照官方受托人或法院的要求为下列行为的——

（i）对破产人提出破产申请或针对破产人提出破产申请前12个月内，对在（破产）初始期间内，破产人的大部分财产所遭受的损失作出说明；或者

（ii）对该项损失的发生方式作出令人满意的解释。

隐匿账簿及文件；伪造等

407. 破产人的下列行为，应认定为犯罪行为——

（a）破产人没有将破产人拥有或控制并与破产财团或事务有关的所有簿册、文书及其他记录交由官方受托人占有，或按官方受托人的指示交由官方受托人占有；

（b）破产人阻止或在（破产）初始期间阻止任何与破产财团或事务有关的任何账簿、文件和记录的生成；

（c）破产人隐瞒、销毁、毁坏或伪造，或导致或允许隐瞒、销毁、毁坏或伪造，与破产财团或事务有关的任何簿册、文件或其他记录；

（d）破产人在任何与破产财团或事务有关的任何簿册、文件或记录内，作出或致使作出或准许作出任何虚假记载；

（e）破产人处置、更改或遗漏，或导致或准许处置、更改或遗漏与破产财团或事务有关的任何簿册、文件或记录；或者

（f）在破产人提出或针对破产人提出破产申请前的12个月内，或在（破产）初始期间内，破产人做出任何事项，而假如针对破产人的破产令是在破产人做出这些事项前作出的，则该等事项即属第（c）、（d）或（e）项所规定的罪行。

虚假陈述

408. 破产人的下列行为应被认定为犯罪行为——

（a）破产人在第3部分或第13部分至第21部分规定的与破产事务有关的陈述中作出虚假的或有重大遗漏的陈述；

（b）在明知或相信在破产程序中有被证明了的虚假债务存在时，未尽早以切实可行的方式将该情况告知官方受托人；

（c）破产人试图以虚假的损失或开销，来说明任何一部分破产财产（的损失）；

（d）在破产人提出或针对破产人提出破产申请前12个月内的破产人的任何债权人会议上，或在（破产）初始期间的任何时间（不论是否在会议上），如针对破产人的破产令是在破产人做出该事项之前作出的，破产人所做的任何事项即属第（c）项所规定的罪行；或者

（e）破产人为取得破产人的债权人们或其任何债权人的同意，就破产人的事务或破产事宜订立协议，而犯下或曾在任何时间作出任何虚假陈述或其他欺诈行为的。

欺诈性财产处置

409. ——（1）破产人的下列行为应被认定为犯罪——

（a）破产人作出或安排作出，或在针对破产人的破产令日期前5年内，作出或安排作出任何馈赠、转让或抵押破产人的财产，意图欺骗破产人的债权人，或在破产令针对破产人作出时剥夺破产人的债权人的财产的；或者

（b）在针对破产人取得付款的判决或命令（该判决或命令在他或她的破产开始前没有得到满足）的日期后或该日期前2个月内，破产人隐瞒或转移破产人财产的任何部分，或在破产开始前的任何时间隐瞒或转移破产人财产的任何部分的。

（2）在本条中，凡提及对任何财产作出转让或抵押，包括提及导致或纵容对该财产执行任何裁判（the levying of any execution against that property，实现任何执行）。

携财产潜逃

410. 破产人的下列行为应被认定为犯罪——

（a）破产人带着价值至少为1000元（或规定的更高金额）的财产离开或企图或准备离开新加坡，而破产人本须将对该财产的占有交给官方受托人的；或者

（b）在破产人提出或针对破产人提出破产申请前的12个月内，或在（破产）初始期间内，如针对破产人的破产令是在破产人做出该事项之前作出的，破产人所做的任何事项即属第（a）项所规定的罪行。

对赊购财产（以信用获取的财产）的欺诈交易

411. ——（1）破产人如在破产人提出或针对破产人提出破产申请前的12个月内，或在（破产）初始期间，处置因破产人赊购而在破产人处置该财产时尚未付款的任何财产的，即属犯罪。

（2）任何人如在破产人提出或针对破产人提出破产申请前12个月内，或在（破产）初始期间，明知或相信下列情形而从破产人处取得或收取财产的，即属犯罪——

（a）破产人就该财产欠款；以及

（b）破产人并未打算或不可能有能力支付所欠款项。

（3）如财产的处置、取得或收取是在破产人处置、取得或收取该财产时所进行的正常业务过程中进行的，则某人并未犯第（1）款或第（2）款所规定的罪行。

（4）为施行本条，在决定任何财产是否在破产人经营的正常业务过程中被处置、取得或收取时，可特别考虑为该财产所支付的价格。

（5）在本条中，任何提及的财产"处置"应理解为包括此类财产的典当或质押，任何提及的对此类财产的"取得"或"收取"也应作相应理解。

获得信贷、从事业务或作为担保人

412. ——（1）个人如属未获破产免责的破产人，从事了下列行为的，即属犯罪——

（a）该个人单独或与任何其他人共同从任何人处获得至少1000新加坡元（或规定的更高金额）的信贷，而在获得该信贷时没有通知该人（that person）该个人（the individual）是未获破产免责的破产人；

（b）该个人以其被裁定破产的姓名以外的其他名称，从事任何贸易或业务，但未向与该个人进行任何商业交易的每一个人披露该个人被裁定破产的姓名；或者

（c）该个人在提供保证、赔偿或担保时，在不通知贷款人或债权人该个人是未获破产免责的破产人的情况下，就另一人借入或抵押的任何款项或取得的任何信贷，提供至少1000新加坡元（或规定的更高金额）的保证、赔偿或担保。

（2）在本条中，凡提及破产人取得信贷，须理解为包括提及任何下列情形——

（a）货物已根据租购协议（a hire - purchase agreement）被保释（are bailed to）给了破产人；以及

(b) 破产人因提供货物或服务而获得了预付款（无论是以金钱或以其他形式）。

未妥善备存业务的会计记录（accounts of business）

413. ——(1) 破产人在破产申请前2年内从事任何商事业务时如有未能依照下列要求行事的，即属犯罪——

(a) 在该期间及破产人如此受聘的（破产）初始期间的任何部分，备存妥善的会计记录；或者

(b) 保存破产人在第(a)项所述期间备存的所有会计记录。

(2) 就本条而言，任何人如没有备存为显示或解释该人在该人的业务中的交易及财务状况所需的记录，即被视为没有备存适当的会计记录，前述记录具体包括——

(a) 记载包括每天支付和收到的所有现金的详细记录；

(b) 涉及货物交易的业务，年度存货收入报表；以及

(c) 除以零售贸易方式出售的货物外，所有出售和购买的货物的记录应充分详细地表明买方和卖方，以使货物和买方和卖方能够被识别。

(3) 破产人未犯第(1)款所规定的罪行：

(a) 如果破产开始时破产人的无担保债务不超过15,000元；或者

(b) 如果破产人能证明在破产人经营业务的情况下，这种不作为（省略记录）是诚实和可原谅的。

赌博

414. ——(1) 破产人的行为应属犯罪，如果该破产人——

(a) 在破产人提出或针对破产人提出破产申请前的12个月内，其赌博或鲁莽而危险的投机行为，是破产人破产的重大原因或增加了破产程度的；或者

(b)（破产）初始期间，由于赌博或鲁莽和危险的投机行为而损失了破产人财产的任何部分。

(2) 为本条的目的，在决定任何投机（speculation）是否鲁莽和危险的时候，须考虑破产人订立该项投机时的财务状况。

破产人在没有合理理由预期能够偿还债务的情况下招致债务

415. 破产人如有下列情况，没有任何合理理由预期能够偿还该债务的，即属犯罪——

(a) 在破产人提出或针对破产人提出破产申请前12个月内，或在（破产）初始期间内，破产人招致任何可证明的破产债务；或者

(b) 在从事任何贸易或业务后，在破产人提出或针对破产人提出破产申请之日前12个月内，或在（破产）初始期间内，破产人因招致任何可证明的破产债务而继续进行贸易或业务的，且破产人在发生债务之日已资不抵债。

提出虚假的债权申报

416. ——(1) 任何债权人在与债权人们的任何破产、和解或安排中，如提出在任何重要细节上不真实的债权申报、证明、声明或账目报表的，即属犯罪，除非该债权人令法院确信该债权人并无欺诈意图。

(2) 某债权人如从任何人处取得或收取任何金钱、财产或保证，作为不反对或同意破产免责的诱因的，即属犯罪。

(3) 任何人如果明知已针对债务人作出破产令，却意图推翻该令，而转移、隐匿、收受或以其他方式处理或处置债务人财产的任何部分的，即属犯罪。

(4) 根据本条而施加和征收的罚金，被视为破产人财产的一部分，归官方受让人所有。

处罚

417. 任何人犯本部分所规定的罪行，而该罪行并无明文规定刑罚的，一经定罪，可处不超过 10,000 新加坡元的罚款或不超过 3 年的监禁，或两者并处。

附则

418. ——(1) 在与破产有关的犯罪的法律程序中，任何构成该犯罪的行为的全部或部分都是在新加坡境外做出的，并不是该罪行免责的辩护理由。

(2) 在就与破产有关的罪行提出的控诉中，以设立该罪行的条文的文字所列明的控罪的实质指明该罪行，或在允许的情况下尽量指明该罪行，而无须指称或列明任何债项、要求、申请或任何法律程序，或法院根据第 3 部分第 2 节或第 13 部分至第 21 部分所发出的命令、手令或文件。

(3) 凡破产人犯任何与破产有关的罪行，破产人不得因其已获破产免责或对破产人作出的破产令已被废除或撤销，而免于因该罪行而被起诉。

(4) 在本条中，“与破产有关的罪行”指下列法条所规定的罪行——

(a) 本法第 3 部分第 2 节；以及

(b) 第 13 部分至第 21 部分。

第21部分
破产杂项条文

死时无力偿债之人的财团的破产管理

419. ——（1）在本条中，除非文意另有所指，“债权人”指一名或多名有资格根据第16部分提出破产申请的债权人。

（2）对于已故债务人的官方受托人或任何债权人而言，若该已故债务人的债务足以支撑其破产申请，并且该已故债务人有债务人尚存于世的，则前述官方受托人或债权人可根据第16部分至第21部分的规定向法院申请命令，以管理该已故债务人的遗产。

（3）根据本条提出的每项申请，须采用与债权人根据第307条提出的破产申请相同的格式，根据具体的情况有所变化，但如属官方受托人提出的申请，则无须指称或证明任何债务是欠申请人的。

（4）在向已故债务人的法定代表人（如有的话）发出规定的通知后，法院可在证明申请人的债权后，以规定的方式作出命令，在该已故债务人的遗产破产之时管理该遗产，除非法院确信该遗产有合理的可能足以支付该已故债务人所欠的债务，或在提出理由后，法院也可驳回该申请，无论是否有费用。

（5）根据本条提出的遗产管理申请，不得在有关已故债务人遗产的管理程序启动后向法院提出，但在该情况下，法院可根据任何债权人的申请和证明该财产不足以按规定方式偿付其债务的证据，下令管理破产中已故债务人的遗产，这与根据债权人的申请发出的管理令产生的后果相类似。

（6）除非经已故债务人的法定代表人同意，否则在遗嘱认证或遗产管理书作出之日后2个月届满前，不得根据本条作出遗产管理命令。

（7）在根据本条作出管理命令后，债务人的财产须归属于作为财产受托人的官方受托人，而无须再作任何转移、转让或分配，而该官方受托人必须随即按照第16部分至第21部分的规定，将该财产变现及分配。

（8）第334、335、336条，就其与债务人以外的人有关的范围内，并根据本条作出变通后，第17部分的所有条文，就其适用范围而言，均适用于根据本条作出的遗产管理命令的情况，而就其适用的目的而言，除非文意另有所指，凡提及破产人之处，须理解为提及已故债务人的法定代表人。

（9）第361、367、368条适用于根据本条作出的管理命令，该管理命令须与破产令等同视之。

（10）在根据遗产管理令管理已故债务人的遗产时，官方受托人必须考虑已故债务人的法定代表人就法定代表人在债务人的遗产中或就该遗产而招致的适当丧葬费和遗嘱费用提出的任何请求，以及该等请求被视为管理令下的优先债权，并优先于所有其他债权从债务人的遗产中全额清偿。

（11）如在管理已故债务人的遗产时，在债务人欠下的所有债务，连同第16部分至第21部分所规定的破产案件管理费用及利息全数清偿后，官方受托人手中还有任何剩余的，则在符合第391（2）款的规定下，该剩余须支付给已故债务人遗产的法定代表人，或以规定的其他方式处理。

（12）在向已故债务人的法定代表人发出由债权人根据本条提出申请的通知后，如有管理命令依该申请作出的，则法定代表人在发出通知后所做出的与遗产有关的支付或转让行为，不得作为免除法定代表人对官方受托人的义务的事由。

（13）除本条另有规定外，本条并不使法定代表人在管理命令作出之前依善意做出的付款行为或其他行为无效。

破产人作为当事人的仲裁条款（或仲裁协议）

420.——（1）如破产人在破产开始前已成为载有仲裁条款的合同的一方，则本条适用。

（2）如果官方受托人采用该合同，则仲裁条款可由官方受托人就合同引起的或与合同有关的事项，强制执行或针对官方受让人强制执行。

（3）如果官方受托人不采用该合同，则本应适用仲裁条款的事项，应当根据其与破产程序的关联及破产程序的目的加以处置，即——

（a）官方受托人；或者

（b）条款中的其他当事人，

可向法院提出申请，而法院如果认为（该仲裁条款）适用于该案件下的所有情况是适当的，则可命令按照该仲裁条款将该事宜交付仲裁。

费用

421.——（1）未经官方受托人批准，任何破产受托人或任何特别经理人的账目，不得就任何其他人履行第3部分及第13部分至第22部分或就破产受托人或特别经理人（视情况而定）须履行的法规所规定的一般职责，而容许付款。

（2）非经官方受托人同意，任何律师、经理、会计师、拍卖人、经纪人及其他人（本条所称的收费人）的所有账单及费用，均须由法院评定。

（3）每名收费人必须应官方受托人的要求，向法院提交附有成本或费用的账单以供法院评定，这就要求官方受托人在公告分配金之前须留足充分的时间（给收费人）。

（4）如果收费人无法按照第（3）款所提到的，在要求收到账单之日起的7日内或法院在其申请时给予的更长时间内，向法院提交附有成本或费用的账单，官方受托人必须宣布和分配清算金额，而不考虑收费人的任何请求，而在该宣布和分配之后，任何针对官方受托人个人和（破产）财团的请求均告失效。

与官方受托人和破产人的合伙人有关的诉讼

422. ——（1）凡企业的合伙人被裁定破产的，法院可授权官方受托人以自己和破产人的合伙人的名义，启动任何诉讼或其他法律程序。

（2）任何对破产人的合伙人的债务或有关诉讼及其他法律程序的要求的解除，均属无效。

（3）申请授权展开诉讼或法律程序的通知书，必须发给破产人的合伙人，而该合伙人可提出反对该项诉讼或法律程序的理由，而在该合伙人提出申请后，法院如认为适当，可以指示该合伙人从诉讼或法律程序的收益中，获得该合伙人的适当份额，如果该合伙人不要求从该诉讼或法律程序的收益中获得任何利益，则应按照法院的指示赔偿该合伙人与该诉讼或法律程序有关的费用。

协助马来西亚和指定国家法院中的诉讼

423. ——（1）在所有破产和无力偿债的事务中，只要马来西亚或指定国家的法律要求其法院协助和辅助新加坡法院的，法院和法院官员也必须协助和辅助马来西亚或任何在破产和无力偿债方面具有管辖权的指定国家的法院。

（2）马来西亚或任何指定国家的任何此类法院的命令，要求（新加坡）法院提供援助的，被视为足以使（新加坡）法院就命令所指的事宜行使提出请求的法院的或法院可就其多个法域内的类似事宜行使的司法管辖权。

（3）在本条中，“指定国家”是指部长通过《公报》通知的符合本条目的而被指定的任何国家。

对官方受托人的相互承认

424. ——（1）部长可在《公报》上刊登公告，宣布新加坡政府已与马来西亚政府订立协议，约定双方互相承认对方政府在破产程序中任命的官方受托人。

（2）自该通知发出之日起，如任何人已被马来西亚法院裁定为破产人且破产人的财产位于新加坡的，该财产应归属于马来西亚政府指定的官方受托人，新加坡所有法院必须承认该官方受托人对该等财产的所有权，就如同该破产人在新加坡被裁定破产，且其财产归属于新加坡官方受托人一样。

（3）第（2）款不适用于在新加坡针对破产人提出的破产申请，直至该项申请被驳回或撤回，或破产令已被撤销或宣告无效为止。

（4）出示一份由作出该命令的马来西亚法院加盖印章的裁判令，或出示马来西亚政府公报的副本，（且该裁判令或副本）内载裁定某人为破产人的内容，此（裁判令或副本）即为新加坡所有法院证明该（破产）命令已作出及其作出日期的最终证据。

（5）马来西亚官方受托人可在新加坡的任何法院起诉或应诉，其官方名称为“根据马来西亚法律，某破产人（破产人的名称）的财产的官方受托人”。

与债权人会议程序有关的证据

425. ——（1）第3部分及第13部分至第21部分所指的债权人会议的议事程序记录，由一名自称或从外观上看是与该被签署记录相关的会议的主席，在同一次或下一次会议上签署，则（该记录）应作为证据而无须被进一步证明。

（2）除非相反证明成立，否则每一次债权人会议，凡涉及已签署会议记录的法律程序的，均应视为已妥为召集及举行，而所有已通过的决议或程序，均应视为已妥为通过或已在该会议上妥为进行。

破产程序的证据

426. 任何——

（a）破产申请或其副本；

（b）破产法院作出的命令、证明书或其副本；或者

（c）根据第 3 部分及第 13 部分至第 22 部分，在任何破产程序或其他程序中作出或使用的文书、宣誓书或文件，或该文书、宣誓书、文件的副本，

如果从外观上看是加盖了法院印章，或是由法院的任何一位法官签署，或是经书记官核证的真实副本的，则（该文件）可在所有法律程序中作为可被接受的证据。

誓章的宣誓（swearing of affidavits）

427. 除规则另有规定外，任何誓章（宣誓书）均可在法庭上使用，如果该誓章——

（a）在新加坡，在任何被授权监督宣誓的人或地方法官面前被宣誓；

（b）在马来西亚或其他英联邦国家，在法官、地方法官或根据当时在马来西亚或该英联邦国家生效的任何成文法，被授权监督宣誓的任何人面前被宣誓；以及

（c）在任何其他地方，在地方法官、太平绅士（justice of the peace）或其他有资格在该地方监督宣誓的人面前被宣誓，并由领事或代表政府履行领事职能的人或公证人核证。

证人死亡等

428. 如债务人或破产人、债务人或破产人的配偶，或法庭在根据第 3 部分及第 13 部分至第 22 部分进行的法律程序中已收到其证词的证人去世，但若该名死者的证词，看来是盖有法院印章的，或是一份看来是如此盖章的证词副本，则可被接纳作为证词所宣誓事项的证据。

传票、通知的送达等

429. ——（1）根据第 3 部分及第 13 部分至第 21 部分的任何条文，被要求或被授权向任何人送达的每一份传票、通知书或文件，以及尽管《刑事诉讼法》另有相反规定，法院为被指控犯有第 3 部分和第 13 部分至第 21 部分所述任何罪行的任何人的出庭而发出的每份传票，均可通过下列方式送达该人——

（a）直接送达该人；

（b）向居住在该人的经常或最后居住地或该人受雇的最后工作单位的营业地点的任何成年人士交付；

（c）将有关文件留置在该人的经常或最后居住地或营业地点；或者

（d）以挂号邮递方式寄往（该挂号信封面上写着）该人经常或最后居住地或营业地点，或该人所提供的任何地址。

（2）在证明以挂号邮递的方式进行送达时，只要证明载有传票、通知书或文件的挂号

封面已妥为处理和邮寄，即属足够。

不会令诉讼或行为无效的形式缺陷

430. ——（1）破产法律程序不因任何形式上的任何瑕疵或任何不符合规定之处而失效，除非接受异议的法院认为该瑕疵或该不符合规定之处已造成重大的不公正，且法院的任何命令亦不能补救该等不公正。

（2）一个人作为受托人或特别经理人的行为，以及为任何破产程序中指定的债权人委员会的各种行为均为有效，尽管在该受托人、经理人或者委员会的任何成员（视情况而定）的任命、选举或资格方面可能存在一定程度的瑕疵。

公司法人、企业和精神失常者的行为

431. 就第 3 部分及第 13 部分至第 22 部分的全部或任何目的而言——

（a）公司法人（a corporation）可以通过任何根据公司印章而获得授权的任何高级职员行事（行事 =作出法律行为）；

（b）企业（a firm）可由其任何成员行事；以及

（c）缺乏行为能力的人可以通过下列方式行事——

（ⅰ）可由受持久授权书所委托的受托人（a donee）代为行事，该委托由该（缺乏行为能力的）人授予，载有为第 3 部分及第 13 部分至第 22 部分的目的所需的与该（缺乏行为能力的）人有关的权力；[①] 或者

（ⅱ）法院根据《精神行为能力法》使代理人获委任或者视为被委任为该人（缺乏行为能力的人）的代理人，且其代理权限为第 3 部分及第 13 部分至第 22 部分的目的而与该（缺乏行为能力的）人有关。

免除与电脑化信息服务有关的法律责任

432. 官方受托人向公众提供服务，在支付规定费用后向公众提供破产人的规定详情的电脑化信息，政府或参与提供该等信息的任何雇员，均不对任何公众成员或破产人因信息中任何性质的错误或遗漏而蒙受的任何损失或损害负责，无论该错误或遗漏是如何造成的，只要提供包含错误或遗漏的信息的结果是出于善意而造成的，并且该等信息是在该雇员履行职责的正常过程中提供的。

须备存的未免责的破产人的名单等

433. ——（1）官方受托人必须以其认为合适的形式或方式对下列名单/其他文件进行备存——

（a）尚未免责的破产人的名单；

（b）已免责的破产人的名单；

---

① 译者注：翻译了百万字的英文法条，这句真的极有难度，因为省略句中指代关系过于简单和混乱，不排除译者理解错误。现全句摘抄，略作调整，以飨读者体会译事之艰辛，“a person who lacks capacity may act by a donee of a lasting power of attorney granted by the person with powers in relation to the person for the purposes of Parts 3 and 13 to 22”。

（c）每一份破产令的记录；

（d）每一份撤销破产令的命令的记录；

（e）解除破产令的每份命令的记录，及官方受托人的每份证明书；以及

（f）撤销破产令的每份命令的记录，以及官方受托人的每份证明书。

（2）除第（3）款及第（4）款另有规定外，官方受托人可允许任何人在缴付规定的费用后，查阅或以其他方式接触第（1）（a）~（e）项所述的任何名单或记录的全部或任何部分，视官方受托人的决定而定。

（3）除第393（3）款另有规定外，凡破产令已被撤销，任何人不得查阅或以其他方式接触官方受托人备存的、与破产令或破产令的撤销有关的任何记录的任何部分。

（4）如果个人的目标供款在该个人破产免责前已足额缴纳，且自免责之日起5年期限届满的，则任何人（除该个人外）不得查阅或以其他方式接触——

（a）第（1）（b）项所述名单中有关该人被破产免责的部分；以及

（b）第（1）（c）或（e）项所述的任何记录中有关该人被破产免责的部分。

（5）如出现有关某人是否是一个已被破产免责之人的问题，则由官方受托人出具的关于该人是否为已被破产免责之人的证明书，为该证明书所述事实的表面证据（prima facie evidence）。

无人认领及未分配的款项

434. ——（1）凡破产受托人或被指定人占有或控制的——

（a）任何无人认领的剩余财产分配金或其他款项，自该分配金或其他款项到期应付之日起超过6个月仍无人认领的；或者

（b）在作出最后分配以后，破产人财产中的任何无人认领或分配的款项，受托人或被提名人（视情况而定）必须立即将该等款项交付给官方受托人，以存入破产财团的贷方。

（2）在根据第（1）款付款后，官方受托人必须向破产受托人或被提名人发出规定的收款证明书，证明已收到该付款，该证明书是对受托人或被提名人关于该项付款的责任的有效解除。

（3）官方受托人必须不时地从破产财团账户（bankruptcy estates account）中拨付给根据第436条所维持的破产援助基金（insolvency assistance fund），破产财团账户贷方金额的构成如下——

（a）破产财团账户中不超过50元的分配金（dividends）或余额（balances）；

（b）已宣布但在6年内无人受领的分配金；或者

（c）破产财团账户中的余额，在下列日期后的6年内无人受领——

（ⅰ）破产令已被法院撤销；

（ⅱ）破产人已被法院从破产中免责；

（ⅲ）破产人已因官方受托人所出具的证明书从破产程序中得以免责；

（ⅳ）对债务人的破产申请已被申请人撤回或被法院驳回；或者

（ⅴ）款项已根据第（1）款的规定付至破产财团账户。

（4）官方受托人必须不时地从债务偿还计划账户（the debt repayment schemes account）中拨付款项至根据第435条所维持的债务偿还计划援助基金（the debt repayment scheme assistance fund）中，债务偿还计划账户贷方金额的构成如下——

（a）债务偿还计划账户中不超过50新加坡元的余额；或者

（b）根据第298（1）款，债务偿还计划终止之日后6年内无人认领的债务偿还计划账户的余额。

债务偿还计划援助基金

435.——（1）官方受托人必须按照规定，维持和管理一项名为债务偿还计划援助基金（在本条中称为该基金）的基金。

（2）下列款项将被支付到该基金之中：

（a）第434（4）款所提及的所有款项；

（b）官方受托人在根据第15部分进行的任何法律程序中追讨的所有成本及费用，而该等法律程序是运用该基金的款项进行的。

（3）官方受托人可将基金用于规定的目的。

（4）部长可不时从基金中拨付其决定的款项，并存入综合基金（the consolidated fund）。

（5）如果任何申请人根据第（2）（a）项要求官方受托人向其支付任何数额的已支付到该基金中的无人申领的款项，则部长可指示从综合基金中向申请人无息支付该数额的款项。

破产援助基金

436.——（1）官方受托人必须按照可能规定的法规，维持和管理一项名为破产援助基金（在本条中称为该基金）的基金。

（2）下列款项将被存入该基金中：

（a）第434（3）款中所提及的所有无人申领的款项；

（b）官方受托人在根据第3部分及第13部分至第22部分进行的任何法律程序中追讨的所有成本及费用，而该等法律程序是运用该基金的款项进行的。

（3）除第（4）款及第（6）款另有规定外，官方受托人可为下列全部或任何目的的支付而运用该基金：

（a）根据第379条委任的特别经理人员的薪酬；

（b）在代表破产财团的或追讨该财团的资产的法律程序中，支付给律师及其他人的所有成本、费用和津贴；

（c）由官方受托人决定的、支付给破产财团管理方面的成本和费用；

（d）（法律）规定的其他目的。

（4）如果任何申请人根据第（2）（a）项要求官方受托人向其支付任何数额的已支付到该基金中的无人申领的款项，则部长可指示从综合基金中向申请人无息支付该数额的款项。

（5）如官方受托人认为没有合理理由采取、抗辩、继续进行或作为法律程序的一方，或破产财团内有足够的款项作上述用途，则不得将该基金的款项用于任何该等法律程序。

（6）部长可不时从基金中支付其决定的款项，并将其存入综合基金。

犯罪的构成

437. ——（1）官方受托人可以根据其自身的自由裁量权（discretion），将第3部分第2节和第13部分至第21部分中规定为复合犯罪（compoundable offence）的任何犯罪合并，向被合理怀疑犯罪的人收取不超过以下两者中较低者的金额：

（a）对该罪行所规定的最高罚金额的一半；

（b）5000新加坡元。

（2）在根据第（1）款缴付该笔款项后，不得就该罪行对该人提起进一步的法律程序。

（3）根据本条收取的所有款项必须存入综合基金。

第 22 部分
关于债务规避以及对特定合同权利限制的规定

欺诈债权人的交易

438. ——（1）本条涉及任何人（在本条及第 439 条中被称为债务人）与另一人以低估价值进行的任何交易。

（2）就第（1）款而言，在下列情形下，债务人是以低估价值与另一人进行的交易——

（a）债务人赠与他人，或者债务人以其他方式与他人交易，条件是债务人不收取对价；

（b）债务人以结婚为对价与另一人进行交易；或者

（c）债务人与另一人进行交易的对价，其金额或货币价值明显低于债务人提供的对价的金额或货币价值。

（3）凡债务人以低估价值进行交易，如果确信符合第（4）款的规定，法庭可作出其认为适当的下列命令——

（a）如果交易尚未进行，则使交易恢复到其未达成时的状态；以及

（b）保护任何在交易中受到损害或者有可能受到损害的人的利益（在本条和第 439 条中被称为受害人）。

（4）根据第（3）款作出的命令，只可在法院确信债务人为达到下列目的，而以较低价值进行交易的情形下作出——

（a）为使资产超出正在或可能在某个时候向债务人提出债权请求的人的能力范围；或者

（b）以其他方式损害任何人正在或可能向债务人提出债权请求的有关利益。

（5）除非下列情形和主体，否则任何人不得在一个交易中申请法庭根据第（3）款作出命令——

（a）若根据第 16 部分的规定，债务人已被官方受托人、破产受托人或交易中的受害人（经法院许可）认定为破产；

（b）若交易中的一名受害人收到根据第 14 部分获批准的自愿安排的约束，则被该自愿安排中的被提名人或者任何受害人（无论其是否受到自愿安排的约束）；

（c）如果债务人是根据第 8 部分的规定被清算的公司或是根据第 7 部分规定由下列主

体进行司法管理的公司——

（ⅰ）官方托管人；

（ⅱ）清算人或司法管理人（以具体适用者为准）；或者

（ⅲ）交易中的受害人；以及

（d）在任何其他情况下，交易中的受害人。

（6）根据第（5）款所作出的申请，将被视为代表每一位交易中的受害人作出的。

可根据第438条借命令作出的规定

439.——（1）在不限制第438（3）款适用的前提下［但第（2）款另有规定除外］，根据该条（第438条）就交易作出的命令可以——

（a）要求将任何作为交易一部分而被转让的财产，无条件地或为所有被视为代表其提出命令申请的人的利益，而归属于任何人；

（b）要求将任何财产，无条件地或为所有被视为代表其提出命令申请的人的利益，如此归属于任何人，如该财产在任何人手中，代表作为该交易一部分转让的财产的销售收益的资金或如此转让的资金被运用着；

（c）解除或免除（全部或部分）债务人提供的任何担保；

（d）要求某人就其从债务人处获得的利益，向任何其他人支付法院所指示的金额；

（e）规定任何担保人或保证人，其对任何人的义务已根据该项交易（全部或部分）被解除或免除的，则该担保人或保证人须承担法院认为适当的新的或恢复履行的义务；以及

（f）规定为免除该命令所施加或产生的任何义务而提供担保，规定对该等义务在任何财产上设定抵押，并规定该等担保或抵押与根据交易（全部或部分）解除或免除的担保或抵押具有相同的优先权。

（2）根据第438条作出的命令，可影响任何人的财产或对该人施加任何义务，无论该人是不是与债务人进行交易的人，但不得——

（a）损害从债务人以外的人处取得的财产权益，该财产权益是善意、有偿取得的，且并不知道有关的情况或并不损害由该权益衍生的任何权益；以及

（b）要求从交易中善意、有偿且并不知道有关情况而获得利益的人支付任何款项，除非获得利益的人是交易的一方。

（3）就本条而言，与某项交易有关的情况，指可凭借该等情况就该项交易根据第438条作出命令的情况。

（4）在本条中，“保证”具有第61（1）款所赋予的含义。

（5）本条中凡提及债务人或破产人的人身或财产，就企业的债务人或已针对其作出破产令的企业（视情况而定）而言，须理解为提及该企业中每名合伙人的人身或财产。

某些受限制的合同权利

440.——（1）任何人不得在任何公司的法律程序展开后及结束前的任何时间内，仅仅因为有关程序已经启动或者公司已无力偿债，进行下列行为——

（a）终止、修改与本公司签订的任何协议（包括担保协议）项下的条款，或要求提前

支付或没收；或者

（b）终止或修改与公司达成的任何协议（包括担保协议）项下的任何权利或义务。

（2）本条中没有任何内容可以被解释为——

（a）禁止任何人要求以现金支付在法律程序开始后提供的货物、服务、租赁财产的使用或其他有值对价；或者

（b）要求进一步预付款项或信贷。

（3）协议中的任何条款，如其效力是规定或准许实质上违反本条的任何内容的，则该等条款无效或不能执行（no force or effect）。

（4）应协议一方的申请，法院可宣布本条不适用，或仅在法院宣布的范围内适用，条件是申请人令法院确信本条的实施可能会导致该申请人严重的经济困难。

（5）第（1）款的规定不适用于根据下列情形所产生的合法权利——

（a）法律规定的任何合格的金融合同；

（b）是由政府或法定机构签发的执照、许可证或批准的任何合同；

（c）可能影响新加坡国家利益或经济利益的任何合同；

（d）船舶的任何商业租约；

（e）《航空器设备国际权益法》（Cap. 144B）第2（1）款所定义的公约范围内的任何协议；或者

（f）任何以新加坡为一方主体所缔结的条约。

（6）在本条中——

“公司”系指应根据本法被清算的任何公司，但不包括部长通过《公报》的命令规定的公司或公司类别。

“基本服务”与2018年《网络安全法》（2018年第9号法案）第2（1）款所规定的含义相同。

“国家利益”包括国防、国家安全、公共安全和维持任何基础性的服务。

“法律程序”是指产生于下列来源的法律程序——

（a）根据《公司法》第210（1）款提出的任何申请，要求法院批准公司与其债权人或任何类别的债权人之间的任何和解或安排；

（b）根据第71条申请法院批准任何和解或安排；

（c）根据第64条或第65条申请作出命令；

（d）根据第91条申请作出的司法管理命令；或者

（e）根据第94（5）（a）项，提交委任临时司法管理人的书面通知。

第 23 部分
杂项及一般规定

第 442、443、444 条等的适用

441. ——（1）第 442、443、444 条等不适用于下列情形——

（a）向公司注册官或官方受托人提交、送交或呈交（filing，lodgment or submission）通知或其他文件；

（b）向法院提交任何通知或其他文件；

（c）送达第 125（2）（a）项所述的书面要求；或者

（d）送达第 312 条所述的法定要求。

（2）在本条以及第 442、443、444 条中，“文件”具有第 61（1）款所赋予的含义。

（3）第 443、444、445、446 条所规定的“有关的官员”（officeholder，或翻译为公职人员）指的是——

（a）就某公司而言——

（ⅰ）以清算人或临时清算人的身份行事的官方托管人；或者

（ⅱ）清算人、临时清算人、司法管理人（judicial manager）、托管人或经理人（manager）；以及

（b）就某个人而言——

（ⅰ）官方受托人；

（ⅱ）受任命的破产受托人；或者

（ⅲ）根据第 14 部分被批准的自愿安排下的被提名人。

破产程序中的电子送达——一般规范

442. ——（1）除非在任何特定情况下，本法、法规（the regulations）、规则（the rules）或命令要求以某种其他形式交付的，并且除了第（3）、（4）和（5）款的规定以外，通知或其他文件可通过电子方式发出、交付或发送，只要该通知或其他文件的预期收件人——

（a）同意（无论是在特定情况下还是在一般情况下）电子送达（且未撤销该同意）；以及

（b）提供了电子送达的地址。

（2）在没有相反证据的情况下，若存在下列情形，则可推定通知或其他文件已送达——

（a）发件人可以出示电子文件副本，且该副本——

（ⅰ）包含或附有通知或其他文件；以及

（ⅱ）能够显示该电子文件发送的时间和日期；以及

（b）电子文件上的地址是根据第（1）（b）项提供的。

（3）如果文件是用电子方式发送的，则在下列情形下，文件被发送后，其将被视为是在下一个工作日上午9时被发送至收件人的——

（a）在一个工作日的18时以后，23时59分以前；或者

（b）在一个非工作日。

（4）文件在一个工作日的上午9时之前通过电子方式被发送出去，则视为在该工作日的上午9时，文件已被送达该收件人。

由相关官员实施的电子邮件送达

443.——（1）凡有关人员根据第442条以电子方式向任何人发出、发送或交付通知或其他文件的，则该通知或文件必须包含或附有一份声明，说明收件人可以要求提供通知或文件的硬拷贝①（a hard copy），并说明要求提供的电子地址硬拷贝可以邮寄。

（2）如果要求提供该通知或其他文件的硬拷贝的，相关官员必须在收到请求后7日内发送该通知或文件的硬拷贝。

（3）除法规另有规定外，有关人员不得要求根据第（2）款提出要求的人缴付提供文件的费用。

相关官员对互联网网站的使用

444.——（1）需向任何人提供、交付或送达文件的相关官员，可（但需亲自送达的情况除外）向该人发出一份通知以满足上述送达的要求，该通知——

（a）声明该（需送达的）文件可在互联网网站上查看和下载；

（b）明确该互联网网站的地址以及从该网站查看和下载文档所需的任何密码；以及

（c）内载一份陈述书，说明被提供、交付或发送通知的人可以要求文件的硬拷贝，并指明可以向该官员发送关于硬拷贝请求的电子地址。

（2）凡根据第（1）款发出通知，该通知所关乎的文件必须——

（a）自通知发送之日起不少于3个月的时间内可在相关互联网网站上获取；以及

（b）必须采用能够在电子要求下载文件的合理时间内从互联网网站下载文件的格式。

（3）如果要求提供文件的硬拷贝，必须在相关官员收到要求后7日内发送。

（4）除非法规另有规定，否则相关官员不得要求根据第（3）款提出要求的人缴付提供该文件的费用。

（5）根据本条通过互联网网站向他人提供、交付或者发送文件的，视为在下列时间的晚些时候送达相关文件——

---

① 译者注：硬拷贝，是二维地保持被压缩信息的板状物体实体，是直接供人阅读的，如记录在纸上的显示图像（作为电脑“小白”，译者把它理解为图片或PDF版的文件）；而软拷贝则表示另有存储（记忆）的不可见信息（作为电脑“小白”，译者把它理解为二进制代码）。

（a）相关文件首次在互联网网站上生成的时间；

（b）第（1）款项下的通知书被送达当事人的时间。

远程出席会议

445. ——（1）除第（2）款的规定以外，本条适用于下列情形——

（a）根据本法或法规召集的个人或公司的债权人的任何会议；

（b）由相关官员根据本法或法规召集的公司成员或出资人的会议，但公司成员召开的自愿解散会议除外；

（c）清算人根据第 151（2）款召集的公司审查委员会（the committee of inspection of a company）[①] 的任何会议；或者

（d）官方受托人根据第 331（2）款召开的债权人委员会会议。

（2）凡召集会议的人（在本条中称为召集人）认为适当的，会议的进行和举行方式可使不在同一地点的人得以出席。

（3）凡会议以第（2）款所述方式进行及举行，任何人如能行使该人在会议上发言及表决的任何权利，即为出席了该会议。

（4）就本条而言——

（a）当一个人能够在会议期间向所有出席会议的人传达该人对会议事务的任何信息或意见时，则该人能够在会议上行使其发言权；以及

（b）某人能够在会议中行使其投票权，当——

（ⅰ）该人有权在会议期间对提交会议表决的决议进行表决；以及

（ⅱ）在决定该等决议是否与出席会议的所有其他人的投票同时通过时，该人的投票可被计入。

（5）以第（2）款所述方式举行的会议的召集人必须作出下列适当安排——

（a）使出席会议的人能够行使其发言权或表决权；以及

（b）确保那些出席会议的人的真实身份，并确保使与会者能够出席会议的任何电子手段的安全性。

（6）凡是会议召集人合理地认为——

（a）以第（2）款所述方式举行的会议，将由不在同一地点的人出席；以及

（b）指定会议地点是不必要或不适宜的，

则根据本法或法规关于明确会议地点的任何要求，可通过规定召集人提议的安排，使人们能够行使其发言权或表决权来满足。

（7）在作出第（5）款所述的安排和形成第（6）（b）项所述的意见时，召集人必须考虑到出席会议的公司成员或出资人、债权人和其他人的合法利益，以便有效地处理会议事务。

（8）如果——

---

① 译者注：感觉是一种像中国的监事会或董事会专门委员会之类，具有监督职能的专门委员会。

（a）拟以第（2）款所述方式举行的会议的通知，并未指明该会议的地点；

（b）依照法规的规定，召集人应当指定会议地点；以及

（c）该要求由下列主体提出——

（ⅰ）如属债权人会议或出资人会议，则由至少占债权额或股权 10% 的债权人或出资人提出；或者

（ⅱ）如属公司成员会议，则由代表在提出要求的当日有权在该会议上表决的所有成员的总表决权的至少 10% 的成员组成，

则会议召集人有义务明确一个会议地点。

（9）凡任何人按照第（3）款参与以第（2）款所述方式举行的会议，则就本法而言，视为该人亲自出席了该会议。

（10）在本条中，“成员的自愿解散”（voluntary winding up）具有第 61（1）款所赋予的含义。

通信决议

446. ——（1）有关官员（officeholder）可通过向有权获得决议通过通知的所有债权人或出资人发出决议通知，寻求获得债权人或出资人通过该决议，而无须召开会议。

（2）为了计算票数，投票必须——

（a）由有关官员在通知所载明的截止日期的 13 时之前收到；

（b）以书面形式或以允许的替代形式；以及

（c）在债权人投票的情况下，除非已经向有关官员提交了债权证明，否则应附有债权证明。

（3）如果收到债权人所投的票却未附债权证明，或有关官员决定某一债权人或出资人无权根据本法或法规投票的，那么该债权人或出资人的投票必须作废。

（4）截止日期可由有关官员酌情决定，但无论如何不得被设定在发出第（1）款所述通知后 14 日内。①

（5）为使决议获得通过，有关官员必须在通知中规定的截止日期前获得至少一张有效表决票。

（6）如果在规定的截止日期前没有收到有效的投票，相关官员必须召开债权人或出资人会议，以寻求决议的通过。

（7）债权额至少占公司债务总额 10% 的债权人，可以在第（1）款规定的通知发出后 7 日内，要求有关官员召集债权人会议审议该决议。

（8）至少占公司出资总额 10% 的出资人，可以在第（1）款的通知送达之日起 7 日内，要求有关官员召集出资人会议审议该决议。

（9）在本法或法规中，凡提及在债权人或出资人会议上通过的决议，即包括提及根据本条通过的决议。

① 译者注：中间不得少于 14 日的意思。

（10）就第（2）款而言，当（且仅当）一项表决是以书面以外的形式发送或以其他形式提供的，则该项表决是“以准许的替代形式”作出的，该替代形式包括——

（a）正由有关官员与债权人或出资人达成协议，（约定）可将投票发送或以其他方式提供给有关官员的形式；以及

（b）以该形式发送或提供的选票（在满足特定条件的情况下）能够以可阅读的形式接收，或在以不可阅读的形式接收后变得可阅读。

附表的修订

447. 部长可在《公报》发布命令，增加、更改或修订附表 2 或附表 3。①

法庭的规则

448. ——（1）根据《最高法院司法法》（Supreme Court of Judicature Act）第 80（3）款委任的规则委员会（the rules committee）可制定《法院规则》（Rules of Court）——

（a）以调整和规范——

（ⅰ）根据本法进行的法律程序以及法院的惯例和程序；

（ⅱ）上诉法庭就法院的上诉而进行的法律程序及惯例及程序；以及

（ⅲ）任何该等法律程序、惯例及程序所附带或有关的事宜；

（b）就第（a）项所述法律程序的费用及成本进行规定；

（c）就法院命令举行的会议制定规则；

（d）规定本法规定的由根据本条制定的《法院规则》所规定的事项；以及

（e）就本法下的公司破产程序或破产程序的一般事宜作出规定。

（2）在不限制第（1）款适用的前提下，根据本条制定的《法院规则》可就下列事宜作出规定——

（a）根据本法向法院或上诉法院提出任何申请的方式及期限；

（b）法官可在法庭或内庭处理的事务部分，以及法官可在法庭或内庭行使的司法管辖权和权力的部分，可由书记官处理或行使（包括对书记官的决定提出上诉的规定）；

（c）从法院向上诉法院提出上诉时应遵循的程序；

（d）在法院或上诉法院进行的任何法律程序中，须向任何一方或证人收取或支付的津贴、诉讼费及费用表，以及与在该等法院进行的法律程序的诉讼费有关的任何事宜；

（e）任何可使下列法律程序得以进行的规则——

（ⅰ）在没有授予遗嘱认证或遗产管理书的情况下，针对死者的遗产（无论是通过指定一人代表遗产还是以其他方式）在法院提起的；

（ⅱ）若某人在程序启动时已死亡，则无论遗嘱认证或遗产管理书的授予是不是在该程序启动前作出的，在法院已经启动的，由该人所启动的或针对该人而启动的程序（by or against a person），被视为由该人的遗产所启动的或针对该人的遗产而启动的程序（视情况而定）；以及

① 译者注：本稿译文中不包含附表。

（iii）法院已启动或被视为启动的由某位死者的遗产启动的或针对某位死者的遗产的程序（无论该程序中的当事人是否被替换、更改或有其他情形），被由任命来代理该遗产的某人或针对被任命来代理该遗产的某人（视情况而定）继续进行或者，如果遗嘱认证或管理书被或已被授予，则由该死者的私人代表或针对该死者的私人代表继续进行；①

（f）在任何法律程序中，或在与任何法律程序有关或在任何法律程序的任何阶段提出任何申请时，可以证明个别事实的方法，以及可提供该等事实的证据的方式；

（g）在当事各方的联合诉讼（joinder，合并诉讼）中，规定在何种情况下缺席但与某原因或事宜有利害关系的人，须受就该原因或事宜所作出的任何命令的约束，以及规定为该原因或事宜（为缺席之人的代表）所作的命令可因该原因或事宜的一个或多个当事方而作出；②

（h）所有债务（包括判决债务）的应付利息，或在双方当事人之间记账时发现的应付金额的应付利息，或由接管人（receivers）或其他有责任向法院交代之人（other persons liable to account to the Court，其他有义务向法院负责之人）发现的应付和未付金额的应付利率，但在任何情况下，年利率不得超过8%，除非双方另有约定；

（i）根据判决或命令应向法院缴付款项的案件；

（j）执行扣押及出售令状可以采取的方式、根据扣押及出售令状可予扣押的财产的扣押方式、治安法官或法院任何其他人员对上述扣押的财产的出售方式，以及法院任何人员在出售财产时可向购买者提供担保的权利及所有权的方式；

（k）为执行判决或命令，而发现的被判决的债务人的财产（a judgment debtor's property）；

（l）在委任审查员（an examiner on commission）③ 席前或以请求书方式取得证据，以及如此取得的证据可在诉讼的审讯时宣读的情形；

（m）法院可以根据会计师、精算师或其他专业人员（other scientific persons）的证书行事的情形和条件；

（n）根据《最高法院司法法》第66（1）款委任的会计师在法院保管的资金或财产方面所负的职责，特别是以会计师名义转让证券的方式、任何此类资金的投资方法、对这些资金收取的利率，以及无人领受款项的处理方式。

---

① 译者注：此句之难，唯有全文列出，以飨读者，不保证此句翻译正确，"commenced or treated as commenced in the Court by or against the estate of a deceased person to be maintained（whether by substitution of parties, amendment or otherwise）by or against（as the case may be）a person appointed to represent the estate or, if a grant of probate or letters of administration is or has been made, by or against the personal representatives"。其中的难点是 by or against 这一短语，代表了作为原告与被告的两种情形。

② 同上，全句摘录，"the joinder of parties and for prescribing in what cases persons absent, but having an interest in a cause or matter, are to be bound by any order made in the cause or matter, and the causes or matters in which orders may be made for the representation of absent persons by one or more parties to a cause or matter"。

③ 译者注：on commission 是抽取佣金的意思，应指该名被委任之审查员是需要被支付薪酬的。

（3）根据本条规定的所有《法院规则》，必须在《公报》刊登后尽快向议会提交。

法规

449. ——（1）部长可为实施本法而制定法规。

（2）在违反第（1）款的情况下，部长可就下列事项作出规定——

（a）官方受托人、官方托管人及其他获委任协助执行本法的人的职责及职能；

（b）与公司和债权人或任何类别的债权人之间的和解或安排有关或因其而产生的所有事宜；

（c）免除债务人根据第15部分的规定所承担的任何义务；

（d）在批准或修改偿债计划时应当考虑的情况；

（e）上诉小组（the appeal panel）根据第304条具有的权力及相关程序；

（f）上诉小组委员会（an appeal panel committee）根据第304条的相关程序；

（g）债务人向官方受托人提供的有关债务人财产、债务和其他财务事项的资料和文件；

（h）根据第14部分及第15部分举行的会议的召集、进行，及债务人、债务人的债权人的参与及其各自的义务；

（i）查阅根据第15部分的规定提交给官方受托人的文件；

（j）债权人可以在其债权证明中要求利息的情况，尽管此前没有任何关于利息的协议或保留，以及在这种情况下可以要求的利率；

（k）债权人会议、破产案件中债权人委员会的职能、成员资格及程序；

（l）债权证明、证明债权的方式和条件，以及确定任何债权或担保价值的方式和费用；

（m）第372条下的薪金拨付比例表；

（n）与司法管理人（the judicial manager）对公司的司法管理有关或由此产生的所有事项，包括司法管理人的任命；

（o）破产执业者执照的授予及续期；

（p）获发破产执业者执照的要求；

（q）以电子方式向官方受托人或官方托管人提交文件及表格；

（r）文件的提交或登记，以及提交或登记该文件的时间和方式；

（s）为施行本法而规定的表格（forms，格式）；

（t）规定根据本法应支付的任何费用；

（u）规定迟交任何文件须缴付的罚款；

（v）规定缴付规定的费用及罚款的方式；

（w）弃权、退款或减免全部或部分根据本法可予征收的任何费用或罚款；

（x）根据本法的要求或许可规定送达的文件及交付的通知书，但法院诉讼的文件和通知书除外；

（y）规定可能构成复合犯罪的罪行；以及

（z）本法规定或允许非规则规定的所有事项，或为实施本法而必须或适宜规定的事项。

（3）本条所赋予的权力，并不扩及根据第448条可制定《法院规则》的任何事宜。

废除

450. 部长通过《公报》公告所确定的破产法条款，在部长通过该公告所指定的一个或多个日期被废除。

第 24 部分
对其他法律相应的和相关的修正

（本部分的内容是因本法而导致的其他相关法律的修改，对于参考新加坡破产法律的目的而言，其重要性较低，因此暂不翻译。）

第 25 部分
保留和过渡性条款

（本部分的内容是本法的保留和过渡性的条款，对于参考新加坡破产法律的目的而言，其重要性较低，因此暂不翻译。）

韩国《债务人重整与破产法》

Debtor Rehabilitation and Bankruptcy Act

韩国《债务人重整与破产法》

（2021 年 1 月 1 日生效）（第 17769 号法令，2020 年 12 月 29 日根据其他法令修订）

법무부（상사법무과）02 - 2110 - 3167

版本说明：

本译稿采用韩国法律信息中心（Korean Law Information Center）官网：https：//www. law. go. kr/LSW/eng/engLsSc. do？ menuId = 2&section = lawNm&query = DEBTOR + REHABILITATION + AND + BANKRUPTCY + ACT&x = 18&y = 22#liBgcolor0 公布的最新条文及其修改为翻译母本，最近更新日期：2022 年 3 月。

韩国《债务人重整与破产法》体例较为独特，有专门的个人重整程序，但是破产清算程序对适用主体并未作区分，且其他的部分跟个人重整程序密不可分，难以像英国《支付不能法》那样进行选择性翻译。因此，本法采用了全文翻译，共13.5 万字。在中国属于首次翻译。

国内目前唯一译本。

翻译说明：

本法正文有 6 个部分（part），各个部分下有若干章节，共 660 条，条文表述方式最接近中国法，具有较高的参考价值。

全文层级按照下列顺序排列：部分（part）、章（chapter）、节（section）、第 N 条（article）、第（1）款、第 1 项、第（a）目。

对于很多具有一定翻译或理解难度的英文单词及表述（含单词、词组、意群甚至整句），在相应译文之后用括号方式列举了原文的表述，其他可能的译法，甚至制作了专门的翻译脚注（本译稿现有译注 17 处），以便读者对译法进行研判和批评，以其有利于未来的改进。

翻译人员：

齐砺杰：深圳大学法学院破产法研究中心主任、副教授，英国曼彻斯特大学法学博士。

连燕敏：当时为深圳大学法学院在读研究生，现在某国企从事相关法律工作。

本稿先由连燕敏将韩国《债务人重整与破产法》的原文，进行初步翻译（在本书五国法条文的初步翻译整理中，连燕敏的工作文本完成度最高）。之后由齐砺杰根据官网上的条文，逐条修改、核对、排版，形成翻译初稿，此项工作于2020年年初完成。

2022年3月，齐砺杰对翻译初稿进行审校（含全文表述上的统一、前后条文之间的串通、文字修改、订正错误、添加脚注等），并再次核对原文，将初稿至审校之间的新修订条文一并放入审校稿中。

韩国《债务人重整与破产法》章节目录

韩国《债务人重整与破产法》

（2021 年 1 月 1 日生效）（第 17769 号法令，2020 年 12 月 29 日根据其他法令修订）
법무부（상사법무과）02 – 2110 – 3167

第 1 部分　总　　则

第 1 条（立法目的）

本法旨在通过调整债权人、股东、证券持有人（equity holders）等利害关系人之间的法律关系，针对因财务困难而陷入困境的债务人及其业务，对其进行有效的重整，以公平地实现和分配被认为是难以重整的债务人的财产。

第 2 条（外国人和外国公司的法律地位）

在适用本法时，外国人和外国公司应享有与韩国国民或韩国公司相同的法律地位。

第 3 条（管辖权）

（1）重整（rehabilitation）案件、简易重整案件及破产案件，或个人重整案件（individual rehabilitation），应由对下列任一地点有管辖权的重整法院（the rehabilitation court）专属管辖：（2014 年 5 月 20 日第 12595 号法令修正；2014 年 12 月 30 日第 12892 号法令修正；2016 年 12 月 27 日第 14472 号法令修正）

1. 对债务人具有一般管辖权（之地）；

2. 债务人主要办事机构或者营业场所所在地，或者债务人继续受雇的办事机构或者营业场所所在地；

3. 债务人财产所在地（如属债权，指可提出司法求偿的地点），而其中属于第 1 项或第 2 项规定的地点是不能确定的。

（2）尽管有第（1）款的规定，要求重整或破产的申请书可向对债务人主要办事机构或营业场所所在地有管辖权的高等法院所在地的重整法院递交。

（2014 年 5 月 20 日第 12595 号法令修订；2016 年 12 月 27 日第 14472 号法令修订）

（3）尽管有第（1）款的规定，以下任何一项申请可按以下分类向重整法院提交：（2014 年 5 月 20 日第 12595 号法令修订；2014 年 12 月 30 日第 12892 号法令修订；2016 年 12 月 27 日第 14472 号法令修订）

1. 依《管制垄断与公平交易法》第 2 条第 3 款规定，涉及任何关联公司的重整或破产案件正在审理时，可向正在审理涉及前一关联公司破产或重整案件的重整法院，申请开始重整程序或简易重整程序，或者申请该关联公司破产；

2. 凡涉及任何公司的重整或破产案件正在审理中，可向正在审理该公司的重整或破产案件的重整法院，申请开始重整程序或简易重整程序，或对该公司的法定代表人提出破产申请；

3. 凡涉及下列人员的重整、破产或个人重整案件正在审理中时，申请启动重整程序、申请破产或者启动简易重整程序，或者为相关条款规定的任何其他人申请开始个人重整程序的，可向正在审理重整、破产、个人重整案件的主要地区法院（the principal district court）提出：

（a）主要债务人及其担保人；

（b）债务人及其连带债务人；

（c）债务人及其配偶。

（4）尽管有第（1）款的规定，但涉及至少有 300 名债权人并且负有债务超过总统令规定数额的公司，其重整和破产案件也可向首尔重整法院提出。（经 2016 年 5 月 29 日第 14177 号法令；2016 年 12 月 27 日第 14472 号法令新增）

（5）涉及非个人债务人的重整、破产案件，由重整法院合议庭根据第（1）款至第（4）款专属管辖。（2014 年 5 月 20 日第 12595 号法令修订；2016 年 5 月 29 日第 14177 号法令修订；2016 年 12 月 27 日第 14472 号法令修订）

（6）任何涉及遗产继承的破产案件，须由对该财产继承的起始地具有管辖权的重整法院专属管辖。（2014 年 5 月 20 日第 12595 号法令修订；2016 年 5 月 29 日第 14177 号法令修订；2016 年 12 月 27 日第 14472 号法令修订）

（7）根据《信托法》第 114 条设立的属于有限责任信托的任何财产（以下简称有限责任信托财产）的破产案件，应由对委托人（当至少有两名委托人时，对任何一人具有一般管辖权即可）具有一般管辖权的重整法院专属管辖。（2013 年 5 月 28 日第 11828 号法令、2014 年 5 月 20 日第 12595 号法令、2016 年 5 月 29 日第 14177 号法令、2016 年 12 月 27 日第 14472 号法令新增）

（8）如若不存在第（7）款规定的主管法院，该破产案件须由对有限责任信托财产所在地有管辖权的重整法院专属管辖［就债权而言，可以提起司法债权（a judicial claim）的地点应视为该地点］。（2013 年 5 月 28 日第 11828 号法令；2014 年 5 月 20 日第 12595 号法令；2016 年 5 月 29 日第 14177 号法令；2016 年 12 月 27 日第 14472 号法令新增）

（9）已删除。（2016 年 12 月 27 日第 14472 号法令）

（10）尽管有第（1）款的规定，根据第 579 条第 1 项的规定，个人债务人的一般管辖地是江陵市、东海市、三陟市、束草市、襄阳郡或高城郡，个人债务人的破产宣告申请或开始个人重整程序的申请，可向春川地方法院江陵分院提出。（2014 年 5 月 20 日第 12595 号法令；2016 年 5 月 29 日第 14177 号法令新增）

第 4 条（旨在避免损害或迟延的移送管辖）

当确有必要为避免任何实质性损害或延误，法院可依职权将重整案件、破产案件或个人重整案件移交给以下任何重整法院：（2014 年 5 月 20 日第 12595 号法令修订；2016 年 12 月 27 日第 14472 号法令修订）

1. 对债务人的其他营业地或者其他办事机构或者债务人财产所在地有管辖权的重整法院；

2. 对债务人住所地、居住地有管辖权的重整法院；

3. 第 3 条第（2）款、第（3）款规定的重整法院；

4. 当重整案件、破产案件或个人重整案件正在第 3 条第（2）款或第（3）款规定的有关重整法院审理时，第 3 条第（1）款规定的重整法院。

第 5 条（法院之间的合作）

在本法规定的程序中，法院之间可以自行寻求法律合作。

第 6 条（重整程序终止后的破产宣告等）

（1）未被宣告破产的债务人，其重整计划被批准后，当终止重整程序或者终止简易重整程序的决定是终局性的，法院在确认债务人存在导致其破产的事实时，应依职权宣告其破产。（2014 年 12 月 30 日第 12892 号法令修订）

（2）凡属于下列任何一项的决定，若对未宣告破产的债务人而言是终局性的，法院在确认债务人存在导致其破产的事实时，可应债务人或任何管理人（custodian，托管人）的请求，或依职权（ex officio），宣告债务人破产：（2014 年 12 月 30 日第 12892 号法令修订）

1. 申请开始重整程序或申请开始简易重整程序被决定驳回［不包括根据第 293－5 条第（2）款第 2 项第（a）目作出的开始重整程序决定的情形］；

2. 终止重整程序的决定或者在重整计划批准前作出的终止重整程序的决定［不包括根据第 293－5 条第（3）款在同一条第（4）款下关于终止简易重整程序的决定的基础上进行重整程序的案件］；

3. 不批准重整计划的决定。

（3）依照第（1）款、第（2）款规定宣告破产的，登记处的委托（the commission of the register，register 可以译成登记官）或属于下列任何一款的登记，应与登记处的委托或破产登记的委托一并作出：

1. 第 23 条第（1）款，第 24 条第（4）款、第（5）款规定登记处之委托；

2. 依据第 24 条第（4）款及第（5）款规定办理的登记参照第 27 条经适当修改后（mutatis mutandis，经适当修改后，比照）适用。

（4）凡依照第（1）款、第（2）款的规定被宣告破产的，在依据第三部分的规定宣告破产之前，并无人提出暂停付款的申请或任何破产的申请，有下列行为之一的，视为中止支付或者申请破产，任何优先债权（priority claims）构成财团债权（estate claims）：（2014 年 12 月 30 日第 12892 号法修订）

1. 申请开始重整程序或者简易重整程序的；

2. 由公司债务人的董事做出的（包括任何执行事务的普通合伙人和任何其他同等人员，以下同样适用）构成第 650 条规定的欺诈性破产罪的行为。

（5）第（2）款规定的破产是在决定批准重整计划前被宣告的，在适用第三部分规定时，关于第二部分规定的对重整债权的报告，以及对所提的异议的审查或者确认，应当视为关于破产债权的报告和对异议的审查或确认，全部都是根据破产程序进行的。上述规定不适用于对第 134 至 138 条规定的对任何债权、审查或确认提出的异议。

（6）依照第（1）款、第（2）款规定被宣告破产的，管理人和保护性管理人（protective custodian）所进行的诉讼程序应当终止。在这种情况下，任何破产受托人（trustee in bankruptcy）和任何其他利益相关方都可以代位参与此类诉讼程序。

（7）依照第（1）款、第（2）款规定被宣告破产的，下列任何人在根据第二部分规定进行的重整程序中作出的任何处分、行为等，在不违反破产程序性质的情况下，该等重整程序应被视为在破产程序下有效。在这种情况下，法院认为必要时，可以规定宣告破产决定时其所作的处分、行为等可被视为有效的权利主体的范围：（经 2014 年 12 月 30 日第 12892 号法令修订）

1. 法院；

2. 管理人、保护性管理人、监察专员（inspection commissioner）、简易监察专员（simplified inspection commissioner）、管理委员会（Custodial Committee）、管理委员会和债权人协商会议（the creditors' consultative council，债权人咨询委员会）的成员；

3. 债权人、担保债权人、股东和权益证券持有人（指非股份公司的股东和其他与前者地位类似的人员，以下同样适用）；

4. 利害关系人。

（8）被宣告破产的债务人，在其破产程序因重整计划被批准的决定而丧失效力后，如若终止重整程序的决定或根据第 288 条规定的终止重整程序的决定是具有终局性的，法院应依职权宣告该债务人破产。（2014 年 12 月 30 日第 12892 号法令修订）

（9）在适用第三部分的规定时，当属于第（8）款规定的情况，依照破产程序提出破产申请，但之后该破产程序因批准重整计划的决定而失效时，应视为该破产申请已被提起。

（10）第（3）款、第（6）款和第（7）款的规定应经适当修改后比照适用于属于第（8）款的情况。

第 7 条（破产程序继续进行时的优先债权等）

（1）若属于下列情形之一的裁定具有终局性，当债务人被宣告破产，并且破产程序继续进行时，优先债权应构成破产财团的债权。（2014 年 12 月 30 日第 12892 号法令修订）

1. 驳回开始重整程序的申请或开始简易重整程序的申请的裁定［不包括根据第 293－5 条第（2）款第 2 项第（a）目决定开始重整程序的情形］；

2. 在重整计划被批准之前终止重整程序的裁定［不包括根据第 293－5 条第（4）款在终止简易重整程序的决定之后按照第 293－5 条第（4）款进行重整程序的情形］；

3. 不批准重整计划的裁定。

（2）在第（1）款规定的任何一项下作出的裁定对被宣告破产的债务人来说是终局性

的，而破产程序继续进行时，第 6 条第（5）款至第（7）款的规定应经适当修改后酌情适用。

第 8 条［送达（Service）］

（1）依照本法规定作出的每份判决均应依职权投送。

（2）公司债券持有人、公司股东或公司债务人的权益证券持有人（equity right holders of a corporate debtor），依照本法规定申报过其住所的，文件可邮寄至该住所。文件也可邮寄至公司债券登记册、股东名册、成员名单或登记簿所载的住所，或用以通知公司债务人的住所。

（3）持有经登记的担保债权的担保债权人，依照本法规定申报过其住所的，或者未申报但登记簿上有记载其住所的，可以邮寄文件至其住所。

（4）根据第（2）款和第（3）款的规定以邮寄方式交付文件时，应视为在通常情况下邮件的交付时间送达。

（5）属于第（2）款和第（3）款的案件，第Ⅳ、Ⅴ、Ⅵ或Ⅶ（4、5、6 或 7）级法院官员（以下简称第 5 级法院官员等等）应编制书面声明，列明下列事项，并签名盖章：

1. 有资格签收送达文件的人员的姓名或者名称、住所；

2. 寄出此类文件的日期。

（6）本法另有明文规定者，不适用第（1）款至第（5）款的规定。

第 9 条（公告）

（1）本法规定之公告，应在政府公报上刊登或以最高法院规则规定的方法进行。

（2）第（1）款条文所规定的公告效力，自该公告在政府公报刊登的次日起开始生效，或依照最高法院规则规定的办法进行的次日起开始生效。

（3）根据第（1）款的规定公告任何判决时，应视为已向全体当事人公告该判决。但本法另有明文规定的，不在此限。

第 10 条（代送达公告）

（1）如果本法的规定要求送达，当难以确定必须送达的地点，最高法院规则规定的理由存在时，可以用公告代替送达。

（2）本法另有明文规定的，不适用第（1）款的规定。

第 11 条（需要同时公告和送达的情形）

（1）根据本法规定，需要同时公告和送达的，可以通过邮寄文件送达。

（2）第（1）款所述的公告应对所有有关人员产生送达该等文件的效力。

第 12 条（可选择的口头辩论和依职权审查）

（1）本法规定的审判，可以不经口头辩论进行。

（2）法院可对任何重整案件、破产案件、个人重整案件及国际破产案件进行必要的审查。

第 13 条（即时上诉）

（1）对本法规定的判决有利害关系的人，仅在本法规定的情形下，可以立即对该判决提起上诉。

（2）第（1）款规定所称即时上诉，应当自公开通知判决之日起14日内提出。

（3）第（1）款所述的即时上诉应具有中止任何执行的效力，但本法另有明文规定的不在此限。

第14条（提出异议的方式）

对根据本法作出的判决有任何异议，应以书面形式提出。

第15条［管理委员会（custodial committee）的建立］

重整法院内，应依照最高法院规则设立管理委员会，以便妥善、迅速地执行本法规定的程序。（2016年12月27日第14472号法令修订）

第16条（管理委员会的组成）

（1）管理委员会应由至少3名但不超过15名成员组成，其中包括1名主席。

（2）管理委员会委员的任期为3年。

（3）管理委员会委员应由重整法院院长从下列人员中任命：（2010年5月17日第10303号法令修订；2016年12月27日第14472号法令修订）

1. 具有律师资格或注册会计师资格的人；

2. 在《银行法》规定的银行和《总统法令》规定的公司里有至少15年从业经验的人；

3. 曾任上市公司行政总裁的人；

4. 在法律、工商管理、经济或其他类似学科领域取得硕士以上学位，并在相关领域有至少7年工作经验的人；

5. 具有与第1至4项所述资格相当的拥有有关领域充足知识和经验的人。

（4）下列人员不得被任命为管理委员会委员：（2016年5月29日第14177号法令修订）

1. 需要成年人监护或有限监护的人，或已被宣告破产但尚未复权（reinstated）的人；

2. 被法院判处有期徒刑，无劳动教养或者加重处罚的，已经完全执行（包括刑罚被视为完全执行）或者免除处罚未满5年的人；

3. 被判处有期徒刑，无劳动教养或者从重处罚的，缓期执行期满未逾2年的人；

4. 被暂缓执行有期徒刑，无劳动教养或者从重处罚的人；

5. 根据任何其他法律规定或法院的判决暂停或放弃管理委员会成员资格的人。

（5）管理委员会的任何决定，须经其过半数委员及出席委员过半数投票通过。

（6）管理委员会的成立、组织、运行，以及委员的资格要求、地位的保障、处分等，由最高法院的规则规定。

（7）在适用刑法和其他法的处罚规定时，管理委员会委员应被视为公职人员。

第17条（管理委员会的工作和职权）

（1）管理委员会应在法院的指导下执行下列项款规定的工作：（2014年12月30日第12892号法令修订）

1. 就管理人、保护性管理人、审查专员、简易审查专员、破产受托人、重整专员和国际破产管理人的任命提出其意见；

2. 对管理人、保护性管理人、审查专员、简易审查专员、破产管理人和重整专员执行工作的适当性进行监督和评估；

3. 审查重整计划草案及还款计划草案；

4. 组成债权人协商会议以及提供与债权人有关的信息；

5. 对本法规定程序进展情况的评估；

6. 召集利益相关人和债权人会议的工作；

7. 最高法院或其他法院规定的其他工作。

（2）管理委员会可将其部分工作委派给其委员，以便有效地执行第（1）款各项所规定的工作。

（3）当法院确认管理委员会某位委员根据第（2）款从事的工作不适当时，可要求管理委员会将该工作委派给另一委员。

（4）若不成立管理委员会时，不适用下列各项规定：

1. 关于第6条第（7）款、第18条、第19条和第30条第（1）款中管理委员会委员的事项；

2. 第6条第（7）款，第42条，第43条第（1）款、第（3）款和第（4）款，第50条第（1）款，第62条第（2）款，第87条第（1）款，第92条，第114条第（4）款，第132条第（3）款，第257条第（3）款和第（4）款，第287条第（3）款，第288条第（2）款和第355条第（1）款中关于管理委员会的事项。

第18条（将涉及许可的文书服务授权给管理委员会委员）

在本法第61条第（1）款各项规定的行为中，法院可以将涉及批准普通业务的文书送达和涉及批准破产程序的文书送达事务委托给管理委员会委员。在这种情况下，有关文书事务的委托范围和委托程序的必要事项，由最高法院规则规定。

第19条（对管理委员会委员的行为提出异议）

（1）任何人对根据第18条规定任命的管理委员会的任何委员作出的决定或处分不满意的，应对该管理委员会委员提出书面异议。

（2）管理委员会有关委员认为依照第（1）款提出的异议有正当理由时，应当及时作出适当处理，并通知法院。

（3）管理委员会有关委员如认为根据第（1）款提出的异议没有正当理由，应在收到该异议之日起3日内将书面异议送交法院。

（4）依照第（1）款规定提出的异议，不具有中止执行的效力。

（5）法院收到依照第（3）款规定送交的书面异议后，应根据正当理由作出裁定，如果法院认为该异议有正当理由，应当责令管理委员会的有关委员采取适当措施处理该异议，然后将该事实通知提出异议的人。

第19－2条（公布报告并向国民议会常务委员会报告）

（1）各重整法院负责人应当将管理委员会的行政监督事项的执行情况每年报告给国家

法院管理局局长（the head of the National Court Administration）。

（2）国家法院管理局局长应当发布年度报告，包括第（1）款所述行政监督事项的履行情况和下一年度的推进计划，并向国民大会常务委员会报告年报。

（2016 年 12 月 27 日第 14472 号法令新增）

第 20 条（债权人协商会议的组成）

（1）管理委员会（在管理委员会未成立时指法院，本条以下同）应在申请开始重整程序，申请开始简易重整程序或申请破产后设立由债务人的主要债权人组成的债权人协商会议。当债务人是个人或中小型企业企业主时，根据《中小企业基准法》（以下简称《中小企业企业家法》）第 2 条第（1）款，管理委员会可选择不设立此类债权人协商会议。

（2）债权人协商会议由不超过 10 人组成。

（3）在确有必要时，管理委员会可允许少数债权人以其委员身份参加债权人协商会议。

（4）如属第（1）款所列情形，各债务人的主要债权人可就债权人协商会议的组成向管理委员会提出意见。（2016 年 5 月 29 日第 14177 号法令新增）

第 21 条（债权人协商会议的职责等）

（1）债权人协商会议可以采取下列措施之一，以协调债权人的意见：

1. 对破产、重整程序提出意见；

2. 对管理人、破产中的受托人和保护性管理人的挑选、任免提出意见；

3. 对作为公司债务人的审计师（包括《商法》第 415－2 条规定的任何审计委员会成员）的任命提出意见；

4. 在公司的重整计划获得批准后，要求对公司的实际治理进行实地视察；

5. 法院规定的与破产程序、重整程序有关的其他事项；

6. 总统令规定的其他行为。

（2）债权人协商会议的议程，由出席会议的全体成员过半数表决决定。

（3）法院可裁定债务人须负担债权人协商会议进行其活动所需的必要开支。

（4）债权人协商会议的组成和运作所必需的事项，由最高法院的规则规定。

（5）如若未设立债权人协商会议，不适用第 50 条第（1）款、第 62 条第（2）款、第 132 条第（3）款、第 203 条第（4）款、第 259 条、第 287 条第（3）款和第 288 条第（2）款关于债权人协商会议事项的规定。

第 22 条（向债权人协商会议提供材料）

（1）法院应当向债权人协商会议提供有关重整程序或者破产程序的文件副本、书面决定、审计报告以及最高法院规则规定的其他重要材料。

（2）破产中的管理人或受托人应从其向法院提交的文件中，按季度向债权人协商会议提交法院指定的重要文件。

（3）债权人协商会议可要求破产案件的任何管理人或受托人，按照最高法院规则的规定，向其提供必要的资料。

（4）根据第（3）款的规定，被要求提供必要材料的任何人，应在最高法院规则规定的条件下提供此类必要材料。

（5）与债权人协商会议无关的债权人要求提供材料时，债权人协商会议应当按照第（1）至（3）款的规定，向其提供债权人协商会议收到的材料。

第22－2条（新增资金贷款人提出意见和提供资料的权利）

（1）根据第179条第（1）款第5项和第12项借出资金的任何重整债权人，可以采取以下行为：

1. 对债务人业务全部或重要部分的收购提出意见；

2. 对重整计划草案提出意见；

3. 对终止或终结（discontinuation or termination）重整程序提出意见。

（2）根据第179条第（1）款第5项和第12项规定借出资金的任何重整债权人可以要求管理人提供最高法院规则规定的必要材料。在这种情况下，管理人应提供最高法院规则规定的材料。

（本条由2016年5月29日第14177号法令新增）

第23条（委托公司登记处）

（1）在下列涉及公司债务人的任何案件中，第5级法院官员等应依职权毫不迟延地委托债务人办事处所在地和营业地的登记处（指其办事处或营业地位于韩国），当其主要办事处或营业地点位于外国时，该债务人须向该登记处提供一份委托书，并附上相关文件，包括经核证的副本或书面决定的摘要：（2014年12月30日第12892号法令修订）

1. 已裁定开始实施重整程序［包括已按照第293－5条第（4）款规定进行重整程序的案件］或已开始实施简易重整程序，或已作出宣告破产的裁定。

2. 撤销开始重整程序的裁定，撤销开始简易程序的裁定，或终止重整程序或终止简易重整程序的裁定，终止终局性地未获批准的重整计划的裁定。

3. 已作出批准重整计划或终止重整程序或终止简易重整程序的裁定。

4. 根据第266条的规定发行新股；根据第268条的规定发行债券；根据第269条的规定进行全包式股份交换（an all－inclusive exchange of share）；根据第270条的规定执行股份全包转让（an all－inclusive transfer of share）；根据第271条的规定合并公司；根据第272条的规定，拆分公司或拆分后公司合并；或者根据第273条和第274条的规定成立新公司。

5. 裁定撤销、中止或者终结破产。

（2）第43条第（3）款、第74条第（1）款、第355条、第636条第（1）款和第（4）款规定的处分权，被移交给公司债务人时，第5级法院官员等，应依职权毫不迟延地委托该债务人办事处所在地和营业地的登记处登记该处分，须提供一份委托书，并附有相关证明文件，其中包括一份经核证的副本或书面决定的摘要。任何已登记的处分被更改或撤销时，亦同前适用。

（3）管理人的姓名、名称、住所、办事机构、保护管理人、破产受托人或者国际破产管理人应当根据第（2）款的规定登记处分权。在这种情况下，当任何所涉事项发生变更时，第5级法官等应委托位于债务人所在地和营业地的登记处对该变更进行登记。

第24条（登记权等的委托）

（1）在下列任一情形下，第5级法官等应依职权迅速委托登记处登记开始重整程序或开始简易重整程序或登记保全措施（preservative measure），并向登记处提交委托书，连同书面决定的核证副本或摘要。当第（2）款或第（3）款所指的保全措施被变更、撤销或失效时，同样适用：（2014年12月30日第12892号法令修订）

1. 当已登记属于债务人财产的权利，对非公司债务人已作出的开始重整程序或开始简易重整程序的裁定；

2. 第43条第（1）款规定的保全措施，对属于债务人财产的登记权利予以处分；

3. 第114条第（1）款或第（3）款规定的保全措施代替登记权。

（2）在实施重整计划之前或完成本法规定的重整程序之前取得、丧失或变更已登记权利的，法院应依职权迅速委托登记处登记该已登记权利的取得、丧失或变更。除债务人、任何债权人、任何担保债权人、任何股东、任何权益持有人或任何新成立的公司外，任何其他人登记为合法求偿人的，不适用上述规定。

（3）第5级法官等在获悉被宣告破产的非公司债务人的登记后，应当依职权，通过向登记处提供一份委托书，并附有书面破产决定的核证副本，立即委托登记处登记其破产。第5级法官等知道属于破产财团的任何登记权利时，则该项规定也同样适用。

（4）破产受托人放弃破产登记的权利，并申请委托登记的，由第5级法官等委托登记处，向登记处提供一份委托书，并附上放弃该项权利的书面许可的核证副本，以登记放弃该项权利。

（5）第（1）款和第（3）款的规定应比照适用第23条第（1）款第1项至第3项和第5项规定的情形。

（6）在个人重整程序中对属于债务人财产的已登记权利采取、取消或变更保全措施时，第5级法官等应通过向登记处提供委托书，并附上书面决定的核证副本或摘要，依职权毫不迟延地委托登记处对该保全措施进行登记。

（7）如根据第636条第（1）款第3项或第4项规定的处分获得批准，当第5级法官等知道属于债务人财产的已登记权利时，他们应通过向登记处提供委托书，并附上书面决定的核证副本或摘要，依职权立即委托登记处登记该处分。如若在第635条第（1）款规定的外国破产程序被批准之前，第636条第（1）款第3项规定的处分权获得批准，则该条款也同样适用。

第25条（登记机关的职责和登记税的免除）

（1）登记机关受委托依照第23条、第24条的规定办理登记时，应当及时办理被委托的登记。

（2）如拟登记重整计划获得授权，而债务人已办理破产登记的，登记机关应依职权撤销该债务人的破产登记。

（3）如拟登记撤销重整计划获得授权，而根据第（2）款的规定已取消登记，则登记处应依职权恢复该登记。

（4）第（1）款至第（3）款规定的登记不得征收登记税。

第 26 条（对撤销的登记）

（1）当引起登记的行为被撤销时，任何管理人、破产受托人或任何个人重整程序中的撤销权人，须分别提出申请登记该项撤销。在登记被撤销时，也应适用这一规定。

（2）对第（1）款规定的登记不征收登记税。

（3）第 23 条第（1）款第 1 项至第 3 项和第 5 项的规定应比照第（1）款的情形，经适当修改后适用。

（4）凡任何管理人或任何破产受托人自愿出售第（1）款规定的撤销已登记的财产，并且自愿出售该财产的原因已登记的，法院应按照利害关系人的请求，委托登记机关撤销第（1）款所指的撤销登记，受撤销行为影响的登记、被撤销的登记和在该登记之后生效的其他登记，不能对抗任何重整债权人或任何破产债权人。

第 27 条（经登记的权利经适当修改后参照适用）

第 24 条至第 26 条的规定经适当修改后参照适用于针对债务人、破产财团或者正在进行重整程序的个人团体的财产上的已登记的权利。

第 28 条（查阅案卷记录）

（1）利害关系人可以要求查阅、复制案卷记录（包括文件和其他物品），并要求交付与案件有关的书面判决书、勘验笔录或者案件证明的原件、经鉴定的副本或者摘要。

（2）第（1）款的规定不适用于案件记录中的录音带或录像带（包括以同等方式记录某些事项的物品；之后的本条中同样适用）。但法院可应利害关系人的要求，允许复制此类材料。

（3）尽管有第（1）款和第（2）款的规定，凡属下列任何一项的人，不得提出第（1）款和第（2）款所指的申请，直至有关款项规定的判决被作出。但申请人申请开始重整程序或开始简易重整程序的，不在此限：（2014 年 12 月 30 日第 12892 号法令修订）

1. 债务人以外的利害关系人：

（a）第 43 条第（1）款规定的保全措施；

（b）第 43 条第（3）款规定的保全及管理令；

（c）第 44 条第（1）款规定的冻结（stay）令；

（d）第 45 条第（1）款规定的一般禁止令；

（e）就开始重整程序或简易重整程序的申请作出的法庭判决。

2. 债务人：

（a）对第 1 项下任何规定的判决；

（b）就开始重整程序或开始简易重整程序的申请，指定听证日期；

（c）指定召集债务人回答问题的听证日期。

（4）可能对债务人的经营活动的维持和重整造成明显障碍，对债务人的财产造成严重损害的，法院可以选择不允许查阅、复制、交付原件、经鉴定的副本、摘要或者复制录音带、录像带。

（5）对未批准第（4）款所规定的许可的决定，可立即提出上诉。

第 29 条（对债务人财产的查询）

（1）如有必要，法院可应管理人、破产受托人或利害关系人的请求，或依职权，向任何公共机构、任何金融机构和任何组织等查询，这些机构和组织各自经营着一个计算机网络，该计算机网络保存着债务人以其名义持有的财产的资产和信贷状况的信息。

（2）有权获得豁免的利害关系人提出第（1）款规定的申请时，应明确指定向其进行查询的任何公共机构、金融机构或任何组织。在这种情况下，法院应责令其预付与进行这种查询有关的费用。

（3）《民事执行法》第 74 条第（3）款、第（4）款和第 75 条第（1）款的规定，应经适当修改后比照适用于第（1）款规定的询问。

（4）根据第（1）款至第（3）款与查询相关的公共机构、金融机构与组织等机构的范围、查询的程序、利害关系人的预付费用、查询结果的管理等事项，均由最高法院的规则规定。

第 30 条（管理人的报酬）

（1）属于以下任何一项的人员有资格获得预付款、报酬或特别补偿。在这种情况下，法院应确定这种报酬和特殊补偿的金额：（经 2014 年 12 月 30 日第 12892 号法令修订）

1. 管理人、代理管理人（proxy custodians）、保护性管理人、破产受托人和代理破产受托人；

2. 审查专员、简易审查专员、重整专员和顾问；

3. 履行上述人员职责的管理委员会委员。

（2）第（1）款所称报酬和特殊补偿，应当与其职责相称。

（3）对于第（1）款所述的裁决（determination，决定或裁定），可以立即提出上诉。

第 31 条（对代理专员等的补偿）

（1）法院可酌情准许向属于下列任何一款的人员退还费用或支付补偿。在这种情况下，法院应确定费用金额和赔偿额：

1. 债权人、担保债权人、股东、权益持有人、根据破产程序重整成功的案件中的代理专员或代理人；

2. 受托管理破产财团或将破产财团变现的人。

（2）对第（1）款规定作出的裁定，可以立即提出上诉。

第 32 条（诉讼时效的中断）

有下列情形之一的，产生时效中断效力：

1. 根据第 147 条的规定提交清单和参与重整程序：但不适用于任何未列入清单的重整债权人或担保重整债权人，在他们撤回其报告或其报告被无偏见地驳回的情形下；

2. 参与破产程序，但破产债权人撤回其破产报告或者其报告被驳回的，不在此限；

3. 提交第589条第（2）款规定的个人重整债权人清单和参加个人重整程序的，但未被列入清单的个人重整债权人撤回其在债权补偿程序中要求判决的申请，或其申请在不受损害的情况下被驳回的，则上述规定不适用。

第32-2条（禁止歧视性待遇）

任何人如无正当理由，不得因本法令规定的未决的重整程序、破产程序或个人重整程序而受到任何不利待遇，如被限制就业或解雇。

（2006年3月24日第7892号法令新增本条规定）

第33条（民事诉讼法和民事执行法经修改后的参照适用）

在本法关于重整程序、破产程序、个人重整程序和国际破产程序没有规定的情况下，应经修改后参照适用民事诉讼法和民事执行法。

第2部分　重 整 程 序

第1章　重整程序的开始

第1节　申请开始重整程序

第34条（申请开始重整程序）

（1）属于下列任何一项的情形，债务人可向法院提出申请，要求开始重整程序：

1. 债务人认为在不严重妨碍其继续经营的情况下，不能清偿到期应付债务的；

2. 可能导致债务人破产的事实。

（2）在第（1）款第2项的情况下，有关目各则（each item of the relevant subparagraph）所规定的人也可根据下列各项之分类，提出开始重整程序的申请：

1. 债务人为股份公司或者有限责任公司时：

（a）持有不少于股本1/10债权金额的债权人；

（b）持有不少于股本1/10股权或权益的股东或权益持有人。

2. 债务人不是股份公司或者有限责任公司时：

（a）持有不少于5000万韩元债权的债权人；

（b）持有不少于任何无限合伙、任何有限合伙、任何公司或任何种类等同企业的投资总额1/10权益的权益持有人。

（3）当任何债权人、股东或权益持有人根据第（2）款的规定提出开始重整程序的申请时，法院可命令债务人提交有关其业务管理和财产现状的材料。

第35条（申请破产和申请开始重整程序的义务）

（1）债务人的清算人按照其他法律向债务人提出破产申请，也可以申请重整程序。

（2）被清算或被宣告破产的公司债务人申请开始重整程序的，适用《商法》第229条第（1）款、第285条第（2）款、第519条或第610条的规定。

第36条（书面申请）

开始重整程序的申请应当以书面形式提出，说明以下内容：

1. 申请人和法定代表人的姓名、住所；

2. 债务人为个人的，应当提供其姓名、户籍号码（无户籍号码的，指外国人登记号码或者家庭居住号码，下同）和住所；

3. 债务人非个人的，应当提供其公司名称、主要办事机构或营业场所（主要办事机构或营业场所位于海外时，指位于韩国境内的主要办事机构或营业场所）和债务人法定代表人的姓名（当主要办事机构或营业地点位于海外时，指驻韩国的法定代表人，下同）；

4. 申请的目的；

5. 开始重整程序的原因；

6. 债务人的经营目标和经营现状；

7. 债务人发行的股份总数或股票总数，其资本、资产、债务和流动资产的数额；

8. 申请人已知的其他程序或涉及债务人财产的任何处分；

9. 申请人对重整计划有选择权（option，意见）时，其选择；

10. 债权人提出开始重整程序的申请时，其所持的债权额及依据；

11. 股东或权益持有人申请开始办理重整程序时，其所持股份或股票的数量或金额。

第 37 条（文件保管）

申请开始重整程序的有关文件，应备存于法院，供利害关系人查阅。

第 38 条（解释）

（1）申请开始重整程序的，应当对导致重整程序开始的事实予以证明。在这种情况下，当第 628 条第（1）款规定的外国破产程序正在对任何债务人进行时，债务人应当被认定存在导致破产的事实。

（2）债权人、股东或者权益持有人申请开始重整程序时，应当说明其所持的债权额或者其所持股份、股票（equity shares，权益份额）的数额。

第 39 条（预付费用等）

（1）任何人申请开始重整程序时，申请人应预付进行重整程序的费用。

（2）第（1）款规定中提到的费用应由法院根据案件的规模等确定。在这种情况下，除债务人以外的其他人申请启动重整程序时，应当考虑从债务人财产中支付的金额，以支付启动重整程序后发生的费用。

（3）如果债务人以外的任何人提出开始此类重整程序的申请后裁定开始重整程序，则申请人可以根据第（1）款的规定从债务人的财产中受偿其费用。

（4）申请人根据第（3）款规定要求支付费用的权利应为优先债权。

第 39－2 条（法院对重整程序进展的监督）

（1）法院应当在不损害债权人整体利益和债务人重整可能性的前提下，迅速、公正、有效地进行重整程序。

（2）法院如认为有必要，可应利害关系人或依职权采取下列措施之一：（2016 年 5 月 29 日第 14177 号法令修订）

1. 与利害关系人协商重整程序的进展；

2. 制定和实施有关重整程序进展的时间表；

3. 请求债务人、管理人或保护性管理人就下列事项提出报告或提交有关材料：

（a）债务人的业务和财产管理的现状；

（b）重整程序的进展；

（c）凡根据第179条第（1）款第5项及第12项借入的基金的用途已确定的，执行该基金；

（d）债务人重整所必需的其他事项；

4. 合并利害关系人的召集；

5. 命令根据第98－2条为利害关系人举行解释性会议；

6. 债务人重整所必需的其他措施。

（2014年12月30日第12892号法令新增本条）

第40条（通知监督管理机构）

（1）凡已向作为债务人的股份公司提出开始重整程序的申请，法院应将该申请的意图通知以下人员：（经2008年2月29日第8863号法令修订）

1. 监管债务人业务的行政机构；

2. 金融服务委员会；

3. 对债务人主要办事机构或营业场所（如果债务人主要办事机构或营业场所位于外国，则指其位于韩国的主要办事机构或营业场所）所在地区具有管辖权的税务局负责人。

（2）如有必要，法院可要求下列人员对重整程序陈述意见：（经2008年2月29日第8863号法令修订；经2010年3月31日第10219号法令修订；经2016年12月27日第14476号法令修订）

1. 监督债务人业务的行政机关；

2. 金融服务委员会；

3. 有权根据《国家税收征管法》或《地方税收征管法》就任何债权（包括根据征收国家税的范例征收税款的债权，其征收方式与征收拖欠的国家或地方税相同，优先于一般重整债权）征收税款的人。

（3）属于第（2）款各项规定的人员可在法庭上陈述其关于重整程序的意见。

第41条（询问）

（1）在申请开始重整程序时，法院应询问债务人或该债务人的代表。

（2）尽管有第（1）款的规定，法院可在下列任何一种情况下不进行询问：

1. 由于债务人或其代表在海外定居，对债务人的这种询问可能会导致重整程序被实质性延误；

2. 无法确定债务人及其代理人下落的。

第42条（驳回开始重整程序申请的理由）

有下列情形之一者，法院应驳回其重整程序的申请。在这种情况下，法院应听取管理委员会的意见：

1. 不预缴重整程序所需费用的；

2. 重整程序申请不真实的；

3. 重整程序与债权人的利益不一致的。

第 43 条（临时扣押、初步禁令和其他保全措施）

（1）当提出开始重整程序的申请时，法院可应利害关系人的请求或依职权，对债务人的业务和财产作出临时扣押和初步禁令，或采取其他必要的保全措施以保全债务人的业务和财产，直到对开始重整程序的申请做出裁定为止。在这种情况下，法院应听取管理委员会的意见。

（2）利害关系人申请第（1）款规定的保全措施的，法院应当自申请之日起 7 日内作出是否采取保全措施的裁定。

（3）除第（1）款规定的保全措施外，如认为有必要采取其他保全措施时，法院可在听取管理委员会的意见后，命令保护性管理人进行管理。在这种情况下，法院应指定一名或多名保护性管理人。

（4）法院可在听取管理委员会的意见后，变更或撤销第（1）款规定的保全措施或第（3）款规定的保全管理令。

（5）第（1）款、第（3）款和第（4）款规定的决定（judgment）以及关于驳回申请的决定，应通过裁定（decision）作出。

（6）对于根据第（5）款的规定作出的裁定，可以提起即时上诉。

（7）第（6）款所指的即时上诉没有暂停任何执行的效果。

（8）当法院颁布、变更或撤销第（3）款规定的保全管理令时，应予以公告。

第 44 条（其他程序的冻结）

（1）凡申请开始重整程序，如有必要，法院可应利害关系人的请求或依职权，发出冻结令，冻结下列任何程序，直至就开始重整程序的申请作出裁定为止，但如属第（2）款所规定的程序，如果该程序可能对作为该程序申请人的任何重整债权人或重整担保债权人造成不当损害，则不适用：（经 2010 年 3 月 31 日第 10219 号法令修订；经 2016 年 12 月 27 日第 14476 号法令修订）

1. 债务人的破产程序；

2. 基于重整债权、重整担保债权而对债务人财产已经进行的强制执行的拍卖程序、临时扣押、初步禁令或担保债权的行使（以下简称基于重整债权、重整担保债权的强制执行）；

3. 与债务人财产有关的诉讼程序；

4. 行政机关对债务人财产正在进行的任何程序；

5. 根据《国家税收征收法》或《地方税收征收法》对违反情形的任何处分，根据国家税收征收的实例（包括处分违反国家税、地方税的例子，下同）对下列违反行为进行处分，或处分作为纳税担保的任何物品。在这种情况下，应听取被授权征税的人的意见。

（2）在第（1）款第 5 项规定的暂停处分期间，诉讼时效中止。

（3）法院可以变更或者撤销第（1）款规定的冻结令。

（4）如果认为对债务人的重整特别必要，法院可应债务人的请求（指保护性管理人，如获委任）或依职权，作出裁定取消基于重整债权、重整担保债权等的强制执行的暂停。

在这种情况下，法院可要求提供担保。

第 45 条（基于重整债权、重整担保债权而发出的禁止强制执行等一般裁定）

（1）当法院在收到开始重整程序的申请后，承认存在第 44 条第（1）款规定的冻结令有可能妨碍重整程序目的的实现的特殊情况，则法院可应利害关系人的请求或依职权，在作出开始重整程序的裁定时，裁定禁止所有重整债权人和重整担保债权人基于其重整债权、重整担保债权进行强制执行。

（2）第（1）款规定的禁止令（以下称一般禁止令）只适用于已就债务人的主要财产采取属于以下任何一项的措施或命令的情形，或属于以下任何一项的一般禁止令、措施或裁定已被作出或下达的情形：

1. 第 43 条第（1）款规定的保全措施；

2. 第 43 条第（3）款规定的保全管理令。

（3）作出一般禁止令时，应暂停基于任何重整债权或重整担保债权针对债务人的财产已经进行的强制执行等。

（4）法院可以变更或者撤销一般禁止令。

（5）当认为特别有必要继续债务人的业务时，法院可应债务人的请求，裁定撤销根据第（3）款的规定被暂停的基于重整债权或重整担保债权的强制执行（指保护性管理人，如获委任）。在这种情况下，法院可能要求提供担保。

（6）对一般禁止令、第（4）款规定的裁定和第（5）款规定的撤销令，可以立即提起上诉。

（7）第（6）项所称即时上诉不具有暂停执行的效力。

（8）在作出一般禁止令的情况下，重整债权和重整担保债权的诉讼时效不得届满，直至该裁定的效力终止的次日起计届满两个月之日为止。

第 46 条（一般禁止令的公告、送达）

（1）在作出一般禁止令或决定变更或撤销该命令时，法院应公告该决定，并分别以书面形式送达有关债务人（如指定了保护性管理人的，则指该保护性管理人）以及有关申请人；并且还应提供书面声明，陈述该决定针对这些重整债权人、重整担保债权人和债务人（如指定了保护性管理人，则指该保护性管理人）的执行部分。

（2）一般禁止令和变更或撤销一般禁止令的决定，自书面决定送达债务人时生效（如指定了保护性管理人，则指该保护性管理人）。

（3）当对第 45 条第（5）款规定的撤销令和同一条第（6）款规定的即时上诉作出判决的，应当分别向当事人送达判决书。在这种情况下，不适用第 10 条和第 11 条的规定。

第 47 条（排除适用一般禁止令）

（1）在作出一般禁止令和承认一般禁止令可能对基于重整债权或重整担保权而申请强制执行的重整债权人和重整担保债权人造成不当损害时，法院可应重整债权人或重整担保债权人的请求或依职权，排除对重整债权人或重整担保债权人适用一般禁止令。在这种情况下，重整债权人或重整担保债权人可以基于重整债权或重整担保权对债务人的财产强制执行等，重整债权人或者重整担保债权人在一般禁止令下达前行使的重整债权或者重整担保权的强制执行程序可以继续。

（2）当第45条第（8）款的规定适用于受第（1）款规定的决定所约束的任何人时，第45条第（8）款中的“命令的效力终止之日”应视为“作出第47条第（1）款规定的决定之日”。

（3）可就根据第（1）款规定的申请而作出的判决提出即时上诉。

（4）第（3）款所指的即时上诉不具有中止执行的效力。

（5）对第（1）款规定的申请作出判决，并对第（3）款规定的即时上诉作出判决时，法院应当分别向各个当事人送达判决书。在这种情况下，第10条的规定不予适用。

第48条（撤销开始重整程序申请等的限制）

（1）任何申请重整程序的人，仅可以在作出开始重整程序的裁定之前撤回其申请。

（2）下列任何一项裁定作出后，任何人未经法院许可，不得撤回其开始重整程序的申请和采取保全措施的申请：

1. 对第43条第（1）款规定的保全措施的裁定；
2. 对第43条第（3）款规定的保全管理令的裁定；
3. 对第44条第（1）款规定的冻结令的裁定；
4. 对第45条第（1）款规定的一般禁止令的裁定。

第2节　关于开始重整程序的裁定

第49条（关于开始重整程序的裁定）

（1）当债务人提起开始重整程序的申请时，法院应当自收到开始重整程序申请之日起一个月内裁定是否开始该重整程序。

（2）该裁定的日期、时间，应当在开始重整程序的书面裁定书上载明。

（3）裁定对开始重整程序的效力，自作出该裁定之日起计算。

第50条（裁定开始重整程序时必须规定的事项）

（1）法院裁定开始重整程序时，应当在听取管理委员会和债权人协商会议的意见后，指定一名或者多名管理人，并规定以下事项：（2014年12月30日第12892号法令修订；2016年5月29日第14177号法令修订）

1. 要求管理人编制并提交第147条第（1）款规定的清单的期间［不包括提交第223条第（4）款规定的清单的情况］。在这种情况下，该期间至少为两周，但不得超过裁定开始重整程序之日起两个月。

2. 重整债权、重整担保债权、股票或投资权益的申报期间（以下简称申报期间）。在这种情况下，申报期间应为根据第1项确定的提交期最后日期［提交第223条第（4）款规定的清单的，为作出重整程序决定之日］之后至少一周但不超过一个月。

3. 对列入清单或者申报过的重整债权、重整担保债权的审查期间（本部分以下简称审查期间）。在这种情况下，审查期间应为申报期间最后日期之后至少一周但不超过一个月。

4. 提交重整计划的期间。在这种情况下，提交期间不得超过在审查期间最后日期［提交第223条第（1）款规定的重整计划草案的，为重整程序的开始裁定作出之日］之后的4个月（如果债务人是个人，则不超过审查期间最后日期之后的两个月）。

（2）在特殊情况下，法院可推迟第（1）款第1项至第3项规定的日期或延长该期间。（2014年12月30日第12892号法令修订）

（3）法院可应利害关系人的请求或依职权，将第（1）款第4项所规定的期间最多延长两个月：但如债务人是个人或中小型企业主，则在任何情况下，延长不得超过一个月。（2014年12月30日第12892号法令新增）

第51条（开始重整程序的公告和文件送达）

（1）当法院裁定开始重整程序时，应立即公告下列各项所规定的事项：（经2014年12月30日第12892号法修订）

1. 关于重整程序开始的裁定的执行部分；

2. 管理人的姓名、名称；

3. 依照第50条的规定确定的期间和日期；

4. 凡持有已开始重整程序的债务人的财产或对债务人负有债务的人，责令：其不得将财产转移给已开始重整程序的债务人；或者不得偿还债务人的债务；且在此期间内，其必须向任何管理人报告，其持有已开始重整程序的债务人的财产，或对债务人负有债务的事实；

5. 第221条和第223条第（1）款的用意。

（2）法院应当将载有第（1）款所述事项的书面说明送达下列人员：

1. 管理人；

2. 债务人；

3. 法院知悉的重整债权人、重整担保债权人、股东和权益持有人；

4. 持有已开始重整程序的债务人财产或对债务人负有债务的人。

（3）第（1）款第2项至第4项所规定事项发生任何变化时比照适用第（1）款和第（2）款的规定。审查期间的变更可免于被公告。

（4）故意或者过失未按照第（1）款第4项规定报告的，应当赔偿由此给债务人财产造成的损失。

第52条（开始重整程序通知）

法院在裁定作为股份公司的债务人的重整程序开始时，应当将第51条第（1）款所规定的事项通知监管债务人商业事务的行政机构、司法部和金融服务委员会。对第51条第（1）款第2项和第3项所规定的事项作出任何变更的，也应同样适用。（2008年2月29日第8863号法令修订）

第53条（对开始重整程序申请的裁定提出即时上诉）

（1）对开始重整程序的裁定，可以立即提出上诉。

（2）第43条至第47条的规定，经修改后比照适用于第（1）款规定的对驳回重整程序申请的裁定提起即时上诉的案件。

（3）第（1）款规定的即时上诉不具有中止执行的效力。

（4）当承认即时上诉程序违反了法令，而即时上诉又缺乏理由时，上诉法院应不带偏见地驳回即时上诉。

（5）如果任何即时上诉被认为是有理由的，上诉法院应撤销下级法院作出的裁定，并将案件发回下级法院。

第 54 条（撤销开始重整程序的裁定）

（1）当撤销重整程序开始的裁定是终局性的，法院应即时公告该裁定的执行部分。

（2）第 51 条第（2）款和第 52 条的规定应经修改后比照适用于第（1）款的情形。

（3）当撤销重整程序开始的裁定是终局性的，则管理人应当清偿优先债权，对优先债权有争议的，债权人应垫付保证金。

第 55 条（重整程序开始后的资本削减）

（1）债务人自重整程序开始至结束期间，未经重整程序，不得有下列行为：

1. 减少资本或者投资；

2. 接纳权益持有人或发行新股或债券；

3. 增加资本或者投资额；

4. 进行股份的全包交换（all - inclusive exchange）或股份的全包转让（all - inclusive transfer）；

5. 进行任何合并、分立、剥离资产后的合并或组织变更；

6. 解散或存续公司；

7. 分配利润或者利息。

（2）在公司债务人的重整程序开始至终止的期间内，债务人拟不经过重整程序对公司章程进行修改的，应当取得法院的许可。

第 56 条（重整程序开始后的业务和财产管理）

（1）裁定开始重整程序时，债务人的经营权、财产的管理权和处分权，专属于管理人。

（2）禁止个人或非个人债务人的董事侵犯或干涉第（1）款中规定的管理人的权力行使。

第 57 条（提供资料）

管理人应在最高法院规则规定的条件下，向拟从事下列行为之一的人，提供有关债务人业务和企业的信息和材料；若有正当理由，管理人可以拒绝提供此类信息和材料：

1. 接管债务人的全部或者部分业务、企业和主要财产；

2. 接管债务人的股份或者股票，以实现对债务人的管理控制；

3. 对债务人的股份进行全方位的交换和转让，任何合并以及剥离债务人业务后的兼并。

第 58 条（其他程序的冻结）

（1）决定开始重整程序的，禁止下列行为：

1. 申请破产或者申请开始重整程序；

2. 基于重整债权或者重整担保债权的强制执行等；

3. 任何对不履行义务的处置，基于根据征收国家税款的例子征收税款的任何债权，且在征收中这些债权不优先于一般重整债权的。

（2）决定开始重整程序的，应当暂停下列程序：

1. 破产程序；

2. 基于重整请求或者重整担保权的强制执行等；

3. 对不履行义务的处置，基于根据征收国家税款的例子征收税款的任何债权，并且在征收中不优先于一般重整债权。

（3）决定开始重整程序的，根据《国家税收征收法》或《地方税收征收法》基于重整债权或重整担保权对债务人财产的任何不履行行为的处置，以征收国税为例，以征收税款的债权为基础，在征收时优先于一般重整债权的违约处置，以及作为纳税义务担保的物品的处置，均不得被采取，已经采取的处置应暂停。在这种情况下，如果认为有必要，法院可应管理人的请求或依职权，将期限延长至一年：（经 2010 年 3 月 31 日第 10219 号法令修订；经 2016 年 12 月 27 日第 14476 号法令修订）

1. 自决定重整程序开始之日起至重整计划批准之日止；

2. 自决定重整程序开始之日起至重整程序完成之日止；

3. 自决定开始重整程序之日起至其后两年届满之日止的期间。

（4）在依照第（3）款的规定不得作出处分或暂停处分的期间内，时效不得计算。

（5）如果认为重整工作不可能受到阻碍，法院可应管理人或经授权可就第 140 条第（2）款所规定的任何债权征税的人的请求，或依职权，裁定根据第（2）款暂停的程序或处分继续暂停，并在认为为重整所必需时，法院可应管理人的请求或依职权，裁定取消（order the cancellation）根据第（2）款暂停的程序或处分，无论是否需要提供任何担保：但该项规定不适用于破产程序。

（6）就根据第（5）款的规定继续进行的程序或处分向债务人提出的费用债权应构成优先债权。

第 59 条（诉讼程序的暂停）

（1）决定开始重整程序的，针对债务人财产的诉讼程序应当暂停。

（2）任何管理人或任何其他当事方均可在根据第（1）款规定暂停的诉讼程序中代位行使与重整债权或重整担保债权无关的其他诉讼程序。在这种情况下，对债务人诉讼费用的债权应构成优先债权。

（3）当重整程序在第（2）款所述的代位权（subrogation）行使之前完成时，债务人自然应代位进行诉讼程序。

（4）当重整程序在按照第（2）款的规定进行代位行使之后完成的，诉讼程序应暂停。

在这种情况下，债务人代位进行诉讼程序。

（5）属于第（4）款规定情形的，其他当事人也可以代位进行诉讼程序。

（6）第（1）款至第（5）款的规定，应经修改后比照适用于在重整程序开始时在行政机关待审的涉及债务人财产的案件。

第 60 条（移送）

（1）当重整程序开始时，涉及债务人财产的诉讼在另一法院审理时，正在审理该重整案件的法院（指正在审理该重整案件的重整法院，下同）可以裁定请求将该诉讼移送给其审理。在重整程序开始后，如果其他法院正在审理此类诉讼，也应适用该规定。（2016 年 12 月 27 日第 14472 号法令修订）

（2）作出第（1）款所述裁定后，法院应在收到移送诉讼请求后，将案件移送给正在审理重整案件的法院。（2016 年 12 月 27 日第 14472 号法令修订）

（3）即使在诉讼程序中断或中止期间，也可以执行第（2）款所述的移送。

（4）第（1）款至第（3）款的规定不适用于上诉法院正在审理的任何诉讼。

第 61 条（需要获得法院批准的行为）

（1）管理人有下列行为之一的，法院认为必要时，可以要求管理人获得其批准后方可实施：

1. 处分任何财产；
2. 以转让方式取得财产；
3. 借款，包括资金（borrowing of money including funds，funds 也可能指基金）；
4. 依照第 119 条的规定解除或者终止合同；
5. 提起诉讼；
6. 作出和解或者达成仲裁协议；
7. 放弃任何权利；
8. 批准优先债权或者取回权；
9. 法院规定的其他行为。

（2）未经允许，禁止管理人从事下列行为：

1. 通过转让取得债务人的营业或者财产；
2. 将其业务或者财产转让给债务人；
3. 为自己和第三人的利益与债务人进行任何交易。

（3）第（1）款、第（2）款所述行为未经法院许可而实施的，均属无效，但该条款不得对抗善意第三人。

第 62 条（业务转让）

（1）如任何管理人认为有必要将债务人的全部或主要部分业务或债务人企业进行重整的，则在重整程序开始后，甚至在重整计划获得批准之前，经法院批准，管理人仍可将该债务人的全部或主要部分业务或债务人企业转让。

（2）法院给予第（1）款所述之批准时，应当听取下列人员的意见：

1. 管理委员会；

2. 债权人协商会议；

3. 由多数债务人的雇员所组织的工会；

4. 在没有第3项规定的任何工会的情况下，代表多数债务人雇员的人。

（3）授予第（1）款规定的批准后，法院应确定支付转让价款的方式。

（4）凡获得第（1）款所述之批准，当公司债务人的所有债务总额超过其资产总额时，法院可应管理人的请求或依职权，以此种许可代替《商法》第374条第（1）款规定的股东大会上通过的决议。在这种情况下，《商法》第374条第（2）款和第374－2条以及《金融投资服务和资本市场法》第165－5条（涉及股东评估权的特殊情况）的规定不适用。（2014年5月20日第12595号法令修订）

（5）本法第61条第（3）款的规定经修改后比照适用于未取得第（1）款规定的批准而实施的行为。

第63条（股份公司准许转让业务等决定的送达）

（1）法院在作出第62条第（4）款规定的裁定时，应当向管理人送达书面裁定，并向每位股东送达载有该裁定摘要的书面说明。

（2）依照第62条第（4）款规定作出的裁定，送达管理人时发生效力。

（3）股东对依照本法第62条第（4）款规定作出的裁定，可以立即提起上诉。

第64条（重整程序开始后的债务人的行为）

（1）在重整程序开始后，债务人就其财产实施的法律行为，不得主张在重整程序中产生效力。

（2）在适用第（1）款的规定时，债务人在开始重整程序之日所实施的法律行为，应推定为在重整程序开始后实施的。

第65条（重整程序开始后的权利取得）

（1）任何人在重整程序开始后，未诉诸债务人的行为，仅基于其重整债权或重整担保债权而获得的针对债务人财产的权利，其不得就重整程序主张已取得了该财产的效力。

（2）第64条第（2）款的规定经修改后比照适用第（1）款规定的权利取得。

第66条（登记和重整程序开始后的登记）

（1）登记原因发生在重整程序开始之前的不动产或船舶的任何登记和临时登记，在重整程序开始后才生效的，不得在重整程序中被主张：但是如果登记机关在不知悉重整程序已经开始的情况下对主要登记（principal register）赋予效力，则上述规定不适用。

（2）第（1）款的规定经修改后比照适用于权利的设立、转让或者变更的登记和临时登记。

第67条（重整程序开始后向债务人付款）

（1）在不知悉重整程序已经开始的情况下，向债务人进行的任何付款，均可主张其对重整程序的效力。

（2）在知悉重整程序已经开始的情况下，向债务人进行的任何付款，只能在与重整程序有关的债务人财产的利益范围内主张其效力。

第 68 条（善意或恶意的推定）

在适用第 66 条和第 67 条的规定时，在公告之前应推定重整程序开始的事实尚未获知悉，在公告之后应推定重整程序开始的事实已获知悉。

第 69 条（共同所有权关系）

（1）凡债务人与任何其他人共同享有任何财产权，尽管他们已达成禁止分割财产权的协议，但任何管理人均可在重整程序开始时要求分割该财产权。

（2）在属于第（1）款的情况下，任何共有人可在支付合理价款后获得债务人的份额。

第 70 条（取回权）

重整程序的开始不影响财产的权利人取回不属于债务人的财产的权利。

第 71 条（取回在途货物）

（1）在重整程序开始后，出卖人已将买卖标的物向作为买受人的债务人发运，债务人尚未收到且未付清全部价款的，出卖人可以取回在途货物。在这种情况下，管理人可在经法院许可全额支付价款后，要求出卖人交付此类货物。

（2）第（1）款的规定不得排除第 119 条规定的适用。

第 72 条（代理人的取回权）

第 71 条第（1）款的规定比照适用受托购买货物的委托代理人将货物发运给委托人的情形。

第 73 条（选择取回权）

（1）当债务人在重整程序开始之前转让其受取回权限制的财产时，取回权人可以主张转移要求履行利益的权利作为回报。如果管理人转让任何受取回权限制的财产，则同样适用。

（2）在属于第（1）款的情况下，任何管理人收到作为回报的利益的履行，取回权人可以要求返还管理人作为回报的利益而收到的财产。

第 2 章　负责重整程序的机构

第 1 节　管　理　人

第 74 条（管理人的选择和指定）

（1）法院在听取管理委员会和债权人协商会议的意见后，应当指定有资格履行职责的管理人。

（2）法院应指定个人债务人和非个人债务人的代表作为管理人，但下列情形除外：

1. 因下列人员侵占、隐匿财产或者由于该人的管理不善而造成债务人财务困难的：

（a）个人债务人；

（b）非个人债务人的董事；

（c）债务人的经理；

2. 当债权人协商会议的请求有正当理由的；

3. 债务人需要重整的。

（3）尽管有第（1）款的规定，如果债务人是个人、中小企业主和最高法院规则规定的任何人，法院可选择不指定任何管理人。如已承认第（2）款任何一项所提及的理由在重整程序待决时就已存在的，则可指定一名管理人。

（4）未指定管理人的，债务人（在债务人不是个人的情况下，指债务人的代表），视为本部分规定的管理人。

（5）在指定管理人时，除紧急情况外，法院应当审查债务人或者债务人代表。

（6）任何公司都可以成为管理人。在这种情况下，该公司应从其董事中指定一人履行管理人的职责，并向法院报告。

（7）债权人协商会议如有属于第（2）款任何一项规定的，可向法院推荐一名管理人的候选人。（2016 年 5 月 29 日第 14177 号法令新增）

第 75 条（多个管理人履行职责）

（1）涉及多个管理人的，应当共同履行职责。在这种情况下，在获得法院的许可后，他们可以自行分配其职责。

（2）如果涉及多个管理人，第三方只需向其中一个管理人声明其意图即可。

第 76 条（代理管理人）

（1）必要时，各管理人可自行指定一名或多名代理管理人（acting custodians）履行职责。

（2）第（1）款所述的指定代理管理人，应获得法院的许可。

（3）法院依照第（2）款的规定给予许可的，应当公告。当法院改变或撤销其指定代理管理人的许可时，也应适用这一规定。

（4）当债务人为公司时，在获得第（2）款规定的许可后，第 5 级法官等应依职权及时委托登记处，登记选择和指定的代理管理人，并向该登记处提供委托书，并附上书面决定的核证副本。在指定代理管理人的许可被更改或撤销时，也应适用该规定。

（5）代理管理人可以代表管理人履行任何行为，但涉及审判或者与审判有关的行为除外。

第 77 条（顾问）

管理人认为必要时，经法院许可，可以指定法律和公司治理专家为其顾问。

第 78 条（起诉资格）

每一个管理人都是涉及债务人财产诉讼的适格当事人。

第 79 条（由管理人等审查）

（1）管理人可以要求属于下列任何一类的人员报告债务人的业务和财产的现况，并可以审查债务人的账簿、文件、现金和货物：

1. 个人债务人或其法定代理人；

2. 非个人的债务人的董事、审计师、清算人以及与其相当的任何其他人；

3. 债务人的经理或雇员。

（2）如管理人认为必要时，经法院许可，可以指定鉴定人进行鉴定。

（3）管理人在执行第（1）款所述的审查时，在获得法院的许可后，可要求任何执行员（executor）的协助。

第80条（邮件管理及停止管理）

（1）法院可委托任何邮政服务机构、运输人和其他任何人将寄给债务人的邮件、电报和货物递送给管理人。

（2）管理人依照第（1）款的规定，可以拆开交付的邮件、电报和货物。

（3）债务人可以要求审查第（2）款规定的邮件、电报和货物，并要求将与其财产无关的物品交付给债务人。

（4）法院在听取有关管理人的意见后，可应债务人的请求或依职权，更改或撤销第（1）款条文所规定的委托。

（5）重整程序结束后，法院须撤销第（1）款条文所规定的委托。

第81条（对管理人的监督）

（1）管理人应受法院监督。

（2）法院须向每一名管理人交付一份书面声明，证明该项委任。

（3）管理人在执行职责时，须应利害关系人的要求，向利害关系人出示第（2）款条文所规定的书面声明。

第82条（管理人的职责等）

（1）管理人应当勤勉尽责，忠实地执行职务。

（2）管理人怠于履行第（1）款规定的注意义务，应赔偿利害关系人因其疏忽所受的损害。在这种情况下，如果有多名管理人违反了注意义务，他们应对这种损害各自承担连带赔偿责任。

第83条（管理人辞职与解聘）

（1）管理人有正当理由时，经法院许可，可以辞去管理人职务。

（2）基于以下各项的理由，法院可应利害关系人的请求或依职权，解聘管理人。有下列情形的，法院应询问该管理人：

1. 在被指定为管理人后，有第74条第（2）款第1项规定的事由；

2. 管理人违反第82条第（1）款规定的义务；

3. 发现管理人缺乏管理能力；

4. 有其他合理理由。

（3）可对依据第（2）款规定作出的解聘管理人的裁定提出即时上诉。

（4）第（3）款所规定的即时上诉，不具有中止执行的效力。

（5）法院依照第（2）款的规定，解聘管理人后，重新指定管理人的，不再适用第74条第（2）款的规定。

第 84 条（履行职责后的报告）

（1）管理人履行职责时，管理人或其继任者应当及时向法院提交会计报告。

（2）即使管理人已经履行职责，在紧急情况下管理人或其继任者应当采取必要措施，直至其继任者或者债务人能够管理该财产为止。

第 2 节　保护性管理人

第 85 条（保护性管理人的职权）

第 43 条第（3）款规定的保全管理令下达后，债务人经营其业务、管理其财产和进行任何处分的权力，应全权交给保护性管理人，直至决定开始重整程序。

第 86 条（有关管理人的规定经修改后比照适用）

（1）第 61 条、第 74 条、第 75 条、第 78 条至第 84 条、第 89 条的规定，经修改后比照适用于保护性管理人。

（2）第 59 条第（1）款和第（2）款的规定应经修改后比照适用于作出保全管理令的情形，第 59 条第（3）款至第（5）款的规定经修改后应比照适用于保全管理令不再生效的情形。

（3）第 59 条第（1）款至第（5）款的规定，经修改后比照适用于发出保全令管理令时，行政机关正在处理的涉及债务人财产的案件。在这种情况下，第 59 条第（3）款和第（4）款规定的“重整程序完成的时间”应视为“保全管理令停止生效的时间”。

第 3 节　审查员（inspectors）

第 87 条（审查员）

（1）法院认为必要时，可在听取债权人协商会议和管理委员会的意见后，指定一名或多名审查员。（经 2016 年 5 月 29 日第 14177 号法令修订）

（2）审查员应从具备审查所必要的知识和经验，但对重整程序无利害关系的人员中指定。

（3）法院指定审查员时，可以要求审查员在规定期间内审查第 90 条至第 92 条规定的事项，并要求他们对是否应继续进行重整程序提出意见。

（4）法院认为必要时，可要求审查员审查第（3）款规定所指事项以外的其他事项，并要求其报告审查结果。

（5）如果有正当理由，法院可应利害关系人的请求或依职权解聘任何审查员。在这种情况下，法院应审查有关的审查员。

（6）拟在重整程序开始后将资金借给债务人的人要求获取有关债务人的业务、财产、债务和其他财务状况的材料时，如果借款是债务人继续经营业务所必需的，并且对资料的要求有充分的根据，法院可以让审查员审查和报告与请求有关的事宜，并可在借款所需的范围内，将全部或部分审查结果提供给索要材料的人。

（2016 年 5 月 29 日第 14177 号法令新增）

第 88 条（审查员相关规定经修改后的比照适用）

第 79 条和第 81 条至第 83 条第（1）款的规定，经修改后比照适用于审查员。

第 3 章　债务人财产的审查和保全

第 1 节　对债务人财产状况的审查

第 89 条（债务人的业务和财产管理）

管理人应在就任后立即处理债务人的业务和财产管理的任务。

第 90 条（财产价值评估）

在重整程序开始时，管理人就任后应立即评估属于债务人的所有财产的价值。在这种情况下，相关管理人应允许债务人参与评估，但债务人的参与可能会推迟价值评估的除外。

第 91 条（编制财产清单和资产负债表）

管理人应在重整程序开始时编制债务人的财产清单和资产负债表，并在就任后立即提交法院。

第 92 条（管理人的审查和报告）

（1）管理人应当及时对下列事项进行审查，并在法院确定的期限内向法院和管理委员会报告审查结果，但根据第 223 条第（4）款以书面形式提交下列事项（的审查结果）时，该规定将不适用。（2014 年 12 月 30 日第 12892 号法令修订；2016 年 5 月 29 日第 14177 号法令修订）

1. 导致债务人开始重整程序的情况；

2. 与债务人的业务、财产有关的事项；

3. 是否有任何情况导致需要根据第 114 条第（1）款规定采取保全措施或根据第 115 条第（1）款在债权批准（claim allowance）程序中作出判决；

4. 债务人重整所必需的其他事项。

（2）法院根据第（1）款确定的最后期限不得超过自裁定重整程序开始之日起四个月，但法院在特殊情况下可以推迟最后期限。

（2014 年 12 月 30 日第 12892 号法令新增）

第 93 条（其他报告）

除第 90 条至第 92 条规定的事项以及法院根据下列条件裁定处理的其他事项外，各管理人还应报告债务人业务和财产的管理现状，编制自批准重整计划之日起，至法院规定时间止的债务人财产清单和资产负债表，并向法院提交经核证的债务人财产清单和资产负债表副本。

第 94 条（经营性固定资产评估）

（1）管理人编制债务人财产清单和资产负债表时，应当按照公认的公平合理的会计处理方法编制。

（2）已删除。（被 2010 年 5 月 14 日第 10281 号法令）

第 95 条（文件保管）

根据第 87 条和第 91 条至第 93 条的规定提交法院的文件，应由法院予以保管，以供利害关系人查阅。

第 96 条（暂停营业）

因特殊情况，确认债务人不适合继续营业的，经法院许可后，管理人可以暂停债务人的营业。

第 97 条（财产保存方式等）

法院可以规定保存现金和其他财产的方式以及收款和付款所必需的事项。

第 98 条（为管理人报告的利害关系人会议）

（1）法院认为必要时，可召集利害关系人会议（an assembly of related persons），由管理人就第 92 条第（1）款所规定事项作出报告。管理人应将第 92 条第（1）款所规定事项的要点，向利害关系人会议报告。

（2）凡认为无须根据第（1）款规定召开利害关系人会议的，法院须裁定管理人采取以下一项或多项措施。在这种情况下，管理人在采取有关措施后，应立即向法院报告结果：

1. 以法院认可的任何方式，将第 92 条第（1）款各项规定的要点通知第 182 条第（1）款各项所指的人，召开利害关系人会议审查重整计划或者作出将重整计划提交第 240 条第（1）款规定的书面决议的裁定；

2. 根据第 98 – 2 条第（2）款为利害关系人举行说明性会议；

3. 法院认为必要的其他适当措施。

（3）管理人在采取属于第（2）款规定的任何措施的情况下，应通知属于第 182 条第（1）款规定的人，其有权就第 92 条第（1）款规定的事项向法院提出书面意见。

（本条由 2014 年 12 月 30 日第 12892 号法令全面修改）

第 98 – 2 条（为利害关系人的说明会）

（1）在重整程序开始前，债务人（如有，包括受委任的保护性管理人；以下同样适用本条）可为利害关系人召开说明会，向重整债权人、重整担保债权人和股东解释下列事项：

1. 债务人的经营状况和财产状况；

2. 目前重整程序的进展情况；

3. 债务人重整所必需的其他事项。

（2）重整程序开始后，管理人可以召开利害关系人说明会，向第 182 条第（1）款规定的人员说明第 92 条第（1）款所规定的事项。

（3）债务人或者管理人按照第（1）款或者第（2）款的规定为利害关系人举行说明会议的，应当及时向法院报告会议结果的要点。

（2014 年 12 月 30 日第 12892 号法令新增本条）

第99条（法院听取意见）

在根据第98条第（1）款规定的管理人汇报的利害关系人大会上，法院应听取以下人员对任命管理人、审查专员和简易审查专员（simplified inspection commissioners），和对债务人的业务和财产管理，以及重整程序是否适当（所发表）的意见：

（由2014年12月30日第12892号法令修订）

1. 管理人，审查专员和简易审查专员；

2. 债务人；

3. 列入第147条第（1）款规定的名单或者报告的重整债权人、重整担保债权人、股东和权益持有人。

第2节　撤　销　权

第100条（可撤销的行为）

（1）在重整程序开始后，管理人可撤销下列针对债务人财产的行为：

1. 债务人明知其行为会对重整债权人或重整担保债权人造成损害仍进行的行为。但是，对于不知道该行为会对重整债权人或重整担保债权人造成损害，而从该行为获得任何利益的人，不适用该规定。

2. 债务人在暂停付款、申请开始重整程序或者申请破产后，对重整债权人或者重整担保债权人造成损害、提供担保或者清偿债务的行为；但是仅限于在从该行为中获益的人，在该行为发生时，知道暂停付款等事实，并且知道该行为会对重整债权人或重整担保债权人造成损害的情形下。

3. 由债务人在其暂停付款之日前后60日内履行的，不属于债务人的义务的，且从该行为的方式和时间上看均不属于债务人的义务的，提供担保或解除债务的行为。但债务人在其实施该行为时（该行为是在暂停付款后履行的，仅限于债务人得知暂停付款的情形）得知其行为损害了其他重整债权人或重整担保债权人的平等性的，则不适用该规定。

4. 自债务人暂停付款之日起前后6个月内，由债务人履行的任何无偿行为或可被视为实质上与前者相同的行为。

（2）第（1）款的规定不适用于债务人向任何根据第140条第（1）款和第（2）款规定有权收取债权之人提供任何担保或解除任何义务的行为。

第101条（特别关系人作为对方当事人的特别行为规则）

（1）在适用第100条第（1）款第2项但书规定时，如果受益人与债务人有特殊关系［本条以下简称特殊关系人（specially related person）］，其范围由总统令规定，应当推定在债务人实施该行为时特殊关系人知道暂停付款等事实，并且知道该行为会对重整债权人或重整担保债权人造成损害。

（2）适用第100条第（1）款第3项规定，当特殊关系人为对方当事人的，同一款主句规定的“60日”视为“一年”，并且在适用同一款的但书时，应推定特殊关系人知道债务人实施该行为时会对重整债权人或重整担保债权人之间的平等性造成损害。

（3）适用第 100 条第（1）款第 4 项规定，当特殊关系人为对方当事人的，同一款规定的“60 日”视为“一年”。[①]

第 102 条（票据支付义务的例外）

（1）凡有权要求债务人付款的人，如果因其票据未能得到债务人支付，会丧失其向一个或者多个债务人要求支付票据的权利，则第 100 条第（1）款的规定不适用。

（2）在第（1）款所述情况下，当任何最终赔偿付款义务人或任何委托签发票据的人得知暂停付款等情况或因疏忽而未能察觉时，管理人可促使其退还债务人支付的款项。

第 103 条［设立权利变更和基于成立请求的撤销（avoidance）］

（1）暂停付款后为对抗第三人而采取必要的设立、转让或者变更权利的行为的，在该等必要行为发生之日起 15 日内，该等必要行为可被撤销。但是在临时登记生效后，或在该生效的临时登记的基础上进行的主要登记已经生效的，则不适用上述规定。

（2）第（1）款的规定应经修改后比照适用于任何登记（any registration）或影响权利取得的登记簿（any register）。

第 104 条（执行行为的撤销）

撤销权可以在持有执行权的人有权执行被撤销的行为时行使，也可以在该行为基于执行行为时行使。

第 105 条（行使撤销权的方式）

（1）管理人可以通过诉讼、撤销请求或者抗辩等方式行使撤销权。

（2）法院可应重整债权人、重整担保债权人、股东或权益持有人的请求或依职权，命令管理人行使撤销权。

（3）提起的诉讼和请求撤销的案件，由正在审理重整案件的法院专属管辖。（2016 年 12 月 27 日第 14472 号法令修订）

第 106 条（请求撤销）

（1）管理人提出撤销请求时，应当证明撤销请求的事实根据。

（2）支持或驳回撤销请求的判决，应当根据附有理由的决定作出。

（3）法院作出第（2）款规定的决定时，应当审查对方当事人。

（4）法院决定支持撤销请求时，应当将书面决定送达各方当事人。

第 107 条（反对支持撤销权决定的诉讼）

（1）对支持撤销请求的决定不服的，可以自作出该决定之日起一个月内提起反对该决定的诉讼。

---

① 译者注：此处第（3）款和第（4）款的“6 个月”与“60 日”似乎弄反了，因为所转介的第 100 条第（1）款第 3 项提到了“60 日”而第 4 项提到了“6 个月”，如果款项之间为对应关系，则似乎也应该是第 101 条第（3）款对应第 100 条第（1）款第 3 项都为“60 日”，而第 101 条第（4）款对应第 100 条第（1）款第 4 项都为“6 个月”才对。但是英文版原文确实如译本所写，怀疑是在从韩文翻译成英文的过程中出错。当然也可能是译者理解错误。由于译者不懂韩文，无法查证原文，只能提出这样一个疑问暂存。

（2）第（1）款条文所规定的期间为不变期间。

（3）第（1）款规定的诉讼，由正在审理重整案件的法院专属管辖。（2016年12月27日第14472号法令修订）

（4）根据第（1）款的规定提起的诉讼的判决，应当维持、变更或者撤销该支持撤销请求的决定，但以不合法为理由而不受损害地撤销诉讼的，不在此限。

（5）当全部或部分维持支持撤销请求的决定（仅限于判决中维持该决定的部分）的判决具有终局性时，该判决应具有与最终判决相同的效力。第（1）款所指的诉讼未在同一款规定的期限内被提起、撤回或者驳回的，前述规定也同样适用于支持撤销请求的决定。

第108条（撤销权行使的效力等）

（1）撤销权的行使应当使债务人的财产恢复原状。

（2）第100条第（1）款第4项规定的行为被撤销的，若在实施该行为时，对方不知道暂停付款等情形的，可以在现有利益范围内予以退还。

（3）债务人行为被撤销的，其他当事人可以按照下列各项的分类行使权利：

1. 如果在债务人的财产中不存在支付给债务人的收益，则有权要求退还该收益；

2. 当向债务人支付收益的全部利润都存在于债务人的财产中时，有权以优先债权人的身份要求退还现有收益；

3. 当债务人的财产中不存在从支付给债务人的收益中获得的利润时，则有权以重整债权人的身份要求赔偿收益的价值；

4. 当从支付给债务人的收益中获得的利润有部分存在于债务人的财产中时，享有以优先债权人身份要求退还现有利润的权利，以及以重整债权人身份要求退还利益与现有利润之间差额的权利。

第109条（恢复其他当事人的债权）

（1）债务人的行为被撤销的，对方当事人对其支付的款项或者该款项的价值予以退还的，对方当事人的债权应恢复原状。

（2）在召开利害关系人大会对重整建议进行审议后或决定在会议议程中提出第240条规定的书面决议后，若债务人的行为被撤销，尽管有第152条第（3）款的规定，另一方当事人可以在债务人行为被撤销之日起一个月内补充申报债权。

第110条（对后手买受人的撤销权）

（1）有下列情形之一的，撤销权也可以对后手买受人行使：

1. 后手买受人在购买行为发生时，知道前所有者存在被撤销的理由；

2. 如果后手买受人是第101条规定的特殊关系人，在进行购买时不知道前所有者存在被撤销的理由，则上述规定不适用；

3. 当前所有者存在被撤销的理由时，后手买受人以无偿行为或实质上与无偿行为等同的行为影响后手买受行为。

（2）如果根据第（1）款第3项行使撤销权，则应经修改后比照适用第108条第（2）款的规定。

第 111 条（限制以知道暂停付款为由的撤销）

在申请开始重整程序之日一年前实施的任何行为，不得以知悉暂停付款为由而撤销。

第 112 条（撤销权的行使期间）

自重整程序开始之日起 2 年后，不得行使撤销权。第 100 条第（1）款规定的行为发生之日起 10 年后，前款规定同样适用。

第 113 条（债权人诉讼撤销的冻结）

（1）重整债权人根据《民法》第 406 条第（1）款或《信托法》第 8 条提起诉讼，或根据破产程序提起的撤销之诉（a litigation of avoidance），在重整程序开始时已经在法院审理中的，其程序应中止。（2013 年 5 月 28 日第 11828 号法令修订）

（2）第 59 条第（2）款至第（5）款的规定经修改后应比照适用于第（1）款所规定的情形。在此种情形下，第 59 条第（3）款和第（4）款中的“债务人”应被视为“破产中的重整债权人或受托人”。（2013 年 5 月 28 日第 11828 号法令修订）

第 113 -2 条（关于撤销信托行为的特别规则）

（1）债务人依照信托法的规定，应当对委托人、受益人或者后手买受人撤销其作为委托人所作的信托行为。

（2）如果债务人由于属于第 100 条第（1）款第 1 项、第 2 项、第 3 项的规定而撤销了对作为另一方的委托人的信托行为，则本条第（1）款第 1 项、第 2 项、第 3 项的但书不适用。

（3）债务人因第 100 条第（1）款第 1 项和第 2 项规定的信托行为而撤销对受益人的信托行为的，在适用第（1）款第 1 项和第 2 项但书的情形下，“从该行为中获得利益的人”应当被解释为请求撤销的另一方的受益人。

（4）只有在所有受益人中存在相关撤销的理由（如果后手买受人的利益存在，则指后手买受人），管理人可以主张将信托财产归还信托人。在这种情况下，管理人可以对不知道上述撤销理由的受托人在现有信托财产的范围内要求赔偿。

（5）管理人可以对在其获得受益权时知道该撤销理由存在的事实的任何受益人（包括后手买受人，如有），主张将其获得的受益权作为债务人的财产予以返还。

（6）因债务人作为委托人的信托行为被撤销而返还信托财产的，与受托人进行交易的善意第三人可以在返还信托财产的范围内，以优先债权人的身份行使该交易产生的债权。

（本条由 2013 年 5 月 28 日第 11828 号法令新增）

第 3 节　公司董事的职责等

第 114 条（公司董事财产的保全措施等）

（1）在裁定公司债务人开始重整程序后，如认为有必要，法院可应管理人的请求或依职权，对董事等人的财产采取保全措施，以保留向债务人的发起人、董事［包括根据《商业法》第 401 -2 条第（1）款规定被视为董事的人］、审计师、审查员或清算人（以下，在本条至第 116 条中被称为董事等人）催缴资本的权利，并寻求与董事职责相关的损害赔偿等。

(2) 当管理人知道第 (1) 款规定的债权存在的，应当依照第 (1) 款的规定向法院申请采取保全措施。

(3) 如有紧急情况存在，法院可根据债务人的请求（已指定保护性管理人的，指该保护性管理人）或依职权，在作出开始重整程序的裁定之前，采取第 (1) 款规定的保全措施。

(4) 法院在听取管理委员会的意见后，可更改或撤销第 (1) 款或第 (3) 款所规定的保全措施。

(5) 对第 (1) 款或第 (3) 款所规定的保全措施和第 (4) 款规定的裁定，可立即提出上诉。

(6) 第 (5) 款所规定的即时上诉，不具有中止执行的效力。

(7) 对第 (1) 款或第 (3) 款所规定的保全措施或第 (4) 款所规定的裁定作出裁决（a judgment)，并对针对该裁定提出的即时上诉作出裁决时，应将书面判决送交各方当事人。

第 115 条（在债权确认程序中赔偿请求权等的判决）

(1) 在裁定公司债务人开始重整程序后，如认为有必要，法院可应管理人的请求或依职权，在债权确认程序中作出判决，确认向董事催缴资本等权利的存在及其细节，或基于董事责任的存在及其内容寻求损害赔偿的权利。

(2) 自管理人知道存在第 (1) 款所规定的权利时，应向法院申请第 (1) 款所规定的判决。

(3) 管理人提出第 (1) 款规定的申请时，应当提供申请的事实依据。

(4) 当法院依职权拟进行债权确认程序时，应作出有关的判决。

(5) 如第 (1) 款所规定的申请被提起，或裁定开始第 (4) 款所规定的债权确认程序，则其应被视为时效中断的司法主张。

(6) 驳回债权确认程序中的判决申请以及第 (1) 款规定所指的债权确认，均应以附带理由的决定（decision）形式作出。

(7) 法院作出第 (6) 款规定的决定，应当事先对利害关系人进行审查。

(8) 债权确认程序（不包括在作出债权确认决定后的债权确认程序）须在重整程序结束后完成。

(9) 作出债权确认决定时，应当向每一当事方提交书面决定。

第 116 条（异议诉讼）

(1) 对第 115 条第 (1) 款规定的审查确认判决不服的，可以自判决书送达之日起一个月内提起诉讼。

(2) 第 (1) 款所规定的期间是不变期间。

(3) 第 (1) 款规定的提起诉讼之人为董事等人时，应分别以管理人为被告，当管理人提起诉讼时，应分别以董事为被告。

（4）第（1）款所规定的诉讼应由正在审理重整案件的法院专属管辖。自关于该诉讼的裁定作出之日起满一个月，方可进行答辩。(2016 年 12 月 27 日第 14472 号法令修订)

（5）多个诉讼（lawsuits）同时进行的，应当合并诉状（pleadings，答辩状、诉讼请求)。

（6）第（1）款规定的诉讼裁决，应当维持、变更或者撤销第（1）款的决定，但以不合法为由撤销诉讼的，不在此限。

（7）维持或者变更赔偿裁定的判决，与裁定强制执行的终局判决具有同等效力。

第 117 条（债权确认程序的判决效力）

第 116 条第（1）款规定的诉讼，在同一款规定的期间内不被提起、撤回或者撤销的，审查确认的判决与裁定执行的终局判决具有同等效力。

第 4 章　重整债权人、重整担保债权人、股东和权益持有人

第 1 节　重整债权人、重整担保债权人、股东和权益持有人的权利

第 118 条（重整债权）

属于下列情形之一的债权，为重整债权：

1. 基于债务人的重整程序开始前出现的理由提出的财产债权；
2. 重整程序开始后产生的利息；
3. 重整程序开始后，因不履行义务而产生的赔偿金和违约金（penalties，罚款)；
4. 参与重整程序产生的费用。

第 119 条（双方均未履行完毕的双务合同的选择）

（1）在重整程序开始时，对债务人与对方当事人均未履行完毕的双务合同，管理人可以解除或者终止该双务合同。管理人决定继续履行的，债务人和对方当事人均应履行义务。但是在利害关系人大会审议重整方案或者根据第 240 条的规定作出书面决议后，管理人不得解除或者终止该双务合同。

（2）在第（1）款规定的情况下，另一方当事人可向管理人发出催告，要求其对于是否解除、终止或继续履行双务合同作出明确答复。在这种情况下，如果管理人未能在收到通知之日起 30 日内作出明确答复的，视为管理人放弃了其取消或终止第（1）款所述权利的权利。

（3）法院可应管理人或对方当事人的请求或依职权，延长或缩短第（2）款规定的期限。

（4）第（1）款至第（3）款的规定不适用于任何集体协议（any collective agreement)。

（5）当管理人解除或者终止的合同的另一方当事人为国家时，涉及《国防采购项目法》第 3 条规定的针对提高国防能力的项目，依照第（1）款规定，管理人应与国防采购

项目管理局局长协商。(2014 年 5 月 20 日第 12595 号法令新增)

第 120 条(支付结算系统等的特别规定)

(1)在咨询了金融服务委员会之后,对于韩国银行行长指定的支付结算系统(本款以下简称支付结算系统)的任何参与者开始重整程序的,为确保支付和结算、转账单或付款的完成,与保证金等任何担保有关的提供、处分和占用的履行、调整和扣除,以及与参与人有关的其他结算,均应生效,尽管有本法的规定,非经操作支付结算系统的人决定,不得被取消、终止、撤回和撤销。指定支付结算系统所需的详细事项由总统令规定。(2008 年 2 月 29 日第 8863 号法令修订)

(2)凡根据《金融投资服务和资本市场法》或其他法规规定的,从事证券和金融衍生品交易的结算和交收事务(clearing and settlement)的任何人或总统法令规定的其他人经营的清算和结算系统中的,任何参与者开始重整程序时,对任何债务的接管、调整和扣减,对任何担保(如保证金)的提供、处置和分配以及与参与者有关的其他结算和交收,均应生效,虽有本法规定,但非经结算交收系统的操作人员决定,不得被取消、终止、撤回和撤销。(2007 年 8 月 3 日第 8635 号法令修订)

(3)凡基于提供了与某些金融交易有关的基本事项的单一合同(本款以下简称主协议)进行下列交易(本款以下简称合格金融交易)的任何一方开始重整程序时,合格金融交易的完成和结算均应生效,虽有本法规定,但非经双方在主协议中确定,不得取消、终止、撤回和撤销,且第 4 项下的交易不受冻结令或一般禁止令的影响。但债务人与相对人串通进行的任何下列合格金融交易,目的是对重整债权人或重整担保债权人造成损害的,不在此限:

1. 总统法令规定的金融衍生品交易,例如远期交割、期权和互换,其标的为货币、有价证券、认缴股份、一般商品、信用风险、能源、天气状况、运费、频率、环境等的价格或利率,或基于该价格或利率的任何指数或指标;

2. 即期外汇交易,证券回购交易,证券借贷交易和有担保的看涨期权交易;

3. 混合于第 1 项和第 2 项所指交易之间的任何交易;

4. 第 1 项至第 3 项所列交易所附随的任何证券的提供、处置和占用。

第 121 条(双方均未履行完毕的双务合同的解除和终止)

(1)依照本法 119 条的规定解除或者终止合同的,对方当事人可以行使其作为重整债权人的权利就其所受损害要求赔偿。

(2)依照第(1)款规定解除或者终止合同的,在债务人的财产中存在应向债务人支付的收益时,对方可以要求返还该收益;债务人的财产中不存在此种收益的,对方可以行使优先债权人的权利,要求返还其价款。

第 122 条(继续履行的双务合同)

(1)在申请开始重整程序后,要求债务人继续履行双务合同的另一方当事人,不得以债务人未依约定清偿在申请开始重整程序前产生的重整债权或者重整担保债权为由拒绝履行义务。

（2）第（1）款的规定不适用于任何集体协议。

第 123 条（重整程序开始后汇票等的接管）

（1）作为汇票发行人或背书人的债务人，当任何付款人或初步付款人在不知情的情况下进行接管时，可以对因此产生的债权行使重整债权人的权利。

（2）第（1）款的规定经修改后比照适用于主要用于支付支票，现金，货物或证券的有价证券（securities）。

（3）第 68 条的规定经修改后应比照适用于第（1）款和第（2）款的情形。

第 124 条（租赁协议等）

（1）当重整程序开始时，债务人是出租人的，除重整程序开始时的当前和之后租期（the current and following terms）的租金外，不得就重整程序主张任何预付租金或处置租金债权。

（2）任何人如因无法就第（1）款所规定的重整程序主张效力而蒙受损害，可以重整债权人的身份行使获取损害赔偿的权利。

（3）第（1）款和第（2）款的规定应经修改后比照适用于地上权（surface rights）。

（4）债务人是出租人，开始重整程序后，承租人有下列情形之一的，不适用第 119 条的规定：

1. 符合《房屋租赁保护法》第 3 条第（1）款规定的异议条件的；

2. 符合《商业建筑租赁保护法》第 3 条规定的异议条件的。

第 125 条（共同账户）

（1）当任何一方的重整程序开始时，应关闭共同账户。在这种情况下，任何一方都可以关闭账户并要求支付余额。

（2）债务人的交易对方根据第（1）款规定而持有的债权，应构成重整债权。

第 126 条（债务人与其他人对债务承担连带责任）

（1）多人对同一债务承担连带责任的，如果全部或部分债务人的重整程序已经开始，债权人可以在该等重整程序开始时，以债权人的身份参与每个重整程序，就其所持债权总额行使其权利。

（2）在属于第（1）款的情形下，在重整程序开始后，对同一债务承担连带责任的第三人清偿了债务，或者采取其他行动以清偿对债权人的债务（本条以下简称偿还等），这些债权人可以在重整程序开始时就其所持债权总额行使其权利，但在债权总额消灭时除外。

（3）在第（1）款规定的情形下，任何持有偿付请求权，可能在将来行使其向债务人的求偿权利的人，可以就其待偿还债权总额参加重整程序。但债权人参与重整程序时，其所持债权总额，不在此限。

（4）在重整程序开始后，向债权人清偿债务等使债权总额消灭，依照第（1）款的规定参加重整程序的债权人，以及任何持有偿付请求权，可能在将来行使其向债务人的求偿权利的人，可以在债权范围内行使其所享有的权利。

（5）第（2）款至第（4）款的规定，在为债务人的债务提供担保的第三人向债权人清偿债务等，或者持有偿付请求权并且可能在将来行使其向债务人的求偿权利时，经修改后比照适用。

第127条（债务人的担保责任）

当作为担保人的债务人的重整程序开始时，任何债权人可以在重整程序开始时以重整债权人的身份行使其所持债权总额的权利。

第128条（在重整程序开始时参与重整程序对公司债务承担无限责任的人）

对因公司债务承担无限责任的人，决定开始重整程序的，有关公司的债权人可以按照重整程序开始时其所持的债权总额参与重整程序。

第129条（在重整程序开始时参与重整程序对公司债务承担有限责任的人）

（1）对公司债务承担有限责任的股东决定开始重整程序的，应当禁止公司债权人参与重整程序。

（2）决定对公司进行重整的，禁止公司债权人向对公司债务负有有限责任的股东行使债权。

第130条（在部分担保的情况下）

多个担保人各自承担部分债务的，经修改后比照适用第126条、第127条的规定。

第131条（禁止清偿重整债权）

除本法另有规定外，在重整程序开始后，禁止未按照重整计划的规定实施偿还、接受偿还等清偿重整债权的行为。但是管理人在取得法院许可后清偿债务，以及属于第140条第（2）款规定的债权，有下列情形之一的，不在此限：

1. 对违约的处分，允许对以担保或延续方式授予的任何物权的处分；

2. 第三人债务人擅自将依照违约处分扣押的债务人债权（包括受扣押影响的债权）转让给在违约处分暂停期间有权收款的人。

第132条（偿还重整债权的许可）

（1）作为债务人的交易伙伴的中小企业经营者，除非收到其持有的小额债权的还款，否则在继续经营业务时可能会遇到困难时，法院可应管理人、保护性管理人或债务人的请求，甚至在决定批准重整计划之前，准许向其偿还全部或部分小额债权。（2016年5月29日第14177号法令修订）

（2）当确认偿还重整债权对债务人的重整是必要的时，法院可应管理人、保护性管理人或债务人的请求，甚至在决定批准重整计划之前，准许偿还全部或部分重整债权。（2016年5月29日第14177号法令修订）

（3）当法院拟给予第（1）款和第（2）款所规定的许可时，应当听取管理委员会和债权人协商会议的意见，并考虑所有情况，包括债务人与债权人之间的当前交易、债务人当前的财产和利害关系人的利益等。

第133条（重整债权人的权利）

（1）重整债权人均可根据其持有的债权参加重整程序。

（2）重整债权人对第134条至第138条规定的债权，应按该等规定计算的数额持有表决权，对其他债权应按该等其他债权的数额持有表决权。

第134条（附期限的无息债权）

在重整程序开始后到期的无息债权，是指在重整程序开始时至债权到期日的期间内，根据法定利息及本金计算，从债权总额中扣除利息后的金额。

第135条（分期付款债权）

第134条的规定比照适用于数额和期限未确定的分期付款债权。

第136条（不定期无息债权等）

无息债权，期限不确定的，以重整程序开始时评估的金额为准。分期付款或不定期付款的债权额，亦同。

第137条（非货币债权等）

如债权的标的不是货币性的，债权的数额不确定，并且债权是以外币提出的，则该债权须以重整程序开始时的估值为准。

第138条（附条件债权和未来债权）

（1）附条件的债权，应当是重整程序开始时估定的数额。

（2）第（1）款的规定经修改后应比照适用于可向债务人行使的未来债权。

第139条（优先债权期限的计算）

在一定期间内对债权数额享有优先权的，从重整程序开始时起，追溯计算。

第140条（减免罚款和税款等）

（1）对罚款、小额罚款、刑事诉讼费用、附加征收费用、行政罚款的债权，重整计划不得规定减免额和其他影响权利的事项。

（2）关于根据《国家税收征收法》和《地方税收征收法》征收税款的债权（包括以征收国税为例征收税款的债权，在征收时优先于一般重整债权），凡重整计划规定对欠缴税款或者处分财产的实现，延期不超过3年的，应当听取征收机关（the collecting authority）的意见，以征收此类税款。（2010年3月31日第10219号法令修订；2016年12月27日第14476号法令修订）

（3）关于根据第（2）款规定的债权，凡重整计划规定将债务的收取或任何拖欠处置财产的变现推迟三年以上，或规定债务的转移、税收减免或影响上述债权的其他事项，征收公共费用须经征收机关同意。

（4）关于第（2）款所规定的债权，征收机关可根据第（3）款给予同意。

（5）依照第（2）款、第（3）款的规定，在延期收款或延期变现拖欠处分（a disposition on delinquency）财产的期间，时效不得生效（prescription shall not run，不计入诉讼时效）。

第141条（重整担保债权人的权利）

（1）在重整程序开始时在债务人财产上存在的，因重整程序开始前产生的任何原因而对债务人以外的人享有的以动产担保法规定的留置、质押、抵押、为担保而转让的财产权、临时登记担保权、《动产、债权等担保法》项下的担保权、以保证金为基础的租赁权，或优先权，应被视为重整担保债权。对于因未能履行任何义务而引起的任何利益请求或任何损害赔偿或处罚，只适用于在确定重整程序开始前一天提出的债权。（2010 年 6 月 10 日第 10366 号法令修订）

（2）第 126 条至第 131 条和第 139 条的规定应经修改后比照适用于重整担保债权。

（3）重整担保债权人可以根据其重整担保债权参加重整程序。

（4）对于担保权标的物价值超过债权数额的部分，担保债权人可以作为重整债权人参加重整程序［如有其他高级担保权，则指通过从该高级担保权所担保的债权额中扣除其担保权标的物的价值后的计算金额，本条此后也应适用此规定（hereafter the same shall apply in this Article）］。

（5）重整担保债权人按照其担保权标的物价值的比例享有表决权。重整担保债权人的担保债权数额低于其担保权标的物价值的，按照该担保债权价值的比例享有表决权。

（6）第 133 条第（2）款和第 134 条至第 138 条的规定经修改后应比照适用于重整担保债权人的表决权。

第 142 条（委托代理人，proxy commissioners，也可译成代理专员）

（1）重整债权人、重整担保债权人、股东、权益持有人可以单独或者联合委托一名或者多名委托代理人。

（2）每名委托代理人的权限均须以书面证明。

（3）被委任的委托代理人可以代债权人、担保债权人、股东和权益持有人履行重整程序的相关行为。

（4）有多名代理人的，应当共同行使职权。但是，第三方仅向其中一方声明其意图即可。

（5）当任何委托代理人以明显不公平的方式行使职权时，法院可撤销第（1）款规定的许可。

（6）任何重整债权人、重整担保债权人、股东和权益持有人在罢免任何委托代理人时，应立即向法院报告这一事实。

第 143 条［受托人公司（trustee companies）］

（1）《担保债券信托法》规定的受托人公司可根据债券持有人会议通过的决议，为所有债券持有人执行任何及所有涉及重整债权或重整担保债权报告、行使表决权及其他重整程序的行为。

（2）当受托人公司为所有债券持有人执行第（1）款规定的行为时，它可以选择不指明每一个债券持有人。

第 144 条（抵销权）

（1）在重整程序开始时，重整债权人或者重整担保债权人对债务人负有债务的，并且在申报期限届满前该债权和债务可以相互抵销的，仅在该申报期内，有关的重整债权人或者重整担保债权人可以不通过重整程序进行抵销。债务有固定期限的，也适用这一规定。

（2）任何重整债权人和重整担保债权人的重整程序开始后，本期和下一期的租金义务可以根据第（1）款的规定相互抵销。当有保证金时，任何租金义务可在其后相互抵销。

（3）第（2）款的规定经修改后应比照适用于土地租金。

第 145 条（禁止抵销）

有下列情形之一的，应当禁止抵销：

1. 重整债权人或者重整担保债权人在重整程序开始后对债务人负有债务的；

2. 重整债权人或重整担保债权人，在明知已提出开始重整程序的申请或已提出破产申请的情况下，仍对债务人负债；但下列情形之一的，不在此限：

（a）因法律规定的理由而负债；

（b）当债务产生的原因早于重整债权人或重整担保债权人知道暂停付款、已提出开始重整程序的申请或已提出破产申请的事实；

（c）当债务原因产生于不超过开始重整程序和宣告破产最早时间的前一年；

3. 当债务人（重整程序为其而启动）的债务人在重整程序开始后获得任何其他人持有的重整债权或重整担保债权；

4. 当债务人（重整程序为其而启动）的债务人，在知道暂停付款或申请破产的情况下获得任何其他人持有的重整债权或重整担保债权；但该行为属第（2）款任何一项时，不在此限。

第 146 条（股东和权益持有人的权利）

（1）股东及权益持有人均可凭其所持股份及股票参与重整程序。

（2）股东及权益持有人应按其所持股份或股票的数量或金额比例持有表决权。

（3）当债务人的债务总额超过其资产总额时，股东和权益持有人不得有表决权。但在提交修改第 282 条规定的重整计划的草案时，如果债务人资产总额超过其债务总额的，不在此限。

（4）在提交修改了第 282 条规定的重整计划的草案时，如果债务人的债务总额超过其资产总额的，股东和权益持有人对重整计划的修改草案无表决权。

第 2 节　编制重整债权人、重整担保债权人、股东、权益持有人名册和申报

第 147 条（重整债权人、重整担保债权人、股东、权益持有人名册）

（1）管理人应当编制重整债权人名册、重整担保债权人名册、股东和权益持有人名册（本部分以下简称名册），并在第 50 条第（1）款规定的期限内提交。（2014 年 12 月 30 日第 12892 号法令修订）

（2）名册应载明下列事项：

1. 重整债权人名册：

（a）重整债权人的姓名或名称及住所；

（b）该重整债权的详情及依据；

（c）表决权的数额；

（d）当有一般优先债权时，其要点。

2. 重整担保债权人名册：

（a）重整担保债权人的姓名或名称和住所；

（b）重整担保权的详细情况和理由、担保权的目的、价值以及当启动重整程序的债务人以外的任何人（也）是债务人时，其姓名或名称和住所；

（c）表决权的数额。

3. 股东及权益持有人名册：

（a）股东、权益持有人的姓名或者名称、住所；

（b）股份或者股票的种类和数量。

（3）法院应在申报期间提供名册，供利害关系人查阅。

（4）管理人在获得法院许可后，可在申报期间的最后一天，根据最高法院规则规定的条件，修改或更正名册上所列事项。

第 148 条（申报重整债权）

（1）参加重整程序的重整债权人，应当将下列事项向法院申报，并在申报期内向法院提交证明文件，或证明文件的核证副本或摘要副本：

1. 其姓名或名称和住所；

2. 重整债权的具体情况和理由；

3. 其表决权的数额；

4. 当其享有一般优先权时，该一般优先权的要点。

（2）重整债权人应当单独申报其重整债权中的一般优先权部分。

（3）在重整程序开始时，涉及重整债权的诉讼正在审理的，有关重整债权人应当报告该审理法院、当事人、案件名称和案件编号，但第（1）款、第（2）款规定的事项除外。

第 149 条（申报重整担保债权）

（1）参加重整程序的重整担保债权人，应当将下列事项向法院申报，并在申报期内向法院提交证明文件，或证明文件的核证副本或摘要副本：

1. 其姓名或名称及住所；

2. 重整担保债权的内容和理由；

3. 重整担保债权的目的和价值；

4. 表决权的数额；

5. 除了开始重整程序的债务人外的其他债务人的姓名或名称和住所。

（2）第 148 条第（3）款的规定经修改后应比照适用于第（1）款的情形。

第 150 条（申报股权或股票）

（1）股东或者权益持有人打算参加重整程序的，应当向法院申报下列事项，并将其股权证书或者股票及其证明文件，或者证明副本、摘要副本报送法院：

1. 其姓名或名称和住所；

2. 其股份或股票的种类、数量或金额。

（2）法院可命令在固定期限内暂停将任何更改记入股东名册。该固定期限最长不得超过两个月。

（3）第 148 条第（3）款的规定应比照适用于第（1）款的情形。

第 151 条［申报的法律拟制（legal fiction of reporting）］

列入名册（清单）的重整债权、重整担保债权、股份或者股票，按照第 148 条至第 150 条的规定视为已申报。

第 152 条（申报后的补充申报）

（1）重整债权人、重整担保债权人因不能归责于自己的事由，未在申报期内提出申报的，可以在该事由消失后一个月内补充申报。

（2）第（1）项规定的期间为不变期间。

（3）第（1）款所规定的申报，不得在属于下列任何一项的情况下作出：

1. 为审议重整计划而召开的利害关系人会议结束后；

2. 根据第 240 条的规定就重整计划作出书面决议后。

（4）第（1）款至第（3）款的规定经修改后应比照适用于，当因不可归因于重整债权人或重整担保债权人的事由而改变所申报的事项，会损害其他重整债权人或其他重整担保债权人的利益的情形。

第 153 条（申报期限届满后的重整债权申报）

（1）对申报期届满后产生的重整债权和重整担保债权，应当自其产生之日起一个月内申报。

（2）第 152 条第（2）款至第（4）款的规定，经修改后比照适用于第（1）款规定的申报。

第 154 条（变更姓名）

（1）任何被列入名册或已经申报的获得任何重整债权或者重整担保债权的人，即使在申报期届满后，也可以变更其申报的姓名或名称。

（2）依照第（1）款规定变更姓名的，应当向法院报告下列事项，或者向法院提交证明文件、证明文件副本或者摘要：

1. 姓名或名称和住所；

2. 取得的权利、取得的日期和取得的理由。

第 155 条（股份及股票的补充申报）

（1）如认为适当，法院可在申报期届满后重新设定一个申报期，以便就股份或股票作出补充申报。在这种情况下，法院应公开通知其要点，然后向下列人员送达书面声明，其中应记入以下要点：

1. 管理人；

2. 债务人；

3. 在知悉申报的情况下未能以股东或权益持有人的身份作出申报的人。

（2）第 162 条至第 165 条的规定经修改后应比照适用于第（1）款的情形。

第 156 条（罚款、税款等的申报）

（1）任何人持有第 140 条第（1）款和第（2）款规定的债权，应立即向法院报告该债权的数额、持有该债权的理由以及其担保债权的详细情况。

（2）第 167 条第（1）款的规定经修改后应比照适用于根据第（1）款规定申报的债权。

第 157 条（在重整程序开始前对罚款等不满）

（1）如果根据第（1）款规定申报的任何债权的起因是行政审判的处分，则允许提起诉讼或上诉，管理人可以按照债务人对其债权享有的权利提出上诉申请。

（2）第 172 条、第 175 条、第 176 条第（1）款的规定，经修改后比照适用于第（1）款的上诉申请。

第 3 节　重整债权、重整担保债权等的审查确认

第 158 条（重整债权人、重整担保债权人和股东、权益持有人名册）

法院书记员等应当根据登记在册或者已经申报的重整债权、重整担保债权、股份或者股票，编制重整债权人名册、重整担保债权人名册和股东及权益持有人名册，按权利性质分类，并将下列事项记入相关名册：

1. 重整债权人名册（table）[①]：

（a）重整债权人的姓名或名称及住所；

（b）重整债权的内容和理由；

（c）表决权的数额；

（d）当其债权享有一般优先权时，其要点。

2. 重整担保债权人名册：

（a）重整担保债权人的姓名或名称和住所；

（b）重整担保债权的详情和依据，担保债权产生的原因及价值，除债务人以外的任何其他债务人的姓名或名称和住所；

（c）表决权的数额。

3. 股东及权益持有人名册：

（a）股东、权益持有人的姓名或者名称、住所；

（b）股份或者股票的种类、数量或者金额。

第 159 条（核证副本的交付）

第 5 级法官等应向管理人交付重整债权人名册、重整担保债权人名册以及股东和权益持有人名册的核证副本。

第 160 条（审查期间的文件查阅）

属于下列情形之一的文件，应由法院保存，以便利害关系人在审查期间查阅

---

① 译者注：人一般用名册（table）记录，债权等用清单（list）记录。

(Perusal)：

1. 目录；

2. 有关报告和异议的文件；

3. 重整债权人名册、重整有担保债权人名册、股东名册及权益持有人名册。

第 161 条（对重整债权和重整担保债权提出的异议）

（1）属于下列人员之一的，可以对列入清单或者在审查期内报告的重整债权和重整担保债权，向法院提出书面异议：

1. 管理人；

2. 债务人；

3. 已登记或申报的任何重整债权人、重整担保债权人、股东及权益持有人。

（2）如已决定更改审查期间，法院须将书面裁定送达第（1）款条文所规定的人员。

（3）可以通过邮寄有关文件的方式进行第（2）款规定的送达。

第 162 条（重整债权和重整担保债权申报后的审查）

法院对依照本法第 152 条第（1）款、第 153 条第（1）款的规定申报的重整债权、重整担保债权，应当设定专门的审查日期（以下简称专门审查日期）。在这种情况下，进行此种审查所产生的费用应由有关的重整债权人或重整担保债权人承担。

第 163 条（专门审查日期的送达通知）

法院决定设定专门审查日期时，应当将书面决定送达下列人员：

1. 管理人；

2. 债务人

3. 已登记或申报的任何重整债权人、重整担保债权人、股东及权益持有人。

第 164 条（有关人员到场）

（1）个人债务人的代表或非个人债务人的代表应在专门审查日到场陈述其意见，但有正当理由者，可由其代理人在专门审查日到场。

（2）任何重整债权人、重整担保债权人、任何股东、权益持有人或其代理人可在专门审查日到场，对任何其他重整债权、重整担保债权提出异议。

（3）第（1）款及第（2）款规定的代理人，须提交委托的书面证明。

第 165 条（管理人到场）

在专门审查日若无相关的管理人在场，不得对重整债权和重整担保债权进行审查。

第 166 条（批准重整债权和重整担保债权等）

在审查期间或专门审查日，管理人、重整债权人、重整担保债权人、股东和权益持有人未提出异议的，属于下列两项的权利性质和表决权数额应予确认，对享有优先权的债权，应确认其优先权：

1. 申报的重整债权和重整担保债权；

2. 当未申报时，在管理人提交的清单中记载的重整债权、重整担保债权。

第 167 条（登记重整债权人名册及重整担保债权人名册）

（1）第 5 级法官等应当将重整债权、重整担保权的审查结果记录在重整权人名册及重整担保债权人名册上。债务人提出的异议，也应如此。

（2）第 5 级法官等应当在已确认的重整债权、重整担保权证明文件中记载确认要点，并分别加盖法院印章。

（3）第 5 级法官等在收到任何重整债权人或重整担保债权人提出的债权请求时，应向其提交一份关于其权利的重整债权人名册及重整担保债权人名册的摘要副本。

第 168 条（记载的效力）

经确认的重整债权和重整担保权记载于重整债权人名册和重整担保债权人名册的，其效力与记载于对全部重整债权人和重整担保债权人的终局判决效力相同。

第 169 条（异议的通知）

对重整债权或重整担保权提出异议时，法院应将该等异议通知有关债权人或权利的持有人。

第 170 条（重整债权和重整担保债权确认程序中的判决）

（1）当管理人、重整债权人、重整担保债权人、股东或权益持有人，对任何已记录在债权清单或已申报的重整债权和重整担保债权提出异议时，持有重整债权或重整担保债权（本部分以下简称争议债权）的合法债权人，可向法院提出申请，要求以所有异议者作为其他当事方，在债权确认程序中作出判决（本部分以下简称债权确认程序中的判决），确认其主张和权利，但不适用于第 172 条和第 174 条规定的情形。

（2）第（1）款主句所规定的申请，应自审查期最后一日或自专门审查日起一个月内提出。

（3）债权确认程序中的判决应确定是否存在争议债权以及债权的内容。

（4）法院在债权确认程序中作出判决时，应当审查异议人。

（5）法院应就债权确认程序作出的判决，向每一当事方送达书面的判决书。

第 171 条（在债权确认程序中反对判决的诉讼）

（1）对债权确认程序的判决不服的，可以自收到判决书之日起一个月内，在债权确认程序中提起反对该判决的诉讼。

（2）第（1）款所规定的上诉（appeal，提起诉讼），应由正在审理该重整案件的法院专属管辖。（2016 年 12 月 27 日第 14472 号法令修订）

（3）如果提出第（1）款所规定上诉的人是持有争议债权的合法债权人，所有异议者都应被列为被告；若为提出异议的人，则应当指定重整债权人或者重整担保债权人为被告。

（4）对于第（1）款所规定的上诉，在送达书面裁决之日起一个月后，方可提出抗辩。

（5）当同一有争议债权有多个正在审理的诉讼时，法院应合并诉状。

（6）对于第（1）款所规定的上诉，除非异议诉讼在不损害其非法性的情况下被驳回，否则法院应在债权确认程序中作出判决或作出裁定以修订该判决。

第 172 条（受理涉及争议债权的诉讼）

（1）重整程序开始时，涉及争议债权的诉讼正在审理中，若重整债权人或者重整担保债权人拟确认该债权的，全体异议人应当作为诉讼的其他当事人参与诉讼程序。

（2）第 167 条第（3）款和第 170 条第（2）款规定应经修改后比照适用于受理第（1）款所述类型诉讼的申请。

第 173 条（主张的限制）

重整债权人或重整担保债权人能主张的事项是，已经列入重整债权人名册和重整担保债权人名册，并且与债权确认程序判决中的争议债权、在第 171 条第（1）款规定的债权确认程序的对判决不服的诉讼，以及与依照第 172 条第（1）款的规定确定的诉讼程序的理由和细节有关的事项。

第 174 条（对具有执行权的债权等提出的异议）

（1）对有执行权或者终局判决中的债权有争议的，异议人只能通过允许债务人采取的诉讼程序提出异议。

（2）在重整程序开始时，第（1）款规定的重整债权或者重整担保债权的诉讼正在法院审理的，如任何异议者拟提出第（1）款规定的异议，异议人应接管（take over，接手）对持有重整债权或重整担保债权的重整债权人或重整担保债权人的诉讼程序进行。

（3）第 170 条第（2）款的规定应经修改后比照适用于第（1）款规定的异议主张或第（2）款规定的接管，第 171 条第（4）款和第（5）款以及第 173 条的规定应经修改后比照适用于第（1）款和第（2）款规定的情形。在此种情形下，第 171 条第（4）款中"自书面裁定送达之日起一个月后"应被视为"涉及争议债权的审核期的最后一日或自专门审核日起一个月的不变期间"。

（4）若第（1）款规定的异议未在第 170 条第（2）款规定的期限内提出，或者第（2）款规定的接管未在第 170 条第（2）款规定的期限内生效，该期限根据第（3）款经必要修改后参照适用，当异议人是重整债权人或重整担保债权人时，第 161 条第（1）款或第 164 条第（2）款规定的异议应视为不存在。异议人为管理人的，视为管理人承认重整债权或者重整担保债权。

第 175 条（关于在债权确认程序中确认重整债权和重整担保债权的判决结果的记录）

第 5 级法官等，应当根据管理人、重整债权人或者重整担保债权人的请求，记录确认重整债权名册和重整担保债权名册的重整债权或重整担保债权的诉讼结果［在第 171 条第（1）款规定的期限内，不服债权确认程序中的判决的异议诉讼，未被提起或者在没有偏见的情况下被驳回的，指该判决的内容］。

第 176 条（确认重整债权、重整担保债权诉讼的判决效力）

（1）请求确认重整债权和重整担保债权的诉讼判决，对重整债权人、重整担保债权人、股东和权益持有人均有效力。

（2）如果在第 171 条第（1）款规定的期限内，对债权确认程序中的判决提出异议的诉讼未被提起，或在没有偏见的情况下被驳回，则该判决对所有重整债权人、重整担保债权人、股东和权益持有人具有与终局判决相同的效力。

第 177 条（法律费用的补偿）

当重整债权或重整担保权的确认诉讼（包括在债权确认程序中的判决）给债务人财产带来收益时，重整债权人、重整担保债权人、股东以及权益持有人，均可作为该等收益范围内的优先债权人，要求补偿该等法律费用。

第 178 条（请求确认重整债权或者重整担保权的诉讼标的价值）

为确认重整债权或者重整担保权而提起的诉讼，应由正在审理该重整案件的法院，在考虑到重整计划可带来的估计收益的情况下，确定诉讼标的价值。（2016 年 12 月 27 日第 14472 号法令修订）

第 4 节　在重整程序开始后的优先债权和其他债权

第 179 条（构成优先债权的债权）

（1）下列债权构成优先债权：

（2006 年 12 月 30 日第 8138 号法令修订；2007 年 12 月 31 日第 8829 号法令修订；2009 年 10 月 21 日第 9804 号法令修订；2014 年 5 月 20 日第 12595 号法令修订；2016 年 5 月 29 日第 14177 号法令修订）

1. 重整债权人、重整担保债权人、股东及权益持有人为共同利益判决产生的费用债权。

2. 在重整程序开始后，为管理债务人的业务和财产以及处置其财产而发生的开支而提出的请求权。

3. 实施重整计划的费用债权，但重整程序完成后发生的费用除外。

4. 第 30 条、第 31 条规定的费用、报酬、补偿和特别补偿的债权。

5. 重整程序开始后，管理人为管理债务人的业务和财产而借入资金的债权，以及因任何其他行为而产生的债权。

6. 重整程序开始后，债务人因文书工作或非法所得而产生的债权。

7. 管理人履行第 119 条第（1）款规定的义务时，其他当事人持有的债权。

8. 在申请开始重整程序后，重整程序开始之前，有继续供应义务的双务合同的另一方继续供应所产生的债权。

8－2. 在要求启动重整程序前 20 天内，对在持续和正常的商业活动中向债务人提供的货物的价款提出的请求权。

9. 下列任何一项所列的税款及缴纳期限尚未在重整程序开始时届满的税款：

（a）代扣代缴税款，但是，根据《公司税法》第 67 条的规定，对被视为退还给（法定）代表人的任何奖金所征收的税款，应限于从源头征收的税款；

（b）增值税、个人消费税、酒税以及交通、能源和环境税；

（c）以推行和征收主要税种的处分为例征收的教育税、农业与渔业特别税；

（d）由专人代收代缴的地方税。

10. 债务人职工的工资、遣散费和（失业）赔偿。

11. 债务人的雇员有权要求退还在重整程序开始前产生的保管金和忠诚保证金。

12. 债务人或任何保护性管理人在申请开始重整程序并在开始重整程序之前获得法院许可后的资金借入和材料采购，以及因继续债务人的业务不可避免的下列行为而产生的其他债权。

13. 法院根据第 21 条第（3）款的规定确定债权人协商会议为进行其活动所需的费用。

14. 给予债务人及其家属的赡养费。

15. 第 1 项至第 8 项、第 8－2 项、第 9 项规定未提及的债务人发生的其他不可避免的费用。

（2）在根据第（1）款第 5 项和第 12 项批准借款时，法院应听取债权人协商会议的意见，并考虑债务人与债权人之间的业务状况、债务人的财务状况及利害关系人的利益等所有条件。

（2009 年 10 月 21 日第 9804 号法令新增；2016 年 5 月 29 日第 14177 号法令新增）

第 180 条（优先债权受偿）

（1）优先债权可以随时受偿，无须经过重整程序。

（2）优先债权受偿应当优先于任何重整债权和重整担保债权。

（3）基于优先债权，在下列情形下，法院可应管理人的要求或依职权，无论其是否提供担保，命令暂停或取消强制执行或暂时扣押债务人的任何财产：

1. 强制执行或者临时扣押严重妨碍重整，并且债务人有其他可以随时变现的财产的；

2. 债务人的财产明显不足以清偿优先债权总额的。

（4）法院可更改或撤销第（3）款所规定的冻结令。

（5）可就根据第（3）款作出的冻结令或撤销，以及根据第（4）款作出的决定，提出即时上诉。

（6）根据第（5）款提出的即时上诉，并不具有中止执行的效力。

（7）如果债务人的财产显然不足以支付优先权债权的总额，则在第 179 条第（1）款第 5 项和第 12 项规定的债权中，应优先偿还经法院许可为继续经营债务人业务而借入资金的债权，其他优先债权，无论法律规定的优先顺序如何，应当按照尚未清偿的数额比例清偿。但不影响《动产、债权等担保法》所规定的留置权、质权、抵押权、担保权及优先权的效力，其效力与优先债权一样。（2009 年 10 月 21 日第 9804 号法令修订；2010 年 6 月 10 日第 10366 号法令修订）

第 181 条（重整程序开始后的其他债权）

（1）对于因重整程序开始后产生的原因而导致的任何非优先权债权、非重整债权、非重整担保债权的财产请求权（以下简称重整程序开始后的其他债权），从重整程序开始时起到还款期结束时止（指重整程序完成的时间，当重整程序在决定批准重整计划之前已完成，以及根据重整计划在期限届满之前完成还款的时间），应禁止偿还此类债权、接受此类债权或终止此类债权（排除行为除外）的行为。

（2）在第（1）款规定的期间内，不得基于在重整程序开始后的其他债权，申请以强制执行、临时扣押、临时处分债务人财产或者对债务人财产行使担保权利为目的的拍卖。

第5章　利害关系人会议（assembly of related persons）

第182条（日期通知）

（1）法院应将利害关系人会议的召开日期通知下列人员：（2014年12月30日第12892号法令修订）

1. 管理人；

2. 审查专员和简易审查专员；

3. 债务人；

4. 已列入名册或者已申报的重整债权人、重整担保债权人、股东、权益持有人；

5. 负有债务或对重整程序提供担保的人。

（2）尽管有第（1）款的规定，法院可选择不将利害关系人会议的日期通知给无权行使表决权的重整债权人、重整担保债权人、股东和权益持有人。（2014年12月30日第12892号法令修订）

第183条（日期通知）

法院应将召开利害关系人会议的日期通知监督股份公司债务人业务的行政机关、司法部长和金融服务委员会。

（2008年2月29日第8863号法令修订）

第184条（由法院主持）

法院应主持利害关系人会议。

第185条（公布日期和目的）

（1）法院应公布举行利害关系人会议的日期和会议议程。

（2）当对利害关系人会议延期或者继续举行作出声明的，可以不作送达和公布。

第186条（利害关系人会议日期与专门审查日期的合并）

法院如认为有必要，可应管理人的请求或依职权，将利害关系人会议日期与专门审查日期进行合并。

第187条（对表决权的异议）

属于下列人员之一，可以在利害关系人会议上对重整债权人、重整担保债权人、股东和权益持有人的表决权提出异议：但持有经本部分第4章第3节规定的审查程序确认的重整债权或重整担保债权的重整债权人或重整担保债权人的表决权，不在此限：

1. 管理人；

2. 已列入名册或者已申报的重整债权人、重整担保债权人、股东、权益持有人。

第188条（表决权的行使）

（1）凡持有最终确定的重整债权或重整担保债权的重整债权人或重整担保债权人，均可按最终确定的金额或数目行使表决权，无异议而持有表决权的股东或者权益持有人，可以按照名册记载或者申报的金额或者数量行使表决权。

（2）对提出异议的任何表决权，由法院裁定是否允许行使表决权，以及允许行使表决权的数额或者次数。

（3）法院可应利害关系的请求人或依职权，随时修改第（2）款所规定的裁定。

（4）第（2）款和第（3）款所规定的裁定无须送达。

第189条（分开表决）

（1）任何有表决权的人都可以分开投票。

（2）在第（1）款的情况下，每一投票权利持有者应至少在举行利害关系人会议的7日前，以书面形式向法院报告其要点（the gist thereof）。

第190条（排除不公正表决权）

（1）当任何重整债权人、重整担保债权人、股东和权益持有人被视为以取得不公平收益为目的取得其权利，包括以给予和取得财产利益换取任何决议时，根据取得该权利的时间、为此付出的代价或者其他情形的，法院可以禁止其行使表决权。

（2）法院依照第（1）款的规定处理前，应当对有关表决权持有人进行审查。

第191条（被禁止行使表决权的人）

有下列情形之一的人，禁止其行使表决权：

1. 其权利不受重整计划影响的；
2. 持有第140条第（1）款、第（2）款规定的债权的；
3. 持有第118条第2项至第4项规定的债权的；
4. 依照本法第188条、第190条的规定，被禁止行使表决权的；
5. 依照第244条第（2）款规定受保护的。

第192条（委托行使表决权）

（1）任何重整债权人、重整担保债权人、股东及任何权益持有人均可要求其代理人行使该等表决权。在这种情况下，代理人应提交代理的书面证据。

（2）第189条第（2）款的规定应比照适用于代理人分别委托投票的情形。

第6章　重整计划

第1节　重整计划的内容

第193条（重整计划的内容）

（1）重整计划应当规定下列事项：

1. 重整债权人、重整担保债权人、股东或任何权益持有人的全部或部分权利的任何变更；
2. 优先债权的清偿；

3. 为清偿债务人的债务而筹集资金的方式；

4. 超出重整计划预期数额的利润的用途；

5. 在重整程序开始后，如发现任何其他债权，提供详情。

（2）重整计划可以规定下列事项：

1. 转让业务或财产、投资或租赁以及委托治理公司；

2. 公司章程的修改；

3. 董事和首席执行官的变动（当债务人不是股份公司的，应包括有权代表债务人的人）；

4. 减资；

5. 发行新股或者债券；

6. 包括股权分置后的换股、转让、合并、剥离后的合并；

7. 解散；

8. 成立新公司；

9. 重整所必需的其他事项。

（3）全体债权人或者部分债权人在法院依照第 92 条第（1）款确定的期限内，就其所持债权的清偿顺序达成协议的，在不损害重整计划下的其他债权人的情况下，重整计划不应对约定了偿还顺序的债权作出规定。在这种情况下，债权人应在法院根据第 92 条第（1）款确定的最后期限前，向法院提交证明其同意的材料。（2014 年 12 月 30 日第 12892 号法令修订）

第 194 条（重整债权人的权利等）

（1）重整债权人、重整担保债权人、股东或者权益持有人的权利发生变更的，应当在重整计划中载明，变更后的权利应当详细约定。

（2）重整债权人、重整担保债权人、股东或者权益持有人的权利不受重整计划影响的，应当在重整计划中载明其权利。

第 195 条（债务期限）

依照重整计划承担债务并顺延债务期限的，担保债务的期限不得超过抵押物的存续期。当不存在抵押物或不能确定抵押物的存续期的，存在的时间不得超过 10 年；依重整计划所定条件发行债券者，不在此限。

第 196 条（提供担保和承担债务）

（1）债务人或者债务人以外的任何人为重整提供担保的，应当在重整计划中写明提供担保的人，并在重整计划中写明担保的内容。

（2）除债务人以外的人承担债务、成为债务人的保证人、承担重整责任等，应当在重整计划中载明，并在重整计划中载明义务的具体内容。

第 197 条（未经确认的重整债权等）

（1）被提出异议的重整债权或重整担保债权，并且债权确认程序并未完成时，重整计划中应规定适当的措施，考虑到确认此类债权和此类权利的可能性。

（2）对于依照第 109 条第（2）款规定应当申报的债权，应当在重整计划中规定适当的措施。

第 198 条（清偿重整债权）

根据第 131 条和第 132 条第（1）款和第（2）款但书的规定清偿的重整债权和重整担保债权，应在重整计划中明确说明。

第 199 条（优先债权）

已获偿还的优先债权，须在重整计划中明确载明，而日后将获偿还的优先债权，也须在重整计划中规定。

第 200 条（业务、财产的转让等）

（1）有下列情形之一的，应当在重整计划中约定标的物、价款、对方当事人以及其他事项：

1. 转移、投资或者出租债务人的全部或者部分业务或者财产的；

2. 委托管理债务人全部或者部分业务的；

3. 订立、变更或者解除与他人分享利润、承担损失的合同和与之相当的其他合同的；

4. 以转让方式取得他人全部或者部分业务和财产的。

（2）根据第（1）款的规定将收益分配给重整债权人、重整担保债权人、股东和权益持有人的，还应当规定分配方式。

第 201 条（争议未决的权利）

债务人的权利争议未解决的，和解的接受、调解或者管理人的诉讼履行以及其他权利的行使办法，由重整计划规定。

第 202 条（公司章程的修改）

债务人修改公司章程时，应当在重整计划中载明章程变更的具体情况。

第 203 条（董事变更）

（1）当任命公司债务人的董事或首席执行官时（当债务人不是股份公司时，应包括有权代表债务人的任何人；在本条下文中称为首席执行官），获委任或将获委任的人、其任期或委任方法，须在重整计划里载明。

（2）在公司债务人的董事或首席执行官中继续任职的人员，应在重整计划中指定其任期。但如因董事或首席执行官隐匿或转移财产，或故意管理不善等原因而导致开始重整程序的，则该等人员无权保留其职位。

（3）第（1）款、第（2）款规定的情形，由多名首席执行官共同代表债务人的，应当在重整计划中载明。

（4）法院应当在听取债权人协商会议的意见后，指定公司债务人的审计师。在这种情况下，法院应决定其任期。

（5）第（1）款所规定的董事任期不得超过一年。

第 204 条（董事任命等事项）

重整计划中关于董事、公司债务人或任何新公司（不包括通过合并成立的新公司或因剥离后合并而产生的新公司）的首席执行官或审计师的选择、任命或留任方式的规定应遵循公平原则，同时也应符合重整债权人、重整担保债权人、股东和权益持有人的整体利益。

第 205 条（股份公司或有限责任公司的减资）

（1）债务人为股份公司的，减资时，其重整计划中应当载明下列两项事项：

1. 拟减少的资本数额；

2. 减少资本的方式。

（2）根据第（1）款规定的减资应根据以下事项确定：（经 2014 年 5 月 20 日第 12595 号法令修订）

1. 债务人的资产、负债和营利能力；

2. 第 206 条规定的新股发行事项。

（3）已删除。（被 2014 年 5 月 20 日第 12595 号法令）

（4）当重整程序因实质上可归因于作为股份公司债务人的董事或经理的行为而开始时，重整计划应包括通过退出不少于股东所持股份的 2/3 来减少资本，由总统令规定对导致重整程序开始的行为施加影响的亲属和有特殊关系的股东的范围；或将不少于 3 股合并为 1 股。

（5）根据第（4）款规定减资后，再根据第 206 条规定发行新股时，第（4）款规定的股东，不得包销其所发行之新股，但《商业法》第 340－2 条规定的股票期权可授予第（4）款规定的股东。

（6）第（1）款至第（4）款条文和第（5）款主句的规定，经修改后比照适用于有限责任公司。

第 206 条（股份公司和有限责任公司发行新股）

（1）作为债务人的股份公司发行新股，不要求重整债权人、重整担保债权人或者股东支付新的款项或者进行实物投资的，重整计划应当规定下列事项：

1. 新股种类及数量；

2. 新股分配事项；

3. 因发行新股而增加的资本和公积金数额；

4. 因发行新股而减少的负债额。

（2）作为债务人的股份公司，在要求重整债权人、重整担保债权人或者股东支付新的款项或者进行实物投资后发行新股的，重整计划应当载明下列事项：

1. 第（1）款第 1 项和第 3 项规定的事项；

2. 实收金额、配售新股的有关事项、配售新股的日期；

3. 凡有任何人进行新的实物投资，则为该项投资的对象的人、财产、该财产的价格以及将授予该财产的股份的种类及数量。

（3）作为债务人的股份公司发行新股的，除第（1）款、第（2）款规定的情形外，重整计划应当载明下列事项：

1. 第（1）款第1项规定的事项；

2. 第（2）款第3项规定的事项；

3. 新股发行价格及认购日期；

4. 新股发行价格中未溢价的部分。

（4）依第（1）款规定发行新股者，不适用下列规定：（经2007年8月3日第8635号法令修订；2011年5月19日第10682号法令修订，2019年11月26日第17088号法令修订）

1. 《银行法》第37条及第38条第1项；

2. 《保险业务法》第19条；

3. 《金融投资服务和资本市场法》第344条；

4. 《金融产业结构改进法》第24条；

5. 对金融机构投资、证券收购和财产管理施加限制的其他法规（指《韩国资产管理公司设立法》第2条，以及《金融业结构改善法》第2条规定的金融机构）。

（5）第（1）款至第（3）款的规定经修改后比照适用于有限责任公司。

第207条（股份公司全包换股）

债务人为股份公司，与其他公司进行全包性换股时，有下列情形之一的，应当在重整计划中载明：

1. 对方公司的商业名称；

2. 如果另一家公司成为《商业法》第360－2条第（1）款详述的全资母公司（以下简称全资母公司），当另一家公司通过全包换股修改其公司章程时，应遵守相关规定；

3. 关于成为全资母公司的公司为全包股份交换而新发行的股份总数、股份类型和各类型数量的事项，以及成为《商业法》第360－2条第（1）款定义的“全资子公司”的公司（以下简称全资子公司）向股东分配新发行股份的事项；

4. 与成为全资母公司的公司拟募集的资本金和公积金数额有关的事项；

5. 若有规定向其他公司股东支付货币或者发行债券的，其法规；

6. 股东大会批准与任何其他公司进行全包股份交换的书面合同的决议日期、时间（未经股东大会批准，公司进行全包股份交换的，其要点）；

7. 全包股份交换之日期；

8. 另一公司于全包股份交换日前分配其利润或依《商业法》第462－3条第（1）款的规定以现金分配其利润时，其限定的金额；

9. 根据《商业法》第360－6条的规定成为全资母公司的公司转让其股份时，应转让的股份总数和类型以及按类型划分的股份数量；

10. 成为全资母公司的公司任命董事和审计师时，董事和审计师的姓名和居民登记号。

第208条（股份公司股份的全面转让）

作为债务人的股份公司全面转让股份，将一家新公司合并为一家全资母公司时，应当在重整计划中规定下列事项：

1. 新设公司的商业名称；

2. 新设公司的章程；

3. 关于新设公司为全面转让股份而发行的股份种类及股份数目，以及成为全资母公司的债务人向重整债权人、重整担保债权人或股东分配股份的事宜；

4. 新设公司的资本金和公积金的有关事项；

5. 决定向成为全资子公司的债务人的股东支付现金或者发行债券时，其有关规定；

6. 股份全面转让的期限；

7. 债务人成为全资子公司的债务人，在股份全面转让成立之日分配其利润，以及按照《商业法》第462－3条第（1）款的规定，以现金分配其利润时，所限定的金额；

8. 新设公司董事、审计师的姓名、居民登记号。

第209条（股份公司发行债券）

作为债务人的股份公司发行债券的，应当在重整计划中规定下列事项：

1. 债券总额；

2. 债券的价值、利率、赎回方式、赎回期限、付息方式和债券的详细情况；

3. 债券的发行方式，以及债券的发行是由重整债权人、重整担保债权人或者股东重新清偿或者在不促使其重新清偿的情况下，有关重新清偿分配的事宜；

4. 当债券被设置担保时，担保权的细节。

第210条（股份公司合并）

作为债务人的股份公司与其他公司合并，合并一方存续的，应当在重整计划中规定下列事项：

1. 对方公司的商号；

2. 存续公司与其他公司合并时发行的股份、权益股的种类、数量，限制股东、权益持有人承销新发行股份、权益股的权利以及决定将该权利授予第三人的事宜，与这些权利有关的事宜；

3. 向因合并而消灭的公司的重整债权人、重整担保债权人、股东和权益持有人发行的股份或者权益股的种类、数量和分配，以及分配该股份或者权益股的有关事宜；

4. 预计在存续公司中募集的资本金和公积金数额；

5. 决定向因合并而消灭的公司的股东和权益持有人支付现金或者发行债券的，其法规；

6. 股东会、成员大会对书面合并合同的批准作出决议的日期和时间；

7. 合并生效的日期；

8. 存续公司因合并决定修改公司章程的，其法规；

9. 其他公司分配利润或者依照《商法》第462－3条第（1）款的规定，以现金方式分配利润的，所限定的金额；

10. 董事、审计师（含审计委员会委员，本条以下至第213条同样适用）因合并而在存续公司任职时，应载明其姓名及居民登记号。

第 211 条（公司合并）

债务人是公司，与其他公司合并设立新公司的，应当在重整计划中规定下列事项：

1. 对方公司的商号；

2. 新设公司的名称、用途、主要办事机构和分支机构的所在地、资本金和公积金的数额以及通知方式；

3. 新设公司发行的股份、股票的种类、数量及其分配；

4. 新设公司成立时，有关限制股东和权益担保债权人承销新设公司发行的股份或者股票的事宜，以及因有关特定第三人承销该股份或者股票的事项而规定的事宜；

5. 为重整债权人、重整担保债权人、债务人的股东和权益持有人或者其他公司的股东和权益持有人发行的股份或者股票的种类、数量和分配事项；

6. 决定向各公司股东和权益持有人支付现金或者发行债券时，应当遵守的有关规定；

7. 其他公司股东会或者成员大会决议批准合并合同的日期、时间；

8. 合并生效的日期；

9. 其他公司分配利润或依照本法第 462 - 3 条第（1）款，以合并为理由以现金分配利润的，所限定的金额；

10. 董事、审计师因合并而在存续公司任职时，应载明其姓名及居民登记号。

第 212 条（股份公司的分立）

（1）债务人为股份公司，在其股份公司分立后合并新公司的，应当在重整计划中规定下列事项：

1. 新设公司的名称、宗旨、主要办事机构和分支机构的所在地、发行股数、每股价值、资本金和公积金的数额以及通知方式；

2. 新设公司发行的股份总数、种类和按种类划分的股份数；

3. 新设公司成立时以及新设公司向特定第三人授予新股承销权时，对股东承销新设公司发行新股权利的限制事项，以及与此有关的事项；

4. 新设公司之股份，在未经新的支付而分配给重整债权人、重整担保债权人或债务人之股东时，应说明所发行股份总数、种类和各类数量、该等股份的分配，以及当该等股份以其分配合并或分割时，与之有关的事宜；

5. 决定向债务人股东支付现金、发行债券时，应当遵守的有关规定；

6. 转让给新设公司的财产及其价值；

7. 依《商法》第 530 - 9 条第（2）款有任何规定时，其详细内容；

8. 新设公司的董事、行政总裁（首席执行官）及审计师的选任方式及任期。在这种情况下，他们的任期不得超过一年；

9. 新设公司发行债券时，依第 209 条各款规定办理；

10. 由重整债权人、重整担保债权人、股东或任何第三人代其清偿之股份，以及有关支付数额、股份分配和支付日期的事项；

11. 以实物投资的，应当提供其姓名、居民登记号、投资标的的财产、价格、回报的股份种类和数量；

12. 拟列入新公司章程的事项；

13. 资本金和公积金数额；

14. 分立生效的日期。

（2）债务人分立后仍然存在的，应当在重整计划中分别规定与债务人有关的下列事项：

1. 拟减少的资本金和公积金数额；

2. 减少资本的方法；

3. 因分立而转移的财产及其价值；

4. 分立后发行的股份总数；

5. 债务人发行的股份总数减少时，减少的股份总数、股份种类；

6. 其他导致公司章程修改的事项。

第213条［股份公司分立（divestiture，资产剥离）[①] 后的合并］

（1）债务人是股份公司，被分立后该股份公司的一部分与另一公司合并，该公司继续存续，或另一公司被分立，而该另一公司的一部分与作为债务人的股份公司合并，而该债务人继续存续，重整计划应当载明下列事项：

1. 对方公司的商号；

2. 分立后存续的公司因合并必须发行的股份总数增加时，增加的股份总数、股份种类、各类数量，以及限制股东承销该股份的权利的和赋予第三人承销新发行股份的权利的事宜，其相关的规定；

3. 为重整债权人、重整担保债权人、被分立债务人的股东发行的新股总数、种类、各类数量，或该等股份的分配，以及以该等股份的分配为理由进行合并或分割时，其有关事项；

4. 决定向分立公司的股东支付现金和分配债券时，其有关事项；

5. 存续公司募集资本金和公积金总额的有关事项；

6. 被分立债务人转让给存续公司的财产及其价值；

7. 依照《商法》第530－9条第（3）款的规定制定的，其有关事项；

8. 另一公司召开股东会，就公司分立后合并的书面协议经批准作出决议的日期、时间；

9. 资产剥离后合并的日期；

10. 存续的另一家公司，选定该公司董事、审计师时，该人的姓名和居民登记号；

11. 其他导致存续债务人公司章程修改的事项。

（2）债务人分立，将债务人的一部分与另一公司的全部或者部分合并成立新公司的，或者将另一公司分立，将该另一公司的一部分与债务人的全部或者部分合并成立新公司

---

① 译者注：上条用的是split，译作分立，但从法律关系的角度，分立还是剥离，似乎区别不大。

的，重整计划应当载明下列事项：

1. 对方公司的商号；

2. 新设公司的名称、目的、主要办事机构和分支机构的所在地、发行股数、每股价值、资本金和公积金的数额，以及通知方式；

3. 新设公司成立时，有关限制股东承销（underwrite，包销）[①] 其发行的股份的事宜，以及规定将承销新股的权利授予第三人的事宜；

4. 债务人或者其他公司转让给新设公司的财产及其价值；

5. 依《商法》第530－9条第（2）款所为之安排，其内容；

6. 新设公司章程应当记载的其他事项；

7. 重整债权人、重整担保债权人、债务人股东或者其他公司股东的股份总数、种类和按种类发行的股份数，以及股份在分配时合并或者分立的有关事项；

8. 向债务人或者其他公司股东支付现金或者发行债券的，应当说明有关事项；

9. 另一公司召开股东会，就公司分立后合并的书面协议经批准作出决议的日期、时间；

10. 资产剥离后合并生效的日期；

11. 拟任新设公司董事、行政总裁及审计师的委任、选任方法及任期，在这种情况下，他们的任期不得超过一年。

（3）第212条的规定，经修改后比照适用于第（1）款、第（2）款规定的债务人分立后不合并的部分。

第214条（股份公司的实际分立）

第212条、第213条的规定，适用于被分立的股份公司债务人在分立、合并后取得被分立、合并的公司全部股份的情形。

第215条（股份公司或有限责任公司成立新公司）

（1）如果新公司是通过促使重整债权人、重整担保债权人、股东和权益持有人承销其股份或股票而成立的，而非使其支付新的费用或者进行实物投资而成立的（限于任何股份公司或任何有限责任公司，本条以下规定同样适用），其重整计划应当规定下列事项：

1. 新设公司的商业名称、目的、主要办事机构和分支机构的所在地和通知方式；

2. 新设公司发行的股份、权益的种类和数量；

3. 每股或者每份投资的价值；

4. 有关限制股东承销股份或者股票的权利或者权益持有人承销股票的权利的事项，每一种均由新设公司在该新设公司成立时发行，以及规定第三人有权承销股权或者股票的有关事项；

5. 为重整债权人、重整担保债权人、股东和权益持有人发行的股份或者股票的种类、数量和分配事项；

---

① 译者注：承销和包销在破产法条的语境下，似无区别，但承销意义更宽泛。

6. 新设公司章程规定的其他事项；

7. 新设公司的资本金和公积金数额；

8. 债务人转让给新设公司的财产及其价值；

9. 新设公司董事、行政总裁及审计师的人选、委任、选任方式及任期。在这种情况下，他们的任期不得超过一年；

10. 新设公司发行债券时，依第 209 条各款规定办理。

（2）除第（1）款情形外，新设公司未经换股、合并、分立或者分立后合并而成立的，应当在重整计划中规定下列事项：

1. 第（1）款第 1 项至第 3 项、第 6 项及第 8 项至第 10 项所规定的事项；

2. 新设公司成立时发行的股份或股票的种类和数量，以及当重整债权人、重整担保债权人或权益持有人获准承销股份或股票而不致使其支付新款项或进行实物投资时，第（1）款第 5 项规定的事项；

3. 进行新的实物投资时，应当提供姓名、户籍号码（居民登记号）、投资标的物及其价值、作为投资回报的股份、股票的种类和数量。

第 216 条（解散）

债务人未经合并、分立或者剥离后合并而解散公司的。其事由及解散时间，由重整计划规定。

第 217 条［公平、平等的差别待遇（differentiation，差异化）］

（1）重整计划应当按照下列各项权利的先后顺序，给予公平、平等的待遇：

1. 重整担保债权；

2. 具有一般优先权的重整债权；

3. 重整债权，但第 2 项所指的重整债权除外；

4. 股东和权益持有人的权利，其具体要求是对剩余财产的优先分配；

5. 股东和权益持有人的权利，但第 4 项规定的权利除外。

（2）第（1）款的规定不适用第 140 条第（1）款、第（2）款的规定。

第 218 条（平等原则）

（1）重整计划的条件应允许拥有相同性质权利的人之间平等，但是，同样的条件不适用于以下情形：（2016 年 5 月 29 日第 14177 号法令修订）

1. 取得了处于不利地位的人的同意；

2. 在平等原则不受损害的情况下，即使有对债权数额较小的重整债权人，重整担保债权人，或者持有第 118 条第 2 项至第 4 项规定的债权的人，也可有不同的规定或者区别；

3. 作为债务人交易伙伴的中小企业主的重整债权，因担心重整债权可能对企业的继续经营造成明显障碍，优先于其他重整债权得到偿还的；

4. 即使拥有同类权利的人有所区别，平等原则也未受损害的。

（2）下列债权与其他重整债权有不同的规定或者在重整计划中有所区别的，确认不损害平等原则，可以比其他重整债权受到更不利的处理：

1. 在重整程序开始前，向与债务人有特殊关系的人发放现金贷款而产生的债权，该人的范围由总统法令规定；

2. 债务人成为保证人，对与债务人有特殊关系的人不给予补偿的担保义务，该关系的范围由总统法令规定；

3. 在重整程序开始之前，因债务人的担保责任而提出的债权，与债务人有特殊关系的人成为债务人的保证人，该人的范围由总统法令规定。

第 219 条（提供特殊利益的行为的无效）

以自己的名义或者以第三人的名义给予重整债权人、重整担保债权人、股东、权益持有人特殊利益而不诉诸重整计划的，该行为无效。

第 2 节　提交重整方案

第 220 条（提交重整方案）

（1）管理人应在法院根据第 50 条第（1）款第 4 项或同一条第（3）款规定确定的期间内制备并向法院并提交一份重整方案。

（2）管理人如不能在第（1）款规定的期限内提出重整方案，应在该期限内向法院报告该事实。

（2014 年 12 月 30 日第 12892 号法令对本条进行全面修订）

第 221 条（重整债权人提出重整方案等）

下列人员可以在第 220 条第（1）款规定的期间内制备并向法院提出重整方案：

1. 债务人；

2. 列入清单或已经申报的重整债权人，重整担保债权人，股东或权益持有人。

（2014 年 12 月 30 日第 12892 号法令对本条进行全面修订）

第 222 条（旨在清算或业务转让等的重整方案）

（1）当债务人的业务在清算时的价值被视为高于债务人的业务在继续经营时的价值时，法院可应下列人员的请求，允许制定一项旨在清算的重整方案（包括全部或部分企业的转让以及企业的资产拆分），但损害债权人整体利益的，则不适用：

1. 管理人；

2. 债务人；

3. 登记在债权人名册或者已经申报的重整债权人、重整担保债权人、股东及任何权益持有人。

（2）在重整程序开始后，第（1）款的规定经修改后参照应适用于通过债务人存在、合并、分立、拆分后合并以及新设一家公司而继续营业的细节，以确定明显难以制定重整方案的情形。

（3）法院可随时撤销第（1）款或第（2）款所规定的许可，直至重整计划提交表决为止。

（4）第 236 条第（4）款的规定应经修改后比照适用于第（1）款和第（2）款所指的

许可。

第 223 条（重整方案的事先提交）

（1）持有至少相当于债务人 1/2 债务的债权数额的任何债权人，或已获得该债权人同意的任何债务人，可在重整程序开始前制定（预）重整方案，并于重整程序开始后，将其提交法院。（2014 年 12 月 30 日第 12892 号法令修订；2016 年 5 月 29 日第 14177 号法令修订）

（2）法院应将（预）重整方案［当根据第 228 条或第 229 条第（2）款对重整方案进行修订时，指修订后的重整方案；在本条以下称为预重整方案］保存在法院，供利害关系方查阅。

（3）除已提交预重整方案的债权人外，债权人可在举行利害关系人大会之日的前一日或法院根据第 240 条第（2）款确定的期间的第一日的前一日，以书面形式向法院表示同意预重整方案的意向。（经 2016 年 5 月 29 日第 14177 号法令修订）

（4）任何人如提出预重整方案，应提交给重整债权人、重整担保债权人、股东及权益持有人［须包括第 147 条第（2）款所列事项］，包括第 92 条第（1）款所列事项的文件，以及最高法院规则规定在重整程序开始前向法院提交的其他文件。（2016 年 5 月 29 日第 14177 号法令新增）

（5）在提交重整债权人、重整担保债权人、股东和权益持有人名册时，该名册应被视为第 147 条第（1）款中的名册。（2016 年 5 月 29 日第 14177 号法令新增）

（6）提交预重整方案时，相关管理人在获得法院豁免后，无须提交重整方案，也可以撤回已向法院提交的预重整方案。（2016 年 5 月 29 日第 14177 号法令修订）

（7）任何债权人如提交预重整方案，或表示有意同意预重整方案的，则当预重整方案获得要求通过的利害关系人会议的决议批准时，须当视为已同意该方案；但当原有的预重整方案内容被修改为对债权人不利、情况发生重大变化且客观基础存在时，该等债权人可在利害关系人会议召开之日前一天获得法院许可后撤回其同意。（经 2014 年 12 月 30 日第 12892 号法令修订；经 2016 年 5 月 29 日第 14177 号法令修订）

（8）当根据第 240 条第（1）款的规定将预重整方案提交书面决议时，任何提交预重整方案的债权人，或在同一条第（2）款规定的答复期之前已表示同意上述预重整方案的，应视为在上述答复期内已达成一致：但当事先对债权人提出的预重整方案的细节作了不利的修改或者发生重大的环境变化或者存在其他严重的原因时，债权人可以在答复期终结之日前，经法院许可撤回其同意。（2016 年 5 月 29 日第 14177 号法令新增）

第 224 条（举行利害关系人会议审查重整方案）

提交重整方案时，法院应召集相关人员在固定日期对重整方案进行审查。但是，该条款不适用于第 240 条规定的书面决议的情形。

第 225 条（听取有关重整方案的意见）

第 224 条规定的重整方案提交人对重整方案作出解释后，法院应当听取下列人员对重整方案的意见：

1. 管理人；

2. 债务人；

3. 已登记或申报的重整债权人、重整担保债权人、股东及权益持有人。

第 226 条（监管机构等的意见）

（1）如认为有必要，法院可要求监管债务人业务的行政机构、司法部长（the Minister of Justice）、金融服务委员会和任何其他行政机构陈述其对重整方案的意见。（2008 年 2 月 29 日第 8863 号法令修订）

（2）对行政机关的批准、授权、许可和其他处理事项作出规定的重整方案，由法院听取有关行政机关的意见。

（3）监管债务人业务的行政机构、司法部长和金融服务委员会可随时向法院陈述其对重整方案的意见。（2008 年 2 月 29 日第 8863 号法令修订）

第 227 条（债务人工会的意见）

法院应听取下列人员对重整方案的意见：

1. 债务人职工过半数组成的工会；

2. 当第 1 项所规定的工会不存在时，代表债务人大多数雇员的人。

第 228 条（修订重整方案）

重整方案的任何提交人在获得法院的许可后，在举行利害关系人会议审查重整方案之日或在决定根据第 240 条的规定就重整方案作出书面决议之日之前，可对重整方案进行修订。

第 229 条（下令修订重整方案）

（1）法院可应利害关系人的请求或依职权，命令重整方案的任何提交人修改该方案。

（2）法院依据第（1）款的规定发出命令时，重整方案的任何提交人须在法院所定的期限内修改该方案。

第 230 条（重新召开利害关系人会议）

（1）如第 229 条规定的修改是在举行利害关系人会议审查重整方案之日后作出的，法院可在指定的期日召集利害关系人会议对修改后的草案进行审查。

（2）第 225 条的规定，经修改后比照适用于第（1）款规定的利害关系人会议。

第 231 条（排除重整方案）

重整方案有下列情形之一的，法院可以选择不将重整方案交由利害关系人审查或者决议：

1. 重整方案违反本法规定的；

2. 重整方案不公平或者不符合平等原则的；

3. 无法实施重整方案的。

第 231 -2 条（排除重整计划的例外规定）

（1）凡重整计划的内容涉及本法第 57 条规定的行为，且符合下列规定的，法院可选择不将重整计划提交利害关系人会议审查或决议：

1. 一项要求，即认为开始重整程序的原因是由于实质上可归因于下列人员的行为：

（a）债务人公司的董事［包括根据《商业法》第401－2条第（1）款被视为董事的人］，或根据第101条第（1）款与董事有特殊关系的人；

（b）债务人公司的审计师；

（c）债务人公司的经理。

2. 其意图从事第57条各款之行为的，要求符合下列情形之一：

（a）利用第1项规定提供资金、担保或者债务保证，为实施本法第57条各款规定的行为筹集必要资金的；

（b）在考虑目前和过去的交易关系、股权关系和资金提供关系时，认为该人与第1项所指的任何人在诸如接管债务人的管理权等业务经营方面有共同的经济利益的；

（c）与总统令第1款规定的配偶、直系血亲有特殊关系的。

（2）若重整计划的内容涉及第57条各款所列行为，有意实施重整计划的人或者与重整计划有特殊关系的人有下列情形之一的，法院不得将重整方案提交利害关系人会议审查或决议：

1. 任何人在自法院宣布完全执行（包括被视为完全执行的案件）或免予执行无劳动徒刑或更重刑罚之日起未满十年的案件中，对债务人犯下了《刑法》第347条、第347－2条、第349条、第355条、第356条、第357条规定的任何罪行（包括依照《刑法》或其他法律应加重处罚的罪行和未遂罪行）；

2. 因犯第1项所规定之罪，被法院宣告缓期执行或判处无劳动徒刑或更重刑罚的；

3. 任何人是因违反本法而被法院宣告完全执行（包括被视为完全执行）或免予执行无劳动徒刑或更重刑罚后未满五年的；

4. 因违反本法规定，被法院宣告缓刑或判处无劳动徒刑或更重刑罚的。

（3）法院为确认第（1）款、第（2）款所列内容，必要时，可以责令债务人、管理人、保护性管理人、其他利害关系人等提供有关资料或者提交有关材料。

（2014年10月15日第12783号法令新增本条）

第232条（召集利害关系人对重整方案作出决议）

（1）法院未依第224条、第230条的规定，对利害关系人会议审查通过的重整方案，裁定修改时，应于确定日期后，召集利害关系人会议对重整方案作出决议。

（2）在第（1）款所指的情况下，法院须事先将重整方案的副本或摘要送达以下人员：

1. 管理人；

2. 债务人；

3. 列入名册或者已申报的重整债权人、重整担保债权人、股东和权益持有人（不包括无权行使表决权的人）；

4. 承担重整债务或者提供重整担保的人。

（3）第（2）款规定的送达，可以邮寄。

（4）第8条第（4）款和第（5）款的规定应经修改后比照适用于第（3）款规定的

送达。

第 233 条（负有重整义务的人在场）

（1）承担债务或者提供重整担保的人，应当在第 232 条第（1）款规定的日期到场，陈述理由；但是有正当理由的，可以委托代理人到场。

（2）第（1）款但书规定的代理人应提交委托的书面证据。

（3）依照第 240 条的规定以书面决议提出的，承担债务或者提供担保的人的协议条款，应当在取得该人同意后，规定在重整方案中，而不是规定在第（1）款的陈述中。

第 234 条（重整方案的修订）

重整方案的任何提交人，只有在获得法院许可后，并且所做的改变不损害重整债权人、重整担保债权人、股东和权益持有人的情况下，才可在第 232 条第（1）款规定的利害关系人会议上修改该重整方案。

第 3 节　重整方案决议

第 235 条（决议时间）

在审查期限届满前，不得提出重整方案供决议。

第 236 条（重整债权人的决议及分类方法）

（1）依照第 232 条第（1）款的规定将决议列入利害关系人会议议程，或者依照第 240 条的规定将书面决议列入会议议程的，重整债权人、重整担保债权人，股东和权益持有人应当按照第 2 项、第 3 项、第 5 项的规定，作为一个整体参加决议。

（2）重整债权人、重整担保债权人、股东、权益持有人，按照其参与重整方案的制定和决议的通过，分别归入下列各款规定的组别：但不适用于持有第 140 条第（1）款和第（2）款规定的债权的任何人：

1. 重整担保债权人；
2. 具有一般优先权的重整债权人；
3. 第 2 项规定的重整债权人以外的重整债权人；
4. 持有股份或剩余财产优先分配权的股东、股权人；
5. 第 4 项规定的股东及股权人以外的股东及权益持有人。

（3）考虑到第（2）款所规定的人员所持有的权利的性质和利益关系，法院可将至少属于上述两项的人分为一组，或将属于一项的人分为至少两组。但重整担保债权人、重整债权人、股东和权益持有人应分别归入另一组。

（4）属于以下人员之一的，可以就第（3）款规定的分类提出意见：

1. 管理人；
2. 债务人；
3. 被列入名册或者已申报的重整债权人、重整担保债权人、股东和权益持有人。

（5）在提出重整方案以供决议之前，法院可随时改变第（2）款、第（3）款规定的类别。

（6）第163条的规定经修改后比照适用于第（3）款、第（5）款规定的裁定的送达。但在利害关系人会议举行之日所作之声明，无须送达。

第237条（采纳的要求）

利害关系人会议应按下列各组别通过重整方案：

1. 重整债权人组：

应取得持有至少相当于表决权总额的2/3的有表决权的债权人的同意。

2. 重整担保债权人组：

（a）对于第220条规定的重整方案，应当取得持有相当于有表决权的重整担保债权人至少3/4债权总额的人的同意；

（b）对于第222条规定的重整方案，应当取得持有至少相当于有表决权的重整担保债权人至少4/5债权总额的人的同意。

3. 股东或权益持有人组：

应取得持有至少相当于有权在利害关系人大会上行使表决权的股东或者权益持有人表决权总数1/2的人的同意，以批准重整方案。

第238条（指定继续听证日期）

利害关系人大会未就重整方案作出决议时，下列规定的人员同意继续时，法院得依职权或应管理人或债务人，以及有权行使表决权的重整债权人、重整担保债权人、股东和任何权益持有人的请求，确定继续听证的日期：（2014年12月30日第12892号法令修订）

1. 在重整债权人中，持有相当于重整债权人表决权总数1/3以上并有权在重整债权人组中行使表决权的人；

2. 持有相当于重整担保债权人表决权总额1/2以上之表决权，并有权在重整担保债权人组中行使表决权的人；

3. 持有相当于股东及权益持有人表决权总额1/3以上之表决权，并有权在股东及权益持有人组中行使表决权的人。

第239条（决议时间）

（1）自第232条第（1）款规定的利害关系人会议召开之日起两个月内，对重整方案作出决议。

（2）如认为有必要，法院可应重整方案的提交人的请求或依职权，延长第（1）款规定的期间。在这种情况下，期限不得超过1个月。

（3）重整方案应自重整程序开始之日起1年内作出决议。但因不可避免的原因，法院可将期限延长最多6个月。

第240条（书面决议）

（1）在提交重整方案时，如认为适当，法院可裁定重整方案提交书面决议。在这种情况下，法院应公开通知要点。

（2）当第（1）款规定的书面决议被裁定时，法院应向第182条第（1）款规定的人员送达重整方案的副本或摘要，并向有表决权人送达书面声明，要求其以书面形式确认是否同意重整方案，是否批准的意见，以及如在法院规定的期限内（本章以下简称答复期）未能就重整方案作出决议的，是否同意指定继续听证日期的意见［如果第223条第（2）款规定的预重整方案已提交，无须确认他们是否同意指定继续听证的日期］。在这种情况下，答复期不得超过自作出第（1）款所述裁定之日起两个月。（2016年5月29日第14177号法令修订）

（3）第（2）款所称送达，可以邮寄。

（4）依照第（2）款送达重整方案时，应视为第224条规定的审查重整方案的利害关系人会议结束。

（5）表决权人在答复期内向法院提交的重整方案的书面同意符合第237条规定的决议要求的，重整方案即视为已获通过。

（6）第188条第（1）款至第（3）款和第189条应经修改后比照适用于每项书面决议。

（7）如果未通过书面决议的重整方案依第238条被指定了继续听证的日期，则重整方案应在继续听证日被提交决议，且不得再次提交书面决议。

第241条（通过重整方案的企业存续）

若债务人是正进行清算或已被宣告破产的社团法人（incorporated association）或财团法人（incorporated foundation），该社团法人可根据依法修订后的章程而存续，而该财团法人在获得负责财团法人的行政机构的批准后继续存在。

第4节　批准重整计划

第242条（是否批准重整计划）

（1）利害关系人会议通过重整计划的，法院应当在重整计划通过之日或者在重整计划通过后立即作出是否批准的决定。

（2）下列人员可于第（1）款所述日期，就是否批准重整计划发表意见：（经2008年2月29日第8863号法令修订）

1. 第182条第（1）款规定的人员；

2. 监管债务人业务的行政机构、司法部长和金融服务委员会。

（3）法院宣告是否批准重整计划的决定，可以免除公告和送达要求。

第（4）款和第（5）款已删除。（被2016年5月29日第14177号法令）

第242-2条（批准或者不予批准经书面决议的重整计划）

（1）经书面决议通过重整计划草案的，法院应当及时作出批准或者不予批准的决定。

（2）在作出是否根据第（1）款批准或不予批准重整计划的决定之前，法院可以按照第240条第（2）款规定的答复期确定一个日期，听取利害关系人有关重整计划的批准或不予批准的意见。

（3）第242条第（2）款规定的人员，可以在第（2）款规定的日期，就重整计划的批准或者不予批准发表意见。

（4）法院对第（2）款规定的日期作出决定的，应当公告裁定，并将裁定书送达根据第240条第（2）款对重整计划的书面批准或者不予批准发表意见的人。

（5）如认为合理，每个法院可应管理人的请求，将第（2）款所规定的日期与特别审查日期依职权合并。

（6）对于第182条第（1）款规定的重整计划批准或者不予批准的决定，法院应将该决定的执行部分和理由要点等文件送达第182条第（1）款所列人员。

（2016年5月29日第14177号法令新增本条）

第243条（批准重整计划的要求）

（1）只有在符合下列每一项规定的情况下，法院才可决定批准重整计划：

1. 重整程序或者重整计划应当符合本法的规定；

2. 重整计划应当公平、公正、可执行；

3. 对重整计划的决议应本着诚实信用的原则作出；

4. 根据重整计划进行的还款方式应旨在使还款比在债务人业务被清算时向每个债权人的还款更有利，但不适用于债权人同意付款方式的情形（that the same shall not apply to cases where the creditors agree to payment methods）；

5. 重整计划的条款适用于合并或资产剥离后的合并，需要股东会和其他公司的成员大会通过决议，批准合并协议或资产剥离后合并的协议；但该规定不适用于有关公司不要求股东会或成员大会作出该批准决议的情形；

6. 重整计划中需要行政机关许可、授权批准、发给牌照或者其他处理的事项，应当与第226条第（2）款规定的行政机关的意见在主要观点上一致；

7. 对于以换股为目的的重整计划，另一家公司的股东会必须通过一项决议，批准这种全方位的换股：但公司依《商法》第360－9条及第360－10条规定办理全包股份交换的，不在此限。

（2）即使在确定是否批准重整计划的程序违反法令规定的情况下，考虑到其违反的程度、债务人的当前状况和所有其他情况，认为不批准重整计划是不适当的，法院也可裁定予以批准。

第243－2条重整计划的不予批准

（1）如果重整计划的内容涉及第57条任何一项或几项所指的任何行为，并且符合第231－2条第（1）款所述的所有要求，法院可作出不批准重整计划的决定。

（2）如果重整计划的内容涉及第57条任何一款所指的任何行为，并且有意实施该行为的人或总统法令规定与前一人有特殊关系的其他人属于第231－2条第（2）款的任何一项，法院应作出不批准重整计划的决定。

（3）法院为确认第（1）款或第（2）款所列内容，必要时可以责令债务人、管理人、保护性管理人、其他利害关系人等提供有关资料或者提交有关材料。

（2014年10月15日第12783号法令新增本条）

第 244 条（团体有异议时的批准）

（1）利害关系人会议就重整方案通过决议或者依照第 240 条将重整方案以书面决议提出的，即使任何团体持有超过法定数额和人数的表决权的人之间未能达成一致意见，法院也可以修改重整方案，作出旨在保护重整债权人、重整担保债权人、股东和此类团体的权益持有人的权利的规定，其方式应符合以下任何一项的规定，并裁定批准重整计划：

1. 将受担保权约束的财产转让给新设公司或任何其他人，或为债务人扣留财产，同时为重整担保债权人保留完整的担保权的方式；

2. 为清偿重整担保债权人的债权而设担保权的财产、为清偿重整债权人的债权而拨付的债务人财产，以及为股东、权益持有人分配剩余财产而拨付的债务人财产全部以超过法院设定的公允价值的价格出售的方式（对于受担保权约束的财产，该等权利所产生的任何负担应视为不存在），以及从销售收入中减去销售成本所得的余额，用于偿还、分配和保证金（支付）；

3. 将法院设定的权利的公平价格交易所得分配给合法权利人的方式；

4. 根据第 1 项至第 3 项但书所规定的方式，使合法求偿人受到公平及平等之保护。

（2）利害关系人会议对重整方案作出决议或者依照第 240 条的规定提出书面决议的，当明确无法从任何团体获得必要的同意，以满足重整方案的表决要求时，法院应在重整方案制定者的申请下，制定旨在保护该重整债权人团体权利的条款，通过第（1）款各项规定中提及的方式保护重整担保债权人、股东和权益持有人，并允许发展（developing）该重整方案。

（3）提出第（2）款规定的申请时，应当听取申请人和不少于一名明显不可能同意的团体的合法请求权人的意见。

第 245 条（决定是否批准重整计划的宣告）

（1）法院应当作出是否批准重整计划的决定，并将决定的文本、理由的摘要、重整计划或者其摘要予以公告。在这种情况下，不需要送达。

（2）第 41 条第（1）款的规定经修改后应比照适用于根据第（1）款作出决定的情形。

（3）尽管有第（1）款的规定，凡已就根据第 240 条作出的书面决议作出是否批准重整计划的决定，法院须向下列人员，送达该决定的文本及其理由摘要，以及重整计划及其摘要：（经 2008 年 2 月 29 日第 8863 号法令修订）

1. 第 182 条第（1）款规定的人员；

2. 监管债务人业务的行政机构、司法部长和金融服务委员会，当债务人为股份公司时。

第 246 条（重整计划生效的时间）

重整计划自作出批准决定之日起生效。

第 247 条（上诉）

（1）对于是否批准重整计划的决定，可立即提出上诉：但不适用于未列入名册或未申报的任何重整债权人、任何重整担保债权人、任何股东和任何权益持有人。

（2）任何重整债权人、重整担保债权人、不持有表决权的股东和权益持有人在根据第（1）款的规定提出立即上诉时，应各自证明他们是重整债权人、重整担保债权人，股东和权益持有人。

（3）对批准重整计划的决定提出的任何上诉，不得影响该重整计划的实施；但当上诉法院或正在审理重整案件的法院认为上诉有理由并有证据证明有必要采取紧急措施防止因重整计划的实施而引起无法挽回的损失时，如有人提出要求，该法院可令其提供担保，或在不要求提供担保的情况下暂停重整计划的全部或部分，并采取其他必要的处置，直至对上诉作出裁决为止。（2016 年 12 月 27 日第 14472 号法令修订）

（4）对批准重整计划的裁定提出上诉时，正在审理重整案件的法院可责令上诉人以债券、资金或最高法院规则规定范围内法院认可的固定期有价证券的形式提交保证金。（2016 年 12 月 27 日第 14472 号法令修订）

（5）在第（4）款规定的情形下，上诉人未在法院规定的期限内提供担保的，法院应当不带偏见地裁定驳回上诉。

（6）第（4）款所规定的上诉被驳回、债务人被宣告破产或者重整程序继续进行时，作为担保的资金或者有价证券归为破产财团的财产。

（7）对第（1）款所指的立即上诉的判决提出的任何申诉（protest），应适用《民事诉讼法》第 442 条的规定。在此种情况下，第（1）款至第（6）款经修改后应比照适用于此类申诉。

第 248 条（不批准重整计划的裁定具有终局性）

第 291 条和第 292 条的规定经修改后应比照适用于不批准重整计划的裁定具有终局性的情形。

第 249 条（重整债权人名册的录入）

当批准重整计划的裁定具有终局性时，第 5 级法官等应将重整计划中确认的权利录入重整债权人名册、重整担保债权人名册和股东及权益持有人名册。

第 250 条（重整计划的效力范围）

（1）重整计划应当影响下列人员：

1. 债务人；

2. 重整债权人、重整担保债权人、股东及权益持有人；

3. 承担重整债务或者提供重整担保的人；

4. 新设公司（不包括任何因合并而成立或在资产剥离后合并而成立的公司）。

（2）重整计划不得影响下列任何一项的权利或担保：

1. 重整债权人或重整担保债权人对已开始接受重整程序的债务人的保证人及与已开始接受重整程序的债务人共同承担义务的人所持有的权利；

2. 由债务人以外的人为重整债权人或重整担保债权人提供的担保。

第 251 条（重整债权的免责）

决定批准实施重整计划的，免除债务人在各项重整债权和重整担保债权项下的责任，除根据重整计划或本法规定确认的权利、股东和权益持有人的权利外，其他对债务人财产的所有担保权利均应终止。但不适用于第140条第（1）款规定的债权。

第252条（权利变更）

（1）对重整计划的批准作出决定的，应当依照重整计划改变重整债权人、重整担保债权人、股东、权益持有人的权利。

（2）本法第339条、第340条第（3）款的规定，经修改后准用于货币、其他物品、股份或股票、债权、其他权利及股东或权益持有人因第（1）款所述权利的变更而收到的股权凭证。（2014年5月20日第12591号法令修订）

第253条（重整债权人和重整担保债权人的权利）

重整计划规定的重整债权人和重整担保债权人的权利，应当只对持有重整债权或者重整担保债权且已全部被确定的人予以承认。

第254条（未申报的股东和权益持有人的权利）

股东和权益持有人的权利，经重整计划确认的，也适用未申报股份和股票的股东和权益持有人的权利。

第255条（重整债权人名册的录入效力）

（1）在重整债权或重整担保权的基础上，重整债权人名册或重整担保债权人名册中关于根据重整计划确认的权利的录入（entries，作为条目的录入），当重整计划的批准成为最终和决定性的时，对以下人员而言与最终和决定性的判决具有同等效力：

1. 债务人；
2. 重整债权人、重整担保债权人、股东和权益持有人；
3. 承担重整债务或者提供重整担保的人；
4. 新设公司（不包括通过合并设立或者资产剥离后合并设立的公司）。

（2）任何人如持有第（1）款所规定的权利，该条款旨在要求支付资金及任何其他履行，在重整程序完成后，可以对债务人和按照重整债权人名册或者重整担保债权人名册承担重整债务的人强制执行。在这种情况下，担保人可以根据《民法》第437条对强制执行提出异议。

（3）《民事执行法》第2条至第18条、第20条、第28条至第55条，应比照适用于第（2）款下的情形。但《民事执行法》第33条、第44条、第45条所规定的诉讼，由正在审理重整案件的法院专属管辖。（2016年12月27日第14472号法令修订）

第256条（终止程序的无效）

（1）决定批准重整计划、破产拍卖程序、强制执行、临时扣押、初步禁令和担保权行使等，依第58条第（2）款规定分别中止的，应丧失效力，但同样的规定不适用于根据同一条第（5）款的规定继续进行的程序或处分。

（2）在破产程序中依照第（1）款的规定丧失效力的破产财团债权（estate claims）（不包括第473条第2项、第9项规定的破产财团债权），为优先债权。

第 7 章　重整计划批准后的程序

第 257 条（重整计划的实施）

（1）重整计划被决定批准的，管理人应当及时实施该重整计划。

（2）依照重整计划设立新公司时，管理人应当履行发起人和创办人成员的职责。

（3）管理委员会须每年评估该项重整计划是否被妥善执行，并将评估结果提交法院。

（4）管理委员会可就重整程序的完成或终止向法院提出意见。

第 258 条（法院为实施重整计划而作出的裁定）

（1）法院可对下列任何人员发出执行重整计划所需的裁定：

1. 债务人；

2. 重整债权人、重整担保债权人、股东及权益持有人；

3. 承担重整债务或者提供重整担保的人；

4. 新设公司（不包括通过合并成立或因资产剥离后合并而成立的新公司）；

5. 管理人。

（2）当认为有必要确保重整计划的实施时，法院可要求为根据本法规定或根据重整计划持有债权的人以及持有重整债权和重整担保权但债权确认程序尚未完成的任何其他人提供相当数额的担保。

（3）《民事诉讼法》第 122 条、第 123 条、第 125 条、第 126 条的规定，经修改后参照适用于第（2）款规定的担保。

第 259 条（对债务人的审查）

在下列任何一种情形下，法院可应债权人协商会议的请求或依职权，命令任何审查专员或简化审查专员检查债务人的财产和当前业务：（2014 年 12 月 30 日第 12892 号法令修订）

1. 重整计划执行不力的；

2. 需要决定停止或者终止重整程序的；

3. 需要修改重整计划的。

第 260 条（排除关于股东会决议等的法规规定）

在实施重整计划时，尽管有法规或公司章程的规定，公司的全体大会、股东会、成员大会（包括特定类别股东大会和与之相当的成员大会）或当债务人是公司时其董事会会议，均无须就任何事项作出决议。

第 261 条（有关业务转让的特殊情况）

（1）重整计划依照第 200 条规定有下列行为之一的，可以按照重整计划实施：

1. 订立、变更或者撤销下列合同或者与之相当的其他合同：

（a）转让、投资或租赁债务人全部或部分业务或财产的合同；

（b）委托管理债务人全部或部分业务的合同；

（c）与他人分享业务利润和损失的合同或任何其他同等合同；

2. 通过转让取得全部或部分业务或他人财产的协议。

（2）《商法》第374条第（2）项和第374－2条以及《金融投资服务和资本市场法》第165－5条均不适用于第（1）款的情形。（经2014年5月20日第12595号法令修订）

第262条（公司章程修改的特殊情形）

依照本法第202条的规定，对债务人的章程作出修改的，应当在决定批准重整计划时，依照重整计划的规定修改。

第263条（董事变更等特殊情形）

（1）依第203条规定，董事的选任及首席执行官的选任，在重整计划获批准时，视为已获委任。

（2）依照第203条的规定，董事的聘任或者首席执行官的产生办法在重整计划中有规定的，可以按照重整计划的规定，聘任董事、产生首席执行官。此种情况下，不适用其他法规和公司章程中有关董事任命和首席执行官选拔的规定。

（3）当法院根据第203条第（4）款的规定任命审计师时，其他法律和公司章程中关于任命审计师的规定不适用于此类审计师的任命。

（4）任何董事或首席执行官如未在重整计划中规定其职位，则在批准重整计划时，应视为被解雇。任何未根据第203条第（4）款的规定任命的审计师，在法院根据第203条第（4）款的规定任命审计师时，应视为被解雇。

（5）根据第（1）款和第（2）款的规定选出或任命的董事或首席执行官，如决定在其任期内留任，以及首席执行官代表董事会的方式，均须在重整计划中明确规定，而根据第203条第（4）款的规定获委任的审计师的任期，则由法院规定。

第264条（涉及减资的特殊情形）

（1）依照本法第205条的规定，在重整计划中规定减资的，可以按照重整计划减资。

（2）《商业法》第343条第（2）款、第439条第（2）款和第（3）款、第440条、第441条、第445条和第446条的规定不适用于第（1）款下的情形。同一法第443条第（1）款但书所规定的案件，应与待决的重整案件一起由该法院管辖。（2016年12月27日第14472号法令修订）

（3）在第（1）款的情形下，以债务人减资为由提出的变更登记册的申请，须附有批准重整计划的书面决定的核证副本或节略副本。

第265条（无偿发行新股等特殊情形）

（1）依照第206条第（1）款、第（4）款的规定，重整计划规定债务人发行新股，不要求重整债权人、重整担保债权人或者股东支付新的款项或者进行实物投资的，合法债权人应当在决定批准重整计划时成为股东；但重整计划规定了具体时间的，合法债权人应在该特定时间成为股东。

（2）第（1）款规定的情形，不适用公司章程有关新股承销的规定。

（3）《商法》第440条至第444条经修改后应比照适用于向股东分配零星股份的情形。

此种情况下，同一法令第 443 条第（1）款的但书中规定的案件应交由正在审理重整案件的法院管辖，《非诉讼案件程序法》第 83 条经修改后应比照适用于此类案件。（2016 年 12 月 27 日第 14472 号法令修订）

第 266 条（发行新股支付款项等特殊情形）

（1）债务人依照本法第 206 条第（2）款、第（3）款规定发行新股的，可以按照发行计划发行。

（2）《商法》第 418 条、第 422 条、第 424 条、第 424－2 条、第 428 条和第 429 条至第 432 条不适用于第（1）款下的案件。

（3）公司章程中有关新发行股票承销权的规定不适用于第（1）款下的案件，《商法》第 306 条规定的案件，经必要修改后适用于同一法令第 425 条第（1）款下的案件，应由正在审理重整案件的法院管辖。（2016 年 12 月 27 日第 14472 号法令修订）

（4）《商法》第 419 条应比照适用于第（1）款的规定。此种情形，《商法》第 419－2 条规定的“股权凭证”即视为“股票或债券”。

（5）发行新股，要求重整债权人、重整担保债权人或者股东重新支付或者实物投资的，其合法的债权人可以按照重整计划的规定支付或者投资实物。

（6）第 265 条第（3）款规定股东应以实物支付及以投资方式向股东分配零星股份者，准用之。向原股东支付的价款中，应当扣除拟进行该实物投资或者支付零星股份的价款。

（7）在属第（1）款的情况下，由债务人发行股份引起的变更登记的委托书或其申请书，须附有授权重整计划的书面决定的核证副本或节略副本，以及证明认购和接管股份的书面陈述及付款保管证明。

第 267 条（股份公司无偿发行债券等特殊情形）

（1）重整计划规定，股份公司债务人发行债券，不要求重整债权人、重整担保债权人或者股东依照第 209 条的规定重新支付债务的，当决定批准重整计划时，这些合法债权人应成为债券持有人。

（2）《商法》第 471 条的规定不适用于第（1）款下的情形。

（3）属于第（1）款情形的，依照重整计划的规定向重整债权人或者重整担保债权人发行的债券金额，不计入《商法》第 470 条规定的债券总额。

第 268 条（股份公司有偿发行债券等特殊情形）

（1）除第 267 条规定的情形外，重整计划规定，股份公司债务人依照第 209 条的规定发行债券的，债务人可以按照重整计划发行债券。

（2）要求重整债权人、重整担保债权人或者股东重新对所发行的债券付款的，应当在支付重整计划规定的金额时成为债券持有人。

（3）第 266 条第（4）款和第 267 条第（2）款和第（3）款的规定经修改后应比照适用于第（1）款的情形。

（4）第（1）款规定的，应当在委托书或者可转换债券、（认股）权证债券登记申请书中，附下列书面说明：

1. 批准重整计划的书面决定的核证副本或节略副本；

2. 认购、承销可转换债券或者权证债券的书面证明；

3. 每份可转换债券或权证债券的付款证明。

第 269 条（股份公司全包式换股的特殊情形）

（1）重整计划规定，股份公司的债务人依照本法第 207 条的规定与其他公司进行全包式换股的，债务人可以按照重整计划进行全包式换股。

（2）在第（1）款所指的情形下，重整债权人或重整担保债权人，如获得成为全资母公司的公司所分配的股份，则应在批准重整计划时成为股份承销商，并在全包股份交换时成为股东。

（3）《商法》第 360－4 条、第 360－5 条、第 360－7 条和第 380－14 条的规定不适用于第（1）款下的情形。

（4）根据第（1）款，当《商法》第 360－8 条的规定适用于债务人时，同一条中的"第 360－3 条第（1）款规定的批准"应视为"重整计划的批准，其条款适用于全包式股份交换"。

（5）第（1）款至第（4）款的规定不影响《商法》适用于作为全包股份交换对方的另一家公司。

（6）在第（1）款所规定的情形下，当债务人成为全资母公司时，委托书或因全包股份交换而导致的公司变更登记申请书应附有下列文件：

1. 批准重整计划的书面决定的核证副本或者节略副本；

2. 全包股份交换的合同。

（7）根据第（1）款规定，全包股份交换的对方公司成为全资母公司的，公司全包股份交换引起的变更登记申请，应附有下列文件：

1. 批准重整计划的书面决定的核证副本或者节略副本；

2. 公司股东会会议记录（未经股东会批准，公司进行全方位换股的，则为公司董事会会议记录）。

第 270 条（股份公司股份全面转让的特殊情形）

（1）当重整计划是根据第 208 条规定制定的，股份公司债务人全面转让股份时，债务人得依重整计划全面转让股份。

（2）在第（1）款所规定的情形下，接受作为全资母公司的新设公司的股份分配的重整债权人或重整担保债权人应在批准重整计时成为股份承销商，并于股份全面转让生效时成为股东。

（3）本法第 360－5 条、第 360－17 条、第 360－18 条的规定，经修改后比照本法第 360－22 条和《商法》第 360－23 条的规定适用的，不适用于第（1）款规定的情形。

（4）在第（1）款所述的情形下，当将《商法》第 360－19 条的规定适用于公司时，同一条中的"第 360－16 条第（1）款规定的决议"应被视为"批准旨在全面转让股份的重整计划的决议"。

（5）因股票全面转让而产生的委托书或者公司登记申请书，应当附有下列文件：

1. 批准重整计划的书面决定的核证副本或者节略副本；

2. 董事会会议记录。

第 271 条（关于合并的特别情形）

（1）重整计划规定债务人依照本法第 210 条、第 211 条的规定与其他公司合并的，债务人可以依照重整计划与其他公司合并。

（2）在第（1）款所指的情形下，重整债权人或者重整担保债权人在合并后存续或者在合并中分得公司股份或者股票的，应当在决定批准重整计划时成为该股份或股票的承销商，并在兼并或合并生效时成为股东或成员。

（3）《商法》第 522－2 条、第 522－3 条、第 527－5 条、第 527－6 条和第 529 条以及《金融投资服务和资本市场法》第 165－5 条均不适用于第（1）款。（经 2014 年 5 月 20 日第 12595 号法令修订）

（4）《商法》第 530 条第（3）款或者第 443 条第（1）款但书规定的案件，经修改后比照适用于同一法令第 603 条，由正在审理重整案件的法院管辖。（2016 年 12 月 27 日第 14472 号法令修订）

（5）虽有《商法》第 530 条第（2）款或第 603 条的规定，但同一法令第 237 条至第 240 条、第 374－2 条第（2）款至第（4）款及第 439 条第（3）款的规定，不得比照适用于第（1）款。

（6）第（1）款至第（5）款不影响《商法》对作为合并对方的公司的适用。

（7）依照本法第 210 条第 5 项或者第 211 条第 6 项规定向股东发行债券的，经修改后比照适用于第 267 条的规定。此种情况下，当合并生效时，股东成为债券持有人。

（8）如属第（1）款所指的情形，委托书或因合并而申请解散或更改债务人登记的申请书中，须附有下列文件：

1. 批准重整计划的书面决定的核证副本或者节略副本；

2. 合并合同。

（9）第（1）款规定的，由合并而成的公司的委托书或者公司登记申请书应当附有下列文件：

1. 批准重整计划的书面裁定的核证副本或摘要副本；

2. 合并合同；

3. 公司章程；

4. 公司股东会会议记录；

5. 董事会会议记录；

6. 其他债务人指定的合并成员的资格证明文件。

第 272 条（合并或资产剥离后合并的特殊情形）

（1）重整计划规定，根据第 212 条至第 214 条，将属股份公司的债务人进行资产剥离，或将属股份公司的债务人的一部分进行资产剥离，然后与另一公司的全部或部分合并。债务人可以按照重整计划的规定进行合并或者资产剥离后的合并。

（2）在第（1）款所述的情形下，资产剥离后合并后的存续债务人或股东、债务人的重整债权人或者重整担保债权人在资产剥离后接受合并新设公司的股份分配的，应当在决定批准重整计划时成为该股份的承销商，在资产剥离后的合并生效时成为股东。

（3）《商法》第530－7条和第522－3条以及《金融投资服务和资本市场法》第165－5条不适用于第（1）款下的情形，而《商法》第443条第（1）款但书中规定的、比照同一法第530－11条第（1）款适用的案件，应与正在审理的重整案件一起由该法院管辖。（2014年5月20日第12595号法令修订；2016年12月27日第14472号法令修订）

（4）尽管有《商法》第530－9条和第530－11条的规定，同一法第237条至第240条、第374条第（2）款、第439条第（3）款、第522－3条、第527－5条和第529条不适用于第（1）款下的情形。

（5）第（1）款至第（4）款不影响《商法》适用于被资产剥离后作为合并对方的公司。

（6）第267条经修改后适用于依第212条第（1）款第5项或第213条第（1）款第4项或第（2）款第8项规定向股东分配债券的情形。此种情况下，股东应在合并或资产剥离后的合并生效时成为债券持有人。

（7）如属第（1）款所指的情形，委任书、债务人解散登记申请书或因分拆而进行的变更登记书，须附有批准重整计划的书面决定的核证副本或节略副本。委托书、债务人解散登记申请书或者因分立后合并而变更登记的申请书，应当附有分立后合并的书面协议和授权委托书的证明副本或者节略副本。

（8）如属第（1）款所指的情形，委任书或以资产剥离后合并为理由的公司注册申请书，须附有下列文件：

1. 批准重整计划的书面决定的核证副本或者节略副本；
2. 资产剥离后合并的书面协议；
3. 公司章程；
4. 公司股东会会议记录；
5. 董事会会议记录。

第273条（无新投资的新公司成立的特殊情形）

（1）重整计划规定，新公司只能依照第212条第（1）款或者第214条的规定在债务人的股份公司分立后，由债务人投资设立，或者依重整计划规定，通过要求重整债权人、重整担保债权人、股东和权益持有人承销股权或股票而设立新公司，而不是让他们进行新的支付或实物投资的，新设公司应在制定公司章程时正式注册成立，并在获得法院关于正在审理案件的证明后将其注册登记。（2016年12月27日第14472号法令修订）

（2）依第（1）款规定，债务人财产于新设公司成立时，在重整计划中规定移转给新设公司、应移转给新设公司以及重整债权人、重整担保债权人，债务人的股东和权益持有人的，以上人等全部接受新设公司的股份、股票或者债券的分配，成为新设公司的股东、权益持有人或者债券持有人。

(3) 第263条第(1)款、第(2)款、第(5)款，第265条第(3)款，第268条经修改后比照适用于第(1)款、第(2)款的情形。

(4) 如属第(1)款所述情形，旨在将新设公司注册为公司的委任书须附有下列文件:

1. 批准重整计划的书面决定的核证副本或摘要副本;

2. 公司章程;

3. 在重整计划中规定了委任董事或审计师及遴选行政总裁的方法的，有关这些委任的文件;

4. 当任何转让代理人是工资单上的雇员时，应提供证明其受雇的书面声明。

第274条(新公司成立的其他特殊情形)

(1) 除第273条规定的情形外，重整计划规定的债务人为股份公司，依第212条第(1)款或第214条规定分立为新公司，且重整计划规定，根据第215条设立新公司的，不进行合并、分立或者资产剥离后的合并，可以按照重整计划设立新公司。

(2) 第288条、第291条至第293条、第295条第(1)款、第296条、第299条、第300条、第302条第(2)款第4项、第310条、第311条、第313条第(2)款、第314条、第315条、第321条至第324条、第327条和第328条不适用于第(1)款所指的情形。

(3) 在第(1)款规定的情形下，应向正在审理重整案件的法院取得公司章程的证明。《商法》第306条规定的案件，应由正在审理重整案件的法院管辖。公司股东会不得违反重整计划的目的修改公司章程。债务人应当承担本法第326条规定的发起人责任。(2016年12月27日第14472号法令修订)

(4) 在第(1)款规定的情形下，当债务人、重整债权人、重整担保债权人、股东和权益持有人被要求承销股权或股票，而无须进行新的支付或实物投资时，或者无须支付新款项而要求其承销债券的，应当在新公司成立时成为股东、权益持有人或者债券持有人。

(5) 在第(1)款规定的情形下，当要求重整债权人、重整担保债权人、股东或第三人通过支付新的款项和实物投资来承销股份时，除该办法违反《商法》第289条第(2)款规定外，在为其发行的股份中，未经承销的股份，可以从新设公司成立时登记发行的股份总数中扣除。

(6) 第263条第(1)款、第(2)款和第(5)款，第265条第(3)款，第266条第(4)款至第(6)款，第267条第(3)款和第268条的规定应经修改后比照适用于第(1)款至第(5)款的情形。

(7) 如属第(1)款所述的情形，任何新设公司的委任书或注册申请须附下列文件:

1. 第273条第(4)款规定的文件;

2. 认购、承销股份的书面证明;

3. 对董事和审计师的审查报告及其所附的其他文件;

4. 公司成立大会的会议记录；

5. 证明支付款项在金融机构托管的书面声明。

第 275 条（关于解散的特别情形）

（1）重整计划规定债务人依照第 216 条的规定解散而不进行合并、分立或者资产剥离后合并的，债务人应当按照重整计划规定的时间解散。

（2）如属第（1）款所指的情形，解散登记的注册申请书须附有批准重整计划的书面决定的核证副本或节略副本。

第 276 条（股份承销权的转让）

重整债权人、重整担保债权人、股东和权益持有人根据重整计划持有对债务人或任何新设公司的股份、股票或债券进行承销的权利时，可以将该权利转让给其他任何人。

第 277 条（不适用《金融投资服务和资本市场法》）

债务人为股份公司，或新设公司发行股份或债券的，不适用《金融投资服务及资本市场法》第 119 条的规定。(2007 年 8 月 3 日第 8635 号法令修订)

第 278 条（限制处置工厂资产等特殊情形）

债务人的财产按照重整计划处理时，不得适用限制处分工厂资产和其他任何资产或属于任何资产的财产的法规。

第 279 条（许可、授权等方式的权利继承）

重整计划规定债务人转让其从行政机关取得的批准、授权、许可和其他处分所产生的权利和义务的，新设公司应当继承该权利和义务，尽管有其他法规的规定。

第 280 条（纳税义务的继承）

重整计划规定，新设公司继承债务人的纳税义务的，由新设公司承担清偿责任，债务人的纳税义务随之消灭。

第 281 条（遣散费等）

（1）债务人的董事、首席执行官、审计师和工人，以及在重整程序开始后继续为任何新设公司担任董事、首席执行官、审计师和工人的人员，不得因其退休而从债务人那里领取遣散费等。

（2）第（1）款规定的人员为债务人工作的期间，视为其为新设公司工作的期间。

第 282 条（重整计划的修改）

（1）在决定批准重整计划后，如有必要以不可避免的理由修改重整计划中规定的事项，法院可应管理人、已列入名册或仅在重整程序完成前已申报的债务人或重整债权人、重整担保债权人、股东或权益持有人的请求而更改重整计划。

（2）当根据第（1）款的规定提出修改重整计划的申请时，该申请被视为基于该修改而损害任何重整债权人、重整担保债权人、股东或权益持有人的，有关提交重整方案的程序的规定应经修改后比照适用。但在这种情况下，上述程序不要求未因重整方案的任何修改而受到损害的合法债权人参与。

（3）第 246 条和第 247 条的规定应适用于决定修改重整方案的情形。

(4) 有下列情形之一的，同意原重整方案的，视为同意修正后的重整方案：

1. 缺席要求表决修改重整方案的利害关系人会议的；

2. 未按书面决议程序答复的。

第 283 条（终止重整程序）

(1) 当根据重整计划开始偿还款项时，法院可应下列任何人员的请求或依职权，决定终止重整程序：

1. 管理人；

2. 列入名册或已申报的任何重整债权人或重整担保债权人。

(2) 法院作出第（1）款所述决定时，应公开通知该决定的执行部分及其推理的依据。此种情况下，不需要送达。

(3) 第 40 条第（1）款的规定应经修改后比照适用于作出第（1）款所述决定的情形。

第 284 条（禁止董事参与公司治理）

如董事或首席执行官未能按照第 203 条第（2）款但书的规定保留其职位，即使在决定终止重整程序后，也不得被推选或任命为董事或被推选为债务人的首席执行官。

第 8 章　终止（discontinuation）[①] 重整程序

第 285 条（被 2014 年 12 月 30 日第 12892 号法令删除）

第 286 条（重整计划批准前终止）

(1) 在下列任何一种情况下，法院应依职权决定终止重整程序：

1. 未在法院或者全部计划草案规定的期限或延长期内提出重整方案的；

2. 两个月内或自利害关系人会议第一日起的延长期间内，利害关系人会议对重整方案投反对票或未作出决议的；

3. 在第 239 条第（3）款规定的期限内，利害关系人会议未就重整方案作出决议的；

4. 根据第 240 条第（1）款的规定，决定在书面决议中提出重整方案时，但重整方案未根据书面决议得到表决。但是，当第 238 条规定的听证继续日期是针对未经书面决议通过的重整方案，指在听证延续日利害关系人会议上未通过书面决议的时间，在此期间内提交的重整计划因制定不完善，不足以将其提交审查或者在利害关系人会议上表决。

(2) 债务人的企业在破产清算时的价值被视为明显高于债务人的企业在提交重整方案之前或之后继续经营时的价值的，法院可应任何管理人的请求或依职权，裁定在批准重整计划前终止重整程序：但法院根据第 222 条允许拟定重整计划，其内容涉及清算等的，则不适用该规定。(2014 年 12 月 30 日第 12892 号法令修订)

第 287 条（申请终止）

(1) 当债务人显然能够充分履行其对列入名册或已申报的重整债权人和重整担保债权

① 译者注：discontinuation，字面上不知道是该译作终止还是中止，但依条文内容译为终止。

人的义务时，法院应根据下列任何人员的请求，决定终止重整程序：

1. 管理人；

2. 债务人；

3. 已列入名册或已作申报的重整债权人或重整担保债权人。

（2）申请人须证明终止第（1）款所述重整程序的事实理由。

（3）提交第（1）款所述申请时，法院须将该申请的要点通知债务人、管理委员会、债权人咨询委员会、已列入名册并已申报的重整债权人及重整担保债权人，请他们就申请提出意见，并将有关申请的文件保存在法院，供利害关系人查阅。

（4）除非在第（3）款所述通知送达后已过至少一个月，否则法院不得决定终止重整程序。

第 288 条（重整计划批准后的终止）

（1）如在决定批准重整计划后，发现重整计划显然不可能被实施，无论依职权，还是应管理人、列入名册或已申报的重整债权人、重整担保债权人的请求，法院均须决定终止重整程序。

（2）法院在作出第（1）款所述决定前，可在某一指定日期听取管理委员会、债权人咨询委员会及利害关系人的意见；但如果法院没有指定日期，则法院须在规定的期限内为每个人提供表达意见的机会。

（3）应公开通知第（2）款所述的指定日期或期限的决定，并应将该指定日期或指定期限的决定送达给根据重整债权或重整担保债权在重整计划中分别被承认了权利的人。

（4）第（1）款所述重整程序的终止不应影响重整计划的实施和本法规定所产生的影响。

第 289 条（终止决定的公告）

当法院决定终止重整程序时，应公布这类决定的执行部分和决定的理由。此种情形，不需要送达。

第 290 条（上诉）

（1）第 247 条第（1）款、第（2）款和第（4）款至第（7）款的规定经修改后应比照适用于对终止重整程序的决定提出的上诉。

（2）第 40 条第（1）款的规定经修改后应比照适用于终止重整程序的决定成为最终和决定性（的决定）的情形。

第 291 条（偿还优先债权）

当终止重整程序的决定成为最终和决定性的决定时，管理人应当从债务人的财产中偿还优先债权，对于任何有争议的优先债权的偿还，应当将有关款项向债权人提存，但依第 6 条第（1）款规定必须宣告破产者，不在此限。

第 292 条（记入重整债权人名册等的效力）

（1）当根据第 286 条或第 287 条的规定，终止重整程序的决定对于已获确认的重整债权或已获确认的重整担保权成为最终和决定性的决定时，重整债权人名册或重整担保债权人名册中的记录条目，与对债务人作出的终局判决具有同等效力：但仅限于债务人在重整债权及重整担保权审查期间或特别审查日对该重整债权及重整担保权未提出异议的情形。

（2）重整债权人或重整担保债权人可以根据重整债权人名册或重整担保债权人名册对债务人强制执行，但债务人在重整完成后根据第6条的规定被宣告破产的除外。

（3）第225条第（3）款的规定经修改后应比照适用于第（2）款的情形。

第293条（经修改后比照适用的规定）

第255条第（2）款、第（3）款的规定，经修改后比照适用于依照第288条第（1）款的规定作出的终止重整程序的最终决定。

第9章　经营性小额收入者的简易重整程序

第293-2条（定义）

本法用语的定义如下：

1. “营业收入者”，是指未来很可能连续或者多次取得房地产租金收入、营业收入、农业收入、林业收入或者其他类似收入的债务人；

2. “小额营业收入者”，是指负有不超过总统令规定数额债务的营业收入者，其中，申请重整时重整债权和重整担保债权总额不超过50亿韩元；

3. “简易重整程序”，是指依照本章规定适用于经营性小额收入者的重整程序。

（2014年12月30日第12892号法令新增本条）

第293-3条（适用条款）

（1）除本章另有规定外，第2部分（重整程序）的规定应适用于简易重整程序。

（2）本法［不包括第2部分（重整程序）］或其他法令和附属法令中提及的重整程序，除非相关法令和附属法令中有明确规定的，否则应被视为包括简易重整程序，该法令和附属法令应相应适用。

（2014年12月30日第12892号法令新增本条）

第293-4条（申请启动简易重整程序）

（1）经营性小额收入者，可向法院申请启动简易重整程序，但个人经营性小额收入者，自申请之日起五年内，曾经过个人重整、破产等程序获得债务免责的，不在此限。

（2）申请启动简易重整程序的人，在根据第（1）款提出申请时，须清楚说明如上述申请不符合同一款的规定，他/她是否有意申请重整程序。

（3）申请简易重整程序，应当以文件形式提出，载明下列事项：

1. 债务人是个人的，债务人的姓名、户籍登记号和住所；

2. 债务人不是个人的，其商号、主要办事处或者营业场所的所在地、债务人代表的姓名；

3. 申请启动简易重整程序的意图；

4. 启动简易重整程序的原因；

5. 债务人的经营情况和财产状况；

6. 经营性小额收入者的债务数额及其计算依据；

7. 根据第（2）款申请启动重整程序的意图。

（4）第（3）款所指的文件须附有下列文件：

1. 债权人名册；

2. 债务人经营情况的材料；

3. 债务人财产状况的材料；

4. 最高法院规定的其他文件。

（2014 年 12 月 30 日第 12892 号法令新增本条）

第 293 –5 条（确定启动重整程序）

（1）法院在收到根据第 293 –4 条第（1）款主句提出的申请后，应作出简易重整程序的决定，经营性小额收入的债务人有第 34 条第（1）款的情形之一，不属于驳回第 42 条规定的重整程序申请的理由，也不属于第 293 –4 条第（1）款的但书的情形。

（2）法院在收到根据第 293 –4 条第（1）款主句提出的申请后，如债务人不属于经营性小额收入者或债务人属于上述同一款的但书项下，可作出如下分类的决定：

1. 债务人已澄清其不打算按照第 293 –4 条第（2）款的规定申请开始重整程序的情形：驳回简易重整程序启动申请的决定。

2. 债务人已澄清其打算根据第 293 –4 条第（2）款申请启动重整程序的情形：驳回简易重整程序的启动申请的决定和下列决定：

（a）关于启动重整程序的决定；

（b）撤销开始重整程序的决定。

（3）应利害关系人的请求或依职权，法院应当对属于下列任何一项的情形，在根据第（1）款决定启动简易重整程序后，在最终确认重整方案之前，作出终止简易重整程序的决定：

1. 经证明债务人不构成经营性小额收入者；

2. 已证明债务人属于第 293 –4 条第（1）款但书规定的情形。

（4）法院在根据第（3）款就终止简易重整程序作出决定时，可考虑债权人的一般利益和债务人重整的可能性，继续进行重整程序。此种情况下，在简易重整程序中对属于第 6 条第（7）款规定的任何人进行的任何此类处置、行为等，除非与其性质相反，否则也应被视为在重整程序中仍然有效。

（2014 年 12 月 30 日第 12892 号法令新增本条）

第 293 –6 条（不指定管理人）

（1）在简易重整程序中不指定管理人：但在任何被认为属于第 74 条第（2）款任何一项的情形下，可指定管理人。

（2）如属第（1）款的主句所述，债务人（如债务人并非个人，则指其代表）须被视为本部分所指的管理人。

（2014 年 12 月 30 日第 12892 号法令新增本条）

第 293－7 条（简易审查专员）

（1）法院可应利害关系人的请求或依职权，任命第 601 条第（1）款规定的人为简易审查专员。第 79 条、第 81 条、第 82 条、第 83 条第（1）款和第 87 条经修改后应比照适用于简易审查专员。

（2）根据最高法院规则的规定，简易审查专员可以以简化的方式履行第 87 条所述的审查专员的职责。

（3）如果指定了简易审查专员，管理人可以按照最高法院规则规定的简易方式，执行第 91 条至第 93 条规定的管理人的职责。

（2014 年 12 月 30 日第 12892 号法令新增本条）

第 293－8 条（涉及批准重整计划方案要求的特殊情形）

在利害关系人会议中，虽有第 237 条第（1）款的规定，但符合下列规定之一的，视为已获得债权人集体的同意：

1. 取得有表决权的重整债权人的表决权总额 2/3 以上表决权人的同意；

2. 取得有表决权的重整债权人表决权总额的 1/2 以上的表决权人的同意和所有有表决权的人的过半数同意。

（2014 年 12 月 30 日第 12892 号法令新增本条）

第3部分　破 产 程 序

第1章　破产程序的开始

第1节　破 产 申 请

第294条（破产申请权人）

（1）债权人或者债务人可以提出破产申请。

（2）债权人提出破产申请时，应当说明其债权的存在和破产的事实。

第295条（公司破产的申请权人）

（1）公司董事可以依照《民法》和其他法律提出公司破产申请；无限责任合伙和有限责任合伙的普通合伙人可以申请合伙企业破产；股份公司或者有限责任公司的董事可以提出对股份公司或者有限责任公司的破产申请。

（2）任何清算人可提出对任何清算中的公司的破产申请。

第296条（董事申请破产）

当任何董事、普通合伙人、清算人（应提出而）未提出破产申请时，应当说明导致破产的事实。

第297条（申请经修改后比照适用于其他公司）

第295条和第296条的规定经修改后应比照适用于除第295条规定的公司以外的任何公司、任何有代表或管理人的社团法人或非公司的任何财团法人。

第298条（公司解散后的破产申请）

对于任何公司，即使在该公司解散后，在其剩余财产的交付或分配尚未完成的任何期间，均可提出破产申请。

第299条（遗产破产申请权持有人）

（1）遗产债权人、受遗赠人、继承人、遗产管理人、遗嘱执行人可以对被继承的遗产提出破产申请。

（2）遗产管理人、遗嘱执行人或者遗产继承人作出符合条件的承诺或者财产分割时，发现难以向遗产债权人和受遗赠人清偿所继承遗产的债务的，应立即提出破产申请。

（3）遗产继承人、遗产管理人或者遗嘱执行人分别提出破产申请的，应当说明导致破产的事实。

第 300 条（申请遗产破产的期限）

对于被继承的遗产，只有在依照《民法》第 1045 条的规定提出分割财产的请求期间内，才能提出破产申请。此种情形下，在这一期间内作出合格的接受或财产分割时，可以在任何遗产债权人和任何受遗赠人的还款未完成期间内提出破产申请。

第 301 条（在境外宣告破产）

债务人在申请破产时，已在境外宣告破产的，应当推断存在导致破产的事实。

第 302 条（书面申请）

（1）破产申请书应当以书面形式提出，并载明下列事项：

1. 申请人及其法定代表人的姓名或者名称、住所；
2. 债务人是个人的，其姓名、居民登记号和住所；
3. 债务人不是个人的，其商号、主要办事机构所在地或者营业地以及代表人姓名；
4. 申请的目的；
5. 申请的理由；
6. 债务人的经营目的和目前的经营状况；
7. 债务人发行的股份总数、股本数额、资产状况、债务和财产；
8. 申请人所知的涉及债务人财产的其他程序或者处分；
9. 债权人提出破产申请时，其所持债权的数额和理由；
10. 股东或权益持有人申请破产时，其所持股份或股票之数量及金额。

（2）第（1）款所称书面申请，应附具下列文件：书面申请提出时不能附文的，应说明不附文的原因，并及时提交有关文件：

1. 债权人名册；
2. 财产清单；
3. 债务人收支明细表；
4. 最高法院规则规定的其他文件。

第 303 条（预付破产程序费用）

任何人提出破产申请时，应当预付法院认为适当的破产程序所必需的费用。

第 304 条（破产程序费用的临时支付）

申请破产的人不是债权人的，破产程序的费用可以由国家财政部（the National Treasury）暂时支付。如任何预付款项低于固定数额，当法院依职权宣告破产时以及当破产申请人是债权人而法院宣告债务人破产时，即使未支付费用，也应适用上述规定。

第 2 节　破 产 宣 告

第 305 条（一般破产的理由）

（1）债务人无力偿债时，法院可应请求或依职权宣布其破产。

（2）债务人暂停付款的，推定为不能付款。

第 306 条（公司破产的理由）

（1）对于任何公司，当其负债总额超过其资产总额，即可宣告该公司破产。

（2）第（1）款的规定不适用于任何无限或有限合伙企业存在的期间。

第 307 条（遗产的破产理由）

不能清偿对遗产债权人和受遗赠人的相应债务时，请求宣告破产的，法院应当裁定宣告破产。

第 308 条（破产申请后的继承或者宣告破产后的继承）

申请破产或者宣告破产后继承开始的，对继承的遗产继续进行破产程序。

第 309 条（驳回的理由）

（1）下列情形，法院可驳回其破产申请：

1. 申请人未提前支付破产费用的；

2. 法院正在审理重整程序或者个人重整程序案件，采取重整程序的方式符合债权人的总体利益；

3. 债务人对破产原因不承担责任的；

4. 无法找到申请人的；

5. 恶意申请的。

（2）即使债务人对导致破产的事实负有责任，经审查确认破产申请构成滥用破产程序的，法院也可以驳回破产申请。

第 310 条（宣告破产）

破产宣告的年、月、日、时，应当记入破产决定书。

第 311 条（破产生效的时间）

破产自宣告破产之日起生效。

第 312 条（宣告破产时应规定的事项）

（1）法院应在宣布破产时指定破产受托人，并规定下列事项：

1. 申报期间。此种情况下，期限应为自宣布破产之日起不少于两周至不超过三个月。

2. 第一次债权人会议召开之日。此种情况下，日期应定于宣告破产之日起四个月内。

3. 审查债权的日期。此种情况下，从这一日期到根据第 1 项的规定申报债权期间的最后一天之间，要求有不少于一周至不超过一个月的期间。

（2）第（1）款第 2 项和第 3 项规定的日期可能相同。

第 313 条（宣告破产的公告和送达）

（1）法院宣告破产时，应将下列事项及时公告：

1. 破产决定的可执行部分。

2. 破产受托人的名称、住所和办公场所。

3. 第 312 条规定的期限和日期。

4. 被宣告破产的债务人的债务人和属于破产财团财产的所有权人被禁止向被宣告破产的债务人偿还债务或者转移财产的裁定的要点。

5. 被宣告破产的债务人的债务人和属于破产财团财产的所有权人在一定期限内向破产受托人（the trustce in bankruptcy）报告下列事项的裁定的要点：

（a）有关其所承担义务的事项；

（b）有关其所拥有财产的事项；

（c）当持有人有权在破产外取消赎回权时，有关其所持债权的事项。

（2）法院应当向已知的各债权人、债务人和各财产所有人提交书面陈述，写明第（1）款规定的事项。

（3）第（1）款和第（2）款的规定经修改后应比照适用于第（1）款第2项至第5项所述事项发生变化的情形。

（4）不按照第（1）款第5项规定报告的，应当赔偿因其疏忽对破产财团所造成的损失。

第314条（公司破产通知书）

（1）被宣告破产的公司，其设立和经营目的须经行政机关批准的，法院应当通知该行政机关该破产宣告的情况。

（2）第（1）款的规定经修改后比照适用于宣告破产、终止破产决定成为终局性的决定或者作出了终结所有破产的决定的案件。

第315条（对检察官的通知）

如认为有必要，法院可将宣告破产的事实通知检察官（prosecutors）。

第316条（对破产申请裁决的即时上诉）

（1）对破产申请的裁决，可以立即提起上诉。

（2）对驳回破产申请的决定立即提起上诉的案件，比照适用第323条、第324条的规定。

（3）第（1）款规定的即时上诉不具有中止执行的效力。

（4）违反法令提出即时上诉的程序，认为即时上诉没有根据的，上诉法院应当作出决定，在不损害当事人利益的情况下，驳回即时上诉。

（5）认为即时上诉确有根据的，由上诉法院撤销原判决，发回下级法院审理。

第317条（宣告破产和同时终止破产）

（1）因破产财团挪用破产程序费用而导致资金不足的，法院应当裁定宣告该破产财团破产，同时终止该破产程序。

（2）在第（1）款所指的情形下，法院须将破产决定的执行部分、终止破产程序的决定的执行部分及有关理由的摘要，进行公告。

（3）可就第（1）款条文所述的决定提出即时上诉。

（4）第（3）款条文所述的即时上诉，并不具有中止执行的效力。

（5）第313条至第315条的规定经修改后应比照适用于第（1）款所述终止破产程序的决定成为终局决定的情形。

第 318 条（同时终止破产程序的例外）

第 317 条的规定不适用于预付款金额足以支付破产程序费用的情形。

第 319 条（逮捕被宣告破产的债务人）

（1）法院如认为有需要，可命令逮捕被宣告破产的债务人。

（2）《刑事诉讼法》关于逮捕的规定经修改后应比照适用于第（1）款所述的逮捕。

（3）可就第（1）款条文所述的决定提出即时上诉。

第 320 条（对被宣告破产的债务人的法定代表人等的逮捕）

属于下列人员之一的，准用第 319 条的规定：

1. 被宣告破产的债务人的法定代表人；
2. 被宣告破产的债务人的董事；
3. 被宣告破产的债务人的经理；
4. 被继承的破产财团无清偿能力的，其继承人、法定代表人和经理。

第 321 条（债务人等的解释义务）

（1）下列人员应当按照破产受托人、审计委员会成员或者债权人会议的要求，对破产作出必要的解释说明：

1. 债务人及其代理人；
2. 债务人的董事；
3. 债务人的经理；
4. 无力偿债的破产财团的继承人、其代理人、遗产管理人及遗嘱执行人。

（2）第（1）款的规定经修改后应比照适用于前第（1）款规定所述资格适用于的任何人。

第 322 条（宣告破产前的逮捕）

（1）申请破产的，在宣告债务人破产之前，法院可以命令逮捕债务人和本法第 320 条规定的人。

（2）第 319 条第（2）款和第（3）款的规定经修改后应比照适用于第（1）款的情形。

第 323 条（宣告破产前的保全措施）

（1）即使在债务人被宣告破产之前，法院也可以根据利害关系人的请求或依职权，对债务人的财产采取临时扣押、预先禁令和其他必要的保全措施。法院依职权宣告债务人破产的，亦同。

（2）法院可以改变或者撤销第（1）款规定的处分。

（3）对第（1）款、第（2）款规定的事项，应当作出裁定。

（4）对第（1）款、第（2）款规定的判决，可以立即上诉。

（5）第（4）款规定的即时上诉不具有中止执行的效力。

第 324 条［暂停责任限制程序的命令（order given to suspend limitation of liability procedures）］

（1）在申请破产的案件中，在对破产申请作出决定之前，法院认为必要时，应利害关系人的请求或依职权，可以命令暂停《商法》第5部分和《限制船舶所有人责任程序法》等规定的责任限制程序（limitation of liability procedures）（本条以下以及第326条和第327条中简称责任程序）：但不适用已决定开始责任限制程序的情形。

（2）法院可以撤销第（1）款规定的暂停执行决定。

第325条（破产撤销的公告及送达）

（1）当撤销破产的决定成为终局性的决定时，法院应公告其执行部分。

（2）第313条第（2）款、第315条和第547条的规定经修改后应比照适用于第（1）款的情形。

第326条（中止破产程序，直至中止责任限制程序的决定成为终局决定）

决定中止对被宣告破产的债务人已经开始的责任限制程序的，破产程序也应当中止，直至该决定成为终局性、决定性的决定。

第327条（中止责任限制程序的措施）

（1）当对被宣告破产的债务人已经开始的中止责任限制程序的决定成为终局性、决定性的决定时，法院应当就下列两项关于有限责任债权人的事项作出规定：

1. 申报期间。此种情况下，该期限从中止责任限制程序的决定成为终局性和决定性决定之日起持续不少于一周，但不超过2个月。

2. 审查债权的日期。此种情况下，应确定从该日期到根据第（1）款规定确定的申报期最后一日之间不少于1周到不超过1个月的期间。

（2）法院应公告第（1）款所述的期间及期日。

（3）法院应将述明下列事项的书面文件送达已知的债权人：

1. 第（1）款规定的期间及期日；

2. 第313条第（1）款第1项、第313条第（1）款第2项规定的事项。

（4）记载第（1）款规定的期间和期日的书面声明，应当送达下列人员：

1. 破产受托人；

2. 被宣告破产的债务人；

3. 申报破产债权的债权人。

（5）第（2）款、第（3）款规定和第（4）款主句的规定，经修改后比照适用于第（1）款规定的期间和期日发生变更的情形。

第3节　破产对法律行为的影响

第328条（解散公司）

被解散的每一个公司均须视为在破产范围内仍然存在。

第329条（债务人被宣告破产后的法律行为）

（1）被宣告破产的债务人在被宣告破产后，对属于破产财团的财产所采取的法律行为，不得向破产债权人主张。

（2）债务人在宣告破产之日履行的法律行为，推定为是在宣告破产后履行的。

第 330 条（宣告破产后的权利取得）

（1）即使破产财团的财产权是在破产宣告后未经债务人的法律行为而取得的，也不得向破产债权人主张该取得（the acquisition）。

（2）第 329 条第（2）款的规定应比照适用于根据第（1）款取得的权利。

第 331 条（破产宣告后的登记和注册等）

（1）破产后进行的任何登记或临时登记，如是在破产宣告后，通过履行在破产宣告前就任何不动产或船舶发生的债务而生效的，则不得向破产债权人主张；但上述规定不适用于由登记机关在不知道已宣布破产的事实下进行的任何注册。

（2）第（1）款的规定应比照适用于权利的设立、转让或变更的登记或临时登记。

第 332 条（破产宣告后对债务人的偿还）

（1）债务人被宣告破产后，在不知道其破产的情况下向债务人所作的清偿，可以向破产债权人主张。

（2）在债务人被宣告破产后且知道其破产的情况下，对债务人所作的清偿，可以在破产财团所获得的利益范围内向破产债权人主张。

第 333 条（破产宣告后承兑和支付票据）

（1）汇票的发行人、背书人被宣告破产的，付款人、初步付款人在不知情的情况下承兑（underwriting）、支付汇票的，可以作为破产债权人对该行为所产生的债权行使权利。

（2）第（1）款的规定，比照适用于以支付支票、现金、货物和其他有价证券为目的的证券。

第 334 条（善意推定或恶意推定）

在适用第 331 条至第 333 条时，在破产宣告被公告前，推定为不知情。

第 335 条（双方当事人未履行的双务合同的选择权）

（1）债务人与双务合同的对方在被宣告破产时尚未履行合同的，破产受托人应当解除或者终止有关双务合同，或者在履行债务人义务后要求对方履行义务。

（2）第（1）款规定的情形中，另一方可以要求破产受托人解除或者终止合同，或者在规定合理期限后，确认其是否在合理期限内履行合同。破产受托人未在合理期限内确认的，视为解除或者终止合同。

（3）破产受托人依照第（1）款的规定，解除或者终止国家为另一缔约方的《国防采办项目法》第 3 条规定的提高国防能力项目之合同的，应当与国防采办项目管理部部长协商。（2014 年 5 月 20 日第 12595 号法令新增）

第 336 条（关于支付和结算系统的特别规则）

支付结算系统、清算结算系统的参与人或者同一条规定的金融交易的当事人被宣告破产的，比照适用第 120 条的规定。在这种情况下，第 120 条第（1）款至第（3）款中的“重整程序开始时”应被视为“宣告破产的情形”，第 120 条第（3）款但书中的“重整债权人或重整担保债权人”应视为“破产债权人或破产外止赎权的持有人”。

第 337 条［破产受托人解除、终止（合同）及对方当事人的权利］

（1）依照第 335 条的规定解除或者终止合同的，对方当事人可以作为破产债权人行使主张损害赔偿的权利。

（2）根据第（1）款的规定解除或终止合同的，如果债务人在破产财团中存在任何利益回报的，另一方可以要求退还，如果该收益不存在，对方当事人可以作为破产财团债权人行使其对该利益价值的权利。

第 338 条（在交易所定期买卖可销售的货物）

（1）不能在固定日期、固定时间或者固定期限内在交易所进行可销售货物的买卖，致使不能达到合同目的的，破产宣告后，合同视为解除。在这种情况下，损害赔偿额应根据在同一地点进行同类交易时的市场价格与买卖价格之间的差额确定。

（2）第 337 条第（1）款的规定应比照适用于第（1）款所指的损害赔偿。

（3）第（1）款规定的情形，当交易所另有规定的，依照其规定。

第 339 条（民法规定解除或者撤销的权利）

第 335 条第（2）款的规定，经修改后适用于另一方或破产受托人依《民法》第 637 条、第 663 条或第 674 条之规定行使解除权或撤销权时。

第 340 条（租赁协议）

（1）出租人被宣告破产的，除为本期和以后期间外，不得向破产债权人主张预付租金或者处分租金债权。

（2）因不能依照第（1）款规定向破产债权人主张赔偿而遭受损失的，可以行使破产债权人的赔偿请求权。

（3）第（1）款和第（2）款的规定应比照适用于地上权。

（4）出租人被宣告破产，承租人有下列情形之一的，不适用第 335 条的规定：

1. 符合《房屋租赁保护法》第 3 条第（1）款规定的对第三人主张权利的条件；

2. 符合《商业建筑租赁保护法》第 3 条规定的对第三人主张权利的条件。

第 341 条（工作合同）

（1）债务人依照合同负有履行义务的，破产受托人可以向债务人提供必要的材料，要求其履行义务。此种情况下，如果债务人没有被要求亲自履行工作，他/她可以让任何第三方代表他/她履行工作。

（2）前款规定之情形，债务人从合同另一方取得的报酬，属于破产财团。

第 342 条（委托合同）

委托人被宣告破产的，被委托人在未接到破产通知和不知情的情况下履行被委托的文书工作（clerical work）的，被委托人可以以破产债权人的身份对委托人行使因履行被委托的文书工作而产生的债权。

第 343 条（共同账户）

（1）当任何一方被宣告破产时，共同账户应结束。在这种情况下，每一方都可以关闭共同账户，并要求支付任何余额。

（2）债务人持有第（1）款规定的债权时，该债权归破产财团所有，对方持有该债权的，该债权成为破产债权。

第 344 条（共有人破产）

（1）宣告共同所有人破产，即使有禁止分割的协议，也可以不通过破产程序而进行分割。

（2）在第（1）款所指的情形下，未被宣告破产的任何其他共有人，可在支付合理价格后，取得被宣告破产的人的份额。

第 345 条（配偶财产管理）

管理配偶财产的人被宣告破产的，比照适用《民法》第 829 条第（3）款和第（5）款的规定；行使亲权（parental authority）的人被宣告破产的，分别比照适用《民法》第 924 条的规定。

第 346 条（破产、核准、财产分割）

任何继承人或任何遗产的破产宣告不得影响合格的遗产接受或财产分割；但在取消破产或中止破产的决定成为最终及决定性的决定，或终结破产的决定成为最终及决定性的决定之前，有关程序应予暂停。

第 347 条［涉及破产财团的诉讼的请求移送（takeover）①］

（1）破产受托人或者另一方当事人可以请求移送（接管）涉及破产财团的诉讼，但以宣告破产时法院正在审理的诉讼为限。破产受托人依照第 335 条第（1）款的规定履行义务时，涉及对方当事人债权的诉讼，亦同。

（2）第（1）款规定的诉讼费用，为破产债权。

第 348 条（强制执行和保全措施的效力）

（1）以破产债权为基础对属于破产财团的财产进行强制执行、临时扣押或者临时禁止的，对破产财团都无效；但是，破产受托人可以对破产财团继续执行强制执行程序。

（2）破产受托人依照第（1）款但书的规定继续执行强制执行程序所发生的费用，构成破产财团债权，破产受托人在第三人反对执行强制执行的诉讼中被指定为被告。

第 349 条（违约处理的影响）

（1）如果在宣告破产之前，对属于破产财团的任何财产，以依照《国家税收征管法》或者《地方税收征管法》征收税款的任何债权（包括根据征收国家税款的例子征收税款的债权，在征收时优先于一般重整债权）为基础，对逾期欠款进行了处置（deposition）的，破产宣告不影响继续进行这种处置。（2010 年 3 月 31 日第 10219 号法令修订；2016 年 12 月 27 日第 14476 号法令修订）

（2）宣告破产后，对属于破产财团的任何财产，不得以根据《国家税收征管法》或《地方税收征管法》征收税款的任何债权（包括根据征收国家税款的例子征收税款的债权），对逾期欠款进行处置。（2010 年 3 月 31 日第 10219 号法令修订；2016 年 12 月 27 日

① 译者注：一般译作接管，但是此处译为请求移送方好理解。

第 14476 号法令修订）

第 350 条（对行政案件的影响）

（1）属于破产财团的财产处于破产状态时，行政机关正在审理的案件，其程序应当被中止，直至被接管或者破产程序终结之时。①

（2）第 347 条的规定应比照适用于第（1）款的情形。

第 4 节　公司董事等的职责

第 351 条（公司董事的财产保全措施）

（1）债务人公司被宣告破产，法院在认为有必要时，可应破产受托人的请求或依职权，对董事等的财产采取保全措施，以保留向债务人的发起人、董事［包括根据《商法》第 401－2 条第（1）款被视为董事之人］、审计师、审查员或清算人（以下，在本条中至第 353 条所称董事等）催缴资本的权利，并寻求与董事职责相关的损害赔偿等。

（2）破产受托人知道有前款规定的债权时，应当请求法院采取前款规定的保全措施。

（3）在认为情况紧急时，法院可应债务人的请求或依职权采取第（1）款所规定的保全措施，甚至在债务人被宣告破产之前也可如此。

（4）法院在听取管理委员会的意见后，可以决定改变或者撤销第（1）款或第（3）款规定的保全措施。

（5）对第（1）款或第（3）款所述的保全措施和第（4）款所述的决定，可立即提出上诉。

（6）第（5）款所述的即时上诉，不具有中止执行的效力。

（7）如就针对第（1）款或第（3）款所述的保全措施而提出的即时上诉作出裁决，以及就第（4）款所述的决定作出裁决，须将书面裁决送达各方。

第 352 条（债权确认程序中赔偿请求权等的裁决）

（1）债务人公司被宣告破产的情况下，法院认为必要时可以作出判决，要求（issue a judgment calling for）对是否存在向董事等进行资本催缴的权利、是否存在就董事的职责等寻求损害赔偿的权利以及这些权利的性质进行检查和确定。

（2）破产受托人知道有前款规定的债权时，应当向法院申请作出前款规定的判决。

（3）破产受托人提出第（1）款规定的申请时，应当说明事实根据。

（4）在拟依职权提出债权确认程序时，法院应就此作出判决。

（5）第（1）款规定的申请，或决定提起第（4）款规定的债权确认程序时，应当视为对时效中断的司法请求。

（6）对根据第（1）款作出的任何判决，如撤销债权确认程序中的判决，以及该判决的申请，均须作出附有理由的决定。

---

① 译者注：如果英文本翻译没错，应该指此时破产财产已经被分配完了，等于行政诉讼让位民事诉讼，相当于中国《民法典》第 187 条类似之效果。

（7）法院作出第（6）款规定的决定，应当事先对利害关系人进行审查。

（8）债权确认程序（作出债权确认决定后的任何债权确认程序除外）须在破产程序完成时完成。

（9）作出债权确认决定时，应当向当事人送达书面决定。

第 353 条（提出异议的诉讼）

（1）对本法第 352 条第（1）款规定的债权确认程序的判决不服的，可以自收到判决之日起 1 个月内提起诉讼。

（2）第（1）款所称期间为不变期间。

（3）当董事等提起第（1）款所规定的诉讼时，破产受托人应被指定为被告，当破产受托人提起诉讼时，董事等应分别为被告等。

（4）第（1）款所称诉讼，由受理破产案件的法院（指受理破产案件的重整法院，同样适用于以下规定）专属管辖；且诉状（pleadiing）应至少在决定送达一个月后才开始生效。(2016 年 12 月 27 日第 14472 号法令修订)

（5）审理多重异议的，应当合并诉状。

（6）第（1）款所作的判决，应当授权、变更和撤销同一款所作的决定；但是，以不带偏见地认为违法为由驳回诉讼的，不适用本规定。

（7）批准或者变更审查确认决定的判决，与责令强制执行的判决具有同等效力。

第 354 条（债权确认程序中判决的效力）

第 353 条第（1）款规定的诉讼，在同一款规定的期间内不起诉、撤回或者驳回的，债权确认程序中的判决与责令执行的终局判决具有同等效力。

第 2 章　破产管理机构

第 1 节　破产受托人

第 355 条（指定破产受托人）

（1）法院在听取管理委员会的意见后，应指定破产受托人。

（2）任何公司均可成为破产受托人。在这种情况下，公司应委派一名董事履行破产受托人的职责，并向法院报告其委派。

第 356 条（破产受托人的人数）

破产受托人为一人，但法院认为必要时，可以指定多人。

第 357 条（资格证书）

（1）法院须向每名破产受托人交付一份证明其获指定的书面声明。

（2）每名破产受托人在执行其职责时，须应任何利害关系人的要求，出示第（1）款所述的书面声明。

第 358 条（法院监督）

每名破产受托人均须置于法院的监督之下。

第 359 条（起诉资格）

破产受托人是破产财团相关诉讼的当事人。

第 360 条（多个破产受托人履行职责）

（1）破产受托人为一人以上的，应当共同履行职责。在这种情况下，他们可以在获得法院的许可后自行分工。

（2）多个破产受托人履行职责时，第三人仅向其中一人声明其意愿即可。

第 361 条（破产受托人的义务）

（1）每一个破产受托人都应当以一个善良管理人应有的谨慎履行其职责。

（2）破产受托人玩忽职守的，应当对利害关系人的损失承担赔偿责任。在这种情况下，当损害是因多个破产受托人玩忽职守造成的，这些破产受托人应当承担连带赔偿责任。

第 362 条（破产受托人的代理人）

（1）必要时，破产受托人可以自行委托代理人履行职责。

（2）任命第（1）款规定的代理人，须经法院许可。

（3）凡债务人是公司，而第（1）款所规定的许可已获给予，则第 5 级法官等须依职权并毫不迟延地委托登记处登记代理人的任命，通过向登记处提供一份委托书，并附有书面决定的核证副本。委托代理人的许可变更或者撤销，也适用同样的规定。

（4）第（1）款所述代理人可代表破产受托人参与任何司法和庭外活动。

第 363 条（破产受托人的辞职）

破产受托人有正当理由辞职的，经法院许可，可以辞职。

第 364 条（破产受托人的解聘）

（1）应审计委员会任何委员的要求或依职权，法院可根据债权人会议的决议，解聘任何破产受托人。在这种情况下，法院应审查破产受托人。

（2）对依照第（1）款规定作出的解聘破产受托人的决定，可以立即提起上诉。

（3）第（2）款规定的即时上诉不具有中止执行的效力。

第 365 条（会计报告的义务）

（1）破产受托人履行职责时，应当及时向债权人会议报告会计情况。

（2）债务人、破产受托人或者破产受托人的继任者未在债权人会议上对会计报告提出异议的，视为批准。

（3）破产受托人应当在债权人会议召开前三日，将会计报告和审计委员会成员的书面意见报送法院，供利害关系人查阅。

第 366 条（职责完成后的紧急处理）

破产受托人职责履行完毕，出现紧急情况时，破产受托人及其继任者应当采取必要的财产管理措施，直至下一任破产受托人和债务人能够管理该财产为止。

第2节　债权人会议

第367条（会议）

法院依职权或应破产受托人或审计委员会任何委员的请求，应召集债权人会议。持有不少于法院核定债权总额1/5的破产债权人申请的，亦同。

第368条（会议日期和议程的公告）

（1）法院应当公告债权人会议的日期和议程。

（2）当宣布债权人会议延期或继续举行时，法院可选择不作送达或公告。

第369条（由法院主持）

债权人会议由法院主持。

第370条（通过决议的要求）

（1）债权人会议的决议，须经出席债权人会议并有权行使表决权的破产债权人所持债权总额的1/2以上的人同意。

（2）与债权人会议决议有特殊利害关系的，不得行使表决权。

第371条（分开表决）

（1）破产债权人可以分开行使表决权。

（2）在第（1）款所指的情况下，破产债权人须在举行债权人会议的日期最少7日前，以书面形式向法院报告其会议的目的。

第372条（委托投票）

（1）破产债权人可以委托他人行使其表决权。在这种情况下，代理人应提交代理的书面证据。

（2）第371条第（2）款的规定应比照适用于代理人将他/她被委托的投票分开（行使）。

第373条（可行使表决权的债权数额）

（1）破产债权人可以按照债权的确定数额行使表决权。

（2）当破产受托人或任何破产债权人对行使未确认债权、先决条件债权（condition precedent claims）、未来债权而不能偿清的债权数额提出异议时，法院应决定是否允许他们行使表决权以及行使表决权的数额。

（3）根据利害关系人的请求，法院可以随时变更第（2）款规定的决定。

（4）凡根据第（2）款或第（3）款作出决定，无须送达。

（5）破产债权人不得依据第446条规定之债权行使表决权。

第374条（代替审计委员会委员的协议的效力）

（1）债权人会议的决议可以由审计委员会委员的同意代替。

（2）债权人会议的决议与审计委员会委员的意见不一致的，以该决议为准。

第375条（禁止执行决议）

（1）当债权人会议的任何决议与破产债权人的一般利益相抵触时，法院可依职权或在破产受托人、审计委员会委员或破产债权人的要求下，禁止执行该决议。

（2）无表决权的破产债权人提出第（1）款规定的申请时，应当证明自己是破产债权人。

（3）对第（1）款所述的禁止作出决定时，无须送达。

（4）对第（1）款所述的决定，可以立即提出上诉。

第3节　审计委员会委员

第376条（关于设立审计委员会的决议）

第一次债权人会议提议设立审计委员会的，第一次债权人会议可以决定是否设立审计委员会及其组成人员；但第一次债权人会议后，债权人会议可以变更该决议。

第377条（审计委员会委员的资格）

（1）审计委员会的组成人员由债权人会议指定。

（2）审计委员会的组成人员必须是与破产程序无利害关系的法律和公司治理专家。

（3）关于任命审计委员会成员的任何决议均应获得法院的批准。

第378条（履行职责的方式）

（1）审计委员会的组成人员不少于三人的，经其过半数同意，决定其职责的履行。

（2）审计委员会委员中（与破产程序）有特殊利害关系的，不得参加第（1）款规定的决定。

第379条（审计委员会委员的职责）

（1）审计委员会的委员们须监督破产受托人的履职。

（2）审计委员会各委员可以随时要求破产受托人报告破产财团的状况和检查破产财团的现状。

（3）审计委员会任何委员发现给任何破产债权人造成重大损失的事实的，应当及时向法院或者债权人会议报告。

第380条（审计委员会成员的解聘）

（1）经债权人会议决议，可以解除任何审计委员会委员的职务。

（2）法院可应利害关系人的请求，以合理理由将审计委员会的任何委员解聘。

（3）可就第（2）款所规定的对任何审计委员会委员的解聘判决提出即时上诉。

（4）第（3）款所规定的即时上诉，不具有中止执行的效力。

第381条（比照适用的规定）

第30条第（1）款和第361条的规定应比照适用于审计委员会的委员。

第3章　破产财团的组成和确认

第1节　破产财团的组成

第382条（破产财团）

（1）债务人被宣告破产时所持有的全部财产，归为破产财团。

（2）因债务人被宣告破产前发生的，债务人将来可以行使的债权，归为破产财团。

第 383 条（不属于破产财团的财产）

（1）不能被扣押的财产，不得归为破产财团。

（2）法院可根据个别债务人的请求，免于将下列任何财产归为破产财团：

1. 在根据《住房租赁保护法》第 8 条规定的应优先偿还的金额范围内，不超过总统令规定的金额的任何部分，即要求退还债务人或其受养人用作住宅用途的建筑物的租赁保证金；

2. 将用于支付债务人及其受养人 6 个月生活费用的特定财产部分，数额不超过总统法令规定的数额。

（3）第（2）款规定的申请，应当在提出破产申请后的 14 日内，以书面形式提出，并附带财产清单和证明文件。

（4）凡第（2）款所规定的申请是在宣告破产前提出的，或第（2）款所规定的申请是在宣告破产后提出的，则法院须决定是否予以免除，并在该申请提出之日起 14 日内就免除的范围作出决定。

（5）在作出第（4）款所规定的决定时，法院须将书面决定送达债务人及每名已知的债权人。

（6）可就第（4）款所规定的决定提出即时上诉。

（7）第（6）款所规定的即时上诉，并不具有中止执行的效力。

（8）凡在宣告破产前提出例外申请（an exception application），法院可应债务人的请求或依职权，命令中止或禁止以宣告破产时的破产债权为基础的强制执行、针对第（2）款规定的免责财产的临时扣押或者初步禁止（provisional seizure or preliminary injunction）。

（9）当免除决定成为最终和决定性的决定时，根据第（8）款的规定中止的程序将失去效力。

（10）依照第（4）款规定免除的财产，不得在依照第 556 条第（1）款规定的可以提出免除申请的截止日期前，执行基于破产债权的强制执行、临时扣押或者初步禁止。

第 384 条（管理与处分的权限）

破产财团的管理和处分权由破产受托人享有。

第 385 条［破产宣告后的绝对接受（继承）］

债务人的任何继承在其被宣告破产前开始的，债务人被宣告破产后的绝对接受（继承），具有对破产财团进行合格接受的效力。

第 386 条（破产宣告后放弃继承）

（1）债务人在其被宣告破产前开始继承的，债务人在其被宣告破产后放弃的任何继承，对破产财团具有合格的接受效力。

（2）尽管有第（1）款的规定，破产受托人仍可承认放弃继承的效力。在这种情况下，破产受托人应在知悉放弃继承之日起 3 个月内向法院报告其要点。

第 387 条（破产和一般遗赠物）

第 385 条和第 386 条的规定应比照适用于一般遗赠物。

第 388 条（破产和特定遗赠物）

（1）债务人在被宣告破产前持有特定遗赠物的，债务人在被宣告破产时不批准或者不放弃该特定遗赠物的，破产受托人可以代表债务人批准或者放弃该特定遗赠物。

（2）《民法》第 1077 条第（1）款的规定，经修改后准用于本条第（1）款的情形。

第 389 条（无力偿债的财团）

（1）被继承的财团（遗产）被宣告破产时，其全部无力偿债的财团归为破产财团。

（2）被继承的财团（遗产）宣告破产的，被继承人对继承人享有的权利和继承人对被继承人享有的权利均不消灭。

（3）被继承的财团（遗产）被宣告破产时，其继承人应被视为有条件接受（继承），但依《民法》第 1026 条第 3 项规定，该继承人被视为绝对接受继承的，不在此限。

第 390 条（继承人对财产的处分）

（1）继承人处分继承的全部或者部分遗产后，该遗产被宣告破产的，继承人所享有的收益权归为破产财团。

（2）在第（1）款规定的情形下，当遗产继承人已经收到了作为回报的收益时，他/她应将这些收益返还破产财团；但如果继承人收到返还的利益时，不知道有导致破产的事实或者破产申请的，可以在现存利益的限度内返还。

第 2 节　撤　销　权

第 391 条（可撤销行为）

破产受托人为破产财团可以撤销下列行为：

1. 债务人明知损害破产债权人的利益而为之；但该行为的受益人不知道债务人的行为损害重整债权人利益的，不在此限。

2. 债务人有损破产债权人利益的行为，以及债务人在提出暂停付款申请或者破产申请后提供担保或者清偿债务的行为；但以该行为的任何受益人在债务人履行该行为时已知债务人提出了暂停付款申请或破产申请的事实为限。

3. 债务人提供任何担保或清偿任何债务的行为，不属于债务人的义务，并且在债务人提出暂停付款申请或破产申请之日起 60 日之前或之后，该担保或清偿任何债务的方式和时间与债务人的义务不相关；但债权人不知道债务人提出暂停付款申请或者破产申请，且在债务人作出该行为时对债权人不利的，不适用该规定。

4. 债务人自申请暂停付款或者申请破产之日起 6 个月前或者 6 个月后，所为的无偿行为或者可以视为与之相同的行为。

第 392 条（以特殊关系人为他方的行为的特殊规则）

（1）适用第 391 条第 2 项但书规定的受益人是与债务人有特殊关系的人（本条以下简称特殊关系人），其范围由总统令规定，特殊关系人应当被推定为知道债务人在履行该行为时已提出了暂停付款申请或者破产申请的事实。

（2）适用第 391 条第 3 项规定时，以特殊关系人为对方当事人的行为，同一款主句规定的“60 日”改为“1 年”，适用同一款但书的，推定为特殊关系人知道债务人已申请暂停付款或者申请破产，且在其履行该行为时对破产债权人不利。

（3）适用第 391 条第 4 项规定时，以特殊关系人为对方当事人的，同一款规定的“6 个月”改为“1 年”。

第 393 条（本票付款的例外）

（1）本票（a promissory note）上一人或者数人的权利消灭的，不适用第 391 条的规定，但本票上有权向债务人追偿的人收到该款项的除外。

（2）在第（1）款所指的情形下，当有义务支付最终款项的任何人或委托发行本票的任何人意识到债务人提出暂停付款或破产申请的事实，或在发行本票时由于疏忽而未意识到这一事实的，破产受托人可以要求该人退还债务人支付的款项。

第 394 条（设定权利变更或者撤销对抗条件的要求）

（1）凡任何具有确立、转让或更改权利效力的注册或登记（any registration or any register）在债务人提出暂停付款申请或破产申请后生效的，以注册或登记方式产生债务的行为是在债务人提出暂停付款申请或破产申请的情况下进行的，该行为可以撤销；但上述规定不适用于任何主要注册或登记是在临时注册或登记［该临时注册或登记的（最终）生效依附于前者（的效力）之上］之后才生效的情形（Provided, That the same shall not apply to cases where any principal registration or any principal register is effected after any provisional registration or any provisional register is effected based on the former）。

（2）债务人提出暂停付款申请或者破产申请后，因对抗第三人的需要而设定、转让或者变更权利的，在债务人自设定、转让或变更权利的行为发生之日起满 15 日后，明知债务人提出暂停付款申请或破产申请而实施该行为的，第（1）款的规定适用于该情形。

第 395 条（撤销执行行为）

对应当撤销的行为存在执行权时或者以执行行为为基础时，可以行使撤销权。

第 396 条（行使撤销权的方式）

（1）破产受托人应当通过诉讼、撤销请求或者抗辩行使撤销权。

（2）法院可应破产债权人的请求或依职权，责令破产受托人行使撤销权。

（3）第（1）款规定的诉讼和撤销请求案件，由正在审理破产案件的法院专属管辖。（2016 年 12 月 27 日第 14472 号法令修订）

（4）第 106 条和第 107 条应比照适用于第（1）款规定的撤销请求。

第 397 条（行使撤销权的效力）

（1）行使撤销权的效力，应当使破产财团恢复原状。

（2）在第 391 条第 4 款规定中撤销的行为，如果另一方在其履行该行为时是善意的，则可以在现有利润范围内返还。

第 398 条（对方当事人的法律地位）

（1）在撤销债务人行为的情形下，如果支付给债务人作为回报的收益包括在破产财团中，则对方可以要求予以返还，并且如果在破产财团中存在由此收益而产生的任何利润，债务人可以在这种利润的范围内行使其作为财团债权人的权利。

（2）债务人的行为被撤销的，在该利益得不到返还时，对方可以行使破产债权人的权利，使该利益的价值得以返还。在收益的价值高于现有利润的情况下，同样适用于两者之间的差额。

第 399 条（对方债权恢复原状）

撤销债务人行为的，在对方返还其收到的款项或者返还其价款时，对方的债权应当恢复原状。

第 400 条（破产财团的撤销权）

第 391 条、第 392 条、第 393 条、第 398 条、第 399 条的规定，比照适用于被继承人、继承人、遗产管理人、遗嘱执行人对遗产的行为。

第 401 条（撤销继承遗产的人的清偿）

遗产被宣告破产的，向继承人（或受遗赠人）清偿债务、解除债务的行为不利于享有优先债权的破产债权人的，可以被撤销。

第 402 条（向撤销行为其他方的清偿）

遗产被宣告破产的，被继承人、继承人、遗产管理人和遗嘱执行人对遗产的行为被撤销的，剩余财产应当按照向继承债权人清偿后被撤销的行为对另一方的权利价值进行分配。

第 403 条（对后继买受人的撤销权）

（1）有下列情形之一的，可以对后继买受人行使撤销权：

1. 当后继买受人意识到在后续购买时存在对前者的撤销理由的；

2. 后继买受人是第 392 条规定的特殊关系人，但后继买受人不知道其撤销理由的，不在此限；

3. 后继买受人采取无对价行为（a gratuitous act）或与前者等同的行为进行后续购买的，而前者存在被撤销的理由的。

（2）第 397 条第（2）款的规定应比照适用于依照第（1）款第 3 项的规定行使撤销权的情形。

第 404 条（因认识到暂停付款而撤销的限制）

在宣告破产之日起至少 1 年前作出的行为，不得以知道暂停付款的事实为理由予以撤销。

第 405 条（行使撤销权的期间）

宣告破产之日起满两年后，不得行使撤销权。第 391 条各款规定的行为自实施之日起满 10 年的，亦同。

第 406 条［债权人提出的撤销诉讼（revocation litigation）的中断］

（1）破产债权人依照《民法》第 406 条第（1）款或者《信托法》第 8 条规定提起的

诉讼，在宣告破产时正在法院审理的，破产受托人接管或者完成破产程序前，诉讼程序应当中断（interruption）。（2013 年 5 月 28 日第 11828 号法令修订）

（2）第 347 条的规定应比照适用于第（1）款的情形。

第 406－2 条（关于撤销信托行为的特殊规则）

债务人是委托人，被宣告破产的，第 113－2 条的规定经修改后适用于撤销债务人依照《信托法》所作的信托行为。此种情况下，“第 100 条第（1）款”、“债务人的财产”和“优先债权人”应分别视为“第 391 条”、“破产财团”和“破产财团债权人”。

（2013 年 5 月 28 日第 11828 号法令新增本条）

第 3 节　取回权（repossession rights）

第 407 条（取回不属于债务人的财产）

破产宣告，不影响从破产财团取回不属于债务人财产的权利。

第 407－2 条（破产程序中受托人取回权的特殊规则）

（1）依照《信托法》设立的信托被宣告破产的，由新设的受托人或者信托财产的管理人行使取回信托财产的权利。

（2）信托终止的，依照《信托法》第 101 条取得信托财产所有权的人，应当行使第（1）款规定的权利。

（2013 年 5 月 28 日第 11828 号法令新增本条）

第 408 条（取回已售出的过境货物）

（1）凡任何卖方将其作为出售标的之货物装船给买方，而买方既没有支付全部价款，又没有在货物的目的地接管该等货物，如买方被宣告破产，则卖方可取回该等货物；但破产受托人在支付全部价款后要求交付该货物的，不在此限。

（2）第（1）款的规定不排除适用第 335 条的规定。

第 409 条（代理专员的取回权）

第 408 条第（1）款的规定，应比照适用于任何受委托购买货物的代理专员将该货物发运给受委托人的情形。

第 410 条（其他取回权）

（1）债务人在被宣告破产前转让其应当取回的财产的，取回权人可以要求转让主张返还利益的权利。破产受托人转让受取回权支配的财产的，也适用同样的规定。

（2）在第（1）款所指的情况下，当破产受托人已收到作为返还利益的付款时，取回权持有人可要求返还破产受托人作为返还利益而取得的财产。

第 4 节　破产以外的止赎权

第 411 条（破产以外的止赎权人）

任何人对属于破产财团的任何财产享有《动产、债权等担保法》规定的留置权、质押权、抵押权、担保权或定金租赁权的，无论破产程序如何，都有权在破产外对作为留置权

标的物的财产等，进行止赎。①（2010 年 6 月 10 日第 10366 号法令修订）

第 412 条（破产以外的止赎权的行使）

破产以外的止赎权（foreclose outside bankruptcy）不经破产程序行使。

第 413 条（破产以外的止赎权人行使破产债权）

有权在破产外止赎的人，可以以破产债权人的身份行使其在破产外的止赎权，但以行使破产外止赎权所不能满足的债权额为限。但这不影响作为破产债权人对破产以外丧失赎回权的债权的放弃金额（the renounced amount）行使权利。

第 414 条（破产以外止赎权的准权利人）

（1）根据《动产、债权等担保法》对债务人的不属于破产财团的任何财产享有任何质押、抵押、担保权、债权等的人，作为破产债权人，可以行使质押等权利，但仅限于不能通过行使质押等方式偿还的债权金额。（2010 年 6 月 10 日第 10366 号法令修订）

（2）凡享有第（1）款所述权利者，准用破产外止赎权之规定。

第 415 条（住宅承租人）

（1）承租人在符合《房屋租赁保护法》第 3 条第（1）款规定的反诉条件后，在租赁协议书上注明确认日的，有权优先于其后的债权人和其他债权人，从下列所得中返还其保证金：属于破产财团的房屋的变现。

（2）《房屋租赁保护法》第 8 条规定的承租人，有权将同一条规定的押金（security deposit），优先于其他以担保方式授予的不动产权利人，从属于破产财团的住房变现收益中获得偿还。此种情况下，承租人应在提出破产申请之日前满足《房屋租赁保护法》第 3 条第（1）款规定的反诉要求。

（3）第（1）款、第（2）款的规定应比照适用于满足《商业建筑租赁保护法》第 3 条规定的反诉要求和在租赁协议证书中输入确认日期的承租人，和同一法第 14 条规定的承租人。

第 415 –2 条（工资债权人）

《劳动标准法》第 38 条第（2）款规定的任何债权或《工人退休福利保障法》第 12 条第（2）款规定的最近 3 年服务期的退休福利等债权的债权人有权得到偿还，优先于以担保方式授予的任何不动产权利的其他持有人，从对属于破产财团的任何财产行使破产外止赎权或根据第 349 条第（1）款提出的欠款累积（deposition for arrears）的所产生的变现收益中获得。但根据《工资债权保障法》第 8 条，该规定不适用于代位求偿的情形。

（2014 年 12 月 30 日第 12892 号法令新增本条）

第 5 节　抵　销　权

第 416 条（抵销权）

宣告债务人破产时，破产债权人对债务人承担债务的，可以不经破产程序予以抵销。

---

① 译者注：对抵押的房屋终止赎回。

第 417 条（附最后期限、附后续条件的债权、义务的抵销）

即使任何破产债权人的债权受债务人被宣告破产时的最后期限或后续条件以及第 426 条规定的债权的制约，这种债权也可以抵销。该规定同样适用于任何义务须受最后期限限制、须予解除或须于未来求偿的情形。

第 418 条（先决条件债权和未来债权的抵销）

持有先决条件债权或者未来债权之人，履行义务的，可以要求在未来债权抵销额的限额内提存还款金额。

第 419 条（附后续条件债权的抵销）

持有附后续条件的债权的人抵销该债权时，应当提供担保或者给付抵销金额的保证金。

第 420 条（自动债权的抵销额）

（1）破产债权人的债权是无息债权或者定期付款债权的，可以在扣除第 446 条第（1）款第 5 项至第 7 项规定的数额的限额内抵销。

（2）破产债权人的债权比照适用第 426 条、第 427 条的规定。

第 421 条（租金、保证金、地租的抵销）

（1）破产债权人是承租人的，在宣告债务人破产时，其当期租金与下期租金可以相互抵销。若有保证金存在的，适用于以后的租金。

（2）第（1）款的规定应比照适用于地租。

第 422 条（禁止抵销）

有下列情形之一的，禁止抵销：

1. 债务人被宣告破产后，破产债权人对破产财团承担债务的。

2. 破产债权人对债务人承担债务，知道债务人申请暂停付款或者申请破产的；但有下列情形之一者，不在此限：

（a）根据法定理由承担债务；

（b）在破产债权人知道债务人申请暂停付款或者申请破产前，债务负担已经发生；

（c）在债务人被宣布破产之日前 1 年开始承担债务。

3. 被宣告破产的债务人的债务人在破产宣告后向他人取得破产债权的。

4. 被宣告破产的债务人知道被宣告破产的债务人申请暂停付款或者申请破产，而取得破产债权的，但第 2 款任何一项的情形，不在此限。

第 4 章　破产债权和财团债权

第 1 节　破　产　债　权

第 423 条（破产债权）

债务人被宣告破产前发生的财产债权，构成破产债权。

第 424 条（行使破产债权）

未经破产程序，不得行使破产债权。

第 425 条（附期限债权还款期的到来）

宣告破产时，附期限债权视为到期应付。

第 426 条（非金钱债权的破产债权额）

（1）债权的日的不是金钱性的、数额不确定或者以外币计价的，宣告破产时的该等债权作价为破产债权的金额。

（2）分期付款或者存在期限不确定的，适用第（1）款的规定。

第 427 条（附条件债权的破产债权总额）

（1）附条件债权的总额为破产债权的金额。

（2）第（1）款的规定应比照适用于未来对债务人的债权。

第 428 条（有责任履行被宣告破产的债务总额的人的破产债权总额）

多个债务人对一项债务承担连带责任的，债务人全部或者部分被宣告破产的，债权人可以按照债务人对每一破产财团被宣告破产时所持债权总额行使破产债权人的权利。

第 429 条（担保人宣告破产的破产债权额）

担保人被宣告破产时，债权人可以按照其在担保人被宣告破产时所持债权总额行使破产债权人的权利。

第 430 条（将来求偿权人）

（1）多个债务人对一项债务承担连带责任的，如果全部或者部分债务人被宣告破产，对债务人未来的偿付有请求权的人，可以对每一破产财团的偿付总额行使破产债权人的权利；但是债权人以债权总额行使破产债权的，不在此限。

（2）第（1）款但书所列情形，依照第（1）款规定享有追偿权的人清偿债务的，应当按照其清偿比例取得债权。

（3）第（1）款和第（2）款的规定应比照适用于为债务人提供任何担保的任何第三人持有的将来求偿权。

第 431 条（多人担保的破产债权金额）

第 428 条、第 429 条和第 430 条第（1）款和第（2）款的规定应比照适用于多个担保人对同一义务的一部分分别承担责任的担保之部分（the portion of the guarantee）。

第 432 条（普通合伙人破产）

对公司（any corporation）债务负有无限责任的合伙人被宣告破产时，该公司的债权人可以就其在破产财团上被宣告破产时所持有的债权总额行使破产债权人的权利。

第 433 条（有限合伙人破产）

当对某公司或该公司的义务负有有限责任的合伙人被宣告破产时，该公司的债权人不得对公司的义务负有有限责任的合伙人行使权利；但是该公司可以将对其投资的请求权作为破产债权。

第 434 条（继承人破产）

继承人被宣告破产的，即使其财产被分割，继承债权人和继承人也可以按照对破产财团的债权总额行使破产债权人的权利。

第 435 条（支付不能的财团和支付不能的继承人）

遗产和遗产继承人各自被宣告破产的，遗产债权人和继承人对破产财团的债权总额，可以作为破产债权人行使权利。

第 436 条（继承人的附条件承诺）

在第 434 条、第 435 条规定的情形下，被宣告破产的继承人收到附条件承诺（qualified acceptance）的，遗产债权人和继承人不得对其固有财产行使破产债权人的权利。依照第 385 条或者第 386 条第（1）款规定存在附条件承诺效力的，也应当适用。

第 437 条（继承人对被继承人的债权）

被宣告破产的遗产，其继承人对被继承人的债权以及为消灭被继承人的债权和义务而进行的投资，享有与继承债权人相同的权利。

第 438 条（继承人的债权人）

遗产被宣告破产的，禁止其继承人的债权人在破产财团上行使破产债权人的权利。

第 439 条（参加破产程序的费用）

参加破产程序发生的费用，包含在破产债权里。

第 440 条（同一顺位债权人均等受偿）

同一优先等级的债权，应当按照每一债权数额的比例受偿。

第 441 条（优先破产债权）

对属于破产财团的财产享有一般优先权的破产债权，优先于其他债权。

第 442 条（优先权期限的计算）

对一定期间内的债权数额享有优先权的，该期间从宣告破产之日起计算。

第 443 条（继承债权人的优先权）

遗产被宣告破产时，继承债权人的债权优先于承受遗产的人的债权。

第 444 条（继承人宣布破产的债权人的排序）

继承人在遗产被申请破产期间，因申请破产而被宣告破产的，继承人的债权人的债权，优先于继承债权人和继承人遗产的继承人的债权。继承债权人的债权和继承人的债权，优先于继承人的债权人对该遗产的债权。

第 445 条（继承人的遗产和破产财团的排序）

遗产和任何继承人被宣告破产时，继承人的债权人的债权，优先于继承债权人和继承人破产财团的继承人的债权。

第 446 条（劣后破产债权）

（1）有下列情形之一的债权，与其他破产债权相比，构成劣后的（subordinated，从属的）破产债权：

1. 宣告破产后的利息；

2. 破产宣告后的损害赔偿和违约金金额；

3. 参与破产程序的费用；

4. 罚款、罚金、刑事诉讼费、附加费、行政罚款；

5. 宣告破产后到期的无息债权，自破产宣告之日起至债权期限止，按法定利率计算的本金总额，由账户计算利息的等额部分；

6. 到期日不确定的无息债权，相当于债权数额与宣告破产时评估数额的差额部分；

7. 在定期付款的债权中，确认了债权金额和债权期限，依照第5项定期付款规定计算的利息总额的等额部分，以及依照同一项定期付款规定计算的本金总额，超过定期付款的法定利息等值的本金的等额部分。

（2）债务人同意债权人排序低于其他债权的债权，应当按照约定排序低于其他债权。

第2节 破产债权的申报和审查

第447条（债权申报方式）

（1）破产债权人应当在法院规定的期间（以下简称申报期）内向法院申报下列各项所列事项，并向法院提交证明文件或者认证副本，及其节录副本：

1. 债权额及其理由；

2. 当债权具有一般优先权时，其权利；

3. 当第446条第（1）款任何一项下的债权被包括在内时，其分类。

（2）破产以外止赎权的权利人，应当根据其权利的目的和行使，申报不能清偿的债权数额。

（3）当破产宣告时一项有关破产债权的诉讼正在进行中的，破产债权人在申报时，应当向法院报告诉讼当事人、案件名称以及案件数量（the number of cases）[①] 等第（1）款各项规定以外的事项。

第448条（编制破产债权人名册）

（1）第5级法官等应当编制破产债权人名册，记载下列事项：

1. 债权人的姓名或者名称和住所；

2. 债权数额及其理由；

3. 一般优先权（如有）；

4. 当包括第446条第（1）款任何一项下的债权时，其分类；

5. 破产外止赎权持有人申报的债权数额。

（2）第5级法官等应将破产债权人名册的核证副本送交破产受托人。

第449条（保存破产债权人名册和债权申报文件）

（1）法院应当保存破产债权人名册和债权申报文件，供利害关系人查阅。

（2）应任何债权人的要求，第5级法官等应向其送交一份有关其债权的破产债权人名

① 译者注：不确定是指案号还是指案件数量，这里暂采用案件数量说。

册的节录本。

第 450 条（债权审查）

第 448 条第（1）款中规定的与申报债权有关的事项，应当自债权审查之日起进行审查。

第 451 条（相关人员的出席）

（1）债务人、申报的破产债权人或者其代理人可以在债权审查日到场陈述其意见。

（2）第（1）款所称代理人，应分别向法院提交委托代理的书面证据。

第 452 条（破产受托人的出席）

没有破产受托人在场的，不得审查债权。

第 453 条（申报期满之后的债权审查）

（1）申报期限届满后申报的债权，除破产受托人、破产债权人提出异议的以外，可以在一般债权审查日进行审查。

（2）破产受托人或者破产债权人提出异议的，法院应当指定特别日期进行第（1）款规定的债权审查。此种情况下，审查债权的必要费用由逾期申报的破产债权人承担。

第 454 条（损害破产债权人利益的变更）

破产债权人申报的事项经过变更，对其他破产债权人的利益造成损害的，比照适用第 453 条的规定。

第 455 条（一般日之后的债权申报）

债权人在债权审查的一般日（general date）之后申报债权的，比照适用第 453 条第（2）款的规定。

第 456 条（公告和特别日期通知）

确定特别审查日期的决定，应当公告，并通知破产受托人、债务人和申报债权的破产债权人。

第 457 条（债权审查日期的变更）

第 456 条的规定，比照适用于变更债权审查日期、延长债权审查期限和债权审查的继续；但声明审查日期时，不需要通知和公告。

第 458 条（债权确认）

当破产受托人或任何破产债权人在债权审查日未提出异议时，应确认下列事项：

1. 债权额；

2. 优先权；

3. 属于第 446 条第（1）款下任何一项债权的分类。

第 459 条（在破产债权人名册中填写审查结果）

（1）第 5 级法官等应将债权审查的结果和债务人提出的任何反对意见填入破产债权人名册。

（2）第 5 级法官等应在提出债权权利要求的文件中记载确认要点，并加盖法院印章。

第 460 条（破产债权人名册中已确认债权的录入对破产债权人的影响）

当确认的债权进入破产债权人名册时，其条目应与对所有破产债权人的确认判决具有同等效力。

第 461 条（对破产债权异议的通知）

（1）凡任何没有在债权审查日出席的破产债权人，如果有一项异议对该债权提出的，法院应将这一事实通知该破产债权人。

（2）第（1）款所提及的通知，可以邮寄方式作出。

第 462 条（债权确认程序中的判决）

（1）当破产受托人或任何破产债权人对在破产债权审查过程中申报的任何破产债权的内容提出异议时，持有该破产债权的破产债权人（以下简称有争议的债权）可以向法院提出债权确认程序中的判决申请（以下简称债权确认程序中的判决），将所有反对者都指定为对方当事人；但前提是，该规定不适用于第 464 条和第 466 条下的情形。

（2）是否存在有争议的破产请求，其内容应在债权确认程序的判决中确定。

（3）法院在债权确认程序中作出判决时，应对每个提出异议的人进行核查。

（4）法院应在债权确认程序中向双方当事人作出书面判决。

（5）第（1）款所指的申请应在为任何有争议的破产债权所规定的审查的一般审查日或特别审查日起 1 个月内提出。

第 463 条（反对债权确认程序之判决的诉讼）

（1）任何人对债权确认程序中的判决不满的，可以在收到书面判决之日起 1 个月内提起反对该判决的诉讼。

（2）第（1）款所指的诉讼，由正在办理破产案件的法院专属管辖。（2016 年 12 月 27 日第 14472 号法令修正）

（3）提出第（1）款所指上诉的人是持有有争议债权的破产债权人时，应将所有反对者指定为被告，而当破产债权人是反对者时，则将该破产债权人指定为被告。

（4）当同一请求中有多个诉讼案件未决时，法院应合并其诉状。

（5）关于第（1）款所指诉讼的判决应授权或修改同一款所指的判决，除非法院因其违法，在无偏见的前提下驳回了该诉讼。

第 464 条（接管涉及有争议债权的诉讼）

宣告破产时，对有争议的债权仍有诉讼的情况下，债权人要求确认其债权的，应当接手诉讼，并将所有异议者均列为对方当事人。

第 465 条（对债权理由的限制）

任何破产债权人均可根据第 459 条第（1）款的规定，就破产债权人名册中填入的事项在债权确认程序中提出判决申请，并可提出第 463 条第（1）款规定的诉讼，也可以根据第 464 条的规定接手诉讼。

第 466 条（对具有执行权的债权提出异议的方式）

（1）任何人对具有执行权的执行主张提出异议，并且对作出最终决定性判决的任何债权有异议的，只能通过诉诸债务人可能提起的相同诉讼程序提出异议。

（2）在宣告破产时，法院对第（1）款规定的破产债权的诉讼正在进行中的，如果任何异议者打算提出同一款中所提到的异议，则该异议者应当接受诉讼程序，将持有破产债权的破产债权人指定为对方当事人。

（3）第463条第（4）款和第465条的规定比照适用于第（1）款和第（2）款的规定。

第467条（破产债权确认程序结果的记录）

应破产受托人或任何破产债权人的请求，第5级法官等应将破产债权确认程序的结果［当对债权确认程序中的判决提出异议的诉讼未被提起时，或者在第463条第（1）款规定的期限内，对债权确认程序中的判决提出异议的诉讼在没有偏见的前提下被法院驳回时，指该判决的内容］记入破产债权人名册。

第468条（破产债权确认程序中的判决的效力）

（1）破产债权确认程序的判决，对所有破产债权人生效。

（2）在第463条第（1）款规定的期限内，对债权确认程序中的判决提出异议的诉讼未被提起，或者在没有偏见的前提下被法院驳回时，该判决对所有破产债权人的效力与终局判决的效力相同。

第469条（诉讼费用的退还）

当破产财团从破产债权确认程序（包括在债权确认程序中的判决）中获得利益时，任何提出异议的破产债权人可以在该利益范围内作为破产财团的债权人要求退还诉讼费用。

第470条（破产债权确认诉讼标的物的价值）

破产债权确认程序标的物的价值，由办理破产案件的法院根据预计分配的金额确定。（2016年12月27日第14472号法令修订）

第471条（罚款报告）

（1）任何人持有第446条第（1）款第4项规定的债权的，应立即向法院报告（罚款）债权的金额和理由。

（2）第459条第（1）款的规定应比照适用于根据第（1）款的规定申报的债权。

第472条（行政审判或行政诉讼）

（1）依第471条第（1）款规定申报之债权，为行政审判或行政诉讼之处分（之债）时，法院应即通知破产受托人其债权数额及理由。

（2）第466条至第468条之规定，于破产受托人提出异议时可比照适用。

第3节　（破产）财团债权[①]

第473条［（破产）财团债权的范围］

以下任何债权应构成一项（破产）财团债权：（2010年3月31日第10219号法令修订；2014年5月20日第12595号法令修订；2016年12月27日第14476号法令修订）

1. 为破产债权人共同利益的审判费用的请求权。

---

① 译者注：相当于中国的破产费用和共益债务。

2. 根据《国家税收征管法》或《地方税收征管法》可征税的债权（包括以征收国家税款为例的可征收税款的债权，在征收时优先于一般破产债权，不包括第 446 条规定的劣后债权）；但因宣告破产后发生的债权，限于因破产财团而产生的债权。

3. 管理，变现和分配破产财团所需的费用。

4. 破产受托人对破产财团的行为所产生的债权。

5. 以文书工作或非法获利为理由，宣告破产后应归于破产财团的债权。

6. 因委员会终止或代理机构终止后因需要处理紧急情况采取行为而产生的破产财团债权。

7. 在破产受托人履行第 335 条第（1）款规定的任何义务的情形下，由对方提出的债权。

8. 在双务合同因宣告破产而终止时产生的债权。

9. 向债权人及其家属提供资助。

10. 债务人雇员的工资、遣散费和灾难补偿。

11. 债务人的雇员有权要求退还保管费和忠诚保证金，无论这些保证金是在宣告破产之前出于任何原因而产生的。

第 474 条（对有抵押权的遗产的请求权）

破产债权受托人取得设置了抵押的遗产的，有权从设置的抵押中受益的债权，在不超过遗产价值的限度内，构成（破产）财团债权。

第 475 条［（破产）财团债权的偿还］

应在不通过破产程序的情况下，随时满足（破产）财团债权。

第 476 条［（破产）财团债权的优先偿还］

（破产）财团债权应优先于破产债权。

第 477 条（破产财团不足情况下的偿还方式）

（1）破产财团的价值明显不足以全额清偿（破产）财团债权时，尽管有其他法律规定的优先权，（破产）财团债权的清偿应按未偿债权的比例进行；但前提是这不影响《动产、债权等担保法》所规定的任何此类留置、质押、抵押、担保权等的效力，也不影响就（破产）财团债权所确立的依定金租赁的权利（right to lease on a deposit basis）。（2010 年 6 月 10 日第 10366 号法令修订）

（2）第 473 条第 1 项至第 7 项和第 10 项中列举的（破产）财团债权应优先于其他（破产）财团债权。

（3）在属于第（1）款的情形下，当为继续债务人的业务而经法院许可借入资金（本条以下简称新借入资金）时，尽管有第（2）款的规定，在属于第 179 条第（1）款第 5 项和第 12 项的债权中，根据第 6 条第（4）款、第（9）款和第 7 条第（1）款构成财团债权的，新借款债权和第 473 条第 10 项规定的财团债权优先于其他财团债权。此种情况下，财团债权的优先顺序，不包括新借款债权和第 473 条第 10 项规定的财团债权，应当依照第（2）款的规定确定。（2020 年 2 月 4 日第 17088 号法令新增本条）

第478条（比照适用破产债权的规定）

（1）第425条、第426条和第427条第（1）款的规定应比照适用于第473条第7项和第474条的规定。

（2）当第（1）款规定的（破产）财团债权是无息债权或应定期分期支付的现金债权时，如果此类债权属于破产债权的，按照第446条第（1）款第5项至第7项的规定，从低于其他破产债权的部分中扣除的金额，应当作为其价值。（经2010年6月10日第10366号法令修改）

第5章　管理、变现和分配

第1节　破产财团的管理与变现

第479条（破产财团的占有和管理）

破产受托人上任后，应立即开始占有和管理属于破产财团的财产。

第480条（查封）

（1）破产受托人在认为必要时，可委托第5级法官等、执行人或公证人查封属于破产财团的财产。此种情况下，进行查封的任何人都应准备一份调查记录（investigation record，查封笔录）。

（2）第（1）款的规定应比照适用于解封的情形。

第481条（财产账簿的注销）

债务人被宣告破产后，破产受托人应当及时将债务人财产的账簿注销，在账簿上写明注销的要点，并在账簿上签名、盖章。

第482条（财产价值评估）

破产受托人应当在破产宣告作出时评估属于破产财团的所有财产的价值。此种情况下，可以允许债务人参与价值评估。

第483条（财产清单和资产负债表的编制）

（1）破产受托人应编制财产清单和资产负债表。

（2）破产受托人应在财产清单和资产负债表的经核证副本上签名及盖章，并将其提交法院。该规定同样适用于查封的检查记录（inspection record）。

（3）利害关系人可以要求查阅第（2）款规定的文件。

第484条（邮件管理）

（1）法院可委托任何邮政管理机构、运输者和其他人，将属于债务人的邮件、电报和其他在途物品送交破产受托人。

（2）破产受托人可以在收到第（1）款规定的邮件、电报和其他物品后将其打开。

（3）债务人可以要求检查破产案件中破产受托人收到的邮件、电报和其他物品，并要求将与破产财团无关的任何物品交付给他/她。

第 485 条（邮件管理的撤销）

（1）法院可应债务人或破产受托人的请求，撤销或更改第 484 条第（1）款规定的委托（commission）。

（2）当撤销或终结破产的决定成为最终决定，或决定终止破产时，法院应撤销第 484 条第（1）款规定的委托。

第 486 条（营业的继续）

破产受托人可要求债务人在获得法院许可后继续其营业。

第 487 条（贵重物品的保管手段）

法院应规定保管货币、证券和其他贵重物品的手段。

第 488 条（破产记录报告）

破产受托人应在第一次债权人会议上报告导致宣告破产的情形以及债务人和破产财团的过去和当前状况。

第 489 条（债权人会议决定的事项）

债权人会议可以决定以下事项：

1. 终止和继续营业；

2. 保管贵重物品的手段。

第 490 条（受破产外止赎权限制的财产的列示）

（1）破产受托人可以请求独立结算权（the right to separate settlement）持有人列示其权利范围内的财产。

（2）当破产受托人打算评估第（1）款所指的财产时，破产以外的止赎权持有人不得拒绝前者的意愿。

第 491 条（清算时间的限制）

应当禁止破产受托人在第 312 条第（1）款第 3 项规定的债权审查日期届满之前变现属于该破产财团的财产；但前提是，该规定不适用于从任何审计委员会委员处获得同意或从法院获得许可的情形。

第 492 条（需要法院许可的行为）

破产受托人拟执行下列任何一项所规定的行为时，应当从法院获得许可；设立审计委员会的，应该获得审计委员会任何一个委员的同意；但该规定不适用于价值不超过一千万韩元，且在第 7 项至第 15 项规定的案件中，其价值低于法院确定的数额的情形。（经 2019 年 8 月 27 日法令修改）

1. 自愿出售不动产、任何本国船舶和任何外国船舶的物权，其出售须经登记；

2. 自愿出售采矿权、捕鱼权、专利权、实用新型权、设计权、商标权、服务商标权和版权；

3. 转让营业；

4. 商品的综合销售；

5. 借款，包括资金；

6. 第386条第（2）款规定的放弃继承的批准，第387条规定的放弃一般遗产的批准，以及第388条第（1）款规定的放弃特定遗产的批准；

7. 自愿出售动产；

8. 债券和证券（bonds and securities）[①] 的转让；

9. 第335条第（1）款规定的履约债权；

10. 提起诉讼（不包括任何针对初步禁令和临时扣押的申请）；

11. 妥协；

12. 放弃权利；

13. 对（破产）财团债权、追回权和破产以外的止赎权的批准；

14. 破产以外的止赎权标的物的取回；

15. 订立任何导致破产财团负担的合同；

16. 法院规定的其他行为。

第493条（债务人意见的听取）

在第492条规定的情形下，债务人可以向破产受托人陈述意见。

第494条［法院签发的冻结令（stayorder，禁止令，暂缓令，中止命令）］

即使破产受托人在征得审计委员会任何委员的同意后，执行了第492条任何一项所规定的行为，法院也可以在收到债务人所递交的申请后命令破产受托人中止执行任何此类行为，或召集债权人大会对任何此类行为作出决议。

第495条（善意第三人的保护）

即使在破产受托人违反第491条、第492条或根据第494条作出冻结令的情况下，也不得对善意第三人主张违约。

第496条（变现手段）

（1）现金的变现，其方法在《民事执行法》中有所规定，应受《民事执行法》的约束。

（2）尽管有第（1）款的规定，破产受托人仍可通过其他方式进行变现，包括在获得法院许可后进行业务转让。

第497条（破产以外的止赎权货物的实现）

（1）破产受托人依照《民事执行法》可以清偿破产以外有权止赎的财产。此种情况下，破产以外的止赎权（也可译成取消赎回权）持有人不得拒绝这种清算。

（2）在根据第（1）款的情形下，当尚未确认应支付给止赎权持有人的金额时，破产受托人应将其款项单独提存。此种情况下，在破产之外的止赎权应附着在（attach to）该款项上。

第498条（破产外止赎权人对处分期限的设定）

（1）破产外止赎权人在不采取法律规定的手段的情况下，依照破产外止赎权的规定，有权处分货物的，应破产受托人请求，法院应当确定破产以外的止赎权持有人处分标的物

---

① 译者注：依中国法，债券属于证券的一种，所以这里译为其他证券更准确。

的期限。

(2) 破产以外的止赎权人在第 (1) 款规定的期限内未处分标的物的，丧失第 (1) 款规定的权利。

第 499 条 (破产受托人的现状报告)

破产受托人应当在债权人会议规定的条件下，向债权人会议或者审计委员会委员报告破产财团的现状。

第 500 条 (寄存货物返还请求权)

(1) 当破产受托人打算要求退还各自寄存的货币、证券和贵重物品时，应征得审计委员会委员的同意，而当审计委员会委员缺席时，应当取得法院的许可；但债权人会议通过决议的，应当按照该决议的规定返还。

(2) 破产受托人违反了第 (1) 款的规定，如果寄存人是善意而非疏忽大意的，则返还应有效。

(3) 第 (1) 款和第 (2) 款的规定比照适用于破产受托人发行证券以致使寄存人付款或支付利益的情形。

第 501 条 (公司破产财团的实现)

公司宣告破产，准用《商法》第 258 条之规定。

第 502 条 (隐名合伙人的投资债权请求)

因经营者被宣告破产而终止隐名合伙 (anonymous association) 合同的，破产受托人可以安排该合伙的成员进行投资，投资额不超过隐名合伙人应当承担的损失。

第 503 条 (继承人的破产和遗产的处置)

(1) 当任何继承人被宣告破产后，继承人作出附条件的承诺或者其财产被分割的，破产受托人应处置该被继承的财产。做出符合条件的承诺后，继承人被宣告破产，其财产被分割的，也适用本法。

(2) 破产受托人完成第 (1) 款规定的处分时，应当将剩余财产列入破产财团的财产清单和资产负债表。

(3) 第 (1) 款和第 (2) 款的规定比照适用于任何接受一般遗产的人被宣告破产的情形。

第 504 条 (比照适用规定)

第 503 条的规定，应比照适用于符合第 385 条或第 386 条第 (1) 款规定的附条件承诺的效力的情形。

第 2 节　财产分配 (dividends)①

第 505 条 (财产分配的时间)

破产受托人应当在第 312 条第 (1) 款至第 (3) 款规定的债权审查日期届满后，在有

---

① 译者注：破产法中，dividends 显然不能译作股利、分红或者利息，只能译作破产财产、财产或者剩余财产，尤其是当与“distribution”一词同时出现的时候。

资金之时及时分配财产。

第 506 条（分配财产所必需的许可）

当破产受托人打算分配财产时，应当经法院许可；但有条件的，应当经审计委员会委员同意。

第 507 条（财产分配表的编制）

（1）破产受托人应当编制财产分配表，包含下列内容：

1. 有权获得财产分配的债权人的姓名、名称和住所；

2. 包含在财产分配中的债权额；

3. 可用于财产分配的金额。

（2）可用于分配财产的债权应根据是否存在优先权进行分类。此种情况下，应将具有优先权的债权按照该优先权的等级列入分配表中，没有优先权的债权应按低于其他债权的等级进入分配表。

第 508 条（财产分配表的提交）

破产受托人应将财产分配表提交法院，以便利害关系人对其进行审查。

第 509 条（财产分配数额的公告）

破产受托人应当将财产分配中包含的债权总额和财产分配的数额进行公告；但根据第 513 条和第 527 条的规定对财产分配表进行更正的情况不适用此规定。

第 510 条（停止分配财产的公告）

法院依第 44 条第（1）款之规定，应启动重整或者简易重整程序之请求，裁定停止分配财产时，应公告其要点。（2014 年 12 月 30 日第 12892 号法令修订）

第 511 条（分配财产及其通知程序的继续）

当根据第 44 条第（1）款的规定下达了中止财产分配的裁定，如果下列任何一项的决定成为最终裁决，法院应继续进行财产分配程序并公告其要点：（2014 年 12 月 30 日第 12892 号法令修正）

1. 驳回启动重整或者简易重整程序的申请；

2. 中止重整或者简易重整程序［不包括在根据第 293－5（4）款作出停止简易重整程序的决定后继续重整程序的情形］；

3. 不批准重整计划的决定。

第 512 条（不包括债权人和在破产外有权对财产提出异议的止赎权持有人）

（1）对于任何有争议的债权，债权人未按照第 463 条第（1）款的规定向破产受托人申请债权备抵程序（claim allowance proceedings）和诉讼的判决，也未在公告财产分配之日起 14 日内证明诉讼被接管的，应当被排除在财产分配之外。

（2）如果破产外止赎权的持有人未能证明其已开始处分其权利标的物，也未能证实在第（1）款规定的股息除外期限内无法通过该类处分（such disposal）偿还的债权数额的，他/她应被排除在财产分配之外。

第 513 条（财产分配表的更正）

有下列情形之一的，破产受托人应当立即更正财产分配表：

1. 在不得分配的期间内有理由更正破产债权人名册的；

2. 第 512 条规定之证明人及证明成立时；

3. 破产以外的止赎权持有人向破产受托人表示放弃权利的意思，并证明在其被排除在财产分配之外的期间内，① 行使其权利不能获得清偿的债权数额。

第 514 条（对财产分配表的异议）

（1）任何债权人可在财产分配排除期届满后的 7 日内，就财产分配表向法院提出异议。

（2）法院下令更正财产分配表时，应保留书面决定供利害关系人查阅。此种情况下，上诉期限应自该书面决定可供查阅之日起算。

（3）对法院就第（1）款所述的申请作出的裁决，可立即提出上诉。在这种情况下，法院下令更正财产分配表的上诉期应自书面决定可供利害关系人查阅之日起算。

第 515 条（关于财产分配率决定的通知）

（1）在第 514 条第（1）款规定的期限过后提出异议的，破产受托人应当在对异议作出决定后立即确定财产分配率，并将该财产分配率通知有权领取财产分配的债权人。

（2）设定财产分配率后，应从法院获得批准；但如有任何审计委员会委员存在，则须由该等委员同意。

第 516 条［根据后续条件（condition subsequent）向债权人分配财产］

任何人在符合后续条件的情况下持有债权，除非他/她提供实质性担保，否则无权获得财产分配。

第 517 条（财产分配方式）

（1）破产债权人应当在破产受托人履行职责的地点领取财产分配；但破产受托人和破产债权人就其领取财产分配的地点达成协议的，不在此限。

（2）破产受托人在财产分配时，应当将分配的财产金额记入破产债权人名册和债权证明文件，并在债权人名册和债权证明文件上签名、盖章。

第 518 条（优先向先前分配财产以外的人分配财产）

如果任何债权人因未能提供第 512 条规定的证明和证据而被排除在先前的财产分配之外，而在之后的财产分配排除期（指分配日之间的期间）内提供了该证明和证据的，在从上一次财产分配中本应收到的金额方面，他/她应优先于其他同级债权人。

第 519 条［财产分配收益的托管（bailment of proceeds of dividends）］

对下列任何一种情形的债权，破产受托人应将对其分配的财产的收益作托管：

1. 依照第 462 条至第 464 条或第 466 条的规定提出异议的债权，对其申请在赔偿请求程序中作出判决、提起诉讼并被接管的；

---

① 译者注：指分配日之前或之间的期间。

2. 在财产分配率通知之前尚未进行任何行政审判、诉讼和异议程序的债权；
3. 依照第 512 条第（2）款的规定，由破产外止赎权持有人证实的债权金额；
4. 先决条件债权（condition precedent claims）和将来债权（future claims）；
5. 依照第 516 条的规定不提供担保的债权，但须符合后续条件。

第 520 条（最终财产分配的许可）

破产受托人进行最终财产分配的，即使已获得审计委员会委员的同意，也应得到法院的许可。

第 521 条（最终财产分配的排除分配期）

法院应规定不得将最终财产进行分配的期间，该期间应自公开通知财产分配之日起不少于 14 日或不超过 30 日。

第 522 条（关于最终财产分配的决定及其通知）

在最终财产分配中，破产受托人应立即为每个债权人设定财产分配金额，并在解决任何对财产分配表的异议后，将这些财产分配金额通知债权人。

第 523 条［先决条件（condition – precedent）债权人除外］

如果在最终财产分配的排除分配期内无法行使先决条件债权或者未来债权，则相关债权人应被排除在财产分配之外。

第 524 条［支付债权人须符合后续条件（condition subsequent）］

在最终财产分配的排除分配期内，不符合后续条件债权所附条件的，依照第 516 条规定提供的担保失效，依照第 519 条第（5）款的规定受托管的款项应当支付给债权人。同样的规定也适用于根据第 419 条的规定提供的担保和受托管的款项。

第 525 条（破产外止赎权持有人的除外）

破产以外的止赎权持有人未表示以下意愿，即愿意放弃对破产受托人的权利和愿意证明在排除分配期内行使权利不能偿还的债权数额的，应当被排除在财产分配之外。

第 526 条（托管金额的分配）

根据第 523 条或第 525 条的规定，为未分配财产的债权人托管的金额应分配给其他债权人。依照第 418 条的规定托管的金额，也应如此。

第 527 条（如发现存在新的财产，则更正财产分配表）

如果发现有任何财产可用于新的分配，则在财产分配金额通知发出之前，破产受托人应立即更正财产分配表。

第 528 条［应分配财产的提存（deposit of dividends）］①

破产受托人应当将下列应分配财产为债权人提存：
1. 根据第 519 条第（1）款或第（2）款的规定进行托管的应分配财产；
2. 在邮寄有关应分配财产金额的通知之前，尚待进行行政审判、诉讼或异议的任何债

---

① 译者注：在韩国破产法的英文版中，出现了 deposit 和 bailment 两种说法，似乎都是汉语中的“提存”的意思。本译本中，“提存”和“托管”两词都有使用，似乎没有本质上的区别。

权的财产分配；

3. 尚未付给债权人的财产分配。

第 529 条（债权人会议上的会计报告）

召开债权人会议审议会计报告，应当对被破产受托人确认无价值后未变现的财产作出处置决议。

第 530 条（终止破产的决定和公告）

债权人会议闭会时，法院应决定终止破产，并将该决定的执行部分和理由汇总予以公告。

第 531 条（附加财产分配公告和分配金额通知）

（1）通知财产分配额后，发现有新的可供分配的财产时，破产受托人应当经法院许可，继续财产分配。前款规定同样适用于破产终止后发现任何新财产可供分配的情况。

（2）破产受托人经批准可以分配追加财产时，应立即公告分配金额，然后为每个债权人设定追加分配的金额，并通知该债权人。

第 532 条（追加分配的标准）

追加分配应按照为最终分配编制的财产分配表支付。

第 533 条（会计报告）

（1）破产受托人分配追加分配的财产时，应即编制会计报告，并经法院授权。

（2）可以针对第（1）款所指的授权提起即时上诉。

第 534 条（破产受托人未知的财团债权人）

破产受托人未知财产分配率或者财产分配数额的，不得以可分配财产进行清偿。

第 535 条（对被宣告破产并列入破产债权人表的债务人的被确认债权的影响）

（1）债务人在债权审查日未对被确认债权提出异议的，该债务人在破产债权人名册中的（确认）记载，与对被宣告破产的债务人作出的终局判决具有同等效力。[①]

（2）破产终止后，任何债权人均可根据破产债权人名册中的记载进行强制执行。此种情况下，《民事执行法》第 2 条至第 18 条、第 20 条和第 28 条至第 55 条的规定应比照适用于该债权人。

第 536 条（提出恢复原状的申请）

（1）债务人因不可归责于自己的事由，未在债权审查日到场的，可以向法院提出破产未决案件申请，要求对其恢复原状，以便在该事由不存在之日起 7 日内补充其异议。（2016 年 12 月 27 日第 14472 号法令修订）

（2）对于债务人提出异议的债权，法院应依职权将恢复原状申请提交债权人。

（3）法院许可恢复原状的，法院的行为与债务人在债权审查日提出的异议具有同等效力。此种情况下，第 5 级法官等应在破产债权人名册中记载该异议。

（4）对第（1）款所规定的恢复原状申请的任何判决，可以立即提起上诉。

---

① 译者注：即禁止反言原则。

第 537 条（剩余遗产）

当遗产被宣告破产时，任何遗产债权人和继承遗产的任何人，如果没有获得最终财产分配，可以对剩余财产行使权利。

第 6 章　破产的终止（discontinuation of bankruptcy）

第 538 条（以协议方式提出的终止破产申请）

（1）有下列情形之一的，法院可应债务人请求，决定终止破产：

1. 债务人与在本法第 447 条规定的申报期限内申报债权的破产债权人达成协议；

2. 如果债务人未取得第 1 项规定所指的协议，则他/她与其他破产债权人达成协议后，从破产财团中获得担保。

（2）未经确认的债权，是否需要债权人同意，由法院决定。向破产债权人提供的担保是否是实质性的，也适用该规定进行确认。

（3）可以对第（1）款所指的裁定立即提起上诉。

第 539 条（公司等提出的终止破产的申请）

（1）任何公司提出的终止破产的申请，均须征得其所有董事的同意。

（2）遗产申请终止破产的，由继承人提出。此种情况下，如果有多个继承人，则需要每个继承人的同意。

第 540 条（申请终止破产和公司存续）

当任何一家已经被宣告破产的公司打算提出终止其破产的申请时，任何依法成立的社团应采取与修改章程相同的延续程序。法人财团经主管行政机关许可后，分别办理延续手续。

第 541 条（书面证明的提交）

提出终止破产申请时，应当提交书面证明，证明其满足了申请条件。

第 542 条（申请终止破产和保存文件的公告）

法院应当将中止破产申请的要点予以公告，并保存有关文件，供利害关系人查阅。

第 543 条（债权人提出的异议）

（1）任何破产债权人可在自发出第 542 条规定的公告之日起的 14 日内，就被提出的任何终止破产的申请向法院提出异议。

（2）任何破产债权人在第（1）款所指的期限届满之前作出报告，可以向法院提出申请，以反对任何被提出的终止破产的申请。

第 544 条（听取有关人员的意见）

第 543 条第（1）款规定的期间届满后，债务人、破产受托人和破产债权人对终止破产的决定所必需的条件是否符合提出异议的，法院应当听取其意见。

第 545 条（因缺乏资金而终止破产）

（1）宣告破产后，破产财团不足以支付破产程序费用的，法院应当根据破产受托人请求或者依职权，决定终止破产。此种情况下，法院应听取债权人会议的意见。

（2）第（1）款的规定不适用于预付金额足以支付破产程序中发生的费用的情形。

（3）可以对第（1）款所述的决定立即提出上诉。

第 546 条（决定终止破产的公告）

法院决定终止任何破产时，应公告该决定的执行部分及其理由的摘要。

第 547 条（财团债权的偿还和提存）

当终止破产的决定成为最终和决定性之时，破产受托人应偿还财团债权，对于任何有争议的债权，破产受托人应为该债权人提存。

第 548 条（比照适用条款）

（1）第 535 条的规定应比照适用于终止破产的决定成为最终和决定性的情形。

（2）第 567 条的规定应比照适用于债务人公司因决定终结或终止（terminate or discontinue）破产而解散公司的情形。

第 7 章　简易破产（summary bankruptcy）

第 549 条（对简易破产的要求）

（1）如果属于破产财团的财产金额被确认为少于 5 亿韩元，法院应在宣告破产的同时决定适用简易破产。

（2）在第（1）款规定的情形下，除第 313 条第（1）款所述事项外，法院应将简易破产决定的执行部分公之于众，并在同一条第（2）款规定的书面声明中载明。

第 550 条（在破产程序进行中决定简易破产）

（1）如果在破产程序进行中发现属于破产财团的财产的数额少于 5 亿韩元，则法院可应利害关系人的请求或依职权决定适用简易破产。

（2）法院根据第（1）款的规定决定适用简易破产时，应公告该裁决的执行部分，并向破产受托人、审计委员会的任何委员、每一已知的债权人和债务人提交一份记载着裁决的执行部分的书面声明。

第 551 条（取消简易破产）

如果在简易破产程序中发现属于破产财团的财产的金额等于或高于 5 亿韩元，则法院可以应利害关系人的请求或依职权决定取消简易破产。在这种情况下，应比照适用第 550 条第（2）款的规定。

第 552 条（债权人会议日期与债权审查日期的合并）

对于简易破产程序，除不可避免的原因外，应将举行第一次债权人会议的日期与债权审查的日期合并。

第 553 条（不任命审计专员）

在简易破产的情况下，不任命审计专员。

第 554 条（代替债权人会议决议的决定）

就简易破产程序而言，法院的决定可以代替债权人会议上通过的决议，但第一次债权人会议上通过的决议和债权人会议通过的关于债权审查和会计报告的决议除外。

第 555 条（一次性分配财产）

就简易破产程序而言，财产应一次分配完毕，并受制于有关最终分配的规定；但可以进行补充财产分配。

第 8 章　免责与复权（immunity and reinstatement）

第 1 节　免　　责

第 556 条（免责申请）

（1）个人债务人可以自其破产申请提出之日起一个月内向法院提出申请，自其破产宣告成为最终和决定性的日期起获得免责。

（2）债务人因不能归责于自己的事由，不能提出第（1）款规定的免责申请的，可以在该事由不存在之日起 30 日内提出免责申请。

（3）债务人提出破产申请的，除明确表示有相反意图外，应视为提出免责申请和破产申请。

（4）当申请任何免责时，不得根据第 538 条的规定提出终止破产的申请。

（5）根据第 538 条的规定提出终止破产的申请时，在驳回终止破产的决定成为终局决定之前，不得申请免责。

（6）免责申请书应附有债权人名单；但当不能将债权人名单与免责申请一并提交时，应提出充分的理由，并及时提交债权人名单。

（7）认为已经按照第（3）款的规定提出免责申请的，依照第 302 条第（1）款第 1 项规定提交的债权人名单，应视为第（6）款所规定的债权人名单。

第 557 条（中止强制执行）

（1）提出免责申请时，中止破产的决定成为最终决定或者决定终止破产的，任何基于破产债权的强制执行，对债务人财产的任何临时扣押或任何预先禁令均应被禁止，直到对免责申请的判决成为最终判决，并且在宣布债务人破产之前已经对债务人财产进行的强制执行、临时扣押或预先禁令，应当中止。

（2）当免责决定成为最终和决定性决定时，根据第（1）款规定中止的程序将失效。

第 558 条（对债务人的审查）

（1）当任何提出免责申请的人被宣告破产时，法院可在确定的日期对债务人进行审查。

（2）法院根据第（1）款的规定决定确定日期时，应公告该日期，并将该决定通知破产受托人和破产债权人，法院已知的每个破产债权人都要被安排接受免责决定通知。

（3）第（2）款的规定应比照适用于第（1）款规定中提到的日期的任何变更以及提问时间的延长和延续。

（4）第457条但书之规定应比照适用于第（2）款和第（3）款的规定所指的决定。

（5）第（1）款规定的日期和召开债权人会议以及债权审查的日期可以合并。

第559条（驳回免责申请的理由）

（1）有下列情形之一的，法院可以驳回任何免责申请：

1. 债务人不具备提出任何申请的资格；

2. 债务人的破产程序申请被驳回；

3. 债务人未预付破产程序的费用；

4. 当申请不是善意申请时。

（2）根据第（1）款的规定被驳回免责申请的债务人，不得在同一破产案下重新提出免责申请。

（3）可以对第（1）款所指的决定立即提出上诉。

第560条（破产受托人的检查报告）

法院可命令破产受托人检查是否存在拒绝许可免责的理由，并在第558条规定的听证日报告其结果。

第561条（关于免责申请文件的保管）

法院应当保存下列文件，供有关人员查阅：

1. 有关免责申请的文件；

2. 有关破产受托人报告的文件。

第562条（对免责申请的异议）

（1）任何有权享有免责权效力的检察官、破产受托人或破产债权人，均可从第558条规定的听证日期（如尚未设定听证日期的，由法院设定该日期）起30日内向法院提出关于免责申请的异议；但有任何正当理由的，法院可以在接到请求后延长该期限。

（2）根据第（1）款的规定提出异议时，应证实存在第564条第（1）款各项规定的不允许免责的理由。

第563条（听取对异议的意见）

根据第562条第（1）款提出异议时，法院应听取债务人和提出异议的人的意见。

第564条（予以免责）

（1）除下列情形外，法院应予免责：

1. 确认债务人有本法第650条、第651条、第653条、第656条或第685条所规定之罪行的；

2. 债务人虽有破产事由，但在被宣告破产前一年内，为误导他人相信不存在破产事由，以欺骗或者隐瞒的手段，通过信用交易取得财产的；

3. 债务人向法院提交伪造的债权人名单和其他伪造的申请文件，或者向法院谎报其目前持有的财产的；

4. 如果债务人在提出免责申请之前根据本条获得过免责，则自给予其免责的决定成为最终和决定性决定之日起仍未届满7年，或者，如果债务人根据第624条的规定获得免责，则自给予其免责的决定成为最终和决定性决定之日起，债务人的 5 次听证尚未失效的（when five hears have yet to lapse）；

5. 债务人违反本法规定的义务的；

6. 债务人过度挥霍金钱、赌博或投机导致其财产价值重大损失或负担巨额债务的。

（2）即使存在第（1）款任何一项所述不予免责的理由，法院也可考虑导致债务人破产的情况和其他情形而给予其免责。

（3）法院决定给予免责时，应当将其决定的执行部分和理由的要点公告。此种情况下，不需要提供任何通知。

（4）对予以免责的任何决定，可以立即提出上诉。

第 565 条（免责决定的生效时间）

免责的效力只有在予以免责的决定成为最终决定时，才会产生。

第 566 条（免责的效力）

被予以免责的债务人，除依照破产程序分配的财产外，对其对破产债权人的全部债务免除责任；但债务人对下列债权不免除责任：（2010 年 1 月 22 日第 9935 号法令修订）

1. 税款；

2. 罚款、小额罚款、刑事诉讼费用、额外征收费和行政罚款；

3. 债务人故意实施的违法行为造成的损害赔偿；

4. 因债务人的重大过失，对他人的生命和身体造成损害的违法行为造成的损害赔偿；

5. 债务人雇员的工资、遣散费和灾难赔偿金；

6. 债务人雇员的保管金（bailment monies）和忠诚保证金；

7. 债务人恶意地从债权人名单中删除（遗漏）的债权，但债权的债权人知道债务人已经被宣告破产的，不在此限；

8. 债务人作为抚养人或有抚养义务的人应支付的费用；

9. 根据《收入应急贷款特别法》的规定，须在就业后被偿还的学生贷款的本金和利息。

第 567 条（对担保人的效力）

免责不影响债权人对债务人的担保人以及对与债务人一起承担义务的任何其他人所享有的权利，也不影响为破产债权人提供的任何担保。

第 568 条（予以免责决定的记载）

予以免责的决定成为终局决定时，法院书记员等应将确认该决定的要点记入破产债权人名册（如有）。

第 569 条（免责的撤销）

（1）当债务人被判犯有欺诈性破产罪，并获得第 650 条规定的最终裁决时，法院可应破产债权人的要求或依职权决定撤销其免责。对于债务人以其他不正当手段获得免责的情形，破产债权人应在债务人获得免责后一年内提出撤销其免责的申请。

（2）可以针对第（1）款规定所指的决定立即提出上诉。

第 570 条（听取关于撤销免责的意见）

法院在对撤销债务人的免责作出判决之前，应听取债务人和申请人的意见。

第 571 条（决定撤销免责的生效时间）

撤销免责的决定的效力应在该决定成为最终决定后产生。

第 572 条（新债权人的优先权）

撤销免责时，任何人以在授予免责与撤销免责之间产生的权利为由主张债权的，应享有比其他债权人更高的优先受偿权。

第 573 条（撤销免责决定的记载）

当撤销免责的决定是最终决定性的，如有破产债权人名册的，则第 5 级法官等应在该表格中记载取消免责决定的确认要点。

第 2 节　复权（reinstatement，复原、恢复原状）[①]

第 574 条（强制性复权）

（1）被宣告破产的债务人，有下列情形之一的，应予以复权：

1. 予以免责的决定是终局性的；

2. 根据第 538 条规定提出的申请终止破产的决定成为终局性决定时；

3. 债务人宣告破产后十年届满，未被裁定为欺诈性破产，依照第 650 条的规定作出终局裁决的。

（2）当撤销免责的决定成为终局性决定时，第（1）款第 1 项所指的复权将在未来失效。

第 575 条（通过申请复权）

（1）被宣告破产的债务人依照本法第 574 条的规定不能复权的，以清偿或者其他方式偿付全部债务，经被宣告破产的债务人请求，破产未决案件的法院应当决定债务人复权。（2016 年 12 月 27 日第 14472 号法令修订）

（2）被宣告破产的债务人提出复权申请时，应提交书面陈述以证明其完成了清偿。

（3）可对第（1）款所指决定立即提出上诉。

第 576 条（申请复权的公告）

法院在收到复权的申请后，应公告其要点，并保留有关文件供利害关系人查阅。

第 577 条（对复权申请的异议）

（1）任何破产债权人均可在第 576 条规定的公告之日起 3 个月内向法院提出对复权申请的异议。

（2）当按照第（1）款规定提出异议时，法院应听取被宣告破产的债务人和提出异议的破产债权人的意见。

第 578 条（复权决定的生效时间）

关于复权的决定应在该决定成为终局性决定之后生效。

---

① 译者注：这里指恢复到没有债务的状态，中文对应的应该是复权。

第 9 章　关于有限责任信托财产破产的特殊规则

第 578－2 条（适用范围）

除本章另有明确规定外，第 3 部分第 1 章至第 7 章的规定适用于关于有限责任信托财产的破产。

（本条由 2013 年 5 月 28 日第 11828 号法令新增）

第 578－3 条（有权申请破产的人）

（1）根据《信托法》第 133 条的规定，任何信托债权人、受益人、受托人、信托财产管理人或清算受托人均可就有限责任信托财产提出破产申请。

（2）凡信托债权人或受益人提出破产申请的，应当说明其信托债权或受益权的存在以及导致破产的事实（the facts leading to bankruptcy）。

（3）信托财产的受托人、管理人有多人的，应当说明导致破产的事实，但全体信托财产的受托人、管理人申请破产的除外。

（4）有限责任信托财产的破产申请，可以在信托终止后剩余财产的转让完成前提出。

（本条由 2013 年 5 月 28 日第 11828 号法令新增）

第 578－4 条（破产事由）

（1）有限责任信托财产不能单独清偿的，法院应当根据请求裁定宣告破产。

（2）受托人停止向信托债权人或受益人支付的，应当推定有限责任信托财产不能支付。

（3）有限责任信托财产不可能全部清偿对信托债权人或者受益人的债务的，法院可以根据请求裁定宣告破产。

（本条由 2013 年 5 月 28 日第 11828 号法令新增）

第 578－5 条（信托财产破产的通知）

（1）法院对有限责任信托财产宣告破产的，如该有限责任信托财产标的项目是经管理机关（administrative agency）许可的，应当通知该管理机关。

（2）凡关于有限责任信托财产的取消或终止破产的决定是最终决定性的，或已作出完成破产的决定的，法院应按照第（1）款规定的相同方式发出通知。前提是该有限责任信托财产的标的项目已获得管理机关的许可。

（3）有限责任信托财产宣告破产的，第 23 条至第 27 条的规定应比照适用于办理委托登记等手续。

（本条由 2013 年 5 月 28 日第 11828 号法令新增）

第 578－6 条（被宣告破产的信托的受托人等的逮捕）

（1）法院宣告有限责任信托财产破产的，在认为必要时，可下令逮捕以下人员：

1. 信托财产的受托人或管理人；
2. 受托人的法定代表人；

3. 受托人的经理；

4. 受托人公司的董事。

（2）在已提出关于有限责任信托财产的破产申请的情形下，法院可以应利害关系人的要求或依职权发布逮捕第（1）款所规定的任何人员的命令，甚至在宣告破产之前。

（3）第319条第（2）款和第（3）款比照适用于第（1）款和第（2）款所述的逮捕。

（本条由2013年5月28日第11828号法令新增）

第578－7条（受托人为宣告破产的信托提供解释的义务）

（1）有限责任信托财产宣告破产时，第578－6条第（1）款所列人员，应破产受托人、审计委员会委员或债权人会议之请求，须就破产事由作出必要之解释。

（2）第（1）款应比照适用于有资格担任第578－6条第（1）款所列人员之人。

（本条由2013年5月28日第11828号法令新增）

第578－8条（破产宣告前的保全措施）

（1）法院可应利害关系人的请求或依职权，就有限责任信托财产发出临时扣押令、初步禁令或任何其他必要的保全措施，即使在法院宣告有限责任信托财产破产之前。

（2）第323条第（2）款至第（5）款应比照适用于根据第（1）款作出的法院判决。

（3）对已登记的属于有限责任信托财产的权利，已采取第（1）款规定的保全措施的，第24条第（1）款应比照适用于保全措施的登记委托。

（本条由2013年5月28日第11828号法令新增）

第578－9条（关于受托人财产的保全措施）

（1）法院对有限责任信托财产宣告破产的，认为必要时，可以应破产受托人的要求或依职权，依照《信托法》第133条的规定，对受托人、前受托人、信托财产管理人、审查员、清算受托人（以下简称受托人等）的财产采取保全措施，以维护基于受托人的任何责任而要求损害赔偿的任何权利等。

（2）第351条第（2）款至第（7）款的规定应比照适用于第（1）款规定的保全措施。

（3）采取任何保全措施的，第24条第（1）款的规定应比照适用于登记委托或者登记委员会。

（本条由2013年5月28日第11828号法令新增）

第578－10条（对受托人要求损害赔偿等权利的债权补偿程序中的判决）

（1）有限责任信托财产宣告破产的，法院认为必要时，可以根据破产受托人的请求或者依职权作出判决，以调查核实是否存在以受托人的责任等为由请求损害赔偿的权利，以及该请求权的具体细节。

（2）第352条第（2）款至第（9）款以及第353条和第354条应比照适用于根据第（1）款进行的债权请求程序中的判决。

（本条由2013年5月28日第11828号法令新增）

第578－11条（破产受托人）

有限责任信托财产宣告破产的，只能由破产受托人行使下列职权：

1. 根据《信托法》第 43 条提出的归还要求等；

2. 根据《信托法》第 75 条第（1）款第 2 项的取消；

3. 根据《信托法》第 77 条提出的禁令请求；

4. 根据《信托法》第 121 条提出的赔偿要求（限于针对受益人的要求）。

（本条由 2013 年 5 月 28 日第 11828 号法令新增）

第 578－12 条（破产财团）

有限责任信托财产被宣告破产的，其全部财产属于破产财产。

（本条由 2013 年 5 月 28 日第 11828 号法令新增）

第 578－13 条（有限责任信托的撤销）

有限责任信托财产被宣告破产的，则在适用第 391 条、第 392 条、第 398 条和第 499 条时，“债务人”应解释为“信托财产的受托人或管理人”。

（本条由 2013 年 5 月 28 日第 11828 号法令新增）

第 578－14 条（有限责任信托下的取回权）

有限责任信托财产被宣告破产的，则第 407 条所称“不属于债务人的财产”和第 410 条所称“债务人”分别在适用第 407 条和第 410 条时解释为“不属于信托财产的财产”和“信托财产的受托人或者管理人”。

（本条由 2013 年 5 月 28 日第 11828 号法令新增）

第 578－15 条（信托财产破产中的破产债权价值）

（1）有限责任信托财产被宣告破产的，信托债权人、受益人或者受托人可以对破产财团行使破产债权人的权利，金额按照下列规定：

1. 信托债权人或受益人：宣告破产时债权人或受益人所持有的信托债权或《信托法》第 62 条规定的受益人债权总额；

2. 受托人：信托财产的债权总额。

（2）有限责任信托财产被宣告破产的，持有《信托法》第 118 条第（1）款债权的人，就其债权总额，可以对受托人的破产财团行使破产债权人的权利。

（本条由 2013 年 5 月 28 日第 11828 号法令新增）

第 578－16 条（信托财产破产时破产债权的优先序列）

（1）有限责任信托财产被宣告破产的，信托请求权优先于《信托法》第 62 条规定的受益人请求权。

（2）信托财产的受托人、管理人和债权人（包括受益人）在有限责任信托财产破产程序中决定劣后于其他债权的债权，视为劣后于其他债权。

（本条由 2013 年 5 月 28 日第 11828 号法令新增）

第 578－17 条（关于终止破产的特殊规则）

有限责任信托财产的破产终止申请，应当由信托财产的受托人或管理人提出。在这种情况下，如果存在信托财产的若干受托人或管理人，则上述请愿必须获得一致同意。

（本条由 2013 年 5 月 28 日第 11828 号法令新增）

第4部分　个人重整程序

第1章　一 般 规 定

第579条（术语的定义）

该程序中使用的术语应定义如下：（2010年1月1日第9924号法令修订；2010年6月10日第10366号法令修订；2014年1月1日第12153号法令修订；2020年6月9日和12月29日修订）

1. “个人债务人”一词是指受薪收入者或营业收入者，其债务不超过下列金额，并且存在或可能存在导致破产的任何原因：

（a）10亿韩元的个人重整债权，以任何留置权、质押权、抵押权、为担保而转让的财产权、临时登记担保权，《动产、债权等担保法》规定的担保权、以保证金为基础的租赁权或优先权为担保；

（b）在不属于第（a）目的其他个人重整债权的情况下，为5亿韩元。

2. “受薪收入者”一词是指预期将获得工资、年金或任何其他类似的定期和固定收入的个人。

3. “营业收入者”一词是指预期在未来连续、重复地获得房地产租金收入、营业收入、农业收入、林业收入以及其他类似收入的个人。

4. “可支配收入”一词是指从下列第（a）目的金额中减去第（b）目至第（d）目的数额而得出的剩余金额：

（a）工资、年金、房地产租金收入、营业收入、农业收入、林业收入以及各种合理预期的其他收入的总和；

（b）总统令规定的所得税、居民税的人均部分、个人地方所得税、社会医疗保险费以及其他类似收入的金额；

（c）债务人及其受养人过上具有人格尊严的生活所需的生活费用金额，一般由法院综合考虑《国家基本生活保障法》第6条公布的最低生活费用、债务人的年龄、其受养人的年龄和人数、居住区域、价格状况以及其他必要事项来确定；

（d）债务人经营业务的，为管理、保全和继续经营业务所必需的费用。

第580条（个人重整财团）

（1）有下列两项情形之一的财产，属于个人财团：

1. 债务人在决定为其启动个人重整程序时所持有的所有财产，以及债务人在决定启动个人重整程序之前的理由所产生的在未来行使的债权；

2. 债务人在个人重整程序中获得的财产和收入。

（2）债务人有权管理和处分个人财团；但不适用于经批准的清偿计划另有规定的情形。

（3）第383条的规定应比照适用于第（1）款第1项所指的个人重整财团。此种情况下，“破产财团”应被视为“个体重整财团”，“破产宣告”应被视为“决定启动个人重整程序”，“破产程序”应被视为“个人重整程序”。

（4）对于根据第（3）款规定获免责的财产，基于个人重整债权的强制执行、临时扣押或预先禁令，须待终止个人重整程序的决定或免责决定成为最终和决定性的决定后，方可执行。

第581条（个人重整债权）

（1）对债务人的任何财产请求，如果是由于在决定启动个人重整程序之前存在的原因而产生的，应构成个人重整债权。

（2）第425条至第433条、第439条、第442条和第446条的规定比照适用于个人重整债权。此种情况下，“破产宣告”应被视为“决定启动个人重整程序”，“破产财团”应被视为“个人重整财团”，“破产债权”应被视为“个人重整债权”，“破产债权人”应被视为“个人重整债权人”，“破产债权额”应被视为“个人重整债权额”，以及“破产程序”应被视为和“个人重整程序”。

第582条（个人重整债权的偿付）

对于列入个人重整债权人名册的个人重整债权，任何通过偿还或通过被偿还的方式消灭债权的行为，未经清偿计划，不得实施。

第583条（个人重整财团债权）

（1）有下列情形之一的，视为个人重整财团债权：（由2006年12月30日第8138号法令修订；2007年12月31日第8829号法令修订；2010年3月31日第10219号法令修订；2016年12月27日第14476号法令修订）

1. 重整专员的报酬和费用债权。

2. 依照《国家税收征管法》或者《地方税收征管法》可以征收的下列债权之一：

（a）代扣所得税；

（b）增值税、个人消费税、酒类税；

（c）由任何负责特别征收的人征收和支付的地方税；

（d）按照与第（a）目至第（c）目规定相同的征税方式征收的教育税和农村地区的特别税。

3. 债务人雇员的工资、遣散费和灾难赔偿金。

4. 债务人雇员要求退还保管金和忠诚保证金的权利，这些款项是在重整程序开始前产生的。

5. 因借款、购买材料或其他对企业的继续经营必不可少的不可避免的行为而产生的债权，在提交启动申请后，由债务人在决定启动个人重整程序之前经法院批准而得以执行。

6. 除第1项至第5项另有规定外，为债务人支付的不可避免的费用。

（2）第475条和第476条经修改后参照适用于个人重整财团债权。此种情况下，“财团债权”，“破产程序”和“破产债权”应分别视为“个人重整财团债权”，“个人重整程序”和“个人重整债权”。

（生效日期：2022年1月1日）

第584条（撤销权）

（1）第3部分第3章第2节应比照适用于个人重整程序。

（2）撤销权由债务人行使。

（3）法院可应任何债权人或任何重整专员的要求或依职权，命令债务人行使其撤销权。

（4）任何重整专员均可参与撤销权利的行使。

（5）撤销权自决定启动个人重整程序之日起满1年后，不得行使。自第391条任何款项所规定的行为发生之日起5年后，也应适用同样的规定。

第585条（取回权）

第407条至第410条的规定应比照适用于个人重整程序。此种情况下，“破产财团”应被视为“个人重整财团”，而“破产宣告”应被视为“决定启动个人重整程序”。

第586条（破产以外的止赎权）

第411条至第415条的规定应比照适用于个人重整程序。此种情况下，“破产财团”应视为“个人重整财团”，“破产宣告”应视为“决定启动个人重整程序”。

第587条（抵销权）

第416条至第422条的规定比照适用于个人重整程序。此种情况下，“破产申请”应被视为“启动个人破产程序的申请”，“破产财团”应被视为“个人重整财团”，而“破产宣告”应被视为“决定启动个人重整程序”。

第2章　个人重整程序的启动

第588条（个人破产程序启动申请权的持有人）

任何个人债务人都可以向法院提出申请，要求启动个人重整程序。

第589条（启动个人重整程序的书面申请）

（1）启动个人重整程序的申请，应当以书面形式提出，具体说明下列事项：

1. 债务人的姓名、居民登记号和住所；

2. 申请的目的和理由；

3. 债务人的财产和负债。

（2）第（1）款规定的书面申请应附有下列文件：

1. 个人重整债权人名册（列明债权人姓名、住所、债权请求理由和数额的名单）；

2. 财产清单；

3. 债务人的收入和支出清单；

4. 证明债务人是受薪收入者或营业收入者的材料；

5. 书面声明；

6. 有关文件，如果债务人在提出申请之日前 10 年内曾提出过重整（rehabilitation）、和解（reconciliation）或个人重整（individual rehabilitation）的申请；

7. 最高法院规则规定的其他文件。

（3）已删除。（2014 年 5 月 20 日第 12595 号法令）

第 589 -2 条（个人重整债权人名册的修改）

（1）债务人可以在决定启动个人重整程序之前修改或更正个人重整债权人名册中记载的事项。

（2）尽管有第（1）款的规定，债权人发现不可归因于债权人的原因而在个人重整债权人名册中有遗漏或虚假陈述的任何事项，即使在批准启动个人重整程序之后，经法院许可，他/她也可以修改该名册，但在决定批准还款计划（repayment plan）后，该规定将不再适用。

（3）债务人根据第（2）款的主要内容向法院提出允许修改个人重整债权人名单的申请的同时，应及时递交反映这种修改的还款计划草案。如果债务人未提交还款计划草案，则法院可以选择禁止修改个人重整债权人名册。

（4）凡根据第（2）款的主要内容对个人重整债权人名册中所记载的任何事项进行了修改的，法院应设定对修改后的事项提出异议的期限，并公告该期限；并还应向债务人和法院所知的个人重整债权人提供一份说明该期限的文件以及个人重整债权人的修改后的名册：但法院可以选择不进行公告或送达通知，如果此类修改对个人重整债权人不会造成不利影响，或者存在认为这种修改并不违反任何受到不利影响的个人重整债权人的意愿的任何正当理由。

（本条由 2014 年 5 月 20 日第 12595 号法令新增）

第 590 条（费用的预付）

申请启动个人重整程序时，应预付《最高法院规则》规定的此类程序所需的费用。

第 591 条（会计报告）

法院和任何重整专员可以随时要求债务人报告其收入和资金支出以及与财产有关的其他工作，并且如果认为必要，可以检查其财产的当前状况，要求纠正并采取其他适当措施。

第 592 条（保全措施）

（1）在决定启动个人重整程序之前，法院可应利害关系人的请求或依职权决定，对债务人的财产进行临时扣押、临时处置和必要的保全措施。

（2）法院可以改变或撤销第（1）款所指的决定。

（3）可以对第（1）款和第（2）款所指的决定立即提出上诉。

（4）第（3）款所指的立即上诉，不具有中止任何执行的效力。

第 593 条（冻结令）

（1）凡已提出启动个人重整程序的申请，法院可应利害关系人的请求或依职权，在认为必要时下令冻结或禁止下列任何程序或行为，直到做出对该申请的决定为止：（2010 年 3 月 31 日第 10219 号法令修订；2016 年 12 月 27 日第 14476 号法令修订）

1. 债务人的重整程序或破产程序。

2. 根据个人重整债权，对债务人的任何营业和财产进行强制执行、临时扣押或临时执行。

3. 为债务人的任何营业和财产设立担保权，以及为行使担保权等而进行的任何拍卖。

4. 任何个人重整债权的受偿或要求偿还的行为，但不包括任何诉讼行为。

5. 根据《国家税收征管法》或《地方税收征管法》采取的违约处置（the disposition on default），根据征收国家税收的例子采取的违约处置（包括对国家税收或地方税收的违约处置的例子，下同），或处置作为纳税义务担保而提供的任何物品。此种情况下，应当听取征收机关的征收意见。

（2）在根据第（1）款第 5 项作出的处置暂时中止的期间内，该等（处置的）规定不得继续进行。

（3）如果启动个人重整程序的申请被驳回，则须继续进行根据第（1）款中止的程序。

（4）如果存在相当大的理由，法院可以应利害关系人的请求或依职权而取消或更改第（1）款规定的冻结令或禁止令。此种情况下，法院可能要求提供任何担保。

（5）第 45 条至第 47 条应比照适用于个人重整程序。

第 594 条（撤回启动个人重整程序的申请）

在法院决定启动此类个人重整程序之前，债务人可以撤回启动其个人破产程序的申请：在采取第 592 条规定的保全措施或取得第 593 条规定的冻结令后，债务人在获得法院许可后方可撤回其申请。

第 595 条（驳回启动个人重整程序申请的理由）

有下列情形之一的，法院可以驳回申请启动个人重整程序的申请：

1. 债务人不具备申请资格的；

2. 债务人未提交属于第 589 条第（2）款任何一项规定的任何文件、编制并提交伪造的文件，以及没有在法院规定的期限内提交的；

3. 债务人未支付程序所需的费用的；

4. 债务人逾期未提交还款计划草案的；

5. 债务人在申请免责之日前 5 年内获得过免责（包括根据破产程序获得的免责）；

6. 采取个人重整程序不符合债权人整体利益的；

7. 申请不是善意的，且在没有正当理由的情况下延迟程序。

第 596 条（决定启动个人重整程序）

（1）法院应自提出申请之日起一个月内决定是否启动个人程序。

（2）法院决定启动个人重整程序时，应规定下列各项所列事项：

1. 对个人重整债权提出异议的期间（以下简称异议期间）。此种情况下，期间应不少于2周，到至自决定启动个人重整程序之日起不超过2周。

2. 召开个人重整债权人会议的日期。此种情况下，从异议期间结束到该日期之间不少于2周不超过1个月。

（3）法院可以根据特殊情况延长第（2）款各项所指的日期和期限。

（4）按照第（1）款的规定作出决定时，应当在书面决定中注明日期和时间。

（5）第（1）款规定的决定自作出之日起生效。

第597条（公告及启动公告）

（1）法院决定启动个人重整程序时，应公告下列内容：

1. 启动个人重整程序决定的执行部分；

2. 异议期限；

3. 鉴于任何个人重整债权人可以在异议期内就其和其他个人重整债权人所持债权的详细情况，其在个人重整债权的债权请求许可程序中提出的判决请求的要点；

4. 个人重整债权人会议的召开日期。

（2）法院应向下列人员提交一份书面声明，其中记载了第（1）款所述事项、个人重整债权人名册和还款计划草案：

1. 债务人；

2. 已知的个人重整债权人；

3. 拥有债务人财产或对债务人承担义务的人，个人重整程序就是为该债务人启动的。

（3）第（1）款和第（2）款的规定应比照适用于第（1）款第2项和第4项所述事项发生任何变化的情形，而第（2）款的规定应适用于修订还款计划草案的情形。

第598条（对启动个人重整程序的裁定立即提出上诉）

（1）可以对申请启动个人重整程序的任何裁定立即提起上诉。

（2）第592条和第593条的规定应比照适用于第（1）款规定所述的立即上诉，该立即上诉是对驳回个人重整程序启动申请的决定所提起的。

（3）第（1）款所指的立即上诉，并不具有中止任何执行的效力。

（4）在这种立即上诉的程序违反本法或者该立即上诉被认为是毫无根据的情况下，上诉法院应驳回该立即上诉，不论是否有偏见（with or without prejudice）。

（5）在任何此类立即上诉被认为是合理的情况下，上诉法院应撤销原裁定并将该案发回下级法院。

第599条（撤销启动个人重整程序的决定）

当撤销启动个人重整程序的决定成为最终和决定性的决定时，法院应毫不迟延地公告该决定的执行部分，并将该决定的意图传达给下列人员：

1. 债务人；

2. 法院所知的每一个重整债权人；

3. 拥有债务人财产或对债务人承担义务的人，个人重整程序就是为该债务人启动的。

第 600 条（其他程序的中止）

（1）决定启动个人重整程序的，应当中止或禁止下列任何程序或行为，但属于第 2 项至第 4 项规定的程序或行为应仅以债权人名册所记载的债权为由（或为限）予以中止或禁止：（2010 年 3 月 31 日第 10219 号法令修订；2016 年 12 月 27 日第 14476 号法令修订）

1. 债务人的重整程序或者破产程序；

2. 依据个人重整债权而强制执行、暂时扣押或暂时执行属于个人重整财团的任何财产；

3. 接受或要求清偿个人重整债权的所有行为，但任何诉讼行为除外；

4. 根据《国家税收征管法》或《地方税收征管法》采取的违约处置，以征收国税为例采取的违约处置（包括国税或地税违约处置的例子，下同），或处置任何作为纳税义务担保的物品。

（2）决定启动个人重整程序的，应中止或禁止设立担保权或通过拍卖行使担保权，直至还款计划被确定批准之日或个人重整程序被确认终止之日，以二者中较早者为准。

（3）凡有合理理由的，法院可应利害关系人的请求或依职权，责令继续或撤销根据第（1）款或第（2）款规定中止的任何程序或处置，但在撤销处置的情形下，法院可以责令其提供担保。

（4）第（1）款或第（2）款所规定的处置不能进行或中止期间，时效不得生效。

第 3 章　重整专员（rehabilitation commissioner）

第 601 条（任免）

（1）法院可应利害关系人的请求或依职权，任命以下人员为重整专员：（2010 年 5 月 17 日第 10303 号法令修订）

1. 管理委员会委员；

2. 第 5 级法官等；

3. 具备律师资格、执业会计师资格、执业司法公证人资格的人员；

4. 有 7 级及以上法官或检控行政人员的工作经验者；

5. 具有《银行法》规定的银行工作经验，足以胜任重整专员职位的人员；

6. 在履行与信贷管理有关的教育和债务人咨询、为其恢复信贷而进行债务调整事务等职能的机构或组织工作或具有工作经验的人，且足以担任重整专员一职；

7. 与第 1 项至第 6 项规定的资质相当的足以胜任重整专员职务的人。

（2）如果存在重大理由，法院可应利害关系人的请求或依职权解雇重整专员。

（3）如果认为有需要，重整专员可以自行委任至少一名代表以履行其职责。

（4）根据第（3）款任命重整专员的代表，需经法院批准。

（5）重整专员代表可代表重整专员进行除司法行为或诉讼以外的所有行为。

第 602 条（重整专员的工作）

（1）重整专员须在法院的监督下执行下列各项工作：

1. 审查债务人的财产和收入；

2. 申请行使撤销权和参与撤销诉讼程序；

3. 召集个人重整债权人会议；

4. 法律或法院规定的其他工作。

（2）债务人在收到法院发出的命令或应重整专员的请求时，须就其财产及收入、还款计划及其他必要事项作出解释。

第 4 章　个人重整债权的确认

第 603 条（个人重整债权的确认）

（1）有下列情形之一的，列入个人重整债权人名册的债权，应当在列入该名册时予以确认：

1. 列入个人重整债权人名册的债权人，未在第 596 条第（2）款第 1 项规定的异议期限内，就个人重整债权在债权确认程序中申请判决的；

2. 针对个人重整债权在债权确认程序中提出的判决申请被无偏见地予以驳回的。

（2）第（1）款所指的债权得到确认后，第 5 级法官等应编制一份个人重整债权表，其中载明下列事项：

1. 债务人的名称和住所；

2. 债权的详情和依据。

（3）经确认的列入个人重整债权表的个人重整债权，其效力与对所有个人重整债权人作出的终局性判决相同。

（4）当终止个人重整程序的裁定为终局决定时，个人重整债权人可以根据个人重整债权人名册对债务人进行强制执行。

（5）第 255 条第（3）款的规定应比照适用于第（4）款的情形。

第 604 条（个人重整债权的债权确认程序的判决）

（1）个人重整债权人对个人重整债权人名单的任何内容有异议的，可以在异议期内依照第 589－2 条第（4）款或第 596 条第（2）款第 1 项的规定提出书面异议。在异议成立的情况下，经法院批准，债务人可以修改个人重整债权人名册。此种情况下，法院可不就债权确认程序的判决申请作出裁定。（经 2014 年 5 月 20 日第 12595 号法令修订）

（2）对未决诉讼中的任何权利有异议的，不得单独提起债权确认程序中的判决请求，并且该未决诉讼应当通过变更内容，改为个人重整债权的审查确认之诉。

（3）在属于第（1）款规定的情形下，若个人重整债权人就其个人重整债权的具体情况，在个人重整债权确认程序中申请判决的，应当向债务人提出，若个人重整债权人就其他个人重整债权人的债权细节提出申请的，应当向债务人和其他债权人提出。

（4）就个人重整债权在债权确认程序中申请判决的人，应当支付法院事先确定的程序费用。未提前支付的，法院应无偏见地驳回其申请。

（5）法院在审查利害关系人后，应就个人重整债权在债权确认程序中作出判决，并在判决中确认是否存在被异议的重整债权，或此类债权的具体情况。

（6）根据第（5）款作出判决的，法院应当向当事人送达书面决定。

第 605 条（反对个人重整债权的债权确认程序判决的诉讼）

（1）如任何人对个人重整债权的债权确认程序的判决不服的，可自收到书面判决之日起 1 个月内提出异议诉讼。对判决不服的，由正在审理个人重整案件的法院专属管辖（指正在审理个人重整案件的重整法院，下同）。（经 2016 年 12 月 27 日第 14472 号法令修订）

（2）对第（1）款所规定的诉讼的异议，应当自收到第（1）款所指书面判决之日起 1 个月后（after the lapse of one month）提交。当同一债权有多个待决上诉时，法院可以合并诉讼请求。

（3）第（1）款所述上诉的判决，应确认或修改（法条）同一款所规定的判决，但如该上诉因不合法而被驳回的，则不在此限。

第 606 条（确认个人重整债权上诉结果的录入）

第 5 级法官等应债务人、重整专员或任何个人重整债权人的请求，应当编制一份个人重整债权人表，其中列明下列事项：

1. 关于个人重整债权的债权确认程序的判决结果；

2. 对个人重整债权确认程序作出的判决不服提起诉讼的结果；

3. 对有关个人重整债权的债权确认程序中的判决提出上诉的结果，但第 1 项和第 2 项规定的有关个人重整债权的终局判决的结果除外。

第 607 条（债权确认程序中的判决对个人重整债权的影响）

（1）个人重整债权确认诉讼的判决，对所有个人重整债权人均具有效力。

（2）未在第 605 条第（1）款规定的期限内对个人重整债权的债权确认程序中的判决提出异议的诉讼，或者被（法院）无偏见地驳回的，该判决对所有个人重整债权人具有与终审判决相同的效力。

第 608 条（诉讼费用的退还）

当债务人的财产因个人重整债权的债权确认程序获得任何利润时，提起诉讼的个人重整债权人，可以在获得的利润限度内，以个人重整债权人的名义要求退还诉讼费用。

第 609 条（个人重整债权在债权确认程序中的标的价值）

个人重整债权的债权确认程序的标的价值，由正在审理该个人重整案件的法院根据还款计划所获得的预估利润金额确定。

（经 2016 年 12 月 27 日第 14472 号法令修订）

第 609－2 条（所有权转让）

（1）取得任何列入个人重整债权人名册的债权的人，可以申请所有权转让。

（2）根据第（1）款寻求所有权转让的人，应向法院提交一份申请，说明下列事项，以及证明其获得个人重整信贷的文件，或其副本或摘要：

1. 请求转让所有权的人及其代表的姓名或者名称、地址；

2. 通知或送达地点（限于韩国境内的地点）、电话号码和其他联络详情；

3. 取得的权利及其取得的日期、理由。

（2014 年 5 月 20 日第 12595 号法令新增）

第 5 章　还 款 计 划

第 610 条（提交和修改还款计划草案）

（1）债务人应当自申请启动个人重整程序之日起 14 日内提交还款计划草案，但法院认为有正当理由的，可以延长该期限。

（2）债务人可以在批准前修改还款计划草案。

（3）法院可应利害关系人申请或依职权，命令债务人修改还款计划草案。

（4）根据第（3）款的规定下达修改令时，债务人应在法院规定的期限内修改还款计划草案。

（5）第 597 条第（2）款的规定应比照适用于根据第（2）款和第（3）款的规定修改还款计划草案的情形。

第 611 条（还款计划内容）

（1）还款计划应当载明下列事项：

1. 有关清偿债务的财产和收入的事宜；

2. 个人重整不动产债权总额及享有一般优先权的个人重整债权的清偿事宜；

3. 清偿列入个人重整债权人名册的全部或者部分个人重整债权的有关事宜。

（2）还款计划可以规定下列事项：

1. 将个人重整债权分成若干组；

2. 超过还款计划预估数额的财产的用途；

3. 还款计划经批准后，属于个人重整不动产财产的管理权和处置权的限制事宜；

4. 协调债务人债务的其他必要事宜。

（3）在还款计划中将债权分为若干组时，属于同一组的任何债权应平等处理，但如果遭受不利待遇的个人重整债权人同意或个人重整债权的金额极少的情形，则不在此限。

（4）还款计划应包括要求在还款计划获批准之日起 1 个月内开始还款后定期还款的条款，但如获法院许可，则不适用该等条款。

（5）还款计划中规定的还款期不得超过还款开始之日起 3 年，但在任何特殊情况下，如有必要满足第 614 条第（1）款第 4 项规定的要求，还款期限可以自还款开始之日起不超过 5 年。（经 2017 年 12 月 12 日第 15158 号法令修订）

（6）如认为有必要，法院可命令提供个人和非个人的有价证券（personal and impersonal securities），以执行还款计划。

第 612 条（优惠待遇无效）

债务人未依据重整计划以自己的名义或者以第三人的名义，向个别重整债权人给予特殊利益的，该行为无效。

第 613 条（个人重整债权人会议）

（1）法院应将个别重整债权人会议的召开日期及还款计划摘要通知债务人、个别重整债权人及重整专员。

（2）债务人应出席个人重整债权人会议，并应个人重整债权人的要求解释还款计划。

（3）个人重整债权人会议由法院主持。

（4）当指定任何重整专员时，法院可由该重整专员负责主持个人重整债权人会议。

（5）个人重整债权人可在个人重整债权人会议上就还款计划提出异议。

第 614 条（是否批准还款计划）

（1）如没有个人重整债权人或重整专员表示反对还款计划，且符合下列各项所有规定的，法院应裁定批准还款计划，但任何个人重整债权人或重整专员不遵守根据第 610 条第（3）款规定修订还款计划草案的命令的情形，不在此限：

1. 还款计划应当符合本法规定；

2. 还款计划应当公平、合理、可行；

3. 应支付的费用、手续费和其他款项应在还款计划获得批准前支付；

4. 还款计划获批准之日评估的重整债权的偿还总额，超过债务人破产时获得的财产分配总额；但经债权人同意的，不在此限。

（2）当任何个人重整债权人或重整专员提出反对时，法院只有在满足第（1）款各项所述要求之外同时满足下列各项要求时，才可决定批准还款计划：

1. 对表示反对的个人重整债权人，决定批准还款计划之日评估的个人重整债权人的还款总额不得小于债务人破产时分配给债务人的财产总额。

2. 债务人自第一个还款日起，按照还款计划规定的还款期间所能取得的全部可支配收入，按照还款计划用于偿还债务。

3. 决定批准还款计划之日评估的个人重整债权的还款总额，在不超过 3000 万韩元的范围内，不得低于下列各项的金额：

（a）决定批准还款计划之日评估的个人重整债权总额不超过 5000 万韩元的，则以 5/100 乘以总额计算所得；

（b）如决定批准还款计划之日评估的个人重整债权总额不少于 5000 万韩元，则在 3/100 乘以总金额的基础上再加 100 万韩元所得的金额。

（3）法院应当对还款计划草案作出决定，并将该决定的执行部分、理由要点和还款计划的摘要予以公示。此种情况下，不需要送达。

第 615 条（批准还款计划的效力）

（1）获得批准的还款计划自决定作出起生效，但在免责决定成为最终和决定性决定之前，不得根据还款计划对权利作出任何变更。

（2）决定批准还款计划时，属于个人重整财团的所有财产均应归还债务人，但在决定批准还款计划的过程中，对还款计划另有规定的，不在此限。

（3）当决定批准还款计划、重整程序和破产程序时，根据第600条的规定中止的强制执行、临时扣押或初步禁令应失去其效力，但在决定批准还款计划的过程中，对还款计划另有规定的，不在此限。

第616条（关于分配顺序的特殊规则）

（1）在重整程序开始前，当批准还款计划以及分配顺序的裁定最终确定时，债务人的报酬、养老金、工资、奖金和其他类似性质的工资债权，对其在还款计划获得批准后提供的劳动份额（the portion of the labor）不发生效力。

（2）基于批准还款计划的决定而不能偿还的所有债权人的债权数额，应构成个人重整债权。

第617条（履行还款）

（1）债务人应当按照经批准的还款计划，将应当偿还给个人重整债权人的钱交由重整专员保管。

（2）个人重整债权人应当按照第（1）款的规定向重整专员缴纳保证金。如任何重整债权人未支付该款项的，重整专员可以为该个人重整债权人进行提存。

（3）第（1）款和第（2）款的规定不适用于未任命重整专员，以及在批准还款计划的过程中还款计划另有规定的情形。

第617-2条（债务人的存款）

如果在中止个人重整程序的决定或豁免决定成为最终和决定性决定后仍存在存款金额（a deposited amount）（包括利息），重整专员应将该存款金额退还债务人，如果债务人拒绝接收存款金额，或者由于下落不明而无法返还，则重整专员可以为债务人存入该金额。

（2017年12月12日第15158号法令新增本条）

第618条（对是否批准还款计划的决定提出即时上诉）

（1）对于是否批准还款计划的决定，可以立即提出上诉。

（2）第247条第（3）款至第（7）款的规定，比照适用于对是否批准还款计划的决定提出的即时上诉。

第619条（经授权后修改还款计划）

（1）债务人、重整专员及个人重整债权人可以在根据还款计划完成还款前，就获批准的还款计划提交一份经修改的草案。

（2）第597条第（2）款、第611条、第613条、第614条、第615条第（1）款和第617条的规定，应比照适用于第（1）款规定的还款计划草案的任何修改。

第6章　终止和免责

第620条（在批准还款计划之前终止个人重整程序）

（1）有下列情形之一的，依利害关系人的申请或依职权，法院应裁定终止个人重整程序：

1. 在个人重整程序开始时，第595条第1项和第5项所列的事实被明确披露的；

2. 债务人提交的还款计划草案无法获得批准的。

（2）有下列情形之一的，法院可以依职权裁定终止个人重整程序：

1. 属于第595条第2项所规定的程序的；

2. 债务人无正当理由不到场或者未依照第613条第（2）款的规定作出解释，或者提供虚假解释的。

第621条（在批准还款计划后终止个人重整程序）

（1）有下列情形之一的，依利害关系人的申请或依职权，法院应决定终止个人重整程序：

1. 当不予免责的决定成为最终和决定性的决定。

2. 债务人明确不能实施经批准的还款计划；但如果债务人是根据第624条第（2）款的规定获得免责决定的，则该项规定不适用。

3. 债务人以隐匿财产、收入或者其他不正当手段，不履行经批准的还款计划的。

（2）第（1）款所规定的个人重整程序终止，不影响依本法规定已付款项及已产生的效果。

第622条（决定终止个人重整程序的公告）

法院决定终止个人重整程序时，应当将该决定的执行部分及其理由要点进行公告。此种情况下，不需要送达。

第623条（对终止个人重整程序决定提出的即时上诉）

（1）对终止个人重整程序的决定可立即提出上诉。

（2）第247条第（4）款至第（7）款的规定应比照适用于对终止个人重整程序提出的即时上诉。

第624条（免责决定）

（1）债务人按照还款计划清偿债务时，法院应当依当事人的申请或者依职权决定给予其免责。

（2）即使债务人未按照还款计划完成清偿，在符合下列各项条件时，法院也可以在听取利害关系人的意见后决定给予其免责：

1. 债务人因不可归责于自己的事由而不能完成清偿的；

2. 在决定给予债务人免责之日前偿还给个人重整债权人的数额，不少于债务人（debtor）申请破产程序时在破产程序中收到的财产分配数额；

3. 还款计划的任何改变都是不可能的。

（3）尽管有第（1）款和第（2）款的规定，在下列任何一种情况下，法院可决定不给予免责：

1. 在决定给予其免责时，债务人因恶意持有未列入个人重整债权人名册的个人重整债权的；

2. 债务人不履行本法规定的义务的。

（4）法院决定给予免责时，应当将该决定的执行部分及其推理要点公告。此种情况下，不需要提供任何送达。

第 625 条（免责决定的效力）

（1）任何给予免责的决定，只有在该决定成为最终和决定性的决定之后，才会产生效力。

（2）被授予免责的债务人，除按照还款计划清偿债务外，其对个人重整债权人的债务获得免责，但债务人对下列各项债权的责任不得免除：

1. 未列入个人重整债权人名单的债权；

2. 第 583 条第（1）款第 2 项规定的税款债权等；

3. 对任何罚款、罚金，任何刑事诉讼费用，任何附加费用和任何行政罚款的债权；

4. 债务人故意、非法行为造成的损害；

5. 因债务人的重大过失造成人身伤亡的侵权行为而产生的损害赔偿；

6. 债务人的雇员的工资、遣散费和灾害赔偿金；

7. 债务人的雇员的保管金和忠诚保证金；

8. 债务人抚养、扶助家庭的费用补偿债权。

（3）免责不影响个人重整债权人对债务人的保证人以及与债务人共同承担债务的其他人所享有的权利，也不影响为个人重整债权人所提供的担保。

第 626 条（免责的取消）

（1）债务人通过欺诈或其他不正当手段获得免责的，法院可以根据利害关系人的申请或依职权撤销其免责。此种情况下，法院应审查利害关系人。

（2）第（1）款规定的申请，应在予以免责的决定成为最终和决定性的决定之日起 1 年内提出。

第 627 条（对免责决定的即时上诉）

对予以免责的决定和取消免责的决定，可立即提出上诉。

第 5 部分 国际破产

第 628 条（定义）

本部分所用术语的定义如下：

1. “外国破产程序”，是指向外国法院（包括相当于外国法院的机关，下同）提出申请的重整程序、破产程序、个人重整程序和其他类似程序，以及临时程序；

2. “国内破产程序”是指向韩国法院提出申请的重整程序、破产程序或者个人重整程序；

3. “批准外国破产程序”是指在韩国根据本部分规定对外国破产程序根据理由作出支持处分的批准；

4. “支持程序”是指对批准外国破产程序的申请进行判决的程序，以及为支持该外国破产程序而对韩国的企业和财产采取的处分程序；

5. “外国破产程序的代表人”是指被任何外国法院认可为外国破产程序的管理人或者代表的人；

6. “国际破产管理人”是指法院授予其全部或部分权力以变现债务人财产、分配财产或管理或处置债务人的营业和财产以支持外国破产程序的人。

第 629 条（适用范围）

（1）属于下列情形之一的，适用本部分的规定：

1. 外国破产程序代表就外国破产程序寻求韩国法院的批准或支持；

2. 外国破产程序的代表向韩国法院申请国内破产程序，或参与待决的国内破产；

3. 托管人、破产受托人、债务人和其他经法院许可的人等，参与外国法院的程序，在境外活动时寻求外国法院的批准和支持的；

4. 同一债务人的国内破产程序和国外破产程序同时分别在韩国法院和任何外国法院待决的，需要协调这两种程序。

（2）本部分未规定的，适用本法其他部分的规定。

第 630 条（管辖）

有关批准和支持外国破产程序的案件，应由首尔重整法院合议庭专门管辖，但当认为有必要确保程序的有效实施和保护利害关系方的权利时，首尔重整法院可在其决定批准外国破产程序时或在其决定批准外国破产程序后，应一方当事人申请或依职权，将此类案件移交给第 3 条规定的主管法院。（2016 年 12 月 27 日第 14472 号法令修改）

第 631 条（申请批准外国破产程序）

（1）如果债务人在提出外国破产程序申请的国家/地区有营业地，办公室或住所，则该外国破产程序的代表人可以向法院提出批准外国破产程序的申请，并附有属于下列各项规定的书面声明。此种情况下，以任何外语编写的书面声明应附有译文：

1. 关于外国破产程序的法律依据和概要的书面声明；

2. 证明外国破产程序开始的书面声明；

3. 证明外国破产程序代表人的资格和授权的书面声明；

4. 申请批准的外国破产程序的要点的书面说明（包括对债权人、债务人和利害关系人的说明）；

5. 外国破产程序代表人已知的关于债务人所有其他外国破产程序的书面声明。

（2）申请批准外国破产程序后，第（1）款各项所列事项发生变更的，申请人应当及时向法院提交变更事项的书面说明。

（3）第（1）款所述的申请提出时，法院应立即公告该申请的摘要。

（4）第 37 条和第 39 条的规定应比照适用于第（1）款所述的申请。

第 632 条（批准外国破产程序的决定）

（1）法院收到批准外国破产程序的申请后，应当自申请之日起一个月内作出是否批准的决定。

（2）有下列情形之一的，法院应当驳回批准外国破产程序的申请：

1. 未预付法院确定的费用的；

2. 未提交第 631 条第（1）款各项规定的书面声明，或者该书面声明的制定和内容不真实的；

3. 批准外国破产程序违背韩国良好的公共道德和社会秩序的。

（3）法院决定批准外国破产程序时，应当公告该决定的执行部分和批准理由，并将决定书送达申请人。

（4）对申请批准外国破产程序的决定，可以立即提出上诉。

（5）第（4）款规定的即时上诉，不具有中止执行的效力。

第 633 条（批准外国破产程序的效力）

批准外国破产程序的决定不影响本法规定程序的启动或进行。

第 634 条（外国破产程序代表人申请启动国内破产程序）

外国破产程序经批准后，外国破产程序的代表人可以申请启动国内破产程序，也可以参加正在进行的国内破产程序。

第 635 条（批准前的命令）

（1）在申请外国破产程序后，法院可下令采取第 636 条第（1）款第 1 项至第 3 项规定的措施，直至应外国破产程序代表人的申请或依职权作出决定为止。

（2）对驳回启动外国破产程序申请的决定提起即时上诉的案件，比照适用第（1）款的规定。

（3）法院可以变更或者撤销第（1）款、第（2）款所规定的处分。

（4）对于第（1）款至第（3）款所规定的决定，可立即提出上诉。

（5）第（4）款所规定的立即上诉不具有中止任何执行的效力。

第 636 条（对外国破产程序的支持）

（1）法院在批准外国破产程序时或依利害关系人的申请或依职权批准外国破产程序后，为保护债务人的营业和财产或债权人的利益，可以作出下列任何一项决定：

1. 中止涉及债务人营业、财产和属于管理机关程序的诉讼；

2. 暂停或禁止对债务人的业务和财产进行强制执行、行使担保权的拍卖、进行临时扣押、颁布初步禁令和进行保全程序；

3. 禁止债务人偿还债务或者处分其财产；

4. 指定国际破产管理人（international bankruptcy custodians）；

5. 为保护债务人的营业和财产以及保护债权人的利益所必需的其他处分。

（2）当法院作出第（1）款规定的决定时，应当考虑债权人、债务人和其他利害关系人的利益。

（3）如果第（1）款中规定的支持申请与韩国的良好公共道德和社会秩序相违背，法院应在无偏见的情况下驳回该支持申请。

（4）当法院决定更改或撤销第（1）款第 2 项规定的禁止令时，应公告该决定的执行部分，并将书面决定送达外国破产程序代表人和申请人。

（5）作出第（1）款规定的禁止令时，对债务人的债权时效，自禁止令失效之日起 2 个月届满之日止。

（6）如认为有必要，法院可依利害关系人的申请或依职权，更改或撤销第（1）款所规定的决定。

（7）如认为有必要，法院可依利害关系人的申请或依职权，命令撤销依据第（1）款第 2 项规定中止的程序。

（8）可就第（1）款、第（6）款及第（7）款所规定的决定提出即时上诉。

（9）第（8）款所规定的即时上诉，不具有中止执行的效力。

第 637 条（国际破产管理人）

（1）若指定了国际破产管理人的，履行债务人营业、管理和处分债务人财产的权限，专属于该国际破产管理人。

（2）国际管理人处分债务人的财产，或者将债务人的财产转移出韩国、变现债务人的财产、分配财产和执行法院规定的任何行为，该国际管理人均应取得法院的许可。

（3）第 2 部分第 2 章第 1 节和第 3 部分第 2 章第 1 节的规定应比照适用于每一位国际破产管理人。

第 638 条（国内破产程序和国际破产程序同时进行）

（1）同一债务人国内破产程序和国外破产程序同时进行的，法院可以裁定变更或者撤销第 635 条、第 636 条规定的以国内破产程序为重点的支持。

（2）可对第（1）款所规定的决定提出即时上诉。

（3）第（2）款所规定的即时上诉，不具有中止执行的效力。

第 639 条（多重国际破产程序）

（1）同一债务人申请批准多个国际破产程序的，法院应当进行联合审理（hold a joint hearing，举行联合听证）。

（2）当同一债务人的多个国际破产程序获得批准时，法院可考虑债务人主要营业地的所在地和为保护债权人而采取的措施的范围等因素，决定哪些程序是主要的外国破产程序，以确保支持程序的有效开展。

（3）法院可以决定或者变更第 636 条规定的对外国主要破产程序的支持。

（4）法院认为必要时，可以变更第（2）款规定的主要外国破产程序。

（5）可就第（2）款至第（4）款所规定的决定提出即时上诉。

（6）第（5）款规定的即时上诉，不具有中止执行的效力。

第 640 条（管理人在境外活动的权限）

国内破产程序的破产管理、受托人和其他经法院许可的人，有权以外国法律允许的任何方式在境外开展国内破产程序活动。

第 641 条（合作）

（1）为保证国内破产程序、外国破产程序或者同一债务人和与前者有关联的其他债务人之间正在进行的多个外国破产程序之间的顺利、公正执行，对于下列事项，法院应当与外国法院和外国破产程序的代表人合作：

1. 交换意见；
2. 管理和监督债务人的营业和财产；
3. 协调多个程序的进展；
4. 其他必要事项。

（2）法院可直接与任何外国法院或外国破产程序代表交换信息和意见，以便进行第（1）款规定的合作。

（3）负责国内破产程序的破产管理人、受托人，可以在法院监督下与外国法院或者外国破产程序代表人交换信息和意见。

（4）负责国内破产程序的破产管理人、受托人，经法院许可，可以与外国法院或者外国破产程序代表人就协调破产程序达成协议。

第 642 条（关于财产分配的一般规则）

如果国内破产程序、国外破产程序或者普通债务人的多个国外破产程序正在进行中的，从国外破产程序或者债务人的境外财产中接受清偿的债权人，无权从国内破产程序收取任何财产分配或还款，直到属于同组的其他债权人以及与该组具有相同排序的债权人得到相同的清偿比例为止。

第6部分　罚　　则

第643条（欺诈性重整罪）

（1）债务人为谋取自己或任何其他人的利益或对债权人造成损害而实施下列行为之一，且开始重整程序或开始债务人简易重整程序的决定是具有终局性的，债务人应被处以10年以下带劳役的有期徒刑或者1亿韩元以下罚金：（经2014年12月30日第12892号法令修订）

1. 毁损、隐匿财产或者以不利于重整债权人、重整担保债权人、股东和股权持有人的方式处分财产的；

2. 虚增债务人负担的；

3. 未按照有关法律的规定编制商业账簿，未将债务人财产的现状记入商业账簿，不如实记载商业账簿上的事项，销毁、隐匿商业账簿的；

4. 提出启动重整或简易重整程序的申请，其主要目的是规避《非法支票管制法》（Illegal Check Control Act）规定的处罚。

（2）以下任何人有下列行为之一，为谋私利或者为他人谋取利益，给债权人造成损害的，并且在债务人开始重整或者简易重整程序的决定为终局性的情况下，应被处以5年以下带劳役的有期徒刑或不超过5000万韩元的罚金：

（经2014年12月30日第12892号法令修订）

1. 债务人的法定代表人；

2. 债务人公司的董事；

3. 债务人的经理。

（3）债务人有下列行为之一，为谋私利或者为他人谋取利益，给债权人造成损害的，并且债务人开始重整或者简易重整程序的决定为终局性的情况下，债务人应被处以5年以下带劳役的有期徒刑或不超过5000万韩元的罚金：

1. 隐匿、毁损财产或者以损害债权人利益的方式处分财产的；

2. 虚增债务人的负担。

第644条（第三人欺诈性重整罪）

第643条规定的人以外的其他人有下列行为之一，并且启动债务人重整程序的决定是终局性的，该人应被判处5年以下带劳役的有期徒刑或处以5000万韩元以下的罚金：

1. 第643条第（1）款规定的行为；

2. 为谋私利或者为他人谋取利益或者损害债权人利益，虚假行使不属于重整债权人、重整担保债权人、股东或者股权持有人的权利的。

第 644 –2 条（欺诈性重整罪的例外规定）

为逃避适用第 231 –2 条或第 243 –2 条的规定而提供虚假信息或提交虚假材料的，处 5 年以下带劳役的有期徒刑或 5000 万韩元以下罚金。

（2014 年 10 月 15 日第 12783 号法令新增本条）

第 645 条（重整贿赂罪）

（1）管理委员会成员、监察专员、简易监察专员、重整专员、保护性管理人、管理人（包括第 637 条规定的国际破产管理人）、顾问、管理人或任何保护性管理人或重整专员的代表人在履行其职责时给予或接受、索取或承诺任何贿赂，处以 5 年以下带劳役的有期徒刑或者 5000 万元韩元以下罚金。属于下列任何一项规定的人之一，就利害关系人会议决议给予、接受、索取或承诺任何贿赂的情形，亦同样适用：（2014 年 12 月 30 日第 12892 号法令修订）

1. 重整债权人，重整担保债权人，股东和权益持有人；
2. 第 1 项规定的代理专员或代理人；
3. 第 1 项规定所指人员的高级职员或雇员。

（2）如果管理人（包括第 637 条规定的任何国际破产管理人）、保护性管理人、审查专员、简易审查专员或重整专员是一家公司，任何执行管理人、保护性管理人、审查专员、简易审查专员或重整专员的高级职员或雇员，在履行上述职责时给予、接受、索取或承诺任何贿赂，应被处以 5 年以下带劳役的有期徒刑或 5000 万韩元以下罚金。对于管理人、保护性管理人或审查专员或简易审查专员为公司的，其管理人员或雇员在履行其职责时提供、接受、索取或承诺任何贿赂的情形，亦应如此。（2014 年 12 月 30 日第 12892 号法令修订）

（3）在第（1）款和第（2）款的情况下，任何了解这一事实的公司或第三方给予或接受的任何贿赂均应予以没收。

第 646 条（重整贿赂罪）

任何人承诺、给予或者表示打算给予第 645 条第（1）款或第（2）款规定的贿赂，应被处以 5 年以下带劳役的有期徒刑或 5000 万韩元以下的罚金。

第 647 条（违反参与管理禁令罪）

违反第 284 条规定，在终止重整或简化重整程序之后被任命为债务人董事或首席执行官的任何人，应被处以 3 年以下带劳役的有期徒刑或者 3000 万韩元以下的罚金。（2014 年 12 月 30 日第 12892 号法令修订）

第 648 条（未经许可擅自实施行为罪）

（1）破产管理人、受托人（包括第 637 条规定的国际破产管理人）或者保护性管理人的行为需要经法院许可的，未经许可实施的，行为人应被处以 3 年以下带劳役的有期徒刑或者 3000 万韩元以下的罚金。

（2）管理人或者保护性管理人向法院作虚假报告，或者无正当理由不作本法第 84 条第（1）款规定的会计报告的，处以1年以下带劳役的有期徒刑或者1000万元韩元以下的罚金。

第649条（拒绝报告和拒绝审查罪）

下列任何人员应被处以一年以下带劳役的有期徒刑或者1000万韩元以下的罚金：(2014年10月15日第12783号法令修订；2014年12月30日第12892号法令修订)

1. 破产管理人、受托人无正当理由拒绝、逃避、阻碍提交第22条第（3）款规定的材料或者提交虚假材料的；

2. 债务人无正当理由拒绝、逃避或者阻碍提交第34条第（3）款规定的材料的；

3. 拒绝、逃避、阻碍作出第79条第（1）款规定的报告的［包括根据第88条和第293－7条第（1）款后半部分比照适用第79条第（1）款的情形］，或者无正当理由作虚假报告的；

4. 债务人无正当理由拒绝、逃避、阻碍第79条第（1）款规定的审查的［包括根据第88条和第293－7条第（1）款后半部分比照适用第79条第（1）款的情形］；

4－2. 无正当理由拒绝、逃避或者阻碍依照本法第231－2条第（3）款规定提供信息或者提交材料的，或者提供虚假信息、提交虚假材料的；

4－3. 无正当理由拒绝、逃避或者阻碍依照第243－2条第（3）款规定提供信息或提交材料的，或者提供虚假信息、提交虚假材料的；

5. 债务人无正当理由拒不履行报告、审查、更正请求或者作虚假报告的。

第650条（欺诈性破产罪）

（1）债务人有下列行为之一，不论是在宣告破产前或者宣告破产后，为谋取自己或者他人的利益，或者损害债权人的利益，且法院宣告破产为终局的，应被处以10年以下带劳役的有期徒刑或者1亿韩元以下的罚金：

1. 隐匿、毁损属于破产财团的财产，或者以损害债权人利益的方式处分任何该等财产的；

2. 虚增破产财团负担的；

3. 未依照法律规定编制商业账簿，未依照正确了解财产现状的需要记入商业账簿，在商业账簿上记载虚假事实，或者隐匿、毁损商业账簿的；

4. 伪造、隐匿或毁损根据第481条被第5级法官等查封的账簿。

（2）受托人、信托财产管理人、受托人的法定代表人、受托人的经理或受托人公司的董事，意图为其本人或任何其他人谋取利益，或损害债权人，有前款所列情形之一的，不论是发生在破产宣告之前还是破产宣告之后，而有关有限责任信托财产的破产宣告为最终和具有决定性的，他/她应被处以10年以下带劳役的有期徒刑或者1亿韩元以下的罚金。(2013年5月28日第11828号法令新增)

第651条（过失破产罪）

（1）债务人有下列行为之一的，无论该行为是发生在宣告破产之前还是之后，一旦法院的破产宣告是终局性的，债务人将被处以5年以下带劳役的有期徒刑或者5000万韩元以

下的罚金：(经2013年5月28日第11828号法令修订)

1. 赊购货物（purchasing goods on credit)，然后以明显不利的条件处置，以拖延宣告破产的时间；

2. 尽管知道其存在导致破产的事实，仍为向任何特定债权人提供特别利益而提供担保或清偿债务，且这些事实不构成债务人的义务，或者其方式和时间也不构成债务人的义务；

3. 未依照法律规定编制商业账簿，未在使人能够正确理解的必要范围内记入商业账簿，在商业账簿上记载虚假事实，或者隐匿、毁损商业账簿的；

4. 伪造、隐匿或者损坏由第5级法官等根据第481条的规定查封的任何账簿。

(2) 受托人、信托财产管理人、受托人的法定代表人、受托人的经理、受托人公司的董事有前款所列情形之一的，无论是发在破产宣告前或者破产宣告后的，若有限责任信托财产的破产宣告是终局性的，应被处以5年以下带劳役的有期徒刑或者5000万韩元以下的罚金。(2013年5月28日第11828号法令新增)

第652条（职务人员欺诈破产、过失破产罪）

下列任何人员违反第650条和第651条的规定，且债务人的破产宣告为最终的和具有决定性的，他/她应遵守第650条和第651条规定的先例。在涉及遗产的破产案件中，也同样适用于继承人及其法定代表人、经理：

1. 债务人的法定代表人；

2. 债务人公司的董事；

3. 债务人的经理。

第653条（不遵守逮捕令罪）

凡根据第319条、第320条、第322条和第578－6条被发出逮捕令的人，为了拖延破产程序或逃避逮捕而故意逃走的，应处以1年以下带劳役的有期徒刑或1000万韩元以下的罚金。(经2013年5月28日第11828号法令修订)

第654条（第三人破产欺诈罪）

任何既不是债务人，也不是第652条任何一款规定之人，实施第650条任何一款规定的行为，意图为其本人或任何其他人谋取利益，或损害债权人，或为自己或任何其他人的利益虚假行使破产债权人的权利，无论这种行为是在破产宣告之前还是之后实施的，且债务人的破产宣告为最终和具有决定性的裁定，实施该等行为的人应被处以10年以下带劳役的有期徒刑或者1亿韩元以下的罚金。

第655条（破产贿赂罪）

(1) 破产受托人（包括第637条规定的国际破产管理人）或者审计委员利用其职务给予、接受、索取或者承诺贿赂的，处以5年以下带劳役的有期徒刑或者5000万韩元以下的罚金。下列任何人员因债权人会议的决议而行贿、受贿、索贿或者承诺行贿的，亦同：

1. 破产债权人；

2. 破产债权人的代理人；

3. 破产债权人的董事。

(2) 在第（1）款规定的情形下，行贿人或者第三人知道受贿事实的，贿赂予以没收。

不能没收的，应当收缴其价款，代替没收。

第 656 条（破产贿赂罪）

向下列人员承诺、行贿或者表示行贿意向的，处 3 年以下带劳役的有期徒刑或者 3000 万韩元以下的罚金：

1. 破产受托人［包括第 637 条规定的任何国际破产受托人（international trustee in bankruptcy）①］；

2. 审计委员；

3. 破产债权人；

4. 破产债权人的代理人；

5. 破产债权人的董事。

第 657 条（将财产查询结果用于其他目的罪）

任何人将第 29 条第（1）款规定的财产查询结果用于除检查债务人的财产以进行重整程序、破产程序或个人重整程序以外的任何目的，应被处以 2 年以下带劳役的有期徒刑或者 2000 万韩元以下的罚金。

第 658 条（违反解释义务罪）

依照第 321 条和第 578－7 条的规定有义务作出解释的人员，无正当理由未给予解释或者作出虚假解释的，处 1 年以下带劳役的有期徒刑或者 1000 万韩元以下的罚金。（2013 年 5 月 28 日第 11828 号法令修订）

第 659 条（境外犯罪）

（1）第 645 条和第 655 条的规定也适用于在除韩国以外的任何国家犯有相应规定中所规定的罪行的人。

（2）第 646 条、第 656 条规定的犯罪，依照《刑法》第 5 条的先例处罚。

第 660 条（行政罚款）

（1）依照第 29 条第（1）款的规定接受调查的任何公共机构、金融机构或者组织等的负责人，无正当理由拒绝提供材料或者提交虚假材料的，应被处以 500 万韩元以下的行政罚款。

（2）下列人员之一，若违反法院依照第 258 条第（1）款或第（2）款作出的命令的，处 500 万韩元以下的行政罚款：

1. 新设公司之债务人、董事或经理；

2. 重整债权人、重整担保债权人、股东、权益持有人，以及承担任何义务或提供重整担保的人。

（3）对根据第 251 条、第 556 条或第 625 条规定获得免责的个人债务人，以强制执行、临时扣押或初步禁令等方式，以免责债权为依据实施征收行为，且知道债务人的免责的，应被处以不超过 500 万韩元的行政罚款。

---

① 译者注：但是第 637 条用的是 international bankruptcy custodians，因此，怀疑这里指的是国际破产管理人，而非国际破产受托人，韩国法条在翻译成英文时，存在一定程度上术语不统一的情况。

后　记

在代译序中，我说这件翻译工作已经快演变成我的“西西弗斯之石”了。“西西弗斯之石”又可翻译为“西西弗的石头”，是一个著名的希腊神话，对这个故事的解读，最著名的版本恐怕要数加缪那篇《西西弗神话》了。说五国破产法翻译这项工作像“西西弗斯之石”，主要是三个原因：

其一，各国立法的修订可能比想象要快，从我开始着手翻译，到审校，再到正式出版的两三年间，美国、英国的立法又有了数次修订，比如有关新冠疫情的条文，增加了又删除；又如全新的个人破产章节已经被提交美国国会，一旦最终通过，给美国《破产法典》带来的变化可能将是数十年一遇的。因为虽然相关章节的修改量不过是20页左右，但是可能会对美国《破产法典》其他章节的众多条文带来细微的改动，哪怕只是一两个单词的改动，原条文可能就需要全句调整。因此，潜在的工作量将大大超过显现的工作量。但是本书的编辑和出版流程并不能按照外国法的立法时间表运行。因此，很有可能读者们刚拿到本书，就发现其中最重要的部分内容已然过时……

其二，随着初译、校对、审核、终稿这样一轮一轮地修改，我在条文翻译（含格式要求）方面的经验和水平，多多少少也在逐渐积累，因此，看自己之前的稿子总觉得在很多细节（哪怕是一个标点或者一个用词）方面还有修改提高的空间。尤其是，翻译对于各国条文而言，只是万里长征走完了第一步。如何正确解读这些条文，研究条文与条文、制度与制度、外国法与中国法、法条与实践之间的关系，背后的文章恐怕才是“吾生也有涯，而知也无涯”。

其三，这本翻译集也并非各国立法的全本，其中英国和新加坡立法就只有其中一部分，即只有个人破产相关的章节（含个破专用章节与个破、企破通用章节），而不含企破专用章节。此外，条文之后的附表（重要性和体量可能并不逊于正式条文）此次也暂付阙如（澳大利亚法除外）。如果以上内容要补齐，本书恐怕还要增加20万字左右的篇幅和不少于3~5个月整的全日工作量了。

因此，这篇后记要探讨的，其实就是如何把这块“西西弗斯之石”更充分地利用起来。“西西弗斯之石”的可怕之处在于在每次努力将这块巨石推上陡峭的山顶后，巨石又会重新滚落山脚，被惩罚的西西弗斯必须永远重复着这个毫无意义的推石动作。但问题是，如果巨石滚落的过程能够带来重大价值呢，比如能用来发电？那推石上山这件重复的工作，就不再是没有意义，而是意义重大了。重新解读一下，我真正担心的，不是条文翻译完了没有人读，而是当大家读到它的时候，已经不是最新的版本或者已经不是（译者所能提供的）最好的译法了。跟文学作品的翻译不同，法条翻译重要的不是经典、隽永和愈久弥新，而是不断迭代、更新和与时俱进，最新的译本从某种意义上说才能是最好的译本。

这样理想中的法条译本，只能存在于虚拟空间。因此，这篇后记，也可以被视为一项“要约邀请”。如果读者中有相关的平台和网络资源，愿意与我合作，我可能会在将来的某个（稍微空闲点的）时间，将前述第三点所说的空缺部分补齐，然后与本书其他内容的最新版本一起放上网络平台（如果能放中英双语的对照版甚至导读版当然更好），并且定期或不定期地进行更新和迭代（我可以为已知的新条文提供新的译本，但是肯定没有时间定期或不定期地核对外国法的立、改、废情况，此类基础工作最好由平台负责）。

当然从目前工作的繁忙程度看，当这个愿景能够实现之时，本书恐怕也已经完成了它的历史使命了。

齐砺杰

于深圳益田花园